Dr. Holger Schwichtenberg

Microsoft .NET 3.5 Crashkurs

Dr. Holger Schwichtenberg

Microsoft .NET 3.5 Crashkurs

Dr. Holger Schwichtenberg: Microsoft .NET 3.5 Crashkurs
Microsoft Press Deutschland, Konrad-Zuse-Str. 1, 85716 Unterschleißheim
Copyright © 2008 by Microsoft Press Deutschland

Das in diesem Buch enthaltene Programmmaterial ist mit keiner Verpflichtung oder Garantie irgendeiner Art verbunden. Autor, Übersetzer und der Verlag übernehmen folglich keine Verantwortung und werden keine daraus folgende oder sonstige Haftung übernehmen, die auf irgendeine Art aus der Benutzung dieses Programmmaterials oder Teilen davon entsteht. Die in diesem Buch erwähnten Software- und Hardwarebezeichnungen sind in den meisten Fällen auch eingetragene Marken und unterliegen als solche den gesetzlichen Bestimmungen. Der Verlag richtet sich im Wesentlichen nach den Schreibweisen der Hersteller.

Das Werk, einschließlich aller Teile, ist urheberrechtlich geschützt. Jede Verwertung außerhalb der engen Grenzen des Urheberrechtsgesetzes ist ohne Zustimmung des Verlags unzulässig und strafbar. Das gilt insbesondere für Vervielfältigungen, Übersetzungen, Mikroverfilmungen und die Einspeicherung und Verarbeitung in elektronischen Systemen.

15 14 13 12 11 10 9 8 7 6 5 4 3 2 1
10 09 08

ISBN 978-3-86645-512-2

© Microsoft Press Deutschland
(ein Unternehmensbereich der Microsoft Deutschland GmbH)
Konrad-Zuse-Str. 1, D-85716 Unterschleißheim
Alle Rechte vorbehalten

Korrektorat: Kristin Grauthoff, Lippstadt
Fachlektorat: Klaus Löffelmann, ActiveDevelop, Lippstadt (www.ActiveDevelop.de)
Satz: Silja Brands, Uta Berghoff, ActiveDevelop, Lippstadt (www.ActiveDevelop.de)
Layout: Gerhard Alfes, mediaService, Siegen (www.media-service.tv)
Umschlaggestaltung: Hommer Design GmbH, Haar (www.HommerDesign.com)
Gesamtherstellung: Kösel, Krugzell (www.KoeselBuch.de)

Inhaltsverzeichnis

Vorwort	**XXV**
Über den Autor Dr. Holger Schwichtenberg	**XXIX**
Leser-Service	**XXX**
Themeneinschränkungen	**XXXI**
Ihre Entwicklungsumgebung für .NET	**XXXII**
Hinweise zu den Listings	**XXXIV**
1 Einführung	**1**
Was ist .NET?	2
Definition	2
Ziele von .NET	2
Technische Merkmale des .NET Frameworks	3
Kernbausteine	4
Standardisierung bei ECMA und ISO	6
Plattformen	7
Microsoft .NET Framework	9
ECMA SSCLI (Rotor)	9
Novell Mono	9
Geschichte und Versionen	10
.NET 1.x	11
.NET 2.0 (Whidbey)	11
.NET 3.0 (WinFX)	11
Erweiterungen zu .NET 2.0/3.0	12
.NET 3.5 (Orcas)	12
Service Pack 1 für .NET 2.0 und .NET 3.0	13
Service Pack 1 für .NET 3.5	14
ECMA SSCLI (Rotor)	15
Mono	15
Produkte	15
Notwendige Produkte	16
Optionale Produkte	16
Details zu einigen Produkten	17
Entscheidung zwischen der deutschen und der englischen Version	21
Installation	24
Betriebssysteme, die bereits .NET enthalten	24
Installation des .NET Framework 3.5 Redistributable	27
.NET Software Development Kit	28
Installation von Visual Studio 2008	29

2 World Wide Wings – Das mehrschichtige Fallbeispiel in diesem Buch ... 31
Einleitung ... 32
Szenario ... 32
Datenmodell ... 34
Mehrschichtarchitektur ... 35
Objektmodell ... 37
Projekte und Projektmappen ... 39
Softwarevoraussetzungen für das Fallbeispiel ... 41
Installation und Konfiguration ... 42
Mögliche Fehler ... 43
Dokumentation ... 44
Aktualisierungen ... 44
Fragen zu diesem Fallbeispiel ... 44

3 Ihre ersten drei .NET 3.5-Anwendungen ... 45
Motivation ... 46
Erstellung einer Konsolenanwendung ... 46
    Ziel ... 46
    Lösung ... 46
Erstellung einer Webanwendung mit Datenbankzugriff ... 48
    Ziel ... 48
    Lösung ... 48
    Erweiterung des Beispiels ... 50
    Schritte für die Erweiterung ... 51
Erstellung einer Windows-Anwendung mit Webservice-Zugriff ... 52
    Ziel ... 52
    Lösung ... 53

4 Grundkonzepte des .NET Frameworks 3.5 ... 57
Zwischensprache ... 58
Anwendungstypen ... 61
Laufzeitumgebung ... 63
Programmiersprachen ... 64
Objektorientierung ... 68
    Referenztypen ... 69
    Wertetypen (Strukturen) ... 71
    Typnamen und Namensräume (Namespaces) ... 72
    Neuheiten im Typkonzept seit .NET 2.0 ... 74
.NET-Klassenbibliothek (FCL) ... 77
    Implementierung der FCL ... 77
    Namensräume ... 78
    Umfang der Klassenbibliothek ... 82
    FCL versus BCL ... 84

Softwarekomponentenkonzept	85
Der Softwarekomponentenbegriff im .NET Framework	85
Aufbau von Assemblies	86
Signierte Assemblies	88
Befreundete Assemblies (Friend Assemblies)	89
Speicherorte für Assemblies	89
Metadaten	90
Komponentenkonfiguration	91
Assembly-Referenzen	93
Anwendungsdienste (Application Services)	94
Installation von .NET-Anwendungen	95
XCopy-Installation	96
Microsoft Windows Installer (MSI)	96
Kommandozeilenwerkzeuge	97
GUI-Werkzeuge	97
No-Touch-Deployment (NTD)	97
Click-Once-Deployment (COD)	98
Weitere Fähigkeiten der Laufzeitumgebung	98
Speicherbereinigung (Garbage Collector)	99
Prozessabgrenzung durch Application Domains	99
Sicherheit (Code Access Security)	101
Mehrschichtige .NET-Anwendungen	105
Benutzerschnittstellensteuerung	107
Geschäftslogik	107
Ressourcenzugriff	108
Verteilte .NET-Anwendungen	108
ASP.NET-basierte XML-Webservices (ASMX)	109
.NET Remoting	110
Windows Communication Foundation (WCF)	111
Zukunft von .NET Remoting	111
Interoperabilität	112
Interoperabilität zu klassischen C-Bibliotheken	112
Interoperabilität zu COM	112
Interoperabilität zu anderen Komponentenplattformen	113
.NET auf 64-Bit-Systemen	114
.NET auf 64-Bit-Systemen: Entscheidungsdiagramm	114
.NET auf 64-Bit-Systemen: Datentypen	116
.NET auf 64-Bit-Systemen: Leistung	116
Versionskompatibilität	118
Entkopplung der Versionsnummern	118
Inkompatibilitäten zwischen den Versionen	119
Parallelbetrieb	120
Versionsumstieg	121
Weiterbetreiben mit der alten CLR	121

Betreiben mit einer neuen CLR **122**
Neukompilierung **124**
Ermitteln der CLR-Version **124**
Visual Studio-Kompatibilität **125**

5 Visual Studio 2008 .... **127**
Einleitung **128**
Versionsgeschichte **128**
Grundfunktionen **128**
Neuerungen in der Entwicklungsumgebung Visual Studio 2008 .... **129**
Neuerungen in der Entwicklungsumgebung Visual Studio 2008 Service Pack 1 .... **131**
Produktvarianten **132**
Fensterverwaltung **136**
Projektverwaltung **138**
    Projektvorlagen **138**
    Projektmappen **140**
    Projektelemente **142**
    Ordnerstruktur **143**
    Projekteigenschaften **144**
    Beschränkung auf das .NET Client Profile **146**
    Verweise (Komponenten- und Projektreferenzen) **146**
    Speichern und Autowiederherstellung **148**
    Projektkonvertierung (Migration) **148**
Code-Editoren **149**
    IntelliSense-Funktionen **149**
    Farbdarstellung **153**
    Änderungsverfolgung **153**
    Zeilennummern und Zeilenumbruch **153**
    Coderegionen **153**
    Refactoring (Umgestalten) **154**
    Codeformatierung **155**
    Kommentare **156**
    Hintergrundkompilierung **156**
    XML-Editor **156**
    XSD-Editor **158**
Grafische Editoren (Designer) **159**
    Designer für Windows Forms, WPF und Webforms **160**
    Werkzeugleiste **161**
    Designer für nichtvisuelle Komponenten **161**
    Designer für Workflows **162**
    Designer für Klassendiagramme **162**
Arbeit mit Datenquellen **163**
    Datenverbindungen (Data Connections) **163**
    Datenquellen (Data Sources) **164**
    Objekt-Relationales-Mapping-Designer **167**

Kompilierung und Ausführung	167
Übersetzungskonfigurationen	167
Fehlerliste	168
Microsoft Build (MSBuild)	169
Debugger	170
Start des Debuggers	170
Funktionen im Haltemodus	170
Bearbeiten und Fortsetzen (Edit & Continue)	171
Steuerung der Debugger-Anzeige	172
Direktfenster (Intermediate Window)	173
Objekttestcenter (Object Test Bench, OTB)	174
Einschränkungen auf 64-Bit-Systemen	174
Debugging des Quellcodes des .NET Frameworks	175
XSLT-Debugging	178
Testen	179
Testarten	179
Unit Tests (Komponententests)	180
Testausführung	184
Datengetriebene Tests	185
Testabdeckung (Code Coverage)	186
Webtests	188
Datenbanktests	189
Weitere Funktionen	191
Aufgabenliste	191
Server Explorer	191
Objektbrowser und Klassenansicht (Object Browser / Class View)	192
Codedefinitionsfenster (Code Definition Window)	195
Visual SourceSafe (VSS)	195
Clients	196
Erstellen einer SourceSafe-Datenbank	196
Integration in Visual Studio 2008	198
Visual Studio 2008 Team System (VSTS)	199
Team Foundation Server (TFS)	200
Produktvarianten	200
Modellierung	201
Statische Codeanalyse	203
Leistungsmessung	206
Datenbankverwaltungswerkzeuge	208

6 Sprachsyntax Visual Basic 2008 (VB.NET 9.0) und C# 2008 (C# 3.0) — 215
Einleitung	217
Allgemeines zu Visual Basic (.NET) 2008	217
Allgemeines zu C# 2008	219

Compiler	**221**
C#-Compiler	**221**
Visual Basic .NET-Compiler	**222**
Datentypen	**223**
Datentypen in VB	**224**
XML-Literal in VB	**224**
Datentypen in C#	**225**
Lokale Typableitung (Local Variable Type Inference)	**226**
Typkonvertierung	**227**
Typinitialisierung	**229**
Wertelose Wertetypen (Nullable Types)	**229**
Operatoren	**232**
Operatoren in VB	**232**
Operatoren in C#	**233**
Klassendefinition	**236**
Klassendefinitionen in VB	**236**
Klassendefinitionen in C#	**237**
Sichtbarkeiten / Zugriffsmodifizierer	**237**
Felder (Field-Attribute)	**237**
Felder in VB	**237**
Felder in C#	**238**
Eigenschaften (Property-Attribute)	**238**
Eigenschaften in VB	**238**
Eigenschaften in C#	**239**
Methoden	**240**
Methoden in VB	**240**
Methoden in C#	**241**
Erweiterungsmethoden (Extension Methods)	**242**
Definition von Erweiterungsmethoden in VB	**243**
Definition von Erweiterungsmethoden in C#	**244**
Konstruktoren und Destruktoren	**245**
Konstruktoren und Destruktoren in VB	**245**
Konstruktoren und Destruktoren in C#	**245**
Objektinitialisierung	**245**
Beispiel für eine Klasse mit diversen Mitgliedern	**246**
Generische Klassen	**247**
Definition generischer Klassen in VB	**248**
Definition generischer Klassen in C#	**248**
Verwendung generischer Klassen in VB	**248**
Verwendung generischer Klassen in C#	**249**
Einschränkungen für generische Typparameter (Generic Constraints)	**249**
Objektmengen	**250**
Einfache Arrays	**250**
Objektmengen (untypisiert und typisiert)	**251**

Inhaltsverzeichnis

Partielle Klassen	252
Partielle Klassen in VB	252
Partielle Klassen in C#	253
Partielle Methoden	253
Partielle Methoden in VB	254
Partielle Methoden in C#	254
Anonyme Typen	255
Implementierungsvererbung	256
Vererbung in VB	257
Vererbung in C#	259
Ereignisse	260
Ereignisse in VB	261
Ereignisse in C#	261
Schnittstellen (Interfaces)	263
Schnittstellen in VB	263
Schnittstellen in C#	263
Namensräume (Namespaces)	264
Namensräume deklarieren	264
Import von Namensräumen	265
Verweis auf Wurzelnamensräume	266
Operatorüberladung	267
Operatorüberladung in VB	267
Operatorüberladung in C#	268
Schleifen	268
Schleifen in VB	268
Schleifen in C#	269
Iterator-Implementierung mit Yield (Yield Continuations)	269
Verzweigungen	272
Verzweigungen in VB	272
Verzweigungen in C#	272
Funktionszeiger (Delegates)	273
Funktionszeiger in VB	273
Funktionszeiger in C#	274
Lambda-Ausdrücke	275
Lambda-Ausdrücke in VB	275
Lambda-Ausdrücke in C#	276
Annotationen (.NET-Attribute)	277
Annotationen in VB	277
Annotationen in C#	278
Fehlerbehandlung	278
Fehlerbehandlung VB	278
Fehlerbehandlung in C#	279
Eingebaute Objekte und Funktionen	279
Eingebaute Objekte und Funktionen in VB	280
Eingebaute Objekte und Funktionen in C#	280

Kommentare und XML-Dokumentation	**281**
Kommentare in VB	**281**
Kommentare in C#	**281**
Zeigerprogrammierung (Unsicherer Code)	**282**
Abfrageausdrücke/Language Integrated Query (LINQ)	**283**
Vergleich: C# 3.0 versus Visual Basic(.NET) 9.0	**283**

7 Konsolenanwendungen **285**

Einführung	**286**
Erzeugen einer Konsolenanwendung	**286**
Konsolenanwendungen in Visual Studio	**287**
Klasse System.Console	**288**
Write() und WriteLine()	**289**
Read() und ReadLine()	**289**
Klasse System.Environment	**290**
Neuerungen seit .NET 2.0	**290**

8 Softwarekomponenten **293**

Der Softwarekomponentenbegriff im .NET Framework	**294**
Komponententypen	**294**
Erstellung von nichtvisuellen Komponenten	**296**
Festlegung von Assembly-Eigenschaften	**299**
Erstellung einer signierten Assembly	**300**
Erstellung einer gemeinsamen Assembly	**301**
Befreundete Assemblies	**302**
Interoperabilität mit COM	**302**
Zugriff von .NET auf COM	**302**
Zugriff von COM auf .NET	**303**
Konfiguration von Assemblies	**304**

9 .NET-Klassenbibliothek 3.5 .... **305**

Einleitung	**306**
System	**306**
System.Object	**307**
System.Console	**309**
System.Type	**309**
Elementare Datentypen	**312**
System.Collections	**314**
System.IO	**315**
Neuheiten seit 2.0	**315**
Neuheiten seit .NET 3.0	**316**
Neuheiten seit .NET 3.5	**316**
Dateisystem	**316**
Dateiinhalte	**318**
Kommunikation über Pipes (System.IO.Pipes)	**320**

Inhaltsverzeichnis

System.Configuration ... **321**
    Neuheiten seit .NET 2.0 ... **321**
    ConfigurationManager ... **322**
    Verschlüsselte Sektionen ... **323**
    Anwendungseinstellungen (Application Settings) ... **325**
    Nutzung der Anwendungseinstellung ... **326**
System.Diagnostics ... **328**
    Prozesse ... **328**
    Ereignisprotokolle ... **330**
System.Net ... **332**
    Neuheiten seit .NET 2.0 ... **332**
    Neuheiten seit .NET 3.5 ... **332**
    HTTP- und FTP-Unterstützung ... **333**
    System.Net.NetworkInformation ... **335**
    Netzwerkstatus ... **336**
    System.Net.Mail und System.Net.Mime ... **337**
System.Text ... **338**
    Textcodierung ... **338**
    Reguläre Ausdrücke ... **338**
Serialisierung ... **339**
    Serialisierer ... **340**
    Einsatz der Serialisierer ... **343**
    Serialisierbarkeit ... **345**
    Vergleich der Serialisierer ... **350**
System.DirectoryServices ... **355**
    Allgemeines Objektmodell ... **355**
    Objektmodell für die Suche ... **357**
    System.DirectoryServices.ActiveDirectory ... **358**
    System.DirectoryServices.Protocol ... **359**
    System.DirectoryService.AccountManagement ... **359**
System.Management ... **364**
System.Resources ... **366**
    Erstellung von Ressourcendateien ... **367**
    Zugriff auf Ressourcendateien ... **368**
    Streng typisierte Ressourcen ... **369**
System.Security ... **370**
    System.Security.SecureString ... **371**
    System.Security.AccessControl.* ... **372**

10 Language Integrated Query (LINQ) ... **377**
    Einführung und Motivation ... **378**
    LINQ-Provider ... **379**
        LINQ-Provider von Microsoft im .NET Framework ... **379**
        Andere LINQ-Provider ... **379**

	Formen von LINQ	**381**
	Einführung in die LINQ-Syntax	**381**
	Übersicht über die LINQ-Befehle	**386**
	LINQ-to-Objects	**390**
	LINQ-to-Objects mit elementaren Datentypen	**390**
	LINQ-to-Objects mit komplexen Typen des .NET Frameworks	**395**
	LINQ-to-Objects mit eigenen Geschäftsobjekten	**398**
	LINQ-to-XML	**403**
	LINQ-to-DataSet	**404**
	LINQ-to-SQL und LINQ-to-Entities	**404**
	LINQ-to-DataServices	**404**
11	**Datenzugriff mit ADO.NET**	**405**
	Einführung	**406**
	ADO versus ADO.NET	**406**
	Basisfunktionsumfang von ADO.NET 1.0/1.1	**407**
	Neuerungen in ADO.NET 2.0 im Überblick	**407**
	Neuerungen in ADO.NET 3.x im Überblick	**409**
	Die ADO.NET-Architektur	**409**
	Providermodell	**409**
	Datenprovider von Microsoft	**410**
	Datenprovider von anderen Herstellern	**410**
	Ermittlung der installierten Datenprovider	**411**
	Der Weg der Daten von der Datenquelle bis zum Verbraucher	**411**
	Datareader versus Dataset	**413**
	Datenbankverbindungen (Connection)	**414**
	Verbindungen aufbauen und schließen	**414**
	Verbindungspooling	**415**
	Verbindungszeichenfolgen zusammensetzen mit dem ConnectionStringBuilder	**416**
	Verbindungszeichenfolgen aus der Konfigurationsdatei auslesen	**417**
	Ermittlung der verfügbaren Microsoft SQL Server	**417**
	Datenbankbenutzerkennwörter ändern	**417**
	Befehlsausführung mit Befehlsobjekten	**418**
	Methoden der Befehlsklassen	**418**
	Transaktionen	**418**
	Beispiel zur Ausführung von Befehlen	**419**
	Parameter für Befehle	**420**
	Asynchrone Befehlsausführung	**421**
	Daten lesen mit einem Datareader	**424**
	Ablauf	**425**
	Beispiel	**426**
	Behandlung von Null-Werten	**427**
	Multiple Active Results Sets (MARS)	**427**

Daten lesen und verändern mit einem Dataset ... **428**
 Das Objektmodell ... **429**
 Daten lesen mit Datasets ... **430**
 Datensichten (Dataviews) ... **435**
 Daten ändern mit Datasets ... **435**
 Typisierte Datasets (Typed DataSets) ... **439**
 Umwandlung zwischen DataSet und XML ... **442**
 Umwandlung zwischen Dataset und Datareader ... **444**
 Serialisierung und Remoting für DataSets ... **444**
LINQ-to-DataSet ... **445**
 Voraussetzung ... **446**
 Abfragen über eine Tabelle ... **446**
 Abfragen über typisierte Datasets ... **447**
 Abfragen über mehrere Tabellen (Joins) ... **447**
Datenproviderunabhängiger Datenzugriff durch Provider-Fabriken ... **449**
Benachrichtigungen über Datenänderungen (Query Notifications) ... **450**
Massenkopieren (Bulkcopy/Bulkimport) ... **454**
Providerstatistiken ... **457**
Datenbankschema auslesen ... **459**
Zusatzdienste für ADO.NET ... **460**
ADO.NET Data Services ... **460**
ADO.NET Synchronization Services ... **460**
Positionierung von ADO.NET und Ausblick ... **464**

12 Objekt-Relationales Mapping (ORM) mit .NET (insbes. LINQ-to-SQL und ADO.NET Entity Framework) ... **467**
Einführung ... **468**
Objekt-Relationales Mapping: Grundlagen und Anforderungen ... **468**
 Impedance Mismatch ... **469**
 Unterstützte Datenbanken ... **470**
 Mapping-Szenarien ... **470**
 Abfragesprachen ... **472**
 Ladestrategien ... **473**
 Forward Engineering vs. Reverse Engineering ... **473**
 Geschäftsobjektklassen ... **474**
 Mapping-Interna (Objekt-Materialisierung) ... **474**
 Änderungsverfolgung und Persistierung ... **475**
 Objektcontainer ... **475**
 Zwischenspeicherung (Caching) ... **476**
 Serialisierung ... **476**
 Unterstützung für verteilte Systeme ... **476**
 Plattformen ... **476**
 Werkzeuge ... **477**

- Überwachung **477**
- Erweiterbarkeit **477**
- LINQ-to-SQL **477**
  - Unterstützte Datenbanken **477**
  - Datenkontexte **478**
  - Verbindungszeichenfolge **484**
  - Mapping-Szenarien **484**
  - Objektcontainer **484**
  - Erstes Beispiel: Lesezugriff **485**
  - Abfragesprachen **485**
  - Ladestrategien **493**
  - Änderungsverfolgung und Persistierung **496**
  - Forward Engineering vs. Reverse Engineering **505**
  - Protokollierung und Debugging **506**
  - Konvertierungen **507**
  - Gespeicherte Prozeduren **507**
  - Serialisierung **508**
  - Unterstützung für verteilte Systeme **508**
  - Erweiterbarkeit **513**
  - Weitere Funktionen **515**
  - Wichtige Einschränkungen **516**
- ADO.NET Entity Framework **516**
  - Beispiel für dieses Kapitel **517**
  - Bausteine des ADO.NET Entity Frameworks **518**
  - Entity Client Data Provider **527**
  - Unterstützte Datenbanken **528**
  - Überblick über die Object Services **529**
  - Generierte Klassen des EDM-Designers **529**
  - Objektcontainer **531**
  - Abfragesprachen **531**
  - Ladestrategien **533**
  - Änderungsverfolgung und Persistierung **534**
  - Forward Engineering vs. Reverse Engineering **537**
  - Protokollierung und Debugging **537**
  - Konvertierungen **538**
  - Gespeicherte Prozeduren **538**
  - Serialisierung **539**
  - Unterstützung für verteilte Systeme **539**
  - Erweiterbarkeit **542**
  - Weitere Funktionen **542**
  - Wichtige Einschränkungen **542**
  - LINQ-to-SQL versus ADO.NET Entity Framework **543**

Vergleich wichtiger ORM-Werkzeuge für .NET **545**
Vergleichstabelle **546**
Erläuterungen zur Tabelle **546**
Fazit **549**

13 Datenzugriff mit System.Xml und LINQ-to-XML **551**
XML-Programmierung mit .NET **552**
Neuerungen in .NET 2.0 .... **552**
Neuerungen in .NET 3.0 .... **553**
Neuerungen in .NET 3.5 .... **553**
Überblick über die XML-Zugriffsmodelle **553**
XML-DOM (XmlDocument) **554**
XML-Leser (XmlReader) **557**
XML-Schreiber (XmlWriter) **560**
XPathNavigator (XPath Data Model) **562**
LINQ-to-XML **564**
Laden von XML **564**
Zugriff auf Elemente **565**
Abfrage von XML **567**
Verändern von XML-Inhalten **568**
Verändern der XML-Struktur **569**
Vergleich der Zugriffsformen **569**
Ableiten eines Schemas aus XML-Dokumenten **570**
XML Style Sheet Transformations (XSLT) **571**

14 Windows Communication Foundation (WCF) **573**
Einleitung **574**
Basisfunktionsumfang von WCF **574**
Neuerungen in WCF 3.5 .... **575**
Neuerungen in WCF 3.5 Service Pack 1 .... **576**
Architektur **576**
ABC-Eigenschaften **577**
Bindungen (Binding) **578**
Assemblies **580**
Kompatibilität **580**
Werkzeuge **582**
Visual Studio-Projektvorlagen **582**
Visual Studio-Elementvorlagen **583**
Service Configuration Editor **583**
Visual Studio-Proxy-Generator **584**
WCF-Test-Host **584**
WCF-Test-Client **586**
ServiceModel Registration Tool **587**
WCF Service Trace Viewer **588**

COM+ Service Model Configuration Tool	**588**
WS-AtomicTransaction Configuration Utility	**588**
Erstellung von WCF-Diensten und WCF-Servern	**588**
Dienstklassen	**588**
Instanziierungseigenschaften	**589**
Beispiel	**592**
Datenklassen und Serialisierung	**593**
Erstellung einer Endpunktkonfiguration	**595**
Codebasierte Konfiguration	**599**
Bereitstellen eines Metadaten-Endpunktes	**600**
Konfiguration der Fehlerübermittlung	**601**
Hosting (WCF-Server-Prozess/WCF-Anwendungsserver)	**601**
Best Practices: Selbsttest	**606**
Erstellung eines WCF-Clients	**606**
Vorüberlegungen	**606**
Erstellen eines Proxy	**607**
Konfigurationseinstellungen	**608**
Auswahl der Konfiguration	**609**
Aufruf eines WCF-Servers	**609**
Aktualisieren des Clients	**610**
Steuerung der Proxy-Klasse	**610**
Erweitern der generierten Klassen	**611**
REST-basierte WCF-Dienste	**611**
Persistente WCF-Dienste (Durable Services)	**613**
ADO.NET Data Service (Astoria)	**615**
Architektur der ADO.NET Data Services	**616**
Anlegen eines ADO.NET Data Services	**617**
Testen eines ADO.NET Data Services	**619**
Abfragesyntax der ADO.NET Data Services	**623**
Nutzung eines ADO.NET Data Services in .NET-Anwendungen	**624**
Generieren der Zugriffsklassen	**624**
Abfrage ohne LINQ	**625**
LINQ to ADO.NET Data Services	**625**
Datenänderungen	**626**
AJAX-Webseiten als WCF-Clients	**628**
WCF-Sicherheit	**628**
Sicherheitsmechanismen	**628**
Sicherheitsmodi	**629**
Authentifizierungsverfahren	**629**
Beispiel	**629**
Übermittlung der Identität	**630**
Ermitteln der aktuellen Identität	**630**
Nutzung der Identität	**631**
Zugriffsrechte	**631**

Protokollierung **632**
Weitere Funktionen **636**
    Funktionen des Service Model Metadata Utility Tool (svcutil.exe) **636**
    Ein-Weg-Kommunikation (Unidirektionale Kommunikation, engl. One-Way) **637**
    Duplex-Kommunikation **637**
    Asynchrone WCF-Aufrufe **640**
    Sitzungen (Sessions) **640**
Beispiele in World Wide Wings **641**
Übliche Stolpersteine **644**
    Typische Fehlermeldungen **644**
    Standardbegrenzungen (Throttling) **645**
    Angabe von http-Adressen **645**
    Eindeutigkeit der Bindung **645**
    Gemeinsame Proxy-Typen (Proxy Type Sharing) **646**
    Multi-Threading-Verhalten **649**
    Leistung (Performanz) **649**
Weitere Möglichkeiten von WCF **649**
Fazit **650**

15 Windows Workflow Foundation (WF) **653**
Einleitung **655**
Grundfunktionen von Windows Workflow Foundation **655**
    Workflow-Arten **655**
    Workflow-Elemente **656**
    Dienste **656**
    Datenaustausch **657**
    Regelwerke **657**
Neuerungen in .NET 3.5 .... **657**
Neuerungen in .NET 3.5 Service Pack 1 .... **657**
World Wide Wings-Buchungsworkflow **657**
    Diagramme **657**
    Hosting **660**
Architektur **661**
Workflow-Formate **662**
Workflow-Werkzeuge **662**
    Workflow-Designer **663**
    Debugging **664**
    Kommandozeilenwerkzeuge **665**
Workflow-Aktivitäten **665**
    Aktivitätenbaum **665**
    Überblick über die mitgelieferten Aktivitäten **665**
    Weitere Aktivitäten **666**
    Zustandsmodell **666**

Workflow-Arten	**667**
Flussdiagramme	**667**
Zustandsdiagramme	**667**
Workflow-Hosting	**668**
Server-Prozess	**668**
WF-Dienste konfigurieren und der Laufzeitumgebung hinzufügen	**669**
Start der Workflow-Laufzeitumgebung	**669**
Workflows erzeugen und starten	**669**
Ereignisse der Laufzeitumgebung behandeln	**670**
Steuerung von Workflows	**671**
Datenaustausch mit Workflows	**671**
Interne Kommunikation über Attribute und Abhängigkeitseigenschaften	**671**
Parameteraustausch mit dem Workflow-Host	**672**
Datenaustauschdienste	**674**
Kommunikation mit Webservices	**678**
WorkflowQueuingService	**682**
Bedingungen	**682**
Regelsätze (Rule Sets)	**683**
Persistenz	**685**
Anlegen der Datenbank	**686**
Aktivierung des Persistenzdienstes in einem WF-Host	**688**
Persistierung eines Workflows	**689**
Form der Persistierung	**689**
Laden eines persistierten Workflows	**690**
Ablaufverfolgung (Tracking)	**690**
Anlegen der Datenbank	**691**
Aktivieren des Ablaufverfolgungsdienstes	**693**
Umfang der Ablaufverfolgung	**693**
Auslesen der Ablaufverfolgungsdaten	**693**
Scheduling	**695**
Fehlerbehandlung	**695**
Transaktionen	**696**
Kompensation	**697**
Weitere Möglichkeiten	**698**
Bewertungen von Windows Workflow Foundation	**698**
Vorteile	**698**
Nachteile	**699**
16 Windows-Oberflächen mit Windows Forms	**703**
Einleitung	**704**
Überblick über Windows Forms	**704**
Funktionsüberblick	**704**
Windows Forms entwickeln mit Visual Studio	**705**
Neuheiten in Windows Forms 2.0	**706**
Neuheiten in Windows Forms 3.0 und 3.5	**707**

Inhaltsverzeichnis

Neuheiten in Windows Forms 3.5 SP1	**707**
Verbesserungen für Windows Forms in Visual Studio 2005	**707**
Verbesserungen für Windows Forms in Visual Studio 2008	**708**
Funktionen der World Wide Wings-Desktop-Anwendung	**708**
Anwendungsfälle	**708**
Gezeigte Funktionen	**709**
Architektur	**710**
Hauptmenü	**711**
Konfiguration	**712**
Stammdatenverwaltung	**713**
Call Center-Anwendung	**714**
Fenster	**716**
Vorgefertigte Formulare	**717**
Anzeigen eines Fensters	**717**
DoEvents	**718**
Das Visual Basic-Anwendungsmodell	**718**
Fenster mit Unterfenstern (Multiple-Document-Interface)	**720**
Visuelle Vererbung	**722**
Dialogfenster	**722**
Steuerelemente	**723**
Allgemeine Eigenschaften von Steuerelementen	**724**
Steuerelementhierarchie	**724**
Liste der verfügbaren Steuerelemente	**725**
Container	**728**
Menüs	**728**
Symbolleisten	**729**
Statusleiste	**730**
Datenbindung	**730**
Datenbindung per Rapid Application Development (RAD)	**730**
Datenbindung an Objektmengen (Mehrschichtiges Datenbinden)	**733**
Individuelle Datenbindung mit DataBindings	**734**
Manuelle Datenbindung	**734**
DataGridView	**735**
Zeichnen mit GDI+	**735**
Paint()-Ereignis	**735**
Beispiel	**736**
Weitere Möglichkeiten	**737**
Speicherfreigabe mit Dispose()	**737**
Zeichnen mit den Steuerelementen in .NET 3.5 Service Pack 1	**737**
Drucken	**738**
PrintDocument	**738**
PrintPreviewDialog	**738**
PrintDialog	**739**

Ausdruck von Bildschirmformularen	**739**
Berichterstellung mit Report-Generatoren	**739**
Mehrsprachige Anwendungen (Lokalisierung)	**740**
Drag & Drop (Ziehen & Fallenlassen)	**742**
Zwischenablage	**743**
Weitere Möglichkeiten von Windows Forms	**744**
Systeminformationen	**744**
XP Visual Styles	**744**
Erstellung von Windows-Steuerelementen (Benutzersteuerelemente)	**744**
Nutzung von Windows Forms-Steuerelementen im Internet Explorer	**745**
Click-Once-Deployment	**747**

17 Windows Presentation Foundation (WPF) — **749**

Überblick über WPF	**750**
Eigenschaften von WPF	**750**
Neuerungen in .NET 3.5	**754**
Neuerungen in .NET 3.5 Service Pack 1	**754**
Weitere Ankündigungen	**755**
Funktionen der World Wide Wings-WPF-Anwendung	**755**
Extensible Application Markup Language (XAML)	**756**
XAML-Grundkonzepte	**756**
XAML-Serialisierung	**757**
XAML-Namensräume	**758**
Verbindung von XAML und Programmcode (Code-Behind)	**758**
Abhängigkeitseigenschaften (Dependency Properties)	**760**
XAML Markup Extensions	**761**
XAML-Editoren für WPF	**761**
WPF-Designer in Visual Studio	**761**
Microsoft Expression Blend	**764**
XAMLPad	**767**
Andere Anbieter	**768**
Anwendungen und Fenster	**769**
WPF-Anwendungsobjekt	**769**
Fenster	**770**
Dialogfenster	**771**
Visuelle Elemente und Steuerelemente (Controls)	**771**
Allgemeine Eigenschaften von visuellen Elementen	**773**
Liste der verfügbaren Steuerelemente	**773**
Panel-Elemente	**774**
Steuerelementhierarchie	**777**
Ereignissystem	**778**
Weitergeleitete Ereignisse (Routed Events)	**778**
Trigger	**779**

Befehlssystem **779**
    WPF-Befehlsbindungen (Command Binding) **780**
    Vordefinierte Befehle **781**
Datenbindung **783**
    Datenbindungsziele **783**
    Datenquellen **783**
    Datenbindungsrichtung **783**
    Beispiel **784**
Formatvorlagen (Styles) **786**
    Definition einer Formatvorlage auf Fensterebene **786**
    Definition einer Formatvorlage auf Anwendungsebene **787**
    Formatvorlagen und Trigger **787**
    Gestaltungsvorlagen für Steuerelemente **788**
Transformationen **789**
Animationen **789**
Zeichnen **792**
Silverlight **792**
Weitere Möglichkeiten von WPF **793**
Windows Forms versus WPF **794**

18 Enterprise Services und Transaktionen **795**
Serviced Components **796**
    Dienste **796**
    Voraussetzungen und Optionen **796**
    Registrierung der Assembly im Application Server **797**
COM+-Transaktionsdienste **798**
    Beispiel **799**
    Automatische Feststellung des Endzustands (AutoComplete) **802**
Fernaufruf von Serviced Components **802**
Services without Components (SWC) **802**
System.Transactions **804**
    Implizite Transaktionen mit TransactionScope **804**
    .NET-Klassen als Teilnehmer von Transaktionen **805**
    Automatische Umschaltung zwischen lokalen und verteilten Transaktionen
    (Explizite Transaktionen) **805**

19 Zusatzkomponenten **807**
.NET Enterprise Library (.NET EL) **808**
    Bestandteile **808**
    Status **809**
    Installation **809**
Windows PowerShell (WPS) **810**
    Status und Voraussetzungen **811**
    Commandlets und Objekt-Pipelining **811**
    Programmiertechniken **813**

	Kompatibilität zur klassischen Windows-Eingabeaufforderung	**813**
	Navigationsprovider	**813**
	Skripte	**814**
	Sicherheit	**815**
	Erstellung von PowerShell Commandlets mit .NET	**815**
	Weitere Informationen	**817**
20	**Ausblick und Fazit**	**819**
	Was kommt in Zukunft?	**820**
	Bewertung: Wo steht .NET?	**821**
	Migrationstendenzen	**822**
21	**Die Entwicklergemeinde und andere Informationsquellen**	**823**
	Zeitschriften	**824**
	Zeitschriften mit dem Schwerpunkt .NET	**824**
	Zeitschriften, die regelmäßig über .NET berichten	**825**
	Bücher	**825**
	Newsgroups, Foren und Weblogs	**826**
	Websites	**826**
	Angebote von Microsoft	**826**
	Codezone.de	**826**
	Codezone Premier Sites	**827**
	dotnetframework.de	**828**
	Weitere Websites	**829**
	Organisationen	**829**
	.NET Code Wise Community	**829**
	International .NET Association (INETA)	**829**
	Microsoft Most Valuable Professionals (MVPs)	**829**
	Regional Directors	**830**
	Community Leader/Influencer Program (CLIP)	**830**
	Veranstaltungen	**830**
	Schulungen und Workshops	**830**
	Konferenzen	**830**
	.NET User Group-Treffen	**831**
	Feedback an Microsoft	**831**

Syntaxvergleich: Visual Basic 2008 versus C# 2008 .... **833**
    Befehlswörter **834**
    Datentypen **836**
    Operatoren **837**

Literaturverzeichnis **839**

Stichwortverzeichnis **845**

Vorwort

Liebe Leserin, lieber Leser,

vor Ihnen liegt die vierte Ausgabe meines Buchs ».NET Crashkurs«. Mit diesem Vorwort möchte ich Sie über Inhalt, Zielsetzung und Aufbau des Buchs informieren um Ihnen damit eine Hilfe für die Entscheidung zu geben, ob Sie dieses Buch lesen möchten.

Besprochene Version

Microsoft scheint gewillt zu sein, nun jeden November eine neue .NET-Version auf den Markt zu bringen. Nach .NET 2.0 (November 2005) und .NET 3.0 (November 2006) ist im November 2007 die Version 3.5 des .NET Frameworks erschienen. Zum Redaktionsschluss dieses Buch gibt es bereits die Ankündigung für ein *Service Pack 1* für .NET 3.5. Diese Version wird aber nicht nur Fehlerbeseitigungen, sondern auch sehr viele neue Funktionen enthalten. Dieses Buch thematisiert die endgültige Version des .NET Frameworks 3.5 und der zugehörigen Entwicklungsumgebung Visual Studio 2008. Auch die Service Pack 1-Erweiterungen zu .NET Framework 3.5 und Visual Studio 2008 werden besprochen. Zu beachten ist aber, dass diese Erweiterungen zum Zeitpunkt des Redaktionsschlusses dieses Buchs nur als eine Beta-Version vorlagen. Diese Erweiterungen sollen im Herbst 2008 erscheinen.

Zielsetzung: Schnelleinstieg

Zielsetzung dieses Buchs ist es, die zentralen Konzepte von .NET 3.5 zu beschreiben und anhand ausgewählter Beispiele den Einsatz von .NET 3.5 darzustellen. Sie können von diesem Werk einen kompakten Überblick erwarten, mit dem Sie schnell in das gesamte Themengebiet hineinfinden. Das Buch liefert neben der Beschreibung der Funktionen auch zahlreiche Beispiele und eine Bewertung des aktuellen Zustands der Produkte. Dieses Werk ist unabhängig von den Produktabteilungen und dem Vertrieb im Hause Microsoft entstanden.

Zielgruppe: Einsteiger

Der ».NET 3.5 Crashkurs« richtet sich primär an Entwickler, die neu in die .NET-Technologie einsteigen möchten und keine bzw. wenig Erfahrung mit den früher erschienenen Versionen des .NET Frameworks besitzen. Das Buch richtet sich an Entwickler, die die neueste Version 3.5 einsetzen wollen. Frühere Ausgaben dieses Buchs thematisieren .NET 2.0 und .NET 3.0.

Man braucht für die Lektüre dieses Buchs also keine Vorkenntnisse in .NET, aber man sollte gute Vorkenntnisse in einer objektorientierten Programmiersprache (z.B. C++, Delphi, Visual Basic, Java) besitzen. Außerdem sollten Sie die grundsätzliche Funktionsweise einer integrierten Entwicklungsumgebung und visueller Gestaltungswerkzeuge kennen. Dieses Buch eignet sich nicht für Personen, die Programmierung erst von Grund auf erlernen wollen.

Grundsätzlich kann dieses Buch für Umsteiger einer früheren .NET-Version hilfreich sein. Allerdings werden Umsteiger viele Ausführungen in diesem Buch schon kennen. Umsteiger sind nicht die primäre Zielgruppe dieses Buchs.

Keine Vollständigkeit

Wenn es Kritik an den bisherigen Ausgaben dieses Buchs gab, dann bezog diese sich oft darauf, dass bestimmte Funktionen von .NET in diesem Buch entweder zu kurz oder gar nicht dargestellt wurden. Anhand einiger Zahlen möchte ich aufzeigen, dass eine Vollständigkeit in diesem Buch unmöglich ist: Das .NET Framework 3.5 besteht aus 9326 öffentlichen (d.h. vom Entwickler nutzbaren) Klassen (.NET 3.0: 8714, .NET 2.0: 5684). Hinzu kommen die nicht so leicht zählbaren Funktionen der Werkzeuge (wie Visual Studio) und ergänzende .NET-basierte Bibliotheken (z.B. von Microsoft SharePoint und Microsoft SQL Server). Denjenigen, die sich kritisch darüber geäußert haben, dass etwas in dem Buch nicht (ausführlich genug) enthalten sei, möchte ich die Gegenfrage stellen: Wie soll es möglich sein, so viele Funktionen auf rund 850 Seiten überhaupt erwähnen zu können?

Dieses Buch kann also gar nicht den Anspruch auf Vollständigkeit erheben. Das kann kein .NET-Buch, denn so viel Wissen kann man gar nicht in ein gedrucktes Buch fassen. Das vorliegende Buch zeigt einen repräsentativen und praxisnahen Ausschnitt. Ich erwähne in diesem Buch im Wesentlichen die Funktionen, die die meisten Entwickler in den ersten Monaten mit .NET benötigen werden. Dabei zeige ich diese Funktionen nicht vollständig, sondern exemplarisch. Sicherlich ist die Auswahl der Funktionen durch meinen persönlichen Alltag als .NET-Softwarearchitekt und -entwickler geprägt.

Im ».NET 3.5 Crashkurs« stehen Konzepte im Vordergrund, nicht kleinste Details. Dieses Buch ist aufgrund seines Umfangs mit Sicherheit nicht unbedingt als Nachschlagewerk geeignet, sondern dient dem Einsteiger als Erläuterung der wichtigsten Konzepte und Werkzeuge.

Das Buch kann auch deswegen nicht vollständig sein, weil von Microsoft keine Gesamtliste aller Neuerungen in .NET 3.5 und .NET 3.5 Service Pack 1 zu bekommen war. Festgestellt werden konnte nur, dass die in dem MSDN-Dokument unter der Überschrift »What's new« vorhandenen Listen sehr unvollständig sind. Darüberhinausgehende Punkte erfährt man leider nur durch Lesen von Weblogs und eigenes Ausprobieren. Unter diesen Rahmenbedingungen ist Vollständigkeit nicht mit vertretbarem Aufwand zu erreichen. Schließlich steht ein Buchprojekt unter den gleichen Zeit- und Budgetrestriktionen wie ein Softwareentwicklungsprojekt.

Seitenbegrenzung

Das .NET Framework wächst immer wieder. Die Seitenanzahl in diesem Buch ist leider durch die verlegerischen Vorgaben begrenzt und kann nicht proportional mit dem .NET Framework wachsen. Daher wurden in dieser Ausgabe drei Maßnahmen ergriffen, um Seiten einzusparen:

- Die Kapitel zu ASP.NET und Webservices wurden ausgelagert in das Buch »Webanwendungen mit ASP.NET 3.5 und AJAX Crashkurs« (Microsoft Press, 2007, ISBN 978-86645-502, Autoren: Dr. Joachim Fuchs und Dr. Holger Schwichtenberg), das Sie als zweiten Band zu diesem Titel erwerben können. In diesem Buch werden auch ASP.NET-Gundlagen, AJAX und Microsoft Silverlight behandelt. Diese Kapitel aus der Vorauflage können Sie als PDF über die Leser-Website herunterladen.
- Die Kapitel zur Sprachsyntax von C# und Visual Basic wurden zusammengelegt um doppelte Erläuterungen zu vermeiden.
- Das Kapitel ».NET Remoting« wurde gestrichen, da diese Technologie in der Regel heute meist durch den Einsatz der Windows Communication Foundation (WCF) ersetzt wird. Das Kapitel zu .NET Remoting aus der Vorauflage können Sie als PDF noch über die Leser-Website herunterladen.

Komplexeres Fallbeispiel

Viele Fachbücher verwenden kleine, isolierte Beispiele auf »Hello World«-Niveau, die zwar einfach zu überschauen sind, aber weder die Architektur einer komplexen .NET-Anwendung noch das Zusammenspiel verschiedener Techniken aufzeigen. Dieses Buch unterscheidet sich deutlich von diesem »Hello World«-Ansatz, indem in weiten Teilen ein durchgehendes Fallbeispiel (die Fluggesellschaft »WordWideWings«) verwendet wird. Das Fallbeispiel ist mehrschichtig (mit mehr als drei Schichten) aufgebaut und besitzt mehrere verschiedene Clients (Windows, Web, Befehlszeile). Das Fallbeispiel hat den Vorteil, dass Sie im Laufe des Buchs die Daten und Klassen wiedererkennen werden und sich ein großer Grad von Wiederverwendbarkeit in dem entwickelten Code ergibt. Als Nachteil hat sich bei den bisherigen Ausgaben gezeigt, dass weniger erfahrene Softwareentwickler Schwierigkeiten hatten, in das Beispiel hineinzufinden. Ich habe mich aber entschlossen, mit diesem Buch auf die Zielgruppe zu fokussieren, die sich ein großes zusammenhängendes Beispiel wünscht. Mit einem Produkt alle Zielgruppen ansprechen zu wollen ist meist kein erfolgreicher Ansatz.

Die Qual der Wahl: Programmiersprache und Werkzeuge

Für einige Softwareentwickler steht die Entscheidung fest, andere hingegen haben die Qual der Wahl zwischen den verschiedenen .NET-Programmiersprachen und Entwicklungswerkzeugen. Auch Autoren von .NET-Fachbüchern stehen vor dieser Wahl. Nur sehr selten lassen es die wirtschaftlichen Rahmenbedingungen zu, ein Buch in mehreren Varianten (mit verschiedenen Sprachen und Werkzeugen) zu erstellen.

Für dieses Buch gab es nur die Möglichkeit, die beiden primären .NET-Sprachen (C# und Visual Basic .NET) in einem einzigen Buch zu mischen und sowohl Visual Studio 2008 als auch das »rohe« .NET Framework 3.5 zu behandeln. Primär befasst sich das Buch jedoch mit C# und Visual Studio, weil die meisten .NET-Entwickler inzwischen diese Kombination einsetzen.

Alle Leser, die lieber mit Visual Basic .NET arbeiten, möchte ich darauf hinweisen, dass die Transformation zwischen Visual Basic und C# sehr einfach ist: Es existieren kostenlose Werkzeuge, die dies auf Mausklick erledigen (siehe *http://www.dotnetframework.de/tools.aspx*). Ich selbst arbeite übrigens im Entwickleralltag zu 75% mit C# und zu 25% mit Visual Basic .NET.

Das .NET Framework und das zugehörige SDK sowie die sogenannten *Express-Editionen* der Entwicklungsumgebung Visual Studio 2008 sind kostenlos auf der Microsoft Website verfügbar.

Sprachversion

Dieses Buch beschreibt die englische Version von Visual Studio 2008, weil inzwischen viele deutsche Entwickler (einschließlich meiner eigenen Person) die englische Version der Software bevorzugen, da die Übersetzungen ins Deutsche oft holprig sind und die Fehlermeldungen nur schwerer verständlich machen. Als Kompromiss zwischen dem Kundenkreis mit englischsprachiger und deutschsprachiger Entwicklungsumgebung wird dieses Buch – so oft es möglich ist, ohne den Lesefluss zu stören – sowohl die deutschen als auch die englischen Namen der Menüpunkte nennen. Die Bildschirmabbildungen sind aus Platzgründen allerdings immer nur in einer Sprache abgedruckt.

Weiterhin möchte ich noch darauf hinweisen, dass die Anordnung der Menüs und auch einige Tastaturkürzel von den gewählten Einstellungen in Visual Studio 2008 abhängen. Alle Ausführungen in diesem Buch beziehen sich auf die Umgebungseinstellung *Allgemeine Entwicklungseinstellungen*, die bei der Installation des Produkts ausgewählt werden kann.

Danksagungen

Meinen Dank für ihre Mitwirkung an diesem Buch möchte ich aussprechen an

- den Microsoft Press-Lektor *Thomas Braun-Wiesholler*, der dieses Buch ermöglicht hat;
- den Fachlektor *Klaus Löffelmann*, der alle Texte inhaltlich geprüft und das Buch typografisch gesetzt hat;
- die Korrektorin *Kristin Grauthoff*, die das Buch sprachlich verbessert hat und
- den .NET-Chefarchitekten, *Scott Guthrie*, und an sein Entwicklungsteam, das mir den direkten Zugang zu Software und Informationen ermöglicht hat.

Viel Erfolg beim .NET-Programmieren mit diesem Buch wünscht Ihnen

Dr. Holger Schwichtenberg

Essen, im Juni 2008

Über den Autor
Dr. Holger Schwichtenberg

- Ausbildung:
  - Studium Diplom-Wirtschaftsinformatik an der Universität Essen
  - Promotion an der Universität Essen im Gebiet komponentenbasierter Softwareentwicklung
  - Selbstständig im Bereich Softwareentwicklung seit 1996
  - Aktuelle Tätigkeit:
  - Leitung der Firma www.IT-Visions.de
  - Softwareentwicklung und Softwarearchitektur im Kundenauftrag
  - Beratung und Schulung von Softwareentwicklern
  - Individueller Support
  - Gutachter im Verfahren der EU vs. Microsoft
- Kernkompetenzen:
  - Objektorientierung, Komponentenorientierung, Serviceorientierung
  - Softwarearchitektur, Mehrschichtige Softwareentwicklung, Verteilte Systeme
  - .NET Framework, ASP/ASP.NET, Visual Studio
  - C#, Visual Basic (VB/VB.NET/VBA/VBS)
  - Component Object Model (COM)
  - Relationale Datenbanken, XML
  - Windows Scripting, Microsoft Powershell
  - Active Directory-Programmierung
  - Windows Management Instrumentation (WMI)
- Veröffentlichungen und Vorträge:
  - 25 Fachbücher bei Addison-Wesley, Microsoft Press und dem WEKA-Verlag
  - Mehr als 400 Beiträge in Fachzeitschriften
  - Ständiger Mitarbeiter der Zeitschriften iX, dotnetpro und Windows IT Pro
  - Sprecher auf nationalen und internationalen Fachkonferenzen (z. B. TechEd, OOP, Microsoft Launch Event, Advanced Developers Conference, Microsoft IT Forum, Microsoft Launch, Wirtschaftsinformatik, Net.Object Days, VS One, Online, Windows Forum, DOTNET-Konferenz, BASTA, XML-in-Action)
- Ehrenamtliche Community-Tätigkeiten:
  - Vorstandsmitglied bei codezone.de
  - Sprecher für die International .NET Association (INETA)
  - Betrieb der Community-Websites www.dotnetframework.de und www.windows-scripting.de

- Zertifikate und Auszeichnungen von Microsoft:
  - Most Valuable Professional (MVP)
  - Microsoft Certified Solution Developer (MCSD)
  - .NET Code Wise Community-Experte
  - Codezone Premier Site Member
  - Firmen-Website:
  - http://www.IT-Visions.de
  - Weblog:
  - http://www.dotnet-doktor.de (bei Heise.de)
  - Kontakt:
  - hs@IT-Visions.de

Leser-Service

Den Lesern dieses Buchs werden vom Autor folgende Serviceleistungen im Rahmen einer zugangsbeschränkten Website angeboten:

- **Downloads:** Laden Sie alle in diesem Buch vorgestellten Codebeispiele herunter. Dies hat den Vorteil, dass die ständige Weiterentwicklung der Beispiele sich auf der Website in Form von Aktualisierungen niederschlägt.
- **Diskussionsrunde:** Ein webbasiertes Forum bietet die Möglichkeit, Fragen an den Autor zu stellen. Bitte beachten Sie jedoch, dass dies eine freiwillige Leistung des Autors ist und kein Anspruch auf eine kostenlose Betreuung besteht.
- **Newsletter:** Alle registrierten Leser erhalten mehrmals jährlich einen Newsletter mit aktuellen Terminen und Publikationshinweisen.
- **Leser-Bewertung:** Vergeben Sie Noten für dieses Buch und lesen Sie nach, was andere Leser von diesem Buch halten.
- **Errata:** Trotz eines erprobten Vorgehensmodells und der mehrfachen Qualitätskontrolle ist es möglich, dass sich einzelne Fehler in dieses Buch eingeschlichen haben. Im Webportal können Sie nachlesen, welche Fehler gefunden wurden. Sie können hier auch selbst Fehler melden, die Ihnen auffallen.

Zugang zum Leser-Portal

Der URL für den Zugang zum Leser-Portal lautet:

http://www.dotnetframework.de/leser

Bei der Anmeldung müssen Sie das Kennwort *Dune* angeben.

Themeneinschränkungen

Das .NET Framework ist ein komplexes Programmiermodell, dessen komplette Beschreibung mehrere Tausend Seiten umfassen würde. Viele Aspekte des .NET Frameworks kann dieses Buch aufgrund der Seitenrestriktion gar nicht behandeln.

An dieser Stelle sei auf einige Themen aus dem .NET-Spektrum explizit hingewiesen, die in diesem Buch aus Platzgründen nicht behandelt werden:

- C++ / CLI, JScript .NET, IronPython und alle anderen .NET-Programmiersprachen, die weniger verbreitet sind als C# und Visual Basic .NET
- Webprogrammierung mit ASP.NET und ASP.NET AJAX (siehe dazu den zweiten Band »ASP.NET 3.5 und AJAX Crashkurs« wie im Vorwort beschrieben)
- Microsoft Silverlight (siehe ebenfalls »ASP.NET 3.5 und AJAX Crashkurs«)
- Projektmanagement, Versionsverwaltung, Aufgabenverfolgung und Build-Management mit dem Team Foundation Server (TFS)
- Programmierung mobiler Endgeräte mit dem .NET Compact Framework (CF)
- Programmierung sehr kleiner Endgeräte mit dem .NET Micro Framework (MF)
- Entwicklung von Anwendungen für die XBox-Spielekonsole mit dem XNA-Framework
- Visual Studio Tools for Microsoft Office (VSTO) zur Entwicklung von Office-Anwendungen
- Entwicklung von Programmerweiterungen mit dem Management Add-In Framework (System.AddIn)
- Programmierung mit .NET innerhalb des Microsoft SQL Server 2005 (SQLCLR)
- .NET-Programmierung in Microsoft SharePoint
- Microsoft Biztalk Server
- Entwicklung von Windows-Systemdiensten
- Analyse von Code und dynamische Code-Erzeugung mit System.Reflection
- Multi-Threading mit System.Threading
- Tracing mit System.Diagnostics
- Berichterstellung mit Crystal Reports for Visual Studio und SQL Server Reporting Services
- Kryptografische Mechanismen
- Code Access Security (CAS)
- Windows CardSpaces (WCS)
- .NET Platform Invoke (P-Invoke) zum Aufruf von C-Bibliotheken
- Message Queuing mit MSMQ und System.Messaging
- Erstellung von MSI-Setup-Paketen
- .NET Enterprise Library
- .NET Software Factories
- andere Erkenntnisse und Produkte der »Pattern & Practices«-Gruppe bei Microsoft

...und vieles mehr.

Ihre Entwicklungsumgebung für .NET

Wenn Sie noch kein Visual Studio 2008 besitzen, laden Sie sich am besten die Testversion von Visual Studio 2008 herunter. Sie finden sie unter *http://msdn.microsoft.com/de-de/vstudio/products/aa700831.aspx*. Durch das Installationsprogramm wird Ihr Rechner mit vielem ausgestattet, was zum komfortablen Entwickeln von .NET-Anwendungen notwendig ist. Dies sind im Wesentlichen drei Bausteine:

1. .NET Framework 3.5 Redistributable
2. .NET Framework Software Development Kit (SDK)
3. Entwicklungsumgebung Visual Studio 2008

Microsoft hat die Lizenz für die Testversion von Visual Studio auf 90 Tage beschränkt. An dieser Stelle möchte der Autor dieses Buchs Sie darüber informieren, welche Möglichkeiten Ihnen nach Ablauf des Testzeitraums zur Verfügung stehen.

Redistributable und SDK

Um .NET-Anwendungen zu entwickeln, brauchen Sie von den drei oben genannten Bausteinen eigentlich nur das Redistributable und das SDK. Da diese beiden Bausteine kostenlos sind, gilt die Zeitbeschränkung dafür nicht. Das heißt, dass das Redistributable und das SDK auch nach Ablauf der 90 Tage noch funktionieren werden. Lediglich die Entwicklungsumgebung Visual Studio 2008 wird nicht mehr benutzbar sein.

Sie können das .NET Framework Redistributable und das SDK auch separat von der Microsoft Homepage herunterladen:

- *http://www.microsoft.com/downloads/details.aspx?FamilyID=333325FD-AE52-4E35-B531-508D977D32A6&displaylang=en*

und

- *http://www.microsoft.com/downloads/details.aspx?FamilyID=E6E1C3DF-A74F-4207-8586-711EBE331CDC&displaylang=en*

Redistributable und SDK sind die Mindestvoraussetzungen. In der professionellen Anwendungsentwicklung wird man darüber hinaus eine Entwicklungsumgebung einsetzen wollen.

Entwicklungsumgebung Visual Studio

Grundsätzlich liegt es natürlich im geschäftlichen Interesse der Firma Microsoft, dass Sie nach Ablauf des Testzeitraums eine kostenpflichtige Lizenz der Entwicklungsumgebung Visual Studio 2008 erwerben. Der Autor möchte Sie in Ihrer Entscheidung diesbezüglich nicht beeinflussen, sondern Ihnen an dieser Stelle einen Weg aufzeigen, wie Sie auch ohne Kosten für die Entwicklungsumgebung weiterhin komfortabel .NET-Anwendungen entwickeln können.

Express-Editionen

Microsoft bietet neben Visual Studio auch noch eine Produktfamilie unter dem Titel »Visual Studio Express Editionen« an. Bei den Express-Editionen handelt es sich um größere Bausteine, die aus Visual Studio herausgebrochen wurden und jeweils für einen speziellen Anwendungsfall bereitstehen. Diese Express-Editionen sind kostenlos auf der Microsoft Website beziehbar. Sie dürfen ohne Gebühren unbegrenzt verwendet werden. Es existieren derzeit die in nachfolgender Tabelle genannten Express-Editionen. Die Express-Editionen reichen für die wichtigsten Anwendungstypen aus. Es gibt keine Express-Editionen für exotischere .NET-Anwendungsarten, z. B. Microsoft Office-Anwendungen oder SQL Server-Anwendungen.

	Programmiersprachen	Konsolen-Anwendungen	Windows-Anwendung	Bibliotheken (DLL)	Web-Anwendungen	Webservices
C++ Express	C++	X	X	X		X (WCF)
C# Express	C#	X	X	X		X (WCF)
Visual Basic Express	Visual Basic	X	X	X		X (WCF)
Visual Web Developer Express	C# und Visual Basic				X	X (ASMX)

Tabelle 0.1 Übersicht über die Express-Editionen von Visual Studio

Die Express-Editionen können Sie von folgender Website beziehen:

http://msdn.microsoft.com/vstudio/express/default.aspx

Installation der Express-Editionen

Sie können alle Express-Editionen problemlos gemeinsam auf einem Computersystem installieren. Jedoch integrieren sich die Produkte nicht ineinander, d.h. alle Entwicklungsumgebungen besitzen ein eigenes Anwendungsfenster, auch eine Mischung von verschiedenen Projekttypen in einer Projektmappe ist nicht möglich. Diese Integration hat Microsoft den käuflich zu erwerbenden Visual Studio 2008-Vollprodukten vorbehalten.

Im Dateisystem verwenden die fünf Express-Editionen viele Dateien gemeinsam, sodass der Platzbedarf der Produkte zusammen weniger ist als die Summe der Einzelinstallationen. Alle Express-Editionen enthalten auch eine reduzierte Version der MSDN-Dokumentation. Diese wird nur bei der Installation der ersten Express-Edition auf die Festplatte gespielt.

Die Express-Editionen müssen nicht bei Microsoft aktiviert oder registriert werden. Die optionale, kostenlose Registrierung verbindet Microsoft jedoch mit einigen Angeboten. Wer sich registriert, erhält Zugriff auf lizenzfreie Bilder und Symbole, E-Books und Softwarekomponenten.

Hinweise zu den Listings

Dieses Buch orientiert sich an einem übergreifenden Fallbeispiel, der Fluggesellschaft »World Wide Wings« (siehe Kapitel 2). Während viele Programmcodebeispiele direkt in die entsprechenden Anwendungsteile des Gesamtbeispiels integriert sind, liegen aus didaktischen Gründen einige Beispiele aus den Kapiteln »Sprachsyntax Visual Basic 2008 (VB.NET 9.0) und C# 2008 (C# 3.0)« und ».NET-Klassenbibliothek 3.5« in autonomen, besser überschaubaren Codebeispielen vor. Diese Codebeispiele verwenden zwar oft auch Daten aus dem Fallbeispiel, sind jedoch einzeln startbar. Zum Start dieser autonomen Beispiele wird eine von dem Autor dieses Buchs entwickelte Rahmenanwendung, der *Demo-Viewer,* eingesetzt. Der Demo-Viewer erlaubt die Anzeige und den Start aller Beispiele, die sich in einer definierbaren Assembly befinden.

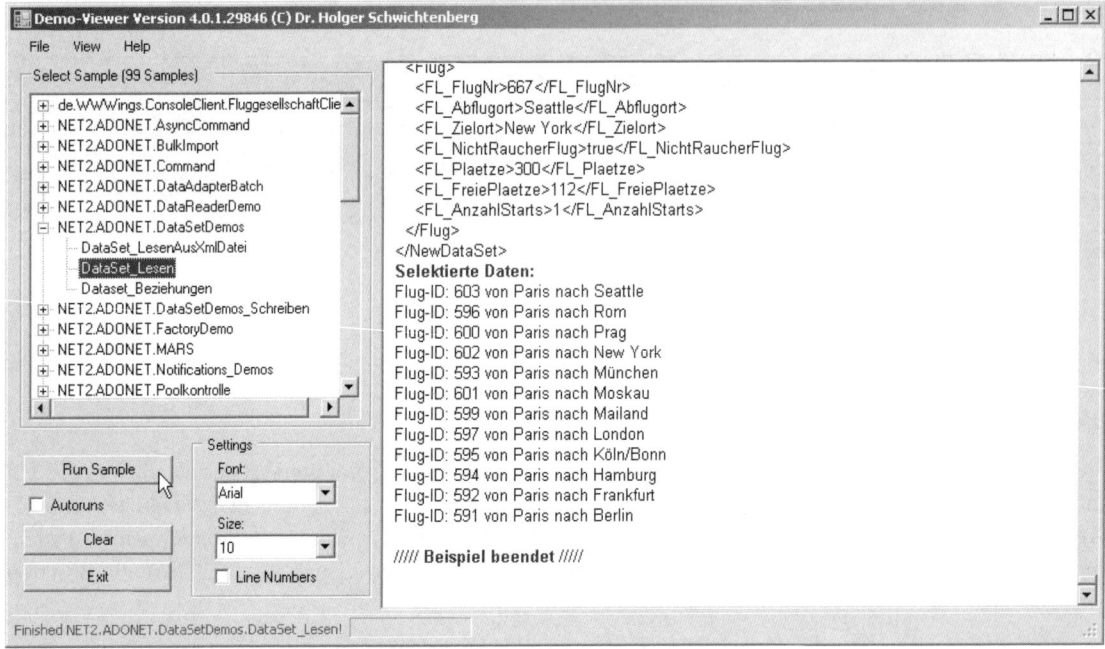

Abbildung 0.1 Start eines Beispiels im Demo-Viewer

Sie werden in den herunterladbaren Beispielen zu diesem Buch bzw. in den im Buch abgedruckten Listings folgende Vorkehrungen zur Nutzung des Demo-Viewers finden:

- Projekte, die Beispiele enthalten, referenzieren folgende Softwarekomponente: *ITV_DemoViewer.dll.*
- Codedateien, die Beispiele enthalten, importieren folgenden Namensraum: de.ITVisions.DemoViewer.
- Klassen, die Beispiele enthalten, sind mit [Demo] bzw. <Demo> annotiert.
- Ausführbare Beispiele sind Instanzmethoden und besitzen keine Parameter.
- Ausgaben in den Beispielen erfolgen mit Demo.Print() – für normale Ausgaben – und Demo.PrintHeader() – für hervorgehobene Ausgaben.

- Die Anwendung startet den Demo-Viewer für C# mit:

```
new de.ITVisions.DemoViewer.Viewer(System.Reflection.Assembly.GetExecutingAssembly())
```

bzw. für Visual Basic mit:

```
Dim d As New Viewer(System.Reflection.Assembly.GetExecutingAssembly())
```

Wenn Sie Beispiele aus diesem Buch in eigene Anwendungen übernehmen wollen, müssen Sie lediglich die o.g. Verbindungen zu dem Demo-Viewer entfernen, insbesondere die Ausgaben mit Demo.Print() und Demo.PrintHeader() ersetzen (siehe Tabelle).

Anwendungsform	Einfache sequenzielle Ausgabe	Ausgabe in bestimmtes Element
Konsolenanwendung	Console.WriteLine(Ausgabe)	Nicht möglich
ASP.NET-Web Forms-Anwendungen	Response.Write(Ausgabe)	TextBox1.Text += Ausgabe
Windows Forms-Anwendung	Nicht möglich	RichTextBox1.AppendText(Ausgabe)

Tabelle 0.2 Alternative Ausgabemöglichkeiten

Kapitel 1

Einführung

In diesem Kapitel:

Was ist .NET?	2
Plattformen	7
Geschichte und Versionen	10
Produkte	15
Entscheidung zwischen der deutschen und der englischen Version	21
Installation	24

Was ist .NET?

.NET (gesprochen DOTNET) ist der Oberbegriff für eine Softwareentwicklungsinfrastruktur der Firma Microsoft. In den Jahren 2001 bis 2004 hat Microsoft .NET als Marketing-Begriff für alle neuen Produkte (Betriebssystem, Server, Office) verwendet – nach Kritik von Kunden und Medien hat die Firma jedoch die sinnvolle Reduzierung auf das .NET Framework und die zugehörigen Softwarekomponenten und Werkzeuge vollzogen.

> **HINWEIS** Bezüglich der genauen Schreibweise von .NET gibt es einige Meinungsverschiedenheiten. Zum Teil schreibt Microsoft selbst .net oder .Net. Einige Medien schreiben den Begriff aus: DOTNET oder dotnet. Vorherrschend und von Microsoft selbst meist verwendet ist jedoch die Schreibweise mit drei Großbuchstaben. Diese Schreibweise wird auch in diesem Buch verwendet (außer auf dem Cover, da dies hier das offizielle Logo abgebildet ist, das die Kleinschreibweise verwendet).

Definition

.NET ist eine betriebssystemunabhängige Softwareentwicklungsplattform mit Unterstützung für die Programmierparadigmen

- Objektorientierung
- Komponentenorientierung und
- Serviceorientierung.

Microsoft selbst hat dabei naturgemäß nur das eigene Windows-Betriebssystem im Blick. Teile von .NET sind aber inzwischen durch die Initiative anderer Unternehmen (insbesondere Novell) auch für andere Betriebssysteme verfügbar.

Ziele von .NET

Primäres Ziel bei der Entwicklung von .NET war es, eine moderne, konsistente, flexible und sichere Softwareentwicklungsplattform auf hohem Abstraktionsniveau für die Entwicklung von Software jeder Art zu schaffen. Zuvor war die Anwendungsentwicklung in verschiedenen Programmiersprachen sehr uneinheitlich und unterschiedlich mächtig. Diese Unterschiede will .NET beseitigen.

Die .NET-Plattform ist insofern vollständig, als schon heute alle Arten von Windows-Anwendungen (mit Ausnahme von Hardware-Treibern) damit entwickelt werden können. Die mitgelieferte Klassenbibliothek ist bereits sehr umfangreich und deckt viele Funktionen ab. Ausbaupotenzial besteht aber noch in den Bereichen Datenzugriff und Anwendungsserver (auf beiden Gebieten ist Java wesentlich weiter) sowie bei der Verfügbarkeit von echten .NET-Programmierschnittstellen für das Windows-Betriebssystem und andere Client- und Serverprodukte aus dem Hause Microsoft.

Auch in dem aktuellen Windows-Client-Betriebssystem *Vista* ist kein einziger Teil mit dem .NET Framework geschrieben worden. .NET-basierte Werkzeuge wie die Microsoft PowerShell sind nur als Add-ons verfügbar. In Windows Server 2008 ist die PowerShell immerhin ein optionales Feature. Aber auch dort gibt es sonst kaum .NET-Anwendungen. Ähnlich verhält es sich mit der Office-Produktfamilie. Im Bereich der Windows-Backend-Server basieren einzelne Produkte (SharePoint Server, Commerce Server) stärker auf .NET-Code.

Daher hat Microsoft bei manchen Kunden ein Glaubwürdigkeitsproblem: Man fragt sich, warum man .NET einsetzen soll, wenn bei Microsoft Entwicklungsabteilungen selbst immer noch mit klassischem C++ entwickeln. Die Akzeptanz von .NET 1.0 verlief in Deutschland sehr schleppend. Bezeichnend ist ein Wikipedia-Eintrag zum Stand von .NET im Jahre 2004: »Obwohl technisch schon einige Jahre alt, steht der Marktanteil an .NET-Programmen immer noch in keinem Verhältnis zur Aufmerksamkeit in Medien und Entwicklergemeinde«.

Seit der Einführung von .NET 2.0 im November 2005 verzeichnen Schulungsunternehmen, Berater und Softwarehäuser jedoch einen wahren Boom in Hinblick auf .NET. Mittlerweile werden erfahrene .NET-Softwareentwickler händeringend gesucht. Die Adaption von .NET 3.0 hingegen vollzog sich wieder viel langsamer. Ein Grund dafür war, dass .NET 3.0 schon ein Jahr nach .NET 2.0 erschienen ist. Ein weiterer Grund war, dass .NET 3.0 in wesentlichen Teilen eine Alternative für Technologien in .NET 2.0 war und ein Umstieg auf die neuen Technologien beschwerlich war. Mit .NET 3.5 gibt es – insbesondere durch die dort eingeführten Technologien zum Datenzugriff – mehr Gründe für einen Versionswechsel.

Technische Merkmale des .NET Frameworks

Wesentliche Merkmale des .NET Frameworks sind:

- Parallelbetrieb verschiedener .NET Framework-Versionen (eine .NET-Anwendung startet automatisch mit der Framework-Version, für die sie entwickelt wurde)
- durchgängige Objektorientierung: auch elementare Datentypen wie Zahlen und Zeichenketten sind Objekte
- wiederverwendbare Softwarekomponenten (sogenannte Assemblies)
- Plattformunabhängigkeit durch Zwischensprache/Intermediation mit Just-in-Time-Compiler wie bei Java: Write Once Run Anywhere (WORA)
- verschiedene Anwendungstypen (*Fat-Clients*, Standard-Webanwendungen, Rich Internet Applications, Systemdienste, Webdienste, Pocket-PC-Anwendungen, SmartPhone-Anwendungen)
- Sprachunabhängigkeit (mehr als 45 verschiedene Programmiersprachen) mit sprachübergreifenden Aufrufen und sprachübergreifender Vererbung
- einheitliche Laufzeitumgebung mit Diensten wie Codeüberprüfung (Sicherheit, Array-Grenzen etc.), Threading, Speicherbereinigung und Ausnahmebehandlung
- umfangreiche Klassenbibliothek mit mehr als 9.000 Klassen, einheitlich für alle .NET-fähigen Programmiersprachen
- Schnittstellenverträge, die ermöglichen, dass man Mitglieder ergänzt, ohne den Schnittstellenvertrag zu brechen (Der Vertrag wird erst gebrochen, wenn man Mitglieder oder Parameter entfernt bzw. Datentypen ändert.)
- XML-basierte Konfiguration von Anwendungen (Abkehr von der Windows-Registrierungsdatenbank)
- Schutz vor »gefährlichem« Programmcode durch Sandbox-Konzepte wie in Java
- Nutzung von Metadaten (automatische Metadatengenerierung und manuelle Metadaten)
- XCopy-Deployment (Verteilung von Anwendungen durch einfaches Kopieren der Programmdateien sowie der zugehörigen Bibliotheken und Ressourcendateien)

- Interoperabilität zu Plattformen: COM, Windows 32 API sowie XML-Webservices (zu Java und CORBA auch durch Drittanbieterprodukte).

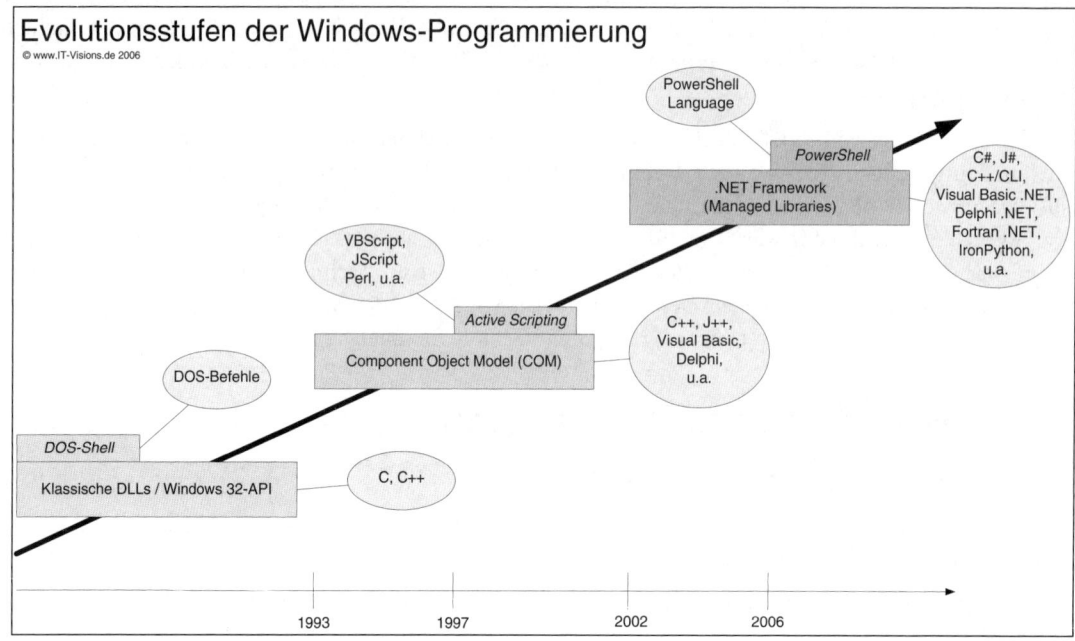

Abbildung 1.1   .NET ist die dritte Evolutionsstufe der Windows-Programmierung

Kernbausteine

Die .NET-Strategie besteht im Wesentlichen aus dem .NET Framework und einigen ergänzenden Produkten. In der folgenden Abbildung sind die Bausteine des .NET Frameworks durchgehend dünn umrandet und die ergänzenden Bausteine gestrichelt dick umrandet. Diese Bausteine werden im Kapitel »Grundkonzepte des .NET Framework 3.5« näher erläutert.

Die Grafik gliedert sich in:

- Laufzeitumgebung (Common Language Runtime, CLR)
- darauf aufbauende Bibliotheken wie System.IO, System.Data (alias ADO.NET), System.Management, System.Workflow, System.Reflection, System.Xml u.a.
- Oberflächenbibliotheken wie System.Windows.Forms (alias Windows Forms), System. Windows (alias Windows Presentation Foundation) und System.Web (alias ASP.NET)
- Sprach-Compiler für Visual Basic, C#, C++, Python u.a.
- Infrastruktursoftware wie Microsoft SharePoint, Microsoft PowerShell, Microsoft SQL Server und Microsoft BizTalk Server.

Was ist .NET?

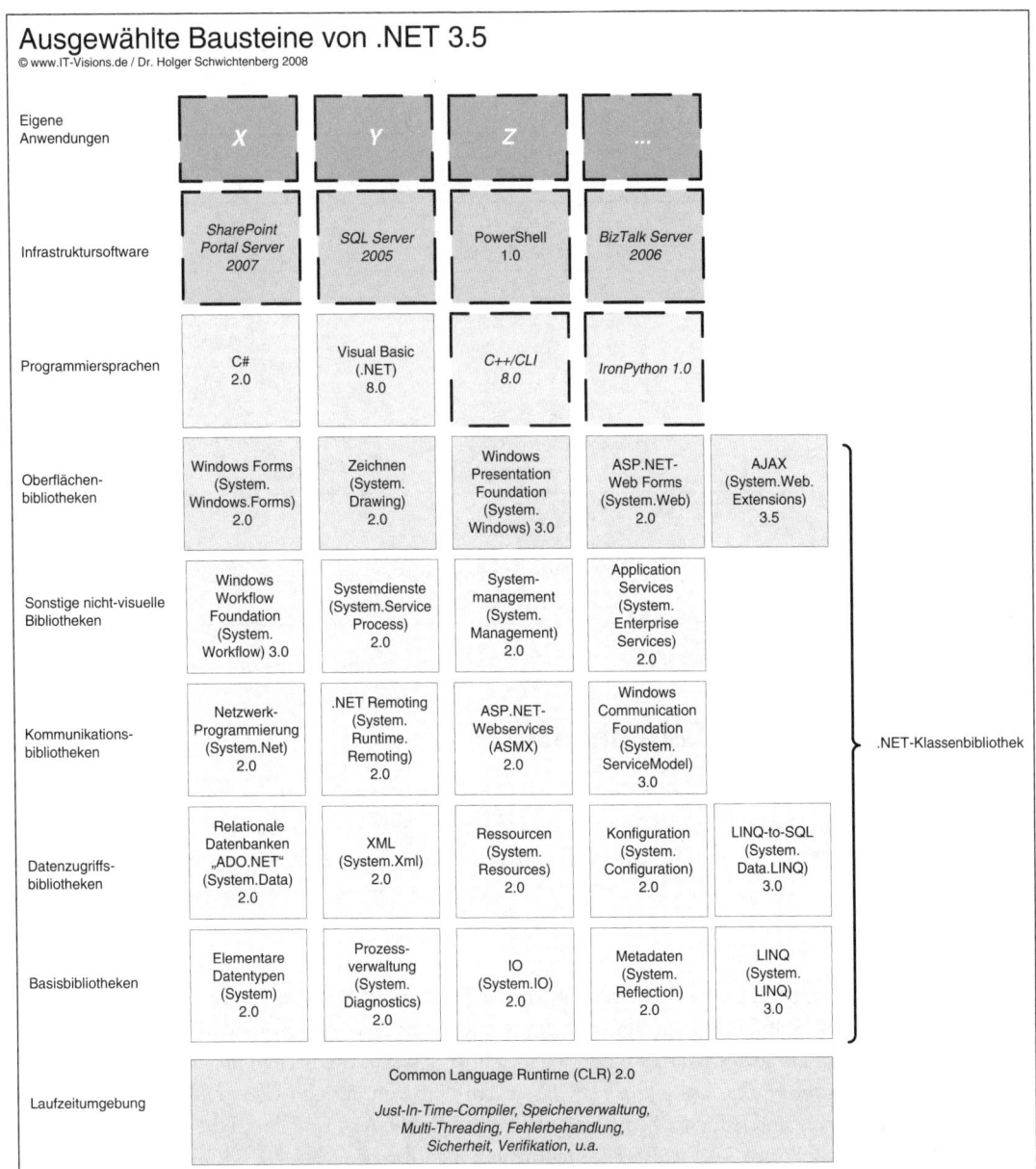

Abbildung 1.2   Zentrale Bausteine der .NET-Strategie

Funktion	Name(n)
Laufzeitumgebung	Common Language Runtime (CLR)
Zwischensprache	Microsoft Intermediate Language (MSIL) alias Common Intermediate Language (CIL)
Sprachunabhängiges Typkonzept/ Sprachinteroperabilität	Common Language Specification (CLS)
	Common Type System (CTS)

Funktion	Name(n)
.NET-fähige Programmierhochsprachen	C#, Managed C++, Visual Basic .NET, JScript .NET, IronPython u. a.
Klassenbibliothek	.NET Framework Class Library (FCL)
Entwicklung von Windows-Desktop-Oberflächen	Windows Forms Windows Presentation Foundation (WPF)
Entwicklung von client- und serverbasierten Web-Oberflächen	ASP.NET Webforms ASP.NET AJAX Extensions
Datenzugriff	ADO.NET ADO.NET Entity Framework LINQ-to-SQL (LTS) System.IO System.Configuration System.Resources System.Xml (*XML.NET*)
Kommunikation & Verteilte Systeme (Fernaufruf / Anwendungskopplung)	System.Net .NET Remoting ASP.NET Webservices (alias: ASMX) Windows Communication Foundation (WCF)

Tabelle 1.1   Kernbausteine des .NET Frameworks

Standardisierung bei ECMA und ISO

Microsoft hat einige Teile des .NET Frameworks unter dem Namen *Common Language Infrastructure (CLI)* standardisieren lassen. Die CLI wurde erstmals im Dezember 2001 von der European Computer Manufacturers Association (ECMA) standardisiert (ECMA-Standard 335, Arbeitsgruppe TC49/TG3, früher: TC39/TG3, siehe [ECMA01]); mit kleinen Änderungen wurde der Standard im Dezember 2002 von der weltweit wichtigsten Standardisierungsorganisation, der International Standardization Organization (ISO), übernommen als ISO/IEC 23271.

Auch die Programmiersprache *C#* ist von beiden Gremien akzeptiert (ECMA-334 bzw. ISO/IEC 23270). Die Begriffe lauten in den Standards zum Teil allerdings anders als bei Microsoft: Was im .NET Framework *Microsoft Intermediate Language (MSIL)* heißt, entspricht im Standard der *Common Intermediate Language (CIL)*. Anstelle der *Framework Class Library (FCL)* spricht man von der *CLI Class Library*. Von der Standardisierung ausgenommen sind jedoch z. B. die Datenbankschnittstelle ADO.NET und die Benutzeroberflächen-Bibliotheken Windows Forms und ASP.NET Webforms. Auch die neueren .NET-Bibliotheken (WPF, WCF und WF) sind nicht standardisiert.

Die Standardisierung der erweiterten Sprachsyntax von C# 2005 sowie der Neuerungen in der Common Language Runtime (CLR) 2.0 bei ECMA und ISO sind inzwischen ebenfalls abgeschlossen. Die ECMA hat im Juni 2005 bereits die dritte Version der Standards für C# (ECMA-Standard 334, Arbeitsgruppe TC49/TG2, früher: TC39/TG2) und der Common Language Infrastructure (CLI) (ECMA-Standard 335, Arbeitsgruppe TC49/TG3, früher: TC39/TG3) beendet. Es handelt sich deshalb um die dritte und nicht erst um die zweite Version, weil die ECMA nach dem ursprünglichen Standardisierungsprozess um eine Ratifizierung durch die International Standardization Organization (ISO) gebeten hatte. Die von der ISO geforderten Nachbesserungen führten zur »Second Edition«. Im Rahmen der Ratifizierung durch die ISO wurde dann abermals eine neue Version veröffentlicht.

Der endgültige Standard zu .NET 2.0 ist ECMA-335, 4. Ausgabe Juni 2006 sowie ISO/IEC 23271:2006 (Stand 29.07.2006). C# 2.0 ist standardisiert als ECMA-334, 4. Ausgabe Juni 2006 sowie ISO/IEC 23270:2006 (Stand 23.08.2006).

Ein weiterer, von Microsoft initiierter Standard ist von der ECMA im Dezember 2005 unter ECMA-372 (Arbeitsgruppe TC49/TG5, früher: TC39/TG5) verabschiedet worden: C++/CLI ist eine Spracherweiterung für C++ (ISO/IEC 14882:2003), die eine elegantere Nutzung von C++ auf der CLI-Plattform ermöglicht, als dies bisher mit den Managed Extensions for C++ (alias Managed C++) möglich war.

> **HINWEIS** Auf der Website der entsprechenden ECMA-Arbeitsgruppen (TC49/ TG2, 3 und 5, siehe [ECMA02]) gab es bis zum Redaktionsschluss keine Meldungen über die Standardisierung der Neuerungen in C# 3.0 oder der Klassenbibliotheken in .NET 3.0 und 3.5.

Plattformen

.NET ist grundsätzlich plattformunabhängig – wie die Programmiersprache Java verwendet .NET eine Zwischensprache. Microsoft selbst bedient aber nur die Windows-Betriebssysteme. Mono ist eine »Nachentwicklung« von .NET für andere Plattformen durch die Firma Novell. Mono hat aber eine andere Versionsnummernzählung. Die nachstehende Tabelle zeigt die Verfügbarkeit von .NET und Mono für verschiedene Betriebssysteme. Man erkennt, dass sowohl Microsoft als auch Novell ältere Windows-Versionen nicht mehr unterstützen.

	.NET 1.0	.NET 1.1	.NET 2.0	.NET 3.0	.NET 3.5	Mono 1.2	Mono 1.9	Rotor 2.0
Windows 95	Nicht verfügbar	Nicht verfügbar	Nicht verfügbar	Nicht verfügbar	Nicht verfügbar	Verfügbar	Nicht verfügbar	Nicht verfügbar
Windows 98	Add-On	Add-On	Add-On	Nicht verfügbar	Nicht verfügbar	Verfügbar	Nicht verfügbar	Nicht verfügbar
Windows ME	Add-On	Add-On	Add-On	Nicht verfügbar	Nicht verfügbar	Verfügbar	Nicht verfügbar	Nicht verfügbar
NT 4.0	Add-On	Add-On	Nicht verfügbar	Nicht verfügbar	Nicht verfügbar	Verfügbar	Nicht verfügbar	Nicht verfügbar
Windows 2000	Add-On	Add-On	Add-On	Nicht verfügbar	Nicht verfügbar	Verfügbar	Verfügbar	Nicht verfügbar
Windows XP	Add-On	Add-On	Add-On	Add-On	Add-On	Verfügbar	Verfügbar	Nicht verfügbar
Windows XP 64 Bit	Nicht verfügbar	Add-On	Add-On	Add-On	Add-On	Verfügbar	Verfügbar	Nicht verfügbar ▶

	.NET 1.0	.NET 1.1	.NET 2.0	.NET 3.0	.NET 3.5	Mono 1.2	Mono 1.9	Rotor 2.0
Windows XP Service Pack 2	Add-On	Add-On	Enthalten	Add-On	Add-On	Verfügbar	Verfügbar	Verfügbar
Windows Server 2003	Add-On	Add-On	Add-On	Add-On	Add-On	Verfügbar	Verfügbar	Nicht verfügbar
Windows Server 2003 64 Bit	Nicht verfügbar	Nicht verfügbar	Verfügbar	Verfügbar	Verfügbar	Verfügbar	Verfügbar	Nicht verfügbar
Windows Server 2003 R2	Add-On	Add-On	Enthalten	Add-On	Add-On	Verfügbar	Verfügbar	Nicht verfügbar
Windows Server 2003 R2 64 Bit	Nicht verfügbar	Nicht verfügbar	Enthalten	Add-On	Add-On	Verfügbar	Verfügbar	Nicht verfügbar
Windows Vista	Add-On	Add-On	Enthalten	Enthalten	Add-On	Verfügbar	Verfügbar	Nicht verfügbar
Windows Vista 64 Bit	Nicht verfügbar	Nicht verfügbar	Enthalten	Add-On	Add-On	Verfügbar	Verfügbar	Nicht verfügbar
Windows Server 2008	Nicht empfohlen, es erscheint eine Warnmeldung	Add-On	Enthalten	Optionales Betriebssystemfeature	Add-On	Verfügbar	Verfügbar	Nicht verfügbar
Windows 2008 64 Bit	Nicht empfohlen, es erscheint eine Warnmeldung	Add-On	Enthalten	Optionales Betriebssystemfeature	Add-On	Verfügbar	Verfügbar	Nicht verfügbar
Windows Server 2008 Core	Nicht verfügbar	Nicht verfügbar	Nicht verfügbar	Nicht verfügbar	Nicht verfügbar	Verfügbar	Verfügbar	Nicht verfügbar
Linux (RedHat Enterprise Linux 4) und OpenSuse (10.1 bis 10.3)	Nicht verfügbar	Nicht verfügbar	Nicht verfügbar	Nicht verfügbar	Nicht verfügbar	Verfügbar	Verfügbar	Nicht verfügbar
Solaris 9	Nicht verfügbar	Nicht verfügbar	Nicht verfügbar	Nicht verfügbar	Nicht verfügbar	Verfügbar	Verfügbar	Nicht verfügbar
FreeBSD	Nicht verfügbar	Nicht verfügbar	Nicht verfügbar	Nicht verfügbar	Nicht verfügbar	Möglich	Möglich	Verfügbar
Mac OS 10.4 und 10.5	Nicht verfügbar	Nicht verfügbar	Nicht verfügbar	Nicht verfügbar	Nicht verfügbar	Verfügbar	Verfügbar	Nicht verfügbar

Tabelle 1.2   Verfügbarkeit der .NET-Versionen

Microsoft .NET Framework

Microsoft selbst versteht unter Plattformunabhängigkeit nur seine eigenen Windows-Varianten: DOS-basierte Windows-Systeme (98, ME), NT-basierte Windows-Systeme (NT 4.0, 2000, XP, 2003, Vista, 2008 und Nachfolger) sowie CE-basierte Systeme (Pocket PC, Windows Mobile). Für Windows CE-basierte Systeme gibt es eine reduzierte Version, das sogenannte *.NET Compact Framework*. Neu seit .NET 2.0 ist die Unterstützung für 64-Bit-Systeme (x64, IA64) sowie für den Emulator WOW64, mit dem 32-Bit-Anwendungen auf 64-Bit-Systemen laufen können. Für sehr kleine Endgeräte (z.B. Uhren, Hilfsanzeigen von Notebooks) existiert ein .NET Micro Framework (MF). Für die Programmierung der Spielekonsole XBox gibt es das auf .NET aufsetzende XNA-Framework.

ECMA SSCLI (Rotor)

Die ECMA stellt seit Mai 2002 drei Referenzimplementierungen der CLI für Windows XP, FreeBSD 4.5 und Mac OS X bereit (die Quellcodes und Dokumente befinden sich nicht auf dem Webserver der ECMA, sondern auf den Homepages der beteiligten Unternehmen, siehe [MSDN23]). Diese Referenzimplementierung wird als *Shared Source CLI (SSCLI)* oder kurz mit dem Codenamen *Rotor* bezeichnet. Wie den Listings von Rotor zu entnehmen ist, stammt der Code von Microsoft. Entfernt sind gegenüber dem .NET Framework lediglich die nicht standardisierten Klassen und Klassenmitglieder. Rotor darf nur für Studienzwecke, nicht aber kommerziell oder für eigene Produkte genutzt werden.

TIPP Der Rotor-Quellcode stammt zum größten Teil von Microsoft selbst (es handelt sich um eine reduzierte Version des .NET Framework-Quellcodes) und ist eine gute Chance, hinter die Kulissen von .NET zu schauen.

Novell Mono

Mit dem Produkt Mono [MONO01] der Firma Novell existiert inzwischen eine ernst zu nehmende .NET-Implementierung für Unix, Linux und Mac OS. Mono ist ein Open Source-Projekt und wurde im Jahre 2001 von Miguel de Icaza ins Leben gerufen, der in der Linux-Welt bekannt ist durch den Gnome Desktop, einen Konkurrenten von KDE.

In offiziellen Verlautbarungen bezeichnet die Firma Novell ihr Produkt »Mono« als »eine .NET Implementierung basierend auf den ECMA-Standards für C# und die Common Language Infrastructure«. Tatsächlich geht Mono aber schon in der aktuellen Version 1.9 (verfügbar 13.3.2008) weit über den lückenhaften Standard hinaus: Neben den standardisierten Technologien unterstützt es zusätzlich die Datenzugriffstechnologie ADO.NET, die Webanwendungstechnologie ASP.NET Webforms und auch Windows Forms. Mono bietet zudem weitere Datenbanktreiber und Programmierschnittstellen für spezielle Anwendungsgebiete aus der Linux-Welt.

Mono ist eine komplette Neuentwicklung. Der Quellcode der Shared Source CLI durfte aufgrund der Lizenzbedingungen nicht für die Entwicklung von Mono verwendet werden.

Novell liefert derzeit vorgefertigte Mono-Distributionen für die Betriebssystemplattformen Suse-Linux, RedHat-Linux, Fedora-Linux, Novell-Linux, Mac OS sowie für Windows. Pakete für andere Unix-Derivate sind geplant, aber derzeit noch nicht verfügbar. Novell liefert Suse Linux seit Version 9.2 bereits mit Mono aus. Monoppix bietet aufbauend auf der Knoppix-Distribution eine von CD startbare Linux-Variante mit vorinstalliertem und konfiguriertem Mono [MONO02].

Geschichte und Versionen

Das .NET Framework ist entstanden aus Bemühungen von Microsoft, eine einheitliche Laufzeitumgebung für das Component Object Model (COM) zu entwickeln. COM ist das Komponentenmodell, das Microsoft Anfang der 90er Jahre entwickelt hat und das heute wesentlicher Bestandteil des Windows-Betriebssystems und vieler Windows-Anwendungen von Microsoft und anderen Anbietern ist.

Als sich herausstellte, dass *COM Version 3.0* sich sehr weit von den Vorgängerversionen entfernen würde, hat Microsoft einen neuen Namen vergeben. Zunächst wurde das Konzept *Next Generation Windows Service* (*NGWS*) genannt, seit Juli 2000 verwendet Microsoft den Begriff *.NET Framework*.

HINWEIS Dass COM der Ausgangspunkt für die Entwicklung von .NET war, merkt man noch an einigen Stellen in den Eingeweiden des .NET Frameworks, an denen die Begriffe COM und COM+ erscheinen (z. B. auch im Dateinamen des *.NET Framework SDK Logo: complus.gif*).

.NET-Version	Codename/früherer Name	Installationspaketgröße	Erscheinungstermin	Zugehörige Visual Studio-Version
1.0	COM+ v3/Next Generation Windows Service (NGWS)	19.7 MB	5.1.2002	Visual Studio .NET 2002
1.1	Everett	23.1 MB	1.4.2003	Visual Studio .NET 2003
2.0	Whidbey	22.4 MB	7.11.2005	Visual Studio 2005 oder Visual Studio 2008
3.0	WinFX	50.3 MB (64-Bit: 90.1 MB)	19.11.2006	Visual Studio 2005 + Erweiterungen oder Visual Studio 2008
3.5	Orcas	197.0 MB	19.11.2007	Visual Studio 2008

Tabelle 1.3 Bisher erschienene .NET-Versionen

HINWEIS Microsoft verwendet intern und oft auch in öffentlichen Dokumenten (insbesondere in Weblogeinträgen und Folienvorträgen) Codenamen anstelle der Versionsnummer:

- Everett entspricht .NET 1.1
- Whidbey entspricht .NET 2.0
- Orcas entspricht .NET 3.5
- Hawaii entspricht .NET 4.0

Bei den Codenamen handelt es sich um Inseln im Pazifischen Ozean, die aus Sicht des US-Festlandes jeweils weiter draußen im Pazifik liegen. Die Ausnahme dabei bildet Everett, bei der es sich um eine Küstenstadt im US-Bundesstaat Washington handelt.

.NET 1.x

Die Version 1.0 wurde im Januar 2002 freigegeben. Im April 2003 ist die Version 1.1 (Codename Everett) mit kleineren Verbesserungen und Fehlerbehebungen erschienen.

.NET 2.0 (Whidbey)

Nachdem im Juli 2003 zunächst nur 500 ausgewählte Alpha-Tester Einblick erhielten, hat Microsoft im Oktober 2003 auf der Professional Developers Conference (PDC) eine Alpha-Version des .NET Frameworks 2.0 und von Visual Studio 2005 an mehr als 7.000 Entwickler verteilt. In dieser Alpha-Version trug das .NET Framework noch die Versionsnummer 1.2 und die Entwicklungsumgebung hieß Visual Studio .NET 8.0. Die erste Beta-Version von Visual Studio 2005 (ohne .NET im Namen) erschien im Juni 2004, die Beta-2-Version im April 2005. Die finale Version kam am 28. Oktober 2005 auf den Microsoft Servern heraus. Die offiziellen Feierlichkeiten zur Marktübergabe fanden am 7. November 2005 statt.

Zahlreiche Neuerungen findet man im .NET Framework 2.0 sowohl in der Laufzeitumgebung Common Language Runtime (CLR) und in den .NET-Programmiersprachen als auch in der Klassenbibliothek und in den zentralen Schichtenkonzepten ADO.NET, ASP.NET und Windows Forms. Viele Neuerungen haben als Zielsetzung, für Standardaufgaben die Menge des Programmcodes zu reduzieren, den der Entwickler selbst verfassen muss. Außerdem ist mit dem Click-Once-Deployment eine neue Technologie zur Verteilung von Anwendungen über Webserver und Netzwerklaufwerke mit Auto-Update-Funktion enthalten.

.NET 3.0 (WinFX)

Das .NET Framework 3.0 ist am 6. November 2006 erschienen, fast genau ein Jahr nach .NET 2.0. Der kurze Zyklus zwischen .NET 2.0 und 3.0 kam für viele überraschend, denn Microsoft hatte zunächst gar kein neues .NET Framework für das Jahr 2006 angekündigt, sondern eine ergänzende Klassenbibliothek mit dem Namen *Windows Framework (WinFX)*. Dabei war WinFX bei der allerersten Ankündigung auf der Professional Developers Conference 2003 der Name für eine neue .NET-basierte Programmierschnittstelle in Windows Vista (damals noch *Windows Longhorn Client*). WinFX sollte das veraltete Windows 32-API und das heterogene Sammelsurium von nach dem Component Object Model (COM) entwickelten Softwarekomponenten ablösen.

WinFX hat sich dann weiterentwickelt: Zunächst wurde aus dem Vista-API auf Kundendruck eine Klassenbibliothek, die es auch als Erweiterung zu Windows XP und Windows Server 2003 geben sollte. Schließlich gab es in Redmond die Entscheidung, Vista doch nicht mit Hilfe von .NET neu zu entwickeln. Damit war WinFX endgültig losgelöst von Windows Vista.

Dann diskutierte Microsoft mehr oder weniger intern, ob man .NET und WinFX nicht unter dem Namen WinFX zusammenfassen solle. Schließlich ließ Microsoft den Namen WinFX fallen und gemeindete die neuen Klassen in .NET als .NET Framework 3.0 ein. Den Namen .NET Framework 3.0 hat Microsoft am 9. Juni 2006 »enthüllt«.

.NET 3.0 enthält weder eine neue Laufzeitumgebung noch neue Compiler oder eine neue Sprachsyntax. Das .NET Framework 3.0 ist eine echte Erweiterung zum .NET Framework 2.0. In der Version 3.0 gibt es zusätzlich vier große Bibliotheken:

1. Windows Presentation Foundation (WPF), Codename *Avalon*
2. Windows Communication Foundation (WCF), Codename *Indigo*
3. Windows Workflow Foundation (WF) (die Abkürzung ist tatsächlich nur WF, nicht WWF!)
4. Windows CardSpace (WCS), früher: Infocard

Das .NET Framework 3.0 umfasst also:

- die Common Language Runtime Version 2.0 (wie im .NET Framework 2.0)
- die .NET-Sprachen der zweiten Generation, also C# 2.0 und Visual Basic 8.0 (wie in .NET Framework 2.0)
- die .NET Framework Class Library Version 3.0 mit den Klassen der .NET Framework Class Library 2.0 und o.g. zusätzlichen Erweiterungen.

ACHTUNG Damit ist jede .NET 2.0-Anwendung kompatibel mit und lauffähig unter .NET 3.0. Korrekterweise müsste man die Anwendung nicht mehr an dem .NET Framework, sondern an der CLR festmachen. Damit ist klar, dass eine CLR 2.0-Anwendung auch unter .NET 3.0 läuft, weil .NET 3.0 auch die CLR 2.0 enthält. Es zeichnet sich ab, dass Microsoft in der Zukunft die Versionsnummer der CLR und der Klassenbibliothek entkoppeln wird.

HINWEIS Entgegen den ursprünglichen Ankündigungen der starken Verwendung von .NET wurde Windows Vista letztlich ausschließlich mit klassischen Programmiertechniken entwickelt und alle neuen Funktionen des Betriebssystems stehen für Entwickler auch nur auf klassischen Wegen (C-DLLs oder COM) zur Verfügung.

Erweiterungen zu .NET 2.0/3.0

Um den Jahreswechsel 2006/2007 sind noch zwei wichtige Erweiterungen für .NET 2.0 und 3.0 erschienen:

- die Windows PowerShell 1.0
- die AJAX-Erweiterungen 1.0 für ASP.NET 2.0

.NET 3.5 (Orcas)

Auf den Tag genau ein Jahr nach .NET 3.0 ist .NET 3.5 erschienen. .NET 3.5 basiert auf einer leicht veränderten Version der CLR 2.0 (CLR 2.0 Service Pack 1). Enthalten in .NET 3.5 sind neue Versionen der Sprachcompiler C# (Version 9.0 für C# 3.0, siehe dazu Kapitel zu C#) und Visual Basic (Version 9.0) sowie der Bibliotheken ASP.NET, Windows Workflow Foundation, Windows Communication Foundation, Windows Presentation Foundation und einiger .NET-Basisbibliotheken. Zentrale neue Bibliothek ist die universelle Abfragesprache *Language Integrated Query* (*LINQ*).

Die folgende Grafik veranschaulicht das Verhältnis von .NET 2.0, 3.0 und 3.5. Mit gestricheltem Rand dargestellt sind Erweiterungen, die nicht Teil des ursprünglichen Installationspakets waren und zusätzlich installiert werden müssen.

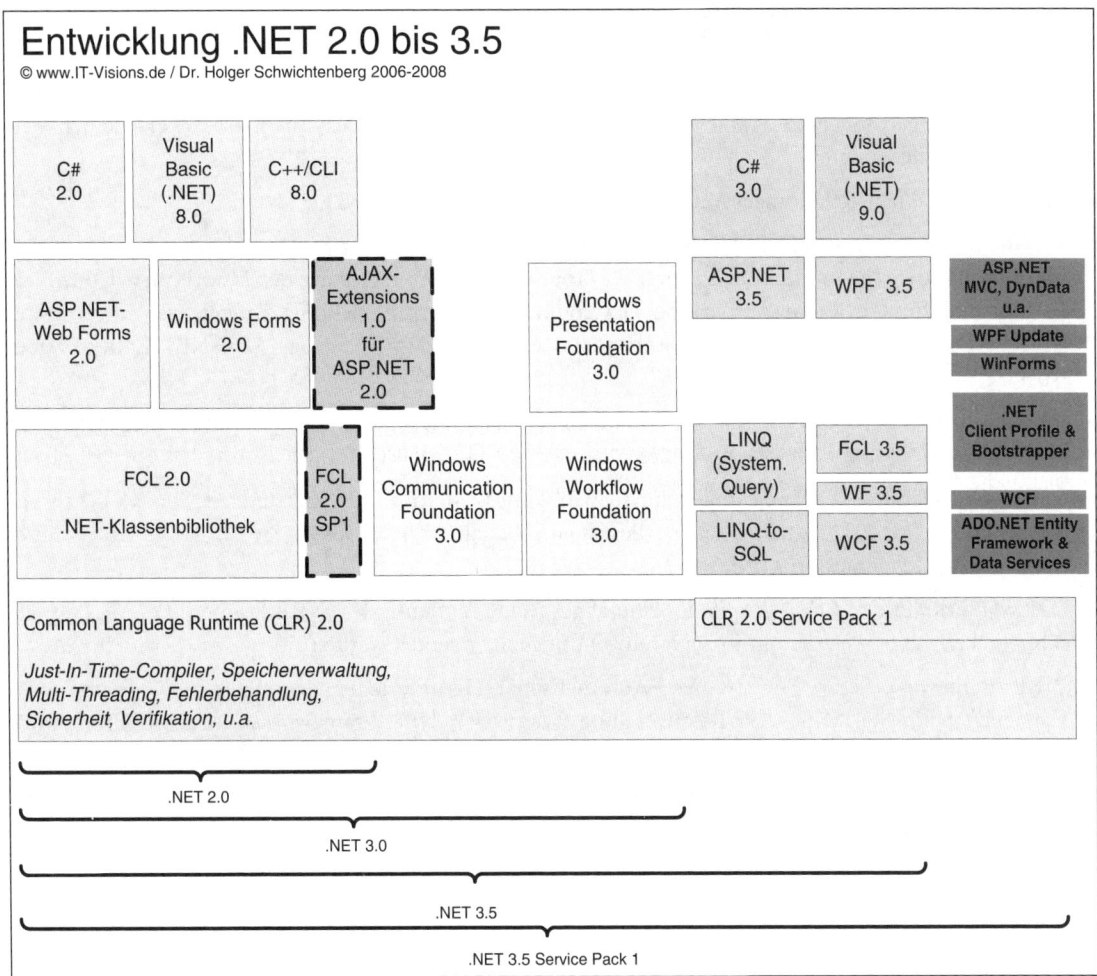

Abbildung 1.3 Entwicklung von .NET 2.0 zu .NET 3.5

Service Pack 1 für .NET 2.0 und .NET 3.0

Die Service Packs 1 zu .NET 2.0 und .NET 3.0 sind parallel mit dem .NET Framework 3.5 erschienen. Das .NET Framework 3.5 setzt voraus, dass vorher die Service Packs für die Vorversionen installiert sind, nimmt dies aber automatisch bei der Installation vor.

Es gilt also die Formel:

.NET 3.5 = .NET 2.0 + .NET 2.0 SP1 + .NET 3.0 + .NET 3.0 SP1 + Neue Funktionen

Da es Änderungen und Ergänzungen in den Service Packs gab, kann es zu Inkompatibilitäten bei .NET-Anwendungen kommen. Dies wird in Kapitel 4 näher besprochen.

Service Pack 1 für .NET 3.5

Microsoft hat im Dezember 2007 [SG01] und Februar 2008 [SG02] angekündigt, dass noch im Jahr 2008 einige Erweiterungen für .NET Framework im Rahmen eines Service Packs für .NET 3.5 erscheinen werden. Dies sind insbesondere:

- Ein weiterer Objekt-Relationaler Mapper (*ADO.NET Entity Framework*)
- Erweiterungen für ASP.NET in Hinblick auf AJAX (Unterstützung für Browser Vor/Zurück, Skriptverbindungen) sowie neue Funktionen für URL-Routing, zur Unterstützung des Model-View-Controler-Pattern und für die Rapid Application Development (RAD)-Entwicklung datengetriebene Websites (*ASP.NET Dynamic Data*) sowie eine EntityDataSource zum Zugriff auf das ADO.NET Entity Framework
- Ein paar neue Steuerelemente für Windows Forms (*Visual Basic Action Pack* – aber trotz des Namens auch für C#!): PrintForm, LineShape, OvalShape, RectangleShape, DataRepeater
- Microsoft will durch Veränderungen im Just-In-Timer-Compiler die Kaltstartzeit für .NET-Anwendungen um bis zu 40% reduziert haben (dies ist eine Angabe von Microsoft, die nicht vom Autor dieses Buchs selbst nachgemessen wurde)
- Das *.NET Framework Client Profile* ist eine abgespeckte Variante des .NET Frameworks, die auf alle Bibliotheken verzichtet, die nur in Serveranwendungen verwendet werden
- .NET Framework Setup Bootstrapper: Automatischer Herunterladen benötigter .NET Framework-Versionen beim Start einer .NET-Anwendung (wahlweise .NET Framework oder .NET Framework Client Profile)
- Erweiterung für das Click-Once-Deployment (Unterstützung für FireFox, eigene Installationsoberfläche, Beschränkung durch Gruppenrichtlinien, u. a.)
- Verbesserungen für WCF
- Leistungssteigerung für WCF-HTTP-Dienste (laut Angabe von Microsoft 5- bis 10-fach!)
- Vereinfachung der Programmierschnittstelle in Bezug auf Serialisierung
- Verbesserungen für WPF
- Leistungssteigerung für WPF (z.B. bei Animationen und beim Blättern in Listen)
- Verbesserungen bei der Datenbindung in WPF (z. B. Null-Werte und Zeichenkettenformatierung)
- Integration von Direct3D in WPF-Anwendungen
- Neues Webbrowser-Steuerelement
- Neue Überblendungseffekte

HINWEIS   Das .NET 3.5 Service Pack 1 sollte besser *Feature Pack* heißen. Noch besser, sollte .NET die Versionsnummer 3.6 oder 3.7 erhalten, denn der Umfang der Neuerungen ist – gerade für ASP.NET und ADO.NET – erheblich.

HINWEIS   Da die erste Beta-Version des Service Pack 1 erst kurz vor Redaktionsschluss zu diesem Buch erschienen ist, war eine nähere Betrachtung und Bewertung aller neuen Funktionen im Rahmen dieses Buchs nicht möglich.

ECMA SSCLI (Rotor)

Die Referenzimplementierung der ECMA, Shared Source CLI (SSCLI), welche auch unter dem Namen *Rotor* bekannt ist, ist im März 2006 in der Version 2.0 erschienen, die dem .NET Framework 2.0 entspricht. Bestrebungen, die Klassen aus .NET 3.0/3.5 zu standardisieren, gibt es bislang nicht.

Mono

Die zum Redaktionsschluss aktuelle *Mono*-Version 1.9 ist eine Mischung aus dem Umfang von .NET 1.1 und .NET 2.0. Alle Klassen aus dem ECMA-/ISO-Standard sind enthalten, für ADO.NET, Windows Forms und ASP.NET ist die Implementierung noch nicht gleichwertig zu .NET 2.0. Erst Mono 2.0 soll vollständig kompatibel mit .NET 2.0 sein. .NET 3.x-Klassen gibt es noch kaum in Mono. Dies ist geplant ab Mono 2.2. Einzige Ausnahme ist die Sprachsyntax von C# 3.0 (inklusive LINQ), die schon ab Mono 1.9 zum Teil unterstützt wird.

Mono-Version	Datum	Wesentliche neue Funktionen
1.0	30.6.2004	Basisversion mit CLR 1.0, C# 1.0, ASP.NET, ADO.NET und weiteren Klassenbibliotheken
1.1	21.9.2004	Teile von C# 2.0
1.2	22.11.2006	C# 2.0, ASP.NET 2.0, ADO.NET 2.0, Windows Forms 1.1 vollständig, System.Drawing, System.ServiceProcess, System.Transactions
1.9	13.3.2008	VB.NET, Windows Forms 2.0, C# 3.0, Silverlight, LINQ-to-Objects, LINQ-to-XML, System.Design 1.1/2.0
2.0	(geplant für 2. Quartal 2008)	Komplette Äquivalenz zu .NET 2.0
2.2	(geplant für 4. Quartal 2008)	LINQ-to-DB (LINQ-to-DB ist eine Verallgemeinerung von LINQ-to-SQL!), WCF

Tabelle 1.4 Überblick über die Mono-Versionen

HINWEIS Die weiteren Ausführungen in diesem Buch basieren auf dem Microsoft .NET Framework. Für Unterschiede in Mono sei auf die Mono-Website [MONO01] verwiesen.

Produkte

In diesem Kapitel werden die verschiedenen Teilprodukte von Microsoft .NET genannt.

HINWEIS Mit Absicht sind zu den kommerziellen Produkten in diesem Buch keine Lizenzkosten genannt, da der tatsächliche Preis den ein Unternehmen für Lizenzen zahlen muss sehr stark abhängig ist von dem vertraglichen Verhältnis zu Microsoft. Über Partnerschaften und Rahmenverträge kann man viel bessere Konditionen erhalten als beim Einzelbezug über Händler. Dies gilt insbesondere auch für die sehr teuren Produkte wie Visual Studio Team System (VSTS) und Team Foundation Server (TFS). Um die für Sie optimale Lösung zu finden, wenden Sie sich am besten an einen Microsoft Certified Licensing Specialist (MCLS).

Notwendige Produkte

Zur Softwareentwicklung mit .NET 3.5 benötigen Sie auf jeden Fall die in dieser Tabelle genannten Produkte. Theoretisch können Sie das Open Source-Produkt *Sharp Develop* [SHARP01] anstelle von Visual Studio 2008 einsetzen. Seit es allerdings kostenfreie Express-Versionen von Visual Studio gibt, verbleiben nur noch wenige Gründe für den Einsatz von Sharp Develop.

Produkt	Erläuterung	Anbieter	Kostenfrei	Bezugsquelle
.NET Framework Redistributable 3.5	Laufzeitumgebung	Microsoft	Ja	http://www.microsoft.com/downloads/details.aspx?FamilyID=10cc340b-f857-4a14-83f5-25634c3bf043&DisplayLang=de
Windows Software Development Kit	Dokumentation, Beispiele und Werkzeuge	Microsoft	Ja	http://msdn.microsoft.com/en-us/windowsserver/bb980924.aspx
Visual Studio 2008 (VS 2008)	Entwicklungsumgebung	Microsoft	Zum Teil	Kommerzielle Varianten: Handel Kostenfreie Varianten: http://msdn.microsoft.com/vstudio/express/

Tabelle 1.5 Kernprodukte von .NET

HINWEIS Die obige Liste ist aus der Sicht des Softwareentwicklers zusammengestellt. Zur Laufzeit einer .NET-Anwendung wird nur das .NET Framework Redistributable 3.5 benötigt.

Anders als bei Java, gibt es bei .NET (bisher) keine Unterscheidung in ein Client- und ein Server-Framework; es wird immer alles installiert (also auch die Webserver-Unterstützung auf einem Client, der gar kein Webserver ist).

Optionale Produkte

Sowohl kommerzielle Anbieter als auch die Open Source-Welt bieten inzwischen eine reichhaltige Auswahl von Werkzeugen und Softwarekomponenten an, die die von Microsoft bereitgestellte Infrastruktur ergänzen bzw. kostenfreie Lösungen für Werkzeuge offerieren, die Microsoft nur gegen Entgelt anbietet.

Produktname	Erläuterung	Anbieter	Kostenfrei	Bezugsquelle
Silverlight 2	Ein Mini-.NET für den Browser; Alternative zu Macromedia Flash	Microsoft	Ja	http://silverlight.net/default.aspx
J# 2.0 Redistributable	Programmiersprache Java für .NET	Microsoft	Ja	http://www.microsoft.com/downloads/details.aspx?familyid=F72C74B3-ED0E-4AF8-AE63-2F0E42501BE1&displaylang=en
IronPython	Programmiersprache Python für .NET	Microsoft	Ja	http://www.ironpython.com/
PowerShell	Interaktive .NET-basierte Kommandozeilenschnittstelle	Microsoft	Ja	http://www.microsoft.com/windowsserver2003/technologies/management/powershell/default.mspx ▶

Produktname	Erläuterung	Anbieter	Kostenfrei	Bezugsquelle
Visual Studio Team System 2008 (VSTS)	Anwendungslebenszyklus mit Modellierung, Projektmanagement, Aufgaben-/Fehlerverfolgung und Quellcodeverwaltung	Microsoft	Nein	Handel
C# Code Snippets	Codefragmente	Microsoft	Ja	http://msdn.microsoft.com/vstudio/downloads/codesnippets/
Refactor! for Visual Basic	Refactoring	Microsoft	Ja	http://msdn.microsoft.com/vbasic/downloads/tools/refactor/
.NET Enterprise Library	Klassenbibliothek	Microsoft	Ja	http://www.codeplex.com/entlib
FxCop	Quellcodeanalyse	Microsoft	Ja	http://www.gotdotnet.com/Team/FxCop/
.NET Reflector	Decompiler	Lutz Roeder	Ja	http://www.aisto.com/roeder/dotnet/
NDoc	Dokumentationsgenerierung	Open Source	Ja	http://ndoc.sourceforge.net/
NUnit	Unit Testing	Open Source	Ja	http://www.nunit.org/
NUnitAsp	Unit Testing	Open Source	Ja	http://nunitasp.sourceforge.net/
Subversion	Versionsverwaltung	Open Source	Ja	http://subversion.tigris.org/
AnkhSVN	Versionsverwaltung	Open Source	Ja	http://ankhsvn.tigris.org/
TortoiseSVN	Versionsverwaltung	Open Source	Ja	http://tortoisesvn.tigris.org/

Tabelle 1.6 Werkzeuge für .NET und Erweiterungen für Visual Studio 2008

WICHTIG Die vorstehende Liste ist eine kleine, sehr subjektive Auswahl des Autors. Sie nennt Produkte, die der Autor in seiner Firma selbst verwendet. Insgesamt gibt es mehrere Hundert ergänzende Produkte, die in einer Online-Referenz auf www.dotnetframework.de/tools.aspx gelistet sind.

Details zu einigen Produkten

Im Folgenden werden einige der o.g. Produkte etwas näher beschrieben.

.NET Framework Redistributable

Das .NET Framework Redistributable enthält die Laufzeitumgebung des .NET Frameworks, d.h. alle notwendigen Bausteine, um .NET-Anwendungen auf einem System ablaufen zu lassen. Das Framework Redistributable muss auf jedem System vorhanden sein, auf dem .NET-Anwendungen ablaufen sollen. Es enthält auch die Kommandozeilen-Compiler für die Programmiersprachen Visual Basic .NET, C# und JScript .NET. Die Kommandozeilen-Compiler ermöglichen die Übersetzung von Quelltexten in den von .NET verwendeten Zwischencode.

Grundsätzlich scheint die Mitgabe von Compilern in einer Laufzeitumgebung überflüssig. Dies ist aber notwendig, da einige Teile der .NET-Klassenbibliothek während der Ausführung von .NET-Anwendungen auf diese Kommandozeilen-Compiler zurückgreifen.

.NET Framework Client Profile

In der Vergangenheit gab es nur ein .NET Framework Redistributable, das alle Bausteine von .NET sowohl für client- als auch für die serverseitigen Anwendungen enthielt. Der Nachteil war, dass auch auf normalen Desktop-Rechnern serverseitige Komponenten wie ASP.NET installiert wurden, obwohl diese dort gar nicht benötigt werden.

Ab .NET 3.5 Service Pack 1 gibt es das .NET Framework Client Profile. Das .NET Framework Client Profile ist eine abgespeckte Variante des .NET Frameworks, die auf alle Bibliotheken verzichtet, die nur in Serveranwendungen verwendet werden. Insbesondere fehlt hier ASP.NET. Visual Studio 2008 SP1 stellt eine Kompilierungsoption bereit, die warnt, wenn Bibliotheken verwendet werden, die nicht im .NET Framework Client Profile enthalten sind. Das Kompilat ist aber dann auch lauffähig auf dem vollständigen .NET Framework.

HINWEIS Diese Aufspaltung des .NET Frameworks war längst überfällig. Es ist zu erwarten, dass es weitere Profile für verschiedene Einsatzgebiete geben wird.

J# Redistributable

Die Programmiersprache J# (gesprochen: »J Sharp«), ein Java-Derivat, ermöglicht die Verwendung von Java als Programmiersprache auf dem .NET Framework. J# besteht aus der Java-Sprachsyntax und einer Implementierung der Java-Klassenbibliothek (*vsjlib*).

HINWEIS J# 2.0 ist die aktuelle Version. Es gibt kein J# 3.x. Am 10.1.2007 hat Microsoft angekündigt, dass es im Zuge von Visual Studio 2008 und .NET 3.5 keine neue Version von J# und Visual J# Express geben wird und die Weiterentwicklung von J# eingestellt wird. Die offizielle Unterstützung für J# läuft noch bis 2015 (Visual Studio 2005 + 10 Jahre). J# 2.0 läuft auch auf .NET 3.5, muss dort aber separat heruntergeladen und installiert werden.

.NET Framework Software Development Kit (.NET SDK) und Windows SDK (WinSDK)

Für die Entwicklung von .NET-Anwendungen zwar nicht notwendig, aber sehr empfehlenswert ist das .NET Framework Software Development Kit (.NET SDK). Das .NET SDK enthält zusätzliche Werkzeuge, die komplette Dokumentation des .NET Frameworks (einschließlich der Klassenbibliothek) in Form kompilierter HTML-Hilfedateien sowie zahlreiche Beispiele. Das SDK wird im Gegensatz zum Redistributable nur auf den Entwicklersystemen benötigt.

Das Windows SDK (WinSDK) ist eine allgemeine Sammlung von Dokumenten, Beispielen und Werkzeugen zur Windows-Programmierung. Leider liefert Microsoft die SDK-Ergänzungen seit .NET 3.0 nicht als eigenständiges SDK, sondern nur als Teil des Windows SDK.

> **ACHTUNG** Verwechseln Sie das .NET SDK und das Windows SDK nicht mit dem Visual Studio 2008 Software Development Kit (SDK). Das Visual Studio SDK ist ebenfalls eine Sammlung von Werkzeugen, Dokumentationen und Beispielen, die Sie aber nur benötigen, wenn Sie Erweiterungen (Add-Ins) für Visual Studio entwickeln wollen.

Visual Studio

Lizenzgebühren erhebt Microsoft nur für die Entwicklungsumgebung *Visual Studio* in den Varianten *Standard*, *Professional* oder *Team*. Von dieser Entwicklungsumgebung existieren funktionsreduzierte Versionen mit Namen *Express-Editionen*, die frei erhältlich sind.

Visual Studio (VS) macht die Entwicklung von .NET-Anwendungen durch eine grafische Entwicklungsumgebung wesentlich komfortabler und produktiver im Vergleich zu der Erfassung von Quelltexten mit einem einfachen Texteditor und der Anwendung der Kommandozeilen-Compiler bzw. .NET SDK-Werkzeuge.

> **HINWEIS** Visual Studio wird von Microsoft schon seit langem als Produktname für die Entwicklungsumgebung verwendet (auch schon vor dem Zeitalter von .NET). Mit der Einführung von .NET erhielten die ersten beiden Versionen den Zusatz .NET: Visual Studio .NET 2002 (alias: Visual Studio 7.0) und Visual Studio .NET 2003 (alias: Visual Studio 7.1). Ab der Version 2005 hat Microsoft wieder auf den Zusatz *.NET* verzichtet. Die aktuelle Version ist Visual Studio 2008.

Visual Studio Team System (VSTS)

Die Entwicklungsumgebung Visual Studio fokussierte bisher nur auf den Entwicklungsprozess im engeren Sinne. Für den Modellierungsprozess gab es mit Microsoft Visio und für die Versionsverwaltung mit Microsoft SourceSafe zwei Zusatzprodukte, die aber jeweils deutliche Schwächen aufwiesen. Andere Bereiche des Software-Lebenszyklus waren entweder gar nicht oder nur mit einzelnen, nicht in die Entwicklungsumgebung integrierten Werkzeugen (z. B. Webstress, CLR Profiler) abgedeckt. Seit Visual Studio 2005 bietet Microsoft eine in die Entwicklungsumgebung integrierbare Werkzeugsammlung für den gesamten Lebenszyklus der Softwareentwicklung unter dem Namen Visual Studio Team System (VSTS) an. VSTS umfasst die Bereiche Modellierung, Projektmanagement, Codeanalyse, zentrale Kompilierung, Profiling, Test, Quellcodeverwaltung, Aufgabenverfolgung und Fehlerverwaltung. Zu VSTS gehört auch ein eigener Server für die Entwickler: Der Team Foundation Server (TFS) übernimmt die Quellcodeverwaltung, die zentrale Kompilierung, das zentrale Testen und die Aufgabenverteilung. Ein paar Details zu VSTS finden Sie im Kapitel zu Visual Studio 2008.

> **HINWEIS** Etwa Mitte 2008 wird schon das Service Pack 1 für Visual Studio 2008 erscheinen. Diesem Buch lag eine Beta-Version des Service Pack zugrunde. Das Service Pack umfasst neben Fehlerbeseitigungen zahlreiche neue Funktionen (z.B. Designer für das ADO.NET Entity Framework und Verbesserungen des WPF-Designers) und ist damit mehr ein Feature Pack.

Silverlight

Silverlight ist der Name für ein Webbrowser-Plug-In, das reichhaltige Webanwendungen im Stil von Macromedia Flash ermöglicht. Früherer Name war WPF/E (Windows Presentation Foundation Everywhere).

Die erste Version, die am 04.09.2007 erschienen ist, bot zunächst eine XML-basierte und an die Windows Presentation Foundation (WPF) angelehnte Oberflächenbeschreibungssprache sowie die Programmierbarkeit mit JavaScript. Die zweite Version (zum Redaktionsschluss des Buchs noch nicht erschienen, geplant noch für das Jahr 2008) ist jedoch ein Mini-.NET Framework, das zahlreiche .NET-Bibliotheken (z.B. Netzwerkprogrammierung mit System.Net, Webservices mit WCF/System.ServiceModel, Abfragen mit LINQ, XML-Verarbeitung mit System.Xml) unterstützt und die Programmierbarkeit mit C#, Visual Basic, Managed JScript, IronRuby und IronPython bietet. Microsoft spricht daher von Silverlight auch als einem *Cross-Plattform .NET*.

Microsoft bietet Silverlight für die Betriebssysteme Windows Vista, XP, 2003, 2000 und 2008 sowie Apple OS X Tiger und Leopard an. Als Browser werden dabei unterstützt Internet Explorer (ab 6.0), Firefox (ab 1.5) und Safari (ab 2.0). im Rahmen von Mono soll mit *Moonlight* auch eine Unterstützung für Unix/Linux entstehen, die Microsoft sogar ausdrücklich fördern [MIC01].

Weitere Werkzeuge

Neben VSTS bietet Microsoft inzwischen weitere Werkzeuge für Entwickler mit höheren Ansprüchen und/oder komplexeren Projekten an. Dies sind insbesondere die .NET Enterprise Library und die Software Factories.

Software Factories sind ein von Microsoft progagierter Ansatz, mit dem auf Basis der Wiederverwendung von komponentenbasierten Frameworks der Entwicklungsprozess von Anwendungen beschleunigt werden soll. Software Factories sollen auf domänenspezifischen Sprachen (Domain Specific Language – DSL) aufsetzen, wodurch Code-Generierung und andere Formen der Automatisierung in der Softwareentwicklung möglich werden. Die bisher von Microsoft vorgestellten Software Factories erinnern aber mehr an den klassischen Assistenten zur Codegenerierung denn an einen wirklich innovativen Ansatz. Mithilfe des sogenannten *Guidance Automation Toolkit* und der *Domain Specific Language Tools* (*DSL Tools*) können fortgeschrittene Entwickler eigene Software Factories entwickeln und für andere Entwickler bereitstellen.

Die *.NET Enterprise Library* ist eine im Quellcode verbreitete Klassenbibliothek, die einige Funktionen konkretisiert, die in der .NET-Klassenbibliothek sehr allgemein gehalten sind. Entstanden ist die .NET Enterprise Library innerhalb der Pattern & Practices-Gruppe bei Microsoft, die die Aufgabe hat, .NET-Entwicklern geeignete Handlungsrichtlinien für den Einsatz von .NET-Technologien zu vermitteln. Diese Gruppe hat mehrere so genannter Anwendungsblöcke (Application Blocks) erstellt, die die Anwendung von bestimmten Teilen der .NET-Klassenbibliothek vereinfachen und für das Umfeld der Enterprise-Anwendungsentwicklung nutzbar machen. Die Anwendungsblöcke zeigen Lösungen für typische Entwicklungsaufgaben in großen, mehrschichtigen, verteilten Anwendungen auf. Ab Version 3.0 der .NET Enterprise Library erhält man zusätzlich auch von Microsoft vorkompilierte und digital signierte Kompilate.

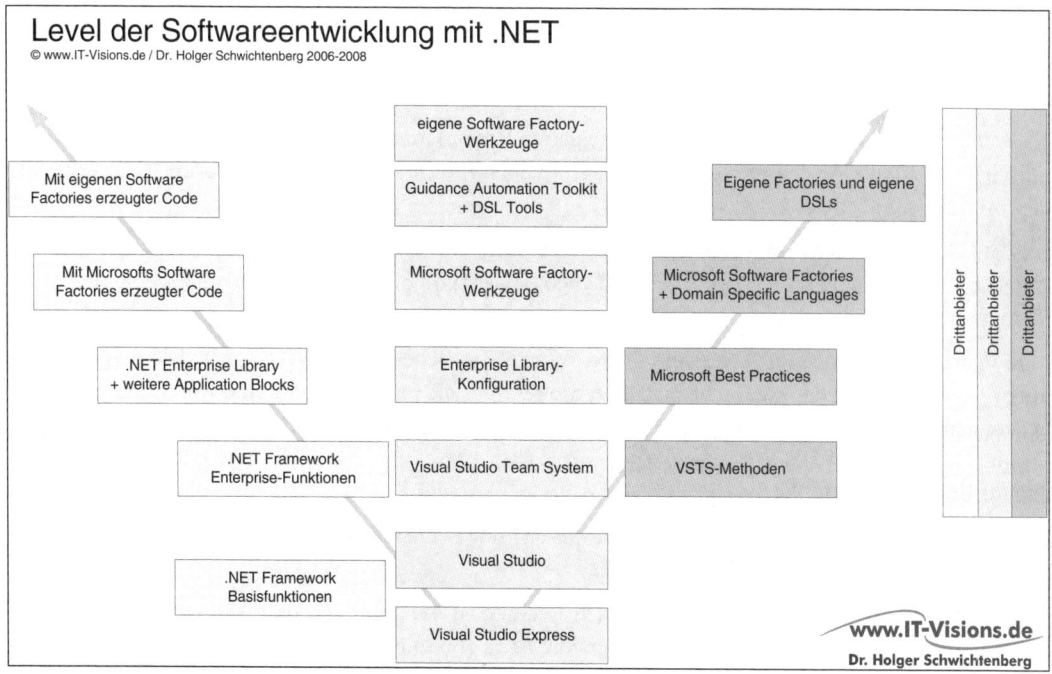

Abbildung 1.4 Softwareentwicklung mit .NET kann man auf verschiedenen Ebene betreiben: Auf der untersten Ebene mit dem kostenlosen Visual Studio Express oder auf höchster Ebene mit Visual Studio Team System unter Einsatz von Software Factories

Entscheidung zwischen der deutschen und der englischen Version

Viele Entwickler stellen dem Autor dieses Buchs in Schulungen oder bei Vorträgen die Frage, ob man die deutsche oder englische Version von Visual Studio einsetzen solle.

Dazu ist zunächst Folgendes festzuhalten:

- Auf die entstehende Anwendung hat die Sprachwahl der Entwicklungsumgebung keinen Einfluss. Sie können grundsätzlich die Anzeigetexte von Steuerelementen frei wählen. In welcher Sprache Fehlermeldungen oder andere vordefinierte Texte angezeigt werden, hängt von den installierten Sprachpaketen des .NET Frameworks (.NET Framework Language Packs, siehe [MS04]) auf dem Zielsystem ab. Durch Installation entsprechender Sprachpakete (sogenannter *Language Packs*) auf den Produktivsystemen verfügen Programme, selbst wenn sie mit einer englischen Visual Studio-Version entwickelt wurden, später über deutsche Systemdialoge (wie sie bei Fehlermeldungen oder beim Drucken zu sehen sind).

- Die deutsche Version hat grundsätzlich nicht mehr Programmfehler als die englische Version. Im Einzelfall kann dies zwar nicht ausgeschlossen werden, es ist aber nicht auffallend häufig.

Dennoch entwickelt der Autor dieses Buchs seine .NET-Anwendungen grundsätzlich mit einer englischen Version. Nur zur Erstellung einer Vorauflage dieses Buchs hat er auf ausdrückliches Verlangen des Verlages eine deutsche Version eingesetzt (Deshalb zeigen einige Bildschirmabbildungen die deutsche Version). Die deutsche Version hat folgende Nachteile:

- Die Übersetzung ist – trotz aller Bemühungen von Microsoft, diese zu verbessern – auch in der Visual Studio 2008-Version immer noch sehr schlecht. Unten sehen Sie einige Beispiele für nicht nur unglückliche, sondern sinnentstellende Übersetzungen.
- Auch in der deutschen Version sind viele Anzeigen (Klassennamen, Attributnamen, Werteoptionen) in Englisch. In der Hilfe sind aber viele dieser Begriffe auch ins Deutsche übersetzt worden. Damit ist die Hilfe nur noch sehr schwer zu verstehen.
- Da es auf der Welt mehr englischsprachige als deutschsprachige Entwickler gibt, wird man bei der Suche nach Hilfen und Tipps im World Wide Web besser fündig, wenn man den englischen Fehlertext in Google eingibt.
- Einige Visual Studio-Erweiterungen sind derzeit nur in englischer Sprache verfügbar. Diese Werkzeuge können Sie dann entweder gar nicht installieren oder aber sie erhalten dann eine Mischung aus deutscher und englischer Benutzeroberfläche.

Beispiele für Übersetzungsfehler

Wie die nachstehenden Bildschirmabbildungen beweisen, gibt es auch in der deutschen Version von Visual Studio immer wieder peinliche Übersetzungsfehler.

In der ersten Abbildung hat der Compiler natürlich Recht, dass base hier verboten ist. Aber das Schlüsselwort *base* heißt auch genau so in der deutschen Version. *Basis* gibt es hingegen nicht.

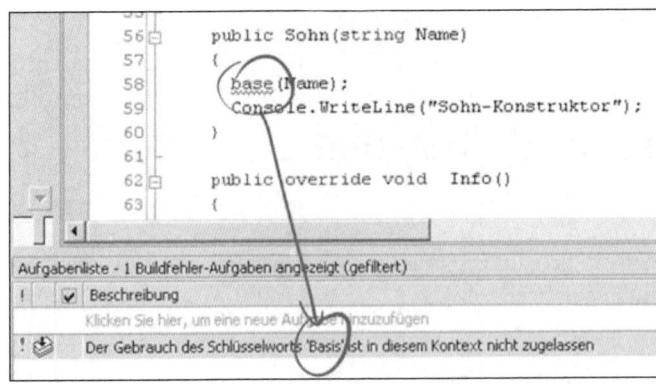

Abbildung 1.5 Übersetzungsfehler in der deutschen Version von Visual Studio

Der in der folgenden Abbildung erwähnte *eigene Namespace* heißt im englischen Original *My Namespace*, wobei *My* ein Schlüsselwort ist und damit nicht hätte übersetzt werden dürfen, während *Namespace* sich für eine Übersetzung angeboten hätte.

Abbildung 1.6 Übersetzungsfehler in der deutschen Version von Visual Studio

Sehr lustig ist der Übersetzungsfehler in einem Code Snippet. Was ist wohl mit *Zugriffsdaten in ein Dataset lesen* gemeint? In der Englisch Version heißt es *Read Access Data into a Dataset*. Hier war also eine Microsoft Access-Datenbank gemeint, nicht *Zugriffsdaten*. Wären Sie darauf gekommen?

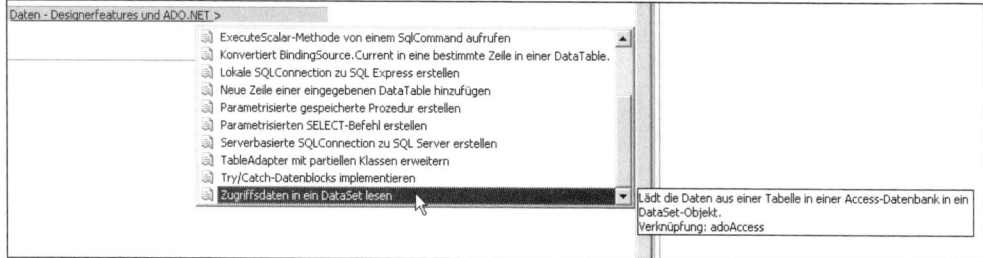

Abbildung 1.7 Übersetzungsfehler in der deutschen Version von Visual Studio

Das *Schießen des Dialogfelds beenden* heißt es in der deutschen Dokumentation. Selbst wenn man sich das fehlende »l« hinzudenkt, bleibt der Satz schwer verständlich. Im Englischen heißt es *stopp the closing*. Eine verständliche deutsche Übersetzung wäre also gewesen *verhindern, dass sich das Dialogfeld schließt*.

> **Hinweis** Mit Hilfe des Form.Closing-Ereignisses des Formulars können Sie auch das Schießen des Dialogfelds beenden.

Abbildung 1.8 Übersetzungsfehler in der deutschen MSDN-Library zu Visual Studio

Ein weiteres ganz typisches Beispiel illustriert die Gegenüberstellung einer Abbildung aus der deutschen und der englischen Dokumentation. In der englischen Dokumentation zeigt das Diagramm eine Hierarchie von Klassennamen. In der deutschen Version wurden diese Klassennamen zum Teil übersetzt (*Webverwaltungsereignis* statt *WebManagementEvent* und *WebBase-Ereignis* statt *WebBaseEvent*). Das ist natürlich ein schwerer Fauxpas, weil ein Entwickler, der diese Abbildung sieht, nur schwerlich jemals die passenden Klassen finden wird.

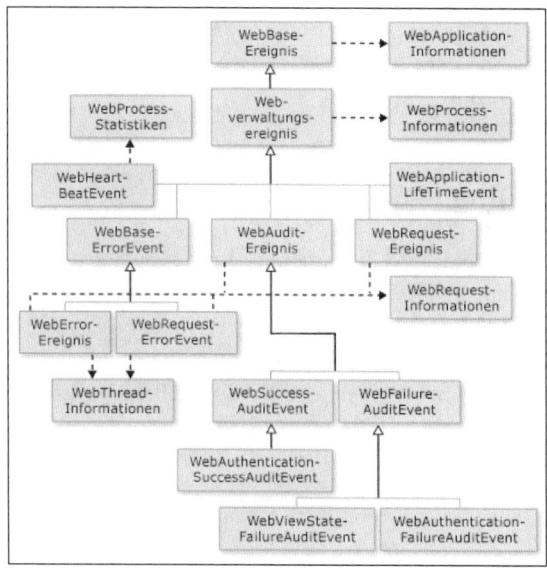

Abbildung 1.9 ms-help://MS.VSCC.v80/MS.MSDN.v80/MS.VisualStudio.v80.de/dv_aspnetcon/html/e4930af7-2528-443c-b5fe-dc49b3c047ba.htm

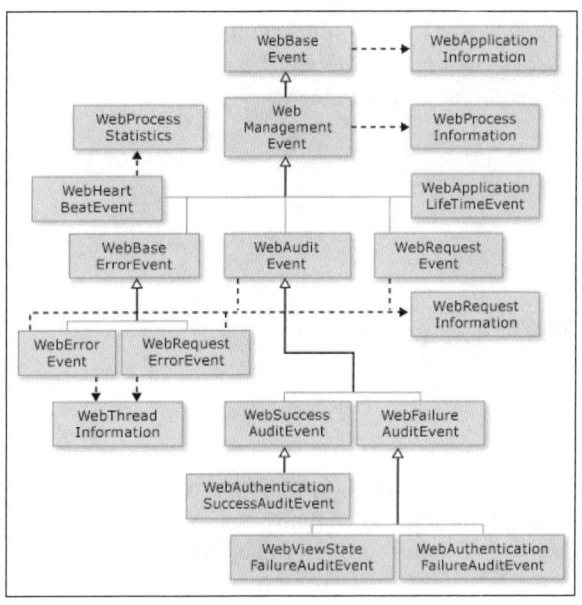

Abbildung 1.10   ms-help://MS.VSCC.v80/MS.MSDN.v80/MS.VisualStudio.v80.en/dv_aspnetcon/html/e4930af7-2528-443c-b5fe-dc49b3c047ba.htm

Fazit

Diese vorangegangene Aufstellung sollte primär der Erheiterung des Lesers dienen. Die Frage, ob man eine deutsche oder eine englische Version von Visual Studio einsetzen möchte, ist Geschmackssache des jeweiligen Entwicklers. Ein nicht unerheblicher Teil der Entwickler in Deutschland nutzt eine englische Version.

Installation

Dieses Kapitel gibt Hinweise zur Installation von .NET und Visual Studio.

HINWEIS   Die Installationen von .NET Framework Redistributable und Visual Studio 2008 erfordern Administratorrechte auf dem Zielsystem. Die spätere Nutzung ist auch für normale Benutzer möglich.

Betriebssysteme, die bereits .NET enthalten

Der Windows Server 2003 war das erste Betriebssystem, bei dem das .NET Framework Redistributable (in der Version 1.1) mit zum Liefer- und Standardinstallationsumfang gehörte. Für alle anderen Windows-Betriebssysteme ab Windows 98 ist das .NET Framework 1.1 als kostenlose Erweiterung verfügbar. Das .NET Framework 2.0 wird zusammen mit Windows Server 2003 Release 2 (R2), Vista und Server 2008 ausgeliefert. Windows Vista enthält auch das .NET Framework 3.0. Windows Server 2008 enthält .NET 2.0 und .NET 3.0 ist eine Option.

Das .NET Framework 2.0 Redistributable kann als Erweiterung auf folgenden Betriebssystemen installiert werden: Windows 2000 (ab Service Pack 4), Windows XP und Windows Server 2003. Eine Installation auf Windows Vista und Windows Server 2008 ist nicht notwendig, da .NET 2.0 eine echte Untermenge von .NET 3.0 ist.

Das .NET Framework Redistributable in den Versionen 3.0 kann also als Erweiterung auf folgenden Betriebssystemen installiert werden: Windows XP und Windows Server 2003. Windows Vista enthält bereits .NET 3.0. Windows Server 2008 enthält automatisch .NET 2.0. .NET 3.0 kann dort als *Feature* (bzw. im Rahmen der Serverrolle *Application Server*) nachinstalliert werden.

Das .NET Framework 3.0 installiert man unter Windows Server 2008 in der Funktion *Add* Features. Zu beachten ist aber, dass die zusammen mit der Sektion *.NET Framework 3.0* genannte Option *WCF Activation* – zur Integration von WCF in den Internet Information Server 7.0 (IIS) bzw. den Windows Process Activation Service (WAS) – erfordert, dass auch der Webserver installiert wird. Windows Server 2008 macht Sie auf diese Abhängigkeiten aufmerksam. Die folgenden Bildschirmabbildungen zeigen den Vorgang.

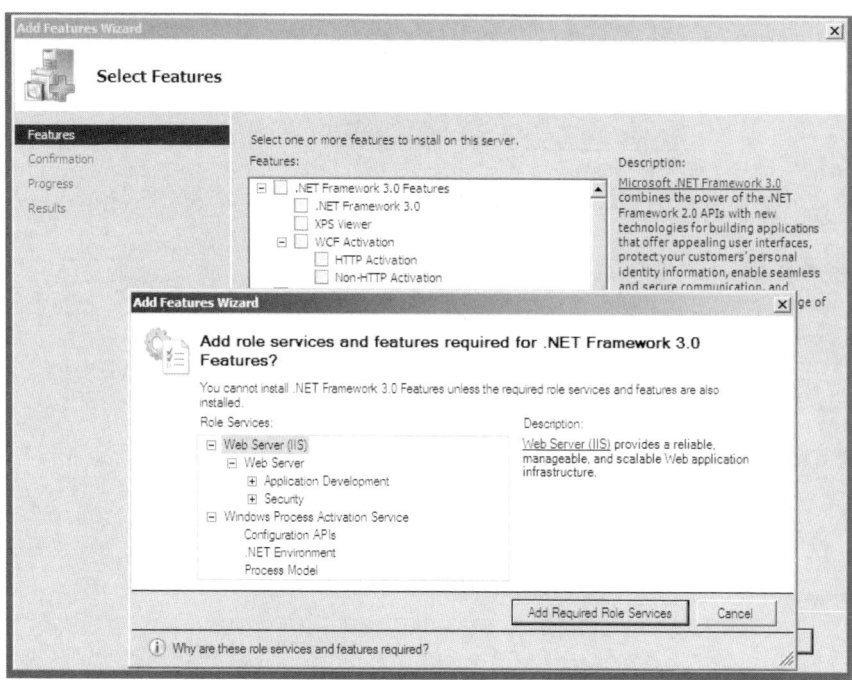

Abbildung 1.11 Wenn WCF Activation ausgewählt werden soll, müssen vorher IIS 7.0 und WAS installiert sein

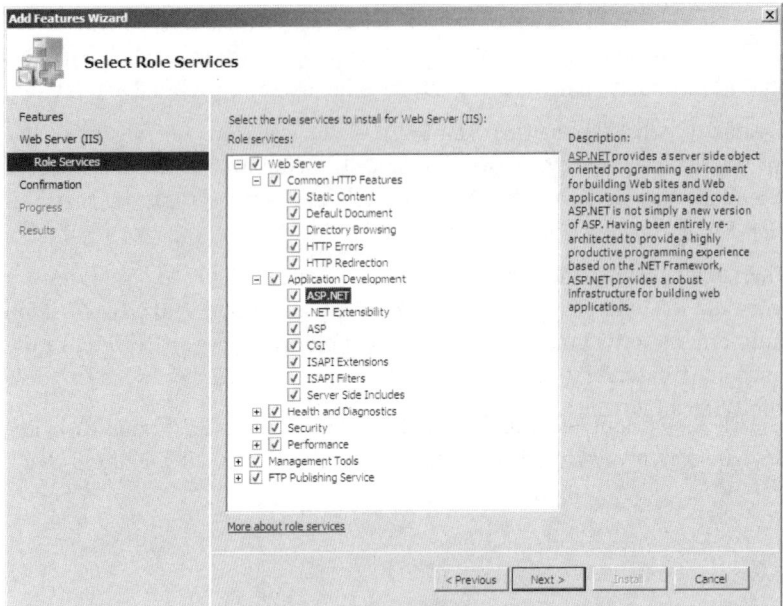

Abbildung 1.12   Installation des IIS 7.0 zusammen mit der Unterstützung für ASP.NET

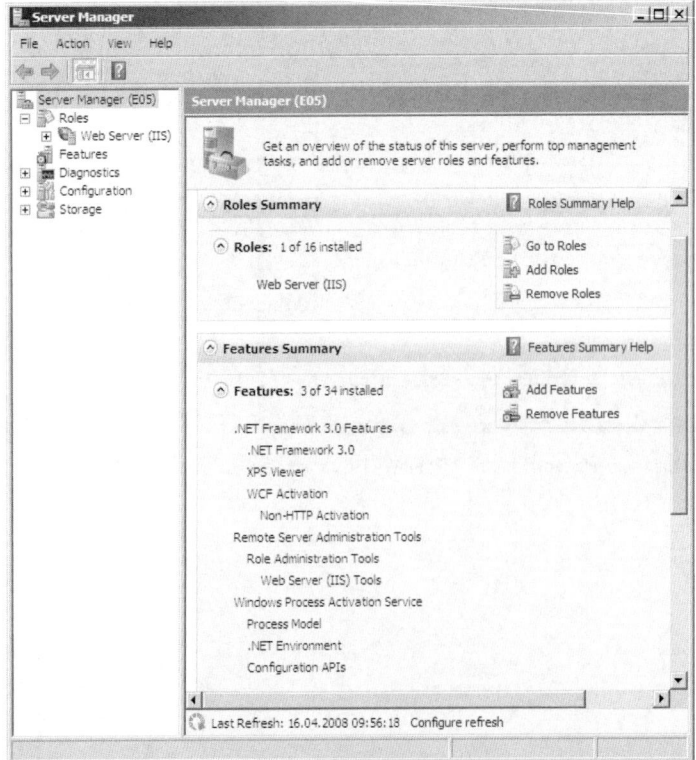

Abbildung 1.13   Nach der erfolgreichen Installation zeigt der Server Manager dieses Bild

> **ACHTUNG** Auf Windows Server 2008 Core, dem *Windows ohne Windows*, ist das .NET Framework nicht verfügbar.

Installation des .NET Framework 3.5 Redistributable

.NET 3.5 kann als Add-On installiert werden auf Windows XP, Windows Server 2003, Windows Vista und Windows Server 2008. Das .NET Framework 3.5 kann man auf folgende Weise installieren:

- Installation des .NET Framework Redistributable 3.5
- Installation des .NET Framework Redistributable 2.0 und anschließende Installation des .NET Framework Redistributable 3.5. Hierdurch wird gleichzeitig das Service Pack 1 für .NET 2.0 installiert (siehe dazu »Versionskompatibilität« in Kapitel 4.
- Installation des .NET Framework Redistributable 2.0, danach Installation des .NET Framework Redistributable 3.0 und dann 3.5. Hierdurch wird gleichzeitig das Service Pack 1 für .NET 2.0 und .NET 3.0 installiert (siehe dazu »Versionskompatibilität« in Kapitel 4.
- Installation des .NET Framework Redistributable 3.0 und dann 3.5. Hierdurch wird gleichzeitig das Service Pack 1 für .NET 2.0 und .NET 3.0 installiert (siehe dazu »Versionskompatibilität« in Kapitel 4).

Natürlich werden Sie in der Regel direkt .NET 3.5 installieren wollen. Die obige Auflistung sollte zeigen, dass die sukzessive Installation der .NET-Versionen möglich ist.

Wenn man von einem System ohne .NET 2.0 oder .NET 3.0 ausgeht, werden Sie nach der Installation des Framework Redistributable 3.5 u.a. folgende Veränderungen auf Ihrem System feststellen:

- Es gibt im Windows-Verzeichnis ein Unterverzeichnis *%Assembly%*, in dem der Global Assembly Cache (GAC) mit global zugänglichen Softwarekomponenten residiert.
- Das Verzeichnis *%Programme%\Reference Assemblies\Microsoft\Framework* enthält zwei Unterverzeichnisse v3.0 und v3.5. In diesem befinden sich nochmals alle Assemblies, die in diesen beiden Versionen gegenüber .NET 2.0 hinzugekommen sind. Eine Kopie der .NET 2.0-Assemblies findet man jedoch nicht hier, sondern in *%Windows%\Microsoft.NET\Framework\v2.0.50727*.
- Das Verzeichnis *%Windows%\Microsoft.NET\Framework\v2.0.50727* enthält zahlreiche DLLs, Werkzeuge und Konfigurationsdateien.
- Das Verzeichnis *%Windows%\Microsoft.NET\Framework\v3.0* enthält weitere DLLs, Werkzeuge und Konfigurationsdateien.
- Das Verzeichnis *%Windows%\Microsoft.NET\Framework\v3.5* enthält die neue Version der Sprachcompiler (*csc.exe* und *vbc.exe*), des Übersetzungswerkzeugs *msbuild.exe* sowie weitere DLLs, Werkzeuge und Konfigurationsdateien.
- In der Konfiguration des Internet Information Servers (IIS) werden ein ISAPI-Filter und eine ISAPI-Extension hinzugefügt (sofern der IIS vor der Installation des .NET Framework installiert war).
- Es gibt ein neues Benutzerkonto *ASPNET* und eine Benutzergruppe *Debuggerbenutzer* bzw. *Debugger Users*.

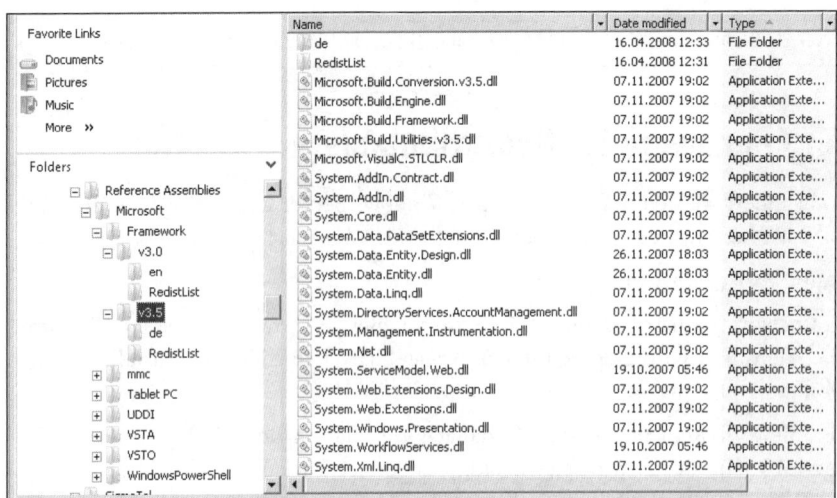

Abbildung 1.14 Ein Blick in das "Reference Assemblies"-Verzeichnis: Alle Assemblies, die in .NET 3.5 hinzugekommen sind

HINWEIS Die Installation des Service Pack 1 für .NET Framework 3.5 ist ein zusätzliches Installationspaket, das aber zum Redaktionsschluss des Buchs noch nicht als endgültig Version vorlag. Da einige Teile des Buchs aber schon Funktionen aus SP1 beschreiben, sollte dieses installiert werden.

.NET Software Development Kit

Die aktuelle Version des .NET SDK erhalten Sie über das Installationspaket »Windows SDK for Windows Server 2008 and .NET Framework 3.5« von Microsoft.

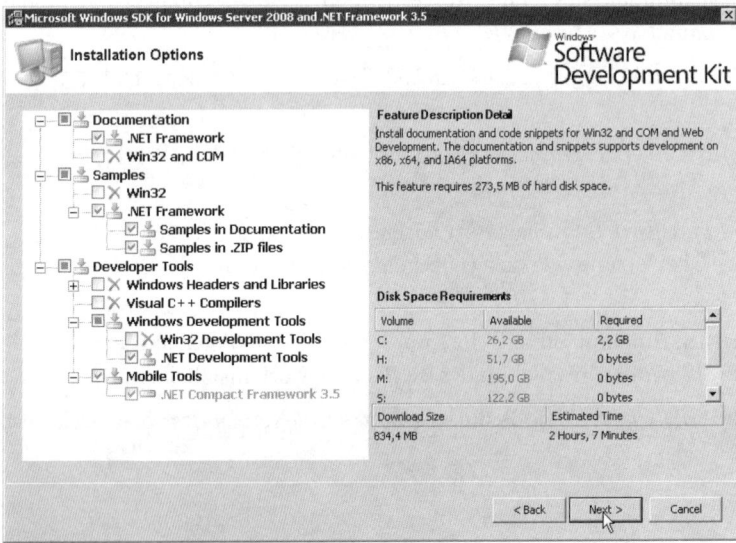

Abbildung 1.15 .NET-Bestandteile des Windows SDK

Installation

ACHTUNG Mit der Installation von Visual Studio 2008 werden diese SDK-Bestandteile ebenfalls installiert. In der Systemsteuerung erscheinen dann Einträge mit *Windows SDK for Visual Studio 2008*.

Microsoft Windows SDK for Visual Studio 2008 .NET Framework Tools	Microsoft	16.04.2008	11,4 MB
Microsoft Windows SDK for Visual Studio 2008 Headers and Libraries	Microsoft Corporation	16.04.2008	114 MB
Microsoft Windows SDK for Visual Studio 2008 SDK Reference Assemblies and IntelliSense	Microsoft Corporation	16.04.2008	6,65 MB
Microsoft Windows SDK for Visual Studio 2008 Tools	Microsoft Corporation	16.04.2008	12,5 MB
Microsoft Windows SDK for Visual Studio 2008 Win32 Tools	Microsoft Corporation	16.04.2008	10,1 MB

Abbildung 1.16 Installierte SDK-Kompomenten nach der Installation von Visual Studio 2008

Installation von Visual Studio 2008

Die Entwicklungsumgebung Visual Studio 2008 (gilt für alle Varianten) kann nur auf XP (ab SP2), 2003, Vista und 2008 installiert werden. Die Vorgängerversion Visual Studio 2005 konnte auch noch auf Windows 2000 (mit SP4) installiert werden.

HINWEIS Eine 64-Bit-Variante von Visual Studio gibt es bisher nicht. Das 32-Bit Visual Studio kann aber auf x64-Systemen (nicht aber auf IA64-Systemen) installiert werden. In dieser x64-Konstellation existieren jedoch Einschränkungen beim Debugging. Diese werden im Kapitel »Visual Studio 2008« thematisiert, um hier Platz zu sparen.

Bei der Installation von Visual Studio 2008 werden automatisch auch das .NET Framework Redistributable 3.5 und das Windows SDK für Visual Studio 2008 installiert. Abhängig von den gewählten Installationsoptionen wird dann auch installiert

1. die kostenlose Express-Edition der Datenbank Microsoft SQL Server 2005 incl. Service Pack 2,
2. das .NET Compact Framework zum Entwickeln mobiler Anwendungen.

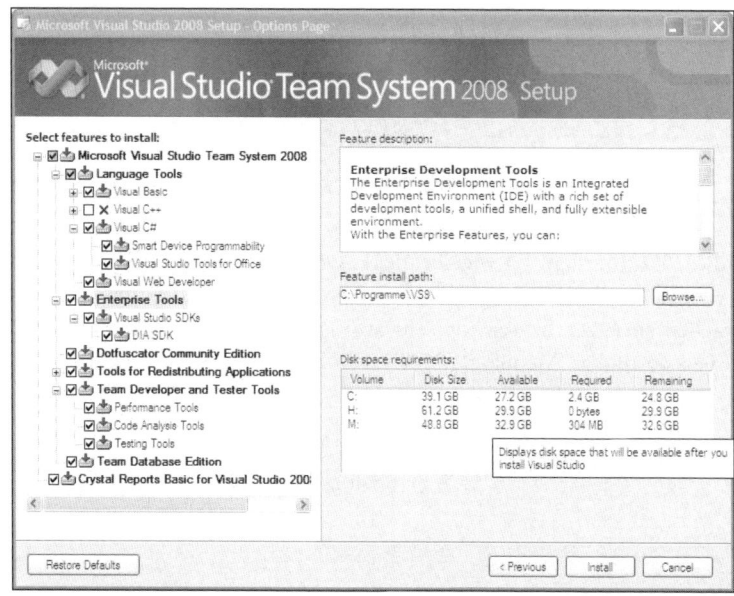

Abbildung 1.17 Installationsoptionen für Visual Studio 2008 (Variante Team Suite)

Service Pack 1

Parallel zum .NET Framework 3.5 Service Pack 1 wird auch ein erstes Service Pack für Visual Studio 2008 erscheinen. Dieses Service Pack ist sehr empfehlenswert, weil darin zahlreiche Probleme (z.B. Geschwindigkeitsprobleme im Webdesigner, Fehler bei der JavaScript-IntelliSense und Darstellungsprobleme im WPF-Designer) behoben sind. Außerdem gibt es neue Funktionen (z.B. Verbesserung bei der Nutzung von XML in Visual Basic und die verbesserte Hintergrundkompilierung für C#, d.h. die Entwicklungsumgebung erkennt in C#-Code mehr Fehler auch ohne explizite Kompilierung). Da einige Teile des Buchs aber schon Funktionen aus SP1 beschreiben, sollte dies installiert werden. Zum Redaktionsschluss des Buchs gab es erst eine Beta-Version des SP1 für Visual Studio 2008.

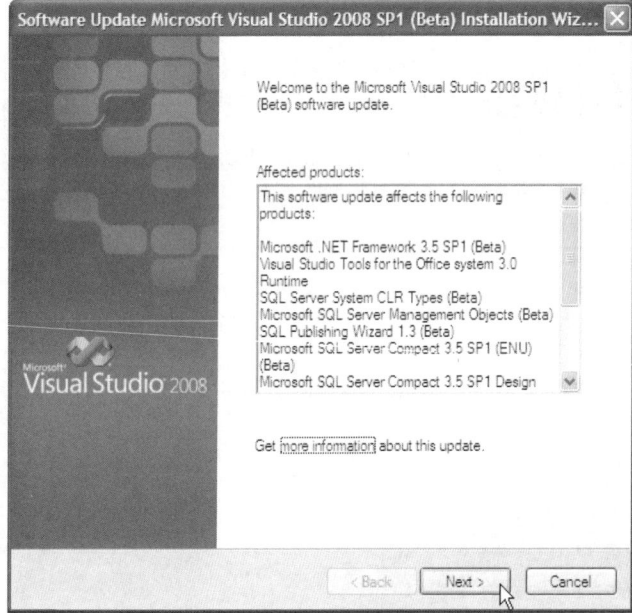

Abbildung 1.18 Installation des Visual Studio 2008 Service Pack 1 (hier: Beta-Version)

Umgebungseinstellungen

Beim ersten Start erwartet Visual Studio 2008 von dem Entwickler die Auswahl einer »Standardeinstellung für die Umgebung«. Die Auswahl »Allgemeine Entwicklungseinstellungen« ist die beste Option für Entwickler, die mehrere Programmiersprachen einsetzen bzw. schon sehr an Visual Studio 2005 gewöhnt sind. In jeder Einstellung sind alle Funktionen verfügbar. Menüaufteilung und Tastaturkürzel sind jedoch zum Teil verschieden.

Kapitel 2

World Wide Wings – Das mehrschichtige Fallbeispiel in diesem Buch

In diesem Kapitel:

Einleitung	32
Szenario	32
Datenmodell	34
Mehrschichtarchitektur	35
Objektmodell	37
Projekte und Projektmappen	39
Softwarevoraussetzungen für das Fallbeispiel	41
Installation und Konfiguration	42
Mögliche Fehler	43
Dokumentation	44
Aktualisierungen	44
Fragen zu diesem Fallbeispiel	44

Einleitung

Die meisten Computerbücher verwenden einzelne, isolierte Beispiele auf »Hallo Welt«-Niveau. Dieses Buch geht in Teilen einen anderen Weg: Viele Programmcodebeispiele basieren auf einem durchgängigen Fallbeispiel, der fiktiven Fluggesellschaft World Wide Wings (WWW). In der Datenbank der Fluggesellschaft werden Passagiere, Flüge, Flugbuchungen und Mitarbeiter verwaltet.

Die in diesem Buch hauptsächlich verwendete Version von World Wide Wings trägt die Versionsnummer 0.5.2.

WICHTIG   Dieses Fallbeispiel wird als eine Beispielanwendung ehrenamtlich entwickelt. Das Fallbeispiel hat den Status eines frühen Prototypen. Bitte erwarten Sie daher keine vollständige, fehlerlose Anwendung.

Außerdem beachten Sie bitte: Da es sehr aufwendig ist, eine Anwendung parallel in zwei Sprachen (C# und VB) zu pflegen, sind einige Lösungen nur in jeweils einer Sprache realisiert.

Szenario

Die Fluggesellschaft World Wide Wings (abgekürzt WWWings oder WWW) ist eine Charter-Fluggesellschaft. Sie bietet nationale, europäische und interkontinentale Flüge an. Die verschiedenen WWWings-Anwendungen verwalten Flüge, Passagiere, Flugbuchungen und Mitarbeiter der Fluggesellschaft.

Abbildung 2.1   Logo der Fluggesellschaft World Wide Wings

Um das Beispiel nicht zu komplex und unübersichtlich zu machen, wurden folgende Annahmen getroffen:

- Es gibt keinen Flugplan, sondern nur individuelle Flüge, die einmalig zu einem bestimmten Termin stattfinden.
- Bei Buchungen einer Route aus mehreren Flügen werden die Datumsangaben nicht berücksichtigt.
- Es gibt nur eine Buchungsklasse.
- Alle Plätze auf einem Flug haben denselben Einheitspreis.
- Jedes Flugzeug wird nur von einem Piloten geflogen.
- Es gibt keine Flugbegleiter.

Szenario

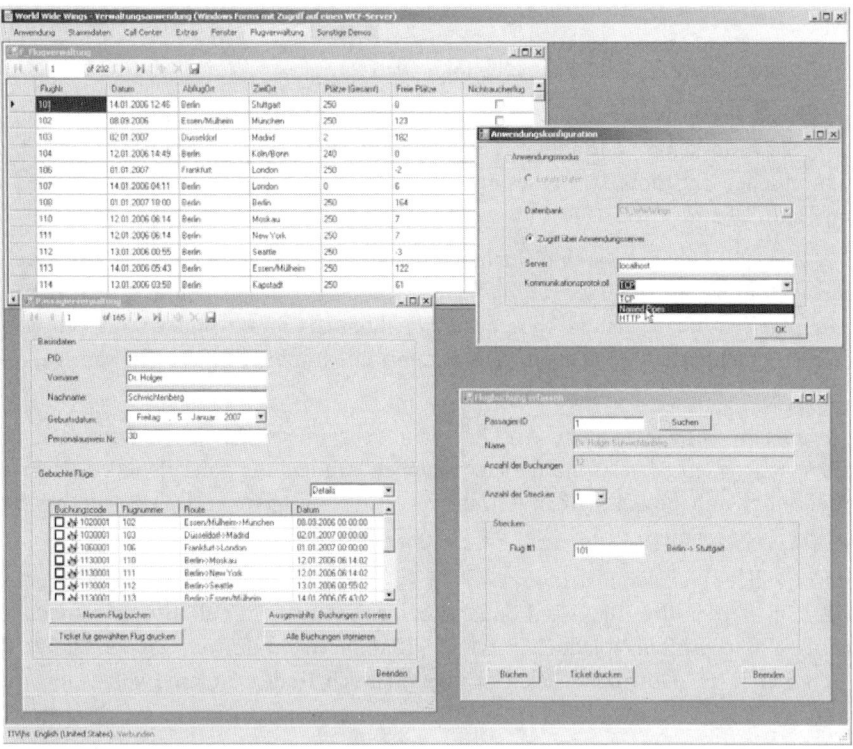

Abbildung 2.2 Beispiel aus der Windows Forms-basierten Desktop-Anwendung

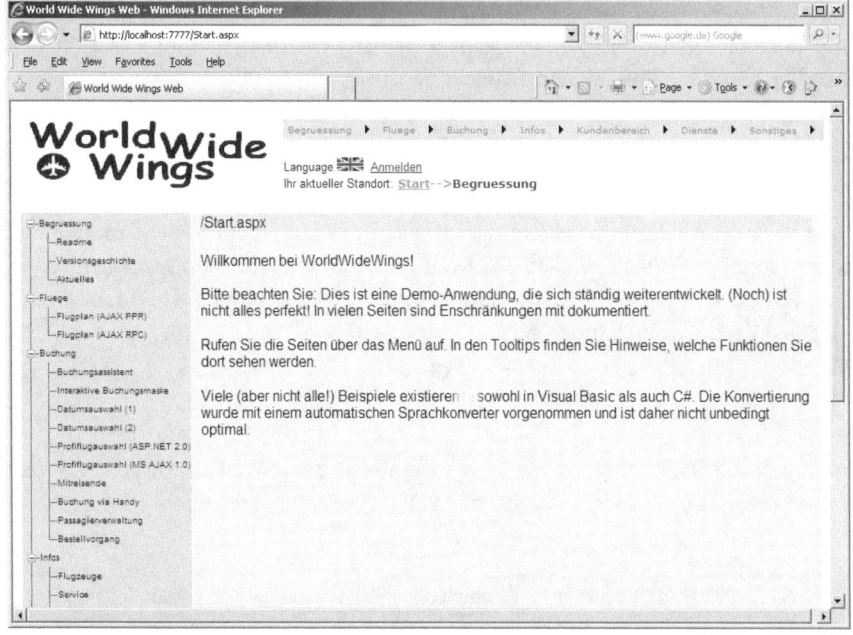

Abbildung 2.3 Beispiel aus der ASP.NET-basierten Webanwendung

Wichtige Hinweise

Bitte beachten Sie zu dem World Wide Wings-Fallbeispiel die folgenden Punkte:

- Die Implementierung des Fallsbeispiels ist nur ein *Prototyp* mit starken Vereinfachungen an verschiedenen Stellen. Erwarten Sie bitte keine vollständige Fluggesellschaftsverwaltungssoftware. Dies wäre wirtschaftlich als ehrenamtliches Nebenprodukt eines Fachbuchs nicht zu leisten. Das Fallbeispiel lässt Ihnen noch genug Raum zum Üben.

- Einige Funktionen (z. B. Pflege der Flugtabelle und Buchen eines Flugs) sind redundant, d. h. mehrfach auf verschiedene Weise (z. B. in einer Seite oder mithilfe eines Assistenten) implementiert, um die unterschiedlichen Vorgehensweisen aufzeigen und vergleichen zu können. Bitte wundern Sie sich also nicht, wenn Sie in unteren Schichten des Projekts funktionsidentische Implementierungen von Aufgaben finden.

- Die Webanwendung vermischt unterschiedliche Architekturmodelle in verschiedenen Bereichen in einer Anwendung. Alle Versuche, eine Vielzahl von verschiedenen Ansätzen in verschiedenen Projekten zu pflegen, haben zu einer unhandlich großen Anzahl von Projekten geführt. Daher wurden die Projekte so weit wie möglich konsolidiert.

- Die Implementierung des Fallbeispiels kann in diesem Buch aufgrund der Seitenrestriktionen nur in kleinen Ausschnitten gezeigt werden. Im Buch sind daher nur kurze Ausschnitte des Programmcodes abgedruckt. In den Listing-Unterschriften ist jedoch in eckigen Klammern ein Verweis auf den Standort der Implementierung enthalten. Im Download-Paket zu diesem Buch finden Sie eine vollständigere Implementierung.

- Nicht alle Mechanismen von .NET können sinnvoll an diesem Fallbeispiel gezeigt werden, ohne das Szenario unüberschaubar aufzublähen. Soweit sinnvoll stützen sich alle Beispiele irgendwie auf das Szenario.

- An einigen Stellen sind aus Vereinfachungsgründen ganz bewusst Servernamen und Pfade in den Programmcode hineincodiert worden. Dies ist kein Anschauungsbeispiel für Softwarearchitektur, sondern die didaktische Notwendigkeit, um in einem Buch die Beispiele kurz und überschaubar zu halten.

- Einige Teile des Fallbeispiels liegen sowohl in C# als auch in Visual Basic vor. Die Übersetzung ist zum Teil durch Sprachkonverter erfolgt und bietet daher nicht immer optimalen Quellcode.

- Die gesamte Anwendung ist im Auslieferungszustand darauf ausgelegt, auf einem System zu arbeiten. Wenn Sie die Anwendung verteilen wollen, müssen Sie Konfigurationen (Verbindungszeichenfolgen, Webservice- und Remoting-URLs) anpassen. Im Standard steht der Rechnername auf ».« bzw. »localhost«, was jeweils den lokalen Rechner bezeichnet.

Datenmodell

Die nachstehende Abbildung zeigt das Datenmodell der WWW-Datenbank, die sowohl als Microsoft Access 2003-Datenbank (*WorldWideWings.mdb*) als auch als Microsoft SQL Server 2005-Datenbank (*WorldWideWings.mdf*) verfügbar ist.

> **HINWEIS** Sie sollten die SQL Server 2005-Version verwenden, da die Access 2003-Version seit der Version 0.3 nicht mehr weitergepflegt wurde.

Mehrschichtarchitektur

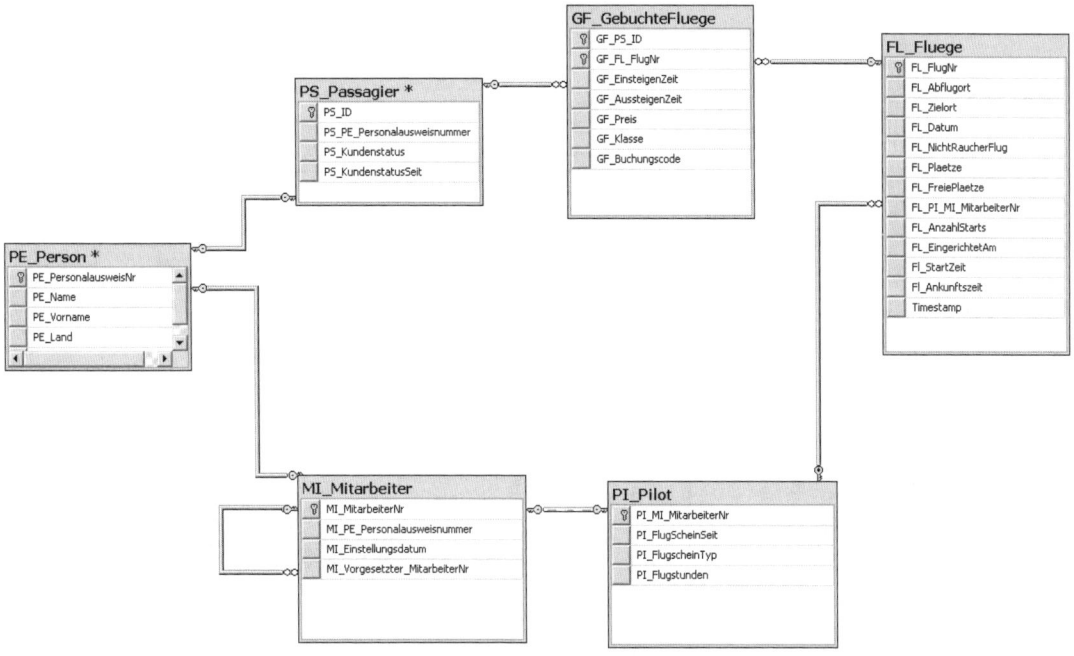

Abbildung 2.4 Datenmodell des Fallbeispiels

Mehrschichtarchitektur

Das Fallbeispiel ist mehrschichtig aufgebaut (siehe folgende Abbildung): Web- und Windows-Benutzerschnittstellen sind von Geschäftslogik und Datenzugriff getrennt. Die Benutzerschnittstellensteuerung greift wahlweise direkt auf die Geschäftslogik zu (d. h., die Geschäftslogik wird im Prozess des Clients ausgeführt) oder aber auf einen dedizierten Anwendungsserver. Als Kommunikationstechnik stehen drei alternative Lösungen zur Verfügung:

- Windows Communication Foundation – WCF (gehostet im IIS oder einem eigenen Host, der als Systemdienst oder Konsolenwendung läuft)
- ASP.NET-basierte Webservices – ASMX (gehostet im IIS)
- .NET Remoting (gehostet in einem eigenen Host, der als Systemdienst oder Konsolenanwendung läuft)

Im Fall von WCF und ASMX gibt es eine serviceorientierte Fassade. .NET Remoting hingegen setzt direkt auf dem domänenspezifischen Objektmodell auf. Die Datenzugriffsschicht läuft immer im selben Prozess wie die Geschäftslogik. Eine Verteilung ist hier noch nicht vorgesehen.

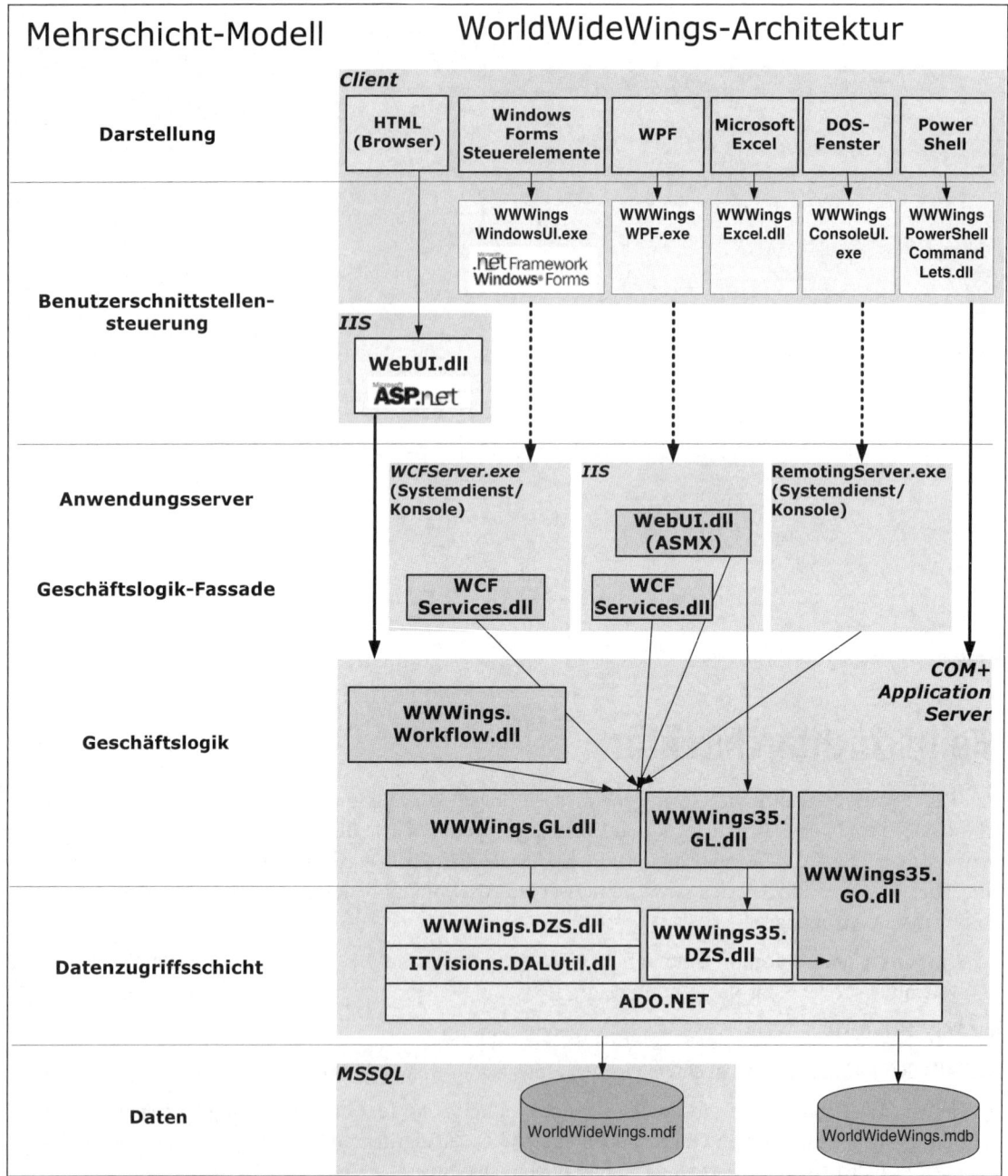

Abbildung 2.5 Gesamtarchitektur des Fallbeispiels

Objektmodell

WICHTIG An einigen Stellen wird im Fallbeispiel bewusst ganz auf Mehrschichtigkeit verzichtet. Mit den Designern und Assistenten von Visual Studio können sehr schnell Anwendungen »zusammengeklickt« werden, die den Datenzugriffscode mit der Benutzerschnittstelle vermengen. Da am Markt weiterhin eine Nachfrage nach solchen Rapid Application Development (RAD)-Werkzeugen besteht und Visual Studio noch stärker als die Vorgängerversionen diese Szenarien unterstützt, sind diese Werkzeuge auch im vorliegenden Buch beschrieben – und sei es nur, um Ihnen die Gefahren ihrer Anwendung zu zeigen.

Objektmodell

Die nachfolgende Grafik zeigt das von der *wwwings.GL.dll* angebotene domänenspezifische Objektmodell. Das Objektdiagramm wurde mit Visual Studio erstellt. Visual Studio unterstützt die Erstellung von Klassendiagrammen (Visual Studio-Elementtyp *Klassendiagramm*), die automatisch mit dem Quellcode synchronisiert werden.

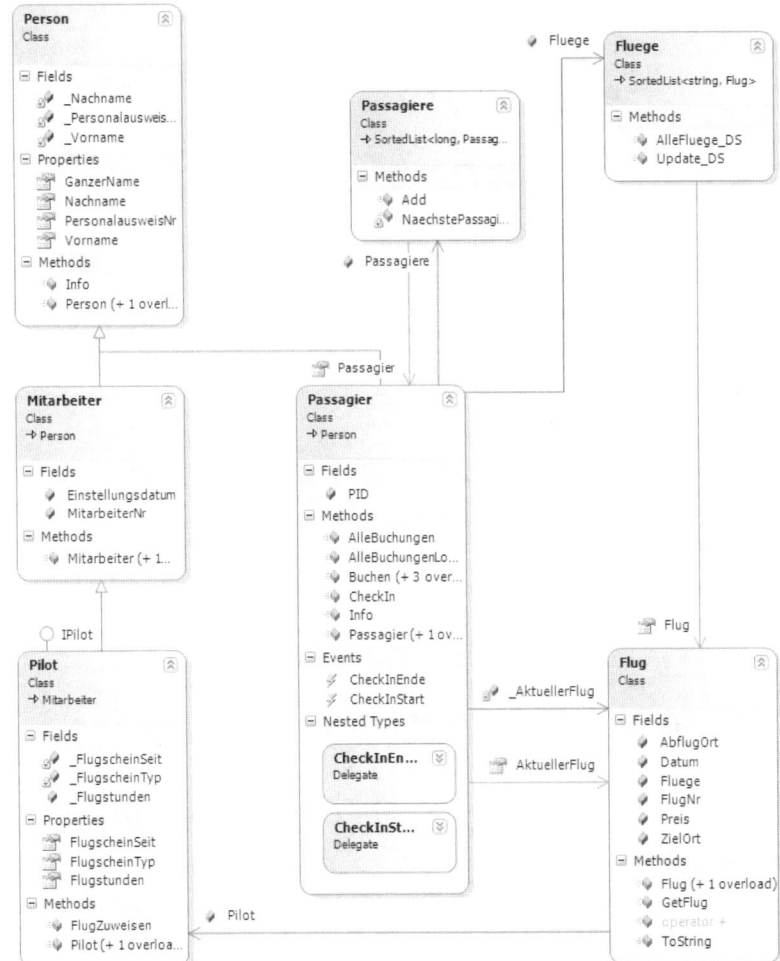

Abbildung 2.6 Visual Studio-Klassendiagramm der selbstdefinierten Geschäftsobjektklassen

Ab Version 0.5 existiert ein alternatives Klassenmodell auf Basis von LINQ-to-SQL und den ADO.NET Entity Framework ObjectServices.

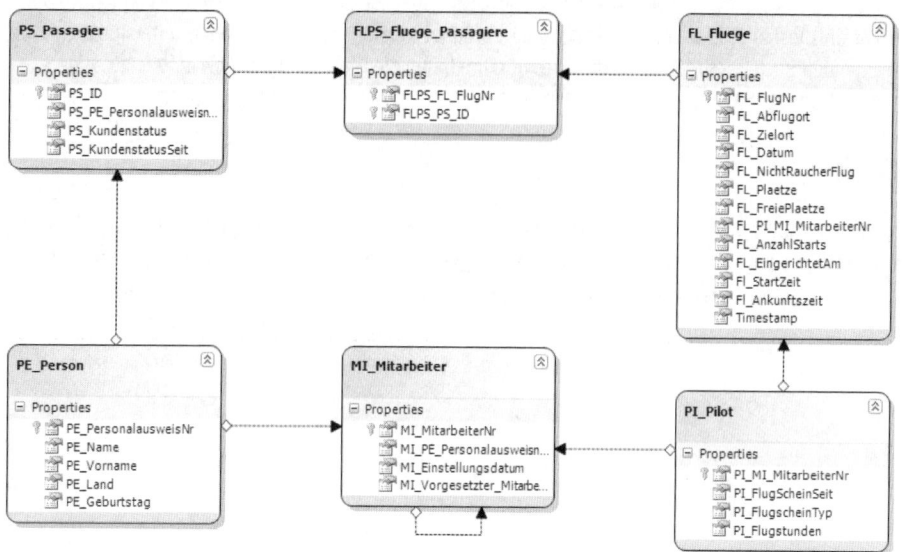

Abbildung 2.7 Klassenmodell mit LINQ-to-SQL

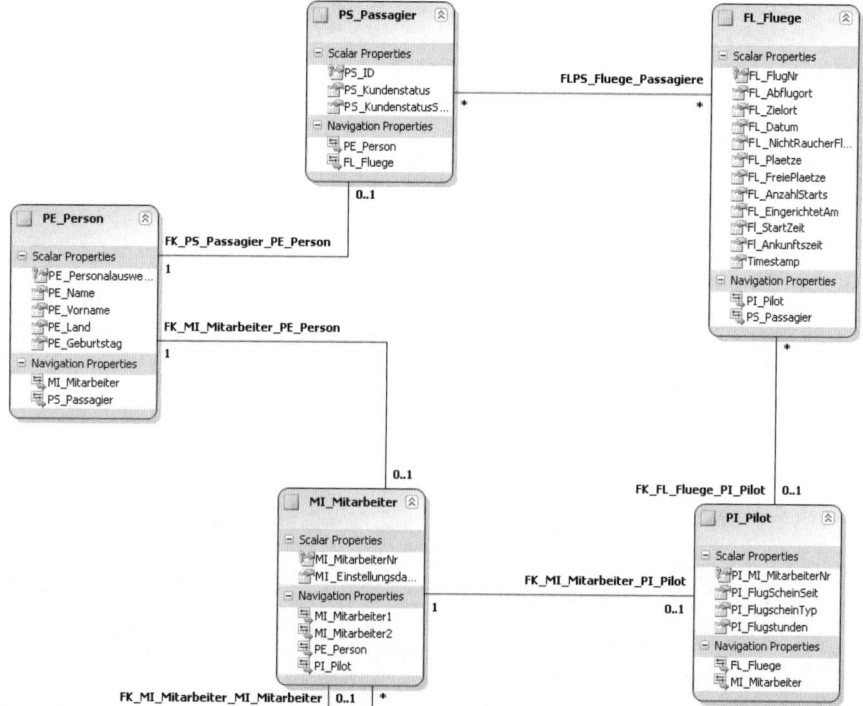

Abbildung 2.8 Klassenmodell mit dem ADO.NET Entity Framework

Projekte und Projektmappen

Das Fallbeispiel ist in zahlreiche Visual Studio-Projekte zerlegt, von denen einige sowohl in Visual Basic als auch in C# existieren. Durchweg ist die C#-Implementierung aber weiter fortgeschritten.

Baustein	Anwendungsart	Visual Basic-Projekt	C#-Projekt	Erläuterung
DALUtil	DLL	ITVisions_DALUtil.vbproj	ITVisions_DALUtil.csproj	Hilfsbibliothek zur vereinfachten Nutzung von ADO.NET (inkl. Provider-Fabriken)
Datenzugriffsschicht (.NET 2.0/3.0-Stil)	DLL	WWWings_DZS_VB.vbproj	WWWings_DZS_CS.csproj	Demonstriert den Datenzugriff mit ADO.NET und der DALUtil-Bibliothek
Datenzugriffsschicht (.NET 3.5-Stil)	DLL	Nicht verfügbar	WWWings35_DAL.csproj	Demonstriert den Datenzugriff mit LINQ-to-SQL
Geschäftslogik (.NET 2.0/3.0-Stil)	DLL	WWWings_GL_VB.vbproj	WWWings_GL_CS.csproj	Demonstriert die Implementierung eines domänenspezifischen Objektmodells (inkl. Einsatz von Generics) sowie Serviceorientierung auf Basis der ADO.NET-basierten Datenzugriffsschicht
Geschäftslogik (.NET 3.5-Stil)	DLL	Nicht verfügbar	WWWings35_GL.csproj	Demonstriert die Implementierung eines domänenspezifischen Objektmodells (inkl. Einsatz von Generics) sowie Serviceorientierung auf Basis der LINQ-to-SQL-basierten Datenzugriffsschicht
Geschäftslogikobjekt	DLL	Nicht verfügbar	WWWings35_GO..csproj	Realisiert den Datenkontext und die Geschäftsobjekte für WWWings35_DAL.csproj und WWWings35_BL.csproj
Anwendungsserver (.NET Remoting)	EXE	WWWings_RemotingServer	Nicht verfügbar	.NET Remoting Server für Geschäftslogik, programmiert als Windows-Systemdienst, der aber auch von der Konsole aus gestartet werden kann
WCF-Fassade	DLL	WWWings_WCFServices	Nicht verfügbar	WCF-Dienste für Zugang zu der Geschäftslogik, zum Hosting in IIS und eigenem WCF-Anwendungsserver
Anwendungsserver (WCF)	EXE	Nicht verfügbar	WWWings_WCFServer	WCF-Server für Geschäftslogik, programmiert als Windows-Systemdienst, der aber auch von der Konsole aus gestartet werden kann ▶

Baustein	Anwendungsart	Visual Basic-Projekt	C#-Projekt	Erläuterung
Konsolen-Client	EXE	WWWings_ConsoleUI_VB.vbproj	WWWIngs_ConsoleUI_CS.csproj	Einfache Testroutinen für Geschäftslogik und Datenzugriff (lokal und z.T. via .NET Remoting)
Windows-Client mit Windows Forms	EXE	WWWings_WindowsUI_VB.vbproj	WWWings_WindowsUI_CS.csproj	Windows-Anwendung, erstellt mit Windows Forms
Windows-Steuerelemente für Windows Forms	DLL	WWWings_Steuerelemente.vbproj	WWWings_Steuerelemente.csproj	Steuerelementbibliothek für den Windows Forms-Client
Windows-Client mit WPF	EXE	*Nicht verfügbar*	WWWings_WPF.cs	Windows-Anwendung, erstellt mit WPF
Sammlung von kleineren Beispielen ohne Zusammenhang zur Gesamtanwendung	DLL	VerschiedeneDemos_VB.vbproj	VerschiedeneDemos_CS.csproj	Von der Gesamtanwendung losgelöste Beispiele für die Verwendung der FCL (z. B. ADO.NET, System.Net) und die Syntax der jeweiligen Programmiersprache (z. B. Datentypen). Aufruf durch den Konsolen-Client oder den Web-Client
Web-Client	Mehrere DLL	WebUI_CSVB		Web-Client, in dem gemischt die Sprachen VB und C# verwendet werden. Gleichzeitig Host für ASMX- und WCF-Dienste
Webserversteuerelemente	DLL	WWWings_WebSteuerelemente.vbproj	WWWings_WebSteuerelemente.csproj	Steuerelementbibliothek für den Web-Client
Unit Tests	DLL	Nicht verfügbar	WebUI_Tests.csproj	Unit Tests für Geschäftslogik und Datenzugriffsschicht sowie Webtests für die Webanwendung
Client für Microsoft Office	XSL/ DLL	WWWings_Office_Client.vbproj	*Nicht verfügbar*	VSTO-Anwendung für Microsoft Excel, die Daten aus dem World Wide Wings-Beispiel visualisiert
PowerShell Commandlets	DLL	*Nicht verfügbar*	WWWings_PowerShell_Commandlets	Commandlets für die Windows-PowerShell für die WWWings-Geschäftslogik: Get-Flug, Get-Passagier, New-Buchung, etc.

Tabelle 2.1 Visual Studio-Projekte für das World Wide Wings-Fallbeispiel

Die Visual Studio-Projekte sind in mehreren Projektmappen unterschiedlich zusammengestellt für verschiedene Anwendungsfälle, zum Beispiel enthält *WWWings_Web.sln* nur die Projekte, die für den Web-Client benötigt werden. Die Projektmappe *WWWings_AlleProjekte.sln* enthält alle Projekte.

Softwarevoraussetzungen für das Fallbeispiel

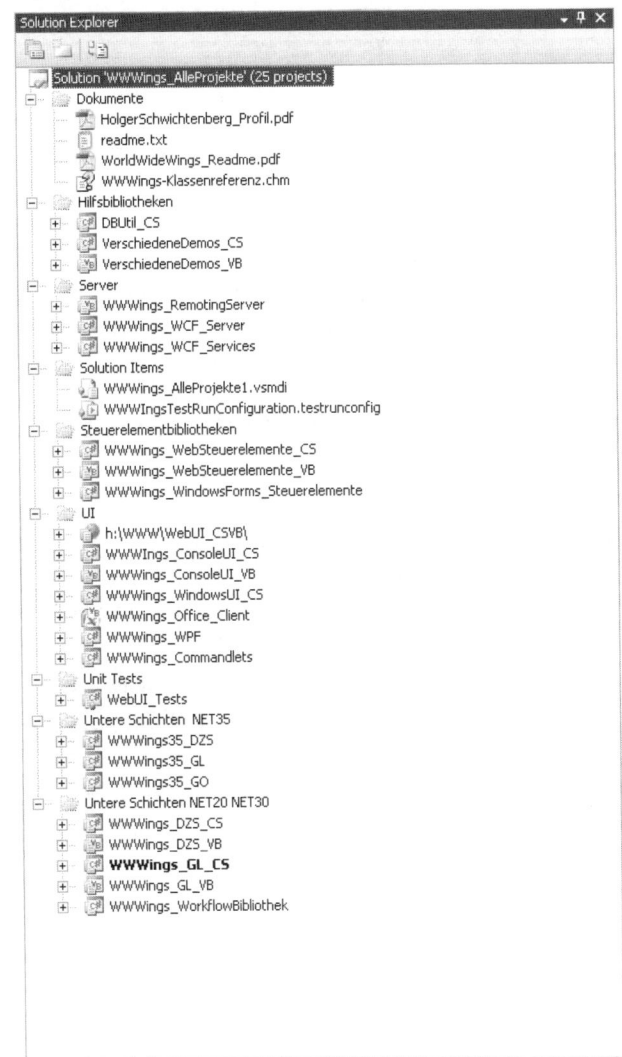

Abbildung 2.9   Projektmappe mit allen Projekten

Softwarevoraussetzungen für das Fallbeispiel

Absolut notwendige Installationsvoraussetzungen für alle Teile der Anwendung sind:

- .NET Framework 3.5.21022.8
- Visual Studio 2008 (9.0.21022.8) Professional Edition
- SQL Server 2005 Express Edition

Einige Teile der Anwendung erfordern außerdem folgende Installationspakete:

- Visual Studio 2008 (9.0.21022.8) Team Suite Edition
- SQL Server 2005 Standard oder Enterprise Edition (nur für ADO.NET Query Notifications)

- Microsoft Excel 2003 (nur für Office-Client)
- Visual Studio Tools for Microsoft Office 2008 (nur für Office-Client)
- Windows PowerShell 1.0
- .NET Framework 3.5 Service Pack 1 Beta, Stand 7.5.2008
- Vanatec Open Access 4.0
- NHibernate 1.2

Entwicklungsplattform für die Anwendung war Windows Server 2008. Die Anwendung wurde nicht auf anderen Betriebssystemen getestet. Grundsätzlich sollte Sie aber auf Windows XP, Vista und Server 2003 funktionieren.

ACHTUNG Bitte beachten Sie, dass bei von der o.g. Auflistung abweichenden Versionen Probleme bei der Übersetzung und beim Betrieb auftreten können.

Installation und Konfiguration

Das Beispiel wird im Quellcode zusammen mit Visual Studio-Projektdateien ausgeliefert und muss von dem Empfänger mit einer Visual Studio-Edition oder dem Werkzeug *msbuild.exe* übersetzt werden.

Da die World Wide Wings-Datenbank in verschiedenen Projekten verwendet wird, muss sie an einer zentralen Stelle liegen. Ausgeliefert wird sie im Unterverzeichnis */Datenbanken* in einer Microsoft SQL Server 2005-Version.

Sie müssen die Verbindungszeichenfolgen in den Anwendungskonfigurationsdateien anpassen, damit der Pfad dem Datenbanken-Verzeichnis Ihrer Systemkonfiguration entspricht. Die ausgelieferte Konfiguration sieht die Verwendung der SQL Server-Datenbank vor, wobei die Datenbank unter dem Namen »WWWings« einem lokalen Microsoft SQL Server hinzugefügt ("attached") wurde.

Alternativ können Sie die SQL Server 2005-Datenbank statisch an einen entfernten SQL Server 2005 anfügen oder dynamisch an einen SQL Server Express binden über *AttachDbFileName*. Dann müssen Sie in den Verbindungszeichenfolgen den Servernamen und andere Einstellungen gemäß Ihrer Systemkonfiguration anpassen.

Die Konfigurationsdateien, in denen Sie die Pfadangaben anpassen müssen, liegen bei .NET-Anwendungen im Standard im Wurzelordner des jeweiligen Projekts und heißen *app.config* oder *web.config*.

ACHTUNG Bitte beachten Sie, dass sich leider in Visual Studio nicht alle Pfade als relative Pfade gestalten lassen. Die Standardeinstellung für alle Pfade ist *h:\www*. Wenn Sie die Anwendung dort ablegen, brauchen Sie keine Pfade anzupassen. Wenn Sie kein *h:*-Laufwerk besitzen, können Sie mit dem DOS-Befehl *subst* einen entsprechenden Alias definieren. Wenn auch das nicht geht, müssen Sie die Pfade anpassen. Nutzen Sie dazu die Suchen/Ersetzen-Funktion über alle Projektdateien in Visual Studio!

Mögliche Fehler

Das Fallbeispiel wird vor jeder Auslieferung fehlerfrei übersetzt (siehe Bildschirmabbildung), aber nur in den Kernelementen funktionell getestet. Laufzeitfehler können nicht ausgeschlossen werden; die Übersetzbarkeit ist jedoch getestet worden.

Warnungen sind keine Fehler: Die Projekte erzeugen zum Teil bewusst Warnungen, weil z.B. im Rahmen eines Geschwindigkeitsvergleichs zwischen frühem und spätem Binden einige Variablen nicht typisiert wurden.

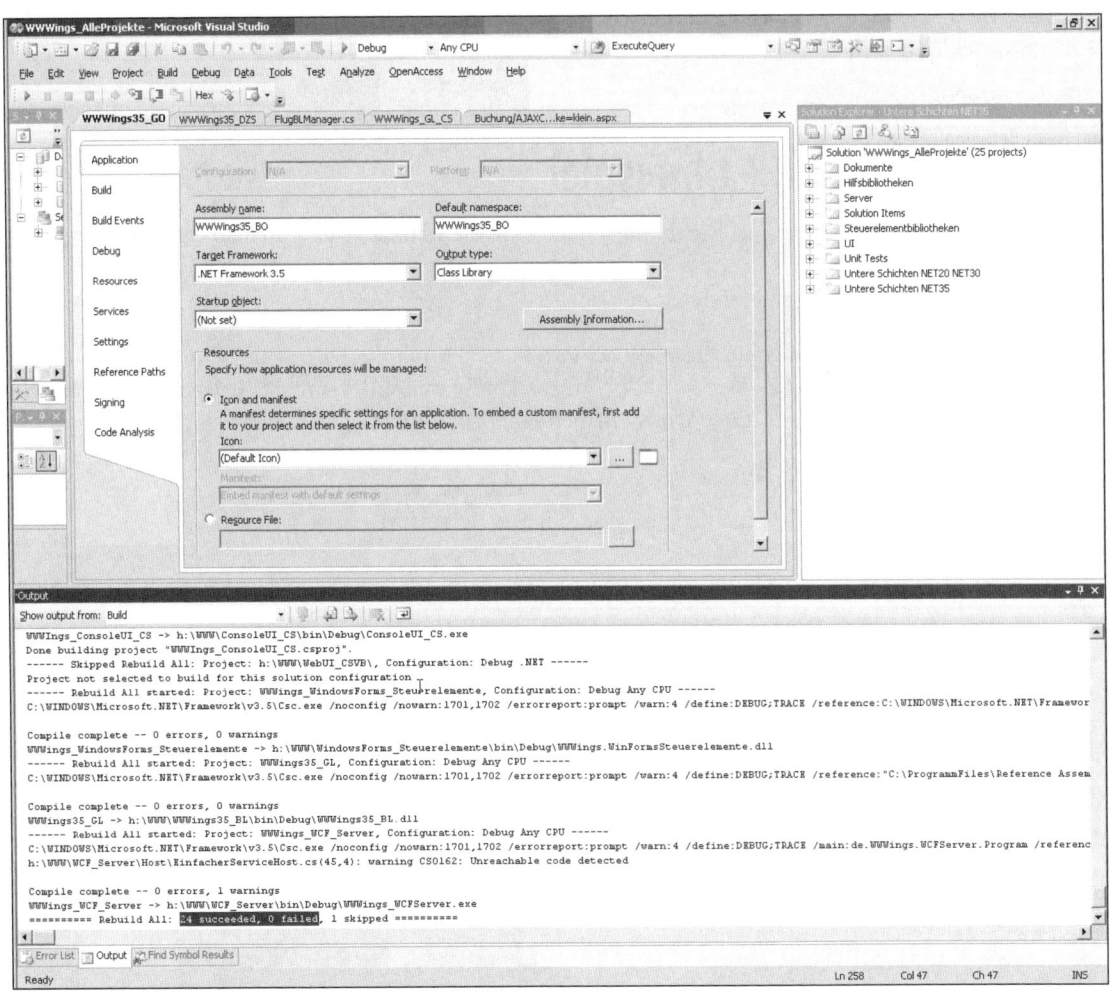

Abbildung 2.10 Belege der fehlerfreien Übersetzung der Projektmappe

Dokumentation

Zu dem World Wings Wings-Projekt gehört eine HTML-Hilfe-Datei (.chm), die die wesentlichen Klassen der Datenzugriffsschicht und der Geschäftslogik dokumentiert. Die Dokumentation wurde mit dem Werkzeug *nDoc* erstellt.

Aktualisierungen

Das Beispiel wird ständig aktualisiert und erweitert. Sie können die jeweils aktuelle Fassung auf folgender Website kostenlos beziehen:

http://www.world-wide-wings.de

Fragen zu diesem Fallbeispiel

Wenn Sie Fragen zu diesem Beispiel haben, nutzen Sie bitte die webbasierten Foren auf der Homepage des Autors:

http://www.IT-Visions.de/Foren

Der Autor versichert Ihnen, dass die Beispiele bei ihm korrekt kompiliert wurden. Wenn die Beispiele bei Ihnen nicht kompilieren, prüfen Sie bitte die Softwarekonfiguration. Wenn die Beispiele nicht korrekt ausgeführt werden, prüfen Sie bitte, ob in dem betreffenden Code alle Parameter auf Ihre Umgebung angepasst sind.

Kapitel 3

Ihre ersten drei .NET 3.5-Anwendungen

In diesem Kapitel:

Motivation	46
Erstellung einer Konsolenanwendung	46
Erstellung einer Webanwendung mit Datenbankzugriff	48
Erstellung einer Windows-Anwendung mit Webservice-Zugriff	52

Motivation

Für ungeduldige Leser bietet dieses Kapitel drei Schritt-für-Schritt-Anleitungen für die Erstellung von drei einfachen .NET-Anwendungen, wobei auf die ausführliche Begründung der Schritte hier zugunsten der schnellen Zielerreichung verzichtet wird. Wenn Sie es nicht so eilig haben, Ihre ersten .NET-Anwendungen auf dem Bildschirm zu sehen, können Sie auch direkt mit dem Kapitel »Grundkonzepte des .NET Frameworks 3.5« des Buchs fortfahren, um zunächst die Hintergründe zu verstehen.

HINWEIS Die ersten beiden in diesem Kapitel besprochenen .NET-Anwendungen laufen nicht nur unter .NET 3.5 und Visual Studio 2008, sondern auch unter .NET 2.0 und Visual Studio 2005. Aus didaktischen Gründen wird bei diesen Einstiegsbeispielen auf die komplexeren Funktionen von .NET 3.x verzichtet. Das dritte Beispiel läuft in der dokumentierten Form jedoch nur auf .NET 3.5 und Visual Studio 2008.

Erstellung einer Konsolenanwendung

Gebiet	Technik
Programmiersprache:	C# 2008
Anwendungstyp:	Konsolenanwendung
Eingesetzte Klassen:	System.DateTime System.Console
Eingesetzte Werkzeuge:	beliebiger Texteditor csc.exe
Installationsvoraussetzungen:	.NET Framework Redistributable 2.0/3.0 oder 3.5

Ziel

Die Anwendung fragt nach Ihrem Namen und begrüßt Sie je nach Tageszeit mit einer anderen Grußformel.

Abbildung 3.1 Ablauf der ersten .NET-Anwendung

Lösung

Gehen Sie folgendermaßen vor, um Ihre erste einfache C#-Anwendung mithilfe des Kommandozeilen-Compilers *csc.exe* zu erstellen:

Erstellung einer Konsolenanwendung

1. Öffnen Sie einen Texteditor, z. B. den bei Windows mitgelieferten Editor *Notepad.exe*.
2. Geben Sie den nachstehenden Quellcode ein (oder laden Sie die Beispiele von der Leser-Website herunter).

```
namespace de.WWWings.Konsolenanwendung
{
  class Programm
  {
    static void Main(string[] args)
    {
      string name, begruessungstext;
      System.Console.Title = "WorldWideWings CheckIn";
      System.Console.WriteLine("Ihr Name?");
      System.Console.BackgroundColor = System.ConsoleColor.White;
      System.Console.ForegroundColor = System.ConsoleColor.Red;
      name = System.Console.ReadLine();
      System.Console.ResetColor();
      if (System.DateTime.Now.Hour <= 12)
      { begruessungstext = "Guten Morgen"; }
      else
      { begruessungstext = "Guten Tag"; }
      System.Console.WriteLine("{0}, {1}, willkommen an Bord!", begruessungstext, name);
      System.Console.Beep();
      System.Console.ResetColor();
      System.Console.WriteLine("Drücken Sie eine Taste, um die Anwendung zu verlassen!");
      System.Console.ReadKey();
    }
  }
}
```

Listing 3.1 Quellcode für Beispiel 1

3. Speichern Sie das Programm unter *Konsolenanwendung.cs*.
4. Öffnen Sie ein DOS-Fenster und setzen Sie das aktuelle Verzeichnis auf das Verzeichnis, in dem Sie den Quellcode abgelegt haben.
5. Kompilieren Sie die Anwendung durch den nachstehenden Befehl:

```
c:\WINDOWS\Microsoft.NET\Framework\v3.0\csc.exe Konsolenanwendung.cs
```

HINWEIS Der Pfad kann auf Ihrem System in Abhängigkeit von der verwendeten Windows-Version, dem Systemlaufwerk und der installierten .NET-Version abweichen.

Als Ergebnis der Kompilierung sollte es eine *Konsolenanwendung.exe* geben. Starten Sie diese Anwendung von der Kommandozeile aus.

Erstellung einer Webanwendung mit Datenbankzugriff

Gebiet	Technik
Programmiersprache:	J#, C# oder Visual Basic
Anwendungstyp:	Serverseitige Webanwendung
Eingesetzte Klassen:	System.Web.* (ASP.NET) System.Data.* (ADO.NET)
Eingesetzte Werkzeuge:	Visual Studio 2005/2008 oder Visual Web Developer Express 2005/2008
Installationsvoraussetzungen:	Visual Studio 2005/2008 oder Visual Web Developer Express 2005/2008

Ziel

Ziel dieser Aufgabe ist es, eine Webseite zum Anzeige und Editieren von Daten aus einer Datenbank zu entwickeln.

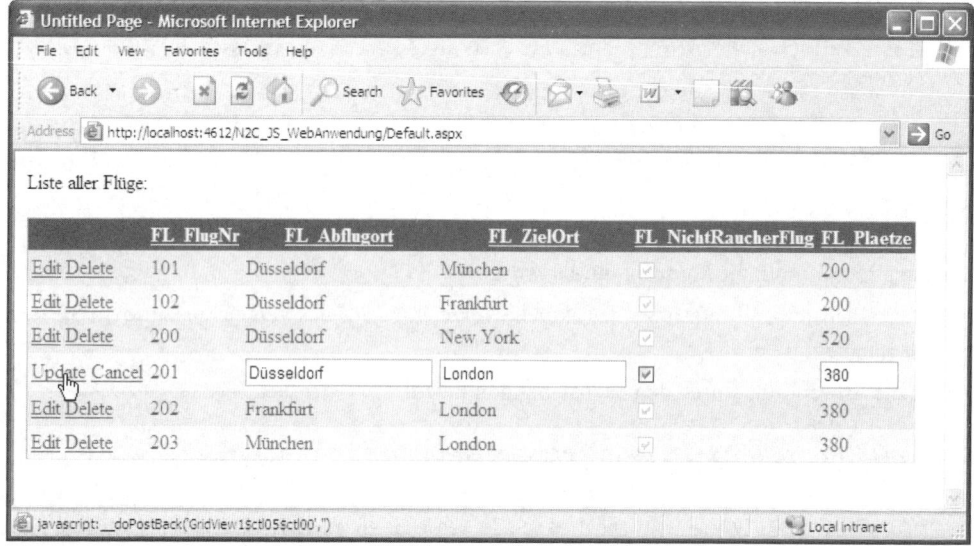

Abbildung 3.2 Webanwendung

Lösung

1. Starten Sie Visual Studio oder Visual Web Developer Express.
2. Wählen Sie das Menü *Datei/Neu/Website* (*File/New/Web Site*).
3. Wählen Sie unter *Vorlagen* (*Templates*) »ASP.NET Website«. Wählen Sie unter *Sprache* (*Language*) eine beliebige Sprache. Wählen Sie unter *Speicherort* (*Location*) »Dateisystem/File System« und einen Ordner in Ihrem lokalen Dateisystem. Klicken Sie auf *OK*.

Erstellung einer Webanwendung mit Datenbankzugriff

4. Visual Studio erzeugt ein neues Projekt mit einer leeren Webseite *default.aspx*. Kopieren Sie die in den Downloads zu diesem Buch enthaltene Microsoft Access-Datenbank *WorldWideWings.mdb* in das Verzeichnis *App_Data* des Projekts.

5. Wählen Sie die leere Webseite aus und wechseln Sie in die Design-Ansicht (*Ansicht/Designer* bzw. *View/Designer*).

6. Geben Sie folgenden Text auf der Seite ein: **Liste aller Flüge**.

7. Öffnen Sie den Server-Explorer (*Ansicht/Server-Explorer* bzw. *View/Server Explorer*). Wenn Sie Visual Web Developer Express verwenden, heißt der Eintrag *Datenbankexplorer* (*Database Explorer*).

8. Wählen Sie auf dem Ast *Datenverbindungen* (*Data Connections*) den Kontextmenüeintrag *Verbindung hinzufügen* (*Add Connection*).

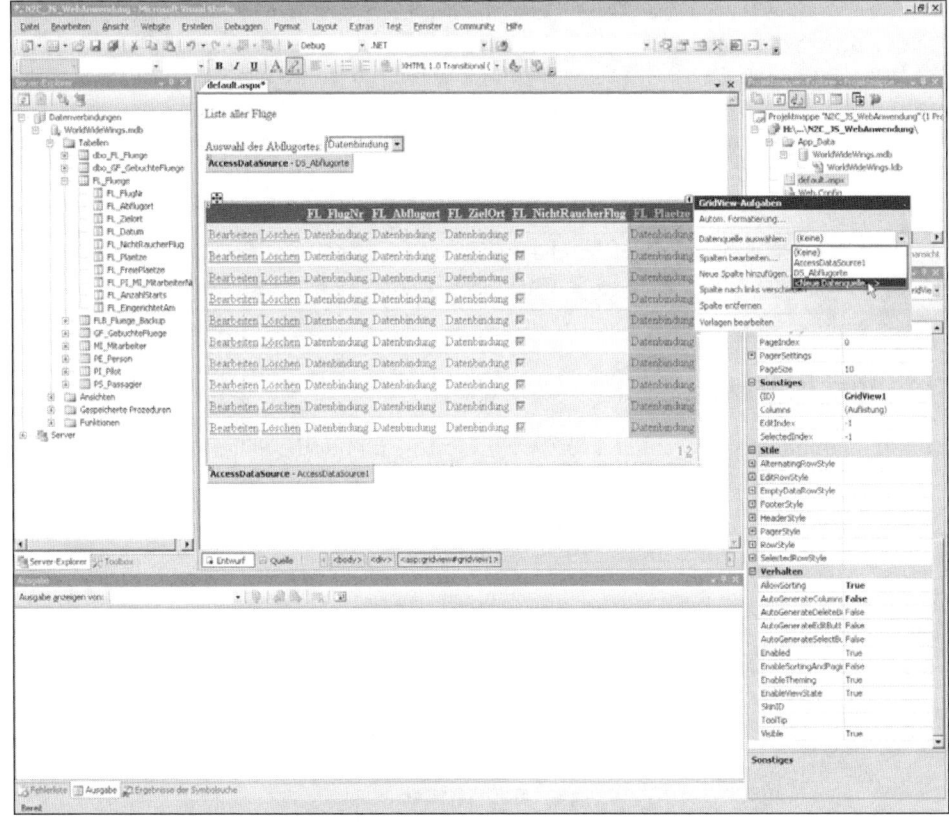

Abbildung 3.3 Konfiguration des Datensteuerelements

9. Erzeugen Sie mit dem Assistenten eine Verbindung zur Datenbank *WorldWideWings.mdf* (entweder mit dem Provider "SQL Server" oder "SQL Server Database File", wenn Sie eine Microsoft SQL Server Express-Variante verwenden wollen).

10. Die Datenbank erscheint im Server Explorer. Öffnen Sie den Zweig im Server Explorer.

11. Ziehen Sie mit der Maus den Eintrag *Tabellen/FL_Fluege* auf die Webseite unter den eingegebenen Text. Visual Studio erzeugt dann automatisch ein `GridView`-Steuerelement und ein `AccessDataSource`-Steuerelement für die Verbindung zur Datenbank.
12. Wählen Sie das Smarttag an der oberen rechten Kante des `GridView`-Steuerelements (*GridView-Aufgaben* bzw. *GridView Tasks*).
13. Wählen Sie im Smarttag-Menü *Automat. Formatierung* (*Auto Format*) und dort *Schiefer/Slade* aus.
14. Aktivieren Sie im Kontextmenü die Häkchen für *Sortieren* (*Sorting*), *Blättern* (*Paging*), *Editieren* (*Editing*) und *Löschen* (*Deleting*).
15. Starten Sie die Anwendung durch Drücken von [F5]. Visual Studio startet nun den integrierten ASP.NET Development Server (*WebDev.WebServer.exe*) und die von Ihnen entwickelte Anwendung.

HINWEIS Sie haben für diese Anwendungen keinen Quellcode eingeben müssen und Sie werden feststellen, dass auch Visual Studio keinen Programmcode generiert hat; Visual Studio hat lediglich XML-Elemente erzeugt. Diese XML-Elemente konfigurieren Web-Steuerelemente, die das gesamte Verhalten dieser Anwendung bereits implementieren. Im Kapitel »ASP.NET« (dieses Zusatzkapitel können Sie als PDF auf dem Leser-Portal herunterladen) werden Sie erfahren, dass Sie viele Standardszenarien ohne eigenen Programmcode realisieren können und dennoch an jeder Stelle die Option haben, durch eigenen Programmcode das vordefinierte Standardverhalten abzuändern.

TIPP Um die Ordnung der Spalten, die Spaltenüberschriften oder die Formatierung zu modifizieren, können Sie *Spalten bearbeiten* (*Edit Columns*) aus dem Smarttag-Menü des `GridView`-Steuerelements wählen.

Erweiterung des Beispiels

Die Anwendung soll nun um ein Auswahlmenü erweitert werden, um nur die Flüge für einzelne Abflugorte anzuzeigen.

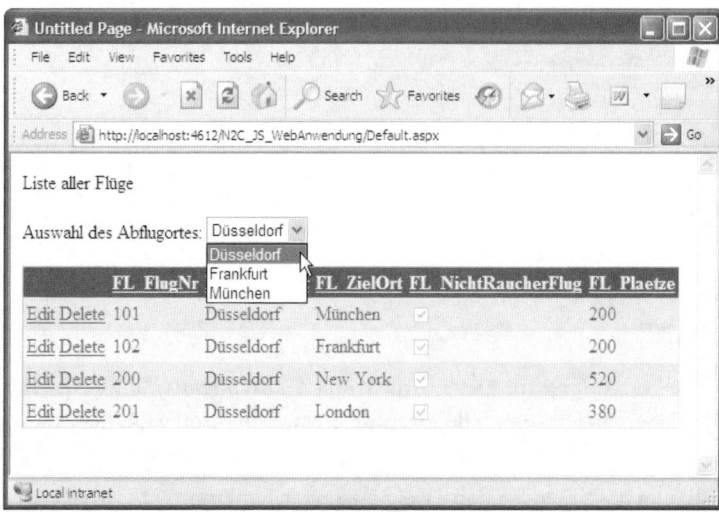

Abbildung 3.4 Erweiterung der Flugverwaltung um ein Auswahlmenü für die Abflughäfen

Schritte für die Erweiterung

1. Tippen Sie zwischen Überschrift und Tabelle den Text **Auswahl des Abflugortes** ein.
2. Öffnen Sie die Toolbox (*Ansicht/Toolbox* bzw. *View/Toolbox*).
3. Fügen Sie ein Steuerelement vom Typ DropDownList hinter den eingegebenen Text ein.
4. Stellen Sie in den Eigenschaften (*Ansicht/Eigenschaftenfenster* bzw. *View/Properties*) die Eigenschaft *AutoPostBack* auf *True*.
5. Wählen Sie im Smarttag-Menü den Punkt *Datenquelle auswählen* (*Choose Data Source*).
6. Wählen Sie im folgenden Fenster *Neue Datenquelle* (*New Data Source*).
7. Wählen Sie *Access Database* und geben Sie als ID **DS_Abflugorte** ein.
8. Wählen Sie die Datenbankdatei *App_Data/WorldWideWings.mdb* aus.
9. Wählen Sie als Tabelle *FL_Fluege* aus. Wählen Sie als einzige Spalte *FL_Abflugort* an. Klicken Sie das Häkchen *Nur eindeutige Zeilen zurückgeben* (*Return only unique rows*) an.
10. Klicken Sie im nächsten Bildschirm auf *Testabfrage* (*Test Query*), um zu sehen, ob die gewünschte Liste der Abflughäfen erscheint.
11. Klicken Sie auf *Fertig stellen* (*Finish*).
12. Wenn Sie nun die Anwendung starten, können Sie bereits die Flughäfen auswählen; jedoch reagiert die Tabelle noch nicht auf die Auswahl. Dafür müssen Sie die Datenquelle der Tabelle anpassen.
13. Wählen Sie im Designer im Smarttag-Menü des GridView-Steuerelements den Punkt *Datenquelle konfigurieren* (*Configure Data Source*).
14. Überspringen Sie *Datenbank auswählen* (*Choose a database*).
15. Auf der Seite *Die Select-Anwendung konfigurieren* (*Configure Select Statement*) wählen Sie *Tabelle/Name =* **FL_Fluege** und *Spalten = **.
16. Klicken Sie auf die *WHERE*-Schaltfläche.
17. Stellen Sie den Dialog *WHERE-Klausel hinzufügen* (*Add WHERE Clause*) so ein, wie im folgenden Screenshot dargestellt.

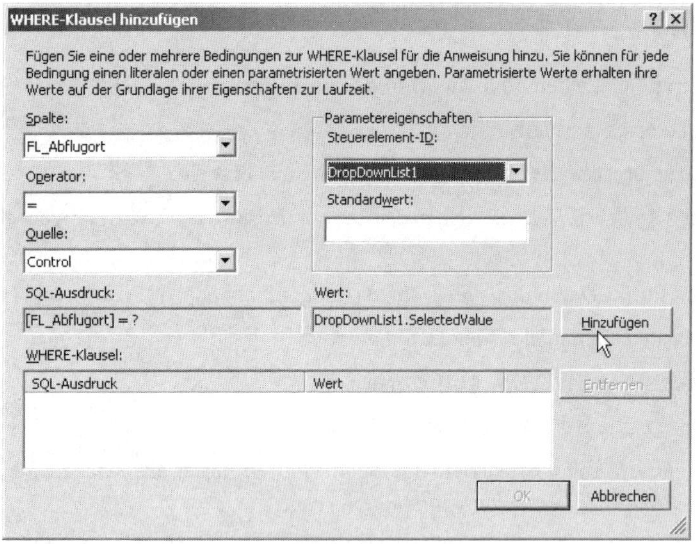

Abbildung 3.5 Bindung der Tabelle an das Auswahlfeld

18. Klicken Sie auf *Hinzufügen* (*Add*) und *OK*.
19. Wählen Sie in dem übergeordneten Formular nun *Weiter* (*Next*) und *Fertig stellen* (*Finish*).
20. Starten Sie dann die Webanwendung.

Erstellung einer Windows-Anwendung mit Webservice-Zugriff

Gebiet	Technik
Programmiersprache:	Visual Basic 2008
Anwendungstyp:	Windows-Anwendung
Eingesetzte Klassen:	System.Windows.Forms.* (Windows Forms) System.ServiceModel.* (Windows Communication Foundation)
Eingesetzte Werkzeuge:	Visual Studio 2008 (mit VB 2008) oder Visual Basic 2008 Express Edition
Installationsvoraussetzungen:	Visual Studio 2008 (mit VB 2008) oder Visual Basic 2008 Express Edition

Ziel

Ziel dieser Aufgabe ist es, eine Windows-Anwendung zur Übermittlung von Daten an einen XML-Webservice zu entwickeln. Als Webservice wird ein vorhandener Dienst (*http://www.it-visions.de/webservices/leser.asmx*) verwendet, der die Benutzer-Registrierung für die Leser-Website zu diesem Buch ermöglicht. Ausnahmsweise hat dieses Beispiel nichts mit den »WorldWideWings« zu tun, sondern hat für Sie als Leser einen praktischen Nutzen, um die Dienstleistungen für Leser in Anspruch nehmen zu können.

Erstellung einer Windows-Anwendung mit Webservice-Zugriff

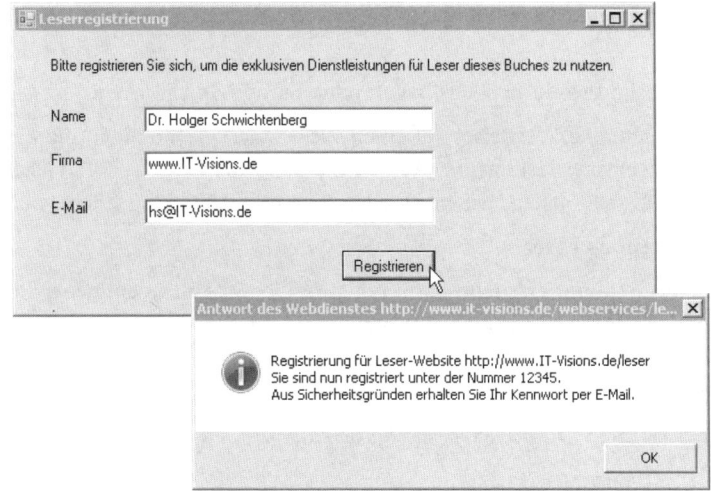

Abbildung 3.6 Webservice-basierte Registrierungsanwendung für Buchleser

WICHTIG Für dieses Beispiel benötigen Sie einen Internetzugang.

Lösung

1. Starten Sie Visual Studio 2008 oder Visual Basic 2008 Express Edition.
2. Wählen Sie das Menü *Datei/Neu/Projekt* (*File/New/Project*).
3. Wählen Sie unter *Projekttypen (Project Types)* den Eintrag *Visual Basic/Windows* und *Windows-Anwendung (Windows Application)* unter *Vorlagen (Templates)* aus. Geben Sie als Namen **N2C_CB_WindowsAnwendung** ein. Nach dem Klick auf die *OK*-Schaltfläche erzeugt Visual Studio ein Projekt mit einem leeren Fenster (*form1.vb*).
4. Wählen Sie auf der leeren Formularfläche das Kontextmenü *Eigenschaften (Properties)* und geben Sie unter der Eigenschaft *Text* das Wort **Leserregistrierung** ein.
5. Vergrößern Sie das Fenster so, dass die komplette Fensterüberschrift lesbar ist.
6. Erstellen Sie das nachstehend abgedruckte Formular, bestehend aus vier Label-Steuerelementen, drei Textbox-Steuerelementen und einem Button-Steuerelement. Nutzen Sie zur Positionierung die blauen Positionierungslinien in Visual Studio, die automatisch beim Bewegen eines Steuerelements erscheinen.

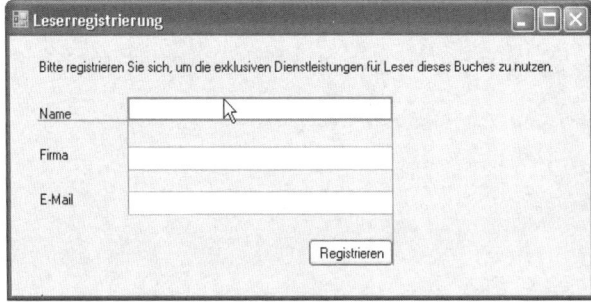

Abbildung 3.7 Positionierungshilfslinien für Windows Forms-Steuerelemente in Visual Studio

7. Vergeben Sie im *Eigenschaften*-Fenster folgende Namen für die Steuerelemente: **C_Name**, **C_Firma**, **C_Email** und **C_Registrieren**.
8. Wählen Sie im Kontextmenü des Projekts im Projektmappen-Explorer den Eintrag *Add Service Reference*.
9. Es öffnet sich der Dialog zum Hinzufügen eines Verweises auf einen Webservice. Geben Sie in die Zeile *URL* ein: **http://www.it-visions.de/webservices/leser.asmx**. Wählen Sie dann die *Gehe zu (Go)*-Schaltfläche neben dem URL, sodass Sie die Informationsseite wie in der nachstehenden Abbildung sehen.
10. Geben Sie als Namensraum ein: **de.ITVisions.Leser**.
11. Klicken Sie auf *OK*. Im Projektmappen-Explorer erscheint dann unter *Service References* ein neuer Eintrag. Dieser Eintrag repräsentiert eine WCF-Proxy-Klasse, die Visual Studio für den Webservice angelegt hat, sodass der Entwickler diesen aus dem Code wie eine lokale Klasse nutzen kann.
12. Führen Sie einen Doppelklick auf der Schaltfläche *Registrieren* aus. Sie sollten nun das Editor-Fenster mit einer leeren Ereignisbehandlungsroutine *C_Registrieren_Click()* sehen.

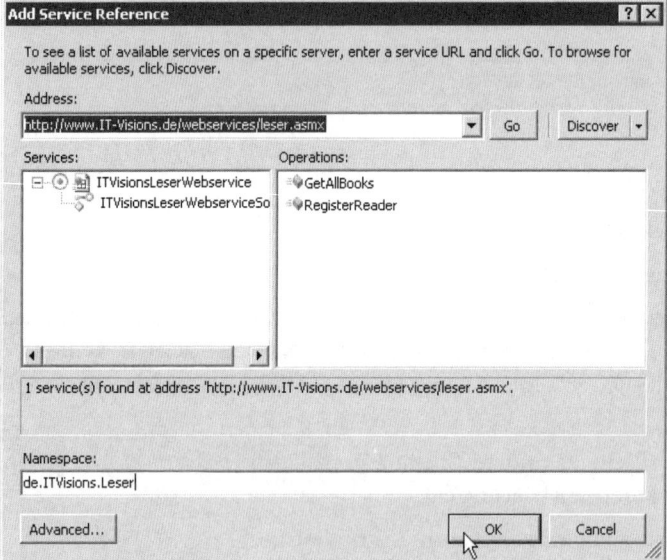

Abbildung 3.8 Erstellen eines WCF-basierten Proxies für einen XML-Webservice

13. Geben Sie dort nachstehende Zeilen ein, um die Methode RegisterReader() in der Proxy-Klasse aufzurufen und das Ergebnis in einem Dialogfeld anzuzeigen.

```
Private Sub C_Registrieren_Click(ByVal sender As System.Object, ByVal e As System.EventArgs) Handles
C_Registrieren.Click

    ' Proxy erzeugen
    Dim ws As New de.ITVisions.Leser.ITVisionsLeserWebserviceSoapClient()

    ' Methode aufrufen
    Dim Ausgabe As String = _
    ws.RegisterReader("N35", Me.C_Name.Text, _
                Me.C_Firma.Text, Me.C_eMail.Text)
```

Erstellung einer Windows-Anwendung mit Webservice-Zugriff

```
    ' Proxy schließen
    ws.Close()

    ' Ausgabe
    MsgBox(Ausgabe, MsgBoxStyle.Information, "Antwort des Webdienstes " & _
    ws.Endpoint.Address.ToString())

End Sub
```

14. Starten Sie die Anwendung.

HINWEIS Bitte geben Sie Ihren Namen, Ihre Firma und Ihre E-Mail-Adresse an, wenn Sie tatsächlich als Leser für dieses Buch registriert werden und Zugang zu den exklusiven Dienstleistungen für Leser erhalten möchten. Wenn Sie keinen Zugang wünschen, lassen Sie bitte die Felder leer. Sie werden dennoch eine Rückmeldung von dem Webdienst erhalten. Sie können die Registrierung ohne Bedenken mehrfach aufrufen: Der Webdienst erkennt, wenn Sie bereits registriert sind.

Kapitel 4

Grundkonzepte des .NET Frameworks 3.5

In diesem Kapitel:

Zwischensprache	58
Anwendungstypen	61
Laufzeitumgebung	63
Programmiersprachen	64
Objektorientierung	68
.NET-Klassenbibliothek (FCL)	77
Softwarekomponentenkonzept	85
Anwendungsdienste (Application Services)	94
Installation von .NET-Anwendungen	95
Weitere Fähigkeiten der Laufzeitumgebung	98
Mehrschichtige .NET-Anwendungen	105
Verteilte .NET-Anwendungen	108
Interoperabilität	112
.NET auf 64-Bit-Systemen	114
Versionskompatibilität	118

Zwischensprache

Sowohl die Programmiersprache Java als auch das .NET Framework basieren auf dem Konzept *Write Once Run Anywhere (WORA)*, d. h., eine einmal entwickelte und kompilierte Anwendung kann auf verschiedenen Betriebssystemen ablaufen. Das .NET Framework arbeitet – genau wie Java – mit einem Intermediationskonzept auf Basis einer Zwischensprache und einer virtuellen Maschine (WM). Ein Compiler einer .NET-Hochsprache erzeugt also keinen prozessorspezifischen Maschinencode, sondern einen plattformunabhängigen Zwischencode. Dieser Zwischencode wird *Microsoft Intermediate Language* (*MSIL*) oder – im ECMA- und ISO-Standard – *Common Intermediate Language* (*CIL*) genannt. Code in MSIL wird auch als *verwalteter Code* (*Managed Code*) bezeichnet. Im Gegensatz dazu wird prozessorspezifischer Maschinencode als *nicht-verwalteter* (*Unmanaged Code*) oder *Native Code* bezeichnet.

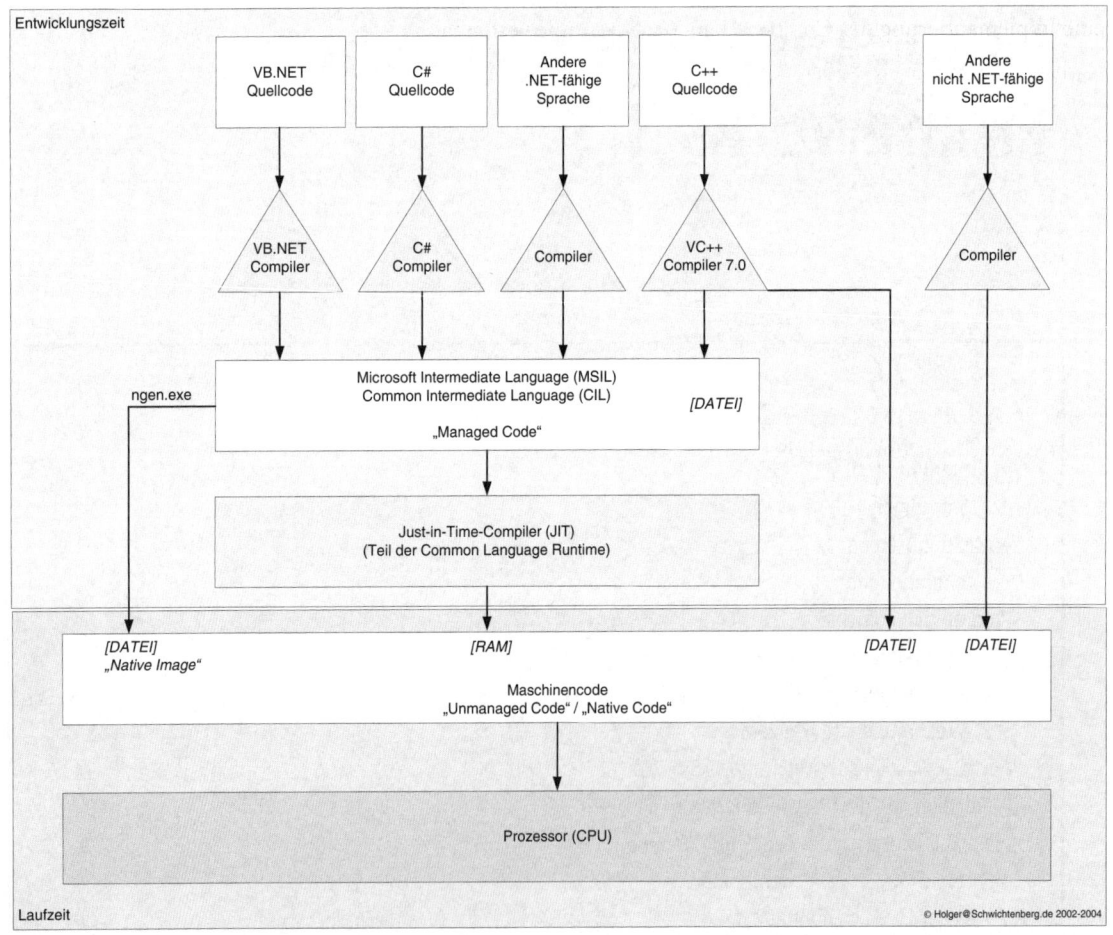

Abbildung 4.1 Zwischensprachkonzept im .NET Framework

Erst zur Laufzeit wird der MSIL-Code dann in einen prozessorspezifischen Maschinencode *(Native Code)* umgewandelt. MSIL-Code wird nicht interpretiert, sondern von einem sogenannten *Just-in-Time-Compiler* stückchenweise umgewandelt und dann ausgeführt. Dabei berücksichtigt der Just-in-Time-Compiler prozessorspezifische Optimierungsmöglichkeiten. Dadurch, dass nicht interpretiert, sondern vor der Ausführung kompiliert wird und der Just-in-Time-Compiler sehr schnell arbeitet, ist der Leistungsverlust durch die Intermediation sehr gering. Im Zweifel gibt es auch die Möglichkeit, das Ergebnis der Kompilierung von MSIL zu Maschinencode zu speichern und später auszuführen. Dies nennt man *Native Image*. Ein Native Image ist jedoch nicht mehr plattformunabhängig. Es ist nicht verboten, dass Sprach-Compiler wahlweise auch direkt Native Code erzeugen, der nicht unter der Kontrolle der .NET-Laufzeitumgebung abläuft.

Der *Just-in-Time-Compiler* *(JIT-Compiler* oder *JITter)* ist Teil der .NET-Laufzeitumgebung, die *Common Language Runtime* *(CLR)* genannt wird. Das Intermediationskonzept ist die Basis für die Plattformunabhängigkeit der Anwendungen. Managed Code kann auf jedem Betriebssystem ausgeführt werden, für das eine Implementierung der Common Language Runtime verfügbar ist.

Natürlich ist Managed Code langsamer als Native Code, wobei der Geschwindigkeitsunterschied sehr viel geringer ist, als man vermutet. Wenn jedoch die optimale Geschwindigkeit notwendig ist, besteht die Möglichkeit, eine Managed-Code-Datei einmalig in eine Native-Code-Datei umzuwandeln. Dazu dient das Werkzeug ngen.exe. Der Vorgang wird als *Pre-Jitting* bezeichnet. Das Resultat von *ngen.exe* nennt man ein *Native Image*. Ngen.exe wurde in .NET 2.0 stark vereinfacht (z.B. werden nun alle referenzierten Komponenten automatisch mitübersetzt).

Grundsätzlich kann zwar ein Native Image bereits während der Entwicklung erzeugt werden; aufgrund der plattformspezifischen Übersetzung bietet es sich jedoch an, das Native Image erst bei der Installation einer .NET-Anwendung zu erzeugen *(Install Time Compilation)*. Das Native Image ist spezifisch für eine bestimmte Version der .NET-Laufzeitumgebung. Auch benötigen DOS- und NT-basierte Windows-Systeme verschiedene Native Images. Eine .NET-Anwendung, die in einem Native Image gespeichert ist, braucht ebenfalls die .NET-Laufzeitumgebung, um ausgeführt werden zu können.

Die CIL-Sprache

Das nachfolgende Listing zeigt ein »Hello World«-Beispiel in CIL-Code. Interessant dabei ist, dass Unterroutinen nicht – wie in vielen Programmiersprachen – über ihre Position in einer Liste von Funktionen (*vTable*-Verfahren) angesprungen werden, sondern dass der komplette Methodenname im Code verewigt ist. Damit ist CIL robust gegenüber Änderungen der Schnittstelle.

```
.method public static void  main() cil managed
{
  .entrypoint
  .custom instance void [mscorlib]System.STAThreadAttribute:::.ctor() = ( 01 00 00 00 )
  // Code size       11 (0xb)
  .maxstack  8
  IL_0000:  ldstr      "Hello World aus der Anwendung 1!"
  IL_0005:  call       void [mscorlib]System.Console::WriteLine(string)
  IL_000a:  ret
} // end of method Anwendung1::main
```

Listing 4.1   Beispiel für eine »Hello World«-Ausgabe in CIL

Decompiler

Der Nachteil des sehr »sprechenden« Verfahrens ist, dass bei der Dekompilierung von CIL-Code sehr gut lesbarer Hochsprachen-Programmcode entsteht. Das geistige Eigentum des Softwareentwicklers ist also nicht gut geschützt.

Microsoft selbst stellt im .NET Framework SDK einen Decompiler bereit, der CIL-Code anzeigt (*ildasm.exe*). Zwei Decompiler, die C#-Code aus CIL-Code erzeugen, erhalten Sie als Freeware im Internet (z. B. *.NET Reflector* [LROED01]).

Obfuskatoren

Gegenspieler der Klassen-Browser und Decompiler sind *Obfuskatoren*, die durch Ersetzungen das intellektuelle Eigentum von Software-Autoren besser schützen sollen. Die Methoden und Variablen erhalten kryptische Namen und erschweren es so dem Disassembler-Nutzer, ein Programm zu verstehen. Einige Obfuskatoren verschlüsseln zudem Zeichenkettenliterale und bauen den Kontrollfluss so um, dass er kaum noch zu verstehen ist. Die Semantik bleibt dabei erhalten, jedoch werden die Assemblies verständlicherweise größer und langsamer. Es existieren zahlreiche Obfuskatoren für .NET (siehe [DOTNET02]).

Microsoft liefert mit Visual Studio zusammen eine funktionsreduzierte Version des DOTFUSCATOR der Firma PreEmptive Solutions aus. Das Produkt Xenocode [XEN01] beherrscht darüber hinaus ein Verfahren, mit welchem die Metadaten einer Assembly so verfälscht werden, dass weder ILDASM noch der .Net Reflector die Assembly überhaupt öffnen können. Die Funktionalität bleibt aber erhalten. Auch der Salamander .Net Protector schützt komplett vor der Disassemblierung durch Übersetzung in ein anderes Format (Pseudo-Native-Code). Durch zusätzliche Verschlüsselung soll laut dem Hersteller Remotesoft jeder Decompiler chancenlos sein.

Secure Virtual Machine (SVM)

Secure Virtual Machine (SVM) ist die Bezeichnung für eine spezielle Virtual Machine (Ablaufumgebung) für .NET-Anwendungen, die im Gegensatz zu der Standard-VM der CLR die Dekompilierung stark erschwert.

Durch sogenannte Permutationen wird für jeden Hersteller oder sogar jedes Produkt eine eigene SVM mit einem eigenen Befehlssatz erstellt. Die eigene SVM besitzt einen eigenen, undokumentierten Befehlssatz. Anwendungen werden nach der eigentlichen Kompilierung nach MSIL/CIL nochmals umgewandelt in die SVM-spezifische Zwischensprache. Die Anwendung kann danach nur noch mit der SVM ausgeführt werden, was bedeutet, das die SVM mit ausgeliefert werden muss. Eine SVM hat eine Größe von rund 1 MB.

Zusätzlich zu dem eigenen Befehlssatz verwendet die SVM auch noch Verschlüsselung, um die Dekompilierung nochmals zu erschweren. Eine Dekompilierung einer SVM-geschützten Anwendung ist jedoch nicht komplett unmöglich.

Wichtig ist, dass der SVM-Schutz die Leistung (Ausführungsgeschwindigkeit) wesentlich reduziert. Daher sollte man niemals eine ganze Anwendung, sondern allenfalls besonders sensible und / oder innovative Bereiche einer Anwendung schützen.

Software Licencing and Protection Services (SLPS) ist ein Produkt von Microsoft mit folgenden Leistungsmerkmalen:

- Schutz von .NET-Anwendungen vor Dekompilierung
- Produktaktivierung von .NET-Anwendungen (auch Modulweise)

SLPS besteht aus folgenden Bausteinen:

- Dem Konzept der Secure Virtual Machines (SVM)
- Einem Werkzeug zur Umwandlung von MSIL-Code in SVM-IL-Code (SLP Code Protector)
- Einem Server bei Microsoft zur Produktaktivierung (darin ein Webportal für den Hersteller zur Definition von Produkten und Features und zur Vergabe von Produktschlüsseln)
- Einem Serversystem, das Kunden von Microsoft kaufen können, um selbst einen Server zur Produktaktivierung bereitzustellen.

HINWEIS   Die Produktaktivierung ist möglich über Netzwerk oder Dateiaustausch. Für die Zukunft ist auch die Aktivierung per Dongle oder Telefon geplant (ab 3. Quartal 2008). SLPS ist kostenpflichtig. Die Nutzung der SVM und die Teilnahme an der Produktaktivierung kostet zwischen 500 und 20.000 Dollar (Preisinformation Stand November 2007). MSDN-Premium-Abonennenten können ein Produkt bis zu 100 Benutzern kostenfrei nutzen.

Anwendungstypen

Das .NET Framework unterstützt sowohl Client- als auch Server-Szenarien durch verschiedene Anwendungstypen, die Sie im Folgenden aufgelistet finden:

- Windows-Anwendungen auf Basis von Windows Forms
- Webserver-Anwendungen auf Basis von ASP.NET Webforms
- Web-Client-Anwendungen auf Basis des Hostings von Windows Forms-Steuerelementen im Internet Explorer
- Erweiterungen für Microsoft Office auf Basis der *Visual Studio Tools for Microsoft Office (VSTO)*
- Konsolenanwendungen auf Basis der .NET-Klasse System.Console
- Windows-Dienste auf Basis der Klassen in der Komponente System.ServiceProcess
- XML-Webservices auf Basis von ASP.NET Webservices
- WMI-Provider auf Basis der Klassen in System.Management
- Funktionen und Datentypen für den Microsoft SQL Server 2005/2008
- Erweiterungen des SQL Servers 2005/2008 auf Basis der SQLCLR

Die folgende Grafik verdeutlicht den Sachverhalt.

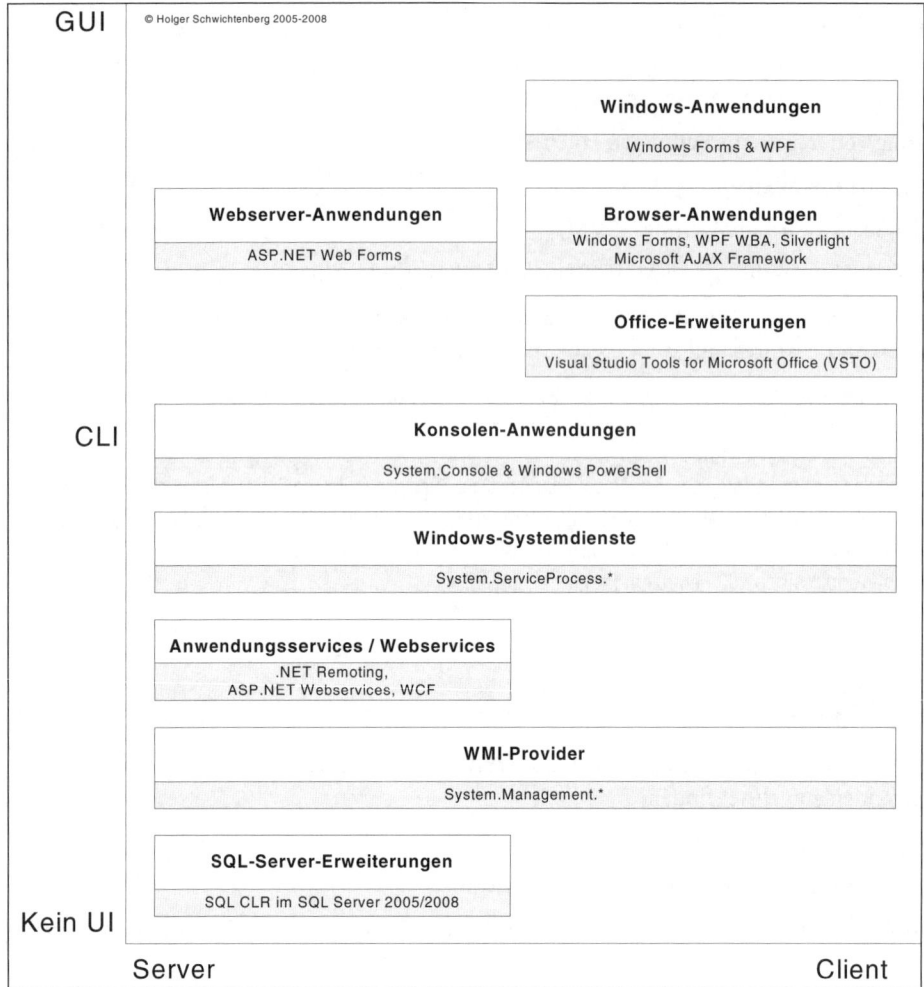

Abbildung 4.2 Anwendungstypen im .NET Framework und deren typische Rollen

Hosts für die .NET Runtime

Damit eine .NET-Anwendung ausgeführt werden kann, ist es notwendig, die CLR in den Speicher zu laden und die .NET-Anwendung zur Ausführung an die CLR zu übergeben. Dies ist die Aufgabe eines .NET Runtime Hosts (alias Application Domain Host). Für jeden Typ von .NET-Anwendungen muss es einen Runtime Host geben. Jeder Runtime Host besitzt am Anfang einen Teil Unmanaged Code, der *Stub* genannt wird. Dieser Stub kann nicht Managed Code sein, weil die CLR ja noch nicht geladen ist. Es ist die Aufgabe des Stub, die CLR zu laden. Dabei benutzt der Runtime Host das sogenannte .NET Hosting API.

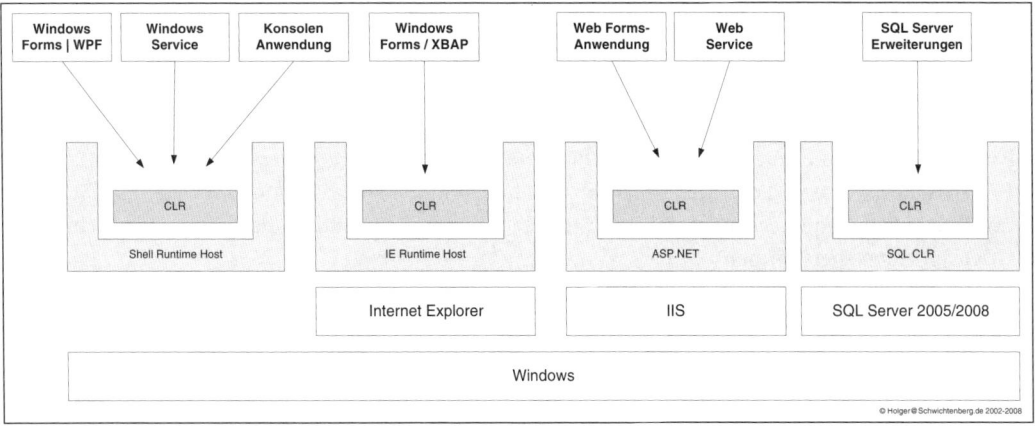

Abbildung 4.3 Anwendungstypen und Runtime Hosts

Laufzeitumgebung

Die Ausführung einer .NET-Anwendung setzt eine Laufzeitumgebung, Common Language Runtime (CLR), voraus. Die CLR stellt den Just-in-Time-Compiler und zahlreiche andere Basisdienste bereit, die von allen .NET-fähigen Sprachen verwendet werden. Dazu gehören zum Beispiel

- eine automatische Speicherverwaltung durch einen Garbage Collector,
- ein System für eine Ausnahmebehandlung (Exception Handling),
- ein Sicherheitssystem, das die Anwender vor bösartigem Code schützten kann,
- die Abgrenzung von Anwendungen durch Application Domains und
- die Interoperabilität mit Nicht-.NET-Anwendungen.

Die CLR löst das Problem, dass bisher jede Programmiersprache ihre eigene Laufzeitumgebung benötigt hat und dass diese Laufzeitumgebungen sehr verschiedene Dienste bereitgestellt haben, was deutliche Unterschiede in der Programmierweise und im Programmierkomfort mit sich gebracht hat.

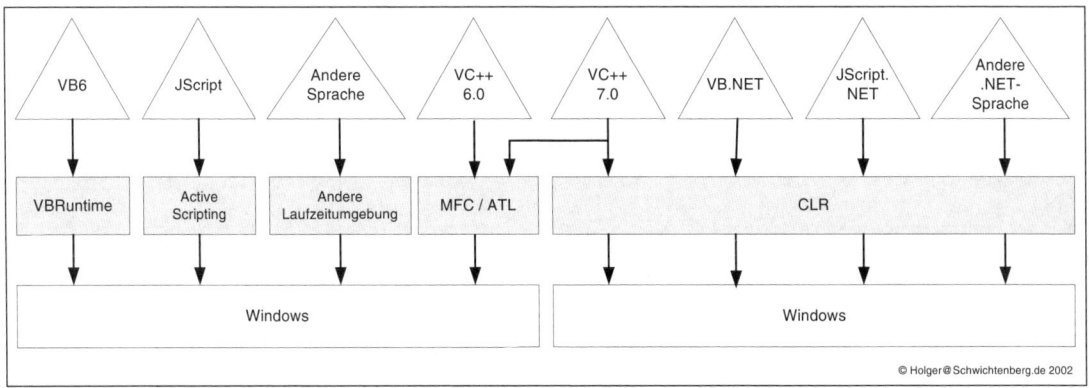

Abbildung 4.4 Die CLR als einheitliche Laufzeitumgebung

Programmiersprachen

Während die Programmiersprache Java in den 1990er Jahren mit dem Leitsatz »Eine Sprache für alle Plattformen« auf dem Markt angetreten ist, zielte Microsoft zunächst mehr auf »Eine Plattform für alle Sprachen« ab. Von Anfang an stand die Integration zahlreicher verschiedener Programmiersprachen im Mittelpunkt von .NET. Inzwischen weichen die beiden gegensätzlichen Positionen von Java und .NET auf: Es gibt .NET-Laufzeitumgebungen für andere Plattformen und es gibt Compiler für andere Programmiersprachen, die auch Java-Bytecode erzeugen können.

Insgesamt existieren mittlerweile über 40 verschiedene Programmiersprachen für .NET. Darunter sind nicht nur objektorientierte Sprachen wie C#, Java, C++, Visual Basic und Delphi, sondern auch funktionale Sprachen wie SML, Caml und Haskell sowie »alte Tanten« wie Fortran und Cobol vertreten. Es gibt sowohl kommerzielle als auch kostenlose Sprachen. Eine ständig aktualisierte Liste der .NET-Programmiersprachen finden Sie unter [DOTNET01].

Name	Basissprache	Hersteller	Website
Abstract State Machine Language (ASML)		Microsoft Research	http://research.microsoft.com/fse/asml/
Active Oberon for .Net	Oberon	ETH Zentrum Zürich	http://www.oberon.ethz.ch/lightning/
ASharp	Ada	United States Air Force Academy	http://www.usafa.af.mil/df/dfcs/bios/mcc_html/a_sharp.cfm
Chrome	Object Pascal	RemObjects	http://www.chromesville.com/page.asp?id={C5B896C5-5C61-4C1C-A617-136711C07F46}
Comega		Microsoft Research	http://research.microsoft.com/Comega/
CSharp (C#)	ECMA 334	Microsoft	http://www.microsoft.com
CULE.NET	Visual Objects/XBase	GOGETR Software Corporation	http://www.softwareperspectives.com/CULEPlace/
Delphi .NET	ANSI/ISO Pascal	Borland	http://www.borland.de
Delta Forth .NET	Forth	Valer Bocan	http://www.dataman.ro/dforth/
DotLisp	Lisp	Rich Hickey	http://sourceforge.net/projects/dotlisp
Dyalog.Net	APL (ISO 8485)	Dyalog Limited	http://bewww.dyalog.com
Fortran for .NET	Fortran 95	Lahey Computer Systems, Inc.	http://www.lahey.com/dotnet.htm
FSharp (F#)	OCaml	Microsoft Research	http://research.microsoft.com/projects/ilx/fsharp.aspx
FTN95 for Microsoft .NET	Fortran 77, Fortran 95, Fortran 2000	Salford Software Ltd.	http://www.ftn95.net
Gardens Point Component Pascal	Weiterentwicklung von Pascal, Modula-2 und Oberon-2	Queensland University of Technology	http://plas.fit.qut.edu.au/gpcp/NET.aspx
Hugs98 for .NET	Haskell 98	Mark P. Jones, Alastair Reid, Yale Haskell Group, Oregon Graduate Institute of Science and Technology	http://galois.com/~sof/hugs98.net/

▶

Programmiersprachen

Name	Basissprache	Hersteller	Website
IronPython	Python	Microsoft	http://www.IronPython.com
ISE Eiffel Studio	Eiffel (ECMA TC39-TG4)	Eiffel Software	http://www.eiffel.com/
JScript .NET	ECMA 262, 290 und 327	Microsoft	http://www.microsoft.com
JSharp (J#)	Java 1.1.4	Microsoft	http://www.msdn.microsoft.com/downloads/default.asp?url=/downloads/sample.asp?url=/MSDN-FILES/027/001/973/msdncompositedoc.xml
Lua.NET	Lua	Roberto Ierusalimschy, Renato Cequeira, Fabio Mascarenhas	http://www.lua.inf.puc-rio.br/luanet/
Mercury.NET	Mercury	University of Melbourne	http://www.cs.mu.oz.au/mercury/dotnet.html
MixNet	Mixal	Community-Projekt	http://sourceforge.net/projects/mixnet/
Mondrian for .NET	Mondrian	Massey University	http://www.mondrian-script.org/
MonoLOGO	Berkeley LOGO / ObjectLOGO	Rachel Hestilow	http://monologo.sourceforge.net/
Multi-Target Pascal	Pascal	TMT Development	http://www.tmt.com/
Nemerle		University of Wroclaw (Polen)	http://nemerle.org/Main_Page
NetCOBOL	Object-Oriented COBOL	Fujitsu	http://www.netcobol.com/
NetRuby	Ruby	*Arton*	http://www.geocities.co.jp/SiliconValley-PaloAlto/9251/ruby/nrb.html
PerlNet	Perl	ActiveState	http://aspn.activestate.com/ASPN/NET
PHP_Sharp	PHP	Community-Projekt	http://sourceforge.net/projects/php-sharp/
PSharp (P#)	Prolog	Jon Cook (University of Edinburgh)	http://homepages.inf.ed.ac.uk/jcook/
Python for .NET	Python	Mark Hammond	http://starship.python.net/crew/mhammond/dotnet/
Ruby .NET	Ruby	Ben Schroeder, John Pierce	http://www.saltypickle.com/rubydotnet
Scheme.NET	Scheme	Northwestern University	http://www.cs.indiana.edu/~jgrinbla/
Sharp Smalltalk (#Smalltalk)	Smalltalk	Refactory Inc	http://www.refactory.com/Software/SharpSmalltalk/
SmallScript.NET (S#.NET)	Smalltalk	SmallScript Corporation	http://www.smallscript.org/
Squeak .NET	Squeak	Ben Schroeder, John Pierce	http://www.saltypickle.com/squeakDotNet
Standard Meta Language (SML.NET)		Microsoft Research	http://www.research.microsoft.com/Projects/SML.NET/index.htm
Visual Basic (VB)	Basic	Microsoft	http://www.microsoft.com

Name	Basissprache	Hersteller	Website
Visual C++/CLI	C++	Microsoft	http://www.microsoft.com
Visual RPG for .NET	RPG/Caviar	ASNA	http://www.asna.com/pages/products_NET_AVR.aspx
Vulcan.NET	Visual Objects/XBase	GrafX Software	http://www.vulcandotnet.de

Tabelle 4.1 Programmiersprachen für das .NET Framework 2.0/3.0/3.5

Sprachen von Microsoft

Microsoft selbst liefert sechs .NET-Sprachen:

- Visual Basic (Visual Basic .NET)
- C# (CSharp)
- J# (JSharp, ein Java-Derivat)
- JScript .NET (ein Derivat von JavaScript)
- C++/CLI und
- IronPython

Die Compiler der Sprachen Visual Basic, J#, C# und JScript .NET erzeugen immer Managed Code (alias MSIL-Anweisungen). Der Visual C++ 7.0-Compiler erzeugt wahlweise Managed Code oder direkt Native Code. IronPython ist eine .NET-basierte Interpreter-Sprache.

Die .NET-Sprachen (Visual Basic, C#, C++, JScript) marschieren hinsichtlich der Versionsnummer auch bei .NET 2.0/3.0/3.5 im Gleichschritt: Mit dem .NET Framework 3.5 erreichen sie alle die Versionsnummer 9.0 (zum Vergleich: Im .NET Framework 1.0 war die Version 7.0 enthalten. Im .NET Framework 1.1 war die Version 7.1 enthalten. Im .NET Framework 2.0 / 3.0 war die Version 7.0 enthalten). Die Versionsnummern 1.0 bis 6.0 von C# und J# hat es nie gegeben.

ACHTUNG Bei der Sprache C# herrscht Versionsverwirrung, weil Microsoft in vielen Dokumenten von *C# 3.5* spricht, der Compiler sich aber mit Version »9.0« meldet. Statt der Versionsnummer 9.0 verwendet Microsoft häufig auch die Jahreszahl, z. B. C# 2008 (ebenso Visual Basic 2008 für VB 9.0).

TIPP Da die .NET-Laufzeitumgebung bereits Kommandozeilen-Compiler für die Sprachen Visual Basic, C# und JScript .NET mitliefert und ein J#-Compiler als kostenloses Add-on verfügbar ist, ist die Anschaffung von Visual Studio nicht zwingend nötig, um mit .NET zu programmieren. .NET-Programme können mit jedem beliebigen Texteditor geschrieben und mit den im .NET Framework Redistributable mitgelieferten Kommandozeilen-Compilern übersetzt werden. Visual Studio macht die Entwicklung von VB.NET-Anwendungen jedoch wesentlich komfortabler.

Das Korsett von CTS und CLS

Die Basis für diese babylonische Sprachenvielfalt ist das *Common Type System (CTS)*. Das CTS umfasst die minimalen Anforderungen an jede .NET-Sprache, damit sie überhaupt lauffähige Typen auf der CLR erzeugen kann. Alle .NET-Programmiersprachen müssen sich dem CTS unterwerfen.

Das .NET Framework will nicht nur erreichen, dass verschiedene Sprachen die gleiche Laufzeitumgebung und Klassenbibliothek nutzen können, sondern auch, dass ein Entwickler innerhalb einer einzigen Anwendung verschiedene Programmiersprachen verwenden kann (Cross-Language Interoperability). Dies erhöht die Wiederverwendbarkeit von Programmcode drastisch. Die gegenseitige Nutzung von Code in unterschiedlichen Programmiersprachen lässt sich dabei in zwei Untergebiete aufteilen:

- Gegenseitiger Aufruf von Unterroutinen (Cross-Language Calls)
- Gegenseitige Vererbung (Cross-Language Inheritance)

Die Zwischensprache MSIL und die Laufzeitumgebung CLR alleine reichen für diese hehren Ziele nicht aus, denn zwei Codeteile können nicht korrekt miteinander interagieren, wenn sie in zwei verschiedenen Sprachen entwickelt wurden, die ein unterschiedliches Verständnis davon haben, wie viele Bits ein Integer umfasst (16 oder 32) oder wie eine Zeichenkette im Speicher abzulegen ist (als 0 terminierte Byte-Folge oder mit der Angabe der Länge in den ersten Bytes).

Dazu ist es notwendig, dass sich die Programmiersprachen in ein noch viel engeres Korsett zwängen, als es das CTS vorgibt. Dieses Korsett heißt *Common Language Specification (CLS)*. Die CLS ist eine Untermenge des CTS, in der strengere Regeln herrschen. Es gibt sie wieder in zwei Größen:

- *CLS Consumer* sind .NET-fähige Programmiersprachen, die Cross-Language Calls unterstützen.
- *CLS Extender* sind .NET-fähige Programmiersprachen, die zusätzlich Cross-Language Inheritance erlauben.

Dabei ist die CLS-Unterstützung für eine Programmiersprache kein »ganz-oder-gar-nicht«; eine Sprache darf durchaus Elemente enthalten, die über die CLS hinausgehen. Sprachen, die nachträglich auf das .NET Framework adaptiert wurden (z.B. C++ und Fortran) besitzen zahlreiche nicht CLS-kompatible Konstrukte. Aber auch Visual Basic und die speziell für das .NET Framework entwickelte Sprache C# verfügen über einige nicht CLS-kompatible Konstrukte, z.B. die nicht vorzeichenbehafteten Ganzzahlen UInt16, UInt32, UInt64 und die mit .NET 2.0 neu eingeführten generischen Typen. Auch die .NET-Klassenbibliothek enthält einige wenige nicht CLS-kompatible Typen.

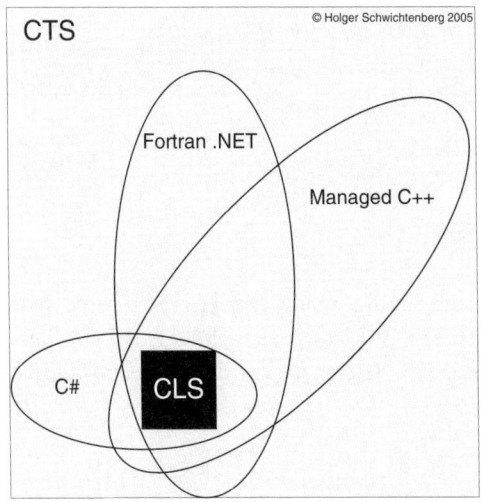

Abbildung 4.5 CTS versus CLS

Die Verwendung nicht CLS-kompatibler Konstrukte ist so lange unkritisch, wie diese Konstrukte nur in den Innereien von Softwarekomponenten verwendet werden. Alle von außen nutzbaren Klassen sollten jedoch nur CLS-kompatible Konstrukte verwenden. Während der C#-Compiler eine Prüfung des Codes auf CLS-Konformität schon seit seiner ersten Version anbietet, warnt der VB-Compiler den Entwickler erst ab Version 2005. Ein Entwickler kann zudem mit speziellen Metadaten [System.CLSCompliant(true)] deklarieren, dass eine Klasse CLS-konform sein soll.

CIL-Name	CLS-Typ	Name in der Klassenbibliothek	Beschreibung
bool	Ja	System.Boolean	True/false
char	Ja	System.Char	Einzelnes Unicode-Zeichen (16 Bit)
object	Ja	System.Object	Objekt
string	Ja	System.String	Unicode-Zeichenkette
float32	Ja	System.Single	IEC 60559:1989 Fließkommazahl (32 Bit)
float64	Ja	System.Double	IEC 60559:1989 Fließkommazahl (64 Bit)
int8	Nein	System.SByte	Vorzeichenbehafteter 8-Bit-Integer-Wert
int16	Ja	System.Int16	Vorzeichenbehafteter 16-Bit-Integer-Wert
int32	Ja	System.Int32	Vorzeichenbehafteter 32-Bit-Integer-Wert
int64	Ja	System.Int64	Vorzeichenbehafteter 64-Bit-Integer-Wert
natural int	Ja	System.IntPtr	Zeiger
natural unsigned int	Nein	System.UIntPtr	Vorzeichenloser Zeiger
typedref	Nein	System.TypedReference	Zeiger mit Typ
unsigned int8	Ja	System.Byte	Vorzeichenloser 8-Bit-Integer-Wert
unsigned int16	Nein	System.UInt16	Vorzeichenloser 16-Bit-Integer-Wert
unsigned int32	Nein	System.UInt32	Vorzeichenloser 32-Bit-Integer-Wert
unsigned int64	Nein	System.UInt64	Vorzeichenloser 64-Bit-Integer-Wert

Tabelle 4.2 Eingebaute Datentypen

Objektorientierung

Ein hervorstechendes Merkmal des .NET Frameworks ist die durchgehende Objektorientierung. Jede Information, auch elementare Werte wie Zahlen, wird als Instanz von Klassen betrachtet. Aus Leistungsgründen gibt es intern dennoch eine unterschiedliche Behandlung von Referenztypen (die auf dem *Managed Heap* liegen) und Wertetypen (die auf dem *Stack* liegen).

Objektorientierung

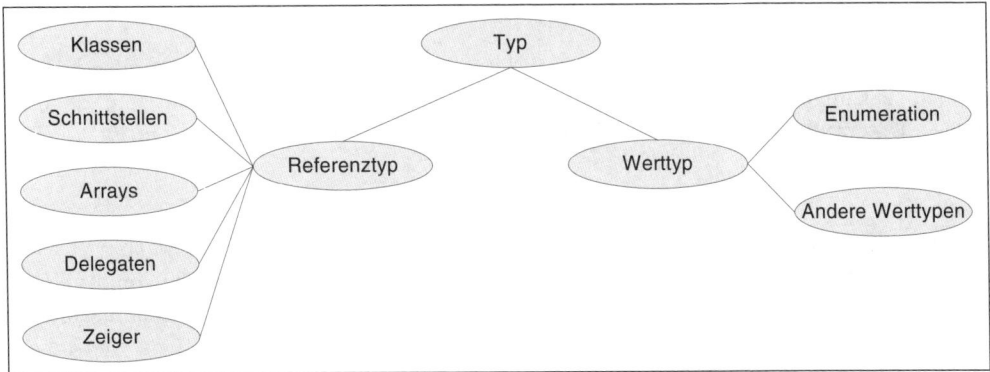

Abbildung 4.6 Typsystem im .NET Framework

Referenztypen

Referenztypen sind zu unterscheiden in Klassen, Schnittstellen, Arrays, Delegaten und Zeiger.

Klassen

Eine Klasse kann folgende Mitglieder (Members) besitzen:

- **Attribute (Felder und Eigenschaften)**

  Attribute sind die Datenmitglieder einer Klasse. In den Instanzen der Klasse repräsentiert der Inhalt der Attribute den Zustand des Objekts. Attribute besitzen einen bestimmten Typ und in den Instanzen einen Wert. Sie können konstant sein. Zu unterscheiden ist zwischen einfachen (direkten) Attributen ohne hinterlegten Programmcode (Felder, engl. *Fields*) und Attributen, die mit Getter- und Setter-Methoden realisiert sind (Eigenschaften, engl. *Properties*). Ein Indexer ist eine Property mit Parametern.

> **HINWEIS** Leider hat Microsoft eine von der objektorientierten Lehre (vgl. für den deutschen Sprachraum [OES97, S. 157] und [ScWe04, S. 277] und für den englischen Sprachraum [OXF97, S. 243]) und von der Verwendung in vielen etablierten Programmiersprachen (z. B. Java, Delphi, C++) sowie Modellierungssprachen (vgl. UML) abweichende Verwendung des Begriffs *Attribut* in .NET. Microsoft benutzt den Begriff *Attribut* in .NET für Metadaten einer Klasse und nicht für die Daten einer Klasse. Dies führt in der Praxis zu Definitions- und Kommunikationsproblemen – zumal .NET den Anspruch einer universalen Architektur für alle Sprachen erhebt. Dieses Buch wird sich der ungünstigen Nomenklatur daher nicht anschließen und zwischen *Attributen* (den Datenmitgliedern) und *Annotationen* (Metadaten, siehe Abschnitt »Metadaten«) differenzieren.

- **Methoden**

  Methoden sind Operationen in Klassen, die innerhalb der Klasse oder von Nutzern aufgerufen werden können. Methoden können einen Rückgabewert liefern. Ein Konstruktor ist eine Methode, die beim Instanziieren aufgerufen wird. Echte Destruktoren, die beim Löschen eines Objekts aufgerufen werden, kennt das .NET Framework hingegen nicht. Der Aufruf des Destruktors ist im .NET Framework nicht deterministisch. Daher spricht man oft auch von Finalizern statt von Destruktoren.

- **Ereignisse**

    Klassen oder einzelne Objekte können Ereignisse auslösen, die von anderen abonniert werden können. Zu einem Ereignis kann es beliebig viele Abonnenten in beliebig vielen Objekten geben. In diesem Fall ruft das Objekt Unterroutinen in allen Abonnenten auf, wenn eine bestimmte Situation eintritt.

Vererbung

.NET unterstützt Einfachvererbung. Jede Klasse kann von höchstens einer anderen Klasse erben. Mehrfachvererbung wird unterstützt. Wird keine Vererbung explizit definiert, erbt die Klasse implizit von der Klasse System.Object. Aus diesem Grund ist die Klasse System.Object die Wurzel jeder Vererbungshierarchie und alle Klassen in .NET besitzen die von System.Object definierten Mitglieder. Bei der Vererbung werden nur Attribute und Methoden vererbt. Konstruktoren und Ereignisse werden nicht vererbt.

Schnittstellen

Eine Schnittstelle ist eine Beschreibung von Attributen, Methoden und Ereignissen, die im Unterschied zu einer Klasse keinerlei Verhalten für die Methoden besitzt. Eine Schnittstelle ist nur die Hülle ohne einen Kern.

Eine Schnittstelle kann nicht instanziiert, sondern nur im Rahmen einer Klasse verwendet werden. Dort muss die Schnittstelle implementiert werden, genauer gesagt, dort müssen *alle* Attribute und Ereignisse deklariert und alle Methoden deklariert und implementiert werden.

Während das .NET Framework nur die einfache Implementierungsvererbung unterstützt, gibt es Mehrfachvererbung für Schnittstellen, d. h., eine Klasse kann optional eine oder mehrere Schnittstellen implementieren. Eine Schnittstelle kann auch von mehreren anderen Schnittstellen erben (interface IMultiFunc : IFax, IScanner, IDrucker). Eine .NET-Klasse ist im Gegensatz zu einer COM-Klasse nicht verpflichtet, eine bestimmte Schnittstelle explizit zu implementieren.

> **HINWEIS** Im Gegensatz zu COM kann sich eine Schnittstelle weiterentwickeln, d. h., der Entwickler darf Mitglieder hinzufügen. Er bricht den Schnittstellenvertrag nicht, solange er nur hinzufügt. Der Schnittstellenvertrag würde nur gebrochen, wenn alte Mitglieder entfernt bzw. die Parameteranzahl oder Datentypen geändert würden.

Arrays

Arrays im .NET Framework besitzen folgende Eigenschaften:

- Sie sind abgeleitet von System.Array.
- Die Arrays haben eine oder mehrere Dimensionen.
- Dimension und Größe des Arrays müssen nicht durch die Deklaration vorgegeben werden, sondern werden bei der Instanziierung angegeben.
- Nach der Instanziierung ist das Arrays in seiner Dimension und Größe nicht mehr veränderbar.

Delegaten (Funktionszeiger)

Delegaten (engl. *Delegates*) sind typsichere Zeiger auf Funktionen. Durch Delegaten kann der aufzurufende Code variabel gehalten werden. Sie kommen insbesondere zum Einsatz für die Ereignisbehandlung und für asynchrone Methodenaufrufe. Ein Delegat kann auf mehrere Funktionen zeigen (*Multicast Delegate*). Beim

Aufruf des Delegaten werden alle an den Delegaten gebundenen Funktionen aufgerufen. Delegaten sind das technische Instrument zur Realisierung des Ereignissystems in .NET.

Zeiger

Das .NET Framework unterstützt auch Zeiger und die zugehörige Zeigerarithmetik. Allerdings führen Zeiger ein Schattendasein, weil sie dem Verwaltungsprinzip der CLR widersprechen. Zeiger werden in Managed C++ und C# (in einem speziellen Modus) unterstützt, nicht aber in Visual Basic .NET.

Eingebettete Typen (Geschachtelte Typen)

Eine Typdefinition kann andere Typdefinitionen enthalten, sogenannte eingebettete (geschachtelte) Typen (engl. *Nested Type*); z.B. kann eine Klassendefinition eine andere Klassendefinition enthalten oder eine Schnittstellendefinition. Diese eingebetteten Typen werden über den Namen des übergeordneten Typs adressiert (z.B. Klasse.Klasse).

Wertetypen (Strukturen)

Grundsätzlich sind alle Typen im .NET Framework Klassen, das .NET Framework ist also komplett objektorientiert, weil auch einfache Datentypen wie Zahlen als Objekte aufgefasst werden, auf denen man Methoden ausführen kann. So sind z.B. 5.ToString() und #8/1/1972#.ToLongDateString() gültige Ausdrücke. Klassen sind üblicherweise Referenztypen, d.h., im Stack wird ein Zeiger auf einen Speicherplatz im Heap vorgehalten.

Für einfache Datentypen ist diese Zwischenstufe jedoch sehr ineffizient. Microsoft hat daher im .NET Framework auch *Wertetypen* (alias *Strukturen*) vorgesehen, deren Inhalt direkt auf dem Stack abgelegt werden kann.

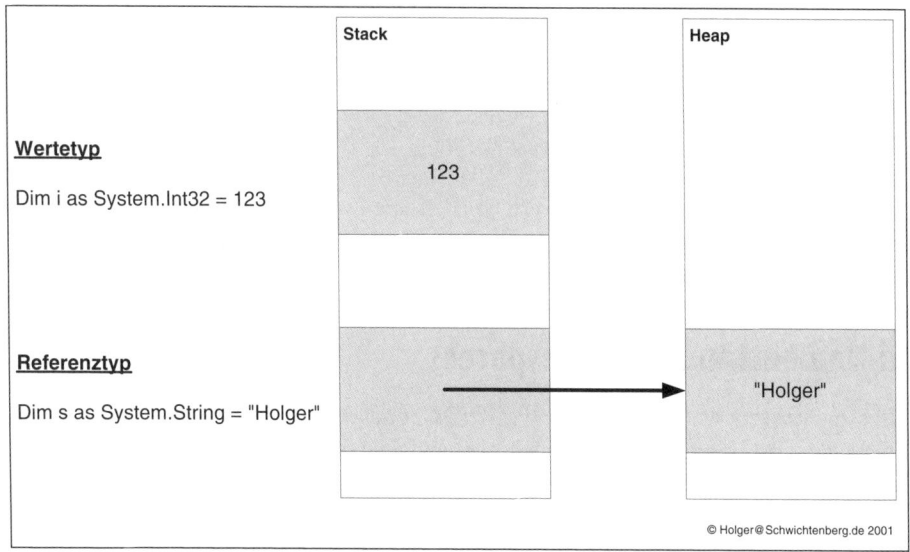

Abbildung 4.7 Wertetyp versus Referenztyp im Hauptspeicher

Auch Wertetypen sind als Klassen implementiert und können daher die gleichen Mitglieder wie Klassen besitzen. Ihre Besonderheit besteht jedoch darin, dass sie von System.ValueType erben.

Vergleich zwischen Wertetyp und Referenztyp

Tabelle 4.3 zeigt die Unterschiede zwischen Wertetyp und Referenztyp. Besonders zu erwähnen ist noch die Klasse `System.String`. Diese Klasse gehört zwar zu den Referenztypen, verhält sich aber beim Kopieren wie ein Wertetyp.

	Referenztyp	Wertetyp
Speicherort der Werte	Heap	Stack
Basisklasse	Direktes oder indirektes Erben von `System.Object`	Direktes oder indirektes Erben von `System.ValueType`
Setzen auf *Null*	Ja	Ja (ab .NET 2.0 mit der generischen Struktur `Nullable` – siehe Abschnitt »Wertelose Wertetypen«)
Vererbung an andere Klasse	Ja	Nein
Abonnement von Ereignissen	Ja	Nein
Instanziierung	Pflicht	Optional, Instanziierung führt zu Initialisierung
Vergleich	Referenzvergleich	Wertvergleich
Kopie	Referenzkopie (flache Wertkopie optional mit `MemberWiseClone()`, tiefe Kopie muss selbst entwickelt werden)	Wertkopie

Tabelle 4.3 Wertetyp versus Referenztyp

Boxing

Ein Wertetyp kann explizit als ein Referenztyp behandelt werden. Dazu muss der Wertetyp in ein Objekt verpackt werden. Dieser Vorgang wird als *Boxing* bezeichnet. Der gegensätzliche Vorgang heißt *Unboxing*.

Enumerationen

Ein Aufzählungstyp (*Enumeration*) ist ein spezieller Wertetyp, der eine Liste von Konstanten darstellt. Jede einzelne symbolische Konstante der Liste repräsentiert einen Ganzzahlwert (`Byte`, `Int16`, `Int32`, `Int64`). Zeichenketten oder andere Datentypen sind nicht erlaubt.

Typnamen und Namensräume (Namespaces)

Typen werden in .NET nicht mehr wie in COM durch GUIDs, sondern durch Zeichenketten eindeutig benannt. Diese Zeichenketten sind hierarchische Namen, die aus einem *Namensraum* (engl. *Namespace*) und einem Typnamen bestehen. Ein Namensraum kann aus mehreren Hierarchieebenen bestehen. Zur Bildung eines voll qualifizierten .NET-Typnamens werden sowohl Namensraum und Typname als auch die Ebenen innerhalb eines Namensraums durch Punkte getrennt. Über alle Namensräume hinweg kann der Typname mehrfach vorkommen, vergleichbar mit gleichnamigen Dateien in verschiedenen Ordnern in einem Dateisystem.

Objektorientierung

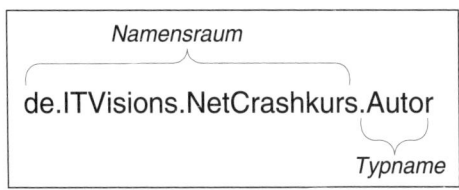

Abbildung 4.8 Beispiel für einen voll qualifizierten .NET-Typnamen

Softwarekomponenten versus Namensräume

Eine einzelne .NET-Softwarekomponente kann beliebig viele Namensräume umfassen und ein Namensraum kann sich über beliebig viele Softwarekomponenten erstrecken. Die Auswahl der Typen, die zu einem Namensraum gehören, sollte nach logischen oder funktionellen Prinzipien erfolgen. Im Gegensatz dazu sollte die Zusammenfassung von Typen zu einer Softwarekomponente gemäß den Bedürfnissen zur Verbreitung der Klassen (Deployment) erfolgen.

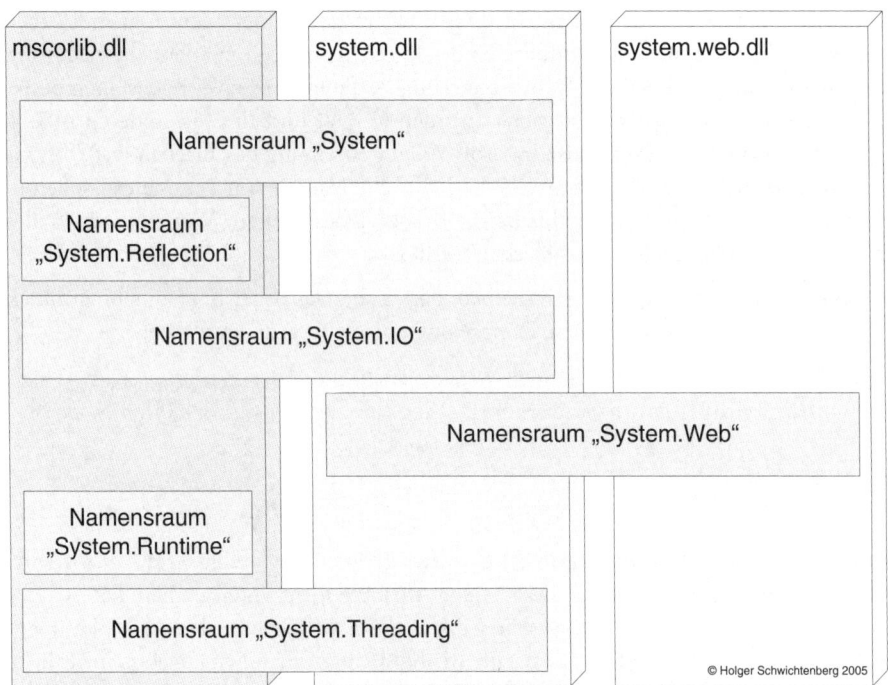

Abbildung 4.9 Namensräume versus Softwarekomponenten am Beispiel ausgewählter Teile der .NET-Klassenbibliothek

Im .NET Framework können beliebig viele Namensraumhierarchien parallel existieren. Es gibt keinen gemeinsamen Wurzelnamensraum und keine zentrale Registrierung der Namensräume. Die .NET Framework Class Library (FCL) besitzt zwei Wurzelnamensräume, System und Microsoft.

Da kein globales Verzeichnis aller Namensräume auf einem System existiert, gibt es nicht wie in COM eine einfache Möglichkeit, alle auf einem System vorhandenen .NET-Klassen aufzulisten. Möglich wäre aber die Suche nach *.dll*- bzw. *.exe*-Dateien im Dateisystem und eine Einzelprüfung dieser Dateien daraufhin, ob sie .NET-Typen enthalten.

Vergabe der Namensraumbezeichner

Da keine zentrale Stelle existiert, die die Namensraumbezeichner vergibt, besteht natürlich grundsätzlich die Gefahr, dass zwei Softwareentwickler gleiche Typnamen festlegen. Im CLI-Standard (Teil 5, D.1.5) ist daher vorgesehen, dass der Namensraum mit dem Firmennamen beginnt. Noch eindeutiger wird der Name jedoch, wenn man anstelle des Firmennamens den Internet-Domänennamen verwendet, z.B. de.itvisions.wwwings.autor statt itvisions.wwwings.autor.

Diese Konvention schützt natürlich nicht vor mutwilligen Doppelbenennungen. Für .NET-Anwendungen und -Softwarekomponenten ist deshalb vorgesehen, dass diese digital signiert werden können.

Vergabe der Typnamen

Auch für die Namensgebung von Typen in der .NET-Klassenbibliothek gibt es Regeln, die im CLI-Standard manifestiert sind. Die Namen für Klassen, Schnittstellen und Attribute sollen Substantive sein. Die Namen für Methoden und Ereignisse sollen Verben sein.

Für die Groß-/Kleinschreibung gilt grundsätzlich *PascalCasing*, d. h., ein Bezeichner beginnt grundsätzlich mit einem Großbuchstaben und jedes weitere Wort innerhalb des Bezeichners beginnt ebenfalls wieder mit einem Großbuchstaben. Ausnahmen gibt es lediglich für Abkürzungen, die nur aus zwei Buchstaben bestehen. Diese dürfen komplett in Großbuchstaben geschrieben werden (z.B. UI und IO). Alle anderen Abkürzungen werden entgegen ihrer normalen Schreibweise in Groß-/Kleinschreibung geschrieben (z.B. Xml, Xsd und W3c). Attribute, die geschützt (Schlüsselwort Protected) sind, und die Namen von Parametern sollen in *camelCasing* (Bezeichner beginnt mit einem Kleinbuchstaben, aber jedes weitere Wort innerhalb des Bezeichners beginnt mit einem Großbuchstaben) geschrieben werden.

Einige Programmiersprachen (wie beispielsweise C#) erlauben, dass sich zwei Bezeichner nur hinsichtlich der Groß- und Kleinschreibung unterscheiden können. Es wäre in C# also gültig zu definieren:

```
public class Autor
{
  public string Name;
  public string name;
}
```

Jedoch ist diese Vorgehensweise nicht CLS-konform, weil eine andere, nicht zwischen Groß- und Kleinschreibung unterscheidende (case-sensitive) Sprache diese beiden Attribute nicht unterscheiden könnte. Ein Client in Visual Basic würde nur das erste Mitglied Name sehen; das zweite name bliebe verdeckt. CLS-konform ist jedoch folgende Deklaration, weil in diesem Fall das zweite Attribut nicht nach außen angeboten wird:

```
public class Autor
{
  public string Name;
  private string name;
}
```

Neuheiten im Typkonzept seit .NET 2.0

Zentrale Neuerungen, die erstmals mit .NET 2.0 im Typkonzept eingeführt wurden, sind

Objektorientierung

- generische Klassen,
- wertelose Wertetypen (*Nullable Value Types*) und
- partielle Typen.

HINWEIS Tatsächlich sind die generischen Klassen das einzige neue Typkonstrukt, das zu einer Veränderung der CLR selbst geführt hat. Wertelose Wertetypen werden nämlich durch den Einsatz eines generischen Typs implementiert und die partiellen Typen werden bereits auf Compiler-Ebene behandelt.
In .NET 3.0 / 3.5 gibt es keine Neuerungen im Typkonzept.

Generische Klassen (Generics)

Generische Klassen (engl. *Generics*, zum Teil mit *Generika* übersetzt) erlauben die Parametrisierung einer Klassendefinition, sodass ein oder mehrere Typen, die die Klasse verarbeiten soll, nicht zur Entwicklungszeit der Klasse, sondern erst bei der Nutzung der Klasse vorgegeben werden können. Der Nutzer einer Klasse kann also bei der Deklaration die Datentypen vorgeben, welche die Klasse verarbeiten soll. Bei den zusätzlichen Parametern spricht man von *Typparametern*, die von dem Nutzer der Klasse durch Typargumente gefüllt werden. Daraus entsteht ein sogenannter *konstruierter Typ (Constructed Type)*. C# verwendet zur Festlegung der *Typargumente* spitze Klammern und Visual Basic das Schlüsselwort Of. Durch sogenannte *Einschränkungen für Typparameter (Generic Constraints)* können die Typargumente eingeschränkt werden.

HINWEIS Grundsätzlich sind generische Klassen dem Konzept von Templates in C++ sehr ähnlich. C++-Templates sind aber ein mächtigeres Konzept als generische Klassen. Ziel der Generics ist es, eine Klasse zu implementieren, aber bei der Nutzung zu konkretisieren.

Ein wichtiges Einsatzgebiet für Generics sind typisierte Objektmengen. Während die .NET-Klassenbibliothek bisher nur untypisierte Objektmengen angeboten hat, ermöglichen ab .NET 2.0 die in den neuen Namensräumen System.Collections.Generic und Systems.Collections.ObjectModel hinterlegten Klassen die einfache Definition von typisierten Objektmengen. Generics können auch auf andere .NET-Typen wie Strukturen, Schnittstellen und Delegaten sowie auf Methoden (Generische Methoden) angewendet werden.

Eine vollständige Unterstützung für Generics liefert Microsoft nur für Visual Basic 2005 / 2008, C# 2005 / 2008 und C++/CLI. J# 2005 (hier gibt es keine Version 2008) und JScript .NET 2005 / 2008 können generische Typen nutzen, aber nicht selbst erzeugen.

Details zur Nutzung und Erstellung von generischen Typen erfahren Sie in den Kapiteln zu Visual Basic und C#.

Wertelose Wertetypen (Nullable Value Types)

Während Referenztypen bereits in .NET 1.x den Zustand null als Repräsentanz des Zustands nicht *vorhanden / nicht gesetzt* annehmen konnten, war dies für Wertetypen nicht vorgesehen. Ab .NET 2.0 existiert ein Hilfskonstrukt, um auch Wertetypen den Wert null zuweisen zu können.

In .NET (ab Version 2.0) ist ein auf null setzbarer Wertetyp eine generische Struktur (System.Nullable), die aus dem eigentlichen Wert (Value) und einem Hilfs-Flag HasValue (Typ boolean) besteht, das anzeigt, ob der Wert des Typs Null ist.

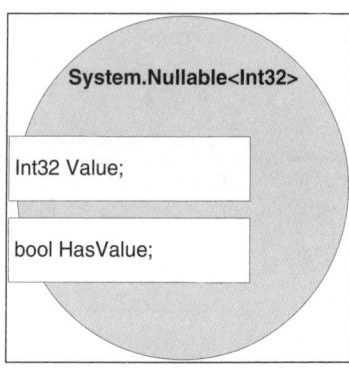

Abbildung 4.10 Realisierung von wertelosen Wertetypen durch die generische Struktur System.Nullable

Integration in die Programmiersprachen

In C# (ab Version 2005) und Visual Basic (ab Version 2008) existiert ein besonderes Sprachkonstrukt (Anhängen eines Fragezeichens an den Typ bei der Deklaration), das die Schreibweise verkürzt. Weiterhin wird hier durch eine zusätzliche Sonderbehandlung des Compilers sichergestellt, dass der Entwickler auch direkt über den Variablennamen auf den Wert zugreifen kann – ohne den umständlichen Weg über das Value-Attribut. Außerdem gibt es einen neuen Operator ab C# 2005: das doppelte Fragezeichen. ?? liefert den Wert des vorangestellten Ausdrucks, wenn dieser nicht Null ist. Wenn der Wert Null ist, wird der Wert des nachfolgenden Ausdrucks übergeben.

Die Unterstützung für wertelose Wertetypen war in Visual Basic 2005 wesentlich schlechter. Seit Visual Basic 2008 ist die Unterstützung jedoch äquivalent zu C#.

Integration in die Klassenbibliothek

Wertelose Wertetypen könnten an einigen Stellen in der .NET-Klassenbibliothek hilfreiche Dienste leisten, insbesondere beim Zugriff auf Datenbanken, wo es häufig Null-Werte gibt. Leider sind die wertelosen Wertetypen weder in ADO.NET noch in anderen Teilen der Klassenbibliothek ordentlich integriert, sodass Null-Werte fast immer explizit geprüft und behandelt werden müssen.

Partielle Klassen

Die dritte wichtige Neuerung im Typkonzept in .NET 2.0 waren partielle Klassen, mit denen der Entwickler den Programmcode einer Klasse auf mehrere einzelne Klassendefinitionen aufteilen kann. Dabei können die partiellen Klassendefinitionen auch in verschiedenen Dateien existieren. Partielle Klassen erlauben, dass verschiedene Entwickler an einer Klasse arbeiten können bzw. dass ein Teil einer Klasse automatisch durch ein CASE-Tool generiert wird, während andere Teile per Hand codiert werden.

Microsoft setzt partielle Klassen in Webforms und Windows Forms ein. Während in ASP.NET 1.x Webforms durch Vererbung in eine ASPX-Klasse und eine Hintergrundcode-Klasse getrennt wurden, ist dies in ASP.NET 2.0 / 3.5 durch partielle Klassen besser gelöst. Auch der automatisch generierte Programmcode (*Windows Form Designer Generated Code*) einer Windows Form wird von Visual Studio 2005 / 2008 in eine separate Klasse (*Formularname.Designer.cs*) ausgelagert.

Visual Studio 2005 / 2008 unterstützt für partielle Klassen IntelliSense, d. h., der Entwickler sieht alle Mitglieder unabhängig davon, in welcher Codedatei sie implementiert sind.

.NET-Klassenbibliothek (FCL)

Ein weiterer Aspekt, der die Programmierung in verschiedenen Programmiersprachen bislang höchst unterschiedlich gemacht hat, waren die verschiedenen Funktions- bzw. Klassenbibliotheken. Die .NET-Klassenbibliothek – *.NET Framework Class Library (FCL)* – ist eine sehr umfangreiche Klassenbibliothek, die von allen .NET-Sprachen aus genutzt werden kann. Selbst wenn es in verschiedenen .NET-Sprachen noch alternative Möglichkeiten für die Ausführung unterschiedlicher Systemfunktionen (z. B. für den Dateisystemzugriff) gibt, sollten die Klassen der FCL genutzt werden. Dies vermindert den Lern- und Umstellungsaufwand beim Wechsel auf eine andere Sprache enorm. Die FCL ist implementiert als eine Reihe von DLLs in Managed Code.

HINWEIS Grundsätzlich kann eine .NET-Programmiersprache noch eine eigenständige Klassenbibliothek besitzen. J# verfügt über eine eigene Bibliothek mit Namen *vsjlib*, um die Quellcodekompatibilität zur Sprache Java herzustellen. Mit Visual Basic wird eine kleine Bibliothek mitgeliefert (*Microsoft.VisualBasic.dll*), die zwingend für jede mit Visual Basic .NET entwickelte Anwendung ist. (Ab Visual Basic 2008 kann sie durch eine eigene Implementierung ersetzt werden, siehe Kapitel 5).

Implementierung der FCL

Die .NET-Klassenbibliothek ist in weiten Teilen lediglich ein Wrapper für Funktionen aus dem Win32-API oder bestehenden COM-Komponenten. In Redmond existiert die Vision, dieses Verhältnis irgendwann umzukehren und .NET-Komponenten zum primären API für Windows zu machen. Bisher gab es davon aber nur *WinFX* im Rahmen der ursprünglichen Ankündigung von Windows Vista (siehe Kapitel 1).

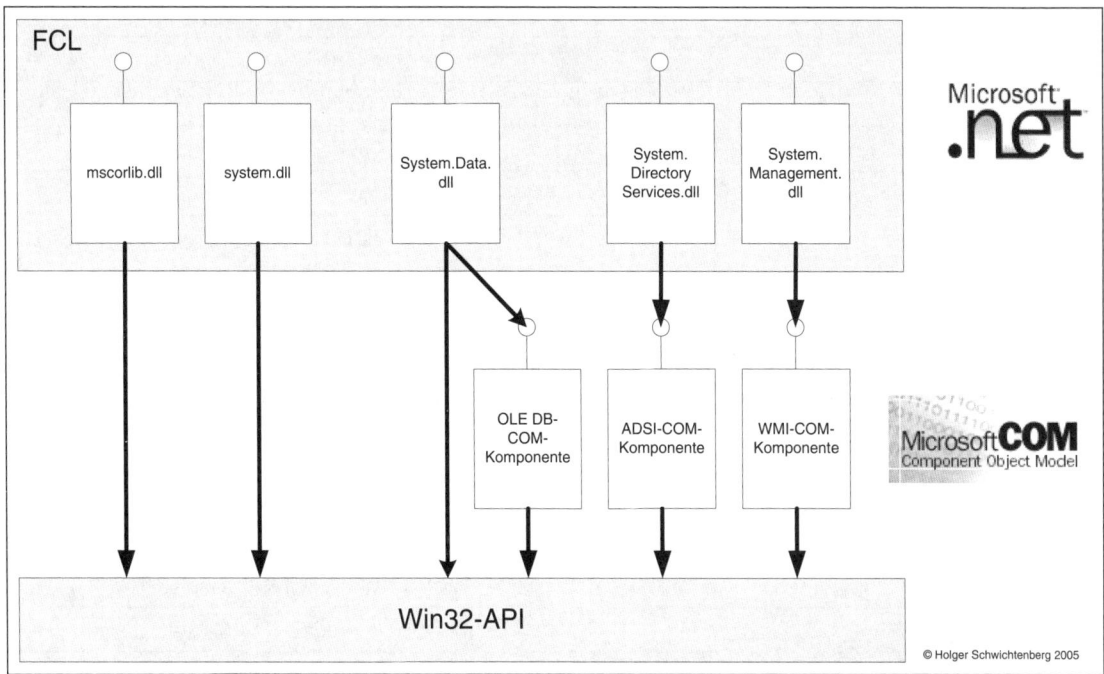

Abbildung 4.11   Implementierung der FCL

Namensräume

Um die Übersichtlichkeit zu gewährleisten, sind die FCL-Klassen in 312 Namensräume (Namespaces) eingeteilt. Ein Beispiel für einen voll qualifizierten FCL-Klassennamen ist System.Collections.ArrayList.

Die nachfolgende Tabelle gibt einen Überblick über die wichtigsten FCL-Namensräume.

Namensraum	Eingeführt in .NET ... (Keine Angabe = .NET 1.0)	Beschreibung
Microsoft.CSharp		C#-Compiler
Microsoft.JScript		JScript .NET-Compiler
Microsoft.VisualBasic		Visual Basic-Compiler
Microsoft.Win32		Zugriff auf die Registrierungsdatenbank und Systemereignisse
System		Datentypen, Kommandozeilenfenster, Speicherverwaltung, Application Domain-Verwaltung
System.ServiceProcess		Erstellung von und Kontrolle über Windows-Systemdienste
System.AddIn	3.5	Erstellen von Add-Ins
System.CodeDom		Zugriff auf Quellcode
System.CodeDom.Compiler		Erstellen und Kompilieren von Code
System.Collections		Untypisierte Objektmengen
System.Collections.Generic	2.0	Generische Objektmengen
System.Collections.Specialized		Objektmengen mit strikter Typenbindung
System.ComponentModel		Unterstützung für Komponenten, die in einen Komponentencontainer aufgenommen werden können
System.ComponentModel.Design		Unterstützung für Komponenten, die zur Entwurfszeit in einem WYSIWYG-Designer aufgenommen werden können
System.ComponentModel.Design.Serialization		Unterstützung von Komponentenserialisierung
System.Configuration		Zugriff auf Assembly-Konfigurationsdaten und globale Konfigurationsdaten
System.Configuration.Assemblies		Zugriff auf Assembly-Konfigurationsdaten
System.Configuration.Install		Erstellung von Installationsprogrammen
System.Data		Zugriff auf Datenquellen aller Art (ADO.NET)
System.Data.Common		Allgemeine Unterstützung von .NET-Datenprovidern
System.Data.Linq	3.5	LINQ-to-SQL (Datenbankzugriff)
System.Data.Linq.Mapping	3.5	Objekt-Relationales Mapping (ORM)

▶

.NET-Klassenbibliothek (FCL)

Namensraum	Eingeführt in .NET ... (Keine Angabe = .NET 1.0)	Beschreibung
System.Data.OleDb		ADO.NET Data Provider für OLEDB
System.Data.OracleClient		ADO.NET Data Provider für Oracle
System.Data.SqlClient		ADO.NET Data Provider für Microsoft SQL Server
System.Data.SqlTypes		Datentypen des Microsoft SQL Server
System.Deployment	2.0	Click-Once-Deployment für Windows Forms- und Konsolen-Anwendungen
System.Diagnostics		Debugging, Tracing, Systemprozesse, Ereignisprotokoll, Performance-Counter
System.Diagnostics.Eventing	3.5	Ereignisprotokolle von Windows Vista und Windows Server 2008
System.Diagnostics.SymbolStore		Unterstützung von Debug-Symbolen
System.DirectoryServices		Wrapper für das Active Directory Service Interface (ADSI) zum Zugriff auf Verzeichnisdienste aller Art
System.DirectoryServices.AccountManagement	3.5	Verwaltung von Benutzern, Gruppen und Computerkonten
System.DirectoryServices.ActiveDirectory	2.0	Active Directory-Programmierung
System.DirectoryServices.Protocols	2.0	Unterstützung der Directory Services Markup Language (DSML) für den XML-basierten Zugriff auf LDAP-Verzeichnisdienste
System.Drawing		Funktionen des Windows Graphics Device Interface (GDI+)
System.Drawing.Design		Grafikunterstützung zur Entwurfszeit
System.Drawing.Drawing2D		Unterstützung für zweidimensionale Grafiken
System.Drawing.Imaging		Unterstützung für Bitmap-Bearbeitung
System.Drawing.Printing		Druckdienste
System.Drawing.Text		Texte in Grafiken
System.EnterpriseServices		Zugriff auf COM+-Dienste
System.Globalization		Zugriff auf Ländereinstellungen (Kalender, Datumsformate, Zahlenformate)
System.IO		Dateisystem- und Dateizugriff
System.IO.Compression	2.0	Datenkomprimierung
System.IO.IsolatedStorage		Unterstützung isolierter Speicher
System.IO.Packages	3.0	Zusammenfassen von Daten zu einem ZIP-Paket
System.IO.Pipes	3.5	Benannte und unbenannte Pipes
System.IO.Ports	2.0	Zugriff auf die seriellen Ports des Computers

Namensraum	Eingeführt in .NET ... (Keine Angabe = .NET 1.0)	Beschreibung
System.Linq	3.5	Language Integrated Query (LINQ) – allgemeiner Teil
System.Linq.Expressions	3.5	Ausdrucksbäume
System.Management		Netz- und Systemmanagement mit der Windows Management Instrumentation (WMI)
System.Management.Instrumentation		Unterstützung bei der Entwicklung von WMI-Providern
System.Management.Instrumentation	3.5	Erstellen von WMI-Providern
System.Media	2.0	Abspielen von Audio-Daten
System.Messaging		Unterstützung des Microsoft Message Queue Service (MSMQ)
System.Net		Zugriff auf Netzwerkprotokolle (TCP, UDP, HTTP, DNS etc.)
System.Net.Mail	2.0	E-Mail-Versand
System.Net.NetworkInformation	2.0	Netzwerkverfügbarkeit, statische Daten aus dem TCP/IP-Protokoll-Stack
System.Net.PeerToPeer	3.5	Peer-To-Peer-Kommunikation
System.Net.Sockets		Zugriff auf die Socket-Schnittstelle
System.Reflection		Zugriff auf Metadaten von .NET-Komponenten
System.Reflection.Emit		Ausgabe von Metadaten, Erzeugen von PE-Dateien in MSIL-Code
System.Resources		Unterstützung kulturabhängiger Ressourcen
System.Runtime.CompilerServices		Unterstützung für Compiler-Bau
System.Runtime.InteropServices		Interoperabilität zu COM-Komponenten
System.Runtime.Remoting		Nutzung für den objektorientierten Fernaufruf mit .NET Remoting
System.Runtime.Remoting.Activation		Aktivierung von entfernten Objekten
System.Runtime.Remoting.Channels		Allgemeine Channel-Unterstützung
System.Runtime.Remoting.Channels.Http		.NET Remoting über HTTP
System.Runtime.Remoting.Channels.Ipc	2.0	.NET Remoting über IPC
System.Runtime.Remoting.Channels.Tcp		.NET Remoting über TCP
System.Runtime.Remoting.Lifetime		Verwalten der Lebensdauer von entfernten Objekten
System.Runtime.Remoting.Proxies		Steuerung von .NET Remoting-Proxies
System.Runtime.Serialization		Serialisierung von .NET-Objekten
System.Runtime.Serialization.Formatters		Formatierung für die Serialisierung
System.Runtime.Serialization.Formatters.Binary		Binäre Serialisierung

.NET-Klassenbibliothek (FCL)

Namensraum	Eingeführt in .NET ... (Keine Angabe = .NET 1.0)	Beschreibung
System.Runtime.Serialization.Formatters.Soap		SOAP-Serialisierung
System.Security		Sicherheitseinstellungen für Komponenten und Objekte
System.Security.AccessControl	2.0	Beeinflussung der Zugriffsrechteliste von Dateien, Ordnern, Registrierungsdatenbank, Active Directory etc. in Windows
System.Security.Cryptography		Kryptografieunterstützung
System.Security.Cryptography.X509Certificates		Zugriff auf X509v3-Zertifikate
System.Security.Cryptography.Xml		Signieren von XML-Objekten
System.Security.Permissions		Berechtigungssätze für Code Access Security (CAS)
System.Security.Policy		Code-Gruppen für Code Access Security (CAS)
System.Security.Principal		Zugriff auf den Sicherheitskontext des Windows-Systems (angemeldeter Benutzer)
System.ServiceModel	3.0	Verteilte Systeme / Windows Communication Foundation (WCF)
System.ServiceModel.Syndication	3.5	Unterstützung für RSS und ATOM
System.Text		Zeichenkettenfunktionen, Textcodierung
System.Text.RegularExpressions		Reguläre Ausdrücke
System.Threading		Unterstützung von Multi-Threading-Programmierung
System.Timers		Zeitgesteuerte Ereignisse
System.Transactions	2.0	Transaktionssteuerung mit und ohne MSDTC
System.Web		Kommunikation zwischen Browser und Webserver (Objekte für ASP.NET)
System.Web.ApplicationServices	3.5	Zugriff auf ASP.NET-Anwendungsdienste von Desktop-Anwendungen über WCF
System.Web.Caching		Zwischenspeicher (Cache)
System.Web.configuration		Konfiguration von ASP.NET
System.Web.Hosting		Unterstützung von ASP.NET außerhalb des IIS
System.Web.Management	2.0	Laufzeitüberwachungssystem in ASP.NET
System.Web.Profile		Profildatensystem in ASP.NET
System.Web.Security		Sicherheit für ASP.NET-Anwendungen
System.Web.Services		Unterstützung für XML-Webservices
System.Web.Services.Configuration		Konfiguration von XML-Webservices
System.Web.Services.Description		WSDL-Beschreibungen von XML-Webservices ▶

Namensraum	Eingeführt in .NET ... (Keine Angabe = .NET 1.0)	Beschreibung
System.Web.Services.Protocols		Definition von Protokollen zum Datenaustausch zwischen XML-Webservices
System.Web.SessionState		Verwalten des Sitzungszustands
System.Web.UI		Basisklassen und Hilfsklassen für serverseitige Steuerelemente
System.Web.UI.Design		Unterstützung von Steuerelementen zur Entwurfszeit
System.Web.UI.HtmlControls		Implementierung der HTML-Serversteuerelemente
System.Web.UI.MobileControls		Steuerelemente für mobile ASP.NET-Webanwendungen
System.Web.UI.WebControls		Implementierung der Web-Serversteuerelemente
System.Web.UI.WebControls.WebParts		ASP.NET-Webparts zum Aufbau von Portalen
System.Windows.* (zahlreiche Unternamensräume, außer "Forms")	3.0	Steuerelemente und andere visuelle Elemente für die Gestaltung von Windows-Desktop-Anwendungen mit WPF
System.Windows.Forms		Steuerelemente für die Gestaltung von Windows-Desktop-Anwendungen mit Windows Forms
System.Workflow	3.0	Computergestützte Arbeitsabläufe
System.Xml		Zugriff auf das Document Object Model (DOM) der Extensible Markup Language
System.Xml.Linq	3.5	LINQ-to-XML (Zugriff auf XML-Dokumente)
System.Xml.Schema		Unterstützung von XML-Schemata (XSD)
System.Xml.Serialisation		Serialisierung von Objekten in XML-Daten
System.Xml.Xpath		Einsatz der XPath-Sprache
System.Xml.Xsl		Ausführung von Extensible Stylesheet Language-Transformationen (XSLT)

Tabelle 4.4 Die wichtigsten Namensräume der FCL

Umfang der Klassenbibliothek

Die folgende Grafik stellt den Umfang der .NET-Klassenbibliothek in verschiedenen .NET-Versionen dar. Gezählt wurden nur öffentliche Klassen (keine privaten Klassen und Schnittstellen).

.NET-Klassenbibliothek (FCL)

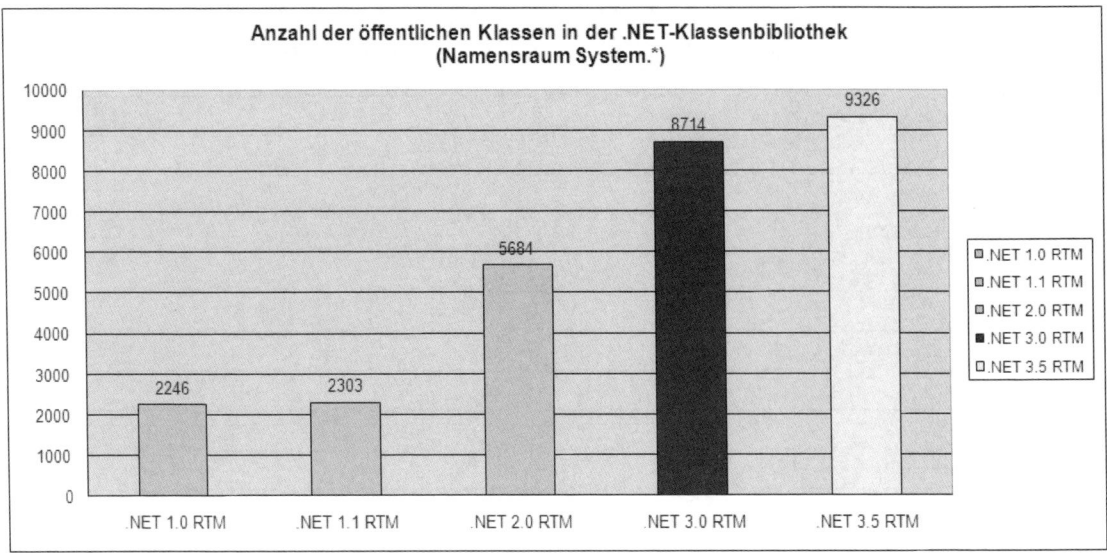

Abbildung 4.12 Umfang der .NET-Klassenbibliothek

Ein Großteil des Zuwachses der Klassenbibliothek in .NET 2.0 ist den neuen Steuerelementen in ASP.NET 2.0 und Windows Forms 2.0 sowie den zahlreichen Ergänzungen im Bereich Datenzugriff zuzurechnen. Weitere neue FCL-Namensräume sind System.Collections.Generic (generische Objektmengen), System.Deployment (für die Click-Once-Installation), System.IO.Ports (Zugriff auf IO-Ports des Computers) und System.NET.NetworkInformation (statistische Informationen aus dem TCP/IP-Protokoll). Zahlreiche neue Klassen für den Zugriff auf Informationen über Computer, Netzwerk, Dateisystem und Nutzer verstecken sich im Namensraum Microsoft.VisualBasic.MyServices.

In .NET 3.0 sind 3.030 öffentliche Klassen hinzugekommen, die sich wie folgt verteilen:

- Windows Presentation Foundation (WPF) in System.Windows: 1624
- Windows Communication Foundation (WCF) in System.ServiceModel: 644
- Windows Workflow Foundation (WF) in System.Workflow: 351
- Windows Cardspace (WCS) in System.IdentityModel: 97
- Sonstige Namensräume: 314

Die Neuerungen in der .NET 3.5-Klassenbibliothek sind überschaubarer: Nur 612 neue Klassen. Einen Überblick gibt die nächste Tabelle.

Namensraum	Anzahl der neuen Klassen
System.Web.UI.WebControls	41
System.Security.Cryptography	39
System.Web.UI	38
System.Net.PeerToPeer.Collaboration	34
System.Diagnostics.Eventing.Reader	34

Namensraum	Anzahl der neuen Klassen
System.DirectoryServices.AccountManagement	26
System.Management.Instrumentation	26
System.Data.Linq	25
System.Data.Linq.Mapping	24
System.ServiceModel.Syndication	23
System.Linq.Expressions	23
System.Xml.Linq	22
System	17
System.ServiceModel.Configuration	16
System.Net.PeerToPeer	14
System.IO.Pipes	13
System.AddIn.Contract.Automation	13
System.AddIn.Contract.Collections	13
System.Workflow.Activities	13
System.Web.UI.Design	13
System.AddIn.Hosting	11
System.ServiceModel.Web	11
System.AddIn.Contract	11
System.Linq	11
System.AddIn.Pipeline	10
System.Web.ApplicationServices	10
System.Data	10
System.ServiceModel.Channels	10
System.Web.Configuration	10

Tabelle 4.5 Namensräume mit mehr als 10 neuen Klassen in .NET 3.5

FCL versus BCL

Als *.NET Base Class Library (BCL)* werden die fundamentalen Teile der FCL bezeichnet. Folgende Namensräume gehören zur BCL ([GOTDOTNET04]):

- System
- System.CodeDom
- System.Collections
- System.Diagnostics
- System.Globalization
- System.IO

- System.Resources
- System.Text
- System.Text.RegularExpressions

Softwarekomponentenkonzept

Das .NET Framework ist nicht nur objekt-, sondern auch komponentenorientiert.

Der Softwarekomponentenbegriff im .NET Framework

Im Component Object Model (COM) ging es schon drunter und drüber hinsichtlich der Differenzierung von Klassen und Komponenten. Leider herrscht auch im .NET Framework immer noch Verwirrung, denn es gibt zwei unterschiedliche Definitionen von Softwarekomponenten:

- In der .NET Framework-Dokumentation findet man folgende Definition: »While the term component has many meanings, in the .NET Framework a component is a class that implements the System.ComponentModel.IComponent interface or one that derives directly or indirectly from a class that implements this interface.« [MSDN01]. Nimmt man diese Aussage wörtlich, dann sind Komponenten keine ganzen Assemblies, sondern nur einzelne Klassen, die die Schnittstelle IComponent besitzen.

- Diese Definition steht jedoch im Widerspruch zu der Gleichsetzung von kompilierten Dateien (DLL, EXE) und Softwarekomponenten, die sich in vielen anderen MSDN-Dokumenten (z.B. [MSDN02] und [MSDN03]) findet. DLLs und EXEs heißen im .NET Framework Assemblies. Eine EXE-Assembly (alias Managed EXE) ist eine startbare Anwendung. Eine DLL-Assembly (alias Managed DLL) kann nicht einzeln gestartet werden. Ihr Zweck ist die Verwendung im Rahmen einer anderen Anwendung. Sowohl EXE- als auch DLL-Assemblies sind wieder verwendbare Softwarekomponenten. Eine echte Unterscheidung in Anwendungen und Komponenten gibt es nicht mehr.

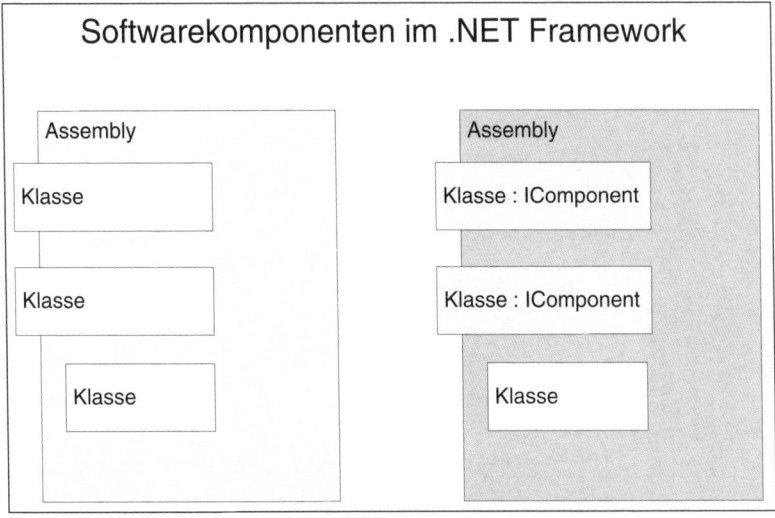

Abbildung 4.13 Ambivalenter Softwarekomponentenbegriff im .NET Framework

Dieser Widerspruch ist nicht schön; in der Praxis muss man aber damit leben, dass in Redmond keine Einigkeit über den Komponentenbegriff existiert.

Die Definition, dass eine Komponente auch eine einzelne Klasse sein kann, ist dabei durchaus sinnvoll. Es hat sich eingebürgert, von einem Steuerelement als »Komponente« zu sprechen. Mehrere Steuerelemente sind aber üblicherweise zu einer Assembly zusammengefasst, wobei die Assembly auch andere Klassen bereitstellen kann, die keine eigenständigen Komponenten sind. Hingegen ist es auch sinnvoll, ganze Assemblies als Komponenten zu verstehen, weil diese die Einheiten für Wiederverwendung, Verteilung und Versionierung sind.

Unter dem Strich bleibt also die unbefriedigende Quintessenz, dass im .NET Framework Komponenten sowohl eine ganze Assembly als auch einzelne Klassen einer Assembly sein können, sofern diese Teile IComponent implementieren. Eine grundsätzliche Beschränkung des Komponentenbegriffs auf IComponent-implementierende Klassen wie in [MSDN01] ist aber nicht nachvollziehbar.

Aufbau von Assemblies

Eine Assembly ist ein Verbund aus einer oder mehreren MSIL-Dateien (genannt *Managed Module*), wobei mindestens eine der Dateien eine DLL oder EXE ist. Optional können auch Nicht-MSIL-Dateien, sogenannte Ressourcendateien (z.B. Datenbank-, Grafik- oder Sound-Dateien), Teil der Assembly sein. Welche Dateien zum Verbund gehören, wird durch ein Manifest bestimmt. Vor der Ausführung von Code aus einer Assembly wird durch die CLR geprüft, ob alle benötigten Dateien in der gewünschten Version vorhanden sind. Das Manifest ist Teil der DLL oder EXE.

Meistens bestehen Assemblies nur aus einem Managed Module und heißen daher *Ein-Datei-Assembly* (*Single-File-Assembly, SFA*). Möglich ist aber auch eine *Mehr-Dateien-Assembly* (*Multi-File-Assembly, MFA*), bei denen die Assembly aus mehreren Managed Modules besteht. In diesem Fall liegt das Manifest nur in einem der Module. Visual Studio unterstützt auch in der Version 2008 nur die Erstellung von Ein-Datei-Assemblies; Mehr-Dateien-Assemblies können nur mit den Kommandozeilen-Compilern und mit dem *Assemblylinker* (*al.exe*) aus dem .NET Framework SDK erstellt werden.

Es ist auch möglich, eine Assembly ohne Code und nur mit Ressourcen zu generieren. Solche zu Lokalisierungszwecken eingesetzte Assemblies heißen *Satelliten-Assemblies*.

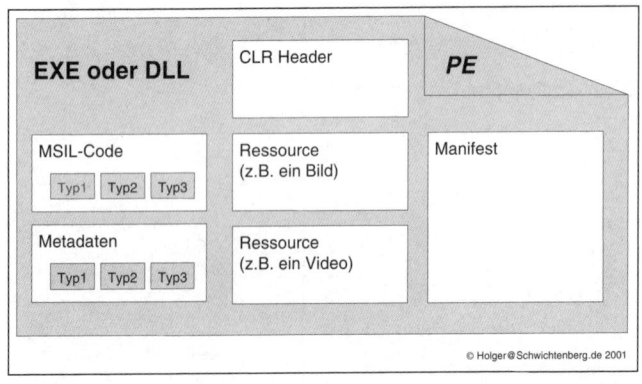

Abbildung 4.14 Aufbau einer Ein-Datei-Assembly

Die folgende Grafik zeigt den Aufbau einer Assembly mit mehreren Dateien. Die MSIL-Dateien verwenden als Dateiformat das *Portable Executable-Format* (*PE*), das auch von anderen Betriebssystemen gelesen werden kann. Der CLR-Header enthält etwas Unmanaged Code, um den Windows Loader dazu zu bringen, den entsprechenden Runtime Host zu starten. Hierin liegt ein Problem bei der Portierung von .NET-Assemblies: Andere Betriebssysteme kennen von Hause aus weder den Windows Loader noch CIL-Code. In Mono müssen daher alle .NET-Anwendungen mithilfe des Kommandos *mono* und der Angabe des zu startenden Programms zum Leben erweckt werden.

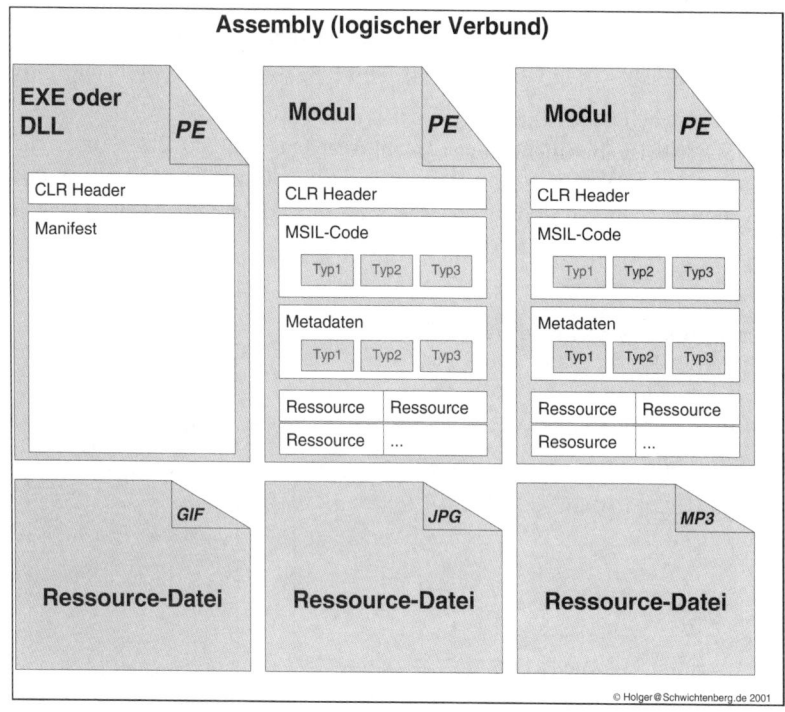

Abbildung 4.15 Aufbau einer Mehr-Dateien-Assembly

Der Name einer Assembly ist der Name der Hauptdatei ohne die Dateierweiterung. Das Manifest speichert folgende Daten:

- den Namen der Assembly
- die Version der Assembly
- ein Länderkürzel (optional), beispielsweise *de-de* oder *en-us*
- eine Liste der zur Assembly gehörenden .NET-Module
- eine Liste der zur Assembly gehörenden Ressourcendateien
- die Abhängigkeiten von anderen Assemblies (Referenzen)
- die Rechte, die zur Ausführung der Assembly notwendig sind
- den öffentlichen Schlüssel des Herstellers (optional)

Signierte Assemblies

Eine große Herausforderung im Bereich komponentenbasierter Softwareentwicklung sind Sicherheitsfragen. Sowohl der Entwickler einer Komponente als auch der spätere Endnutzer einer komponentenbasierten Anwendung will sicher sein, wer der Hersteller einer Komponente ist (Authentizitätsanforderung) und dass die Komponente auf dem Weg vom Hersteller nicht verändert wurde (Integritätsanforderung). Ein Angreifer könnte sonst eine DLL auch einfach durch eine gleichnamige DLL mit gleicher Versionsnummer und mit den gleichen implementierten Typen austauschen.

Das .NET Framework bietet gegen diesen Missbrauch digitale Signaturen, die einer jeden Assembly hinzugefügt werden können. In der .NET-Fachsprache erhält eine Assembly dadurch einen *starken Namen* (*Strong Name*).

Bei der digitalen Signierung einer Assembly wird zunächst ein Hash-Wert (ca. 100-200 Bytes) über die komplette PE-Datei gebildet und dieser Hash-Wert wird mit dem privaten Schlüssel des Herstellers versehen. Die daraus entstehende RSA-Signatur wird in dem CLR-Header abgelegt. Ebenfalls nachträglich in die Assembly abgelegt wird der öffentliche Schlüssel des Herstellers.

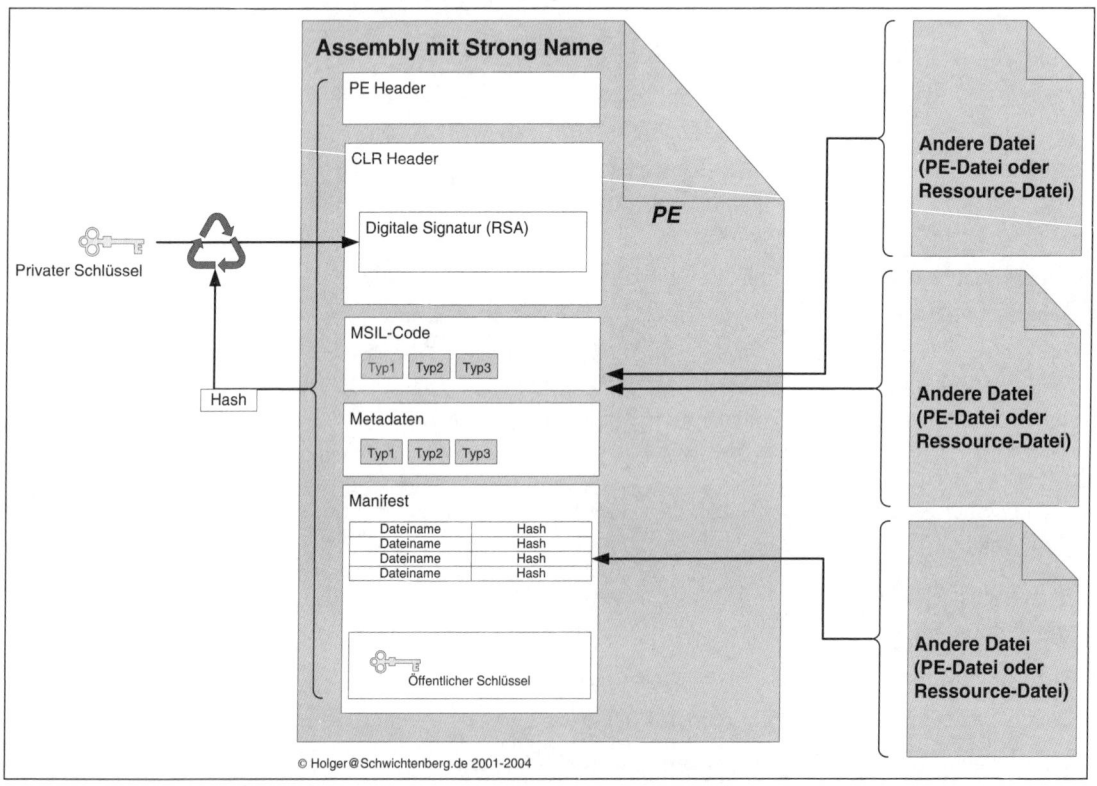

Abbildung 4.16 Assembly mit Strong Name

Der Empfänger der Assembly kann mithilfe des öffentlichen Schlüssels den Hash-Wert zurückrechnen und dann selbst den Hash-Wert über die PE-Datei bilden (wobei natürlich die Bereiche, in denen die Signatur und der öffentliche Schlüssel liegen, auszusparen sind). Nur wenn die beiden Hash-Werte übereinstimmen, ist die Integrität der Assembly gewahrt. Über ein Zertifikat des Herstellers kann der Empfänger zudem prüfen, ob der öffentliche Schlüssel tatsächlich dem Hersteller gehört. Der Softwarehersteller kann mithilfe des Werkzeugs *signcode.exe* ein Zertifikat (Software Publisher Certificate, SRC) in der Assembly ablegen.

Befreundete Assemblies (Friend Assemblies)

Neu ab .NET 2.0 sind sogenannte *Friend Assemblies*. Beim Einsatz signierter Assemblies können auch die nicht-öffentlichen Typen einer Assembly für ausgewählte andere Assemblies sichtbar gemacht werden. Damit wird ermöglicht, eine Softwarekomponente bereitzustellen, die nur von bestimmten anderen Softwarekomponenten verwendet werden darf. Eine befreundete Assembly wird deklariert mit der Annotation [System.Runtime.CompilerServices.InternalsVisibleTo]. Friend Assemblies ließen sich nicht in Visual Basic 2005 nutzen. In Visual Basic 2008 hat die Sprache hier aber mit C# gleichgezogen.

Speicherorte für Assemblies

Assemblies können an jedem beliebigen Ort auf Speichermedien abgelegt werden. Die beiden üblichen Speicherorte sind jedoch das jeweilige Anwendungsverzeichnis und der sogenannte Global Assembly Cache (GAC).

Der Standardspeicherort ist das Anwendungsverzeichnis, d. h., eine Assembly wird direkt zu der Anwendung abgelegt, die sie verwendet. Die DLL-Hölle (die gegenseitige Störung von Anwendungen durch die Verwendung einer DLL in unterschiedlichen, inkompatiblen Versionen) wird dadurch vermieden. Verloren geht etwas Speicherplatz, wenn mehrere Anwendungen die gleiche Assembly verwenden und diese dann mehrfach auf dem System vorhanden ist.

Nur für wenige Ausnahmen, in denen eine Mehrfachnutzung einer .NET-Softwarekomponente (Assembly in DLL-Form) sinnvoll ist (z. B. bei der .NET-Klassenbibliothek), gibt es weiterhin einen zentralen Speicherort, den GAC, der unter *%Windows%/Assembly* liegt. Eine Assembly im GAC wird Shared Assembly oder Global Assembly genannt. Shared Assemblies benötigen einen Strong Name.

Der GAC ist kein einfaches, flaches Verzeichnis, sondern eine komplexe Verzeichnishierarchie, die es ermöglicht, gleichnamige Assemblies in beliebig vielen verschiedenen Versionen zu speichern. Microsoft empfiehlt, keine Anwendungen zu entwickeln, die sich auf die interne Struktur des GAC verlassen, weil diese in zukünftigen Versionen geändert werden könnte.

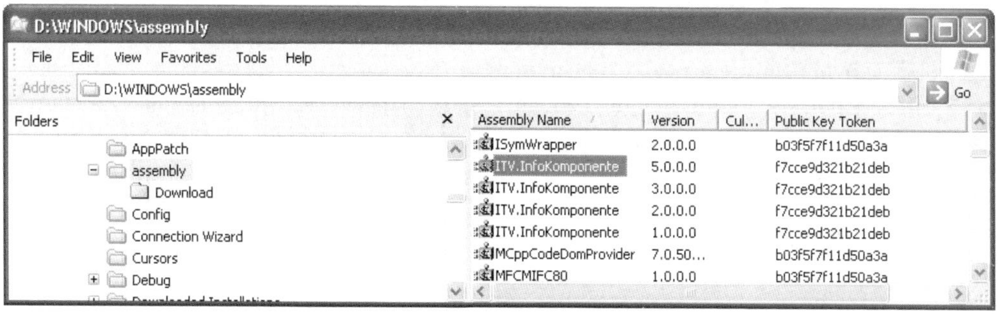

Abbildung 4.17   Ansicht des GAC mit der ITV.Komponente.dll in vier verschiedenen Versionen

TIPP Es ist empfehlenswert, auf die Ablage von .NET-Softwarekomponenten im GAC zu verzichten. Sinnvoll ist der GAC nur, wenn ein Baustein von sehr, sehr vielen Produkten auf einem System verwendet wird (z. B. eine Steuerelementbibliothek auf dem Webserver eines Webhosters).

Metadaten

Jede Assembly (folglich also jede .NET-Komponente) ist komplett selbstbeschreibend, d. h., es sind ausführliche Informationen über die in der Komponente enthaltenen Klassen und deren Mitglieder in der Assembly enthalten. Metadaten sind ein Pflichtbestandteil einer jeden Komponente. Dies ist ein großer Fortschritt gegenüber COM, wo die Selbstbeschreibung in Form von Typbibliotheken eine oft vernachlässigte Option war.

Reflection

Das Auslesen der Metadaten einer .NET-Komponente nennt man *Reflection*. Reflection ist ein integraler Bestandteil des .NET Framework, auf dem vier wichtige Mechanismen beruhen:

- Beim Bindungsmechanismus ermittelt die CLR mittels Reflection den aufzurufenden Programmcode.
- Die in .NET eingebauten Mechanismen zur Objektserialisierung benötigen die Metadaten, die sie via Reflection ermitteln. Objektserialisierung ist wiederum die Basis für das Remoting in .NET.
- Der Garbage Collector verwendet Reflection, um festzustellen, welche Objekte noch in Benutzung sind.
- Mittels des Reflection-Mechanismus kann man dynamisch Code zur Laufzeit erzeugen.

Annotationen (.NET-Attribute)

Der Entwickler selbst kann Komponenten, Klassen und Klassenmitglieder mit zusätzlichen Informationen (Metadaten) versehen, die entweder während der Kompilierung oder zur Laufzeit der Anwendung ausgewertet werden können. Typische Beispiele für derartige Zusatzinformationen sind:

- Die Komponente hat die Version x (`AssemblyVersionAttribute`).
- Instanzen einer Klasse sind serialisierbar (`SerializableAttribute`).
- Instanzen der Klasse sollen Teil einer Transaktion sein (`TransactionAttribute`).
- Ein Mitglied einer Klasse ist aus Kompatibilitätsgründen zwar noch vorhanden, sollte aber nicht mehr verwendet werden, weil ein anderes, besseres Mitglied zur Verfügung steht (`ObsoleteAttribute`).

Leider verwendet Microsoft für diese Metadaten eine stark von der objektorientierten Lehre abweichende Begriffswelt: Die Firma nennt eine derartige Auszeichnung *Attribut (engl. Attribute)*, was einen Namenskonflikt zu dem Begriff *Attribut*, also dem Datenmitglied einer Klasse darstellt (vgl. für den deutschen Sprachraum [OES97, S. 157] und [ScWe04, S. 277] und für den englischen Sprachraum [OXF97, S. 243]). Die Datenmitglieder einer Klasse heißen bei Microsoft *Felder (engl. Fields)* und *Eigenschaften (engl. Properties)*. Dabei denkt man doch bei Feldern eher an Arrays. Ein klarer Fall von MINFU[1], der sich in der deutschen Übersetzung besonders schlimm auswirkt.

---

[1] Auf Basis der Erkenntnis, dass Microsoft regelmäßig Probleme mit der Bezeichnung der eigenen Produkte und Konzepte hat, schuf der amerikanische Autor David S. Platt ein neues Wort: MINFU. Dies ist eine Abkürzung für MIcrosoft Nomenclature Foul-Up.

> **HINWEIS** In diesem Buch wird deshalb zur deutlicheren Trennung der Begriff *Annotationen* (wie in Java ab Version 5.0) verwendet für die Metadaten einer Komponente, einer Klasse oder eines Klassenmitglieds.

Eine andere mögliche Nomenklatur wäre *Meta-Attribut* oder *Aspekt* (weil diese Metadaten eine aspektorientierte Programmierung ermöglichen).

Annotationen werden in Form von Klassen implementiert, die von der Basisklasse System.Attribute abgeleitet sind. Sie haben Namen, die auf *Attribute* enden, wobei bei ihrer Verwendung das Wort *Attribute* weggelassen werden kann (z.B. System.ObsoleteAttribute → [Obsolete]). Jeder Entwickler kann eigene Annotationen definieren. Annotationen können ein Verhalten besitzen; sie werden aber erst verarbeitet, wenn ein Typ explizit von einem Host (z.B. einer Entwicklungsumgebung) oder einem anderen Typ via Reflection nach Annotationen gefragt wird.

Komponentenkonfiguration

Anders als in COM besteht in .NET keine zwingende Notwendigkeit mehr, externe Konfigurationsinformationen zu speichern, da eine Komponente bereits im Manifest umfangreiche Metadaten enthält. Wenn in die Assembly hineinkompilierte Informationen jedoch bei der Installation oder im laufenden Betrieb geändert werden sollen, ist dies durch externe Konfigurationsdateien möglich.

Das .NET Framework verwendet als Dateiformat für Konfigurationsdateien XML-Dateien mit dem Wurzelelement <configuration>. Eine Konfigurationsdatei ist eine XML-Datei, die einer .NET-Anwendung zugeordnet werden kann. Name und Ablageort der Konfigurationsdatei sind vom Anwendungstypus abhängig:

- Für das .NET Framework insgesamt existiert eine zentrale Konfigurationsdatei im Unterverzeichnis */Config* im .NET Framework-Installationsverzeichnis. Die wichtigste Datei ist hier *machine.config*.
- Für Windows- und Konsolenanwendungen trägt diese Anwendungskonfigurationsdatei den Namen der *.exe*-Datei mit angehängtem *.config*. Für eine Anwendung *WindowsUI.exe* wäre der richtige Name also *WindowsUI.exe.config* (nicht: *WindowsUI.config*). Die Konfigurationsdatei muss im selben Verzeichnis wie die *.exe*-Datei liegen.
- Für ASP.NET-Anwendungen muss es im Wurzelverzeichnis der Anwendung eine Datei mit Namen *web.config* geben.

> **ACHTUNG** Leider können Konfigurationsdateien nur für Anwendungen, nicht aber für einzelne Komponenten existieren.

Eine Konfigurationsdatei darf nur einen bestimmten Satz von Elementen enthalten. Die Mehrzahl der vordefinierten Elemente beeinflusst das Verhalten einzelner Anwendungen oder der .NET-Laufzeitumgebung insgesamt. Es existiert auch ein Element für die Ablage von anwendungsspezifischen Dateien. Außerdem lässt das .NET Framework die Definition eigener Konfigurationselemente zu.

Im Bereich der Konfigurationsdateien gibt es seit .NET 2.0 drei wesentliche Neuerungen:

- Viele Elemente in einer Konfigurationsdatei können durch XML Encryption [W3C01] verschlüsselt werden (Protected Configuration).

- Es existiert ein spezielles Konfigurationselement zur Ablage von Verbindungszeichenfolgen für ADO.NET.
- Über die neue Klasse `ConfigurationManager` können die XML-Konfigurationsdateien nicht nur gelesen, sondern auch verändert werden.

```xml
<?xml version="1.0" encoding="utf-8" ?>
- <configuration>
  + <configSections>
  - <connectionStrings>
      <add name="de.ITVisions.ECM.GUI.Properties.Settings.eCliStuDatabase"
        connectionString="Jq1Un7JeIntwj5kEY8DV1ddrJxpWBvfCNGcHTjPborX7Jx79lmc
        providerName="System.Data.SqlClient" />
    </connectionStrings>
    <userSettings>
  - <applicationSettings>
    - <de.ITVisions.ECM.GUI.Properties.Settings>
      - <setting name="TempFolder" serializeAs="String">
          <value>c:\temp</value>
        </setting>
      - <setting name="Debug" serializeAs="String">
          <value>false</value>
        </setting>
      - <setting name="ErrorLog" serializeAs="String">
          <value>True</value>
        </setting>
      - <setting name="ErrorLogWebservice" serializeAs="String">
          <value>True</value>
        </setting>
      </de.ITVisions.ECM.GUI.Properties.Settings>
    </applicationSettings>
  - <runtime>
    - <assemblyBinding xmlns="urn:schemas-microsoft-com:asm.v1">
        <probing privatePath="BIN" />
      </assemblyBinding>
    </runtime>
  </configuration>
```

Abbildung 4.18 Beispiel für eine Konfigurationsdatei für eine .NET-Anwendung mit verschlüsselter Sektion

Bearbeitung der Konfigurationsdateien

Anwendungskonfigurationsdateien können direkt durch jeden Texteditor oder einen XML-Editor (z.B. in Visual Studio) bearbeitet werden. Microsoft hat entsprechende XML-Schemata definiert unter dem fiktiven URL *http://schemas.microsoft.com/.NetConfiguration/v2.0*. Eine komfortablere Bearbeitung der Konfigurationsdateien ist durch mit .NET mitgelieferte Werkzeuge möglich.

- Konfigurationsdateien für Konsolen- und Windows-Anwendungen können mit dem MMC-Snap-in *.NET Framework-Konfiguration* bearbeitet werden. In der MMC muss eine zu konfigurierende Anwendung zunächst zum Ast *Anwendungen* hinzugefügt werden (*Hinzufügen* im Kontextmenü). In den Eigenschaften der Anwendung können dann Suchpfade für die verwendeten Komponenten angegeben werden. Im Ast *Konfigurierte Assemblies* können Versionsumlenkungen oder dedizierte Standorte für einzelne Assemblies festgelegt werden.

Softwarekomponentenkonzept

- Konfigurationsdateien für Webanwendungen können mit einer webbasierten Oberfläche oder über das MMC-Snap-in *Internet-Informationsdienste* verändert werden. Beides wird im Kapitel »ASP.NET Webforms« näher beschrieben. Dieses Zusatzkapitel können Sie als PDF auf dem Leser-Portal herunterladen.

Assembly-Referenzen

Eine Assembly-Referenz stellt eine Nutzungsbeziehung zwischen zwei .NET-Assemblies dar. Eine Assembly, die eine andere Assembly referenziert, kann alle Typen nutzen, die die referenzierte Assembly exportiert. Exportiert werden alle Typen, die als öffentlich (public) deklariert sind. Typen können auch versteckt (Sichtbarkeitstyp *Assembly*) deklariert werden.

Eine Referenz von A1 zu A2 ist notwendig, wenn ein Typ x aus Assembly A1 einen Typ y aus A2 nutzen will. Eine Referenz von A1 zu A2 und A3 ist notwendig, wenn ein Typ x aus Assembly A1 einen Typ y aus A2 nutzen will und Typ y von einem Typ z aus A3 erbt.

Zwischen Managed DLLs und Managed EXEs können beliebige Referenzen erzeugt werden, d. h., neben der selbstverständlichen Referenzierung einer DLL durch eine EXE kann eine EXE auch andere EXEs referenzieren oder eine DLL eine EXE.

Visual Studio .NET 2002 und 2003 haben die Erstellung einer Referenz auf eine *.exe*-Datei verweigert. Die Erstellung derartiger Referenzen war nur über die Kommandozeilen-Compiler möglich. Diese Restriktion ist ab Visual Studio 2005 aufgehoben worden (sie gilt jetzt nur noch für Webanwendungen).

Assembly Resolver

Im Rahmen einer *Assembly-Referenz* wird in der referenzierenden Assembly lediglich der Name der referenzierten Assembly (ohne die Dateierweiterung) abgelegt. Der Pfad zu der referenzierten Assembly wird weder relativ noch absolut gespeichert. Zur Laufzeit einer Komponente ist es die Aufgabe des *Assembly Resolver*, eine referenzierte Komponente zu finden. Der Assembly Resolver verwendet dabei folgende Standardsuchstrategie:

- *Global Assembly Cache* (nur wenn die Assembly einen *Strong Name* besitzt!)
- *Anwendungsverzeichnis / Assemblyname.dll*
- *Anwendungsverzeichnis / Assemblyname / Assemblyname.dll*
- *Anwendungsverzeichnis / Assemblyname.exe*
- *Anwendungsverzeichnis / Assemblyname / Assemblyname.exe*

Im Normalfall wird eine Assembly nur anhand ihres Namens identifiziert. Bei der Referenzierung einer Assembly mit *Strong Name* werden neben dem Namen auch die Versionsnummer, die Kulturinformation und das *Public Key Token* (eine Kurzform des öffentlichen Schlüssels) berücksichtigt. Nur wenn alle vier Informationen zutreffend sind, akzeptiert der Assembly Resolver eine Assembly.

Satelliten-Assemblies werden in Unterverzeichnissen gesucht, die dem Sprachkürzel entsprechen:

- *Anwendungsverzeichnis / Sprachkürzel / Assemblyname.dll*
- *Anwendungsverzeichnis / Sprachkürzel / Assemblyname / Assemblyname.dll*

- *Anwendungsverzeichnis/Sprachkürzel/Assemblyname.exe*
- *Anwendungsverzeichnis/Sprachkürzel/Assemblyname /Assemblyname.exe*

Das Verhalten des Assembly Resolvers kann durch eine Anwendungskonfigurationsdatei beeinflusst werden. Im Rahmen einer Anwendungskonfigurationsdatei sind folgende Anweisungen möglich:

- Hinzufügen von Suchpfaden zur Suchstrategie des Assembly Resolvers (z. B. ein Unterverzeichnis */bin*)
- Angabe eines expliziten Standorts für einzelne Assemblies
- Anweisung, dass eine andere Versionsnummer einer Assembly verwendet werden soll

Eine *Publisher Policy* ist eine als Assembly kompilierte XML-Konfigurationsdatei, die eine Versionsnummernumleitung für eine Shared Assembly ausführt. Die Publisher-Policy-DLL wird selbst als Shared Assembly im Global Assembly Cache installiert.

Side-by-Side Execution

Als *Side-by-Side Execution* wird die Funktionalität des .NET Frameworks bezeichnet, dass verschiedene Anwendungen die gleiche Komponente in verschiedenen Versionen auf einem einzigen System nutzen können, ohne dass es zu einer »DLL-Hölle« kommt. Side-by-Side Execution bezieht sich auch darauf, dass unterschiedliche Versionen einer Assembly verschiedene auf einem System vorhandene Versionen der .NET-Laufzeitumgebung nutzen können.

Anwendungsdienste (Application Services)

Eine bestehende Schwäche von .NET ist das Fehlen eines universellen Anwendungsservers für das Bereitstellen und Verwalten verteilter .NET-Anwendungen. Softwarekomponenten, die per HTTP angesprochen werden, können im Internet Information Server (IIS) adäquat gehostet werden. Für andere Kommunikationsprotokolle bieten erst Windows Vista und der kommende Windows Server *Longhorn* mit dem dort integrierten *Windows Activation Service* (WAS) eine rudimentäre Plattform für das Hosting (nicht aber für die Verwaltung). Da es den WAS für Betriebssysteme vor Vista nicht gibt, muss man sich dort mit selbst gestrickten Anwendungsservern (die als Windows-Systemdienst laufen) oder mit dem Einsatz des veralteten, in Windows eingebauten COM+-Anwendungsservers behelfen.

Microsoft verwendet für die Nutzung der COM+-Dienste im Rahmen des .NET Frameworks euphemistisch den Begriff *.NET Enterprise Services*. Die .NET Enterprise Services sind jedoch nichts anderes als die »alten« COM+-Dienste, die über den Namensraum System.EnterpriseServices in der .NET-Klassenbibliothek angesprochen werden können. COM+ bietet .NET-Komponenten ein Zuhause und seine Dienste an, wenn die Komponente zusätzlich die notwendigen COM-Schnittstellen besitzt.

Eine .NET-Komponente, die im Rahmen des COM+-Anwendungsservers abläuft, wird als *Serviced Component* bezeichnet. Eine Serviced Component, die die *Microsoft Message Queuing Services* (MSMQ) nutzt, heißt *Queued Component*.

Funktionsbereich	Funktion
Anwendungskopplung und Hosting	Zusammenfassung von Komponentensammlungen zu Anwendungen
	Starten / Stoppen von Komponentensammlungen
	Statistiken über Komponentennutzung
	Bereitstellung von Komponenten als Windows-Systemdienste
	Bereitstellung von Komponenten zum Aufruf via .NET Remoting mit HTTP / SOAP
	Bereitstellung von Komponenten zum Aufruf via Distributed Component Object Model (DCOM)
	Queued Components (Warteschlangen für Methodenaufrufe)
	Shared Property (ein gemeinsamer Datenbereich für alle Instanzen verschiedener Klassen)
Datenkonsistenz	Verteilte Transaktionen über unterschiedliche Datenbankmanagementsysteme
	Synchronisation von Threads
Skalierbarkeit	Just-in-Time-Activation (Entkopplung der Lebensdauer des Server-Objekts vom Client, zustandslose Komponenten)
	Object Pooling (Bevorratung von Objektinstanzen im Speicher)
	Queued Components (Warteschlangen für Methodenaufrufe)
Sicherheit	Rollenbasierte Sicherheitseinstellungen auf Methodenebene

Tabelle 4.6 Funktionen des COM+-Anwendungsservers für .NET-Komponenten

Vergleich mit Java

Anders als bei Java stand die Komponentenorientierung beim .NET Framework von Anfang an auf der Agenda. Dennoch hat die Java-Welt gegenüber der .NET-Welt noch in einigen Punkten Vorsprung.

.NET Serviced Components entsprechen *den Session Beans* und *Queued Components* den *Message Driven Beans*. Persistente Komponenten (*Entity Beans* in Java) kennt Microsofts Anwendungsserver hingegen nicht, denn es gibt auch keinen Objekt-Relationalen Mapper (ORM) bei Microsoft – weder in COM noch im .NET Framework.

Den seit 2002 im Alpha-Stadium verfügbaren ORM *Objectspaces* hat Microsoft aus dem Programm für .NET 2.0 gestrichen und auf .NET 3.5 verschoben. .NET 3.5 enthält nur einen recht einfachen ORM (LINQ-to-SQL). Ein vollständiger ORM ist erst ab .NET 3.5 Service Pack 1 verfügbar (ADO.NET Entity Framework). Auf dem Markt sind jedoch zahlreiche Drittanbieterprodukte für Objektpersistenz / ORM verfügbar (siehe [DOTNET02]). Einen .NET-basierten Anwendungsserver hat Microsoft erst für 2010 in Aussicht gestellt (Projekt *Oslo*).

Installation von .NET-Anwendungen

Zur Installation von .NET-Anwendungen und .NET-Softwarekomponenten bietet das .NET Framework 2.0 / 3.0 / 3.5 verschiedene Optionen. Gegenüber dem Framework 1.x ist das Click-Once-Deployment hinzugekommen. Die nachfolgende Tabelle gibt einen Überblick über die Anwendbarkeit der verschiedenen Verteilungsverfahren auf die unterschiedlichen Anwendungstypen.

Installationsverfahen Anwendungstyp	Reines XCopy	XCopy + CLI	XCopy + GUI	MSI	Not-Touch-Deployment	Qlick-Once Deployment
Konsolenanwendung	X			X	X	X
Windows-Anwendung	X			X	X	X
Windows-Dienst	(X)	X		X		
Web-UI	(X)	X	X	X		
XML-Webservice		X	X	X		
Komponente (privat)	X			X		
Komponente (global)		X		X		
Komponente (Serviced Component)		X	X	X		
WMI-Provider		X		X		
SQL Server-Erweiterung		X	X	X		

Tabelle 4.7 Überblick über die möglichen Deployment-Typen in Bezug auf die verschiedenen Anwendungstypen

XCopy-Installation

Die meisten .NET-Anwendungen müssen nicht mehr installiert werden, sondern können einfach an einen beliebigen Ort kopiert und von dort gestartet werden. Der Begriff XCopy-Deployment nimmt Bezug darauf, dass zum Installieren einer .NET-Anwendung der DOS-Befehl XCopy ausreicht.

Diese Rückbesinnung auf die Wurzeln von Windows ist möglich durch den Verzicht auf die Registrierungsdatenbank als Konfigurationsspeicher und durch die generelle Speicherung von DLLs in einem zentralen Verzeichnis (/System32). Im .NET Framework werden Komponenten üblicherweise im Anwendungsverzeichnis abgelegt. Anwendungsspezifische Konfigurationsinformationen werden in Form von XML-Dateien ebenfalls im Anwendungsverzeichnis abgelegt.

Das XCopy-Deployment hat seine Grenzen, wenn

- gewünscht ist, dass mehrere Anwendungen sich Komponenten teilen (d.h. eine Installation der Komponente in den Global Assembly Cache – GAC - gewünscht ist)
- die Anwendungsart eine spezielle Verzahnung mit dem Betriebssystem (z. B. WMI-Provider, Windows-Dienste) oder einer Anwendung (Web- und SQL Server) erfordert.

Microsoft Windows Installer (MSI)

Mithilfe des Microsoft Windows Installer (MSI) kann man jegliche Form von .NET-Anwendungen (ebenso wie Nicht-.NET-Anwendungen) installieren. Visual Studio oder Produkte von Drittanbietern (z.B. *Wise Installer* und *InstallShield*) helfen bei der Erstellung von MSI-Installationspaketen. MSI-Pakete können sowohl das Kopieren der Dateien als auch sämtliche Konfigurationseinstellungen vornehmen.

Kommandozeilenwerkzeuge

Für einige Anwendungsarten, die nicht mit XCopy-Deployment alleine auskommen, ist die Verwendung spezifischer Kommandozeilenwerkzeuge aus dem .NET Framework SDK leichtgewichtiger und schneller im Vergleich zur Verwendung von MSI-Paketen:

- Zur Aufnahme einer Assembly in den GAC kann das Werkzeug *gacutil.exe* aus dem .NET Framework SDK verwendet werden. Auf keinen Fall sollte man eine Assembly durch einfache Kopierbefehle in die Verzeichnisstruktur des GAC packen, weil Microsoft sich vorbehält, die interne Struktur des GAC jederzeit zu ändern, und weil dieses Verfahren auch unnötig kompliziert wäre.
- *InstallUtil.exe* ist ein Werkzeug aus dem .NET SDK, das der Installation von eng mit dem Betriebssystem verzahnten Anwendungen dient. Diese Installationsmethode wird insbesondere benötigt für Windows-Dienste und WMI-Provider.
- *Regsvcs.exe* dient der Installation von Serviced Components im COM+-Anwendungsserver.
- Eine Webanwendung unterstützt reines XCopy-Deployment nur, wenn sie bereits existiert. Sofern sie noch anzulegen ist, müssen die mit dem Internet Information Server mitgelieferten Scripts *iisweb.vbs* und *iisvdir.vbs* zusätzlich verwendet werden, damit die entsprechenden Eintragungen in der IIS-Metabase erfolgen. Erst ab Internet Information Server 7.0 ist ein komplettes XCopy-Deployment möglich.

ACHTUNG Zu beachten ist, dass die Installation in das Global Assembly Cache, das Windows-Dienste-Verzeichnis in der Registrierungsdatenbank, die WMI-Repository und die Metabase des IIS-Webservers in der Regel Administratorrechte erfordert.

GUI-Werkzeuge

Für einige .NET-Anwendungstypen existieren GUI-Werkzeuge zur Installation:

- das MMC-Snap-in *Internetinformationsdienste-Manager für Webanwendungen*,
- das MMC-Snap-in *Komponentendienste für Serviced Components* sowie
- das SQL Server 2005/2008 Management Studio für SQL Server-Erweiterungen.

No-Touch-Deployment (NTD)

Als No-Touch-Deployment bezeichnet Microsoft die Installation von Anwendungen von einem Webserver. Dabei erhält der Benutzer einen URL zu einer .NET-Anwendung (*.exe*). Das .NET Framework lädt die Anwendung und alle referenzierten Assemblies in ein spezielles Unterverzeichnis des GAC, den *Assembly Download Cache* (ADC) (*c:/windows/assembly/download*), und führt die Anwendung von dort aus. Wenn auf dem Webserver eine neue Version einer der beteiligten Assemblies bereitgestellt wird, findet eine automatische Aktualisierung statt.

NTD funktioniert allerdings nur im Online-Betrieb (der Webserver muss immer verfügbar sein) und erlaubt keine Einträge der Anwendung in das Startmenü, in die Softwareliste in der Systemsteuerung oder in die Registrierungsdatenbank. Der ADC kann verwaltet werden über das SDK-Werkzeug *gacutil.exe*.

Click-Once-Deployment (COD)

Click-Once-Deployment ist eine mit .NET 2.0 eingeführte Weiterentwicklung des No-Touch-Deployment (NTD). Click-Once erlaubt die Verteilung von Windows-Anwendungen über Webserver und Netzwerklaufwerke. Auch eine automatische Aktualisierungsfunktion ist enthalten. Ein vergleichbares Konzept in der Java-Welt ist Java Web Start.

Eine Click-Once-Anwendung wird beim ersten Aufruf für den aktuellen Benutzer installiert und bei Bedarf automatisch aktualisiert. Der Endbenutzer startet die Anwendung durch einen Mausklick auf einen Link in Windows oder auf einer Webseite. Sofern die Anwendung in seinem lokalen Application Cache (*/Dokumente und Einstellungen/(User)/Lokale Einstellungen/My Applications*) noch nicht in der aktuellsten Fassung existiert, lädt das .NET Framework 2.0 / 3.0 / 3.5 die Anwendung herunter und installiert sie. Ein Vorteil gegenüber NTD ist die Möglichkeit, Einträge im Startmenü und in der Softwareliste in der Systemsteuerung vorzunehmen. Click-Once-Anwendungen funktionieren auch, wenn die Quelle nach dem ersten Herunterladen nicht mehr verfügbar ist. Das .NET Framework und andere Voraussetzungen (MDAC 9, MSDE, J# etc.) werden bei Bedarf mitinstalliert. Visual Studio 2005 / 2008 bietet eine Unterstützung für das Publizieren von Click-Once-Anwendungen direkt aus der Entwicklungsumgebung heraus und erstellt automatisch eine HTML-Seite für den Download. Gegenüber einer Installation mit dem Microsoft Installer gibt es aber weiterhin einige Einschränkungen (beispielsweise nur beschränkter Zugriff auf die Registrierungsdatenbank, Installation gilt immer nur für angemeldeten Nutzer). Nicht möglich ist daher die Registrierung von Dateierweiterungen, mit denen die Anwendung verbunden werden soll. Erst mit Windows Vista wird Click-Once diese Funktion anbieten.

Möglich wird die automatische Aktualisierung durch zwei Zwischenschritte (*Manifest-based Activation*): Der Link zeigt nicht auf die EXE, sondern auf ein Deployment-Manifest (XML-Datei), das wiederum auf das Application-Manifest der aktuellsten Version zeigt. Das Application-Manifest enthält schließlich die Informationen über den Start einer Anwendung und die Abhängigkeit von anderen Anwendungen. Wichtig für die automatische Aktualisierung ist, dass die Anwendung nicht nur erneut publiziert wird, sondern auch tatsächlich eine neue Versionsnummer erhält. Signifikant sind hierbei die ersten drei Sektionen der Versionsnummer.

Weitere Fähigkeiten der Laufzeitumgebung

Dieses Unterkapitel stellt kurz drei wichtige Dienste der Common Language Runtime (CLR) vor:

- Automatische Speicherbereinigung durch den Garbage Collector
- Prozessabgrenzung durch Application Domains
- Absicherung durch die Code Access Security (CAS)

Speicherbereinigung (Garbage Collector)

Im Gegensatz zu COM verfügt das .NET Framework über eine automatische Speicherverwaltung, die in der Common Language Runtime (CLR) implementiert ist. Die CLR enthält einen *Garbage Collector (GC)*, der im Hintergrund (in einem System-Thread) arbeitet und den Speicher aufräumt. Der Speicher wird allerdings nicht sofort nach dem Ende der Verwendung eines Objekts freigegeben, sondern zu einem nicht festgelegten Zeitpunkt bei Bedarf (*Lazy Resource Recovery*). Beim Aufräumen des Speichers erzeugt der Garbage Collector einen Baum aller Objekte, auf die es aktuell einen Objektverweis gibt. Der Speicher aller nicht mehr erreichbaren Objekte wird freigegeben.

Der Garbage Collector kann von einer Anwendung nur bedingt beeinflusst werden. Die Anwendung kann mit dem Befehl `System.GC.Collect()` dem Garbage Collector den Auftrag geben, tätig zu werden. Eine Anwendung kann jedoch eine Speicherbereinigung nicht verhindern.

Der Garbage Collector ruft die *Destruktoren (alias Finalizer)* der .NET-Objekte auf. Die Reihenfolge des Aufrufs und ob der Destruktor überhaupt aufgerufen wird ist jedoch nicht deterministisch, d. h., es kann sein, dass ein Destruktor nicht aufgerufen wird. Beim Schließen einer .NET-Anwendung werden die Destruktoren der verbliebenen Objekte *nicht* aufgerufen.

HINWEIS Um sich von den deterministischen Destruktoren der Sprache C++ abzuheben, spricht man in .NET von *Finalisierung* statt von *Destruktion*.

Klassen, bei denen der Aufruf des Destruktors wichtig ist, weil dabei Ressourcen freigegeben werden, müssen dem Disposable-Muster folgen und die Schnittstelle `System.IDisposable` mit der Methode `Dispose()` implementieren. Die Anwendung muss `Dispose()` manuell aufrufen. Die Programmiersprachen C# und Visual Basic unterstützen ein Programmblockkonstrukt mit Namen `using`. Am Ende eines `using`-Blocks wird für die im Kopf des Blocks angegebenen Variablen automatisch die `Dispose()`-Methode aufgerufen.

Prozessabgrenzung durch Application Domains

Eine Application Domain ist ein Konzept zur Abgrenzung von Anwendungen innerhalb eines Betriebssystemprozesses. Eine solche Domain teilt einen Windows-Prozess in mehrere Bereiche. Anwendungen, die in verschiedenen Application Domains laufen, sind so voneinander isoliert, als liefen sie in verschiedenen Prozessen. Eine Application Domain nennt man auch einen *Pseudo-Prozess* oder einen *logischen Unterprozess*.

Der Vorteil einer Application Domain gegenüber der Erzeugung verschiedener Prozesse ist, dass der Aufwand zur Erzeugung einer Application Domain und für einen Programmcode-Aufruf zwischen zwei Application Domains geringer ist als der für die Verwendung von Prozessen. Mehrere Assemblies können sich eine Application Domain teilen.

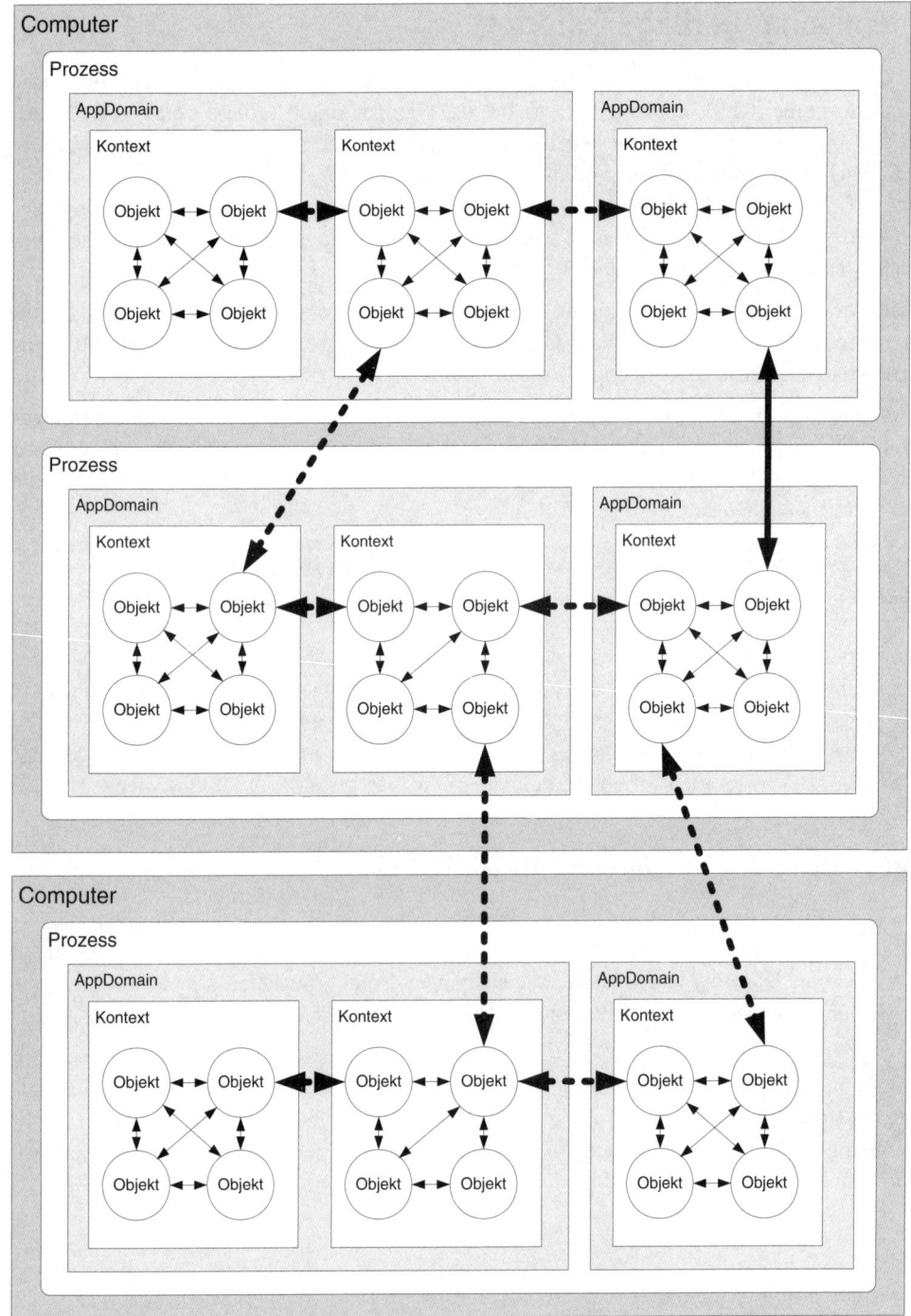

Abbildung 4.19 Application Domains

ACHTUNG Code in verschiedenen Application Domains muss ebenso mit Fernaufrufen kommunizieren wie Code in verschiedenen Prozessen.

Sicherheit (Code Access Security)

Der Schutz vor schädlichen Codes wird ein immer wichtigeres Thema. Die CLR bietet ein neues Sicherheitssystem, das nicht mehr nur die Rechte des Benutzerkontos berücksichtigt, unter dem der Code ausgeführt wird, sondern auch die Herkunft des Programmcodes. Das Sicherheitskonzept heißt Code Access Security (CAS) und ist die Weiterentwicklung des Zonenkonzepts des Internet Explorers (*My Computer, Local Intranet, Trusted Sites, Internet* etc.), des Microsoft Authenticode-Verfahrens zur digitalen Signierung von Programmcode und der Software Restriction Policy (SRP) in Windows (ab XP).

Die CLR ermittelt zur Bestimmung der Ausführungsrechte von Managed Code zunächst die Beweislage (engl. *Evidence*). Zur Beweislage gehören insbesondere der Autor des Codes (hinterlegt durch das Authenticode-Verfahren) und der Speicherort des Codes (Zonenkonzept). Auf dieser Basis werden die Rechte des Codes ggf. eingeschränkt. Selbstverständlich erhält der Code niemals mehr Rechte als der Benutzer, unter dem der Code läuft, denn das Windows-Sicherheitssystem wirkt nach wie vor zusätzlich.

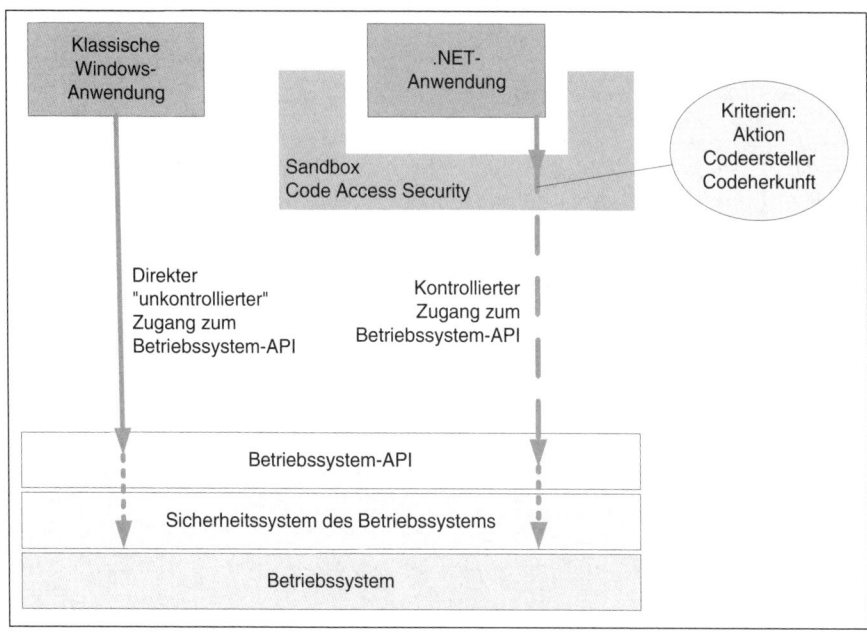

Abbildung 4.20 Sandbox-Konzept in der CAS

Codegruppen und Berechtigungssätze

Die CAS kann durch die Definition von Codegruppen und Berechtigungssätzen sehr fein konfiguriert werden. Codegruppen definieren Herkunftsbedingungen und Berechtigungssätze definieren erlaubte Aktionen. Jeder Codegruppe kann genau ein Berechtigungssatz zugeordnet werden.

Bei der Ausführung von Programmcode ordnet die CLR den Code in alle zutreffenden Codegruppen ein. Anschließend bildet sie die Vereinigungsmenge der Berechtigungssätze der zugeordneten Codegruppen. Bei referenzierten Assemblies werden auch die Rechte des Aufrufers berücksichtigt: Nur wenn die aufrufende Assembly die notwendigen Rechte besitzt, wird eine Aktion ausgeführt, selbst wenn die aufgerufene Assembly die Rechte besitzt.

Ein Berechtigungssatz ist eine Menge von Zugriffsrechten auf Ressourcen. Es gibt verschiedene Ressourcen (z.B. Dateisystem, Verzeichnisdienst, Benutzerschnittstelle etc.) und zu jeder Ressource spezifische Einstellungen.

TIPP   Wenn Sie die Möglichkeit suchen, Rechte auf eine Ressource zu verweigern, werden Sie im .NET Framework Version 2.0 / 3.0 / 3.5 nicht fündig. Es gibt nur die Möglichkeit, Rechte zu erteilen (Allow), nicht aber die Möglichkeit, Rechte zu verweigern (Deny). Wollen Sie eine Einschränkung definieren, müssen Sie zunächst einen geringeren Berechtigungssatz für diese Codegruppe wählen. Dieser Berechtigungssatz muss minimal sein, also nur das enthalten, was der am wenigsten berechtigte Code dürfen soll. Danach müssen Sie eine neue Codegruppe (und ggf. einen neuen Berechtigungssatz) für den Code definieren, der mehr darf.

Ebenen

Weiterhin ist zu beachten, dass Codegruppen und Berechtigungssätze auf vier Ebenen festgelegt werden können: Benutzer, Computer, Organisation und Application Domain. Hierbei wird die Schnittmenge gebildet, ein Recht wird also nur dann zugeordnet, wenn es auf allen vier Ebenen gewährt wird. Die Standardeinstellung auf Organisations-, Benutzer- und Application Domain-Ebene ist jedoch, dass die Codegruppe *All Code* den Berechtigungssatz *Full Trust* besitzt. In der Standardkonfiguration ist also allein die Computer-Ebene entscheidend.

Weitere Fähigkeiten der Laufzeitumgebung

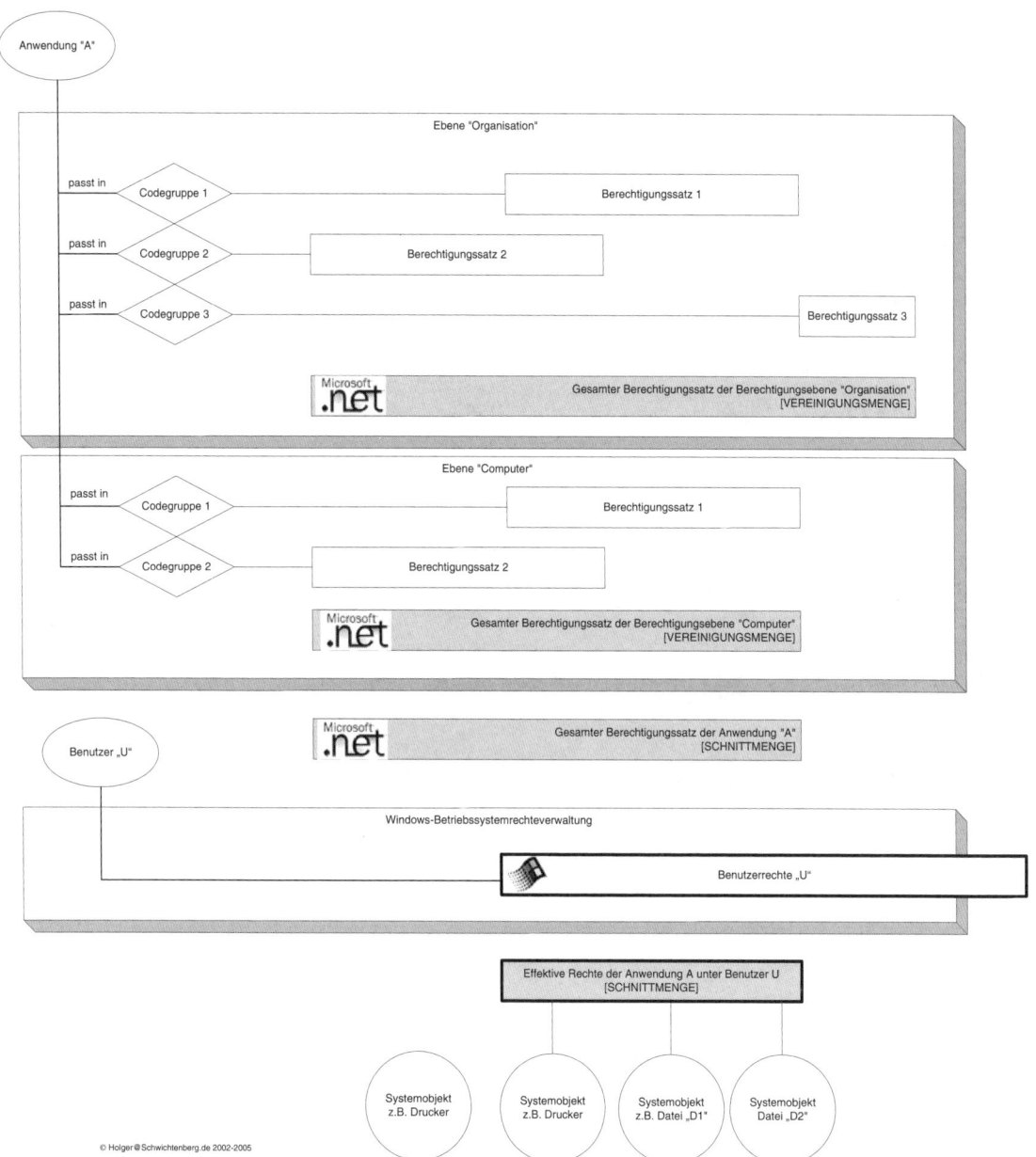

Abbildung 4.21 Mischung aus Codeberechtigungen und Benutzerberechtigungen in der .NET Framework Code Access Security

Standardrechte

Abbildung 4.22 zeigt die Standardzuordnung von Codegruppen und Berechtigungssätzen.

> **TIPP** Für .NET-Softwareentwickler ist die Standardkonfiguration oft unzureichend, wenn Quellcodedateien auf einem Netzlaufwerk gespeichert und von dort in Visual Studio geöffnet werden. Programmcode auf Netzlaufwerken hat in der Standardkonfiguration nur eingeschränkte Rechte. Hier sollte man die Sicherheit für die Entwickler auf *Full Trust* erhöhen.

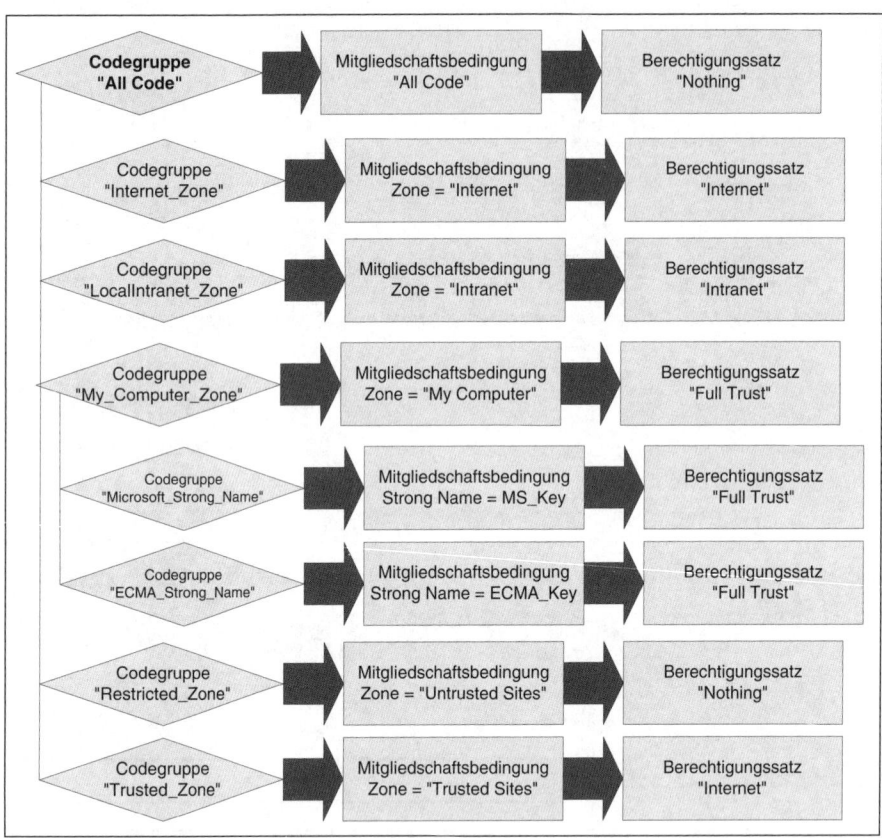

Abbildung 4.22 Standardzuordnung von Codegruppen und Berechtigungssätzen

Deklarative Sicherheitsanforderungen

Eine .NET-Anwendung kann und sollte durch Metadaten deklarieren, welche Rechte sie zur Ausführung benötigt. Die CAS verhindert, dass eine .NET-Anwendung startet, die nicht alle deklarierten Rechte besitzt. Ohne eine Rechtedeklaration könnten fehlende Rechte auf für den Benutzer unangenehme Weise erst später auffallen, z. B. wenn der Benutzer versucht, ein erstelltes Dokument zu speichern, aber die Anwendung keine Zugriffsrechte auf das Dateisystem besitzt.

Beispiel

Die folgende Anwendung fordert volle Zugriffsrechte auf das Dateisystem.

```
[assembly: System.Security.Permissions.FileIOPermission
(System.Security.Permissions.SecurityAction.RequestMinimum)]
```

Werkzeuge

Die gesamten CAS-Sicherheitseinstellungen werden in XML-Konfigurationsdateien im */Config*-Verzeichnis der .NET Framework-Installation abgelegt. Die Konfiguration ist möglich über die direkte Manipulation der XML-Dateien (nicht empfehlenswert), über das Kommandozeilenwerkzeug *caspol.exe* oder über ein mit dem .NET Framework SDK bzw. Windows SDK mitgeliefertes MMC-Snap-in mit Namen *.NET Configuration* (*mscorfcg.msc*).

HINWEIS Es gibt in .NET 3.0/3.5 keine neuere Version des MMC-Snap-Ins.

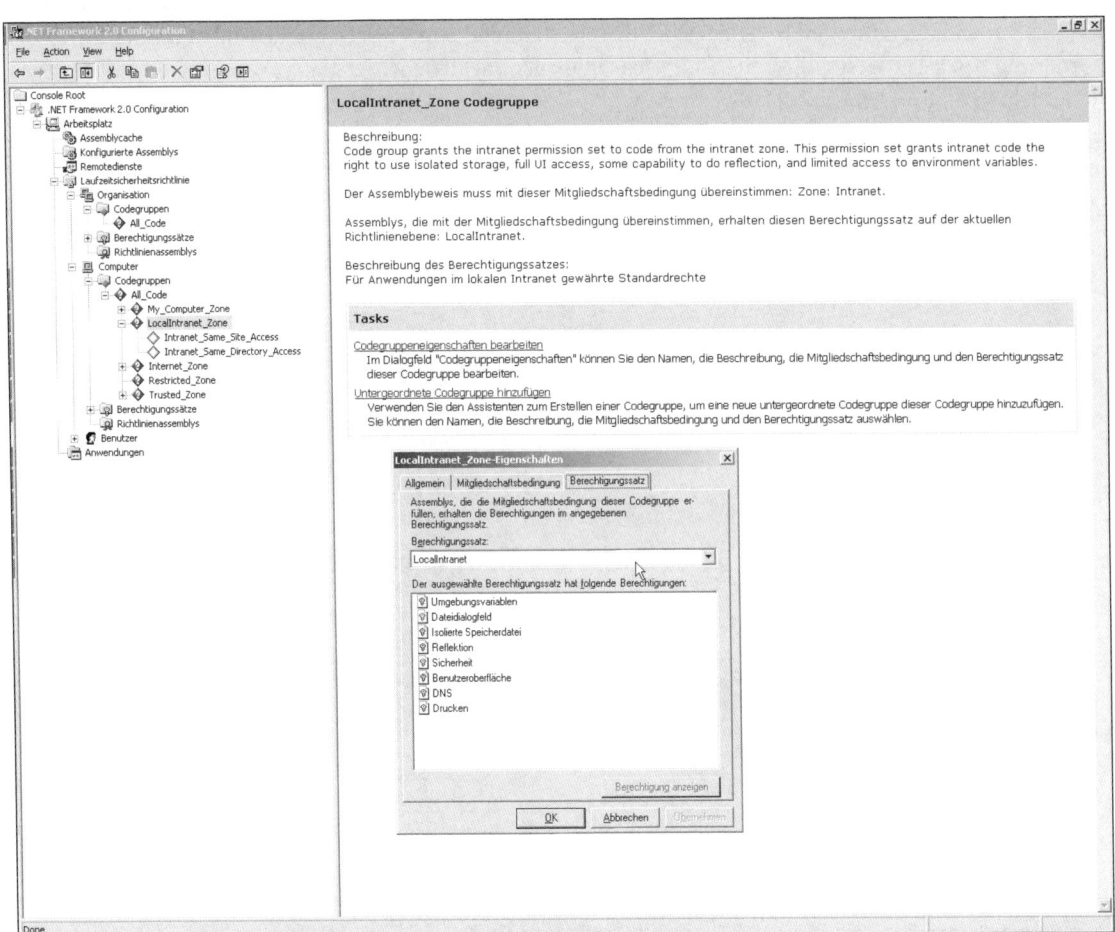

Abbildung 4.23 Anzeige des eingestellten Berechtigungssatzes für die Codegruppe Local_Internet_Zone

Mehrschichtige .NET-Anwendungen

Microsoft ist nicht nur für bunte Anwendungen mit einfacher Bedienung berühmt-berüchtigt, sondern auch für das Rapid Application Development (RAD), also das schnelle Entwickeln von neuen Anwendungen. RAD ist ein Ansatz, der im Gegensatz steht zum sogenannten *Enterprise Programming*, also dem Programmieren von mehrschichtigen, komponentenbasierten Anwendungen.

RAD-Anwendungen entstehen oft durch den Einsatz von Assistenten und Ziehen / Fallenlassen innerhalb einer grafischen Entwicklungsumgebung. Ein Entwickler kann so in wenigen Minuten umfangreiche Anwendungen »zusammenklicken«, für die er mit »richtigem« Programmieren mehrere Stunden oder Tage benötigt hätte. Leider ist das Ergebnis von RAD in den seltensten Fällen wieder verwendbar, wartbar, skalierbar oder sicher. Ein typisches Merkmal von RAD ist die enge Vermischung von Darstellung, Logik und Datenzugriff.

Visual Studio bietet zahlreiche neue Assistenten für das RAD, die Sie zum Teil schon in Kapitel 3 kennengelernt haben und die im weiteren Verlauf des Buchs auch immer wieder Erwähnung finden werden. Trotz der Förderung des RAD versucht Microsoft, gleichzeitig auch im Bereich der Enterprise-Programmierung mit dem Mehrschichtmodell stärker Fuß zu fassen.

Tatsächlich bieten .NET und Visual Studio zahlreiche Technologien und Instrumente für ein mehrschichtiges Programmieren. Die wichtigsten Bausteine stellt die nachfolgende Grafik dar. Dabei sind sowohl aktuelle als auch zukünftige Technologien (aus .NET 3.5) genannt.

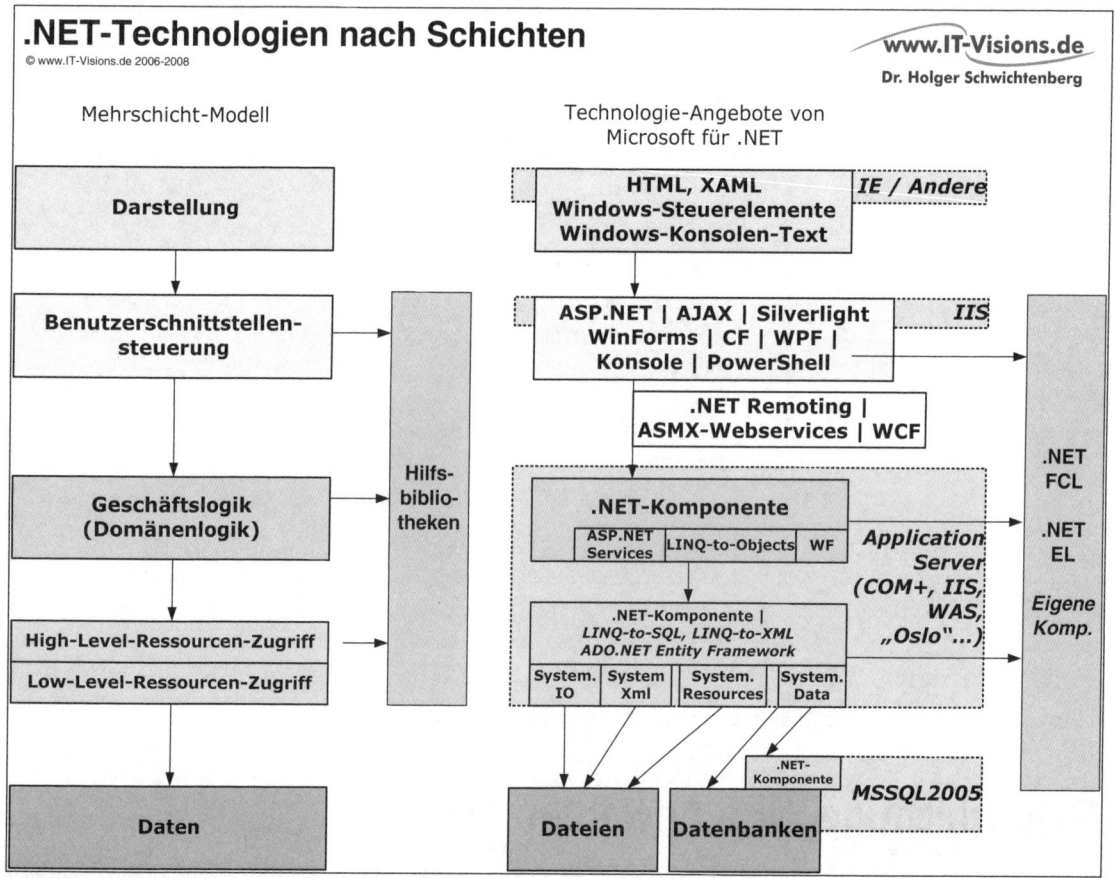

Abbildung 4.24   Die Einordnung der .NET-Technologien in das Modell der mehrschichtigen Anwendungsentwicklung

Benutzerschnittstellensteuerung

Im Bereich der Benutzerschnittstellensteuerung unterstützt .NET 3.5:
- Webanwendungen durch ASP.NET, die ASP.NET-AJAX-Erweiterungen und Silverlight
- Desktop-Anwendungen durch Windows Forms und die Windows Presentation Foundation (WPF)
- Anwendungen für mobile Endgeräte durch die Windows Forms im .NET Compact Framework (CF)
- Konsolenanwendungen durch die Klasse System.Console sowie die Microsoft PowerShell.

Für die Desktop-Anwendungen zeichnet sich auf der .NET-Plattform ein ähnlicher Konkurrenzkampf wie bei Java mit AWT, SWT und Swing ab. WPF bietet mehr grafische Möglichkeiten als Windows Forms, es fehlen aber noch Steuerelemente und die Werkzeuge sind noch schwach.

Im Bereich der Webentwicklung bietet Microsoft mit ASP.NET einen hohen Abstraktionslevel. Die Oberflächenbeschreibung in ASP.NET erfolgt durch HTML (Hypertext Markup Language), eingebettete XML-Fragmente (Extensible Markup Language) und Programmcode. XML und Programmcode erzeugen zusammen (browserunabhängiges) HTML, CSS und JavaScript. Durch die im Januar 2007 erschienenen AJAX-Erweiterungen ist ASP.NET nun nicht mehr als reines Server-Framework zu bezeichnen. Alle Client-Funktionen von ASP.NET basieren auf JavaScript. Es wird weder ActiveX noch eine andere Komponententechnologie verwendet, die eine spezielle Laufzeitumgebung auf dem Client erfordert. Browserbasierte Anwendungen sind auch möglich auf Basis von Windows Forms und WPF, machen dann aber einen Internet Explorer und das .NET Framework auf dem Client erforderlich (seit .NET 3.5 läuft WPF auch im Firefox). Microsoft Silverlight ist ein Kompromiss: Silverlight braucht eine sehr kleine .NET-Laufzeitumgebung und läuft in verschiedenen Browsern und verschiedenen Betriebssystemen (Microsoft unterstützt Windows und Mac OS, Mono auch andere).

Geschäftslogik

Als Anwendungsserver bietet Microsoft noch keine echte .NET-Lösung. COM+ ist – mit Ausnahme der Objektpersistenz – äquivalent zu einem Java Enterprise Edition (JEE)-Anwendungsserver, jedoch veraltet. Immer mehr zum Anwendungsserver wurde in den letzten Jahren der Internet Information Server (IIS). Ab Version 7.0 (Vista / Server 2008) unterstützt er auch andere Protokolle außer HTTP. Hier ist eine gute Lösung erst für das Jahr 2010 zu erwarten (Projekt *Oslo*). So lange muss man sich mit vielen selbst gestrickten Lösungen behelfen.

Zur Kommunikation zwischen den physischen Schichten bietet die .NET-Welt inzwischen drei Alternativen: .NET Remoting, XML-Webservices auf Basis von ASP.NET sowie die Windows Communication Foundation (WCF). Mit .NET 1.0 gab es bereits zwei Konzepte für den Aufruf von Code in anderen Prozessen oder auf anderen Systemen: die auf W3C-Standards basierenden ASP.NET Webservices (ASMX) und das proprietäre (aber schnellere) .NET Remoting. Beide Kommunikationsmittel waren sehr unterschiedlich und zur Laufzeit nur sehr eingeschränkt kompatibel. Mit .NET 3.0 hat Microsoft in Form der Windows Communication Foundation eine Vereinheitlichung einbringen wollen; mit wenigen Ausnahmen hat sich dabei jedoch das lose Programmiermodell der Webservices durchgesetzt. Die enge Kopplung von .NET Remoting, die man auch von CORBA und Java RMI kennt, ist in .NET zum Aussterben verurteilt worden.

Softwarekomponenten, die in der Geschäftslogik und beim Datenzugriff zum Einsatz kommen, sind grundsätzlich normale .NET-Assemblies, unabhängig davon, ob sie im Anwendungsserver gehostet werden oder Teile des eigentlichen Anwendungsprozesses sind. Im COM+-Anwendungsserver gehostete Komponenten (Serviced Components) müssen lediglich einige zusätzliche Voraussetzungen hinsichtlich Basisklassen und Annotationen erfüllen. Auf der Ebene der Geschäftslogik bietet Microsoft ab .NET 2.0 verschiedene Anwendungsdienste in Webanwendungen (z. B. Benutzerverwaltung, Rollenverwaltung und Profildatenspeicherung), ab .NET 3.0 die Windows Workflow Foundation (WF) und ab .NET 3.5 auch LINQ-to-Objects.

Ressourcenzugriff

Beim Datenzugriff unterstützt .NET sowohl relationale Datenbanken als auch XML. Beide Welten sind in .NET enger verknüpft, als man dies aus vielen anderen Umgebungen kennt. Ein Entwickler kann relationale Daten mit einem Einzeiler in XML umwandeln oder XML-Daten (mit bestimmten Einschränkungen) ebenso einfach in eine verknüpfte Menge von Tabellen überführen. ADO.NET (Namensraum `System.Data`) und XML.NET (Namensraum `System.Xml`) sind die relevanten Bausteine. XML.NET unterstützt neben den W3C-Standards für XML, XML DOM, XSD, XPATH und XSLT auch einige Microsoft-eigene (aber meist schnellere) Zugriffsverfahren auf XML-Dokumente. ADO.NET hat nur noch eingeschränkt Ähnlichkeit mit dem Vorgänger ADO, denn auch hier verzichtet Microsoft auf die enge Kopplung und setzt daher in der ganzen Datenzugriffsarchitektur auf das optimistische Sperren. Datenänderungskonflikte werden nicht im Vorhinein durch Sperren verhindert: Zur Vermeidung von Deadlocks und Skalierbarkeitsproblemen darf man immer lesen und zurückschreiben, sodass (automatisch oder manuell zu lösende) Änderungskonflikte auftreten können.

Mit .NET 3.5 wurde auch Objektrelationales Mapping (ORM) eingeführt mit LINQ-to-SQL und LINQ-to-Entities (alias ADO.NET Entity Framework, ab Service Pack 1).

Neu ab .NET 2.0 ist die Möglichkeit, .NET-Code auch direkt innerhalb des Microsoft SQL Server-Datenbankmanagementsystems auszuführen. Dieses Thema kann allerdings aus Platzgründen in diesem Buch gar nicht behandelt werden.

Verteilte .NET-Anwendungen

Der Aufruf von entferntem Code via Remote Procedure Call (RPC) oder über das auf dem RPC aufsetzende Distributed COM (DCOM) war aufgrund der Komplexität und der mangelnden Durchlässigkeit bei Firewalls bislang sehr unbefriedigend. Das .NET Framework 3.0 / 3.5 kennt für den Aufruf von Code in anderen Application Domains, anderen Prozessen oder auf anderen Systemen drei unterschiedliche Fernaufrufkonzepte mit verschiedenen Formaten, Transportwegen und Anwendungsgebieten:

- ASP.NET-basierte XML-Webservices (ASMX)
- .NET Remoting
- Windows Communication Foundation (WCF)

Verteilte .NET-Anwendungen

HINWEIS   Grundsätzlich können Sie auch unter .NET weiterhin Distributed COM als Fernaufrufprotokoll nutzen. DCOM ist wesentlich performanter als .NET Remoting und XML-Webservices und bietet außerdem die Weitergabe von Transaktionen sowie wesentlich mehr Optionen in Bezug auf Authentifizierung und Verschlüsselung an. In der .NET Framework-Klassenbibliothek existiert keine explizite Implementierung für DCOM; Sie können es daher nur über die Interoperabilität zu COM nutzen. Die einfachste Möglichkeit besteht darin, die Dienst erbringende Softwarekomponente in den COM+-Anwendungsserver zu hosten und mithilfe der MMC-Konsole *Komponentendienste* einen Anwendungs-Proxy zu exportieren. Der Anwendungs-Proxy nutzt DCOM zur Kommunikation mit dem Anwendungsserver. Die in .NET 3.0 neu eingeführte WCF offeriert aber viele Möglichkeiten, die DCOM auch bietet (z. B. Weitergabe von Transaktionen und Sicherheitsoptionen).

Kommunikation mit	.NET-Remoting	ASP.NET-Webservices	WCF (.NET 3.0)
einem anderen Prozess, der auch mit .NET läuft, auf dem gleichen System	++	0	++
einem anderen Prozess, der auch mit .NET läuft, auf einem anderen System	++	+	++
einer anderen Application Domain in dem gleichen .NET-Prozess	++	--	+
CORBA- oder Java RMI-Endpunkten	+ (mit Drittanbieter-Werkzeugen)	--	--
einem anderen Prozess, der WSI BP 1.1-Webservices unterstützt	--	++	++
einem anderen Prozess, der WS-*-Webservices unterstützt	--	+	++

Tabelle 4.8   Eignung der .NET-Technologien für verteilte Systeme für verschiedene Einsatzzwecke

ASP.NET-basierte XML-Webservices (ASMX)

Die Begriffe XML-Webservices, SOAP und Service-orientierte Architektur (SOA) gehören nicht zuletzt durch die komfortable Unterstützung in .NET zu den aktuellen Hype-Wörtern der Softwareentwicklung.

Ein XML-Webservice ist ein per Simple Object Access Protocol (SOAP) ansprechbarer Dienst auf einem Server, der von einem anderen Programm (Webservice-Client) aufgerufen werden kann. SOAP ist ein XML-Format. Das übliche, aber nicht einzige Transportprotokoll für SOAP-Aufrufe ist HTTP.

XML-Webservices sind die Lösung für die Anwendungskopplung

- zwischen unterschiedlichen Plattformen und
- wenn der Verbindungsweg durch eine Firewall geht.

XML-Webservices werden in .NET im Rahmen von ASP.NET durch *.asmx*-Dateien bereitgestellt. Daher verwenden Insider auch den Begriff *ASMX* synonym zu ASP.NET Webservices.

ASMX bietet ab Version 2.0 neben einer Unterstützung für SOAP Version 1.2 (zusätzlich zu dem bisher vorhandenen SOAP 1.1) und Unterstützung für WS-I Basic Profile Version 1.1 [WSI01] auch mehr Gestaltungsoptionen für die Bereitstellung und Nutzung von Webservices. Die Details sind im Kapitel »Webservices« nachlesbar. Dieses Zusatzkapitel können Sie als PDF auf dem Leser-Portal herunterladen.

.NET Remoting

Im Gegensatz zu XML-Webservices ist .NET Remoting ein proprietäres Fernaufrufkonzept von Microsoft. Anders als DCOM ist .NET Remoting aber nicht auf ein bestimmtes Übertragungsformat und -protokoll festgelegt. Das .NET Remoting verwendet ein modulares Konzept mit *Formattern* und *Channels*:

- Ein *Formatter* ist ein Mechanismus, um ein Objekt in einen Byte-Strom umzuwandeln bzw. zurückzuwandeln. Man spricht in diesem Zusammenhang auch von Serialisierung (alias *Marshaling*) bzw. Deserialisierung (alias *Unmarshaling*). Microsoft liefert einen Formatter für ein binäres Format und einen Formatter für das Simple Object Access Protocol (SOAP) mit.

- Ein *Channel* stellt ein Transportmedium für serialisierte Objekte dar. Microsoft bietet auch hier in .NET 1.x TCP/IP und HTTP sowie ab .NET 2.0 zusätzlich IPC für die lokale Inter-Prozess-Kommunikation ohne Verwendung eines Netzwerkprotokoll-Stacks.

Die höchste Geschwindigkeit bietet die Kombination binärer Formatter und TCP/IP. Für die Überwindung von Firewalls ist SOAP/HTTP die richtige Kombination. Es besteht die Möglichkeit, eigene Formatter oder Channels für .NET zu entwickeln.

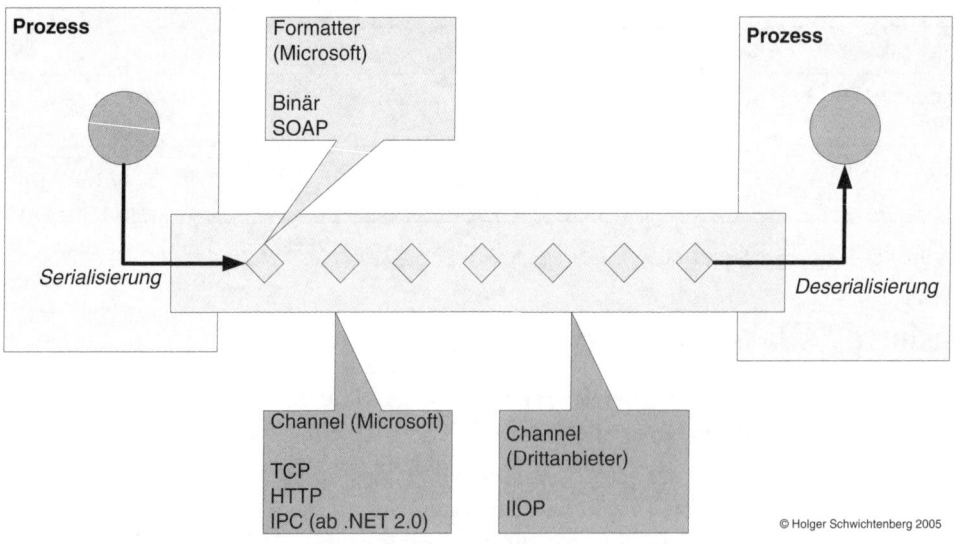

Abbildung 4.25   Architektur des .NET Remoting

ACHTUNG   Obwohl die Vermutung naheliegt: .NET Remoting mit SOAP über HTTP ist nicht gleichzusetzen und nicht vollständig kompatibel mit XML-Webservices.

Hosting und Konfigurationsmodell

Für .NET Remoting stehen unterschiedliche Hosting-Möglichkeiten zur Verfügung (z.B. Konsolenanwendung, Windows-Systemdienst, IIS, .NET Enterprise Services), die aber zum Teil eigenen Codierungsaufwand erfordern. .NET Remoting zeichnet sich insbesondere auch dadurch aus, dass viele Kommunikationseigenschaften nicht fest im Programmcode verdrahtet werden müssen, sondern zur Betriebszeit über Anwendungskonfigurationsdateien gesteuert werden können.

Neu ab .NET 2.0

Neu in .NET Remoting 2.0 ist neben dem IPC-Channel die Unterstützung für IPv6-Adressen und den Austausch der generischen Typen. Der TCP-Remoting-Channel erlaubt nun Authentifizierung und Verschlüsselung. Außerdem kann man die Timeout-Zeit und die Anzahl der Wiederholungsversuche setzen.

Andere Anbieter

Es gibt zahlreiche Anbieter, die IIOP-Channels und -Formatter zur Kommunikation mit Java- und CORBA-Objekten als Erweiterungen für das .NET Remoting anbieten.

Windows Communication Foundation (WCF)

Microsoft hatte angekündigt, mit der Windows Communication Foundation (WCF) die bisher getrennten Welten .NET Remoting und ASP.NET Webservices zu vereinen und dabei auch komplementäre Konzepte wie Microsoft Message Queuing (MSMQ), Distributed COM und .NET Enterprise Services (alias COM+-Anwendungsdienste) zu berücksichtigen.

Merkmale von WCF

Tatsächlich ist WCF eine sehr flexible Kommunikationsplattform: Die Form der Kommunikation in Hinblick auf Transportprotokolle, Serialisierungsformate, das Verhältnis von Client- zu Serverobjekten sowie Sicherheit, Zuverlässigkeit und Transaktionsweitergabe können wahlweise zur Entwicklungszeit oder zur Betriebszeit festgelegt werden.

Kompatibilität

WCF ist allerdings nicht vollständig kompatibel mit .NET Remoting und ASP.NET-basierten XML-Webservices. Aus .NET Remoting wurde in WCF im Wesentlichen nur das Konfigurationsmodell übernommen. Details dazu erfahren Sie im Kapitel zu Windows Communication Foundation (WCF).

Zukunft von .NET Remoting

ASP.NET-basierte Webservices sind in WCF aufgegangen. Für .NET Remoting aber stellt sich die Frage nach der Zukunft. Die nachfolgend abgedruckte Aussage von Clemens Vasters, einem der Produktmanager im WCF-Team bei Microsoft, auf die Frage »Is .NET Remoting dead?« lässt den Kunden die Hoffnung, dass .NET Remoting noch längere Zeit im .NET Framework in der alten Form weiterexistieren wird. Bemerkenswert an der am 26.05.2006 getroffenen Aussage ist die Anmerkung, dass Microsoft ja in den »letzten paar Jahren« schon geraten hatte, bestimmte Funktionen von .NET Remoting nicht zu nutzen. Wenn man bedenkt, dass .NET Remoting erst im Jahr 2002 erschienen ist, bedeutet dies eigentlich, dass es von Anfang an falsch war, .NET Remoting zu verwenden. Tatsache ist leider, dass Microsoft .NET Remoting immer wieder propagiert hat, wenn es um die mangelnde Leistung von ASMX ging!

> Nothing is "dead" until it doesn't ship anymore and then subsequently becomes unsupported. The long-proclaimed-dead COM is very much alive and kicking and there's even work being done underneath on MS RPC. Remoting is the technology used to communicate across AppDomains within the same process that's baked into the .NET Framework. As such, it's very much alive.
>
> Does it have any great & bright future in terms of being a distributed systems technology for communicating across the network and will see any significant investments? No. Our strategic technology for building distributed systems is the Windows Communication Foundation.
>
> Our guidance has been – for the last few years – that you use Web Services (ASM/WSE) by default for whenever you cross a network boundary and if you happen to need features from Enterprise Services or cannot use IIS as your application host, you use ES instead. If you need reliable, durable communication you use MSMQ. Remoting you'd typically only use in cases where you need a more or less convenient way get CLR typed data across a TCP socket – tightly-coupled, non-interoperable, limited security needs, limited scale.
>
> If you choose Remoting, you should avoid client-activated objects, marshal-by-ref, delegates, events and direct access to fields and/or properties. All that will not only make a later migration easier, but is also a good recipe to avoid the most common distributed object system disaster scenarios.
>
> Lastly, this is not so much a matter of opinion as one of reading and understanding what we've been saying for quite a while.
>
> Clemens

Abbildung 4.26 Aussage von Clemens Vasters, Produktmanager im WCF-Team, zur Zukunft von .NET Remoting (http://staff.newtelligence.net/clemensv/Default.aspx#a9d951f38-3a02-4642-bfe8-73dc8883f8e3)

Interoperabilität

Um die Akzeptanz des .NET Frameworks zu fördern, hat Microsoft sinnvollerweise eine Interoperabilität mit klassischen Windows-Funktionsbibliotheken und COM-Komponenten sichergestellt.

Interoperabilität zu klassischen C-Bibliotheken

Die CLR ermöglicht den Aufruf von klassischen C-Bibliotheken (beispielsweise der WIN32-API) durch einen Mechanismus mit Namen *Platform Invoke (P/Invoke)*. Aus der anderen Richtung ist eine Steuerung der CLR und in ihr geladener Komponenten möglich durch die COM-basierten Programmierschnittstellen der *mscoree.dll*.

Interoperabilität zu COM

.NET-Komponenten können COM-Komponenten nutzen. Andersherum kann eine .NET-Anwendung auch als COM-Komponente aufgerufen werden. Die Vermittlung zwischen COM und .NET ist gelöst durch Proxy-Objekte. COM-Komponenten werden von .NET aus über einen sogenannten *Runtime Callable Wrapper (RCW)* angesprochen. Der RCW setzt die COM-Schnittstellen in .NET-kompatible Schnittstellen um. .NET-Komponenten werden von COM-Clients über einen *COM Callable Wrapper (CCW)* angesprochen. Normalerweise stellen die .NET-Entwicklungswerkzeuge einen CCW automatisch zur Verfügung. Ein CCW kann aber auch selbst entwickelt werden.

Ein RCW kann erstellt werden mit dem Kommandozeilenwerkzeug *tlbimp.exe* aus dem .NET Framework SDK oder durch Generierung einer Referenz auf eine COM-Komponente in einem Visual Studio-Projekt. Eingabe für *tlbimp.exe* kann eine COM-DLL / -EXE mit integrierter Typbibliothek oder eine eigenständige COM-Typbibliothek (*.tlb*-Datei) sein. Ein CCW kann mit *tlbexp.exe* erstellt werden.

Die Interoperabilität zu COM wurde mit .NET 2.0 verbessert durch den vereinfachten Umfang mit Funktionszeigern und Arrays.

Interoperabilität zu anderen Komponentenplattformen

Microsoft stellt als Interoperabilität zu anderen Komponentenplattformen nur zwei Möglichkeiten bereit:

- Migration von Java-Quellcode in C#-Quellcode (Java Language Conversion Assistant)
- Interoperabilität mit XML-Webservices (mit ASMX oder WCF)

Eine direkte Interoperabilität über Komponentenbrücken (*Component Bridges*) ist von Microsoft nicht vorgesehen. Komponentenbrücken können eine sehr viel engere Kopplung zwischen zwei Komponentenplattformen realisieren (bis hin zur In-Prozess-Kopplung). Component Bridges werden derzeit lediglich von Drittanbietern zur Verfügung gestellt.

Kopplung	Verfahren	Produkte
.NET → Java	Neukompilierung von Java-Code für .NET	Programmiersprache J# der Firma Microsoft
.NET → Java	Transfer von Java-Quellcode nach C#	Java Language Conversion Assistant (JLCA) der Firma Microsoft
.NET → Java	Transformation von Java-Bytecode nach CIL	IKVM.NET (Open Source)
.NET → Java	In-Prozess-Kopplung (Laden der JVM in den CLR-Prozess)	JuggerNET der Firma Codemesh
.NET ←→ Java	.NET Remoting-Implementierung für Java	J-Integra.NET der Firma Intrinsyc JNBridgePro der Firma JNBridge
.NET ←→ Java / CORBA	IIOP-Channel für .NET Remoting	Janeva der Firma Borland IIOP.NET (Open Source) Remoting.Corba (Open Source)
.NET ←→ CORBA	CORBA-ORB in .NET geschrieben	MiddCor der Firma MiddTec

Tabelle 4.9 Interoperabilitätsprodukte

Auch die Implementierung einer individuellen In-Process-Bridging-Lösung zwischen Java und .NET ist unter Nutzung des .NET-P / Invoke-Mechanismus und des Java Native Interface (JNI) mit vertretbarem Aufwand realisierbar.

.NET auf 64-Bit-Systemen

Seit der Version 2.0 bietet Microsoft auch eine 64-Bit-Version des .NET Frameworks an. Durch das Zwischensprachkonzept des .NET Frameworks ist die Portierung einer .NET-Anwendung auf eine andere Plattform grundsätzlich möglich. Dies gilt auch für die neuen 64-Bit-Windows-Betriebssysteme. Egal ob der Entwickler eine 32- oder 64-Bit-Plattform verwendet hat, die Anwendung wird beim Kunden sowohl auf 32- als auch auf 64-Bit-Systemen laufen. Im Detail lohnt jedoch eine nähere Betrachtung.

Die 64-Bit-Welt ist keine einfache, da es nicht eine, sondern zwei verschiedene 64-Bit-Windows-Betriebssysteme gibt. Zum einen existiert ein 64-Bit-Windows für die Intel Itanium-Architektur (kurz: IA64), zum anderen eines für die 64-Bit-Prozessortypen von AMD (Athlon, Opteron) und Intel Xeon bzw. der zum Zeitpunkt der Drucklegung dieses Buchs aktuellen Reihen 8xx (mit Extended Memory 64 Technology – EM64T), Core Duo sowie Core 2 Duo, die in der Regel unter *x64* zusammengefasst werden. Genauso wie es zwei verschiedene Windows-Setups gibt, existieren auch zwei 64-Bit-.NET-Frameworks (IA64 und x64) parallel. 32-Bit-Anwendungen können auf 64-Bit-Systemen mithilfe eines Emulators laufen, den Microsoft *WOW64* (Abkürzung für Windows-On-Windows64 oder Windows32-On-Windows64) nennt. Eigentlich ist Windows32-On-Windows64 präziser; jedoch verwenden nur drei Promille der Treffer in Google das *32*.

Der bisher gebräuchliche Just-in-Time-Compiler des .NET Frameworks erzeugt 32-Bit-Code. Grundsätzlich ist dieser mithilfe des WOW64 unter 64-Bit-Systemen lauffähig. Um die Leistung eines 64-Bit-Systems voll zu nutzen, wäre aber eine Umwandlung des Zwischencodes (Common Intermediate Language, CIL) in 64-Bit-Maschinencode wünschenswert. Microsoft hat daher für 64-Bit-Systeme einen neuen Just-in-Time-Compiler geschrieben. Außerdem war es notwendig bzw. sinnvoll, auch den Garbage Collector, die Ausnahmebehandlung und die Codegenerierung anzupassen. Der Großteil der Klassen der .NET-Klassenbibliothek, die ja selbst als CIL-Code vorliegt, benötigt hingegen keine Sonderanpassung an die 64-Bit-Welt.

An diesem Punkt stellt sich die Frage, ob alle .NET-Anwendungen beim Start auf 64-Bit-Systemen in 64-Bit-Maschinencode umgewandelt werden. Microsoft hat sich dagegen entschieden, um Kompatibilitätsprobleme zu vermeiden.

Folgende .NET-Anwendungen werden an den 32-Bit-Just-in-Time-Compiler übergeben:

- alle .NET-Assemblies, die mit .NET-1.0- und -1.1-Compilern erzeugt wurden
- alle .NET-Assemblies, die nicht ausschließlich aus CIL-Code bestehen, sondern auch Native Code enthalten (gemischte Assemblies, die mit Managed C++ erzeugt werden können)
- alle .NET-Assemblies, die explizit die Umwandlung in 32-Bit-Code mit dem Flag *32-Bit-Required* anfordern

.NET auf 64-Bit-Systemen: Entscheidungsdiagramm

Die nachstehende Abbildung zeigt ein Entscheidungsdiagramm für .NET-Code auf 64-Bit-Systemen. Die erste Entscheidung betrifft dabei nicht die .NET Framework-Version, sondern das Dateiformat. .NET 1.x verwendet immer das PE32-Dateiformat.

.NET auf 64-Bit-Systemen

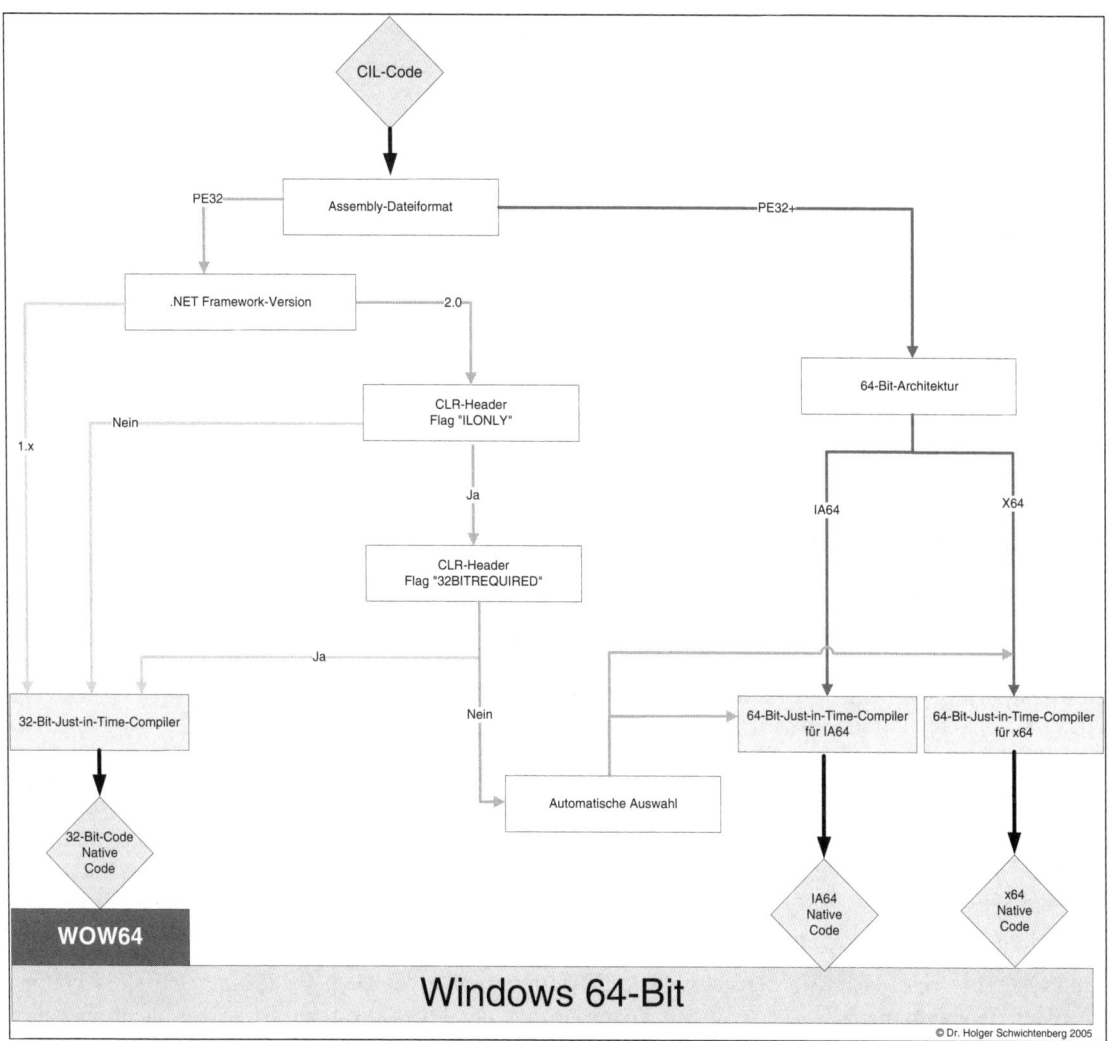

Abbildung 4.27 Entscheidungsbaum für .NET-Anwendungen auf 64-Bit-Systemen

Das neuere PE32+ mit einem größeren Adressraum verstehen nur 64-Bit-Systeme. Visual Studio (ab Version 2005) bietet die Option, PE32+ anstelle von PE32 zu erzeugen. Dem Vorteil des größeren Adressraums stehen aber zwei gravierende Nachteile gegenüber: Erstens können PE32+-Assemblies nicht auf 32-Bit-Systemen ausgeführt werden. Und zweitens sind die erzeugten PE32+-Assemblies auf einen bestimmten Prozessortyp beschränkt, d. h. entweder PE32+ für IA64 oder PE32+ für x64. Man benötigt also immer zwei Kompilate, wenn man beide 64-Bit-Prozessortypen abdecken will. Der Versuch, eine PE32+ für IA64-Assembly auf einem x64-System auszuführen, resultiert in einem Fehler. In der Praxis schwindet aber die Bedeutung der IA64-Architektur.

Wer plattformunabhängig sein will, muss also PE32 verwenden. Wenn ein 64-Bit-Windows eine PE32-Assembly starten soll, wird zunächst geprüft, ob es aus oben genannten Gründen gilt, die Assembly an den 32-Bit-Compiler zu übergeben. Wenn es keinen Grund für 32-Bit gibt, erhält der vorhandene 64-Bit-Just-in-Time-Compiler die Assembly. Dabei ist es dann egal, welcher Prozessortyp vorliegt.

Das Flag *32-Bit-Required* muss ein Entwickler setzen, wenn die .NET-Assembly externen 32-Bit-Native-Code in Form von C-DLLs oder COM-Komponenten verwendet, die es nicht in einer 64-Bit-Variante gibt. Würde eine solche .NET-Assembly in 64-Bit-Maschinencode umgewandelt, käme es zu einem Laufzeitfehler im Moment des Aufrufs des 32-Bit-Codes aus der Assembly heraus. Der Fehler kann beim Start der Anwendung nicht bemerkt werden.

Genauso wie eine in 64-Bit-Code übersetzte Assembly keinen Native Code in 32-Bit aufrufen kann, kann auch aus einem 32-Bit-Kompilat heraus kein 64-Bit-Native-Code aufgerufen werden. Wichtig ist also, dass auf der Maschinencode-Ebene die eigene Welt nicht verlassen wird. Die Flags werden abgelegt im CLR-Header der Assembly. Mithilfe von Klassen im Namensraum System.Reflection kann man die Konfiguration auslesen.

.NET auf 64-Bit-Systemen: Datentypen

Das Datentypproblem zwischen verschiedenen Sprachen hat .NET gelöst durch das Common Type System (CTS) und die Common Language Specification (CLS). Gleichzeitig gelöst ist damit auch das Datentypproblem zwischen verschiedenen Prozessoren. Der Typ System.Int64 umfasst 64 Bit in 8 Bytes. Ob diese 64 Bit physikalisch in einer oder zwei Speicheradressen liegen, kann einem .NET-Programm völlig egal sein. Die Größe der .NET-Datentypen ist unabhängig von der Plattform.

Aber keine Regel ohne Ausnahme. Ein einziger Typ im .NET Framework kümmert sich sehr wohl um die Speicherzellenbreite: System.IntPtr. Dieser Typ zur Repräsentation von Zeigern umfasst prozessorabhängig entweder 32 oder 64 Bit. Diese Eigenschaft kann man sich zunutze machen und diese Eigenschaft muss man fürchten in Hinblick auf die Interoperabilität mit Unmanaged Code. Hier helfen aber die Klassen in System.Runtime.Interoperability durch die Vorgabe eines Speicherlayouts, den Auftritt von Doktor Watson zu verhindern. Keineswegs sollten Entwickler System.Int32 und System.IntPtr synonym verwenden.

Eine weitere (kleine) Herausforderung stellen Fließkommazahlen dar. Gemäß IEEE-Standard 754 können Fließkommaoperationen abweichen in Abhängigkeit von der Prozessorbreite. Dieses Problem lässt sich umgehen, indem man exakte Vergleiche zwischen Fließkommazahlen vermeidet.

Keine Probleme gibt es bei der Speichergröße. Assemblies, die mit einem 64-Bit-Just-in-Time-Compiler übersetzt werden, können den größeren Hauptspeicher (maximal 16 Terabyte statt 4 Gigabyte) nutzen. Die Größenrestriktion für einzelne .NET-Objekte (2 Gigabyte) ist jedoch gleich geblieben.

.NET auf 64-Bit-Systemen: Leistung

Neben der Kompatibilität stellt sich auch die Frage, ob .NET-Anwendungen auf 64-Bit-Systemen eine größere Performanz erreichen. Tatsächlich vergleichen kann man dabei aber nur das Leistungsverhalten innerhalb eines Systems, also wenn man ein Programm auf einem 64-Bit-System einerseits mit dem 64-Bit-Just-in-Time-Compiler und andererseits mit dem 32-Bit-Kollegen übersetzen lässt.

Zum Testen der Leistung kam eine in C# geschriebene Konsolenanwendung zum Einsatz, die 100 Millionen Zufallszahlen in einem Array erzeugt und dann in einer Schleife, die 100 Mal durchlaufen wird, die Zufallszahlen aufaddiert. Der Speicherplatzbedarf im Hauptspeicher liegt bei rund 790 MB.

Das Durchlaufen des Arrays findet in drei Varianten statt:

- mit einer foreach-Schleife
- mit einer for-Schleife
- mit einer while-Schleife unter Einsatz von Zeigerarithmetik (Unsafe Code)

Auf jegliche Form von Zugriff auf Teile des Betriebssystems wurde bewusst verzichtet.

Bei den Testergebnissen (siehe Tabelle) überrascht nicht, dass durch nativen 64-Bit-Code die Leistung wesentlich besser ist als beim Einsatz des WOW64. Ebenfalls erwartungsgemäß schlägt es sich nicht in der Leistung nieder, ob man PE32 oder PE32+ als Dateiformat verwendet. Interessant ist jedoch, dass die 32-Bit-Systeme bei der Leistung in einigen Fällen nicht hinterherhinken, obwohl die Prozessoren älter sind. Dies deckt sich mit der Aussage von Microsoft in [MSDN14], dass die Geschwindigkeit von Anwendungen im WOW64 ähnlich ist wie die von Anwendungen auf 32-Bit-Systemen. Deutlich schlechter wären die Ergebnisse übrigens für 32-Bit-Kompilate auf Itanium-Systemen, weil die IA64-Architektur keine Hardware-Unterstützung für die Emulation bietet.

Hardware	Betriebssystem	Visual Studio Konfiguration	Datei-format	Gesetzte CLR Header-Flags	Just-in-Time-Compiler	Emu-lator	For-each-Schleife	For-Schleife	Unsafe
32-Bit-System (Intel Pentium 4, 3,0 GHz)	Windows Server 2003 Service Pack 1	AnyCPU	PE32	ILONLY	32-Bit-Just-in-Time-Compiler		ca. 47 Sekunden	ca. 23 Sekunden	ca. 21 Sekunden
32-Bit-System (Intel Pentium M, 1,6 GHz)	Windows Server XP Professional Service Pack 2	AnyCPU	PE32	ILONLY	32-Bit-Just-in-Time-Compiler		ca. 52 Sekunden	ca. 41 Sekunden	ca. 38 Sekunden
64-Bit-System (Intel Pentium E, 3,2 GHz, Dual-Core)	Windows Server XP Professional x64 Service Pack 1	x86	PE32	ILONLY, 32-BIT-REQUIRED	32-Bit-Just-in-Time-Compiler	WOW 64	ca. 32 Sekunden	ca. 29 Sekunden	ca. 22 Sekunden
64-Bit-System (Intel Pentium E, 3,2 GHz, Dual-Core)	Windows Server XP Professional x64 Service Pack 1	AnyCPU	PE32	ILONLY	64-Bit-Just-in-Time-Compiler		ca. 11 Sekunden	ca. 11 Sekunden	ca. 11 Sekunden
64-Bit-System (Intel Pentium E, 3,2 Ghz, Dual-Core)	Windows Server XP Professional x64 Service Pack 1	x64	PE32+	ILONLY	64-Bit-Just-in-Time-Compiler		ca. 11 Sekunden	ca. 11 Sekunden	ca. 11 Sekunden

Tabelle 4.10 Ergebnisse des Testprogramms, Array als int[] deklariert

Auf exakte Zahlen wurde verzichtet, weil es sehr viele Einflussfaktoren auf die Leistung gibt. Die Tabelle soll nur die viel zitierten *Hausnummern* veranschaulichen.

Aufgrund der Verschiedenartigkeit der Prozessoren konnte der durchgeführte Geschwindigkeitstest keineswegs beweisen, dass für .NET-Anwendungen 64-Bit-Systeme schneller sind als 32-Bit-Systeme. Deutlich wurde aber, dass .NET-Anwendungen, die auf 64-Bit-Systemen in 32-Bit-Maschinencode übersetzt werden und im WOW64-Emulator laufen, nicht schneller sind als auf 32-Bit-Systemen. Daraus folgt, dass man die Kraft der 64 Bit nur nutzen kann, wenn der Entwickler seine Anwendung so schreibt, dass sie auf 64-Bit-Systemen auch im 64-Bit-Just-in-Time-Compiler landet. *32-Bit-REQUIRED* ist also zu vermeiden.

Die Wahl zwischen PE32 und PE32+ spielt für die Leistung keine Rolle, wohl aber für die Kompatibilität. Assemblies im PE32+-Format laufen jeweils nur auf einem speziellen Prozessortyp.

Versionskompatibilität

Im Zeitalter vor .NET litten Entwickler unter Versionsproblemen: Durch Installation einer neuen Version einer DLL konnten bestehende Anwendungen gestört werden. Im Entwicklerjargon sprach man von der *DLL-Hölle*. Die neue Hölle, die Microsoft Schritt für Schritt in .NET einführt, ist die *Framework-Versionshölle*.

Hier gibt es zwei Problembereiche: Einerseits die *Entkopplung* der Versionsnummern von .NET-Bausteinen und andererseits die Inkompatibilitäten zwischen den Versionen.

Entkopplung der Versionsnummern

In .NET 1.0, 1.1 und 2.0 war die Versionszählung noch halbwegs einfach: Version des .NET Frameworks, der Laufzeitumgebung Common Language Runtime (CLR), der Kernbibliotheken (z.B. ADO.NET, ASP.NET, Windows Forms) sowie alle zugehörigen Softwarekomponentendateien (alias Assemblies) trugen die gleiche Versionsnummer, also z.B. .NET 2.0 enthielt CLR 2.0, ASP.NET 2.0, ADO.NET 2.0 und Windows Forms 2.0. Einzige Ausnahme waren die Sprachkompiler: Visual Basic zählt bei der letzten COM-basierten Version weiter (7.0, 7.1, 8.0) und der C#-Compiler hatte die gleiche Versionsnummer. C# 1.0 war also eigentlich C# 7.0.

Ab .NET 3.0 wurde dann aber alles anders, denn .NET Framework 3.0 ist eine echte Obermenge über .NET 2.0. Die bestehenden Bausteine blieben unangetastet, sodass bei der Installation von .NET 3.0 nun die »alten« Bausteine den Stand 2.0 haben (z.B. ADO.NET und ASP.NET) und die neuen (WPF, WCF, WF) die Version 3.0.

Noch etwas anders war es mit Version 3.5: Auch .NET 3.5 versteht sich als eine Obermenge über .NET 2.0 und .NET 3.0. Hier aber wurde ASP.NET von 2.0 auf 3.5 hochgezählt. Die zugehörigen Assemblies tragen aber zum Teil die Version 2.0 (weil es diese schon vorher gab) und zum Teil 3.5 (weil diese hinzugekommen sind).

> **HINWEIS** Auf der Ebene der Assemblies spricht man von *Red Bits* und *Green Bits*. Red Bits sind aus einer Vorgängerversion übernommene Dateien, die aber (leicht) verändert werden. Es wurden Fehler behoben, aber auch neue Funktionen (Klassen und Klassenmitglieder) ergänzt. Green Bits sind neu hinzu gekommene Assemblies, die es vorher nicht gab.

ASP.NET ist auch ein gutes Beispiel dafür, dass die Versionsnummer nun nichts mehr über die Funktion aussagt. ASP.NET 2.0 hatte gegenüber ASP.NET 1.1 viel, viel mehr Änderungen als ASP.NET 3.5 gegenüber ASP.NET 2.0, obwohl ja die Versionsnummerndifferenz etwas anderes vermuten ließe.

Die Programmiersprache C# in .NET 3.5 trägt in .NET 3.5 die Versionsnummer 3.0 (der Compiler ist intern 9.0).

Inkompatibilitäten zwischen den Versionen

Die oberen bereits benannten Red Bits können in zwei Richtungen zu Problemen führen. Durch das Verändern von Funktionen kann es dazu kommen, dass Anwendungen nicht mehr (einwandfrei) laufen. Hier spricht man von *Breaking Changes*. Microsoft betont zwar immer wieder, Funktionen nur zu verändern, wenn diese fehlerhaft waren. Aber manchmal nutzen Entwickler (unbewusst) solche Funktionen aus.

Hier seien nur vier Beispiele für Breaking Changes zwischen .NET 1.1 und .NET 2.0 exemplarisch genannt:

- In einer abgeleiteten C#-Klasse kann man einen Konstruktor der Oberklasse, der als *protected* deklariert ist, nur noch in einem Konstruktor aufrufen. Es ist nicht mehr möglich, eine Instanz der Oberklasse damit zu erzeugen.

- Die Sprachkompiler erzeugen eine Fehlermeldung, wenn mehrere Assemblies mit dem gleichen Typnamen (inkl. Namensraum) referenziert werden. Bisher wurde zufällig einer der Typen ausgewählt.

- Die Methode `DateTime.Parse()` ist strenger und reagiert auf fehlerhafte Datumsangaben eher mit einem Laufzeitfehler.

- Anwendungen stürzen nun ab, wenn in einem anderen Thread als dem Hauptthread ein unbehandelter Fehler auftritt (in der CLR 1.1 konnte die Anwendung weiterlaufen).

Ebenfalls Inkompatibilitäten gibt es natürlich, wenn in einer höheren .NET-Versionsnummer Funktionen ergänzt werden. Wenn ein Programm diese Funktionen aufruft, dann ist es nicht mehr möglich, das Programm mit einer niedrigeren .NET-Versionsnummer zu betreiben. Das ist soweit einleuchtend.

ACHTUNG Mit dem Service Pack 1 für .NET 2.0 und .NET 3.0 (die parallel zu .NET 3.5 erschienen sind und in .NET 3.5 auch vorausgesetzt werden), hat Microsoft nun auch bei einem Service Pack Funktionen ergänzt. Ein Programm, das mit .NET 2.0 Service Pack 1 kompiliert wurde, läuft also nicht unbedingt auf einem System mit .NET 2.0 ohne Service Pack 1. Das Gemeine in der konkreten Situation ist, dass Microsoft dies nicht klar kommuniziert. Die Einstellung *.NET Framework 2.0* in Visual Studio 2008 ist in Wirklichkeit *.NET Framework 2.0 Service Pack 1*. Visual Studio 2008 verwendet immer die Version 9.0 des C#-Compilers und den Visual Basic-Compiler; nur die referenzierten Assemblies sind andere. Das bedeutet: Eine damit kompilierte Anwendung läuft vielleicht gar nicht auf einem System ohne das Service Pack. Leider warnt eine .NET-Anwendung dann beim Start nicht, dass ihr das Service Pack fehlt. Vielmehr stürzt die Anwendung irgendwann an dem Punkt ab, wo das erste Mal eine Methode zum Just-in-Compiler gelangt, die eine Klasse oder Methode verwendet, die in dem Service Pack ergänzt wurde. Das kann überall während des Programmablaufs sein. Sehr tückisch!

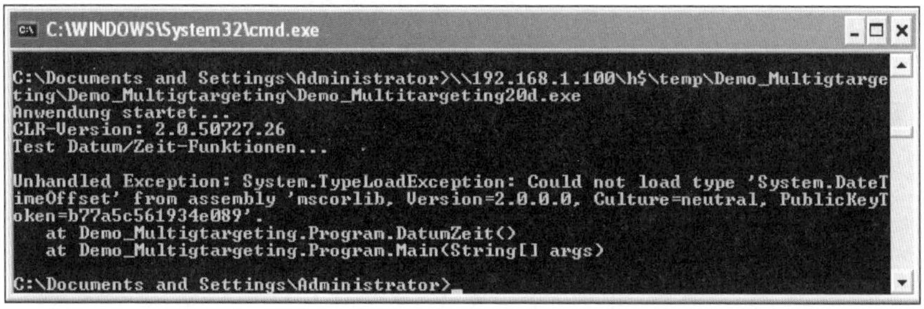

Abbildung 4.28 Absturz beim Einstieg in eine Methode, die die in Service Pack 1 hinzugefügte Klasse DateTimeOffset verwendet.

Leider ist die Dokumentation dieser *Red Bits* in der Visual Studio-Hilfe nur bei den jeweiligen Klassen und Klassenmitgliedern in der Sektion *Version Information* zu finden, wenn dort nicht *.NET 2.0*, sondern nur *.NET 2.0 SP1* erscheint.

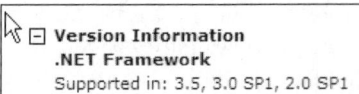

Abbildung 4.29   Beispiel für die Dokumentation einer Klasse, die es in .NET 2.0 und 3.0 nur mit Service Pack 1 gibt

Eine zusammenhängende Liste findet man nur in einem Blog: http://www.hanselman.com/blog/content/binary/RedBitsChangesv2.html

Parallelbetrieb

Verschiedene .NET Framework-Versionen können auf einem System parallel betrieben werden. Es kann aber nicht gleichzeitig eine Version mit und ohne Service Pack parallel betrieben werden.

Welche .NET Framework-Versionen installiert sind, erkennt man im Verzeichnis */Windows/Microsoft/.Net Framework*. Dort gibt es ein Unterverzeichnis für jede Version. Man darf sich allerdings nicht täuschen lassen: Wenn eine ältere Version nur sehr wenige Dateien (insbesondere .config-Dateien) enthält, ist diese gar nicht installiert. Offenbar legt .NET 2.0 einige Dateien in den Verzeichnissen *v1.0* und *v1.1* ab. Tatsächlich installiert sind 1.0 und 1.1 nur, wenn die Verzeichnisse zahlreiche Dateien und Unterverzeichnisse besitzen.

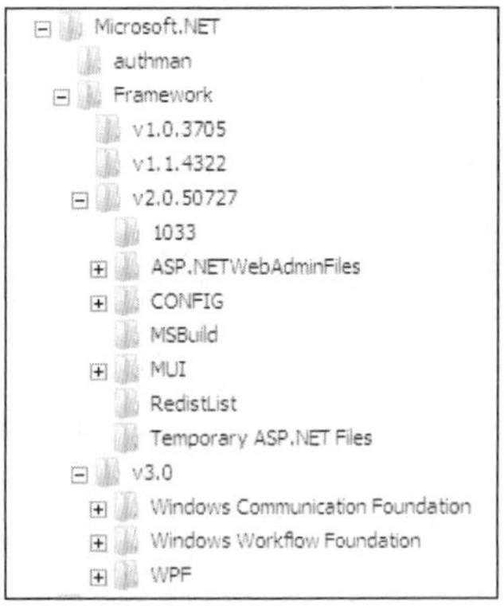

Abbildung 4.30   Auf diesem Windows Server 2008 sind .NET 2.0 und .NET 3.0 installiert

Versionskompatibilität

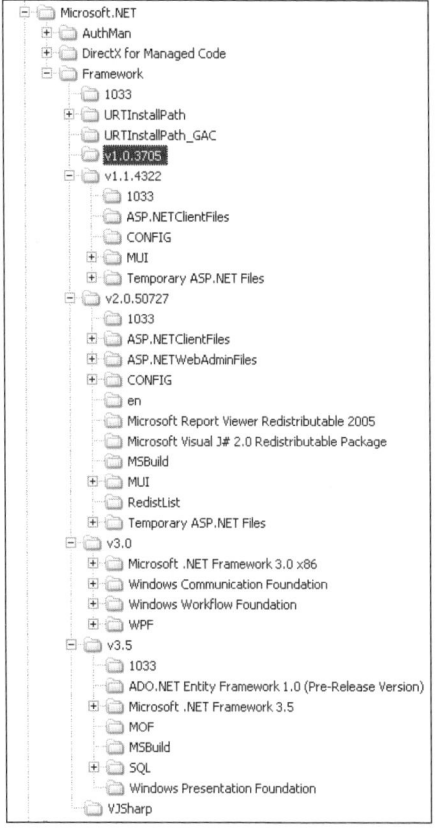

Abbildung 4.31 Auf diesem Windows Server 2003 sind .NET 1.1 bis 3.5 und diverse Zusatzkomponenten installiert

Versionsumstieg

Es gibt drei Möglichkeiten für eine .NET-Anwendung /-Komponente im Zeitalter einer neuen Version:

1. Keine Neukompilierung, Weiterbetreiben mit der alten CLR
2. Keine Neukompilierung, Betreiben mit der »neuen« CLR
3. Migrieren auf die neue CLR-Version durch Neukompilierung

TIPP Es ist am sichersten, jede .NET-Anwendung unter der CLR-Version zu betreiben, mit der sie kompiliert wurde. Dies ist die automatische Voreinstellung in den meisten (aber nicht in allen) .NET Runtime Hosts.

Weiterbetreiben mit der alten CLR

Das Grundmodell ist der Fall 1, da jede .NET-Anwendung mit der CLR-Version startet, mit der sie betrieben wurde, sofern die Version vorhanden ist. Dafür sorgen die Ablaufumgebungen (.NET Runtime Hosts). Diese Funktion nennt Microsoft *Side-by-Side Execution* (*SxS*).

Von diesem Grundmodell gibt es aber vier Ausnahmen:

1. Eine .NET-Assembly wird mit einer neueren CLR-Version gestartet, wenn die ältere CLR nicht vorhanden ist.
2. Eine referenzierte .NET-Assembly wird mit der neueren CLR ausgeführt, wenn die aufrufende Assembly mit der neueren CLR läuft.
3. Einige .NET-Ablaufumgebungen (z.B. Internet Explorer, Office, SharePoint oder Biztalk) laden immer die aktuellste vorhandene CLR-Version.
4. Der IIS lädt die CLR gemäß Konfiguration in der Metabase des Internet Information Servers.

WICHTIG In dem obigen Text wurde bewusst von der CLR-Version und nicht von der .NET-Version gesprochen, denn die CLR-Version und die .NET-Version sind seit .NET 3.0 entkoppelt. Die .NET 1.0 enthielt die CLR 1.0, .NET 1.1 die CLR 1.1. Die CLR 2.0 ist aber sowohl in .NET 2.0 als auch in .NET 3.0 und .NET 3.5 enthalten.

TIPP Durch eine Einstellung in der Anwendungskonfigurationsdatei kann man das Laden der korrekten CLR-Version erzwingen:

```
<configuration>
    <startup>
        <supportedRuntime version="v1.1.4322" />
    </startup>
</configuration>
```

Betreiben mit einer neuen CLR

Ob eine .NET-Anwendung unter einer anderen .NET-Version betrieben werden kann, hängt von drei Faktoren ab:

- Kompatibilität der CLR
- Kompatibilität der Microsoft Intermediate Language (MSIL)
- Verfügbarkeit und Verhalten der Klassen

In allen drei Punkten gilt: Die Aufwärtskompatibilität ist (mit einigen Einschränkungen) gegeben, weil gegenüber den früheren Versionen nur ergänzt, aber nichts gestrichen wurde. Eine Abwärtskompatibilität gibt es hingegen nicht, d.h., eine Anwendung für die CLR 2.0 kann niemals unter der CLR 1.1 betrieben werden. Einzig möglich sein könnte der Betrieb einer .NET 3.x-Anwendung unter .NET 2.0, weil die CLR-Version gleich geblieben ist. Voraussetzung ist aber, dass keine der in .NET 3.0/3.5 neu eingeführten Klassen verwendet wurde.

Die Einschränkungen bei der Aufwärtskompatibilität betreffen die .NET-Klassenbibliothek. Jede neue Version der Klassenbibliothek enthält gegenüber der vorhergehenden Version der Klassenbibliothek (umfangreiche) Erweiterungen. Diese betreffen sowohl Steuerelemente als auch nicht-visuelle .NET-Klassen. Die Aufwärtskompatibilität ist gegeben, sofern keine Klassen entfernt wurden. In den bisher erschienenen .NET-Versionen sind keine Klassen entfernt, sondern nur Klassen als *Obsolet* (Annotation System.Obsolete) gekennzeichnet worden.

HINWEIS Wenn der Compiler auf eine Annotation `System.Obsolete` trifft, warnt er. Die Verwendung einer obsoleten Klasse bzw. eines obsoleten Klassenmitglieds ist aber kein Kompilierungsfehler (sofern man die Warnung nicht durch Compiler-Einstellungen zu einem Fehler erhebt). Obsolete Klassen sind in der Dokumentation besonders hervorgehoben.

Soweit die Theorie. Leider gibt es im Detail doch einige Änderungen zwischen den Versionen (siehe oben), die das korrekte Funktionieren einer alten Anwendung unter dem neuen .NET Framework 2.0 verhindern könnten (*Breaking Changes*). Die Existenz von Breaking Changes bedeutet, dass eine Anwendung oder Komponente, die unter höheren .NET-Versionen betrieben werden soll, sehr umfassend getestet werden muss (siehe auch Tabelle).

Ursprung / Ziel	.NET 1.0	.NET 1.1	.NET 2.0	.NET 3.0	.NET 3.5
.NET 1.0	Ja	wahrscheinlich	Nein	Nein	Nein
.NET 1.1	Ja	Ja	Nein	Nein	Nein
.NET 2.0	wahrscheinlich	wahrscheinlich	Ja	Ja, wenn keine in .NET 3.0 neu eingeführten Klassen verwendet wurden.	Ja, wenn keine in .NET 3.0 neu eingeführten Klassen verwendet wurden.
.NET 3.0	wahrscheinlich	wahrscheinlich	Ja	Ja	Ja, wenn keine in .NET 3.0 neu eingeführten Klassen verwendet wurden.
.NET 3.5	wahrscheinlich	wahrscheinlich	Ja	Ja	Ja

Tabelle 4.11 Kompatibilität der .NET-Versionen

TIPP Zu Testzwecken kann man das Standardverhalten der .NET Runtime Hosts deaktivieren und alle .NET-Assemblies dazu bringen, mit der aktuellsten vorhandenen CLR-Version zu starten. Dies erreicht man über eine Einstellung in der Registrierungsdatenbank:

```
[HKEY_LOCAL_COMPUTER\SOFTWARE\Microsoft\.NETFramework]
"OnlyUseLatestCLR"=dword:00000001
```

Berücksichtigen muss man, dass die .NET-Compiler der .NET-Version 1.1 (also der C# 7.1- und der VB 7.1-Compiler) in dieser Einstellung nicht mehr arbeiten können. Diese Einstellung kann man rückgängig machen durch:

```
[HKEY_LOCAL_MACHINE\SOFTWARE\Microsoft\.NETFramework]
"OnlyUseLatestCLR"=dword:00000000
```

Neukompilierung

Die Neukompilierung einer .NET-Anwendung für eine neue .NET-Version ist grundsätzlich möglich. Fehler können allerdings beim Kompilieren bzw. Änderungen im Verhalten zur Laufzeit können auftreten aufgrund der oben erwähnten *Breaking Changes*. Dies ist relevant für die Neukompilierung von CLR 1.x-Quellcode mit den Sprach-Compilern von .NET 2.0 oder 3.5, bzw. .NET 2.0 / 3.0 mit den Compilern aus .NET 3.5.

Der Migrationsaufwand hält sich für Windows- und Konsolenanwendungen in Grenzen. Für Webanwendungen ist der Aufwand jedoch höher, denn hier gab es entscheidende Änderungen im Programmiermodell und zahlreiche Neuerungen in der Projektverwaltung innerhalb der Entwicklungsumgebung.

ACHTUNG   Nach der Neukompilierung sind auf jeden Fall sehr ausführliche Tests notwendig!

Ermitteln der CLR-Version

Sowohl im Test als auch im Betrieb kann es wichtig sein, die CLR-Version zu ermitteln. Hier muss man aber differenzieren zwischen der CLR-Version, für die eine Assembly kompiliert wurde, und der CLR-Version, mit der die Assembly tatsächlich ausgeführt wird. Die CLR-Version, für die kompiliert wurde, liefert die Klasse Assembly in der Eigenschaft ImageRuntimeVersion als eine Zeichenkette:

```
System.Reflection.Assembly.GetExecutingAssembly().ImageRuntimeVersion
```

Die tatsächlich verwendete CLR-Version, mit der die Assembly aktuell betrieben wird, findet man hingegen in System.Environment. Dort liefert Version eine Instanz der Klasse System.Version:

```
Environment.Version.ToString()
```

WICHTIG   Beide o.g. Befehle liefern unter .NET 3.0 und .NET 3.5 immer *.NET 2.0*, da .NET 3.0 und 3.5 nur Erweiterungen der Klassenbibliothek sind. Eine .NET 3.0- oder 3.5-Anwendung zeichnet sich nur dadurch aus, dass sie Bibliotheken verwendet, die es in .NET 2.0 noch nicht gab. Nirgendwo in dem Assembly-Manifest steht explizit die Versionsnummer des .NET Frameworks.

Mit einem einfachen Test kann man auch prüfen, welche CLR verwendet wird, wenn man die Verhaltensänderung bei einem der *Breaking Changes* ausnutzt. In dem nachfolgenden Listing wird eine Verhaltensänderung von System.DateTime.Parse() verwendet. Parse() ist in .NET 2.0 strenger geworden. DateTime.Parse(@"01-01-10/10/2001") liefert in .NET 1.1 die Ausgabe 1.10.2001 00:00:00. In .NET 2.0 kommt es zu einem Laufzeitfehler (System.FormatException).

Versionskompatibilität

```
try
{ DateTime.Parse(@"01-01-10/10/2001");
  ausgabe = ausgabe + ".NET 2.0-Test: fehlgeschlagen" + Umbruch;}
catch
{ ausgabe = ausgabe + ".NET 2.0-Test: OK" + Umbruch;}
```

Eine kleine Konsolenanwendung zum Testen von Migrationsszenarien finden Sie in den Downloads zu diesem Buch. Das Programm gibt aus, mit welcher CLR-Version es kompiliert wurde und unter welcher CLR-Version es läuft. In dem ersten Fall läuft die .NET 1.1-Anwendung unter .NET 2.0, weil es entweder kein .NET Framework 2.0 gibt oder weil man sie mit dem Registrierungsdatenbank-Trick dazu gezwungen hat. Im zweiten Fall wurde direkt für .NET 2.0 kompiliert.

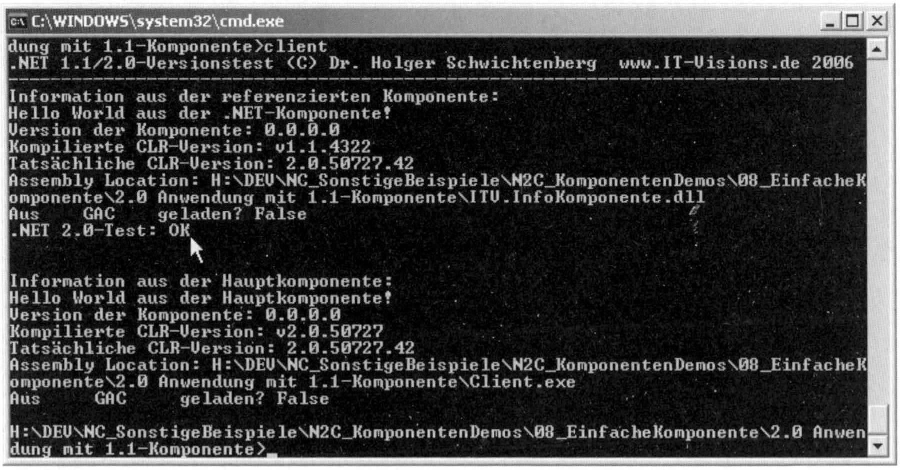

Abbildung 4.32 Testanwendung zur Ermittlung der .NET-Versionen

Visual Studio-Kompatibilität

Microsofts Entwicklungsumgebung Visual Studio war bisher versionsbezogen: Mit Visual Studio .NET 2003 kann man nur 1.1-Anwendungen erstellen; mit Visual Studio 2005 nur .NET 2.0- und .NET 3.0-Anwendungen. Mit Visual Studio 2008 kann man erstmals für mehrere Versionen entwickeln: .NET 2.0, .NET 3.0 und .NET 3.5.

WICHTIG Exakt gesprochen (was Microsoft leider nicht tut): Mit Visual Studio 2008 entwickelt man Anwendungen für .NET 3.5 und .NET 3.0 Service Pack 1 und .NET 2.0 Service Pack 1. Diese Service Pack-Problematik wurde weiter oben schon erläutert. Eine Lösung dazu finden Sie im Kapitel zu Visual Studio 2008 im Thema »Statische Codeanalyse«.

Mit .NET Framework 3.5 Service Pack 1 zeichnet sich das gleiche Problem ab. Zumindest in der Beta-Version von Visual Studio 2008 Service Pack 1 gibt es keine explizite Unterscheidung zwischen *.NET 3.5* und *.NET 3.5 Service Pack 1*, obwohl es dort gravierende Neuerungen gibt.

Visual Studio .NET 2003- und Visual Studio 2005-Projekte müssen beim Öffnen in Visual Studio 2008 konvertiert werden, weil sich das Projektformat geändert hat. Projekte können danach nicht mehr in der alten Version geöffnet werden. Man sollte also unbedingt eine Sicherungskopie der alten Projektdaten anlegen. Visual Studio 2008 bietet zur Konvertierung der Projekte einen Konvertierungsassistenten (Visual Studio Conversion Wizard). Dieser ändert das Format der Projektdateien. Wenn es sich um ein Visual Studio .NET 2003-Projekt handelt, greift er auch in den von den Designern generierten Programmcode ein. Der selbst entwickelte Programmcode bleibt jedoch fast unangetastet.

TIPP   Mit der kostenlosen Erweiterung MSBuild Extras Toolkit for .NET 1.1 (MSBee) [MSDN16] kann man Visual Studio 2005-Projekte auch in .NET 1.1-Code übersetzen lassen. Erst in Visual Studio 2008 gehört die Möglichkeit, für unterschiedliche .NET-Versionen zu kompilieren, zu den Standardfunktionen von Visual Studio (Multi-Targeting).

Kapitel 5

Visual Studio 2008

In diesem Kapitel:

Einleitung	128
Versionsgeschichte	128
Grundfunktionen	128
Neuerungen in der Entwicklungsumgebung Visual Studio 2008	129
Neuerungen in der Entwicklungsumgebung Visual Studio 2008 Service Pack 1	131
Produktvarianten	132
Fensterverwaltung	136
Projektverwaltung	138
Code-Editoren	149
Grafische Editoren (Designer)	159
Arbeit mit Datenquellen	163
Kompilierung und Ausführung	167
Debugger	170
Testen	179
Weitere Funktionen	191
Visual SourceSafe (VSS)	195
Visual Studio 2008 Team System (VSTS)	199

Einleitung

Mit dem .NET Framework liefert Microsoft auch kostenlose Kommandozeilen-Compiler für die Sprachen C#, Visual Basic und JScript .NET aus. Jeder beliebige Texteditor kann folglich für die Entwicklung von .NET-Anwendungen eingesetzt werden. Mehr Komfort und höhere Produktivität verspricht jedoch der Einsatz einer integrierten Entwicklungsumgebung (Integrated Development Environment, IDE). Die von Microsoft gelieferte Entwicklungsumgebung heißt Visual Studio.

Sprachkompiler	Enthalten im .NET Framework 3.5	Unterstützung in Visual 2008	Kostenfreie Express-Variante
CSharp (C#) 9.0 für C# 3.0	Ja	Ja	Ja
Visual Basic 9.0	Ja	Ja	Ja
Unmanaged Visual C++ 9.0	Nein	Ja	Ja
Managed Visual C++ 9.0 (C++/CLI)	Nein	Ja (aber nicht für Webanwendungen)	Ja (aber nicht für Webanwendungen)
JSharp (J#) 8.0 für J# 2.0	Nein (Add-on)	Ja (Add-on)	Nein (nur auf dem Stand von Visual Studio 2005)
JScript .NET 9.0	Ja	Nein	Nein

Tabelle 5.1 Sprachunterstützung im .NET Framework und in Visual Studio

HINWEIS An Visual Studio kommt niemand vorbei, der mit C++ entwickeln möchte: Der Microsoft Visual C++-Compiler ist nicht im .NET Framework Redistributable enthalten. Man erhält ihn aber mit Visual C++ Express ebenfalls kostenlos.

Versionsgeschichte

Die folgende Liste zeigt die verfügbaren Versionen von Visual Studio 2005 und 2008.

Produktname	Interne Versionsnummer	Erscheinungstermin
Visual Studio 2005	8.0.50727.42	7.11.2005
Visual Studio 2005 Service Pack 1	8.0.50727.762	14.12.2006
Visual Studio 2008	9.0.21002.8	19.11.2007
Visual Studio 2008 Service Pack 1 (Beta)	9.0.30428.1	9.5.2008

Tabelle 5.2 Verfügbare Versionen

Grundfunktionen

Die Entwicklungsumgebung Visual Studio bietet für alle Anwendungsarten folgende Grundfunktionen:

- Projektverwaltungssystem mit Projekten, die Codedateien und sonstige Dokumente enthalten, und Projektmappen, die Projekte enthalten

- Vorlagen für Projekte und Projektelemente (abhängig von der gewählten .NET Framework-Version)
- Einbinden von COM- und .NET-Softwarekomponenten in kompilierter Form
- Unterstützung für spezielle Funktionen von .NET- und Windows (z. B. Signierung von Assemblies, Assembly-Metadaten)
- Code-Editoren mit Eingabeunterstützung für VB, C#, J# und C++ sowie XML-, XSD-, XSLT-, .NET-Konfigurationsdateien (.*config*-Dateien), Windows Script Host-XML-Dateien (.*wsf*)
- Vordefinierte Codefragmente in einer Codefragmentbibliothek (Code Snippets)
- Programmcode-Refactoring
- Editor mit Syntaxfarbhervorhebung für JScript und VBScript
- Einfacher Texteditor für übrige Textformate
- Grafische Editoren für Windows Forms, Webforms / HTML-Dokumente, Bitmaps (.*bmp*, .*cur*, .*ico*), Klassendiagramme, XML-Ressourcendateien (.*resx*), XML-Schemata (.*xsd*), Datenbanken, typisierte Datasets und Objekt-Relationales Mapping (ORM).
- Erstellung und Veränderung von Datenbanken
- Grafische Berichterstellung für Crystal Reports (.*rpt*) und SQL Server Reporting Services (.*rdlc*)
- Assistenten, z. B. für Berichte, Datenbankverbindungen und Webservice-Proxies
- Debugging mit Unterbrechung, Einzelschrittmodus, Anzeige von Werten und Veränderung von Werten / Code während der Laufzeit
- Kompilierung und Verbreitung von Anwendungen
- Kontextsensitive Hilfefunktionen (Integration der MSDN-Library)
- Import / Export von Einstellungen der Entwicklungsumgebung
- Anpassung durch Add-ins und Automatisierung durch Makros

> **HINWEIS** Spezielle Funktionen im Bereich Web- und Windows-Oberflächen werden in den Kapiteln zu ASP.NET (dieses Zusatzkapitel können Sie als PDF auf dem Leser-Portal herunterladen, Windowsoberflächen mit Windows Forms und Windows Presentation Foundation (WPF) besprochen.

Neuerungen in der Entwicklungsumgebung Visual Studio 2008

Die folgende Liste gibt einen Überblick über die neuen Funktionen von Visual Studio 2008 gegenüber Visual Studio 2005. Detailinformationen zur Handhabung der Entwicklungsumgebung erhalten Sie auch in fast allen weiteren Kapiteln des Buchs.

- Multi-Targeting: Der Entwickler kann wählen zwischen .NET 2.0, .NET 3.0 und .NET 3.5. Visual Studio passt sich entsprechend an, indem es nur die für die ausgewählte Version verfügbaren Funktionen zeigt.
- Unterstützung für die Erstellung von Manifestdateien für Windows Vista-Anwendungen, damit diese die notwendigen Rechte gegenüber der Vista-Benutzerkontensteuerung (User Account Control – UAC) deklarieren können.

- Grafischer Designer für Windows Presentation Foundation (WPF)-Oberflächen
- Integration des bisher eigenständigen Designers für Windows Workflow Foundation (WF)
- Verbesserter Assistent zum Erstellen von WCF-Client-Proxy-Klassen
- Testclient für WCF-Dienste
- Starke Verbesserung des Webdesigners für ASP.NET-Webanwendungen (z. B. geteilte Ansicht, mehr Funktionen zur Handhabung von CSS, geschachtelten Vorlagenseiten, Unterstützung für AJAX-Extender)
- Designer für Objekt-Relationales Mapping (ORM) mit LINQ-to-SQL
- Mehrschichtunterstützung in typisierten Datasets durch Trennung zwischen Dataset und Tabellenadapter
- IntelliSense-Unterstützung für JavaScript in Webanwendungen
- Debugger für JavaScript in Webanwendungen
- Debugging des Quellcodes einiger .NET Framework-Klassenbibliotheken
- C#-Entwickler können über den Punkt *Organize Usings* im Kontextmenü einer Quellcodedatei Ordnung in die Using-Anweisungen am Dateianfang bringen und überflüssige d. h. nicht genutzte Anweisungen löschen lassen. Für Visual Basic gibt es die entsprechende Funktion für Imports-Anweisungen leider nicht.
- IntelliSense-Auswahlfenster verdecken manchmal Programmcode, der wichtig ist für die Entscheidung über die auszuwählenden Punkte. Mit Drücken der `Strg`-Taste erscheint das IntelliSense-Auswahlfenster halbtransparent, sodass man den darunterliegenden Programmcode lesen kann. Das Fenster bleibt aber offen.
- Im Visual Basic-Editor verkürzt Visual Studio 2008 die Auswahlliste mit jedem eingegebenen Buchstaben auf die verbleibenden Möglichkeiten (IntelliSense-Filter). C# zeigt weiterhin immer alle Klassen bzw. Klassenmitglieder an.
- Im Kontextmenü eines Projekts steht der Punkt *Open Folder in Windows Explorer* zur Verfügung, mit dem man direkt an den physikalischen Standort eines Projektes im Dateisystem springen kann.
- Der in Visual Studio 2005 eingeführte Klassendesigner funktioniert nun auch für C++-Projekte.
- Für C++-Entwickler gibt es jetzt eine Implementierung der Standard Template Library (STL) in Managed Code (STL/CLR). Außerdem gibt es Erweiterungen in den Microsoft Foundation Classes (MFC) in Hinblick auf Vista. Eine eigene Marshaling Library vereinfacht den Datenaustausch zwischen Native Code und Managed Code.
- Visual Studio 2008 liefert einen kommandozeilenbasierten XSLT-Compiler (*xsltc.exe*) mit, der durch Kompilierung von XLST in eine .NET-Assembly die Ausführung von Transformationen beschleunigt. Der Compiler erzeugt eine Klasse, die man bei *XslCompiledTransfirm.Load* (Typen) verwenden kann.
- Für die Erstellung von Berichten liefert Visual Studio 2008 zwei neue Projektvorlagen für SSRS (Reports Application) mit Assistenten zur Berichtserstellung. Daraus entsteht aber ein Szenario, wie man es auch mit den *.rdlc*-Dateien und dem `ReportViewer`-Steuerelement in Visual Studio 2005 manuell zusammenstellen kann. Der Einstieg wird damit aber wesentlich vereinfacht.

- Visual Studio soll angeblich mit großen XML-Dateien besser zu Recht kommen als in der Vergangenheit. Dies ist nach einem Test leider nicht zu bestätigen: Eine 68 MB große XML-Datei führt immer noch dazu, dass Visual Studio »hängt« (auch auf einem System mit 4 GB RAM!).
- Im Bereich der Office-Integration gibt es Verbesserung beim Erstellen von Add-Ins, SharePoint Workflows, Ribbons, u. a.

HINWEIS Außerdem hat Microsoft eine Änderung in der Zuordnung von Funktionen zu den verschiedenen Varianten vollzogen. Das bisher nur in einigen Team-Varianten verfügbare Unit Testing steht nun auch in der weit weniger teuren Professional-Variante zur Verfügung. Allerdings gibt es hier nur die Grundfunktionen (Details dazu siehe Unterkapitel »Testen«).

Neuerungen in der Entwicklungsumgebung Visual Studio 2008 Service Pack 1

Genauso wie das Service Pack 1 des .NET Frameworks 3.5 erhebliche Erweiterungen der Funktionalität bringt, gilt dies auch für das erste Service Pack von Visual Studio 2008:

- Ein weiterer Objekt-Relationaler Mapping (ORM)
- Option zur Kompilierung für das .NET Framework Client Profile
- Erweiterte Einstellungen für Click-Once-Deployment
- Verbesserung bei der Nutzung von XML-Literalen in Visual Basic durch die bessere Handhabung von XSD-Dateien
- Verbesserte Hintergrundkompilierung für C#, d. h. die Entwicklungsumgebung erkennt in C#-Code mehr Fehler auch ohne explizite Kompilierung
- Neuer Assistent für das Hosting von WCF-Diensten
- Verbesserungen im WCF-Testclient
- Automatische Formatierung für JavaScript-Code
- Verbesserung der JavaScript-IntelliSense, auch für andere JavaScript-Bibliotheken. Microsoft gibt an, insbesondere JQuery, Prototype, Scriptaculous und ExtJS zu berücksichtigen.
- Refactoring für Konfigurationsdateien in WCF-Diensten
- IntelliSense und Debugging für klassische ASP-Seiten ist wieder verfügbar (war in VS 2005 entfallen)

ACHTUNG Visual Studio 2008 Service Pack 1 ist auch sehr empfehlenswert, weil darin zahlreiche Probleme (z. B. Geschwindigkeitsprobleme im Webdesigner, Fehler bei JavaScript-IntelliSense und Darstellungsprobleme im WPF-Designer) behoben sind.

Zum Redaktionsschluss des Buchs gab es erst eine Beta-Version des SP1.

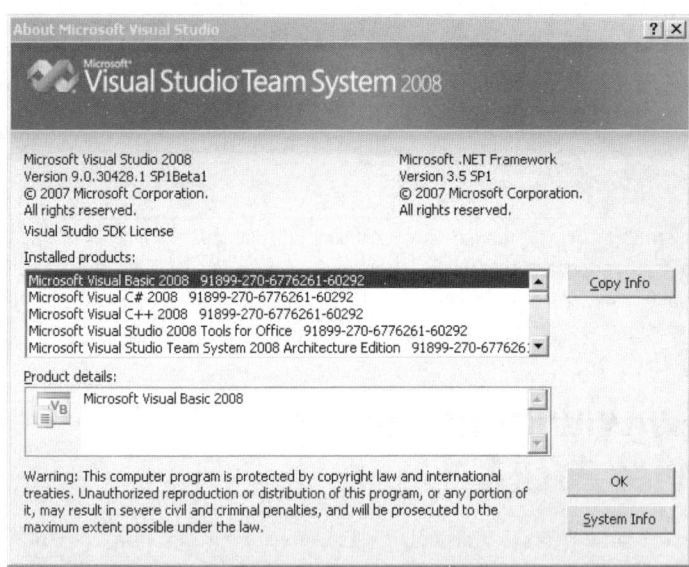

Abbildung 5.1 About-Fenster von Visual Studio 2008 SP1 Beta (Stand 9.5.2008)

Produktvarianten

Visual Studio 2008 wird in verschiedenen Varianten angeboten: Express, Standard, Professional und Team System (wobei sich sowohl Express als auch Team System selbst wieder in verschiedene Unterversionen gliedern).

Vergleich der Produktvarianten

Die nachfolgende Tabelle präsentiert den Funktionsumfang der Visual Studio 2008-Produktvarianten. Es handelt sich dabei um eine stark verkürzte Darstellung der unter [MSDN22] verfügbaren Tabelle.

Produkt: / Funktion:	Express-Editionen	Visual Web Developer Express Edition	Visual Studio Standard Edition	Visual Studio Professional Edition	Visual Studio Team System
Multi-Targeting	Ja	Ja	Ja	Ja	Ja
Programmiersprachen	Separate Produkte für VB, C#, und C++	VB, C#, JScript .NET	VB, C#, C++, J#, JScript .NET	VB, C#, C++, J#, JScript .NET	VB, C#, C++, J#, JScript .NET
64-Bit-Unterstützung (Sonderformate)	Nein	Nein	Nein	Ja	Ja
Visueller Editor für Windows Forms	Ja	Nein	Ja	Ja	Ja
Visueller Editor für WPF	Ja, außer C++	Nein	Ja	Ja	Ja

▶

Produktvarianten

Produkt: Funktion:	Express-Editionen	Visual Web Developer Express Edition	Visual Studio Standard Edition	Visual Studio Professional Edition	Visual Studio Team System
Visueller Editor für Webforms	Nein	Ja	Ja	Ja	Ja
Webprojekte nach dem Websitemodell	Nein	Ja	Ja	Ja	Ja
Webprojekte nach dem Webanwendungsmodell	Nein	Ja, ab VS 2008 SP 1	Ja	Ja	Ja
Entwicklung für mobile Geräte	Nein	Nein	Nein	Ja	Ja
Entwicklung von SQL Server – Anwendungen mit SQL CLR	Nein	Nein	Nein	Ja	Ja
Entwicklung von Klassenbibliotheken	Ja	Ja, ab VS 2008 SP 1	Ja	Ja	Ja
Entwicklung von Office-Anwendungen mit "Visual Studio Tools for the Microsoft Office System« (VSTO)	Nein	Nein	Nein	Ja	Ja
Code-Editor mit IntelliSense	Ja	Ja	Ja	Ja	Ja
Code Snippets	Ja, außer C++	Ja	Ja	Ja	Ja
Refactoring	Tlw., nur C#	Tlw., nur C#	Nur C#	Nur C#	Nur C#
Benutzerführung	Vereinfacht	Vereinfacht	Vereinfacht	Vollständig	Vollständig
ORM-Designer	Ja, außer C++	Ja	Ja	Ja	Ja
Datenzugriff	Lokale Datenbanken	Lokale und entfernte Datenbanken	Lokale und entfernte Datenbanken	Lokale und entfernte Datenbanken	Lokale und entfernte Datenbanken
Workflow-Designer	Nein	Nein	Nein	Ja	Ja
XML-Editoren	XML	XML	XML/XSLT	XML/XSLT	XML/XSLT
XSD-Generierung	Nein	Nein	Ja	Ja	Ja
Datenbankdesignerwerkzeuge	Lokale Datenbanken	Lokale Datenbanken	Lokale und entfernte Datenbanken	Lokale und entfernte Datenbanken	Lokale und entfernte Datenbanken
WCF-Dienste testen	Nein	Nein	Ja	Ja	Ja
WCF-Dienste nutzen	Ja, außer C++	Ja	Ja	Ja	Ja

Produkt: Funktion:	Express-Editionen	Visual Web Developer Express Edition	Visual Studio Standard Edition	Visual Studio Professional Edition	Visual Studio Team System
Dokumentation	MSDN Express Library lokal oder MSDN Online	MSDN Express Library lokal oder MSDN Online	MSDN Library lokal oder online	MSDN Library lokal oder online	MSDN Library lokal oder online
Klassendesigner	Nein	Nein	Ja	Ja	Ja
Objekttestfenster	Nein	Nein	Ja	Ja	Ja
XML-Editor	Ja	Ja	Ja	Ja	Ja
XSLT-Editor-/-Debugger	Nein	Nein	Ja	Ja	Ja
Click-Once-Deployment-Unterstützung	Ja	Nein	Ja	Ja	Ja
MSI-Pakete erstellen	Nein	Nein	Ja	Ja	Ja
SQL Server Reporting Services	Nein	Nein	Ja	Ja	Ja
Crystal Reports	Nein	Nein	Nein	Ja	Ja
Erweiterbarkeit der Entwicklungsumgebung	Nein	Nein	Ja	Ja	Ja
Nutzung von Softwarekomponenten von Drittanbietern	Ja	Ja	Ja	Ja	Ja
Quellcode-Versionsverwaltung möglich	Nein	Nein	Ja	Ja	Ja
Debugging	Lokal	Lokal	Lokal	Lokal/Entfernt	Lokal/Entfernt
XSLT-Debugging	Nein	Nein	Nein	Ja	Ja
T-SQL-Debugging und SQL CLR-Debugging	Nein	Nein	Nein	Ja	Ja
Server Explorer	Nein	Nein	Nein	Ja	Ja
Code Profiling	Nein	Nein	Nein	Nein	Ja
Statische Codeanalyse	Nein	Nein	Nein	Nein	Ja
Testen	Nein	Nein	Nein	Nein	Ja
Code Coverage	Nein	Nein	Nein	Nein	Ja

Produktvarianten

Produkt: / Funktion:	Express-Editionen	Visual Web Developer Express Edition	Visual Studio Standard Edition	Visual Studio Professional Edition	Visual Studio Team System
Projektmanagement	Nein	Nein	Nein	Nein	Ja
Größe	Ca. 80 MB	Ca. 80 MB	Eine CD	Mehrere CDs	Mehrere CDs
SQL Server Express Edition mitgeliefert	Ja	Ja	Ja	Ja	Ja
SQL Server 2005 Developer Edition mitgeliefert	Nein	Nein	Nein	Ja	Ja
Windows Server 2003 Developer Edition mitgeliefert	Nein	Nein	Nein	Ja	Ja
Unterstützung für Team Foundation Server (TFS)	Nein	Nein	Ja	Ja	Ja
Zugriffslizenz für Team Foundation Server (TFS)	Nein	Nein	Nein	Nein	Ja

Tabelle 5.3 Übersicht über die Visual Studio 2008-Produktvarianten

Express-Editionen

Mit den Express-Editionen nimmt Microsoft auch nicht-professionelle Entwickler ins Visier, deren Anzahl die Firma mit 18 Millionen weltweit dreimal so hoch beziffert wie die Anzahl der professionellen Entwickler. Für diese Zielgruppe – »Hobbyisten, Enthusiasten und Studenten« – hatte Microsoft lediglich Angebote im Bereich Webentwicklung (mit dem Editor Web Matrix) und Datenbanken (MSDE). Seit Visual Studio 2005 bietet Microsoft ihnen nun mit der *Visual Studio Express*-Produktfamilie eine Serie von vier verschiedenen Produkten an: C++ Express, C# Express, VB.NET Express und Visual Web Developer Express. J# Express, das es zu Visual Studio 2005 gab, wird es in Visual Studio 2008 nicht mehr angeboten.

Ursprünglich sollten die Express-Editionen übrigens einen Preis von 49 Dollar haben. Microsoft hat aber dann beim Erscheinen der 2005er-Versionen bekannt gegeben, dass diese Editionen dauerhaft kostenfrei sein sollen. Dies bleibt auch bei den 2008er-Versionen so.

WICHTIG Microsoft verwendet den Begriff *Visual Web Developer (VWD)* nicht nur für eine der Express-Editionen, sondern auch für den Teil von Visual Studio, in dem ASP.NET-Webanwendungen entwickelt werden. In VWD sind einige Funktionen anders als in den übrigen Visual Studio-Projektvorlagen.

Visual Studio Team System (VSTS)

Visual Studio Team System (VSTS) ist eine Anwendungslebenszykluslösung und wird in einem eigenen Abschnitt am Ende dieses Kapitels besprochen.

Fensterverwaltung

Für Visual Studio benötigt ein Softwareentwickler einen großen Monitor, denn die Entwicklungsumgebung bietet eine hohe Anzahl verschiedener informativer und hilfreicher Fenster. Neben Code-Editoren und visuellen Editoren (die in beliebiger Anzahl gleichzeitig angezeigt werden können) gehören zu den wichtigsten Fenstern der *Projektmappen-Explorer (Solution Explorer)* (der die Projektmappe, die Projekte und die Projektelemente zeigt), das *Eigenschaftsfenster* (das für ein gewähltes Element die verfügbaren Einstellungen darstellt), die *Werkzeugleiste (Toolbox)* (mit den verfügbaren grafischen Elementen für Web und Windows Forms), die *Fehlerliste* (mit den Compiler-Fehlern), die *Klassenansicht* (die die Klassen des aktuellen Projekts den Namensräumen gemäß hierarchisch anzeigt) und das Fenster *Dynamische Hilfe* (das hilfreiche Links zu dem gerade ausgewählten Steuerelement bzw. dem gerade codierten Objekt zeigt).

Während des Debug-Vorgangs sind dagegen andere Fenster wichtig, z. B. das *Lokal*-Fenster (mit den aktuellen Variablenwerten), das *Output*-Fenster (das man über Debug.WriteLine() mit Informationen versorgen kann) und das *Direktfenster (Intermediate Window)* (in dem man nach dem Anhalten des Programms Variablen abfragen oder Befehle absetzen kann). Die Größe und Anordnung der einzelnen Fenster ist frei wählbar – und Visual Studio merkt sich auch, welche Konfiguration der Entwickler bei Codierung und Debugging bevorzugt.

Bereits seit Visual Studio .NET 2002 kann die Vielfalt der Fenster dem Entwickler als eine Bedrohung erscheinen. Die Anzahl der verschiedenen Entwicklungsumgebungsfenster ist weiter gewachsen, der Positionierungsvorgang innerhalb von Visual Studio ist seit der Version 2005 aber deutlich besser als in den Versionen 2002/2003. Jedes Fenster unterstützt drei Modi:

- Dokument im Registerkartenformat (*Tabbed*),
- unverankert (*Floating*) und
- andockbar (*Dockable*).

Tabbed bedeutet, dass das Fenster als Registerkarte im Hauptbereich erscheint. Neu ist, dass jetzt nicht nur Dokumentfenster, sondern alle Fenster den *Tabbed*-Modus besitzen. *Floating* bedeutet, dass das Fenster frei über allen anderen Fenstern liegt. *Dockable* heißt, dass das Fenster an andere Fenster »angeklebt« werden kann oder als Registerkarte in anderen Fenstern erscheint. Das Ankleben war in Visual Studio .NET 2002/2003 ein sehr schwieriger Vorgang. Visual Studio bietet seit Version 2005 dafür Navigationshilfen (siehe folgende Abbildung). Ein Ankleben ist in allen vier Himmelsrichtungen möglich. Durch das Fallenlassen des Fensters auf dem Zentrum eines Navigationselements wird es als Registerkarte in das bestehende Fenster einsortiert.

> **TIPP** Den Modus eines Fensters schalten Sie um, indem Sie das Kontextmenü der Fensterleiste aufrufen. Den *Tabbed*-Modus können Sie über eine Einstellung unter *Extras/Optionen/Umgebung/Allgemein/Fensterlayout* durch einen Multi-Dokument-Modus ersetzen.

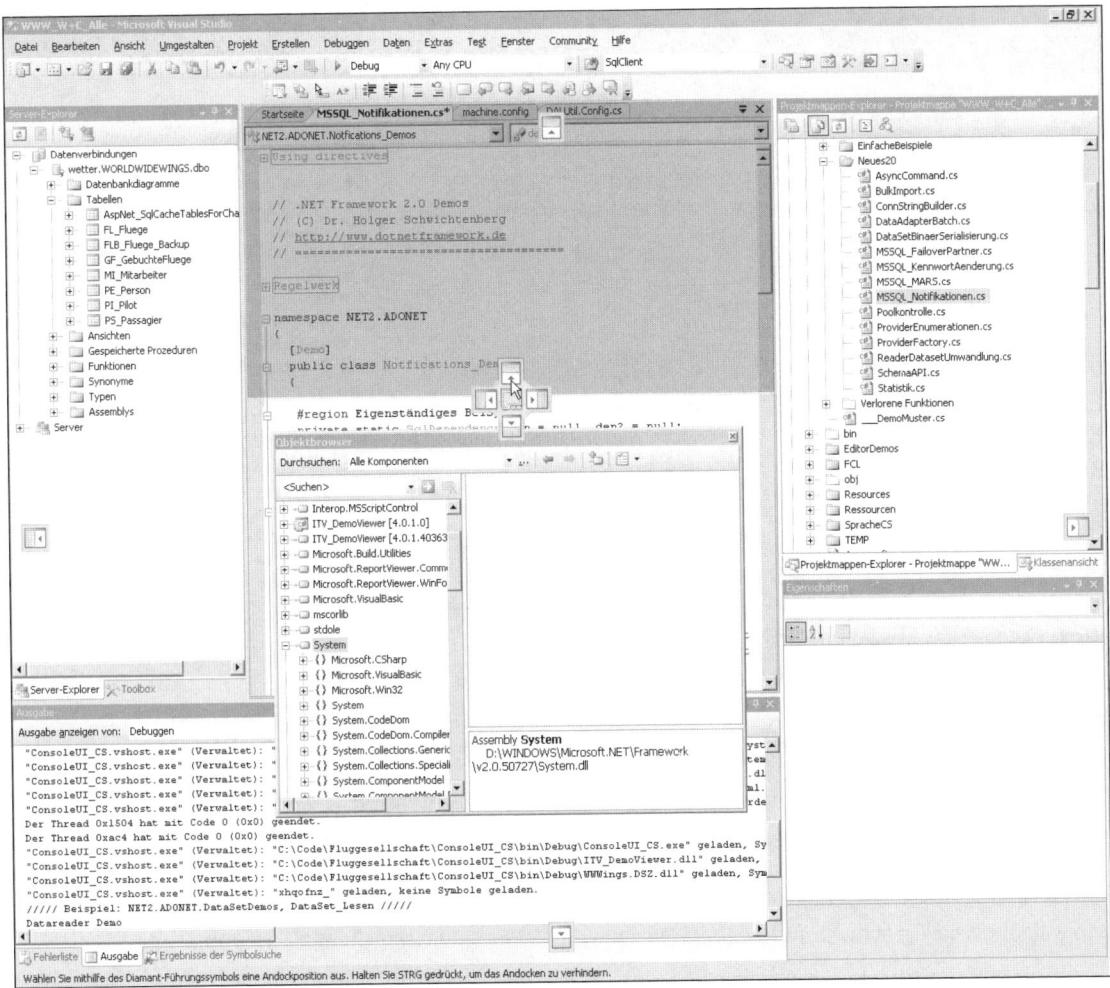

Abbildung 5.2 Hilfe beim Andocken von Fenstern in Visual Studio

Auch die Behandlung der Dokumente im *Tabbed*-Modus wurde verbessert. Am rechten Ende des Hauptfensters existiert ein Auswahlmenü, das die Liste aller Fenster zeigt. Durch die Tastenkombination `Strg` erscheint ein Dialogfenster, das die Iteration durch die Fenster mit der Taste ermöglicht.

Jedes Dokumentfenster bietet mit *Vollständigen Pfad kopieren (Copy Full Path)* und *Enthaltenen Ordner öffnen (Open Containing Folder)* zwei sinnvolle neue Funktionen, um den physischen Speicherort des Dokuments zu ermitteln.

HINWEIS Über die Menüs *Extras/Optionen* und *Extras/Anpassen* können Sie zahlreiche Einstellungen für die Entwicklungsumgebung vornehmen. Neu in Visual Studio seit Version 2005 ist, dass Sie diese Einstellungen im- und exportieren können über *Extras/Einstellungen importieren und exportieren*. Mit dieser Funktion kann man auch eigene Einstellungen komplett zurücksetzen.

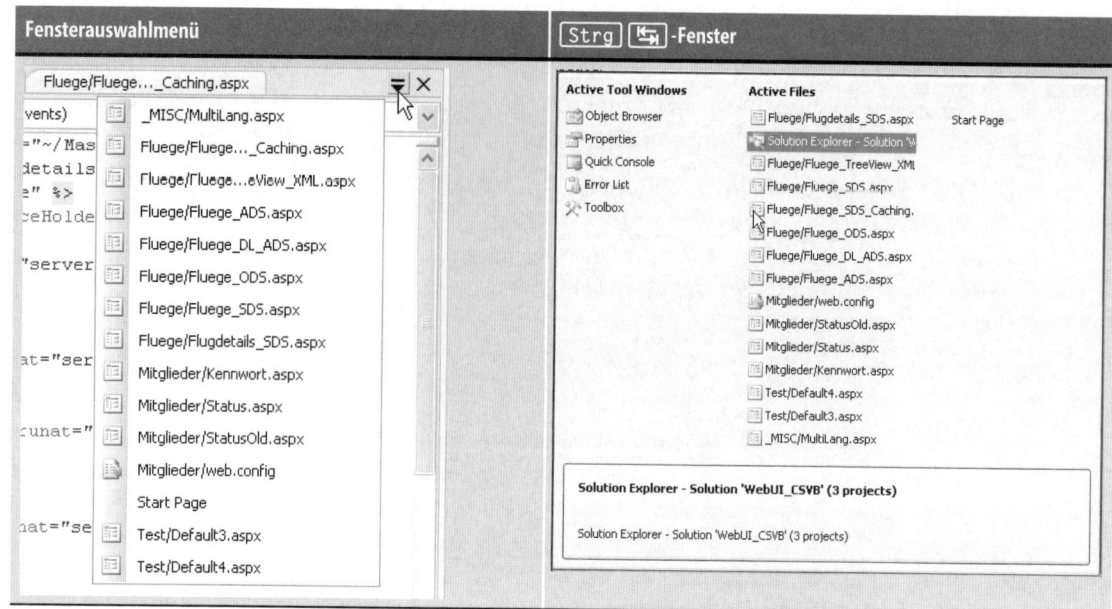

Tabelle 5.4 Fensterverwaltung in Visual Studio

Projektverwaltung

Einzelne Codedateien können zwar bearbeitet werden, seine ganze Kraft entfaltet Visual Studio aber erst beim projektbasierten Arbeiten. Folglich erwartet die Entwicklungsumgebung beim Start das Erstellen eines Projekts oder das Öffnen eines vorhandenen Projekts. Den umfangreichen Dialog *Neues Projekt*, der die verfügbaren Projektvorlagen anzeigt, erreicht man über das Menü *Datei/Neu/Projekt*. Die Funktion *Onlinevorlagen durchsuchen* stand zum Redaktionsschluss dieses Buchs noch nicht zur Verfügung.

Ein Visual Studio-Projekt besitzt eine Projektdatei mit der Dateierweiterung *.vbproj*, *.csproj*, *.vjsproj* oder *.vcproj*. Die Buchstaben vor dem *proj* zeigen dabei die gewählte Programmiersprache an.

Ein Visual Studio-Projekt dient dem Anlegen einer Ein-Datei-Assembly in einer bestimmten Sprache. Visual Studio unterstützt auch in der Version 2008 nicht das Erstellen von Mehr-Dateien-Assemblies, was mit den Kommandozeilen-Compilern jedoch möglich ist. Eine Ausnahme bildet der Visual Web Developer, der im Normalfall selbst gar keine Assemblies erzeugt. Wie im Kapitel zu ASP.NET (dieses Zusatzkapitel können Sie als PDF auf dem Leser-Portal herunterladen)erläutert, obliegt die Kompilierung hier dem ASP.NET Page Framework.

Projektvorlagen

Die Projektvorlagen sind nach Sprachen sortiert. Welche Sprache dabei an exponierter Stelle genannt wird (siehe Abbildung), hängt von der beim ersten Start der Entwicklungsumgebung gewählten Präferenzsprache ab. Diese Präferenzsprache kann im Menü *Extras/Einstellungen importieren und exportieren* geändert werden. Man sieht in dem Dialog maximal die Programmiersprachen, die Sie installiert haben bzw. die in Ihrer Visual Studio-Produktvariante enthalten sind.

Projektverwaltung

Die wichtigste neue Funktion von Visual Studio 2008 springt sofort beim Anlegen eines Projekts in Auge: Der Entwickler kann wählen zwischen .NET 2.0, .NET 3.0 und .NET 3.5. Visual Studio passt sich entsprechend an, indem es nur die für die ausgewählte Version verfügbaren Projektvorlagen zeigt. Nach dem Anlegen fügen sich auch IntelliSense-Unterstützung, Objekt-Browser und Compiler der Versionsvorgabe ein. Microsoft nennt die Funktion *Multi-Targeting*.

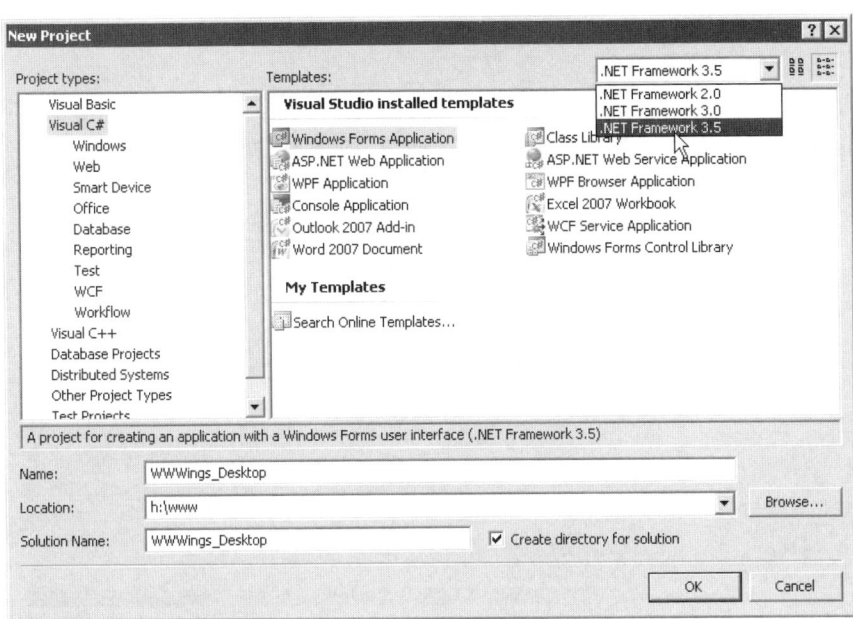

Abbildung 5.3 Auswahl einer Projektvorlage

Die richtige Auswahl der Projektvorlage ist wichtig: Die Sprache kann der Entwickler nachträglich nicht mehr ändern (außer bei dem Website-Modell). Eine Mischung verschiedener Programmiersprachen ist nur für Webprojekte möglich.

Auch die Ausgabeform ist in vielen Fällen durch die Erstauswahl festgeschrieben: Während man aus einer DOS-Anwendung nachträglich noch eine Windows-Anwendung machen kann, führt z.B. der Weg von einer Windows-Anwendung zu einem Webservice nur über das Neuanlegen eines Projekts (einzelne Codedateien können dann manuell übernommen werden).

Sprachneutral sind die Projektvorlagen zur Erstellung von Installationsdateien und Datenbanken. Die Projektvorlage *Visual Studio Add-in* fragt über einen Assistenten nach der von Ihnen gewünschten Programmiersprache.

Die .NET Framework-Version kann der Entwickler hingegen auch jederzeit noch nachträglich in den Projekteigenschaften umschalten. Während ein C#-Entwickler die Auswahl für *Target Framework* direkt auf der Registerkarte *Application* findet, ist diese Auswahl für Visual Basic Entwickler etwas versteckt (siehe Abbildung).

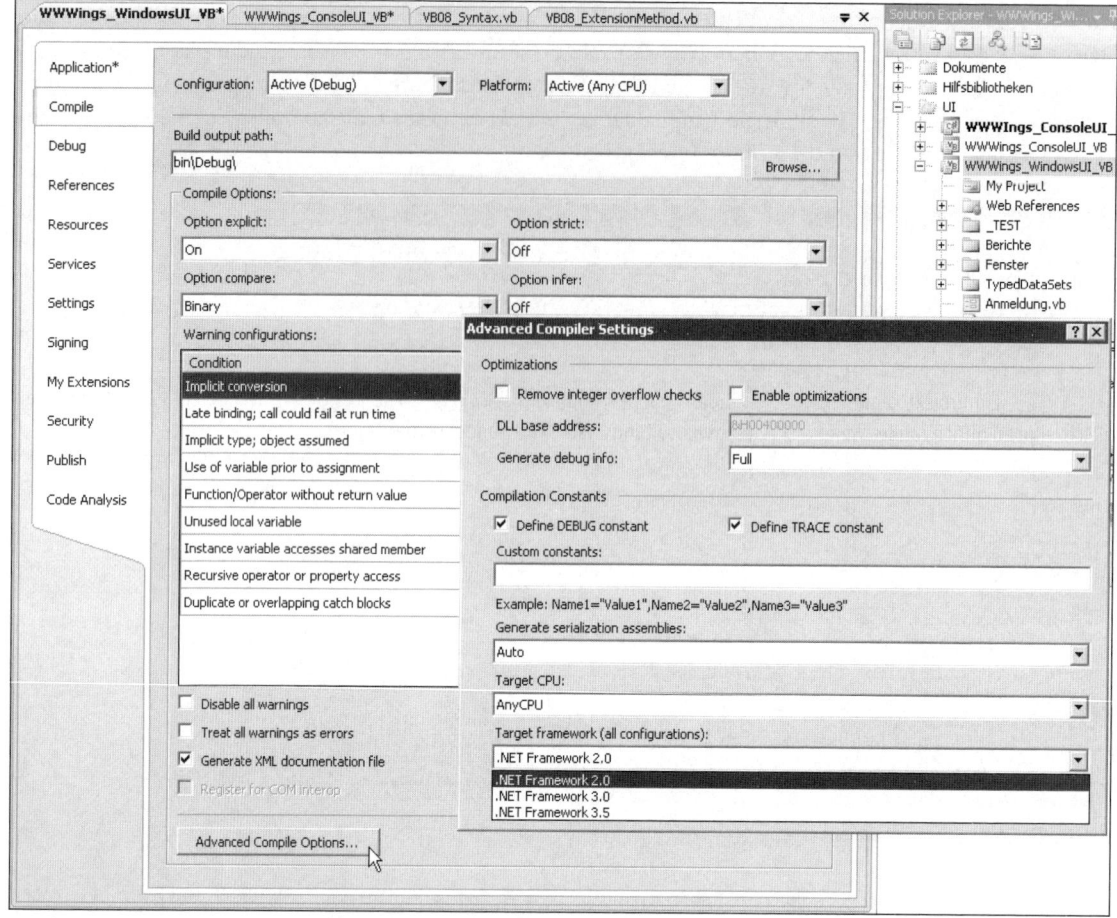

Abbildung 5.4 Multi-Targeting-Einstellungen für VB-Anwendungen

> **TIPP** Sie können in Visual Studio jedes konkrete Projekt als eine Projektvorlage für andere Projekte speichern über die Funktion *Datei/Vorlage exportieren* (*File/Export Template*).

Der Visual Web Developer bietet zwei verschiedene Modelle zur Entwicklung von ASP.NET-Webanwendungen (Websitemodell und Webanwendungsmodell). Dies ist Thema ist dem Buch [HSJF01].

Projektmappen

Nach dem Erstellen des Projekts fällt sofort auf, dass Visual Basic im sogenannten *Projektmappen-Explorer (Solution Explorer)* auch noch eine übergeordnete Projektmappen-Datei (*Solution*) anzeigt, die automatisch angelegt wird und die Dateierweiterung *.sln* erhält.

Eine Projektmappe enthält ein oder mehrere Projekte. Sie kann auch in einem speziellen Verzeichnis mit Namen *Projektmappen-Elemente* (engl. *Solution Items*) direkt projektübergreifende Elemente beinhalten.

Der Entwickler kann Projekte einer Projektmappe in logische Ordner sortieren. Die Sortierung ist dabei unabhängig von der physikalischen Struktur im Dateisystem.

Eine Projektmappe darf Projekte verschiedenen Typs (Windows, Konsole, Web etc.) und in verschiedenen Programmiersprachen enthalten. Ob und in welcher Reihenfolge Visual Studio die einzelnen Projekte kompiliert, ist über den Kontextmenüeintrag *Configuration Manager* der Projektmappe steuerbar.

Visual Studio speichert ein neu angelegtes Projekt und die Projektmappe zusammen in dem im *Neues Projekt*-Dialog angegebenen Verzeichnis ab. Für jedes weitere über *Hinzufügen/Neues Projekt* hinzugefügte Projekt kann man den Pfad individuell wählen. Möchte man den Standort der Projektmappe ändern, muss man entweder eine neue leere Projektmappe anlegen und die einzelnen Projekte hinzufügen oder die in der *.sln*-Datei hinterlegten Pfade manuell mit einem Texteditor verändern.

TIPP Ein Projekt kann in mehreren Projektmappen enthalten sein. Man sollte jedoch vermeiden, ein Projekt mehrmals gleichzeitig zu öffnen (außer wenn ein Versionsverwaltungssystem verwendet wird).

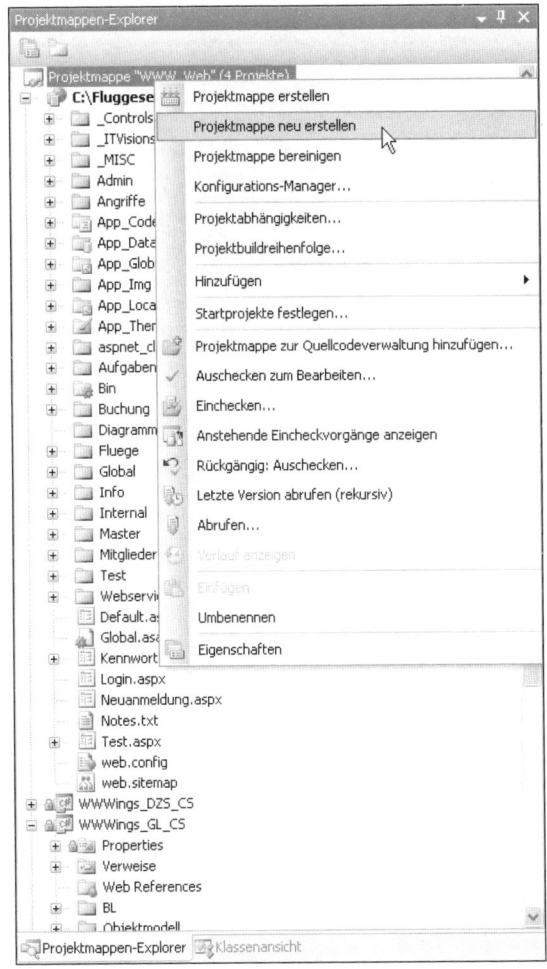

Abbildung 5.5 Ein Webprojekt mit zusätzlichen Klassenbibliotheksprojekten im Projektmappen-Explorer

Projektelemente

Ein Projekt kann aus den unterschiedlichsten Elementen bestehen, z.B. aus Codedateien, XML-Dateien, HTML-Dateien und Grafiken. Beim Anlegen eines Projekts legt die Entwicklungsumgebung spezifisch für jeden Projekttyp einige Elemente mit an, beispielsweise ein leeres Formular bei einer Windows-Anwendung.

Zusätzliche Elemente aus der Menge der verfügbaren Elementvorlagen kann man jederzeit über *Hinzufügen/Neues Element* oder *Hinzufügen/Vorhandenes Element* (jeweils im Kontextmenü eines Projekts) ergänzen. Die hinzufügbaren Elemente unterscheiden sich zwischen dem VWD und dem übrigen Visual Studio. Außerdem hängen sie von der gewählten Programmiersprache ab.

TIPP Im Menü *Hinzufügen/Vorhandenes Element* kann man auswählen, ob das Element in das Projekt kopiert werden soll oder verlinkt werden soll.

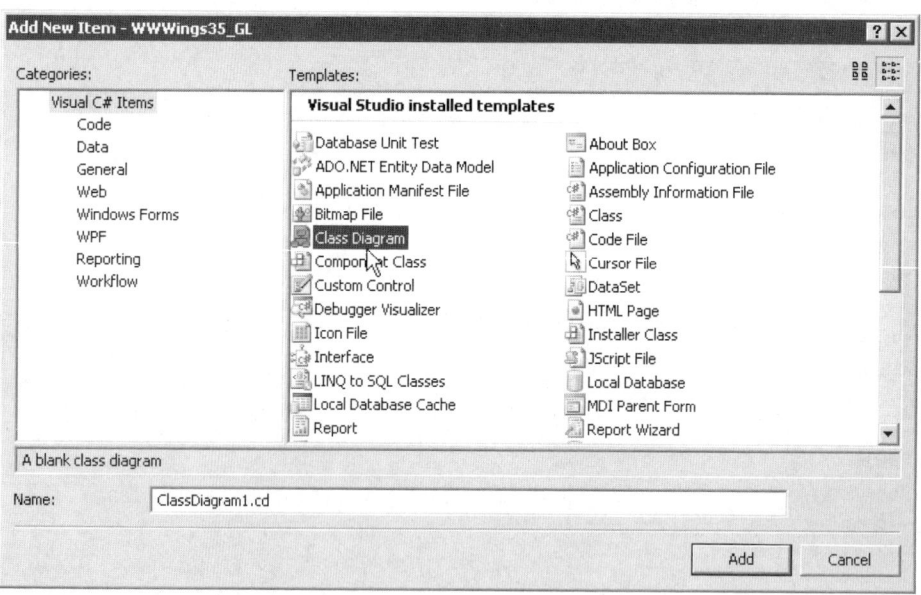

Abbildung 5.6 Hinzufügen eines neuen Elements zu Visual Studio-Projekten

Projektverwaltung

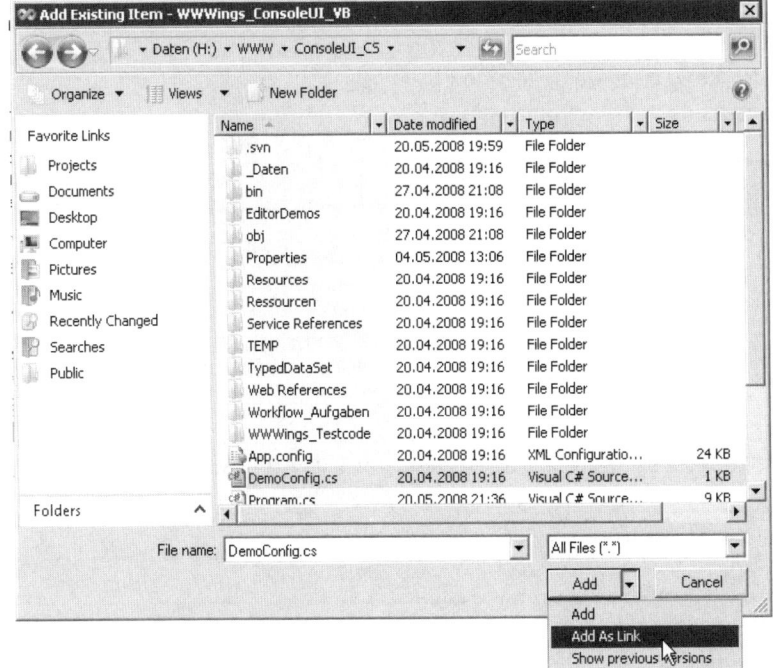

Abbildung 5.7 Verknüpfen eines bestehenden Elements zu einem Visual Studio-Projekt

HINWEIS Zu jedem Projektelement kann der Entwickler im Eigenschaftsfenster einstellen, ob dieses Element kompilierbaren Programmcode enthält, eine in die Assembly einzubettende Ressource (z. B. Grafik) darstellt oder vom Compiler ignoriert werden soll. Diese Auswahloption steht aber nicht im VWD zur Verfügung. Hier werden beim Kompilieren innerhalb der Entwicklungsumgebung alle Codedateien berücksichtigt, außer solchen Dateien, die die Dateierweiterung *.excluded* besitzen.

TIPPS Elementvorlagen können genauso wie Projektvorlagen über *Datei/Vorlage exportieren* erzeugt werden.

Ordnerstruktur

Innerhalb eines Projekts können die Projektelemente in Unterordnern angeordnet werden. Ob der Unterordner Einfluss auf die Codierung hat, hängt von Projekttyp und Programmiersprache ab. Bei Webprojekten ist die Ordnerstruktur für die Adressierung der Webseiten signifikant. Bei den übrigen Projektarten besitzen C#-Projekte die Eigenschaft, den Ordnernamen als Unternamensraum mit in neuen Codedateien zu verewigen, während in Visual Basic-Projekten die Ordnerstruktur völlig ignoriert wird.

Dateien können zwischen Ordnern per Drag & Drop verschoben werden. Wenn es in dem Zielverzeichnis bereits eine entsprechende Datei gibt, warnt Visual Studio, dass diese Datei überschrieben werden könnte.

Projekteigenschaften

In den Projekteigenschaften legt der Entwickler Compiler- und Debugger-Optionen fest. Hier findet man beachtliche Unterschiede je nach verwendeter Programmiersprache.

Registerkarte	C#	Visual Basic
Application	Anwendungsart .NET Framework-Version Name der Assembly Standardnamensraum Symbol Windows Vista-Manifest Annotationen auf Assembly-Ebene Beschränkung auf .NET Client Profile (ab 2008 SP1)	Anwendungsart Name der Assembly Wurzelnamensraum Symbol Windows Vista-Manifest Annotationen auf Assembly-Ebene Einstellungen zum VB-Anwendungsmodell Beschränkung auf .NET Client Profile (ab 2008 SP1)
Build bzw. Compile	Compiler-Einstellungen	Compiler-Einstellungen .NET Framework-Version
Build Events	Skripte vor/nach dem Kompilieren	*Nicht verfügbar*
Debug	Debugger-Einstellungen	Debugger-Einstellungen
Resources	Globale Ressourcen	Globale Ressourcen
Services	Zugriff auf ASP.NET-Anwendungsdienste	Zugriff auf ASP.NET-Anwendungsdienste
Settings	Definition von Benutzereinstellungen	Definition von Benutzereinstellungen
Reference Path bzw. References	Ordner zum Suchen von Assemblies	Liste der Verweise Liste der eingebundenen Namensräume
Signing	Digitale Signierung von Assemblies	Digitale Signierung von Assemblies
Security	Einstellungen zur Code Access Security	Einstellungen zur Code Access Security
Publish	Veröffentlichung über Click-Once-Deployment	Veröffentlichung über Click-Once-Deployment
Code Analysis	Einstellungen zur statischen Codeanalyse (FxCop-Regeln)	Einstellungen zur statischen Codeanalyse (FxCop-Regeln)
My Extensions	*Nicht verfügbar*	Einbinden von Erweiterungen für den My-Namensraum

Tabelle 5.5   Ausgewählte Registerkarten in den Projekteigenschaften

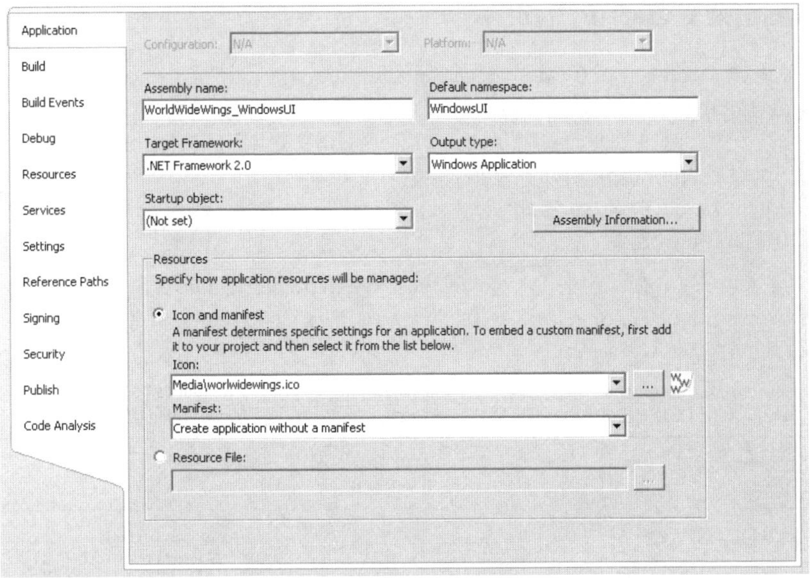

Projektverwaltung

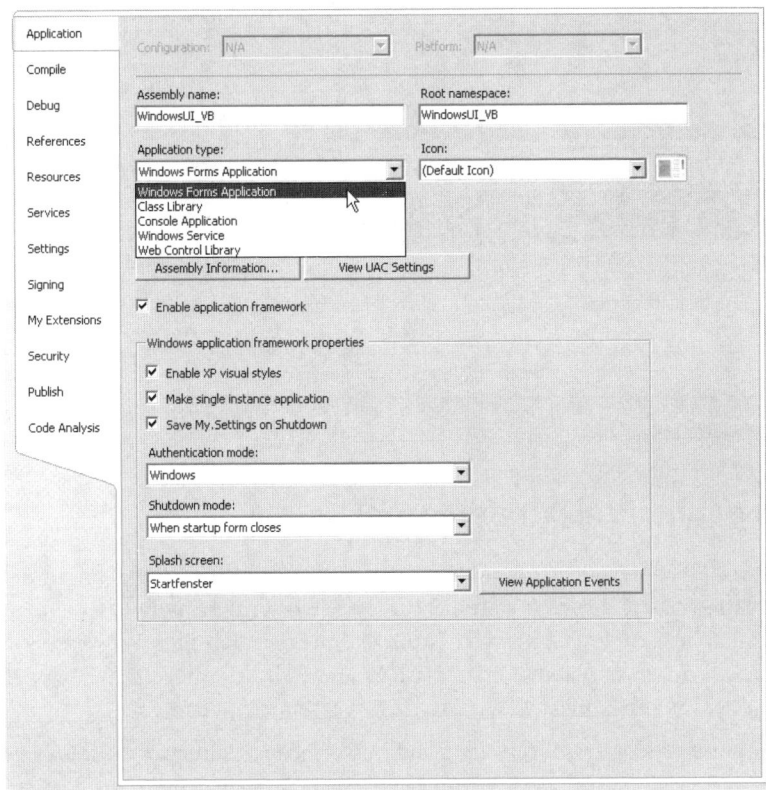

Abbildung 5.8 Projekteigenschaften eines C#-Projekts (Windows Forms)

Abbildung 5.9 Projekteigenschaften eines Visual Basic-Projekts (Windows Forms)

Beschränkung auf das .NET Client Profile

Ab Visual Studio 2008 Service Pack 1 steht in den Projekteigenschaften die Option *Client-only Framework Subset* zur Verfügung (wenn die Zielplattform .NET Framework 3.5 ausgewählt ist). *Das.NET Framework Client Profile* ist eine abgespeckte Variante des .NET Frameworks (siehe Kapitel »Einführung«). Visual Studio 2008 SP1 stellt hier eine Kompilierungsoption bereit, die warnt, wenn Bibliotheken verwendet werden, die nicht im *.NET Framework Client Profile* enthalten sind. Das Kompilat ist aber dann auch lauffähig auf dem vollständigen .NET Framework.

Nach der Aktivierung des .NET Client Profile in den Projekteigenschaften stehen einige Assemblies nicht mehr zur Referenzierung zur Verfügung, z. B. *System.Web.dll*, *System.Workflow.Activities.dll*, *CrystalDecisions.CrystalReports.Engine.dll*, u.v.a.

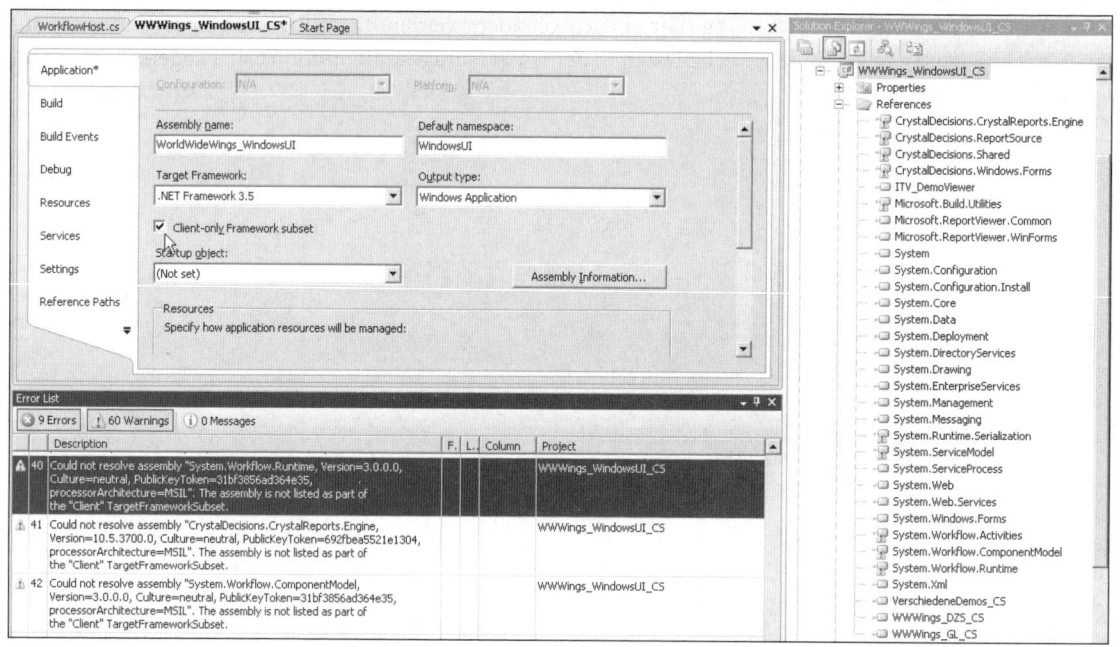

Abbildung 5.10   Nach der Aktivierung des .NET Client Profile in den Projekteigenschaften stehen einige Assemblies nicht mehr zur Referenzierung zur Verfügung (hier: C# Windows Forms-Projekt)

Verweise (Komponenten- und Projektreferenzen)

Um einen Typ aus einer anderen Assembly nutzen zu können, benötigt der Compiler eine Referenz auf die Assembly, die diesen Typ implementiert. Diese Verweise sind nicht mehr wie in Visual Studio 6.0 in einem Menü versteckt, sondern gut sichtbar in den Projektmappen-Explorer integriert (Ordner *Verweise* bzw. *References*). Ein Projekt kann Verweise zu einer Assembly des .NET Frameworks, zu anderen .NET- oder COM-Komponenten, zu anderen Visual Studio-Projekten oder zu XML-Webservices haben.

Für jeden Projekttyp ist eine bestimmte Menge von Verweisen auf verschiedene Framework-Assemblies automatisch vordefiniert.

Projektverwaltung

- Über den Kontextmenüpunkt *Verweis hinzufügen* (*Add Reference*) im Ordner Verweise (*References*) können Verweise hinzugefügt werden.
- Über *Webverweis hinzufügen* (*Add Web Reference*) kann man Webservices einbinden: VS 2005 generiert automatisch eine Wrapper-Klasse, sodass der Zugriff auf den Webservice völlig transparent ist.
- Über *Add Service Reference* (bisher nur in Englisch verfügbar) kann man Proxies für WCF-Dienste erzeugen.

Der *Verweise*-Dialog wurde ab Visual Studio 2005 verbessert und zeigt nun die zuletzt geöffneten Komponenten auf einer separaten Registerkarte an, sodass die Auswahl häufig genutzter Komponenten sehr viel einfacher wird. Bei der Erstellung eines Webverweises legt Visual Studio den URL des Webdienstes nicht mehr in der generierten Codedatei ab, sondern in der Anwendungskonfigurationsdatei unter <applicationSettings>. Auf diese Weise kann diese Angabe nicht nur innerhalb der Entwicklungsumgebung, sondern auch zur Laufzeit der Anwendung sehr einfach geändert werden. Beim Erstellen eines Verweises auf einen WCF-Dienst werden umfangreiche Daten in der Anwendungskonfigurationsdatei abgelegt.

Visual Studio 2008 warnt, wenn man einen Verweis auf eine Assembly aus .NET 3.0 oder 3.5 zu einem .NET 2.0-Projekt hinzufügen will (siehe Bildschirmabbildung).

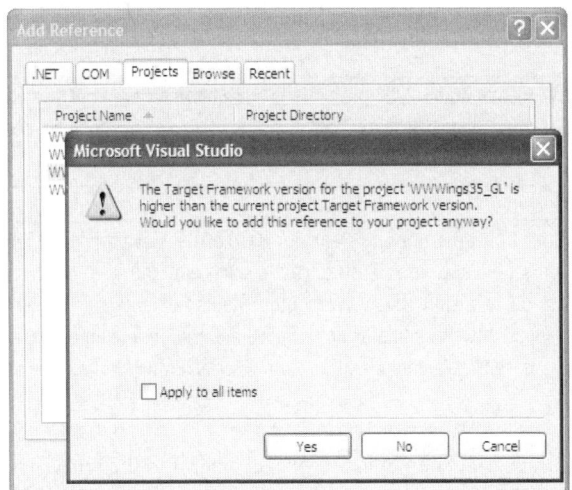

Abbildung 5.11 Warnmeldung, wenn man im Begriff ist, Versionen zu vermischen

HINWEIS Webprojekte können nur Verweise auf DLL-Assemblies besitzen. Konsolen- und Windows-Anwendungen können auch auf EXE-Assemblies verweisen. Webprojekte nach dem Websitemodell zeigen die Verweise nicht in einem eigenen Ast im Projektmappen-Explorer an, sondern nur in den Projekteigenschaften.

TIPP Die in dem Dialogfenster *Verweise* automatisch gezeigte Liste der referenzierbaren Assemblies kann man erweitern durch Setzen eines Registrierungsdatenbank-Schlüssels:

```
HKEY_CURRENT_USER\SOFTWARE\Microsoft\.NETFramework\AssemblyFolders\WWWings]@=
"H:\\WWWWings\Komponenten"
```

Diesen Schlüssel kann man auch auf Ebene von HKEY_LOCAL_MACHINE global für alle Benutzer setzen.

Speichern und Autowiederherstellung

Neu seit Visual Studio 2005 ist eine automatische Speicherfunktion für Projekte, die unter *Extras/Optionen/ Umgebung/Auto-Wiederherstellen* konfiguriert werden kann.

Im Gegensatz zum Vorgänger können seit VS 2005 einige Projektarten (z. B. Windows Forms und Konsolenanwendungen) auch geöffnet, bearbeitet und kompiliert werden, ohne sie zu speichern. Dies ist von Vorteil, wenn ein Entwickler einmal kurz etwas ausprobieren möchte, ohne sich die Festplatte mit nicht mehr benötigten Projekten zu verunreinigen (Option *Extras/Optionen* → *Projekte und Projektmappen* → *Allgemein* → *Neue Projekte beim Erstellen speichern*).

Projektkonvertierung (Migration)

Projekte aus Visual Studio 2002 / 2003 / 2005 müssen beim Öffnen in Visual Studio 2008 konvertiert werden, weil sich das Projektformat zwischen jeder Version geändert hat. Sie können danach nicht mehr in der alten Version geöffnet werden. Man sollte also unbedingt eine Sicherungskopie der alten Projektdaten anlegen. Außerdem muss man bedenken, dass alle Projektmitglieder gleichzeitig auf Visual Studio 2008 umsteigen müssen. Visual Studio 2008 bietet zur Konvertierung der Projekte einen Konvertierungsassistenten (Visual Studio Conversion Wizard).

TIPP Da Visual Studio .NET 2003, Visual Studio 2005 und Visual Studio 2008 problemlos auf einem System koexistieren können, ist es problemlos möglich, zunächst einige Projekte umzustellen, während man in anderen Projekten noch in der älteren Version arbeitet.

ACHTUNG Bei der Umstellung von 2005 auf 2008 ändert der Konvertierungsassistent nur das Format der Projektdateien (*.vbproj, .csproj*). Bei der Umstellung von der 2003er Version erfolgt – bei einigen Projektarten – auch ein Eingriff in den von den Designern generierten Programmcode. Unangetastet lässt der Assistent die verwendeten Steuerelemente. So bleiben Steuerelemente wie `DataGrid`, `MainMenu` und `StatusBar` erhalten, auch wenn es dafür ab .NET 2.0 neuere Steuerelemente wie `GridView`, `MenuStrip` und `StatusStrip` gibt. Diese Migration, die sehr aufwendig sein kann, muss der Entwickler von Hand vornehmen.

Das Ergebnis der Konvertierung wird immer an dem ursprünglichen Speicherort abgelegt und die vorherige Version wird überschrieben (In-Place-Konvertierung). Der Konvertierungsassistent bietet an, eine Sicherungskopie der Anwendung an einem anderen Ort zu erstellen. Die Konvertierung ist an der Kommandozeile möglich mit *devenv.exe Projektdatei /upgrade*.

Der Konvertierungsassistent legt ein Konvertierungsprotokoll an. Das Konvertierungsprotokoll wird als Textdatei (*ConversionReport.txt*) und XML-Datei (*UpgradeLog.xml*) abgelegt. Die XML-Datei wird in Visual Studio als HTML-Datei angezeigt.

Die Breaking Changes zwischen den .NET-Versionen können zu Kompilierungsfehlern oder Änderungen im Verhalten führen. Hier muss der Entwickler eingreifen. Darüber hinaus wird er zahlreiche Warnungen sehen, dass einige der verwendeten Klassen, Methoden, Attribute und Ereignisse inzwischen »obsolete« sind, weil es dafür neuere Implementierungen gibt. Der Entwickler kann den Code in diesen Punkten ändern oder aber die Warnungen ignorieren.

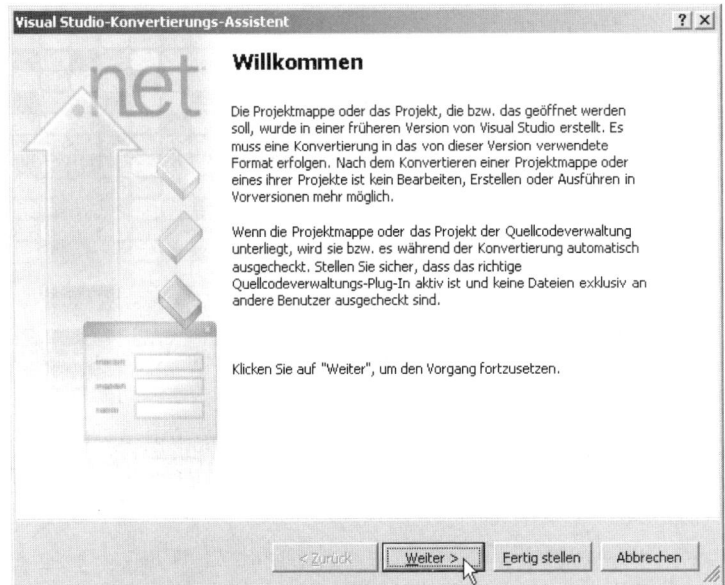

Abbildung 5.12 Visual Studio-Konvertierungsassistent

Code-Editoren

Visual Studio 2008 bietet wie die Vorgängerversionen Code-Editoren mit zahlreichen Eingabehilfen an. Die Hilfeleistungen seitens des Code-Editors unterscheiden sich aber zwischen den .NET-Sprachen, so wie man es auch schon von früheren Visual Studio-Versionen kennt.

IntelliSense-Funktionen

Unter dem Begriff IntelliSense fasst Microsoft zahlreiche Eingabehilfen für Programmcode zusammen. Schon beim Eintippen des ersten Buchstabens eines neuen Worts zeigt Visual Studio ein Auswahlmenü mit Sprachsyntaxelementen, Klassen und vordefinierten Codefragmenten.

Das Menü *Bearbeiten/IntelliSense* offenbart, dass C# mehr IntelliSense-Funktionen als VB besitzt.

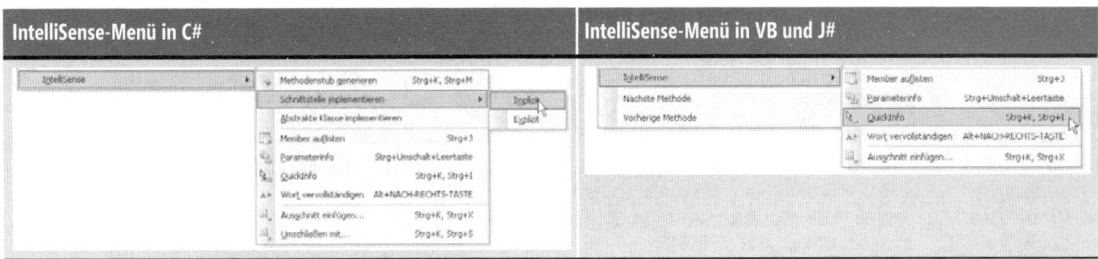

Tabelle 5.6 IntelliSense in den verschiedenen .NET-Sprachen

IntelliSense-Funktionen in Visual Studio .NET 2003 waren:

- Auflisten der Mitglieder eines Objekts (*Member auflisten / List Members*)
- Anzeige der Parameter einer Methode (*Parameterinfo / Parameter Info*)
- Anzeige eines Tooltip, der Typdeklaration bzw. Methodensignatur und oft auch einen kurzen Hinweistext enthält (*Quickinfo / Quick Info*)
- Anzeige einer Liste der verfügbaren Befehlswörter, Typen und Mitglieder (*Wort vervollständigen / Complete Word*)

Neu seit Visual Studio Version 2005 sind folgende Funktionen:

- Einfügen von vordefinierten Codefragmenten aus einer erweiterbaren Quellcodebibliothek (*Ausschnitt hinzufügen / Insert Snippet*)
- Verpacken eines Codefragments in ein Blockkonstrukt (*Umschließen mit / Surround With*)
- Erzeugen eines Methodenrumpfs aus einem Methodenaufruf (*Methodenstub generieren / Generate Method Stub*)
- Einfügen der Rümpfe für eine Schnittstelle (*Schnittstelle implementieren / Implement Interface*)
- Einfügen der Rümpfe für eine abstrakte Klasse (*Abstrakte Klasse implementieren / Implement Abstract Class*)
- Nach Eingabe des Modifikators `override` bzw. `overrides` zeigt Visual Studio ein Auswahlmenü der überschreibbaren Methoden an und vervollständigt die Methodensignatur nach der Auswahl.

Neu seit Visual Studio Version 2008 sind folgende IntelliSense-Funktionen:

- IntelliSense für JavaScript-Quellcode (in SP1 nochmals verbessert)
- IntelliSense für LINQ-Befehle
- IntelliSense für eingebettete XML-Fragmente (nur Visual Basic)
- Beim Drücken der `Strg`-Taste wird das IntelliSense-Fenster transparent, sodass man den Quellcode darunter erkennen kann.
- Während der Eingabe reduziert sich die Auswahl im IntelliSense-Fenster (nur Visual Basic).

Neben den im *IntelliSense*-Menü angezeigten Funktionen bietet Visual Studio noch einige etwas versteckte Funktionen, die durch die `⇥`-Taste aktiviert werden und daher als *Tabular IntelliSense* bezeichnet werden:

- Generierung einer Ereignisbehandlungsroutine für ein Ereignis
- Einfügen von Snippets nach Eingabe bestimmter Schlüsselwörter

Funktion	Ihre Aktion	Was Visual Studio für Sie erledigt
Schnittstelle implementieren / Abstrakte Klasse implementieren (Implement Interface / Implement Abstract Class)	Geben Sie nach einer Klassendefinition hinter dem Doppelpunkt eine Schnittstelle oder abstrakte Klasse an. Öffnen Sie das Smarttag der Schnittstelle der abstrakten Klasse oder wählen Sie *Implement* im *IntelliSense*-Menü.	`class Pilot : de.WWWings.Fluggesellschaft.IPi` Implement interface 'de.WWWings.Fluggesellschaft.IPilot' Explicitly implement interface 'de.WWWings.Fluggesellschaft.IPilot'

Code-Editoren

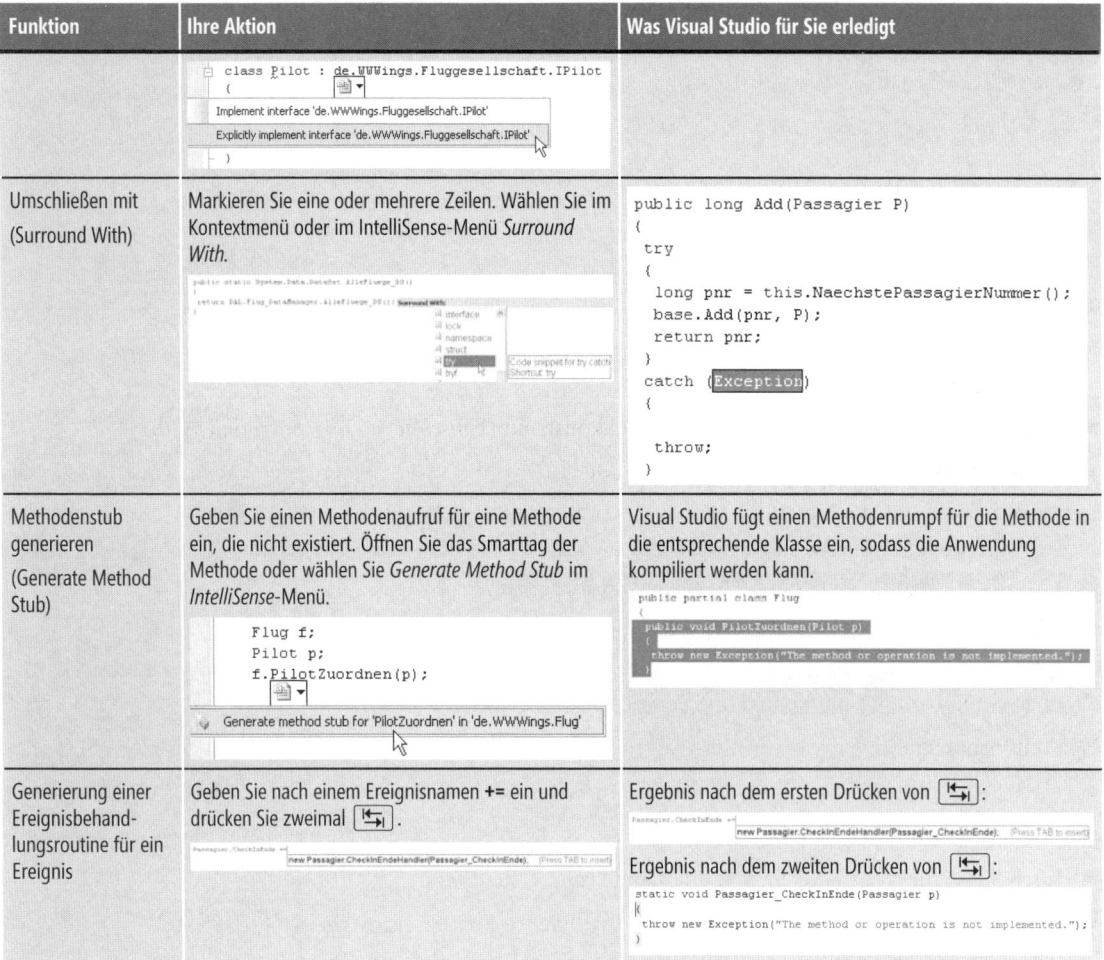

Tabelle 5.7 Hinweise zur Nutzung verschiedener IntelliSense-Funktionen in Visual Studio 2008

Codebibliothek (Code Snippets)

Visual Studio bietet die Möglichkeit, vordefinierte Codefragmente in die Codedateien einzufügen. Die Funktion wird aktiviert durch den Kontextmenüeintrag *Ausschnitt hinzufügen* im Code-Editor oder durch das Menü *Bearbeiten/IntelliSense/Ausschnitt hinzufügen*. Die Auswahl in VB ist so viel reichhaltiger als in C#, dass die Snippets in zahlreichen Gruppen organisiert sind. Viele Snippets enthalten Platzhalter, die mit der ⇆-Taste direkt angesprungen werden können. Früher hießen die *Snippets* noch *Expansion*.

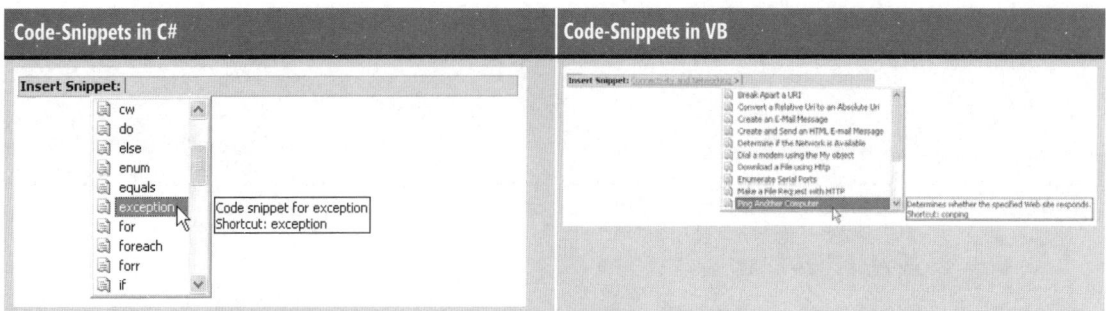

Tabelle 5.8 Code-Snippets in den C# und Visual Basic

TIPP Sie können über das Menü *Extras/Codeausschnittmanager* (*Tools/Code Snippet Manager*) eigene Snippets einpflegen und dadurch eine eigene Codefragment-Datenbank unterhalten. Die eigenen Snippets speichert Visual Studio im Benutzerprofil im Ordner */Meine Dokumente/Visual Studio 2008/Code Snippets*. In C# und J# können Snippets auch durch die Eingabe von Kürzeln (z. B. mbox, tryf und ctor) mit anschließendem zweimaligen ⇥ eingefügt werden.

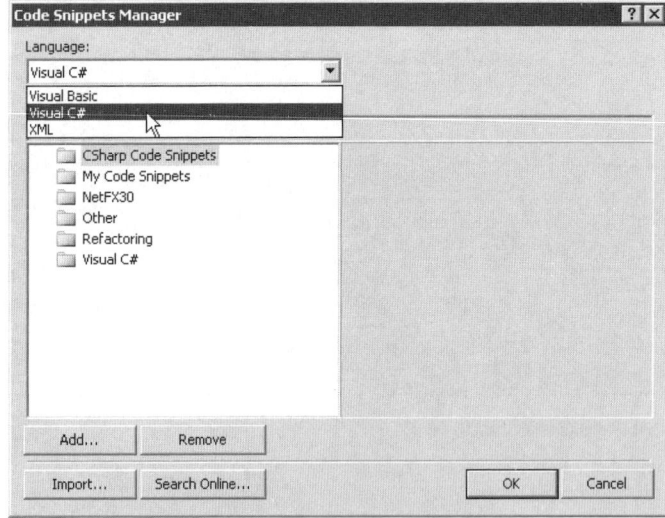

Abbildung 5.13 Code Snippet Manager

Weitere Eingabehilfen

Der Visual Basic-Editor schont die Fingerkuppen des Entwicklers dadurch, dass er beim Eingeben eines Blockkonstrukts (Sub, Function, For, Do etc.) automatisch das passende Blockende (End, Next) mit einfügt. Bei einigen Fehlern macht der Code-Editor Verbesserungsvorschläge (siehe Abbildung).

Code-Editoren

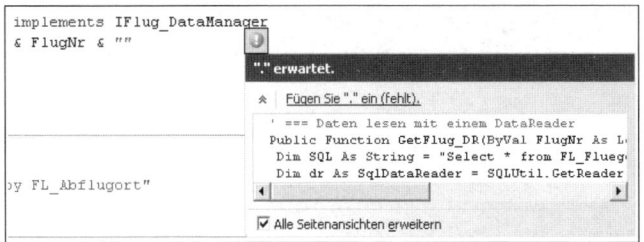

Abbildung 5.14 Fehlerbehebungsvorschlag im Editor für Visual Basic 2008

Farbdarstellung

Die Editoren bieten eine farbliche Unterscheidung verschiedener Programmcode-Elemente, z. B.:

- Schlüsselwörter der Sprache sind blau.
- Kommentare sind grün.
- Zeichenketten sind rot.
- Bezeichner der Klassenbibliothek und eigene Bezeichner sind schwarz.

TIPP Die Farben sind über *Extras/Optionen/Umgebung/Schriftarten und Farben* konfigurierbar.

Änderungsverfolgung

Visual Studio bietet seit Version 2005 durch farbliche Markierungen am linken Rand eine einfache Form der Änderungsverfolgung:

- Ein gelber Balken bedeutet, dass diese Zeile seit dem Öffnen der Datei verändert wurde.
- Ein grüner Balken heißt, dass diese Zeile seit dem Öffnen der Datei verändert und die Veränderungen auch gespeichert wurden.

Die Balken bleiben so lange erhalten, bis die Datei geschlossen wird. Ein grüner Balken kann wieder gelb werden, wenn die Zeile erneut geändert wird.

Zeilennummern und Zeilenumbruch

Ob Zeilennummern im Editor dargestellt und überlange Zeilen umgebrochen werden, lässt sich unter *Extras/Optionen/Text-Editor* pro Sprache oder für alle Sprachen gleichzeitig einstellen.

Coderegionen

In den Visual Studio-Code-Editoren kann der Entwickler die Implementierung von einzelnen Klassen und Unterroutinen durch die Zeichen [+] und [-] ähnlich wie bei den Verzeichnissen im Windows Explorer verbergen. Es bleibt dann nur der Klassen- bzw. Unterroutinenrumpf stehen mit einem Verweis, dass die Implementierung verborgen ist. Mit der Compiler-Direktive `#Region...#End Region` kann der Entwickler selbst eigene zuklappbare Code-Abschnitte definieren.

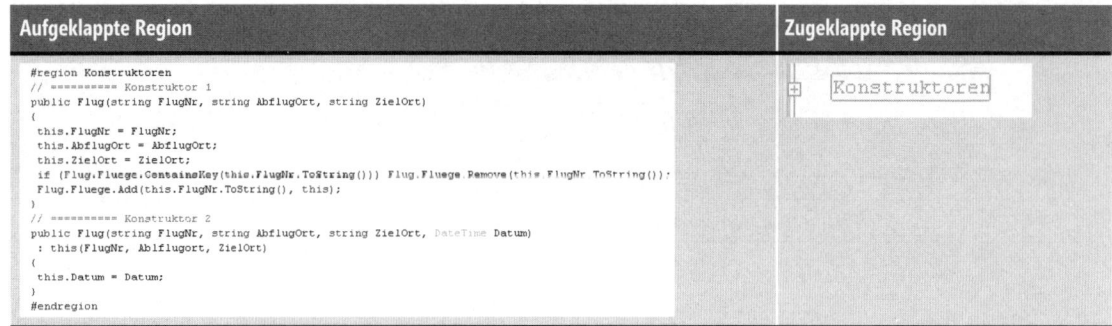

Tabelle 5.9   Regionen im Editor

> **TIPP**   Im C#-Editor existiert mit der Funktion *Umschließen mit* (*Surround With*) eine einfache Möglichkeit, ein Codefragment in eine Region zu verpacken.

Refactoring (Umgestalten)

Visual Studio 2008 bietet ein paar hilfreiche Funktionen zum nachträglichen Umgestalten von Programmcode (Refactoring) – allerdings im Standardlieferumfang nur für die Sprache C#. Für Visual Basic ist ein kostenloses Add-on verfügbar (siehe unten).

Refactoring für C#

Die über das Menü *Umgestalten* (*Refactor*) verfügbaren Funktionen für C# zeigt die nachstehende Tabelle.

Befehl	Verfügbar für	Aktionen
Umbenennen (Rename)	Typ, Klassenmitglied	Umbenennen eines Typs und eines Typmitglieds. Alle Codezeilen im Projekt, die den Typ nutzen, werden automatisch geändert. Umbenennen ist kein Suchen und Ersetzen, sondern ein »intelligentes« Umbenennen, das die Namensraumzugehörigkeit berücksichtigt. Auch Code in referenzierenden Projekten wird geändert, wenn die Projekte in der gleichen Projektmappe geöffnet sind.
Feld einkapseln (Encapsulate Field)	Field	Erzeugen einer *Getter*- und *Setter*-Methode für ein vorhandenes einfaches Attribut in Form eines *field*; ändert die Sichtbarkeit für das ursprüngliche Mitglied von *Public* auf *Private*.
Methode extrahieren (Extract Method)	Codefragment	Auslagern des Codefragments in eine Methode. Alle in das Codefragment eingehenden Variablen werden automatisch zu Methodenparametern.
Schnittstelle extrahieren (Extract Interface)	Klasse	Erzeugen einer Schnittstelle mit auswählbaren Mitgliedern der Klasse.
Lokale Variable auf Parameter hinaufstufen (Promote Local Variable to Parameter)	Variablendeklaration mit Initialisierung in einer Methode	Variable wird zum Parameter der Methode; Initialisierung wird verworfen.
Parameter entfernen (Remove Parameters)	Methoden, Konstruktoren, Indexer, Delegat	Entfernen eines Parameters aus dem Methodenrumpf. Bei allen Aufrufen wird der Parameter auch entfernt.
Parameter neu anordnen (Reorder Parameters)	Methoden, Konstruktoren, Indexer, Delegat	Änderung der Parameterreihenfolge. Bei allen Aufrufen wird die Parameterreihenfolge auch geändert.
Organize Usings	Using-Block	Entfernen überflüssiger *using*-Befehle und/oder sortieren der *using*-Befehle.

Tabelle 5.10   Refactoring-Methoden in C#

Code-Editoren

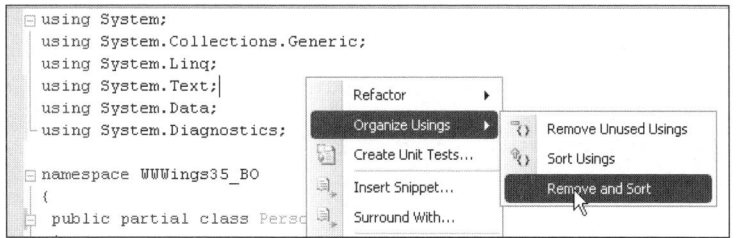

Abbildung 5.15 "Organize Usings" ist die einzige neue Refactoring-Funktion in Visual Studio 2008

HINWEIS Eine »intelligente« *Umbenennen*-Funktion steht auch in Visual Basic zur Verfügung. Wählen Sie dazu im Code-Editor auf der Deklaration des Clients im Kontextmenü den Eintrag *Umbenennen* (*Rename*).

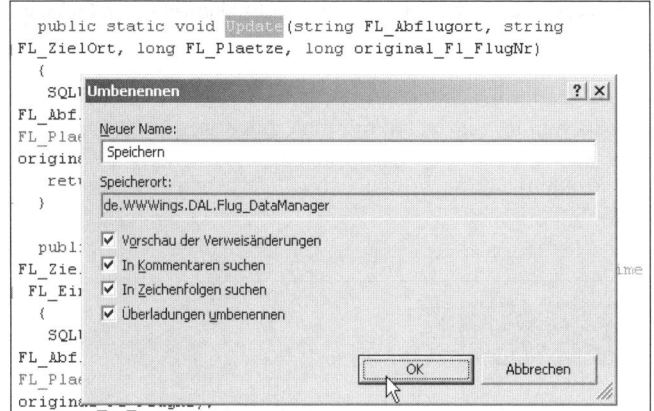

Abbildung 5.16 Umbenennen einer Methode

Refactoring für Visual Basic

Refactoring-Funktionen gibt es in der Grundausstattung weder in Visual Studio 2005 noch in Visual Studio 2008. Aufgrund des Protestes der Visual Basic-Entwickler, die sich durch die fehlenden Refactoring-Funktionen benachteiligt fühlten, hat Microsoft Anfang 2005 einen Vertrag mit der Firma Developer Express Inc. geschlossen, sodass deren Produkt »Refactor! for Visual Basic 2008« allen Visual Studio 2008-Nutzern in einer funktionsreduzierten Version kostenlos zur Verfügung steht [MSDN15]. Es gab auch eine Version für Visual Studio 2005.

TIPP Nach der Installation dieser Erweiterung stehen in Visual Basic mehr Refactoring-Funktionen als in C# zur Verfügung.

Codeformatierung

Für alle Programmiersprachen und auch Dokumentenformate (HTML, CSS, XML, XSD, XSLT, etc.) bietet Visual Studio automatisches Einrücken des Codes. Die Art und Tiefe der Einrückung kann über *Extras/ Optionen/Text-Editor* für alle Sprachen gleich oder pro Sprache gesteuert werden.

Über *Bearbeiten/Erweitert/Dokument formatieren* und *Bearbeiten/Erweitert/Auswahl formatieren* kann ein Dokument nachträglich eingerückt werden.

Kommentare

Über ein Symbol in der Standardsymbolleiste oder über den Menüpunkt *Bearbeiten/Erweitert* kann ein Codefragment in einen Kommentar umgewandelt bzw. in Code zurückgewandelt werden. Visual Basic bietet zudem im Kontextmenü eines Typs oder eines Typmitglieds den Eintrag *Kommentar einfügen*, um einen Kommentar für die XML-Code-Kommentierung einzufügen.

Hintergrundkompilierung

Sehr nützlich ist die Hintergrundkompilierung für Visual Basic-Code: Schon während der Eingabe, jeweils nach Verlassen einer Codezeile, prüft die Entwicklungsumgebung auf Syntax- und Typfehler. Eine geschlängelte blaue Linie zeigt dem Entwickler sofort an, dass hier etwas nicht stimmt. Parallel dazu erzeugt Visual Studio einen Eintrag im Fenster *Fehlerliste*. In einigen Fällen werden über Smarttags Fehlerkorrekturvorschläge angeboten (siehe Bildschirmabbildung).

Der Entwickler wird nicht mehr wie bei der automatischen Syntaxprüfung in Visual Studio 6.0 durch Dialogfenster gestört. In C# ist die Hintergrundkompilierung leider nur für einige wenige syntaktische Fehler (z. B. eine fehlende Klammer) aktiv.

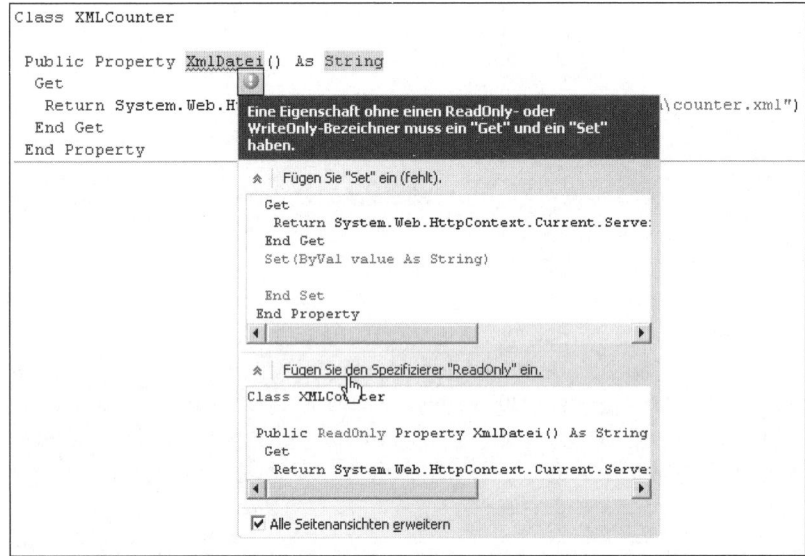

Abbildung 5.17 Fehlerbehebungsvorschläge in Visual Studio 2005

XML-Editor

Visual Studio bietet einen XML-Editor mit IntelliSense-Funktion. Wenn es kein Schema gibt, dann schlägt der Editor nur die Startelemente vor und vervollständigt die schließenden Tags. Wenn ein oder mehrere Schemata in den Eigenschaften des XML-Dokuments hinterlegt sind, bietet Visual Studio die in dem aktuellen Kontext verfügbaren Elemente an. Man kann in dem *Properties*-Fenster unter *Schemas* ein sogenanntes *Schema Set* mit mehreren Schemas zusammenstellen.

Code-Editoren

```
 1  <?xml version="1.0" encoding="UTF-8" standalone="yes"?>
 2  <Fluege>
 3     <Flug ID="347">
 4        <Abflugort>Madrid</Abflugort>
 5        <Zielort>Paris</Zielort>
 6        <FreiePlaetze>1</FreiePlaetze>
 7        <Details>
 8           <Nichtraucher>True</Nichtraucher>
 9           <Plaetze>250</Plaetze>
10           <EingerichtetAm/>
11        </Details>
12     </Flug>
13     <
14     !--
15     ![CDATA[
16     ?
```

Abbildung 5.18 Eingabeunterstützung ohne Schema

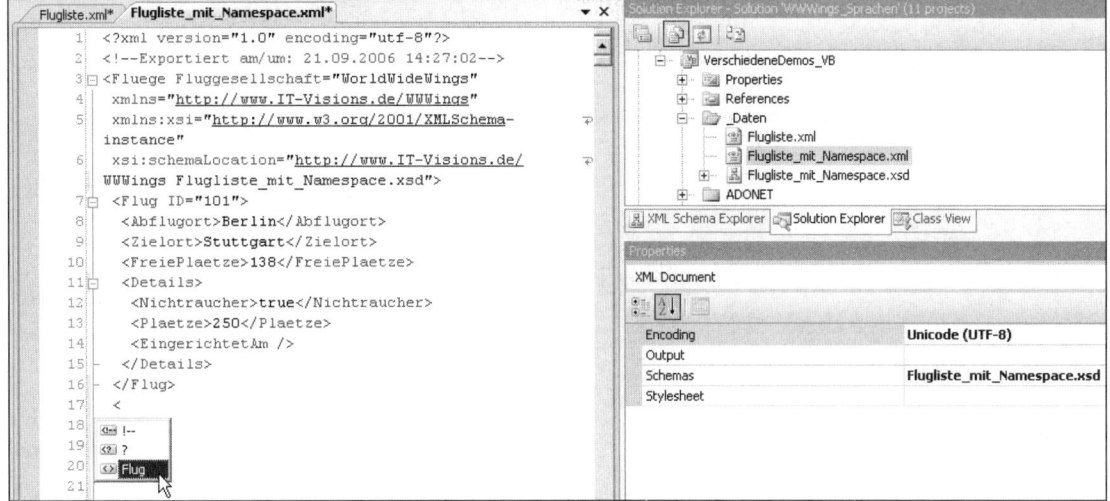

Abbildung 5.19 Eingabeunterstützung mit Schema

Wenn man sich in einem XML-Dokument befindet, steht der zusätzliche Menüpunkt *XML* zur Verfügung. Hier hat man folgende Optionen:

- Festlegen der Schemata (Punkt *Schemas*)
- Erzeugen eines Schemas aus einem XML-Dokument durch Schemaableitung (*Create Schema*)
- Transformation: Ausführung eines XSLT-Dokuments für ein bestimmtes XML-Dokument (*Show XSLT Output*). Diese Option steht auf einem XML-Dokument zur Verfügung, wobei Visual Studio dann nach einer *.xsl-/.xslt*-Datei fragt. Die Funktion steht auch zur Verfügung auf einer *.xsl-/.xslt*-Datei, wobei Visual Studio dann nach einer XML-Datei fragt. Alternativ kann man die Verknüpfung fest hinterlegen in der Eigenschaft *Stylesheet* im *Properties*-Fenster für ein XML-Dokument bzw. *Input* bei einer Stylesheet-Datei.
- Debugging von XSLT-Dateien: siehe Abschnitt »XSLT-Debugging«.

XSD-Editor

Für XML-Schema-Dateien (XSD) bietet Visual Studio ebenfalls einen Editor mit IntelliSense sowie eine Baumdarstellung (XML Schema Explorer). Hier versteckt sich auch die Funktion *Generate Sample XML* mit der man sich ein Beispiel-XML-Dokument aus einem Schema erzeugen lassen kann. Dies ist hilfreich, wenn man ein Schema, aber keine Testdaten hat. Auch kann man damit oftmals das Schema leichter verstehen.

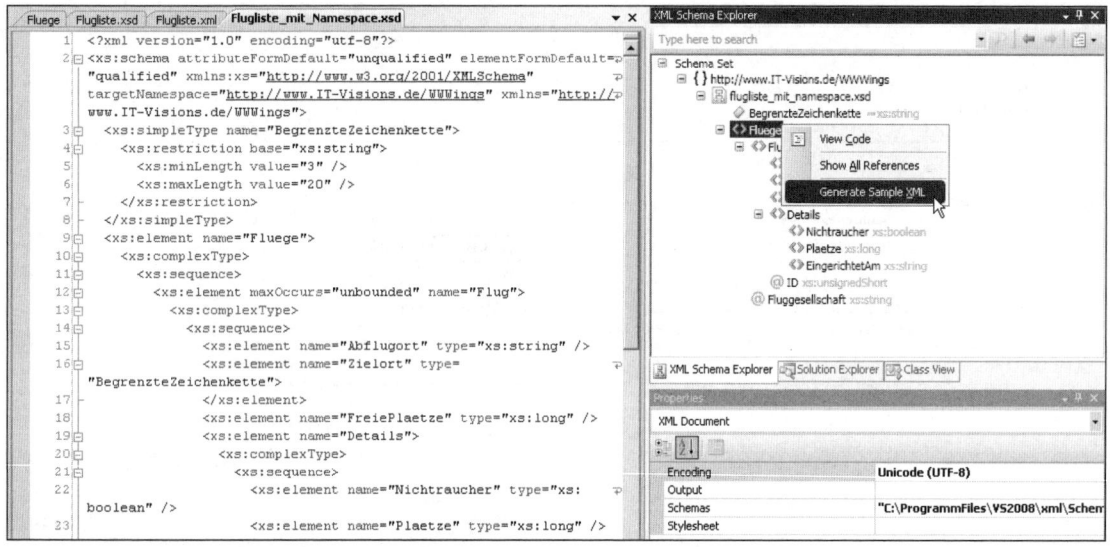

Abbildung 5.20   Editor für XSD-Dateien

In Visual Studio 2008 Service Pack 1 ist mit dem Projektelement *XML to Schema* eine weitere Möglichkeit geschaffen worden, XSD-Dateien erzeugen zu lassen. Zur Wahl steht die Erzeugung aus einer lokalen XML-Datei, einer Webressource oder aus dem Inhalt der Zwischenablage.

HINWEIS   In der Beta-Version steht *XML to Schema* nur für Visual Basic-Projekte zur Verfügung. *XML to Schema* gab es zuvor als kostenloses Zusatzwerkzeug für Visual Studio 2008 unter dem Namen *XML to Schema Tool for Visual Basic 2008*.

Grafische Editoren (Designer)

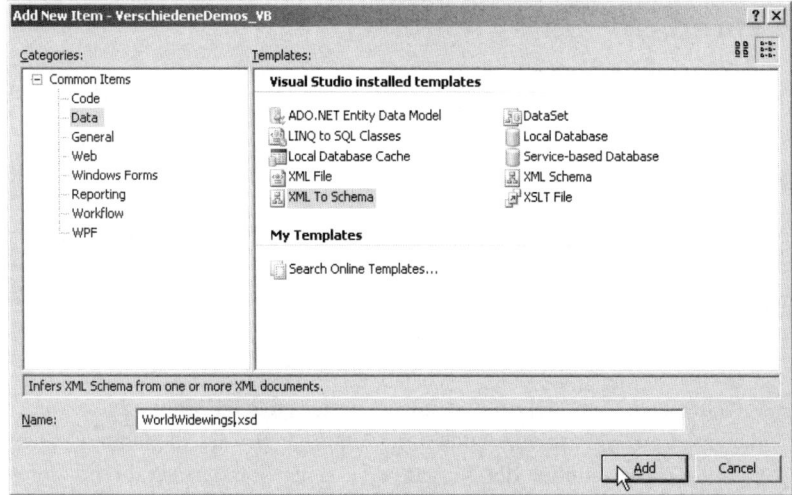

Abbildung 5.21 XSD-Erzeugung aus XML-Dateien mit dem Projektelement "XML to Schema"

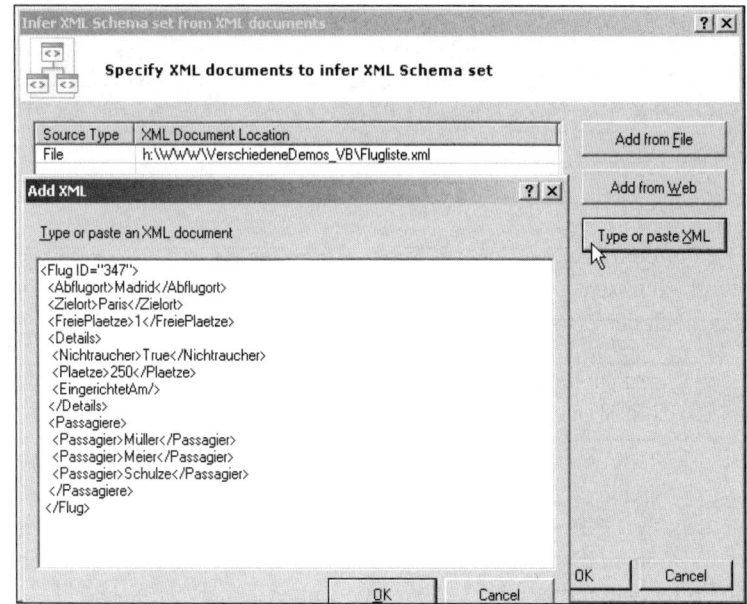

Abbildung 5.22 XSD-Erzeugung aus XML-Dateien mit dem Projektelement "XML to Schema"

Grafische Editoren (Designer)

Visual Studio 2008 bietet grafische Editoren für Windows Forms, Windows Presentation Foundation (WPF), Windows Workflow Foundation (WF), ASP.NET-Webforms/HTML-Dokumente, Bitmaps (.*bmp*, .*cur*, .*ico*), Klassendiagramme, XML-Ressourcendateien (.*resx*), XSLT-Dateien (.*xslt*), XML-Schemata (.*xsd*) und typisierte Datasets.

Designer für Windows Forms, WPF und Webforms

Visual Studio 2008 bietet grafische Designer sowohl für Windows Forms und WPF als auch für ASP.NET-Webforms-Oberflächen.

Vergleich der Designer für Windows Forms, WPF und Webforms

Zwar gleichen sich die Designer für Windows Forms, Windows Presentation Foundation und Webforms oberflächlich, das Ergebnis könnte jedoch verschiedener kaum sein: Der Webforms-Editor erzeugt HTML-Code mit Serversteuerelementen. Der Windows Forms-Editor hingegen setzt jedes Element auf dem Bildschirm in eine Folge von Codezeilen in der für das Projekt gewählten Programmiersprache um. Der WPF-Designer erzeugt XAML-Code.

Zur Übernahme von Benutzeroberflächen zwischen Web und Windows besteht folglich (ohne Zusatzwerkzeuge) keine Chance. Die Möglichkeiten zur Trennung von Code und Gestaltung in verschiedenen Dateien haben sich seit Visual Studio Version 2005 gegenüber der Vorgängerversion verändert: Während unter Visual Studio .NET 2002/2003 bei Webforms immer getrennt wurde und bei Windows Forms nicht, besteht nun bei Webforms die Wahl und bei Windows Forms erfolgt immer eine Trennung. Auch WPF trennt Code im Layout immer. Das in der Tabelle genannte *Ein-Datei-Modell* für WPF kann man nur manuell erreichen.

	Gestaltung	Eigener Code (Ereignisbehandlungsroutinen)
Windows Forms	Formularname.Designer.cs (.*vb*, .*cs*, .*jsl* etc.)	Formularname.cs (.*vb*, .*cs*, .*jsl* etc.)
WPF – Ein-Datei-Modell (Inline Code)	Fenstername.xaml	Code in .*xaml*-Datei
WPF – Hintergrundcode-Modell	Fenstername.xaml	Fenstername.xaml.xs
Webforms – Ein-Datei-Modell (Inline Code)	HTML + Serversteuerelemente in .*aspx*-Datei	Code in .*aspx*-Datei
Webforms – Hintergrundcode-Modell	HTML + Serversteuerelemente in .*aspx*-Datei	.*aspx.cs*, .*aspx.vb*

Tabelle 5.11 Trennung von Code und Gestaltung in Windows Forms 2.0, WPF 3.5 und ASP.NET Webforms 3.5

Eine zweigeteilte Ansicht, in der man Quellcode und Designer gleichzeitig sieht (*Split View*), bietet Visual Studio 2008 für WPF und Webforms an. Bei beiden Designern kann man zwischen einer horizontalen oder einer vertikalen Teilung wählen. Nur beim WPF-Designer lässt sich frei wählen, was in welcher Hälfte erscheinen soll. Während man beim WPF-Designer die Einstellungen durch Symbole im Designer vornehmen kann, muss man die Ansicht zwischen horizontal und vertikal bei Webforms unter *Extras/Optionen/HTML Designer* umschalten.

> **HINWEIS** Details zum Einsatz der Designer erfahren Sie in den Kapiteln zu Windows-Oberflächen mit Windows Forms, Windows Presentation Foundation (WPF) und ASP.NET (dieses Zusatzkapitel können Sie als PDF auf dem Leser-Portal herunterladen).

Werkzeugleiste

Die Werkzeugleiste (Toolbox) bietet verschiedene Registerkarten, jeweils angepasst auf den aktuell geöffneten Designer.

> **TIPP** Um den Inhalt der Werkzeugleiste zu erweitern wählen Sie *Choose Items* im Kontextmenü der Werkzeugleiste. In dem Dialog werden dann alle Steuerelemente angeboten, die sich im Global Assembly Cache (GAC) sowie allen in der Registrierungsdatenbank unter *HKEY_CURRENT_USER\SOFTWARE\Microsoft\.NETFramework\AssemblyFolders* verzeichneten Dateisystemordner befinden. Alternativ kann man in dem Dialog über *Browse* auch direkt eine Assembly-Datei im Dateisystem auswählen.

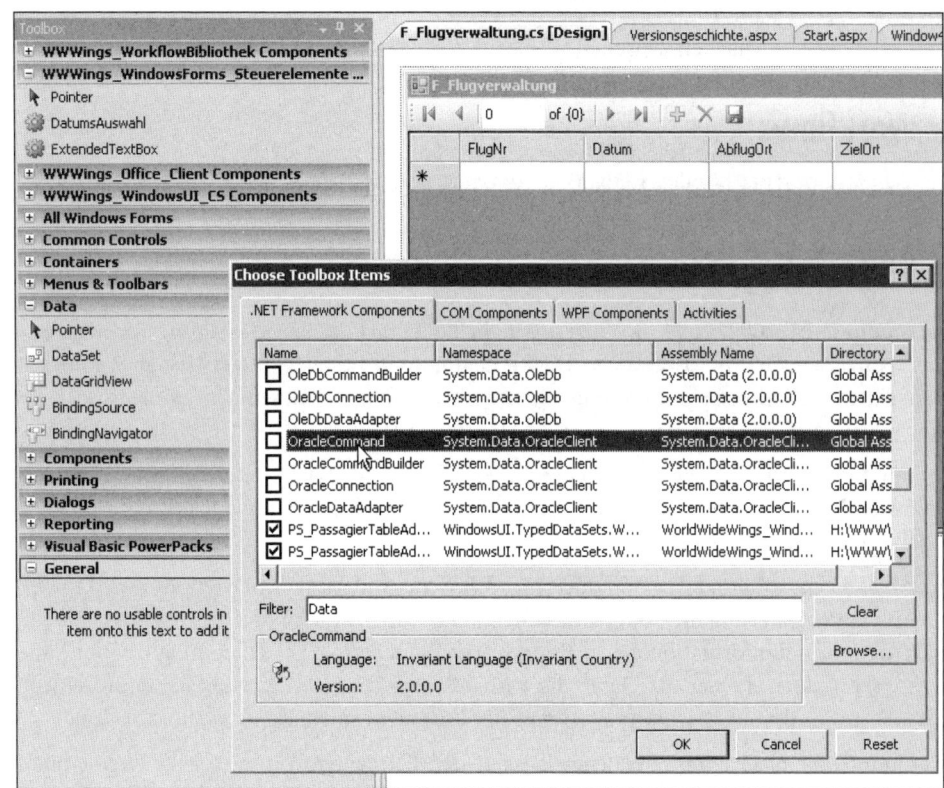

Abbildung 5.23 Konfiguration der Werkzeugleiste in Visual Studio 2008

Designer für nichtvisuelle Komponenten

Auch für nichtvisuelle .NET-Komponenten – Elementvorlage *Komponentenklasse* (*Component Class*) – gibt es einen Designer, der als ein Seiten füllender *Component Tray* für die Aufnahme von Entwurfszeit-Steuerelementen verstanden werden kann.

Eine Komponentenklasse besteht wie ein Formular aus drei Dateien: aus einer Codedatei für den Entwickler (*component.cs/.vb/.jsl*), einer Codedatei für den vom Designer generierten Code (*component.designer.cs/.vb/.jsl*) sowie einer Ressourcendatei (*.resx*). Die erzeugte Klasse ist abgeleitet von System.ComponentModel.Component.

Der Komponentenklassendesigner erlaubt auch, visuelle Windows Forms-Steuerelemente einzufügen. Dies ist in der Regel jedoch nicht sinnvoll.

HINWEIS   Bei der ersten Ankündigung von .NET im Juli 2000 sprach Microsoft einmal von der *Orchestrierung* von Anwendungen mit Visual Studio. Viele Beobachter hatten erwartet, dass man in Visual Studio den Verbindungscode (Glue Code) für Softwarekomponenten grafisch erzeugen könnte. Davon ist aber leider auch in Visual Studio 2008 nichts zu sehen (wenn man mal von dem »klobigen« Workflow-Designer absieht). Mit dem derzeitigen Versionsumfang macht der Komponentenklassendesigner wenig Sinn. Einen Schritt in Richtung *Orchestrierung* geht Microsoft erst mit der Windows Workflow Foundation (WF). Vorher gab es eine Art *Orchestrierung* nur im Microsoft BizTalk Server.

Designer für Workflows

Der grafische Designer für Workflows wird im Kapitel zur Windows Workflow Foundation (WF) besprochen.

Designer für Klassendiagramme

Während in Visual Studio .NET 2002 / 2003 die einzige Möglichkeit zur visuellen Gestaltung von Klassendiagrammen in der Nutzung von Microsoft Visio-UML-Diagrammen bestand, bietet Visual Studio seit Version 2005 einen eigenen Klassendiagrammdesigner. Die Visual Studio-Klassendiagramme sind zwar UML-ähnlich, unterstützen aber keineswegs den vollen UML-Standard.

Die Klassendiagramme bieten eine visuelle Repräsentation von C#-, Visual Basic- oder J#-Programmcode. Dabei kann der Entwickler sowohl bestehenden Programmcode visualisieren als auch Programmcode durch visuelle Modellierung erzeugen.

Der Klassendesigner bietet echtes Round-Trip-Engineering, d. h., jede Änderung im Diagramm wird in den Code übernommen und jede Änderung im Code in das Diagramm. Möglich wird dies, indem der Code der einzige Speicher für die Klasseninformationen ist. Round-Trip-Engineering ist daher möglich ohne die Gefahr von Änderungskonflikten. In der *.cd*-Datei, die Visual Studio für jedes Klassendiagramm anlegt, werden lediglich das Diagrammlayout (Position und Größe der Kästchen) sowie Kommentare abgelegt.

Der Klassendiagrammdesigner bietet eine Werkzeugleiste mit den Elementen *Klasse (Class)*, *Enumeration (Enum)*, *Schnittstelle (Interface)*, *Abstrakte Klasse (Abstract Class)*, *Struktur (Struct)*, *Delegat (Delegate)*, *Vererbung (Inheritance)*, *Zuordnung (Association)* und *Kommentar (Comment)*. Beim Fallenlassen der sechs Erstgenannten fragt Visual Studio nach dem gewünschten Speicherort des Typs. Alternativ kann ein bestehender Typ aus der *Klassenansicht (Class View)* oder eine Datei aus dem *Projektmappen-Explorer (Solution Explorer)* per Drag & Drop in das Diagramm eingebaut werden. Wenn in einer Datei mehrere Typen realisiert sind, fügt der Designer alle enthaltenen Typen ein. In dem Klassendiagramm können direkt Klassenmitglieder ergänzt und verändert werden. Außerdem können einige Refactoring-Funktionen unmittelbar aus dem Diagramm heraus aufgerufen werden.

Der Klassendiagrammdesigner unterstützt alle .NET-Konstrukte einschließlich Generics und partielle Klassen. Der Klassendesigner ist für C++ erst ab Version 2008 und nur eingeschränkt verfügbar.

> **TIPP** Die Mitglieder eines Typs können im Diagramm selbst (*Erweitern / Reduzieren* auf einem Typ-Rechteck) oder in einem separaten Fenster (*Ansicht/Weitere Fenster/Klassendetails*) angezeigt werden.

Ein Beispiel für ein Visual Studio-Klassendiagramm haben Sie bereits im Kapitel »World Wide Wings – Das mehrschichtige Fallbeispiel in diesem Buch« gesehen. Zugunsten anderer Informationen wird hier auf den erneuten Abdruck verzichtet.

Arbeit mit Datenquellen

Die gesamte Umgebung für die Arbeit mit Daten wurde in Visual Studio in der Version 2005 stark verändert. Zur Verwaltung von Daten existieren nunmehr zwei Fenster: *Server Explorer* und *Datenquellen* (*Data Sources*). Neu in Visual Studio 2008 ist der Objekt-Relationale-Mapping-Designer für LINQ-to-SQL.

Datenverbindungen (Data Connections)

Das Fenster *Server Explorer* (*Ansicht/Server Explorer*) zeigt im Ast *Datenverbindungen* den Inhalt aller eingebundenen Datenbanken an. Über das Kontextmenü dieses Astes können neue Datenbanken hinzugefügt werden (*Verbindung hinzufügen*). Für das Microsoft SQL Server-DBMS wird auch angeboten, neue Datenbanken direkt aus Visual Studio zu erstellen. Allerdings hat man dabei keine Einstellungsmöglichkeiten für die Datenbankgröße.

Für Microsoft SQL Server-Datenbanken werden in Visual Studio seit Version 2005 mehr Verwaltungsfunktionen angeboten als in früheren Versionen von Visual Studio. Insbesondere ist es möglich, Datenbankdiagramme zu erzeugen und die Funktion der SQL CLR (Stored Procedures, Trigger, Typen und Funktionen in .NET-Sprachen) zu nutzen.

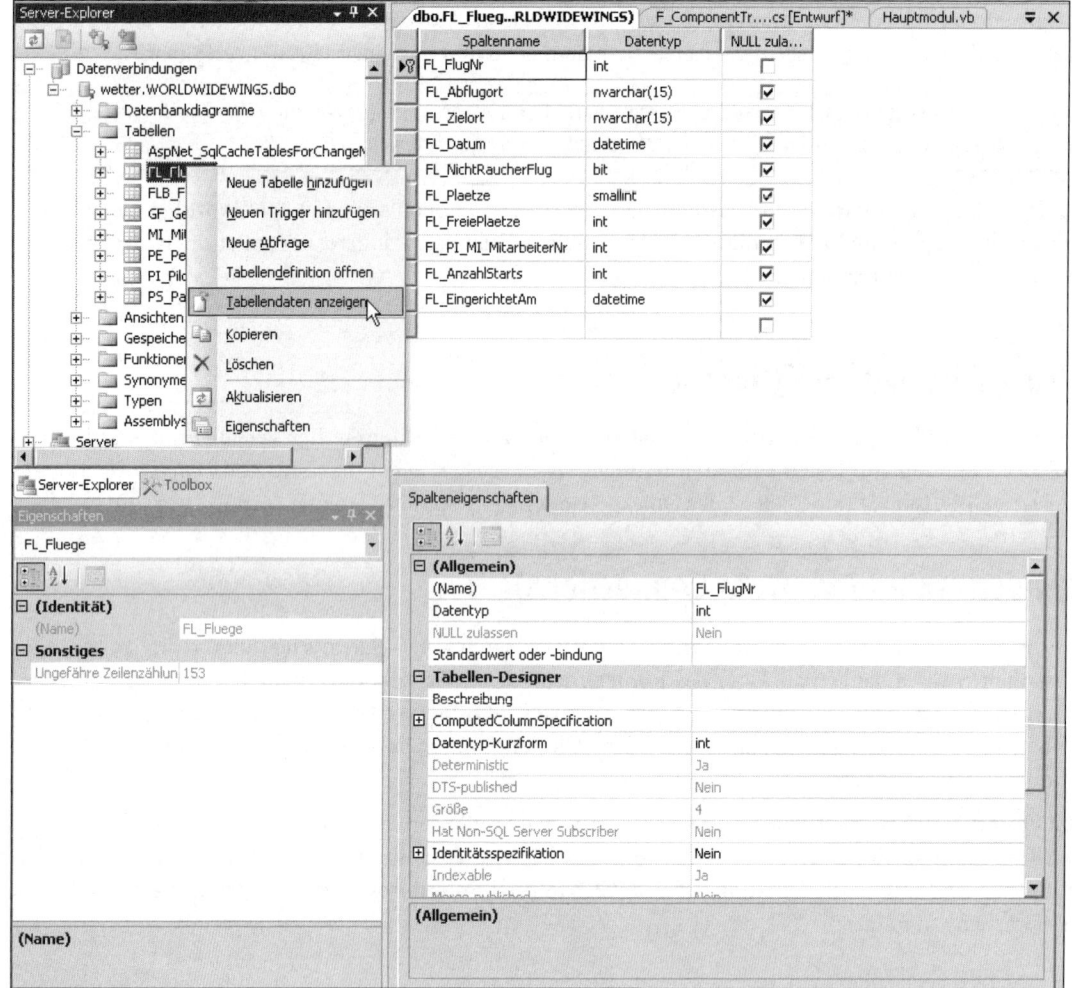

Abbildung 5.24 Datenverbindungen im Server Explorer

Datenquellen (Data Sources)

Das Fenster *Datenquellen (Data Sources)* zeigt alle im Projekt vorhandenen typisierten Datasets sowie Webservices und Geschäftsobjekte, die explizit als Datenlieferanten hinzugefügt wurden. Der Obermenüpunkt *Daten* enthält die Unterpunkte *Datenquellen anzeigen* (*Show Data Sources*), wodurch das Fenster *Datenquellen* eingeblendet wird, sowie *Neue Datenquelle hinzufügen* (*Add new Data Source*), was einen Assistenten zum Hinzufügen einer Datenquelle startet.

Die folgenden Bildschirmabbildungen zeigen das Vorgehen zum Erzeugen eines typisierten Datasets. Im ersten Schritt ist auszuwählen, ob eine Datenbank, ein Webservice oder ein Geschäftsobjekt hinzugefügt werden soll.

Arbeit mit Datenquellen

HINWEIS Das Fenster *Datenquellen* (*Data Sources*) existiert nicht im VWD. Hier können Datenquellen über die Datenquellensteuerelemente eingefügt werden. Der Assistent für Datenquellensteuerelemente ist teilweise dem *Data Source Configuration Wizard* ähnlich.

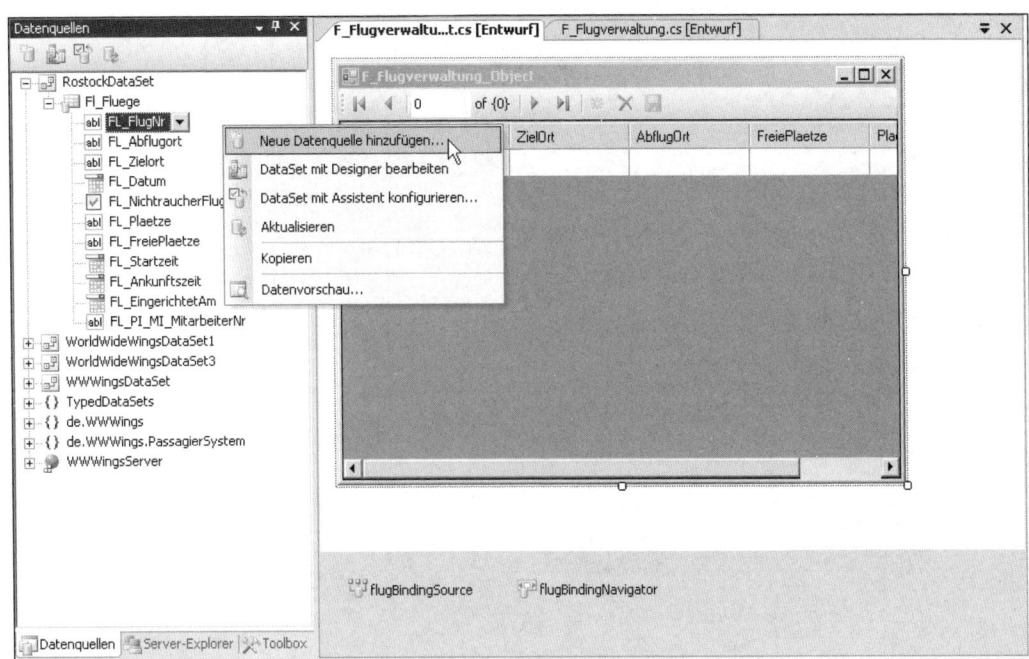

Abbildung 5.25 Datenquellen-Fenster

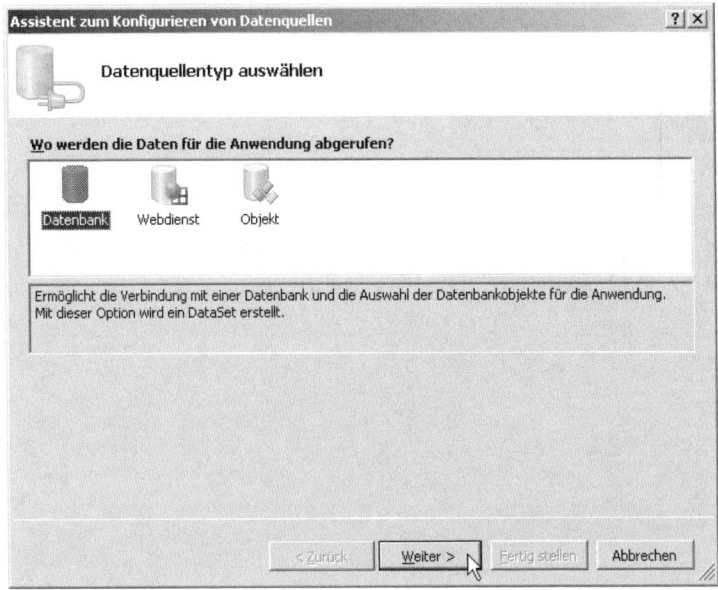

Abbildung 5.26 Auswahl der Art der Datenquelle

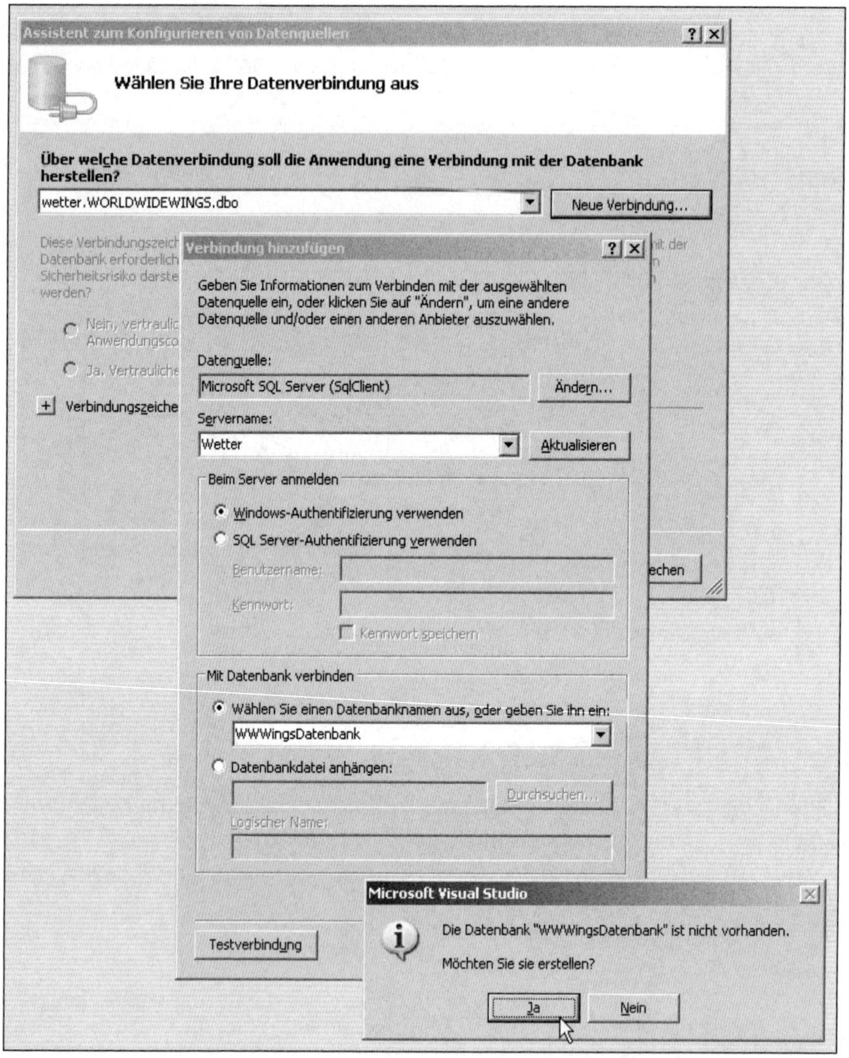

Abbildung 5.27   Auswahl einer Datenbank

Nach Abschluss der Erzeugung einer Verbindungszeichenfolge bietet der Assistent noch an, die Verbindungszeichenfolge in der XML-basierten Anwendungskonfigurationsdatei abzulegen.

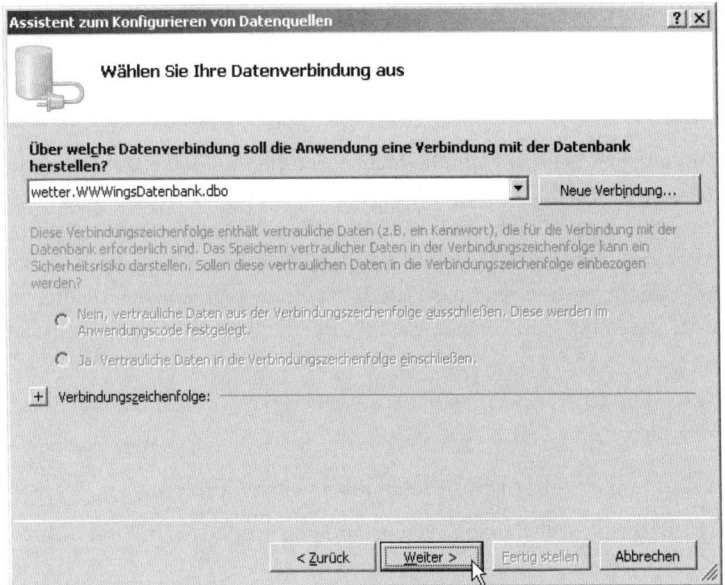

Abbildung 5.28 Speicherung der Verbindungszeichenfolge

Im letzten Schritt fordert der Assistent die Information an, welche Daten in das typisierte Dataset aufgenommen werden sollen.

Objekt-Relationales-Mapping-Designer

Die Objekt-Relationale-Mapping-Designer für LINQ-to-SQL und das ADO.NET Entity Framework werden im Kapitel zu »Objekt-Relationales Mapping (ORM)« besprochen.

Kompilierung und Ausführung

Dieses Kapitel beschäftigt sich mit den Möglichkeiten zur Kompilierung und Ausführung von Webanwendungen innerhalb der Entwicklungsumgebung.

Übersetzungskonfigurationen

Visual Studio unterstützt verschiedene Übersetzungskonfigurationen mit verschiedenen Einstellungen (z.B. ob Debug-Informationen generiert werden oder nicht). Standardmäßig existieren die Konfigurationen *Debug* und *Release*.

> **HINWEIS** Unterschiedliche Übersetzungskonfigurationen werden nicht von Projekten nach dem Websitemodell unterstützt. Um diese Funktionen zu nutzen, müssen Sie bei ASP.NET-Anwendungen entweder auf das Web Deployment-Add-in oder das Webanwendungsmodell zurückgreifen.

Über das Auswahlmenü *Projektmappenplattformen* (*Solution Platform*) steuert der Entwickler die Plattformoptionen im CLR-Header (siehe Unterkapitel zu 64-Bit-.NET im Kapitel »Grundkonzepte des .NET Framework 3.5«). Dabei tauchen die technischen Bezeichnungen *ILOnly* und *32-Bit-Required* dort leider nirgendwo auf. Visual Studio nimmt Bezug auf die Prozessorarchitektur: Die Optionen *AnyCPU* und *x86* erzeugen PE32-Dateien, während *x64* und *Itanium* PE32+ generieren. *x86* setzt das Flag *32-Bit-Required*. *ILOnly* wird automatisch gesetzt, wenn es nur CIL-Code in der Assembly gibt. Folglich ist *AnyCPU* die flexibelste Option mit der größten Plattformunabhängigkeit.

Fehlerliste

Nach dem Übersetzungsvorgang findet man im Fenster *Fehlerliste* folgende Arten von Fehlern:

- Kompilierungsfehler im Code in Hintergrundcodedateien, eigenständigen Codedateien und Inline-Code in ASPX-Dateien
- Validierungsfehler der Inhalte der ASPX-Seiten (wenn dies unter *Extras/Optionen/Texteditor/HTML/Validierung*) aktiviert ist. Die Validierungsart (z. B. XHTML 1.0 / 1.1, HTML 4.01 oder Internet Explorer 6.0) wählen Sie durch das Auswahlfeld *Zielschema für die Validierung* in der Symbolleiste *Formatierung* aus.
- Strukturfehler in *web.config*-Dateien
- Bezug auf nicht vorhandene User Controls
- Verstöße gegen die Codierungsrichtlinien von Microsoft (wenn in den Projekteigenschaften in der Rubrik *Erstellen* die Option *Codeanalyse aktivieren* angewählt ist)
- Verstöße gegen die Richtlinien für barrierefreie Websites gemäß Content Accessibility Guidelines (WCAG) des W3C und der US Access Board Sektion 509 [ACBO01] (wenn die Validierung in den Projekteigenschaften in der Rubrik *Erstellen/Eingabehilfevalidierung* aktiviert ist)

> **HINWEIS** Es passiert nicht selten, dass ein Fehler zweimal in der Fehlerliste erscheint und zwar einmal mit dem Verweis auf die Codedatei, in der der Fehler passiert, und einmal mit dem Verweis auf die vom ASP.NET Compiler automatisch daraus generierte Datei. Wie die nachfolgende Bildschirmabbildung zeigt, kann es vorkommen, dass die Fehlermeldung einmal in Deutsch und einmal in Englisch erscheint.

Kompilierung und Ausführung

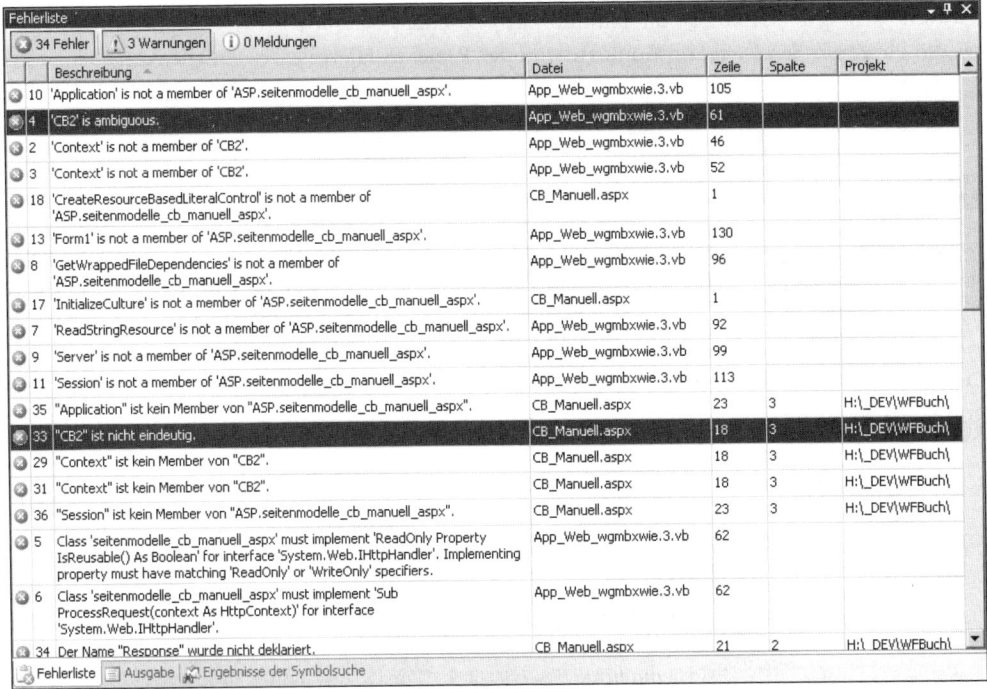

Abbildung 5.29 Eine Fehlermeldung, die falsch ist und gleich zweifach vorkommt. Im Code gibt es tatsächlich nur eine Klasse *CB2*.

Microsoft Build (MSBuild)

Während in Visual Studio .NET 2002 / 2003 der Übersetzungsvorgang weitestgehend eine *Black Box* war, liefert Microsoft seit dem .NET Framework 2.0 ein eigenes Build-Werkzeug (*msbuild.exe*), das auch von Visual Studio Versionen 2005 und 2008 zur Übersetzung der Projekte verwendet wird. MSBuild ist Teil des .NET Framework Redistributable (ab Version 2.0). Die von Visual Studio erzeugten Projektdateien sind gültige Eingabedateien für MSBuild, welche alle notwendigen Einstellungen enthalten, sodass eine Übersetzung der Projekte auch ohne die Installation von Visual Studio möglich ist.

> **TIPP** Sie können Visual Studio-Projekte übersetzen, ohne die Entwicklungsumgebung selbst zu starten, indem Sie das mit dem .NET Framework 3.5 ausgelieferte Kommandozeilenwerkzeug *msbuild.exe* direkt aufrufen. Die Visual Studio-Projektdateien und Projektmappendateien sind gültige Eingabedateien für *msbuild.exe*.

Beispiel	Erläuterung
MSBuild.exe WWWings_ConsoleUI_CS.csproj /t:Clean;Build / p:Configuration=Debug	Löschen des Ausgabeverzeichnisses und Übersetzen des angegebenen Projekts
MSBuild.exe WWW_Web.sln /t:Rebuild /p:Configuration=Release	Neuübersetzen der angegebenen Projektmappe

Tabelle 5.12 Beispiele zum Einsatz von MSBuild

Neu in Visual Studio seit Version 2005 ist die Funktion *Projektmappe bereinigen* (*Clean Solution*) im *Erstellen*-Menü bzw. die Funktion *Bereinigen* im Kontextmenü der Projekte. Hiermit werden alle Ausgabedateien der Projekte gelöscht.

Debugger

Visual Studio unterstützt das Debugging sowohl von lokalen als auch von entfernten .NET-Anwendungen. Dabei vergessen Entwickler oft, dass Remote Debugging nur funktioniert, wenn auf dem Rechner, auf dem die zu testende Anwendung, aber kein Visual Studio läuft, ein kleiner Gegenpart zum Debugger installiert wird. Auf der Installations-CD / -DVD von Visual Studio gibt es dazu den Ordner */Remote Debugger* mit der Datei *rdbgsetup.exe*. Diese Installationsroutine muss vor dem ersten Debug-Versuch auf dem entfernten System ausgeführt werden.

Start des Debuggers

Der Debugger startet auf folgenden Wegen:

- Die Anwendung erzeugt eine Ausnahme.
- Die Anwendung erreicht einen gesetzten Haltepunkt.
- Die Anwendung führt den Befehl `System.Diagnostics.Debugger.Break()` oder einen vergleichbaren sprachspezifischen Befehl (z. B. `Stop` in Visual Basic) aus.

Bei welchen Ausnahmen der Debugger startet, kann über das Menü *Debuggen/Ausnahmen* (*Debug/Exception*) konfiguriert werden. Haltepunkte können durch einen Klick in die graue Leiste neben der Zeilennummer oder über *Debuggen/Neuer Haltepunkt* gesetzt und mit Bedingungen versehen werden.

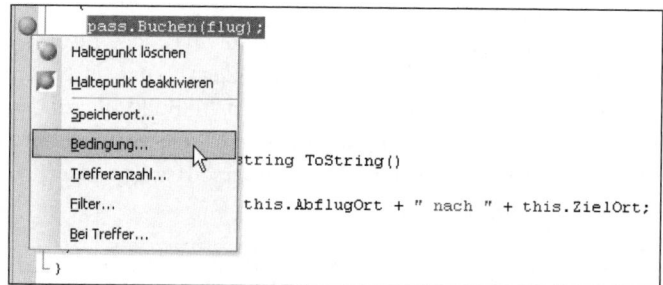

Abbildung 5.30 Setzen eines Haltepunkts

Funktionen im Haltemodus

Visual Studio bietet im Haltemodus folgende Funktionen:

- Durchlaufen der Befehle im Einzelschrittmodus
- Fortsetzen der Anwendung
- Anzeige und Manipulation des aktuellen Werts von Variablen direkt im Codefenster
- Anzeige von Variablenwerten im Fenster *Locals*

Debugger

- Anzeige der Aufrufreihenfolge der Methoden (*Debuggen/Fenster/Aufrufliste* – engl. *Call Stack*)
- Anzeige der laufenden Threads (*Debuggen/Fenster/Threads*)
- Anzeige der laufenden Prozesse (*Debuggen/Fenster/Prozesse*)
- Verändern des Quelltextes (in bestimmten Grenzen)

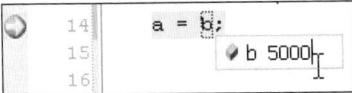

Abbildung 5.31 Veränderung eines Variablenwertes im Haltemodus

Bearbeiten und Fortsetzen (Edit & Continue)

Die Möglichkeit, den Quelltext während des Debugging-Vorgangs zu verändern und dann die Anwendung fortzusetzen (Edit & Continue – kurz E&C), ist eine »Neuheit« in Visual Studio seit Version 2005. Diese Funktion war in Visual Studio 6.0 verfügbar und wurde in Visual Studio .NET 2002/2003 von vielen Entwicklern vermisst.

HINWEIS E&C ist nicht verfügbar, wenn auf 64-Bit-Systemen im WOW arbeitet!

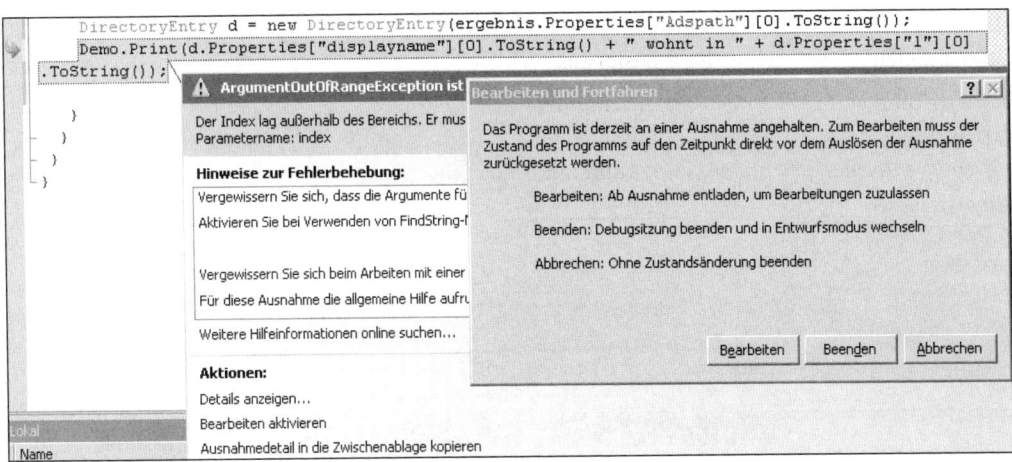

Abbildung 5.32 Einsatz von Edit & Continue für C# in Visual Studio

Nicht alle Änderungen erlauben eine Fortsetzung. Beispiele für Änderungen, nach denen keine Fortsetzung erfolgen kann, sind:

- Ändern des Namens einer Klasse
- Hinzufügen von Feldern zu einer Klasse
- Hinzufügen oder Entfernen von Methoden
- Hinzufügen oder Entfernen von Methodenparametern

Steuerung der Debugger-Anzeige

Beim Betrachten von aktuellen Variableninhalten während des Debuggings ist es oft nicht einfach, den eigentlichen Inhalt der Variablen zu erfassen, wenn es sich um eine komplexe Datenstruktur wie beispielsweise ein `Hashtable`-Objekt oder ein `DataSet`-Objekt handelt.

Visual Studio bietet mehrere Hilfsinstrumente, um die Anzeige während des Debugging-Vorgangs zu beeinflussen:

- Durch die Annotation `DebuggerDisplayAttribute` kann festgelegt werden, welche Daten die Entwicklungsumgebung zu einer Variablen anzeigt.
- Durch `DebuggerBrowsableAttribute` kann ein Datenmitglied vor dem Debugger versteckt werden.
- Durch `DebuggerTypeProxyAttribute` kann ein Typ als ein anderer angezeigt werden. Üblicherweise wird eine abgeleitete Klasse hier so wie ihre Basisklasse dargestellt.
- Durch *Debugger Visualizer* kann für komplexe Variableninhalte eine adäquate Darstellung angeboten werden. In Visual Studio sind solche Visualizer für XML, HTML, Datasets und Datatables vorhanden. Ein Typ zeigt durch `DebuggerVisualizerAttribute` an, wie er sinnvoll dargestellt werden kann. Eigene Visualizer kann man mit Klassen realisieren, die `IDebugVisualizer` implementieren. Die Klasse `Microsoft.VisualStudio.DebuggerVisualizers.DialogDebuggerVisualizer` enthält dafür ein Muster. Visual Studio bietet eine Elementvorlage *Debugger Visualizer* an.

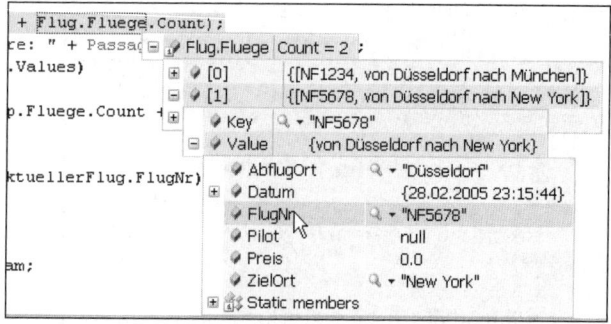

Abbildung 5.33 Anzeige einer SortedList im Debugger

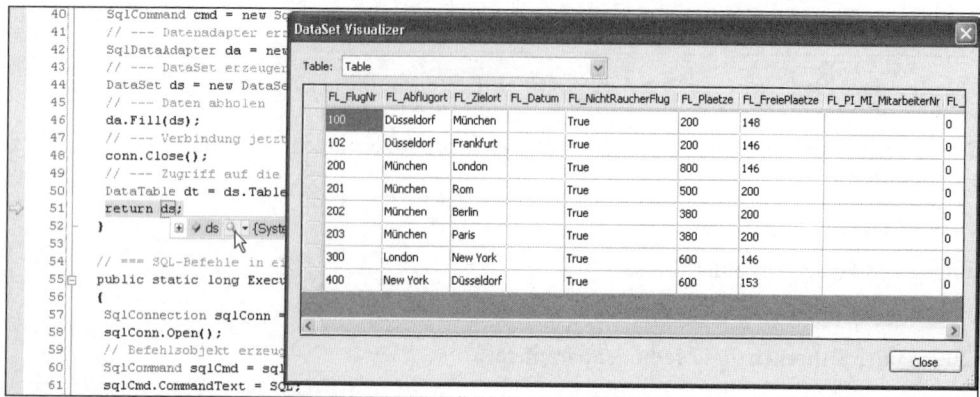

Abbildung 5.34 Data Visualizer für ein Dataset

Anwendung auf eigene Klassen

Das folgende Anwendungsbeispiel zeigt die Nutzung des `DebuggerDisplayAttribute` für die Klasse `Flug` und das Datenmitglied `Pilot`.

```
[System.Diagnostics.DebuggerDisplay("Flug Nr={FlugNr}")]
public partial class Flug //: System.EnterpriseServices.ServicedComponent
{
...
  [System.Diagnostics.DebuggerBrowsable(System.Diagnostics.
  DebuggerBrowsableState.Collapsed)]
  public Single Preis;
  [System.Diagnostics.DebuggerDisplay("Pilot={Pilot.GanzerName}")]
  public de.WWWings.MitarbeiterSystem.Pilot Pilot;
}
```

Listing 5.1 Anwendung des DebuggerDisplayAttribute

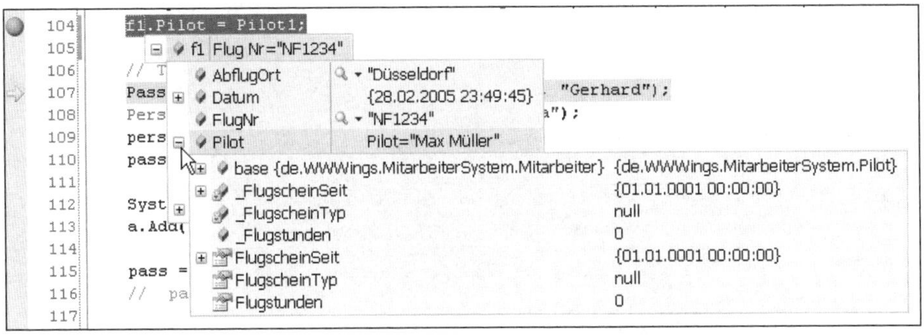

Abbildung 5.35 Anzeige der Klasse Flug im Debugger

Direktfenster (Intermediate Window)

Das *Direktfenster (Intermediate Window)* erlaubt es, während des Debuggings beliebige Befehle im aktuellen Kontext auszuführen. Durch ein vorangestelltes Fragezeichen können Ausgaben erzeugt werden. Das *Direktfenster* bietet auch IntelliSense (siehe Abbildung).

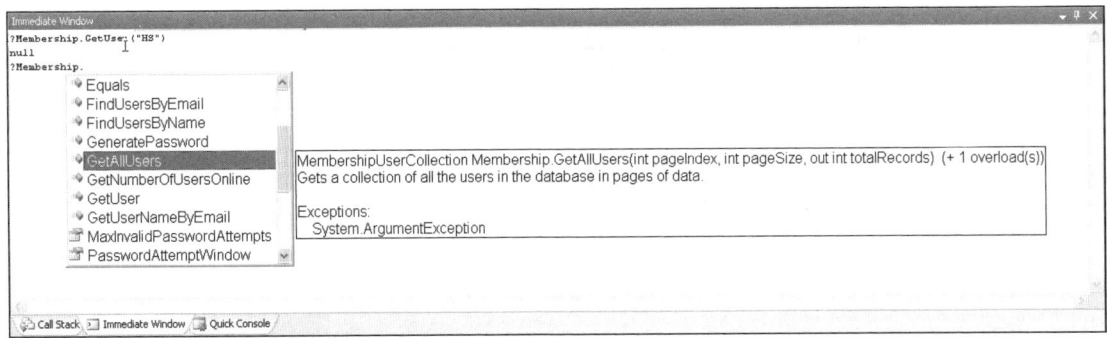

Abbildung 5.36 Das Direktfenster

Objekttestcenter (Object Test Bench, OTB)

Das Objekttestcenter (engl. *Object Test Bench* oder kurz *OTB*) ist ein Instrument zum Debuggen und Testen von Anwendungen innerhalb von Visual Studio. Es ermöglicht das Instanziieren von Klassen und den Aufruf von Methoden in Objekten, ohne expliziten Aufrufcode implementieren und die Anwendung starten zu müssen. Aus der Ansicht *Klassenansicht* (*Class View*) oder aus einem Klassendiagramm heraus kann der Entwickler eine Instanz der Klasse erzeugen, die dann grafisch in der Object Test Bench angezeigt wird. Im Kontextmenü des grafischen Objekts stehen daraufhin alle Methoden des Objekts zum direkten Aufruf zur Verfügung. Statische Methoden können unmittelbar aus der Klassenansicht heraus aufgerufen werden.

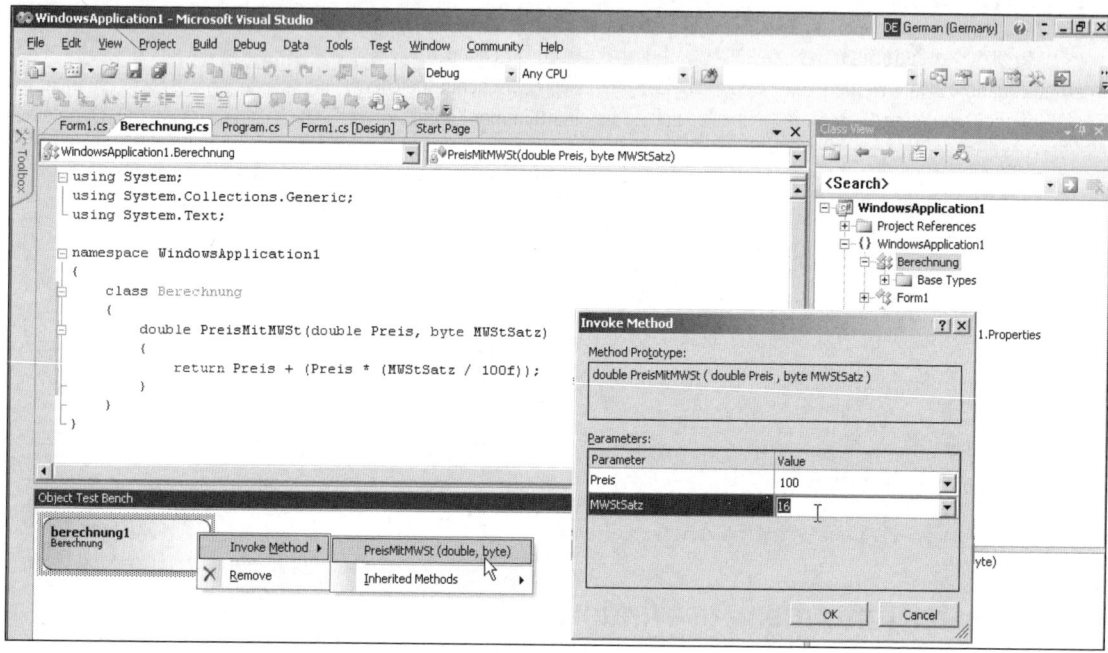

Abbildung 5.37 Objekttestcenter (Object Test Bench)

Einschränkungen auf 64-Bit-Systemen

Zwei Debugging-Funktionen von Visual Studio stehen auf 64-Bit-Systemen nicht zur Verfügung:

- gemischtes Debuggen von Managed Code und Native Code
- Ändern & Weitermachen (Edit & Continue) beim Debuggen

Durch den lokalen Einsatz von Remote Debugging erreicht Microsoft aber, dass man auch den 64-Bit-Just-in-Time-Compiler aus dem 32-Bit-Visual Studio heraus entlausen kann.

Debugging des Quellcodes des .NET Frameworks

Am 16. Januar 2008 hat Microsoft unter dem Titel ».NET Reference Source Project« den Quellcode einiger .NET-Bibliotheken zur Einsicht innerhalb des Visual Studio-Debuggers freigegeben. Anders als im Rahmen des Rotor-Projekts kann man nicht C#-Quellcodedateien herunterladen, sondern Visual Studio-Debugger-Dateien (.pdb), die man nur im Rahmen eines Debugging-Vorgangs in Visual Studio nutzen kann. Beim Aufruf eines Properties oder einer Methode in einer der unterstützten .NET-Bibliotheken kann man im Rahmen eines Debugging-Vorgangs »hineinschreiten« (Taste F11 oder wie im Menü *Debug/Step Into*) wie in selbstentwickelten Programmcode. Visual Studio zeigt dann den Quellcode und die von den Microsoft-Entwicklern hinterlegten Kommentare an.

ACHTUNG Das Betrachten des Quellcodes der von Microsoft geschriebenen .NET-Bibliotheken funktioniert nur mit einem Internet-Zugang. Zwar werden die Debugger-Dateien lokal zwischengespeichert (dieses Verzeichnis legt man unter *Tools/Options/Debugging/Symbols* fest), aber Visual Studio nimmt immer Kontakt zu den Servern bei Microsoft auf. Ohne einen Online-Zugang bekommt man den Quellcode nicht zu sehen.

Voraussetzung ist die Konfiguration von Visual Studio 2008:

- Unter *Tools/Options/Debugging/General* muss *Enable Just My Code* deaktiviert werden.
- Unter *Tools/Options/Debugging/General* muss *Enable Source Server Support* aktiviert werden
- Unter *Tools/Options/Debugging/Symbols* muss der Symbolserver **http://referencesource.microsoft.com/symbols** eingetragen werden.

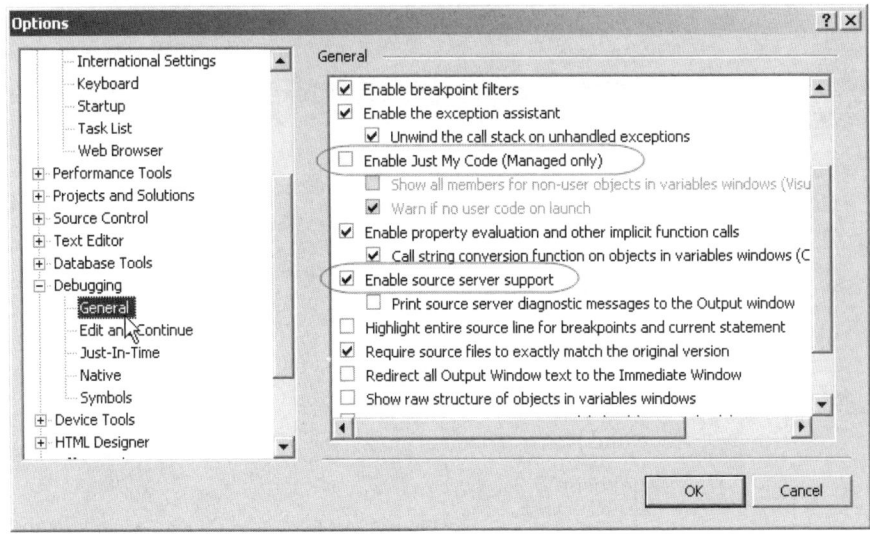

Abbildung 5.38 Einstellung für das Debugging des .NET Framework-Quellcodes

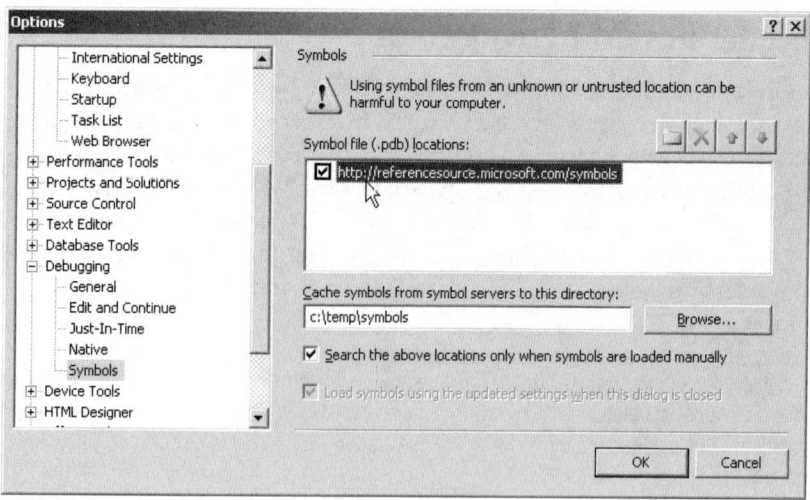

Abbildung 5.39 Einstellung für den .NET Framework-Quellcodeserver

Beim Debugging muss man dann jeweils an einem Haltepunkt die Symboldateien für die gewünschten .NET-Assemblies anfordern. Dies erfolgt mit dem Befehl *Load Symbols* entweder im Fenster *Call Stack* oder *Modules*. Da nur Modules alle notwendigen Assemblies zeigt, ist dies meist der bessere Ort. Der Entwickler muss selber entscheiden, welche Assemblies er laden will. Im Zweifel findet man die Information über die Assembly, in der sich eine Klasse befindet, in der MSDN-Dokumentation zu der Klasse.

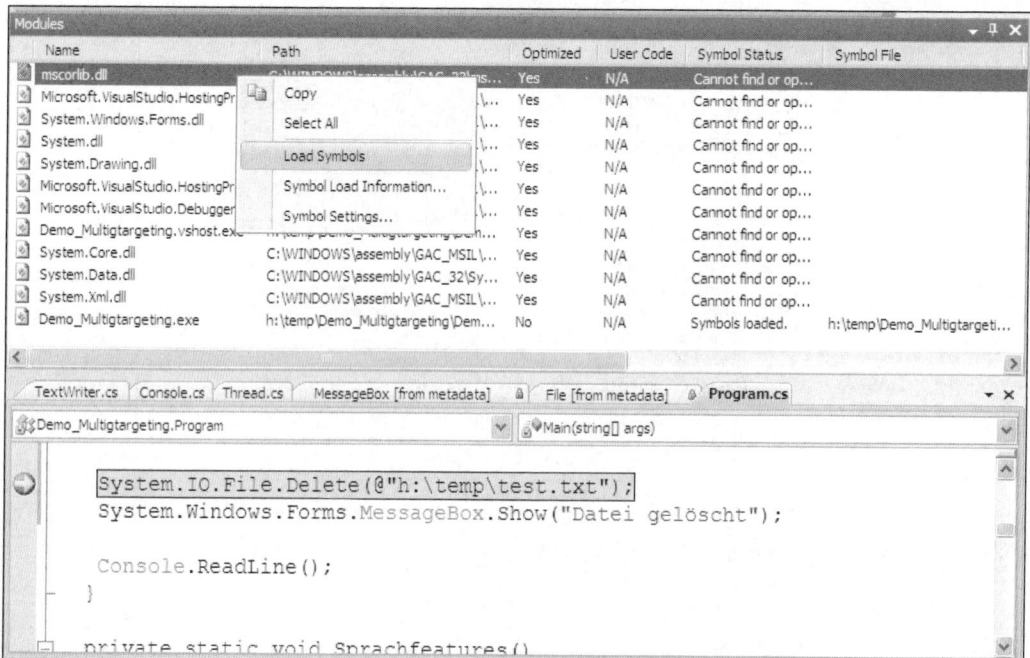

Abbildung 5.40 Laden des Quellcodes für die mscorlib.dll, damit die Methode Delete() in der Klasse System.IO.File im Quellcode betrachtet werden kann

Beim Laden der Symboldatei muss man die Bedingungen von Microsoft akzeptieren.

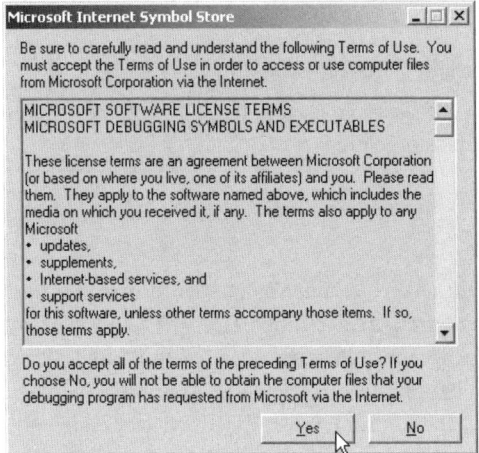

Abbildung 5.41   Man muss Microsofts Bedingungen akzeptieren

Sobald die entsprechende Assembly von dem Redmonder Symbolserver geladen ist, erscheinen die entsprechenden Zeilen im Call Stack-Fenster nicht mehr in grau, sondern in schwarz. Sodann funktioniert *Debug/ Step Into* (Taste F11).

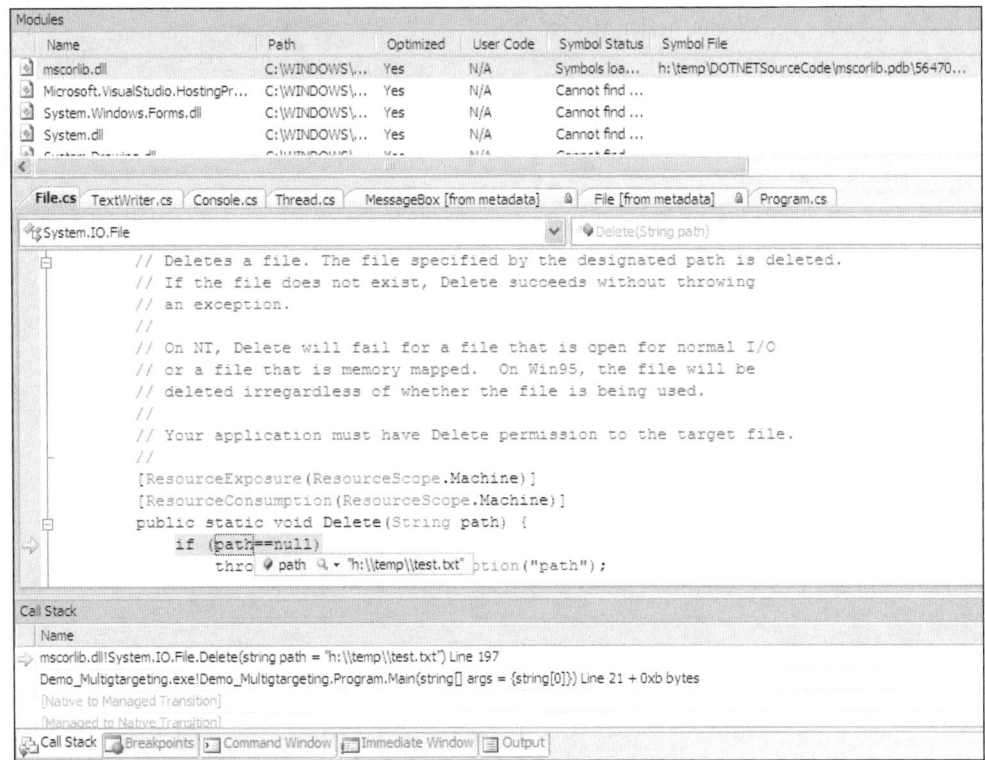

Abbildung 5.42   Debugging der Methode Delete()

WICHTIG Man muss *Load Symbols* nach einem Neustart des Debuggers jeweils erneut für jede Bibliothek ausführen. Die PDB-Dateien werden aber in einem lokalen Verzeichnis zwischengespeichert und müssen daher nicht immer wieder von dem Symbolserver geladen werden.vs08_deb

Man kann derzeit auch nicht alle *pdb*-Dateien auf einmal laden, sondern immer nur einzeln anfordern.

Weiterhin verfügbar ist auch der Rotor-Quellcode in Form von C#-Quellcodedateien im Rahmen der Shared Source Common Language Infrastructure. Allerdings enthält Rotor nicht alle der im .NET Reference Source Project verfügbaren Bibliotheken.

XSLT-Debugging

Mit Haltepunkten, Einzelschrittmodus und der Anzeige der aktuellen Variableninhalte kann man die Ausführung einer XSL-Transformation studieren. Den Debugger erreicht man über *Debug XLST* im Menü *XML*, wenn man sich in einer XML-Datei (*.xml*) oder Transformationsdatei (*.xsl* oder *.xslt*) befindet. Wenn es keine im Properties-Fenster in den Eigenschaften *Stylesheet* bzw. *Input* hinterlegte Verknüpfung zwischen einem XML-Dokument und einer Transformationsdatei gibt, fragt Visual Studio nach, welche Datei verwendet werden soll.

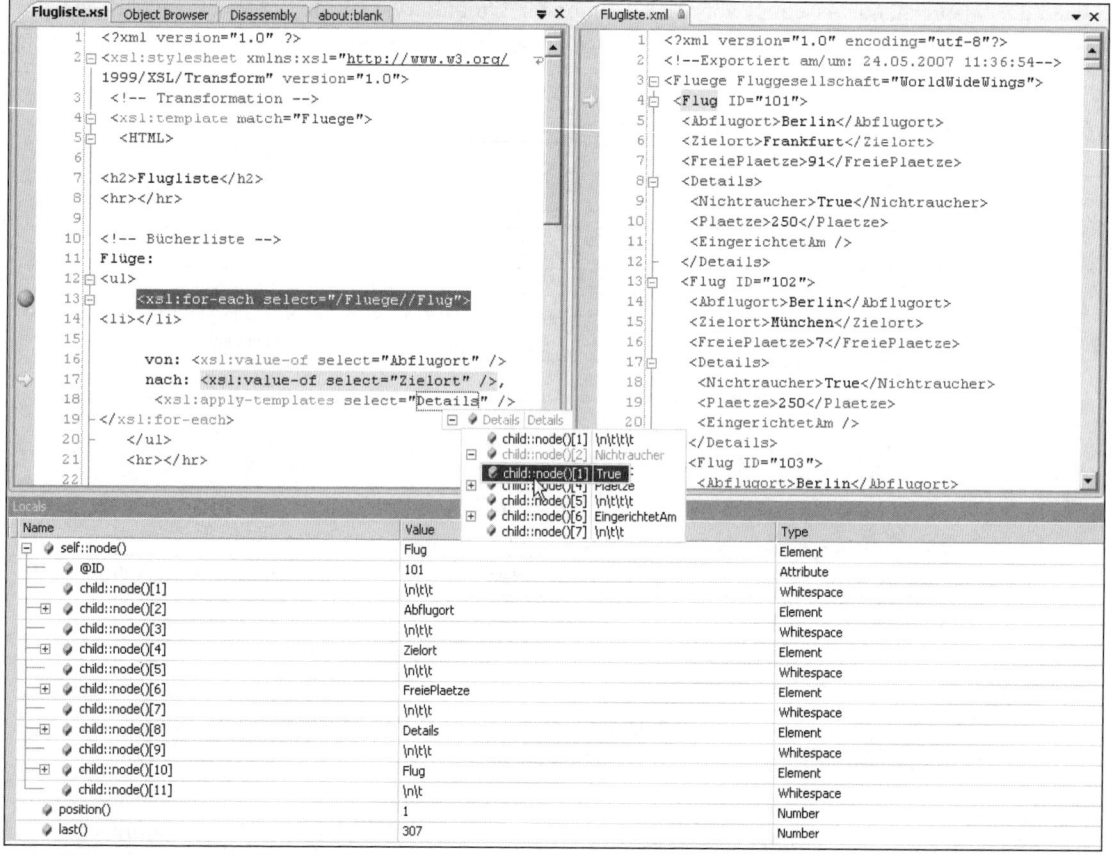

Abbildung 5.43 Arbeit mit dem XSLT-Debugger

Testen

Im Rahmen von Visual Studio 2005 bot Microsoft Testfunktionen nur im Rahmen von Visual Studio Team System (VSTS) an. In Visual Studio 2008 sind die Grundfunktionen zumindest auch in der kostengünstigeren Professional-Variante enthalten.

	Visual Studio 2008 Professional	VSTS 2008	Kostenfreie Software
Unit Test GUI	Ja	Ja	NUnit
Unit Test Konsole	Ja	Ja	NUnit
Starten aus Visual Studio	Ja	Ja	Test Driven .NET
Ergebnisanzeige in Visual Studio	Grafisch	Grafisch	Textbasiert (Test Driven .NET)
Code Coverage	Nein	Ja	NCover
Mit Zeilenanzeige	Nein	Ja	NCoverExplorer / NCoverBrowser
Windows Forms Test (Testen von Desktopoberflächen)	Nein	Nein	NUnitForms
Web Tests (Testen von Weboberflächen)	Nein	Ja, mit Makro-Recorder	NUnitASP, ohne Makro-Recorder
Datenbanktests	Nein	Ja	Nein
CF Tests	Nein	Ja	Nein
Datengetriebene Tests	Ja	Ja	Nein (muss man selbst entwickeln)
Testgenerierung	Ja	Ja	Nein
Generator für Zugriff auf private Client	Ja	Ja	Nein (muss man selbst über Reflection oder partielle Klassen entwickeln)
Belastungstests	Ja	Ja	Nein (muss man selbst entwickeln)
Fernausführung	Nein	Ja	Nein
Verbindung von Tests mit Bugs und Work Items	Nein	Ja	Nein
Integration in Visual Studio	Ja	Ja	Zum Teil
Mock-Objekte	Nein	Nein	nMock, dotnetMock, TypeMock, etc.

Tabelle 5.13 Vergleich der Unit Testing-Funktionen in Visual Studio und VSTS mit Open Source-Lösungen

Testarten

Visual Studio 2008 Professional bietet folgende Testformen:

- **Unit Tests**: Testen von beliebigen Klassen. Tests können aus vorhandenem Code generiert werden. Getestet werden können Klassen in folgenden Anwendungsarten: Desktop, Konsole, Compact Framework und ASP.NET.
- **Geordnete Tests**: Ausführung einer bestimmten Menge von Unit Tests in einer definierbaren Reihenfolge.

Visual Studio Team System Test Edition bzw. Visual Studio Team Suite bieten folgende Testformen zusätzlich:

- **Webtests**: Testen von Webbenutzeroberflächen. Die Erstellung ist durch eine Aufzeichnung von HTTP-Anfragen mit dem Internet Explorer möglich.
- **Datenbanktests**: Testen von Datenbanken durch Ausführung von SQL-Befehlen und gespeicherten Prozeduren (Stored Procedures).
- **Lasttests**: Mehrfachaufrufe von Tests
- **Generische Tests**: Aufruf externer Anwendungen
- **Manuelle Tests**: Nicht-automatisierte Tests, bei denen ein Mensch anhand eines Test-Dokuments bestimmte Schritte vollzieht und am Ende eingibt, ob das gewünschte Ergebnis erzielt werden konnte.

HINWEIS Microsoft nennt die Unit Tests in der deutschen Version von VSTS *Komponententests*. Da dieser Begriff aber eher unüblich ist, wird in diesem Buch primär der englische Begriff *Unit Tests* verwendet.

Unit Tests (Komponententests)

Zum Erstellen von Unit Tests erzeugt man am besten zuerst ein Testprojekt mit der Vorlage *Test Project*. Ein Unit Test ist aus der Sicht von Visual Studio eine Methode, die mit `Microsoft.VisualStudio.TestTools.UnitTesting.TestMethod` annotiert und Teil einer .NET-Klasse ist, die wiederum mit `Microsoft.VisualStudio.TestTools.UnitTesting.TestClass` annotiert ist. Durch die Klassen `Assert` und `CollectionAssert` kann der Entwickler dann Prüfbedingungen setzen.

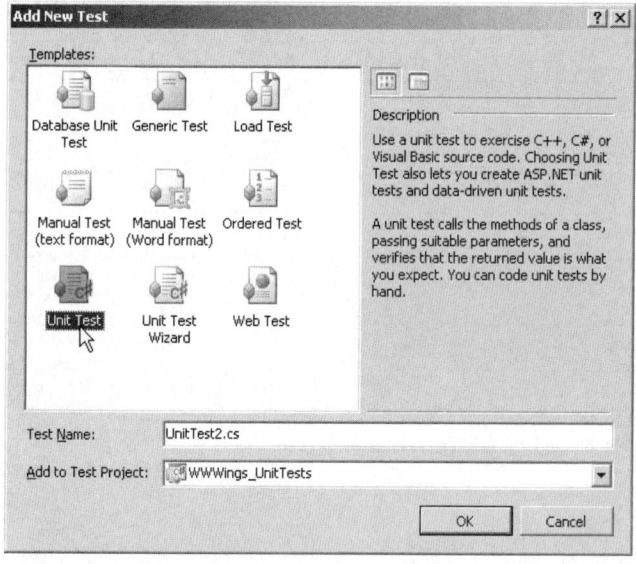

Abbildung 5.44 Anlegen eines Unit Tests

TIPP Visual Studio unterstützt die Generierung von Rümpfen für Unit Tests durch *Add/New Test/Unit Test Wizard* oder durch die Funktion *Komponententests erstellen* (*Generate Unit Tests*), die im Code-Editor im Kontextmenü zur Verfügung steht. Die generierten Tests werden aber als *nicht beweiskräftig* (`Assert.Inconclusive`) markiert und müssen manuell nachbearbeitet werden.

Testen

Visual Studio erlaubt auch das Testen von privaten Klassenmitgliedern via .NET-Reflection. Den notwendigen Programmcode lässt man sich am besten über die Testgenerierung erzeugen. Visual Studio erzeugt dann für jede Klasse mit privaten Mitgliedern eine Wrapper-Klasse mit Namen *Klasse_Accessor* über die alle Klassenmitglieder, auch die privaten, aufgerufen werden können.

```csharp
using System.Collections.Generic;
using Microsoft.VisualStudio.TestTools.UnitTesting;
using WWWings35_BL;
using WWWings35_BO;

namespace WWWings_UnitTests
{
 /// <summary>
 ///Hier handelt es sich um eine Testklasse für FlugBLManagerTest,
 ///die alle FlugBLManagerTest-Unit Tests beinhält
 ///</summary>
 [TestClass()]
 public class FlugBLManagerTest
 {

  private TestContext testContextInstance;

  /// <summary>
  ///Holt(gets) oder setzt(sets) den Test-Kontext, der Informationen
  ///über und Funktionalität für den Test zur Verfügung stellt..
  ///</summary>
  public TestContext TestContext
  {
   get
   {
    return testContextInstance;
   }
   set
   {
    testContextInstance = value;
   }
  }

  /// <summary>
  /// Testet das Holen eines einzelnes Flugs
  ///</summary>
  [TestMethod()]
  public void HoleFlugTest_GueltigeFlugnummer()
  {
   FlugBLManager target = new FlugBLManager();
   Flug actual;

   long Nr1 = 101;
   actual = target.HoleFlug(Nr1);
   Assert.AreEqual(actual.FlugNr, Nr1);
   Assert.AreEqual(actual.Abflugort, "Berlin");
   Assert.AreEqual(actual.Zielort, "Frankfurt");
   Assert.AreEqual(actual.Plaetze, (short)250);
  }
```

```csharp
/// <summary>
/// Testet das Holen eines einzelnes Flugs
///</summary>
[TestMethod()]
[ExpectedException(typeof(System.InvalidOperationException))]
public void HoleFlugTest_UngueltigeFlugnummerErzeugtFehler()
{
  FlugBLManager target = new FlugBLManager();
  Flug actual;

  long Nr2 = 99; // ungültige Nummer!
  actual = target.HoleFlug(Nr2);
  Assert.IsNull(actual);
}

/// <summary>
///A test for HoleAlle
///</summary>
[TestMethod()]
public void HoleAlleTest1()
{
  List<Flug> actual;
  actual = new FlugBLManager().HoleAlle();
  Assert.IsTrue(actual.Count > 200);
  CollectionAssert.AllItemsAreUnique(actual);
  CollectionAssert.AllItemsAreNotNull(actual);
  CollectionAssert.AllItemsAreInstancesOfType(actual, typeof(Flug));
}

/// <summary>
///A test for HoleAlle
///</summary>
[TestMethod()]
public void HoleAlleTest2()
{
  FlugBLManager target = new FlugBLManager();
  string Ort = "Rom";
  List<Flug> actual;
  actual = target.HoleAlle(Ort);
  Assert.IsTrue(actual.Count > 10);
  }
 }
}
```

Listing 5.2 Beispiele für VSTS-basierte Unit Tests

Visual Studio Unit Testing unterstützt weitere Annotationen:

- [TestInitialize]: Dieser Code wird vor jeder Testmethode ausgeführt.
- [TestCleanUp]: Dieser Code wird nach jeder Testmethode ausgeführt.
- [ClassInitialize]: Dieser Code wird vor der ersten Testmethode in dieser Klasse ausgeführt.
- [ClassCleanup]: Dieser Code wird nach der letzten Testmethode in dieser Klasse ausgeführt.

Testen

Das folgende Listing zeigt den Einsatz von [TestInitialize()]. Hierbei wird vor jedem der Tests ein Flugobjekt erzeugt. In den einzelnen Tests wird dann jeweils nur einmal *Assert* aufgerufen. Das Problem bei Assert ist, dass ein Test bei der ersten Bedingung mit der Testmethode aufhört. Dadurch kann man auf den ersten Blick das Ausmaß des Problems oft gar nicht erkennen, wenn ein Test fehlschlägt. Das nachstehende Listing verfolgt daher den Ansatz *Single Assert Per Unit Test* (siehe [OSH01]).

```
using Microsoft.VisualStudio.TestTools.UnitTesting;
using WWWings35_BL;
using WWWings35_BO;

namespace WWWings_UnitTests
{
  /// <summary>
  /// Summary description for SelbstErstellterTest
  /// </summary>
  [TestClass]
  public class SelbstErstellterTest
  {

    private TestContext testContextInstance;

    /// <summary>
    ///Gets or sets the test context which provides
    ///information about and functionality for the current test run.
    ///</summary>
    public TestContext TestContext
    {
      get
      {
        return testContextInstance;
      }
      set
      {
        testContextInstance = value;
      }
    }

    FlugBLManager BL;
    Flug f ;

    [TestInitialize()]
    public void MyTestInitialize()
    {
      BL = new FlugBLManager();
      f = BL.HoleFlug(101);
    }

    [TestMethod]
    public void Teste_FlugNr()
    {
      Assert.AreEqual(f.FlugNr, 101);
    }
```

```csharp
[TestMethod]
public void Teste_AbflugOrt()
{
  Assert.AreEqual(f.Abflugort, "Berlin");
}

[TestMethod]
public void Teste_Zielort()
{
  Assert.AreEqual(f.Zielort, "Frankfurt");
}

[TestMethod]
public void MeinZweiterTest()
{
  Assert.AreEqual(f.FlugNr, 101);
  Assert.AreEqual(f.Abflugort, "Berlin");
  Assert.AreEqual(f.Zielort, "Frankfurt");
}
}
}
```

Listing 5.3 Beispiele für VSTS-basierte Unit Tests mit [TestInitialize()]

Über das Mitglied TestContext, das immer erzeugt wird, wenn man die Klasse generieren lässt, kann man auf die Eigenschaften des Tests (z. B. Name, Verzeichnis) zugreifen.

```csharp
[TestMethod]
public void SpielereienMitTestContext()
{
  System.Diagnostics.Debug.WriteLine(this.TestContext.TestName);
  System.Diagnostics.Debug.WriteLine(this.TestContext.TestDir);
  System.Diagnostics.Debug.WriteLine(this.TestContext.TestDeploymentDir);
  System.Diagnostics.Debug.WriteLine(this.TestContext.CurrentTestOutcome);
  System.Diagnostics.Debug.WriteLine(this.TestContext.TestName);
}
```

Listing 5.4 Verwendung des TestContext-Objekts

Testausführung

Die Testlaufkonfiguration (Test Run Configuration, *.testrunconfig*) entscheidet über den genauen Ablauf der Unit Tests (z. B. kann dieser sich auf Programmcode in ASP.NET-Webprojekten beziehen und dann müssen diese ebenfalls im Webserver laufen). Tests kann man auch an der Kommandozeile ausführen mit *MSTest.exe*.

Die zu startenden Tests legt man im Fenster *Test View* oder *Test List Editor* fest. *Test View* zeigt alle Tests in einer flachen Liste an. *Test List Editor* erlaubt die Speicherung beliebiger benutzerdefinierter Testlisten in einem hierarchischen Baum.

Testen

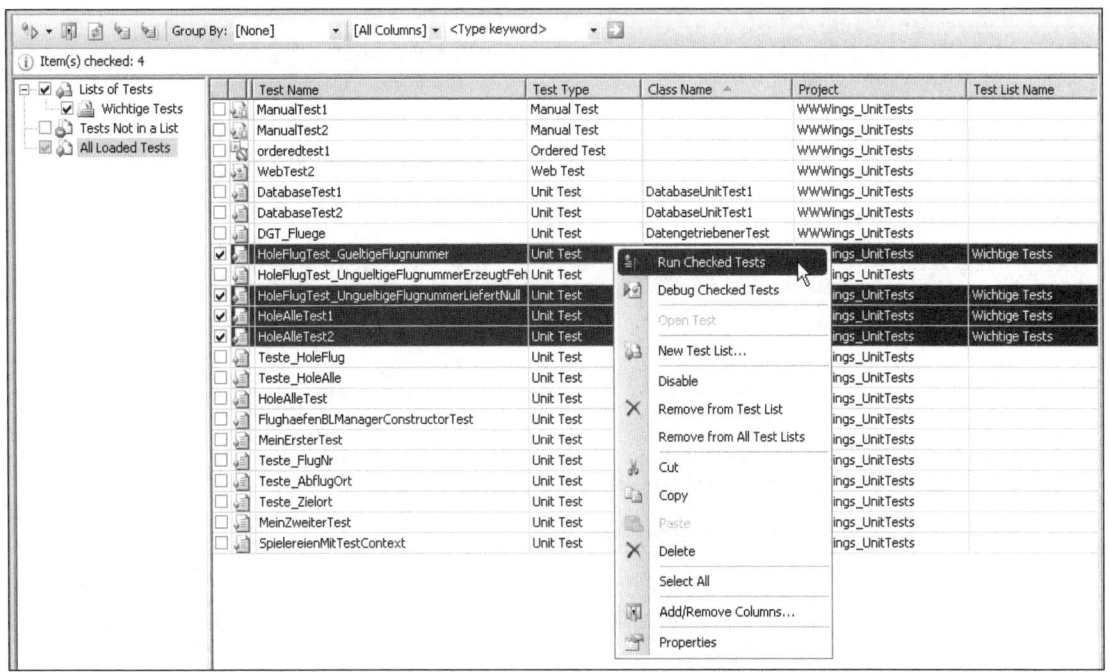

Abbildung 5.45 Zusammenstellen von Unit Tests zu Testlisten im Test List Editor

Bei jeder Testausführung erstellt Visual Studio einen Ordner und kopiert alle an dem Test beteiligten Assemblies dort hinein. Der Ordner liegt meist unter */TestResults/BenutzerName_Rechner_Datum_Zeit*. ZEr enthält dann auch die Testergebnisse in *.vsmdi*-Dateien. Im Standard speichert Visual Studio die letzten 25 Testergebnisse und warnt dann vor dem Überschreiben der Ergebnisse. Die Anzahl kann aber verändert werden.

Datengetriebene Tests

Ein datengetriebener Unit Test ermöglicht die automatische Wiederholung eines Unit Tests für jeden Datensatz einer Datenmenge, wobei der jeweils aktuelle Datensatz als Eingabeparameter für den Test behandelt wird. Ein datengetriebener Test wird durch die Annotation [DataSource] (zusätzlich zu [TestMethod]) ausgezeichnet. Innerhalb der Testmethode kann man auf die Daten über TestContext.DataRow zugreifen.

```
[TestMethod]
[DataSource("System.Data.SqlClient",
@"Data Source=.\SQLEXPRESS;AttachDbFilename=h:\www\Datenbanken\WorldWideWings.mdf;
Integrated Security=True;User Instance=true", "FL_Fluege", DataAccessMethod.Sequential)]
      public void DGT_Fluege()
      {
         Console.WriteLine("FlugNr: {0}, Abflugort: {1}, Zielort: {2}",
   TestContext.DataRow["FL_FlugNr"], TestContext.DataRow["FL_AbflugOrt"],
   TestContext.DataRow["FL_ZielOrt"]);
```

```
            System.Data.DataRow dr =
            de.WWWings.DAL.Flug_DataManager.AlleFluegeRoute(TestContext.DataRow["FL_AbflugOrt"].ToString(),
            TestContext.DataRow["FL_ZielOrt"].ToString()).Tables[0].Rows[0];

            Assert.Equals(TestContext.DataRow["FL_FlugNr"], dr["Fl_FlugNr"]);
        }
```

Listing 5.5 Datengetriebener Test für die Datenzugriffsschicht von World Wide Wings

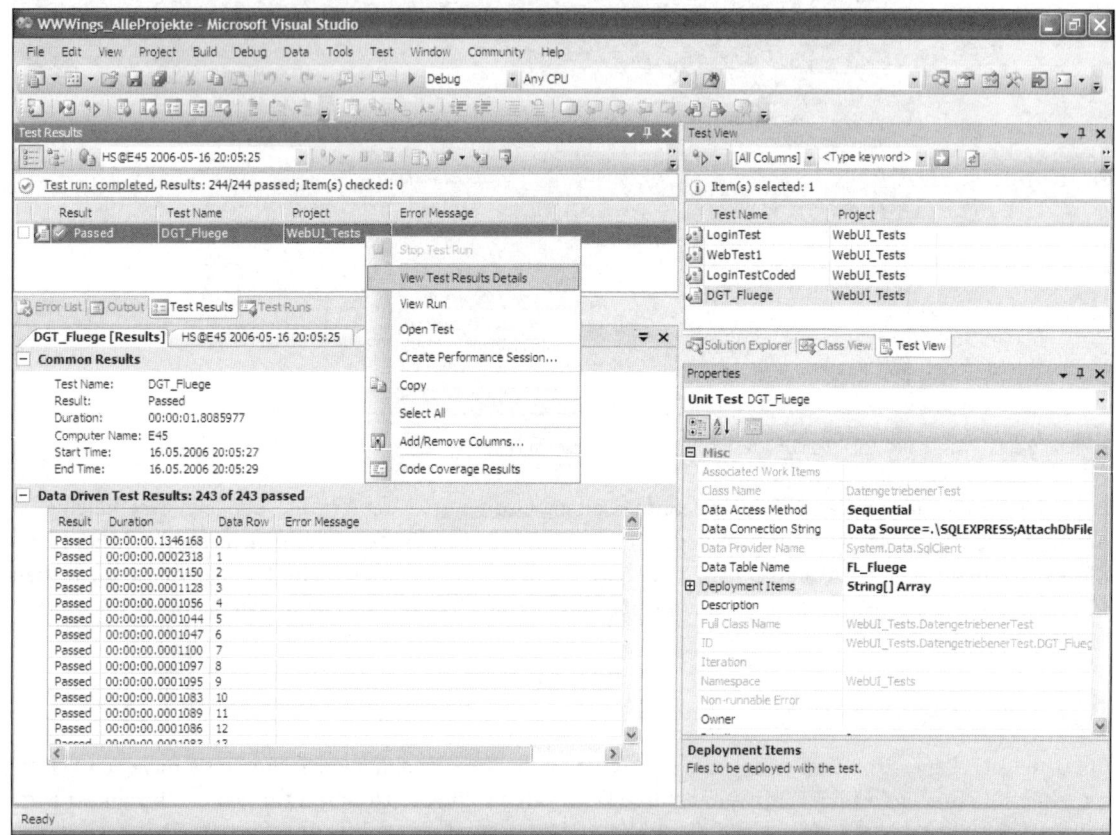

Abbildung 5.46 Anzeige der Ergebnisse eines datengetriebenen Tests mit automatischer Wiederholung des Tests für jeden Datensatz einer Quelldatenmenge

Testabdeckung (Code Coverage)

Anders als das beliebte Freeware-Werkzeug *NUnit* zeigt die in Visual Studio 2008 integrierte Unit-Testing-Funktion auch, welche Teile des Programmcodes durch den Test abgedeckt und welche Teile nicht ausgeführt wurden (Code Coverage).

Code Coverage ist der Grad der Abdeckung des zu testenden Programmcodes im Rahmen von Unit Tests. Code Coverage muss vor dem Start eines Tests in der Testkonfiguration aktiviert werden. Nach Ablauf des Tests stehen Daten über die Testabdeckung zur Verfügung (siehe Abbildung).

Testen

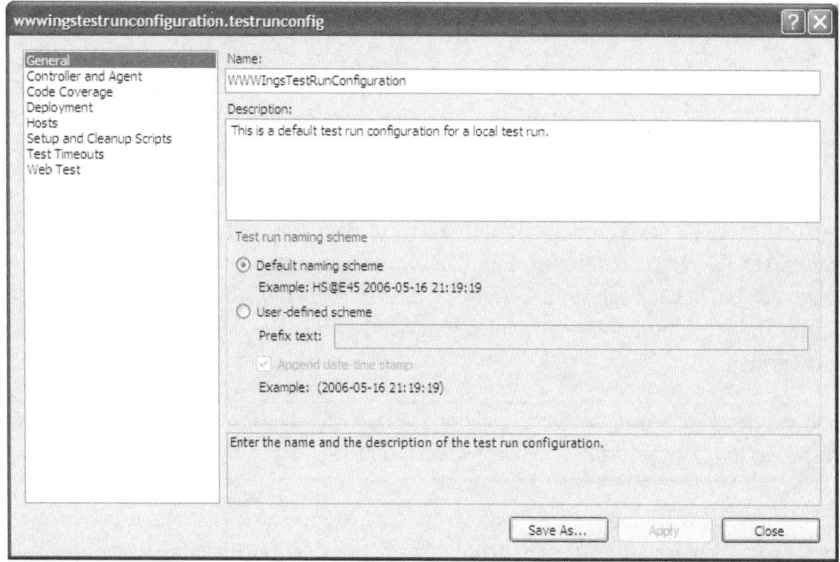

Abbildung 5.47 Aktivierung der Code Coverage-Funktion in der Konfiguration eines Testdurchlaufs

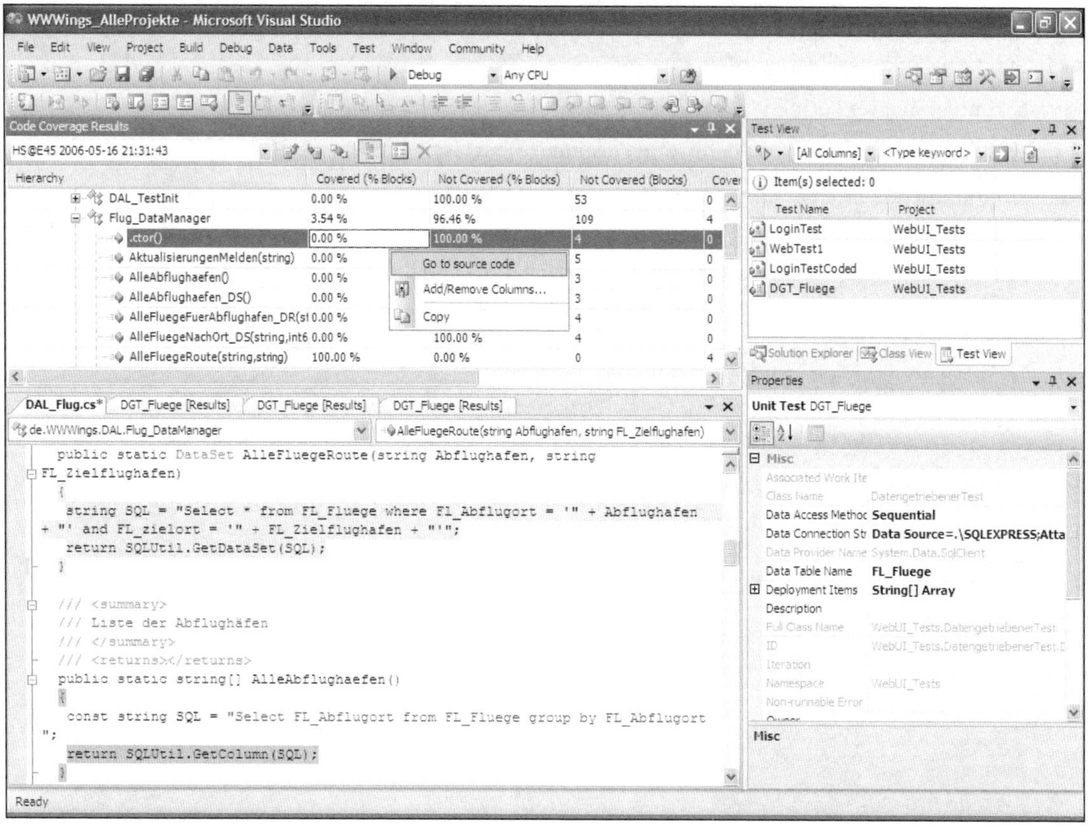

Abbildung 5.48 Anzeige der Testabdeckung durch Prozentzahlen und farbige Hinterlegung des Quellcodes (Code Coverage)

Webtests

Webtests sind Unit Tests für Webbenutzeroberflächen. Bei dem in VSTS verwendeten Webtestverfahren ist die auf dem Webserver verwendete Programmiertechnik irrelevant, d. h., es können auch Websites getestet werden, die nicht mit ASP.NET erstellt wurden. VSTS steuert bei den Tests nicht den Browser, sondern spielt vorher aufgezeichnete HTTP-Abfragen wieder ein. Dabei werden gezielte Ersetzungen (z. B. für Sitzungs-IDs) vorgenommen.

Beim Anlegen eines Webtests bietet VSTS die Möglichkeit, den Test mit dem Internet Explorer aufzuzeichnen. Hierzu speichert VSTS den HTTP-Datenstrom zwischen Client und Server ab. Die Aufzeichnung kann später wieder abgespielt werden. Dabei berücksichtigt der Webtest, dass sich bei der Abspielung einige Werte (z. B. Sitzungsnummer) geändert haben können. Die Bedenkzeiten des Nutzers bei der Aufzeichnung können verwendet oder ignoriert werden.

ACHTUNG Durch diese Form des Tests kann man JavaScript-Code und ActiveX-Steuerelemente im Browser nur dann »simulieren«, wenn diese eine Interaktion (d. h. Datenaustausch) mit dem Webserver haben.

Der Entwickler muss dem Ablauf von Anfragen und Antworten anschließend manuell Regeln (*Validation Rules*) hinzufügen, mit denen der Webtest automatisch prüfen kann, ob das gewünschte Ergebnis vom Webserver geliefert wurde.

Die Aufzeichnung wird in XML-Form abgelegt. Der Entwickler kann durch die Funktion *Code generieren* (*Generate Code*) daraus Programmcode generieren, den er anpassen kann. Dabei ist zu beachten, dass zwei voneinander unabhängige Tests entstehen.

Webtests können in zwei Formen gespeichert werden:

- als XML-Dateien (*.webtest*) mit dem Wurzelelement <TestCase> oder
- als Programmcode in einer von Microsoft.VisualStudio.TestTools.WebTesting.WebTest abgeleiteten Klasse (*Coded Webtest*)

Eine XML-Webtest-Datei kann man in eine Codedatei umwandeln (Symbol *Generate Code*), aber nicht umgekehrt.

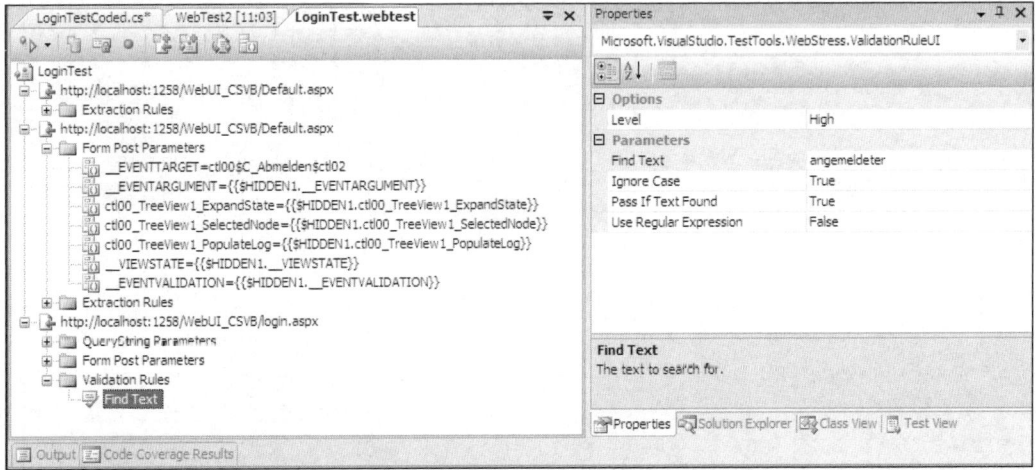

Abbildung 5.49   Ein aufgezeichneter Webtest mit einer Validation Rule, die prüft, ob ein Text in der Ausgabe enthalten ist

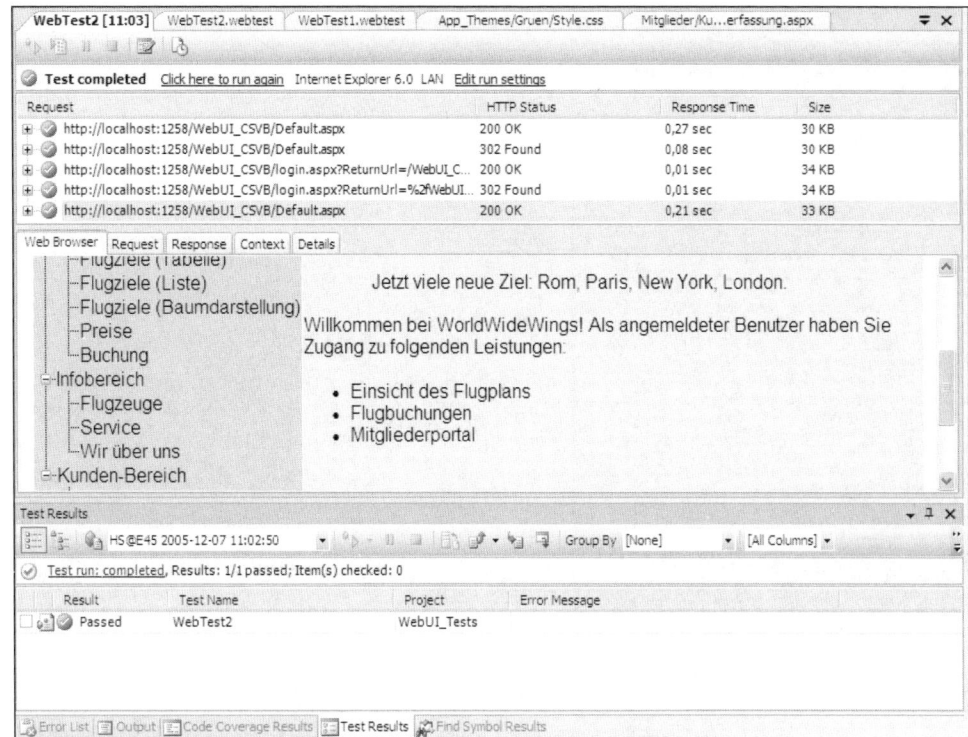

Abbildung 5.50   Ein Webtest wurde erfolgreich ausgeführt

Datenbanktests

Bei Datenbanktests legt man fest:

- Die Datenbank, die gestestet werden soll.
- Den auszuführenden Befehl (SQL oder gespeicherte Prozedur)
- Das erwartete Ergebnis.

HINWEIS   Datenbanktests sind nur in einigen VSTS-Varianten verfügbar.

Kapitel 5: Visual Studio 2008

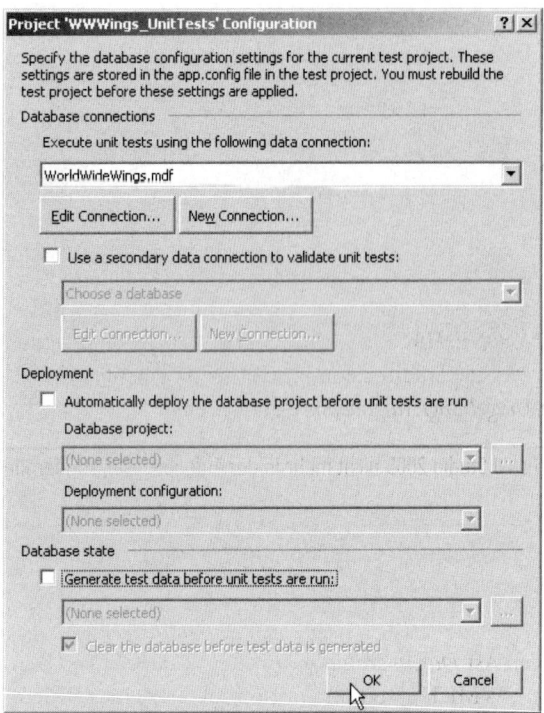

Abbildung 5.51 Festlegung der Datenbank

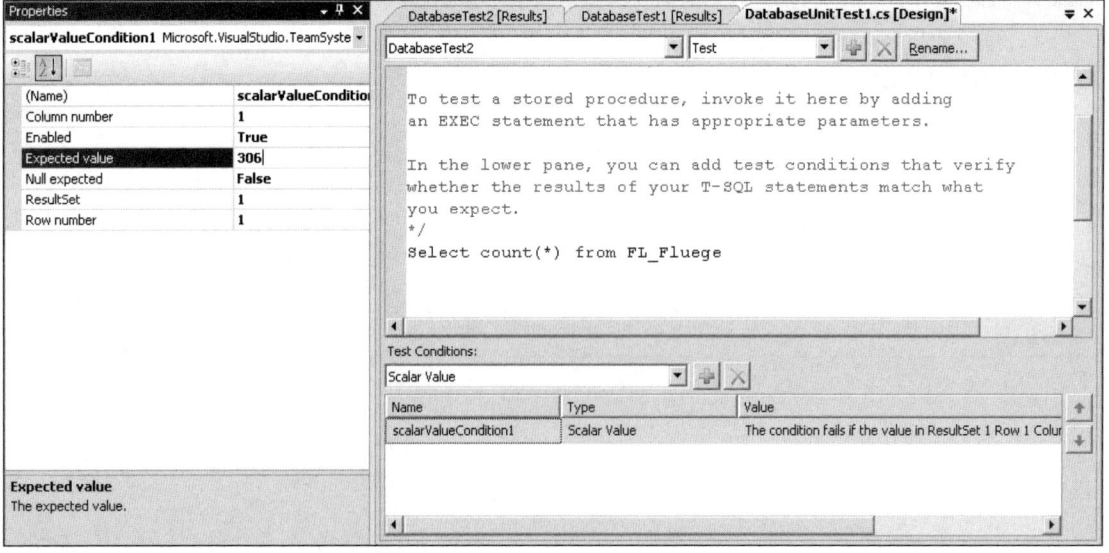

Abbildung 5.52 Festlegung von Befehl und erwartetem Ergebnis

Weitere Funktionen

Dieses Unterkapitel bespricht einige weitere nützliche Funktionen von Visual Studio 2008.

Aufgabenliste

Die *Aufgabenliste* (Menü *Ansicht/Aufgabenliste*) ermöglicht die automatische oder manuelle Aufnahme von Stichpunkten. Die manuelle Aufnahme erfolgt einfach über das Fenster selbst (Symbol *Benutzeraufgabe erstellen*). Automatisch aufgenommen werden Kommentare aus dem Quellcode, die bestimmte Schlüsselwörter enthalten. Vordefiniert sind die Schlüsselwörter *TODO*, *UNDONE*, *HACK* und *UnresolvedMergeConflict*. Einen Kommentar, der mit diesen Schlüsselwörtern beginnt, fügt Visual Studio automatisch der Aufgabenliste hinzu. Weitere Schlüsselwörter kann man über *Extras/Optionen/Umgebung/Aufgabenliste* definieren.

HINWEIS Kompilierungsfehler und Warnungen werden seit Visual Studio 2005 nicht mehr in der Aufgabenliste, sondern in dem getrennten Fenster *Fehlerliste* (*Error List*) angezeigt.

Server Explorer

Der *Server Explorer* zeigt neben dem bereits besprochenen Ast *Datenverbindungen* (*Data Connections*) auch Systemkomponenten (z. B. Dienste, Leistungsindikatoren, WMI-Klassen, Ereignisprotokolle) eines beliebigen Rechners im LAN an und bietet die grafische Instanziierung per Drag & Drop bzw. Codegenerierung im Kontextmenü. Das bisherige WMI-Add-in für den Server Explorer ist nun fester Bestandteil.

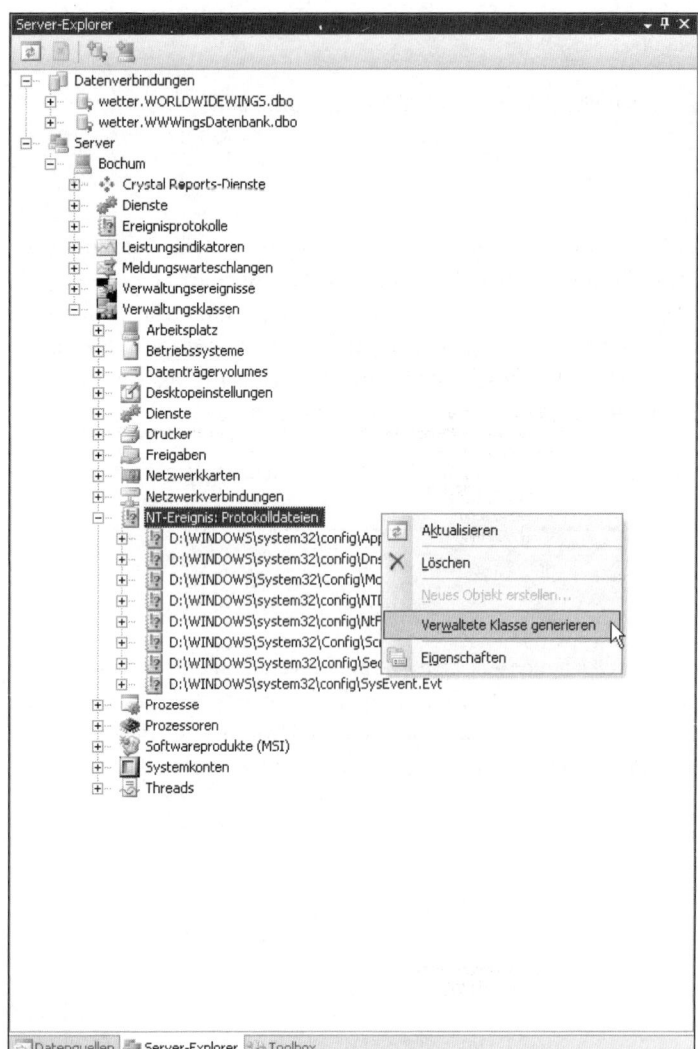

Abbildung 5.53 Generierung einer .NET-Wrapper-Klasse für eine WMI-Klasse im Server Explorer

Objektbrowser und Klassenansicht (Object Browser / Class View)

Das Fenster *Objektbrowser* (engl. *Object Browser*) ermöglicht es, die Typen und Typmitglieder einer Assembly anzuzeigen. Nach Namensräumen sortiert werden neben den Typen in dem geöffneten Projekt auch alle referenzierten Komponenten sowie die Komponenten der .NET-Klassenbibliothek. Die Anzeige kann auf die verwendeten Komponenten begrenzt werden. Alternativ kann die Anzeige nach Komponenten gruppiert werden (Symbol *Object Browser Settings*).

Weitere Funktionen

Das Fenster *Klassenansicht* (engl. *Class View*) bietet eine ähnliche Sicht – allerdings nur für das geöffnete Projekt und mit mehr Funktionen. Die Typen sind nach Namensräumen angeordnet, unabhängig davon, in welcher Datei die Implementierung liegt. Zentrale Funktion ist die Möglichkeit, die Implementierung eines Typs oder eines Mitglieds durch einen Doppelklick auf den Namen direkt anzuspringen. Das Kontextmenü bietet weitere hilfreiche Funktionen:

- *Definition durchsuchen (Browse Definition)* springt direkt zur entsprechenden Stelle im Objektbrowser.

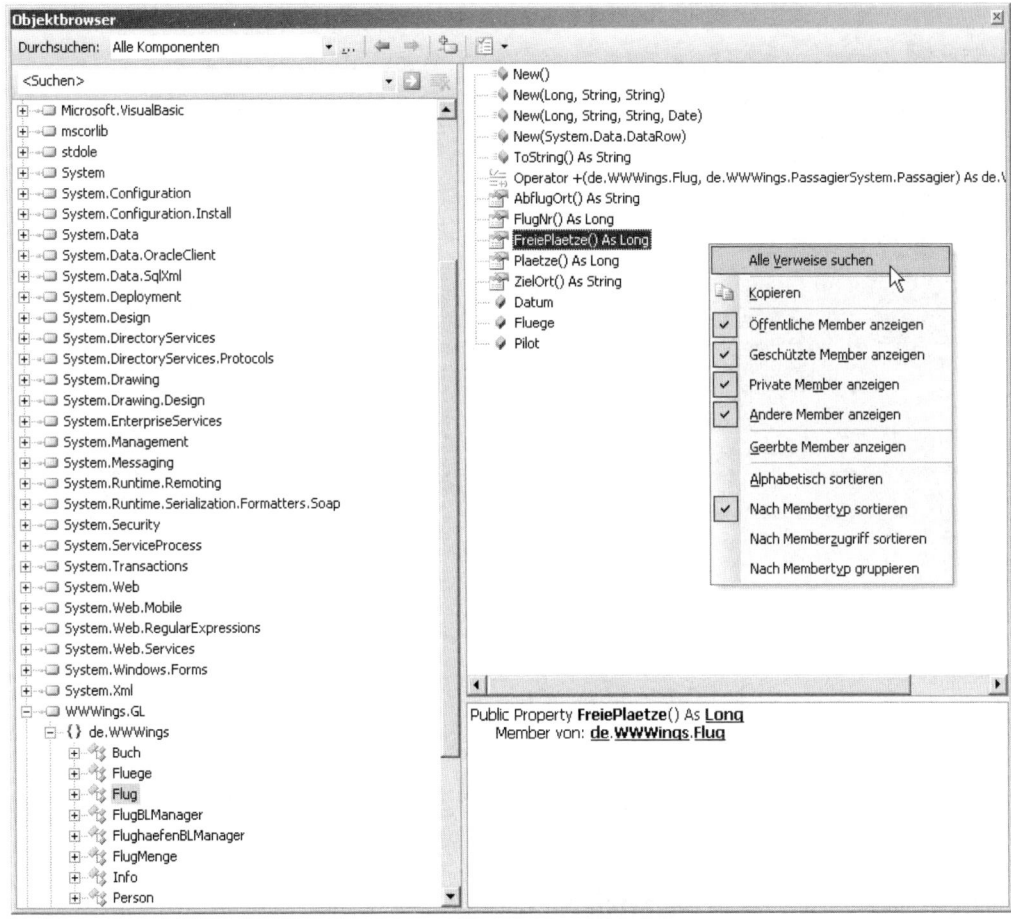

Abbildung 5.54 Objektbrowser in Visual Studio

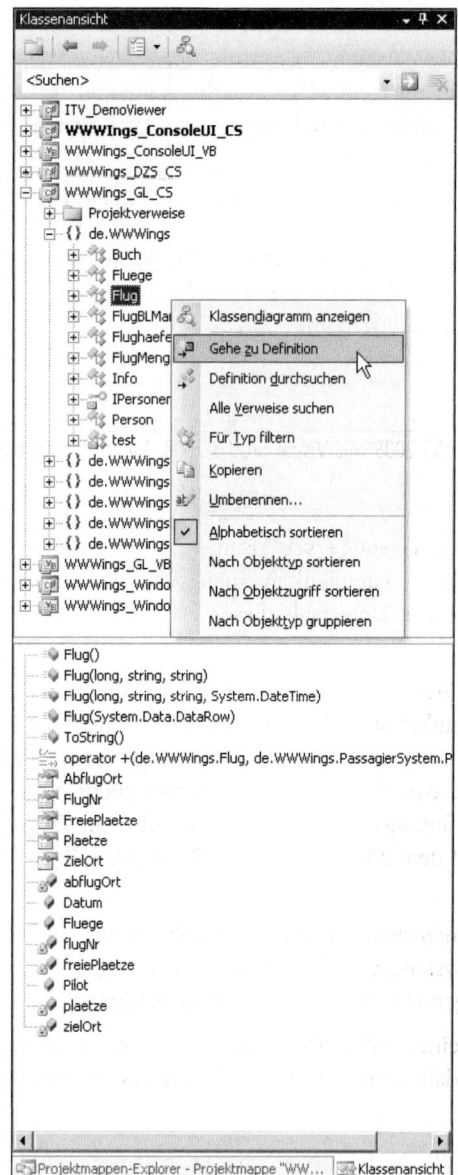

Abbildung 5.55 Klassenansicht in Visual Studio

- *Alle Verweise suchen (Find all References)* zeigt eine Liste aller Codestellen, die auf einen Typ bzw. ein Mitglied verweisen.
- *Umbenennen (Rename)* bietet die Möglichkeit, einen Typ umzubenennen und alle nutzenden Codestellen dabei anzupassen.

Codedefinitionsfenster (Code Definition Window)

Das Fenster *Codedefinition* zeigt zu jedem Typ bzw. jedem Typmitglied die Definition an. Typen bzw. Typmitglieder aus Projekten, die mit zur Projektmappe gehören, werden im kompletten Quelltext angezeigt. Für Typen bzw. Typmitglieder aus kompilierten Assemblies werden nur Rümpfe und Kommentare angezeigt.

Visual SourceSafe (VSS)

Visual SourceSafe (VSS) ist das Versionsverwaltungssystem, das Microsoft bereits vor dem .NET-Zeitalter mit Visual Studio ausgeliefert bzw. einzeln verkauft hat. Im Vergleich mit Konkurrenzprodukten (siehe [HS03]), auch im Vergleich zu Open Source-Werkzeugen wie CVS und Subversion, hat VSS in der Vergangenheit keinen begeisternden Eindruck hinterlassen.

> **HINWEIS** Es gibt keine neue Hauptversion zur Verwendung von VSS 2005 mit Visual Studio 2008. Microsoft stellt hier lediglich eine kleinere Anpassung bereit [BH01].

Anders als Konkurrenzprodukte besitzt SourceSafe keine echte Client-Server-Architektur; vielmehr ist das Projektarchiv nur eine Freigabe im Netzwerk, die eine SourceSafe-Datenbank in einem proprietären Format enthält. Kernelement dieser Datenbank ist die Datei *srcsafe.ini*. Unterhalb dieser Datei existieren zwei Ordner */Data* und */Temp*.

Der Filesharing-Zugriff der Clients auf die Datenbank war in der Vergangenheit eine der großen Schwächen von SourceSafe: Das Redmonder Produkt baut seine Kommunikation nicht direkt auf TCP/IP auf, sondern setzt das Server Message Block (SMB)-Protokoll voraus. Soll SourceSafe auch in Umgebungen zum Einsatz kommen, in denen die TCP-Ports 139 (SMB over NetBIOS over TCP/IP; vor Windows 2000) bzw. 445 (SMB over TCP/IP; Option ab Windows 2000) nicht zur Verfügung stehen, benötigt man also ein Virtuelles Privates Netzwerk (VPN). Dieses Manko konnte man nur mit dem 200 Dollar teuren Zusatzprodukt *SourceOffSite* der Firma SourceGear überwinden.

In VSS2005 ist der HTTP-Zugang bereits im Kernprodukt unter dem Namen *SourceSafe Internet* enthalten. SourceSafe Internet benötigt einen IIS-Webserver auf dem System, auf dem die Datenbank liegt. Als Client können beim HTTP-Zugang nur Visual Studio 2005 und folgende Versionen zum Einsatz kommen.

Die VSS-Datenbank stellt sich dem Anwender in der Form eines Dateisystems dar, in welchem er Projekte und Dateien ablegen kann. Die Client-Anwendung erhält dabei ein Arbeitsverzeichnis des gewünschten Projekts und der Anwender kann in diesem arbeiten.

> **HINWEIS** Große Schwierigkeiten hatte Microsoft in der Vergangenheit mit dem VSS-Datenbankformat: In Foren berichteten zahlreiche Anwender über Datenbankinkonsistenzen und Datenverluste. Microsoft verspricht bei der VSS2005-Installation: »Robustness improvements reduce the need to analyze, administer, and repair databases.« Allerdings gibt es auch zu VSS2005 schon Benutzerberichte von defekten Quellcodedatenbanken. Microsoft empfiehlt in der Produktdokumentation weiterhin den regelmäßigen Einsatz des mitgelieferten Werkzeugs *Analyze.exe* einmal pro Woche. Für Teams mit mehr als fünf Benutzern empfiehlt Microsoft den Einsatz des im Team Foundation Server (TFS) integrierten Versionsverwaltungssystems.

Clients

Microsoft liefert drei verschiedene Clients für VSS:

- verschiedene Kommandozeilenwerkzeuge (*ss.exe, ssarc.exe* etc.)
- eine Windows-Anwendung mit dem Namen Visual SourceSafe Explorer (siehe Abbildung)
- ein Add-in für Visual Studio 2005 / 2008

Zur Verwaltung von Datenbanken und Benutzern gibt es noch eine Windows-Anwendung mit Namen *SourceSafe Administrator*.

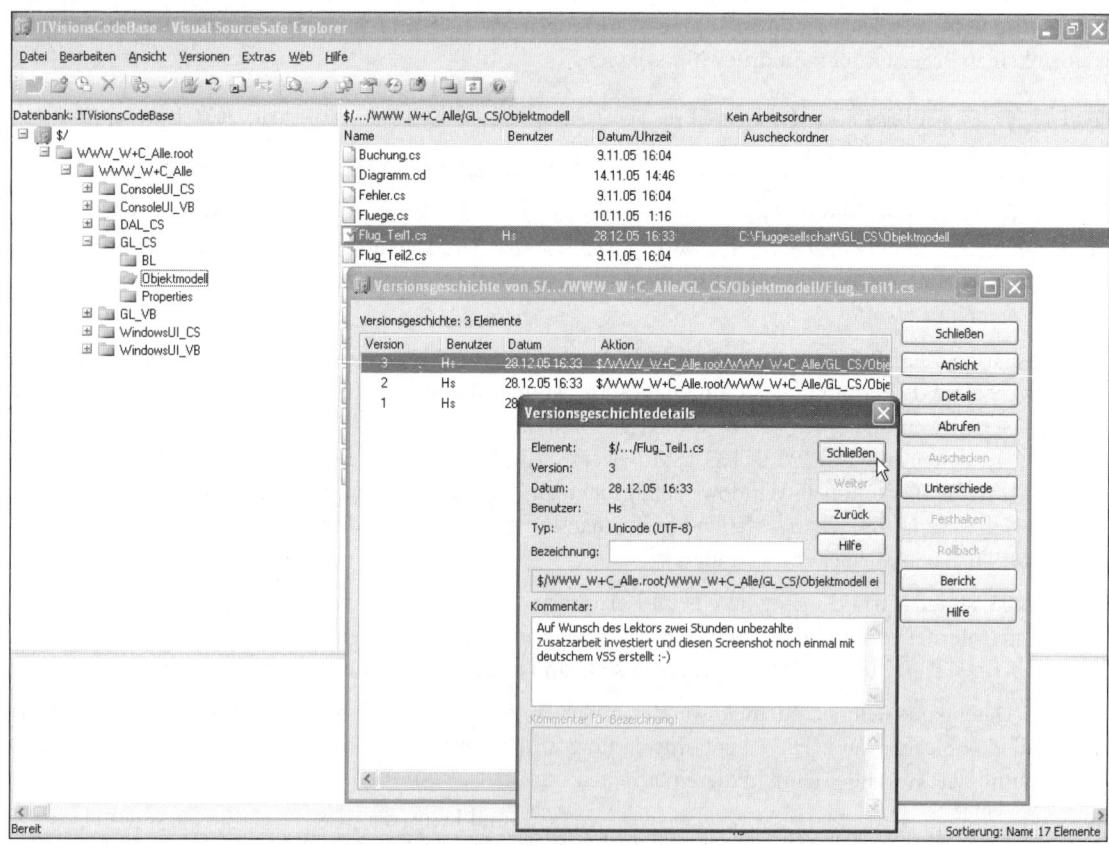

Abbildung 5.56   Visual Studio-Projekte im Visual SourceSafe Explorer

Erstellen einer SourceSafe-Datenbank

Das Erstellen einer SourceSafe-Datenbank ist über den Menüpunkt *File/New Database* im SourceSafe Administrator möglich. Bei der Erstellung sind ein Dateisystempfad und das gewünschte Sperrmodell auszuwählen.

Visual Studio 2005 bietet zwei Modelle für das Sperren von Dateien:

- **Lock-Modify-Unlock-Modell**: Eine Datei wird beim Auschecken gesperrt, sodass nur ein Benutzer gleichzeitig an der Datei arbeiten kann. So entstehen keine Änderungskonflikte in den Codedateien.
- **Copy-Modify-Merge-Modell**: Alle Entwickler können jederzeit alle Dateien auschecken und bearbeiten. Bei Änderungskonflikten versucht SourceSafe, die Änderungen automatisch zusammenzuführen. Wenn dies nicht automatisch möglich ist, sind die Konflikte manuell aufzulösen.

HINWEIS Es gibt viele Überlegungen und Meinungen dazu, welches das bessere Modell für das Versionsmanagement ist. Sie sollten die Entscheidung von der Änderungshäufigkeit und der Teamgröße abhängig machen.

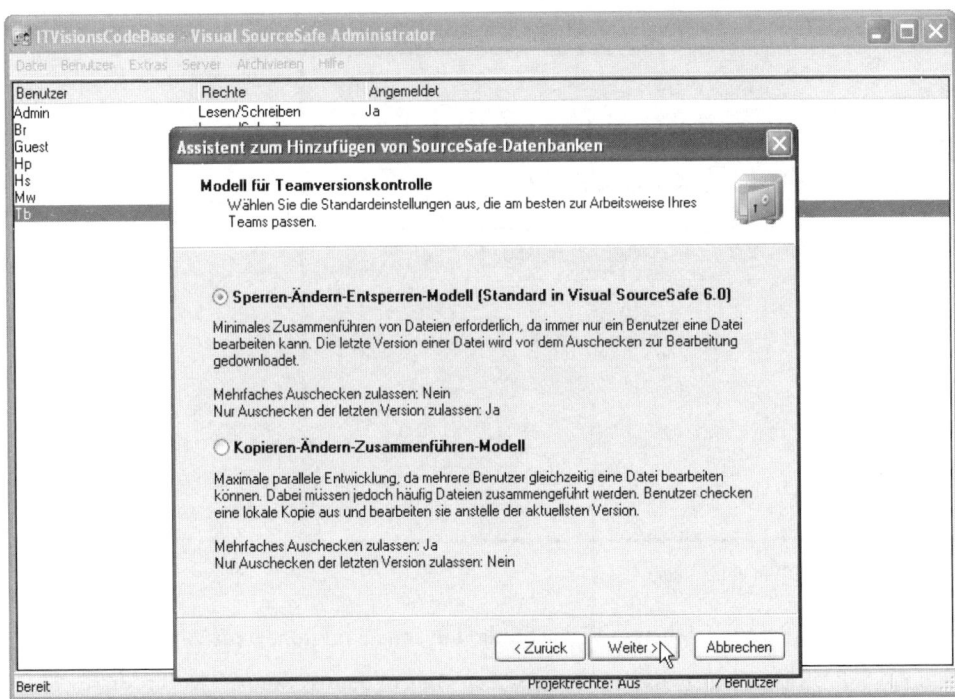

Abbildung 5.57 Auswahl des Sperrmodells beim Anlegen einer Datenbank

Standardmäßig unterscheidet VSS lediglich zwischen Lese- und Lese- / Schreibrechten für das gesamte Projekt. Zusätzlich können noch Benutzer zu Administratoren erhoben werden; diese können dann andere Benutzer anlegen, Zugriffsrechte erteilen und weitere administrative Tätigkeiten ausführen. Sollte diese Form der Rechtevergabe nicht genügen, so kann man eine erweiterte Rechtevergabe aktivieren (*Tools/Options/Project Rights* im SourceSafe Administrator). Dabei unterteilt VSS die Benutzerrechte in die vier Rechte Lesen, Lesen/ Schreiben (Auschecken / Einchecken), Hinzufügen und Löschen.

Da das Anlegen und Verwalten von Projekten über Verzeichnisse abläuft und die Verwaltung der Benutzerrechte lediglich Verzeichnisse betrifft, kann der VSS-Administrator die Benutzerrechte auch nur auf Projekt- und Verzeichnisebene vergeben. Eine feinere Rechtevergabe – um beispielsweise eine einzelne Datei nur für den schreibenden Zugriff durch einen Benutzer freizugeben – existiert nicht.

Integration in Visual Studio 2008

Visual SourceSafe bietet ein Add-in für Visual Studio, das aber nicht im Add-in-Manager erscheint. VSS2005 muss nach der Installation von Visual Studio nachträglich auf jedem Client installiert werden. Die Server-Komponenten von VSS2005 werden nur auf den Rechnern benötigt, auf denen die zentralen Quellcodedatenbanken verwaltet werden sollen.

Nach der Installation des VSS-Add-ins scheint sich nichts in Visual Studio verändert zu haben. Tückischerweise werden die Quellcodeverwaltungsoptionen erst sichtbar, nachdem der Entwickler unter *Extras/Optionen/Quellcodeverwaltung* entweder *Visual SourceSafe* oder *Visual SourceSafe Internet* als Provider aktiviert hat.

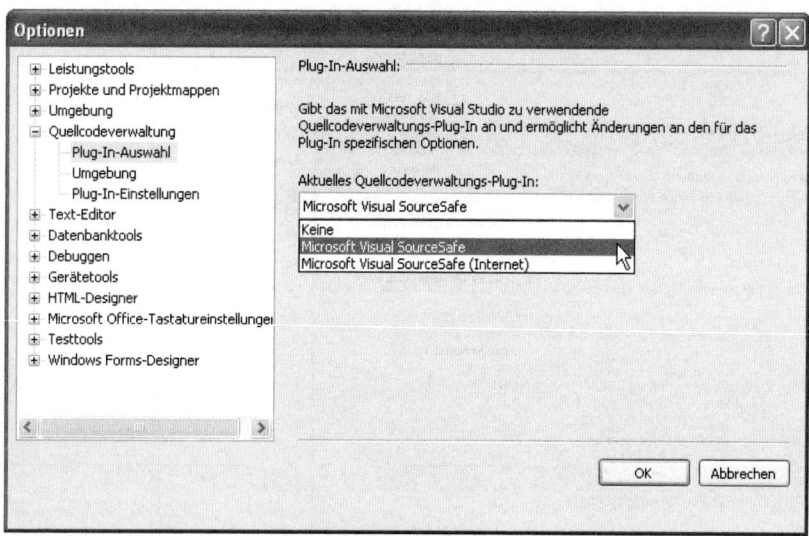

Abbildung 5.58   Aktivierung von VSS2005 in Visual Studio

Nach der Aktivierung des VSS-Add-ins stehen in Visual Studio folgende Funktionen zur Verfügung:

- Beim Erstellen eines Projekts gibt es ein Kontrollkästchen *Add to Source Control*. Wenn dieses Kontrollkästchen aktiviert wird, fragt Visual Studio beim Anlegen des Projekts in einem Dialogfenster nach der VSS-Datenbank, in die das Projekt eingestellt werden soll.
- Beim Öffnen eines Projekts existiert die Option, ein Projekt aus einer bestehenden VSS-Datenbank zu öffnen.
- Das Menü *Datei/Quellcodeverwaltung* (*File/Source Control*) bietet die Möglichkeit, ein bereits geöffnetes Projekt unter die Versionsverwaltung zu stellen, d. h. in eine SourceSafe-Datenbank aufzunehmen. Wenn das Projekt unter Versionsverwaltung steht, bietet das Menü zahlreiche Versionsverwaltungsfunktionen wie *Check Out*, *Check In* oder *View History*.
- Viele Funktionen des Menüs *Datei/Quellcodeverwaltung* sind auch über das Kontextmenü eines Projekts erreichbar (siehe folgende Abbildung).

Visual Studio 2008 Team System (VSTS)

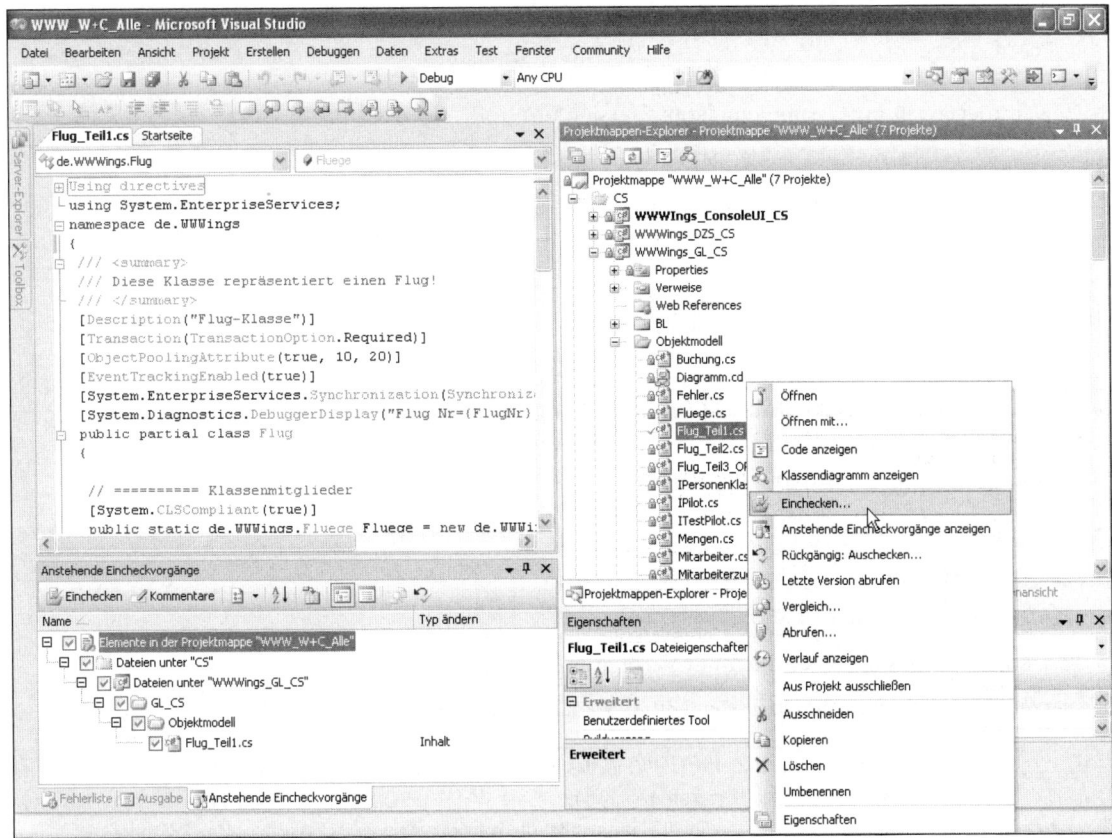

Abbildung 5.59   Check-In einer geänderten Datei in Visual Studio

Visual Studio 2008 Team System (VSTS)

Die Entwicklungsumgebung Visual Studio fokussierte bisher auf den Entwicklungsprozess im engeren Sinne. Für den Modellierungsprozess gab es mit Visio und für die Versionsverwaltung mit SourceSafe zwei Zusatzprodukte, die aber jeweils deutliche Schwächen aufwiesen. Andere Bereiche des Software-Lebenszyklus waren entweder gar nicht oder nur mit einzelnen, nicht in die IDE integrierten Werkzeugen (z. B. NUnit, WebStress, CLR Profiler) abgedeckt.

Ab Visual Studio Version 2005 bietet Microsoft eine in die Entwicklungsumgebung integrierbare Werkzeugsammlung für den Software-Lebenszyklus unter dem Namen *Visual Studio Team System (VSTS)*, Codename *Burton*.

VSTS beinhaltet Funktionen aus folgenden Gebieten:

- Modellierung
- Projektmanagement
- Statische Codeanalyse: Richtlinien und Codequalität
- Webtests und Datenbanktests (bereits im Unterkapitel »Testen« besprochen)

- Übersetzung (Build-Server)
- Geschwindigkeits- und Speicherverbrauchsmessung (Profiling)
- Quellcodeverwaltung (Team Foundation Version Control)
- Aufgabenverfolgung (inkl. Fehlerverfolgung)

Ein Teil der obigen Funktionen wird im Client angeboten, ein anderer Teil im neuen Team Foundation Server (TFS).

Team Foundation Server (TFS)

VSTS ist im Gegensatz zu bisherigen Visual Studio-Produkten auch eine Client-Server-Lösung, d. h., es gibt jetzt auch ein Server-Produkt zu Visual Studio, den sogenannten Team Foundation Server (TFS), auf dem zentral Projektdaten für ein Team gespeichert und verwaltet werden.

TFS bietet insbesondere folgende Funktionen:

- Dokumentenverwaltung
- Aufgabenverwaltung
- Fehlerverfolgung (Bugtracking)
- Quellcodeverwaltungs-Repository mit Verbindung zur Aufgaben- und Fehlerverwaltung
- Serverseitiges Übersetzen und Testen (Build Management / Continuous Integration)

HINWEIS Team Foundation Version Control (TFVC) ist das im Team Foundation Server integrierte Versionsverwaltungssystem. TFVC ist nicht zu verwechseln mit Microsoft Visual SourceSafe (VSS). TFVC ist ein komplett neues System, das viele Schwächen von VSS überwindet. Ab Visual Studio 2005 unterstützt die Entwicklungsumgebung wahlweise TFVC oder VSS.

Clients für den TFS sind neben dem Team Explorer innerhalb von VS 2005 auch Microsoft Project, Microsoft Excel und die SharePoint-Services. Als Basis benötigt TFS einen Microsoft SQL Server und die SQL Reporting Services. Der TFS ist offen für die Integration von Drittanbieterwerkzeugen.

Für die Lizenzierung des TFS benötigt man neben der Serverlizenz auch Client-Zugangslizenzen, die in den Team-Varianten von Visual Studio bereits enthalten sind, sonst aber zusätzlich erworben werden müssen. Der Preis ist stark abhängig von der individuellen Vertragssituation mit Microsoft.

Produktvarianten

Visual Studio Team System 2008 ist eine Produktvariante von Visual Studio 2008, existiert selbst aber wiederum in verschiedenen Produktvarianten.

- Visual Studio 2008 Team Architecture Edition: Modellierungswerkzeuge
- Visual Studio 2008 Team Development Edition: Codeanalyse, Profiling und Unit-Test-Erstellung
- Visual Studio 2008 Team Test Edition: Unit-Test-Erstellung und -Verwaltung, Lasttest-Erstellung
- Visual Studio 2008 Team Database Edition: Verwalten und Testen von Datenbanken
- Visual Studio 2008 Team Suite ist ein Bundle aus den vier erstgenannten Editionen.

Visual Studio 2008 Team System (VSTS)

- Visual Studio 2008 Team Test Load Agent: Agent für Testausführung
- Visual Studio 2008 Team Foundation Server: Server für Quellcodeverwaltung und Projektverwaltung

	Visual Studio Team Suite	Architecture Edition	Development Edition	Test Edition	Database Edition
Alle Funktionen von Visual Studio 2008 Professional	Ja	Ja	Ja	Ja	Ja
Klassendiagramm-designer	Ja	Ja	Ja	Ja	Ja
Modellierung für Serviceorientierte Architekturen (SOA)	Ja	Ja			
Deployment Design	Ja	Ja			
Statische Codeanalyse	Ja		Ja		
Profiling	Ja		Ja		
Dynamische Codeanalyse	Ja		Ja		
Code Metrics	Ja		Ja		
Webtests	Ja		Ja	Ja	
Code Coverage	Ja		Ja	Ja	
Datenbanktests	Ja				Ja
Datenbank mit Testdaten befüllen					Ja
Datenbankschemaverwaltung					Ja
Database Refactoring					Ja
Testverwaltung	Ja			Ja	
Belastungstests	Ja			Ja	
Quellcodeverwaltung	Ja	Ja	Ja	Ja	

Tabelle 5.14 Team Suite im Vergleich zu den Einzelprodukten

Modellierung

Die VSTS-Modellierungswerkzeuge (Codename *Whitehorse*) umfassen – neben dem bereits in anderen Editionen integrierten Klassendesigner – einen visuellen Anwendungsdesigner für die Verknüpfung von Komponenten und deren Verteilung auf Systeme. Während der Klassendesigner sich direkt mit dem Code synchronisiert, liefert der Anwendungsdesigner als Ausgabe XML-Code gemäß dem Schema des System Definition Model (SDM).

HINWEIS   Im Jahr 2004 hatte Microsoft angekündigt, die eigene UML-Unterstützung einzufrieren und stattdessen domänenspezifische Modellierungssprachen zu entwickeln. Allerdings war in Visual Studio Team System (VSTS) 2005 davon kaum etwas zu sehen. Die Modellierungswerkzeuge waren der bei weitem schwächste Teil von VSTS. Die Unterstützung für die Unified Modeling Language (UML) in Visio hatte Microsoft bei UML 1.3 eingefroren. Stattdessen wollten die Redmonder auf eigene Domain Specific Languages (DSL) setzen.

Die Motivation, eine Alternative zu UML zu schaffen, schöpfte Microsoft aus eigenen Untersuchungen zum Einsatz von UML unter Kunden und Nichtkunden. Ergebnis dieser Studien war laut [MSDN16], dass Softwarearchitekten in den meisten Fällen nur die UML-Klassendiagramme einsetzen, die aber in den wenigsten Fällen später auch tatsächlich zur Generierung von Programmcode verwendet werden.

Mit Microsoft Visio ist Codegenerierung aus UML 1.3-Diagrammen bzw. Reverse Engineering aus Programmcode möglich, aber kein echtes Round-Trip-Engineering. Die Bereitstellung von Werkzeugen für UML 2.0 überließ Microsoft fortan Drittanbietern wie Borland und IBM Rational.

Microsoft setzte zunächst auf DSLs: Mit eigenen Domain Specific Languages möchte Microsoft konkretere Abstraktionen anbieten, die sich zur Codegenerierung besser eignen. Die *Microsoft Tools for Domain Specific Languages*, ein Add-on für Visual Studio, erlauben den Softwarearchitekten, eigene grafische DSLs und zugehörige Designer für Visual Studio zu entwerfen, die genau auf ihre Problembereiche zugeschnitten sind. Microsoft meint, die im UML 2.0-Standard unterstützte Schaffung von UML-Untersprachen würde zu weitaus komplexeren Ergebnissen führen im Vergleich zum eigenen DSL-Ansatz.

Im Jahr 2007 hat Microsoft dann aber erneut die Richtung gewechselt: Für die kommende Version von VSTS (Codename *Rosario*, erscheint ca. 2009/2010) hat Microsoft jetzt aber UML wieder in der Entwicklung. Hier soll auch Round-Trip-Engineering möglich werden.

Die aktuellen VSTS-Modellierungswerkzeuge in Version 2005/2008 fasst Microsoft unter dem Oberbegriff *Distributed System Designer* zusammen. Sie dienen der Entwicklung von verteilten Anwendungen mit dem Schwerpunkt auf serviceorientierten Architekturen.

VSTS 2005/2008 präsentiert sich mit vier verschiedenen Diagrammarten:

- Anwendungsdiagramm (Application-Diagramm),
- Diagramm für logische Datencenter (Logical Datacenter-Diagramm),
- Systemdiagramm (System-Diagramm) und
- Deployment-Diagramm.

Der Softwarearchitekt definiert zunächst Anwendungen im Application Designer, deren Instanzen er im System Designer in ein Softwaresystem verpackt. Im Logical Datacenter Designer definiert er Computersyteme, auf die er im Deployment Designer die Softwaresysteme verteilt. Durch die Festlegung von Anforderungen an die einzelnen Komponenten einer Anwendung sowie von Eigenschaften der bereitgestellten Systeme können die VSTS-Anwendungsdesigner bereits zur Entwicklungszeit auf einige Konfigurationsprobleme hinweisen.

Die Designer liefern als Ausgabe die XML-Sprache *System Definition Model (SDM)*, die Microsoft in Zukunft als Eingabedaten für die Installation und Konfiguration von Windows-Systemen und -Anwendungen erlauben will. Heute schon möglich ist die Codegenerierung innerhalb der Entwicklungsumgebung. Visual Studio erzeugt Projektrümpfe und einzelne Klassendateien.

Statische Codeanalyse

Im Rahmen der statischen Codeanalyse erfolgt eine Überprüfung des Quellcodes in Hinblick auf die Einhaltung von Codierungsrichtlinien sowie die Codekomplexität.

Richtlinienprüfung

Microsoft hat bereits für das .NET Framework 1.0 Richtlinien für die Benennung und Verwendung von Typen und Mitgliedern erlassen [MSDN13] und dazu passend ein Prüfungswerkzeug (FxCop) angeboten. FxCop gibt es weiterhin als kostenlose eigenständige Windows-Anwendung [GOTDOTNET01].

Wenn Sie eine Visual Studio-Version besitzen, die die statische Codeanalyse unterstützt, ist die Funktionalität von FxCop direkt in die Entwicklungsumgebung integriert:

- Im Menü *Erstellen* bzw. im Kontextmenü eines Projekts findet man den Befehl *Codeanalyse ausführen*. Die Codeanalysemeldungen erscheinen in der Fehlerliste.
- In den Projekteigenschaften auf der Registerkarte *Codeanalyse* kann festgelegt werden, welche Regeln zur Anwendung kommen sollen und ob Regelverstöße zu Warnungen oder Fehlermeldungen führen.

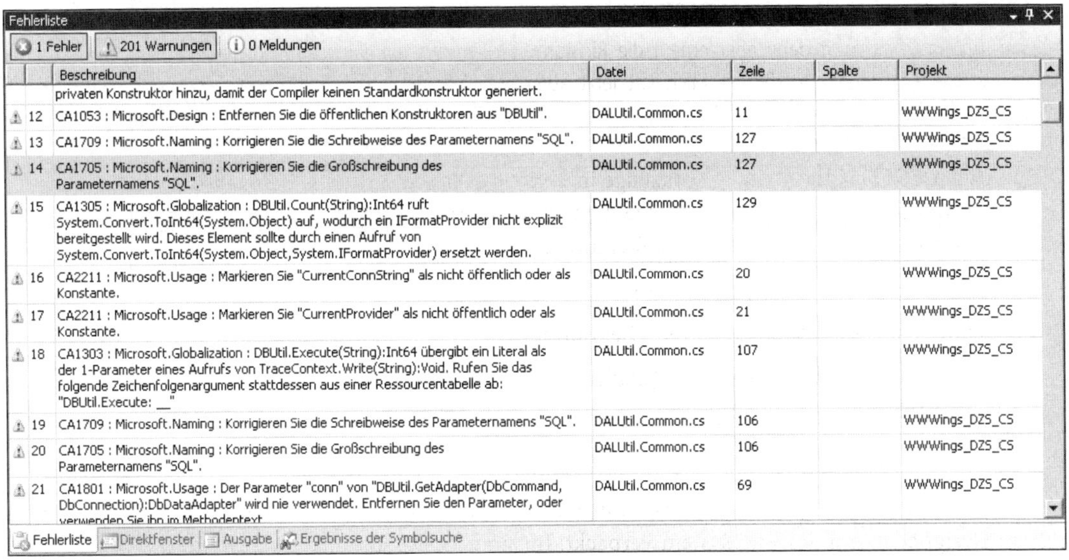

Abbildung 5.60 Liste der Warnungen nach einer Codeanalyse

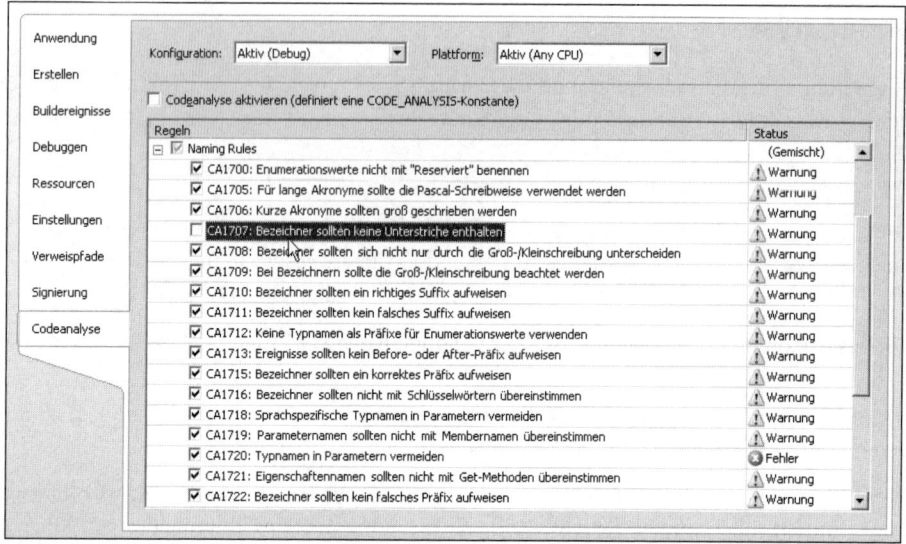

Abbildung 5.61 Konfiguration der Codeanalyse

> **HINWEIS** Ein wichtiger Unterschied zwischen FxCop und der in Visual Studio integrierten Codeanalysefunktion besteht darin, dass FxCop nur die kompilierte Assembly analysiert, während die Codeanalysefunktion von VSTS den Quellcode kennt und daher ein direktes Anspringen der Quellcodestellen aus dem Fenster *Fehlerliste* ermöglicht.

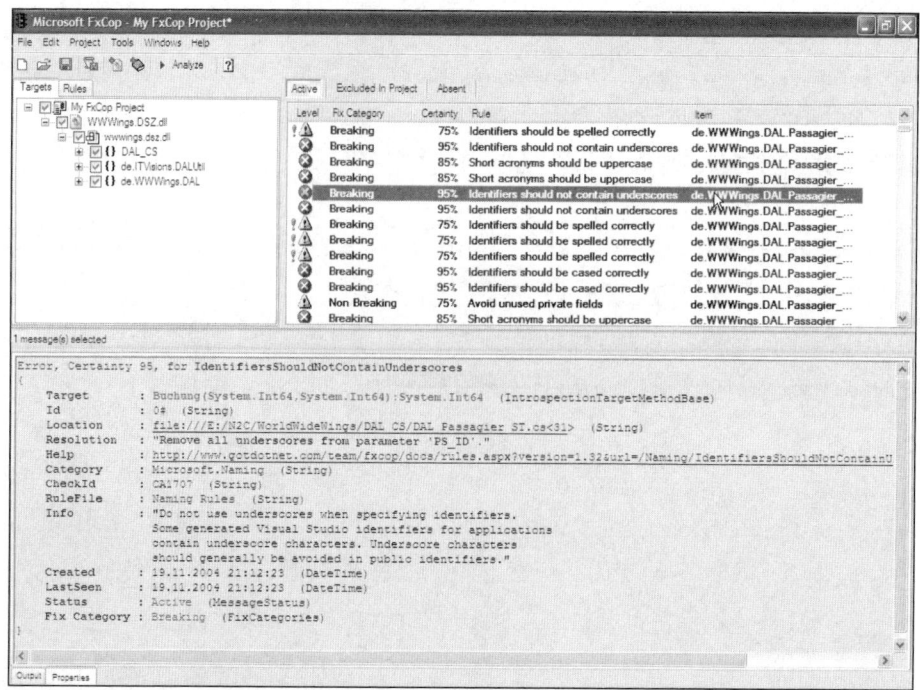

Abbildung 5.62 FxCop für .NET

Aufspüren von Inkompatibilitäten zwischen .NET 2.0 / 3.0 und den Service Packs 1

In Kapitel 4 wurde die Problematik erläutert, dass man mit Visual Studio 2008 im Modus *.NET 2.0* und *.NET 3.0* Anwendungen »versehentlich« entwickeln kann, die gar nicht auf Systemen mit dem .NET Framework 2.0 oder 3.0 laufen, weil sie das Service Pack 1 voraussetzen. Ein engagierter Entwickler hat unter [KCW01] Zusatzregeln für die Code Analyse bereitgestellt, die vor der Verwendung von Klassen und Klassenmitgliedern warnen, die es vor dem Service Pack noch nicht gab.

Die zusätzliche Regel befindet sich in einer DLL (*MultitargetingRules.dll*), die man im Regelverzeichnis von Visual Studio 2008 (z. B. *C:\Program Files\Microsoft Visual Studio 9.0\Team Tools\Static Analysis Tools\FxCop\Rules*) ablegen muss. Zu beachten ist, dass man zur Verwendung dieser Zusatzregeln auch noch zwei DLLs aus dem SDK des FxCop im Global Assembly Cache benötigt: *FxCopSdk.dll* und *Microsoft.Cci.dll*.

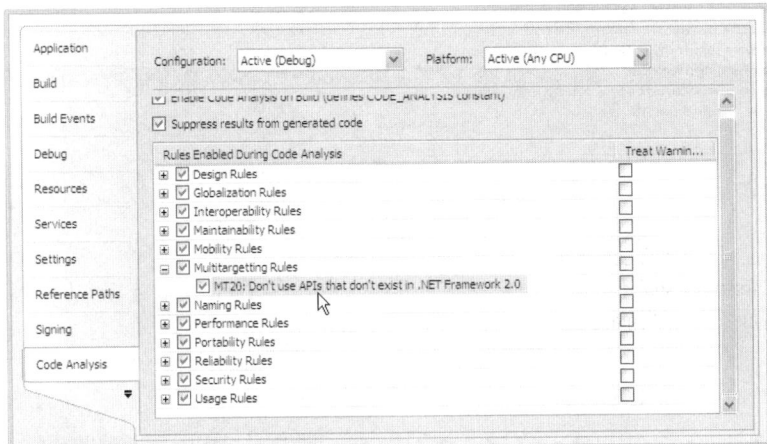

Abbildung 5.63   Aktivierung der Zusatzregel

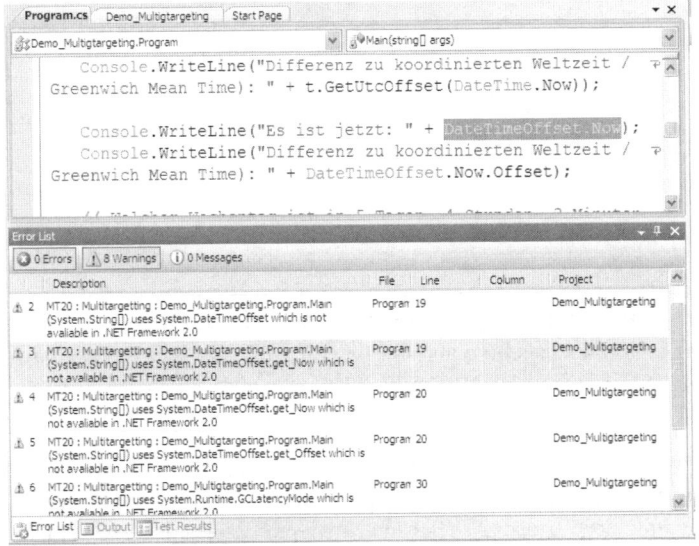

Abbildung 5.64   Die Zusatzregel spürt die Verwendung von Klassen und Klassenmitgliedern auf, die es ohne das Service Pack nicht gab

Code-Kennzahlen

Neu ist in VSTS 2008 die Code-Kennzahlen-Funktion (Code Metrics): Visual Studio liefert auf Wunsch für jede Komponente, Klasse oder Methode Daten über die Anzahl der Codezeile, die Anzahl der Abhängigkeiten zwischen Klassen und die Vererbungstiefe sowie einen *Maintainability Index* von 0 bis 100, wobei die Entwicklungsumgebung Werte zwischen 0 und 9 als sehr schlecht, 10-19 als bedenklich und Werte über 20 als unbedenklich ansieht (siehe [FXCOP01]).

Nach dem Aufruf der Analyse über das Menü *Analyse/Calculate Code Metrics* kann man die Ergebnisse pro Assembly, Namensraum, Klasse und Methode betrachten.

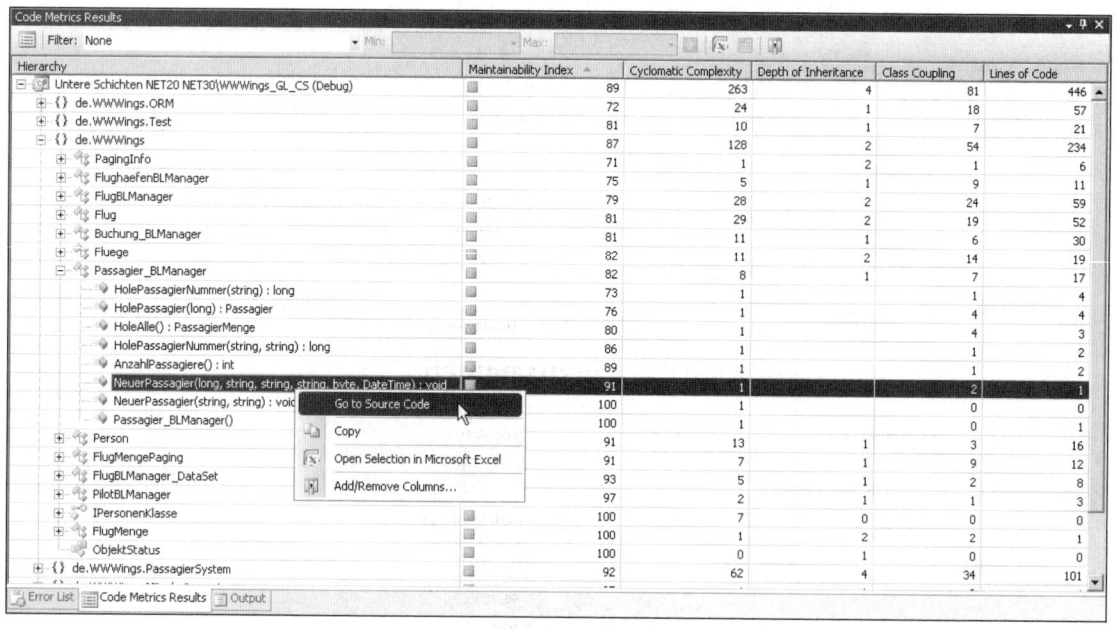

Abbildung 5.65 Auswertung der Code-Analyse

Leistungsmessung

VSTS erlaubt die Messung von Geschwindigkeit und Speicherverbrauch von .NET-Anwendungen. Das Fenster *Leistungs-Explorer* (*Performance Explorer*) erreicht man über *Ansicht/Weitere Fenster/Leistungs-Explorer* (*View/Other Windows/Performance Explorer*) oder über *Extras/Leistungstools* (*Tools/Performance Tools*).

Eine sogenannte *Performance Session*, die man im Performance Explorer manuell oder per Assistent anlegen kann, misst die Geschwindigkeit und wahlweise zusätzlich auch den Speicherbedarf. Die Messung des Speicherbedarfs muss man in den Eigenschaften der Performance Session aktivieren (Registerkarte *Allgemein*, siehe Abbildung).

Visual Studio 2008 Team System (VSTS)

> **TIPP** Die Einstellung des Leistungs-Explorers kann man in Form einer *.psess*-Datei abspeichern.

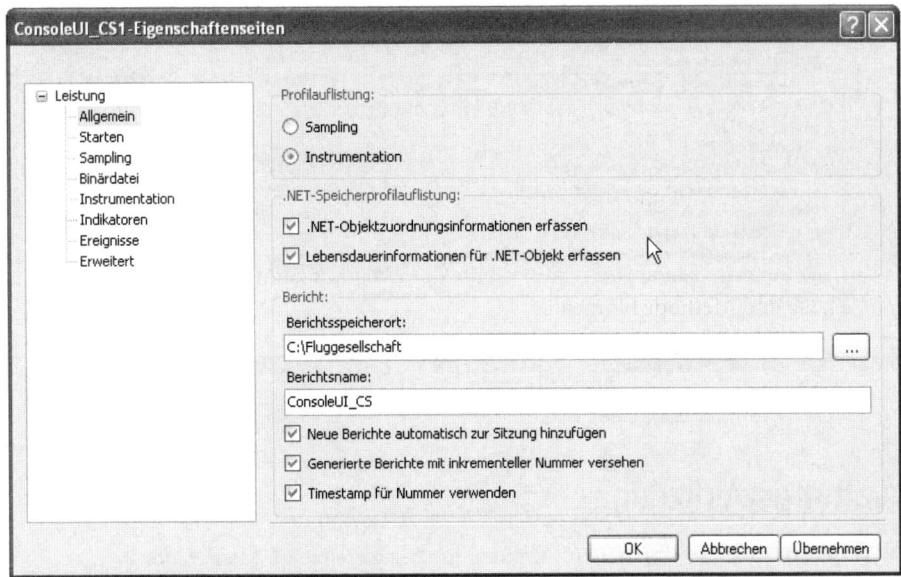

Abbildung 5.66 Aktivierung der Speichermessung

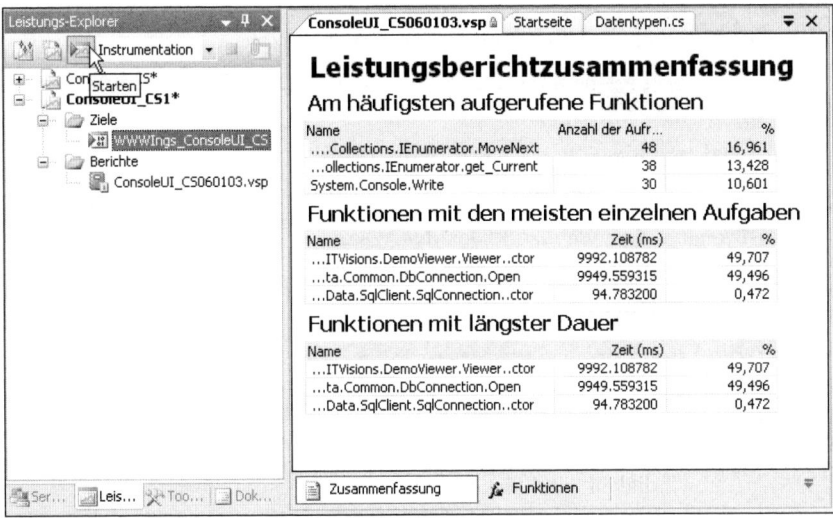

Abbildung 5.67 Bericht über die Geschwindigkeit einer Anwendung

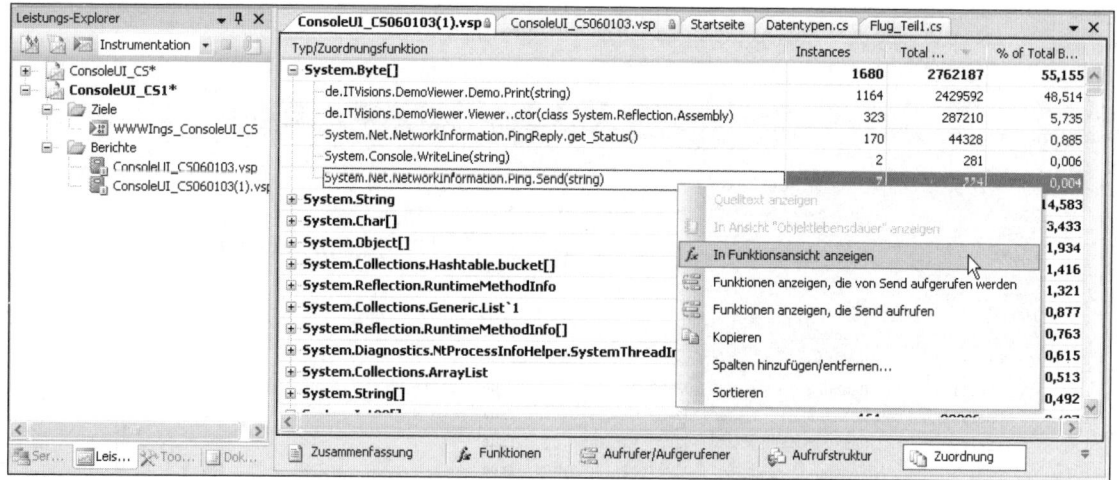

Abbildung 5.68 Bericht über den Speicherverbrauch einer Anwendung

Datenbankverwaltungswerkzeuge

Die Visual Studio 2008 Team Database Edition bietet folgende Zusatzwerkzeuge im Menü *Data*:

- T-SQL-Editor: Ausführung von SQL-Befehlen auf einem Microsoft SQL Server
- Schema Comparision: Vergleich zweier Datenbankschemata
- Data Comparision: Vergleich des aktuellen Datenbestandes zweier Datenbanken
- Refactoring für Datenbankobjekte: Umbenennen von Datenbankobjekten (nur verfügbar in der Schemaansicht eines Datenbankprojekts, siehe unten).

Weiterhin stehen Datenbanktests (siehe Abschnitt »Testen«) zur Verfügung.

Außerdem gibt es eigene Datenbankprojekte, mit denen man Microsoft SQL Server-Datenbanken unabhängig von anderen Visual Studio-Projekten betrachten und verändern kann.

ACHTUNG Alle Datenbankverwaltungswerkzeuge in VSTS arbeiten nur mit Microsoft SQL Server 2000/2005/2008 zusammen.

TIPP Weitere Funktionen (für die Bereiche Refactoring, Schemaabhängigkeiten, Datengenerierung, u.a.) bietet Microsoft als *Microsoft Visual Studio Team System 2008 Database Edition Power Tools* [MS01] kostenlos an. Warum diese bereits für VSTS 2005 als Erweiterung verfügbare Sammlung in VSTS 2008 nicht von Hause aus enthalten ist, entzieht sich der Vorstellungskraft des Autors.

T-SQL-Editor

Dieser einfache Editor bietet keine IntelliSense, sondern nur Syntaxhervorhebung und ist damit nicht mächtiger als der im SQL Server Management Studio enthaltene Editor. Der einzige Vorteil ist, dass diese Möglichkeit jetzt direkt im Visual Studio-Fenster zur Verfügung steht.

Visual Studio 2008 Team System (VSTS)

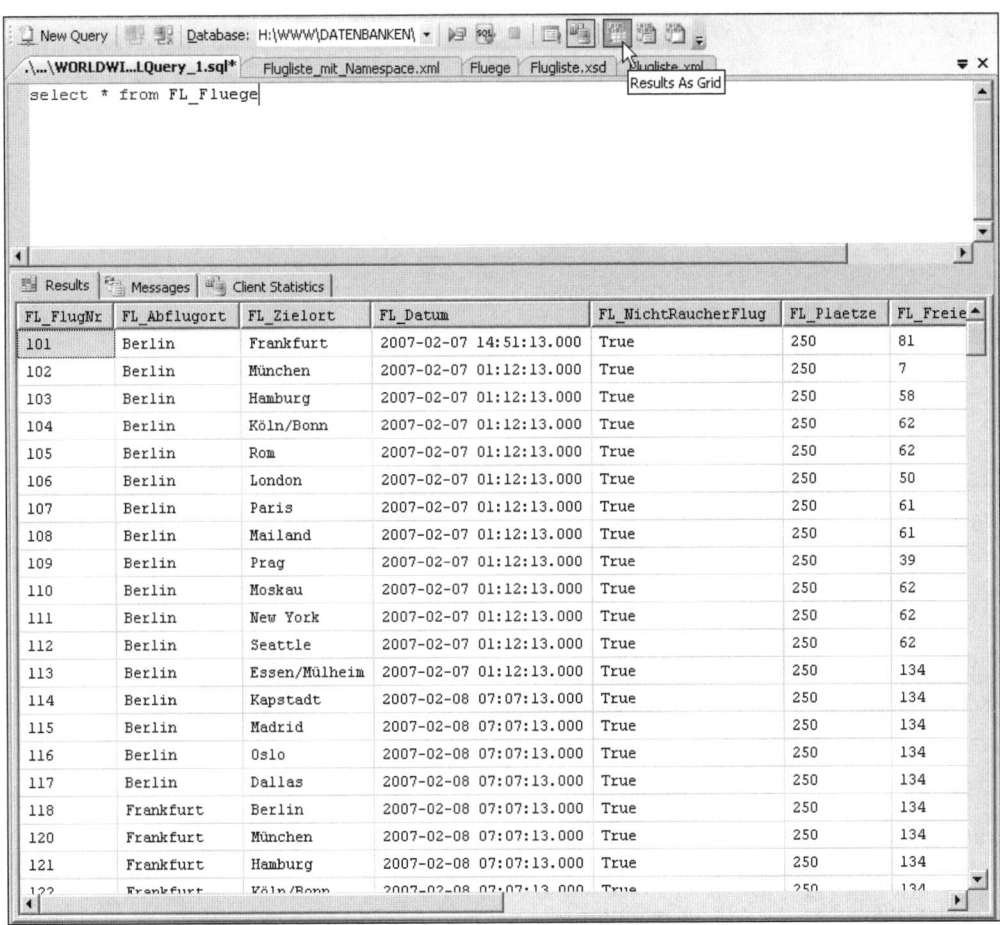

Abbildung 5.69 T-SQL-Editor

Schemavergleich

Für einen Schemavergleich legt man zunächst die beiden zu vergleichenden Datenbanken fest. Das Vergleichsergebnis zeigt auch das Schema *Update Script*, mit dem man die Zieldatenbank an die Quelldatenbank angleichen kann.

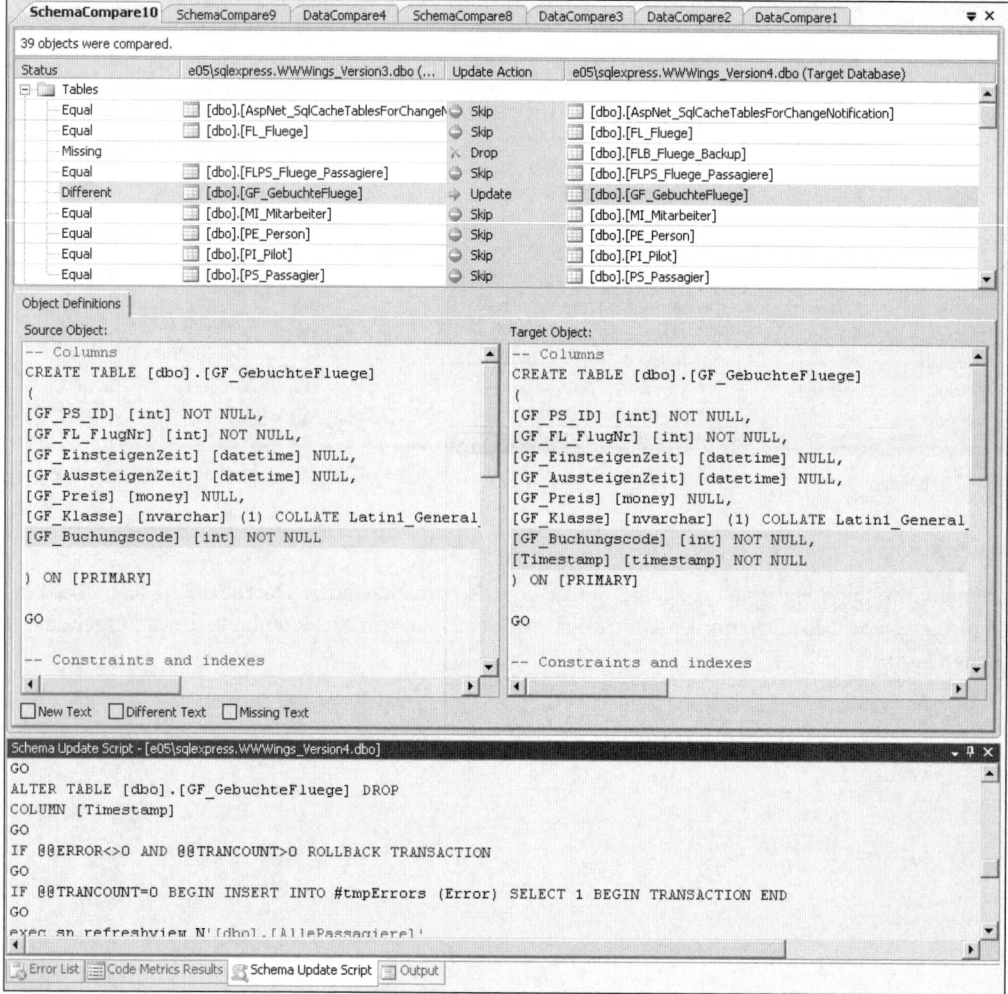

Abbildung 5.70 Festlegung zweier Datenbanken für den Schemavergleich

Abbildung 5.71 Ergebnis des Schemavergleichs

Visual Studio 2008 Team System (VSTS)

Datenvergleich

Auch beim Datenvergleich legt man im ersten Schritt die Datenbanken fest. Im zweiten Schritt wählt man die Datenbankobjekte (Tabellen und Sichten) aus, die verglichen werden sollen. Die Auswertung zeigt dann die hinzugefügten, gelöschten und geänderten Datensätze an. Auf Wunsch kann man ein Aktualisierungsskript (*Data Update Script*) generieren lassen, dass die Zieldatenbank an die Quelldatenbank angleicht.

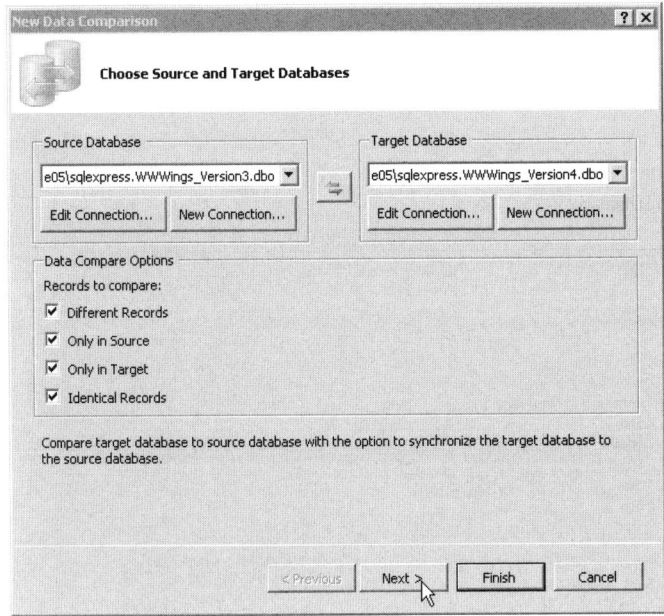

Abbildung 5.72 Festlegung zweier Datenbanken für den Datenvergleich

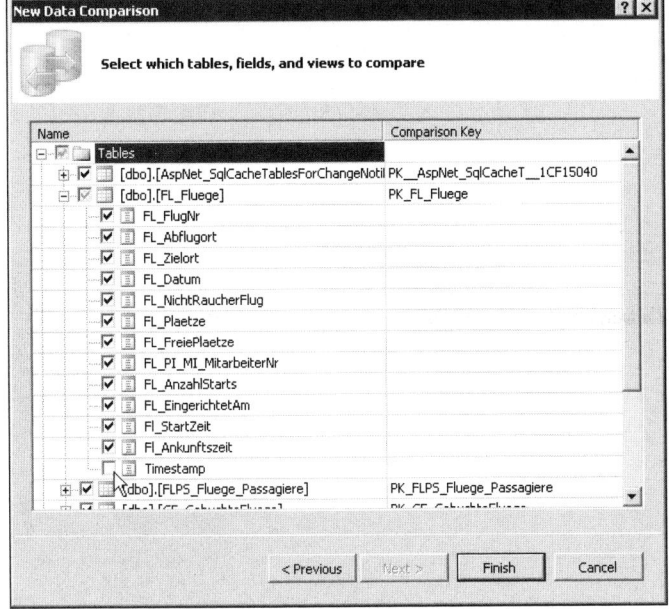

Abbildung 5.73 Festlegung der Vergleichsobjekte

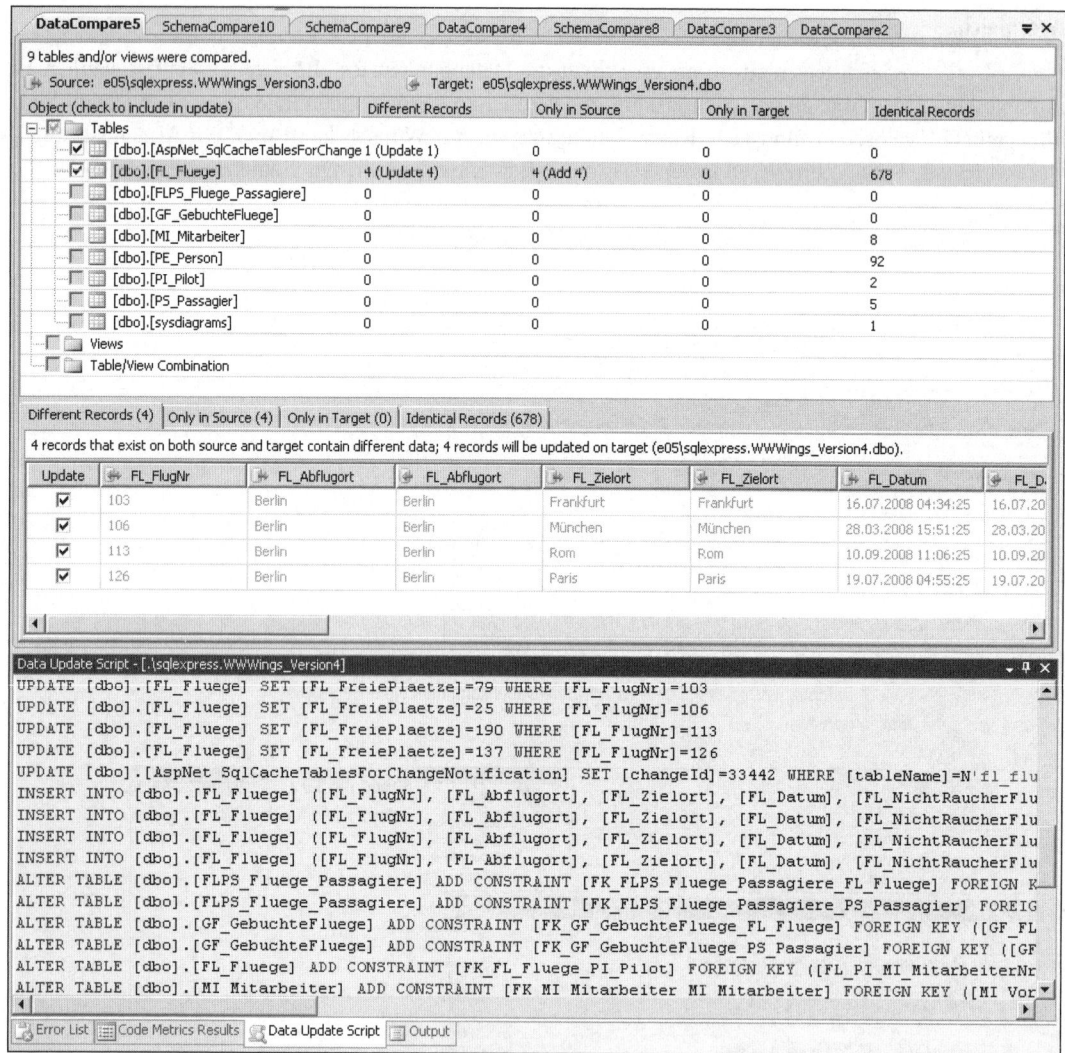

Abbildung 5.74   Ergebnis des Vergleichs und das generierte Aktualisierungsskript

Datenbankprojekte

Mit einem VSTS-Datenbankprojekt (Anzulegen über New Project/Database Projects) kann man ein Datenbankschema unabhängig von einer Instanz eines Microsoft SQL Servers verwalten. Datenbankprojekte bieten zwei Ansichten: Die Projektmappenansicht und die Schemaansicht (siehe folgende Bildschirmabbildungen). In der Schemaansicht ist auch die Refactoring-Funktion *Rename* zum Umbenennen von Datenbankobjekten verfügbar.

Visual Studio 2008 Team System (VSTS)

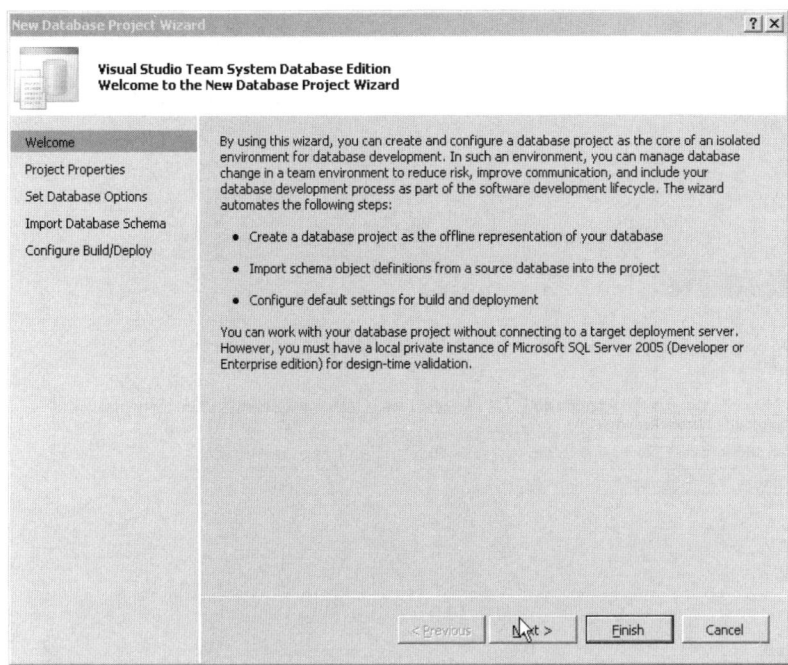

Abbildung 5.75 Anlegen eines Datenbankprojekts mit dem Assistenten. Dabei kann man ein Schema einer bestehenden Datenbank importieren

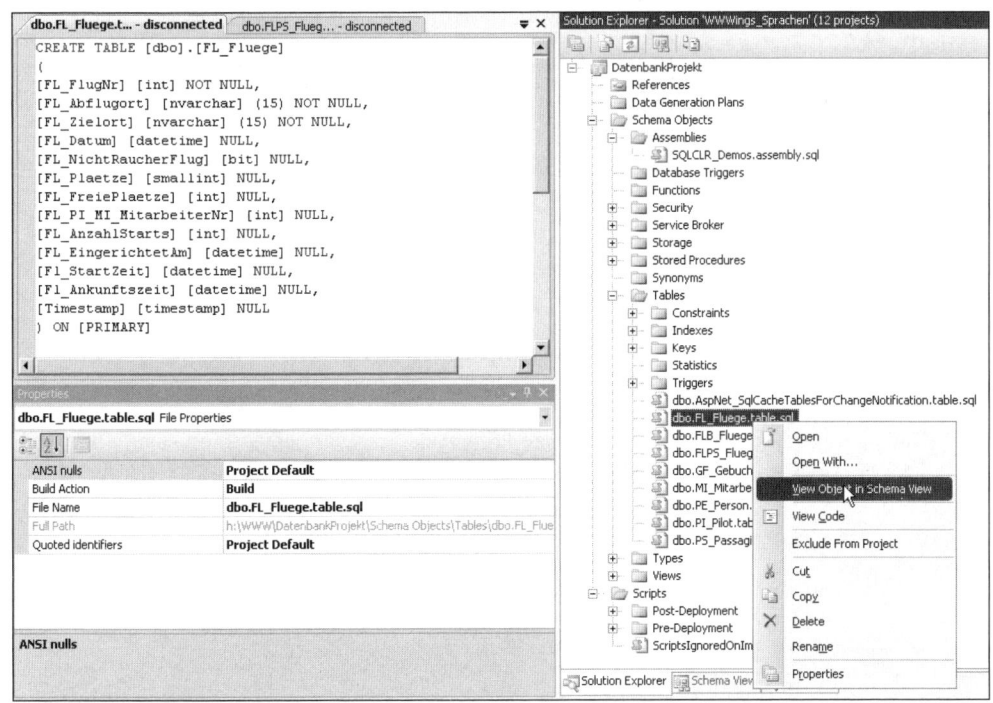

Abbildung 5.76 Ansicht eines Datenbankschemas in der Projektmappenansicht

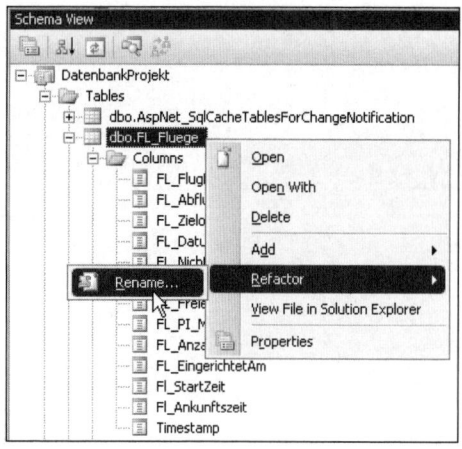

Abbildung 5.77 Ansicht eines Datenbankschemas in der Schemaansicht – inklusive Refactoring-Funktionen

Kapitel 6

Sprachsyntax Visual Basic 2008 (VB.NET 9.0) und C# 2008 (C# 3.0)

In diesem Kapitel:

Einleitung	217
Allgemeines zu Visual Basic (.NET) 2008	217
Allgemeines zu C# 2008	219
Compiler	221
Datentypen	223
Operatoren	232
Klassendefinition	236
Felder (Field-Attribute)	237
Eigenschaften (Property-Attribute)	238
Methoden	240
Erweiterungsmethoden (Extension Methods)	242
Konstruktoren und Destruktoren	245
Objektinitialisierung	245
Beispiel für eine Klasse mit diversen Mitgliedern	246
Generische Klassen	247
Objektmengen	250
Partielle Klassen	252

In diesem Kapitel (*Fortsetzung*):

Partielle Methoden	253
Anonyme Typen	255
Implementierungsvererbung	256
Ereignisse	260
Schnittstellen (Interfaces)	263
Namensräume (Namespaces)	264
Operatorüberladung	267
Schleifen	268
Verzweigungen	272
Funktionszeiger (Delegates)	273
Lambda-Ausdrücke	275
Annotationen (.NET-Attribute)	277
Fehlerbehandlung	278
Eingebaute Objekte und Funktionen	279
Kommentare und XML-Dokumentation	281
Zeigerprogrammierung (Unsicherer Code)	282
Abfrageausdrücke / Language Integrated Query (LINQ)	283
Vergleich: C# 3.0 versus Visual Basic (.NET) 9.0	283

Einleitung

Anders als in den vorherigen Auflagen dieses Buchs sind in dieser Auflage die Darstellung der Sprachsyntax der beiden vorherrschenden .NET-Programmiersprachen C# und Visual Basic .NET zu einem Kapitel zusammengefasst. Zu verschiedenen Unterthemen werden die Sprachfeatures direkt miteinander verglichen. Dies hat zwei Vorteile:

- Die Unterschiede zwischen den Sprachen und damit der Wechsel zwischen den Sprachen fällt einfacher.
- Der neue Ansatz spart wertvolle Buchseiten, denn inhaltliche Wiederholungen in Fällen, wo die Sprachen gleich oder sehr ähnlich sind, werden vermieden.

WICHTIG Eine wichtige Information vorweg: Die Unterschiede zwischen Visual Basic und C# sind eher syntaktischer Natur; hinsichtlich der Möglichkeiten gibt es nur marginale Vorteile auf der einen oder anderen Seite. Dies gilt auch für die Geschwindigkeit. Da beide Sprachen MSIL-Code erzeugen, sind keine großen Unterschiede vorhanden.

Der Glaubenskrieg, der um die Sprachwahl entbrannt ist, ist also eigentlich überflüssig. Dennoch zeigen Gehaltsstatistiken, dass C#-Entwickler besser bezahlt werden als ihre Visual Basic .NET-Kollegen. Der Grund dafür ist, dass C#-Entwickler oft vorher aus dem Umfeld von C++ oder Java kommen und dort anspruchsvollere Anwendungen entwickelt haben als die Kollegen, die vorher Visual Basic 5.0 oder 6.0 programmiert haben.

HINWEIS Dieser Crashkurs bietet nicht die Möglichkeit, die Programmiersprachen komplett mit allen syntaktischen Feinheiten und mit detaillierten Beispielen zu beschreiben. Vorausgesetzt wird, dass Sie gute Kenntnisse in der objektorientierten Programmierung besitzen und eine objektorientierte Programmiersprache wie C++, Delphi, Java oder Visual Basic (im objektorientierten, nicht im prozeduralen Programmierstil!) bereits beherrschen.

Dieses Buch beschreibt nur kurz die in der Praxis wichtigsten Sprachmerkmale. Wenn Sie alle syntaktischen Details kennenlernen wollen, empfiehlt sich die Lektüre eines der zahlreichen Bücher zur Sprachsyntax, die in der Regel mehrere Hundert Seiten dick sind.

Allgemeines zu Visual Basic (.NET) 2008

Die Sprache Visual Basic ist in der Version 9.0 Teil des .NET Framework 3.5. Der offizielle Produktname ist *Visual Basic 2008* (*VB 2008*). Auf die Sprache wird aber zum Teil auch als *Visual Basic 9.0* (*VB9*) Bezug genommen.

HINWEIS Mit dem Versionswechsel von Visual Basic 6.0 zur Version 7.0 hatte Microsoft den Begriff *.NET* im Namen ergänzt. Aus Visual Basic 6.0 wurde Visual Basic .NET 7.0. Jedoch hat Microsoft beginnend mit Version 8.0 in .NET 2.0 wieder auf den Zusatz *.NET* verzichtet, sodass die Versionen seitdem *Visual Basic 8.0* (alias *Visual Basic 2005*) und *Visual Basic 9.0* (alias *Visual Basic 2008*) hießen. Die offizielle Begründung war, dass es nun hinlänglich bekannt sei, dass die neuen Versionen .NET-basiert seien. Der Autor dieses Buchs vermutet jedoch, dass dies eher passiert ist, um den Widerstand einiger Entwickler zu brechen, die nicht von Visual Basic 6.0 auf .NET umsteigen wollten. Befürchten kann man nur, dass – nachdem Microsoft eine Zeit lang die Buchstaben *.NET* auf alles geklebt hat, egal ob .NET drin war oder nicht – nun das Ruder in das andere unvernünftige Extrem umschlägt.

In diesem Buch wird meist die Abkürzung *VB* verwendet. *VB.NET* wird verwendet, wenn die Abgrenzung zu dem klassischen Visual Basic (Versionen 6.0 und früher) wichtig ist.

.NET Framework	Version der Spachsyntax mit Versionsnummer	Version der Spachsyntax mit Jahreszahl	Interne Versionsnummer des C#-Compilers
1.0	Visual Basic .NET 7.0	Visual Basic .NET 2002	Visual Basic .NET 7.0
1.1	Visual Basic .NET 7.1	Visual Basic .NET 2003	Visual Basic .NET 7.1
2.0	Visual Basic 8.0	Visual Basic 2005	Visual Basic 8.0
3.0	Visual Basic 8.0	Visual Basic 2005	Visual Basic 8.0
3.5	Visual Basic 9.0	Visual Basic 2008	Visual Basic 9.0

Tabelle 6.1 Versionsnummernzählungen für die Sprache Visual Basic .NET

Bereits seit Visual Basic .NET 7.0 ist Visual Basic eine echte objektorientierte Sprache mit Vererbung, die bis auf wenige Ausnahmen ebenso mächtig ist wie die Sprache C#. In Visual Basic 7.1 wurden nur Kleinigkeiten ergänzt. Visual Basic hat dann in den Versionen Version 8.0 (alias 2005) und 9.0 (alias 2008) nochmals eine erhebliche Aufwertung durch zusätzliche Sprachkonstrukte erfahren und kommt der Sprache C# noch näher. Die verbliebenen Unterschiede zwischen C# und Visual Basic sind primär syntaktischer Natur und für die meisten Problemszenarien unerheblich.

Eine Aussage von COM- und .NET-Guru Don Box über VB7, die bereits aus dem Jahr 2001 stammt, sei hier zitiert: »Visual Basic .NET bedeutet, dass man sich nicht länger schämen muss, ein VB-Entwickler zu sein!«

Die nachfolgende Abbildung zeigt das Verhältnis der existierenden Visual Basic-Dialekte hinsichtlich ihres Funktionsumfangs. Im Zuge von VB.NET hat Microsoft die drei Geschwister Visual Basic 6.0, Visual Basic for Applications (VBA) und VBScript zu einer Sprache fusioniert. Dieser Fusion zum Opfer gefallen sind nicht nur viele alte VB-Zöpfe (Goto etc.), sondern leider auch sinnvolle Funktionen zur Laufzeitkompilierung wie Eval und Execute aus VBScript.

HINWEIS Die Neugestaltung der Sprache Visual Basic ab Version 7.0 gefällt nicht allen Anwendern. Einige haben im Internet zu einer Petition an Microsoft aufgerufen, das alte Visual Basic 6.0 unter dem Namen *VB.COM* weiterzuentwickeln [ClassicVB01].

Das .NET Framework 3.0 enthielt weder eine neue Sprachsyntax noch eine neue Version des Sprach-Compilers. In .NET 3.0 galten weiterhin alle Aussagen zu Visual Basic 2005. Eine neue Sprachsyntax nebst Compiler (Visual Basic 9.0) ist zusammen mit dem .NET Framework 3.5 erschienen.

Die nachfolgende Abbildung spiegelt die Menge der Unterschiede zwischen den Versionen wieder.

Allgemeines zu C# 2008

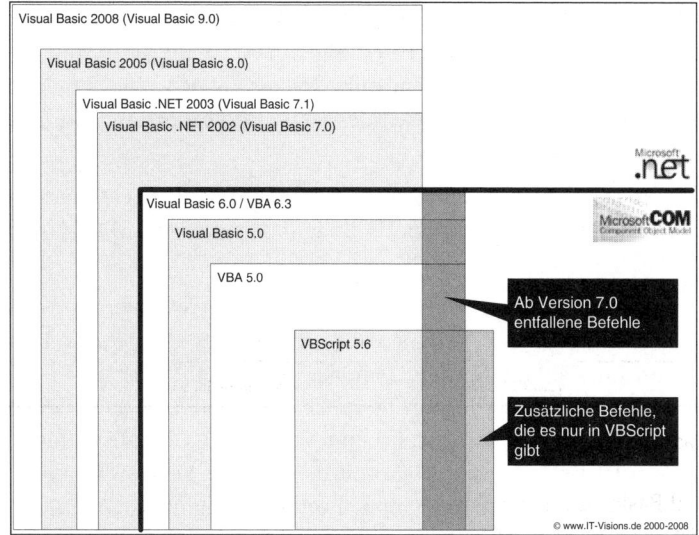

Abbildung 6.1 Vergleich der Visual Basic-Dialekte

Syntaktische Grundlagen

An den grundsätzlichen Syntaxregeln von Visual Basic hat sich seit VB6 nichts geändert:

- Die Sprache unterscheidet nicht zwischen Groß- und Kleinschreibung. Die Schlüsselwörter der Sprache werden aber üblicherweise mit einem großen Anfangsbuchstaben geschrieben.
- Befehle werden durch Zeilenumbruch (bevorzugt) oder einen Doppelpunkt (weniger verbreitet) getrennt.
- Zwischen den Elementen eines Ausdrucks kann ein Zeilenumbruch eingefügt werden, wenn man die umzubrechende Zeile auf einen Unterstrich enden lässt.
- Blöcke werden durch End (z. B. End Sub, End Function) oder andere Schlüsselwörter wie Next und Loop abgeschlossen.

Objektorientierung

Bereits Visual Basic 6.0 unterstützte Konzepte der Objektorientierung wie Klassen, Objekte, Schnittstellen, Schnittstellenvererbung und einfache Formen des Polymorphismus. Da Visual Basic 6.0 aber keine Implementierungsvererbung unterstützte, konnte es nur das Prädikat »objekt*basiert*« bekommen. Seit Version 7.0 gilt Visual Basic jedoch als »objekt*orientierte*« Sprache.

Allgemeines zu C# 2008

C# ist eine Programmiersprache, die mit .NET Framework neu entwickelt wurde. Das »#« könnte man auch in ein vierfaches Pluszeichen aufspalten (also C++++). Konzeptionell wurde C# vor allem von C++ und Java beeinflusst; man kann aber auch Parallelen zu Visual Basic und Delphi finden.

C# ist das Ergebnis eines Projekts bei Microsoft, das gestartet wurde, nachdem die Firma Sun Microsoft Ende der 1990er Jahre die Weiterentwicklung von J++, einer Microsoft-eigenen Anpassung der von Sun entwickelten Programmiersprache Java, verboten hatte. Ursprünglich sollte Microsofts neue Sprache dann *Cool* heißen. »Vater« von C# ist Anders Heijlsberg, der zuvor Entwickler von Turbo Pascal und Borland Delphi war.

Inzwischen ist C# standardisiert bei der ECMA (ECMA Standard 334, Arbeitsgruppe TC39/TG2) und bei der ISO (ISO/IEC 23270). Weitere Informationen zu den Standards finden Sie unter [ECMA01] und [MSDN07].

Hinsichtlich der Versionsnummern der Sprache C# herrscht etwas Verwirrung. Es gibt einerseits eine offizielle Zählung mit Versionsnummer (parallel zum .NET Framework), andererseits mit Jahreszahlen (parallel zu Visual Studio). Intern wird eine dritte Zählung für den Compiler verwendet. Die erste Version von C# im Rahmen des .NET Framework 1.0 trug intern die Versionsnummer 7.0. Zu .NET 1.1 gab es dann C# 7.1, im .NET Framework 2.0 und 3.0 meldet sich der C#-Compiler mit Version 8.0. Das .NET Framework 3.5 enthält den Compiler in der Version 9.0. Offiziell zählt Microsoft dennoch die Versionsnummern von C# analog zu den Versionsnummern des Frameworks - ausgenommen im .NET Framework 3.5. Da ist *C# 3.0* (alias *C# 2008*) enthalten. Dies könnte man damit begründen, dass es im .NET Framework 3.0 keine Neuerungen im Sprachcompiler gab. Allerdings gab es auch keine Neuerungen dort für das Webentwicklungsframework ASP.NET und dennoch hat Microsoft dort den Sprung von 2.0 direkt auf 3.5 vollzogen.

.NET Framework	Version der Sprachsyntax mit Versionsnummer	Version der Sprachsyntax mit Jahreszahl	Interne Versionsnummer des C#-Compilers
1.0	C# 1.0	Visual C# 2002	C# 7.0
1.1	C# 1.1	Visual C# 2003	C# 7.1
2.0	C# 2.0	Visual C# 2005	C# 8.0
3.0	C# 2.0	Visual C# 2005	C# 8.0
3.5	C# 3.0	Visual C# 2008	C# 9.0

Tabelle 6.2 Verschiedene Versionsnummernzählungen für die Sprache C#

Syntaktische Grundlagen

Ein wesentlicher Unterschied zwischen C# und VB ist die Tatsache, dass C# im Gegensatz zu VB zwischen Groß- und Kleinschreibung unterscheidet. Dies gilt sowohl für die Schlüsselwörter der Sprache als auch für alle Bezeichner (a und A sind verschiedene Variablen!). Die Schlüsselwörter der Sprache C# werden komplett in Kleinbuchstaben geschrieben. Blockbildung findet im C/C++-Stil statt, also mit geschweiften Klammern { }. Befehlstrenner ist das Semikolon (»;«). Ein Zeilenumbruch kann zwischen den Elementen des Ausdrucks auftreten, ohne dass besondere Vorkehrungen getroffen werden müssen.

Objektorientierung

Im Gegensatz zu C++, das eine hybride Sprache ist, ist C# ebenso wie Java eine rein objektorientierte Sprache, d. h., jegliche Form von Anwendungen basiert auf Klassen. C# unterstützt alle zentralen Konzepte der Objektorientierung einschließlich Schnittstellen, Vererbung und Polymorphismus. In C# 2005 wurde die Unterstützung für generische Klassen und partielle Klassen hinzugefügt.

Compiler

Die Kommandozeilencompiler für C# und Visual Basic sind Teil des .NET Framework Redistributable. Die Compiler können auch über die .NET-Klassenbibliothek angesprochen werden.

> **TIPP** Einige der neuen Spracheigenschaften von C# 3.0 und Visual Basic 9.0 sind auch dann verfügbar, wenn man Visual Studio mit Target Framework *.NET 2.0* oder *.NET 3.0* laufen lässt. Wie bereits im Kapitel »Grundkonzepte des .NET Frameworks 3.5« erläutert, verwendet Visual Studio 2008 immer die Version 9.0 des C#-Compilers und des Visual Basic-Compilers. Im Untergrund arbeitet aber immer die CLR 2.0, d.h. die neuen Spracheigenschaften kann man komplett in MSIL 2.0 übersetzen und damit auch auf dem .NET Framework 2.0/3.0 betreiben. Die Möglichkeit, die neuen Spracheigenschaften auch in älteren Versionen des Frameworks zu nutzen, ist jedoch nicht von Microsoft dokumentiert. Nicht alle Spracheigenschaften sind auf diesem Wege verfügbar, da z. B. LINQ auch das Einbinden einer speziellen DLL (System.Core.dll) erfordert, die wiederum andere DLLs erfordert.

C#-Compiler

Der Kommandozeilencompiler für C# im .NET Framework Redistributable ist *csc.exe*. Er kann in der Klassenbibliothek durch die Klasse `Microsoft.CSharp.CSCodeProvider` angesprochen werden.

Der Befehl

```
csc Dateiname1.cs Dateiname2.cs DateinameX.cs
```

übersetzt die angegebenen Dateien in eine Konsolenanwendung. Eine Datei, die als Konsolenanwendung oder Windows-Anwendung kompiliert wird, muss genau eine Klasse mit folgendem Einstiegspunkt besitzen: `public static void Main()`.

```
class Hauptprogramm
{
   public static void Main()
   {
      System.Console.WriteLine("Hello World!");
   }
}
```

Listing 6.1 »Hello World« in C#

Der Kommandozeilencompiler bietet zahlreiche Optionen. Die wichtigsten davon sind:

- /target:winexe   Der Compiler erzeugt eine Windows-Anwendung.
- /target:library   Der Compiler erzeugt eine DLL (kein `Main()` notwendig).
- /r:Dateiliste   Die angegebenen Assemblies werden referenziert.
- /out:Dateiname   Name der Ausgabedatei.
- /doc:Dateiname   Der Compiler erzeugt zusätzlich eine XML-Dokumentationsdatei.
- /help   Anzeige der Hilfe zu den Compiler-Optionen.

Anders als beim VB-Compiler vbc.exe müssen die Optionen /target und /out bei csc.exe vor den Namen der Quelldateien in der Parameterliste erscheinen.

HINWEIS Es gibt eine in C++ geschriebene Shared Source-Version des C#-Compilers im Rahmen der ECMA-Referenzimplementierung *Rotor* [MSDN07]. Mono [MON01] bietet seit der ersten Version einen C#-Compiler, denn C# ist die Entwicklungssprache für die Mono-Bibliotheken. Auch dieser Compiler ist in C++ geschrieben.

Visual Basic .NET-Compiler

Der Compiler für Visual Basic .NET kann über das Kommandozeilenwerkzeug *vbc.exe* oder sogar per Programmcode aus der .NET-Klassenbibliothek über die Klasse Microsoft.VisualBasic.VBCodeProvider aufgerufen werden. Er erzeugt immer Managed Code und bietet keine Option zur Erzeugung von Unmanaged Code.

Den Einsprungpunkt definiert man mit Sub Main() in einem Modul:

```
Module Hauptprogramm
    Sub Main()
        System.Console.WriteLine("Hello World!")
    End Sub
End Module
```

Listing 6.2   »Hello World« in Visual Basic .NET

Die Übersetzung erfolgt mit

vbc Dateiname1.vb Dateiname2.vb DateinameX.vb

Die o.g. Kommandozeilenparameter für den C#-Compiler gibt es für *vbc.exe*.

Neu im Compiler seit VB 2005 im Vergleich zu VB 7.x ist, dass er die Kompatibilität mit der Common Language Specification (CLS) überprüft und warnt, wenn Sie Typen (z.B. UInteger) verwenden, die nicht CLS-konform sind. Außerdem prüft der VB-Compiler nun genau wie der C#-Compiler, ob deklarierte Variablen überhaupt jemals verwendet werden und ob verwendete Variablen bereits initialisiert sind.

Auch in Visual Studio 2008 ist die Hintergrundkompilierung immer noch ein echter Vorteil von Visual Basic gegenüber C#: Die Entwicklungsumgebung bemerkt viele Kompilierungsfehler bereits während der Eingabe. Die Fehler werden unterschlängelt (siehe Abbildung) und in der Aufgabenliste angezeigt. Korrigierte Fehler werden sofort aus der Liste entfernt. In C# ist in beiden Fällen immer eine explizite Kompilierung notwendig, was das Codieren zeitaufwändiger macht.

```
Dim a As Byte
a = 343434|44
    Constant expression not representable in type 'Byte'.
```

Abbildung 6.2   Hintergrundkompilierung für VB 2008 in Visual Studio 2008 (verfügbar ab VB7 / VS 2002)

HINWEIS Der Visual Basic-Compiler erzeugt immer automatisch eine Referenz auf die Assembly `Microsoft.VisualBasic.dll`. Seit VB 9.0 ist es möglich, auf diese Referenz zu verzichten. Dies erreicht man durch den Compilerparameter */vbruntime-*. Mithilfe von */vbruntime:abc.dll* kann man dann eine eigene Implementierung der zur Laufzeit benötigten Klassen und Methoden im Namensraum `Microsoft.VisualBasic.CompilerServices` angeben. Microsoft nennt diese Möglichkeit *Runtime Agility*. Der Charme von *Runtime Agility* liegt darin, dass man nur die im konkreten Fall wirklich benötigten Methoden implementieren kann. Die meisten Entwickler werden allerdings keine Zeit und Lust für eine solche eigene Implementierung haben.

HINWEIS Mono bot nicht von Anfang an eine Unterstützung für Visual Basic .NET. Doch seit Version 1.2.3 ist der Compiler fertig gestellt [MON05]. In Rotor gibt es keinen Visual Basic .NET-Compiler.

Datentypen

Die Datentypen orientieren sich in allen .NET-Programmiersprachen am Typsystem des Common Type System (CTS). Erläuterungen dazu finden Sie bereits im Kapitel »Grundkonzepte des .NET Frameworks 3.5«.

Art	Visual Basic	C#	Visual J#	JScript .NET	Visual C++
Ganzzahl 1 Byte	Byte	byte	byte	byte	BYTE, bool
Ganzzahl Boolean	Boolean	bool	boolean	boolean	VARIANT_BOOL
Ganzzahl 2 Bytes	Short	short	short	short	signed short int, __int16
Ganzzahl 4 Bytes	Integer	int	int	int	long, (long int, signed long int)
Ganzzahl 8 Bytes	Long	long	long	long	__int64
Zahl 4 Bytes	Single	float	float	float	float
Zahl 8 Bytes	Double	double	double	double	double
Zahl 12 Bytes	Decimal	decimal	–	decimal	DECIMAL
Zeichen 1 Byte oder 2 Bytes	Char	char	char	char	signed char, __int8
Zeichenkette	String	string	java.lang.String oder System.String	String	n/a
Datum / Uhrzeit	Date	DateTime	java.util.Date oder System.DateTime	Date	DATE

Tabelle 6.3 Vergleich der Datentypen in verschiedenen .NET-Sprachen

Datentypen in VB

Variablendeklarationen erfolgen in VB.NET wie in VB6 mit `Dim` und `As`. Bei Variablendeklarationen können nun mehrere Variablen eines Typs in einer Zeile ohne Wiederholung des Datentyp-Schlüsselworts deklariert werden. In VB6 musste as für jede Variable wiederholt werden.

Wenn mehrere Variablen in einer Zeile deklariert werden, muss im Gegensatz zu VB6 der Typ nicht hinter jeder Variablen genannt werden.

```
Dim x as String
Dim a,b,c as Integer
```

Hinter einer Variablendeklaration kann direkt die Initialisierung mit einem Wert erfolgen.

```
Dim Name as String = "Holger Schwichtenberg"
```

Alle Datentypen wurden bereits mit VB7 dem .NET-Typsystem angepasst. So umfasst beispielsweise der Datentyp `Integer` 32 statt 16 Bit wie in VB6. Dafür vergrößert sich `Long` auf 64 Bit. Außerdem gibt es neue Typen, z. B. `Char`, `Short` und `Decimal`. `Short` (16 Bit), `Integer` (32 Bit) und `Long` (64 Bit) erlauben negative Zahlen, während `Byte` (8 Bit) nur positive Zahlen speichern kann. Mit VB 2005 wird das Typsystem mit den vorzeichenlosen Datentypen `UShort` (16 Bit), `UInteger` (32 Bit) und `ULong` (64 Bit) sowie dem vorzeichenbehafteten Byte (`SByte`) komplettiert.

In VB.NET wird zwischen einer Zeichenkette und einem einzelnen Zeichen (Datentyp `Char`) unterschieden. Um ein Literal vom Typ `Char` zu erzeugen, muss dem schließenden Anführungszeichen ein kleines »c« folgen, z. B. »A«c.

Das Schlüsselwort `Variant` wurde mit VB7 abgeschafft. Der Datentyp `System.Object` übernimmt die Rolle von `Variant`. Die aus VB6 bekannten Zustände `Empty` und `Null` für Variablen werden nicht mehr unterstützt. An deren Stelle tritt das Schlüsselwort `Nothing`.

In VB.NET ist die Deklaration von Variablen im Standard Pflicht (kann aber zur Option gemacht werden, indem `Option Explicit Off` gesetzt wird).

TIPP `Option Explicit Off` sollten Sie nicht nutzen, weil dadurch der Programmcode anfälliger für Fehler wird.

XML-Literal in VB

Visual Basic 2008 bietet ab Version 2008 eine einfache Möglichkeit, XML-Fragmente zu definieren und zu verwenden. Dabei hinterlegt man XML-Code ganz ohne Anführungszeichen im VB-Code. Diese Funktion nennt man XML-Literale und sie existiert nur in VB, nicht in C# (dort hat < > schon eine andere Bedeutung, siehe Unterkapitel »Annotationen«).

```
Dim e As XElement = _
<Flug ID="347">
 <Abflugort>Madrid</Abflugort>
 <Zielort>Paris</Zielort>
 <FreiePlaetze>1</FreiePlaetze>
 <Details>
```

```
<Nichtraucher>True</Nichtraucher>
<Plaetze>250</Plaetze>
<EingerichtetAm/>
</Details>
</Flug>
```

Listing 6.3 Beispiel für ein XML-Literal in VB 2008

Im Programmcode kann man dieses XML-Literal dann ebenso einfach verwenden. Elemente werden mit <> angesprochen und Attribute mit @:

```
' Zugriff auf ein Attribut
Console.WriteLine(x.@ID)
' Zugriff auf Elemente
Console.WriteLine(x.<Abflugort>.Value) ' Madrid
Console.WriteLine(x.<Zielort>.Value) ' Paris
Console.WriteLine(x.<Details>.<Plaetze>.Value) ' 250
Console.WriteLine(x.<Passagiere>.<Passagier>(1).Value) ' = Meier!
' Schleife über Elemente
For Each p As XElement In x.<Passagiere>.<Passagier>
 Console.WriteLine(p.Value)
Next
```

Listing 6.4 Beispiel zur Verwendung eines XML-Literals in VB 2008

HINWEIS Voraussetzungen sind die Referenzierung der Assemblies *System.Core.dll* und *System.Xml.Linq.dll* sowie der Namensraum-Import `System.Xml.Linq`.

Visual Studio 2008 bietet IntelliSense für XML-Elemente, wenn man ein entsprechendes XML-Schema einbindet (siehe Kapitel zu Visual Studio 2008).

Weitere Beispiele für XML-Literale finden Sie im Zusammenhang mit LINQ-to-XML im Kapitel zu »Datenzugriff mit System.Xml und LINQ-to-XML«.

Datentypen in C#

C# unterstützt die gleichen Datentypen wie Visual Basic .NET, teilweise jedoch mit etwas anderen Namen, beispielsweise `int` statt `Integer` oder `bool` statt `Boolean` (siehe obige Tabelle). In C# steht der Typ am Anfang jeder Deklaration. Mehrfachdeklarationen sind möglich durch Kommatrennung.

```
int a, b, c;
string x, y, z;
System.Guid g1, g2, g3;
```

Eine mit `Option Explicit Off` vergleichbare Möglichkeit gibt es in C# (zum Glück!) nicht.

TIPP Sonderzeichen in Zeichenketten werden – wie in C++ – durch einen Backslash (\) eingeleitet (z. B. steht \n für einen Zeilenumbruch). Zu Schwierigkeiten kommt es bei Windows-Pfadangaben. In Pfaden ist entweder jeder \ durch einen doppelten \\ zu ersetzen oder aber der Zeichenkette ist ein @ voranzustellen. Synonym sind daher: `"c:\\ordner\\datei.txt"` und `@"c:\ordner\datei.txt"`.

Lokale Typableitung (Local Variable Type Inference)

In VB9 und C# 3.0 wurde die Typableitung neu eingeführt. *Typableitung* bedeutet, dass der Entwickler in seinem Programmcode keinen expliziten Typ vergibt, sondern der Compiler den Typ während der Übersetzung festlegt. Typableitung darf nicht mit *Variant* aus Visual Basic 5.0 / 6.0 verwechselt werden (auch wenn in C# 2008 das Schlüsselwort var heißt): Bei einem Variant konnte man jederzeit im Programmablauf den Typ ändern und ein Variant war eine sehr speicherfressende Datenstruktur. Variablen, die mit Typableitung erzeugt wurden, erhalten hingegen zur Übersetzungszeit einen festen Typ, der im Programmablauf nicht mehr geändert werden darf und verbrauchen nicht mehr Speicher als bei einer expliziten Deklaration.

> **HINWEIS** Die Typableitung heißt *lokal*, weil sie nur für lokale Variablen in Methoden möglich ist. Ein Einsatz als Attribut einer Klasse bzw. Parameter oder Rückgabewert einer Methode ist ausgeschlossen. Eine Typableitung muss immer mit einer Wertinitialisierung verbunden sein, da sonst keine Typableitung möglich ist. *null* bzw. *nothing* ist nicht erlaubt, da hier keine Typableitung möglich ist.
> Man kann die Typableitung auch für Laufvariablen in Schleifen verwenden.

> **WICHTIG** Bei vielen Entwicklern herrscht zunächst Skepsis über den Sinn der lokalen Typableitungen. Tatsächlich machen Typableitungen für sich isoliert betrachtet nur einen begrenzten Sinn. Typableitungen sind jedoch absolut notwendig im Zusammenhang mit anonymen Typen (später in diesem Kapitel) und LINQ-Projektionen (siehe eigenes Kapitel zu »Language Integrated Query (LINQ)«). In beiden Szenarien entstehen Klassen, deren Namen der Entwickler nicht kennen kann.
>
> Man darf Typableitung nicht mit dem Einsatz der allgemeinen Klasse System.Object verwechseln. Eine mit System.Object (alias object oder Object) deklarierte Variable kann tatsächlich im Programmablauf verschiedenartigste Inhalte aufnehmen. Eine mit lokaler Typableitung deklarierte Variable hingegen hat einen festen, unveränderbaren Typ.

Typableitung in VB

Typableitungen werden in Visual Basic .NET durch Dim ohne Datentypangabe, aber mit Initialisierung festgelegt.

```
' Local Variable Type Inference für String
Dim Heimatflughafen = "Essen/Mülheim"
Console.WriteLine(Heimatflughafen.GetType().FullName)

' Local Variable Type Inference für Int32
Dim Anzahl = Vorstandsmitglieder.Count
Console.WriteLine(Anzahl.GetType().FullName)

' Local Variable Type Inference für die Klasse Vorstandsmitglied
Dim Vorstandvorsitzender = Vorstandsmitglieder(0)
Console.WriteLine(Vorstandvorsitzender.GetType().FullName)
```

Listing 6.5 Drei Typableitungen in VB

Typableitung in C#

Typableitungen werden in C# durch das neue Schlüsselwort var anstelle des Datentyps, aber mit Initialisierung festgelegt.

Datentypen

```
// Local Variable Type Inference für String
var Heimatflughafen = "Essen/Mülheim";
Console.WriteLine(Heimatflughafen.GetType().FullName);

// Local Variable Type Inference für Int32
var Anzahl = Vorstandsmitglieder.Count;
Console.WriteLine(Anzahl.GetType().FullName);

// Local Variable Type Inference für die Klasse Vorstandsmitglied
var Vorstandschef = Vorstandsmitglieder[0];
Console.WriteLine(Vorstandschef.GetType().FullName);
```

Listing 6.6   Drei Typableitungen in C#

TIPP   Gerade bei der Objektinstanziierung in C# kann man durch die Typableitung die überflüssige Doppelnennung des Klassennamens vermeiden, denn man schreibt nun statt

```
Vorstandsmitglied v1 = new Vorstandsmitglied();
```

kürzer:

```
var v2 = new Vorstandsmitglied();
```

Die neue Schreibweise hat keinen Nachteil!

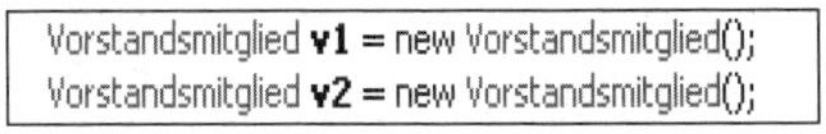

```
Vorstandsmitglied v1 = new Vorstandsmitglied();
Vorstandsmitglied v2 = new Vorstandsmitglied();
```

Abbildung 6.3   Beim Betrachten mit dem Decompiler .NET Reflector sieht man, dass der Compiler beide Zeilen gleich übersetzt hat

Typkonvertierung

Typkonvertierung bezeichnet die Umwandlung von einem Datentyp in einen anderen, z. B. Umwandeln einer Zahl in eine Zeichenkette oder Extrahieren einer Zahl aus einer Zeichenkette.

HINWEIS   Typkonvertierungen sind in der .NET-Klassenbibliothek hinterlegt, insbesondere in der Klasse `System.Convert`. Darüberhinaus bieten alle Klassen für Zahlen (`System.Byte`, `System.Int16`, `System.Int32`, etc.) die Möglichkeit, eine Zahl aus einer Zeichenkette zu extrahieren mithilfe der Methoden `Parse()` und `TryParse()`, siehe dazu Kapitel zur .NET-Klassenbibliothek 3.5. Hier in diesem Kapitel werden spracheigene Konvertierungsoptionen genannt, die intern zum Teil auf die gleichen FCL-Klassen abgebildet werden.

Typkonvertierung in VB

In der Standardeinstellung verwendet Visual Basic nur eine schwache Typprüfung, d. h., die Zuweisung einer Zahl an eine Zeichenkettenvariable wird nicht bemängelt.

```
Dim zahl As Integer = 1
Dim text As String = zahl
```

Seit VB 7.0 existiert eine Compiler-Option, die eine strikte Typprüfung erzwingt. Mit der `Option Strict On` müssen alle Typkonversionen explizit ausgeführt werden. Implizite Typkonversionen führen zu einem Fehler. Wenn Sie die neue `Option Strict` nutzen, müssen alle Variablen zwingend typisiert werden (mit As...).

Typkonvertierungen können mit verschiedenen eingebauten (schon vor dem .NET-Zeitalter verwendeten) Funktionen ausgeführt werden, die mit einem großen C beginnen, z. B.

- i = CLng(s)
- s = CStr(i)
- pass = CType(pers, Passagier)

CType ist dabei die allgemeinste Variante, da man hier einen Zieltyp angeben kann. Selbstverständlich sind nur Konvertierungen zwischen Klassen möglich, wenn diese in einer Vererbungsbeziehung zueinander stehen.

Typkonvertierung in C#

In C# kommt immer eine sehr strenge Typprüfung zum Einsatz, wohingegen sie in VB explizit eingeschaltet werden muss. Für

```
int zahl = 1;
```

sind folgende Konstrukte nicht gültig:

```
// falsch: string text = zahl;
// falsch: string text = ((string) zahl);
// falsch: string text = zahl as string;
```

Die Konvertierung von Zahl zu Text ist nur möglich über die `ToString()`-Methode oder über die FCL-Klasse `System.Convert`.

```
string text1 = zahl.ToString();
string text2 = Convert.ToString(zahl);
```

Zwischen polymorphen Klassen gibt es zwei Syntaxformen für die Typumwandlung:

```
pass = ((Passagier)a[0]);
pass = (a[0] as Passagier);
```

Der Unterschied zwischen der Schreibweise mit dem vorangestellten Typnamen und der Verwendung des as-Operators ist, dass in dem ersten Fall eine Ausnahme (`InvalidCastException`) erzeugt wird, wenn die Konvertierung nicht möglich ist, während der as-Operator in diesem Fall `null` zurückliefert.

Typinitialisierung

Ebenfalls sehr streng ist C# hinsichtlich der Initialisierung von Variablen. Während der VB 2005-Compiler in seiner Standardeinstellung folgende Anweisung immer durchgehen lässt,

```
Dim a As Integer
a = a + 1
```

weil a mit 0 vorinitialisiert wurde, erfordert der C#-Compiler die explizite Initialisierung bei allen lokalen (methodeninternen) Variablen (nicht aber bei Klassenmitgliedern).

```
int a = 0;
a = a + 1;
```

HINWEIS Für die gebrochenen Zahlen gibt es in C# besondere Kürzel, die in Literalen zu verwenden sind:

```
float x = 0.12345f;
double x = 0.12345d;
Decimal x = 0.12356m;
```

HINWEIS Der C#-Compiler und der VB.NET-Compiler ab Version 2005 erzeugen Warnungen bei deklarierten, aber nicht verwendeten Variablen.

Wertelose Wertetypen (Nullable Types)

Während Referenztypen bereits in .NET 1.x den Zustand null (alias nothing) als Repräsentanz des Zustands *nicht vorhanden / nicht gesetzt* annehmen konnten, war dies für Wertetypen nicht vorgesehen. Ab .NET 2.0 existiert ein Hilfskonstrukt, um auch Wertetypen den Wert null zuweisen zu können.

In .NET (ab Version 2.0) ist ein auf null setzbarer Wertetyp eine generische Struktur (System.Nullable), die aus dem eigentlichen Wert (Value) und einem Hilfs-Flag HasValue (Typ boolean) besteht, das anzeigt, ob der Wert des Typs Null ist.

Wertelose Wertetypen in VB

Visual Basic in der Version 2005 enthielt nur eine rudimentäre Unterstützung für wertelose Wertetypen (vgl. Erläuterungen im Kapitel »Grundkonzepte des .NET Frameworks 3.5«), die weit weniger elegant ist als die Unterstützung in C# (siehe nächstes Hauptkapitel). Dies wurde in Visual Basic 2008 geändert, sodass die Ergebnisse in VB jetzt fast äquivalent zu denen in C# sind.

Durch ein Fragezeichen als Suffix eines Wertetyps in einer Typdeklaration sorgt der VB 2008-Compiler automatisch dafür, dass der Wertetyp in die generische System.Nullable-Struktur verpackt wird. Möglich ist auch eine explizite Deklaration mit System.Nullable.

```
' Wertetyp ohne Nothing
Integer a = 1
Integer b = 0
' Wertetyp mit Nothing erlaubt
Integer? x = 2;
System.Nullable(Of Integer> y = 6
```

Die folgende Tabelle zeigt verschiedene Ergebnisse für Operationen mit den obigen Variablen.

Operation	Ergebnis, wenn x den Wert 2 hat	Ergebnis, wenn x *nothing* ist
Dim s1 As string = x.HasValue.ToString()	True	False
Dim s2 As string = x	X	Laufzeitfehler
Dim s3 As string = x.Value.ToString()	X	Laufzeitfehler
Dim s4 As string = x.ToString()	X	Leere Zeichenkette
Dim z As System.Nullable(Of Integer) = x + 10	12	Nothing
Dim a1 As Integer = x	2	Laufzeitfehler
Dim a2 As Integer= CType(y, Integer)	2	Laufzeitfehler

Tabelle 6.4 Verschiedene Operationen mit wertelosen Wertetypen in Visual Basic 2008

TIPP In zwei Fällen bemerkt VB das Problem erst zur Laufzeit. Dies können Sie jedoch verbessern, indem Sie `Option Strict On` setzen.

HINWEIS Bereits Visual Basic 7.x erlaubte die Zuweisung `Dim b As Integer = Nothing`. Dies war gleichbedeutend mit `Dim b As Integer = 0`.

Wertelose Wertetypen in C#

C# unterstützt *Nullable Value Types* bereits seit Version 2005 durch ein besonderes Sprachkonstrukt: Durch ein Fragezeichen als Suffix eines Wertetyps in einer Typdeklaration sorgt der C#-Compiler automatisch dafür, dass der Wertetyp in die generische `System.Nullable`-Struktur verpackt wird. Möglich ist auch eine explizite Deklaration mit `System.Nullable`.

```
// Wertetyp ohne Null
int a = 1;
int b = 0;
// Wertetyp mit Null erlaubt
int? x = 2;
System.Nullable<Int32> y = 6;
```

Die folgende Tabelle zeigt verschiedene Ergebnisse für Operationen mit den obigen Variablen.

Datentypen

Operation	Ergebnis, wenn x den Wert 2 hat	Ergebnis, wenn x null ist
string s1 = x.HasValue.ToString();	True	False
string s2 = x;	X	Kompilierungsfehler
string s3 = x.Value.ToString();	X	Laufzeitfehler
string s4 = x.ToString();	X	Leere Zeichenkette
int? z = x + 10;	12	Null
int a1 = x;	2	Kompilierungsfehler
int a2 = (int)x;	2	Laufzeitfehler
int a3 = x ?? 0;	True	0

Tabelle 6.5 Verschiedene Operationen mit wertelosen Wertetypen in C# 2005 und C# 2008

```
public void NullableTypes()
{
  int a = 1;
  // Elegante Deklaration in C#
  int? b = 2;
  // a = null; // verboten!
  b = null; // Erlaubt
  // Explizite Deklaration
  System.Nullable<Int32> c = null;
  c = 100;
  Demo.Print(c.HasValue.ToString());
  Demo.Print(c.Value.ToString()); // Achtung: Geht nur, wenn c tatsächlich einen Wert hat!
  // Besser: "Null" abfangen
  Demo.Print ("b = " + ( b.HasValue ? b.Value.ToString() : "null"));
}
```

Listing 6.7 Verschiedene Beispiele mit Nullable Types

Vergleich

Die Tabelle zeigt einen zusammenfassenden Vergleich der Möglichkeiten für wertelose Wertetypen.

	C# 2005 / 2008	Visual Basic 2005 / 2008
Deklaration eines normalen Wertetyps	int a;	Dim a As Integer
Zuweisung des *nicht vorhanden* an einen normalen Wertetyp	Nicht möglich (Kompilierungsfehler)	a = nothing setzt den Wert auf die Zahl 0 bzw. anderen Startwert (z. B. DateTime.MinValue)
Deklaration eines wertelosen Wertetyps in Langform	System.Nullable<Int32> x = null	Dim x As System.Nullable(Of Integer) = Nothing
Deklaration eines wertelosen Wertetyps in Kurzform	int? x = null;	Integer? x = nothing;

	C# 2005 / 2008	Visual Basic 2005 / 2008
Ausdruck x	Liefert Wert oder null	VB 2005: Nicht möglich (Kompilierungsfehler) VB 2008: Liefert Wert oder null
Ausdruck x.Value	Liefert Wert oder Laufzeitfehler (»Das Objekt mit Nullwert muss einen Wert haben.«)	Liefert Wert oder Laufzeitfehler (»Das Objekt mit Nullwert muss einen Wert haben.«)
Ausdruck x.HasValue	Liefert true oder false	Liefert true oder false
Ausdruck x + 1	Liefert null, wenn x gleich null	VB 2005: Nicht möglich (Kompilierungsfehler) VB 2008: Liefert null, wenn x gleich null
Zuweisung x = a	Erlaubt, liefert a	Erlaubt, liefert a
Zuweisung a = x	Kompilierungsfehler: Verbotene Typkonvertierung	Mit Option Strict: Verbotene Typkonvertierung Ohne Option Strict: Laufzeitfehler (»Das Objekt mit Nullwert muss einen Wert haben.«), wenn x gleich null
Zuweisung a = (int) x bzw. a = CType(x, Integer)	Laufzeitfehler (»Das Objekt mit Nullwert muss einen Wert haben.«), wenn x gleich null	Laufzeitfehler (»Das Objekt mit Nullwert muss einen Wert haben.«), wenn x gleich null

Konvertierung eines wertelosen Wertetyps in einen normalen Wertetypen mit der Semantik: liefert x, wenn x einen Wert hat oder Zahl 0, wenn x gleich null.	a = x ?? 0	If x.HasValue Then
		    a = x.Value
		Else
		    a = 0
		End If

Tabelle 6.6 Gegenüberstellung der Behandlung von wertelosen Wertetypen in C# und Visual Basic.

ACHTUNG Bitte beachten Sie, dass man den Typ string (System.String) nicht als wertelosen Wertetyp verwenden kann, da String kein Wertetyp ist, sondern ein Referenztyp, der sich in einigen Punkten (z. B. Wertzuweisungen) verhält wie ein Wertetyp. Richtig ist also string i = null; statt string? i = null;

Operatoren

Bei den Operatoren gibt es einige erhebliche Unterschiede zwischen den Sprachen (insbes. hinsichtlich der Bedeutung der Operatoren + und =).

Operatoren in VB

Die Standardoperatoren entsprechen den Operatoren in VB6. Mit VB7 neu eingeführt wurden folgende Operatoren:

- AndAlso und OrElse unterstützen die *Short-Circuit*-Auswertung (etwa: *Kurzschlussauswertung*) in Bedingungen. Dadurch wird die Auswertung eines Ausdrucks abgebrochen, sobald das Ergebnis feststeht. Bei den Operatoren And und Or werden immer alle Teile ausgewertet.

Operatoren

- Zuweisungen können direkt innerhalb der Variablendeklarationszeile vorgenommen werden.

```
Dim v As String = "Holger"
Dim n As String = "Schwichtenberg"
```

- Basisoperatoren können mit dem Zuweisungsoperator kombiniert werden:

```
v &= " " & n
```

- Seit VB7 nicht mehr im Sprachumfang enthalten sind die Operationen Set und Let. Sie werden aber vom Editor erkannt und automatisch entfernt, wenn sie fälschlicherweise eingegeben werden.

ACHTUNG Auch in der aktuellen Version von VB.NET gibt es weiterhin für Zeichenkettenverknüpfungen sowohl die Möglichkeit mit dem Pluszeichen (+) als auch dem kaufmännische Und (&) zu arbeiten. Das kaufmännische Und ist aber vorzuziehen, da das Pluszeichen durch die ebenfalls noch vorhandene mathematische Bedeutung zu unerwünschten Ergebnissen führen kann.

Neu seit VB 2005 ist der Operator isNot, der den Ausdruck Not x is y verkürzt auf x isNot y.

TIPP Nur eine Kleinigkeit wurde bei den Operatoren in VB 2008 verbessert: VB 7.0, 7.1 und 8.0 kannten wie VB 5.0/6.0 den IIF-Operator für einen *wenn ... dann ... sonst*-Ausdruck. Da allerdings in VB 7.0, 7.1 und 8.0 dieser Operator kein echter Operator, sondern eine Methode in der VB-Laufzeitumgebung war, wurden immer alle Teile der Ausdrucks ausgewertet (da diese ja Parameter waren), also auch der nicht zutreffende Fall. In dem nachfolgenden Fall führte dies zu einem Laufzeitfehler (»Object variable or With block variable not set.«), denn Vorstandsvorsitzender.Name wird ausgewertet, obwohl Vorstandsvorsitzender ja auf *nothing* zeigt. Neu ab VB 2008 ist If (nur mit einem »I«!), der ein echter Operator ist und sich auch so verhält, d.h. nur den zutreffenden Teil auswertet.

```
' Besetzung des Vorstandes
StellvertretenderVorstandsvorsitzer = MM
Vorstandvorsitzender = Nothing

' Ausgabe des amtierenden Chefs (alte Variante, führt zu Laufzeitehler "Object variable or With block
variable not set."
' Dim NameDesAmtierendenChefs_Alt As String = IIf(Vorstandvorsitzender IsNot Nothing,
Vorstandvorsitzender.Name, StellvertretenderVorstandsvorsitzer.Name)

' Ausgabe des amtierenden Chefs (neu ab 2008 mit echtem IF-Operator)
Dim NameDesAmtierendenChefs_Neu As String = If(Vorstandvorsitzender IsNot Nothing,
Vorstandvorsitzender.Name, StellvertretenderVorstandsvorsitzer.Name)
```

Operatoren in C#

Es gibt drei wichtige Unterschiede zwischen den Operatoren in VB und C#, die bei Portierungen von Code zu beachten sind:

- Das Gleichheitszeichen = ist in C# immer der Zuweisungsoperator. Zum Vergleichen müssen immer zwei Gleichheitszeichen == verwendet werden.

- Zeichenkettenverknüpfungen erfolgen immer mit dem Pluszeichen (+). Das kaufmännische Und (&) ist nicht erlaubt.
- Die logischen Operatoren Und (&&) und Oder (||) verwenden immer die Short-Circuit-Auswertung, d. h., die folgenden Teile eines Ausdrucks werden nicht mehr ausgewertet, sobald feststeht, dass der Ausdruck nicht mehr wahr werden kann.
- Für den Objektvergleich verwendet C# die normalen Vergleichsoperatoren == und !=.
- Bei der Division ist es vom Typ der Operanden abhängig, ob die Division als Ganzzahldivision ausgeführt wird.

Ein C#-Operator, für den es keine Entsprechung in VB gibt, ist das doppelte Fragezeichen. ?? liefert (ab C# 2005) den Wert des vorangestellten Ausdrucks, wenn dieser nicht Null ist. Wenn der Wert Null ist, wird der Wert des nachfolgenden Ausdrucks übergeben.

```
// Umwandlung eines Nullable Int in einen Int
int? d = null;
int e = d ?? -1;
// Behandlung eines String
string s = null;
Demo.Print ("s = " + (s ?? "(kein Inhalt)"));
```

Listing 6.8 Einsatz des ??-Operators

Leider ist der Operator nicht hilfreich, wenn man einen wertelosen Zahlenwert ausgeben möchte, weil beide Operanden den gleichen Typ besitzen müssen.

```
Demo.Print("d = " + (d ?? "null")); // geht leider nicht :-(
```

	Visual Basic	C#	Visual J#	C++	JScript
Mathematik					
Addition	+	+	+	+	+
Subtraktion	-	-	-	-	-
Multiplikation	*	*	*	*	*
Division	/	/	/	/	/
Ganzzahldivision	\	/	n/a	n/a	n/a
Modulus	Mod	%	%	%	%
Potenz	^	n/a	n/a	n/a	n/a
Negation	Not	~	~	~	~
Inkrement	n/a	++	++	++	++
Dekrement	n/a	--	--	--	--

Operatoren

	Visual Basic	C#	Visual J#	C++	JScript
Zuweisung					
Einfache Zuweisung	=	=	=	=	=
Addition	+=	+=	+=	+=	+=
Subtraktion	-=	-=	-=	-=	-=
Multiplikation	*=	*=	*=	*=	*=
Division	/=	/=	/=	/=	/=
Ganzzahl-Division	\=	/=	n/a	n/a	n/a
Zeichenkettenverbindung	&=	+=	+=		+=
Modulus (Divisionsrest)	n/a	%=	%=	%=	%=
Bit-Verschiebung nach links	<<=	<<=	<<=	<<=	<<=
Bit-Verschiebung nach rechts	>>=	>>=	>>=	>>=	>>=
Bit-weises UND	n/a	&=	&=	&=	&=
Bit-weises XOR	n/a	^=	^=	^=	^=
Bit-weises OR	n/a	|=	|=	|=	|=
Vergleich					
Kleiner	<	<	<	<	<
Kleiner gleich	<=	<=	<=	<=	<=
Größer	>	>	>	>	>
Größer gleich	>=	>=	>=	>=	>=
Gleich	=	==	==	==	==
Nicht gleich	<>	!=	!=	!=	!=
Objektvergleich	Is	==	==	n/a	==
Objektvergleich (negativ)	IsNot	!=	!=	n/a	!=
Objekttypvergleich	TypeOf x Is Class1	x is Class1	x instanceof Class1	n/a	instanceof
Zeichenkettenvergleich	=	==	n/a	n/a	==
Zeichenkettenverbindung	&	+	+	n/a	+
Logische Operatoren					
UND	And	&&	&&	&&	&&
ODER	Or	||	||	||	||
NICHT	Not	!	!	!	!
Short-circuited UND	AndAlso	&&	&&	&&	&&
Short-circuited ODER	OrElse	||	||	||	||

	Visual Basic	C#	Visual J#	C++	JScript
Bit-Operatoren					
Bit-weises UND	And	&	&	&	&
Bit-weises XOR	Xor	^	^	^	^
Bit-weises OR	Or	|	|	|	|
BitVerschiebung nach links	<<	<<	<<	<<	<<
Bit-Verschiebung nach rechts	>>	>>	>>	>>	>>, >>>
Sonstiges					
Bedingt	IIF-Funktion und If-Operator	?:	?:	?:	?:
Bedingt (für Nullable Types)	n/a	?? :	n/a	n/a	n/a

Tabelle 6.7 Vergleich der Operatoren in verschiedenen .NET-Sprachen

Klassendefinition

Klassen sind in .NET das zentrale Konzept zur Aufnahme von Daten und Programmcode. Eine Klassendefinition erstellt eine neue Klasse.

Klassen können folgende Elemente enthalten:

- Attribute in Form von Feldern oder Property-Routinen
- Methoden mit und ohne Rückgabewerte (`Function/Sub`)
- Ereignisse (Events)

Geschachtelte Typen (vgl. Kapitel 4) werden sowohl in C# als auch in VB unterstützt.

> **HINWEIS** Sowohl in C# auch VB gilt: Anders als in Java darf eine Quellcodedatei beliebig viele Klassen enthalten und der Name der Quellcodedatei muss nicht dem in der Datei implementierten Klassennamen entsprechen. Die in Visual Studio integrierten Refactoring-Funktionen (Funktionen zur nachträglichen Umgestaltung von Programmcode) werden für C#-Klassen allerdings automatisch tätig, wenn eine Quellcodedatei umbenannt wird, die eine Klasse mit gleichem Namen enthält. In diesem Fall wird auch die Klasse umbenannt.

Klassendefinitionen in VB

Die Definition von Klassen in VB.NET entspricht der Definition von Klassen in VBScript 5.x mit dem Konstrukt `Class...End Class` (während Klassen in VB 6.0 und früher durch eigene .cls-Dateien definiert wurden, es aber kein Sprachkonstrukt gab).

Neben Klassen existieren in VB auch weiterhin Module, wobei das Konstrukt `Module...End Module` zum Einsatz kommt. Module entsprechen nichtvererbbaren Klassen, bei denen alle Mitglieder statisch und daher ohne eine Instanziierung zugänglich sind.

Klassendefinitionen in C#

Klassen werden in C# durch das Schlüsselwort `class` und einen Block mit geschweiften Klammern gebildet.

An die Stelle des VB-Schlüsselworts `Module` tritt in C# ab Version 2005 das Konstrukt `static class`. Eine solche Klasse darf nur statische Mitglieder besitzen und nicht instanziiert werden, weil der Konstruktor automatisch als `private` deklariert ist. Die Klasse darf nur von `System.Object` erben.

```
static class StatischeKlasse
{
  public static void StatischesMitglied() { … }
  // Nicht erlaubt: Instanzmitglied
  // public void InstanzMitglied();
}
```

Listing 6.9 Beispiel für eine statische Klasse in C#

Sichtbarkeiten / Zugriffsmodifizierer

Klassendefinitionen können mit den Sichtbarkeitsmodifizierern (alias Zugriffsmodifizierer) `public` oder `friend` (entspricht `internal` in C# bzw. der allgemeinen Sichtbarkeit *assembly*, vgl. Kapitel 4) versehen werden. Klassenmitglieder können folgende Sichtbarkeiten haben:

- `private`: Das Mitglied kann nur innerhalb der Klasse genutzt werden.
- `protected`: Das Mitglied kann innerhalb der Klasse und in abgeleiteten Klassen genutzt werden.
- `friend` (C#: `internal`): Das Mitglied kann in allen Klassen innerhalb der Assembly genutzt werden.
- `public`: Das Mitglied kann in allen Klassen auch in referenzierenden Assemblies genutzt werden.

HINWEIS VB und C# unterscheiden sich bei den Klassendefinitionen außer bei friend/internal nur hinsichtlich der Groß-/Kleinschreibung der Schlüsselwörter. In C# müssen die Schlüsselwörter klein geschrieben werden. In VB ist dies egal, der Editor schreibt die Wörter allerdings automatisch gross.

Felder (Field-Attribute)

Attribute ohne Codehinterlegung werden durch einfache Variablendeklarationen deklariert. Felder können *Public* (sichtbar für die Klasse und alle Nutzer), *Private* (sichtbar nur für die Klasse) oder *Protected* (sichtbar für die Klasse und geerbte Klassen) sein.

Felder in VB

Die nachfolgenden drei Zeilen zeigen gültige Feld-Deklarationen in VB. Die Sichtbarkeitsmodifizierer treten an die Stelle von `Dim`.

```
Private PersonalausweisNr As String
Public Vorname, Nachname As String
Protected Geburtstag As DateTime, Geburtsort As String = "unbekannt"
```

Felder in C#

In C# wird werden die Sichtbarkeitsmodifizierer vorangestellt.

```
private string PersonalausweisNr;
public string Vorname, Nachname;
Protected System.DateTime Geburtstag;
Protected string Geburtsort = "unbekannt";
```

Eigenschaften (Property-Attribute)

Beide Sprachen unterstützen Eigenschaften (alias Property-Attribute) mit Getter- und Setter-Methoden.

Eigenschaften in VB

Die Definition von Property-Routinen wurde ab VB7 syntaktisch geändert. Seit VB 2005 können die Get- und Set-Methoden (auch *Getter* und *Setter* genannt) sogar verschiedene Sichtbarkeiten besitzen. In dem nachfolgenden Beispiel ist der Getter für die Clients zugänglich (Public), der Setter steht aber nur in den von dieser Klasse abgeleiteten Klassen zur Verfügung (Protected).

```
Private _FlugStunden as Long
Public Property Flugstunden() As Long
    Get
        Return Me._Flugstunden
    End Get
    Protected Set(ByVal Value As Long)
        Me._Flugstunden = Value
    End Set
End Property
```

Es ist – anders als in VB6 – nicht mehr erlaubt, ein Standardattribut in einer Klasse festzulegen, das automatisch verwendet wird, wenn ohne nähere Angabe eines Attributnamens Bezug auf eine Objektvariable genommen wird. Nur noch parametrisierte Attribute (genannt *Indexer*) können Standardmitglieder einer Klasse werden.

Es ist nicht erlaubt, dass es neben einer Property mit gleichem Namen auch noch explizite Getter-/Setter-Routinen mit *get_* bzw. *set_* (vgl. Java) gibt.

```
Public Property Flugstunden()
    Get
    End Get
    Set(ByVal value)
    End Set
End Property
Sub get_Flugstunden()
End Sub
Sub set_Flugstunden()
End Sub
```

> property "Flugstunden" definiert implizit "set_Flugstunden", was einen Konflikt mit einem Member mit dem gleichen Namen in class "misc" verursacht.

Abbildung 6.4 Restriktionen für Getter- und Setter-Implementierung

Eigenschaften in C#

In C# ist die Syntax für Eigenschaften prägnanter.

```
private long _FlugStunden;
public long Flugstunden
{
    get
    {
      return this._Flugstunden;
    }
    protected set
    {
      this._Flugstunden = value;
    }
}
```

Listing 6.10 Ein Property in C# mit zugehörigem Field in normaler Schreibweise

Neu in C# 2008 sind die sogenannten *Automatischen Eigenschaften* (engl. *Automatic Property*), die die Syntax noch prägnanter machen. Die neue Syntax bietet eine verkürzte Schreibweise für solche Property-Attribute an, die nichts anderes tun als ein privates *Field*-Attribut zu lesen und zu beschreiben. In diesem Fall kann man sich die explizite Definition des privaten *Field*-Attributs sparen und Erzeugung dem Compiler überlassen. Damit verkürzt sich auch die Schreibweise von Getter und Setter radikal.

```
public long Flugstunden { get; set; }
```

Listing 6.11 Ein Property in C# mit zugehörigem Field als "Automatische Eigenschaft"

HINWEIS Bei einer automatischen Eigenschaft kann man das zugehörige private *Field*-Attribut nicht im Code getrennt ansprechen. Alle Zugriffe laufen über das *Property*-Attribut. Daher muss man immer Getter und Setter definieren. Diese können aber unterschiedliche Sichtbarkeiten haben, z. B.

```
public long Flugstunden { get; protected set; }
```

Da es die automatischen Eigenschaften in Visual Basic noch nicht gibt, kann die Codemenge in Visual Basic sehr viel größer sein (siehe folgende Vergleich).

C# 2008 mit automatischen Eigenschaften	Visual Basic 2008
| ```csharp
class Vorstandsmitglied
{
    // Automatic Properties
    public string Name { get; set; }
    public string Aufgabengebiet { get; set; }
    public int Alter { get; set; }
    public string Ort { get; set; }
}
``` | ```vb
Friend Class Vorstandsmitglied
    Private privateName As String
    Public Property Name() As String
        Get
            Return privateName
        End Get
        Set(ByVal value As String)
            privateName = value
        End Set
    End Property
    Private privateAufgabengebiet As String
    Public Property Aufgabengebiet() As String
        Get
            Return privateAufgabengebiet
        End Get
        Set(ByVal value As String)
            privateAufgabengebiet = value
        End Set
    End Property
    Private privateAlter As Integer
    Public Property Alter() As Integer
        Get
            Return privateAlter
        End Get
        Set(ByVal value As Integer)
            privateAlter = value
        End Set
    End Property
    Private privateOrt As String
    Public Property Ort() As String
        Get
            Return privateOrt
        End Get
        Set(ByVal value As String)
            privateOrt = value
        End Set
    End Property
End Class
``` |

Tabelle 6.8 Vergleich der Definition einer Klasse mit vier Properties (jeweils mit Getter und Setter)

Methoden

Methoden sind Operationen in Klassen, die innerhalb der Klasse oder von Nutzern aufgerufen werden können. Methoden können einen Rückgabewert liefern.

Methoden in VB

Unterroutinen werden in VB mit `Sub` oder `Function` eingeleitet. `Sub` sind Methoden ohne Rückgabewert, `Function` sind Methoden mit Rückgabewert. Zur Rückgabe von Werten aus Funktionen kann ab VB7 das Schlüsselwort `Return(wert)` verwendet werden. Bei einem Unterroutinenaufruf muss der Entwickler die Parameter immer in runde Klammern setzen. In VB6 musste er zwischen Funktionen mit Rückgabewert und Prozeduraufrufen ohne Klammern unterscheiden.

HINWEIS Parameterlose Methoden kann man theoretisch weiterhin ohne Klammern aufrufen. Der Compiler akzeptiert dies; die Entwicklungsumgebung Visual Studio wird aber immer die »vergessenen« Klammern ergänzen.

Seit VB7 muss ein optionaler Parameter auch einen Standardwert besitzen.

```
Public Overloads Sub BuchenMitRaucherAngabe(ByVal Flugnummer As String, Optional ByVal NichtRaucher As Boolean
= True)
```

Mit dem Schlüsselwort Overloads können mehrere gleichnamige Unterroutinen erstellt werden, sofern sich diese hinsichtlich der Anzahl und/oder Datentypen der Parameter unterscheiden. VB entscheidet bei einem Funktionsaufruf anhand der Typsignatur, welche der gleichnamigen Implementierungen aufzurufen ist.

```
Public Overloads Sub Buchen(ByVal Flug As Flug)
Public Overloads Sub Buchen(ByVal Flugnummer As String)
```

Seit VB7 werden alle Parameter standardmäßig mit ihrem Wert übergeben (*Call by Value*). Bis VB6 war die Übergabe von Zeigern auf die Parameter die Voreinstellung (*Call by Reference*). In VB.NET muss man Referenzparameter explizit durch ByRef kennzeichnen.

```
Public Shared Sub Run()
    Dim a As Integer = 1
    Dim b As Integer = 2
    Dim c As Integer = 2
    Dim Ergebnis As String = Test(a, b, c)
    Console.WriteLine(Ergebnis)
    Console.WriteLine(a & ";" & b & ";" & c)
End Sub

Public Shared Function Test(ByVal WertValue As Integer, ByRef WertRef As Integer,
<System.Runtime.InteropServices.Out()> ByRef WertOut As Integer) As String
    WertValue += 1
    WertRef += 1
    ' nicht relaubt, da noch nicht initialisiert: WertOut+=1
    WertOut = 10
    Return WertValue.ToString() & ";" & WertRef.ToString() & ";" & WertOut.ToString()
End Function
End Class
```

Listing 6.12 Beispiel für Parameterübergaben an Methoden

> **HINWEIS** Die Annotation (zu Annotation siehe gleichnamiges Unterkapitel in diesem Kapitel) <System.Runtime.InteropServices.Out()> bedeutet, dass der Aufrufer nur leeren (nicht initialisierten) Speicherplatz in die Methode hereingibt. Der Wert muss zwangsläufig von der Methode selbst initialisiert werden und wird dann dem Aufrufer geliefert. Diese Annotation ist das Äquivalent in Visual Basic zum Schlüsselwort out in C# (siehe unten).

Methoden in C#

In C# beginnt eine Methodendefinition ebenfalls mit der Sichtbarkeit. Danach folgt aber der Datentyp des Rückgabewertes. In C# gibt es kein direktes Pendant zu Sub und Function. Methoden ohne Rückgabewerte werden durch den Datentyp void signalisiert. Für überladene Methoden gibt es kein Schlüsselwort. Der Rückgabewert wird ebenfalls mit return signalisiert, aber klein geschrieben.

```
public void Buchen(Flug Flug)
public void Buchen(string FlugNummer)
```

ACHTUNG   Beim Methodenaufruf sind immer runde Klammern zu verwenden, auch wenn es keine Parameter gibt!

Für die Übergaberichtung gibt es in C# für den Call by Value-Fall kein Schlüsselwort und für den Call by Reference-Fall zwei Wörter:

- Der Zusatz `ref` vor einem Parameter entspricht `ByRef` in VB und bedeutet, dass der Wert von außen hereingegeben wird und innerhalb der Methode verändert werden darf.
- Der Zusatz `out` vor einem Parameter bedeutet, dass der Aufrufer nur leeren (nicht initialisierten) Speicherplatz hereingibt. Der Wert muss zwangläufig von der Methode selbst gesetzt werden und wird dann dem Aufrufer geliefert.

HINWEIS   Wichtig ist, dass man nicht nur in der Methodensignatur selbst `out` und `ref` verwenden muss, sondern auch beim Aufruf der Methode.

```
public static void Run()
{
int a = 1;
int b = 2;
int c = 2;
string Ergebnis = Test(a, ref b,out c);
Console.WriteLine(Ergebnis);
Console.WriteLine(a + ";" + b + ";" + c);
}

public static string Test(int WertValue, ref int WertRef, out int WertOut)
{
WertValue++;
WertRef++;
// nicht erlaubt, da noch nicht initialisiert: WertOut++;
WertOut = 10;
return WertValue.ToString() + ";" + WertRef.ToString() + ";" + WertOut.ToString();
}
```

Listing 6.13   Beispiel zum Einsatz von ref und out in C#. Die Ausgabe ist 2;3;10 und 1;3;10

Erweiterungsmethoden (Extension Methods)

Eine Erweiterungsmethode ermöglicht einer Klasse extern eine Methode anzuheften. »Extern« heißt, dass dies nicht im Rahmen der Klassendefinition selbst erfolgt, sondern in einer anderen Klasse. Damit ist es möglich, Klassen zu erweitern, die man selbst nicht geschrieben hat (z. B. Klassen der .NET-Klassenbibliothek *FCL*). Ein solches Konzept ist bereits aus JavaScript vielen Entwicklern bekannt. Zu beachten ist, dass die Methoden gemäß dem Prinzip der Kapselung nur auf die öffentlichen Attribute und Methoden der Klasse zugreifen können. Durch Einsatz von Reflection (Metadatennutzung) kann diese Beschränkung jedoch umgangen werden (durch Reflection kann man immer auch auf private Mitglieder zugreifen!). Erweiterungen können nur Methoden sein; Fields und Properties können leider nicht nachträglich ergänzt werden.

> **TIPP** Erweiterungsmethoden können auch auf Schnittstellen angewendet werden, sodass man auf einfache Weise alle Klassen erweitern kann, die eine bestimmte Schnittstelle anbieten. Microsoft hat dies im Rahmen von Language Integrated Query (siehe Kapitel »Language Integrated Query (LINQ)«) auf die Schnittstelle IEnumerable angewendet, um alle Objektmengenklassen »LINQ-fähig« zu machen.

> **HINWEIS** Mit den Erweiterungsmethoden hat man nun eine dritte syntaktische Möglichkeit, bestehende Klassen zu erweitern:
> - Vererbung: möglich seit .NET 1.0, aber nur für Klassen, die Vererbung zulassen (also nicht *sealed* bzw. *NotInheritable* sind)
> - Partielle Klassen: möglich seit .NET 2.0, aber nur für Klassen im gleichen Projekt, die als *Partiell* gekennzeichnet sind
> - Erweiterungsmethoden: möglich seit .NET 3.5, für alle Klassen und auch anwendbar auf Schnittstellen

> **ACHTUNG** Wichtig ist, dass in der Klasse, in der die Erweiterungsmethode verwendet wird, der Namensraum der Klasse, in der die Erweiterungsmethode implementiert wurde, durch using bzw. imports eingebunden wird. Sonst kann die Erweiterungsmethode vom Compiler nicht gefunden werden. Dies ist auch der Grund dafür, dass LINQ-Abfrageausdrücke nur zur Verfügung stehen, wenn der Namensraum System.Linq eingebunden wurde (siehe Kapitel zu LINQ (»Language Integrated Query (LINQ)«).
>
> Der Name der Klasse, in der die Erweiterungsmethode implementiert wird, ist im Übrigen egal. Auf diese Weise ist die Anzahl der Erweiterungsmethoden für eine Klasse nicht räumlich und von der Menge nach beschränkt. Erweiterungsmethoden können überladen werden, wobei hier die gleichen Bedingungen wie bei normalen Methoden gelten. Erweiterungsmethoden müssen keinen Rückgabewert haben (d.h. *void* bzw. *Sub* sind erlaubt).

Definition von Erweiterungsmethoden in VB

Erweiterungsmethoden werden durch die Annotation System.Runtime.CompilerServices.Extension gekennzeichnet. Der erste Parameter der Methode ist der Datentyp, der erweitert werden soll. Die weiteren Parameter sind die tatsächlichen Parameter der Methode.

Das Beispiel zeigt die Implementierung einer Erweiterungsmethode Print() für die Schnittstelle IEnumerable. Dadurch erhalten alle Objektmengenklassen in .NET die Methode Print(), die alle enthaltenen Objekte in einer bestimmten Farbe an der Konsole ausgibt (die Ausgabe erfolgt mit ToString() und ist daher darauf angewiesen, dass ToString() in den Objekten sinnvoll implementiert wurde. Sonst wird nur die Standardimplementierung aufgerufen, d.h. der Name der Klasse ausgegeben).

> **HINWEIS** In VB.NET muss die Implementierung einer Erweiterungsmethode in einem Modul (Module ... End Module) erfolgen. Klassen (Class ... End Class) sind leider nicht erlaubt. Dies ist optisch zwar unschön, weil die Syntax an das nichtobjektorientierte Programmieren in VB 6.0 erinnert, ist aber sonst nicht weiter schlimm.

```
Imports System.Runtime.CompilerServices
Imports System
Imports System.Collections

Module WWWingsCollectionExtensions
```

```vb
' --- Erweiterungsmethode für IEnumerable
<Extension()> _
 Public Sub Print(ByVal Menge As IEnumerable, ByVal Farbe As ConsoleColor)
  Dim VorherigeFarbe As ConsoleColor = Console.ForegroundColor
  Console.ForegroundColor = Farbe
  For Each o As Object In Menge
   Console.WriteLine(o.ToString())
  Next
  Console.ForegroundColor = VorherigeFarbe
 End Sub

End Module
```

Listing 6.14 Implementierung der Erweiterungsmethode Print() für die Schnittstelle IEnumerable (in VB)

```vb
Dim Vorstandsmitglieder As New List(Of Vorstandsmitglied)
Vorstandsmitglieder.Add(MM)
Vorstandsmitglieder.Add(HM)
Vorstandsmitglieder.Add(HS)

' Verwendung einer Erweiterungsmethode
Vorstandsmitglieder.Print(ConsoleColor.DarkYellow)
```

Listing 6.15 Anwendung der Methode Print() auf eine Menge, die mit der generischen Mengenklasse List erzeugt wurde (in VB)

Definition von Erweiterungsmethoden in C#

Die Syntax für Erweiterungsmethoden in C# ist ganz anders. Wenn man die Annotation Extension verwendet, quittiert der Compiler dies mit »Do not use 'System.Runtime.CompilerServices.ExtensionAttribute'. Use the 'this' keyword instead.«. Gemeint ist damit, dass man vor den ersten Parameter (also den Namen der zu erweiternden Klasse) das Schlüsselwort this schreiben soll. Dies ist leider wenig intuitiv, zumal this schon mehrere andere Bedeutungen in C# hat. Außerdem muss die Erweiterungsmethode statisch deklariert sein, wenngleich sie nachher eine Instanzmethode ist. Ebenso muss die Klasse statisch sein.

```csharp
using System.Runtime.CompilerServices;
using System;
using System.Collections;

namespace de.WWWings.Library
{
 internal static class WWWingsCollectionExtensions
 {
  // --- Erweiterungsmethode für IEnumerable
  public static void Print(this IEnumerable Menge, ConsoleColor Farbe)
  {
   ConsoleColor VorherigeFarbe = Console.ForegroundColor;
   Console.ForegroundColor = Farbe;
   foreach (object o in Menge)
    Console.WriteLine(o.ToString());
   Console.ForegroundColor = VorherigeFarbe;
  }
 }
}
```

Listing 6.16 Implementierung der Erweiterungsmethode Print() für die Schnittstelle IEnumerable (in C#)

```
Imports de.WWWings.Library
...
List<Vorstandsmitglied> Vorstandsmitglieder = new List<Vorstandsmitglied> { HS, HM, MM };

// Verwendung einer Erweiterungsmethode
Vorstandsmitglieder.Print(ConsoleColor.DarkYellow);
```

Listing 6.17 Anwendung der Methode Print() auf eine Menge, die mit der generischen Mengenklasse List erzeugt wurde (in C#)

Konstruktoren und Destruktoren

Ein Konstruktor ist eine Methode, die beim Instanziieren aufgerufen wird. Echte Destruktoren, die beim Löschen eines Objekts aufgerufen werden, kennt das .NET Framework hingegen nicht. Der Aufruf des Destruktors ist im .NET Framework nicht deterministisch. Daher spricht man oft auch von Finalizern statt von Destruktoren.

ACHTUNG Ein parameterloser Konstruktor, der nichts tut, scheint auf den ersten Blick überflüssig zu sein. Sofern kein parameterbehafteter Konstruktor vorhanden ist, generiert der Compiler – sowohl von C# als auch von VB – automatisch einen parameterlosen Konstruktor. Wird jedoch ein parameterbehafteter Konstruktor explizit implementiert, so wird der parameterlose Konstruktor nicht automatisch erzeugt. Wenn dieser benötigt wird, ist er also ebenfalls explizit zu implementieren.

Konstruktoren und Destruktoren in VB

Neu ab VB7 ist die Möglichkeit, Konstruktoren mit Parametern zu definieren. Dazu dient eine öffentliche Unterroutine mit dem Namen Sub New(). New() ohne Parameter entspricht dem Class_Initialize() in VB6. Class_Terminate() findet eine ähnliche, aber nicht ganz exakte Entsprechung in Sub Finalize() (vgl. Erläuterungen zu Destruktoren/Finalizern in Kapitel 4). Ab VB7 erfolgt die Instanziierung bei einem New-Operator sofort und nicht erst bei der ersten Verwendung des Objekts. Das Schlüsselwort Set wird bei der Instanziierung nicht mehr benutzt.

Konstruktoren und Destruktoren in C#

Konstruktoren besitzen den Namen der Klasse und haben keinen Rückgabetyp (auch nicht void). Der Bezeichner für den Finalizer besteht aus ~ gefolgt vom Klassennamen. Es kann nur höchstens einen Finalizer geben, aber beliebig viele überladene Konstruktoren. Wie in VB.NET wird der parameterlose Konstruktor nur dann automatisch erzeugt, wenn kein anderer Konstruktor explizit implementiert wird.

Objektinitialisierung

Bisher konnte man Objekte nur prägnant und elegant bei der Instanziierung initialisieren, wenn die Klassen entsprechende Parameter im Konstruktor anboten. Mit C# 3.0 und VB 9.0 kann nun jedes öffentliche Attribut (egal ob *Field* oder *Property*) bei der Instanziierung initialisiert werden. C# bietet dazu eine Schreibweise mit geschweiften Klammern an, VB das Schlüsselwort with. In VB ist außerdem zu beachten, dass immer dem Attributnamen ein Punkt voranzustellen ist.

> **HINWEIS**   Man kann nur öffentliche und beschreibbare Attribute initialisieren. Man muss keineswegs alle Attribute initialisieren. Man darf aber jedes Attribut nur einmal initialisieren.

```
Dim MM As New Vorstandsmitglied() With {.Name = "Max Müller", .Aufgabengebiet = "Flugbetrieb", .Alter = 33}
Dim HM As New Vorstandsmitglied() With {.Name = "Hans Meier", .Aufgabengebiet = "Personal", .Alter = 42}
Dim HS As New Vorstandsmitglied() With {.Name = "Hubert Schmidt", .Aufgabengebiet = "Marketing", .Alter
= 35, .Ort = "Essen"}
```

Listing 6.18   Initialisierung von Objekten bei der Instanziierung (VB 9.0)

```
Vorstandsmitglied MM = new Vorstandsmitglied() { Name = "Max Müller", Aufgabengebiet = "Flugbetrieb",
Alter = 33 };
Vorstandsmitglied HM = new Vorstandsmitglied() { Name = "Hans Meier", Aufgabengebiet = "Personal", Alter
= 42 };
Vorstandsmitglied HS = new Vorstandsmitglied() { Name = "Hubert Schmidt", Aufgabengebiet = "Marketing",
Alter = 35, Ort = "Essen" };
```

Listing 6.19   Initialisierung von Objekten bei der Instanziierung (C# 3.0)

> **HINWEIS**   Man kann die Objektinitialisierung auch zusätzlich verwenden, wenn es einen parameterbehafteten Konstruktor gibt, z. B.

```
Vorstandsmitglied HS = new Vorstandsmitglied("Hubert Schmidt") { Aufgabengebiet = "Marketing", Alter =
35, Ort = "Essen" };
```

Beispiel für eine Klasse mit diversen Mitgliedern

Das erste Listing zeigt die Implementierung der Klasse Person mit zwei Konstruktoren, einem parameterlosen Konstruktor und einem Konstruktor mit zwei Parametern.

```
Namespace de.WWWings
    Public Class Person
        ' ========== Attribute (Fields)
        Public PersonalausweisNr As String
        Public Vorname As String
        Public Nachname As String
        ' ========== Errechnete Attribute (Properties)
        Public ReadOnly Property GanzerName() As String
            Get
                Return Me.Vorname & " " & Me.Nachname
            End Get
        End Property
        ' ========== Konstruktoren
        Public Sub New()
        End Sub
        Public Sub New(ByVal Nachname As String, ByVal Vorname As String)
            Me.Vorname = Vorname
            Me.Nachname = Nachname
        End Sub
```

```vbnet
        ' ========== Methoden
        Public Overridable Sub Info()
            Console.WriteLine("Person: " & Me.GanzerName)
        End Sub
    End Class
End Namespace
```

Listing 6.20 Implementierung der Klasse Person in VB.NET

```csharp
namespace de.WWWings
{
 public class Person
 {
  // ========== Attribute (Fields)
  public string PersonalausweisNr;
  public string Vorname;
  public string Nachname;
  // ========== Errechnete Attribute (Properties)
  public string GanzerName
  {
   get
   {    return this.Vorname + " " + this.Nachname;   }
  }
  // ========== Konstruktoren
  public Person() { }
  public Person(string Nachname, string Vorname)
  {
    this.Vorname = Vorname;
    this.Nachname = Nachname;
  }
  // ========== Methoden
  public virtual void Info()
   {   Console.WriteLine("Person: " + this.GanzerName);   }
 }
}
```

Listing 6.21 Implementierung der Klasse Person in C#

Generische Klassen

Generische Klassen (Generics) erlauben es, einen oder mehrere Typen, die die Klasse intern verarbeitet, variabel zu halten (Typparameter). Ein typischer Einsatzfall sind generische Objektmengen (siehe auch Erläuterungen zu System.Collections im Kapitel ».NET-Klassenbibliothek 3.5«). Generische Objektmengen ermöglichen es, dass der Entwickler einen allgemeinen Mengentyp so prägt, dass die Menge nur Mitglieder einer bestimmten Klasse akzeptiert und dafür eine Typprüfung bereits zur Entwicklungszeit stattfindet.

Neben den in der FCL implementierten generischen Objektmengen kann man in VB und C# auch selbst generische Klassen erzeugen. In diesem Kapitel wird die Definition und Verwendung eigener generischer Klassen besprochen.

Definition generischer Klassen in VB

Zur Definition einer generischen Klasse in VB gibt man bei der Klassendeklaration im Anschluss an den Klassennamen – in Klammern und eingeleitet durch das neue Schlüsselwort Of – Namen als Platzhalter für die bei der Deklaration einer Objektvariablen anzugebenden Objekttypen (Typparameter) an.

Beispiel: Die Klasse Mitarbeiterzuordnung erwartet bei der Deklaration einer Objektvariablen zwei Typen, einen ChefTyp und einen AssistentTyp.

```
Namespace de.WWWings.MitarbeiterSystem
  Public Class Mitarbeiterzuordnung(Of ChefTyp, AssistentTyp)
    Public Chef As ChefTyp
    Public Assi As AssistentTyp

    Sub New(ByVal Chef As ChefTyp, ByVal Assi As AssistentTyp, ByVal flug As de.WWWings.Flug)
      Me.Chef = Chef
      Me.Assi = Assi
    End Sub
  End Class
End Namespace
```

Listing 6.22 Deklaration einer generischen Klasse in VB

Definition generischer Klassen in C#

Die Unterstützung für generische Klassen wurde in C# ebenso wie in VB im Rahmen von .NET 2.0 hinzugefügt. Wie in vielen anderen Punkten auch, ist der Unterschied rein syntaktisch: An die Stelle des Of-Operators in runden Klammern tritt ein Klammernpaar aus spitzen Klammern. Die Bedingungen für die generischen Typparameter (Generic Constraints) definiert man mit dem Schlüsselwort where.

```
public class Mitarbeiterzuordnung<ChefTyp, AssistentTyp>
  where ChefTyp : Mitarbeiter
  where AssistentTyp : Mitarbeiter
{
  ChefTyp Chef;
  AssistentTyp Assi;

  public Mitarbeiterzuordnung(ChefTyp Chef, AssistentTyp Assi)
  {
    this.Chef = Chef;
    this.Assi = Assi;
  }
}
```

Listing 6.23 Implementierung einer generischen Klasse in C#

Verwendung generischer Klassen in VB

Bei der Verwendung einer generischen Klasse müssen sowohl bei der Deklaration der Objektvariablen als auch bei der Instanziierung mit dem Schlüsselwort Of die zu gebrauchenden Typen angegeben werden. In dem folgenden Beispiel wird ein Team aus zwei Piloten gebildet.

Generische Klassen

```
Dim pass1 As New Passagier("Schwichtenberg", "Holger")
Dim pilot1 As New Pilot("Müller", "Max")
Dim pilot2 As New Pilot("Meier", "Hans")
Dim CockpitTeam As Mitarbeiterzuordnung(Of Pilot, Pilot)
CockpitTeam = New Mitarbeiterzuordnung(Of Pilot, Pilot)(pilot1, pilot2)
' Fehler: CockpitTeam = New Mitarbeiterzuordnung(Of Pilot, Pilot)(pilot1, Pass1)
```

Listing 6.24 Gebrauch der generischen Klasse in VB

Die letzte Zeile ist ungültig, weil gemäß der Deklaration von CockpitTeam zwei Piloten erwartet werden. Die Übergabe eines Passagier-Objekts als Copilot wird bereits vom Compiler abgelehnt.

Ohne generische Klassen gäbe es zwei (unbefriedigende) Implementierungsalternativen:

- Für jeden möglichen Typ von Mitarbeiterkombination muss eine eigene Klasse deklariert werden (z. B. Pilot-Pilot, Pilot-Ingenieur, Purser-Flugbegleiter).
- Die ersten beiden Parameter des Konstruktors der Klasse Mitarbeiterzuordnung werden als System.Object deklariert, sodass jede Kombination möglich ist. Dann bemerkt der Compiler aber unsinnige Kombinationen (z. B. Pilot-Flugzeug) nicht mehr.

Verwendung generischer Klassen in C#

In C# kommen anstelle von runden Klammern und dem Schlüsselwort Of die spitzen Klammern zum Einsatz, um die von der Klasse erwarteten Typparameter anzugeben.

```
Passagier Pass1 = new Passagier("Schwichtenberg", "Holger")
Mitarbeiterzuordnung<Pilot,Pilot> CockpitTeam;
Pilot Pilot1 = new Pilot("Müller", "Max")
Pilot Pilot2 = new Pilot("Meier", "Hans");
CockpitTeam = new Mitarbeiterzuordnung<Pilot, Pilot>(Pilot1, Pilot2);
' Fehler: CockpitTeam = new Mitarbeiterzuordnung<Pilot, Pilot>(Pilot1, Pass1);
```

Listing 6.25 Nutzung einer generischen Klasse in C#

Einschränkungen für generische Typparameter (Generic Constraints)

Ein Problem verbleibt bei der Nutzung generischer Typen: Bei der Deklaration einer Variablen für einen generischen Typ könnte ein Entwickler (versehentlich) Typparameter angeben, für die die Klasse gar nicht vorgesehen ist, beispielsweise ein File-Objekt und ein Directory-Objekt bei der Klasse Mitarbeiterzuordnung.

```
' Das ist Unsinn:
Dim DateiTeam As New Mitarbeitersystem.Mitarbeiterzuordnung(Of System.IO.FileInfo,
System.IO.DirectoryInfo)
```

Um dies zu verhindern, können Bedingungen für die Typparameter (sogenannte Generic Constraints) definiert werden. In Visual Basic erfolgt die Festlegung solcher Generic Constraints mit dem Schlüsselwort As hinter dem Typparameternamen in der Of-Deklaration. Nach dem As dürfen in geschweiften Klammern beliebig viele Schnittstellennamen, aber maximal ein Klassenname genannt werden, da die angegebenen Namen additiv wirken und eine Klasse maximal eine Basisklasse besitzen darf. In C# verwendet man das Schüsselwort where.

```vb
Public Class Mitarbeiterzuordnung(Of ChefTyp As {Mitarbeiter, New}, AssistentTyp As {Mitarbeiter, New})
    Public Chef As ChefTyp
    Public Assi As AssistentTyp
    Sub New(ByVal Chef As ChefTyp, ByVal Assi As AssistentTyp, ByVal flug As de.WWWings.Flug)
        Me.Chef = Chef
        Me.Assi = Assi
    End Sub
End Class
```

Listing 6.26 Deklaration einer generischen Klasse in VB mit Generic Constraints

```csharp
public class Mitarbeiterzuordnung<ChefTyp, AssistentTyp> where ChefTyp: Mitarbeiter, new() where AssistentTyp: Mitarbeiter, new()
{
    public ChefTyp Chef;
    public AssistentTyp Assi;
    public Mitarbeiterzuordnung(ChefTyp Chef, AssistentTyp Assi, de.WWWings.Flug flug)
    {
        this.Chef = Chef;
        this.Assi = Assi;
    }
}
```

Listing 6.27 Deklaration einer generischen Klasse in C# mit Generic Constraints

HINWEIS   In Generic Constraints sind folgende Angaben erlaubt:

- eine oder mehrere Schnittstellen
- eine Basisklasse
- Schlüsselwort new (steht für Typen mit parameterlosem Konstruktor)
- Schlüsselwort class (steht für Referenztypen)
- Schlüsselwort structure (steht für Wertetypen)

Objektmengen

Es gibt drei Arten von Objektmengen in C# und VB:

- Einfache Arrays (untypisiert)
- Untypisierte Objektmengen
- Typisierte Objektmengen

Einfache Arrays

Einfache Arrays sind Instanzen der Klasse System.Array. Alle Arrays sind nun dynamisch bezüglich der Größe, jedoch muss man sie explizit erweitern. Die Anzahl der Dimensionen muss bei der Deklaration festgelegt werden.

Einfache Arrays in VB

Arrays werden deklariert mit runden Klammern hinter dem Typnamen oder dem Variablennamen. Mit geschweiften Klammern ist eine Initialisierung möglich. Erlaubte und gleichwertige Deklarationen sind:

```
Dim lottozahlen1 As Byte() = New Byte(6) {23, 48, 3, 19, 20, 6, 9}
Dim lottozahlen2() As Byte = New Byte() {23, 48, 3, 19, 20, 6, 9}
Dim lottozahlen3 As Byte() = {23, 48, 3, 19, 20, 6, 9}
```

Mit ReDim lässt sich die Größe der Dimensionen ändern (auch unter Beibehaltung des bestehenden Inhalts):

```
ReDim Preserve lottozahlen2(20)
```

Arrays beginnen immer bei 0. Die Möglichkeit, ein Array bei einer anderen Untergrenze als 0 beginnen zu lassen, wurde abgeschafft. Ab VB 2005 darf allerdings die Untergrenze 0 explizit angegeben werden. Bei der Dimensionierung zu nennen ist die Obergrenze. Für ein Array mit *n* Elementen ist also *n-1* anzugeben (während in C# *n* angegeben werden muss). Eine Menge von Werten kann in geschweiften Klammern einem Array zugewiesen werden.

Einfache Arrays in C#

Zur Kennzeichnung der Indizes in Arrays verwendet C# die eckigen Klammern. Die Initialisierung erfolgt ebenso wie in VB mit geschweiften Klammern. In .NET-Arrays beginnt die Zählung der Elemente immer bei 0. Einen wichtigen Unterschied gibt es jedoch zwischen VB und C#: In C# ist in der Deklaration die *Anzahl* der Elemente zu nennen, in Visual Basic der *höchste Index* (also Anzahl – 1). Erlaubte und gleichwertige Deklarationen sind:

```
byte[] lottozahlen1 = new byte[7] { 23, 48, 3, 19, 20, 6, 9 };
byte[] lottozahlen2 = new byte[] { 23, 48, 3, 19, 20, 6, 9 };
byte[] lottozahlen3 = { 23, 48, 3, 19, 20, 6, 9 };
```

TIPP Da es für die Schlüsselwörter *ReDim* und *Preserve* kein Äquivalent in C# gibt, muss man hier auf die .NET-Klassenbibliothek zurückgreifen:

```
Array.Resize<byte>(ref lottozahlen3, 20);
```

Objektmengen (untypisiert und typisiert)

Neben den einfachen Arrays kennt .NET-Objektmengen im FCL-Namensraum System.Collections, die einfacher zu bedienen bzw. mächtiger sind. So ist häufig die Verwendung von System.Collections.ArrayList in der Verwendung komfortabler als ein einfaches Array, da man bei den Objektmengen Elemente hinzufügen und entfernen kann, ohne die Größe der Menge explizit anpassen zu müssen. Die Objektmengen in System.Collections werden nicht durch spezielle Schlüsselwörter in den Sprachen unterstützt.

Während die ursprünglich in .NET 1.0 eingeführten Objektmengen alle untypisiert waren (die Elemente der Liste wurde mit dem allgemeinen Typ System.Object verwaltet und dadurch konnte es Typfehler geben), hat Microsoft mit .NET 2.0 sogenannte generische Objektmengen eingeführt, die typisiert sind. Bei den generischen Objektmengen (FCL-Namensraum System.Collections.Generic) wird durch einen Typparameter bei Deklaration bzw. Instanziierung festgelegt, was die Menge aufnehmen darf. List<Typ> bzw. List(of Typ) ist das Pendant zur Klasse ArrayList.

Mengen werden häufig durch die Methode Add() befüllt. C# 3.0 bietet hier eine verkürzte Schreibweise mit geschweiften Klammern wie bei einfachen Arrays an (*Collection Initializer*). Diese Verkürzung gibt es leider nicht für VB.

```
// Collection Initializer
List<Vorstandsmitglied> Vorstandsmitglieder = new List<Vorstandsmitglied> { HS, HM, MM };
Vorstandsmitglieder.Add(HP);
```

Listing 6.28   Initialisierung einer typisierten Objektmenge in C# 3.0 mit vier Objekten, davon drei als Collection Initializer

```
' Collection Initializer sind nicht vorhanden in VB 9.0!
Dim Vorstandsmitglieder As New List(Of Vorstandsmitglied)
Vorstandsmitglieder.Add(MM)
Vorstandsmitglieder.Add(HM)
Vorstandsmitglieder.Add(HS)
Vorstandsmitglieder.Add(HP)
```

Listing 6.29   Initialisierung einer typisierten Objektmenge in VB 9.0 mit vier Objekten

Partielle Klassen

Neu seit .NET 2.0 ist auch die Unterstützung für partielle Klassen. Eine partielle Klasse ermöglicht dem Entwickler, den Quellcode einer Klasse auf mehrere Dateien aufzuteilen. Diese Funktionalität wird in Visual Studio verwendet, um in ASP.NET-Webforms den Code vom Layout zu trennen (vgl. Zusatzkapitel »ASP.NET«, das Sie als PDF auf dem Leser-Portal herunterladen können) und um in Windows Forms den durch den Designer erzeugten Code von dem Entwicklercode zu trennen. Entwickler können partielle Klassen auch dazu benutzen, den Code übersichtlicher zu halten oder mit verschiedenen Personen parallel an einer Klasse zu arbeiten.

Partielle Klassen in VB

Während in C# beide Teile der Klasse mit dem Zusatz partial versehen werden müssen, reicht es in Visual Basic aus, den Zusatz ab dem zweiten Teil zu verwenden. Verbunden werden können auf diese Weise aber nur Klassen im Quellcode einer Assembly; Sie können keine Klasse in einer referenzierten Assembly erweitern. Letzteres ist nur mit Vererbung möglich.

```
Namespace de.WWWings.PassagierSystem
  Partial Public Class Flug
    ' ========== Klassenmitglieder
    Public Shared Fluege As New Fluege
    ' ========== Attribute
    Public FlugNr As String
    Public AbflugOrt As String
```

```
      Public ZielOrt As String
      Public Pilot As de.WWWings.MitarbeiterSystem.Pilot
    End Class
End Namespace
```

Listing 6.30   Teil 1 der Klasse Flug (Attribute)

```
Namespace de.WWWings.PassagierSystem
  Partial Public Class Flug
    ' ======= Konstruktor
    Public Sub New(ByVal FlugNr As String, ByVal AbflugOrt As String, ByVal ZielOrt As String)
      Me.FlugNr = FlugNr
      Me.AbflugOrt = AbflugOrt
      Me.ZielOrt = ZielOrt
      Fluege.Add(Me.FlugNr, Me)
    End Sub
    ' ======= Operatorüberladung
        Shared Operator (ByVal flug As Flug, ByVal pass As Passagier) As Flug
      pass.Buchen(flug)
      Return flug
    End Operator
  End Class
End Namespace
```

Listing 6.31   Teil 2 der Klasse Flug (Methoden)

Partielle Klassen in C#

Ebenso wie in VB ist die Unterstützung für partielle Klassen in C# vorhanden. Hinsichtlich der Einsatzgebiete gibt es keinen Unterschied. Syntaktisch gibt es zu VB drei kleine Unterschiede:

- partial muss klein geschrieben werden.
- partial muss hinter den Sichtbarkeitsmodifizierern der Klasse stehen.
- partial muss bei allen Teilklassen angegeben werden.

Beispiel:

```
public partial class Flug {...}
```

Partielle Methoden

Neu in .NET 3.5 sind partielle Methoden. Im Rahmen eines Teils einer partiellen Klasse kann man eine Methode deklarieren (ohne Implementierung). Im Rahmen eines anderen Teils kann man die Implementierung liefern. So lassen sich die Deklaration und die Implementierung trennen. Die partielle Methode kann gleichwohl in dem Teil, in dem sie nur deklariert ist, aufgerufen werden. Wenn es keine Implementierung in einem anderen Teil gibt, kommt es aber nicht zu einem Fehler. Der Compiler wird vielmehr den Aufruf entfernen. Damit kann man partielle Methoden als *Hooks* einsetzen, um sich in Programmcode einzuklinken. Gerne wird dies benutzt bei Programmcode, der von einem Codegenerator (Assistenten oder Designer) erzeugt wurde. Zum ersten Mal eingesetzt wird diese Vorgehensweise im LINQ-to-SQL-Designer (siehe Kapitel zum Objekt-Relationalen Mapping – ORM).

| HINWEIS | Partielle Attribute (Properties) gibt es leider bisher nicht. |

Partielle Methoden in VB

Es gibt folgende Bedingungen für partielle Methoden in VB:

Die Methode darf keinen Rückgabewert (nur Sub nicht Function) haben.

- Nur die Deklaration darf Partial verwenden.
- Die Methode muss explizit als Private deklariert sein.
- Sie können statisch (Shared) sein.

```
Partial Friend Class Vorstandsmitglied
...
    Public Overrides Function ToString() As String
      ' Partielle Methode - Verwendung
      OnToString()
      Return Me.Name
    End Function

    ' Partielle Methode - Deklaration
    Partial Private Sub OnToString()

    End Sub
End Class

Partial Class Vorstandsmitglied
    ' Partielle Methode - Implementierung
    Private Sub OnToString()
      Console.WriteLine("ToString aufgerufen!")
    End Sub
End Class
```

Listing 6.32 Beispiel für eine partielle Methode in VB 9.0

Partielle Methoden in C#

Es gibt folgende Bedingungen für partielle Methoden in C#:

- Die Methode darf keinen Rückgabewert (void) haben.
- Beide Teile müssen partial verwenden.
- Die Methode ist automatisch private. Sie dürfen nicht öffentlich sein.
- Eine Sichtbarkeit darf nicht angegeben sein (also auch nicht private).
- Sie können statisch sein.

```csharp
public partial class Vorstandsmitglied
{
  // Automatic Properties
  public string Name { get; set; }
  public string Aufgabengebiet { get; set; }
  public int Alter { get; set; }
  public string Ort;

  public override string ToString()
  {
    // Partielle Methode - Verwendung
    OnToString();
    return Name;
  }

  // Partielle Methode - Deklaration
  partial void OnToString();
}

public partial class Vorstandsmitglied
{
  // Partielle Methode - Implementierung
  partial void OnToString()
  {
    Console.WriteLine("ToString aufgerufen!");
  }
}
```

Listing 6.33 *Beispiel für eine partielle Methode in C# 3.0*

Anonyme Typen

Neu in C# 3.0 und VB 9.0 ist, dass man Objekte ohne eine explizite Klassendefinition erzeugen kann. Solche Klassen erhalten automatisch einen Klassennamen von dem Compiler. Dieser Name ist recht kompliziert und nicht zur Verwendung durch den Entwickler gedacht.

Ein anonymer Typ entsteht in C# durch Verwendung von new ohne Klassennamen und in VB durch New With.

```csharp
// Anonyme Typen
var Fluggesellschaft = new { Name = "World Wide Wings", Gruendungsdatum = new DateTime(2005, 01, 01),
Vorstand = Vorstandsmitglieder };
Console.WriteLine(Fluggesellschaft.GetType().FullName);

// 2., gleich aufgebauter anonymer Typ
var Flugzeugbauer = new { Name = "Strong Winds Corp.", Gruendungsdatum = new DateTime(1972, 08, 01),
Vorstand = new List<Vorstandsmitglied>() };
Console.WriteLine(Flugzeugbauer.GetType().FullName);
```

Listing 6.34 *Anonyme Typen in C# 3.0*

```
' Anonyme Typen
Dim Fluggesellschaft = New With {Key .Name = "World Wide Wings", .Gruendungsdatum = New DateTime(2005,
1, 1), .Vorstand = Vorstandsmitglieder}
Console.WriteLine(Fluggesellschaft.GetType().FullName)

' 2., gleich aufgebauter anonymer Typ
Dim Flugzeugbauer = New With {Key .Name = "Strong Winds Corp.", .Gruendungsdatum = New DateTime(1972, 8,
1), .Vorstand = Nothing}
Console.WriteLine(Flugzeugbauer.GetType().FullName)
```

Listing 6.35   Anonyme Typen in VB 9.0

Durch die obigen Listings entsteht ein anonymer Typ mit diesem Namen:

```
<>f__AnonymousType0`3[[System.String, mscorlib, Version=2.0.0.0, Culture=neutral
, PublicKeyToken=b77a5c561934e089],[System.DateTime, mscorlib, Version=2.0.0.0,
Culture=neutral, PublicKeyToken=b77a5c561934e089],[System.Collections.Generic.Li
st`1[[NET3.SpracheCSharp.Demo_Sprachfeatures.Vorstandsmitglied, WWWings.Verschie
deneDemos, Version=0.5.0.0, Culture=neutral, PublicKeyToken=null]], mscorlib, Ve
rsion=2.0.0.0, Culture=neutral, PublicKeyToken=b77a5c561934e089]]
```

HINWEIS   Dabei ist Folgendes zu beachten:

- Die Initialisierung kann mit statischen Werten oder Variablen erfolgen.
- Zwei auf die o. g. Weise instanziierte Objekte gehören zur gleichen Klasse, wenn Sie die gleiche Anzahl und Reihenfolge von Attributen bei der Instanziierung besitzen.
- Auf diese Weise instanziierte Objekte können nicht mehr verändert werden, weil alle Property-Attribute nur für den Lesezugriff erzeugt werden.
- Auf diese Weise instanziierte Objekte sind nicht serialisierbar, weil es keinen parameterlosen Standardkonstruktor gibt.
- Der Name eines anonymen Typen wird bei jedem Kompilierungsvorgang neu vergeben. Man darf sich daher nicht auf das Ergebnis von GetType() verlassen.
- Man kann komplexe anonyme Typen durch Verschachtelung erzeugen.
- Man kann auch einen Array aus anonymen Typen bilden und – mit einem hier aus Platzgründen nicht gezeigten Trick – auch anonyme Typen in andere Objektmengen aufnehmen.
- Anonyme Typen sind nur für lokale Variablen erlaubt. Sie sind nicht einsetzbar als Klassenmitglieder, Parameter von Methoden und Rückgabewerten von Methoden.

Implementierungsvererbung

Anders als in C++, aber wie in Java und C#/Visual Basic ist die Mehrfachvererbung, also die gleichzeitige Ableitung einer Klasse von mehreren anderen Klassen, *nicht* möglich. Die Implementierungsvererbung stellt alle Attribute, Methoden und Ereignisse auch für die erbende Klasse bereit. Nicht vererbt werden jedoch die Konstruktoren. Zirkuläres Erben (Class A : Inherits B ... Class B : Inherits A) ist nicht sinnvoll und daher auch nicht erlaubt.

Sowohl auf Klassen als auch auf Mitgliederebene kann eine Klasse steuern, wie man von ihr erben kann. Im Standard kann man von einer Klasse erben, man muss es aber nicht. Auf Klassenebene bedeutet MustInherit (C#: abstract), dass eine Klasse nicht direkt verwendet werden kann, sondern nur der Vererbung dient. NotInheritable (C#: sealed) bedeutet, dass ein Erben nicht möglich ist.

Für Methoden gelten etwas andere Spielregeln: `Overridable` (C#: `virtual`) legt fest, dass eine Unterklasse eine Methode überschreiben (also reimplementieren) darf (siehe Methode `Info()` im Listing). `MustOverride` (C#: `abstract`) bedeutet, dass die Unterklasse die Methode überschreiben muss (abstrakte Methode). `NotOverridable` (C#: `sealed`) legt fest, dass eine Methode versiegelt ist, also nicht überschrieben werden kann. Da dies die Grundeinstellung ist, müssen `NotOverridable` bzw. `sealed` nicht explizit genannt werden.

Vererbung in VB

Vor VB7 unterstützt Visual Basic keine Implementierungsvererbung. In Visual Basic .NET dient das neue Schlüsselwort `Inherits`. Mithilfe des Doppelpunkts als Befehlstrennzeichen können `Class` und `Inherits` in einer Zeile stehen. Wenn Vererbung verwendet wird, muss `Inherits` die erste Anweisung nach dem Klassennamen sein.

```
Class B : Inherits A
```

Beispiel 1

Das folgende Beispiel zeigt die Implementierung der Klasse `Passagier`, die von `Person` erbt. Die Klasse enthält ein Klassenmitglied `Passagiere`, in dem alle Instanzen der Klasse verwaltet werden. Der Konstruktor sorgt dafür, dass jeder neu erzeugte Passagier in die Objektmenge aufgenommen wird. Ein als `ReadOnly` markiertes Attribut kann nur innerhalb des Konstruktors gesetzt werden und eignet sich daher für Daten, die später weder durch Clients noch durch das Objekt selbst geändert werden dürfen. Ein privates Mitglied kann hingegen von den Clients nicht verwendet werden.

Der Konstruktor ruft mithilfe des Schlüsselwortes `MyBase` den Konstruktor der zugrunde liegenden Basisklasse `Person` auf. Dieser Befehl muss immer der erste Befehl in der Implementierung eines Konstruktors sein. `MyClass` ermöglicht den Rückbezug auf Konstruktoren in der aktuellen Klasse. Wenn `MyBase.New()` oder `MyClass.New()` verwendet werden, müssen diese Befehle die ersten im Konstruktor sein.

`Me` bezeichnet die aktuelle Instanz der Klasse. Das Schlüsselwort `Overrides` ist für `Sub Info` notwendig, um die vorhandene Implementierung der Oberklasse zu überschreiben.

Mit VB7 eingeführt wurde auch die Möglichkeit, Methoden zu überladen. In diesem Beispiel existiert `Buchen()` mit zwei unterschiedlichen Methodensignaturen.

```
Namespace de.WWWings.PassagierSystem
  Public Class Passagier
    Inherits de.WWWings.Person
    ' ========== Klassenmitglieder
    Public Shared Passagiere As New Passagiere
    ' ========== Attribute
    Public Fluege As New Fluege
    Public ReadOnly PID As Long
    Private _AktuellerFlug As Flug
    ' ========== Ereignisse
    Public Shared Event CheckInStart(ByVal pass As Passagier)
    Public Shared Event CheckInEnde(ByVal pass As Passagier)
    ' ========== Konstruktoren
    Public Sub New(ByVal Name As String, ByVal vorname As String)
      MyBase.New(Name, vorname)
      Me.PID = Passagier.Passagiere.Add(Me)
    End Sub
```

```
' ========== Errechnete Attribute (Properties)
Public ReadOnly Property AktuellerFlug() As Flug
  Get
    Return Me._AktuellerFlug
  End Get
End Property
' ========== Methoden
Public Overloads Sub Buchen(ByVal flug As Flug)
  Me.Fluege.Add(flug.FlugNr, flug)
End Sub
Public Overloads Sub Buchen(ByVal Flugnummer As String)
  If Not Flug.Fluege.ContainsKey(Flugnummer) Then
    Throw New FalscheFlugnummer(Me.PID & "/" & Flugnummer)
  Else
    Me.Buchen(Flug.Fluege.Item(Flugnummer))
  End If
End Sub
''' <summary>Einchecken eines Passagiers für einen Flug</summary>
''' <param name="Text">Die Methode erwartet eine Flugnummer</param>
''' <returns>Die Methode liefert als Rückgabewert das Flugobjekt, wenn das
''' Einchecken erfolgreich war</returns>
Public Function CheckIn(ByVal Flugnummer As String) As Flug
  RaiseEvent CheckInStart(Me)
  If Not Me.Fluege.ContainsKey(Flugnummer) Then
    Throw New PassagierNichtAufFlugGebucht(Me.PID & "/" & Flugnummer)
  Else
    RaiseEvent CheckInEnde(Me)
    Return Me.Fluege.Item(Flugnummer)
  End If
End Function

' ========== Methoden
Public Overrides Sub Info()
  Console.WriteLine("Passagier: " & Me.GanzerName)
End Sub

End Class
End Namespace
```

Listing 6.36   Implementierung der Klasse Passagier

Beispiel 2

Im zweiten Beispiel wird die Objektmenge Passagiere durch Vererbung von der in der .NET-Klassenbibliothek definierten generischen Mengenklasse System.Collections.Generic.SortedDictionary erzeugt. Generische Mengenklassen (neu in .NET 2.0) erlauben zur Entwicklungszeit die Festlegung der möglichen Inhaltstypen, während die in .NET 1.x vorhandenen Mengenklassen immer untypisiert waren. Zur Festlegung der Typen einer generischen Klasse kommt wieder das neue Schlüsselwort of zum Einsatz.

Neben der generischen Basisklasse ist in dem Beispiel das Schlüsselwort Shadows interessant, mit dem in einer Unterklasse ein in der Oberklasse vorhandenes Klassenmitglied verdeckt werden kann. In diesem Fall könnte Overrides nicht eingesetzt werden, weil die neue Add()-Methode nur einen Parameter besitzt, aber Add() mit zwei Parametern verdecken soll. MyBase kann innerhalb der verdeckenden Methode genutzt werden, um auf die verdeckte Methode zurückzugreifen.

```
    Public Class Passagiere
        Inherits System.Collections.Generic.SortedList(Of Long, Passagier)
        Private Function NaechstePassagierNummer() As Long
            If MyBase.Count = 0 Then
                Return 1
            Else
                Return MyBase.Keys(MyBase.Count - 1) + 1
            End If
        End Function
        Public Shadows Function Add(ByVal P As Passagier) As Long
            Dim pnr As Long = Me.NaechstePassagierNummer
            MyBase.Add(pnr, P)
            Return pnr
        End Function
    End Class
```

Listing 6.37 Implementierung der Klasse Passagiere

In der Grundeinstellung kann von jeder Klasse geerbt werden. Eine Klasse, die nicht vererbbar sein soll, muss mit dem Schlüsselwort NotInheritable versehen werden. MustInherit bezeichnet dagegen eine abstrakte Oberklasse, von der keine Instanzen direkt erzeugt werden können und deren ausschließlichen Zweck die Vererbung darstellt.

Vererbung in C#

C# unterstützt ebenso wie VB die Einfachvererbung, nicht aber Mehrfachvererbung. Die Implementierungsvererbung wird angezeigt durch einen Doppelpunkt nach dem Klassennamen. Der Doppelpunkt dient auch der Anzeige von Schnittstellenvererbung, entspricht also sowohl dem VB-Schlüsselwort Inherits als auch Implements. Zum Dritten wird der Doppelpunkt eingesetzt, um in einem Konstruktor einen anderen Konstruktor aufzurufen. Nach dem Doppelpunkt kann auf this (aktuelle Klasse) und base (Basisklasse) Bezug genommen werden. Durch diese Syntaxform wird sichergestellt, dass der Aufruf des anderen Konstruktors immer der erste Befehl in einem Konstruktor ist. Die Anforderung, dass der Aufruf eines anderen Konstruktors der erste Befehl sein muss, existiert auch in C#; dort jedoch gibt es dafür keine spezielle Syntax, sondern die Befehlsreihenfolge wird durch den Compiler geprüft.

```
#region Using directives

using System;
using System.Collections.Generic;
using System.Text;
using de.WWWings.PassagierSystem;
using de.WWWings;

#endregion

namespace de.WWWings.PassagierSystem
{
 public class Passagier : de.WWWings.Person
 {
  // ========== Klassenmitglieder
  public static de.WWWings.PassagierSystem.Passagiere Passagiere = new Passagiere();
```

```csharp
// ========== Attribute (Fields)
public de.WWWings.Fluege Fluege = new de.WWWings.Fluege();
public readonly long PID;
private de.WWWings.Flug _AktuellerFlug;
// ========== Errechnete Attribute (Properties)
public Flug AktuellerFlug
{
 get
 {    return this._AktuellerFlug;   }
}
// ========== Konstruktoren
public Passagier(string Name, string Vorname) : base(Name, Vorname)
{
 this.PID = Passagier.Passagiere.Add(this);
}
// ========== Methoden
public void Buchen(de.WWWings.Flug flug)
{    this.Fluege.Add(flug.FlugNr, flug);   }
public void Buchen(string Flugnummer)
{
 if (!(Flug.Fluege.ContainsKey(Flugnummer)))
 {
   throw new de.NETFly.PassagierSystem.FalscheFlugnummer(this.PID + "/" + Flugnummer);
 }
 else
 {    this.Buchen(de.WWWings.Flug.Fluege[Flugnummer]);   }
}
public Flug CheckIn(string Flugnummer)
{
 if (!(this.Fluege.ContainsKey(Flugnummer)))
 {
   throw new de.NETFly.PassagierSystem.PassagierNichtAufFlugGebucht(this.PID + "/" + Flugnummer);
 }
 else
 {    return this.Fluege[Flugnummer];   }
}
public override void Info()
{
Console.WriteLine("Passagier: " + this.GanzerName);
}
}
```

Listing 6.38   Implementierung der Klasse Passagier in C#

Ereignisse

Klassen oder einzelne Objekte können Ereignisse auslösen, die von anderen abonniert werden können. Zu einem Ereignis kann es beliebig viele Abonnenten in beliebig vielen Objekten geben. In diesem Fall ruft das Objekt Unterroutinen in allen Abonnenten auf, wenn eine bestimmte Situation eintritt.

Ereignisse in VB

Für den Ereignismechanismus im .NET Framework sind für VB vier Bausteine wichtig:

- Deklaration eines Ereignismitglieds in der das Ereignis auslösenden Klasse (ggf. mit Parametern)

```
Public Shared Event CheckInStart(ByVal pass As Passagier)
```

- Auslösen des Ereignisses in einer Methode der das Ereignis definierenden Klasse (ggf. mit Werten für die Parameter)

```
RaiseEvent CheckInStart(Me)
```

- Deklaration einer Ereignisbehandlungsroutine im Client gemäß der Signatur des Ereignisses

```
Shared Sub CheckInStartHandler(ByVal pass As Passagier)
```

- Bindung der Ereignisbehandlungsroutine an das Ereignis im Client

```
AddHandler Passagier.CheckInStart, AddressOf CheckInStartHandler
```

Für den letzten Schritt (Ereignisbindung) existiert in Visual Basic syntaktisch die Alternative über `WithEvents` und `Handles`:

```
Dim WithEvents pass As Passagier
...
Shared Sub CheckInEndeHandler(ByVal pass As Passagier) Handles pass.CheckInEnde
```

Diese Möglichkeit ist eleganter, ermöglicht aber nur, die Ereignisse in einer bestimmten Instanz zu behandeln. Ereignisse, die statisch zur Klasse gehören, können darüber nicht gebunden werden.

Ereignisse in C#

Die Definition und die Behandlung von Ereignissen ist in C# komplizierter im Vergleich zu der Vorgehensweise in Visual Basic. In C# 2005 wurde lediglich eine kleine Verbesserung eingeführt.

Definition von Ereignissen

Wenn eine Klasse ein Ereignis auslösen möchte, muss sie zunächst für jeden Ereignistyp einen sogenannten *Delegaten* deklarieren:

```
public delegate void CheckInStartHandler(Passagier p);
public delegate void CheckInEndeHandler(Passagier p);
```

Dann muss die Klasse wie in VB 2005 die Ereignisse als Klassenmitglieder deklarieren, wobei die Parameter hier durch Bezug auf einen Delegaten festgelegt werden.

```
public static event CheckInStartHandler CheckInStart;
public static event CheckInEndeHandler CheckInEnde;
```

> **TIPP**
> Eine Vereinfachung bei der Deklaration von Ereignissen ist möglich durch die generische Klasse `EventHandler<>`.

```
public static event EventHandler<Passagier> CheckInEndeAlternativ;
```

Hier kann man auf die Deklaration eines Delegaten verzichten. Dann gelten aber folgende Nebenbedingungen:

- Die Methodensignatur für das Ereignis ist dann `CheckInEndeAlternativ(object Sender, Passagier p)`
- Die Klasse `Passagier` muss von `System.EventArgs` abgeleitet sein.

Ereignis auslösen

Ein spezielles Schlüsselwort zum Auslösen eines Ereignisses (vgl. `RaiseEvent` in VB) existiert in C# nicht. Zum Auslösen des Ereignisses kann zwar das Ereignis wie eine Methode aufgerufen werden; zuvor muss aber der Entwickler prüfen, ob überhaupt jemand für das Ereignis registriert ist.

```
if (CheckInStart != null) { CheckInStart(this); }
```

Ereignisbehandlung

Auch für die Ereignisbehandlung existieren in C# keine speziellen Schlüsselwörter wie `AddHandler`, `WithEvents` und `Handles` in VB. In C# muss der Delegat instanziiert werden mit der Ereignisbehandlungsroutine als Parameter und diese so gebildete Instanz muss der Ereignisvariablen der Klasse mit dem Operator + hinzugefügt werden.

```
Passagier.CheckInStart += new Passagier.CheckInStartHandler(CheckInGestartet);
...
static void CheckInGestartet(Passagier pass)
{ Demo.Print("Check-In beginnt... für " + pass.GanzerName); }
```

Listing 6.39 Bindung einer Ereignisbehandlungsroutine

Neuerungen seit C# 2005

C# unterstützt ab Version 2005 zur Ereignisbehandlung auch sogenannte *anonyme Methoden*, mit denen Programmcode direkt einem Delegaten zugewiesen werden kann. Anstelle des Verweises auf eine entsprechende Ereignisbehandlungsroutine kann der Entwickler mit dem Schlüsselwort `delegate` nun direkt einen Codeblock (anonyme Methode) binden. Wenn mehrere Ereignisse den gleichen Code ausführen sollen, ist die Implementierung der anonymen Methode auf den Aufruf einer Methode zu beschränken.

```
public static void Run()
{
...
 Passagier.CheckInEnde += delegate (Passagier CheckedInPassagier)
 {
  Int16 AnzahlPass = 0;
  AnzahlPass += 1;
  Demo.Print(AnzahlPass + ". Passagier: " + CheckedInPassagier.GanzerName);
 };
```

```
Passagier p1 = new Passagier("Schröder", "Gerhard");
p1.CheckIn("NF1234");
...
}
```

Listing 6.40 Beispiel für die Zuweisung einer anonymen Methode an das Ereignis CheckInEnde() in der Klasse Passagier

Schnittstellen (Interfaces)

Während das .NET Framework nur die einfache Implementierungsvererbung unterstützt, gibt es Mehrfachvererbung für Schnittstellen, d. h., eine Klasse kann optional eine oder mehrere Schnittstellen implementieren. Eine Schnittstelle kann auch von mehreren anderen Schnittstellen erben.

Schnittstellen in VB

Schnittstellen können seit VB7 direkt, ohne Umweg über Klassen definiert werden. Es gibt dazu ein neues Schlüsselwort Interface, das ähnlich wie Class einen Block (Interface...End Interface) bildet.

```
Imports System
Namespace de.WWWings.MitarbeiterSystem
  Interface IPilot
    Property FlugscheinSeit() As DateTime
    Property FlugscheinTyp() As String
    Property Flugstunden() As Long
    Sub FlugZuweisen(ByVal Flug As de.WWWings.Flug)
  End Interface
End Namespace
```

Klassen zeigen wie in VB6 durch Implements an, dass sie eine Schnittstelle implementieren wollen. Wie in vielen anderen Programmiersprachen auch üblich, sollten Schnittstellennamen mit einem großen I beginnen.

```
Public Class Pilot
  Implements IPilot
```

Schnittstellen in C#

Eine Schnittstelle wird in C# ebenfalls durch einen interface-Block deklariert und darf sowohl Attribute als auch Methoden enthalten. Modifizierer hinsichtlich der Sichtbarkeit (public, protected, private etc.) sind nicht erlaubt.

```
interface IPilot
{
  // ====== Attribute
  DateTime FlugscheinSeit { get; set; }
  string FlugscheinTyp { get; set; }
  long Flugstunden { get; set; }
```

```
//  ====== Methoden
void FlugZuweisen(de.WWWings.Flug Flug);
    }
}
```

Listing 6.41 Implementierung der Schnittstelle IPilot in C#

Eine Klasse zeigt durch einen Doppelpunkt hinter dem Namen an, dass sie eine Schnittstelle implementieren will.

```
public class Pilot : Mitarbeiter, IPilot
```

HINWEIS   Der Compiler unterscheidet dabei automatisch, ob der Bezeichner nach dem Doppelpunkt eine Klasse oder eine Schnittstelle ist.

Namensräume (Namespaces)

Namensräume dienen der hierarchischen Benennung von Klassen (vgl. allgemeine Erläuterungen im Kapitel »Grundkonzepte des .NET Framework 3.5«).

Namensräume deklarieren

Die Deklaration eines Namensraum dient dazu, eine Klasse einem Namensraum zuzuordnen. Jede Klasse gehört nur zu genau einem Namensraum.

Namensräume deklarieren in VB

Die Festlegung des Namensraums für eine Klasse erfolgt in Visual Basic durch das Konstrukt Namespace...End Namespace.

```
''' <summary>Diese Klasse repräsentiert einen Passagier.</summary>
<System.Serializable()> _
Public Class Passenger
...
End Class
End Namespace
```

WICHTIG   Bei der Verwendung von Visual Studio ist zu beachten, dass in den Projekteigenschaften ein Wurzelnamensraum festgelegt werden kann, der dem nach dem Schlüsselwort Namespace genannten Namen vorangestellt wird. Der Standardnamensraum entspricht dem Projektnamen beim Anlegen des Projekts, kann aber jederzeit geändert werden. Oft ist es sinnvoll, den Standardnamensraum auf eine leere Zeichenkette zu setzen.

Namensräume deklarieren in C#

Die Festlegung des Namensraums für eine Klasse erfolgt in C# durch das Konstrukt namespace { ... }.

```
namespace de.WWWings.PassagierSystem
{
  public class Passagier : de.WWWings.Person
  { ... }
}
```

HINWEIS Anders als bei Visual Basic-Projekten kann man in Visual Studio für C#-Projekte in den Projekteigenschaften keinen Wurzelnamensraum definieren, der allen Namensraumdeklarationen vorangestellt wird, sondern nur einen Standardnamensraum, der beim Anlegen neuer Klassen verwendet wird. Der Standardnamensraum wird nicht automatisch allen Namensraumdeklarationen vorangestellt.

Import von Namensräumen

Im Normalfall müssen Klassen in .NET immer mit ihrem vollen Namensraum genannt werden. Das Importieren von Namensräumen hat das Ziel, einen Klassennamen mit verkürztem oder ganz ohne Namensraum zu verwenden.

Import von Namensräumen in VB

Der Import von Namensräumen erfolgt in Visual Basic mit dem Schlüsselwort Imports.

Import-Anweisung	Typnutzung
Ohne	System.Collections.Generic.SortedList(of string, of Flug)
Imports System.Collections.Generic	SortedList(of string, of Flug)

Tabelle 6.9 Einsatz der Imports-Anweisung für Klassen

Der Visual Basic-Compiler referenziert immer automatisch die *Microsoft.VisualBasic.dll*, in der die Implementierung aller Hilfsfunktionen steckt, die seit VB 7.x nicht mehr zum Sprachumfang gehören und nur aus Kompatibilitätsgründen aus VB6 übernommen wurden. Zusätzlich sollten Sie immer zu Beginn einer jeden Visual Basic-Codedatei den Namensraum Microsoft.VisualBasic importieren. Ohne diese Anweisung müssten Sie eine Funktion wie MsgBox() mit ihrem vollqualifizierten Namen aufrufen. In Visual Studio wird für Visual Basic-Projekte automatisch ein globaler Import dieses Namensraums in das Projekt eingetragen.

Mit Imports-Anweisung	Ohne Imports-Anweisung
Imports Microsoft.VisualBasic Msgbox("Hello") Msgbox("World")	Microsoft.VisualBasic.Msgbox("Hello") Microsoft.VisualBasic.Msgbox("World")

Tabelle 6.10 Einsatz der Imports-Anweisung für Funktionen

Import von Namensräumen in C#

Das Importieren von Namensräumen erfolgt in C# mit dem Schlüsselwort using. Dabei ist es möglich, einen Alias-Namen für einen Namensraum zu vergeben.

```
using System.Collections.Generic;
using GenCol = System.Collections.Generic;
```

Import-Anweisung	Typnutzung
Ohne	System.Collections.Generic.SortedList<string, Flug>
using System.Collections.Generic;	SortedList<string, Flug>
using GenCol = System.Collections.Generic;	GenCol.SortedList<string, Flug>

Tabelle 6.11 Beispiele für den Einsatz von Import

Verweis auf Wurzelnamensräume

Wurzelnamensräume sollten eindeutig sein. Deshalb ist es empfehlenswert, dem Namensraum die Internet-Domain voranzustellen (z. B. de.WWWings.PassagierSystem). Dabei sollte man Namensdopplungen auch für untergeordnete Namensräume vermeiden, weil es sonst unter bestimmten Bedingungen zweideutige Interpretationen einer Anweisung geben könnte. Insbesondere sollte man die Begriffe System und Microsoft vermeiden, weil damit die FCL-Namensräume verdeckt werden.

Beispiel

Wenn man »versehentlich« einen Namensraum wie de.WWWings.System definiert hat, kann man aus diesem Namensraum heraus nicht mehr auf den FCL-Namensraum System zugreifen (siehe Abbildung),

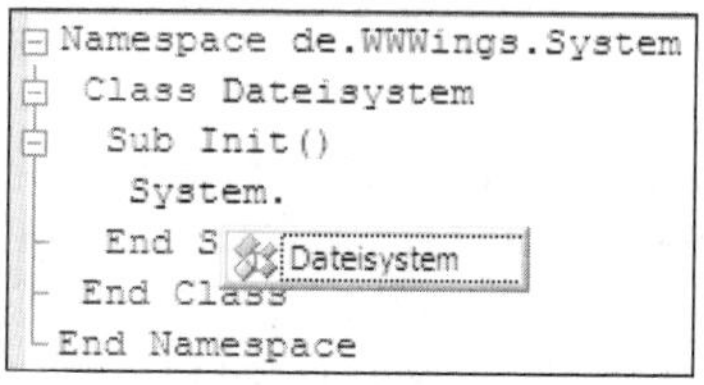

```
Namespace de.WWWings.System
  Class Dateisystem
    Sub Init()
      System.
    End S  Dateisystem
  End Class
End Namespace
```

Abbildung 6.5 Der FCL-Namensraum System ist durch den Namensraum de.WWWings.System verdeckt

Verweis auf Wurzelnamensräume in VB

Seit Visual Basic 2005 gibt es eine Lösung für diese missliche Situation: Über die Voranstellung des Präfix Global ist es noch möglich, die FCL-Klassen zu verwenden (z. B. Global.System.Int32).

Verweis auf Wurzelnamensräume in C#

Das Schlüsselwort global:: übernimmt ab C# 2005 die gleiche Funktion wie global. ab Visual Basic 2005: Mit diesem dem Namensraum vorangestellten Schlüsselwort adressiert man einen Wurzelnamensraum, wenn dieser durch einen untergeordneten Namensraum verdeckt ist.

Operatorüberladung

Operatorüberladung bedeutet, einem der Standardoperatoren wie +, -, * und = im Zusammenhang mit selbstdefinierten Klassen eine neue Bedeutung zu geben, z.B. ein *Flug*-Objekt und ein *Passagier*-Objekt zu addieren, um daraus ein neues Objekt des Typs *Buchung* zu gewinnen.

WICHTIG   Zum Thema Operatorüberladung gibt es geteilte Meinungen. Von einigen Entwicklern wird sie geliebt wegen der Prägnanz. Von anderen Entwicklern wird Sie gehasst wegen der Mehrfachbedeutung der Operatoren, die die Lesbarkeit des Programmcodes erschwert. Festzuhalten ist auf jeden Fall, dass man Operatorüberladung nicht zwingend braucht; alles was Operatorüberladung kann, kann man auch durch eine Methode mit einem sprechenden Namen ausdrücken.

Operatorüberladung in VB

Ab VB Version 2005 war es auch möglich, Operatoren zu überladen.
Die letzte Zeile in dem nachfolgenden Code-Ausschnitt würde in VB 7.x zu einem Fehler führen.

```
Dim f1 As New Flug("NF1234", "Düsseldorf", "München")
Dim f2 As New Flug("NF5678", "Düsseldorf", "New York")
Dim p1 As New Passagier("Schröder", "Gerhard")
Dim p2 As New Passagier("Merkel", "Angela")
p1.Buchen("NF1234")
p1.Buchen("NF5678")
f1 = f1 + p2 ' Entspricht p2.Buchen("NF1234")
```

Ab VB 2005 ist dagegen die *Addition* eines Passagier-Objekts zu einem Flug-Objekt möglich, wenn in der Klasse Flug der Operator + neu definiert wird mit dem Konstrukt Operator...End Operator. In dem nachstehenden Fall wird der Operator auf einen Methodenaufruf in der Passagier-Klasse abgebildet.

```
Public Class Flug
    ...
    ' ======= Operatorüberladung
    Shared Operator +(ByVal flug As Flug, ByVal pass As Passagier) As Flug
        pass.Buchen(flug)
        Return flug
    End Operator
End Class
```

Listing 6.42   Beispiel für Operatorüberladung in VB

Operatorüberladung in C#

C# bietet seit seiner ersten Version eine prägnante Syntax für die Definition einer Operatorüberladung.

```
// ========== Operatorüberladung
public static Flug operator +(Flug flug, de.WWWings.PassagierSystem.Passagier pass)
{
 pass.Buchen(flug);
 return flug;
}
```

Listing 6.43   Beispiel für Operatorüberladung in C#

Schleifen

Sowohl VB als auch C# unterstützen vier Typen von Schleifen:

- Kopfgeprüfte bedingte Schleifen
- Fußgeprüfte bedingte Schleifen
- Zählschleifen: Schleife mit einer bestimmten Anzahl von Durchläufen
- Mengenschleifen: Schleifen über alle Mitglieder eines Arrays oder andere Objektmenge, welche die `IEnumerable`-Schnittstelle unterstützen (insbesondere die Klassen aus dem FCL-Namensraum `System.Collections`).

HINWEIS   Um eine aufzählbare Objektmengenklasse zu implementieren, leitet man diese von einer bestehenden aufzählbaren Klasse (aus dem Namensraum `System.Collections`) ab oder implementiert `IEnumerable` selbst unter Verwendung des Schlüsselworts `yield`, das mit C# 2005 neu eingeführt wurde.

Schleifen in VB

Bei den Schleifen sind in Visual Basic 2008 folgende Punkte zu beachten:

- Erlaubte bedingte Schleifenkonstrukte sind `Do…Loop` und `While…End While` (`While…Wend` ist seit VB7 nicht mehr erlaubt).
- `For…Next` ist die Zählschleife
- `For Each…Next` dient der Iteration über Arrays und Objektmengen
- Eine innerhalb eines Schleifenblocks deklarierte Variable ist nur innerhalb der Schleife gültig, nicht in der ganzen Unterroutine.
- Ab VB 7.1 ist es möglich, eine Laufvariable innerhalb des Schleifenkopfes zu deklarieren.

```
For Each p As Passagier In Passagier.Passagiere.Values
...
Next
```

Die Laufvariable ist dabei nur innerhalb der Schleife gültig. Generell ist in dem .NET-basierten Visual Basic die Gültigkeit (der *Scope*) einer Variable auf den aktuellen Block begrenzt, in dem die Variable deklariert wurde.

Schleifen

- Eine Schleife kann mit den Konstrukten Exit For, Exit Do und Exit While vorzeitig verlassen werden.
- Ab VB 2005 existiert das Continue-Schlüsselwort, um eine Schleife vorzeitig fortzusetzen.

Schleifen in C#

C# unterstützt die Schleifentypen:

- Bedingte Schleifen: while (bedingung) { ... } sowie do { ... } while(Bedingung)
- Zählschleife: for ([Initialisierung];[Abbruchbedingung];[Iteration]) { ... }
- Mengenschleife: foreach (x in y) { ... }

Das Besondere an der for-Schleife ist, dass alle drei Bestandteile der runden Klammer optional sind. Das nachfolgende Beispiel enthält daher eine gültige for-Schleife, bei der Initialisierung, Abbruchbedingung und Iteration in eigenen Codezeilen enthalten sind. Eine innerhalb eines Anweisungsblocks einer Schleife deklarierte Variable ist nur innerhalb des Blocks gültig, nicht in der ganzen Unterroutine.

Normale *For*-Schleife	*For*-Schleife ohne Inhalt in den runden Klammern

`for (int a = 0; a <= 10; a++)`
`{`
`...`
`}`
	`int b = 0;`
	`for (; ; )`
	`{`
	`    b++;`
	`    if (b > 10) break;`
	`    ...`
	`}`

Tabelle 6.12 Beispiele für For-Schleifen in C#

Iterator-Implementierung mit Yield (Yield Continuations)

Iteratoren sind ein .NET-Entwurfsmuster zur Erzeugung aufzählbarer Mengen, die mit for...each durchlaufen werden können. Das in C# 2005 eingeführte Schlüsselwort yield vereinfacht die Iterator-Implementierung erheblich. Yield liefert ähnlich wie return einen Wert an den Aufrufer zurück. Anders als beim Einsatz von return beginnt die CLR beim nächsten Aufruf der Methode nicht am Anfang der Routine, sondern setzt die Bearbeitung nach dem yield fort. Das nächste Listing zeigt eine einfache Iterator-Klasse, die die deutschen Bundeskanzler aufzählt. Sinn macht ein solcher Iterator, wenn zwischen den Schritten irgendeine Art von Verarbeitung stattfindet, wenn z. B. die Daten aus einem Datenspeicher geholt oder dynamisch berechnet werden.

```
public class KanzlerListe : IEnumerable
{
  public IEnumerator GetEnumerator()
  {
    // Logik !!!
    yield return "Adenauer";
    // Logik !!!
    yield return "Erhard";
    // Logik !!!
    yield return "Kiesinger ";
    // Logik !!!
    yield return "Brandt";
    // Logik !!!
    yield return "Schmidt";
```

```csharp
     // Logik !!!
     yield return "Kohl";
     // Logik !!!
     yield return "Schröder";
     // Logik !!!
     yield return "Merkel";
     // Ende
     yield break;
   }
 }
 class Iteratoren
 {
 public static void run()
   {
     KanzlerListe k2 = new KanzlerListe();
     foreach (string s in k2)
       {   Console.WriteLine(s);   }
   }
 }
```

Listing 6.44 Iterator-Implementierung und -Nutzung in C# 2005

Praxisbeispiel für Yield

Das vorstehende Beispiel ist nur ein Lernbeispiel. Eine Schleife über eine Menge von Zeichenketten hätte man auch einfacher realisieren können. Ein echtes Praxisbeispiel für den Einsatz von Yield finden Sie in der World Wide Wings-Anwendung in Form der Klasse FlugMengePaging. Diese Klasse implementiert IEnumerable<Flug> um die in der Datenbank vorhandenen Flüge seitenweise aus der Datenbank auszulesen, wobei die Seitengröße definierbar ist. Der Client soll von dem Paging nichts mitbekommen, wenn er nicht will: Der Client kann mit einer ganz normalen For/Each-Schleife über die Datensätze iterieren. Optional kann der Client das Ereignis SeitenWechsel, das die Klasse FlugMengePaging auslöst, abonnieren und damit über den Seitenwechsel informiert werden.

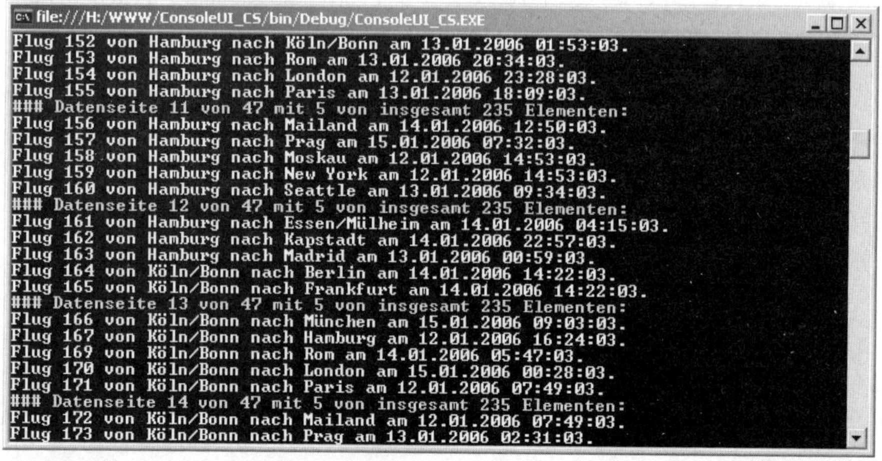

Abbildung 6.6 Nutzung der Klasse FlugMengePaging

Schleifen

Das folgende Listing zeigt die Implementierung der Klasse `FlugMengePaging`, die zwei Generische Klassen der .NET-Klassenbibliothek verwendet:

- Zum einen die generische Variante von `IEnumerable`: `IEnumerable<Flug>`
- Zum anderen die generische Klasse `EventHandler<>` zur Deklaration eines Ereignisses.

```csharp
/// <summary>
/// Klasse für Ereignisparameter beim Paging in der Geschäftslogik
/// </summary>
public class PagingInfo : System.EventArgs
{
  public long AnzahlObjekteGesamt;
  public long SeitenGroesse;
  public long AnzahlSeiten;
  public long AktuelleSeite;
  public long AnzahlObjekteInAktuellerSeite;

  public PagingInfo(long AnzahlObjekteGesamt, long AnzahlSeiten, long SeitenGroesse, long AktuelleSeite,
long AnzahlInAktuellerSeite)
  {
    this.AnzahlObjekteGesamt = AnzahlObjekteGesamt;
    this.AnzahlSeiten = AnzahlSeiten;
    this.SeitenGroesse = SeitenGroesse;
    this.AnzahlObjekteInAktuellerSeite = AnzahlInAktuellerSeite;
    this.AktuelleSeite = AktuelleSeite;
  }
}

/// <summary>
/// FlugMenge ist die typisierte Menge von Flug-Objekten, die mithilfe der Klasse <see
cref="System.Collections.Generic.List"/> implementiert ist. Diese Variante holt immer nur eine
definierbare Menge (Attribut SeitenGroesse) aus der Datenbank.
/// </summary>
public class FlugMengePaging : IEnumerable<Flug>
{
  private int _SeitenGroesse = 10;
  /// <summary>
  /// Maximale Anzahl von Objekten, die in einer Datenseite abgeholt werden
  /// </summary>
  public int SeitenGroesse
  {
    get { return _SeitenGroesse; }
    set { _SeitenGroesse = value; }
  }
  // Ereignis beim Wechsel der Datenseite
  public event EventHandler<PagingInfo> SeitenWechsel;
  public FlugMengePaging(int SeitenGroesse)
  {
    this.SeitenGroesse = SeitenGroesse;
  }
  #region IEnumerable<Flug> Members
  public IEnumerator<Flug> GetEnumerator()
  {
    int Anzahl = new FlugBLManager().Count();
    int Seiten = Anzahl / SeitenGroesse;
```

```csharp
for (int i = 0; i < Seiten; i++)
{
    // Nächste Datenseite abholen
    FlugMenge ff = FlugBLManager.HoleAlle(SeitenGroesse, i * SeitenGroesse + 1);
    // Ereignis auslösen
    if (SeitenWechsel != null) SeitenWechsel(this, new PagingInfo(Anzahl, Seiten, SeitenGroesse, i + 1, ff.Count));
    // Elemente der aktuellen Seite in einer Schleife zurückgeben
    foreach (Flug f in ff)
    {   yield return f;   }
}
yield break;
}
```

Listing 6.45 Praxisbeispiel zum Einsatz von Yield, Ereignissen und Generics

Verzweigungen

Bei den Verzweigungen werden einfache Verzweigungen und Mehrfachverzweigungen unterstützt.

Verzweigungen in VB

Für die Verzweigung im Programmcode unterstützt Visual Basic die bereits aus VB6 bekannten Konstrukte:

- If...Then...Else...End If
- Select Case...Case...Case Else...End Select

Eine innerhalb eines Anweisungsblocks einer Bedingung deklarierte Variable ist nur innerhalb des Blocks gültig, nicht in der ganzen Unterroutine.

Verzweigungen in C#

Für die Verzweigung im Programmcode unterstützt C# 2005 die gleichen Konstrukte wie VB, jedoch mit etwas anderer Syntax:

- if (Bedingung) {...} else {...}
- switch (Bedingung) { case Wert:... default:... }

Bei der switch-Anweisung sind im Vergleich zu der Select-Anweisung in VB folgende Punkte zu beachten:

- Jeder Fall muss mit einer break-Anweisung abgeschlossen werden.
- Anders als in VB kann man bei C# keine Wertebereiche nach case angeben.

```csharp
switch (a)
{
   case 1: Console.WriteLine("Fall 1"); break;
   case 2: Console.WriteLine("Fall 2"); break;
   case 3: Console.WriteLine("Fall 3"); break;
   case 4: Console.WriteLine("Fall 4"); break;
   case 5: Console.WriteLine("Fall 5"); break;
```

```
        case 6:
        case 7: Console.WriteLine("Sonderfall!"); break;
        default: Console.WriteLine("Nicht unterstützter Fall!");break;
}
```

Listing 6.46 Verwendung der switch-Anwendung in C#

Eine innerhalb eines Anweisungsblocks einer Bedingung deklarierte Variable ist nur innerhalb des Blocks gültig, nicht in der ganzen Unterroutine.

Funktionszeiger (Delegates)

Delegaten (engl. *Delegates*) sind typsichere Zeiger auf Funktionen. Durch Delegaten kann der aufzurufende Code variabel gehalten werden. Sie kommen insbesondere zum Einsatz für die Ereignisbehandlung und für asynchrone Methodenaufrufe. Ein Delegat kann auf mehrere Funktionen zeigen (*Multicast Delegate*). Beim Aufruf des Delegaten werden alle an den Delegaten gebundenen Funktionen aufgerufen.

Jeder deklarierte Delegat erhält automatisch die Methoden Invoke(), BeginInvoke() und EndInvoke().

Funktionszeiger in VB

VB unterstützt .NET-Funktionszeiger durch das Schlüsselwort Delegate.

Funktion	Syntax
Methodendeklaration	Public Function HoleWert(ByVal Parameter As Long) As String
Deklaration eines Funktionszeigertyps	Public Delegate Function HoleWertDelegate(ByVal Parameter As Long) As String
Erstellung eines Zeigers auf die Funktion	Dim del As New HoleWertDelegate(AddressOf Me.HoleWert)

Tabelle 6.13 Beispiele für den Einsatz von Delegaten

Ein gutes Anwendungsbeispiel für Delegaten ist der asynchrone Methodenaufruf. Hierfür sind neben dem Funktionszeiger auch eine Rückrufroutine (Callback-Routine) und ein AsyncCallback-Objekt notwendig, das auf die Rückrufroutine verweist und beim Aufruf von BeginInvoke() übergeben werden muss. In der Rückrufroutine kann über EndInvoke() das Ergebnis abgerufen werden.

```
Public Class DelegateBeispiel
 ' === Funktion
 Public Function HoleWert(ByVal Parameter As Long) As String
  Console.WriteLine("Methodenaufruf...")
  Return "Wert " & Parameter
 End Function
 ' === Definition eines Funktionszeigertyps
 Public Delegate Function HoleWertDelegate(ByVal Parameter As Long) As String
 ' === Hauptprogramm
 Public Sub Test()
  ' --- Synchroner Aufruf
  Console.WriteLine("Asynchroner Aufruf...")
  Console.WriteLine("Ergebnis: " & HoleWert(2))
```

```vb
' --- Asynchroner Aufruf
Console.WriteLine("Asynchroner Aufruf...")
Dim del As New HoleWertDelegate(AddressOf Me.HoleWert)
Dim Callback As New AsyncCallback(AddressOf Fertig)
del.BeginInvoke(123, Callback, del)
' --- Warten
For a As Integer = 1 To 10
 Console.Write("*")
 System.Threading.Thread.Sleep(100)
Next
Console.ReadLine()
End Sub
' === Callback-Handler
Public Sub Fertig(ByVal CallbackResult As IAsyncResult)
Console.WriteLine("Aufruf fertig...")
Dim del As HoleWertDelegate = CType(CallbackResult.AsyncState, HoleWertDelegate)
Dim Ergebnis As String = del.EndInvoke(CallbackResult)
Console.WriteLine("Ergebnis: " & Ergebnis)
End Sub
End Class
```

Listing 6.47 Asynchroner Methodenaufruf unter Einsatz von Delegates

Funktionszeiger in C#

Die Tabelle und das nachfolgende Listing zeigen den Einsatz eines Funktionszeigers zum asynchronen Aufruf einer Methode in C#.

Aufgaben	Syntax
Methodendeklaration	public string HoleWert(long Parameter)
Deklaration eines Funktionszeigertyps	public delegate string HoleWertDelegate(long Parameter);
Erstellung eines Zeigers auf die Funktion	HoleWertDelegate del = new HoleWertDelegate(this.HoleWert);

Tabelle 6.14 Beispiele für den Einsatz von Delegaten

```csharp
public class DelegateBeispiel
{
 // === Funktion
 public string HoleWert(long Parameter)
 {
  Console.WriteLine("Methodenaufruf...");
  return "Wert " + Parameter;
 }
 // === Definition eines Funktionszeigertyps
 public delegate string HoleWertDelegate(long Parameter);
 // === Hauptprogramm
 public void Test()
```

```csharp
{
  // --- Synchroner Aufruf
  Console.WriteLine("Asynchroner Aufruf...");
  Console.WriteLine("Ergebnis: " + HoleWert(2));
  // --- Asynchroner Aufruf
  Console.WriteLine("Asynchroner Aufruf...");
  HoleWertDelegate del = new HoleWertDelegate(this.HoleWert);
  AsyncCallback Callback = new AsyncCallback(Fertig);
  del.BeginInvoke(123, Callback, del);
  // --- Warten
  for (int a = 1; a <= 10; a++)
  {
    Console.Write("*");
    System.Threading.Thread.Sleep(100);
  }
  Console.ReadLine();
}
// === Callback-Handler
public void Fertig(IAsyncResult CallbackResult)
{
  Console.WriteLine("Aufruf fertig...");
  HoleWertDelegate del = (HoleWertDelegate)CallbackResult.AsyncState;
  string Ergebnis = del.EndInvoke(CallbackResult);
  Console.WriteLine("Ergebnis: " + Ergebnis);
}
```

Listing 6.48 *Asynchroner Methodenaufruf unter Einsatz von Delegates*

Lambda-Ausdrücke

Ein Lambda-Ausdruck ist eine stark verkürzte Schreibweise für eine Methode, die einen einzelnen Ausdruck auswertet. Technisch gesehen handelt es sich bei den Lambda-Ausdrücken um eine verkürzte Schreibweise von Funktionszeigern (Delegates) und zugleich um anonyme Delegaten, da kein expliziter Name für die Delegate-Klasse vergeben wird. Dies erledigt wie bei anonymen Typen der Compiler.

> **HINWEIS** Komplexe Lambda-Ausdrücke lassen sich durch sogenannte Ausdrucksbäume (Expression Trees) auch anders darstellen. Dies würde jedoch den Fokus dieses Buchs völlig überschreiten, zumal sich mit diesem Thema nur wenige Entwickler befassen werden. Erläuterungen zu Ausdrucksbäumen finden Sie unter [MSDN19].

Lambda-Ausdrücke in VB

Zur Deklaration der Variablen verwendet man die Klasse Func aus dem Namensraum System.Linq in der System.Core.dll. Zur Definition des Rumpfs wird in VB 9.0 das Schlüsselwort Function »wiederverwendet«. Der Rumpf wird direkt dahinter ohne Blockbegrenzung geschrieben.

```vb
' Lambda-Ausdrücke deklarieren
Dim f1 As Func(Of Integer, Integer) = Function(x) x + 1
Dim f2 As Func(Of String, String) = Function(s) s.ToUpper()
Dim f3 As Func(Of String, Integer) = Function(s) s.Length
Dim f4 As Func(Of String, Integer, String) = Function(s, i) s.Substring(0, i)
```

```vb
' Lambda-Ausdrücke verwenden
Console.WriteLine(f1(10)) ' ergibt 11
Console.WriteLine(f2("World Wide Wings")) ' ergibt "HALLO"
Console.WriteLine(f3("World Wide Wings")) ' ergibt WORLD WIDE WINGS
Console.WriteLine(f4("World Wide Wings", 10)) ' ergibt "World Wide"
```

Listing 6.49 Beispiele für Lambda-Ausdrücke in VB

Lambda-Ausdrücke in C#

In C# kommt ebenfalls die Klasse Func zum Einsatz. Zu beachten ist, dass Func kein Schlüsselwort der Sprache C#, sondern eine generische Klasse ist. Daher muss der Name groß geschrieben werden. Der Rumpf wird durch den Operator => knapp gehalten. => könnte man hier lesen als »wird abgebildet auf«.

> **HINWEIS** Lambda-Ausdrücke, die einen Typ auf einem anderen Typ abbilden (also Beispiele 2 bis 4 in dem folgenden Listing), nennt man eine Projektion.

```csharp
// Lambda-Ausdrücke deklarieren
Func<int, int> f1 = x => x + 1;
Func<string, string> f2 = s => s.ToUpper();
Func<string, int> f3 = s => s.Length;
Func<string, int, string> f4 = (s, i) => s.Substring(0, i);

// Lambda-Ausdrücke verwenden
Console.WriteLine(f1(10)); // ergibt 11
Console.WriteLine(f2("World Wide Wings")); // ergibt WORLD WIDE WINGS
Console.WriteLine(f3("World Wide Wings")); // ergibt 16
Console.WriteLine(f4("World Wide Wings", 10)); // Ergibt "World Wide"
```

Listing 6.50 Beispiele für Lambda-Ausdrücke in C#

Prädikate

Ein Einsatzbeispiel für Lambda-Ausdrücke ist der Einsatz als *Prädikat*. Ein *Prädikat* ist ein Funktionszeiger (Delegat) auf eine Methode, die true oder false liefert. Prädikate werden zur Auswahl von Elementen in Listen verwendet. Die Objektmengenklassen in der FCL (siehe auch Kapitel zur .NET Klassenbibliothek 3.5) stellen Methoden bereit, die Prädikate erwarten. Das folgenden Listings zeigen drei verschiedene Schreibweisen, um alle Vorstandsmitglieder aus einer Liste zu filtern, die eine bestimmte Bedingung erfüllen; die letzte Schreibweise mit Lambda-Ausdrücken ist die kürzeste und eleganteste. Im Kapitel zu Language Integrated Query (LINQ) werden Sie dann noch eine elegantere (wenn auch nicht kürzere) Schreibweise sehen.

```csharp
{
...
// Prädikate klassische Schreibweise
List<Vorstandsmitglied> JungeVorstandsmitglieder1 = Vorstandsmitglieder.FindAll(AuswahlJunge);
Console.WriteLine("JungeVorstandsmitglieder: " + JungeVorstandsmitglieder1.Count);
```

```
// Prädikate mit anonymen Methoden
List<Vorstandsmitglied> JungeVorstandsmitglieder2 = Vorstandsmitglie-
der.FindAll(delegate(Vorstandsmitglied v) { return v.Alter < 40; });
Console.WriteLine("JungeVorstandsmitglieder: " + JungeVorstandsmitglieder2.Count);

// Prädikate mit Lambda-Ausdruck
List<Vorstandsmitglied> JungeVorstandsmitglieder3 = Vorstandsmitglieder.FindAll(v => v.Alter < 40);
Console.WriteLine("JungeVorstandsmitglieder: " + JungeVorstandsmitglieder3.Count);
}

// gehört zu Prädikat klassische Schreibweise!
static public bool AuswahlJunge(Vorstandsmitglied v)
{
    return (v.Alter < 40);
}
```
Listing 6.51 Prädikate in C#

Annotationen (.NET-Attribute)

Der Entwickler selbst kann Komponenten, Klassen und Klassenmitglieder mit zusätzlichen Informationen (Metadaten) versehen, die entweder während der Kompilierung oder zur Laufzeit der Anwendung ausgewertet werden können. Details wurden bereits im Kapitel »Grundkonzepte des .NET Framework 3.5« erläutert.

Annotationen in VB

Annotationen werden in Visual Basic in spitzen Klammern den Klassen bzw. Klassenmitgliedern vorangestellt. Sie müssen in der gleichen Befehlszeile stehen wie das Class-Schlüsselwort (bzw. Sub, Function etc.).

In dem folgenden Beispiel wird die vordefinierte Annotation System.Obsolete einer Methode zugewiesen. System.Obsolete sorgt dafür, dass der Compiler den Entwickler warnt, wenn er eine derart deklarierte Methode aufruft. Das zweite Beispiel zeichnet die Klasse Passagier als serialisierbar aus, d. h., ihre Instanzen können persistiert oder in einen anderen Prozess übertragen werden.

```
<System.Obsolete("Benutzen Sie bitte den überladenen Operator '+'.")>
Sub PassagierHinzufuegen(ByVal pass As de.WWWings.PassagierSystem.Passagier)
    pass.Buchen(Me)
End Sub
```
Listing 6.52 Beispiel für die Anwendung der Annotation System.Obsolete in VB

```
<System.Serializable()> _
Public Class Passagier
...
End Class
```
Listing 6.53 Beispiel für die Anwendung der Annotation System.Serializable in VB

Annotationen in C#

Annotationen können in C# den Typen und den Typmitgliedern in eckigen Klammern vorangestellt werden.

```
[System.Serializable()]
public class Passagier : de.WWWings.Person
{…}
```

Listing 6.54 Beispiel für die Anwendung der Annotation System.Serializable in C#

Fehlerbehandlung

Das Erzeugen und Behandeln von Ausnahmen ist in der CLR verankert und daher für alle .NET-Sprachen gleich. *Exceptions (Ausnahmen)* sind .NET-Objekte, wobei es verschiedene Klassen von Ausnahmen geben kann, die in einer Vererbungshierarchie zueinander stehen. Basisklasse ist System.Exception. Jede Ausnahme stellt Informationen wie eine Fehlerbeschreibung (Message) und die Aufrufliste der Methoden (StackTrace) bereit.

Fehlerbehandlung VB

An die Stelle der unschönen Fehlerbehandlung mit On Error Goto in VB6 tritt die elegante Fehlerbehandlung auf Basis von Ausnahmen (*Exceptions*). Ab VB7 unterstützt die Sprache das Konstrukt Try...Catch...Finally, um Laufzeitfehler abzufangen. Dabei kann es mehrere Catch-Blöcke mit unterschiedlichen Ausnahmeklassen geben. Ein Catch ex As Exception fängt alle Fehler ab, weil System.Exception die Oberklasse aller Ausnahmen ist.

```
Try
   p2.CheckIn("NF5678")
Catch ex As PassagierNichtAufFlugGebucht
   Demo.Print("Einchecken nicht möglich, da Passagier nicht auf diesen Flug gebucht ist!")
Catch ex As Exception
   Demo.Print("Es ist ein unerwarteter Fehler aufgetreten: " & ex.Message)
End Try
```

Listing 6.55 Fehlerbehandlung

Throw ExceptionKlasse erzeugt eine Ausnahme. Neben den in der .NET-Klassenbibliothek vordefinierten Ausnahmen (z.B. System.ArithmeticException, System.ArgumentException, System.FormatException) können eigene anwendungsspezifische Ausnahmeklassen durch Ableitung von System.ApplicationException erzeugt werden.

```
Namespace de.WWWings.PassagierSystem
  Public Class FalscheFlugnummer
     Inherits System.ApplicationException
     Public Sub New(ByVal Beschreibung As String)
        MyBase.New(Beschreibung)
     End Sub
  End Class
```

```
Public Class PassagierNichtAufFlugGebucht
  Inherits FalscheFlugnummer
  Public Sub New(ByVal Beschreibung As String)
    MyBase.New(Beschreibung)
  End Sub
End Class
End Namespace
```

Listing 6.56 Definition eigener Ausnahmen

ACHTUNG Eine .NET-Klasse kann – anders als in Java – nicht deklarieren, welche Fehlertypen sie erzeugt und welche vom Nutzer abgefangen werden müssen (Konzept der *Checked Exceptions*). Der .NET-Entwickler kann Wissen über mögliche Fehlerarten nur aus der Dokumentation entnehmen.

Fehlerbehandlung in C#

C# unterstützt das Konstrukt try...catch...finally, um Laufzeitfehler abzufangen. Dabei kann es mehrere Catch-Blöcke mit unterschiedlichen Ausnahmeklassen geben. Ein catch (Exception ex) fängt alle Fehler ab, weil System.Exception die Oberklasse aller Ausnahmen ist.

```
try
{
  p2.CheckIn("NF5678");
}
catch (de.NETFly.PassagierSystem.PassagierNichtAufFlugGebucht ex)
{
  Demo.Print("Einchecken nicht möglich, da Passagier nicht auf diesen Flug gebucht ist!")
}
catch (Exception ex)
{
  Demo.Print("Es ist ein unerwarteter Fehler aufgetreten: " + ex.Message);
}
```

Listing 6.57 Fehlerbehandlung in C#

```
public class FalscheFlugnummer : System.ApplicationException
{  public FalscheFlugnummer(string Beschreibung) : base(Beschreibung)  { }
}
public class PassagierNichtAufFlugGebucht : FalscheFlugnummer
{  public PassagierNichtAufFlugGebucht(string Beschreibung) : base(Beschreibung) { }
}
```

Listing 6.58 Definition eigener Ausnahmen in C#

Eingebaute Objekte und Funktionen

Im .NET Framework ist es nicht so üblich, dass Programmiersprachen eingebaute Objekte und Funktionen besitzen, da aus Gründen der Vereinheitlichung diese Aufgaben durch die allen Sprachen gemeinsame .NET-Klassenbibliothek wahrgenommen werden soll.

Eingebaute Objekte und Funktionen in VB

Traditionell wurde in Visual Basic sehr viel Funktionalität durch in die Sprache integrierte Objekte und Funktionen angeboten, weil es eine getrennte Klassenbibliothek für Visual Basic gab. Durch die Integration in das .NET Framework sollte an diese Stelle grundsätzlich die .NET-Klassenbibliothek treten. Aus Gründen der Kompatibilität hat Microsoft jedoch zahlreiche Funktionen in ihrer früheren Form belassen und lediglich anders implementiert.

Typprüfungsfunktionen wie isNumeric() und isDate(), Typkonvertierungsfunktionen wie CLng() und CStr() sowie sonstige Ein-/Ausgabe-Funktionen wie MsgBox() und InputBox() werden nun durch den Namensraum Microsoft.VisualBasic *(Microsoft.VisualBasic.dll)* als globale Funktionen bereitgestellt. Einzelne Funktionen wurden hingegen entfernt, beispielsweise wird aus DoEvents das Konstrukt System.Windows.Forms.Application.DoEvents.

Um eine klare Trennung zwischen Sprache und Klassenbibliothek und eine leichtere Konvertierbarkeit in andere .NET-Sprachen sicherzustellen, sollten Sie die Verwendung der Klassen aus der .NET-Klassenbibliothek präferieren, z. B. System.String.IndexOf() statt InStr().

My-Objekte

VB ab Version 2005 enthält eine eigene kleine unabhängige Klassenbibliothek, die sich hinter dem eingebauten Objekt My verbirgt und den Zugriff auf Informationen über Computer, Nutzer, Dateisystem und vieles mehr ermöglicht. Letztlich stellen die My-Klassen Abkürzungen sowie Vereinfachungen bestehender .NET-Klassen dar. Zwar sind die My-Klassen auch von anderen .NET-Sprachen aus referenzierbar; es stellt sich jedoch die Frage, warum Microsoft diese Klassen in die *Microsoft.VisualBasic.dll* (Namensraum Microsoft.VisualBasic.MyServices) verbannt hat.

> **HINWEIS** Dazu sei ein kritischer Kommentar erlaubt: Microsoft mindert sicherlich den Spott nicht, den manche Visual Basic-Entwickler auch in .NET-Zeiten von ihren mit geschweiften Klammern arbeitenden Kollegen erfahren, indem die Firma eine Klassenbibliothek schafft, die nahe legt, dass die .NET-Klassenbibliothek für VB-Entwickler an manchen Stellen zu kompliziert ist. Die My-Klassen sollten Teil der FCL sein!

Für einige Funktionen der My-Bibliothek (Zugriff auf Einstellungen und Ressourcen) ist eine Unterstützung auf Projektebene notwendig. Zu jedem VB 2005-Projekt gehört daher ein Ordner My Project mit einigen generierten Dateien. Diese generierten Dateien können im *Solution Explorer* von Visual Studio durch ein Symbol sichtbar gemacht werden.

Eingebaute Objekte und Funktionen in C#

Anders als in Visual Basic existieren in C# keine eingebauten Funktionen zur Typprüfung, Typumwandlung und Ausgabe. Auch die My-Klassenbibliothek ist nicht vorhanden. Grundsätzlich ist es möglich, die in Visual Basic eingebauten Funktionen und die My-Bibliothek durch Referenzierung der *Microsoft.VisualBasic.dll* auch in C# zu nutzen. Dies sollte jedoch vermieden werden, um sprachunabhängig zu bleiben. Alle Visual Basic-Funktionen und -Objekte sind allerdings auch in der .NET-Klassenbibliothek enthalten, zum Teil dort aber komplexer.

Kommentare und XML-Dokumentation

Beide Programmiersprachen unterstützen neben einfachen Kommentaren, die nicht vom Compiler beachtet werden, auch spezielle Kommentare in XML-Form. Der Compiler erzeugt dann aus diesen XML-Fragmenten zusammen mit den Klassendeklarationen eine XML-Datei, die als Eingabedatei für die Generierung von Hilfedokumenten verwendet werden kann. Außerdem zeigt Visual Studio den <Summary>-Text im Tooltip bei der Eingabe einer Methode an (leider nur bei C#).

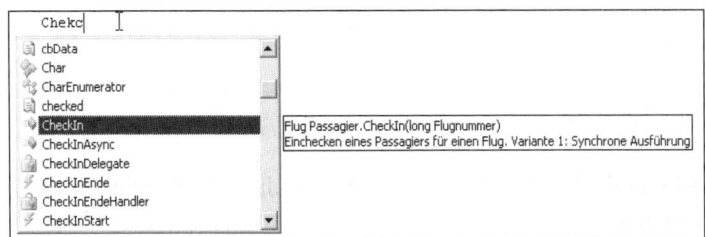

Abbildung 6.7 Anzeige eines XML-Kommentars bei der Eingabe eines Methodennamens

Kommentare in VB

Kommentarzeilen werden wie in den COM-basierten VB-Dialekten mit einem einfachen Anführungszeichen ` ' ` eingeleitet. Ab Version 2005 unterstützt VB auch die bereits seit der ersten C#-Version beliebte Möglichkeit, eine Klasse oder ein Klassenmitglied mit Kommentaren in XML-Form zu annotieren. Die XML-Kommentare sind mit drei einfachen Hochkommata ` ' ` ` ' ` ` ' ` zu beginnen.

```
''' <summary>Einchecken eines Passagiers für einen Flug</summary>
''' <param name="Text">Die Methode erwartet eine Flugnummer</param>
''' <returns>Die Methode liefert als Rückgabewert das Flugobjekt, wenn das Einchecken erfolgreich war.
</returns>
Public Function CheckIn(ByVal Flugnummer As String) As Flug
    If Not Me.Fluege.ContainsKey(Flugnummer) Then
        Throw New PassagierNichtAufFlugGebucht(Me.PID & "/" & Flugnummer)
    Else
        Return Me.Fluege.Item(Flugnummer)
    End If
End Function
```

Listing 6.59 XML-Dokumentation in VB

HINWEIS Im Gegensatz zu C# werden die XML-Codekommentare bei der Nutzung einer VB-Klasse leider nicht in der IntelliSense-Funktion von Visual Studio angezeigt.

Kommentare in C#

C# unterstützt drei Arten von Kommentaren:

- Zeilenkommentare, bei denen jede Zeile mit einem // eingeleitet wird
- Blockkommentare, bei denen der Codeblock in /* ... */ eingerahmt wird
- XML-Kommentare, bei denen jede Zeile mit /// beginnt.

```
/// <summary>Einchecken eines Passagiers für einen Flug</summary>
/// <param name="Flugnummer">Die Methode erwartet eine Flugnummer.</param>
/// <returns>Die Methode liefert als Rückgabewert das Flugobjekt, wenn das Einchecken erfolgreich
war.</returns>
public Flug CheckIn(string Flugnummer)
…
```

Listing 6.60   Beispiel für XML-Codekommentare in C#

Zeigerprogrammierung (Unsicherer Code)

Niemand möchte »unsicheren Code« schreiben, doch die Programmiersprache C# kennt eine gleichnamige Option (unsafe). Innerhalb von unsicherem Code können in C# Zeiger und Zeigerarithmetik verwendet werden. Diese Operationen werden dann nicht von der Common Language Runtime verifiziert und können zu Programmabstürzen führen. Bei Visual Basic es keine in die Sprachsyntax eingebaute Möglichkeit, Zeiger und Zeigerarithmetik zu nutzen. Das wäre nur über Umwege über die Klassenbibliothek möglich. Wenn Sie derartige *Low-Level*-Funktionen wirklich nutzen wollten, sollten Sie C# oder C++/CLI verwenden.

ACHTUNG   Es gibt nur wenige sinnvolle Einsatzgebiete für Zeigerarithmetik im .NET Framework. Ein solcher Fall liegt bei sehr umfangreichen Array-Operationen vor. Da die CLR bei jedem Array-Zugriff die Array-Grenzen prüft, kann durch Einsatz von Zeigerarithmetik ein erheblicher Leistungsgewinn erzielt werden – allerdings auf Kosten der Zuverlässigkeit der Anwendung.

Mit dem Schlüsselwort unsafe können ganze Unterroutinen markiert werden; es besteht auch die Möglichkeit, einen unsafe-Block innerhalb einer Unterroutine zu erzeugen. Voraussetzung für die Kompilierung einer Anwendung mit unsicherem Code ist die Verwendung der Compiler-Option /unsafe.

```
class Zeiger
{
    unsafe static void ZeigerTest(int* x)
    {
        int* y;
        int z = 10;
        y = &z;
        *x = *x * *y;
        int* r;
        // Achtung: Das produziert Unsinn!
        r = y + 1;
        Console.WriteLine(*r);
    }
    public static void run()
    {
        int i = 5;
        unsafe
        {            ZeigerTest(&i);            }
        Console.WriteLine(i);
    }
}
```

Listing 6.61   Unsicherer Code in C#

HINWEIS   Die Ausführung von unsicherem Code kann explizit durch die Code Access Security (CAS) verboten werden. Die Einstellung können Sie in dem entsprechenden Berechtigungssatz vornehmen (vgl. Kapitel »Grundkonzepte des .NET Framework 3.5«).

Abfrageausdrücke / Language Integrated Query (LINQ)

Abfrageausdrücke alias Language Integrated Query (LINQ) sind eine zentrale Neuerung in .NET 3.5, die sich auch – aber nicht nur – auf die Syntax der Programmiersprachen C# und Visual Basic .NET auswirkt. Aufgrund seiner Bedeutung ist LINQ nicht hier, sondern in einem eigenen Kapitel in diesem Buch behandelt. Dabei werden Sie feststellen, dass viele syntaktische Erweiterungen in C# 3.0 bzw. Visual Basic 9.0 (nur) Hilfsmittel für LINQ sind. Dies gilt insbesondere für anonyme Typen, Typableitungen, Lambda-Ausdrücke, Objektinitialisierungen und Erweiterungsmethoden.

Vergleich: C# 3.0 versus Visual Basic (.NET) 9.0

Die nachstehende Tabelle bietet einen zusammenfassenden Vergleich der beiden Sprachen.

	VB(.NET) 9.0 / VB 2008	C# 3.0 / C# 2008
Verwandte Sprachen	VB6, VBScript, VBA	C++, Java
Objektorientierung	++ (kann aber mit "Modulen" einfach umgangen werden)	++
Zusätzliche Features	Einfacheres Spätes Binden Optional Parameter Vereinfachte Ereignisbindung *Select* mit Bereichen und Operationen (My-Namensraum) XML-Literate	Zeigerarithmetik Mehrzeilenkommentare Anonyme Methoden Automatische *Properties* Yield
Case Sensitive	Nein	Ja
Sehr strenge Typisierung	Optional	vorgeschrieben
Unterstützung in Visual Studio / Qualität des Editors	++	+ (wenig Hintergrundkompilierung, weniger Assistenten z. B. bei Ereignisbindung)
Plattformunabhängigkeit	+ (nicht bei Micro Framework)	+ (nicht bei SQL Server Integration Services)
Geschwindigkeit	++	++ (minimaler Vorteil von C#)
Ruf	0	++

Tabelle 6.15   *C# versus VB*

Wirklich verlässliche Zahlen über die Verbreitung der beiden Programmiersprachen gibt es nicht. Der TIOBE INDEX versucht die Beliebtheit der Programmiersprachen aufgrund der Erwähnung der Begriffe auf der Website zu messen. Dabei werden verschiedene Suchmaschinen ausgewertet. Das Ergebnis sagt weder etwas über die beste Sprache noch über die Anzahl der Zeilen Programmcode aus, die in der Sprache geschrieben wurden, sondern nur darüber, über welche Sprachen am meisten geredet wird.

Position Apr 2008	Position Apr 2007	Delta in Position	Programming Language	Ratings Apr 2008	Delta Apr 2007	Status
1	1	=	Java	20.529%	+2.17%	A
2	2	=	C	14.684%	-0.25%	A
3	5	↑↑	(Visual) Basic	11.699%	+3.42%	A
4	4	=	PHP	10.328%	+1.69%	A
5	3	↓↓	C++	9.945%	-0.77%	A
6	6	=	Perl	5.934%	-0.10%	A
7	7	=	Python	4.534%	+0.72%	A
8	8	=	C#	3.834%	+0.28%	A
9	10	↑	Ruby	2.855%	+0.06%	A
10	11	↑	Delphi	2.665%	+0.33%	A
11	9	↓↓	JavaScript	2.434%	-0.70%	A
12	14	↑↑	D	1.169%	-0.35%	A
13	13	=	PL/SQL	0.608%	-1.28%	B
14	12	↓↓	SAS	0.572%	-1.63%	A--
15	21	↑↑↑↑↑↑	Pascal	0.513%	-0.06%	B

Abbildung 6.8   TIOBE INDEX Stand April 2008 (Quelle: [TIOBE01])

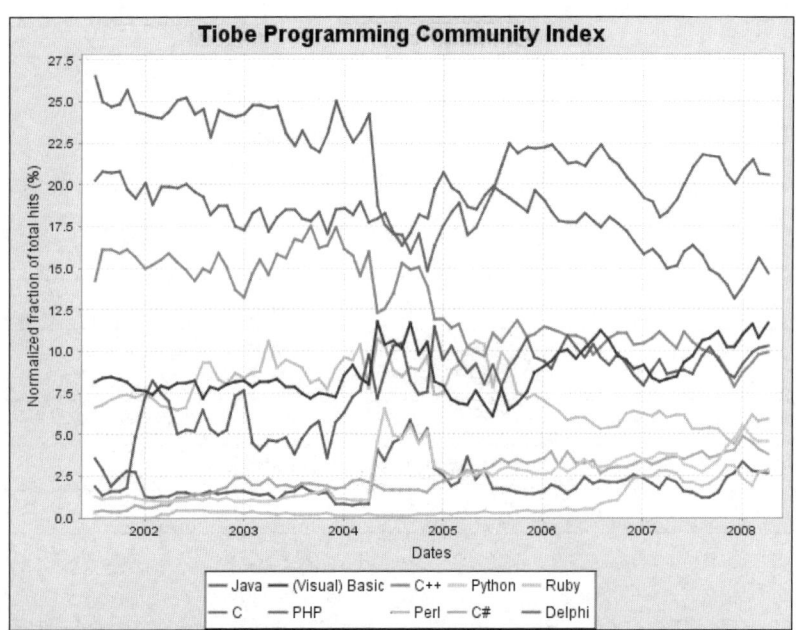

Abbildung 6.9   Veränderungen im TIOBE INDEX zwischen 2002 und 2008 (Quelle: [TIOBE01])

Eine detaillierte syntaktische Vergleichstabelle der beiden Sprachen finden Sie im Anhang dieses Buchs. Diese Tabelle können Sie auf der Leser-Website auch als PDF-Dokument herunterladen, um diese als Ausdruck neben Ihre Tastatur zu legen oder an die Pinwand zu hängen.

Kapitel 7

Konsolenanwendungen

In diesem Kapitel:

Einführung	286
Erzeugen einer Konsolenanwendung	286
Konsolenanwendungen in Visual Studio	287
Klasse System.Console	288
Klasse System.Environment	290
Neuerungen seit .NET 2.0	290

Einführung

Konsolenanwendungen sind der einfachste .NET-Anwendungstyp. Sie laufen im Kommandozeilenfenster von Windows und bieten nur textbasierte Ausgaben. Bei den von Microsoft im .NET Framework Redistributable mitgelieferten Kommandozeilen-Compilern ist *Konsole* der Standardanwendungstyp. Die Interaktion zwischen der Anwendung und dem Konsolenfenster findet über die Klasse System.Console aus der .NET-Klassenbibliothek statt.

> **HINWEIS** Auch wenn Konsolenanwendungen in vielen Unternehmen heute nur noch wenig Bedeutung haben, werden sie in diesem Buch aus didaktischen Gründen weit vor den Windows- und Webanwendungen behandelt. In einem Buch lassen sich viele Konzepte viel anschaulicher an Konsolenausgaben als an grafischen Oberflächen zeigen, weil für Letztere ein zusätzlicher Aufwand notwendig ist, der viele Einsteiger verwirrt. Außerdem eignen sich Konsolenanwendungen für Tests.
> Wie dieses Kapitel zeigen wird, hat Microsoft die Konsolenanwendungen seit .NET 2.0 erheblich aufgewertet.

Erzeugen einer Konsolenanwendung

Das folgende Listing zeigt eine minimale Konsolenanwendung (»Hello World«), implementiert in Visual Basic.

```
Imports System
Class HauptModul
    Shared Sub Main()
        Console.WriteLine(»Hello World!«)
    End Sub
End Class
```

Alternativ kann die Anwendung auch in Visual Basic mit einem Modul implementiert werden. Dabei ist Sub main() nicht als Shared zu deklarieren, weil die Mitglieder eines Moduls immer Klassenmitglieder sind.

```
Imports System
Module HauptModul
    Sub Main()
        Console.WriteLine(»Hello World!«)
    End Sub
End Module
```

Die Übersetzung dieser minimalen Konsolenanwendung ist (in beiden Varianten) denkbar einfach mit dem Kommandozeilen-Compiler

```
vbc HelloWorld.vb
```

In C# stellt sich das minimale Konsolenprogramm wie folgt dar:

```
using System;

class Program
{
  static void Main()
  {
   Console.WriteLine("Hello World!");
  }
}
```

Zur Übersetzung ist auszuführen:

```
csc HelloWorld.cs
```

Der Anwendungstyp einer *.exe*-Assembly wird im Manifest gespeichert.
In einer Konsolenanwendung findet man den Eintrag:

```
.subsystem 0x0003      // WINDOWS_CUI
```

In einer Windows-Anwendung steht hingegen:

```
.subsystem 0x0002      // WINDOWS_GUI
```

ACHTUNG   Jede EXE-Assembly muss einen eindeutigen Einsprungpunkt besitzen, der ein statisches Klassenmitglied sein muss und üblicherweise `Main()` heißt. In Visual Basic-Windows Forms-Projekten wird der Einsprungpunkt automatisch erzeugt, wenn als Startelement ein Formular anstelle von `Sub Main()` angegeben wird.

Konsolenanwendungen in Visual Studio

Visual Studio bietet eine Projektvorlage *Konsolenanwendung* (Console Application), die die in der nachfolgenden Tabelle genannten Elemente erzeugt. Die in der Projektvorlage enthaltenen Standardelemente unterscheiden sich je nach Programmiersprache – z.B. enthält Visual Basic zusätzliche Implementierungen für das in C# nicht direkt verfügbare `My`-Objekt.

C#-Projektvorlage *Konsolenanwendung*	VB-Projektvorlage *Konsolenanwendung*
Program.cs enthält eine leere Vorlage für die Main-Routine.	*Module1.vb* enthält eine leere Vorlage für die Main-Routine.
AssemblyInfo.cs enthält Meta-Attribute zur Festlegung der Eigenschaften für die entstehende Assembly.	*app.config* ist eine Vorlage für eine Anwendungskonfigurationsdatei.
	Ordner *My Project* mit für das My-Objekt notwendigen Implementierungen.
	MyResources.resx ist eine leere XML-Ressourcendatei zur Ablage von Name-Wert-Paaren, insbesondere für mehrsprachige Anwendungen (vgl. Kapitel zur .NET-Klassenbibliothek 3.5).
	`Settings.settings` für anwendungs- oder benutzerspezifische Daten.
	AssemblyInfo.vb enthält Meta-Attribute zur Festlegung der Eigenschaften für die entstehende Assembly.

Tabelle 7.1   Standardelemente in der Konsolen-Projektvorlage

Das Testen einer Konsolenanwendung stellt insofern eine Herausforderung dar, als die Entwicklungsumgebung das Konsolenfenster sofort nach Anwendungsende wieder schließt. Es gibt in Visual Studio zwei Optionen:

- Beim Start der Konsolenanwendung mit `F5` (Starten mit Debuggen) erscheint ein Konsolenfenster, das sich sofort nach Programmende wieder schließt. Hier muss man ggf. mit einem abschließenden `Console.Readline()` die Anwendung »am Leben erhalten«.

- Beim Start der Konsolenanwendung mit `Strg` `F5` (Starten ohne Debuggen) gehen die Ausgaben ins Konsolenfenster und nach dem Ende der Anwendung erzeugt Visual Studio die Ausgabe »Press any key to continue...« und wartet. Sie können diese Funktion in Ihrer Anwendung selbst nachbilden mit `Console.ReadKey()`.

Klasse System.Console

`System.Console` ist eine Klasse zur Interaktion mit der Standardein- und -ausgabe (in der Regel also mit dem Konsolenfenster in Windows). In .NET 1.x bietet diese Klasse im Wesentlichen nur sehr einfache Funktionen zum Auslesen von Eingaben (`Read()`, `ReadLine()`) und zum Senden von Ausgaben an die Konsole (`Write()`, `WriteLine()`). In .NET 2.0 wurde die Klasse erheblich erweitert, insbesondere um Möglichkeiten zur Formatierung der Ausgabe. In .NET 3.x gibt es hier keine Neuerungen.

Die Klasse `Console` enthält nur statische Mitglieder und ist daher wie ein eingebautes Objekt zu verwenden, das nicht explizit instanziiert werden kann. In VB können Sie über eine einfache Deklaration auch einen Alias für die Klasse definieren: `Dim c As System.Console`. Dies ist in C# nicht möglich, weil statische Mitglieder nur über den Klassennamen selbst aufgerufen werden dürfen.

`Console` besitzt Unterobjekte für den Zugriff auf die Standardein- und -ausgabe sowie die Standardfehlerausgabe (siehe untenstehende Abbildung des Objektmodells). Zentrale Funktionen der Klasse können sowohl über die Klasse `Console` als auch über die drei Unterobjekte erreicht werden. So ist `Console.WriteLine()` ein Synonym für `Console.Out.WriteLine(s)` und `Console.ReadLine()` ein Synonym für `Console.In.ReadLine()`. Damit wirklich eine Interaktion mit der Standardein- und -ausgabe möglich ist, muss das Projekt als *Konsolenanwendung* definiert sein. Bei einer Windows-Anwendung bleiben alle Zugriffe auf die Standardein- und -ausgabe ohne Effekt.

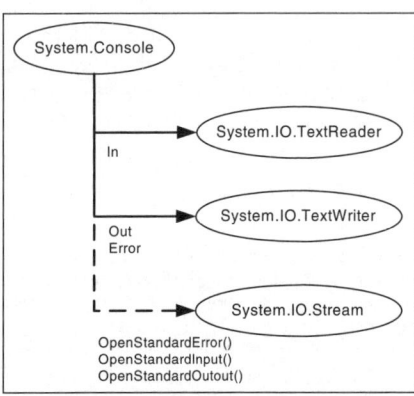

Abbildung 7.1 Objektmodell von System.Console

Write() und WriteLine()

Sowohl Write() als auch WriteLine() senden den übergebenen Wert an die Standardausgabe. WriteLine() sendet am Ende zusätzlich das plattformspezifische NewLine-Zeichen (vgl. Klasse System.Environment). Beide Methoden sind mehrfach überladen, sodass neben Strings auch andere elementare Datentypen wie Boolean, Int32, Char, Double etc. akzeptiert werden. Es existiert auch eine Überladung für den Typ System.Object, sodass Sie jedes beliebige .NET-Objekt direkt an die Ausgabemethoden übergeben können. Die Methoden sorgen selbst für den Aufruf von ToString(), um die Textrepräsentation des jeweiligen Objekts abzurufen.

Write() und WriteLine() unterstützen Platzhalter in einer Formatzeichenkette, die durch weitere Argumente mit Werten belegt werden können. Die Platzhalter sind Zahlen in geschweiften Klammern, wobei {0} für das erste zusätzliche Argument, {1} für das zweite usw. steht.

```
int Jahr = System.DateTime.Now.Year;
int Monat = System.DateTime.Now.Month;
int Tag = System.DateTime.Now.Day;
Console.WriteLine("Heute ist der {0}. Tag im {1}. Monat des Jahres {2}", Tag, Monat, Jahr);
```

In den Platzhaltern können nach einem Doppelpunkt Formatierungsausdrücke angegeben werden, z. B. um eine bestimmte Anzahl von Stellen bei Zahlen vorzugeben oder um ein Datum in definierter Weise auszugeben.

```
Single Preis = 1.6f;
Console.WriteLine("Preis: {0:000.00} Euro. Stand: {1:D}", Preis, DateTime.Now);
```

Obige Anweisung führt zu folgender Ausgabe:

```
Preis: 001,60 Euro. Stand: Samstag, 11. Dezember 2004
```

Read() und ReadLine()

Read() liest einzelne Zeichen, ReadLine() eine komplette Zeile. Read() bekommt aber das einzelne Zeichen nicht sofort nach einem Tastendruck, sondern erst nach Abschluss einer Eingabe mit der Taste ⏎. Zum Einlesen von einzelnen Tastenanschlägen ohne das Warten auf ⏎ steht seit .NET 2.0 die Methode Readkey() zur Verfügung.

```
namespace de.WWWings.Konsolenanwendung
{
  class Programm
  {
    static void Main(string[] args)
    {
      string name, begruessungstext;
      System.Console.Title = "WorldWideWings CheckIn";
      System.Console.WriteLine("Ihr Name?");
      System.Console.BackgroundColor = System.ConsoleColor.White;
      System.Console.ForegroundColor = System.ConsoleColor.Red;
```

```
        name = System.Console.ReadLine();
        System.Console.ResetColor();
        if (System.DateTime.Now.Hour <= 12)
        { begruessungstext = "Guten Morgen"; }
        else
        { begruessungstext = "Guten Tag"; }
        System.Console.WriteLine("{0}, {1}, willkommen an Bord!", begruessungstext, name);
        System.Console.Beep();
        System.Console.ResetColor();
        System.Console.WriteLine("Drücken Sie eine Taste, um die Anwendung zu verlassen!");
        System.Console.ReadKey();
    }
  }
}
```

Listing 7.1 Interaktion an der Konsole

Klasse System.Environment

Die Klasse System.Environment ist für Konsolenanwendungen wichtig, weil man dort durch die Methode Exit() bzw. das Attribut ExitCode den Rückgabewert der Konsolenanwendung festlegen kann. Darüber hinaus bietet diese Klasse Zugang zu Informationen wie dem angemeldeten Benutzer (UserName), Umgebungsvariablen (GetEnvironmentVariable()), dem Computernamen (MachineName) und der Version der CLR, mit der die Anwendung ausgeführt wird.

Neuerungen seit .NET 2.0

Eine der bemerkenswertesten Erweiterungen in der .NET-Klassenbibliothek 2.0 sind die umfangreichen Zusatzfunktionen, die Microsoft in die Klasse System.Console eingebaut hat, um die Erstellung von anspruchsvolleren Konsolenanwendungen mit dem .NET Framework zu ermöglichen.

Neue Funktionen sind insbesondere:

- Veränderung von Größe und Position des Konsolenfensters: SetWindowSize() und SetWindowPosition()
- absolute Positionierung von Ausgaben: Methode SetCursorPosition()
- farbige Ausgaben: Attribute BackgroundColor und ForegroundColor
- Ausblenden des Cursors: Attribut CursorVisible
- Entgegennahme von einzelnen Tastenanschlägen: Methode Readkey() und deren Auswertung mit der Struktur ConsoleKeyInfo
- Ausgabe eines Signaltons: Methode Beep()
- Verschieben von Inhalten des Konsolenfensters: Methode MoveBufferArea()

HINWEIS In .NET 3.0 und .NET 3.5 gibt es hier keine Neuerungen für Konsolenanwendungen.

Beispiel 1

Das folgende Listing demonstriert die vorgenannten neuen Funktionen, indem es eine Linie von roten X auf weißem Hintergrund ausgibt und über den Bildschirm bewegt.

```
public ConsoleDemo()
  {
  // Fensterüberschrift   Console.Title = "Konsolendemo";
  // Fensterposition
  Console.WindowLeft = 0;
  Console.WindowTop = 0;
  Console.SetWindowPosition(0, 0);
  // Farbe für Schrift
  Console.BackgroundColor = ConsoleColor.White;
  Console.ForegroundColor = ConsoleColor.Red;
  // Fenstergröße
  Console.SetWindowSize(60, 30);
  Console.CursorVisible = false;
  // Ausgabe an bestimmte Stelle platzieren
  for (int a = 0; a < 20; a++)
  { Console.CursorTop = a;
    Console.CursorLeft = a;
    Console.Write("x"); }

  Console.CursorTop = 22;
  Console.CursorLeft = 0;
  // Ausgabe von Informationen über das Fenster
  Console.BackgroundColor = ConsoleColor.Black;
  Console.ForegroundColor = ConsoleColor.Yellow;
  Console.WriteLine(Console.LargestWindowHeight);
  Console.WriteLine(Console.LargestWindowWidth);
  // Ausgabe über den Bildschirm bewegen
  for (int a = 0; a < 20; a++)
  {
    Console.MoveBufferArea(a, 22, 3, 3, a+1, 22);
    System.Threading.Thread.Sleep(500);
  }
  Console.Beep();
  // Warten auf Eingabe
  Console.ReadKey();
  }
```

Listing 7.2 Verschiedene Funktionen von System.Console in .NET 2.0

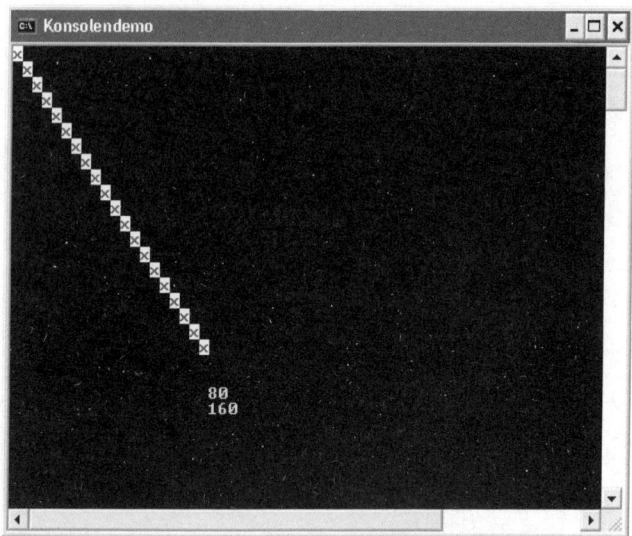

Abbildung 7.2 Ausgabe des obigen Listings

Beispiel 2

Die folgende Abbildung zeigt eine Implementierung einer der offiziellen .NET-Demos von Microsoft: Das Spiel *Space Invaders* als Konsolenanwendung. Den Quellcode dazu finden Sie unter [MSDN30].

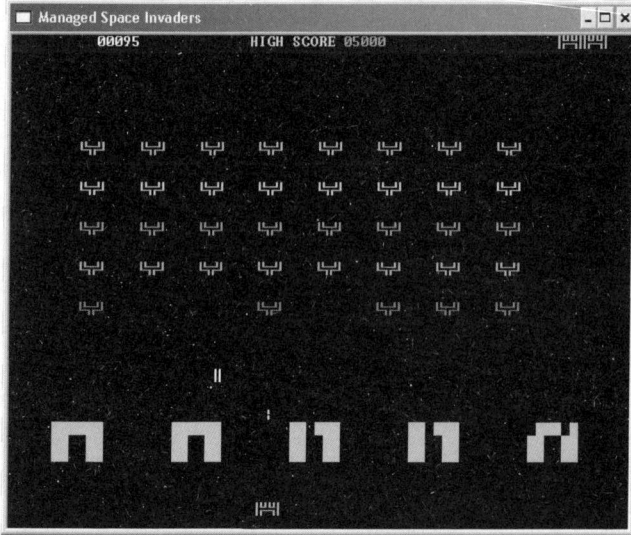

Abbildung 7.3 Managed Space Invaders

> **HINWEIS** Space Invaders demonstriert gleichzeitig auch andere ab .NET 2.0 eingeführte Funktionen: Tracing, die Steuerung des seriellen Ports, generische Klassen, Generics und die Stopwatch-Klasse. Dazu werden in diesem Buch nur die generischen Klassen näher besprochen (siehe Kapitel »Sprachsyntax Visual Basic 2008 (VB.NET 9.0) und C# 2008 (C# 3.0)« und ».NET-Klassenbibliothek 3.5«).

Kapitel 8

Softwarekomponenten

In diesem Kapitel:

Der Softwarekomponentenbegriff im .NET Framework	294
Komponententypen	294
Erstellung von nichtvisuellen Komponenten	296
Festlegung von Assembly-Eigenschaften	299
Erstellung einer signierten Assembly	300
Erstellung einer gemeinsamen Assembly	301
Befreundete Assemblies	302
Interoperabilität mit COM	302
Konfiguration von Assemblies	304

In Kapitel 4 wurde bereits erläutert, dass im .NET Framework sowohl DLL- als auch EXE-Dateien wiederverwendbare Softwarekomponenten darstellen. In diesem Kapitel folgen eine vertiefende Auseinandersetzung mit dem Softwarekomponentenbegriff im .NET Framework sowie die detaillierte Darstellung der Erzeugung und Konfiguration von .NET-Komponenten.

Der Softwarekomponentenbegriff im .NET Framework

Im Component Object Model (COM) ging es schon drunter und drüber hinsichtlich der Differenzierung von Klassen und Komponenten. Leider existiert auch im .NET Framework immer noch Verwirrung, denn es gibt zwei unterschiedliche Definitionen von Softwarekomponenten:

- In der .NET Framework-Dokumentation findet man folgende Definition: »While the term component has many meanings, in the .NET Framework a component is a class that implements the System.ComponentModel.IComponent interface or one that derives directly or indirectly from a class that implements this interface.«[1] [MSDN01] Nimmt man diese Aussage wörtlich, dann sind Komponenten keine ganzen Assemblies, sondern nur einzelne Klassen, die die Schnittstelle IComponent besitzen.

- Diese Definition steht jedoch im Widerspruch zu der Gleichsetzung von Assembly und Softwarekomponenten, die sich in vielen anderen MSDN-Dokumenten (z. B. [MSDN02] und [MSDN03]) findet.

Dieser Widerspruch ist nicht schön; in der Praxis muss man aber damit leben, dass in Redmond keine Einigkeit über den Komponentenbegriff existiert.

Die Definition, dass eine Komponente auch eine einzelne Klasse sein kann, ist dabei durchaus sinnvoll. Es hat sich eingebürgert, von einem Steuerelement als *Komponente* zu sprechen. Mehrere Steuerelemente sind aber üblicherweise zu einer Assembly zusammengefasst, wobei die Assembly auch andere Klassen bereitstellen kann, die keine eigenständigen Komponenten sind. Hingegen ist es auch sinnvoll, ganze Assemblies als Komponenten zu verstehen, weil diese die Einheiten für Wiederverwendung, Verteilung und Versionierung sind.

Unter dem Strich bleibt also die unbefriedigende Quintessenz, dass im .NET Framework Komponenten sowohl eine ganze Assembly als auch einzelne Klassen einer Assembly sein können, sofern diese Teile IComponent implementieren. Eine grundsätzliche Beschränkung des Komponentenbegriffs auf IComponent-implementierende Klassen wie in [MSDN01] ist aber nicht nachvollziehbar.

Komponententypen

Die folgende Abbildung zeigt die verschiedenen Komponententypen im .NET Framework. Bei den visuellen Komponenten ist zwischen den clientseitigen Windows Forms-Komponenten für die Entwicklung von Windows-Anwendungen und den serverseitigen ASP.NET-Komponenten für Webanwendungen zu unterscheiden. Als nichtvisuelle Komponenten sind hier solche bezeichnet, die zur Laufzeit keine visuelle Darstellung haben (z.B. eine mathematische Bibliothek, ein Timer-Steuerelement oder eine Komponente für den Zugriff auf LDAP). Im .NET Framework können nichtvisuelle Komponenten zur Entwurfszeit eine visuelle

---

[1] »Während der Terminus *Komponente* viele Bedeutungen hat, handelt es sich im .NET Framework bei einer Komponente um eine Klasse, die die Schnittstelle *System.ComponentModel.IComponent* implementiert oder um eine, die direkt oder indirekt von einer diese Schnittstelle implementierenden Klasse erbt.«

Repräsentation in der Entwicklungsumgebung haben. Diese bereits aus COM bekannten Komponenten werden als *Entwurfszeitsteuerelemente* (engl. *Design Time Controls*) bezeichnet. Rein nichtvisuelle Komponenten können innerhalb oder außerhalb des COM+ Application Servers laufen. Komponenten im COM+ Application Server werden als *Serviced Components* bezeichnet. Eine *Serviced Component*, die die Microsoft Message Queuing Services (MSMQ) nutzt, heißt *Queued Component*.

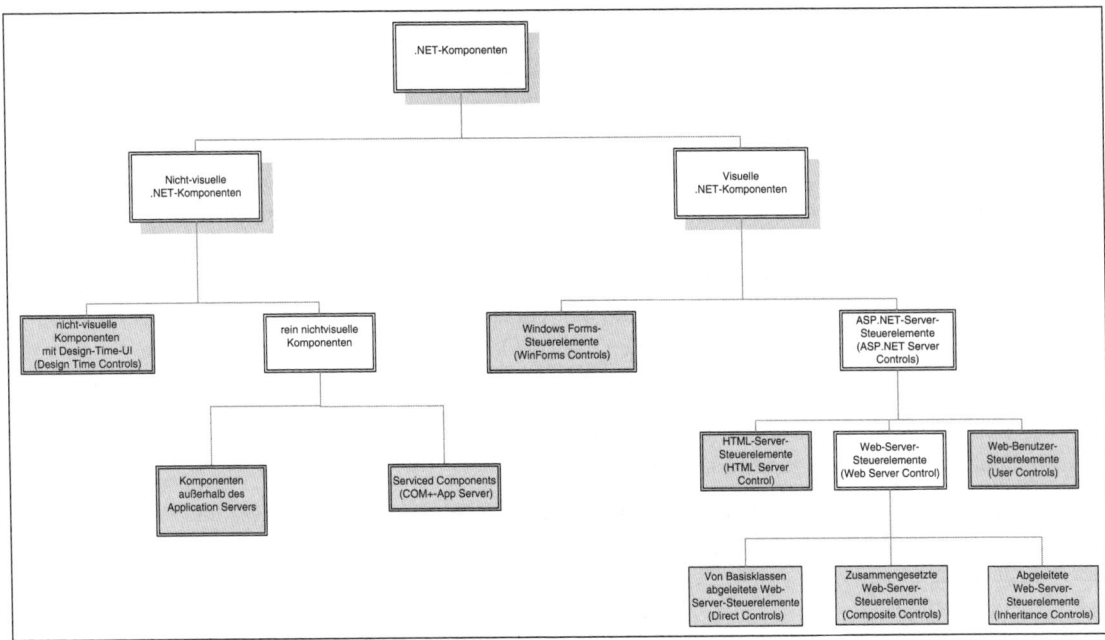

Abbildung 8.1 Überblick über die Softwarekomponentenarten im .NET Framework

Einzig bei den nichtvisuellen Komponenten außerhalb der Application Server findet man die Gleichsetzung von Assembly und Softwarekomponente. In allen anderen Fällen entspricht eine Softwarekomponente einer Klasse, die von einer bestimmten Basisklasse erbt.

Komponententyp	Basisklasse/Schnittstelle	Komponentenbegriff
Nichtvisuelle Komponente außerhalb des Application Servers	Keine	Eine Assembly
Entwurfszeitsteuerelement	System.ComponentModel.Component oder Implementierung von System.ComponentModel.IComponent	Eine Klasse in einer Assembly
Serviced Component	System.EnterpriseServices.ServicedComponent	Eine Klasse in einer Assembly
Windows Forms-Steuerelemente	System.Windows.Forms.Control	Eine Klasse in einer Assembly
ASP.NET Server-Steuerelement	System.Web.UI.Control	Eine Klasse in einer Assembly

Tabelle 8.1 Erstellung der verschiedenen Komponentenarten

Die visuellen Softwarekomponenten für Windows Forms und ASP.NET werden in den jeweiligen Unterkapiteln zu diesen UI-Technologien besprochen. Serviced Components werden in Kapitel 18 erläutert. Entwurfszeit-Steuerelemente werden aus Platzgründen in diesem Buch nicht behandelt.

Erstellung von nichtvisuellen Komponenten

Eine nichtvisuelle Softwarekomponente, die nicht im Application Server läuft, erstellen Sie einfach, indem Sie eine .NET-Assembly mit mindestens einer öffentlichen Klasse generieren. Als Dateiextensionen stehen *.exe* und *.dll* zur Auswahl, wobei *.exe* den Vorteil hat, dass Sie die Komponente auch als eigenständige Anwendung starten könnten. Da Sie dies in der Regel aber nicht wollen, ist eine *.dll*-Assembly der übliche Fall für eine Softwarekomponente.

Beispiel

Als Anschauungsbeispiel für die weitere Betrachtung soll eine einfache Softwarekomponente (*ITV.InfoKomponente.dll*) dienen, die eine Klasse InfoKlasse mit einer einzigen Methode GetInfo() implementiert. GetInfo() liefert in Form einer Zeichenkette Informationen über die Komponente, insbesondere ihre Versionsnummer und ihren Standort. Diese Informationen erhält die Methode aus der Klasse System.Reflection.Assembly. Die Methode GetExecutingAssembly() liefert einen Zeiger auf die aktuelle Assembly.

```
using System;
using System.Reflection;
// --- Einziger Namensraum
namespace de.ITVisions.KomponentenDemos
{
 //    --- Einzige   Klasse
 public class InfoKlasse
 {

  // --- Einzige  Methode
  public string GetInfo()
  {
   System.Reflection.Assembly a = null;
   a = System.Reflection.Assembly.GetExecutingAssembly();

   string ausgabe = null;
   string Umbruch = "\r" + "\n";
   ausgabe = "Hello World aus der .NET-Komponente!" + Umbruch;
   ausgabe = ausgabe + "Version der Komponente: " + a.GetName().Version.ToString() + Umbruch;
   ausgabe = ausgabe + "CLR-Version: " + a.ImageRuntimeVersion + Umbruch;
   ausgabe = ausgabe + "Assembly Location: " + a.Location.ToString() + Umbruch;
   ausgabe = ausgabe + "Aus    GAC    geladen? " + a.GlobalAssemblyCache;
   return ausgabe;
  }
 }
}
```

Listing 8.1 Eine Softwarekomponente, die Informationen über sich selbst liefert [itv.infokomponente.cs]

Erstellung von nichtvisuellen Komponenten

Der zugehörige Client für die obige Softwarekomponente beschränkt sich auf den Aufruf der Methode `GetInfo()` und die Ausgabe des Ergebnisses in der Kommandozeile.

```
' --- Import der notwendigen Namensräume
Imports System
Imports de.ITVisions
Namespace de.ITVisions.KomponentenDemos
 Module Client
  Public Sub main()
   ' --- Instanziierung
   Dim Info As New de.ITVisions.KomponentenDemos.InfoKlasse
   ' --- Aufruf
   Console.WriteLine(Info.GetInfo())
  End Sub
 End Module
End Namespace
```

Listing 8.2 Client zum Aufruf der Softwarekomponente [client.vb]

Sie können diesen Code in Visual Studio oder in der Kommandozeile kompilieren.

Kompilierung an der Kommandozeile

Zur Übersetzung an der Kommandozeile verwenden Sie nachstehende Befehle. Hier ist die Referenz durch den Parameter */reference* anzugeben. */t:library* erzeugt eine *.dll*-Assembly. Ohne Angabe von */t* entsteht eine *.exe*-Assembly als Konsolenanwendung.

Sprache	Komponente	Client
C#	csc.exe /t:library itv.infokomponente.cs	csc.exe Client.cs /reference:itv.infokomponente.dll
VB	vbc.exe itv.infokomponente.vb /t:library	vbc.exe Client.cs /reference:itv.infokomponente.dll

Tabelle 8.2 Einsatz der Kommandozeilencompiler

Wichtig ist, dass *vbc.exe* und *csc.exe* im aktuellen Suchpfad enthalten sind. Am einfachsten erreichen Sie dies, wenn Sie den *.NET Framework SDK Command Prompt* oder den *Visual Studio Command Prompt* anstelle des normalen Kommandozeilenfensters starten. Die folgende Abbildung zeigt den Ablauf von Kompilierung und den Start der Anwendung.

```
E:\N2C\Softwarekomponenten\UnsignierteKomponente>
E:\N2C\Softwarekomponenten\UnsignierteKomponente>vbc itv.infokomponente.vb /t:li
brary
Microsoft (R) Visual Basic Compiler version 8.0.50204
for Microsoft (R) .NET Framework version 2.0.50204
Copyright (C) Microsoft Corporation 1987-2003. All rights reserved.

E:\N2C\Softwarekomponenten\UnsignierteKomponente>csc Client.cs /reference:itv.in
fokomponente.dll
Microsoft (R) Visual C# 2005 Compiler version 8.00.50204
for Microsoft (R) Windows (R) 2005 Framework version 2.0.50204
Copyright (C) Microsoft Corporation 2001-2005. All rights reserved.

E:\N2C\Softwarekomponenten\UnsignierteKomponente>client
Test-Client für ITV.InfoKomponente.dll
Hello World aus der .NET-Komponente!
Version der Komponente: 1.0.0.0
CLR-Version: v2.0.50204
Assembly Location: E:\N2C\Softwarekomponenten\UnsignierteKomponente\ITV.InfoKomp
onente.DLL
Aus    GAC     geladen? False

E:\N2C\Softwarekomponenten\UnsignierteKomponente>_
```

Abbildung 8.2 Übersetzung und Aufruf einer Softwarekomponente

Kompilierung in Visual Studio

In Visual Studio benötigen Sie für die Komponente den Projekttyp *Klassenbibliothek* und für den Client *Konsolenanwendung*. Erstellen Sie aus beiden eine Projektmappe und richten Sie eine Referenz von dem Client-Projekt auf das Komponentenprojekt ein.

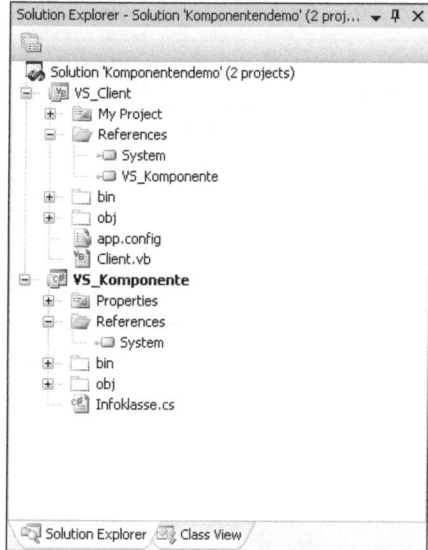

Abbildung 8.3 Softwarekomponente und Client als Visual Studio-Projektmappe

> **ACHTUNG** Es ist nicht möglich, aus einer Assembly, die mit einem .NET 1.x-Compiler kompiliert wurde, eine .NET 2.0-Assembly zu referenzieren. Der umgekehrte Weg funktioniert jedoch. Da das Assembly-Format in .NET 3.0 und .NET 3.5 dem in .NET 2.0 entspricht, ist eine gegenseitige Referenzierung zwischen Assemblies aus .NET 2.0/3.0/3.5 kein Problem.

Festlegung von Assembly-Eigenschaften

Zu jeder Assembly kann der Entwickler Zusatzinformationen (wie Produktname, Komponentenname, Hersteller, Versionsnummer) ablegen, die im Windows Explorer in den Dateieigenschaften angezeigt werden. Die Festlegung dieser Eigenschaften erfolgt durch globale Annotationen auf Assembly-Ebene.

```
[assembly: AssemblyTitle("Demo-Softwarekomponente")]
[assembly: AssemblyDescription("Demo-Softwarekomponente für das Buch '.NET 3.5 Crashkurs'")]
[assembly: AssemblyCompany("www.IT-Visions.de")]
[assembly: AssemblyProduct(".NET 3.5 Crashkurs")]
[assembly: AssemblyCopyright("www.IT-Visions.de 2005-2008")]
[assembly: AssemblyVersion("4.1.0.0")]
```

Listing 8.3 Festlegung von Assembly-Eigenschaften

WICHTIG Diese Deklarationen müssen außerhalb einer Klasse stehen. Sie dürfen nur einmal in jeder Assembly vorkommen.

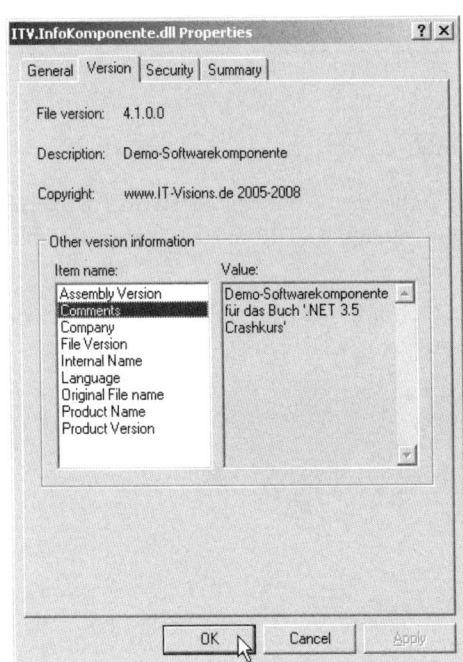

Abbildung 8.4 Eigenschaften einer Assembly im Windows Explorer

Assembly-Eigenschaften in Visual Studio

Visual Studio legt für die Assembly-Eigenschaften in vielen Projekttypen eine separate Codedatei mit Namen *AssemblyInfo* (Elementtyp *Assembly Information File*) an. Visual Studio bietet in den Projekteigenschaften auf der Registerkarte *Application* hinter der Schaltfläche ein neues Dialogfenster *Assembly Information* zur Bearbeitung der Assembly-Eigenschaften.

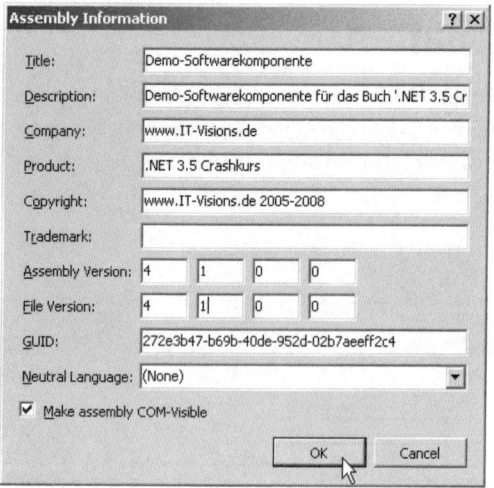

Abbildung 8.5 Bearbeitung der Assembly-Informationen in Visual Studio

ACHTUNG Das Dialogfenster *Assembly Information* funktioniert nur, wenn die Deklarationen in der *AssemblyInfo*-Datei stehen.

Erstellung einer signierten Assembly

Eine signierte Assembly enthält die digitale Signatur des Erstellers. Allgemeine Informationen über signierte Assemblies haben Sie bereits in Kapitel 4 erhalten. Hier wird nun gezeigt, wie Sie eine signierte Assembly (alias Assembly mit starkem Namen [*Strong Name*]) erstellen.

Zunächst benötigt man ein Schlüsselpaar in Form einer *.snk*-Datei (Strong Name Key File). Besitzt man kein solches Schlüsselpaar, kann man eines mit dem Werkzeug *sn.exe* aus dem .NET Framework SDK erzeugen:

```
sn -k ITVisionsTestKey.snk
```

Die *Strong-Name-Key*-Datei können Sie auf zwei Wegen einsetzen, um die Assembly zu signieren:

1. Nutzen Sie im Code eine Assembly-Eigenschaft:

    [assembly: AssemblyKeyFile(»ITVisionsTestKey.snk«)]

2. Verwenden Sie die Kommandozeilenoption */keyfile* in den Compilern:

    csc /t:library itv.infokomponente.cs /keyfile:ITVisionsTestKey.snk

TIPP Visual Studio ermöglicht es in den Projekteigenschaften auf der Registerkarte *Signing*, eine *Strong-Key*-Datei(*.snk*) oder eine Zertifikatsdatei (*.pfx*) anzugeben bzw. eine *.pfx*-Datei (optional mit Kennwortschutz) neu zu erstellen.

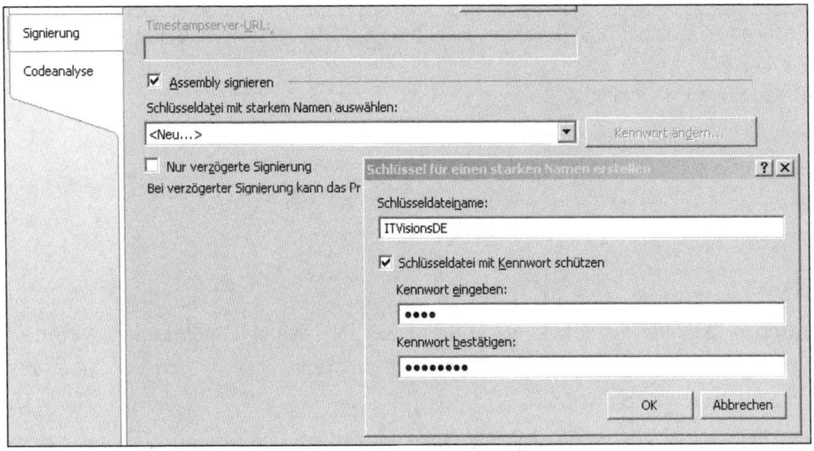

Erstellung einer gemeinsamen Assembly

Abbildung 8.6 Erstellung einer signierten Assembly in Visual Studio

Verzögertes Signieren

Es ist möglich, den Kompilierungsvorgang von dem Signierungsvorgang zu entkoppeln und in zwei getrennten Schritten auszuführen (*Delayed Signing*).

```
csc /t:library itv.infokomponente.cs
al itv.infokomponente.dll /keyfile:ITVisionsTestKey.snk
```

Überprüfung

Ob eine Assembly signiert ist, können Sie wieder mit *sn.exe* verifizieren.

```
sn -v helloworld.exe
```

Erstellung einer gemeinsamen Assembly

Eine gemeinsame Assembly (*Shared Assembly*) liegt im Global Assembly Cache (GAC) und kann von mehreren anderen Assemblies gemeinsam genutzt werden (siehe Kapitel 4). Nur signierte Assemblies können in den GAC aufgenommen werden, sodass die Signierung der Assembly Voraussetzung für die Aufnahme in den GAC ist.

Aufnahme in den GAC

Eine Assembly kann mit dem *gacutil.exe*-Werkzeug (aus dem .NET Framework SDK) in den GAC aufgenommen werden.

```
gacutil /i itv.infokomponente.dll
```

Gacutil.exe kann auch dazu verwendet werden, den Inhalt des GAC anzuzeigen.

```
gacutil -l
```

WICHTIG Sie können .NET-Komponenten auch per Drag & Drop im GAC installieren. Leider bietet aber Visual Studio keine automatische Option zur Aufnahme in den GAC.

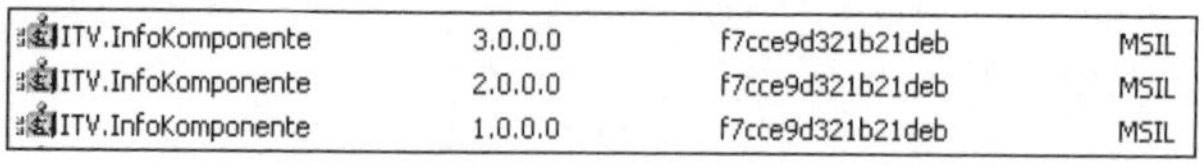
ITV.InfoKomponente 3.0.0.0 f7cce9d321b21deb MSIL
ITV.InfoKomponente 2.0.0.0 f7cce9d321b21deb MSIL
ITV.InfoKomponente 1.0.0.0 f7cce9d321b21deb MSIL

Abbildung 8.7 Die Komponente in drei Versionen im GAC

Entfernen von Assemblies aus dem GAC

Eine Shared Assembly kann durch *gacutil.exe* aus dem GAC entfernt werden. Dabei ist neben der Option *-u* nur der Name der Assembly anzugeben. Der Assembly-Name besteht aus dem Dateinamen der Assembly ohne die Dateiextension:

```
gacutil –u itv.infokomponente
```

Befreundete Assemblies

Neu seit .NET 2.0 sind sogenannte *Friend Assemblies.* Beim Einsatz signierter Assemblies ist es auch möglich, die nichtöffentlichen Typen einer Assembly für ausgewählte andere Assemblies sichtbar zu machen. Damit wird es möglich, eine Softwarekomponente bereitzustellen, die nur von bestimmten anderen Softwarekomponenten verwendet werden darf. Eine befreundete Assembly wird deklariert mit der Annotation `InternalsVisibleTo`. Das Konzept befreundeter Assemblies wird nicht in Visual Basic 2005, aber in Visual Basic 2008 unterstützt. In C# wird es seit 2005 unterstützt.

```
[assembly:InternalsVisibleToAttribute("Assembly2, PublicKeyToken=32ab4ba45e0a69a1")]
```

Interoperabilität mit COM

In Kapitel 4 wurde geschildert, dass das .NET Framework eine eingebaute Interoperabilität mit dem älteren Component Object Model (COM) besitzt.

Zugriff von .NET auf COM

COM-Komponenten werden von .NET aus über einen sogenannten *Runtime Callable Wrapper* (*RCW*) angesprochen. Der RCW setzt die COM-Schnittstellen in .NET-kompatible Schnittstellen um. Ein RCW liegt in Form einer Assembly vor, die die notwendigen Metadaten für den Zugriff auf die entsprechende COM-Komponente enthält.

Ein RCW kann erstellt werden durch das Kommandozeilenwerkzeug *tlbimp.exe* aus dem .NET Framework SDK oder durch Erstellung einer Referenz in einem Visual Studio-Projekt. Eingabe für *tlbimp.exe* kann eine COM-DLL/-EXE mit integrierter Typbibliothek oder eine eigenständige COM-Typbibliothek (*.tlb*-Datei) sein.

Beispiel

```
tlbimp  comkomponente.dll  /out:rcw.dll
```

Mit der Kommandozeilenoption /primary kann eine sogenannte *Primary Interop Assembly* erstellt werden, die in der Registry als Haupt-Assembly eingetragen wird.

Zugriff von COM auf .NET

Ein COM Callable Wrapper (CCW) ist ein Proxy-Objekt für den Zugriff von COM-Objekten auf .NET-Objekte. .NET-Komponenten werden von COM-Clients über einen COM Callable Wrapper angesprochen.

Im Standardfall wird der CCW dynamisch zur Laufzeit gebildet, d. h., für jede .NET-Klasse, die von COM aus ansprechbar sein soll, ist in der Registry im Eintrag *InProcServer32* ein Verweis auf die *mscoree.dll* sowie der Name der .NET-Assembly hinterlegt. Ein CCW kann aber auch statisch entwickelt werden.

Voraussetzungen

Für die Bereitstellung als COM-Komponente muss die Assembly als für COM sichtbar markiert sein:

```
[assembly: System.Runtime.InteropServices.ComVisible(true)]
```

Weiterhin ist es empfehlenswert, sowohl für die Typbibliothek als auch für die einzelnen öffentlichen Klassen einen statischen GUID zu deklarieren, da die Compiler sonst bei jedem Übersetzungsvorgang einen neuen GUID erzeugen und die Klasse damit inkompatibel mit den vorher kompilierten machen.

```
// GUID für die Typbibliothek
[assembly: System.Runtime.InteropServices.Guid("68098574-5004-4d73-bc65-15a96100bfa0")]

namespace de.ITVisions.KomponentenDemos
{
  // GUID für die Klasse
  [System.Runtime.InteropServices.Guid("E83B661C-CE52-4ea1-ABA0-4447139AF19C")]
  public class InfoKlasse
  ...
```

Listing 8.4 Festlegung einer COM-GUID für eine .NET-Klasse

Registrierung

Zur Registrierung einer .NET-Assembly als COM-Komponente verwenden Sie das Assembly Registration Tool (*regasm.exe*) aus dem .NET SDK:

```
regasm itv.infokomponente.dll
```

Das Werkzeug Type Library Exporter Utility (*tlbexp.exe*) ist ein alternatives Werkzeug, das eine Typbibliothek erstellt, wobei die Komponente und die Typbibliothek anschließend noch registriert werden müssen.

Nutzung

Die Klasse kann dann von jedem COM-Client aus über den voll qualifizierten Namen verwendet werden.

```
set Test = CreateObject("de.ITVisions.KomponentenDemos.InfoKlasse")
msgbox Test.GetInfo
```

Listing 8.5 Nutzung einer .NET-Klasse aus einem in VBScript geschriebenen Skript [com_client.vbs]

Konfiguration von Assemblies

Das Standardverhalten des Assembly Resolver (vgl. Erläuterungen in Kapitel 4) kann durch eine Anwendungskonfigurationsdatei beeinflusst werden. Das Element `<assemblyBinding>` unterstützt die Unterelemente `<probing>` und `<dependentAssembly>`:

- `<probing>` erweitert den Suchpfad des Assembly Resolver für alle Referenzen der Anwendung. Erlaubt sind nur relative Pfade zum aktuellen Anwendungsverzeichnis.
- `<dependentAssembly>` legt einen Pfad für eine einzelne referenzierte Assembly fest. Hier können auch absolute Pfade und Internet-URLs angegeben werden.

```xml
<configuration>
   <runtime>
      <assemblyBinding xmlns="urn:schemas-microsoft-com:asm.v1">
      <probing privatePath="Komponenten"/>
         <dependentAssembly>
            <assemblyIdentity name="itv.infokomponente"
                              publicKeyToken="f7cce9d321b21deb"
                              culture="neutral" />
            <codeBase version="4.0.0.0"
                      href="e:/n2c/itv.infokomponente.dll"/>
         </dependentAssembly>
      </assemblyBinding>
   </runtime>
</configuration>
```

Listing 8.6 Suchpfade für Assembly-Referenzen [06_AssemblyKonfiguration/Client.exe.config]

WICHTIG `<dependentAssembly>` setzt voraus, dass die referenzierte Assembly signiert ist. Das *PublicKeyToken* ist eine verkürzte Form der Assembly-Signatur. Sie ermitteln das *PublicKeyToken*, indem Sie die referenzierende Assembly (hier: *client.exe*) in dem IL Disassembler (*ildasm.exe*) öffnen und dort das Manifest betrachten.

Versionsumlenkung

`<dependentAssembly>` erlaubt es auch, eine Versionsumlenkung zu definieren. Das folgende Beispiel zeigt, wie man die Anwendung anweist, die Komponente in der Version 6.0 zu verwenden, obwohl im Assembly-Manifest eine Bindung an Version 5.0 festgelegt ist.

```xml
<configuration>
   <runtime>
      <assemblyBinding xmlns="urn:schemas-microsoft-com:asm.v1">
      <probing privatePath="Komponenten;steuerelemente"/>
         <dependentAssembly>
            <assemblyIdentity name="itv.infokomponente"
                              publicKeyToken="f7cce9d321b21deb"
                              culture="neutral" />

            <bindingRedirect oldVersion="5.0.0.0"
                             newVersion="6.0.0.0"/>
         </dependentAssembly>
      </assemblyBinding>
   </runtime>
</configuration>
```

Listing 8.7 Versionsumleitung angeben [06_AssemblyKonfiguration/Client.exe.config]

Kapitel 9

.NET-Klassenbibliothek 3.5

In diesem Kapitel:

Einleitung	306
System	306
System.Collections	314
System.IO	315
System.Configuration	321
System.Diagnostics	328
System.Net	332
System.Text	338
Serialisierung	339
System.DirectoryServices	355
System.Management	364
System.Resources	366
System.Security	370

Einleitung

Die .NET-Klassenbibliothek Version 3.5 enthält 9326 öffentliche Klassen, die Sie in Ihren Anwendungen nutzen können. Im Rahmen dieses Crashkurses ist es unmöglich, alle .NET-Klassen auch nur zu erwähnen. Dieses Kapitel enthält eine Auswahl von Klassen aus unterschiedlichen Einsatzgebieten und mit unterschiedlichen Vorgehensweisen. Dabei erhielten im Zweifel solche Klassen den Vorzug, die seit .NET 2.0 neu hinzugekommen sind. Eine umfangreiche Dokumentation der Klassen in .NET 1.x finden Sie in dem Buch [HSFE01]. Eine komplette Online-Referenz der .NET-Klassen und ihrer Verfügbarkeit in den verschiedenen .NET-Versionen finden Sie unter [DOTNET03].

Auch Windows Forms, WPF, Webforms, Webservices, Remoting, WCF, WF, ADO.NET und XML sind Teile der .NET-Klassenbibliothek. Aufgrund ihrer zentralen Bedeutung sind den zugehörigen Klassen jedoch eigene Kapitel in diesem Buch zugedacht.

WICHTIG Es gibt in .NET 3.0 und .NET 3.5 nicht viele Neuerungen in der Klassenbibliothek außerhalb der Kernneuerungen WCF, WPF, WF und LINQ, die in eigenen großen Kapiteln besprochen werden.

HINWEIS Soweit nicht anders erwähnt, finden Sie den Quellcode zu den Beispielen in diesem Kapitel im Projekt *WWWings_VerschiedeneDemos*.

System

Der Namensraum System enthält einige wesentliche Klassen, die für das Funktionieren des .NET Frameworks unabdingbar sind:

- System.Object, die Mutter aller Klassen im .NET Framework
- System.ValueType, die Basisklasse für alle Wertetypen im .NET Framework
- Klassen für elementare Datentypen wie Byte, SByte, Int16, Int32, Int64, UInt16, UInt32, UInt64, Single, Double, Char, String, Decimal und Boolean
- Klassen für zusammengesetzte Datentypen wie DateTime, TimeSpan, Array, Enum, Uri, Version und Guid
- System.DBNull zur Repräsentation von null-Werten in Datenbanken
- Klassen zur Umwandlung von Datentypen: Converter und BitConverter
- System.Random zur Generierung von Zufallszahlen
- System.Math für mathematische Operationen
- Die Klasse System.Console für die Interaktion mit dem Befehlsfenster
- Die Klasse System.Environment mit Informationen über das Betriebssystem und die aktuelle Anwendung
- Die Klasse System.GC zur Einflussnahme auf die automatische Speicherverwaltung (Garbage Collector)
- Vorlagen-Klassen zur Erzeugung typischer .NET-Konstrukte wie Ausnahmen (System.Exception), Annotationen (System.Attribute) und Ereignisparametern (System.Eventargs)
- Für das Remoting wichtige Klassen wie SerializableAttribute, AppDomain, Activator und MarshalByRefObject (siehe Kapitel zu .NET Remoting (dieses Zusatzkapitel können Sie als PDF auf dem Leser-Portal herunterladen), Webservices und Windows Communication Foundation).

System.Object

Jede Klasse im .NET Framework erbt direkt oder indirekt von der Klasse System.Object. Jede Klasse, die nicht explizit von einer anderen Klasse erbt, erbt implizit von System.Object. Daher bildet System.Object die Wurzel der Vererbungshierarchie im .NET Framework. System.Object kann deshalb für das späte Binden eingesetzt werden. System.Object enthält sieben Methoden, die sich in drei Gruppen gliedern lassen:

- Mitglieder, die eine Standardfunktionalität für jede .NET-Klasse bereitstellen und die von erbenden Klassen überschrieben werden können:
  - ToString() liefert eine Repräsentation des Objekts in Form einer Zeichenkette.
  - GetHashCode() liefert eine Ganzzahlrepräsentation des Objekts.
  - Equals() prüft, ob zwei Objektverweise auf dasselbe Objekt zeigen (Referenzidentität).
  - GetType() liefert Informationen über den Typ des Objekts in Form einer Instanz von System.Type.
- Mitglieder, die nur innerhalb von erbenden Klassen aufgerufen werden können:
  - Finalize() wird aufgerufen für Aufräumarbeiten im Rahmen der automatischen Speicherverwaltung.
  - MemberwiseClone() erstellt eine flache Kopie eines Objekts.
- Statische Mitglieder, die nur auf System.Object selbst aufgerufen werden dürfen:
  - ReferenceEquals() vergleicht zwei Objektverweise auf Referenzidentität.

ToString()

Bei elementaren Datentypen liefert ToString() den Wert als Zeichenkette. Dabei kann der Entwickler durch optionale Formatierungskürzel die Darstellung bestimmen, z.B.: x.ToString("C") gibt die in der Variablen x enthaltene Zahl im Währungsformat aus.

Wichtige Kürzel sind:

- C: Währung
- D: Ganzzahl
- E: Zahl in Exponentialschreibweise
- F: Zahl in Festpunktformat
- P: Prozentzahl
- X: Hexadecimalzahl

> **TIPP** Diese Kürzel werden auch von Console.WriteLine unterstützt:

```
Console.Writeline("{0} kostet {1:C}!", Product, Preis);
```

Objektidentität

Die Standardimplementierung von ToString() liefert den Namen der Klasse als Zeichenkette und GetHashCode() eine fortlaufende Nummer. Wenn Sie ein Objekt anhand einer Zeichenkette oder einer Zahl identifizieren wollen, sind beide Standardimplementierungen ungeeignet. Das folgende Beispiel zeigt eine

Überschreibung der beiden Methoden mit einer Wertesemantik, d. h., `ToString()` und `GetHashCode()` liefern einen eindeutigen Wert für jede andere Kunden-ID (siehe im folgenden Beispiel: 0815 und 4711), aber gleiche Werte für gleiche Kunden-IDs (4711). Für jede Kunden-ID eine eindeutige Zeichenkette zu generieren ist nicht schwer. Als eindeutige Zahl hätte die Kunden-ID verwendet werden können, wenn eine Eindeutigkeit innerhalb der Instanz dieser Klasse hinreichend ist. Für die klassenübergreifende Eindeutigkeit wird als Trick der Hashcode der in `ToString()` erzeugten Ausgabe, die den Klassennamen und die Kunden-ID enthält, verwendet. In der Klasse `System.String` hat Microsoft bereits eine Implementierung von `GetHashCode()` hinterlegt, die für zwei gleiche Zeichenketten den gleichen Hash-Wert liefert.

```
public class Kunde
{
  public int KundenNr;
  public string Name;
  public override string ToString()
  {
    return "Kunde.ID=" + KundenNr;
  }

  public override int GetHashCode()
  {
    return this.ToString().GetHashCode();
  }

  public Kunde() { }
  public Kunde(int KundenNr, string Name)
  {
    this.KundenNr = KundenNr;
    this.Name = Name;
    Demo.Out("Kunde angelegt: Nr=" + KundenNr + " Name=" + Name);
  }
}
```

Listing 9.1 Implementierung der Klasse Kunde [SystemObject.cs]

```
Kunde k1 = new Kunde(0815, "Meier");
Demo.Out("Dieser Kunde als Zeichenkette:" + k1.ToString());
Demo.Out("Dieser Kunde als Ganzzahl:" + k1.GetHashCode());

Kunde k2 = new Kunde(4711, "Müller")
Demo.Out("Dieser Kunde als Zeichenkette:" + k2.ToString());
Demo.Out("Dieser Kunde als Ganzzahl:" + k2.GetHashCode());

Kunde k3 = new Kunde(4711, "Müller")
Demo.Out("Dieser Kunde als Zeichenkette:" + k3.ToString());
Demo.Out("Dieser Kunde als Ganzzahl:" + k3.GetHashCode());
```

Listing 9.2 Testcode der Klasse Kunde

```
Kunde angelegt: Nr=815 Name=Meier
Dieser Kunde als Zeichenkette:Kunde.ID=815
Dieser Kunde als Ganzzahl:726408994
Kunde angelegt: Nr=4711 Name=Müller
Dieser Kunde als Zeichenkette:Kunde.ID=4711
```

```
Dieser Kunde als Ganzzahl:733982475
Kunde angelegt: Nr=4711 Name=Müller
Dieser Kunde als Zeichenkette:Kunde.ID=4711
Dieser Kunde als Ganzzahl:733982475
```

Listing 9.3 Ausgabe des Testcodes

System.Console

Diese zur Erstellung von Konsolenanwendungen wichtige Klasse wurde bereits in Kapitel 7 ausführlich vorgestellt.

System.Type

Die Frage nach ihrem Typ konnte eine Variable im Component Object Model (COM) aufgrund eines unzureichenden Bewusstseins ihrer selbst nur sehr pauschal mit ihrem Typnamen beantworten. Detailinformationen über seine Fähigkeiten waren von einem COM-Objekt nicht direkt zu bekommen, sondern allenfalls indirekt über einen Zugriff auf die Typbibliothek, sofern eine solche überhaupt vorhanden war.

Im .NET Framework sind Metadaten Pflichtbestandteile einer jeden Komponente und Anwendung. Die Metadaten sind über den sogenannten Reflection-Mechanismus innerhalb und außerhalb der Assembly auslesbar. Die Implementierung einer Methode GetType() in der Klasse System.Object sorgt dafür, dass jedes .NET-Objekt diese Methode besitzt und ein passendes Objekt vom Typ System.Type liefert, das Metainformationen über sich selbst enthält.

Wege zum Type-Objekt

Eine Instanz von System.Type erhält man auf verschiedenen Wegen, u.a. über die Methode GetType() eines jeden Objekts:

```
System.Data.DataSet d = new System.Data.DataSet();
System.Type t = d.GetType();
```

oder über die gleichnamige statische Methode in der Klasse System.Type:

```
t = System.Type.GetType("System.Data.DataSet");
```

Im zweiten Fall ist der Name des Typs einschließlich Namensraum in der korrekten Groß-/Kleinschreibung anzugeben. Kann der Typ nicht gefunden werden, liefert die Methode Nothing bzw. null zurück. Durch optionale Parameter kann gesteuert werden, ob stattdessen eine Ausnahme erzeugt und ob die Groß-/Kleinschreibung ignoriert werden soll.

System.Type.GetType() sucht nur in den geladenen Assemblies. Typen in anderen Assemblies findet man, indem man sich zunächst eine passende Instanz von System.Reflection.Assembly verschafft und dann GetType() auf dem Assembly-Objekt aufruft.

Auch für COM-Objekte kann man Type-Objekte erhalten, indem man GetTypeFromCLSID() oder GetTypeFromProgID() aufruft.

Informationen im Type-Objekt

Ein Type-Objekt liefert zahlreiche Informationen, beispielsweise die Namen und Namensbestandteile. Dabei erkennt man auch, dass jeder Typ einen GUID besitzt für den Fall, dass die Klasse über die COM-Interoperabilität genutzt werden soll.

```
Console.WriteLine(t.FullName);
Console.WriteLine(t.Name);
Console.WriteLine(t.Namespace);
Console.WriteLine(t.GUID);
```

Das Attribut AssemblyQualifiedName liefert den vollständigen Namen der Assembly, Assembly das zugehörige Assembly-Objekt. Den Namen der Basisklasse des Typs erhält man über BaseType. Zur Erinnerung: Jede Klasse im .NET Framework (außer System.Object) besitzt genau eine Oberklasse. Für Schnittstellen bleibt BaseType immer leer. System.Type verfügt über eine große Menge von Boolean-Attributen, die Auskunft über Eigenschaften des Typs geben. Bestimmbar sind zum Beispiel auf diese Weise die Art des Typs,

```
Console.WriteLine(t.IsClass);
Console.WriteLine(t.IsInterface);
Console.WriteLine(t.IsEnum);
Console.WriteLine(t.IsPointer);
Console.WriteLine(t.IsPrimitive);
Console.WriteLine(t.IsValueType);
Console.WriteLine(t.IsArray);
```

die Form der Übergabe,

```
Console.WriteLine(t.IsByRef);
Console.WriteLine(t.IsMarshalByRef);
```

die Nutzbarkeit von COM aus,

```
Console.WriteLine(t.IsCOMObject);
```

die Sichtbarkeit

```
Console.WriteLine(t.IsPublic);
Console.WriteLine(t.IsNotPublic);
```

und die Serialisierbarkeit.

```
Console.WriteLine(t.IsSerializable);
```

Bei IsAssignableFrom() kann man einen zweiten Typ angeben und prüfen, ob sich eine Instanz des zweiten Typs an den ersten zuweisen lässt.

Mitglieder ermitteln

Die Definition des Typs kann man über das von System.Type ausgehende Objektmodell erforschen, das in System.Reflection implementiert ist. Type implementiert zahlreiche Methoden (GetMethods(), GetProperties(), GetConstructors() etc.), die Mengen mit den einzelnen Mitgliedern des Typs liefern. GetMembers() liefert eine übergreifende Liste aller Mitglieder.

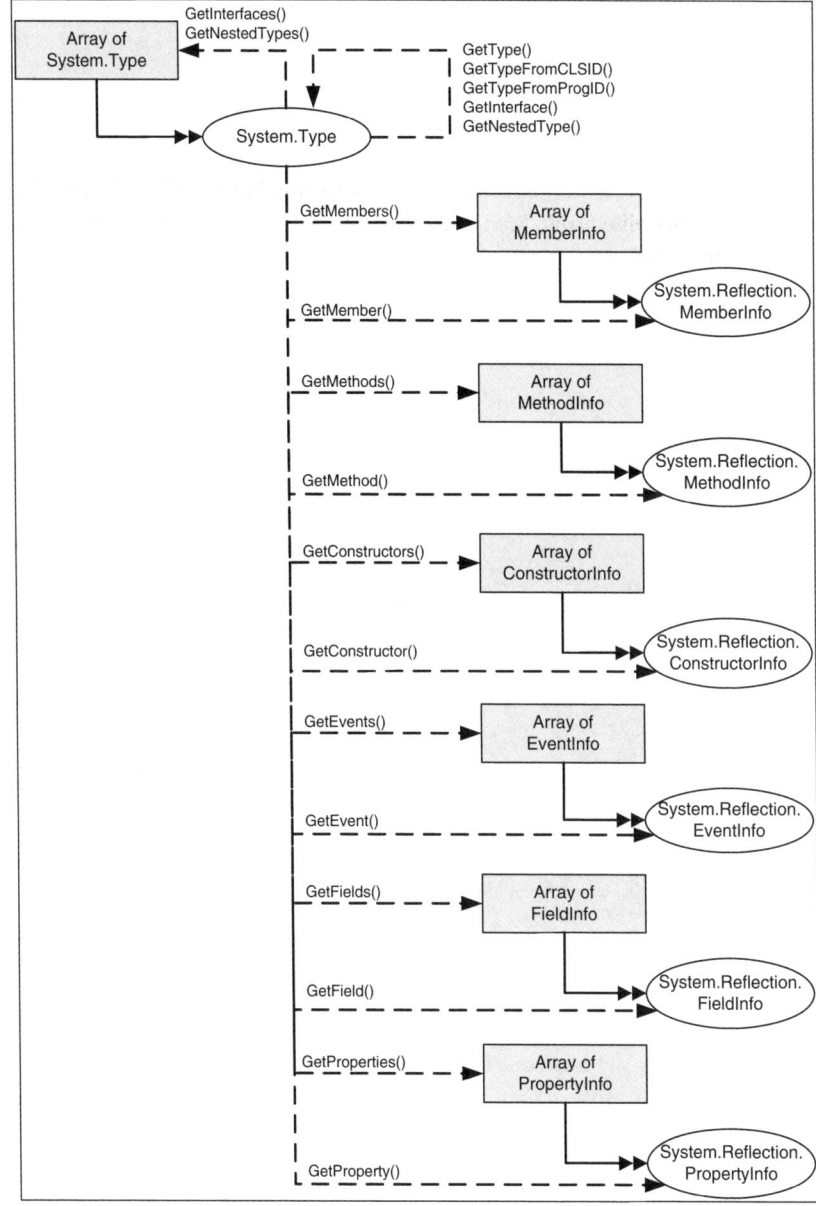

Abbildung 9.1 Das von System.Type ausgehende Objektmodell für System.Reflection

Elementare Datentypen

Der Namensraum System enthält die Klassen für elementare Datentypen wie Byte, SByte, Int16, Int32, Int64, UInt16, UInt32, UInt64, Single, Double, Char, String, Decimal und Boolean. Diese Klassen werden in den .NET-Sprachen oftmals durch eigene Schlüsselwörter repräsentiert, z. B. entspricht Int32 dem Schlüsselwort *int* in C# und Integer in Visual Basic.

Es gibt wenig Gemeinsamkeiten dieser Klasse: Die Zahlenklasse unterstützen alle MinValue und MaxValue, um den Wertebereich auszulesen. Einige Datentypen erlauben die Extraktion des jeweiligen Datentyps aus einer Zeichenkette mit Parse() bzw. TryParse().

Typumwandlungen mit der TryParse-Methode

Die Parse()-Methode ermöglichte im .NET Framework 1.x die Umwandlung einer Zeichenkette in einen elementaren Datentyp, z. B. Int32, Double, String, Byte und DateTime. Einzig die Klasse System.Double besaß eine Methode TryParse(), mit der man vorab prüfen konnte, ob eine Umwandlung überhaupt möglich ist. Bei allen anderen Umwandlungen ergab die Umwandlung immer eine (zeitaufwendige) Ausnahme, wenn sie nicht möglich war. Seit .NET Version 2.0 besitzen alle elementaren Datentypklassen eine Methode TryParse(). Die Verwendung von TryParse() bringt in der Regel Geschwindigkeitsvorteile.

In dem folgenden Beispiel ist der Aufruf von Convert.ToInt32() oder Int32.Parse() risikoreich: Wenn der Eingabewert keine reine Zahl ist, kommt es zum Laufzeitfehler »Input string was not in a correct format.«. TryParse() ist hier wesentlich besser.

```
string ZahlAsText = "1872";
Int32 zahl1;
Int32 zahl2;
Int32 zahl3;

// Laufzeitfehler, wenn keine reine Zahl!
zahl1 = System.Convert.ToInt32(ZahlAsText);
Console.WriteLine(zahl1 + 1);
zahl2 = System.Int32.Parse(ZahlAsText);
Console.WriteLine(zahl2 + 1);
// Gefahrlos:
if (Int32.TryParse(ZahlAsText, out zahl3))
   {
   Console.WriteLine(zahl3 + 1);
   }
```

Listing 9.4 TryParse() versus Parse() und Convert-Klasse

Datum und Uhrzeit

Seit dem .NET Framework 1.0 gibt es bereits die Klasse DateTime. DateTime repräsentiert ein Datum und eine Uhrzeit. Intern wird der Zeitpunkt als Anzahl der Einheiten in 100 Nanosekunden seit dem 1.1.0001 00:00 Uhr gespeichert. Die Zählung reicht bis zum 31.12.9999. Ein neues Jahrtausendproblem ist mit .NET-Anwendungen also vorerst nicht zu erwarten.

DateTime.Now liefert das aktuelle Datum mit der aktuellen Uhrzeit (gemäß der lokalen Systemuhr). DateTime besitzt zahlreiche Attribute, um Einzelangaben aus der Datenstruktur herauszuziehen: Date, Time, Day, Month, Year, Hour, Minute, Second, Millisecond, DayOfWeek, DayOfYear. Außerdem gibt es Rechenoperationen: AddYear(),

AddMonth(), AddDays(), AddHours(), AddMinutes(), AddSeconds(). Bei allen Methoden kann man auch negative Werte angeben. Alternativ kann man bei Add() und Subtract() ein TimeSpan-Objekt übergeben, das einen Zeitraum definiert. Dies kann einfacher sein, z.B.:

```
// Welcher Wochentag ist in 5 Tagen, 4 Stunden, 3 Minuten, 2 Sekunden?
Console.WriteLine(
DateTime.Now.AddDays(5).AddHours(4).AddMinutes(2).AddSeconds(1).DayOfWeek);
// gleichbedeutend:
Console.WriteLine(DateTime.Now.Add(new TimeSpan(5, 4, 3, 2)).DayOfWeek);
```

Mit dem .NET Framework 2.0 Service Pack 1 (daher auch verfügbar in .NET 3.5, da dort .NET 2.0 SP1 enthalten ist, vgl. Kapitel »Einführung«) ist eine alternative Möglichkeit zur Darstellung von Datum und Zeit eingeführt worden: DateTimeOffset liefert zusätzlich Informationen über die Zeitzone in Form der Differenz (Offset) zur koordinierten Weltzeit (UTC). Nur mit DateTimeOffset kann man einen weltweit eindeutigen Zeitpunkt festlegen. DateTimeOffset bietet die gleichen Attribute und Methoden wie DateTime und zusätzlich das Attribut Offset.

Befehl	Ausgabe (Beispiel)
DateTime.Now	20.04.2008 11:07:10
DateTimeOffset.Now	20.04.2008 11:07:10 +02:00

Tabelle 9.1 DateTime vs. DateTimeOffset

Zeitzonen

Mit dem .NET Framework 2.0 wurde die Klasse TimeZone eingeführt, mit der man die aktuelle Zeitzone ermitteln kann und Informationen über diese Zeitzone (z.B. Name, Differenz zur koordinierten Weltzeit (UTC), Dauer der Sommerzeit) ermitteln kann. Allerdings kann man mit TimeZone immer nur die eigene Zeitzone betrachten. Informationen über beliebige Zeitzonen liefert die Klasse TimeZoneInfo, die aber erst ab dem .NET Framework 3.5 zur Verfügung steht.

```
Console.WriteLine("Es ist jetzt: " + DateTime.Now);
System.TimeZone t = System.TimeZone.CurrentTimeZone;
Console.WriteLine("Zeitzonenname: " + t.StandardName);
Console.WriteLine("Sommerzeit? " + t.IsDaylightSavingTime(DateTime.Now));
Console.WriteLine("Sommerzeit von " + t.GetDaylightChanges(DateTime.Now.Year).Start + " bis " +
t.GetDaylightChanges(DateTime.Now.Year).End);
Console.WriteLine("Differenz zu koordinierten Weltzeit / Greenwich Mean Time): " +
t.GetUtcOffset(DateTime.Now));
```

Listing 9.5 Beispiel für den Einsatz von TimeZone

System.Collections

Fast jede Anwendung benötigt Datenstrukturen zur Speicherung von Objektmengen (alias Auflistungen oder Kollektionen). Das .NET Framework bietet hier zahlreiche Optionen an, die sich in zwei Gruppen unterteilen lassen:

- untypisierte Mengentypen
- typisierte Mengentypen (alias generische Mengentypen)

Generische Mengentypen sind neu seit .NET 2.0 und bieten gegenüber den untypisierten Mengentypen den Vorteil, dass eine generische Objektmenge bereits zur Entwicklungszeit auf einen bestimmten Inhaltstyp geprägt werden kann, sodass der Compiler schon feststellt, wenn der Menge Objekte falschen Typs hinzugefügt werden.

Das folgende Beispiel zeigt, dass der Compiler bei untypisierten Mengentypen nicht feststellt, wenn in eine Liste von Kunden versehentlich eine Instanz der Klasse Lieferant aufgenommen wird. Für den generischen Mengentyp akzeptiert der Compiler hingegen nur Instanzen der Klasse Kunde und von ihr abgeleitete Klassen (hier: StammKunde). Für die Nutzung generischer Klassen wurden die .NET-Sprachen ab .NET 2.0 um neue Konstrukte erweitert (vgl. Kapitel »Sprachsyntax Visual Basic 2008 (VB.NET 9.0) und C# 2008 (C# 3.0)«).

```
// Untypisierter Mengentyp
System.Collections.Queue Kunden1 = new System.Collections.Queue();
Kunden1.Enqueue(new Kunde());
Kunden1.Enqueue(new StammKunde());
Kunden1.Enqueue(new Lieferant());

// Generischer Mengentyp
System.Collections.Generic.Queue<Kunde> Kunden2 = new System.Collections.Generic.Queue<Kunde>();
Kunden2.Enqueue(new Kunde());
Kunden2.Enqueue(new StammKunde());
// Compiler-Fehler: Kunden.Add(new Lieferant());
```

Listing 9.6 Verwendung von Objektmengen [System.Collections.cs]

Im obigen Beispiel wurde die Klasse Queue verwendet, die eine Warteschlange nach dem First-In-First-Out-Prinzip realisiert. Die nachfolgende Tabelle zeigt weitere Mengentypen, die seit .NET 2.0 bzw. .NET 3.5 zur Verfügung stehen. Bei generischen Mengentypen, die Attribut-Wert-Paare unterstützen, kann man auch für den Schlüssel einen eigenen Typ angeben. Die Namen der generischen Mengentypen sind leider nicht konsistent zu denen der untypisierten Mengentypen.

Mengentyp	Untypisiert (System.Collection)	Typisiert, generisch (System.Collection.Generic) Neu ab .NET 2.0
FIFO-Struktur (First-In-First-Out)	Queue	Queue<Typ>
LIFO-Struktur (Last-In-First-Out)	Stack	Stack<Typ>
Dynamische Menge für beliebige Objekte, Zugriff über Position, doppelte Elemente erlaubt	ArrayList	List<Typ>

Mengentyp	Untypisiert (System.Collection)	Typisiert, generisch (System.Collection.Generic) Neu ab .NET 2.0
Dynamische Menge für Bit-Werte	BitArray	–
Schlüssel-Wert-Paare (Zugriff nur per Schlüssel, keine doppelten Werte erlaubt)	HashTable	Dictionary<Schlüsseltyp,Werttyp>
Schlüssel-Wert-Paare (Zugriff per Schlüssel oder Index, keine doppelten Werte erlaubt)	SortedList	SortedList<Schlüsseltyp,Werttyp>
Doppelt verkettete Liste	–	LinkedList<Typ>
Schlüssel-Wert-Paare (Zugriff per Schlüssel oder Index, keine doppelten Werte erlaubt) mit speziellen Mengenoperationen (z. B. IntersectWith(), ExceptWith(), UnionWith() und IsSubsetOf())	–	HashSet<Typ> (Neu ab .NET 3.5)

Tabelle 9.2 Überblick über die Mengentypen in .NET 3.5

ACHTUNG Alle generischen Objektmengen sind nicht CLS-konform. Der Namensraum System.Collections.ObjectModel enthält Basisklassen zur Erstellung eigener generischer Objektmengen.

System.IO

Der Namensraum System.IO enthält Klassen zur Arbeit mit dem Dateisystem und mit Dateiinhalten.

Neuheiten seit 2.0

Der Namensraum System.IO wurde in .NET 2.0 um folgende Funktionen erweitert:

- Zugriff auf Laufwerksinformationen: Klasse DriveInfo
- Vereinfachungen für das Lesen und Schreiben von Dateien durch Erweiterungen der Klasse File um Methoden wie ReadAll(), ReadAllBytes(), ReadAllLines(), AppendText(), WriteLine(), WriteAllBytes(), WriteAllLines() etc.
- Ermittlung der Pfade für besondere Verzeichnisse (z. B. *Desktop*, *Meine Dokumente*, *Meine Musik*): Klasse SpecialDirectories
- Auslesen und Verändern der Zugriffsrechtelisten (Access Control Lists (ACLs)) von Verzeichnissen und Dateien: Die Methoden GetAccessControl() und SetAccessControl() arbeiten mit Objekten aus dem neuen Namensraum System.Security.AccessControl zusammen.
- Komprimieren von Daten durch Klassen im Unternamensraum System.IO.Compression
- Der neue Unternamensraum System.IO.Ports ermöglicht den Zugriff auf die seriellen Anschlüsse des Computers. Im Zentrum des Namensraums steht die Klasse SerialPort. Ein Einsatzbeispiel dafür finden Sie in Form des Spiels *Space Invaders* in den Downloads zu diesem Buch (siehe auch Kapitel »Konsolenanwendungen«).

Neuheiten seit .NET 3.0

Der Namensraum System.IO wurde in .NET 3.0 um folgende Funktionen erweitert:

- Der Unternamensraum System.IO.Packaging bietet Möglichkeiten zum Zusammenfassen von eigenständigen Dateien und Ressourcen zu einem Paket gemäß der Open Packaging Conventions (OPC). Die verschiedenen Teile eines Pakets können über sogenannte *Package Relationships* miteinander verbunden sein. .NET bietet bisher als einziges physikalisches Format das ZIP-Format (Klasse ZipPackage). Grundsätzlich kann man aber eigene Formate (z. B. Datenbankspeicherung) auf Basis der abstrakten Basisklasse Package realisieren. Microsoft selbst bietet nun diese Paketierung in der XML Paper Specification (XPS), dem eigenen Konkurrenzformat zu PDF.

Neuheiten seit .NET 3.5

Der Namensraum System.IO wurde in .NET 3.5 um folgende Funktionen erweitert:

- 13 Klassen im Unternamensraum System.IO.Pipes bieten die Möglichkeit zur Kommunikation über benannte und anonyme Pipes auch ohne den Einsatz von WCF.

Dateisystem

Im Mittelpunkt der Programmierung des Dateisystems stehen die Klassen DriveInfo (Laufwerk), DirectoryInfo (Verzeichnis) und FileInfo (Datei). Das Objektmodell dieser Klasse zeigt die nachstehende Abbildung. Die entsprechenden Objektmengen werden in Arrays des jeweiligen Objekttyps verwaltet; eigene Mengenklassen existieren im Gegensatz zu vielen anderen Anwendungsbereichen in der FCL nicht. Die Klasse DriveInfo ist neu seit .NET 2.0.

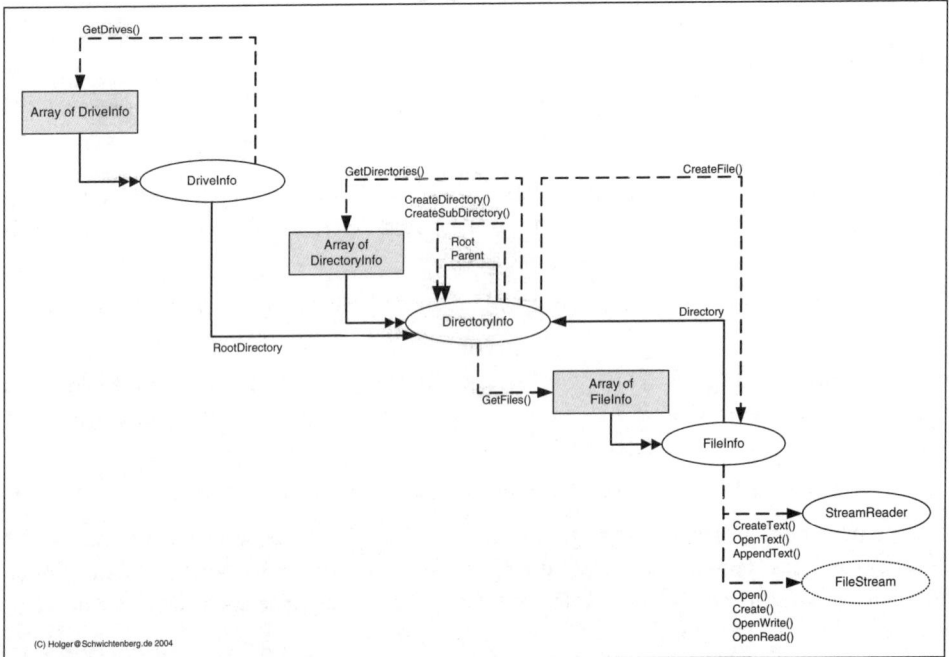

Abbildung 9.2 Objektmodell der Klassen DriveInfo, DirectoryInfo und FileInfo

Neben `DirectoryInfo` und `FileInfo` bietet die FCL alternativ für den Zugriff auf Verzeichnisse und Dateien auch die Klassen `File` und `Directory` an. Letztgenannte besitzen nur statische Mitglieder mit Dateisystemoperationen wie `Copy()`, `Delete()`, `Move()`, `Open()` und `GetCreationTime()`. Grundsätzlich bieten die beiden Klassenpaare äquivalente Funktionen in unterschiedlichen Darreichungsformen an. Für viele Anwendungen interessant ist `Directory.GetCurrentDirectory()`: Diese Methode liefert das aktuelle Arbeitsverzeichnis einer Anwendung.

Beispiel 1: Liste der Laufwerke

Das erste Beispiel zeigt, wie Sie alle Laufwerke in Ihrem Computersystem mit den zugehörigen Wurzelverzeichnissen auflisten können.

```
public void Laufwerke_Auflisten()
  {
    foreach (DriveInfo di in DriveInfo.GetDrives())
    {
      Demo.Print("Laufwerk: " + di.Name);
      if (di.IsReady)
      {
       Demo.Print("  Bezeichnung: " + di.VolumeLabel);
       Demo.Print("  Typ: " + di.DriveType);
       Demo.Print("  Format: " + di.DriveFormat);
       Demo.Print("  Größe: " + di.TotalSize);
       Demo.Print("  Freier Platz: " + di.TotalFreeSpace);
       Demo.Print("  Wurzelordner: " + di.RootDirectory.FullName);
      }
      else
      {
       Demo.Print("  ist nicht bereit!");
      }
    }
  }
```

Listing 9.7 Liste der Laufwerke ausgeben [System.IO.Demo.cs]

Beispiel 2: Liste der Dateien in einem Verzeichnis

Das zweite Listing nimmt Zugriff auf das Verzeichnis /_Daten/Dateisystem unterhalb des aktuellen Arbeitsverzeichnisses. Zunächst gibt die Routine Informationen über das Verzeichnis aus, dann listet sie alle in dem Verzeichnis enthaltenen Textdateien auf, indem sie `GetFiles()` mit dem Muster *.txt aufruft.

```
public void Datei_Liste() {
    // Liste der Dateien in einem bestimmten Ordner
    string verzeichnis = Directory.GetCurrentDirectory() + @"\_daten\dateisystem\";

    // Zugriff auf ein Dateiverzeichnis
    DirectoryInfo d = new DirectoryInfo(verzeichnis);

    // Prüfung auf Existenz des Verzeichnisses
    if ( !d.Exists ) {
      Demo.Print("Verzeichnis nicht vorhanden!");
      return;
    }
```

```
    // Ausgabe von Informationen über den Ordner
    Demo.Print("Erzeugt am: " + d.CreationTime);
    Demo.Print("Zuletzt gelesen am : " + d.LastAccessTime);
    Demo.Print("Zuletzt geändert am : " + d.LastWriteTime);
    Demo.Print("Wurzelordner: " + d.Root.Name);
    Demo.Print("Name des übergeordneten Ordners: " + d.Parent.Name);
    Demo.Print("Pfad des übergeordneten Ordners: " + d.Parent.FullName);

    // Liste aller Textdateien in diesem Verzeichnis
    Demo.Print("Alle Textdateien in Ordner: " + d.FullName);
    foreach (FileInfo f in d.GetFiles("*.txt"))
      Demo.Print(f.Name + ";" + f.Length + ";" + f.CreationTime);
}
```

Listing 9.8 Liste der Dateien in einem Verzeichnis ausgeben [System.IO.Demo.cs]

HINWEIS Leider fehlt in .NET 3.5 nach wie vor sowohl in der `Directory`- als auch in der `DirectoryInfo`-Klasse eine Methode zum Kopieren eines ganzen Verzeichnisses.

Dateiinhalte

Ähnlich wie Java arbeitet .NET mit Streams, um Inhalte von Dateien zu lesen und zu ändern. Ein Stream ist ganz allgemein eine Abfolge von Bytes. Eine Instanz der Klasse `FileStream` repräsentiert den Inhalt einer Text- oder Binärdatei. Andere Stream-Typen existieren z.B. für den Datenversand über ein Netzwerk (`System.Net.Sockets.NetworkStream`), für eine Byte-Folge im Hauptspeicher (`System.IO.MemoryStream`), eine verschlüsselte Byte-Folge (`System.Security.Cryptography.CryptoStream`) oder eine komprimierte Byte-Folge (`System.IO.Compression.GZipStream`). Basisklasse für alle Stream-Klassen ist `System.IO.Stream`.

`System.IO.Stream` definiert für jeden Stream einfache Operationen wie `CanRead`, `CanWrite`, `Read()`, `Write()` und `Close()`. Komfortablere Zugriffsmöglichkeiten (beispielsweise `Peek()`, `ReadLine()`, `ReadToEnd()`, `WriteLine()`) existieren in Form sogenannter Reader- und Writer-Klassen.

- `StreamReader` und `StreamWriter` für Streams mit ASCII-Zeichen
- `BinaryReader` und `BinaryWriter` für Streams mit beliebigen Byte-Folgen

Beispiel 1: Textdatei schreiben

Das erste Beispiel zeigt das Schreiben einer Protokolldatei mithilfe der Klassen `FileStream` und `StreamWriter`. Bei einer Binärdatei würden Sie analog die Klasse `BinaryWriter` verwenden.

```
// Schreiben einer Protokolldatei
  public void Textdatei_Schreiben()
  {
  // Festlegung der Datei
  string dateiName = @".\_daten\dateisystem\protokolldatei.txt";
  // Datei öffnen
  FileStream fs = new FileStream(dateiName, FileMode.OpenOrCreate, FileAccess.Write);
  // Stream öffnen
  StreamWriter w = new StreamWriter(fs);
```

```csharp
    // Anfügen am Ende
    w.BaseStream.Seek(0, SeekOrigin.End);
    // Zeilen schreiben
    w.WriteLine("Start des Programms: " + DateTime.Now.ToString());
    // Zeichen schreiben ohne Umbruch
    w.Write("Datenblock: ");
    for (int i = 0; i < 26; i++)
      w.Write((char)(97 + i));
    // Zeilen schreiben
    w.WriteLine();
    w.WriteLine("Ende des Programms: " + DateTime.Now.ToString());
    // Writer und Stream schließen
    w.Close();

    fs.Close();
}
```

Listing 9.9 Schreiben einer Textdatei [System.IO.Demo.cs]

Beispiel 2: Textdatei lesen

Das zweite Beispiel zeigt das zeilenweise Lesen einer Protokolldatei mithilfe der Klassen `FileStream` und `StreamReader`. Bei einer Binärdatei würden Sie analog die Klasse `BinaryReader` verwenden.

```csharp
// Lesen aus einer Protokolldatei
public void Textdatei_Lesen()
{
    // Festlegung der Datei
    string dateiName = @".\_daten\dateisystem\protokolldatei.txt";
    // Datei öffnen
    FileStream fs = new FileStream(dateiName, FileMode.OpenOrCreate, FileAccess.ReadWrite);

    // Stream öffnen
    StreamReader r = new StreamReader(fs);
    // Zeiger auf den Anfang
    r.BaseStream.Seek(0, SeekOrigin.Begin);
    // Alle Zeilen lesen und zeilenweise ausgeben
    while (r.Peek() > -1)
      Demo.Print(r.ReadLine());
    // Reader und Stream schließen
    r.Close();

    fs.Close();
}
```

Listing 9.10 Auslesen einer Textdatei [System.IO.Demo.cs]

Kommunikation über Pipes (System.IO.Pipes)

Neu in .NET 3.5 ist die Unterstützung für benannte und unbenannte Pipes. Pipes sind schon eine recht alte Kommunikationstechnik, die es in Windows schon seit der Einführung von Windows NT gibt. Pipes werden seit .NET 3.0 im Rahmen der Windows Communication Foundation (WCF) unterstützt; dort werden Methodenaufrufe mit Objekten als Parameter über Pipes verschickt zwischen zwei Prozessen in einem System. Ab .NET 3.5 kann man Pipes auch direkt ohne WCF nutzen. Dann versendet man aber auf einer niederen Ebene Bytefolgen statt Objekte. Der Namensraum System.IO.Pipes unterstützt rechnerübergreifende benannte Pipes mit Vollduplexkommunikation sowie lokale unbenannte Pipes mit Einwegkommunikation.

Anonyme Pipe (Klassen AnonymousPipeServerStream und AnonymousPipeClientStream) sind nur zur Kommunikation zwischen Prozessen auf einem Computer möglich; die Nutzung über ein Netzwerk wird nicht unterstützt. Benannte Pipes (Klassen NamedPipeServerStream and NamedPipeClientStream) ermöglichen auch die rechnerübergreifende Kommunikation. Außerdem unterscheiden sich die beiden Pipe-Arten dadurch, dass anonyme Pipes nur eine 1:1-Zuordnung zwischen Client und Server sowie nur Einweg-Kommunikation unterstützen. Für 1:N-Kommunikation und Zweiwegverbindungen braucht man benannte Pipes.

Die Pipe-Unterstützung findet man im Namensraum System.IO.Pipes in der *System.Core.dll*.

Beispiel

Das folgende Beispiel zeigt einen einfachen Server und einen einfachen Client für eine benannte Pipe.

```csharp
/// <summary>
/// Named Pipe Server
/// </summary>
public static void RunServer()
{
  Console.WriteLine("Starte Server...");
  using (var p = new NamedPipeServerStream("WWWingsPipe3"))
  {
   p.WaitForConnection();

   using (var r = new StreamReader(p))
   {
    while (true)
    {
     string Daten = r.ReadLine();
     if (Daten == null) break;
     Console.WriteLine("Daten empfangen: " + Daten);
    }
   }
   Console.WriteLine("Beende Server...");
  }
}

/// <summary>
/// Named Pipe Client
/// </summary>
public static void RunClient()
```

```
{
    Console.WriteLine("Starte Client...");
    NamedPipeClientStream p = new NamedPipeClientStream("WWWingsPipe3");
    p.Connect();
    StreamWriter w = new StreamWriter(p);
    //w.AutoFlush = true;
    Console.WriteLine("Sende Daten...");
    w.WriteLine("Daten...Daten...Daten...");
    w.WriteLine("Daten...Daten...Daten...");
    w.Close();
    p.Close();
    Console.WriteLine("Client beendet!");
}
```

Abbildung 9.3 Ausgabe des Servers aus dem obigen Beispiel

System.Configuration

Der Namensraum System.Configuration enthält Klassen für den Zugriff auf die XML-basierten .NET-Konfigurationsdateien (mit der Dateiendung .config). Eine allgemeine Einführung zu Konfigurationsdateien haben Sie bereits im Kapitel »Grundkonzepte des .NET Frameworks 3.5« erhalten. Zur Straffung des Buchs wird an dieser Stelle daher auf eine Wiederholung verzichtet.

Neuheiten seit .NET 2.0

Für die Anwendungskonfigurationsdateien (.config) gibt es ab .NET 2.0 folgende Neuerungen:

- Speicherung benutzerspezifischer Daten in Konfigurationsdateien der Form Benutzername.config
- Ein neues typisiertes Modell für die Speicherung von Anwendungseinstellungen
- Seit .NET 2.0 können viele Elemente in einer Konfigurationsdatei durch XML Encryption verschlüsselt werden (Protected Configuration).
- Es existiert ein spezielles Konfigurationselement zur Ablage von Verbindungszeichenfolgen für ADO.NET.
- Über die neue Klasse ConfigurationManager können die XML-Konfigurationsdateien nicht nur gelesen, sondern auch verändert werden.

```xml
<?xml version="1.0" encoding="utf-8" ?>
<configuration xmlns="http://schemas.microsoft.com/.NetConfiguration/v2.0">
  <appSettings>
    <add key="Mailserver"  value="Essen"/>
    <add key="SAPServer" value="Bochum"/>
  </appSettings>
  <connectionStrings>
    <add name="WWWDatenbank_MSSQL" connectionString="Server=marl;IntegratedSecurity=True;Database=WorldWideWings"
 providerName="System.Data.SqlClient" />
    <add name="WWWDatenbank_Access" connectionString="..."
 providerName="System.Data.OleDb" />
  </connectionStrings>
</configuration>
```

Abbildung 9.4   Beispiel für eine Anwendungskonfigurationsdatei

> **HINWEIS**   In .NET 3.0/3.5 gab es hier keine Neuerungen.

ConfigurationManager

Mit .NET 2.0 eingeführt wurde die Klasse ConfigurationManager, die alle Möglichkeiten der *.config*-Dateien bündelt. Die alte Klasse System.Configuration.ConfigurationSettings für den Zugang zu den Nutzerdaten in der *.config*-Datei (<appSettings>-Sektion) ist weiterhin vorhanden, sollte aber nicht mehr genutzt werden.

ConfigurationManager erlaubt den Zugriff auf die Konfigurationsdatei der laufenden Anwendung, die Konfigurationsdatei einer anderen Anwendung sowie auf die zentrale Konfigurationsdatei *machine.config*. Zur Nutzung der Klasse ConfigurationManager müssen Sie die *System.Configuration.dll* referenzieren.

Das folgende Listing zeigt verschiedene Anwendungsbeispiele.

```
public void Config_Demo()
{
   string MailServer = ConfigurationManager.AppSettings["Mailserver"];
   string WWWSQLDatenbank =
ConfigurationManager.ConnectionStrings["WWWDatenbank_MSSQL"].ConnectionString;
   string WWWAccessDatenbank =
ConfigurationManager.ConnectionStrings["WWWDatenbank_Access"].ConnectionString;
   Console.WriteLine("Mailserver: " + MailServer);
   Console.WriteLine("Verbindungszeichenfolge 1: " + WWWSQLDatenbank);
   Console.WriteLine("Verbindungszeichenfolge 2: " + WWWAccessDatenbank);
   // --- Liste aller Verbindungszeichenfolgen
   foreach (ConnectionStringSettings cset in ConfigurationManager.ConnectionStrings)
   {
     Console.WriteLine(cset.Name + " = " + cset.ConnectionString);
   }
   // --- Ändern einer Einstellung
   Configuration c = ConfigurationManager.OpenExeConfiguration(ConfigurationUserLevel.None);
   ConfigurationSection aset = c.GetSection("appSettings");
   ConfigurationManager.AppSettings["Mailserver"] = "Bochum";
   c.Save(ConfigurationSaveMode.Full);
   Console.WriteLine("Mailserver nun: " + ConfigurationManager.AppSettings["Mailserver"]);

   // --- Zugriff auf machine.config
   Configuration mc = ConfigurationManager.OpenMachineConfiguration();
```

```
        Console.WriteLine("machine.config liegt hier: " + mc.FilePath);
        // --- Liste der Sektionen in der machine.config
        foreach (ConfigurationSection s in mc.Sections)
        {
          Console.WriteLine("Sektion: " + s.SectionInformation.Name);
          Console.WriteLine("   Schreibschutz?: " + s.SectionInformation.IsLocked);
          Console.WriteLine("   Verschlüsselt?: " + s.SectionInformation.IsProtected);
        }
      }
```

Listing 9.11 Anwendungsbeispiele der Klasse ConfigurationManager [Configuration.cs]

Verschlüsselte Sektionen

.NET erlaubt ab Version 2.0, einzelne Sektionen der *.config*-Datei zu verschlüsseln (*Protected Configuration*). Für die Verschlüsselung sind zwei verschiedene Provider verfügbar: RSA und das Windows Data Protection API (DAPI). Da DAPI-Schlüssel rechnerspezifisch sind, ist die Verwendung von RSA vorteilhaft, wenn die Anwendung auf einen anderen Rechner migriert werden soll. Ein Werkzeug liefert Microsoft derzeit nur für *web.config*-Dateien. Die Verschlüsselung für die übrigen Anwendungskonfigurationsdateien muss in eigenem Programmcode erfolgen.

ACHTUNG   Nicht alle Sektionen können verschlüsselt werden. Ausnahmen sind beispielsweise <mscorlib>, <system.runtime.remoting> und <protectedData>.

Verschlüsselung von web.config-Dateien mit aspnet_regiis.exe

Das im .NET Framework Redistributable enthaltene Werkzeug *aspnet_regiis.exe* erlaubt es, die notwendigen Schritte auszuführen.

Erforderlich ist zuerst, dass das Benutzerkonto, unter dem die Webanwendung läuft, Zugriff auf den zu verwendenden Schlüssel hat. Wenn kein expliziter Schlüsselcontainer angegeben wird, wird der eingebaute NetFrameworkConfigurationKey verwendet. Das Standardbenutzerkonto für Webanwendungen erhält mit folgendem Befehl Zugriff auf den Schlüssel:

```
aspnet_regiis -pa "NetFrameworkConfigurationKey" "E01\ASPNET"
```

TIPP   Falls Sie nicht wissen, unter welcher Identität Ihre Webanwendung läuft, können Sie diese mit Response.Write(System.Security.Principal.WindowsIdentity.GetCurrent().Name);

ermitteln. Weitere Informationen über die Anwendungsidentität in Webanwendungen erhalten Sie im Zusatzkapitel zu ASP.NET, welches Sie als PDF auf dem Leser-Portal herunterladen können.

Mit dem folgenden Befehl wird dann die Sektion <connectionStrings> in der *web.config*-Datei in der Wurzel der Webanwendung *WWWings_Web*, die als erste Website im IIS eingetragen ist, mit dem RSA-Provider asymmetrisch verschlüsselt:

```
aspnet_regiis -pe "connectionStrings" -prov "RSAProtectedConfigurationProvider" -app "W3SVC/1/WWWings_Web"
```

Das Ergebnis ist in den nachstehenden Listings dokumentiert.

```xml
<protectedData>
  <protectedDataSections>
    <add name="connectionStrings" provider="RSAProtectedConfigurationProvider"
      inheritedByChildren="false" />
  </protectedDataSections>
</protectedData>
```

Listing 9.12 Festlegung, welche Elemente verschlüsselt werden sollen

```xml
<EncryptedData Type="http://www.w3.org/2001/04/xmlenc#Element"
  xmlns="http://www.w3.org/2001/04/xmlenc#">
  <EncryptionMethod Algorithm="http://www.w3.org/2001/04/xmlenc#tripledes-cbc" />
  <KeyInfo xmlns="http://www.w3.org/2000/09/xmldsig#">
    <EncryptedKey xmlns="http://www.w3.org/2001/04/xmlenc#">
      <EncryptionMethod Algorithm="http://www.w3.org/2001/04/xmlenc#rsa-1_5" />
      <KeyInfo xmlns="http://www.w3.org/2000/09/xmldsig#">
        <KeyName>Rsa Key</KeyName>
      </KeyInfo>
      <CipherData>
<CipherValue>UVwRWnqcICxUQRJOcxFUOdc4+mf/v/yOLaXLqOhEa/ecpvEemloBa4J6oO4CgOBKC5JOerxmDqX55BO8aVRLvb6iudH
yt/hMLXSDwx7Q1SisttS9AD/L55jfbY6cUo83VL9yGOivJgv9MJoCANI/hqIMd9XUe16NjRxnXOVbiJ8=</CipherValue>
      </CipherData>
    </EncryptedKey>
  </KeyInfo>
  <CipherData>
<CipherValue>YEkARsOqzYdCOU+JrVuIBORczV1z9nt+JcIA9/pJh4n9s8XCuGFBQC+AQa+T6T/hc75dNEWuHPbfZ99SlguXXoZHrzn
smRFKMUR1OtWxdfHfuiE9dcESuVrigqovtspsTUhnQvoB1JSJu174zmbeeDzh11mkIM7EBI26WOwl6fqXPH/...
/JOJaUM7hLUc651HGJtMU2vfo15muzpaP+wCbGYeMr/mK52wZT2An3NjvojXGadqmahm6vfIsVWTBaxhMC2uMVZO4Sjbafa4QqItVHPW
rSQZ9YtOcDGXMPJPd77cBUs/vw2ickGwL9bQ6pHqHYaqLs8eDl9bN</CipherValue>
  </CipherData>
</EncryptedData>
</connectionStrings>
```

Listing 9.13 Verschlüsselte Verbindungszeichenfolgen

Sie können die Verschlüsselung wieder aufheben, indem Sie aufrufen:

```
aspnet_regiis -pd "connectionStrings" -app "/"
```

Verschlüsselung per Programmcode

Für Anwendungskonfigurationsdateien von Windows- und Konsolenanwendungen bleibt derzeit nur die Möglichkeit, die Verschlüsselung per Programmcode selbst zu schreiben. Dies ist zum Glück kein großer Aufwand: Die Klasse ConfigurationSection bietet dafür zwei einfache Methoden, ProtectSection() und UnprotectSection(). Kurioserweise werden diese Methoden in der MSDN-Dokumentation als »not intended to be used directly from your code« bezeichnet.

Das folgende Beispiel kehrt den Verschlüsselungsstatus der Sektion <connectionStrings> in der Anwendungskonfigurationsdatei um. Verwendet wird hier der DAPI-Provider.

```
public void Config_Verschluesseln()
{
  Console.WriteLine("Zugriff auf Sektion...");
  Configuration c = ConfigurationManager.OpenExeConfiguration(ConfigurationUserLevel.None);
  ConfigurationSection s = c.GetSection("connectionStrings");
  Console.WriteLine("   Name: " + s.SectionInformation.Name);
  Console.WriteLine("   Verschlüsselt?: " + s.SectionInformation.IsProtected);
  if (s.SectionInformation.IsProtected)
  {
    Console.WriteLine("Verschlüsseln...");
    s.SectionInformation.ProtectSection(ProtectedConfiguration.DataProtectionProviderName);
  }
  else
  {
    Console.WriteLine("Entschlüsseln...");
    s.SectionInformation.UnprotectSection();
  }
  c.Save();
  Console.WriteLine("Kontrolle...");
  Configuration c2 = ConfigurationManager.OpenExeConfiguration(ConfigurationUserLevel.None);
  ConfigurationSection s2 = c2.GetSection("connectionStrings");
  Console.WriteLine("   Name: " + s2.SectionInformation.Name);
  Console.WriteLine("   Verschlüsselt?: " + s2.SectionInformation.IsProtected);
  Console.WriteLine("Nutzen...");
  string WWWAccessDatenbank =
           ConfigurationManager.ConnectionStrings["WWWDatenbank_MSSQL"].ConnectionString;
  Console.WriteLine("Verbindungszeichenfolge: " + WWWAccessDatenbank);
  Console.WriteLine("Fertig! :-)");
}
```

Listing 9.14 Verschlüsseln und Entschlüsseln der Verbindungszeichenfolgen [Configuration.cs]

Anwendungseinstellungen (Application Settings)

Neben den Sektionen <appSettings> und <connectionStrings> bietet .NET seit Version 2.0 noch ein weiteres Verfahren zur Speicherung von Einstellungen an. Anwendungseinstellungen (engl.: *Application Settings*) können auf Anwendungs- oder Benutzerebene abgelegt werden.

Einstellungen auf Anwendungsebene werden in der Sektion <applicationSettings> in der Anwendungskonfigurationsdatei (*name.exe.config*) gespeichert. Benutzereinstellungen liegen in XML-Dateien der Form *user.config* im Profil des jeweiligen Benutzers, wobei der Name des Herstellers, der Name der Anwendung und die Versionsnummer der Anwendung im Pfad erscheinen (z.B. *C:\Documents and Settings\HS\Local Settings\Application Data\www.IT-Visions.de\ConsoleUI_CS\1.0.0.0*). Wenn für den Benutzer wandernde Profile (Roaming Profiles) eingerichtet sind, wird die Datei im *Roaming Profile* abgelegt. Wenn Einstellungen im lokalen Profil und im *Roaming Profile* vorhanden sind, hat das *Roaming Profile* Vorrang.

Den Pfad, in dem die Benutzereinstellungsdatei gespeichert wird, ermitteln Sie mit System.Windows.Forms.Application.LocalUserAppDataPath. Die Versionsnummer der Anwendung ist im Pfad enthalten. Eine Anwendung kann mit der Methode GetPreviousVersion() in der Klasse LocalFileSettingsProvider Einstellungen aus der vorherigen Version ermitteln bzw. mit Upgrade() die Einstellungen auf die aktuelle Version migrieren.

Vorgabewerte für die benutzerspezifischen Einstellungen können in der Anwendungskonfigurationsdatei in der <userSettings>-Sektion definiert werden. Auch Windows Forms-Steuerelemente können diese Verfahren nutzen, um benutzerspezifische Anpassungen abzulegen. Mit diesem Mechanismus wird die Windows-Registrierungsdatenbank ein wenig näher an ihr Grab getragen.

> **HINWEIS** Laut der Dokumentation sind die Einstellungen auf Anwendungsebene »aus Sicherheitsgründen für die meisten Anwendungen« schreibgeschützt; sie können also durch die Anwendung selbst nicht verändert werden, sondern nur durch einen manuellen Eingriff in die *.config*-Datei mit einem XML-Editor.

Providermodell

Grundsätzlich ist eine andere Form der Speicherung möglich, da die Speicherung auf einem Providermodell basiert. Die ab .NET 2.0 mitgelieferte Implementierung für Windows- und Konsolenanwendungen ist der LocalFileSettingsProvider. Die in ASP.NET (ab Version 2.0) verwendete Klasse SqlProfileProvider zur Speicherung von Profildaten im Microsoft SQL Server ist ebenso wie der LocalFileSettingsProvider von System.Configuration.SettingsProvider abgeleitet.

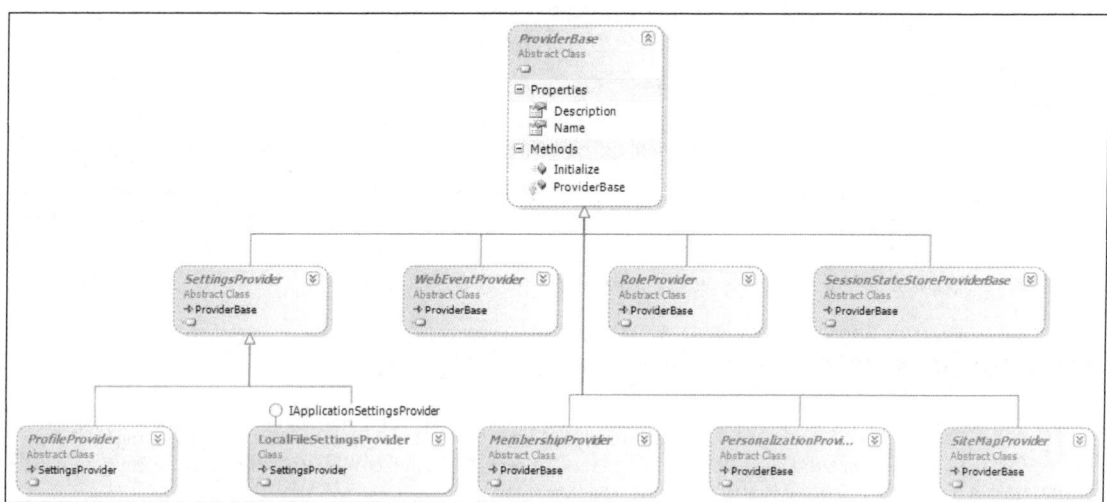

Abbildung 9.5 Provider im .NET-Providermodell

Nutzung der Anwendungseinstellung

Microsoft hat vorgesehen, dass die Anwendungskonfigurationseinstellungen komfortabel über frühes Binden genutzt werden können. Visual Studio bietet dafür folgende Unterstützung:

- Definieren von Anwendungseinstellungsvariablen über die Registerkarte *Einstellungen* (*Settings*) in den Projekteigenschaften (Visual Studio speichert diese Einstellungen in einer *.settings*-Datei im Projekt ab)
- Automatische Generierung einer von System.Configuration.ApplicationSettingsBase abgeleiteten Verpackungsklasse mit Namen Settings, die alle Einstellungen als typisierte Datenmitglieder anbietet

System.Configuration

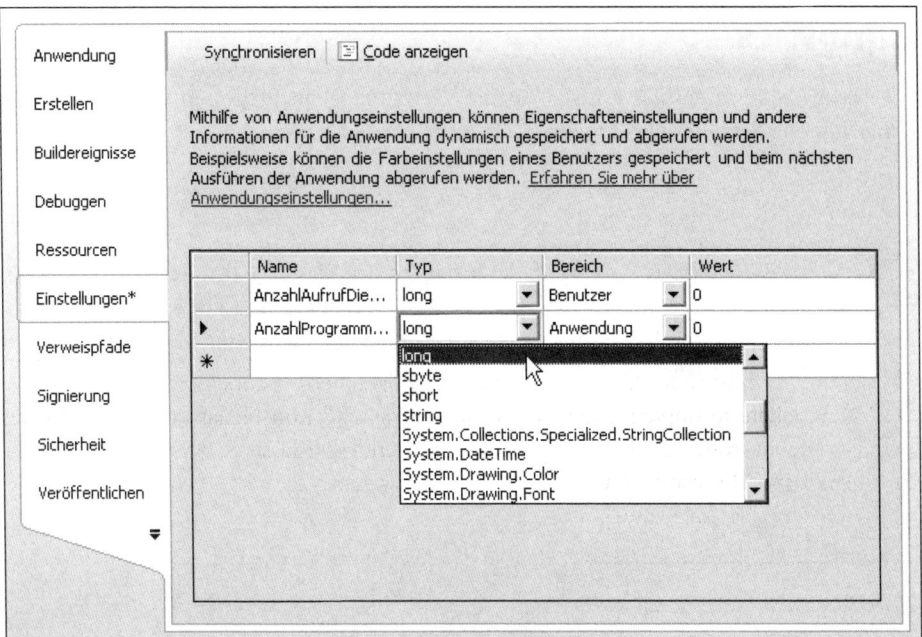

Abbildung 9.6 Definition von Anwendungseinstellungsvariablen in den Projekteigenschaften von Visual Studio (ab 2005)

Das folgende Beispiel zeigt die Nutzung der Settings-Klasse in C#. In Visual Basic werden die Einstellungen über My.Settings bereitgestellt.

```
public void SettingsDemos()
{
  ConsoleUI_CS.Properties.Settings s = new ConsoleUI_CS.Properties.Settings();
  s.AnzahlAufrufDiesesNutzers++;
  s.AnzahlProgrammAufrufe++;
  s.Save();
  Console.WriteLine("Anzahl Programmaufrufe aller Nutzer: " + s.AnzahlProgrammAufrufe.ToString());
  Console.WriteLine("Anzahl Programmaufrufe dieses Nutzer: " + s.AnzahlAufrufDiesesNutzers.ToString());
}
```

Listing 9.15 Nutzung der Einstellungen über die generierte Verpackungsklasse [Configuration.cs]

HINWEIS Da die Klasse ApplicationSettingsBase ein Providermodell nutzt, um die Einstellungen zu laden und zu speichern, besteht grundsätzlich die Möglichkeit, einen anderen Datenspeicher zu verwenden, indem Sie eine von SettingsProvider abgeleitete Klasse erstellen und der Settings-Klasse als Provider (Attribut Providers) anbieten. Der Standardprovider ist der LocalFileSettingsProvider.

System.Diagnostics

Der Namensraum System.Diagnostics enthält Klassen für die Verwaltung von Prozessen, das Tracing von Anwendungen und die Nutzung der Windows-Ereignisprotokolle.

Prozesse

Das .NET Framework verwaltet die Windows-Prozesse durch Instanzen der Klasse System.Diagnostics.Process. Eine Liste aller Prozesse erhalten Sie über GetProcess() oder GetProcessByName(). Ein Process-Objekt enthält Informationen über seinen Zustand, die den Prozess realisierenden Module und die von dem Prozess gestarteten Threads (siehe Abbildung des Objektmodells).

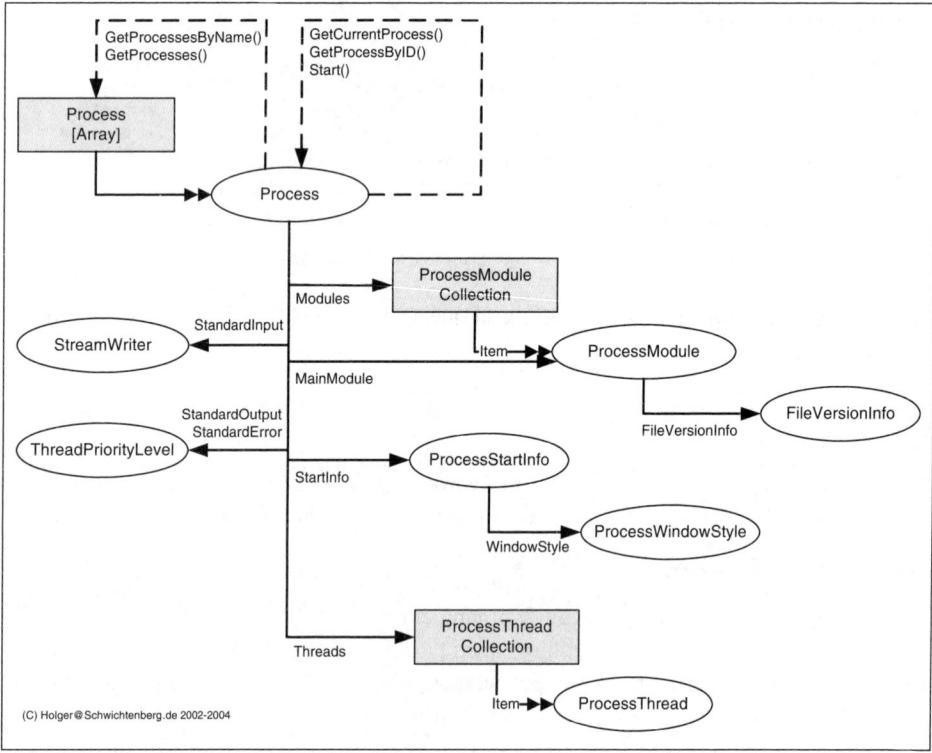

Abbildung 9.7   Objektmodell für die Prozessverwaltung

Beispiel 1: Liste der Prozesse

Das erste Beispiel listet alle laufenden Prozesse auf.

```
// Liste aller Instanzen des Internet Explorers
public void Prozesse_AuflistenSelektiv()
{
   // Liste ausgewählter Prozesse
   string processName = "iexplore";
```

```
    // Liste der Prozesse holen
    Process[] pp = Process.GetProcessesByName(processName);
    // Ausgaben
    Demo.Print("Prozesse mit Namen: " + processName);
    Demo.Print("Anzahl von Prozessen: " + pp.Length);
    // Schleife über alle Instanzen
    foreach (Process p in pp)
      Demo.Print(p.Id + ":" + p.StartTime);
}
```

Listing 9.16 Liste aller laufenden Prozesse [Prozesse.cs]

Beispiel 2: Prozess starten

Das zweite Beispiel startet den Internet Explorer. In weiteren Parametern könnten Sie optional eine andere Benutzeridentität für den neuen Prozess angeben.

```
// Start eines Prozesses
public void Prozess_Starten()
{
    Process.Start("IExplore.exe", "http://www.dotnetframework.de");
}
```

Listing 9.17 Den Internet Explorer als Prozess starten [Prozesse.cs]

> **HINWEIS** Ein Beispiel für den Start eines Prozesses unter einem anderen Benutzerkonto finden Sie im Kapitel »Konsolenanwendungen«.

Beispiel 3: Prozess beenden

Im dritten Beispiel werden alle Instanzen von Microsoft Word beendet. Die Methode `CloseMainWindow()` entspricht dem Aufruf von *Datei/Beenden* im Hauptfenster einer Windows-Anwendung durch den Benutzer. Wenn Änderungen an einem Dokument vorgenommen wurden, fragt die Anwendung den Benutzer zunächst, ob diese gespeichert werden sollen. Der Benutzer kann speichern oder den Vorgang abbrechen. Die Methode liefert `True` zurück, wenn der Beendigungsvorgang angestoßen werden konnte. `True` als Rückgabewert sagt aber nichts darüber aus, ob die Anwendung auch tatsächlich geschlossen wurde. `False` bedeutet, die Anwendung kann derzeit nicht normal beendet werden, z. B. weil ein Dialogfenster geöffnet ist. Härter ist die Methode `Kill()`: Hier hat der Benutzer keinen Einfluss auf das weitere Geschehen, denn der Prozess wird sofort ohne Nachfrage beendet. Änderungen an offenen Dokumenten werden nicht gespeichert.

```
// Alle Word-Prozesse beenden
public void Prozess_Stoppen()
{
    string processName = "winword";
    // Prozesse dieses Namens ermitteln
    Process[] pp = Process.GetProcessesByName(processName);
    // Schleife über diese Prozesse
    Demo.Print("Beenden aller Prozesse mit Namen: " + processName);
    Demo.Print("Anzahl Prozesse: " + pp.Length);
```

```
    foreach (Process p in pp)
    {
      Demo.Print("Prozess: " + p.Id + " wird beendet...");
      // Beenden-Anfrage stellen...
      if (p.CloseMainWindow())
      {
        // Normales Ende
        Demo.Print("  Prozess wurde normal beendet!");
      }
      else
      {
        // Keine Reaktion -> gewaltsames Ende
        p.Kill();
        Demo.Print("  Prozess wurde gewaltsam beendet!");
      }
    }
}
```

Listing 9.18 Prozess beenden [Prozesse.cs]

Ereignisprotokolle

Der Zugriff mit dem .NET Framework auf die Windows-Ereignisprotokolle, die Sie mit der Windows-Ereignisanzeige einsehen können, ist auf den ersten Blick fast selbsterklärend, die Tücken stecken aber im Detail. Sie benötigen drei Klassen:

- EventLog repräsentiert ein Ereignisprotokoll (z. B. *Anwendung*, *System*). Das Anlegen eigener Protokolle ist über diese Klasse möglich.
- EventLogEntryCollection ist die Auflistung der Einträge in einem Ereignisprotokoll.
- EventLogEntry ist eine Klasse für einzelne Einträge.

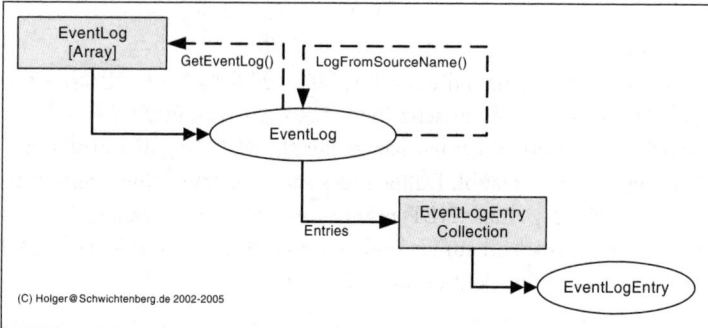

Abbildung 9.8 Objektmodell

Beispiel 1: Lesen vorhandener Einträge

Die folgende Unterroutine listet die letzten zwanzig Einträge aus dem Windows-Anwendungsprotokoll auf.

```
// Auslesen von Einträgen aus einem Ereignisprotokoll
public void EreignisprotokollEintraege_Lesen()
```

```
{
    // Name des Ereignisprotokolls
    string logname = "Application";
    // Anzahl der auszugebenden Einträge
    long anzahl = 20;
    // Zähler
    long count = 0;
    // -- Zugriff auf das Ereignisprotokoll
    EventLog log = new EventLog(logname);
    Demo.Print("Letzte " + anzahl.ToString() + " Einträge von " + log.Entries.Count +
        " Einträgen aus dem Protokoll " + log.Log + " auf dem Computer " + log.MachineName);
    // Schleife über alle Einträge
    foreach (EventLogEntry eintrag in log.Entries)
    {
     count += 1;
     if (count > log.Entries.Count - anzahl)
     {
       Demo.Print(eintrag.EntryType + ":" +
           eintrag.InstanceId + ":" +
           eintrag.Category + ":" +
           eintrag.Message + ":" +
           eintrag.Source + ":" +
           eintrag.TimeGenerated + ":" +
           eintrag.TimeWritten + ":" +
           eintrag.UserName + ":");
     }
    }
}
```

Listing 9.19 Auslesen des Windows-Anwendungsprotokolls [Eventlog.cs]

Sie können mit den .NET-Klassen nicht in den Ereignisprotokollen suchen. Wenn Sie diese Funktionalität benötigen, müssen Sie auf die WMI-Klasse Win32_EventLogEntry ausweichen.

Beispiel 2: Anlegen eines Ereignisprotokolleintrags

Nach dem vorherigen Beispiel könnte man vermuten, dass die Methode WriteEntry() in der Klasse EventLog dazu dient, einen neuen Eintrag in ein Ereignisprotokoll zu schreiben, das zuvor instanziiert wurde. Allerdings ist WriteEntry() eine statische Methode, die zudem keinen Parameter für den Ereignisprotokollnamen bietet, sondern nur die Angabe einer Ereignisquelle erlaubt. Daher muss man zunächst eine Ereignisquelle mit CreateEventSource() erzeugen. Hier allerdings ist das .NET Framework sehr komfortabel: Man kann einen Ereignisquellennamen mit einem Ereignisprotokoll auf einem bestimmten Computer assoziieren, und das .NET Framework legt das Protokoll neu an, falls es nicht existiert. Beachten muss man nur, dass man für jedes Protokoll, das man beschreiben möchte, eine eigene Ereignisquelle benötigt.

```
// Erzeugung eines neuen Eintrags in einem Ereignisprotokoll
public void EreignisprotokollEintrag_Schreiben()
{
    string logname = "N2C-Buch";
    string source = "N2C-StartStop";
    string computer = "Essen";
    // Quelle und ggf. Ereignisprotokoll anlegen
```

```
    if (!EventLog.SourceExists(source, computer))
    {
     EventSourceCreationData escd = new EventSourceCreationData(source, logname);
     escd.MachineName = computer;
     EventLog.CreateEventSource(escd);
     Demo.Print("Quelle angelegt!");
    }
    // Eintrag schreiben
    EventLog.WriteEntry(source, "Anwendung gestartet", EventLogEntryType.Information, 1234);
    // Bildschirmausgabe
    Demo.Print("Eintrag geschrieben!");
}
```

Listing 9.20 Schreiben in ein anwendungsspezifisches Ereignisprotokoll [Eventlog.cs]

System.Net

Der Namensraum `System.Net` enthält die Unterstützung für verschiedene Protokolle aus der TCP/IP-Protokollfamilie. Insbesondere werden Internet Control Message Protocol (ICMP), Hypertext Transfer Protocol (HTTP), File Transfer Protocol (FTP), Simple Mail Transfer Protocol (SMTP) und Domain Name Service (DNS) unterstützt. Auch die direkte Socket-Programmierung ist möglich. Außerdem können Sie statistische Informationen aus dem TCP/IP-Protokoll erhalten.

Neuheiten seit .NET 2.0

In diesem Namensraum gibt es zahlreiche Neuerungen seit .NET 2.0, insbesondere

- FTP-Unterstützung (`System.Net.FtpWebRequest` und `System.Net.FtpWebResponse`)
- Statistische Informationen aus dem TCP/IP-Protokoll (`System.Net.NetworkInformation.*`)
- SSL-Unterstützung (`System.Net.Security.SslStream`)
- Zugriff auf Netzwerk-Konfigurationsinformationen aus den Anwendungskonfigurationsdateien (`System.Net.Configuration.*`)
- HTTP-Zwischenspeicherung (`System.Net.Cache.*`)
- Klasse `HttpListener` zur Erzeugung eigener HTTP-Server
- Automatische Dekomprimierung von komprimierten HTTP-Nachrichten.

Neuheiten seit .NET 3.5

In diesem Namensraum gibt es ab .NET 3.5 folgende Neuerungen:

- Unterstützung für Peer-To-Peer-Netzwerkkommunikation (`System.Net.PeerToPeer`)

… System.Net

HTTP- und FTP-Unterstützung

Die bereits in .NET-Version 1.x vorhandene abstrakte Klasse `System.Net.WebRequest`, die bisher nur die Unterklassen `FileWebRequest` und `HttpWebRequest` besaß, hat schon in .NET 2.0 eine neue Abteilung für das FTP-Protokoll erhalten: `FtpWebRequest`. Zwar konnte man mit einigen Codezeilen auch selbst einen FTP-Zugriff implementieren oder auf kommerzielle Komponenten zurückgreifen, mit dem neuen Klassenpärchen `FtpWebRequest` und `FtpWebResponse` ist es jedoch einfacher bzw. kostengünstiger.

Ein `FtpWebRequest`-Objekt kann über die statische Methode `Create()` wahlweise auf der Klasse `FtpWebRequest` oder der Basisklasse `WebRequest` erzeugt werden. In letzterem Fall entscheidet das verwendete URI-Schema darüber, welche der Unterklassen die Methode liefert. Wichtig ist, dass der Entwickler die auszuführende Aktion in der Eigenschaft `Method` hinterlegt, z. B. `ftp.Method = WebRequestMethods.Ftp.UploadFile`.

Beim Herunterladen einer Datei erhält man von dem `FtpWebRequest`-Objekt ein `FtpWebResponse`-Objekt, das wiederum über `GetResponseStream()` die heruntergeladenen Dateiinhalte in einem Stream bereitstellt.

```
FtpWebResponse response = ftp.GetResponse();
   Stream responseStream = response.GetResponseStream();
```

Beim Heraufladen liefert das `FtpWebRequest`-Objekt über `GetRequestStream()` einen Datenstrom, den der Entwickler beschreiben kann.

```
Stream requestStream = ftp.GetRequestStream();
```

Beispiele

Die beiden folgenden Beispiele zeigen den Abruf einer Webseite per HTTP und das Hochladen einer Datei per FTP.

```
// Absenden einer HTTP-Anfrage
public void HTTP_Anfrage()
{
   const string URL = "http://www.it-visions.de";
   // Anfrage definieren
   HttpWebRequest frage = (HttpWebRequest)HttpWebRequest.Create(URL);
   // Antwort holen
   HttpWebResponse antwort = (HttpWebResponse)frage.GetResponse();
   // Metadaten
   Demo.Print("Antwortlänge: " + antwort.ContentLength);
   Demo.Print("Status: " + antwort.StatusCode);
   Demo.Print("Letzte Änderung: " + antwort.LastModified);
   Demo.Print("Inhaltstyp: " + antwort.ContentType);
   // Inhalt ausgeben
   StreamReader sr = new StreamReader(antwort.GetResponseStream());
   Demo.Print(sr.ReadToEnd());
}
```

Listing 9.21 Abruf einer Webseite per http [Netzwerk.cs]

```csharp
// Inhalt eines FTP-Verzeichnisses auflisten
public void FTPInhaltAuflisten()
{
   const string URL = @"ftp://E02/";
   StreamReader reader = null;
   FtpWebRequest ftp = (FtpWebRequest)WebRequest.Create(URL);
   ftp.Credentials = new NetworkCredential("hs", "geheim");
   ftp.Method = WebRequestMethods.Ftp.ListDirectoryDetails;
   FtpWebResponse Response =  (FtpWebResponse)ftp.GetResponse();
   reader = new StreamReader(Response.GetResponseStream());
   Demo.Print(reader.ReadToEnd());
   Demo.Print("Fertig!");
   reader.Close();
}
```

Listing 9.22 Auflisten eines FTP-Verzeichnisses [Netzwerk.cs]

```csharp
// Herunterladen einer Datei per FTP
public void FTPDownload()
{
   const string URL = @"ftp://E02/Flugdaten.xml";
   const string LOKALERPFAD = @"c:\temp\Flugdaten_download.xml";
   FtpWebRequest ftp = (FtpWebRequest)FtpWebRequest.Create(URL);
   ftp.Method = WebRequestMethods.Ftp.DownloadFile;
   ftp.Credentials = new NetworkCredential("hs", "geheim");
   FtpWebResponse response = (FtpWebResponse) ftp.GetResponse();
   Stream responseStream = response.GetResponseStream();
   Demo.Print("Lade Datei...");
   FileStream fileStream = null;
   // Öffnen der Zieldatei
   fileStream = File.Create(LOKALERPFAD);
   byte[] buffer = new byte[1024];
   int bytesRead;
   // Einlesen und in Datei kopieren
   while (true)
   {
    bytesRead = responseStream.Read(buffer, 0, buffer.Length);
    if (bytesRead == 0)
     break;
    fileStream.Write(buffer, 0, bytesRead);
    Console.Write(".");
   }
   // Alles schließen!
   responseStream.Close();
   fileStream.Close();
   Demo.Print("Fertig!");
}
```

Listing 9.23 Herunterladen einer Datei per FTP [Netzwerk.cs]

```csharp
// Heraufladen einer Datei per FTP
public void FTPUpload()
{
   const string URL = @"ftp://E02/Flugdaten.xml";
```

System.Net

```
     const string LOKALERPFAD = @"c:\temp\Flugdaten.xml";
     // --- Anfrage erstellen
     FtpWebRequest ftp = (FtpWebRequest)WebRequest.Create(URL);
     ftp.Method = WebRequestMethods.Ftp.UploadFile;
     ftp.Credentials = new NetworkCredential("hs", "geheim");
     ftp.Timeout = System.Threading.Timeout.Infinite;
     Stream requestStream = ftp.GetRequestStream();
    Demo.Print("Sende Datei...");
     // --- Kopieren des Inhalts aus der Datei
     const int bufferLength = 2048;
     byte[] buffer = new byte[bufferLength];
     int count = 0;
     int readBytes = 0;
     // Öffnen der Quelldatei
     FileStream fileStream = File.OpenRead(LOKALERPFAD);
     // Einlesen der Quelldatei
     do
     {
       readBytes = fileStream.Read(buffer, 0, bufferLength);
       requestStream.Write(buffer, 0, bufferLength);
       count += readBytes;
       Console.Write(".");
     }
     while (readBytes != 0);
     // --- Antworten holen
     requestStream.Close();
     FtpWebResponse response = (FtpWebResponse)ftp.GetResponse();
     Demo.Print("Fertig!");
     response.Close();
     fileStream.Close();
}
```

Listing 9.24 Heraufladen einer Datei per FTP [Netzwerk.cs]

System.Net.NetworkInformation

Der ab .NET 2.0 neu eingeführte Unternamensraum NetworkInformation bietet statistische Informationen aus dem TCP/IP-Protokoll sowie die in .NET 1.x nicht (bzw. nur durch WMI) vorhandene Unterstützung für das Pingen.

Beispiel 1: Ausführung eines Pings

Das Beispiel zeigt die asynchrone Ausführung eines Pings über das Internet Control Message Protocol (ICMP).

```
// Ping ausführen
public void Run_Ping()
{
   const string COMPUTER = "www.IT-Visions.de";
   // Ping synchron ausführen
   Ping p = new Ping();
   PingReply pr = p.Send(COMPUTER);
   Console.WriteLine(pr.Status + ";" + pr.RoundtripTime);
```

```
   // Ping asynchron ausführen
   p.PingCompleted += new PingCompletedEventHandler(p_PingCompleted);
   p.SendAsync("Duisburg", null);
}
// Callback für Ping
static void p_PingCompleted(object sender, PingCompletedEventArgs e)
{   Console.WriteLine(e.Reply.Status + ";" + e.Reply.RoundtripTime + "ms");
}
```

Listing 9.25   Ausführung eines Pings [Netzwerk.cs]

Beispiel 2: Netzwerkdatenverkehrstatistik

Die folgende Routine liefert statistische Daten aus dem TCP/IP-Protokoll-Stack.

```
// Statistische Daten aus dem TCP/IP-Protokoll-Stack
public void NetStatistik()
  {
   IPGlobalProperties ipgp = IPGlobalProperties.GetIPGlobalProperties();
   TcpStatistics t = ipgp.GetTcpIPv4Statistics();
   Demo.Print(t.CurrentConnections);
   Demo.Print(t.ErrorsReceived);
   Demo.Print(t.MaximumConnections);
   Demo.Print(t.SegmentsReceived);
   Demo.Print(t.SegmentsSent);
}
```

Listing 9.26   Statistik aus dem TCP/IP-Stack [Netzwerk.cs]

Netzwerkstatus

NetworkInterface.GetAllNetworkInterfaces() liefert ein Array von NetworkInterface-Objekten, die Auskunft über den Status des Netzwerks geben.

```
public void NetStatus()
{
   NetworkInterface[] adapters = NetworkInterface.GetAllNetworkInterfaces();
   foreach (NetworkInterface n in adapters)
   {
   Console.WriteLine("Netzwerkstatus:  {0} = {1}", n.Name, n.OperationalStatus);
   }
}
```

Listing 9.27   Ausgabe des Netzwerkstatus [Netzwerk.cs]

Die Klasse NetworkChange stellt die Ereignisse NetworkAvailabilityChanged() und NetworkAddressChanged() bereit, mit denen Veränderungen der Netzwerkverfügbarkeit überwacht werden können.

```
public void NetStatusWarten()
  {
  NetStatus();
  NetworkChange.NetworkAvailabilityChanged += new
NetworkAvailabilityChangedEventHandler(NetworkChange_NetworkAvailabilityChanged);
```

```
    Console.WriteLine("Überwachung...");
    Console.ReadLine();
}
void NetworkChange_NetworkAvailabilityChanged(object sender, NetworkAvailabilityEventArgs e)
{
    NetStatus();
}
```

Listing 9.28 Warten auf eine Änderung im Netzwerkstatus [Netzwerk.cs]

System.Net.Mail und System.Net.Mime

Im .NET Framework 1.x existierte bereits die Unterstützung für das Senden von SMTP-E-Mail-Nachrichten. Allerdings war diese Funktion versteckt im Namensraum System.Web.Mail – einige Entwickler von Desktop-Anwendungen trauten sich nicht, die implementierende *System.Web.dll* in ihren Anwendungen zu referenzieren.

Seit .NET 2.0 hat Microsoft nun in System.Net.Mail und System.Net.Mime eine alternative Möglichkeit zum Mail-Versand in einem neutralen Namensraum untergebracht, die außerdem mehr Optionen bietet. Insbesondere besteht die Möglichkeit, eine Nachricht auch direkt an das */Drop*-Verzeichnis eines SMTP-Dienstes der Internet Information Services (IIS) zu übergeben (DeliveryMethod). Authentifizierung ist möglich über die Eigenschaft Credentials (siehe Listing 9.29).

Um die Abwärtskompatibilität sicherzustellen, bleibt der Namensraum System.Web.Mail erhalten. Hier findet man also ein gutes Beispiel dafür, wie strategische Fehlentscheidungen bei der Implementierung einer Klassenbibliothek in der Zukunft zu Verwirrung bei den Entwicklern führen können, wenn diese sich nun fragen werden, warum es denn zwei ähnliche Klassen zum E-Mail-Versand gibt.

```
public void MailSenden_Demo()
{
    Console.WriteLine("Senden einer E-Mail...");
    const string server = "bochum.IT-Visions.net";
    // --- Nachricht erzeugen
    MailMessage message = new MailMessage(
      "hs@bochum.IT-Visions.net", "hs@bochum.IT-Visions.net",
      "Betreff", "Body");
    // Anhang hinzufügen
    string file = @"d:\temp\flugdaten.xml";
    Attachment attach = new Attachment(file);
    ContentDisposition disposition = attach.ContentDisposition;
    disposition.CreationDate = System.IO.File.GetCreationTime(file);
    disposition.ModificationDate = System.IO.File.GetLastWriteTime(file);
    disposition.ReadDate = System.IO.File.GetLastAccessTime(file);
    message.Attachments.Add(attach);
    // Nachricht senden
    SmtpClient client = new SmtpClient(server);
    client.DeliveryMethod = SmtpDeliveryMethod.Network;
    //client.Credentials = new NetworkCredential("benutzer", "kennwort");
    client.Send(message);
    // Ende
    Console.WriteLine("Nachricht gesendet!");
}
```

Listing 9.29 Senden einer E-Mail [System.Net.Mail.cs]

System.Text

Der Namensraum System.Text realisiert zwei Funktionen im Zusammenhang mit Texten:

- Umwandlung von Texten in Zeichencodes und umgekehrt
- Suchen und Ersetzen in Texten mit regulären Ausdrücken

Textcodierung

System.Text enthält die Implementierung verschiedener Zeichencodes.

- ASCIIEncoding (Unicode Code Page 20127)
- UTF7Encoding (Unicode Code Page 65000)
- UTF8Encoding (Unicode Code Page 65001)
- UnicodeEncoding (Little-endian Unicode Code Page 1200 + Big-endian Unicode Code Page 1201)
- UTF32Encoding (Little-endian Unicode Code Page 65005 + Unicode Code Page 65006)

Das folgende Beispiel zeigt die Umwandlung einer Zeichenkette in die entsprechende ASCII-Byte-Folge mit der Klasse ASCIIEncoding.

```
public void Encoding_Test()
{
   byte[] NameAlsBytes;
   string Name = "Dr. Holger Schwichtenberg";
   Demo.Print("--- Umwandlung zwischen Bytes und Zeichenkette");
   ASCIIEncoding Encoder = new ASCIIEncoding();
   NameAlsBytes = Encoder.GetBytes(Name);
   Demo.Print("Dieser Name als Byte-Folge:");
   foreach (byte b in NameAlsBytes)
   {
    Console.Write(b + ";");
   }
   Demo.Print("");
   Name = Encoder.GetString(NameAlsBytes);
   Demo.Print("Ursprünglicher Name:" + Name);
}
```

Listing 9.30 Textcodierung [Text.cs]

Reguläre Ausdrücke

Der Unternamensraum System.Text.RegularExpressions bietet Unterstützung für reguläre Ausdrücke zum Mustervergleich und Ersetzen in Zeichenketten. Die Klasse RegEx stellt mit IsMatch() und Replace() zwei einfache Methoden bereit. Wenn ein regulärer Ausdruck mehrfach verwendet werden soll, ist es aus Leistungsgründen sinnvoll, ein RegEx-Objekt mit dem regulären Ausdruck zu instanziieren und dann die verschiedenen Eingaben mit den Methoden Match() und Replace() anzuwenden.

Beispiel 1: Mustervergleich

In dem folgenden Beispiel prüft ein regulärer Ausdruck, ob die Eingabezeichenkette ein Global Unique Identifier (GUID) oder eine E-Mail-Adresse ist.

```
public void Mustervergleich()
{
   const string RA_GUID = @"\{[0-9a-fA-F]{8}-[0-9a-fA-F]{4}-[0-9a-fA-F]{4}-[0-9a-fA-F]{4}-[0-9|a-f|A-F]{12}\}";
   const string RA_IPAdresse = @"\b(25[0-5]|2[0-4][0-9]|[01]?[0-9][0-9]?)\.(25[0-5]|2[0-4][0-9]|[01]?[0-9][0-9]?)\.(25[0-5]|2[0-4][0-9]|[01]?[0-9][0-9]?)\.(25[0-5]|2[0-4][0-9]|[01]?[0-9][0-9]?)\b";
   const string RA_EMail = @"^(?<user>[^@]+)@(?<host>.+)$";
   const string EINGABE1 = @"{00000615-0000-0010-8000-00AA006D2EA4}";
   const string EINGABE2 = @"192.168.123.355"; // Fehler!
   const string EINGABE3 = @"hs@IT-Visions.de";
   Demo.Print("GUID korrekt? " + Regex.IsMatch(EINGABE1, RA_GUID));
   Demo.Print("IP-Adresse korrekt? " + Regex.IsMatch(EINGABE2, RA_IPAdresse));
   Demo.Print("E-Mail-Adresse korrekt? " + Regex.IsMatch(EINGABE3, RA_EMail));
}
```

Listing 9.31   Mustervergleich [Text.cs]

Beispiel 2: Musterersatz

Im zweiten Beispiel wird eine Datumszeichenkette der Form 08/01/1972 umgewandelt in 01-08-1972.

```
public void Musterersatz()
{
   const String EINGABE = @"08/01/1972";
   const string MUSTER = @"\b(?<month>\d{1,2})/(?<day>\d{1,2})/(?<year>\d{2,4})\b";
   const string ERSATZ = @"${day}-${month}-${year}";
   Demo.Print("Alt: " + EINGABE);
   Demo.Print("Neu: " + Regex.Replace(EINGABE, MUSTER, ERSATZ));
}
```

Listing 9.32   Musterersatz [Text.cs]

Serialisierung

Der Begriff Serialisierung bezeichnet die Umwandlung des Zustands eines Objekts in eine Folge von Bytes. Deserialisierung ist der umgekehrte Vorgang, bei dem aus einer Byte-Folge wieder ein programmierbares Objekt erzeugt wird. Dabei wird der ursprüngliche Zustand des Objekts wiederhergestellt. Serialisierung und Deserialisierung sind als Synonym für die beim Remote Procedure Call (RPC) verwendeten Begriffe *Marshaling* und *Unmarshaling* zu sehen.

Wann immer Objekte zwischen zwei Umgebungen ausgetauscht werden müssen, die keinen gemeinsamen Speicher besitzen, ist die Serialisierung und spätere Deserialisierung des Objekts notwendig. Im .NET Framework besteht eine solche Barriere nicht nur zwischen Computern und Prozessen, sondern auch zwischen Application Domains. Daneben wird die Serialisierung/Deserialisierung auch benötigt, wenn Objektpersistenz erreicht werden soll, also Objekte (dauerhaft) auf einem Medium gespeichert werden sollen.

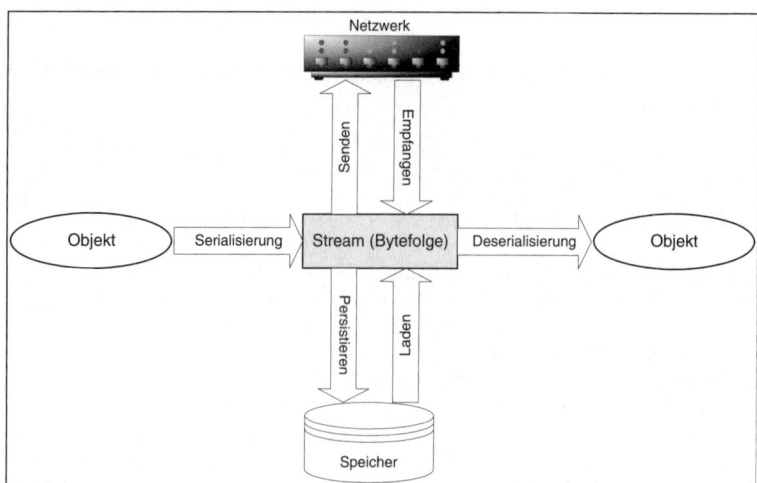

Abbildung 9.9 Serialisierung, Persistenz und Datenübertragung

> **HINWEIS** Dieses Kapitel ist nicht mit einem Namensraum der .NET-Klassenbibliothek überschrieben, weil hier Klassen aus verschiedenen Namensräumen behandelt werden.

Serialisierer

Eine Klasse, die der Serialisierung von Objekten dient, heißt Serialisierer. Die .NET Framework Class Library Version 3.5 bietet fünf verschiedene Serialisierer mit unterschiedlichen Eigenschaften an:

- XmlSerializer
- BinaryFormatter
- SoapFormatter
- DataContractSerializer
- NetDataContractSerializer

> **HINWEIS** Die ersten drei gibt es seit .NET 1.0, die letzten beiden seit .NET 3.0. Sie wurden im Zuge der Einführung von WCF hinzugefügt. NetDataContractSerializer und DataContractSerializer liegen im Namensraum System.Runtime.Serialization, sind aber nicht kompatibel mit den bisher dort geführten und in .NET Remoting verwendeten Klassen BinaryFormatter und SoapFormatter. Die neuen Serialisierer basieren nicht auf der IFormatter-Schnittstelle.

BinaryFormatter

Der BinaryFormatter ist einer der beiden Serialisierer für .NET Remoting. Das Format ist proprietär, d.h. nicht standardisiert. Eine Wiedergabe des Formats ist hier nicht möglich.

Der BinaryFormatter wird auch außerhalb von .NET Remoting gerne zur Serialisierung eingesetzt, weil das Format kompakt ist. Beispielsweise nutzt auch Windows Workflow Foundation (WF) den Formatter, um Workflows in einer Datenbank zu persistieren.

SoapFormatter

Der `SoapFormatter` ist der zweite Serialisierung für das .NET Remoting. Er erzeugt immer "RPC/Encoded SOAP", also nur eine der vier im Standard vorgesehenen Varianten. Der `SoapFormatter` hat heute kaum noch Bedeutung. Daher wird darauf nicht näher eingegangen.

```xml
- <SOAP-ENV:Envelope xmlns:xsi="http://www.w3.org/2001/XMLSchema-instance"
    xmlns:xsd="http://www.w3.org/2001/XMLSchema" xmlns:SOAP-
    ENC="http://schemas.xmlsoap.org/soap/encoding/" xmlns:SOAP-
    ENV="http://schemas.xmlsoap.org/soap/envelope/"
    xmlns:clr="http://schemas.microsoft.com/soap/encoding/clr/1.0" SOAP-
    ENV:encodingStyle="http://schemas.xmlsoap.org/soap/encoding/">
  - <SOAP-ENV:Body>
    - <a1:Flug id="ref-1"
        xmlns:a1="http://schemas.microsoft.com/clr/nsassem/de.WWWings/WWWings.GL.CS%
        2C%20Version%3D0.5.0.0%2C%20Culture%3Dneutral%2C%20PublicKeyToken%
        3Df7cce9d321b21deb">
        <Status>neu</Status>
        <flugNr>101</flugNr>
        <abflugOrt id="ref-3">Berlin</abflugOrt>
        <zielOrt id="ref-4">Frankfurt</zielOrt>
        <plaetze>250</plaetze>
        <freiePlaetze>111</freiePlaetze>
        <nichtraucherflug>false</nichtraucherflug>
        <_Datum>2008-07-04T03:10:25.0000000+02:00</_Datum>
        <MitarbeiterNr>0</MitarbeiterNr>
        <MarshalByRefObject_x002B___identity xsi:type="xsd:anyType" xsi:null="1" />
      </a1:Flug>
    </SOAP-ENV:Body>
  </SOAP-ENV:Envelope>
```

Abbildung 9.10 Serialisierung eines Flugobjekts mit dem SoapFormatter

XmlSerializer

Der `XmlSerializer` ist der bereits in .NET 1.0 eingeführte und von ASP.NET-basierten XML-Webservices verwendete Serialisierer. Der `XmlSerializer` serialisiert alle öffentlichen Field-Attribute und öffentlichen Property-Attribute einer Klasse, ignoriert jedoch alle privaten Mitglieder. Ausgenommen werden nur diejenigen Felder, die explizit mit [`XmlIgnoreAttribute`] annotiert sind.

```xml
<?xml version="1.0" ?>
- <Flug xmlns:xsi="http://www.w3.org/2001/XMLSchema-instance"
    xmlns:xsd="http://www.w3.org/2001/XMLSchema">
    <FlugNr>101</FlugNr>
    <AbflugOrt>Berlin</AbflugOrt>
    <ZielOrt>Stuttgart</ZielOrt>
    <Plaetze>250</Plaetze>
    <FreiePlaetze>0</FreiePlaetze>
    <Nichtraucherflug>false</Nichtraucherflug>
    <Datum>2006-01-14T12:46:02</Datum>
  </Flug>
```

Abbildung 9.11 Serialisierung eines Flugobjekts mit dem XmlSerializer

DataContractSerializer

Microsoft hat sich entschlossen, in WCF einen neuen Serialisierer zu entwickeln, der ein expliziteres Modell hinsichtlich der zu veröffentlichenden Datenelemente sowie die Serialisierung von Objektbäumen mit zirkulären Referenzen unterstützt. Der `DataContractSerializer` ist der Standard-Serialisierer in WCF.

```
- <Flug xmlns="http://schemas.datacontract.org/2004/07/de.WWWings"
    xmlns:i="http://www.w3.org/2001/XMLSchema-instance">
    <__identity i:nil="true" xmlns="http://schemas.datacontract.org/2004/07/System" />
    <MitarbeiterNr>0</MitarbeiterNr>
    <Status>neu</Status>
    <_Datum>2006-01-14T12:46:02</_Datum>
    <abflugOrt>Berlin</abflugOrt>
    <flugNr>101</flugNr>
    <freiePlaetze>0</freiePlaetze>
    <nichtraucherflug>false</nichtraucherflug>
    <pilot i:nil="true"
      xmlns:a="http://schemas.datacontract.org/2004/07/de.WWWings.MitarbeiterSystem" />
    <plaetze>250</plaetze>
    <zielOrt>Stuttgart</zielOrt>
  </Flug>
```

Abbildung 9.12 Serialisierung eines Flug-Objekts mit DataContractSerializer

NetDataContractSerializer

NetDataContractSerializer und DataContractSerializer sind fast identisch. Der NetDataContractSerializer unterscheidet sich in drei Punkten vom DataContractSerializer:

- Der NetDataContractSerializer nimmt Typinformationen über die der Serialisierung zugrunde liegenden CLR-Klassen mit in den Serialisierungsstrom auf, was erfordert, dass die Gegenseite diese CLR-Klassen kennt. Dies widerspricht zwar dem Prinzip der Entkopplung, sorgt aber in reinen .NET-Umgebungen dafür, dass Client und Server mit den gleichen Datentypen arbeiten können.

- Beim Instanziieren der Serialisiererklasse müssen die CLR-Typen nicht angegeben werden. Diese ermittelt der Serialisierer zur Laufzeit selbstständig.

- Objektbäume mit zirkulären Referenzen können serialisiert werden ohne eine zusätzliche Einstellung.

```
- <Flug z:Id="1" z:Type="de.WWWings.Flug" z:Assembly="WWWings.GL.CS,
    Version=1.0.2570.22303, Culture=neutral, PublicKeyToken=f7cce9d321b21deb"
    xmlns="http://schemas.datacontract.org/2004/07/de.WWWings"
    xmlns:i="http://www.w3.org/2001/XMLSchema-instance"
    xmlns:z="http://schemas.microsoft.com/2003/10/Serialization/">
    <__identity i:nil="true" xmlns="http://schemas.datacontract.org/2004/07/System" />
    <MitarbeiterNr>0</MitarbeiterNr>
    <Status>neu</Status>
    <_Datum>2006-01-14T12:46:02</_Datum>
    <abflugOrt z:Id="2">Berlin</abflugOrt>
    <flugNr>101</flugNr>
    <freiePlaetze>0</freiePlaetze>
    <nichtraucherflug>false</nichtraucherflug>
    <pilot i:nil="true"
      xmlns:a="http://schemas.datacontract.org/2004/07/de.WWWings.MitarbeiterSystem" />
    <plaetze>250</plaetze>
    <zielOrt z:Id="3">Stuttgart</zielOrt>
  </Flug>
```

Abbildung 9.13 Serialisierung eines Flug-Objekts mit NetDataContractSerializer

Einsatz der Serialisierer

Die fünf Serialisierer besitzen keine gemeinsame Oberklasse (lediglich die beiden neueren Serialisierer haben eine gemeinsame Oberklasse). Dies bedeutet, dass die Serialisierer unterschiedlich angesprochen werden. Allerdings lassen sich diese Unterschiede leicht kapseln, wie die folgende Klasse UniversalSerialisierer mit den beiden Methoden Save() und Load() zeigt. Save() speichert ein Objekt bzw. eine Objekthierarchie in einer Datei ab. Load() lädt sie wieder aus der Datei.

```
public enum SerialTyp : int
{
  SOAP,
  XML,
  BINARY,
  DATACONTRACT,
  NETDATACONTRACT
}

public class UniversalSerialisierer
{
 // ### Serialisieren in Datei
 public static void Save(SerialTyp Typ, object obj, string datei)
 {
  // Datei öffnen
  FileStream stream = null;
  stream = new FileStream(datei, FileMode.Create, FileAccess.Write, FileShare.None);
  // Fallunterscheidung
  object Serializer = null;
  switch (Typ)
  {
   case SerialTyp.BINARY:
    Serializer = new BinaryFormatter();
    ((BinaryFormatter)Serializer).Serialize(stream, obj);
    break;
   case SerialTyp.SOAP:
    Serializer = new SoapFormatter();
    ((SoapFormatter)Serializer).Serialize(stream, obj);
    break;
   case SerialTyp.XML:
    Serializer = new XmlSerializer(obj.GetType());
    ((XmlSerializer)Serializer).Serialize(stream, obj);
    break;
   case SerialTyp.DATACONTRACT:
    DataContractSerializer dcs = new DataContractSerializer(obj.GetType());
    dcs.WriteObject(stream, obj);
    stream.Close();
    break;
   case SerialTyp.NETDATACONTRACT:
    XmlDictionaryWriter writer2 = XmlDictionaryWriter.CreateTextWriter(stream);
    NetDataContractSerializer ser2 = new NetDataContractSerializer();
    ser2.WriteObject(writer2, obj);
    writer2.Close();
    break;
   default:
```

```
      MessageBox.Show("Nicht unterstütztes Serialisierungsformat!");
      System.Environment.Exit(1);
      break;
  }
  // Datei schließen
  stream.Close();
  // Ausgabe
  Demo.Print("Objekt wurde gespeichert in " + datei);
}

// ### Deserialisieren aus Datei
public static object Load(SerialTyp typ, string Datei)
{
  return load(typ, Datei, null);
}

// ### Deserialisieren aus Datei
public static object load(SerialTyp typ, string Datei, Type Objekttyp)
{
  // Datei öffnen
  FileStream stream = null;
  stream = new FileStream(Datei, FileMode.Open);
  // Fallunterscheidung
  object Serializer = null;
  // Ergebnis
  object o = null;

  switch (typ)
  {
   case SerialTyp.BINARY:
     Serializer = new BinaryFormatter();
     o = ((BinaryFormatter)Serializer).Deserialize(stream);
     break;
   case SerialTyp.SOAP:
     Serializer = new SoapFormatter();
     o = ((SoapFormatter)Serializer).Deserialize(stream);
     break;
   case SerialTyp.XML:
     if (Objekttyp == null)
     {
      MessageBox.Show("Fehler: Für den XML-Serialisierer muss der zu deserialisierende Objekttyp bekannt sein!");
      System.Environment.Exit(1);
     }
     Serializer = new XmlSerializer(Objekttyp);
     o = ((XmlSerializer)Serializer).Deserialize(stream);
     break;
   case SerialTyp.DATACONTRACT:
     XmlDictionaryReader reader =
         XmlDictionaryReader.CreateBinaryReader(stream, new XmlDictionaryReaderQuotas());
     DataContractSerializer ser2 = new DataContractSerializer(Objekttyp);
     o = ser2.ReadObject(reader, true);
     break;
   case SerialTyp.NETDATACONTRACT:
     XmlDictionaryReader reader2 =
```

```
        XmlDictionaryReader.CreateTextReader(stream, new XmlDictionaryReaderQuotas());
     NetDataContractSerializer ser = new NetDataContractSerializer();
     o = ser.ReadObject(reader2, true);
     break;
  default:
     MessageBox.Show("Nicht unterstütztes Serialisierungsformat!");
     System.Environment.Exit(1);
     break;
  }

  // Datei schliessen
  stream.Close();
  // Ausgabe
  Demo.Print("Objekt wurde geladen aus " + Datei);
  // Objekt zurückliefern
  return o;
  }
}
```

Listing 9.33 Die Klasse UniversalSerialisierer kapselt die Handhabung aller fünf Serialisierungen in Bezug auf das Speichern und Laden (für die Persistenz in Dateien im Dateisystem)

Serialisierbarkeit

Je nach Serialisierer und Anwendungsgebiet können alle oder nur bestimmte Klassen serialisiert werden. Die Serialisierbarkeit eines Objekts ist nur möglich, wenn alle zu übertragenden Datenmitglieder auch serialisierbar sind.

Man unterscheidet zwischen der expliziten Festlegung der Serialisierbarkeit durch Annotation und der automatischen Serialisierbarkeit (alias POCO-Serialisierung).

Explizite Festlegung der Serialisierung

Es gibt folgende Möglichkeiten der expliziten Festlegung der Serialisierbarkeit einer Klasse:

- Die Klasse ist mit [System.Serializable] annotiert oder
- die Klasse ist mit [System.Runtime.Serialization.DataContract] annotiert oder
- die Klasse ist mit [System.Runtime.Serialization.CollectionDataContractAttribute] annotiert oder
- die Klasse implementiert die Schnittstelle ISerializable.

Die Steuerung der zu serialisierenden Mitglieder erfolgt

- bei der Verwendung von [Serializable] über [NonSerializedAttribute], d.h., man muss alle Mitglieder zusätzlich annotieren, die *nicht serialisiert* werden sollen;
- bei der Verwendung von [DataContract] über [DataMember], d.h., man muss alle Mitglieder zusätzlich annotieren, die *serialisiert* werden sollen.

ACHTUNG Nicht alle Serialisierer unterstützen alle Formen (siehe Vergleichstabelle in einem späteren Abschnitt).

> **WICHTIG** Falls ein Typ sowohl mit [Serializable] als auch mit [DataContract] annotiert ist, dann hat [DataContract] Vorrang. Mit [DataMember] annotierte Properties müssen immer sowohl einen Getter als auch einen Setter besitzen. Sonst kommt es zu einem Fehler des Typs InvalidDataContractException.

Die elementaren Datentypen, die im .NET Framework enthalten sind (z. B. System.String, System.Int32, System.DateTime), sind bereits als serialisierbar gekennzeichnet.

> **HINWEIS** Sobald Polymorphismus im Spiel ist (z. B. weil eine Klasse von einer anderen Klasse als System.Object erbt oder eine Klasse ein Datenmitglied besitzt, hinter dem sich mehrere verschiedene Klassen verbergen können), ist zu beachten, dass dem Serialisierer ein Hinweis auf alle Klassen gegeben werden muss, die dort erwartet werden können. Dies geschieht im Fall des XML-Serialisierers mit der Annotation [XmlInclude(GetType(Klasse))] und im Fall des DataContractSerializer mit [KnownType(GetType(Klasse))]. Die anderen drei Serialisierer können dieses Szenario automatisch auflösen.

Häufig tritt das Problem bei Objektmengen auf, die nicht streng typisiert sind. Hier ist es ratsam, typisierte Objektmengen (siehe Abschnitt »System.Collections«) zu verwenden, bei denen das Problem gar nicht auftreten kann.

POCO-Serialisierung

POCO steht für den Ausdruck *Plain Old CLR Object*. Ein Plain Old CLR Object (POCO) ist ein ganz normales .NET-Objekt, das keine durch die Infrastruktur bedingte Basisklasse, Annotationen oder eine Erweiterung auf Bytecode-Ebene (MSIL/CIL) erfordert. POCO-Serialisierung heißt also, dass eine Klasse nicht explizit als *serialisierbar* gekennzeichnet werden muss.

POCO-Serialisierung unterstützen der XML-Serialisierer (XmlSerializer) und ab .NET 3.5 Service Pack 1 auch in die Klassen DataContractSerializer und NetDataContractSerializer.

Bei der POCO-Serialisierung sind vier Dinge zu beachten:

- In diesem Fall werden nur öffentliche *Field*- und *Property*-Attribute serialisiert.
- Die Attribute müssen lesbar (einen Getter besitzen) und beschreibbar (einen Setter besitzen) sein.
- Die Klasse braucht einen parameterlosen Konstruktor.
- Die POCO-Serialisierung ist deaktiviert im DataContractSerializer, sobald eine Klasse eine der o.g. Annotationen besitzt. Der XmlSerializer ignoriert diese Annotationen aber und macht immer POCO-Serialisierung.

> **HINWEIS** Der Vorteil der POCO-Serialisierung ist, dass man beliebige Typen serialisieren kann, auch wenn man diese nicht selbst geschrieben hat und keinen Einfluss auf die Ausstattung mit Annotationen hat. Der Nachteil ist, dass man bei der POCO-Serialisierung keinen Einfluss auf die Struktur des Serialisierungsformats hat.

Beispiel für ein serialisierbares Objektmodell

Das folgende Listing implementiert ein Objektmodell (siehe Abbildung), das für alle Serialisierungsfälle gerüstet ist, weil es sowohl [Serializable] als auch [DataContract] als Annotation bietet.

> **HINWEIS** Es wäre wesentlich besser, in dem Objektmodell anstelle von ArrayList typisierte Listen (List<Typ>) zu verwenden. Allerdings wurde dies hier aus didaktischen Gründen nicht gemacht, denn dadurch sieht man, wie dem Serialisierer Zusatzinformationen in Form der Annotation [XmlInclude] und [KnownType] gegeben werden müssen.

Serialisierung

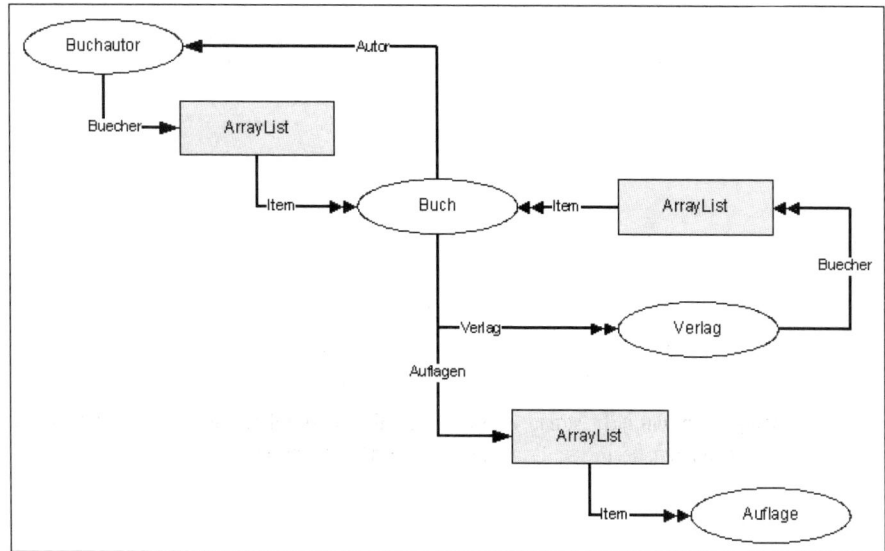

Abbildung 9.14 Das Objektmodell, das im folgenden Listing implementiert wird

```csharp
// =======================================
[Serializable]
public class Autor
{
 public string Name;
 public char Geschlecht;
 private System.DateTime _Geb;
 public string[] Schwerpunkte;

 public string Wohnort { get; set; }

 private int _PLZ;
 public int PLZ
 {
  get
  {
   return _PLZ;
  }
  set
  {
   _PLZ = value;
  }
 }

 public int Alter
 {
  get
  {
   return (DateTime.Now.Year - _Geb.Year);
  }
 }
}
```

```csharp
  public DateTime Geb
  {
   set
   {
    Demo.Print("Geb setzen...");
    _Geb = value;
   }
   get
   {
    Demo.Print("Geb lesen...");
    return _Geb;
   }
  }

  public Autor()
  {
   Demo.Print("Parameterloser Kontruktor der Klasse 'Autor' aufgerufen...");
  }

  public Autor(string Name)
  {
   Name = Name;
   Demo.Print("Kontruktor der Klasse 'Autor' aufgerufen...");
  }
 }

// ======================================

[Serializable(), XmlInclude(typeof(Auflage))]
[KnownType(typeof(Auflage))]
public class Buch
{
 public string Titel;
 public Autor Autor;
 public ArrayList Auflagen = new ArrayList();
 [NonSerialized()]
 public System.DateTime Deserialisiert;
 public Verlag Verlag;

 public Buch()
 {

 }
 public Buch(string Titel)
 {
  this.Titel = Titel;
 }

}

// ======================================

[Serializable()]
[XmlInclude(typeof(Buch))]
[KnownType(typeof(Buch))]
public class Buchautor : Autor
{
```

```csharp
  public ArrayList buecher = new ArrayList();

  public Buchautor(string Name)
  {
   this.Name = Name;
   Demo.Print("Kontruktor der Klasse 'Buchautor' aufgerufen...");
  }

  public Buchautor()
  {
   Demo.Print("Parameterloser Kontruktor der Klasse 'Buchautor' aufgerufen...");
  }

}

// ======================================

[Serializable(), XmlInclude(typeof(Buch))]
[KnownType(typeof(Buch))]
public class Verlag
{
 public string Name;
 public string Ort;
 public ArrayList Buecher = new ArrayList();

 public Verlag()
 {
 }

 public Verlag(string Verlagsname)
 {
   Name = Verlagsname;
 }
}

// ======================================

[Serializable()]
public class Auflage
{
 public byte Nr;
 public int Jahr;
 public string ISBn;

 public Auflage()
 {
 }

 public Auflage(byte Nr, int Jahr, string ISBN)
 {
   this.Nr = Nr;
   this.Jahr = Jahr;
   this.ISBn = ISBN;
 }
}
```

Listing 9.34 Beispiel für ein zur Serialisierung annotiertes Objektmodell

Vergleich der Serialisierer

Die folgende Tabelle zeigt alle fünf Serialisierer im Vergleich. Wichtige Kriterien sind dabei:

- Was wird serialisiert? (*Field* und/oder *Property*-Attribute, nur öffentliche oder auch private Mitglieder)
- Alle Serialisierer können nicht nur einzelne Objekte, sondern auch Objektbäume serialisieren. Allerdings können nicht alle Serialisierer Objektbäume mit zirkulären Referenzen serialisieren (Nur der `DataContractSerializer` und der `NetDataContractSerializer` können auch Objektbäume mit zirkulären Referenzen serialisieren.)
- Führen Änderungen in der Klassendefinition (z. B. neue Mitglieder) zu einer Inkompatibilität existierender serialisierter Objekte mit der neuen Klasse? In .NET 1.x gab es diese Einschränkung bei `BinaryFormatter` und `SoapFormatter`; dies konnte nur durch die manuelle Abbildung im Rahmen der Schnittstelle `ISerializable` gelöst werden. .NET 2.0 führte als neue Annotation `[OptionalField]` ein, mit der neu hinzugekommene Mitglieder bei der Deserialisierung außer Acht gelassen werden können.

	XML	DataContract (alias *Shared Contract*)	NetDataContract (alias *Shared Type*)	Binär	SOAP
Klasse	XmlSerializer	DataContractSerializer	NetDataContractSerializer	BinaryFormatter	SoapFormatter
Einsatzgebiete	XML-Webservices, WCF, Objektpersistenz (eingeschränkt)	WCF, Objektpersistenz	WCF, Objektpersistenz	.NET Remoting, Objektpersistenz	.NET Remoting, XML-Webservices (eingeschränkt), Objektpersistenz
Namensraum	System.Xml.Serialization	System.Runtime.Serialization	System.Runtime.Serialization	System.Runtime.Serialization.Formatters.Binary	System.Runtime.Serialization.Formatters.Soap
Assembly	*system.xml.dll*	*system.runtime.serialization.dll*	*system.runtime.serialization.dll*	*mscorlib.dll*	*system.runtime.serialization.formatters.soap.dll*
Oberklasse	System.Object	System.Runtime.Serialization.XmlObjectSerializer	System.Runtime.Serialization.XmlObjectSerializer	System.Object	System.Object
Anweisung zur Verwendung in WCF	[System.ServiceModel.XmlSerializerFor-matAttribute]	Keine (Standard)	Relativ aufwändig über ein selbst zu definierendes WCF-Verhalten	Nicht möglich	Nicht möglich
Implementierte Schnittstellen	Keine	Keine	Keine	IRemotingFormatter, IFormatter	IRemotingFormatter, IFormatter
Ausgabeform	Echter Baum von XML-Elementen	Echter Baum von XML-Elementen oder »Flaches« XML mit Verweisen; wahlweise in Textform, MTOM oder kompakter Binärform	»Flaches« XML mit Verweisen; wahlweise in Textform, MTOM oder kompakter Binärform	Von Microsoft entwickeltes binäres Format	rpc/encoded SOAP mit eindeutigen Objektreferenzen

	XML	DataContract (alias *Shared Contract*)	NetDataContract (alias *Shared Type*)	Binär	SOAP
Typ der zu serialisierenden Klasse muss explizit angegeben werden	Ja	Nein	Nein	Nein	Nein
POCO-Serialisierung	Ja, außer bei Vererbung	Optional ab .NET 3.5 Service Pack 1	Nein	Nein	Nein
Voraussetzungen für den zu serialisierenden Typ bei Nicht-POCO-Serialisierung	Keine	[Serializable], [DataContract], [CollectionDataContractAttribute], ISerializable	[Serializable], [DataContract], [CollectionDataContractAttribute], ISerializable	[Serializable]	[Serializable]
Typen der zu serialisierenden Klasse müssen explizit angegeben werden	Ja, im Konstruktor des Serialisierers	Ja, im Konstruktor des Serialisierers	Nein	Nein	Nein
Typen von Oberklassen oder abhängigen Klassen müssen explizit angegeben werden	Ja, XmlInclude-(typeof(Klasse)	Ja, im Konstruktor des Serialisierers durch eine Liste "KnowTypes" oder [ServiceKnownType]-Annotationen	Nein	Nein	Nein
Typ der CLR-Klasse wird mit serialisiert und muss der Gegenstelle bekannt ein	Nein	Nein	Ja	Ja	Ja
Serialisierung öffentlicher Fields	Ja	Ja	Ja	Ja	Ja
Serialisierung privater Fields	Nein	Ja (Nein bei POCO-Serialisierung)	Ja	Ja	Ja
Serialisierung öffentlicher Properties	Ja	Nein (Ja bei POCO-Serialisierung)	Nein	Nein	Nein
Serialisierung privater Properties	Nein	Nein	Nein	Nein	Nein
Standard-Anordnung der Elemente	Wie in Klasse	Alphabetisch	Alphabetisch	Ja	Ja
Aufruf der Property-Routinen	Ja	Nein	Nein	Nein	Nein
Objekthierarchien mit zirkulären Referenzen	Nein	Ja (Optional)	Ja (Standardeinstellung)	Ja	Ja
Generische Klassen	Ja	?	?	Ja	Nein
Aufruf des parameterlosen Konstruktors bei Deserialisierung	Ja	Nein (Ja, bei POCO-Serialisierung)	Nein	Nein	Nein

	XML	DataContract (alias *Shared Contract*)	NetDataContract (alias *Shared Type*)	Binär	SOAP
Unterstützung für Initialisierung	Konstruktor	Beliebige mit [OnSerializingAttribute], [OnSerializedAttribute], [OnDeserializingAttribute] bzw. [OnDeserializedAttribut] annotierte Methoden	Beliebige mit [OnSerializingAttribute], [OnSerializedAttribute], [OnDeserializingAttribute] bzw. [OnDeserializedAttribut] annotierte Methoden	ISerializable	ISerializable
Steuerung der zu serialisierenden Elemente	[XmlIgnoreAttribute], IXmlSerializable	[NonSerialized], [DataMember], [EnumMember], IXmlSerializable, ISerializable	[NonSerialized], [DataMember], [EnumMember], IXmlSerializable, ISerializable	Über [NonSerialized] oder ISerializable	Über [NonSerialized] oder ISerializable
Steuerung der Serialisierungsdetails (z. B. Namen und Reihenfolge)	[XmlElement], [XmlAttribute], IXmlSerializable	[NonSerialized], [DataMember], [EnumMember], IXmlSerializable, ISerializable	[NonSerialized], [DataMember], [EnumMember], IXmlSerializable, ISerializable	Über ISerializable	Über ISerializable
Steuerung der Deserialisierung	IXmlSerializable	IXmlSerializable, ISerializable	IXmlSerializable, ISerializable	Über IDeserializationCallback	Über IDeserializationCallback
Explizite Versionierungsunterstützung	Nein, nur IXmlSerializable	IExtensibleDataObject / ExtensionData / ExtensionDataObject	IExtensibleDataObject / ExtensionData / ExtensionData-Object	Nein (nur ISerializable)	Nein (nur ISerializable)
Serialisierung in Streams	Ja	Ja	Ja	Ja	Ja
Serialisierung in TextWriter und XmlWriter	Ja	Ja	Ja	Nein	Nein
Serialisierung in XmlDictionayWriter	Nein	Ja	Ja	Nein	Nein
Werkzeuge	Xsd.exe	SvcUtil.exe	SvcUtil.exe	Keine	Keine

Tabelle 9.3 Vergleich zwischen den .NET-Serialisierern

Welche Mitglieder eines Objekts serialisiert werden hängt ab von der Verwendung einer Serialierungsannotation und dem Serialisierer. Die folgenden Abbildungen zeigen dies am Beispiel der nachfolgend wiedergegebenen Klasse `TestKlasse`. Die Klasse wird wahlweise gar nicht annotiert (*POCO*), mit [Serializable] annotiert oder mit [DataContract] und [DataMember] annotiert. Nur der letzte Fall ist hier abgedruckt.

```
[DataContract]
public class TestKlasse
{
 [DataMember]
 public string Art = "[DataContract]";
```

Serialisierung

```csharp
[DataMember]
public string PublicField = "x";
[DataMember]
public readonly string PublicReadOnlyField = "x";
[DataMember]
private string PrivateField = "x";
[DataMember]
private readonly string PrivateReadOnlyField = "x";
[DataMember]
public string PublicAutomaticProperty { get; set; }
[DataMember]
private string PrivateAutomaticProperty { get; set; }
[DataMember]
public string PublicProperty
{
 get
 {
  return PublicField;
 }
 set
 {
  PublicField = value;
 }
}
// [DataMember] geht nicht!
public string PublicGetterProperty
{
 get
 {
  return PublicField;
 }
}
}
```

Listing 9.35 Die Datenklasse für den Test der Serialisierer

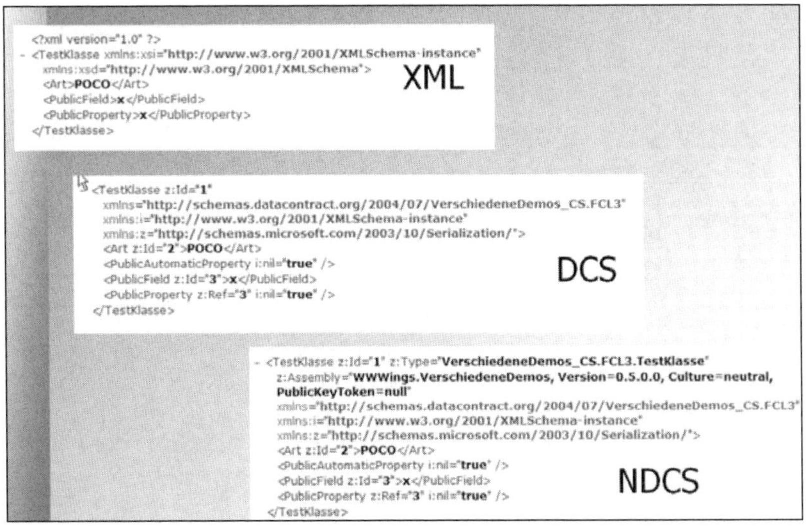

Abbildung 9.15 Serialisierung der Datenklasse ohne Annotation (POCO-Fall)

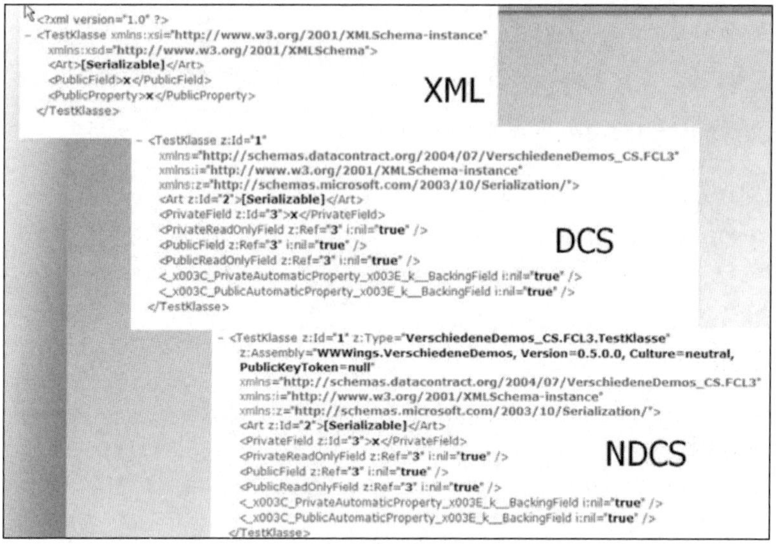

Abbildung 9.16 Serialisierung der Datenklasse bei Annotation mit [Serializable]

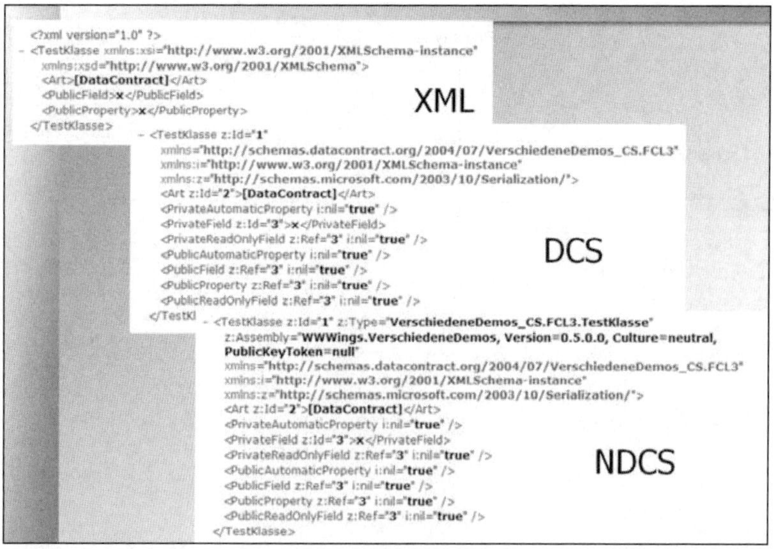

Abbildung 9.17 Serialisierung der Datenklasse bei Annotation mit [DataContract] und [DataMember]

System.DirectoryServices

System.DirectoryServices enthält Klassen für den Zugriff auf Verzeichnisdienste. Angesprochen werden können insbesondere LDAP-basierte Verzeichnisdienste (z.B. Active Directory, Lotus Notes, Exchange Server, Open LDAP), aber auch einige nicht LDAP-basierte Verzeichnisdienste wie die Windows-Benutzerdatenbank *SAM*, die Metabase der Internet Information Services (IIS) und Novell Netware.

Die FCL-Komponente System.DirectoryServices ist eine Verpackung für die COM-Komponente *Active Directory Service Interface (ADSI)*. Über das Attribut NativeObject hat man jederzeit die Möglichkeit, direkt mit den zugrunde liegenden COM-Schnittstellen zu arbeiten; dies ist in einigen Fällen empfehlenswert und in anderen Fällen sogar notwendig, weil dort spezielle Attribute und Methoden zur Verfügung stehen.

Allgemeines Objektmodell

Die Klasse DirectoryEntry repräsentiert eine beliebige Art von Eintrag in einem beliebigen Verzeichnisdienst. DirectoryEntries sind Container (also Einträge, die andere Einträge enthalten können) in einem Verzeichnisdienst. Da Verzeichnisdienste mehrwertige Attribute besitzen können, enthält die PropertyCollection eines DirectoryEntry-Objekts nicht Werte, sondern eine Objektmenge von Werten.

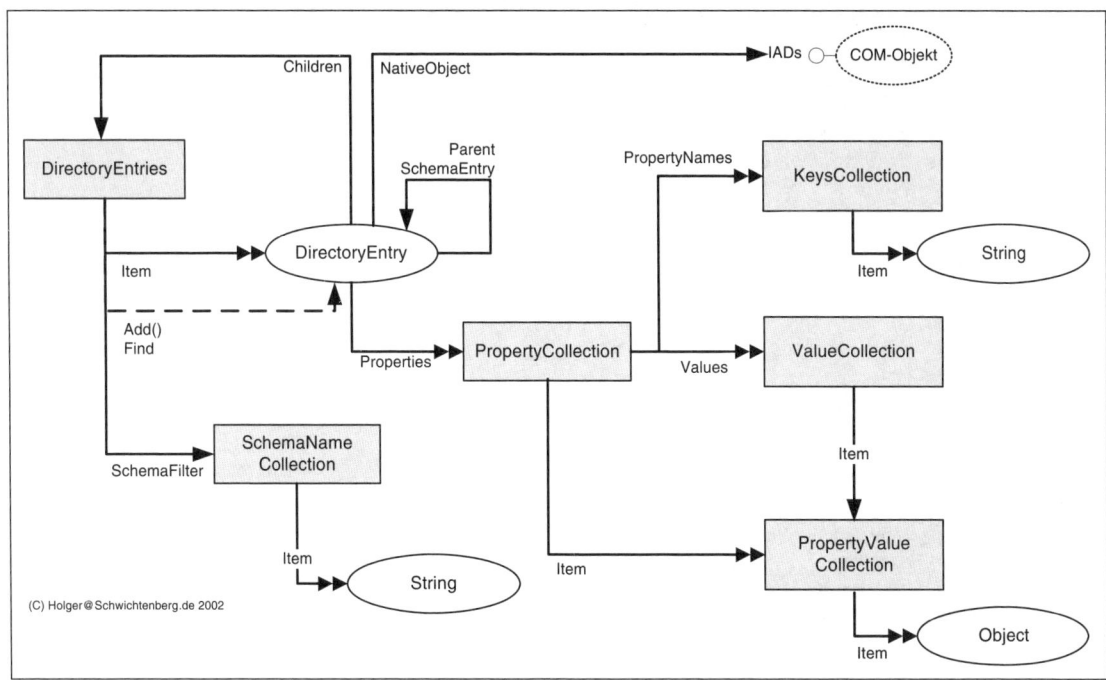

Abbildung 9.18 Objektmodell für das Durchlaufen eines Verzeichnisdienstes

> **TIPP** Während System.DirectoryService nur sehr allgemeine Klassen zur Behandlung jeglicher Einträge in einem Verzeichnisdienst bietet, existiert ab .NET 3.5 der Namensraum System.DirectoryService.AccountManagement mit speziellen Klassen zur Verwaltung von Benutzerkonten, Computerkonten und Gruppen.

Beispiel: Anlegen eines Benutzers in Active Directory

Beim Anlegen eines Benutzerkontos ist zunächst unter Verwendung des LDAP-Pfads ein DirectoryEntry-Objekt zu instanziieren für den Container, der den neuen Benutzer beheimaten soll. Mit dem Attribut Children ist dann das zugehörige DirectoryEntries-Objekt zu beschaffen, das die Methode Add() zur Verfügung stellt. Nach dem Füllen der Properties-Objektmenge sind die Änderungen mit CommitChanges() an den Verzeichnisdienst zu übergeben. Für das Aktivieren des Benutzerkontos, das Setzen des Kennworts und das Hinzufügen zu einer Gruppe ist der Rückgriff auf die COM-Schnittstelle IADsUser notwendig, da in System.DirectoryService entsprechende Möglichkeiten leider immer noch fehlen.

```
// Anlegen eines Benutzers im Active Directory
public void ADS_Benutzer_Anlegen()
{
  // AD-spezifische Parameter, bitte anpassen!
  const string LDAP_OU = "LDAP://bochum/OU=essen,DC=IT-Visions,DC=net";
  const string NAME = "hs";
  const string PASSWORD = "geheim";
  const string LDAP_Gruppe = "LDAP://bochum/CN=Domänen-Admins,CN=Users,DC=IT-Visions,DC=net";

  // Anlegen eines User-Objekts im Active Directory
  Demo.Print("# Anlegen des Benutzerkontos: " + NAME);
  // Zugriff auf IADS
  DirectoryEntry ou = new DirectoryEntry(LDAP_OU);
  // Zugriff auf IADSContainer
  DirectoryEntries c = ou.Children;
  // Neues Objekt erzeugen
  DirectoryEntry u = c.Add("cn=" + NAME, "user");
  // Verzeichnisattribute festlegen
  u.Properties["sAMAccountName"].Add(NAME);
  u.Properties["l"].Add("Essen-Byfang");
  u.Properties["telephoneNumber"].Add("++49 201 7490700");
  u.Properties["mail"].Add("hs@IT-Visions.de");
  // Änderungen speichern
  u.CommitChanges();
  Demo.Print("Benutzer angelegt: " + u.Path.ToString());
  // Kennwort setzen
  u.Invoke("SetPassword", PASSWORD);
  // Konto aktivieren
  ((ActiveDs.IADsUser)(u.NativeObject)).AccountDisabled = false;
  u.CommitChanges();
  Demo.Print("Benutzer aktiviert!");
  // AD-Benutzer einer AD-Gruppe hinzufügen
  // Zugriff auf Eintrag
  DirectoryEntry g = new DirectoryEntry(LDAP_Gruppe);
  // IADSGroup::Add() aufrufen
  g.Invoke("Add", u.Path.ToString());
  // Bestätigung
  Demo.Print("Benutzer zu Gruppe hinzugefügt!");
}
```

Listing 9.36 Anlegen eines Benutzers im Active Directory [ActiveDirectory.cs]

Objektmodell für die Suche

System.DirectoryService unterstützt die Suche nur in LDAP-basierten Verzeichnisdiensten und stellt dafür ein eigenes Objektmodell zur Verfügung (siehe Abbildung).

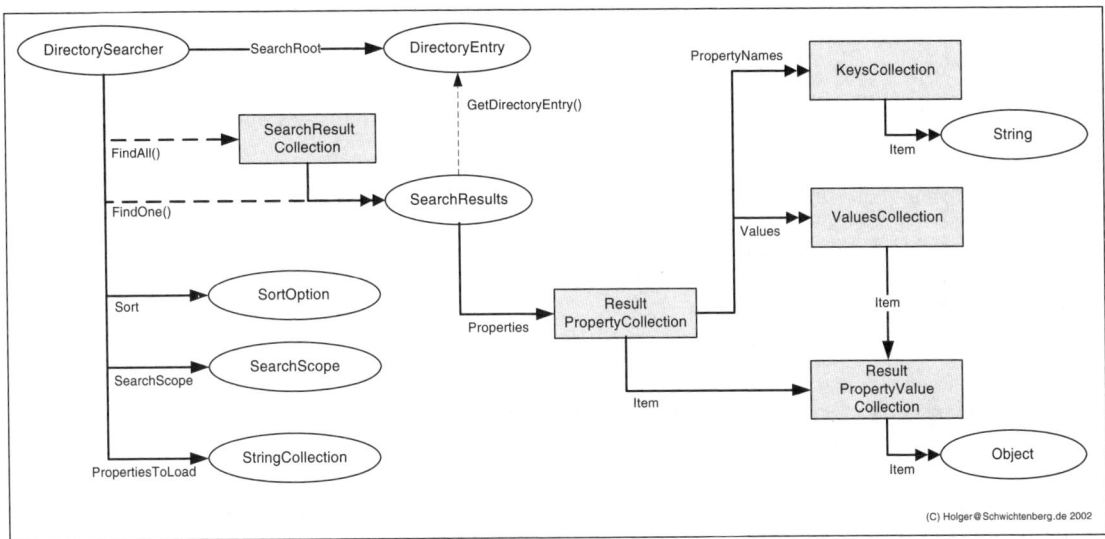

Abbildung 9.19 Objektmodell für die Suchfunktion in System.DirectoryServices

Beispiel: Suchen im Active Directory

Die nachfolgende Unterroutine sucht nach allen Benutzern in einem Active Directory, deren Verzeichnisname mit »h« beginnt. Die Bedingung muss sich dabei zur Steigerung der Suchgeschwindigkeit sowohl auf die objectclass als auch auf die objectcategory beziehen. Durch PropertiesToLoad legt der Entwickler fest, welche Verzeichnisattribute in der Ergebnismenge enthalten sein sollen.

> **TIPP** Bitte beachten Sie, dass Sie einen Laufzeitfehler erhalten, wenn Sie versuchen, Verzeichnisattribute abzurufen, die nicht in allen Verzeichnisobjekten mit einem Wert belegt sind.

```
// Ausführen einer LDAP-Suche im AD
public void ADS_Suche()
{
  const string LDAP_Wurzel = "LDAP://E01/DC=IT-Visions,DC=net";
  const string BEDINGUNG = "(&(objectclass=user)(objectcategory=person)(cn=h*))";
  Demo.Print("Suchanfrage im ADS: " + BEDINGUNG);
  // Instanziierung der Suchklasse
  DirectorySearcher suche = new DirectorySearcher();
  // Festlegung des Ausgangspunkts
  suche.SearchRoot = new DirectoryEntry(LDAP_Wurzel);
  // Festlegung der LDAP-Query
  suche.Filter = BEDINGUNG;
  // Suchtiefe festlegen
  suche.SearchScope = SearchScope.Subtree;
  // Ergebnisattribute festlegen
  suche.PropertiesToLoad.Add("displayName");
```

```
    suche.PropertiesToLoad.Add("l");
    suche.PropertiesToLoad.Add("description");
    // Suche starten
    SearchResultCollection ergebnisliste = suche.FindAll();
    // Ergebnismenge ausgeben
    Demo.Print("Anzahl Ergebnisobjekte: " + ergebnisliste.Count);
    foreach (SearchResult ergebnis in ergebnisliste)
    {
      foreach (System.Collections.DictionaryEntry de in ergebnis.Properties)
      {
        Demo.Print(de.Key.ToString() + "=" + ((ResultPropertyValueCollection) de.Value)[0].ToString());
      }
// Ergebnis lesen
      Demo.Print(ergebnis.Properties["displayName"].Count.ToString());
      Demo.Print(ergebnis.Properties["displayName"][0].ToString());
      Demo.Print(" wohnt in " + ergebnis.Properties["l"][0].ToString());
    }
}
```

Listing 9.37   Suchen im Active Directory [ActiveDirectory.cs]

System.DirectoryServices.ActiveDirectory

Neu seit .NET 2.0 ist der Unternamensraum `System.DirectoryServices.ActiveDirectory` (alias Active Directory Management Objects – ADMO). Dieser Namensraum implementiert einige Active Directory-spezifische Funktionen, die nicht auf andere Verzeichnisdienste anwendbar sind.

Insbesondere bietet dieser Namensraum Klassen zur Verwaltung der Gesamtstruktur eines Active Directory, beispielsweise `Forest`, `Domain`, `ActiveDirectoryPartition`, `DomainController`, `GlobalCatalog` und `ActiveDirectorySubnet`. Auch einige spezielle Klassen für den Active Directory Application Mode (ADAM), eine funktionsreduzierte Version des Active Directory zum Einsatz als Datenspeicher für eigene Anwendungen, werden mit Klassen wie `ADAMInstanceCollection` und `ADAMInstance` unterstützt.

Beispiel 1: Informationen über die Domäne und den Forest

Das Beispiel liefert Informationen über die Domäne, zu der der aktuelle Computer gehört, und über den Verzeichniswald (Forest), zu dem diese Domäne gehört.

```
public void DomänenInfos()
{
// Aktuelle Domäne ermitteln
Domain d = System.DirectoryServices.ActiveDirectory.Domain.Current;
// Informationen über aktuelle Domäne
Console.WriteLine("Name: " + d.Name);
Console.WriteLine("Domain Mode: " + d.DomainMode);
Console.WriteLine("Inhaber der InfrastructureRole: " + d.InfrastructureRoleOwner.Name);
Console.WriteLine("Inhaber der PdcRole: " + d.PdcRoleOwner.Name);
Console.WriteLine("Inhaber der PdcRole: " + d.PdcRoleOwner.Name);
// Informationen über Forest der aktuellen Domäne
Forest f = d.Forest;
Console.WriteLine("Name des Forest: " + f.Name);
Console.WriteLine("Modus des Forest: " + f.ForestMode);
}
```

Listing 9.38   Informationen über eine Active Directory-Domäne [ActiveDirectory.cs]

Beispiel 2: Liste der Domänen-Controller und ihrer Rollen

Im zweiten Beispiel werden alle Domänen-Controller (und deren Rollen) aus einer speziellen Domäne aufgelistet.

```
// Alle DC ausgeben
public void DomaenenController()
{
  // Aktuelle Domäne ermitteln
  DirectoryContext dc = DirectoryContext.Open("LDAP://dc=IT-Visions,dc=net");
  Domain d = System.DirectoryServices.ActiveDirectory.Domain.GetObject(dc);
  DomainControllerCollection DCs = d.DomainControllers;
  // Schleife über alle Domänen-Controller
  foreach (DomainController DC in DCs)
  {
   Console.WriteLine("Name: " + DC.Name);
   Console.WriteLine("IP: " + DC.IPAddress.ToString());
   Console.WriteLine("Zeit: " + DC.CurrentTime.ToString());
   Console.WriteLine("Rollen:");
   // Schleife über alle Rollen des Domänen-Controllers
   foreach (ActiveDirectoryRole R in DC.Roles)
   {
    Console.WriteLine("- " + R.ToString());
   }
  }
}
```

Listing 9.39   Liste der Domänen-Controller und ihrer Rollen [ActiveDirectory.cs]

System.DirectoryServices.Protocol

Eine weitere Neuheit im .NET Framework 2.0 war die Unterstützung für die Directory Services Markup Language (DSML). DSML ist ein Standard der OASIS zum Zugriff auf Verzeichnisdienste via XML und SOAP. Dieser Namensraum kann hier aus Platzgründen leider nicht thematisiert werden.

System.DirectoryService.AccountManagement

Während System.DirectoryService nur sehr allgemeine Klassen zur Behandlung jeglicher Einträge in einem Verzeichnisdienst bietet, existiert ab .NET 3.5 der Namensraum System.DirectoryService.AccountManagement mit speziellen Klassen zur Verwaltung von Benutzerkonten (Klasse UserPrincipal), Computerkonten (Klasse ComputerPrincipal) und Gruppen (Klasse GroupPrincipal). Die neuen Klassen sind enthalten in der Assembly *System.DirectoryServices.AccountManagement.dll*.

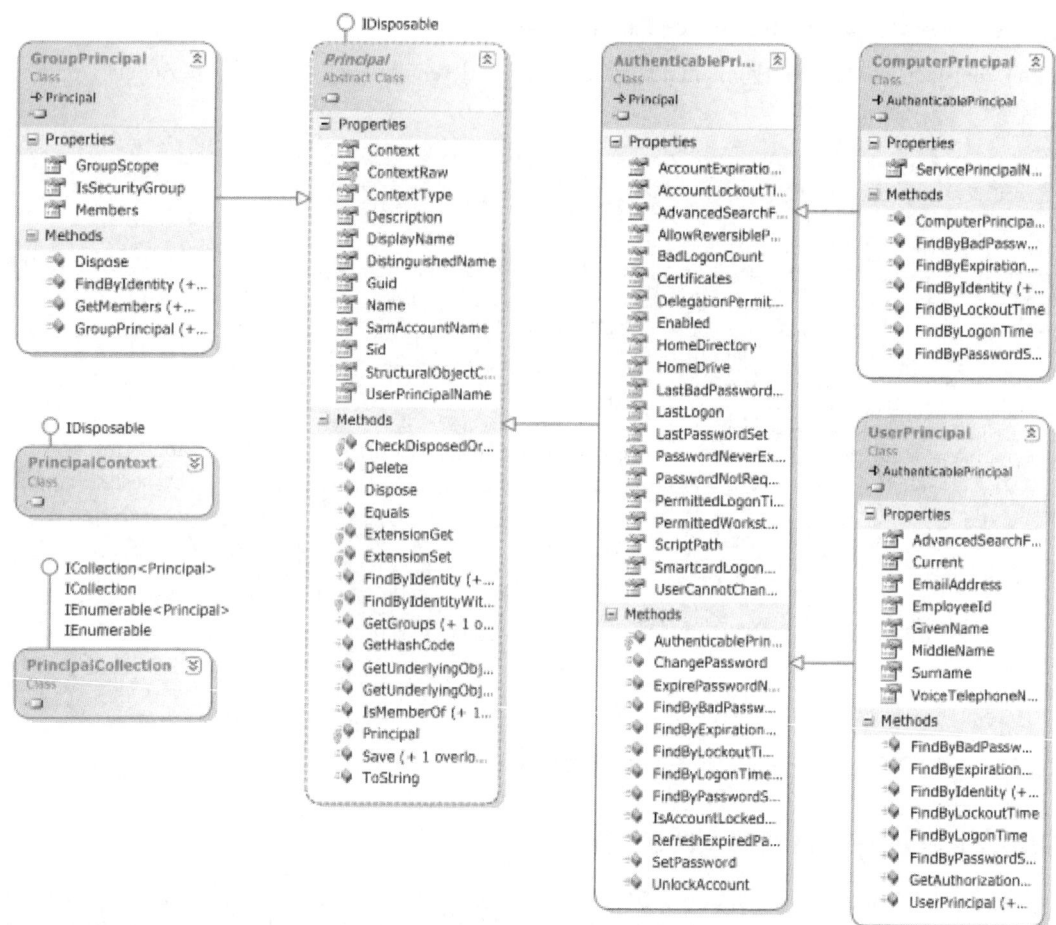

Abbildung 9.20   Klassendiagramm der wichtigsten Klassen aus System.DirectoryService.AccountManagement

Klasse PrincipalContext

PrincipalContext dient dazu, einen Verzeichnisbaum auszuwählen. Es gibt drei Arten von Verzeichnisbäumen, die in ContextType unterstützt werden:

- Domain: Active Directory (AD)
- ApplicationDirectory: Active Directory Lightweight Directory Services (AD LDS), früher Active Directory Application Mode (ADAM)
- Machine: Lokale Benutzerkonten in der Windows Security Account Manager (SAM)-Datenbank.

In dem nachfolgenden Beispiel wird eine bestimmte Organisationseinheit in einem Active Directory über einen bestimmten Domänencontroller angesprochen:

```
PrincipalContext ctx = new PrincipalContext(ContextType.Domain, "E02", "OU=Training,DC=IT-Visions,DC=local");
```

System.DirectoryServices

> **TIPP** Eine hilfreiche Methode ist `ValidateCredentials()` mit der man eine Kombination aus Benutzernamen und Kennwort prüfen kann.

```
PrincipalContext ctx =
    new PrincipalContext(ContextType.Domain, null, "DC=IT-Visions,DC=local");
bool b = ctx.ValidateCredentials("HS", "Sehr+Geheim");
```

Klasse UserPrincipal

Die Klasse `UserPrincipal` repräsentiert einen Benutzer und eine Reihe von dessen Eigenschaften. Außerdem stellt diese Klasse statische Methoden bereit, um Benutzer und Benutzerlisten zu erhalten:

- `UserPrincipal.Current` ist der angemeldete Benutzer.
- `UserPrincipal.FindByIdentity()` dient dazu, einen bestimmten Benutzer zu finden. Dabei gibt es verschiedene Möglichkeiten: z. B. anhand von Verzeichnisnamen (`IdentityType.DistinguishedName`), Anmeldenamen (`IdentityType.SamAccountName`), Security Identifier (`IdentityType.Sid`), Verzeichnis-GUID (`IdentityType.Guid`).
- Mit den Methoden `FindByBadPasswordAttempt()`, `FindByPasswordSetTime()` und `FindByLogonTime()` findet man alle Benutzer, auf die das sich aus dem Methodennamen ergebende Kriterium zutrifft (siehe auch Beispiel unten).

Beispiel: Benutzerdaten lesen

Das Beispiel zeigt das Auslesen von Benutzerdaten.

```
public static void BenutzerSuchen()
{
    // Stamm für alle weiteren Operationen festlegen
    PrincipalContext ctx = new PrincipalContext(ContextType.Domain, "E02", "DC=IT-Visions,DC=local");

    Console.WriteLine("---- Aktueller Benutzer: ");

    Console.WriteLine("Namen:");
    Console.WriteLine(UserPrincipal.Current.Name);
    Console.WriteLine(UserPrincipal.Current.SamAccountName);
    Console.WriteLine(UserPrincipal.Current.DistinguishedName);
    Console.WriteLine(UserPrincipal.Current.DisplayName);
    Console.WriteLine(UserPrincipal.Current.EmployeeId);
    Console.WriteLine(UserPrincipal.Current.GivenName);
    Console.WriteLine(UserPrincipal.Current.Surname);
    Console.WriteLine(UserPrincipal.Current.Description);
    Console.WriteLine(UserPrincipal.Current.Sid);

    Console.WriteLine("Adressen:");
    Console.WriteLine(UserPrincipal.Current.EmailAddress);
    Console.WriteLine(UserPrincipal.Current.VoiceTelephoneNumber);
    Console.WriteLine("Konfiguration:");
    Console.WriteLine(UserPrincipal.Current.HomeDirectory);
```

```
        Console.WriteLine(UserPrincipal.Current.HomeDrive);
        Console.WriteLine(UserPrincipal.Current.Enabled);

        Console.WriteLine("Anmeldungen:");
        Console.WriteLine(UserPrincipal.Current.LastLogon);
        Console.WriteLine(UserPrincipal.Current.BadLogonCount);
        Console.WriteLine(UserPrincipal.Current.LastPasswordSet);
        Console.WriteLine(UserPrincipal.Current.PasswordNeverExpires);
        Console.WriteLine(UserPrincipal.Current.UserCannotChangePassword);

        Console.WriteLine("---- Bestimmter Benutzer: ");
        UserPrincipal u = UserPrincipal.FindByIdentity(ctx, IdentityType.SamAccountName, "hs");
        Console.WriteLine(u.Name);


        Console.WriteLine("Alle Benutzer, die in den letzten 30 Tagen ihr Kennwort falsch eingegeben haben:");
        foreach (var p in UserPrincipal.FindByBadPasswordAttempt(ctx,
DateTime.Now.Subtract(TimeSpan.FromDays(30)), MatchType.GreaterThanOrEquals))
        {
          Console.WriteLine(p.Name + ": " + p.LastBadPasswordAttempt);
          // p.ExpirePasswordNow();
        }

        Console.WriteLine("Alle Benutzer, die in den letzten 30 Tagen ihr Kennwort geändert haben:");
        foreach (var p in UserPrincipal.FindByPasswordSetTime(ctx,
DateTime.Now.Subtract(TimeSpan.FromDays(30)), MatchType.GreaterThanOrEquals))
        {
          Console.WriteLine(p.Name + ":" + p.LastPasswordSet);
        }

        Console.WriteLine("Alle Benutzer, die in den letzten 24 Stunden angemeldet haben:");
        foreach (var p in UserPrincipal.FindByLogonTime(ctx, DateTime.Now.Subtract(TimeSpan.FromHours(24)),
MatchType.GreaterThanOrEquals))
        {
          Console.WriteLine(p.Name + ": " + p.LastLogon);
        }
}
```

Listing 9.40 Benutzersuche und Ausgabe von Informationen über Benutzer

HINWEIS Anders als bei der Arbeit mit der Klasse `DirectoryEntry` werden hier leere Verzeichnisattribute als leere Zeichenketten oder *null*-Werte (bei Datums-/Zeitangaben) signalisiert.

Beispiel: Benutzerdaten verändern

Viele Attribute der Klasse `UserPrincipal` sind beschreibbar. Änderungen können durch Aufruf von `Save()` gespeichert werden.

```
public static void BenutzerAendern()
{
  // Stamm für alle weiteren Operationen festlegen
```

System.DirectoryServices

```
    PrincipalContext ctx = new PrincipalContext(ContextType.Domain, "E02", "DC=IT-Visions,DC=local");

    Console.WriteLine("--- Benutzer holen: ");
    UserPrincipal u = UserPrincipal.FindByIdentity(ctx, IdentityType.SamAccountName, "hs");
    Console.WriteLine(u.Name);
    Console.WriteLine(u.EmailAddress);

    Console.WriteLine("--- Benutzer verändern: ");
    u.EmailAddress = "hs@IT-Visions.de";

    Console.WriteLine("--- Änderungen speichern: ");
    u.Save();
}
```

Listing 9.41 Änderungen von Benutzerdaten

> **TIPP** Zum Neuvergeben des Kennwortes kann man `SetPassword()` aufrufen. Zum Ändern eines Kennwortes unter Angabe des alten Kennwortes kann man `ChangePassword()` aufrufen. Zum Entsperren eines Kontos kann man `UnlockAccount()` aufrufen. Zum Löschen eines Benutzers kann man `Delete()` aufrufen. Über die Methode `GetUnderlyingObject()` kann man ein `DirectoryEntry`-Objekt erhalten, um weitere oder benutzerdefinierte Verzeichnisattribute auf »klassische« Weise (d. h. im Stil von .NET 1.x/2.0) abzurufen.

Beispiel: Benutzer anlegen

Auch das Anlegen eines Benutzerkontos ist einfacher als bei der Verwendung der Klasse `DirectoryEntry`.

```
public static void BenutzerAnlegen()
{
    // Stamm für alle weiteren Operationen festlegen
    PrincipalContext ctx = new PrincipalContext(ContextType.Domain, "E02", "cn=Users,DC=IT-Visions,DC=local");
    // Benutzerobjekt erzeugen
    UserPrincipal b = new UserPrincipal(ctx);
    // Daten setzen
    b.Surname = "Schwichtenberg";
    b.GivenName = "Felix";
    b.DisplayName = "Felix Schwichtenberg";
    b.SamAccountName = "FS";
    b.SetPassword("Sehr+Geheim");
    b.Enabled = true;
    // Speichern
    b.Save();
}
```

Listing 9.42 Anlegen eines neuen Benutzers im Active Directory

Klasse GroupPrincipal

Die Klasse `GroupPrincipal` repräsentiert eine Benutzergruppe. Einzige statische Methode ist `FindByIdentity()` zum Auffinden einer Gruppe. Über das Instanzmitglied Members kann man Benutzer bzw. andere Gruppen hinzufügen (`Add()`) oder entfernen (`Remove()`).

```
public static void BenutzerZuGruppe()
{
  PrincipalContext ctx = new PrincipalContext(ContextType.Domain, "E02", "DC=IT-Visions,DC=local");
  Console.WriteLine("--- Benutzer holen");
  UserPrincipal b = UserPrincipal.FindByIdentity(ctx, IdentityType.SamAccountName, "FS");
  Console.WriteLine("--- Gruppe holen");
  GroupPrincipal group = GroupPrincipal.FindByIdentity(ctx, "Domain Admins");
  Console.WriteLine("--- Benutzer zuordnen");
  group.Members.Add(b);
  Console.WriteLine("--- Gruppe speichern");
  group.Save();
}
```

Listing 9.43 Hinzufügen eines Benutzers zu einer Gruppe im Active Directory

System.Management

Der Namensraum System.Management bietet Zugriff auf die Windows Management Instrumentation (WMI). WMI ist ein objektorientiertes Rahmenwerk für das System- und Netzwerkmanagement; die aktuellen Windows-Versionen bieten jeweils mehrere tausend Klassen. System.Management realisiert mit wenigen Klassen ein Meta-Objektmodell für beliebige WMI-Klassen. System.Management.ManagementObject repräsentiert eine Instanz eines WMI-Objekts und System.Management.ManagementObjectCollection eine Menge von WMI-Objekten.

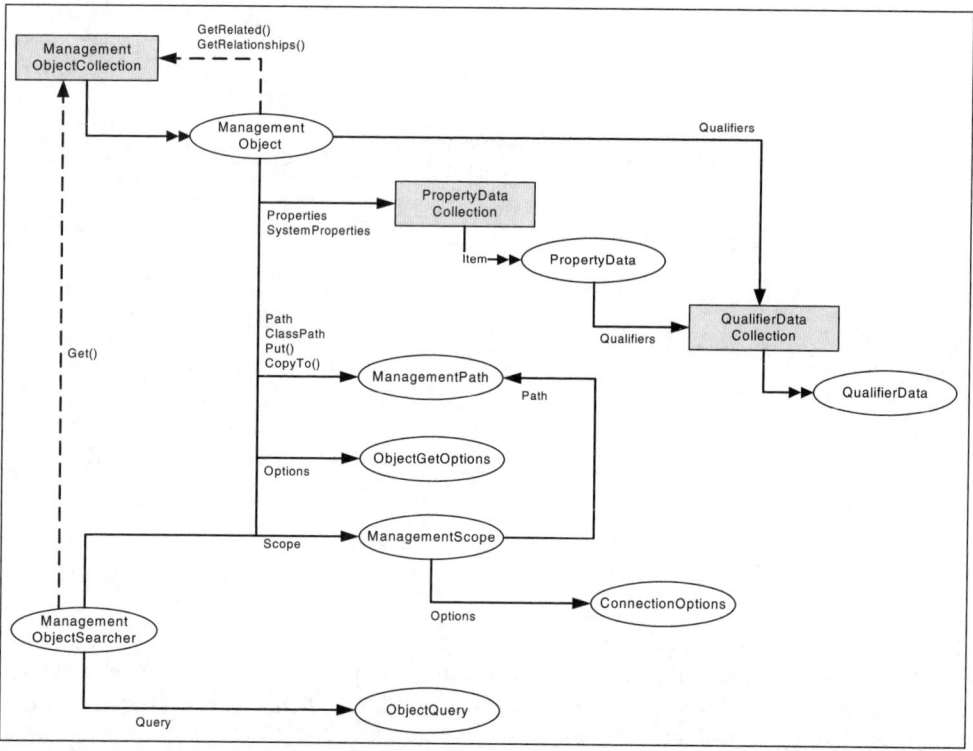

Abbildung 9.21 Objektmodell in System.Management

Beispiel 1: Daten über ein einzelnes WMI-Objekt

Das erste Beispiel demonstriert den Zugriff auf die Instanz C der WMI-Klasse `Win32_LogicalDisk`.

```csharp
// Auslesen von Daten über Laufwerk C
public void WMI_Laufwerk_Auslesen()
{
  // WMI-Pfad
  const string pfad = @"\root\cimv2:Win32_LogicalDisk.DeviceID='C:'";
  // Zugriff auf Managed Object
  ManagementObject mo = new ManagementObject(pfad);
  // Attribute des Meta-Objekts
  Demo.PrintSubHeader("Metainformation:");
  Demo.Print("kompletter WMI-Pfad:" + mo.Path.Path);
  Demo.Print("Relativer Pfad:" + mo.Path.RelativePath);
  Demo.Print("Computer: " + mo.Path.Server);
  Demo.Print("Namensraum:" + mo.Path.NamespacePath);
  Demo.Print("Standardpfad: " + ManagementPath.DefaultPath.Path);
  Demo.Print("Klassenname: " + mo.Path.ClassName);

  // Attribute des Managed Object
  Demo.PrintSubHeader("Zugriff auf einzelne Attribute");
  Demo.Print("Name: " + mo["Caption"]);
  Demo.Print("Dateisystem: " + mo["FileSystem"]);
  Demo.Print("Freie Bytes: " + Convert.ToUInt64(mo["FreeSpace"]).ToString());
}
```

Listing 9.44   Daten über ein Laufwerk auslesen [WMI.cs]

Beispiel 2: Ausführen einer WMI-Methode

Im zweiten Beispiel erfolgt der Aufruf der Methode `Reboot()` in einer Instanz der Klasse `Win32_OperatingSystem`. Im WMI-Repository existiert nur eine einzige Instanz dieser Klasse; da deren Schlüsselattributwert aber nicht bekannt ist, kann die Instanz nicht direkt aufgerufen werden. Die Klasse `System.Management.ManagementClass` repräsentiert eine beliebige WMI-Klasse und stellt mit `GetInstances()` eine Möglichkeit bereit, alle Instanzen der WMI-Klasse zu erhalten.

```csharp
// Informationen über ein Betriebssystem und Neustart
public void WMI_Computer_Reboot()
{
  const string COMPUTER = "Essen01";
  // Zugriff auf Klasse
  ManagementClass mc = new ManagementClass(@"\\" + COMPUTER + @"\root\CIMV2:Win32_OperatingSystem");
  // Instanzen holen
  ManagementObjectCollection menge = mc.GetInstances();
  // Es gibt zwar nur ein Objekt, aber man kann nicht direkt darauf zugreifen
  foreach (ManagementObject mo in menge)
  {
    Demo.Print("Informationen über das Betriebssystem auf: " + mo.Path.Server);
    Demo.Print("Name: " + mo["Name"].ToString());
    Demo.Print("Hersteller: " + mo["Manufacturer"].ToString());
    Demo.Print("Typ: " + mo["OSType"].ToString());
    Demo.Print("Sprache: " + mo["OSLanguage"].ToString());
```

```
        Demo.Print("Version: " + mo["Version"].ToString());
        Demo.Print("Systemverzeichnis: " + mo["SystemDirectory"].ToString());
        Demo.Print("Registrierter Benutzer: " + mo["RegisteredUser"].ToString());
        Demo.PrintSubHeader("Reboot wird initiiert...");
        mo.InvokeMethod("reboot", null);
        Demo.PrintSubHeader("Reboot eingeleitet!");
    }
}
```

Listing 9.45 Neustart eines Rechners [WMI.cs]

Beispiel 3: Ausführen einer WMI-Abfrage

.NET unterstützt auch Abfragen in der WMI Query Language (WQL), die SQL sehr ähnlich ist. Die folgende Unterroutine führt eine WQL-Abfrage aus, die alle laufenden Systemdienste ermittelt. Ein Systemdienst wird in WMI durch die Klasse `Win32_Service` repräsentiert.

```
// WQL-Datenabfrage: Liste aller laufenden Dienste
public void WMI_Dienste_Auflisten()
{
    // Abfragebefehl (WQL)
    const string ABFRAGE = "select name,state from Win32_Service where state='running'";
    const string COMPUTER = "Essen01";
    Demo.PrintSubHeader("WQL-Datenabfrage: Liste aller laufenden Dienste");
    ManagementScope scope = new ManagementScope("\\" + COMPUTER);
    // Abfrage erzeugen
    SelectQuery sq = new SelectQuery(ABFRAGE);
    ManagementObjectSearcher suche = new ManagementObjectSearcher(scope, sq);
    // Abfrage ausführen
    ManagementObjectCollection menge = suche.Get();
    // Ergebnisse ausgeben
    foreach (ManagementObject mo in menge)
       Demo.Print("Dienst: " + mo["Name"].ToString() + " Zustand: " + mo["state"].ToString());
}
```

Listing 9.46 Liste aller laufenden Dienste [WMI.cs]

System.Resources

Texte, Grafiken, Videos und andere Elemente, die leicht austauschbar sein müssen (z. B. für die Lokalisierung von Anwendungen auf andere Sprachen) sollten nicht in eine Anwendung hineinkompiliert werden, sondern in getrennten Ressourcendateien vorliegen. Das .NET Framework besitzt eine Infrastruktur für die Verwaltung von Ressourcendateien in verschiedenen Sprachen. Ressourcen können in *.resource*-Dateien oder kompilierten Assemblies (sogenannten *Satelliten-Assemblies*) vorliegen. In beiden Fällen wird pro Sprache eine Datei verwendet, die jeweils den Namen der zugehörigen Assembly trägt mit dem Zusatz *resources*. Die Trennung der verschiedenen Sprachressourcen erfolgt entweder durch einen Sprachzusatz im Dateinamen oder durch entsprechende Unterverzeichnisse. Dabei kommen die Sprachkürzel nach RFC 1766 zum Einsatz, beispielsweise *de-DE* (für Deutsch in Deutschland), *de-AT* (für österreichisches Deutsch), *en-GB* (für britisches Englisch) und *en-US* (für amerikanisches Englisch). Eine allgemeine (invariante) Sprachressource ohne Länderkürzel kann definiert werden für alle nicht explizit behandelten Sprachen.

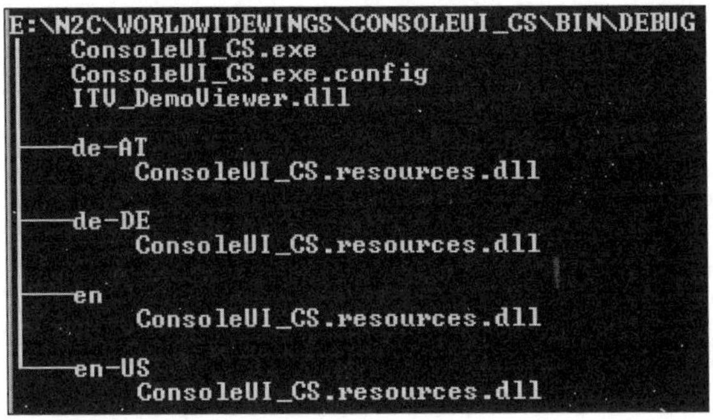

System.Resources

```
E:\N2C\WORLDWIDEWINGS\CONSOLEUI_CS\BIN\DEBUG
    ConsoleUI_CS.exe
    ConsoleUI_CS.exe.config
    ITV_DemoViewer.dll
├───de-AT
│       ConsoleUI_CS.resources.dll
├───de-DE
│       ConsoleUI_CS.resources.dll
├───en
│       ConsoleUI_CS.resources.dll
└───en-US
        ConsoleUI_CS.resources.dll
```

Abbildung 9.22 Beispiele für eine Ordnerstruktur

ACHTUNG   Es ist möglich, Grafiken und andere Dateien direkt als Ressourcen in eine Assembly einzubetten oder mit der Assembly zu verlinken. Diese direkt eingebetteten Ressourcen unterstützen aber nicht die Lokalisierung. Für die Lokalisierung müssen Sie die Grafiken etc. in eine *.resx*-Datei integrieren.

Erstellung von Ressourcendateien

Visual Studio unterstützt die Erstellung von Ressourcendateien mit Name-Wert-Paaren im XML-Format (*.resx*). Der Editor für *.resx*-Dateien unterstützt seit Visual Studio 2005 auch die Ablage von Grafikdateien innerhalb des XML-Dokuments. Bei der Kompilierung werden *.resx*-Dateien automatisch in *.resource*-Dateien umgewandelt, die die Sprach-Compiler verarbeiten können.

Bei der Verwendung der Kommandozeilen-Compiler müssen Ressourcen entweder direkt in *.resource*-Dateien vorliegen oder aber zunächst mit dem Werkzeug *resgen.exe* (aus dem .NET SDK) umgewandelt werden. *Resgen.exe* erlaubt als Eingabeformate *.resx* und *.txt*.

```xml
<data name="ConfirmationBody">
   <value xml:space="preserve">We like to confirm the following flights:</value>
</data>
<data name="ConfirmationSubject">
   <value xml:space="preserve">Booking Confirmation</value>
   <comment xml:space="preserve">Betreffzeile</comment>
</data>
<data name="Goodbye">
   <value xml:space="preserve">Kind regards</value>
</data>
<data name="Hello">
   <value xml:space="preserve">Dear</value>
</data>
<data name="ThankYou">
   <value xml:space="preserve">Thank you for flying with us.</value>
</data>
```

Abbildung 9.23 Beispiel für eine *.resx*-Datei (Texte für den Versand von Buchungsbestätigungen)

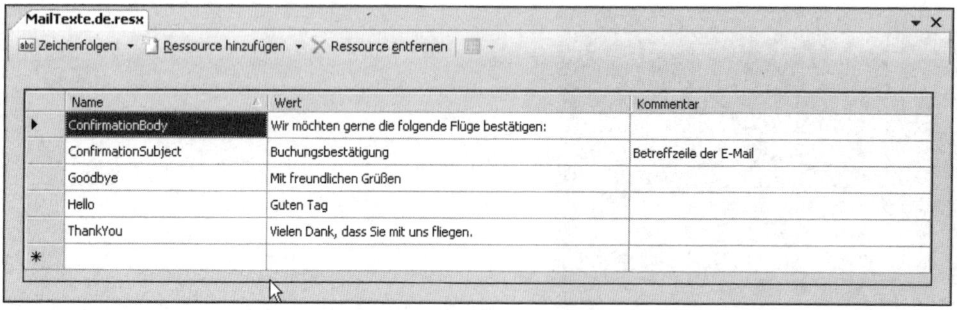

Abbildung 9.24 Ressourcen-Editor in Visual Studio

Zugriff auf Ressourcendateien

Der Zugriff auf Ressourcen ist sehr einfach über die Klasse System.Resources.ResourceManager: Diese benötigt beim Instanziieren den Namen der Ressource und ein Assembly-Objekt. Das Assembly-Objekt für die Assembly, in der sich der ablaufende Code befindet, erhält man über System.Reflection.Assembly.GetExecutingAssembly(). Der Name der Ressource, den Visual Studio vergibt, besteht aus dem Namen der Assembly und dem Namen der *.resx*-Datei ohne Länderkürzel und Dateinamenserweiterung. Wenn die *.resx*-Datei in einem Unterverzeichnis des Projekts liegt, fügt Visual Studio dem Ressourcennamen den Unterverzeichnisnamen hinzu. Die Ressourcendateien *MailTexte.resx* im Unterverzeichnis *Ressourcen* des Projekts *WWWIngs_ConsoleUI_CS* haben also den Namen *WWWIngs_ConsoleUI_CS.Ressourcen.MailTexte*.

Die ResourceManager-Klasse stellt zur Beschaffung von Ressourcenelementen die Methoden GetString(), GetObject() und GetStream() bereit. Anzugeben ist der Name des Ressourcenelements unter Beachtung der Groß-/Kleinschreibung. Die Relevanz der Groß-/Kleinschreibung kann aber deaktiviert werden.

```
ResourceManager rm = new ResourceManager("WWWIngs_ConsoleUI_CS.Ressourcen.MailTexte",
System.Reflection.Assembly.GetExecutingAssembly());
rm.IgnoreCase = true;
MailBody =
rm.GetString("Hello") + "\n" +
rm.GetString("ConfirmationBody") + "\n" +
FlightList + "\n" +
rm.GetString("ThankYou") + "\n" +
rm.GetString("Goodbye") + "\n";
rm.ReleaseAllResources();
```

Listing 9.47 Auslesen von Ressourcen mit der Klasse ResourceManager [RessourceDemo.cs]

Das ResourceManager-Objekt verwendet als Sprache die Spracheinstellungen des aktuellen Threads (System.Threading.Thread.CurrentThread.CurrentUICulture). Zunächst sucht das ResourceManager-Objekt eine passende Ressourcendatei (z. B. *MailTexte.de-DE*). Wenn diese nicht gefunden wird, wird in einer Rückfallstrategie nach der übergeordneten Sprache (hier: *MailTexte.de*) gesucht. Wird auch diese nicht gefunden, verwendet der ResourceManager die invariante Ressourcendatei. Die Rückfallstrategie wird bei jedem einzelnen Ressourcenelement angewendet. So müssen in den Ressourcendateien *MailTexte.de-AT* und *MailTexte.de-DE* nur solche Ressourcenelemente definiert werden, bei denen die beiden Sprachen abweichen. Alle gleichen Elemente können in *MailTexte.de* definiert werden.

> **TIPP** Die Spracheinstellung des aktuellen Threads richtet sich beim Programmstart nach den Spracheinstellungen von Windows. Sie können die Sprache während des Programmablaufs beliebig oft wechseln mit:

```
Thread.CurrentThread.CurrentUICulture = new System.Globalization.CultureInfo("en-GB");
```

Die aktuelle Sprache ermitteln Sie mit

```
System.Threading.Thread.CurrentThread.CurrentUICulture.Name;
```

oder

```
System.Threading.Thread.CurrentThread.CurrentUICulture.NativeName;
```

`Name` liefert immer den englischen Sprachnamen, `NativeName` den Namen der Sprache in der aktuellen Sprache.

Streng typisierte Ressourcen

Die Nutzung des `ResourceManager`-Objekts ist zwar recht einfach, aber fehleranfällig, weil die Namen der Ressourcenelemente als Zeichenketten angegeben werden. Jeder Tippfehler führt somit dazu, dass das Ressourcenelement nicht gefunden wird. Neu seit .NET Framework 2.0 ist die Unterstützung für streng typisierte Ressourcen (*Strongly-Typed Resources*). Das Werkzeug *resgen.exe* bietet dem Entwickler seit .NET 2.0 die neue Option, eine Verpackungsklasse für eine beliebige Ressourcendatei zu generieren, sodass er mit frühem Binden auf die Ressourcennamen zugreifen und somit Laufzeitfehler wegen falscher Ressourcennamen vermeiden kann.

Die Verpackungsklasse kapselt den Zugriff auf das `ResourceManager`-Objekt und bietet ein statisches, nur lesbares Property-Mitglied für jedes Ressourcenelement. Der Code für den Zugriff auf die Ressource *MailTexte* wird somit kürzer und weniger fehleranfällig:

```
// streng typisiert (verwendet die generierte MailTexte.cs)
MailBody =
WWWIngs_ConsoleUI_CS.MailTexte.Hello + "\n" +
WWWIngs_ConsoleUI_CS.MailTexte.ConfirmationBoby + "\n" +
FlightList + "\n" +
WWWIngs_ConsoleUI_CS.MailTexte.ThankYou + "\n" +
WWWIngs_ConsoleUI_CS.MailTexte.Goodbye + "\n";
```

Listing 9.48 Auslesen von Ressourcen mit der Klasse ResourceManager [RessourceDemo.cs]

Die Erstellung der Verpackungsklasse erfolgt mit *resgen.exe* über den Kommandozeilenparameter /s, bei dem die Zielsprache und der Namensraum für die generierte Klasse anzugeben sind.

```
Resgen /str:C#,de.itvisions
```

Alternativ dazu kann die Generierung auch über die Klasse `System.Resources.Tools.StronglyTyped-ResourceBuilder` angestoßen werden.

Visual Studio stellt für die in einigen Projekttypen automatisch angelegte *resources.resx* automatisch Verpackungsklassen bereit. In Visual Basic-Projekten erfolgt der Zugriff über `My.Resources`, in C# über `Anwendungsname.Properties.Resources`.

System.Security

Der Namensraum `System.Security` enthält zahlreiche Klassen für die in nachfolgender Tabelle genannten Zwecke.

Zweck	Namensraum	Status in .NET 2.0	Status in .NET 3.0	Status in .NET 3.5
Code Access Security (CAS)	System.Security und System.Security.Permissions		Leicht erweitert	
Verschlüsselte Zeichenketten	System.Security, Klasse SecureString	Neu!		
Public Key Cryptography Standard (PKCS)	System.Security.Cryptography.Pkcs	Neu!		
X.509-Zertifikate	System.Security.Cryptography.X509Certificates	Erweitert (insbes. für den Zugriff auf Zertifikatsspeicher)		Leicht erweitert
Signierung von XML-Dokumenten gemäß XML-Signature Syntax and Processing [W3C01]	System.Security.Cryptography.Xml	Neu!		
Symmetrische Verschlüsselung (z. B. AES, DES, RC2, Rijndael, TripleDES) und asymmetrische Verschlüsselung (z. B. DSA, RSA, ECDSA, ECDH)	System.Security.Cryptography			Erweitert (siehe unten)
Hash-Verfahren (z. B. MD5, PIPEMD160, SHA1, SHA256, SHA284, SHA512)	System.Security.Cryptography			
SSL-Authentifizierung	System.Security.Authentication	Neu!		
Berechtigung von Windows-Systembausteinen (Zugriffsrechtelisten)	System.Security.AccessControl	Neu!		

Tabelle 9.4 Namensraum System.Security

Die meisten der o.g. Themen können aufgrund ihrer Komplexität nicht in diesem Buch behandelt werden. Zwei der neu hinzugekommenen Funktionen sollen hier jedoch kurz vorgestellt werden: verschlüsselte Zeichenketten (`SecureString`) und der Zugriff auf Berechtigungen von Windows-Systembausteinen (Unternamensraum `System.Security.AccessControl.*`).

> **HINWEIS** Das .NET Framework 3.5 enthält einige neue Sicherheitsklassen. Dies sind zum Teil neue Verfahren, z. B.
> - Advanced Encryption Standard (AES) mit Schlüsselgrößen von 128 und 256 Bit für die Verschlüsselung (bisher schon vorhanden, aber nicht zertifiziert gemäß Federal Information Processing Standard (FIPS))
> - Secure Hash Algorithm (SHA-256 und SHA-384) für das Hashing
> - Elliptic Curve Digital Signature Algorithm (ECDSA) mit 256-Bit und 384-Bit-Kurven Prime-Moduli zur Signatur
> - Elliptic Curve Diffie-Hellman (ECDH) mit 256-Bit und 384-Bit-Kurven Prime-Moduli für Schlüsselaustausch / Geheimvereinbarung
>
> Das .NET Framework 3.5 unterstützt alle Sicherheitsverfahren der National Security Agency (NSA) Suite B.
>
> Außerdem gibt es einige neue Implementierungen für bestehende Verfahren, z. B. Klasse `MD5Cng` statt `MD5` und `SHA256Cng` statt `SHA256`. *Cng* steht dabei jeweils für *Cryptography API Next Generation*, ein Projekt bei Microsoft, mit dem das bestehende Cryptography API langfristig durch eine neue, flexiblere Schnittstelle ersetzt werden soll.

System.Security.SecureString

Die Klasse `SecureString` legt eine Zeichenkette in verschlüsselter Form im Hauptspeicher ab, sodass ein Schutz für sensible Daten (wie Kennwörter) besteht. Damit wird seit .NET 2.0 das Sicherheitsproblem eliminiert, welches dadurch entsteht, dass der Entwickler keinen Einfluss darauf hat, wann erzeugte Zeichenketten der automatischen Speicherbereinigung unterworfen und im Speicher überschrieben werden. Angreifer könnten so durch ein Speicherabbild sensible Informationen erhalten.

Neben der verschlüsselten Ablage unterscheidet sich `SecureString` von `System.String` dadurch, dass ein einmal gesetzter Wert noch verändert werden kann (`AppendChar()`, `RemoveAt()`, `SetAt()`), bis die Zeichenkette explizit als nicht mehr veränderbar (`MakeReadOnly()`) gekennzeichnet wird. Außerdem hat die Anwendung Einfluss auf die Vernichtung des Werts aus dem Hauptspeicher (`Clear()`).

Zweck eines `SecureString` ist die Übergabe an eine andere Klasse, z. B. das Attribut `Password` in der Klasse `ProcessStartInfo` zum Start eines Prozesses unter einem anderen Benutzerkonto. Ein entsprechendes Beispiel finden Sie in dem Kapitel »Konsolenanwendungen«.

Die Rückumwandlung eines `SecureString`-Objekts in eine normale Zeichenkette ist leider nicht trivial. Man benötigt dazu die Klasse `System.Runtime.InteropServices.Marshal` (siehe Listing).

```
public void SecureStringRueckumwandlung()
{
   SecureString s = new SecureString();
   s.AppendChar('g');
   s.AppendChar('e');
   s.AppendChar('h');
   s.AppendChar('e');
   s.AppendChar('i');
   s.AppendChar('m');
   s.MakeReadOnly();
   IntPtr p = System.Runtime.InteropServices.Marshal.SecureStringToBSTR(s);
   string KlartextKennwort = System.Runtime.InteropServices.Marshal.PtrToStringUni(p);
   Demo.Print(KlartextKennwort);
}
```

Listing 9.49 Ausgabe eines Secure String

System.Security.AccessControl.*

Der Namensraum enthält zahlreiche Klassen zur Verwaltung von Zugriffsrechtelisten (Access Control Lists, ACLs). Dieser Namensraum wird insbesondere von den Klassen System.IO.File, System.IO.Directory, Microsoft.Win32.RegistryKey und System.Threading.Semaphore verwendet. Für jede Art von Ressource, deren ACLs verwaltet werden können, bietet der Namensraum AccessControl eine Klasse an, die von System.Security.AccessControl.ObjectSecurity abgeleitet ist. Beispielsweise dient System.Security.AccessControl.FileSecurity dazu, die ACLs einer Datei im Dateisystem zu lesen und zu verarbeiten.

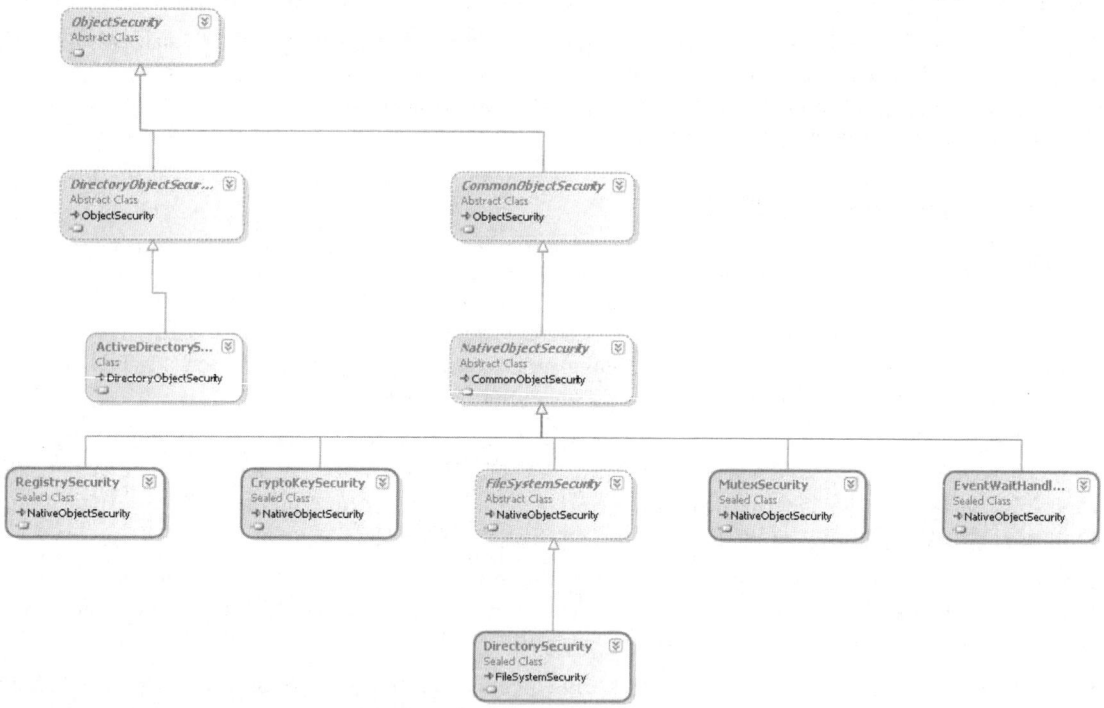

Abbildung 9.25   Vererbungshierarchie der Klassen zur ACL-Speicherung

Über die gesamte .NET-Klassenbibliothek verteilt findet man Klassen, die eine Methode GetAccessControl() besitzen, welche ein von der Klasse ObjectSecurity abgeleitetes Objekt liefert. Beispiele für solche Klassen sind:

- System.IO.File
- System.IO.Directory
- System.IO.FileInfo
- System.IO.DirectoryInfo
- Microsoft.Win32.RegistryKey
- System.Threading.Semaphore

System.Security

Kontenname und Security Identifier (SID)

Der Namensraum `System.Security.AccessControl` verwendet Klassen aus `System.Security.Principal` zur Darstellung der Berechtigungsträger (Benutzer und Gruppen). `System.Security.Principal` unterstützt die beiden in Windows bekannten Bezeichner für Berechtigungsträger:

- Prinzipalname (z. B. ITVisions\hs) durch die Klasse `System.Security.Principal.NTAccount`
- Security-Identifier (z. B. S-1-5-21-565061207-3232948068-1095265983-500) durch die Klasse `System.Security.Principal.SecurityIdentifier`.

Jeder Benutzer und jede Benutzergruppe besitzt einen sogenannten Security Identifier (kurz: SID), der den Benutzer bzw. die Gruppe eindeutig identifiziert. Ein SID ist ein Zahlen-Array variabler Länge. In Textform wird der SID mit einem beginnenden »S« dargestellt. Die Umwandlung eines Prinzipalnamens in einen SID und umgekehrt erfolgt mithilfe der Methode `Translate()` in der Klasse `IdentityReference`, welche die Basisklasse für `NTAccount` und `SecurityIdentifier` ist.

In Windows eingebaute Benutzer und Gruppen besitzen einen sogenannten *Well-Known-Security-Identifier*. .NET stellt seit Version 2.0 eine Auflistung `System.Security.Principal.WellKnownSidType` bereit, die man zur Instanziierung der Klasse `SecurityIdentifier` einsetzen kann. Man umgeht damit die sprachspezifischen Unterschiede des Betriebssystems (*Guests / Gäste*).

```
Demo.Print("Administratoren: " + new
System.Security.Principal.SecurityIdentifier(System.Security.Principal.WellKnownSidType.
BuiltinAdministratorsSid, null).Value);
```

Einige eingebaute Benutzer und Gruppen beinhalten den SID der Domäne in ihrem eigenen SID. In diesem Fall muss bei der Instanziierung der Klasse `SecurityIdentifier` der Domänen-SID mit angegeben werden. Leider schweigt sich die Dokumentation darüber aus, woher man den Domain-SID mit .NET-Methoden bekommt. Auch im WWW findet man noch kein Beispiel dafür.

Eine andere Möglichkeit zum Zugriff auf eingebaute Benutzer und Gruppen besteht in der Verwendung der in der Security Descriptor Definition Language (SDDL) definierten Abkürzungen für die eingebauten Benutzer und Gruppen (siehe Tabelle).

```
Demo.Print("Administratoren: " + new System.Security.Principal.SecurityIdentifier("BA").Value);
```

SDDL-Abkürzung	Bedeutung
"AO"	Account operators
"AN"	Anonymous logon
"AU"	Authenticated users
"BA"	Built-in administrators
"BG"	Built-in guests
"BO"	Backup operators
"BU"	Built-in users

SDDL-Abkürzung	Bedeutung
"CA"	Certificate server administrators
"CG"	Creator group
"CO"	Creator owner
"DA"	Domain administrators
"DC"	Domain computers
"DD"	Domain controllers
"DG"	Domain guests
"DU"	Domain users
"EA"	Enterprise administrators
"ED"	Enterprise domain controllers
"WD"	Everyone
"PA"	Group Policy administrators
"IU"	Interactively logged-on user
"LA"	Local administrator
"LG"	Local guest
"LS"	Local service account
"SY"	Local system
"NU"	Network logon user
"NO"	Network configuration operators
"NS"	Network service account
"PO"	Printer operators
"PS"	Personal self
"PU"	Power users
"RS"	RAS servers group
"RD"	Terminal server users
"RE"	Replicator
"RC"	Restricted code
"SA"	Schema administrators
"SO"	Server operators
"SU"	Service logon user

Tabelle 9.5 SDDL-Abkürzungen für eingebaute Benutzer und Gruppen

DACL auslesen

Das erste Listing zeigt die Ausgabe der einzelnen Access Control Entries (ACEs) der Discretionary ACL (DACL) einer Datei im Dateisystem. Zunächst wird die Methode GetAccessControl() in der Klasse System.IO.File genutzt, um den kompletten Sicherheitsdeskriptor in Form eines FileSecurity-Objekts zu erhalten.

GetOwner() liefert den Besitzer der Datei. Als Parameter ist anzugeben, in welcher Form (SecurityIdentifier oder NTAccount) man die Information erhalten möchte.

```
Demo.Print("Besitzer SID: " +
objFS.GetOwner(typeof(System.Security.Principal.SecurityIdentifier)).Value);
Demo.Print("Besitzer Name: " + objFS.GetOwner(typeof(System.Security.Principal.NTAccount)).Value);
```

Das FileSecurity-Objekt liefert über GetAccessRules() die einzelnen ACEs der DACL in Form von FileSystemAccessRule-Objekten. GetAuditRules() würde die ACEs der System-ACL (SACL) liefern, die die Überwachungseinstellungen enthält. Auch hierbei ist wieder die gewünschte Form für den Berechtigungsträger anzugeben.

Bei GetAccessRules() kann bestimmt werden, ob nur die expliziten (erster Boolean-Parameter) und/oder die vererbten ACEs in der Ergebnismenge enthalten sein sollen. Die expliziten ACEs erscheinen immer zuerst in der Liste.

```
// Auslesen einer Datei-ACL
public void SDAuslesen()
{
   const string DATEI = @"c:\HolgerSchwichtenberg.doc";
   // Hole ACL
   FileSecurity objFS = File.GetAccessControl(DATEI);
   // Besitzer
   Demo.Print("Besitzer SID: " +
    objFS.GetOwner(typeof(System.Security.Principal.SecurityIdentifier)).Value);
   Demo.Print("Besitzer Name: " +
    objFS.GetOwner(typeof(System.Security.Principal.NTAccount)).Value);
   // Hole einzelne ACEs aus ACL
   AuthorizationRuleCollection ACEs = objFS.GetAccessRules(true, true,
    typeof(System.Security.Principal.NTAccount));
   // Schleife über alle ACEs
   foreach (FileSystemAccessRule ACE in ACEs)
   {
     Demo.Print("Benutzer/Gruppe {0}: {1} {2} ({3})",
     ACE.IdentityReference.ToString(),
     ACE.FileSystemRights,
     ACE.AccessControlType == AccessControlType.Allow ? "zugelassen" : "verweigert",
     ACE.IsInherited ? "vererbt" : "explizit"
     );
   }
}
```

Listing 9.50 Auslesen einer Datei-ACL [Security.cs]

```
Besitzer SID: S-1-5-32-544
Besitzer Name: BUILTIN\Administrators
Benutzer/Gruppe BUILTIN\Administrators: FullControl zugelassen (explizit)
Benutzer/Gruppe ESSEN\hs: FullControl zugelassen (explizit)
Benutzer/Gruppe ESSEN\hp: Read, Synchronize zugelassen (explizit)
Benutzer/Gruppe BUILTIN\Administrators: FullControl zugelassen (vererbt)
Benutzer/Gruppe NT AUTHORITY\SYSTEM: FullControl zugelassen (vererbt)
Benutzer/Gruppe BUILTIN\Users: ReadAndExecute, Synchronize zugelassen (vererbt)
```

Listing 9.51 Eine mögliche Ausgabe des obigen Beispiels

DACL setzen

Das folgende Listing zeigt das Ergänzen einer ACE zu einer ACL einer Datei. Wieder erfolgt der Zugriff über die statische Methode `GetAccessControl()` der `File`-Klasse. Neue `FileSystemAccessRule`-Objekte können mithilfe von `NTAccount`-Objekten oder `SecurityIdentifier`-Objekten erzeugt werden. Als weitere Parameter werden die zu vergebenden Rechte, z. B.

- `FileSystemRights.Read`
- `FileSystemRights.Write`
- `FileSystemRights.Modify FileSystemRights.FullControl`

sowie der Berechtigungstyp (`AccessControlType.Allow` oder `AccessControlType.Deny`) bei der Instanziierung genannt.

```
// Hinzufügen von ACEs
  public void SDErgaenzen()
  {
    const string DATEI = @"c:\HolgerSchwichtenberg.doc";
    // Hole ACL
    FileSecurity objFS = File.GetAccessControl(DATEI);
    // ACE erzeugen
    FileSystemAccessRule rule = new FileSystemAccessRule(
      new System.Security.Principal.NTAccount(@"Essen\hs"), FileSystemRights.Modify,
      AccessControlType.Deny);
    FileSystemAccessRule rule2 = new FileSystemAccessRule(
        new System.Security.Principal.SecurityIdentifier(
          System.Security.Principal.WellKnownSidType.BuiltinAdministratorsSid, null),
        FileSystemRights.FullControl,
        AccessControlType.Allow);
    // Regel hinzufügen
    objFS.AddAccessRule(rule);
    objFS.AddAccessRule(rule2);
    // Speichern
    File.SetAccessControl(DATEI, objFS);
  }
}
```

Listing 9.52 Hinzufügen eines ACE [Security.cs]

Kapitel 10

Language Integrated Query (LINQ)

In diesem Kapitel:

Einführung und Motivation	378
LINQ-Provider	379
LINQ-to-Objects	390
LINQ-to-XML	403
LINQ-to-DataSet	404
LINQ-to-SQL und LINQ-to-Entities	404
LINQ-to-DataServices	404

Einführung und Motivation

Language Integrated Query (LINQ) ist eine allgemeine Such- / Abfragesprache, die seit dem .NET Framework 3.5 in der .NET-Klassenbibliothek und der Sprachsyntax der Sprachen C# (ab Version 3.0) und Visual Basic .NET (ab Version 9.0) verankert ist.

Das Problem, das LINQ zu lösen versucht, lässt sich so beschreiben: Jede Art von Datenspeicher (z.B. Objektmengen im Hauptspeicher, Datenbank-Tabellen, XML-Dokumente, Verzeichnisdienste) besitzt eine Möglichkeit zur Suche nach Elementen. Bei Datenbanken ist dies in der Regel die Sprache Structured Query Language (SQL), bei XML-Dokumenten XPath oder XQuery und bei Verzeichnisdiensten LDAP. Für Objektmengen im Hauptspeicher gibt es keinen Standard oder De-Facto-Standard. Innerhalb des .NET Frameworks findet man unterschiedliche Such- und Abfragemöglichkeiten, z.B. DataView-Objekte für DataTable-Objekte. Auch die Methoden Find() und FindAll(), mit denen man unter Angabe eines Prädikats (vgl. Kapitel »Sprachsyntax Visual Basic 2008 (VB.NET 9.0) und C# 2008 (C# 3.0)«) in Objektmengen aus dem Namensraum System.Collections suchen kann, lassen sich dabei als eine Abfragesprache bezeichnen. Alle diese Abfragesprachen unterscheiden sich hinsichtlich ihrer Mächtigkeit und auch hinsichtlich ihrer Syntax, sodass man für diese verschiedenen Datenspeicher unterschiedliche Befehlssätze beherrschen muss. Erinnert sei an dieser Stelle auch noch daran, dass es zwar einen Standard für SQL gibt, aber es dennoch Unterschiede zwischen der SQL-Syntax verschiedener Datenbankmanagementsysteme gibt.

LINQ tritt an, eine allgemeine Such- und Abfragesyntax für alle Arten von Datenspeichern zu definieren. Unterhalb der LINQ-Abfrageebene werden die Abfragen durch LINQ-Provider in andere Sprachen (z.B. SQL, XPath oder LDAP) übersetzt oder direkt auf dem Datenspeicher ausgeführt.

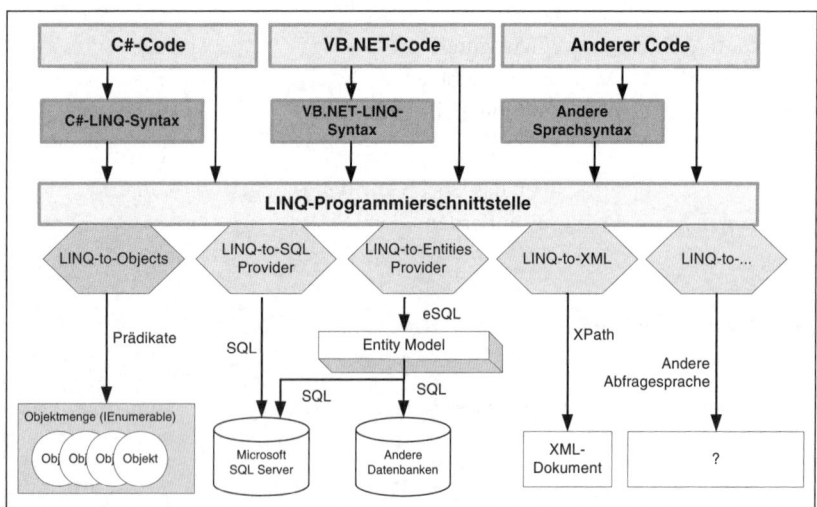

Abbildung 10.1 Architektur von LINQ

Neben der Vereinheitlichung der Sprachen bietet LINQ noch einen Vorteil: Während bisher Sprachen wie SQL, XPath und LDAP aus der Sicht des Sprachkompilers nur Zeichenkettenliterale waren, ist die Abfragesyntax nun in der Sprachsyntax bzw. Klassenbibliothek verankert. Der große Vorteil von LINQ ist, dass die Sprachkompiler die Syntax prüfen können und die Entwicklungsumgebung IntelliSense-Unterstützung anbieten kann. Dies ist mit »externen« Suchsprachen, die der Compiler nur als Zeichenkette sieht, nicht möglich.

LINQ-Provider

Dieses Kapitel dokumentiert die zum Redaktionsschluss verfügbaren und dem Autor bekannten LINQ-Provider.

HINWEIS LINQ-Provider haben meistens einen Namen, der mit *LINQ-to-...* beginnt (z. B. LINQ-to-XML). Einige wenige Provider verwenden noch die alte Benennungsweise mit einem vorangestellten Kürzel (z. B. hieß LINQ-to-XML früher XLINQ).

LINQ-Provider von Microsoft im .NET Framework

Microsoft bietet in .NET 3.5 die Möglichkeit zur Abfrage von

- .NET-Objektmengen, die die Schnittstelle `IEnumerable` unterstützen (LINQ-to-Objects)
- Microsoft SQL Server-Datenbanken (LINQ-to-SQL, früher: *DLINQ*),
- ADO.NET-DataSets (LINQ-to-DataSet) und
- XML-Daten (LINQ-to-XML, früher: *XLINQ*).

Im Rahmen von .NET 3.5 Service Pack 1 liefert Microsoft noch zusätzlich:

- LINQ-to-Entities: Abfrage von Datenkontexten des ADO.NET Entity Framework
- LINQ-to-DataService: Abfrage von WCF-Datendiensten

Andere LINQ-Provider

An der breiten Akzeptanz zeigt sich, dass LINQ auf einem guten Weg ist, sich für die Abfrage von Datenquellen unterschiedlichster Art zu etablieren. Mittlerweile gibt es neben den im .NET Framework 3.5 mitgelieferten Providern eine Reihe von Anbietern (kommerzielle und Open Source), sogenannte LINQ-Provider für Ihre Datenquellen.

Die nachfolgende Liste gibt einen guten Überblick über das Spektrum der Möglichkeiten, erhebt jedoch keinen Anspruch auf Vollständigkeit. Hingewiesen sei außerdem darauf, dass viele der hier genannten Provider noch experimentell sind.

Andere LINQ-Provider (1) (Programmier-)Sprachen

- LINQ-to-XSD

    http://blogs.msdn.com/xmlteam/archive/2007/06/05/linq-to-xsd-preview-alpha-0-2-to-go-with-orcas-beta-1.aspx

- LINQ-to-Java

    http://xircles.codehaus.org/projects/quaere

- LINQ-to-PHP (PHPLINQ)

    http://www.codeplex.com/PHPLinq

- LINQ-to-Parallel
  http://www.microsoft.com/downloads/details.aspx?FamilyID=e848dc1d-5be3-4941-8705-024bc7f180ba&displaylang=en
- LINQ-to-JavaScript (JSLINQ)
  http://www.codeplex.com/JSLINQ
- LINQ-to-RDF
  http://blogs.msdn.com/hartmutm/archive/2006/07/24/677200.aspx
- LINQ-to-WMI
  http://bloggingabout.net/blogs/emile/archive/2005/12/12/10514.aspx
- LINQ-to-LDAP
  http://www.hookedonlinq.com/LINQ2LDAP.ashx

Andere LINQ-Provider (2) Datenbanken und ORM-Werkzeuge

- LINQ-to-MySql, Oracle and PostgreSQL
  http://code2code.net/DB_Linq/
- LINQ-to-Vanatec Open Access (kommerziell)
  http://www.vanatec.com/en/product-information/linq2sql
- LINQ-to-Genome (kommerziell)
  http://www.genom-e.com/Default.aspx?tabid=227
- LINQ-to-NHibernate
  http://www.hookedonlinq.com/LINQToNHibernate.ashx
- LINQ-to-LLBLGen Pro
  http://weblogs.asp.net/fbouma/archive/2008/03/12/beta-of-linq-to-llblgen-pro-released.aspx
- LINQ-to-ADO.NET DataService
  http://quickstarts.asp.net/3-5-extensions/adonetdataservice/NETClientLibrary.aspx

Andere LINQ-Provider (3) Anwendungen und Server

- LINQ-to-SAP (kommerziell)
  http://www.theobald-software.com/cms/de/erpconnect.net/linq-to-sap.html
- LINQ-to-SharePoint
  http://www.codeplex.com/LINQtoSharePoint
- LINQ-to-Microsoft CRM
  http://www.codeplex.com/LinqtoCRM
- LINQ-to-Excel
  http://www.codeplex.com/xlslinq
- LINQ-to-Active Directory
  http://www.codeplex.com/LINQtoAD

Andere LINQ-Provider (4) Websites

- LINQ-to-Amazon
  http://weblogs.asp.net/fmarguerie/archive/2006/06/26/Introducing-Linq-to-Amazon.aspx
- LINQ-to-FlickR
  http://spellcoder.com/blogs/bashmohandes/archive/2007/04/08/6552.aspx
- LINQ-to-Google
  http://www.codeplex.com/glinq
- LINQ-to-Freebase
  http://www.codeplex.com/metawebToLinQ

Formen von LINQ

Es gibt zwei grundsätzliche Formen der LINQ-Unterstützung:

- Abfrage über Mengen, die `IEnumerable` unterstützen: Diese Abfragen fallen alle unter LINQ-to-Objects und werden von LINQ im RAM ausgeführt.
- Abfrage über Mengen, die `IQueryable` unterstützen: Diese Abfrage werden von einer datenquellenspezifischen LINQ-Implementierung ausgeführt. LINQ übergibt dieser Implementierung die Abfrage in Form eines Ausdrucksbaums (*Expression Tree*). Es ist der Implementierung überlassen, wie die Abfrage erfolgt (z. B. Umsetzung in SQL oder XPath oder Aufruf eines Webservices). Der Einsatz von `IQueryable` ist wesentlich komplexer als der Einsatz von `IEnumerable`, denn bei `IQueryable` werden die LINQ-Abfragen zunächst in einen Ausdrucksbaum (Expression Tree) umgewandelt. Dieser sprachneutrale Ausdrucksbaum wird dann an den LINQ-Provider übergeben, der diesen Baum in die jeweilige providerspezifische Anfragesyntax übersetzt.

> **HINWEIS** Die Erstellung von LINQ-Providern mithilfe von `IQueryable` ist in der MSDN-Dokumentation hinterlegt. Nicht dokumentiert hat Microsoft aber die Erstellung von eigenen LINQ-to-SQL-Providern, sodass man die Basisimplementierung des LINQ-to-SQL-Providers auch mit anderen Datenbanken nutzen könnte. Man muss hier also einen LINQ-Provider von Grund auf schreiben, um auf andere Datenbanken zuzugreifen.

Einführung in die LINQ-Syntax

Es gibt zwei Syntaxformen für LINQ: Die Abfragesyntax (Originalbezeichnung: Query Expression Syntax) und die Methodensyntax (Originalbezeichnung: Extension Method Syntax). Die Abfragesyntax ist eleganter, in der Praxis muss man in vielen Fällen beide Syntaxformen mischen, denn viele Befehle sind nur in der Methodensyntax verfügbar.

LINQ-Abfragesyntax

Die Grundstruktur eines LINQ-Befehls in der Abfragesyntax ist

```
from ... where ... orderby ... select ...
```

Die Syntax von LINQ ist an die Datenbankabfragesprache SQL angelehnt, allerdings wird das from immer vorangestellt. Der Grund für diese Abweichung von SQL liegt darin, dass Entwicklungsumgebungen in der Lage sein sollen, dem Entwickler Hilfen bei der Eingabe (IntelliSense) zu geben. Dies kann eine Entwicklungsumgebung aber nur, wenn zu Beginn klar ist, auf welche Menge sich die Abfrage bezieht. Dies ist aber nicht die einzige Abweichung von der SQL-Syntax.

Die folgende Beschreibung liefert eine komplette Beschreibung der LINQ-Abfragesyntax. Alle diese hier genannten Begriffe (außer den Platzhaltern id, expr, source, key, query, condition und ordering) sind Schlüsselwörter der Sprache C# 3.0 bzw. Visual Basic 9.0 und werden von der Entwicklungsumgebung Visual Studio 2008 auch wie Sprachschlüsselwörter eingefärbt.

```
from id in source
{ from id in source |
  join id in source on expr equals expr [ into id ] |
  let id = expr |
  where condition |
  orderby ordering, ordering, … }
  select expr | group expr by key
[ into id query ]
```

Listing 10.1   Syntaxbeschreibung für die LINQ-Abfragesyntax (C#)

```
From id In source
{ from id In source |
  Join id in source On expr Equals expr [ Into id ] |
  Let id = expr |
  Where condition |
  Take x |
  Skip x |
  Order By ordering, ordering, … }
  Select expr | Group expr By key
  Aggregate x in source
[ Into id query ]
  Distinct
```

Listing 10.2   Syntaxbeschreibung für die LINQ-Abfragesyntax (VB)

An den obigen Syntaxbeschreibungen wird deutlich, dass gar nicht alle Sprachelemente von SQL in der LINQ-Abfragesyntax (d.h. durch eigene Sprachelemente) unterstützt werden. Beispielsweise fehlen in C# DISTINCT und TOP. Dies bedeutet aber nicht, dass diese Funktionalität in LINQ-Abfragen nicht verfügbar wäre. Es bedeutet nur, dass sie in der LINQ-Abfragesyntax nicht verfügbar sind. Es gibt aber noch eine LINQ-Methodensyntax. In Visual Basic sind mehr Befehle in der Abfragesyntax.

Beispiele

Vor der Diskussion der Methodensyntax sollen aber zunächst zwei Beispiele (jeweils in C# und Visual Basic) gezeigt werden.

Beispiel: Abfrage einer Menge von Zeichenketten

In diesem ersten Beispiel werden aus einer Liste von Monaten diejenigen Monate gefiltert, deren Namen vier Zeichen lang sind. Von den Monatsnamen werden nur die ersten drei Zeichen weiterverarbeitet. Die Liste wird lexikalisch aufsteigend sortiert. Das Ergebnis ist also *Jul, Jun* und *Mär*.

```csharp
public static void Beispiel1()
{
  // Datendefinition (=Datenquelle)
  string[] AlleMonate = { "Januar", "Februar", "März", "April", "Mai", "Juni", "Juli", "August",
"September", "Oktober", "November", "Dezember" };

  // LINQ-Abfrage
  IEnumerable<string> Monate4 = from Monat in AlleMonate
                where Monat.Length == 4
                orderby Monat
                select Monat.Substring(0, 3);

  // Nutzung des Abfrageergebnisses
  foreach (string Monat in Monate4)
  {
    Console.WriteLine(Monat);
  }
}
```

Listing 10.3   Filtern in einer Liste von Zeichenketten (C#)

```vb
Public Sub Beispiel1()
  ' Datendefinition (=Datenquelle)
  Dim AlleMonate As String() = {"Januar", "Februar", "März", "April", "Mai", "Juni", "Juli", "August",
"September", "Oktober", "November", "Dezember"}

  ' LINQ-Abfrage
  Dim Monate4 As IEnumerable(Of String) = From Monat In AlleMonate _
    Where Monat.Length = 4 _
    Order By Monat _
    Select Monat.Substring(0, 3)

  ' Nutzung des Abfrageergebnisses
  For Each Monat As String In Monate4
    Console.WriteLine(Monat)
  Next
End Sub
```

Listing 10.4   Filtern in einer Liste von Zeichenketten (VB)

Beispiel: Abfrage einer Menge von Objekten des Typs Process

Im zweiten Beispiel werden aus der Liste der laufenden Prozesse diejenigen herausgefiltert, die weniger als 700.000 Bytes Speicher benötigen. Die Datenmenge wird in diesem Fall von der statischen Methode GetProcesses() in der FCL-Klasse System.Diagnostics.Process geliefert. Von den gefilterten Prozessen wird der Name und die Speichermenge ausgegeben.

```csharp
public static void Beispiel2()
{
  // LINQ-Abfrage
  var Prozesse =
  from p in System.Diagnostics.Process.GetProcesses()
  where p.WorkingSet64 < 700000
  select new { p.ProcessName, p.WorkingSet64 };

  // Nutzung des Abfrageergebnisses
  foreach (var Prozess in Prozesse)
  {
    Console.WriteLine(Prozess.ProcessName + ": " + Prozess.WorkingSet64);
  }
}
```

Listing 10.5 Filtern der Prozessliste (C#)

```vbnet
Public Sub Beispiel2()
  'LINQ-Abfrage
  Dim Prozesse = _
   From p In System.Diagnostics.Process.GetProcesses() _
   Where (p.WorkingSet64 < 700000) _
   Select New With {p.ProcessName, p.WorkingSet64}

  ' Nutzung des Abfrageergebnisses
  Dim Prozess
  For Each Prozess In Prozesse
    Console.WriteLine(Prozess.ProcessName & ": " & Prozess.WorkingSet64)
  Next
End Sub
```

Listing 10.6 Filtern der Prozessliste (VB)

HINWEIS In dem zweiten Beispiel ist der Einsatz des Schlüsselwortes var anstelle eines konkreten Typnamens bzw. Dim ohne Datentyp zu beachten. Der Grund dafür ist, dass durch die Reduktion der Prozessliste auf die Attribute ProcessName und WorkingSet64 ein anonymer Typ (vgl. Kapitel »Sprachsyntax Visual Basic 2008 (VB.NET 9.0) und C# 2008 (C# 3.0)«) entsteht.

WICHTIG Es gibt drei wichtige Voraussetzungen, damit die LINQ-Abfragesyntax in MSIL (alias CIL) übersetzt werden kann:

1. Es muss der Compiler für C# 3.0 bzw. Visual Basic 9.0 eingesetzt werden. Das heißt, die Syntax ist nicht in Projekten verfügbar, die als *Target Framework* .NET 2.0 oder 3.0 ausgewählt haben, sondern nur in .NET 3.5-Projekten.
2. Die Assembly *System.Core.dll* muss in dem Projekt referenziert sein.
3. Der Namensraum *System.Linq* muss importiert sein.

Häufig wird Bedingung 3 übersehen. Dies erkennt man an der Fehlermeldung »Could not find an implementation of the query pattern for source type '...'«.

Da select, where, from, etc. ja Schlüsselwörter der Programmiersprachen C# 3.0 und Visual Basic 9.0 sind, stellt sich der kritische Leser sicherlich die Frage, warum Bedingungen 2 und 3 erfüllt sein müssen. Bisher gab es keine Schlüsselwörter, die von Referenzen und Importanweisungen abhängig waren. Der Grund liegt in diesem Fall darin, dass der Compiler die LINQ-Abfragesyntax in einem ersten Übersetzungsschritt in LINQ-Methodensyntax übersetzt. Diese Methoden sind Erweiterungsmethoden für bestehende Typen. Wenn diese Erweiterungsmethoden aber nicht verfügbar sind, schlägt die Übersetzung fehl.

LINQ-Methodensyntax

Wie bereits im vorangegangenen Abschnitt erwähnt, sind alle LINQ-Anweisungen intern als Methodenaufrufe realisiert. So wird z.B. das Schlüsselwort where der Abfragesyntax auf die Erweiterungsmethode Where() abgebildet, orderby ist realisiert durch OrderBy() und select durch Select(). Durch die Aneinanderreihung der Methodenaufrufe können komplexe Abfragen definiert werden.

Abfragesyntax	Methodensyntax

```// LINQ-Abfrage in Abfragesyntax```
```IEnumerable<string> Monate4 =```
```   from Monat in AlleMonate```
```   where Monat.Length == 4```
```   orderby Monat```
```   select Monat.Substring(0, 3);```
	```// LINQ-Abfrage in Methodensyntax```
	```IEnumerable<string> Monate4 =```
	``` AlleMonate```
	``` .Where(Monat => Monat.Length == 4)```
	``` .OrderBy(Monat => Monat)```
	``` .Select(Monat => Monat.Substring(0,3));```

Tabelle 10.1 Vergleich von Abfragesyntax und Methodensyntax an einem Beispiel

Tatsächlich existiert nur für einen sehr kleinen Teil der Möglichkeiten von LINQ eine Repräsentation in der Abfragesyntax. Viele Möglichkeiten sind – insbesondere in C# - nur in der Methodensyntax verfügbar, z.B. Top(), Skip(), Distinct(), Min(), Average() etc.

Um die Monate 6 bis 8 in der Liste zu ermitteln, kann man mit Skip() die ersten fünf überspringen und dann mit Take() die nächsten drei auswählen.

```
// LINQ-Abfrage in Methodensyntax
IEnumerable<string> SommerMonate =
    AlleMonate
    .Select(Monat => Monat.Substring(0, 3))
    .Skip(5).Take(3);
```

Listing 10.7 Beispiel in Methodensyntax

Die Methodensyntax ist nicht so elegant wie die Abfragesyntax. Man kann aber die beiden Syntaxformen miteinander kombinieren, indem man den Ausdruck in Abfragesyntax in runden Klammern einschließt und auf diesem Ausdruck dann die Erweiterungsmethoden anwendet.

```
// LINQ-Abfrage in gemischter Syntax
IEnumerable<string> SommerMonate =
    (from Monat in AlleMonate
    select Monat.Substring(0, 3))
    .Skip(5).Take(3);
```

Listing 10.8 Beispiel in gemischter Syntax

HINWEIS In Visual Basic ist die Abfragesyntax umfangreicher als in C#. In C# kann man aber auch alle LINQ-Befehle nutzen, zum Teil ist die Anwendung aber wesentlich uneleganter als in Visual Basic.

> **HINWEIS** Es gibt zur Laufzeit keinen Unterschied zwischen den beiden Syntaxformen. Auch die Mischung der Syntaxformen hat keinen Nachteil, denn die Klammerung sorgt nicht dafür, dass der Teilausdruck vorher ausgewertet wird. LINQ-Ausdrücke werden immer erst bei ihrer ersten Verwendung ausgeführt (Verzögerte Ausführung). Eine Ausnahme bilden die Konvertierungsmethoden ToArray(), ToDictionary(), ToList() und ToLookup(). Diese vier Methoden sorgen dafür, dass der davorstehende LINQ-Befehl sofort ausgeführt wird.

Übersicht über die LINQ-Befehle

Die folgende Tabelle zeigt die Liste aller in .NET 3.5 verfügbaren LINQ-Befehle. LINQ-Befehle werden auch *LINQ-Operatoren* genannt.

Methodenname	Schlüsselwort in der Abfragesyntax (C#)	Schlüsselwort in der Abfragesyntax (Visual Basic)	Beschreibung	Äquivalent in SQL
Aggregate			Eigene Aggregatfunktionen	–
All		Aggregate ... In ... Into All()	Liefert *true*, wenn alle Elemente einer Menge die angegebene Bedingung erfüllen.	–
Any		Aggregate ... In ... Into Any()	Liefert *true*, wenn mindestens ein Element der Menge die angegebene Bedingung erfüllt.	EXISTS
Average			Mittelwert (arithmetischer Durchschnitt)	AVG
Cast	from Typ x in Menge	From ... As ...	Typumwandlung aller Elemente der Menge	–
Concat			Vereinigungsmenge zweier Mengen	UNION
Contains			Prüft, ob die Menge ein bestimmtes Element enthält.	IN
Count		Aggregate ... In ... Into Count()	Liefert die Anzahl der Elemente in der Menge in Form einer 32-Bit-Ganzzahl (Typ Int32).	COUNT
Distinct		Distinct	Entfernt alle doppelten Elemente in der Liste.	DISTINCT
ElementAt			Liefert das Element in der Menge an einer bestimmten Stelle (Index).	–

▶

Methodenname	Schlüsselwort in der Abfragesyntax (C#)	Schlüsselwort in der Abfragesyntax (Visual Basic)	Beschreibung	Äquivalent in SQL
ElementAtOrDefault			Liefert das Element in der Menge an einer bestimmten Stelle (Index) oder einen Standardwert, wenn der Index negativ oder größer als die Anzahl der Elemente ist.	–
Empty			Erstellt eine leere Menge vom angegebenen Typ.	–
Except			Vergleicht zwei Mengen und liefert nur diejenigen Elemente, die in der ersten Menge (die Menge, auf die die Methode angewendet wird), aber nicht in der zweiten Menge (die Menge, die als Parameter angegeben wird) vorhanden sind.	–
First			Das erste Element einer Menge.	–
FirstOrDefault			Das erste Element einer Menge oder ein Standardwert, wenn die Menge leer ist.	–
GroupBy	group ... by ... into ...	Group ... By ... Into ...	Gruppiert eine Menge nach dem angegebenen Kriterium.	GROUP BY
GroupJoin	join ... in ... on ... equals ... into ...	Group Join ... In ... On ...	Verbindet zwei Mengen durch einen OUTER JOIN.	JOIN
Intersect			Liefert die Schnittmenge zweier Mengen.	–
Join	join ... in ... on ... equals ...	Join ... In ... On ... Equals ...	Verbindet zwei Mengen durch einen INNER JOIN.	JOIN
Last			Liefert das letzte Element einer Menge.	–
LastOrDefault			Liefert das letzte Element einer Menge oder einen Standardwert, wenn die Menge leer ist.	–
LongCount		Aggregate ... In ... Into LongCount()	Liefert die Anzahl der Elemente in der Menge in Form einer 64-Bit Ganzzahl (Typ Int64).	COUNT
Max		Aggregate ... In ... Into Max()	Ermittelt den maximalen Wert einer Menge.	MAX

Methodenname	Schlüsselwort in der Abfragesyntax (C#)	Schlüsselwort in der Abfragesyntax (Visual Basic)	Beschreibung	Äquivalent in SQL
Min		Aggregate ... In ... Into Min()	Ermittelt den minimalen Wert einer Menge.	MIN
OfType			Liefert alle Elemente einer Menge, die Instanzen einer bestimmten Klasse sind.	–
OrderBy	orderby	Order By	Sortiert eine Menge aufsteigend.	ORDER BY
OrderByDescending	Orderby ... descending	Order By ... Descending	Sortiert eine Menge absteigend.	ORDER BY DESC
Range			Erzeugt eine Menge mit den numerischen Werten von *n* bis *m*.	–
Repeat			Erzeugt eine Menge mit n-Mal dem gleichen Element.	–
Reverse			Umkehren der Reihenfolge.	
Select	select	Select	Bestimmt die Daten und bildet die Elemente die aus einer Menge erstellt werden.	SELECT
SelectMany			Durchläuft Mengen, die selbst Mitglieder anderer Mengen sind und liefert eine flache Liste.	–
SequenceEqual			Prüft, ob zwei Mengen identisch sind hinsichtlich der Anzahl, Reihenfolge und Inhalt der Elemente.	–
Single			Durchsucht eine Menge mittels eines Prädikats (Lambda-Ausdruck) und liefert das erste gefundene Element.	–
SingleOrDefault			Arbeitet wie der Single-Operator. Allerdings wird kein Laufzeitfehler erzeugt, wenn kein einziges Element gefunden werden kann. In diesem Fall wird der Standardwert geliefert.	–
Skip		Skip	Überspringt die ersten *n* Elemente einer Menge und liefert den Rest.	–

Methodenname	Schlüsselwort in der Abfragesyntax (C#)	Schlüsselwort in der Abfragesyntax (Visual Basic)	Beschreibung	Äquivalent in SQL
SkipWhile		Skip While	Überspringt so lange Elemente wie eine Bedingung erfüllt wird und liefert den Rest.	–
Sum		Aggregate ... In ... Into Sum()	Summiert die Elemente einer Menge.	SUM
Take		Take	Liefert die ersten *x* Elemente einer Menge.	TOP
TakeWhile		Take While	Liefert so lange Elemente wie eine Bedingung erfüllt wird.	–
ThenBy	orderby ..., ...	Order By ..., ...	Angabe eines weiteren aufsteigenden Ordnungskriteriums bei einer Sortierung.	ORDER BY
ThenByDescending	orderby ..., ... descending	Order By ..., ... Descending	Angabe eines weiteren absteigenden Ordnungskriteriums bei einer Sortierung.	ORDER BY
ToArray			Konvertiert eine Menge zu einem Array.	–
ToDictionary			Konvertiert eine Menge zu einer generischen Dictionary<K,T>-Menge.	–
ToList			Konvertiert eine Menge zu einer generischen List<T>-Menge.	–
ToLookup			Konvertiert eine Menge zu einer generischen Lookup<K,T>-Menge.	–
Union			Vereint zwei Mengen zu einer.	UNION
Where	where	Where	Filtern der Eingabemenge.	WHERE

Tabelle 10.2 LINQ-Befehle

Neben den LINQ-Befehlen kann man auch die Methoden der .NET-Klassenbibliothek in LINQ-Abfragen verwenden. Sinnvoll sind z. B. die Methoden der Klassen System.String (z. B. StartsWith()), System.DateTime (z. B. AddYears() und System.Math (z. B. Round()). Mit LINQ-To-Objects kann man prinzipiell alle Methoden der .NET Klassenbibliothek und auch eigene Methoden in eigenen Geschäftsobjekten nutzen. Mit anderen LINQ-Providern ist dies nur dann möglich, wenn es für die Methode eine Entsprechung in der Basissyntax gibt. Dies gilt bei LINQ-to-SQL im Wesentlichen nur für einige Methoden der Klassen System.String, System.Math und System.DateTime. Andere Methoden und selbstdefinierte Methoden haben keine Entsprechung in SQL und können daher auch nicht in LINQ-to-SQL genutzt werden.

LINQ-to-Objects

Mit LINQ-to-Objects wird die Abfrage von Objektmengen im Hauptspeicher bezeichnet. Abgefragt werden können alle Objektmengen, die entweder die Schnittstelle IEnumerable oder ihr generisches Pendant IEnumerable<T> unterstützen. Dies sind also die Klassen in *System.Collections* (z. B. ArrayList, Hashtable, Queue und Stack), die Klassen in *System.Collections.Generic* (z. B. List<T>, SortedDictionary<T>, Queue<T> und Stack<T>), die Klasse System.Array sowie spezielle Mengen wie DataRowCollection, DataColumnCollection, DirectoryEntries und ManagementObjectCollection. Da IEnumerable bzw. IEnumerable<T> Voraussetzung für das Funktionieren der foreach-Schleife sind, besitzt praktisch jede Menge in der .NET-Klassenbibliothek einer der beiden Schnittstellen. Für LINQ-to-Objects ist es unerheblich, ob die Menge vom .NET Framework erzeugt wird oder von eigenem Programmcode.

LINQ-to-Objects mit elementaren Datentypen

Am Beispiel einer Menge von Zahlen in Form eines Arrays vom Typ Int32 soll die Anwendung von LINQ-Befehlen auf elementaren Datentypen gezeigt werden.

Gegeben sind zwei Zahlenmengen:

```
int[] Zahlen1 = { 15, 4, 11, 3, 19, 8, 16, 7, 12, 5, 9, 20, 1, 4, 8, 13, 14, 4, 1 };
int[] Zahlen2 = { 12, 5, 31, 24, 29, 20, 13, 31 };
```

Listing 10.9 Definition der Zahlenmenge

Das folgende Listing enthält zahlreiche Fragestellungen in Bezug auf diese beiden Zahlenmengen und den Weg, die Lösung mit LINQ zu ermitteln. Das jeweilige Ergebnis wird aus Platzgründen hier nicht abgedruckt. Durch den Programmcode zu diesem Buch können Sie dies jedoch selbst ausprobieren.

```
private static void Demo_LTS_Zahlen()
{
  int i;
  double d;

  string s = "Geben Sie die Zahlen aus, die kleiner als 10 sind.";
  var Ergebnis =
      from n in Zahlen1
      where n < 10
      select n;
  Print(Ergebnis, s);

  s = "Geben Sie die Zahlen, die kleiner als 10 sind, aufsteigend sortiert aus.";
  Ergebnis =
      from n in Zahlen1
      where n < 10
      orderby n // optional
      select n;
  Print(Ergebnis, s);
```

```
s = "Geben Sie die Zahlen, die kleiner als 10 sind, absteigend sortiert aus.";
Ergebnis =
    from n in Zahlen1
    where n < 10
    orderby n descending
    select n;
Print(Ergebnis, s);

s = "Geben Sie die Zahlen, die kleiner als 10 sind, absteigend sortiert aus. Eliminieren Sie alle Duplikate.";
Ergebnis =
    (from n in Zahlen1
     where n < 10
     orderby n descending
     select n).Distinct();
Print(Ergebnis, s);

s = "Geben Sie die vierte bis achte Zahl aus.";
Ergebnis =
    (from n in Zahlen1
     where n < 10
     select n).Skip(3).Take(4);
Print(Ergebnis, s);

s = "Geben Sie die erste Zahl aus!";
i =
    (from n in Zahlen1
     select n).First();
Print(i, s);

s = "Geben Sie die letzte Zahl aus!";
i =
    (from n in Zahlen1
     select n).Last();
Print(i, s);

s = "Geben Sie die 10. Zahl aus!";
i =
    (from n in Zahlen1
     select n).ElementAt(9);
Print(i, s);

s = "Geben Sie die 50. Zahl aus! (Fangen Sie den Fehler ab!)";
i =
    (from n in Zahlen1
     select n).ElementAtOrDefault(49);
Print(i, s);

s = "Geben Sie die Anzahl der Zahlen aus.";
i =
    (from n in Zahlen1
     select n).Count();
Print(i, s);
```

```
s = "Geben Sie nur die niedrigste Zahl aus.";
i =
   (from n in Zahlen1
    select n).Min();
Print(i, s);

s = "Geben Sie nur die höchste Zahl aus.";
i =
   (from n in Zahlen1
    select n).Max();
Print(i, s);

s = "Geben Sie den Durchschnitt aus.";
d =
   (from n in Zahlen1
    select n).Average();
Print(d, s);

s = "Geben Sie die Summe aus.";
d =
   (from n in Zahlen1
    select n).Sum();
Print(d, s);

s = "Geben Sie das Produkt aller Werte aus.";
d =
   (from n in Zahlen1
    select n).Aggregate((summe, wert) => summe *= wert);
Print(d, s);

s = "Gruppieren Sie die Werte.";
IEnumerable<IGrouping<int, int>> GruppeErgebnis =
     (from n in Zahlen1
      group n by n);
Print(GruppeErgebnis, s);

s = "Geben Sie die Häufigkeit eines jeden Wertes aus!";
IDictionary<int, int> GruppeHaeufigkeit =
      (from n in Zahlen1
       group n by n into g
       select new { Wert = g.Key, Anzahl = g.Count() }
      ).ToDictionary(y => y.Wert, y => y.Anzahl);
Print(GruppeHaeufigkeit, s);

s = "Verbinden Sie die Zahlenmengen 1 und 2:";
Ergebnis = (from n in Zahlen1 select n).Union(from n2 in Zahlen2 select n2);
Print(Ergebnis, s);

s = "Verbinden Sie die Zahlenmengen 1 und 2 und sortieren Sie das Ergebnis:";
Ergebnis = (from n in Zahlen1 select n).Union(from n2 in Zahlen2 select n2).OrderBy(n => n);
Print(Ergebnis, s);
```

LINQ-to-Objects

```
s = "Bilden Sie die Schnittmenge aus den Zahlenmengen 1 und 2.";
Ergebnis = (from n in Zahlen1 select n).Intersect(from n2 in Zahlen2 select n2).OrderBy(n => n);
Print(Ergebnis, s);

s = "Schließen Sie die Zahlen aus Zahlenmengen 2 in Menge 1 aus.";
Ergebnis = (from n in Zahlen1 select n).Except(from n2 in Zahlen2 select n2).OrderBy(n => n);
Print(Ergebnis, s);

s = "Prüfen Sie, ob die Zahlenmenge 1 und 2 die gleichen Zahlen in der gleichen Reihenfolge enthalten.";
bool Erfuellt = (from n in Zahlen1 select n).SequenceEqual(from n2 in Zahlen2 select n2);
Print(Erfuellt, s);

s = "Prüfen Sie, ob die Zahl 20 in der Menge vorkommt.";
Erfuellt =
    (from n in Zahlen1
    orderby n descending
    select n).Contains(14);
Print(Erfuellt, s);

s = "Prüfen Sie, ob Zahlen größer als 20 in der Menge vorkommen.";
Erfuellt =
    (from n in Zahlen1
    orderby n descending
    select n).Any(n => n > 20);
Print(Erfuellt, s);

s = "Prüfen Sie, ob alle Zahlen kleiner 20 sind.";
Erfuellt =
    (from n in Zahlen1
    orderby n descending
    select n).All(n => n < 20);
Print(Erfuellt, s);

s = "Filtern Sie alle Integer-Werte heraus!";
Ergebnis =
(from n in Zahlen1 select n).OfType<int>();

Print(Ergebnis, s);

s = "Wandeln Sie alle Zahlen in Byte-Werte um!";
var kleineZahlen =
   (from n in Zahlen1 select n).Cast<byte>();
foreach (var x in kleineZahlen)
 {
  Console.WriteLine(x);
 }
 Print(kleineZahlen, s);
}
```

Listing 10.10 Anwendungsbeispiele von LINQ-to-Objects auf Zahlenmengen

Das obige Listing nutzt zur Ausgabe die selbstdefinierte Methode Print(). Es muss aber mehrere Überladungen von Print() geben, da die LINQ-Abfragen unterschiedliche Ergebnisse liefern können:

- Viele der obigen LINQ-Abfragen liefern wieder eine Zahlenmenge zurück. Der konkrete Datentyp, der zurückgeliefert wird, ist von den eingesetzten Methoden abhängig. Alle diese Klassen besitzen jedoch die Schnittstelle IEnumerable<int>. Zum Durchlaufen des Ergebnisses ist eine einfache Schleife ausreichend.

- Durch das Gruppieren von Elementen ohne das Schlüsselwort into entstehen zwei verschachtelte Objektmengen des Typs IEnumerable<IGrouping<int, int>>. Die obere Menge repräsentiert dabei die Gruppen, die untergeordnete Menge die Elemente in jeder Gruppe. Zum Durchlaufen des Ergebnisses ist eine geschachtelte Schleife notwendig. Diese Form des Gruppierens bezeichnet man als hierarchisches Gruppieren.

- Durch das Gruppieren von Elementen mit dem Schlüsselwort into entsteht ein neuer anonymer Typ, der das Gruppierungskriterium und die zusammengefassten Daten anderer Mitglieder des Ausgangstyps enthält. Das Ergebnis ist ein Dictionary-Objekt mit zwei Int32-Werten: IDictionary<int, int>. Diese Form des Gruppierens entspricht dem flachen Gruppieren aus SQL. Trotz der Verwendung von *into* kann man hierarchisches Gruppieren erreichen, wenn man in dem anonymen Typ auf die Gruppe selbst verweist, z. B. from p in System.Diagnostics.Process.GetProcesses group p by p.ProcessName into g select new { Name = g.Key, Anzahl = g.Count(), Max = g.Max(p => p.WorkingSet64), ProzesseInDieserGruppe = g };

```
priate static void Print(IEnumerable<int> Nums, string s)
{
  HeadLine(s);
  foreach (int x in Nums)
  {
    Console.WriteLine(x);
  }
}

private static void Print(IDictionary<int, int> gruppe, string s)
{
  HeadLine(s);
  foreach (var x in gruppe)
  {
    Console.WriteLine(x.Key + ": " + x.Value);
  }
}

private static void Print(IEnumerable<IGrouping<int, int>> Gruppen, string s)
{
  HeadLine(s);
  foreach (IGrouping<int, int> x in Gruppen)
  {
    Console.WriteLine("---- " + x.Key);
    foreach (int i in x)
    {
      Console.WriteLine(i);
    }
  }
}
```

Listing 10.11 Ausgaberoutinen für die Ergebnisse der LINQ-Abfragen (Auswahl)

LINQ-to-Objects mit komplexen Typen des .NET Frameworks

Die Anwendung von LINQ-to-Objects auf komplexe Datentypen unterscheidet sich von der Anwendung auf elementare Datentypen wie folgt:

- Bei LINQ-to-Objects mit elementaren Datentypen wurde die in dem *from*-Ausdruck deklarierte Laufvariable selbst für Bedingungen, Sortierungen und Berechnungen verwendet. Bei komplexen Datentypen muss mithilfe der Laufvariablen Bezug auf ein Mitglied des Objekts genommen werden.

- LINQ-to-Objects mit elementaren Datentypen liefert in der Regel eine Menge des Eingabetyps zurück. Bei komplexen Datentypen kann alternativ ein anonymer Typ zurückgegeben werden, der nur eine Teilmenge der Mitglieder des Ausgangstyps enthält. Dies nennt man eine Projektion.

Beispiel

In dem folgenden Beispiel werden LINQ-Befehle auf einer Menge von Objekten des Typs System.Diagnostics.Process angewendet. Die statische Methode GetProcesses() der Klasse System.Diagnostics.Process liefert eine Liste der laufenden Prozesse auf einem System in Form eines Arrays mit Instanzen von System.Diagnostics.Process.

```
private static void Demo_LTO_Prozesse()
   {
   Process[] Prozesse = Process.GetProcesses();

   Process p;
   long i;
   double d;

   string s = "Geben Sie alle Prozesse aus, die weniger als 3.000.000 Bytes Speicher verbrauchen.";
   var Ergebnis =
       from n in Prozesse
       where n.WorkingSet64 < 3000000
       select n;
   Print(Ergebnis, s);

   s = "Geben Sie alle Prozesse aus, die weniger als 3.000.000 Bytes Speicher verbrauchen. Sortieren Sie die Liste aufsteigend nach Speicherverbrauch.";
   Ergebnis =
   from n in Prozesse
   where n.WorkingSet64 < 3000000
   orderby n.WorkingSet64 // optional
   select n;
   Print(Ergebnis, s);

   s = "Geben Sie alle Prozesse aus, die weniger als 3.000.000 Bytes Speicher verbrauchen. Sortieren Sie die Liste absteigend nach Speicherverbrauch.";
   Ergebnis =
   from n in Prozesse
   where n.WorkingSet64 < 3000000
   orderby n.WorkingSet64 descending // optional
   select n;
   Print(Ergebnis, s);
```

```
s = "Geben Sie die Prozesse aus. Eliminieren Sie alle Duplikate.";
Ergebnis =
    (from n in Prozesse
     select n).Distinct();
Print(Ergebnis, s);

s = "Geben Sie den vierten bis achten Prozess aus in der nach Speicherverbrauch aufsteigend sortierten Liste aller Prozesse, die mehr als 1.000.000 Bytes verbrauchen.";
Ergebnis =
    (from n in Prozesse
     where n.WorkingSet64 > 1000000
     orderby n.WorkingSet64
     select n).Skip(3).Take(4);
Print(Ergebnis, s);

s = "Geben Sie den ersten Prozess aus in der nach Speicherverbrauch aufsteigend sortierten Liste aller Prozesse, die mehr als 1.000.000 Bytes verbrauchen.";
p =
    (from n in Prozesse
     where n.WorkingSet64 > 1000000
     orderby n.WorkingSet64
     select n).First();
Print(p, s);

s = "Geben Sie den letzten Prozess aus in der nach Speicherverbrauch aufsteigend sortierten Liste aller Prozesse, die mehr als 1.000.000 Bytes verbrauchen.";
p =
    (from n in Prozesse
     where n.WorkingSet64 > 1000000
     orderby n.WorkingSet64
     select n).Last();
Print(p, s);

s = "Geben Sie den 10. Prozess aus in der nach Speicherverbrauch aufsteigend sortierten Liste aller Prozesse, die mehr als 1.000.000 Bytes verbrauchen.";
p =
    (from n in Prozesse
     where n.WorkingSet64 > 1000000
     orderby n.WorkingSet64
     select n).ElementAt(9);
Print(p, s);

s = "Geben Sie den 150. Prozess aus! (Fangen Sie den Fehler ab!)";
p =
    (from n in Prozesse
     select n).ElementAtOrDefault(149);
Print(p, s);

s = "Geben Sie die Anzahl der Prozesse aus (mit einem LINQ-Statement!)";
i =
    (from n in Prozesse
     select n).Count();
Print(i, s);
```

```csharp
s = "Geben Sie nur den niedrigsten Speicherverbrauch aus";
i =
   (from n in Prozesse
    select n).Min(n => n.WorkingSet64);
Print(i, s);

s = "Geben Sie nur den höchsten Speicherverbrauch aus";
i =
   (from n in Prozesse
    select n).Max(n => n.WorkingSet64);
Print(i, s);

s = "Geben Sie den durchschnittlichen Speicherverbrauch aus";
d =
   (from n in Prozesse
    select n).Average(n => n.WorkingSet64);
Print(i, s);

s = "Geben Sie die Summe des Speicherverbrauchs aus";
i =
   (from n in Prozesse
    select n).Sum(n => n.WorkingSet64);
Print(i, s);

s = "Gruppieren Sie die Prozesse nach Namen.";
IEnumerable<IGrouping<string, Process>> GruppeErgebnis =
    (from n in Prozesse
     group n by n.ProcessName);
Print(GruppeErgebnis, s);

s = "Geben Sie die Häufigkeit eines jeden Prozessnamens aus!";
IDictionary<string, int> GruppeHaeufigkeit =
     (from n in Prozesse
      group n by n.ProcessName into g
      select new { Name = g.Key, AnzProzess = g.Count() }
     ).ToDictionary(y => y.Name, y => y.AnzProzess);
Print(GruppeHaeufigkeit, s);

s = "Starten Sie einen neuen Prozess (Notepad) und ermitteln Sie, durch einen Vergleich der Prozessliste vorher und nachher, welche Prozesse neu hinzugekommen sind. (Geben Sie die Process-ID und den Prozessnamen aus!)";
   Process neupro = Process.Start(@"C:\Windows\notepad.exe");
   neupro.WaitForInputIdle();
   Process[] Prozesse2 = Process.GetProcesses();

//Print((from p1 in Prozesse where p1.ProcessName=="notepad" select p1), "Test");
//Print((from p2 in Prozesse2 where p2.ProcessName=="notepad" select p2), "Test");
   IEnumerable<int> ProzessListe = (from n2 in Prozesse2 select n2.Id).Except(from n in Prozesse select n.Id);
   Print(ProzessListe, s);

//var ProzessListe2 = from p in System.Diagnostics.Process.GetProcesses() select p.ProcessName;
```

```
s = "Listen Sie die Prozesse mit ihren Threads auf.";
var ProzesseMitThreads =
   (from n in Prozesse
    select new { n, n.Threads }
   );
HeadLine(s);
foreach (var x in ProzesseMitThreads)
{
 Console.WriteLine(x.n);
 try
 {
  foreach (ProcessThread y in x.Threads)
  {
   Console.WriteLine(y.StartTime);
  }
 }
 catch (Exception)
 {
 }
}

s = "Geben Sie zu jedem Prozess die Anzahl der Threads aus!";
var ProzesseMitThreadCount =
 (from n in Prozesse
  where n.Id > 10
  select new { n, n.Threads.Count }
 );
HeadLine(s);
foreach (var m in ProzesseMitThreadCount)
{
 Console.WriteLine(m.n + ":" + m.Count);
}

s = "Geben Sie die Prozesse aus, die mehr als 10 Threads haben!";
Ergebnis =
   (from n in Prozesse
    where n.Threads.Count > 10
    select n);
Print(Ergebnis, s);

s = "Geben Sie den/die Prozess(e) aus, der/die die meisten Threads hat!";
Ergebnis = (from n in Prozesse where n.Threads.Count == Prozesse.Max(x => x.Threads.Count) select n);
Print(Ergebnis, s);
}
```

Listing 10.12   Anwendungsbeispiele von LINQ-to-Objects auf eine Menge von Objekten des Typs System.Diagnostics.Process

LINQ-to-Objects mit eigenen Geschäftsobjekten

LINQ-Abfragen können auch über eigene (Geschäfts-)Objektmengen gestellt werden, egal ob diese direkt durch Implementierung von IEnumerable/IEnumerable<T> oder durch Ableiten von einer der vordefinierten Mengenklassen implementiert wurden. Das folgende Objektmodell zeigt drei Mengen (FlugMenge, PassagierMenge und BuchungsMenge), die jeweils durch Ableiten von der Klasse System.Collections.Generic.List<T> realisiert wurden.

LINQ-to-Objects

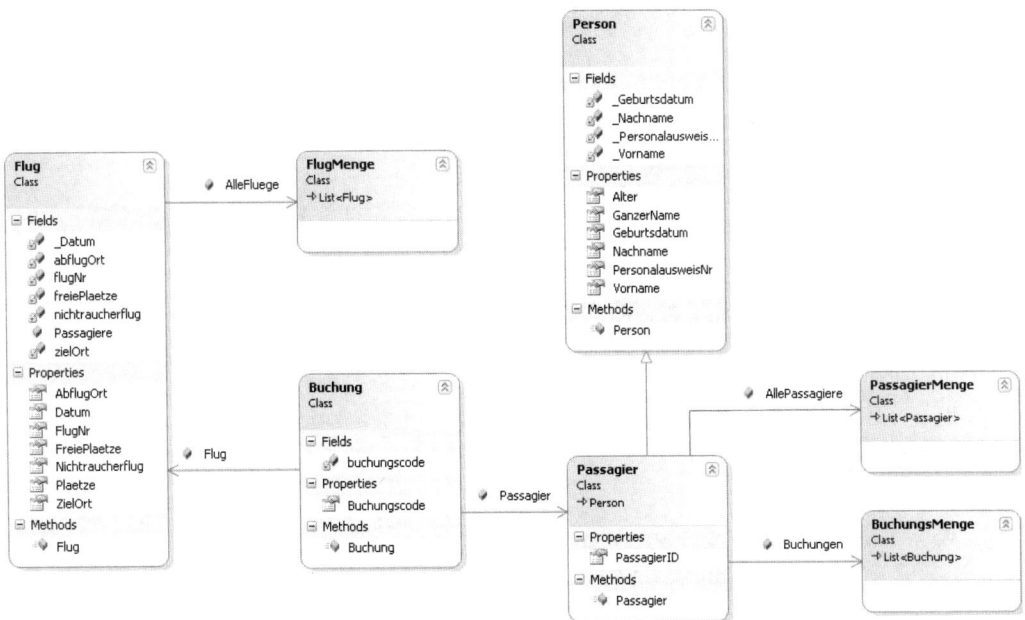

Abbildung 10.2 Objektmodell für die folgenden Beispiele

Beispiel

Das folgende Listing zeigt zahlreiche Beispiele zur Abfrage der Mengen in dem oben dargestellten Objektmodell. Das Listing setzt voraus, dass die Mengen vorher mit Daten gefüllt wurden. Diese Befüllung wird hier aus Platzgründen nicht abgedruckt, ist jedoch in den Codebeispielen zu diesem Buch enthalten.

```
private static void Demo_LTO_Objektmodell()
{
  // Initialisiere das Objektmodell
  BO_Init.Init();
  string s;
  long i;
  Flug flug;
  double d;

  s = "Geben Sie alle Flüge von Rom abgehend!";
  var Ergebnis =
    from f in Flug.AlleFluege
    where f.AbflugOrt == "Rom"
    select f;
  Print(Ergebnis, s);

  s = "Geben Sie alle Flüge aus, die weniger als 100 freie Plätze haben.";
  Ergebnis =
    from n in Flug.AlleFluege
    where n.FreiePlaetze < 100
    select n;
  Print(Ergebnis, s);
```

```csharp
s = "Geben Sie alle Flüge aus, die weniger als 100 freie Plätze haben. Sortieren Sie die Liste aufsteigend nach Platzanzahl.";
Ergebnis =
from n in Flug.AlleFluege
where n.FreiePlaetze < 100
orderby n.FreiePlaetze
select n;
Print(Ergebnis, s);

s = "Geben Sie alle Flüge aus, die weniger als 100 freie Plätze haben. Sortieren Sie die Liste absteigend nach Platzanzahl.";
Ergebnis =
from n in Flug.AlleFluege
where n.FreiePlaetze < 100
orderby n.FreiePlaetze descending
select n;
Print(Ergebnis, s);

s = "Geben Sie Flug 101 aus.";
flug = (from f in Flug.AlleFluege
        where f.FlugNr == 101
        select f).SingleOrDefault();
Print(flug, s);

s = "Geben Sie die Flüge aus, aber jede Strecke nur einmal!";
var Strecken =
    (from n in Flug.AlleFluege
     select new { n.AbflugOrt, n.ZielOrt }).Distinct();
HeadLine(s);

foreach (var f in Strecken)
{
 Console.WriteLine(f.AbflugOrt + " -> " + f.ZielOrt);
}

s = "Geben Sie alle Ziele aus, die von Rom aus erreichbar sind.";
var Ziele =
    (from n in Flug.AlleFluege
     where n.AbflugOrt == "Rom"
     select n.ZielOrt).Distinct();
HeadLine(s);

foreach (string f in Ziele)
{
 Console.WriteLine(f);
}

s = "Geben Sie den vierten bis achten Flug aus in der nach freien Plätzen aufsteigend sortierten Liste aller Flüge, die in Berlin landen.";
Ergebnis =
    (from n in Flug.AlleFluege
     where n.ZielOrt == "Berlin"
     orderby n.FreiePlaetze
     select n).Skip(3).Take(4);
Print(Ergebnis, s);
```

```
   s = "Geben Sie den ersten Flug aus in der nach freien Plätzen aufsteigend sortierten Liste aller
Flüge, die in Berlin landen.";
   flug =
      (from n in Flug.AlleFluege
       where n.ZielOrt == "Berlin"
       orderby n.FreiePlaetze
       select n).First();
   Print(flug, s);

   s = "Geben Sie den letzten Flug aus in der nach freien Plätzen aufsteigend sortierten Liste aller
Flüge, die in Berlin landen.";
   flug =
      (from n in Flug.AlleFluege
       where n.ZielOrt == "Berlin"
       orderby n.FreiePlaetze
       select n).Last();
   Print(flug, s);

   s = "Geben Sie den 10. Flug aus in der nach freien Plätzen aufsteigend sortierten Liste aller Flüge,
die in Berlin landen.";
   flug =
      (from n in Flug.AlleFluege
       where n.ZielOrt == "Berlin"
       orderby n.FreiePlaetze
       select n).ElementAt(9);
   Print(flug, s);

   s = "Geben Sie den 150. Flug aus in der nach freien Plätzen aufsteigend sortierten Liste aller Flüge,
die in Berlin landen.";
   flug =
      (from n in Flug.AlleFluege
       where n.ZielOrt == "Berlin"
       orderby n.FreiePlaetze
       select n).ElementAtOrDefault(149);
   Print(flug, s);

   s = "Geben Sie Anzahl der Flüge aus (mit einem LINQ-Statement!)";
   i =
      (from n in Flug.AlleFluege
       select n).Count();
   Print(i, s);

   s = "Geben Sie die geringste freie Platzanzahl aus.";
   i =
      (from n in Flug.AlleFluege
       select n).Min(n => n.FreiePlaetze);
   Print(i, s);

   s = "Geben Sie die höchste freie Platzanzahl aus.";
   i =
      (from n in Flug.AlleFluege
       select n).Min(n => n.FreiePlaetze);
   Print(i, s);
```

```csharp
s = "Geben Sie die durchschnittliche freie Platzanzahl aus.";
d =
   (from n in Flug.AlleFluege
     select n).Average(n => n.FreiePlaetze);
Print(d, s);

s = "Geben Sie Summe aller freien Plätze aus.";
i =
   (from n in Flug.AlleFluege
     select n).Sum(n => n.FreiePlaetze);
Print(i, s);

s = "Gruppieren Sie die Flüge nach Abflugorten.";
IEnumerable<IGrouping<string, Flug>> GruppeErgebnis =
    (from n in Flug.AlleFluege
      group n by n.AbflugOrt);
Print(GruppeErgebnis, s);

s = "Geben Sie die Häufigkeit eines jeden Abflugortes aus!";
IDictionary<string, int> GruppeHaeufigkeit =
     (from n in Flug.AlleFluege
       group n by n.AbflugOrt into g
       select new { Name = g.Key, AnzFlug = g.Count() }
     ).ToDictionary(y => y.Name, y => y.AnzFlug);
Print(GruppeHaeufigkeit, s);

s = "Erstellen Sie eine gruppierte Liste aller Passagiere mit ihren Buchungen!";
var pass2 = from p in Passagier.AllePassagiere
            orderby p.GanzerName
            select new { p.GanzerName, p.Buchungen };
foreach (var p in pass2)
{
 Console.WriteLine(p.GanzerName);
 foreach (Buchung b in p.Buchungen)
   Console.WriteLine("\t" + b.Buchungscode);
}

s = "Erstellen Sie die Liste der 10 Passagiere mit den meisten Buchungen.";
var pass = (from p in Passagier.AllePassagiere
            orderby p.Buchungen.Count descending
            select p).Take(10);
Print(pass, s);

s = "Erstellen Sie die Liste des/der Passagier(e) mit den meisten Buchungen.";
pass = (from n in Passagier.AllePassagiere where n.Buchungen.Count == Passagier.AllePassagiere.Max(x => x.Buchungen.Count) select n);
Print(pass, s);

s = "Finden Sie alle Passagiere, die nach Rom fliegen.";
pass = (from p in Passagier.AllePassagiere
         where p.Buchungen.Any(b => b.Flug.ZielOrt == "Rom")
         select p);
Print(pass, s);
```

```csharp
s = "Finden Sie alle Passagiere, die genauso viele Buchungen haben wie ein Flug freie Plätze.";
var joinpass = (from p in Passagier.AllePassagiere
                join f in Flug.AlleFluege
                on p.Buchungen.Count equals f.FreiePlaetze
                select new { p.GanzerName, f.FlugNr, p.Buchungen.Count, f.FreiePlaetze });
HeadLine(s);
foreach (var j in joinpass)
{
  Console.WriteLine(j.GanzerName + " und Flug " + j.FlugNr + " haben die gleiche Zahl: " + j.Count + " / " + j.FreiePlaetze);
}

s = "Geben Sie alle Passagiere aus und optional dazu einen Flug, der genausoviele freie Plätze hat wie der Passagier Buchungen hat.";
var joinpass2 = (from p in Passagier.AllePassagiere
                 join f in Flug.AlleFluege
                 on p.Buchungen.Count equals f.FreiePlaetze
                 into Fluege
                 select new { p.GanzerName, Fluege });
HeadLine(s);
foreach (var j in joinpass2)
{
 Console.WriteLine(j.GanzerName + " hat " + j.Fluege.Count() + " korrespondierende Flüge!");
}

s = "Geben Sie alle Passagiere aus, die älter als 50 Jahre sind!";
pass = (from p in Passagier.AllePassagiere
        where p.Geburtsdatum.AddYears(50) < DateTime.Now
        select p);
Print(pass, s);

s = "Geben Sie alle Flüge aus, mit Passagieren älter als 50 Jahre !";
Ergebnis = (from p in Passagier.AllePassagiere
            where p.Geburtsdatum.AddYears(50) < DateTime.Now
            from b in p.Buchungen
            select b.Flug).Distinct();
Print(Ergebnis, s);
}
```

Listing 10.13 Anwendungsbeispiele von LINQ-to-Objects auf verschiedene selbstdefinierte Geschäftsobjektmengen

LINQ-to-XML

Die Abfrage von XML-Dokumenten mit LINQ (LINQ-to-XML) wird im Rahmen des Kapitels zur XML-Verarbeitung mit .NET (Kapitel »Datenzugriff mit System.Xml und LINQ-to-XML«) behandelt.

LINQ-to-DataSet

Die Abfrage von ADO.NET-Datasets wird im Kapitel zu ADO.NET (»Datenzugriff mit ADO.NET«) behandelt.

LINQ-to-SQL und LINQ-to-Entities

Die Abfrage von Microsoft SQL Server-Datenbanken (LINQ-to-SQL) und der allgemeine Zugriff auf relationale Datenbanken (LINQ-to-Entities) werden in dem Kapitel »Objekt-Relationales Mapping (ORM) mit .NET« behandelt.

LINQ-to-DataServices

LINQ-to-DataServices wird im Kapitel »Windows Communication Foundation (WCF)«, Abschnitt »ADO.NET Data Service (Astoria)«.

Kapitel 11

Datenzugriff mit ADO.NET

In diesem Kapitel:

Einführung	406
ADO versus ADO.NET	406
Basisfunktionsumfang von ADO.NET 1.0 / 1.1	407
Neuerungen in ADO.NET 2.0 im Überblick	407
Neuerungen in ADO.NET 3.x im Überblick	409
Die ADO.NET-Architektur	409
Datenbankverbindungen (Connection)	414
Verbindungszeichenfolgen zusammensetzen mit dem ConnectionStringBuilder	416
Befehlsausführung mit Befehlsobjekten	418
Daten lesen mit einem Datareader	424
Daten lesen und verändern mit einem Dataset	428
LINQ-to-DataSet	445
Datenproviderunabhängiger Datenzugriff durch Provider-Fabriken	449
Benachrichtigungen über Datenänderungen (Query Notifications)	450
Massenkopieren (Bulkcopy / Bulkimport)	454
Providerstatistiken	457
Datenbankschema auslesen	459
Zusatzdienste für ADO.NET	460
ADO.NET Data Services	460
ADO.NET Synchronization Services	460
Positionierung von ADO.NET und Ausblick	464

Einführung

ADO.NET ist die die Datenbankzugriffsschnittstelle für .NET-Anwendungen und Nachfolger der COM-basierten ActiveX Data Objects (ADO). Die Schreibweise *ActiveX Data Objects .NET* wird jedoch selten verwendet; in der Regel findet man nur die Abkürzung. ADO.NET ist eine der wichtigen Teilbibliotheken der .NET-Klassenbibliothek (Namensraum System.Data).

> **HINWEIS** Bis .NET 3.5 war ADO.NET die einzige Datenbankzugriffsschnittstelle. In .NET 3.5 sind höherwertige Konzepte wie LINQ-to-SQL und die ADO.NET Entity Framework Object Services hinzugekommen (siehe Kapitel »Objekt-Relationales Mapping (ORM) mit .NET«). ADO.NET behält aber weiterhin seine Bedeutung als unterste und direktes Datenbankzugriffsschnittstelle, bei der der Entwickler die volle Kontrolle über die ausgeführten Befehle hat.

> **HINWEIS** Das vorliegende Kapitel betrachtet im Schwerpunkt den Zugriff auf Microsoft SQL Server 2005. Andere Datenbanksysteme werden aus Platzgründen nur am Rande betrachtet. Microsoft SQL Server 2008 wird noch nicht erörtert, da es zum Redaktionsschluss des Buchs noch keine endgültige Version davon gab. Es ist jedoch nicht zu erwarten, dass die in diesem Buch dokumentierten Beispiele nicht auf SQL Server 2008 lauffähig sind.

ADO versus ADO.NET

Die Gemeinsamkeiten zwischen dem klassischen, COM-basierten *ADO* und dem .NET-basierten *ADO.NET* sind nicht sehr groß. Microsoft hat zentrale Teile des Datenzugriffs auf dem Weg von COM zu .NET stark verändert:

- Die Trennung in unterschiedliche Schnittstellen für verschiedene Zielgruppen (OLEDB und ADO) wurde aufgehoben; ADO.NET ist eine einheitliche Schnittstelle für alle Sprachen. Die ADO.NET Managed Data Provider ersetzen die bisherigen OLEDB-Provider.

- Das primäre Datenzugriffsmodell ist ein verbindungsloses Modell, bei dem die Daten nach dem Einlesen in ein sogenanntes *Dataset* keine Verbindung mehr zu der Datenquelle haben. Das Auslesen der Daten erfolgt mit einem Client Cursor, d. h., der Client durchläuft nach dem anfänglichen Einlesen die Daten ohne Rückgriff auf die Datenquelle. Ein Dataset ist eine Art In-Memory-Datenbank, die zu einem späteren Zeitpunkt mit der ursprünglichen oder einer anderen Datenquelle synchronisiert werden kann. Ein Dataset kann mehr als eine Tabelle enthalten; die Tabellen können hierarchische Beziehungen untereinander besitzen.

- Der Zugriff auf Datenbanken mit einem Server Cursor ist nur lesend möglich durch Einsatz der Klasse DataReader. Für .NET 2.0 war zunächst geplant, ein schreibfähiges Pendant einzurichten. Diese Funktion hat Microsoft aber nach der Beta 1-Version wieder verworfen und ist auch in .NET 3.0/3.5 nicht enthalten.

- Ein Dataset besitzt einen XML-Relationalen Mapper (XRM): XML-Daten können in ein Dataset importiert und aus einem Dataset exportiert werden. Das DataSet kann sich in XML-Form serialisieren. Außerdem kann ein DataSet über das XML Document Object Model (DOM) bearbeitet werden.

- ADO.NET führt automatisch ein Verbindungspooling durch, um bestehende Datenbankverbindungen wieder zu verwenden.

> **HINWEIS** Die Datenbankzugriffsschnittstelle ADO.NET gehört zu den Teilen des .NET Frameworks, die zahlreichen, an das klassische ADO gewöhnten Entwicklern nicht unerhebliche Umstellungsprobleme bereiteten, da es galt, sich auf das neue, verbindungslose Datenkonzept sowie auf das Fehlen einiger Funktionen einzustellen.

Basisfunktionsumfang von ADO.NET 1.0 / 1.1

In ADO.NET 1.0 / 1.1 waren folgende Funktionen enthalten:

- Treiber für Microsoft SQL Server- und Oracle-Datenbanken sowie Kompatibilitätstreiber für vorhandene OLEDB- und ODBC-Datenbanken
- Verbindungsaufbau und -abbau mit Verbindungsobjekten (Connection)
- Ausführung von SQL-Befehlen und gespeicherten Prozeduren mit Befehlsobjekten (Command)
- Daten lesen mit speziellen Datenlese-Objekten (mehrere Klassen, die das Wort DataReader im Namen tragen)
- Daten lesen und ändern mit DataSet-Objekten (Klasse DataSet sowie dazugehörend: DataTable, DataRow, DataColumn, DataRelation, DataView, DataAdapter und CommandBuilder)
- Serialisierung von DataSet-Objekten in XML-Form
- Unterstützung für Datenbanktransaktionen (Transaction)

Neuerungen in ADO.NET 2.0 im Überblick

In ADO.NET 2.0 (November 2005) hat Microsoft folgende Funktionen neu eingeführt:

- Asynchrone Befehlsausführung
- Massenkopieren (Bulkcopy / Bulkimport)
- Mehrere gleichzeitige Aktionen auf einer Verbindung (Multiple Active Result Sets – MARS)
- Benachrichtigungen über Datenänderungen
- Setzen der Anzahl der gleichzeitig zu übermittelnden Änderungen (Batch-Größe) für Datenadapter
- Umwandlung zwischen Dataset und Datareader
- Optional binäre (und damit schnellere) Serialisierung für Datasets
- Serialisierung einzelner DataTable-Objekte aus einem Dataset
- Datenproviderunabhängiges Programmieren durch Provider-Fabriken
- Ermittlung der auf einem System installierten Datenprovider
- Ermittlung der verfügbaren SQL Server-Installation in einer Domäne
- Auslesen des Datenbankschemas
- Statistiken über die Nutzung einer Datenbankverbindung
- Zusammensetzen von Verbindungszeichenfolgen mit dem ConnectionStringBuilder
- Etwas mehr Kontrolle über das Verbindungspooling

- Ändern von SQL Server-Datenbankbenutzerkennwörtern
- Unterstützung für benutzerdefinierte SQL Server-Datentypen (ab 2005)
- Unterstützung für Snapshot Isolation im SQL Server (ab 2005)
- Unterstützung für Datenbankspiegelung (Client Failover) im SQL Server (ab 2005)
- Verzicht auf MDAC (Microsoft Data Access Components) für den ADO.NET Provider für Microsoft SQL Server

WICHTIG Nicht alle der vorgenannten Funktionen sind für alle ADO.NET-Datenprovider verfügbar. Auskunft über die Verfügbarkeit gibt die unten folgende »ADO.NET-Funktionsmatrix«. Zahlreiche Funktionen stehen leider nur in Zusammenhang mit dem Microsoft SQL Server 2005 / 2008 zur Verfügung.

ADO.NET-Funktionsmatrix

Die folgende Tabelle stellt zusammenfassend dar, welche Funktionen von ADO.NET für alle Datenbanken und welche nur für den Microsoft SQL Server verfügbar sind.

	Alle ADO.NET-Datenprovider	Microsoft SQL Server 7.0 / 2000	Microsoft SQL Server 2005 / 2008
Provider-Fabriken	X	X	X
Auflisten der verfügbaren Datenbankserver	X	X	X
Klasse `ConnectionStringBuilder`	X	X	X
Schema-Zugriff	X	X	X
Batch-Größe für Datenadapter	X	X	X
Leeren des Verbindungspools	`OracleClient`	X	X
Multiple Active Results Sets (MARS)			X
Benachrichtigungen über Datenänderungen			X
Unterstützung des Isolationsebene *Snapshot*			X
Asynchrone Befehlsausführung		X	X
Client Failover			X
Bulkcopy		X	X
Kennwortänderung			X
Statistiken		X	X

Tabelle 11.1 ADO.NET-Funktionsmatrix, Stand Juni 2005; Quelle: Microsoft [MSDN09]

Neuerungen in ADO.NET 3.x im Überblick

Die Neuerungen in .NET 3.0 und .NET 3.5 sind geringer im Vergleich zu den Neuerungen in ADO.NET 2.0.

HINWEIS Microsoft spricht nicht offiziell von *ADO.NET 3.5*, sondern nur von *neuen Funktionen für ADO.NET in .NET 3.5*.

ADO.NET im .NET Framework 3.0

Das .NET Framework 3.0 enthält gegenüber dem .NET Framework 2.0 keinerlei Neuerungen für ADO.NET.

ADO.NET im .NET Framework 3.5

Das .NET Framework 3.5 enthält folgende Neuerungen:

- LINQ-to-DataSet (hier in diesem Kapitel beschrieben)
- Verbesserung des Spaltenzugriffs für untypisierte Datasets (hier in diesem Kapitel beschrieben)
- Mehrschichtunterstützung für typisierte Datasets (hier in diesem Kapitel beschrieben)
- ADO.NET Sync Services (hier in diesem Kapitel beschrieben unter »Zusatzdienste«)
- ADO.NET Entity Framework (ab Service Pack 1, siehe Kapitel zu »Objekt-Relationales Mapping (ORM) mit .NET«)
- ADO.NET Data Services (ab Service Pack 1, siehe Kapitel zu »Windows Communication Foundation (WCF)«)

Die ADO.NET-Architektur

Im Veröffentlichen von Datenbankschnittstellen ist Microsoft seit vielen Jahren Weltmeister: ODBC, OLEDB, RDO, DAO, ADO und ADO.NET. Mit ADO.NET hat Microsoft auf seine Universal Data Access (UDA)-Strategie im wahrsten Sinne des Wortes noch eins »draufgesetzt« (siehe folgende Abbildung). Die Remote Data Objects (RDO) und die Data Access Objects (DAO) sowie die Open Database Connectivity (ODBC) gelten dabei schon länger als veraltet. In der Grafik durch eine gestrichelte Linie berücksichtigt wurde die Möglichkeit, vom Managed Code aus via COM-Interoperabilität und P/Invoke die alten Schnittstellen zu nutzen, was aber nicht empfehlenswert ist.

Providermodell

Genauso wie ODBC und OLEDB verwendet ADO.NET auch datenquellenspezifische Treiber, die *ADO.NET Data Provider*, *.NET Data Provider* oder *Managed Provider* genannt werden. Data Provider für OLEDB und ODBC stellen dabei die Abwärtskompatibilität von ADO.NET für Datenquellen her, für die (noch) keine spezifischen ADO.NET-Datenprovider existieren.

Die Grafik zeigt auch das Verhältnis von ADO.NET zu den Objekt-Relationalen Mappern LINQ-to-SQL und ADO.NET Entity Framework: Beide setzen auf ADO.NET auf. Bei dem ADO.NET Entity Framework gibt es noch die Besonderheit, dass es auch einen ADO.NET Data Provider *EntityClient* gibt, mit dem man über ADO.NET auf das im ADO.NET Entity Framework hinterlegte Konzeptuelle Datenmodell zugreifen kann. Dies wird auch im Kapitel zu »Objekt-Relationales Mapping (ORM) mit .NET« behandelt.

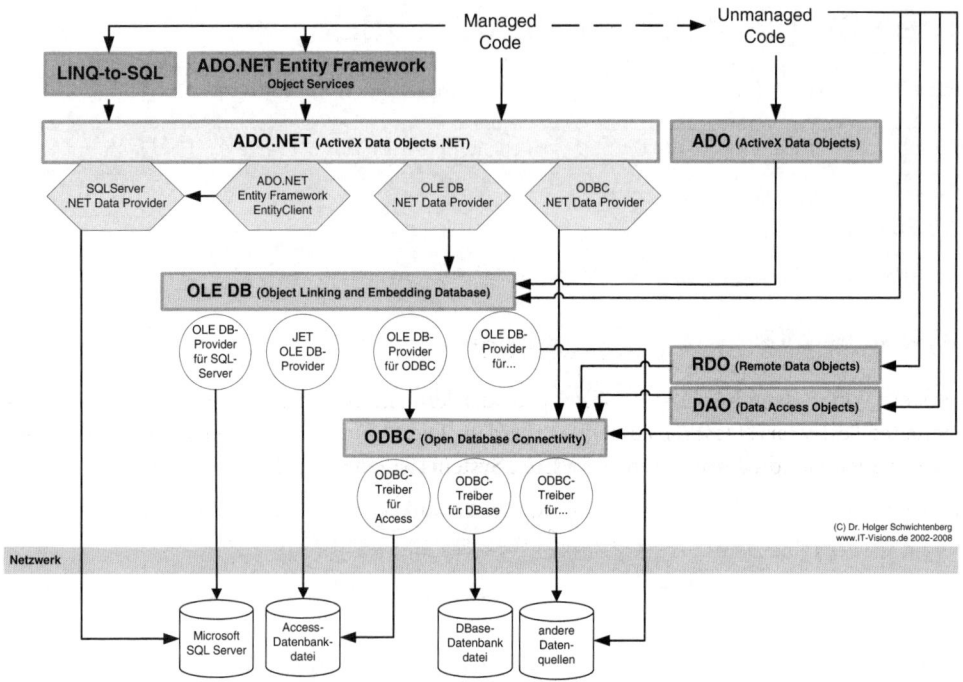

Abbildung 11.1 ADO.NET-Providerarchitektur und Zusammenspiel mit anderen Datenzugriffsschnittstellen

Datenprovider von Microsoft

ADO.NET wird in .NET 2.0/3.0/3.5 mit folgenden Datenprovidern (alias .NET Data Provider oder Managed Data Provider) ausgeliefert:

- System.Data.SqlClient (spezieller Treiber für Microsoft SQL Server 7.0/2000 und 2005/2008; dieser Treiber wird auch innerhalb des SQL Servers 2005/2008 für Managed-Code-Anwendungen benutzt)
- System.Data.SqlServerCe (spezieller Treiber für Microsoft SQL Server CE)
- System.Data.OracleClient (spezieller Treiber für Oracle-Datenbanken)
- System.Data.OLEDB (Brücke zu OLEDB-Providern)
- System.Data.Odbc (Brücke zu ODBC-Treibern)

> **HINWEIS** Eine interne Änderung in ADO.NET ab Version 2.0, die sich nicht direkt in den Klassen widerspiegelt, besteht darin, dass der SQL Server-Datenprovider (System.Data.SqlClient) nicht mehr auf den Microsoft Data Access Components (MDAC) basiert, sondern in seiner Implementierung völlig unabhängig davon ist. Dadurch wird die Leistung verbessert.

Datenprovider von anderen Herstellern

Weitere Provider werden von anderen Herstellern geliefert, z. B.

- Datenprovider für MySQL (MySQLDirect .NET Data Provider) [ADONET01]

Die ADO.NET-Architektur

- Datenprovider für Oracle, DB2, Sybase, Microsoft SQL Server [ADONET02]
- Open Source-Datenprovider für Firebird [ADONET03]
- Open Source ADO.NET Provider für MySql und PostgresSql [ADONET04]
- Datenprovider für MySql, Informix, DB2, Oracle, Ingres, Sybase und Microsoft SQL Server [ADONET05]

TIPP Weitere ADO.NET-Datenprovider finden Sie in der Werkzeug- und Komponentenreferenz des Autors: [DOTNET02]

Ermittlung der installierten Datenprovider

Die auf einem System vorhandenen ADO.NET-Datenprovider können über die Methode `System.Data.Common.DbProviderFactories.GetFactoryClasses()` aufgelistet werden. Diese Funktion ist neu in ADO.NET seit Version 2.0. Ein Fernzugriff auf die Provider eines anderen Systems ist jedoch leider nicht möglich.

Die installierten Provider sind nicht in der Registrierungsdatenbank, sondern – wie es sich für eine .NET-Anwendung gehört – in der *machine.config* abgelegt (Sektion `<system.data>` `<DbProviderFactories>`).

Beispiel

Im folgenden Beispiel werden alle auf dem lokalen System vorhandenen Datenprovider an der Konsole ausgegeben.

```
public static void GetAllProviders()
{
   Demo.Print("=== DEMO Providerliste");
   // --- Ermittlung der Provider
   DataTable providers = System.Data.Common.DbProviderFactories.GetFactoryClasses();
   // --- Ausgabe
   foreach (DataRow provider in providers.Rows)
   {
     foreach (DataColumn c in providers.Columns)
       Demo.Print(c.ColumnName + ":" + provider[c]);
     Demo.Print("--");
   }
}
```

Listing 11.1 Auflistung der vorhandenen ADO.NET-Datenprovider [VerschiedeneDemos/ADONET/ProviderEnumerationen]

Der Weg der Daten von der Datenquelle bis zum Verbraucher

Die nachstehende Abbildung zeigt die möglichen Datenwege in ADO.NET von einer Datenquelle zu einem Datenverbraucher. Alle Zugriffe auf eine Datenquelle laufen auf jeden Fall über ein `Command`-Objekt, das datenproviderspezifisch ist. Zum Auslesen von Daten bietet das Modell zwei Wege: Daten können über ein providerspezifisches `DataReader`-Objekt oder über ein providerunabhängiges `DataSet`-Objekt zum Datenverbraucher gelangen. Das `DataSet`-Objekt benötigt zur Beschaffung der Daten ein `DataAdapter`-Objekt, das wiederum in jedem Datenprovider separat zu implementieren ist. Man kann in Visual Studio eine Wrapper-Klasse für ein DataSet für eine oder mehrere Tabellen generieren lassen. Dieses sogenannte *Typisierte Dataset* (*Typed Datasets*) bietet dem Entwickler mehr Komfort im Datenzugriff.

Seit .NET 2.0 existieren Möglichkeiten, nachträglich noch von einem in das andere Zugriffsmodell zu wechseln. Datenänderungen erfolgen, indem der Datenverbraucher direkt Befehle an ein Command-Objekt sendet. Seit .NET 2.0 stellt .NET sogenannte Datenquellensteuerelemente bereit, die dem Entwickler die Bindung von Daten an ein Steuerelement erleichtern. Dabei unterscheidet sich die Architektur in Windows Forms und Webforms: Während Windows Forms mit einer allgemeinen Klasse BindingSource auf Basis von typisierten Datasets arbeitet, verwendet ASP.NET providerspezifische Klassen (z. B. SqlDataSource, AccessDataSource). WPF besitzt ein sehr eng in den Kern von WPF integriertes Datenbindungskonzept (vgl. Kapitel zu »Windows Presentation Foundation (WPF)«).

Ab .NET 3.5 besteht die Möglichkeit, die Abfrage von Daten und das Verknüpfen von Daten in einem DataSet (sowohl einem normalen, untypisierten als auch einem typisierten Dataset) durch Einsatz von LINQ-to-DataSet wesentlich mächtiger und eleganter zu gestalten.

ACHTUNG   Für einige Anwendungen ist es wichtig, sich nicht auf einen speziellen Datenprovider festzulegen. Die Möglichkeiten für providerunabhängiges Programmieren wurden in .NET 2.0 verbessert. Mehr dazu werden Sie im Unterkapitel »Datenproviderunabhängiger Datenzugriff durch Provider-Fabriken« erfahren.

HINWEIS   Datengebundene Steuerelemente und Datenbindung werden in den jeweiligen Kapiteln zu Oberflächentechnologien (also Windows-Oberflächen mit Windows Forms, Windows Presentation Foundation (WPF) und ASP.NET) erläutert.

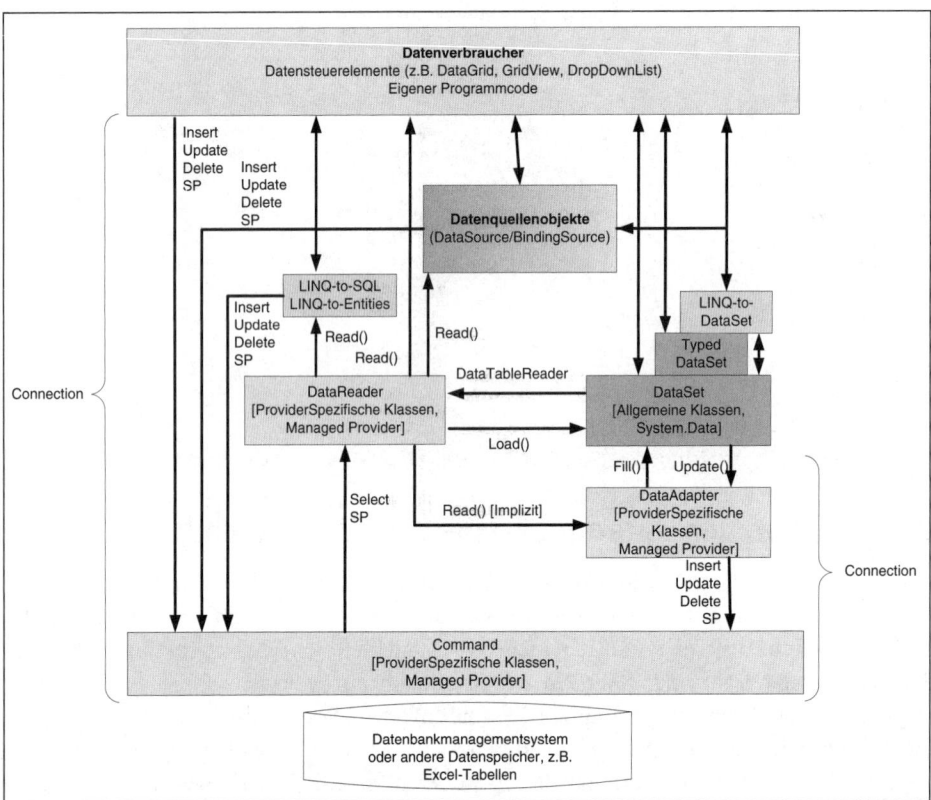

Abbildung 11.2   Datenwege in ADO.NET

Datareader versus Dataset

In der Einführung wurden bereits die Datenzugriffsmodelle Datareader und Dataset angesprochen. Die folgende Tabelle und die Grafik vergleichen die beiden Zugriffsverfahren im Detail.

	Datareader	Dataset
Modell	Server Cursor	Client Cursor
Implementiert in	Jedem Datenprovider	System.Data
Basisklassen	DbDataReader MarshalByRefObject Object	MarshalByValueComponent Object
Schnittstellen	IDataReader, IDisposable, IDataRecord, IEnumerable	IListSource, IXmlSerializable, ISupportInitialize, ISerializable
Daten lesen	Ja	Ja
Daten vorwärts lesen	Ja	Ja
Daten rückwärts lesen	Nein	Ja
Direktzugriff auf beliebigen Datensatz	Nein	Ja
Direktzugriff auf beliebige Spalte im Datensatz	Ja	Ja
Daten verändern	Nein, nur über separate Command-Objekte	Ja (über Datenadapter)
Befehlserzeugung für Datenänderung	Komplett manuell	Tlw. automatisch (CommandBuilder)
Zwischenspeicher für Daten	Nein	Ja
Änderungshistorie	Nein	Ja
Speicherverbrauch	Niedrig	Hoch
Geeignet für Datentransport zwischen Schichten	Nein	Ja

Tabelle 11.2   Datareader vs. Dataset

Verbindungsorientierter Datenzugriff (Server Cursor)

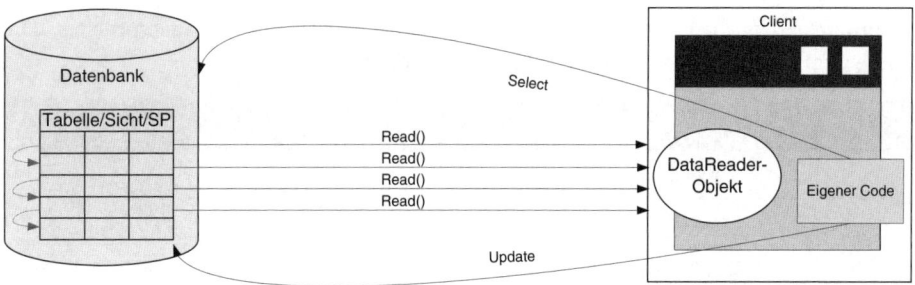

Verbindungsloser Datenzugriff (Client Cursor)

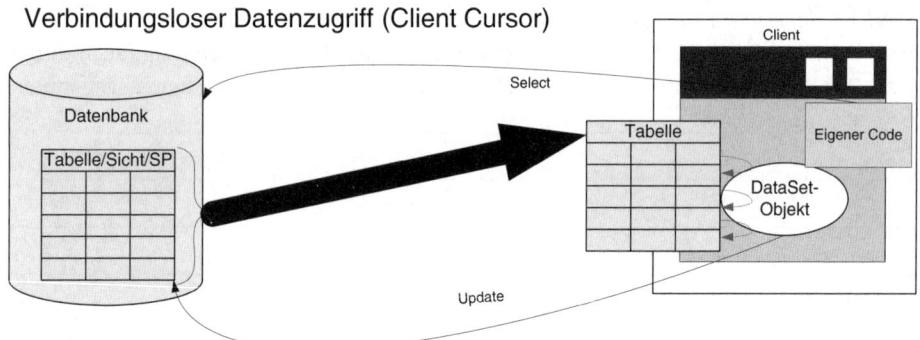

Abbildung 11.3 Vergleich der Zugriffsmodelle

WICHTIG Es gibt im .NET Framework keinen schreibenden Cursor. Eine solche Implementierung war ursprünglich für .NET 2.0 vorgesehen, wurde von Microsoft dann aber im endgültigen Produkt nicht ausgeliefert.

Datenbankverbindungen (Connection)

Egal welche Datenzugriffsform gewählt wird und egal welche Aktion ausgeführt werden soll: Für die Kommunikation mit dem Datenbankmanagementsystem ist immer eine Verbindung notwendig.

Verbindungen aufbauen und schließen

Jeder Datenprovider hat eine eigene Implementierung für die Verbindungsklasse: SqlConnection, OracleConnection, OleDbConnection, usw. Bei der Instanziierung dieser Objekte kann die Verbindungszeichenfolge übergeben werden. Danach erfolgt der Aufruf von Open(). Eine Verbindung muss geschlossen werden durch Close().

```
// === Daten lesen mit einem DataReader
public void DataReader_Demo()
{
   const string CONNSTRING = @"Integrated Security=SSPI;Persist Security Info=False;Initial
               Catalog=WorldWideWings;Data Source=E01\sqlexpress";
```

```
// Verbindung aufbauen
SqlConnection sqlConn = new SqlConnection(CONNSTRING);
sqlConn.Open();
...
// Verbindung schließen
sqlConn.Close();
}
```

Listing 11.2 Verbindung aufbauen und schließen

Verbindungspooling

ADO.NET-Datenprovider implementieren (auch schon in ADO.NET 1.x) eigene Verbindungs-Poolingmechanismen (*ADO.NET Connection Pooling*). ADO.NET schließt eine Datenbankverbindung nicht, wenn eine Anwendung sie schließt, sondern hält die Verbindung für die spätere Wiederverwendung (auch durch andere Anwendungen) – für eine bestimmte Zeit – offen. Die Verbindungen werden in einem sogenannten Verbindungspool zur späteren Wiederverwendung vorgehalten.

Ein ADO.NET-Entwickler muss sich daher nicht um die optimale Dauer einer Datenbankverbindung kümmern; er sollte die Verbindung immer so schnell wie möglich schließen. Die Steuerung des Verbindungspoolings erfolgt über Parameter in der Verbindungszeichenfolge.

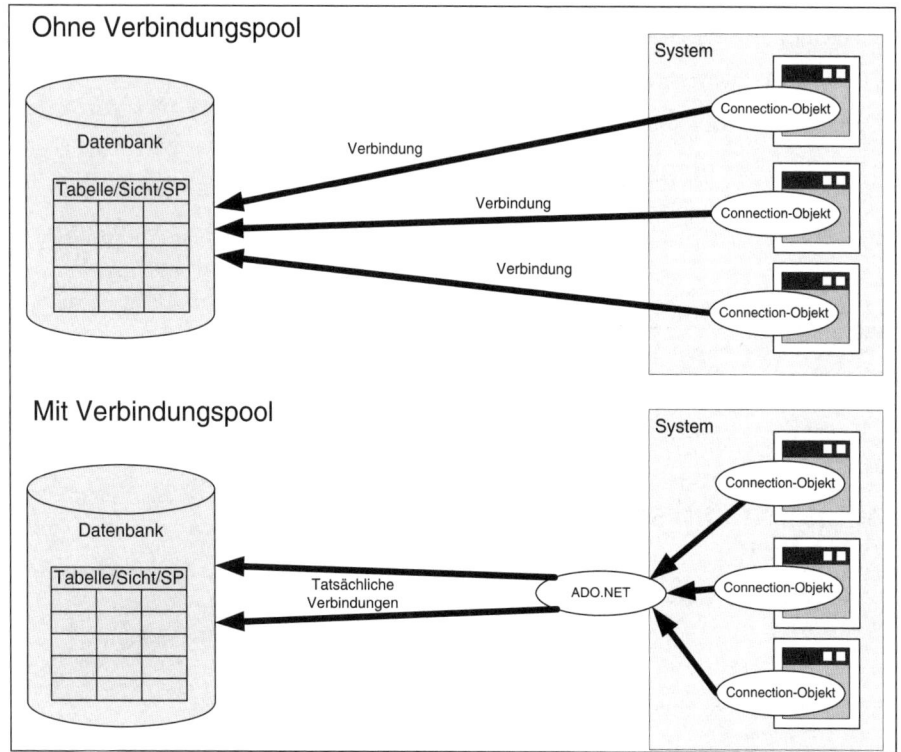

Abbildung 11.4 Verbindungspooling in ADO.NET

In ADO.NET 1.x hatte der Entwickler aber auch keinen Einfluss darauf, wann die Verbindung tatsächlich abgebaut wurde. Die Datenprovider für Microsoft SQL Server und Oracle ermöglichen es dem Entwickler ab ADO.NET 2.0, den Zeitpunkt zum Leeren der Verbindungspools selbst zu bestimmen. Die folgenden Methoden werden als statische Methoden auf den entsprechenden Connection-Objekten angeboten:

- Die Methode ClearPool(Conn) entfernt die angegebene Verbindung aus dem Verbindungspool.
- Die Methode ClearAllPools() löscht alle Verbindungen aus dem Verbindungspool.

Verbindungszeichenfolgen zusammensetzen mit dem ConnectionStringBuilder

ADO.NET (ab Version 2.0) bietet Hilfsklassen zum Zusammensetzen von Verbindungszeichenfolgen. Diese Hilfsklassen nehmen Parameterwerte entgegen und liefern als Ausgabe eine Verbindungszeichenfolge als Zeichenkette.

Während die allgemeine Klasse System.Data.Common.DbConnectionStringBuilder mit untypisierten Attribut-Wert-Paaren arbeitet, besitzen die davon abgeleiteten Klassen

- System.Data.Odbc.OdbcConnectionStringBuilder
- System.Data.OLEDB.OLEDBConnectionStringBuilder
- System.Data.OracleClient.OracleConnectionStringBuilder
- System.Data.SqlClient.SqlConnectionStringBuilder

jeweils Datenprovider-spezifische Attribute, die die Verwendung vereinfachen.

Beispiel

Das Codefragment zeigt das Zusammensetzen einer Verbindungszeichenfolge für einen Microsoft SQL Server.

```
public static void run()
{
  System.Data.SqlClient.SqlConnectionStringBuilder csb = new SqlConnectionStringBuilder();
  // --- Eingabedaten
  csb.UserID = "HS";
  csb.Password = "geheim";
  csb.DataSource = "Essen";
  csb.InitialCatalog = "Demo";
  csb.PersistSecurityInfo = true;
  csb.IntegratedSecurity = false;
  // --- Zusammengesetzte Verbindungszeichenfolge
  Demo.Out(csb.ConnectionString);
}
```

Listing 11.3 Zusammensetzen einer Verbindungszeichenfolge [/VerschiedeneDemos/ADONET/StringBuilder]

Verbindungszeichenfolgen aus der Konfigurationsdatei auslesen

Die XML-Anwendungskonfigurationsdateien bieten ab .NET 2.0 eine separate Sektion für die Ablage von (verschlüsselten) Verbindungszeichenfolgen. Dieses Thema wurde bereits im Kapitel ».NET-Klassenbibliothek 3.5« unter dem Stichwort »System.Configuration« behandelt.

Ermittlung der verfügbaren Microsoft SQL Server

Mithilfe der Klasse SqlDataSourceEnumerator kann man ab ADO.NET Version 2.0 die in der Windows-Domäne verfügbaren Microsoft SQL Server auflisten. Die Methode GetDataSources() liefert ein DataTable-Objekt mit folgenden Feldern:

- ServerName
- InstanceName
- IsClustered
- Version

Beispiel

Die folgende Methode gibt alle erreichbaren SQL Server-Installationen aus. Die Methode PrintTable(), die hier aus Platzgründen nicht abgedruckt ist, gibt alle Zeilen und Spalten eines DataTable-Objekts aus.

```
// Auflistung aller MS SQL-Server in der Domäne
public static void GetAllSQLServers2()
{
  DataTable servers = SqlDataSourceEnumerator.Instance.GetDataSources();
  foreach (DataRow src in servers.Rows)
    PrintTable(servers);
}
```

Listing 11.4 Ausgabe der erreichbaren SQL Server-Installationen [/VerschiedeneDemos/ADONET/ProviderEnumerationen]

Datenbankbenutzerkennwörter ändern

Der Microsoft SQL Server unterstützt neben der Windows-integrierten Authentifizierung auch eine eigene Benutzerdatenbank. Nach einer Standardinstallation existiert dort nur das Administratorkonto *sa*. Um die Kennwörter für die SQL-Benutzerkonten zu ändern, konnte man bisher nur den Transact SQL-Befehl ALTER LOGIN verwenden.

ADO.NET (ab 2.0) bietet im Zusammenhang mit dem SQL Server 2005/2008 die Möglichkeit, ein Kennwort auch eleganter über die statische Methode ChangePassword() in der Klasse SqlConnection zu ändern. In [MSDN09] wird diese Methode hochtrabend *Password Change API* genannt.

Beispiel

In dem folgenden Beispiel wird das Kennwort für den Benutzer *sa* geändert.

```
// Eingabedaten für Demo
const string CONNSTRING = "Server=essen;User ID=sa;Password=test123$123;Database=Test;Persist Security
Info=True";
// Kennwort ändern
SqlConnection.ChangePassword(CONNSTRING, "demo123$123");
// Ausgabe
Demo.Out("Kennwort für das Benutzerkonto 'sa' wurde geändert!"
```

Listing 11.5   Kennwortänderung für das sa-Benutzerkonto [/VerschiedeneDemos/ADONET/BulkImport/MSSQL_KennwortAenderung]

Befehlsausführung mit Befehlsobjekten

Sie können jegliche Form von SQL-Befehlen, gespeicherten Prozeduren (Stored Procedures) oder anderen für das jeweilige Datenbankmanagementsystem verständlichen Befehlszeichenketten direkt auf der Datenbank aufrufen, indem Sie eine providerspezifische Befehlsklasse nutzen.

ACHTUNG   Weder Visual Studio noch das .NET Framework prüfen oder beeinflussen die über ein Befehlsobjekt abgesendeten Befehle. Diese sind aus der Sicht der Entwicklungsumgebung und der Laufzeitumgebung nur Zeichenketten, für deren Korrektheit allein der Entwickler selbst bürgen muss.

Methoden der Befehlsklassen

Neben dem bereits verwendeten `ExecuteReader()` stellen providerspezifischen Befehlsklassen (enthält `Command` im Klassennamen, z.B. `SqlCommand`, `OracleCommand`, `OleDbCommand`, usw.) noch folgende Methoden bereit:

- `ExecuteNonQuery()` zur Ausführung von DML- und DDL-Befehlen, die keine Datenmenge zurückliefern. Sofern die Befehle die Anzahl der betroffenen Zeilen zurückliefern, steht diese Zahl im Rückgabewert der Methode. Sonst ist der Wert -1.
- `ExecuteRow()` liefert die erste Zeile der Ergebnismenge in Form eines `SqlRecord`-Objekts (nur SQL Server). Diese Funktion ist neu ab .NET 2.0.
- `ExecuteScalar()` liefert nur die erste Spalte der ersten Zeile der Ergebnismenge.

Transaktionen

Befehle können auf einfache Weise in eine Transaktion verpackt werden. Der Beginn einer Transaktion ist mit `BeginTransaction()` zu markieren. `BeginTransaction()` liefert ein providerspezifisches Transaktionsobjekt (Basisklasse `DbTransaction`, konkrete Klassen z.B. `SqlTransaction` und `OracleTransaction`), das `Commit()` und `Rollback()` als Methoden anbietet. Dieses eigenständige Transaktionsobjekt ist den einzelnen Befehlen explizit zuzuweisen (`sqlCmd.Transaction = t;`). Über das Attribut `IsolationLevel` kann die Art der Transaktion beeinflusst werden. Standardwert ist `ReadCommitted`.

HINWEIS   Weitere Möglichkeiten zur Definition von Transaktionen finden Sie im Kapitel »Enterprise Services und Transaktionen«.

Beispiel zur Ausführung von Befehlen

Das Beispiel zeigt die Ausführung von zwei INSERT-Befehlen in einer Transaktion: Die Flugbuchung soll nur erfolgen, wenn der Passagier auf beiden Teilstrecken gebucht werden kann. Mit dem Try-Catch-Block wird dafür gesorgt, dass Rollback() aufgerufen wird, falls es bei der Ausführung eines der beiden Befehle zu einem Fehler kommt. Ob der Rollback tatsächlich funktioniert, können Sie testen, indem Sie in einem der beiden SQL-Befehle ungültige Werte übergeben.

```
// === SQL-Befehle in einer Transaktion ausführen
public void ADONET_Transaction_Demo()
  {
  const string CONNSTRING = @"…";
  const string SQL1 = @"INSERT INTO GF_GebuchteFluege ([GF_PS_ID], [GF_FL_FlugNr], [GF_FlugDatum], [GF_Preis], [GF_Klasse]) " +
    "VALUES (1, 101, 8/1/2008, 500, 'F')";
  const string SQL2 = @"INSERT INTO GF_GebuchteFluege ([GF_PS_ID], [GF_FL_FlugNr], [GF_FlugDatum], [GF_Preis], [GF_Klasse]) " +
    "VALUES (1, 203, 8/1/2008, 500, 'F')"; // Erfolgreicher Befehl
  const string SQL3 = "Select count(*) from GF_GebuchteFluege";
  // Verbindung aufbauen
  SqlConnection sqlConn = new SqlConnection(CONNSTRING);
  sqlConn.Open();
  // Befehlsobjekt erzeugen
  SqlCommand sqlCmd = sqlConn.CreateCommand();
  sqlCmd.CommandText = SQL3;
  Demo.Print("Anzahl Datensätze vorher: " + sqlCmd.ExecuteScalar().ToString());
  SqlTransaction t = null;
  try
  {
    t = sqlConn.BeginTransaction();
    sqlCmd.CommandText = SQL1;
    sqlCmd.Transaction = t;
    Demo.Print(SQL1);
    Demo.Print("Betroffene Zeilen: " + sqlCmd.ExecuteNonQuery());
    sqlCmd.CommandText = SQL2;
    sqlCmd.Transaction = t;
    Demo.Print(SQL2);
    Demo.Print("Betroffene Zeilen: " + sqlCmd.ExecuteNonQuery());
    t.Commit();
    Demo.Print("Transaktion erfolgreich ausgeführt!");
  }
  catch (Exception ex)
  {
    t.Rollback();
    Demo.Print("Transaktion fehlgeschlagen: " + ex.Message);
  }
  finally
  {
    sqlCmd.CommandText = SQL3;
    Demo.Print("Anzahl Datensätze nachher: " + sqlCmd.ExecuteScalar().ToString());
    sqlConn.Close();
  }
}
```

Listing 11.6 Befehle in einer Transaktion ausführen [/VerschiedeneDemos/ADONET/Command]

Parameter für Befehle

Meistens sind die SQL-Befehle nicht statisch, sondern setzen sich aus Parametern zusammen. Grundsätzlich ist es dabei möglich, die SQL-Befehlszeichenkette aus einzelnen Teilzeichenketten zusammenzubauen:

```
string SQL2 = @"INSERT INTO GF_GebuchteFluege ([GF_PS_ID], [GF_FL_FlugNr], [GF_Preis], [GF_Klasse]) " +
"VALUES (" + PS_ID + "," + FL_ID + ", 0, 'F')";
```

In Szenarien, wo die Parameter aus Eingaben des Endbenutzers stammen, besteht dabei aber die Gefahr der sogenannten *SQL Injection*, einer Angriffsmöglichkeit, bei der ein unberechtigter Benutzer den gesamten Datenbestand lesen oder verändern kann. Außerdem können viele Datenbankmanagementsysteme parametrisierte Befehle zwischenspeichern für eine spätere Verwendung, während zusammengesetzte Befehlszeichenketten immer wieder neu geprüft und übersetzt werden müssen.

Daher ist es deutlich besser, die Befehle mithilfe der `Parameters`-Menge eines `Command`-Objekts zusammenzusetzen. Dabei enthält die SQL-Befehlszeichenkette benannte Platzhalter (eingeleitet durch @ für Microsoft SQL Server oder »:« für Oracle-Datenbanken), die durch die `Parameters`-Menge gefüllt werden. Neu seit ADO.NET 2.0 ist, dass die `Parameters`-Menge mit `AddWithValue()` statt mit `Add()` befüllt werden sollte. Die Methode `Add()` ist als veraltet gekennzeichnet.

In dem nachfolgenden Beispiel wird das `Command`-Objekt wieder verwendet. In diesem Fall muss man entweder die `Parameters`-Objektmenge mit `Clear()` vor der Wiederverwendung löschen oder direkt auf die bestehenden Parameter in der Objektmenge zugreifen, um sie neu zu befüllen. Dabei müssen nur die gegenüber der ersten Verwendung geänderten Werte wieder gesetzt werden.

```
// === SQL-Befehle in einer Transaktion ausführen unter Verwendung von Parametern
public void ADONET_Command_Parameters()
{
  Demo.PrintHeader("Command-Transaction-Demo mit Parametern");
  string CONNSTRING = DemoConfig.CONNSTRING;
  const string SQL1 = @"INSERT INTO GF_GebuchteFluege ([GF_PS_ID], [GF_FL_FlugNr], [GF_Preis], [GF_Klasse]) " +
    "VALUES (@PS, @FL, @Preis, @Klasse)";
  const string SQL2 = @"INSERT INTO GF_GebuchteFluege ([GF_PS_ID], [GF_FL_FlugNr], [GF_Preis], [GF_Klasse]) " +
    "VALUES (@PS, @FL, @Preis, @Klasse)";
  const string SQL3 = "Select count(*) from GF_GebuchteFluege";
  // Verbindung aufbauen
  SqlConnection sqlConn = new SqlConnection(CONNSTRING);
  sqlConn.Open();
  // Befehlsobjekt erzeugen
  SqlCommand sqlCmd = sqlConn.CreateCommand();
  sqlCmd.CommandText = SQL3;
  Demo.Print("Anzahl Datensätze vorher: " + sqlCmd.ExecuteScalar().ToString());
  SqlTransaction t = null;
  try
  {
    t = sqlConn.BeginTransaction();
    sqlCmd.CommandText = SQL1;
    sqlCmd.Transaction = t;
    sqlCmd.Parameters.AddWithValue("@PS", 1);
```

```csharp
      sqlCmd.Parameters.AddWithValue("@FL", 100);
      sqlCmd.Parameters.AddWithValue("@Preis", 599);
      sqlCmd.Parameters.AddWithValue("@Klasse", "F");

      Demo.Print(SQL1);
      Demo.Print("Betroffene Zeilen: " + sqlCmd.ExecuteNonQuery());
      sqlCmd.CommandText = SQL2;
      sqlCmd.Transaction = t;
      sqlCmd.Parameters["@FL"].Value = 200;
      sqlCmd.Parameters["@Preis"].Value = 699;
      Demo.Print(SQL2);
      Demo.Print("Betroffene Zeilen: " + sqlCmd.ExecuteNonQuery());
      t.Commit();
      Demo.Print("Transaktion erfolgreich ausgeführt!");
    }
    catch (Exception ex)
    {
      t.Rollback();
      Demo.Print("Transaktion fehlgeschlagen: " + ex.Message);
    }
    finally
    {
      sqlCmd.CommandText = SQL3;
      Demo.Print("Anzahl Datensätze nachher: " + sqlCmd.ExecuteScalar().ToString());
      sqlConn.Close();
    }
  }
}
```

Listing 11.7 Befehle mit Parametern ausführen [/VerschiedeneDemos/ADONET/Command]

Asynchrone Befehlsausführung

ADO.NET (ab Version 2.0) erlaubt die asynchrone Ausführung von Datenbankbefehlen, der Aufrufer ist also während der Abarbeitung des Befehls nicht blockiert und kann weiterarbeiten. Dabei verwendet ADO.NET die im .NET Framework üblichen Entwurfsmuster (Patterns) für asynchrone Aufrufe mit der Schnittstelle IAsyncResult, wahlweise

- durch Polling auf das Attribut IsCompleted in der IAsyncResult-Schnittstelle
- durch Warten mit einem WaitHandle-Objekt
- mit einer Rückrufroutine, die ein Objekt mit der Schnittstelle IAsyncResult empfängt.

In ADO.NET stellen die Command-Klassen Methoden für das Starten und Beenden asynchroner Aufrufe bereit:

- BeginExecuteNonQuery() und EndExecuteNonQuery()
- BeginExecuteReader() und EndExecuteReader()
- BeginExecuteXmlReader() und EndExecuteXmlReader()

Nur die Klasse SqlCommand, also der Provider für Microsoft SQL Server, verfügt über diese Methoden, obwohl ursprünglich auch andere Provider davon profitieren sollten.

> **WICHTIG** Wichtig ist, dass die Absicht, asynchrone Aufrufe auszuführen, schon in der Verbindungszeichenfolge mit `Asynchronous Processing=true` (oder kurz: `Async=true`) angezeigt wird.

Die ursprünglich für ADO.NET 2.0 angekündigte Funktion des asynchronen Verbindungsaufbaus ist zunächst aus dem Funktionsumfang von .NET entfernt worden.

> **TIPP** Man sollte eine Verbindung nur dann als asynchron öffnen, wenn sie tatsächlich für asynchrone Operationen verwendet werden soll. Die Ausführung synchroner Befehle über eine für asynchrone Befehle geöffnete Verbindung beeinträchtigt die Performanz der synchronen Befehle.

Der Aufruf einer der *End*-Methoden vor dem Ende der Operation bewirkt, dass die Anwendung auf die Fertigstellung des Befehls wartet, also so lange blockiert.

Die `Command`-Klassen stellen auch eine Methode bereit, mit der ein Entwickler eine asynchrone Ausführung abbrechen kann: `sqlCmd.Cancel()`.

Beispiel für das Polling-Modell

Beim Polling empfängt man ein Objekt mit der `IAsyncResult`-Schnittstelle von der Methode `BeginExecuteReader()`.

```
// Asynchrone Befehlsausführung via Polling
public static void run_Polling()
  {
  Demo.Out("=== DEMO Asynchrone Ausführung - Polling");
  const string CONNSTRING = "Integrated Security=SSPI;Persist Security Info=False;Asynchronous Processing=true;Initial Catalog=itvisions;Data Source=E01\SQLEXPRESS";
  const string SQL = "Select * from FL_Fluege";
  // Verbindung aufbauen
  SqlConnection sqlConn = new SqlConnection(CONNSTRING);
  sqlConn.Open();
  // Befehl definieren
  SqlCommand sqlCmd = sqlConn.CreateCommand();
  sqlCmd.CommandText = SQL;
  // Befehl starten
  IAsyncResult result = sqlCmd.BeginExecuteReader(CommandBehavior.CloseConnection);
  // Warten...
  while (!result.IsCompleted) { Demo.Out("Warte..."); }
  // Ergebnis auswerten
  SqlDataReader reader = sqlCmd.EndExecuteReader(result);
  Demo.PrintReader(reader);
  }
```

Listing 11.8 Asynchrone Ausführung einer SELECT-Anweisung mit dem Polling-Modell [/VerschiedeneDemos/ADONET/AsynchroneBefehle.vb]

Beispiel für das Warte-Modell

Das Warte-Modell ist dem Polling-Modell ähnlich. Allerdings wird hier das Warten durch ein `WaitHandle`-Objekt realisiert.

```csharp
// Asynchrone Befehlsausführung via WaitHandle
  public static void run_Warten()
  {
   Demo.Out("=== DEMO Asynchrone Ausführung - Warte-Modell");
   const string CONNSTRING = "Integrated Security=SSPI;Persist Security Info=False;Asynchronous
Processing=true;Initial Catalog=itvisions;Data Source=E01\SQLEXPRESS";
   const string SQL = "Select * from FL_Fluege";
   // Verbindung aufbauen
   SqlConnection sqlConn = new SqlConnection(CONNSTRING);
   sqlConn.Open();
   // Befehl definieren
   SqlCommand sqlCmd = sqlConn.CreateCommand();
   sqlCmd.CommandText = SQL;
   // Befehl starten
   IAsyncResult result = sqlCmd.BeginExecuteReader(CommandBehavior.CloseConnection);
   // Warten...
   result.AsyncWaitHandle.WaitOne();
   // Ergebnis auswerten
   SqlDataReader reader = sqlCmd.EndExecuteReader(result);
   Demo.PrintReader(reader);
  }
```

Listing 11.9   Asynchrone Ausführung einer SELECT-Anweisung mit dem Warte-Modell
[/VerschiedeneDemos/ADONET/AsynchroneBefehle.vb]

Beispiel für das Callback-Modell

Beim Callback-Modell ist ein `AsyncCallback`-Objekt zu erzeugen, das als Parameter an `BeginExecuteReader()` zu übergeben ist. Die `CallbackHandler()`-Funktion, die nach Beendigung des Befehls aufgerufen wird, empfängt dann die `IAsyncResult`-Schnittstelle.

```csharp
public class AsyncCommand
  {
  public static void run()
  {
   Demo.Out("=== DEMO Asynchrone Ausführung - Callback-Modell");
   const string CONNSTRING = "Integrated Security=SSPI;Persist Security Info=False;Asynchronous
Processing=true;Initial Catalog=itvisions;Data Source=E01\SQLEXPRESS";
   const string SQL = "Select * from FL_Fluege";
   SqlConnection sqlConn = new SqlConnection(CONNSTRING);
   sqlConn.Open();
   SqlCommand sqlCmd = sqlConn.CreateCommand();
   sqlCmd.CommandText = SQL;
   AsyncCallback callback = new AsyncCallback(CallbackHandler);
   sqlCmd.BeginExecuteReader(callback, sqlCmd, CommandBehavior.CloseConnection);
  }
  private static void CallbackHandler(IAsyncResult result)
  {
   Demo.Out("Callback von asynchronem Reader-Aufruf...");
   SqlCommand command = (SqlCommand)result.AsyncState;
   SqlDataReader reader = command.EndExecuteReader(result);
   Demo.Out("Hat der Befehl Zeilen geliefert? " + reader.HasRows);
// Ausgabe der Ergebnisse
   while (reader.Read())
    for (int i = 0; i < reader.FieldCount; i++)
     Demo.Out("Column: " + reader.GetName(i) + "  Value: " + reader.GetValue(i));
  }
```

Listing 11.10   Asynchrone Ausführung einer SELECT-Anweisung mit dem Callback-Modell
[/VerschiedeneDemos/ADONET/AsynchroneBefehle.vb]

Daten lesen mit einem Datareader

Bei einem DataReader-Objekt handelt es sich um einen serverseitigen Cursor, welcher unidirektionalen Lesezugriff (nur vorwärts) auf das Ergebnis einer SELECT-Anwendung (Resultset) erlaubt. Eine Veränderung der Daten ist nicht möglich. Im Gegensatz zum DataSet unterstützt der DataReader nur eine flache Darstellung der Daten. Die Datenrückgabe erfolgt immer zeilenweise, deshalb muss über die Ergebnismenge iteriert werden. Verglichen mit dem klassischen ADO entspricht ein ADO.NET-DataReader einem *read-only / forward-only recordset* (zu Deutsch: *Vorwärtsdatensatzzeiger*).

Jeder ADO.NET-Datenprovider enthält seine eigene DataReader-Implementierung, sodass es zahlreiche verschiedene DataReader-Klassen im .NET Framework gibt (z. B. SqlDataReader und OLEDBDataReader). Die DataReader-Klassen sind abgeleitet von System.Data.ProviderBase.DbDataReaderBase und implementieren System.Data.IDataReader.

Ein DataReader benötigt zur Beschaffung der Daten ein Befehlsobjekt (z. B. SqlCommand, OleDbCommand), das ebenso providerspezifisch ist (z. B. SqlCommand und OLEDBCommand). Für die Verbindung zur Datenbank selbst wird ein providerspezifisches Verbindungsobjekt (z. B. SqlConnection oder OLEDBConnection) benötigt. Die nachstehenden Abbildungen zeigen den Zusammenhang dieser Objekte am Beispiel der Datenprovider für OLEDB und SQL Server. Bei dem Provider für SQL Server (SqlClient) existiert ab .NET 2.0 eine zusätzliche Klasse SqlRecord, die einen einzigen Datensatz als Ergebnis eines Befehls repräsentiert.

> **TIPP** Später in diesem Buch werden Sie noch die providerunabhängige Nutzung eines DataReaders kennenlernen.

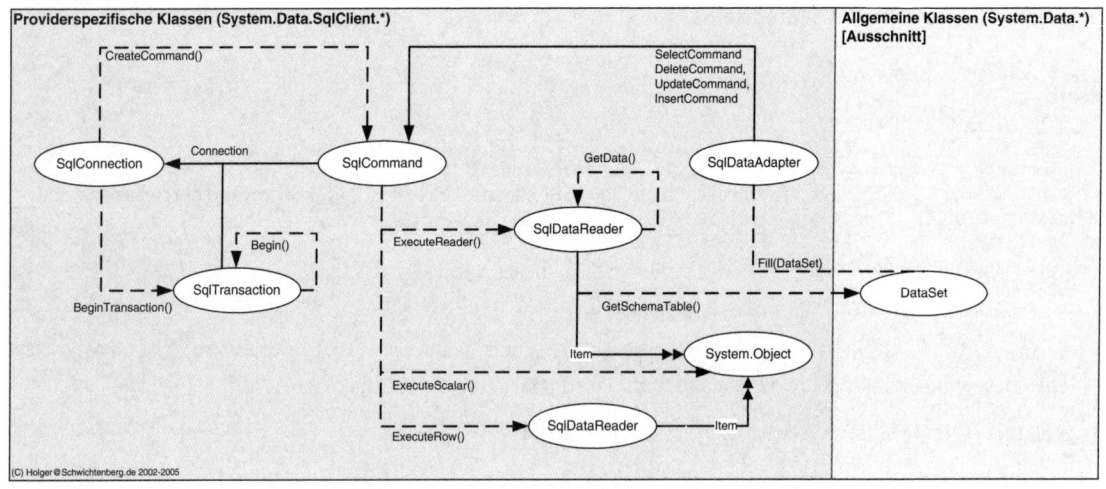

Abbildung 11.5 Objektmodell für den Datenprovider für Microsoft SQL Server (System.Data.SqlClient)

Daten lesen mit einem Datareader

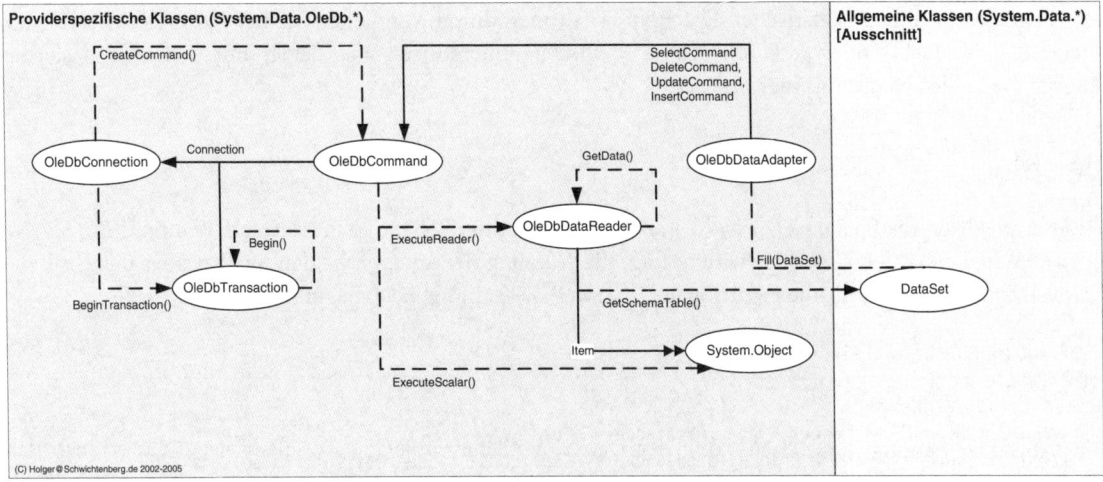

Abbildung 11.6 Objektmodell für den Datenprovider für OLEDB (System.Data.OleDb)

HINWEIS Das `Connection`-Objekt muss explizit mit `Open()` geöffnet werden, bevor man `ExecuteReader()` ausführt.

Im Gegensatz zum `DataSet`-Objekt dürfen Sie das `DataReader`-Objekt und das `Connection`-Objekt erst durch den Aufruf der Methode `Close()` schließen, wenn Sie alle Daten gelesen haben. Danach sollten Sie aber auch die Verbindung schließen – selbst wenn Sie in Kürze weitere Daten lesen wollen. ADO.NET besitzt einen integrierten Verbindungspooling-Mechanismus, der die effiziente Wiederverwendung von Datenbankverbindungen sicherstellt.

Ablauf

Das Lesen von Daten mit einem `DataReader`-Objekt geht in folgenden Schritten vor sich:

- Aufbau einer Verbindung zu der Datenbank mit einem Verbindungsobjekt. Bei der Instanziierung dieses Objekts kann die Verbindungszeichenfolge übergeben werden.
- Instanziierung der Klasse `Command` und Bindung dieses Objekts an das Verbindungsobjekt über die Eigenschaft `Connection`
- Festlegung eines SQL-Befehls, der Daten liefert (also beispielsweise `SELECT` oder eine Stored Procedure), in einem Befehlsobjekt in der Eigenschaft `CommandText`
- Die Ausführung der Methode `ExecuteReader()` in dem Befehlsobjekt liefert als Ergebnis ein Datareader-Objekt.

Danach kann der Datareader entweder an ein datenkonsumierendes Steuerelement (z.B. `DataGrid`) gebunden oder per Programmcode durchlaufen werden. Zum Durchlauf per Programmcode stellt das `DataReader`-Objekt die Methode `Read()` bereit, die jeweils den nächsten Datensatz liest. Anders als beim klassischen ADO steht der Cursor zu Beginn nicht auf dem ersten Datensatz, sondern vor diesem. Wie beim Auslesen von Dateien muss man den Cursor so lange vorwärts setzen, bis `Read()` als Ergebnis `false` liefert. `Item("Spaltenname")` oder `Item[SpaltenIndex]` liefert dann für die jeweils aktuelle Zeile den Inhalt einer Spalte als `System.Object`. Einen spezifischen Datentyp erhält man durch Mitglieder wie beispielsweise `GetString()`, `GetInt32()`, `GetFloat()` oder `GetGuid()`. Diese Methoden unterstützen aber leider nur den indexbasierten Zugriff. Der Index beginnt immer bei 0.

Beispiel

Das Beispiel listet die Spalten *FL_FlugNr* und *FL_Abflugort* der Tabelle *FL_Zielort* auf. Während *FL_FlugNr* über den Spaltennamen adressiert wird, erfolgt die Nutzung der anderen beiden Spalten über den Spaltenindex. Der Spaltenindex für die zweite Spalte ist 1, weil die Zählung bei 0 beginnt.

```
// === Daten lesen mit einem DataReader
public void DataReader_Demo()
{
   Demo.PrintHeader("Liste der Flüge (Datareader-Demo)");
   const string CONNSTRING = @"Integrated Security=SSPI;Persist Security Info=False;Initial Catalog=WorldWideWings;Data Source=E01\sqlexpress";
   const string SQL = "Select * from FL_Fluege";
   // Verbindung aufbauen
   SqlConnection sqlConn = new SqlConnection(CONNSTRING);
   sqlConn.Open();
   // Befehl ausführen
   SqlCommand sqlCmd = sqlConn.CreateCommand();
   sqlCmd.CommandText = SQL;
   // Datareader erzeugen
   SqlDataReader dr = sqlCmd.ExecuteReader();
   while (dr.Read())
   {
     Demo.Print("Flug-ID: " + dr["FL_FlugNr"] + " von " + dr.GetString(1) + " nach " + dr.GetString(2));
   }
   // Schließen
   dr.Close();
   sqlConn.Close();
}
```

Listing 11.11 Daten lesen mit einem DataReader [VerschiedeneDemos/ADONET/Datareader]

Hilfsroutine PrintReader()

Die nachstehende Hilfsroutine `PrintReader()` gibt ein beliebiges Objekt mit der `IDataReader`-Schnittstelle komplett aus (alle Zeilen, alle Spalten). `PrintReader()` kommt in verschiedenen nachfolgenden Beispielen zum Einsatz, um den Quellcode auf das Wesentliche fokussieren zu können.

```
public static void PrintReader(IDataReader reader)
{
   while (reader.Read())
     for (int i = 0; i < reader.FieldCount; i++)
       Demo.Print("Spalte: " + reader.GetName(i) + "\t = " + reader.GetValue(i));
}
```

Listing 11.12 Hilfsroutine PrintReader()

Behandlung von Null-Werten

Leere Zellen in der Datenbank (*null*-Werte) werden im DataReader-Objekt dadurch signalisiert, dass der Zugriff auf die betreffende Spalte ein Objekt vom Typ System.DBNull liefert. Dies muss explizit geprüft werden (IsDBNull()). Leider ist bisher für den Datareader keine Integration zwischen *null*-Werten in der Datenbank und den in .NET 2.0 eingeführten wertelosen Wertetypen vorhanden. Der Datareader liefert eine Instanz von DBNull, was sich nicht automatisch in den Wert null bzw. nothing von .NET umwandeln lässt. Daher muss man hier manuell prüfen. Diese sehr lästige Einschränkung für das DataReader-Objekt gilt auch noch für .NET 3.0/3.5. Besser haben es seit .NET 3.5 die Datasets (siehe in dem dortigen Kapitel die Ausführung zu *null*-Werten).

```
int? x;
if (dataReader.IsDBNull(index)) { x = null; }
else { x = dataReader.GetInt32(index); }
```

Listing 11.13 Prüfung auf null-Werte im DataReader-Objekt und Zuweisung an einen wertelosen Wertetyp

Multiple Active Results Sets (MARS)

In ADO.NET 1.x konnte zu einem Zeitpunkt pro Verbindung nur ein Datareader oder ein Befehl aktiv sein; es war also zum Beispiel nicht möglich, zwei Datareader oder einen Datareader und einen Befehl gleichzeitig auf einer Verbindung zu durchlaufen. Wenn schon ein Datareader geöffnet ist, führt das Öffnen eines zweiten (oder eines Befehls) zu der Fehlermeldung »There is already an open Datareader associated with this Command which must be closed first.« (*Es gibt bereits einen geöffneten Datareader, der mit diesem Command verbunden ist und zunächst geschlossen werden muss.*) Diese Architektur kann als *Single Active Results Sets (SARS)* bezeichnet werden.

ADO.NET ab Version 2.0 unterstützt hingegen zusätzlich *Multiple Active Results Sets (MARS)*, also die Mehrfachverwendung einer Verbindung. Durch MARS können sowohl Abfragen als auch SQL DML-Befehle (*Data Manipulation Language*, Datenmanipulationssprache – dazu gehören INSERT, UPDATE, DELETE) gleichzeitig auf einer Verbindung ausgeführt werden.

ACHTUNG MARS ist jedoch bisher nur für den SQL Server 2005/2008 verfügbar. Die Nutzung von MARS muss dem SQL Server beim Aufbau der Verbindung in der Verbindungszeichenfolge angezeigt werden mit MultipleActiveResultSets=true

Beispiel

Das folgende Beispiel zeigt, wie innerhalb der Schleife über eine Menge von Flügen mit einem Datareader auf der gleichen Datenbankverbindung zunächst ein weiteres SELECT und dann ein DELETE ausgeführt wird, um alle mit den ausgewählten Flügen in Beziehung stehenden Buchungen zu löschen.

```
public void Mars_Demo()
{
  Demo.PrintHeader("Buchungen für bestimmte Flüge löschen (MARS, nur SQL Server 2005 / 2008!)");

  const string CONNSTRING = @"Integrated Security=SSPI;Persist Security Info=False;Initial Catalog=WorldWideWings;Data Source=E01\sqlexpress; MultipleActiveResultSets=true";
  const string SQL1 = "Select * from FL_Fluege where Fl_Abflugort = 'Frankfurt'";
```

```csharp
// Verbindung aufbauen
SqlConnection sqlConn = new SqlConnection(CONNSTRING);
sqlConn.Open();
// Befehl ausführen
SqlCommand sqlCmd = sqlConn.CreateCommand();
sqlCmd.CommandText = SQL1;
// Datareader erzeugen
SqlDataReader reader1 = sqlCmd.ExecuteReader();

// --- Schleife über alle relevanten Flüge
while (reader1.Read())
{
  // Befehl ausführen
  Demo.Print("Buchungen für Flug: " + reader1["FL_FlugNr"]);
  // --- Buchungen auflisten
  string SQL2 = @"Select GF_PS_ID from GF_GebuchteFluege where GF_FL_FlugNr = " + reader1["FL_FlugNr"];
  SqlCommand sqlCmd2 = sqlConn.CreateCommand();
  sqlCmd2.CommandText = SQL2;
  SqlDataReader reader2 = sqlCmd2.ExecuteReader();
  Demo.PrintReader(reader2);
  reader2.Close();
  Demo.Print("Lösche diese Buchungen...");
  // --- Buchungen löschen
  string SQL3 = @"Delete from GF_GebuchteFluege where GF_FL_FlugNr = " + reader1["FL_FlugNr"];
  SqlCommand sqlCmd3 = sqlConn.CreateCommand();
  sqlCmd3.CommandText = SQL3;
  int anz = sqlCmd3.ExecuteNonQuery();
  Demo.Print("Befehl ausgeführt: " + anz + " Buchungen gelöscht!");
}
reader1.Close();
sqlConn.Close();
}
```

Listing 11.14 Beispiel für MARS bei Verbindungen zum SQL Server [/VerschiedeneDemos/ADONET/MSSQL_MARS.vb]

Daten lesen und verändern mit einem Dataset

Ein Dataset enthält eine Sammlung von Datentabellen, welche durch einzelne DataTable-Objekte dargestellt werden. Die DataTable-Objekte können aus beliebigen Datenquellen gefüllt werden, ohne dass eine Beziehung zwischen dem Objekt und der Datenquelle existiert; das DataTable-Objekt weiß nicht, woher die Daten kommen. Die DataTable-Objekte können auch ohne Programmcode zeilenweise mit Daten befüllt werden; eine Datenbank ist nicht notwendig.

Ein Dataset bietet – im Gegensatz zum Datareader – alle Zugriffsarten, also auch das Hinzufügen, Löschen und Ändern von Datensätzen. Ebenfalls lassen sich hierarchische Beziehungen zwischen einzelnen Tabellen darstellen und im DataSet speichern. Dadurch ist eine Verarbeitung hierarchischer Datenmengen möglich. Im Untergrund verwendet ein DataSet übrigens einen DataReader zum Einlesen der Daten.

Ein Dataset ist ein clientseitiger Datenzwischenspeicher, der die Änderung mitprotokolliert. Das Dataset nimmt keine Sperrung von Datensätzen auf der Datenquelle vor, sondern verwendet immer das sogenannte *Optimistische Sperren*, d. h., Änderungskonflikte treten erst auf, wenn man versucht, die Daten zurückzuschreiben. Das Konzept eines serverseitigen Cursors ist in ADO.NET nur durch die `DataReader`-Klasse realisiert. Einen serverseitigen Cursor mit Schreibfunktion und pessimistischem (»echtem«) Sperren gibt es in .NET auch in Version 3.5 (noch) nicht.

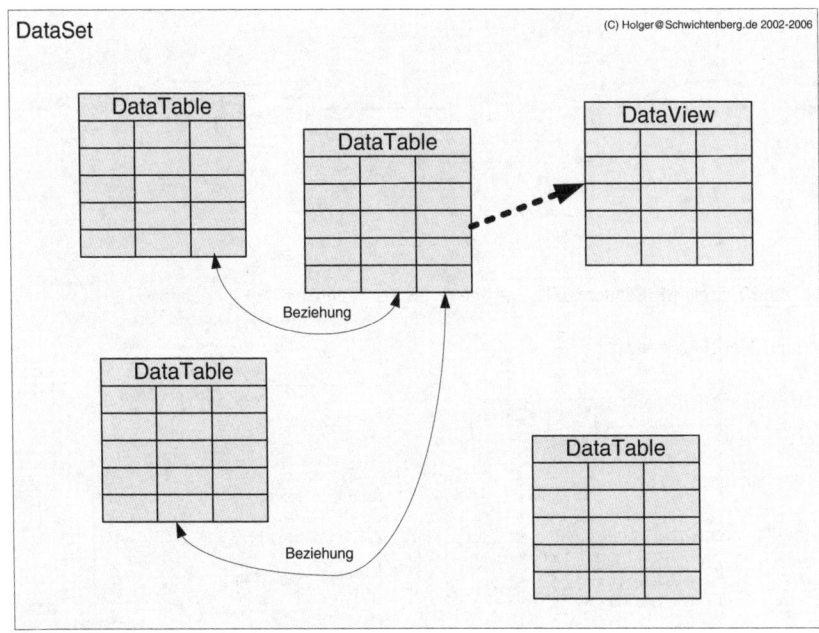

Abbildung 11.7 Aufbau eines DataSet

WICHTIG Warnung: Das Dataset verbraucht sehr viel mehr Speicher als eine selbst definierte Datenstruktur. Das Abholen von Daten mit einem Datareader, das Speichern in einer selbst definierten Datenstruktur und das Speichern von Änderungen mit direkten SQL-Befehlen macht zwar mehr Arbeit bei der Entwicklung, ist aber wesentlich effizienter bei der Ausführung. Dies ist insbesondere bei serverbasierten Anwendungen wichtig.

Das Objektmodell

Im Gegensatz zum Recordset im klassischen ADO ist ein ADO.NET-Dataset konsequent objektorientiert. Ein `DataSet`-Objekt besteht aus einer Menge von `DataTable`-Objekten (`DataTableCollection`). Jedes `DataTable`-Objekt besitzt über das Attribut `DataSet` einen Verweis auf das Dataset, zu dem es gehört.

Während die `DataTable`-Objekte in ADO.NET 1.x dem `DataSet`-Objekt noch völlig untergeordnet waren, besitzt die `DataTable`-Klasse in ADO.NET seit Version 2.0 viele der Import- und Exportmöglichkeiten, über die auch die `DataSet`-Klasse verfügt.

Das `DataTable`-Objekt besitzt eine `DataColumnCollection` mit `DataColumn`-Objekten für jede einzelne Spalte in der Tabelle und eine `DataRowCollection` mit `DataRow`-Objekten für jede Zeile. Innerhalb eines `DataRow`-Objekts kann man die Inhalte der Zellen durch das indizierte Attribut `Item` abrufen. `Item` erwartet alternativ den Spaltennamen, den Spaltenindex oder ein `DataColumn`-Objekt.

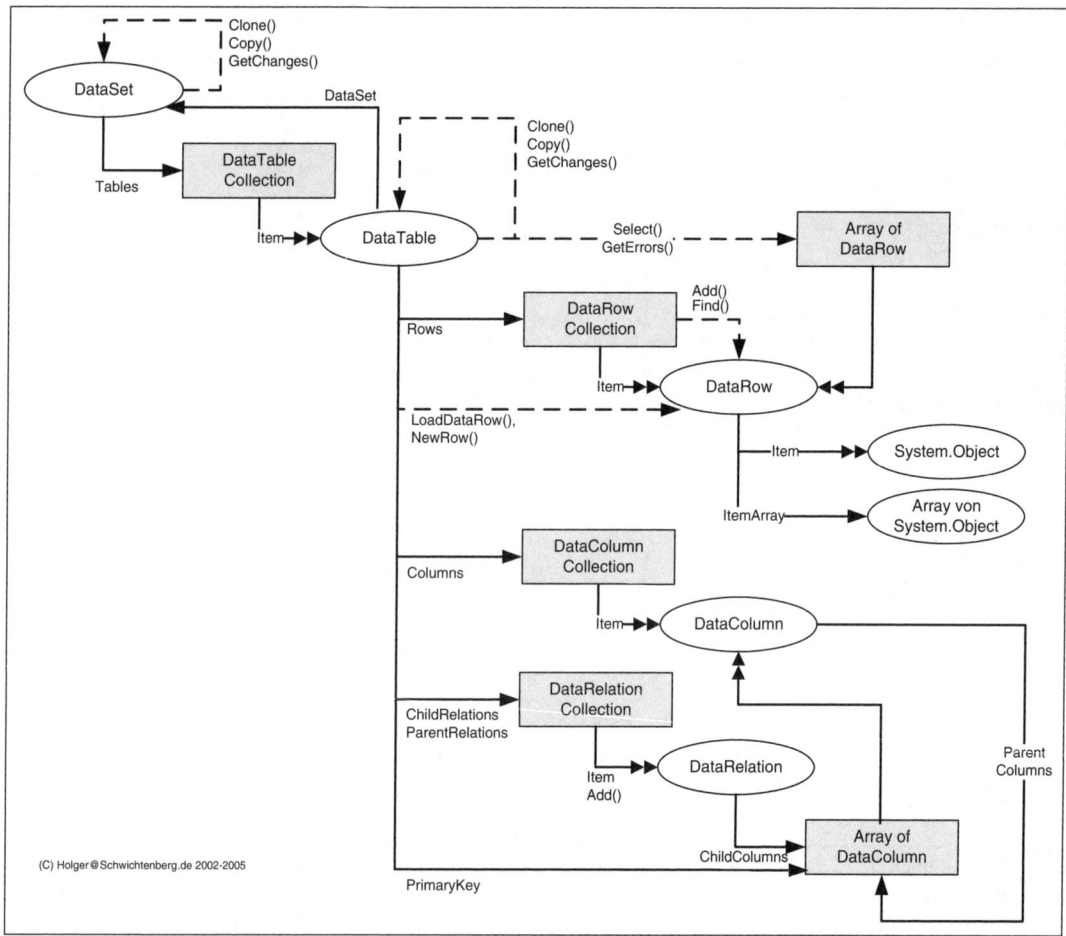

Abbildung 11.8 Objektmodell des DataSet

Daten lesen mit Datasets

Ein Dataset benötigt zum Einlesen von Daten einen providerspezifischen Datenadapter. Das Lesen von Daten mit einem Dataset läuft in folgenden Schritten ab:

- Aufbau einer Verbindung zu der Datenbank mit einem Connection-Objekt. Bei der Instanziierung dieses Objekts kann die Verbindungszeichenfolge übergeben werden.
- Instanziierung der Klasse Command und Bindung dieses Objekts an das Connection-Objekt über die Eigenschaft Connection.
- Festlegung eines Befehls, der Daten liefert (also z. B. SELECT oder eine gespeicherte Prozedur), im SqlCommand-Objekt in der Eigenschaft CommandText.
- Instanziierung des Datenadapters auf Basis des Befehlsobjekts.
- Instanziierung des DataSet-Objekts (ohne Parameter).

Daten lesen und verändern mit einem Dataset

- Die Ausführung der Methode `Fill()` in dem `DataSet`-Objekt kopiert die kompletten Daten in Form eines `DataTable`-Objekts in das `DataSet`. Als zweiter Parameter kann bei `Fill()` der Aliasname für das `DataTable`-Objekt innerhalb des `DataSet` angegeben werden. Ohne diese Angabe erhält das `DataTable`-Objekt den Namen »Table«.
- Optional können weitere Tabellen eingelesen und im Dataset miteinander verknüpft werden.
- Danach kann die Verbindung sofort geschlossen werden.

TIPP Die Datenbankverbindung muss vor dem Aufruf von `Fill()` nicht explizit geöffnet werden; der Datenadapter erledigt dies, wenn die angegebene Datenbankverbindung noch nicht geöffnet ist. Nach dem Abholen der Daten muss keine aktive Verbindung zur Datenquelle mehr bestehen. Daher kann innerhalb des `DataSet`-Objekts navigiert und geändert werden, ohne eine Verbindung zur Datenbank offen zu halten, weil die Daten auf dem Client vorliegen. Das `DataSet` ist ein Zwischenspeicher (Cache) für Daten.

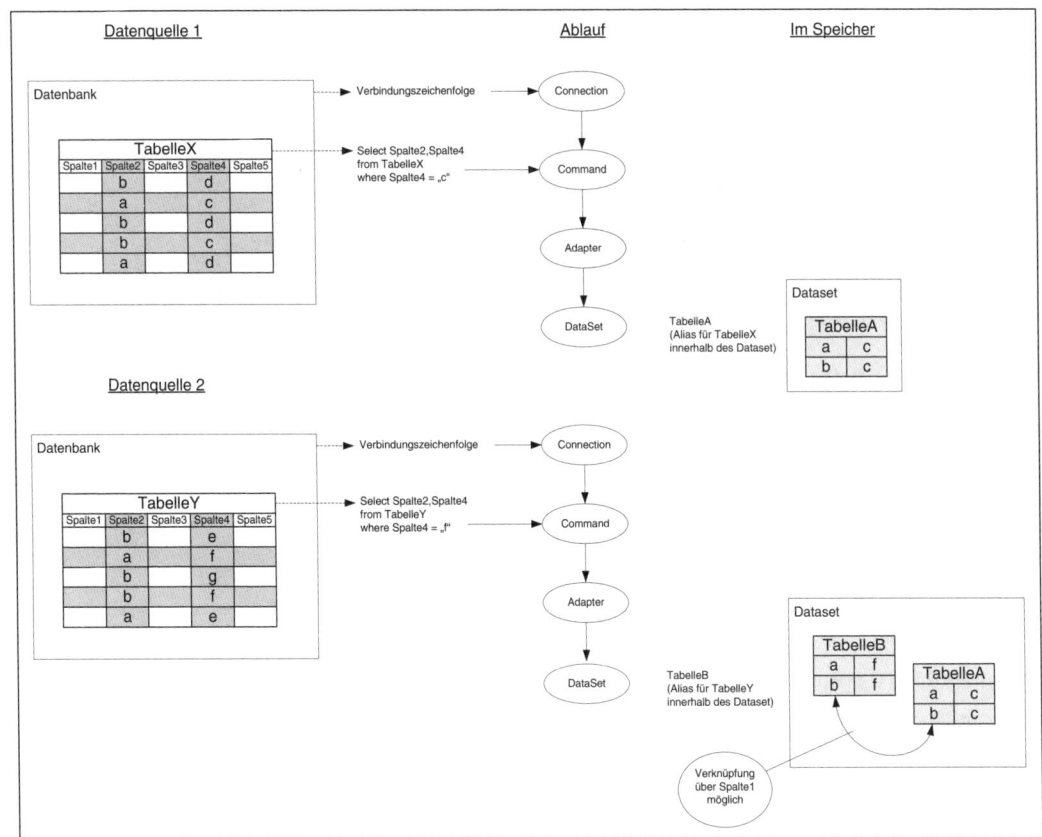

Abbildung 11.9 Einlesen von mehreren Datenquellen in ein DataSet

Beispiel: Auslesen von flachen Daten

Analog zum Beispiel für den Einsatz des Datareader wird nun gezeigt, wie die gleiche Ausgabe mit einem Dataset erzeugt werden kann.

```csharp
// === Daten lesen mit einem DataSet
public void DataSet_Lesen()
{
  Demo.PrintHeader("Datareader Demo");
  const string CONNSTRING = @"Integrated Security=SSPI;Persist Security Info=False;
      Initial Catalog=WorldWideWings;Data Source=E01\sqlexpress";
  const string SQL = "Select * from FL_Fluege";
  // --- Verbindung aufbauen
  SqlConnection conn = new SqlConnection(CONNSTRING);
  conn.Open();
  // --- Befehl ausführen
  SqlCommand cmd = new SqlCommand(SQL, conn);
  // --- Datenadapter erzeugen
  SqlDataAdapter da = new SqlDataAdapter(cmd);
  // --- DataSet erzeugen
  DataSet ds = new DataSet();
  // --- Daten abholen
  da.Fill(ds);
  // --- Verbindung jetzt schon schließen!
  conn.Close();
  // --- Zugriff auf die einzige Tabelle
  DataTable dt = ds.Tables[0];
  Demo.Print("Name der Tabelle: " + dt.TableName);
  // --- Iteration über Daten
  foreach (DataRow dr in dt.Rows)
  {
    Demo.Print("Flug-ID: " + dr["FL_FlugNr"] + " von " + dr[1] + " nach " + dr[2]);
  }
}
```

Listing 11.15 Ausgabe der Tabelle FL_Fluege mit einem DataSet [/VerschiedeneDemos/ADONET/Dataset_Lesen]

TIPP Ab .NET 3.5 gibt es eine alternative Möglichkeit zum Zugriff auf die Zellen in eines `DataRow`-Objekts über die generische Erweiterungsmethode `Field<Typ>()`. So kann man schreiben:

- `dr.Field<string>("FL_Abflugort ")` statt `dr["FL_Abflugort"].ToString()`
- `dr.Field<Int32>("Fl_FreiePlaetze")` statt `Convert.ToInt32(dr["FL_FreiePlaetze "])`
- usw.

Das Beschreiben erfolgt dann über `SetField<Typ>()`, z. B.

- `dr.SetField<int>("FL_FreiePlaetze", 89)`
- `dr.SetField<DateTime>("FL_Datum", DateTime.Now)`
- usw.

Behandlung von null-Werten

Bei der Behandlung von *null*-Werten sind grundsätzlich die gleichen Fallunterscheidungen notwendig wie bei `DataReader`-Objekten.

Daten lesen und verändern mit einem Dataset

```
public virtual int Insert(int FL_FlugNr, string FL_Abflugort, string FL_Zielort,
System.Nullable<System.DateTime> FL_Datum, System.Nullable<bool> FL_NichtRaucherFlug,
System.Nullable<short> FL_Plaetze, System.Nullable<int> FL_FreiePlaetze, System.Nullable<int>
FL_PI_MI_MitarbeiterNr, System.Nullable<int> FL_AnzahlStarts, System.Nullable<System.DateTime>
FL_EingerichtetAm) {
    this.Adapter.InsertCommand.Parameters[0].Value = ((int)(FL_FlugNr));
    if ((FL_Abflugort == null)) {
        this.Adapter.InsertCommand.Parameters[1].Value = System.DBNull.Value;
    }
    else {
        this.Adapter.InsertCommand.Parameters[1].Value = ((string)(FL_Abflugort));
    }
}
```

Listing 11.16 Ausschnitt aus dem generierten Code eines typisierten DataSet

TIPP Ab .NET 3.5 gibt es eine elegantere Lösung für untypisierte Datasets über die Erweiterungsmethode Field<Typ>(). Mit dieser Methode lässt sich jede Zelle in einen wertelosen Wertetyp konvertieren, sodass man DBNull-Werte auf elegante Weise in null-Werte umwandeln kann.

```
int? FL_FreiePlaetze = dr.Field<int?>("FL_FreiePlaetze");
if (!FL_FreiePlaetze.HasValue)
    {
    Console.WriteLine("Kein StartDatum gesetzt!");
    dr.SetField<int?>("FL_FreiePlaetze", dr.Field<Int32?>("FL_Plaetze"));
    };
```

Beispiel: Arbeit mit Tabellenverknüpfungen

Das folgende Beispiel zeigt, dass man mithilfe mehrerer Datenadapter mehrere Datenmengen in ein DataSet-Objekt laden und diese dort optional mittels eines DataRelation-Objekts hierarchisch verknüpfen kann. Bei der Ausgabe können dann zu jedem Datensatz der Eltern-Tabelle die entsprechenden Detaildatensätze angezeigt werden (bzw. umgekehrt). In dem nachfolgenden Beispiel wird die Verbindung zwischen der Sicht *AllePassagiere* (Eltern-*Tabelle*) und der Tabelle *GF_GebuchteFluege* (Kind-*Tabelle*) hergestellt.

Das DataRelation-Objekt erwartet bei der Instanziierung einen Namen für die Verknüpfung (hier: *Passagiere_GebuchteFluege*) sowie zwei DataColumn-Objekte mit der Spalte aus der Master-Tabelle (Primärschlüssel) und der Spalte aus der Detailtabelle (Fremdschlüssel), über die die Verknüpfung erstellt werden soll. Wenn mehrere Spalten für die Verknüpfung notwendig sind, kann auch jeweils ein Array mit DataColumn-Objekten übergeben werden. Sie müssen das neue DataRelation-Objekt explizit an die Relations-Menge des DataSet anfügen, weil die erstellte Beziehung sonst nicht wirkt.

HINWEIS ADO.NET stellt Beziehungen im Dataset nicht automatisch aus vorhandenen Beziehungen in der Datenquelle her. Sie müssen die Beziehungen im DataSet-Objekt immer explizit definieren.

Sie können immer nur zwei Tabellen verknüpfen. Echte relationale Verknüpfungen (Joins) kann man im DataSet ab .NET 3.5 mit LINQ-to-DataSet erzeugen (siehe dazu eigenes Unterkapitel).

Innerhalb der Schleife über alle Zeilen in der Sicht *AllePassagiere* kann dann für jede DataRow mithilfe der Methode GetChildRows() die Menge der zugehörigen Buchungsdatensätze abgerufen werden. GetChildRows() erwartet als Parameter ein DataRelation-Objekt oder den Namen der Beziehung. Über die umgekehrte Navigationsrichtung von der Detail- zur Master-Tabelle existiert die Methode GetParentRow().

```
// === Daten verknüpfen in einem DataSet
public void Dataset_Beziehungen()
{
  Demo.PrintHeader("Passagiere mit ihren Flügen (Dataset-Beziehungen-Demo)");
  const string CONNSTRING = @"Integrated Security=SSPI;Persist Security Info=False;
       Initial Catalog=WorldWideWings;Data Source=E01\sqlexpress";
  const string SQL1 = "Select * from AllePassagiere";
  const string SQL2 = "Select * from GF_GebuchteFluege";
  // --- Verbindung aufbauen
  SqlConnection conn = new SqlConnection(CONNSTRING);
  conn.Open();
  // --- Leeres DataSet erzeugen
  DataSet ds = new DataSet();
  // --- Datenadapter erzeugen
  SqlDataAdapter da1 = new SqlDataAdapter(SQL1, CONNSTRING);
  SqlDataAdapter da2 = new SqlDataAdapter(SQL2, CONNSTRING);
  // --- Daten abholen
  da1.Fill(ds, "AllePassagiere");
  da2.Fill(ds, "GebuchteFluege");
  // --- Verbindung jetzt schon schließen!
  conn.Close();
  // --- Verknüpfung herstellen
  DataColumn dc1 = ds.Tables["AllePassagiere"].Columns["PS_ID"];
  DataColumn dc2 = ds.Tables["GebuchteFluege"].Columns["GF_PS_ID"];
  DataRelation dre1 = new DataRelation("Passagiere_GebuchteFluege", dc1, dc2);
  ds.Relations.Add(dre1);
  // --- Zugriff auf Tabelle
  DataTable dt = ds.Tables["AllePassagiere"];
  // --- Iteration über Daten
  foreach (DataRow dr in dt.Rows)
  {
    Demo.Print("Name: " + dr["PE_Name"] + " Vorname: " + dr["PE_Vorname"]);
    foreach (DataRow dr2 in dr.GetChildRows(dre1))
    {
      Demo.Print("  Flug: " + dr2["GF_FL_FlugNr"] + " Datum: " + dr2["GF_Flugdatum"]);
    }
  }
}
```

Listing 11.17 Verknüpfen der Sicht AllePassagiere und der Tabelle GF_GebuchteFluege in einem DataSet [/VerschiedeneDemos/ADONET/DataSet_Lesen]

```
Name: Schröder Vorname: Gerhard
  Flug: 102 Datum: 01.03.2008 00:00:00
  Flug: 203 Datum: 02.03.2008 00:00:00
Name: Merkel Vorname: Angela
  Flug: 200 Datum: 04.03.2008 00:00:00
```

Listing 11.18 Ausgabe des Beispiels

Daten lesen und verändern mit einem Dataset

> **TIPP** Ein `DataAdapter`-Objekt kann mit mehreren durch Semikola getrennten `SELECT`-Befehlen initialisiert werden. Der Datenadapter erzeugt automatisch für jedes einzelne `SELECT` eine eigene Tabelle, die dann *Table*, *Table1*, *Table2* usw. heißen. Mithilfe der `TableMappings`-Menge im Datenadapter kann man aber auch sinnvollere Namen vergeben. Diese Nutzung mehrerer `SELECT`-Anweisungen im Datenadapter wird nicht von allen ADO.NET-Datenprovidern unterstützt.

Datensichten (Dataviews)

Innerhalb eines Datasets kann der Entwickler mit der Klasse `DataView` dynamische Sichten auf einzelne Datentabellen definieren, wobei das Filtern und Sortieren von Datensätzen möglich ist.

```
// Datensicht definieren
Demo.PrintHeader("Selektierte Daten:");
DataView dv = new DataView(dt);
dv.RowFilter = "FL_Abflugort = 'Paris'";
dv.Sort = "FL_Zielort desc";
// --- Iteration über Daten
foreach (DataRowView drv in dv)
    {
        DataRow dr = drv.Row;
        Demo.Print("Flug-ID: " + dr["FL_FlugNr"] + " von " + dr[1] + " nach " + dr[2]);
    }
```

Listing 11.19 Definition und Ausgabe einer Datensicht auf Basis eines DataTable-Objekts [/VerschiedeneDemos/ADONET/Dataset_Lesen]

Daten ändern mit Datasets

Die Manipulation der Daten in einem `DataSet`-Objekt ist sehr einfach:

- Jede Zelle kann direkt jederzeit beschrieben werden. Einen expliziten »Änderungsmodus« gibt es nicht.
- Zum Löschen eines Datensatzes ruft man auf dem entsprechenden `DataRow`-Objekt die Methode `Delete()` auf.
- Zum Anfügen eines Datensatzes muss man mit der Fabrik-Methode `NewRow()` der entsprechenden Tabelle ein `DataRow`-Objekt erzeugen und dieses anschließend der `Rows`-Auflistung des `DataTable`-Objekts hinzufügen.

Anders als im klassischen ADO müssen geänderte Zeilen nicht einzeln bestätigt werden. Das `DataSet` speichert während der Datenmanipulation immer die geänderten und die originalen Werte. Die `AcceptChanges()`-Methode des `DataSet`-Objekts überführt die geänderten Werte in die Originalwerte, während die `RejectChanges()`-Methode die Änderungen verwirft.

> **HINWEIS** Neben der Methode `Delete()` im `DataRow`-Objekt besitzt auch die `DataRowCollection` ein `Remove()` zum Löschen einer Zeile. Der letztgenannte Befehl führt im Gegensatz zu dem ersten automatisch ein `AcceptChanges()` aus.

Um die Änderungen über den Datenadapter an die Datenquelle zurückzugeben, ist im `DataAdapter`-Objekt die Methode `Update()` mit dem `DataSet`-Objekt als Parameter aufzurufen. Der Datenadapter sendet dann die Änderungen in Form von SQL-DML-Befehlen (`INSERT`, `UPDATE`, `DELETE`) an die Datenquelle.

Leider erzeugt der Datenadapter die notwendigen SQL-DML-Befehle nicht ganz automatisch. Vorgesehen ist, dass der Entwickler die Befehle manuell in dem Datenadapter ablegt. Von dieser lästigen Arbeit kann er sich aber etwas entlasten durch die sogenannten Befehlserzeugerklassen. Befehlserzeugerklassen sind providerspezifische Klassen (z. B. SqlCommandBuilder, OleDbCommandBuilder), die auf Basis eines SELECT-Befehls passende SQL-DML-Befehle zur Laufzeit erzeugen. Eine Befehlserzeugerklasse erwartet bei der Instanziierung ein DataAdapter-Objekt – mehr ist nicht zu tun für den Entwickler. Leider funktionieren die CommandBuilder lediglich in dem Fall, dass sich SELECT die Daten nur aus einer einzigen Tabelle / Abfrage holt und die Datenmenge einen Primärschlüssel besitzt. In allen anderen Fällen muss der Entwickler die Attribute InsertCommand, UpdateCommand und DeleteCommand in dem DataAdapter-Objekt selbst füllen.

WICHTIG Die Befehlserzeugerklassen funktionieren nur, wenn die Tabelle in der Datenbank einen Primärschlüssel besitzt und es keinen JOIN in dem SQL-Befehl gibt.

Batch-Größe für Datenadapter

Durch das seit ADO.NET Version 2.0 neu eingeführte Attribut UpdateBatchSize kann die Anzahl der durch den Datenadapter gleichzeitig zu übermittelnden Änderungen beliebig gesetzt werden, z. B.:

da.UpdateBatchSize = 50

Die Größe 0 bedeutet, dass alle Änderungen in einem Vorgang übermittelt werden. Bei einer größeren Anzahl von Änderungen wird die Übermittlung in einem Vorgang von Microsoft nicht empfohlen, weil dies die Performanz negativ beeinflussen kann.

Konfliktoptionen

Die Befehlserzeugerklassen erzeugen wahlweise SQL-Befehle, die optimistisches Sperren oder kein Sperren berücksichtigen. Pessimistisches Sperren ist – wie bereits an anderen Stellen erwähnt – in ADO.NET nicht verfügbar.

Kein Sperren (OverwriteChanges) bedeutet, dass die Änderungen ausgeführt werden, ohne Berücksichtigung, ob andere Benutzer die betreffenden Zeilen inzwischen geändert haben. In der Bedingung des SQL-Befehls kommen nur die Primärschlüssel vor.

Beim *Optimistischen Sperren* (CompareAllSearchableValues) werden alle ursprünglichen Spaltenwerte in die Bedingung einbezogen, sodass auffällt, wenn ein Benutzer / Prozess zwischenzeitlich den Datensatz geändert hat. Gab es eine Änderung, wird eine Ausnahme (DBConcurrencyException) ausgelöst.

Die o.g. Optionen sind durch CommandBuilder.ConflictOption zu setzen. Alternativ ist eine Steuerung auch in den Datenquellensteuerelementen von ADO.NET durch das dortige Attribut ConflictDetection möglich.

Beispiel: Daten ändern

Das folgende Listing zeigt sehr kompakt viele Möglichkeiten der Datenänderung in einem Dataset am Beispiel der Tabelle *FL_Fluege* auf:

- Nach dem Einlesen der Daten werden zunächst in einer Schleife alle Zeilen gelöscht, bei denen in der Spalte *FL_Abflugort* der Wert *Essen/Mülheim* steht.

Daten lesen und verändern mit einem Dataset

- In einer zweiten Schleife werden alle Startzähler (*FL_AnzahlStarts*) für die verbliebenen Flüge um eins erhöht. Dabei ist zu beachten, dass diejenigen Zeilen ausgenommen werden müssen, die bereits gelöscht wurden. Sie erkennen dies an dem Wert DataRowState.Deleted in dem Attribut RowState.
- Im dritten Teil wird ein neuer Datensatz für den Flug 123 von Essen/Mülheim nach Florenz erzeugt.
- Danach wird ausgegeben, wie viele Datensätze geändert, gelöscht und hinzugefügt wurden.
- Zur Aktualisierung der Datenquelle wird der SqlCommandBuilder auf den Datenadapter angewendet. Bevor die Daten mit Update() zurückgeschrieben werden, werden zu Kontrollzwecken die generierten SQL-DML-Befehle ausgegeben. Die Batch-Größe wird dabei auf fünf festgelegt.

```
// === Daten schreiben mit einem DataSet
public void DataSet_Schreiben()
{
    Demo.PrintHeader("DataSet: Daten ändern");

    const string CONNSTRING = @"Integrated Security=SSPI;Persist Security Info=False;Initial Catalog=WorldWideWings;Data Source=E01\sqlexpress";
    const string SQL = "Select * from FL_Fluege";

    // --- Verbindung aufbauen
    SqlConnection conn = new SqlConnection(CONNSTRING);
    conn.Open();
    // --- Befehl ausführen
    SqlCommand cmd = new SqlCommand(SQL, conn);
    // --- Datenadapter erzeugen
    SqlDataAdapter da = new SqlDataAdapter(cmd);
    // --- DataSet erzeugen
    DataSet ds = new DataSet();
    // --- Daten abholen
    da.Fill(ds);
    // --- Verbindung jetzt schon schließen!
    conn.Close();

    DataTable dt = ds.Tables[0];

    // --- Datensätze löschen
    foreach (DataRow dr2 in dt.Rows)
    {
        if (dr2["FL_AbflugOrt"].ToString() == "Essen/Mülheim")
        {
            Demo.Print("Lösche: " + dr2["FL_FlugNr"]);
            dr2.Delete();
        }
    }

    // --- Datensätze ändern
    foreach (DataRow dr2 in dt.Rows)
    {
        if (dr2.RowState != DataRowState.Deleted)
        {
            dr2["FL_AnzahlStarts"] = Convert.ToInt32(dr2["FL_AnzahlStarts"]) + 1;
            Demo.Print("Counter erhöht für: " + dr2["FL_FlugNr"]);
        }
    }
```

```csharp
// --- Datensätze anfügen
DataRow dr = dt.NewRow();
dr["FL_FlugNr"] = "123";
dr["FL_AnzahlStarts"] = 0;
dr["FL_EingerichtetAm"] = DateTime.Now;
dr["FL_Abflugort"] = "Essen/Mülheim";
dr["FL_Zielort"] = "Florenz";
dt.Rows.Add(dr);

// --- Statistik
if (ds.HasChanges(DataRowState.Added))
 Demo.Print("Anzahl der hinzugefügten Datensätze: " +
   dt.GetChanges(DataRowState.Added).Rows.Count);
if (ds.HasChanges(DataRowState.Modified))
 Demo.Print("Anzahl der geänderten Datensätze: " +
   dt.GetChanges(DataRowState.Modified).Rows.Count);
if (ds.HasChanges(DataRowState.Deleted))
 Demo.Print("Anzahl der gelöschten Datensätze: " +
   dt.GetChanges(DataRowState.Deleted).Rows.Count);

// --- Befehle für Datenadapter erzeugen
SqlCommandBuilder cb = new SqlCommandBuilder(da);
// --- Kontrollausgabe
Demo.Print("Erzeugte SQL-DML-Befehle:");
Demo.Print("UPDATE: " + cb.GetUpdateCommand().CommandText);
Demo.Print("DELETE: " + cb.GetDeleteCommand().CommandText);
Demo.Print("INSERT: " + cb.GetInsertCommand().CommandText);

// --- Aktualisieren
da.Update(ds.Tables[0]);
Demo.Print("Daten wurden aktualisiert!");
}
```

Listing 11.20 Verschiedene Möglichkeiten zur Datenänderung in einem DataSet [/VerschiedeneDemos/ADONET/Dataset_Lesen]

```
Lösche: 123
Counter erhöht für: 101
Counter erhöht für: 102
Counter erhöht für: 200
Counter erhöht für: 201
Counter erhöht für: 202
Counter erhöht für: 203
Anzahl der hinzugefügten Datensätze: 1
Anzahl der geänderten Datensätze: 6
Anzahl der gelöschten Datensätze: 1
Erzeugte SQL-DML-Befehle:
UPDATE: UPDATE [FL_Fluege] SET [FL_FlugNr] = @p1, [FL_Abflugort] = @p2, [FL_ZielOrt] = @p3,
[FL_NichtRaucherFlug] = @p4, [FL_Plaetze] = @p5, [FL_PI_MI_MitarbeiterNr] = @p6, [FL_AnzahlStarts] =
@p7, [FL_EingerichtetAm] = @p8 WHERE (([FL_FlugNr] = @p9) AND ((@p10 = 1 AND [FL_Abflugort] IS NULL) OR
([FL_Abflugort] = @p11)) AND ((@p12 = 1 AND [FL_ZielOrt] IS NULL) OR ([FL_ZielOrt] = @p13)) AND ((@p14 =
1 AND [FL_NichtRaucherFlug] IS NULL) OR ([FL_NichtRaucherFlug] = @p15)) AND ((@p16 = 1 AND [FL_Plaetze]
IS NULL) OR ([FL_Plaetze] = @p17)) AND ((@p18 = 1 AND [FL_PI_MI_MitarbeiterNr] IS NULL) OR
([FL_PI_MI_MitarbeiterNr] = @p19)) AND ((@p20 = 1 AND [FL_AnzahlStarts] IS NULL) OR ([FL_AnzahlStarts] =
@p21)) AND ((@p22 = 1 AND [FL_EingerichtetAm] IS NULL) OR ([FL_EingerichtetAm] = @p23)))
```

```
DELETE: DELETE FROM [FL_Fluege] WHERE (([FL_FlugNr] = @p1) AND ((@p2 = 1 AND [FL_Abflugort] IS NULL) OR
([FL_Abflugort] = @p3)) AND ((@p4 = 1 AND [FL_ZielOrt] IS NULL) OR ([FL_ZielOrt] = @p5)) AND ((@p6 = 1
AND [FL_NichtRaucherFlug] IS NULL) OR ([FL_NichtRaucherFlug] = @p7)) AND ((@p8 = 1 AND [FL_Plaetze] IS
NULL) OR ([FL_Plaetze] = @p9)) AND ((@p10 = 1 AND [FL_PI_MI_MitarbeiterNr] IS NULL) OR
([FL_PI_MI_MitarbeiterNr] = @p11)) AND ((@p12 = 1 AND [FL_AnzahlStarts] IS NULL) OR ([FL_AnzahlStarts] =
@p13)) AND ((@p14 = 1 AND [FL_EingerichetAm] IS NULL) OR ([FL_EingerichetAm] = @p15)))
INSERT: INSERT INTO [FL_Fluege] ([FL_FlugNr], [FL_Abflugort], [FL_ZielOrt], [FL_NichtRaucherFlug],
[FL_Plaetze], [FL_PI_MI_MitarbeiterNr], [FL_AnzahlStarts], [FL_EingerichetAm]) VALUES (@p1, @p2, @p3,
@p4, @p5, @p6, @p7, @p8)
Daten wurden aktualisiert!
```

Listing 11.21 Ausgabe des Beispiels

Typisierte Datasets (Typed DataSets)

Sogenannte *typisierte DataSets* (engl. *Typed Datasets*) sind eine Abstraktionsform des Datenzugriffs, die von Visual Studio – nicht nur für Microsoft SQL Server, sondern für alle von Visual Studio unterstützen Datenbanktypen – angeboten wird. Ein typisiertes Dataset ist im Kern eine von Visual Studio generierte Klasse, die einen Wrapper um die ADO.NET-`DataSet`-Klasse bildet. Die Wrapper-Klasse stellt die Spalten der enthaltenen Tabelle als Attribute in Tabellen-Objekten zur Verfügung und bietet Methoden zum Holen, Ändern, Hinzufügen und Löschen von Daten.

Hintergründe

Das typisierte Dataset ist eine generierte .NET-Klasse, die von `System.Data.DataSet` erbt. Das typisierte DataSet enthält typisierte Tabellenklassen, die wiederum typisierte Zeilenklassen enthalten. Außerdem generiert Visual Studio eine sogenannte Tabellenadapterklasse, die dazu dient, die Daten zu laden und das Dataset zu befüllen. Sie erbt aber nicht – wie man vermuten könnte – von einer der Datenadapter-Klasse aus ADO.NET. Die Tabellenadapterklasse des typisierten Dataset kapselt die Funktionen der Verbindungsklasse, der Befehlsklasse und der Tabellenadapterklasse.

Neben diesen generierten Klassen gehören zu einem typisierten Dataset innerhalb der Entwicklungsumgebung auch eine XML-Schema-Beschreibung (*.xsd*-Datei) und die Beschreibung der Anordnung der Daten in der grafischen Ansicht (*.xss*- und *.xcs*-Dateien).

Visual Studio besitzt für `DataSets` eine eigene grafische Entwurfsoberfläche, die per Drag & Drop aus dem Ast *Datenverbindungen* im *Server Explorer* befüllt werden und auch Verknüpfungen zwischen `DataTable`-Objekten in einem `DataSet`-Objekt modellieren kann. Die Tabellenadapterklasse stellt eine `Fill()`-Methode zum Befüllen des typisierten Datasets bereit. Über einen Assistenten kann man weitere, parametrisierte Überladungen dieser Methoden bereitstellen, wobei die Parameter auf Parameter in einem SELECT-Befehl oder einer gespeicherten Prozedur abgebildet werden können. Man hat in dem Assistenten sogar die Wahl, für einen SELECT-Befehl automatisch eine gespeicherte Prozedur in der Datenbank anlegen zu lassen.

Typisierte Datasets existieren bereits seit Visual Studio .NET 2002, wurden aber in Visual Studio 2005 stark verändert und in Visual Studio 2008 nochmals etwas erweitert.

Kapitel 11: Datenzugriff mit ADO.NET

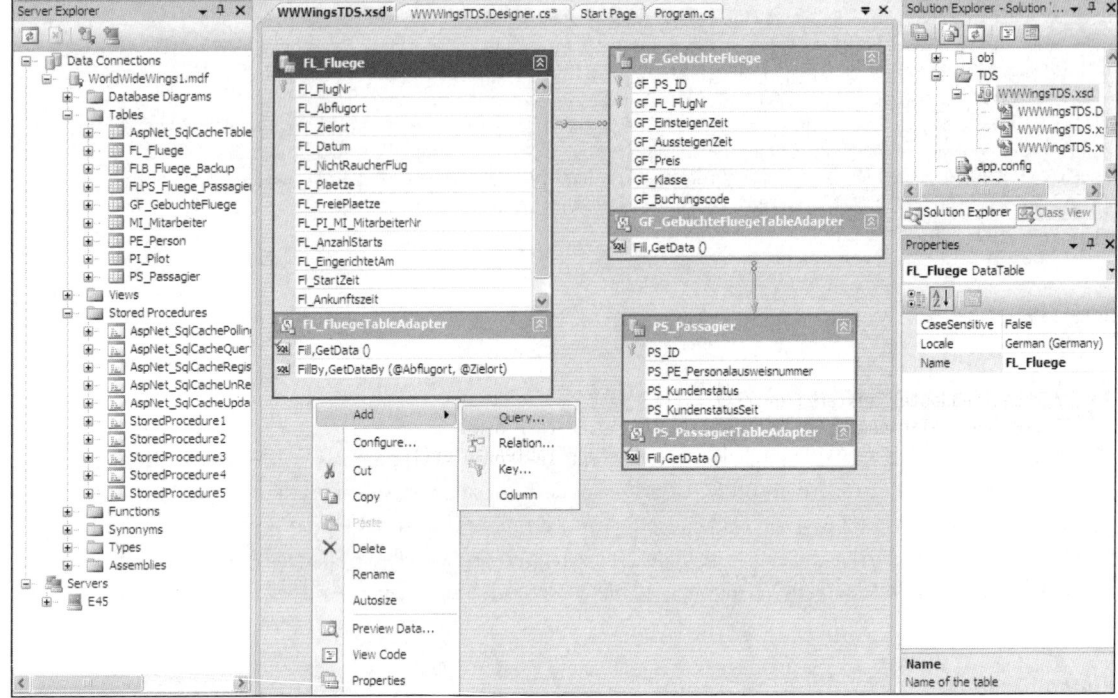

Abbildung 11.10 Verknüpfung dreier Tabellen im Designer für typisierte DataSets in Visual Studio

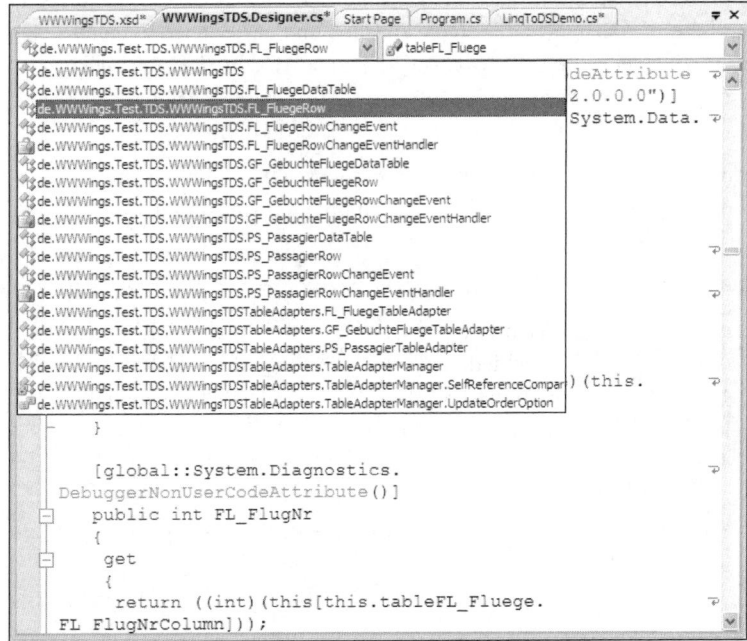

Abbildung 11.11 Einblick in die Vielzahl der generierten Klassen und in den generierten Programmcode für eine typisierte Spaltenklasse (FL_Fluege_Row)

Beispiel

Das folgende Beispiel zeigt das Befüllen und Ausgeben des in der obigen Abbildung dargestellten typisierten Datasets.

> **ACHTUNG** Bitte beachten Sie, dass die in dem Beispiel verwendete Methode Select() zum Filtern lokal, d.h. im Hauptspeicher ausgeführt wird. Größere Datenmengen sollten Sie immer datenbankseitig filtern. Dies erreichen Sie über das Anlegen einer neuen Abfrage (*Query*) im Designer (Siehe Bildschirmabbildung des Designers).

```
public void Dataset_TDS()
{
   Console.WriteLine("Flüge von ROM (TDS mit lokalem Filter)");

   // Tabellenadapter instanziieren
   TDS.WWWingsTDSTableAdapters.FL_FluegeTableAdapter ta = new
de.WWWings.Test.TDS.WWWingsTDSTableAdapters.FL_FluegeTableAdapter();
   // Typisiertes DataSet instanziieren
   TDS.WWWingsTDS.FL_FluegeDataTable AlleFluege = new
de.WWWings.Test.TDS.WWWingsTDS.FL_FluegeDataTable();
   // Tabelle laden
   ta.Fill(AlleFluege);

   // Filter anwenden
   DataRow[] FluegeVonRom = AlleFluege.Select("FL_Abflugort = 'Rom' and FL_Datum > '1/1/2008'");

   // --- Iteration über Daten
   foreach (TDS.WWWingsTDS.FL_FluegeRow dr in FluegeVonRom)
   {
      Console.WriteLine("Flugnummer: " + dr.FL_FlugNr + ": " + dr.FL_Abflugort + "->" + dr.FL_Zielort + ". Freie Plätze: " + dr.FL_FreiePlaetze);

      if (!dr.IsFl_StartZeitNull()) Console.WriteLine("Kein StartDatum gesetzt!");
   }
}
```

Listing 11.22 Beispiel für den Einsatz eines typisierten Datasets

Mehrschichtunterstützung für typisierte Datasets

Ab Visual Studio 2008 kann man das typisierte Dataset im engeren Sinne von dem ebenfalls generierten Tabellenadapter trennen, d.h. diese können in zwei verschiedenen Projekten liegen. Ziel dabei ist es, eine Bibliothek zu erhalten, in der die Datenstrukturbeschreibung (in Form der von DataSet abgeleiteten Klassen) liegt und ein anderes Projekt, in dem diese Datenstruktur durch den Tabellenadapter befüllt wird. Damit hat man erstmals die Möglichkeit, auch mit typisierten Datasets eine saubere Schichtentrennung zu realisieren.

Diese Trennung vollzieht man durch die Einstellung *DataSet Project* im Eigenschaftsfenster des Designers eines typisierten Datasets. Hier kann man ein anderes Projekt der gleichen Projektmappe auswählen. Dadurch entsteht in dem gewählten Zielprojekt eine Datei *DatasetName.DataSet.Designer.cs* bzw. *.vb* mit dem Quellcode für die von DataSet abgeleitete Klasse.

| HINWEIS | Microsoft spricht in diesem Zusammenhang auch von *Multi-Tier-DataSets*. |

Diskussion typisierte DataSets

Typisierte Datasets sind ein Politikum, d. h. es gibt es unterschiedliche Meinungen dazu in der Entwickler- und Expertenszene. Auf der »Habenseite« stehen auf jeden Fall:

- Starke Vereinfachung des Einlesens von Daten in ein DataSet
- Typisierter Zugriff auf die Spaltennamen
- Vorteile des Dataset (insbesondere Serialisierbarkeit und Mehrschichteinsetzbarkeit)
- Das typisierte Dataset kann zur Drag & Drop-Datenbindung in Windows Forms-Fenstern oder per Programmcode verwendet werden.

Typisierte Datasets haben aber auch Nachteile:

- Es wird sehr viel Programmcode generiert (in dem obigen Beispiel sind es 3868 Zeilen!)
- Der generierte Programmcode ist nicht immer fehlerfrei. Eine Ausbesserung des Programmcodes ist aufwändig und nicht von Dauer, da jede kleine Änderung in dem Programmcode zur Neugenerierung des Codes führt.
- Ein typisiertes Dataset ist kein echtes Geschäftsobjekt, sondern nur eine von Dataset abgeleitete Klasse. Daher ist ein typisiertes Dataset kein Objekt-Relationaler Mapper im engeren Sinne.
- Das typisierte Dataset verwendet für Spalten, die DBNull sein können, in dem zugehörigen Attribut der typisierten DataRow-Klasse als Datentypen keinen wertelosen Wertetyp (Nullable Value Type), sondern bietet ein eigenes Verfahren über eine Methode IsSpaltennameNull() an. Dies integriert sich leider nicht reibungslos in andere Funktion von .NET und Visual Studio.
- Der Speicherhunger des Datasets ist auch hier vorhanden.

Umwandlung zwischen DataSet und XML

ADO.NET enthält einen XML-Relationalen Mapper (XRM). Die Klassen DataSet und DataTable besitzen jeweils vier Methoden zum Austausch mit XML:

- GetXmlSchema() liefert eine Zeichenkette mit der Struktur der Daten im Dataset in Form eines XSD-Schemas.
- GetXml() liefert eine Zeichenkette mit dem Inhalt des DataSet-Objekts in Form eines XML-Dokuments.
- WriteXml() schreibt die XML-Daten und – optional – das zugehörige XSD-Schema in eine Datei, ein System.IO.Stream-Objekt, ein System.IO.TextWriter-Objekt oder ein System.IO.XmlWriter-Objekt. Mit dem optionalen zweiten Parameter XmlWriteMode.DiffGram wird ein XML-Dokument im DiffGram-Format erzeugt. Ein Diffgram dokumentiert nicht nur den aktuellen Zustand eines DataSets, sondern auch alle ausgeführten Änderungen.
- ReadXml() liest XML-Daten in ein DataSet-Objekt ein. Mögliche Eingabequellen sind eine Datei (spezifiziert durch einen URL), ein System.IO.Stream-Objekt, ein System.IO.TextReader-Objekt oder ein XmlReader-Objekt. Die XML-Daten können ein Schema enthalten; das Schema kann aber auch abgeleitet werden, indem als Parameter XmlReadMode.InferSchema angegeben wird.

Daten lesen und verändern mit einem Dataset

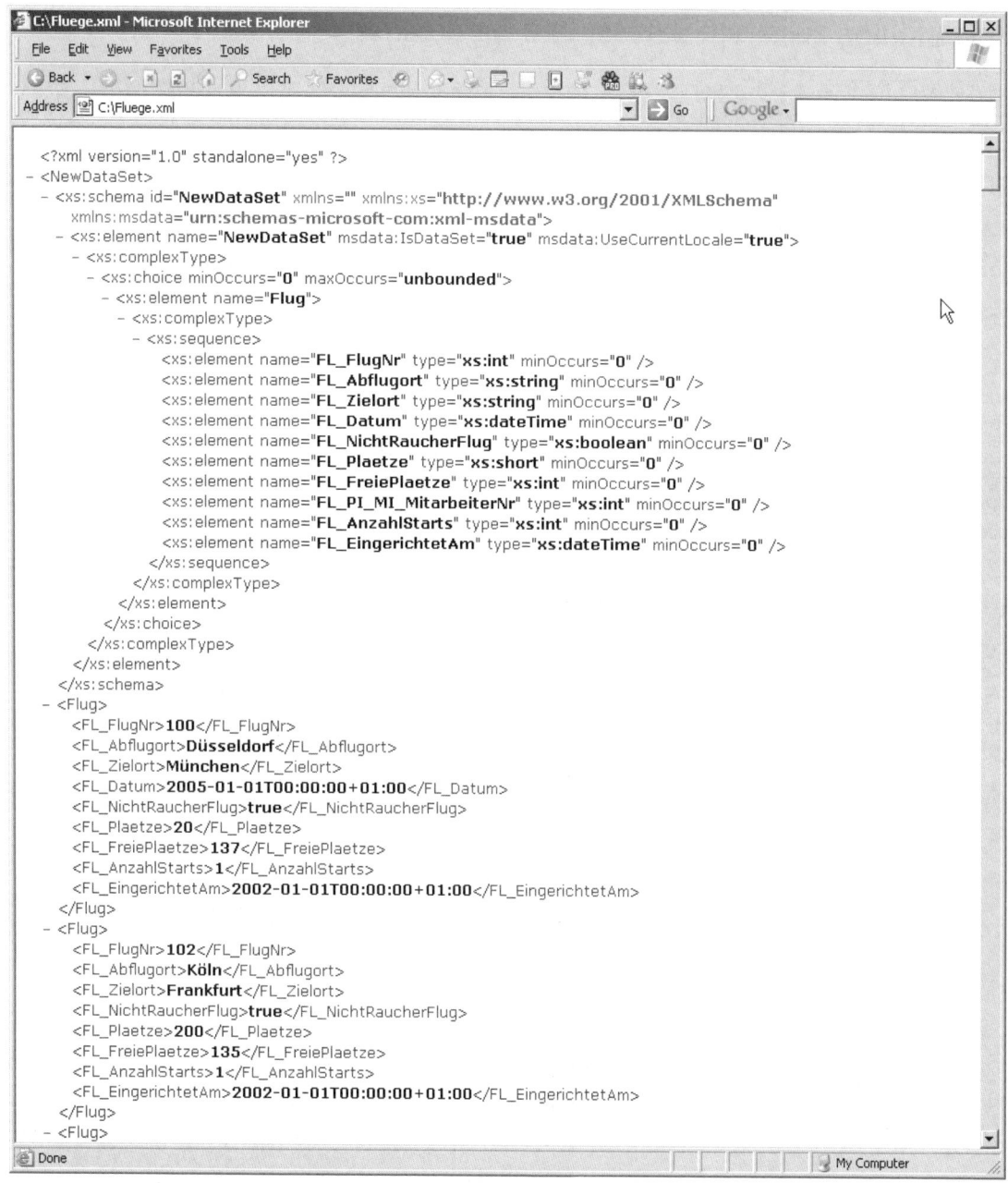

Abbildung 11.12 Darstellung eines DataSets inklusive Schema in XML-Form

Neben den Import- und Exportmöglichkeiten des Datasets existiert noch eine Integration über das XML Document Object Model (DOM). Ein XmlDataDocument-Objekt ermöglicht die Bearbeitung des Inhalts eines DataSet-Objekts über das XML DOM. Die Klasse System.Xml.XmlDataDocument ist abgeleitet von der Klasse System.Xml.XmlDocument.

Umwandlung zwischen Dataset und Datareader

Seit ADO.NET 2.0 ist ein fliegender Wechsel zwischen Dataset und Datareader möglich. Für die Übernahme der Daten aus einem Datareader in ein DataSet-Objekt stellt die Klasse DataSet die neue Methode Load() bereit.

```
DataSet ds = new DataSet();
ds.Load(reader, LoadOption.OverwriteChanges, new String[] { "FL_Fluege" });
Demo.Out(ds.GetXml());
```

Listing 11.23 Befüllen eines Datasets mit einem Datareader

Für die Umwandlung eines Datasets in einen Datareader existiert die neue Klasse DataTableReader, die eine IDataReader-Schnittstelle implementiert.

```
DataTableReader dtr = new DataTableReader(ds.Tables["FL_Fluege"]);
Demo.PrintReader(dtr);
```

Listing 11.24 Auslesen eines Datasets mit einem Datareader

Serialisierung und Remoting für DataSets

In ADO.NET 1.x hat die »geschwätzige« Serialisierung von DataSets im XML-Format Kritik hervorgerufen (in ADO.NET 1.x wurden Datasets immer in XML-Form serialisiert). Seit Version 2.0 unterstützt ADO.NET daher optional die binäre Serialisierung. Dazu ist das neue Attribut RemotingFormat in einer Instanz der Klasse DataSet auf den Wert SerializationFormat.Binary zu setzen. Standard ist SerializationFormat.Xml.

```
public static void run()
{
  Demo.Out("=== DEMO Binäres Serialisieren eines DataSet")

  ...

  SqlDataAdapter ada = new SqlDataAdapter(cmd);

  // --- DataSet erzeugen
  DataSet ds = new DataSet();
  ada.Fill(ds);

  // --- Serialisierungsformat festlegen
  ds.RemotingFormat = SerializationFormat.Binary;
}
```

Listing 11.25 Aktivierung der binären Serialisierung für ein DataSet [/VerschiedeneDemos/ADONET/DataSetBinaerSerialisierung]

> **TIPP** In ADO.NET 1.x konnten nur komplette DataSet-Objekte, nicht jedoch einzelne DataTable-Objekte serialisiert werden. Seit ADO.NET 2.0 ist nun auch die Klasse System.Data.DataTable serialisierbar. Auch hier kann über die Eigenschaft RemotingFormat zwischen binärer und XML-Serialisierung gewählt werden.

Remoting von DataSets

Die ADO.NET-Datenadapter sind so »intelligent«, dass sie Änderungsbefehle zur Datenbank nur für die Zeilen (DataRow-Objekte eines DataTable-Objekts) senden, die geändert, hinzugefügt oder gelöscht wurden. Die unveränderten Zeilen verursachen kaum Overhead. Beim Einsatz von DataSet-Objekten bei Fernaufrufen (via .NET Remoting oder XML-Webservice) liegt der Datenadapter aber »entfernt«. Sie können viel Netzwerklast einsparen, wenn Sie nur die Änderungen zum Server übertragen. Durch den Befehl

```
DataSet ds_dif = ds.GetChanges();
```

reduzieren Sie das DataSet-Objekt auf die Änderungen. Nur ds_dif muss dann zum Server übertragen werden. Der Datenadapter kann dies handhaben.

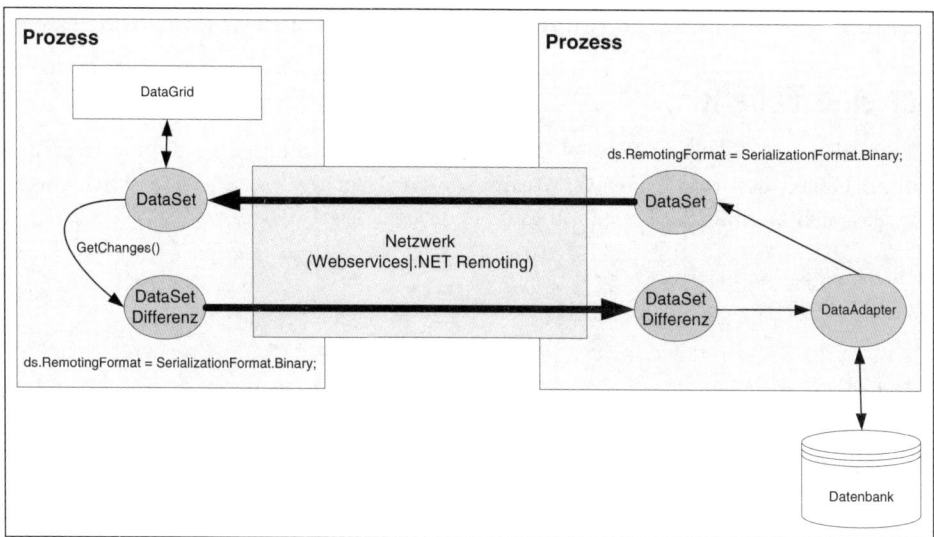

Abbildung 11.13 Effizientes Remoting von Datasets

LINQ-to-DataSet

LINQ-to-DataSet ermöglicht die Abfrage von Daten in einem Dataset. Die vor .NET 3.5 in einem Dataset vorhandenen Möglichkeiten zum Filtern mit der Methode Select() und der Klasse DataView sowie dem Verknüpfen mit der DataRelation-Klasse waren sehr bescheiden. Mit LINQ-to-DataSet sind nun vielfältige Suchabfragen und Verknüpfungen über beliebige Spalten (Joins) möglich. Außerdem liefert LINQ-to-DataSet Verbesserungen hinsichtlich der Typisierung bei untypisierten DataSets.

HINWEIS Es können sowohl typisierte als auch untypisierte Datasets verwendet werden. LINQ-to-DataSet ist eine Schicht oberhalb des Datasets. Unterhalb (Datenprovider, Datenverbindungen, Befehlsobjekt) ändert sich durch den Einsatz von LINQ-to-DataSet nichts.

> **ACHTUNG** Vergessen Sie niemals, dass LINQ-to-DataSet im RAM arbeitet. Bei großen Datenmengen bzw. wenn die Menge der zu übertragenden Daten wichtig ist, sollten Sie Selektieren und Verknüpfen immer im Datenbankmanagementsystem, nicht im RAM!

Voraussetzung

Voraussetzung für die Nutzung von LINQ-to-DataSet ist die Referenzierung der Assembly *System.Data.DataSetExtensions.dll*, die Erweiterungen für die Klasse `DataTable` (DataTableExtensions) und `DataRow` (DataRowExtensions) bereitstellt.

> **HINWEIS** Für allgemeine Erläuterungen zur Syntax von LINQ lesen Sie bitte das Kapitel »Language Integrated Query (LINQ)« in diesem Buch.

Abfragen über eine Tabelle

Um eine LINQ-Abfrage über eine Tabelle in Form eines `DataTable`-Objekts ausführen zu können, muss das `DataTable`-Objekt in ein Objekt des Typs `System.Data.EnumerableRowCollection<System.Data.DataRow>` umgewandelt werden. Dies geschieht mithilfe der Erweiterungsmethode `AsEnumerable()`.

```
// --- Tabelle aus einem vorher befüllten DataSet
DataTable AlleFluege = ds.Tables["Fluege"];

// --- LINQ Abfrage
IEnumerable<DataRow> FluegeVonRom =
    from Flug in AlleFluege.AsEnumerable()
    where Convert.ToDateTime(Flug["FL_Datum"]) >
    new DateTime(2008, 1, 1) &&
    Flug["FL_AbflugOrt"].ToString() == "Rom"
    select Flug;
```

Listing 11.26 Eine LINQ-Abfrage über ein zuvor befülltes DataTable-Objekt

Zur Formulierung der Abfrage kann man alternativ auch die durch die Klasse `DataRowExtensions` bereitgestellte generische Erweiterungmethode `Field<Typ>()` verwendet werden, um die Spalten anzusprechen. In typisierten DataSets können die Spalten direkt über die Punktnotation angesprochen werden.

```
// --- Tabelle aus einem vorher befüllten DataSet
    DataTable AlleFluege = ds.Tables["Fluege"];

    // --- LINQ Abfrage
    IEnumerable<DataRow> FluegeVonRom =
        from Flug in AlleFluege.AsEnumerable()
        where Flug.Field<DateTime>("FL_Datum") >
        new DateTime(2008, 1, 1) &&
        Flug.Field<string>("FL_AbflugOrt") == "Rom"
        select Flug;
```

Listing 11.27 Eine LINQ-Abfrage über ein zuvor befülltes DataTable-Objekt (Alternative)

LINQ-to-DataSet

> **TIPP** Das Ergebnis der Abfrage ist – sofern keine Projektion festgelegt wird, wieder eine Menge des Typs System.Data.EnumerableRowCollection<System.Data.DataRow>. Meist verwendet man als Typ aber allgemein die Schnittstelle IEnumerable<DataRow>.
>
> Ein DataTable-Objekt kann man durch Aufruf der Methode CopyToDataTable() erhalten. Die Methode AsDataView() liefert ein DataView-Objekt.

Abfragen über typisierte Datasets

Das folgende Beispiel zeigt die Abfrage eines typisierten Datasets mit LINQ-to-DataSet.

```
public void Dataset_TDS_LINQ()
{
  Console.WriteLine("Flüge von ROM (TDS mit lokalem Filter über LINQ-to-DataSet )");

  // Tabellenadapter instanziieren
  TDS.WWWingsTDSTableAdapters.FL_FluegeTableAdapter ta = new
de.WWWings.Test.TDS.WWWingsTDSTableAdapters.FL_FluegeTableAdapter();
  // Typisiertes DataSet instanziieren
  TDS.WWWingsTDS.FL_FluegeDataTable AlleFluege = new
de.WWWings.Test.TDS.WWWingsTDS.FL_FluegeDataTable();
  // Tabelle laden
  ta.Fill(AlleFluege);

  var FluegeVonRom =
    from Flug in AlleFluege
    where Flug.FL_Datum > new DateTime(2008, 1, 1)
    && Flug.FL_Abflugort == "Rom"
    select Flug;

  // --- Iteration über Daten
  foreach (TDS.WWWingsTDS.FL_FluegeRow dr in FluegeVonRom)
  {
    Console.WriteLine("Flugnummer: " + dr.FL_FlugNr + ": " + dr.FL_Abflugort + "->" + dr.FL_Zielort + ". Freie Plätze: " + dr.FL_FreiePlaetze);

    if (!dr.IsFl_StartZeitNull()) Console.WriteLine("Kein StartDatum gesetzt!");
  }
}
```

Listing 11.28 LINQ-to-DataSet mit typisiertem Dataset

Abfragen über mehrere Tabellen (Joins)

Mit der Klasse DataRelation (seit .NET 1.0 vorhanden) kann man nur hierarchische Eltern-Kind-Beziehungen erzeugen. Echte relationale Beziehungen (Joins) kann man mit dem join-Operator in LINQ-to-DataSet erzeugen, siehe nachfolgendes Beispiel.

```
public void Dataset_Beziehungen()
  {
    Console.WriteLine("Passagiere mit ihren Flügen");
```

```csharp
// --- Parameter
string CONNSTRING = @"Data Source=.\SQLEXPRESS;AttachDbFilename=H:\WWW\Datenbanken\WorldWideWings1.mdf;Integrated Security=True;Connect Timeout=30;User Instance=True";
const string SQL1 = "Select * from AllePassagiere";
const string SQL2 = "Select * from GF_GebuchteFluege";

// --- Verbindung aufbauen
SqlConnection conn = new SqlConnection(CONNSTRING);
conn.Open();
// --- Leeres DataSet erzeugen
DataSet ds = new DataSet();
// --- Datenadapter erzeugen
SqlDataAdapter da1 = new SqlDataAdapter(SQL1, CONNSTRING);
SqlDataAdapter da2 = new SqlDataAdapter(SQL2, CONNSTRING);
// --- Daten abholen
da1.Fill(ds, "AllePassagiere");
da2.Fill(ds, "GebuchteFluege");
// --- Verbindung jetzt schon schließen!
conn.Close();

// --- Zeiger auf Tabellen
DataTable AllePassagiere = ds.Tables["AllePassagiere"];
DataTable GebuchteFluege = ds.Tables["GebuchteFluege"];

// --- Join definieren
var Abfrage =
    from p in AllePassagiere.AsEnumerable()
    join b in GebuchteFluege.AsEnumerable()
    on p.Field<int>("PS_ID") equals
        b.Field<int>("GF_PS_ID")
    where p.Field<int>("AnzahlFluege") > 0
    select new
    {
      FlugNr =
          b.Field<int>("GF_FL_FlugNr"),
      Vorname =
          p.Field<string>("PE_Vorname"),
      Name =
          p.Field<string>("PE_Name"),
      PassagierID =
          p.Field<int>("PS_ID")
    };

// --- Ergebnis anzeigen
foreach (var Ergebnis in Abfrage)
{
  Console.WriteLine("Pasagier: " + Ergebnis.PassagierID + " Name: " + Ergebnis.Name + " Vorname: " + Ergebnis.Vorname + " gebucht auf Flug " + Ergebnis.FlugNr);
 }
}
}
```

Listing 11.29 Join zwischen zwei Tabellen in einem DataSet

Datenproviderunabhängiger Datenzugriff durch Provider-Fabriken

In den bisherigen Beispielen kamen verschiedene Klassen vor in Abhängigkeit davon, welcher Datenbankprovider (Microsoft Access oder Microsoft SQL Server) verwendet wurde. Dies ist unschön, wenn man auf verschiedene Datenbanken zugreifen muss oder die Datenbank später einmal wechseln möchte. ADO.NET unterstützt auch den providerunabhängigen Datenzugriff.

Stark vereinfacht wurde in ADO.NET seit Version 2.0 die Möglichkeit, unabhängig von einer konkreten Datenbank zu programmieren. Durch die neuen Basisklassen DbProviderFactory, DbConnection, DbCommand, DbDataReader sowie die bereits vorher vorhandene DbDataAdapter-Klasse kann man nun die Informationen zum Datenprovider in einer zur Laufzeit austauschbaren Zeichenkette halten. Die Klassen befinden sich im Namensraum System.Data.Common.

> **TIPP** Durch die neue Funktion zur Ermittlung der installierten ADO.NET-Datenprovider (siehe Anfang dieses Kapitels) wird es möglich, dass eine Anwendung zur Laufzeit aus den verfügbaren Datenprovidern einen geeigneten Provider auswählt.

> **ACHTUNG** Bei dem providerunabhängigen Datenzugriff findet keine Übersetzung von SQL-Befehlen statt. Wenn Sie Datenbankmanagementsystem-spezifische Befehle nutzen, verlieren Sie die Providerunabhängigkeit.

Beispiel

Das folgende Beispiel zeigt das Lesen von Daten mit einem Datareader und einem Dataset mithilfe des providerunabhängigen Programmiermodells. Dabei wird bei der Instanziierung der Klasse DbProviderFactory der Datenprovider (hier: System.Data.SqlClient) festgelegt. Durch die Instanz der Klasse DbProviderFactory können dann spezifische Verbindungsobjekte (provider.CreateConnection()), Befehlsobjekte (provider.CreateCommand()) und Datenadapter (provider.CreateDataAdapter()) erzeugt werden.

```
public static void run()
{
   Demo.Print("=== DEMO Provider Factory");
   const string PROVIDER = "System.Data.SqlClient";
   const string CONNSTRING = "Integrated Security=SSPI;Persist Security Info=False;Initial Catalog=itvisions;Data Source=E01\SQLEXPRESS";
   const string SQL1 = "Select * from FL_Fluege";
   const string SQL2 = "Select * from FLB_Fluege_Backup";
   // --- Fabrik erzeugen
   DbProviderFactory provider = DbProviderFactories.GetFactory(PROVIDER);
   // --- Verbindung aufbauen
   DbConnection conn = provider.CreateConnection();
   conn.ConnectionString = CONNSTRING;
   conn.Open();
   // --- Teil 1: DataReader
   // Befehl erzeugen
   DbCommand cmd = provider.CreateCommand();
   cmd.CommandText = SQL1;
```

```
cmd.Connection = conn;
// Befehl ausführen
DbDataReader reader = cmd.ExecuteReader();
// Daten ausgeben
Demo.PrintReader(reader);
// --- Teil 2: DataSet
// Befehl erzeugen
DbCommand command = provider.CreateCommand();
command.CommandText = SQL2;
command.Connection = conn;
// DataAdapter erzeugen
DbDataAdapter adapter = provider.CreateDataAdapter();
adapter.SelectCommand = command;
// DataSet erzeugen
DataSet ds = new DataSet();
// DataSet befüllen
adapter.Fill(ds);
// Daten ausgeben
DataTable t = ds.Tables[0];
Demo.Print("Anzahl Spalten: " + t.Columns.Count);
Demo.Print("Anzahl Zeilen: " + t.Rows.Count);
}
```

Listing 11.30   Datenbankunabhängige Programmierung mit der DbProviderFactory [/VerschiedeneDemos/ADONET/ProviderFactory.vb]

Benachrichtigungen über Datenänderungen (Query Notifications)

Eine sehr interessante Option in ADO.NET seit Version 2.0 sind Benachrichtigungen über Datenänderungen (Query Notifications) im Push-Verfahren. Dabei meldet der Client gegenüber dem Datenbankmanagementsystem sein Interesse an einer bestimmten Datenmenge in Form eines Abonnements (Subscription) an. Jedes Mal, wenn eine Veränderung in dieser Datenmenge eintritt, wird eine Ereignisbehandlungsroutine aufgerufen, sodass der Client weiß, dass er die Daten erneut abrufen sollte. Durch Query Notifications entfällt das ständige Abfragen (Polling) der Datenbank.

> **HINWEIS**   Laut der Dokumentation sind Query Notifications nur für den Microsoft SQL Server (ab Version 2005) vorgesehen. Der Microsoft SQL Server besitzt eine echte Benachrichtigungsarchitektur auf Basis des integrierten Service Brokers. Die Netzwerklast ist minimal, weil es wirklich nur für den Fall von Datenänderungen zu Benachrichtigungen kommt. Ursprünglich geplant war, eine ähnliche Funktionalität (allerdings auf Basis von internem Polling) auch für die Vorgängermodelle 7.0 und 2000 anzubieten.

Query Notifications haben übrigens nichts mit den "Notification Services" des Microsoft SQL Server zu tun. Notification Services senden Benachrichtigungen an Anwender, z.B. in Form von E-Mails.

Benachrichtigungen über Datenänderungen (Query Notifications)

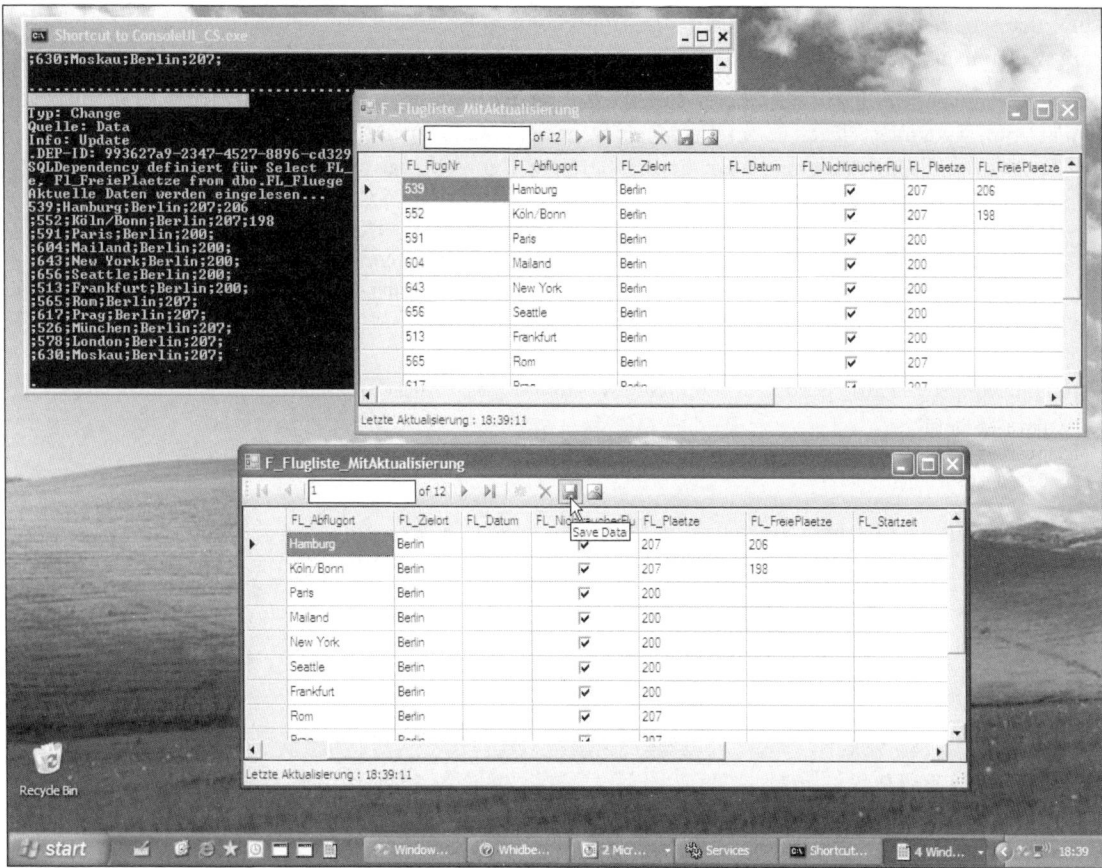

Abbildung 11.14 Beispiel für den Einsatz von Datenänderungsbenachrichtigungen: Sobald in einer Tabelle Datenänderungen gespeichert werden, werden die anderen Anwendungen informiert.

Realisierung

ADO.NET (ab Version 2.0) stellt für Query Notifications die Klassen SqlNotificationRequest und SqlDependency bereit, wobei die letztgenannte Klasse eine höhere Abstraktion und damit mehr Entwicklungskomfort bietet. Die SqlDependency-Klasse ist mit einem SqlCommand-Objekt zu instanziieren, da es einen SQL-SELECT-Befehl mit der zu überwachenden Datenmenge repräsentiert.

Leider unterliegt der SELECT-Befehl starken Einschränkungen. Die wichtigsten der vielen Einschränkungen sind, dass er folgende Konstrukte nicht enthalten darf:

- Stern-Operator zur Spaltenauswahl
- Aggregatfunktionen COUNT, AVG, MAX, MIN
- Schlüsselwörter UNION, TOP, INTO, FOR BROWSE
- Outer Joins

Außerdem muss der Tabellenname mit dem führenden *dbo.* genannt werden. Die komplette Liste der Voraussetzungen finden Sie als Kommentar in der Codedatei des nachfolgenden Beispiels.

Datenänderungen werden dem Client durch das Ereignis OnChange() gemeldet. Das dabei übermittelte Objekt vom Typ SqlNotificationEventArgs liefert Informationen über die Art der Datenänderung (Hinzufügen, Löschen, Ändern), nicht aber über die geänderten Zeilen. Alternativ kann der Client über HasChanges() abfragen, ob es Änderungen gibt.

> **ACHTUNG**   Wenn Sie ein Ereignis mit dem Parameter SqlNotificationEventArgs.Type mit Wert SqlNotificationType.Subscribe erhalten, ist ein Fehler beim Einrichten der Benachrichtigung aufgetreten. In der Regel haben Sie dann eine der Bedingungen für den SELECT-Befehl nicht beachtet.

Datenänderungsbenachrichtigungen können zusammen mit ASP.NET-Zwischenspeicherung eingesetzt werden.

Ablauf

Zum erfolgreichen Einrichten einer Benachrichtigung mit der Klasse SqlDependency sind folgende Schritte notwendig:

- Der Client muss die Benachrichtigungen für eine Verbindung aktivieren, indem er den Befehl SqlDependency.Start(CONNSTRING) aufruft.
- Der Client öffnet die Datenbankverbindung.
- Der Client erzeugt ein Befehlsobjekt für die zu überwachende Datenmenge.
- Der Client erzeugt ein SqlDependency-Objekt für den Befehl: dep = new SqlDependency(cmd)
- Wichtig ist, dass nach dem Einrichten der SqlDependency der zugehörige SQL-Befehl genau einmal an den SQL Server gesendet wird. Erst dadurch wird die Query Notification aktiv. Die Ergebnisse müssen dabei nicht abgerufen werden.
- Der Client bindet eine Ereignisbehandlungsroutine an das Ereignis OnChange() im SqlDependency-Objekt.

Beispiel

In dem folgenden Beispiel wartet eine Anwendung nach erfolgreichem, einmaligem Auslesen der Datenmenge auf Benachrichtigungen über Datenänderungen in der Datenquelle. Das SqlDependency-Objekt bezieht sich auf das SqlCommand-Objekt mit dem Befehl

```
Select FL_FlugNr, FL_Zielort, Fl_Plaetze from dbo.FL_Fluege where FL_Abflugort = 'Frankfurt'
```

Der SQL Server wird den Client unterrichten, sobald sich Daten in dieser Tabelle ändern. Im Programmcode wird dann die Ereignisbehandlungsroutine dep_OnChanged() aufgerufen.

Die Benachrichtigungen sind nicht an eine spezielle Form des Datenlesens gebunden; diese können daher auch mit einem DataSet-Objekt verwendet werden.

```csharp
public class Notifications_Demos
{
   private static SqlDependency dep = null, dep2 = null;
   static bool DataChanged = false;
   // === Warten auf Datenänderungen in der Flug-Tabelle
   public void run()
   {
    Demo.Print("Überwachung der Flugliste [Query Notifications]");
    const string CONNSTRING =
    @"Data Source=.\sqlexpress;Initial Catalog=WorldWideWings3;Integrated Security=True;Pooling=False";
    const string SQL =
    "Select FL_FlugNr,Fl_Abflugort, FL_Zielort, Fl_Plaetze, Fl_FreiePlaetze from dbo.FL_Fluege" +
          " where FL_zielort = 'Berlin'";
    // Verbindung aufbauen
    while (true)
    {
     DataChanged = false;
     // Befehl definieren
     SqlCommand cmd = GetDep(CONNSTRING, SQL);
     Demo.Print("SQLDependency definiert für " + SQL);
     // Ereignisbehandlung binden
     dep.OnChange += new OnChangeEventHandler(dep_OnChange);

     // Befehl ausführen
     Demo.Print("Aktuelle Daten werden eingelesen...");
     SqlDataReader r = cmd.ExecuteReader();
     Demo.PrintReader(r);
     cmd = null;
     // Warten!!
     while (!DataChanged)
     { System.Threading.Thread.Sleep(1000); Console.Write("."); }
    }
   }
   private static SqlCommand GetDep(string CONNSTRING, string SQL)
   {
    SqlDependency.Start(CONNSTRING);
    SqlConnection conn = new SqlConnection(CONNSTRING);
    conn.Open();
    SqlCommand cmd = new SqlCommand(SQL, conn);
    dep = new SqlDependency(cmd);
    Demo.Print("DEP-ID: " + dep.Id);
    return cmd;
   }
   // Ereignisbehandlung für geänderte Daten
   static void dep_OnChange(object sender, SqlNotificationEventArgs e)
   {
      if (e.Type == SqlNotificationType.Subscribe)
      {       Demo.Print("Fehler: " + e.Info.ToString());       }
      else
      {
        Console.BackgroundColor = ConsoleColor.Cyan;
        Demo.Print("\nDaten haben sich geändert!");
        Console.BackgroundColor = ConsoleColor.Black;
        Demo.Print("Typ: " + e.Type.ToString());
```

```
            Demo.Print("Quelle: " + e.Source.ToString());
            Demo.Print("Info: " + e.Info.ToString());
            DataChanged = true;
         }
      }
}
```

Listing 11.31 Warten auf Benachrichtigung über Datenänderungen [/VerschiedeneDemos/ADONET/MSSQL_Notifikationen.vb]

Das obige Beispiel zeigt nur die Implementierung der Konsolenanwendung aus Abbildung 11.14. Aus Platzgründen ist die mehrschichtige Lösung mit einem Windows Forms-`GridView`-Steuerelement hier nicht abgedruckt. Sie finden diese in den herunterladbaren Beispielen zu diesem Buch *[WWWings_WindowsUI_CS/ Fenster/F_Flugliste_MitAktualisierung.vb]*.

TIPP   Zu beachten ist, dass Datenänderungsbenachrichtigungen zu einem erhöhten Verarbeitungsaufwand auf dem SQL Server führen. Jede Änderung an einer Tabelle wird aufwendiger, weil zunächst alle Abonnements auf dieser Tabelle geprüft werden und ggf. Benachrichtigungen ausgelöst werden müssen. Datenänderungsbenachrichtigungen sollten daher nur für Szenarien genutzt werden, in denen Daten häufig gelesen, aber selten geändert werden. Außerdem kann der Aufwand für Datenänderungsbenachrichtigungen auf dem Server reduziert werden, indem man die SQL-Befehle für die Benachrichtigungen auf einer Tabelle möglichst gleich aufbaut (Abfrage über gleiche Spalten).

Massenkopieren (Bulkcopy / Bulkimport)

Wenn eine große Datenmenge von einer Datenquelle zu einer anderen bewegt werden soll, ist es unzweckmäßig, die Daten zeilenweise zu übertragen. Der Microsoft SQL Server besitzt für den Massendatenimport das Werkzeug *bcp.exe*. Eine ähnliche Funktionalität ist jetzt auch innerhalb von ADO.NET (ab Version 2.0) verfügbar durch die Klasse `SqlBulkCopy`.

HINWEIS   Die Massenkopierfunktion ist auch als *Bulkcopy* oder *Bulkimport* bekannt. Laut der ursprünglichen Funktionsmatrix [MSDN09] war die Funktion auch für andere Datenbanken geplant. Dies wurde aber von Microsoft bisher noch nicht implementiert.

Während das Ziel ein Microsoft SQL Server sein muss, ist `SqlBulkCopy` hinsichtlich der Eingabedaten flexibel und akzeptiert folgende Eingabedatenformen:

- `DataTable`
- ein Array von `DataRow`-Objekten
- einen Datareader (Objekt, das `IDataReader` implementiert)

Dabei ist die Datenherkunft (z. B. Datenbank, Datei) beliebig.

Vorgehensweise

Bei der Instanziierung der Klasse `SqlBulkCopy` ist die Verbindung zum Ziel anzugeben. Danach muss der Entwickler die Zieltabelle festlegen. Die Operation wird mit `WriteToServer()` gestartet.

Massenkopieren (Bulkcopy / Bulkimport)

Wenn sich die Tabellenstrukturen unterscheiden, versucht SqlBulkCopy eine Abbildung anhand der Position der Spalten. Eine Abbildung kann explizit durch die ColumnMappings-Objektmenge definiert werden, beispielsweise

```
BulkCopy.ColumnMappings.Add("FL_Abflugort", "FL_Zielort")
BulkCopy.ColumnMappings.Add("FL_Zielort", "FL_Abflugort")
```

HINWEIS Die ColumnMappings-Klasse unterscheidet zwischen Groß- und Kleinschreibung.

Das Ereignis SqlRowsCopied() informiert den Aufrufer nach jeweils *n* kopierten Zeilen, um ihm eine Fortschrittsanzeige zu ermöglichen. Die Zahl *n* wird durch das Attribut NotifyAfter festgelegt.

Beispiel 1

Im ersten Beispiel wird eine Sicherungskopie der Tabelle *FL_Fluege* innerhalb des SQL Servers erstellt, also eine Microsoft SQL Server-Datenmenge in eine andere Microsoft SQL Server-Tabelle (*FLB_Fluege_Backup*) kopiert – ohne explizite Festlegung der Abbildung und ohne Ereignisbehandlung.

```
public void run_SQLtoSQL_Einfach()
{
   Demo.PrintHeader("Bulk Copy - SQL Server->SQL Server - Einfach");
   const string CS_Quelle = @"Integrated Security=SSPI;Persist Security Info=False;Initial Catalog=WorldWideWings;Data Source=E01\sqlexpress";
   const string CS_Ziel = @"Integrated Security=SSPI;Persist Security Info=False;Initial Catalog=WorldWideWings;Data Source=E01\sqlexpress";
   const string SQL_Quelle = "select * from FL_Fluege";
   const string ZIELTABELLE = "FLB_Fluege_Backup";
   // Verbindung zur Quelle
   Demo.Print("Verbindung zur Quelle öffnen...");
   SqlConnection C_Quelle = new SqlConnection(CS_Quelle);
   C_Quelle.Open();
   // Verbindung zum Ziel
   Demo.Print("Verbindung zum Ziel öffnen...");
   SqlConnection C_Ziel = new SqlConnection(CS_Ziel);
   C_Ziel.Open();
   // Daten holen
   Demo.Print("Daten aus Quelle einlesen...");
   SqlCommand CMD_Quelle = new SqlCommand(SQL_Quelle, C_Quelle);
   SqlDataReader Reader = CMD_Quelle.ExecuteReader();
   // Kopiervorgang
   Demo.Print("Daten in Zieltabelle schreiben...");
   SqlBulkCopy BulkCopy = new SqlBulkCopy(C_Ziel);
   BulkCopy.DestinationTableName = ZIELTABELLE;
   BulkCopy.WriteToServer(Reader);
   // Ende
   Reader.Close();
   C_Quelle.Close();
   C_Ziel.Close();
}
```

Listing 11.32 Einfaches Beispiel für eine Massenkopie zwischen zwei Microsoft SQL Servern [/VerschiedeneDemos/ADONET/BulkImport]

Beispiel 2

Im zweiten Beispiel wird die Tabelle *FL_Fluege* aus einer Microsoft Access-Datenbank *WorldWideWings.mdb* in die SQL Server-Tabelle *FLB_Fluege_Backup* kopiert – ohne explizite Festlegung der Abbildung und ohne Ereignisbehandlung.

```
// Massenkopie von Access-Datenbank in SQL Server-Datenbank
public void run_AccessToSQL()
{
   Demo.PrintHeader("Bulk Copy - Access->SQL Server - Einfach");
   const string CS_Quelle = @"Provider='Microsoft.Jet.OLEDB.4.0';Data
Source='E:\N2C\N2C_ersteAnwendungen\N2C_JS_WebAnwendung\App_Data\WorldWideWings.mdb'";
   const string CS_Ziel = @"Integrated Security=SSPI;Persist Security Info=False;Initial
Catalog=WorldWideWings;Data Source=E01\sqlexpress";
   const string SQL_Quelle = "select * from FL_Fluege";
   const string ZIELTABELLE = "FLB_Fluege_Backup";
   // Verbindung zur Quelle
   Demo.Print("Verbindung zur Quelle öffnen...");
   OLEDBConnection C_Quelle = new OLEDBConnection(CS_Quelle);
   C_Quelle.Open();
   // Verbindung zum Ziel
   Demo.Print("Verbindung zum Ziel öffnen...");
   SqlConnection C_Ziel = new SqlConnection(CS_Ziel);
   C_Ziel.Open();
   // Daten holen
   Demo.Print("Daten aus Quelle einlesen...");
   OLEDBCommand CMD_Quelle = new OLEDBCommand(SQL_Quelle, C_Quelle);
   OLEDBDataReader Reader = CMD_Quelle.ExecuteReader();
   // Kopiervorgang
   Demo.Print("Daten in Zieltabelle schreiben...");
   SqlBulkCopy BulkCopy = new SqlBulkCopy(C_Ziel);
   BulkCopy.DestinationTableName = ZIELTABELLE;
   BulkCopy.WriteToServer(Reader);
   // Ende
   Reader.Close();
   C_Quelle.Close();
   C_Ziel.Close();
}
```

Listing 11.33 Beispiel für eine Massenkopie zwischen einer Access-Datenbank und einem Microsoft SQL Server [/VerschiedeneDemos/ADONET/BulkImport]

Beispiel 3

Im dritten Beispiel wird eine Datenmenge aus einer Microsoft SQL Server-Datenbank in eine andere SQL Server-Tabelle kopiert, wobei die Spaltenabbildung explizit definiert (Vertauschen der Spalten *FL_Abflugort* und *FL_Zielort*) und eine Ereignisbehandlung für das SqlRowsCopied()-Ereignis implementiert werden. In der Ereignisbehandlungsroutine wird für jede Zeile eine Ausgabe erzeugt.

```
// Massenkopie zwischen SQL Server-Datenbanken mit Optionen
  public void SQLToSQL_Erweitert()
  {
   Demo.PrintHeader("Bulk Copy - SQL Server->SQL Server - Erweitert");
```

```csharp
const string CS_Quelle = @"Integrated Security=SSPI;Persist Security Info=False;Initial
    Catalog=WorldWideWings;Data Source=E01\sqlexpress";
const string CS_Ziel = @"Integrated Security=SSPI;Persist Security Info=False;Initial
    Catalog=WorldWideWings;Data Source=E01\sqlexpress";
const string SQL_Quelle = "select * from FL_Fluege";
const string ZIELTABELLE = "FLB_Fluege_Backup";
// Verbindung zur Quelle
Demo.Print("Verbindung zur Quelle öffnen...");
SqlConnection C_Quelle = new SqlConnection(CS_Quelle);
C_Quelle.Open();
// Verbindung zum Ziel
Demo.Print("Verbindung zum Ziel öffnen...");
SqlConnection C_Ziel = new SqlConnection(CS_Ziel);
C_Ziel.Open();
// Daten holen
Demo.Print("Daten aus Quelle einlesen...");
SqlCommand CMD_Quelle = new SqlCommand(SQL_Quelle, C_Quelle);
SqlDataReader Reader = CMD_Quelle.ExecuteReader();
// Kopiervorgang
Demo.Print("Daten in Zieltabelle schreiben...");
SqlBulkCopy BulkCopy = new SqlBulkCopy(C_Ziel);
BulkCopy.DestinationTableName = ZIELTABELLE;
BulkCopy.ColumnMappings.Add("FL_Abflugort", "FL_ZielOrt");
BulkCopy.ColumnMappings.Add("FL_ZielOrt", "FL_Abflugort");
BulkCopy.NotifyAfter = 2;
BulkCopy.SqlRowsCopied += new SqlRowsCopiedEventHandler(BulkCopy_SqlRowsCopied);
BulkCopy.WriteToServer(Reader);
// Ende
Reader.Close();
C_Quelle.Close();
C_Ziel.Close();
}
// Ereignisbehandlung
static void BulkCopy_SqlRowsCopied(object sender, SqlRowsCopiedEventArgs e)
{   Demo.Print("Zeile kopiert: " + e.RowsCopied);  }
```

Listing 11.34 Beispiel für eine Massenkopie mit Fortschrittsanzeige zwischen zwei Microsoft SQL Servern [/VerschiedeneDemos/ADONET/BulkImport]]

Providerstatistiken

ADO.NET (seit Version 2.0) unterstützt für Datenprovider eine Statistikfunktion über alle Aktivitäten innerhalb einer Datenbankverbindung, z.B. Anzahl der ausgeführten Befehle, Anzahl der übermittelten Datensätze, Anzahl der übermittelten Bytes. Diese statistischen Informationen können jederzeit von einem Verbindungsobjekt abgerufen werden.

Folgende Hinweise sind jedoch zu beachten:

- Die Statistik muss durch StatisticsEnabled = True für ein Verbindungsobjekt aktiviert werden.
- Die Methode RetrieveStatistics() liefert ein Objekt mit einer IDictionary-Schnittstelle mit Attribut-Wert-Paaren.
- Die Werte besitzen alle den Datentyp System.Int64.

| TIPP | Alle statistischen Zähler können jederzeit mit `ResetStatistics()` auf den Wert 0 zurückgesetzt werden. |

Beispiel

In dem folgenden Beispiel werden zwei Datenmengen per `SqlDataReader` durchlaufen. Danach wird die Providerstatistik ausgegeben.

```csharp
public static void run()
{
   Demo.Out("=== DEMO Provider-Statistik");
   const string CONNSTRING = "Integrated Security=SSPI;Persist Security Info=False;Asynchronous Processing=true;Initial Catalog=itvisions;Data Source=E01\SQLEXPRESS";
   const string SQL = "Select * from FL_Fluege";
   const string SQL2 = "Select * from AllePassagiere";
   SqlConnection sqlConn = new SqlConnection(CONNSTRING);
   // Statistik aktivieren
   sqlConn.StatisticsEnabled = true;
   // Verbindung aufbauen
   sqlConn.Open();
   // Befehl ausführen
   SqlCommand sqlCmd = sqlConn.CreateCommand();
   sqlCmd.CommandText = SQL;
   Demo.ReadWithoutPrinting(sqlCmd.ExecuteReader());
   // Noch einen Befehl ausführen
   SqlCommand sqlCmd2 = sqlConn.CreateCommand();
   sqlCmd2.CommandText = SQL2;
   Demo.ReadWithoutPrinting(sqlCmd2.ExecuteReader());
   // --- Hole Statistik
   System.Collections.IDictionary Stat = sqlConn.RetrieveStatistics();
   // --- Schleife über alle Einträge
   foreach (System.Collections.DictionaryEntry de in Stat)
   {
     Demo.Out(de.Key + " = " + de.Value);
   }
}
```

Listing 11.35 Ausgabe der Nutzungsstatistik [/VerschiedeneDemos/ADONET/Statistik]

```
=== DEMO ProviderStatistik
NetworkServerTime = 0
BytesReceived = 488
UnpreparedExecs = 2
SumResultSets = 2
SelectCount = 2
PreparedExecs = 0
ConnectionTime = 10
ExecutionTime = 100
Prepares = 0
BuffersSent = 2
SelectRows = 6
ServerRoundtrips = 2
CursorOpens = 0
Transactions = 0
BytesSent = 148
BuffersReceived = 2
IduRows = 0
IduCount = 0
==================== ENDE DER DEMO ====================
```

Abbildung 11.15 Beispiel für eine Statistikausgabe nach der Ausführung von zwei SELECT-Befehlen

Datenbankschema auslesen

Das Schema-API von ADO.NET (seit Version 2.0) besteht aus einer einzigen Methode: GetSchema() ruft Schema-Informationen in Form eines DataTable-Objekts von einer Datenbank ab. GetSchema() erwartet eine Zeichenkette, die die Menge der zu übermittelnden Informationen angibt. Ein zweiter Parameter in Form eines Zeichenketten-Arrays erlaubt die Angabe eines Filters.

Dabei gibt es fünf allgemeine Auflistungen, die durch die Aufzählung System.Data.Common.DbMetaDataCollectionNames festgelegt sind:

- MetaDataCollections: eine Liste der verfügbaren Mengen (z. B. *Tables, Views, Users* etc.)
- Restrictions: eine Liste der verfügbaren Filter
- DataSourceInformation: Informationen zur Datenbankinstanz, auf die der Datenprovider verweist
- DataTypes: Informationen über von der Datenbank unterstützte Datentypen
- ReservedWords: Liste aller reservierten Wörter der Datenbanksprache

```
SqlConnection sqlConn = new SqlConnection(CONNSTRING);
sqlConn.Open();
Demo.PrintHeader("MetaDataCollections:");
dt = sqlConn.GetSchema(System.Data.Common.DbMetaDataCollectionNames.MetaDataCollections);
Demo.PrintTable(dt);
Demo.PrintHeader("Liste der Tabellen:");
DataTable dt = sqlConn.GetSchema("Tables");
Demo.PrintTable(dt);
Demo.PrintHeader("Liste der Views:");
dt = sqlConn.GetSchema("Tables");
Demo.PrintTable(dt);
Demo.PrintHeader("Unterstützte Datentypen:");
dt = sqlConn.GetSchema(System.Data.Common.DbMetaDataCollectionNames.DataTypes);
Demo.PrintTable(dt);
Demo.PrintHeader("Unterstützte Einschränkungen:");
dt = sqlConn.GetSchema(System.Data.Common.DbMetaDataCollectionNames.Restrictions);
Demo.PrintTable(dt);
Demo.PrintHeader("Informationen über die Datenbank:");
dt = sqlConn.GetSchema(
        System.Data.Common.DbMetaDataCollectionNames.DataSourceInformation);
Demo.PrintTable(dt);
Demo.PrintHeader("Reservierte Wörter:");
dt = sqlConn.GetSchema(System.Data.Common.DbMetaDataCollectionNames.ReservedWords);
Demo.PrintTable(dt);
```

Listing 11.36 Nutzung des ADO.NET Schema API [/VerschiedeneDemos/ADONET/SchemaAPI]

Einschränkungen angeben

Die Nutzung der Filter ist wenig komfortabel, entspricht aber der Anforderung, eine universelle Programmierschnittstelle für die unterschiedlichen Datenbankmanagementsysteme zu schaffen. DbMetaDataCollectionNames.Restrictions liefert für den Metadatentyp Columns vier Filter: Catalog, Owner, Table und Column. Dies bedeutet, dass im zweiten Parameter bei GetSchema() vier Werte anzugeben sind. Filter, die nicht gesetzt werden sollen, sind mit *null* zu belegen. Das folgende Beispiel zeigt, wie Sie eine Liste der Spalten der Tabelle *FL_Fluege* erhalten.

```
Demo.PrintHeader("Liste der Spalten der Tabelle FL_Fluege:");
string[] e = new String[] { null,null,"Fl_Fluege",null };
dt = sqlConn.GetSchema("Columns", e);
Demo.PrintTable(dt);
```

Listing 11.37 Eingeschränkte Suche

Zusatzdienste für ADO.NET

In diesem Kapitel sind noch zwei Zusatzdienste erwähnt, die im Namen auch *ADO.NET* tragen, aber nicht zum Kern des .NET Frameworks gehören.

ADO.NET Data Services

ADO.NET Data Services (Codename *Astoria*) ist eine Bibliothek und eine Werkzeugsammlung zum Lesen und Verändern einer Datenmenge (häufig eine Datenbank) über XML-Webservices. Als Webservices werden allerdings nicht SOAP-basierte Webservices, sondern nur REST-basierte Webservices mit HTTP-Standardverben GET, POST, PUT und DELETE verwendet.

ADO.NET Data Services sind unabhängig von dem Datenspeicher. Die Datenmenge wird vorgegeben durch ein Modell im ADO.NET Entity Framework (mit Zugriff auf unterschiedliche relationale Datenbanken) oder jeder anderen Menge, die durch die System.Linq.IQueryable-Schnittstelle abgefragt werden kann.

Die Datenübertragung erfolgt via HTTP in der Representational State Transfer (REST)-Semantik. Serialisierungsformate sind JSON und ATOM. ADO.NET Data Services setzen technisch auf WCF auf. Ein ADO.NET Data Service ist eine erweiterte Form eines WCF-Dienstes.

Clients sind .NET-Anwendungen (unterstützt durch Klassen im .NET-Namensraum *System.Data.Services*) und AJAX-Anwendungen (unterstützt durch JavaScript-Klassen im Namensraum *Sys.Data*). In .NET-Clients kann LINQ eingesetzt werden (LINQ-to-DataServices), wobei die Abfrage serverseitig zur Ausführung kommt.

TIPP ADO.NET Data Services werden im Kapitel zu »Windows Communication Foundation (WCF)« beschrieben.

ADO.NET Synchronization Services

Die ADO.NET Synchronization Services (alias Microsoft Synchronization Services for ADO.NET) sind eine Programmierschnittstelle zur Synchronisierung von Daten, insbesondere für Systeme, die nicht ständig, sondern nur gelegentlich miteinander verbunden sind. Client ist Microsoft SQL Server Compact Edition. Server ist eine beliebige Datenbank oder ein Dienst.

Die ADO.NET Synchronization Services wurden mit Microsoft SQL Server Compact 3.5 eingeführt (sie sind also nicht offizieller Bestandteil des .NET Frameworks) und sind realisiert im Namensraum Microsoft.Synchronization.Data (Assemblies *Microsoft.Synchronization.Data.dll*, *Microsoft.Synchronization.Data.Client.dll* und *Microsoft.Synchronization.Data.Server.dll*).

ADO.NET Synchronization Services

HINWEIS Microsoft SQL Server Compact ist eine stark funktionsreduzierte Version des Microsoft SQL Servers 2005 zum Aufbau eines lokalen Datenspeichers. Der Zugriff auf eine Compact-Datenbank erfolgt über Programmierschnittstellen direkt auf eine Datenbankdatei (.*sdf*). SDF-Dateien sind auf 256 gleichzeitige Verbindungen und eine Maximalgröße von vier Gigabyte begrenzt. Die Funktionsreduzierung gilt sowohl für T-SQL als auch für den Zugriff via ADO.NET. Außerdem fehlt die Multi-User-Fähigkeit. Früherer Name war *SQL Server Everywhere*. SQL Server Compact 3.5 ist kostenlos und wird zusammen mit Visual Studio 2008 ausgeliefert.

Erste Schritte

Fügen Sie einem bestehenden Visual Studio 2008-Projekt ein Element vom Typ *Local Database* hinzu. Dadurch wird dem Projekt eine Datenbankdatei im Format von Microsoft SQL Server Compact Edition (Dateinamenserweiterung .*sdf*) hinzugefügt. Außerdem wird ein (leeres) typisiertes Dataset erzeugt.

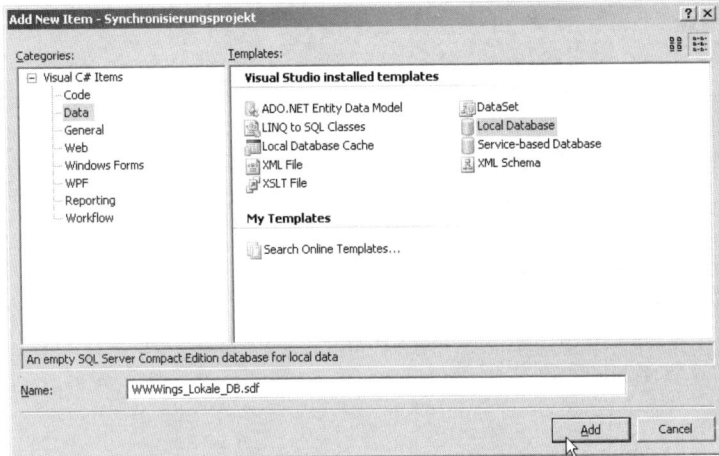

Abbildung 11.16 Anlegen einer SQL Server Compact-Datenbank

Fügen Sie einem bestehenden Visual Studio 2008-Projekt ein Element vom Typ *Local Database Cache* hinzu.

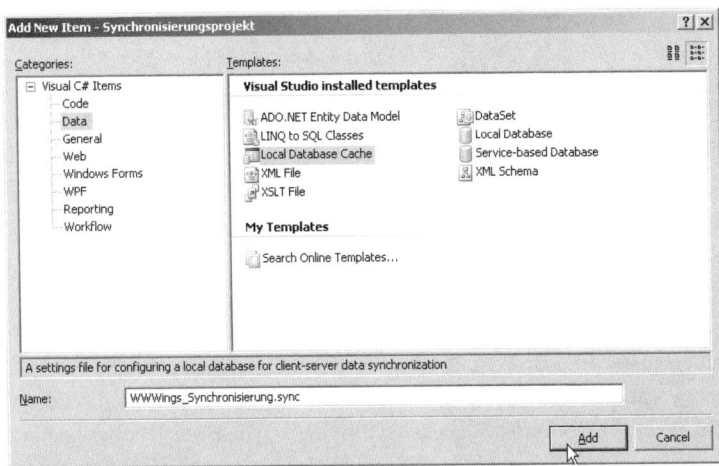

Abbildung 11.17 Anlegen einer .sync-Datei

Danach kann man in einem Assistenten (*Configure Data Synchronization*) die Synchronisierungspartner sowie die zu synchronisierenden Tabellen und die Synchronisierungsart wählen.

ACHTUNG   Man kann nur Tabellen synchronisieren, die einen Primärschlüssel haben und ausschließlich Datentypen, die es auch bei SQL Server Compact gibt. Außerdem dürfen Namen maximal 118 Zeichen lang sein.

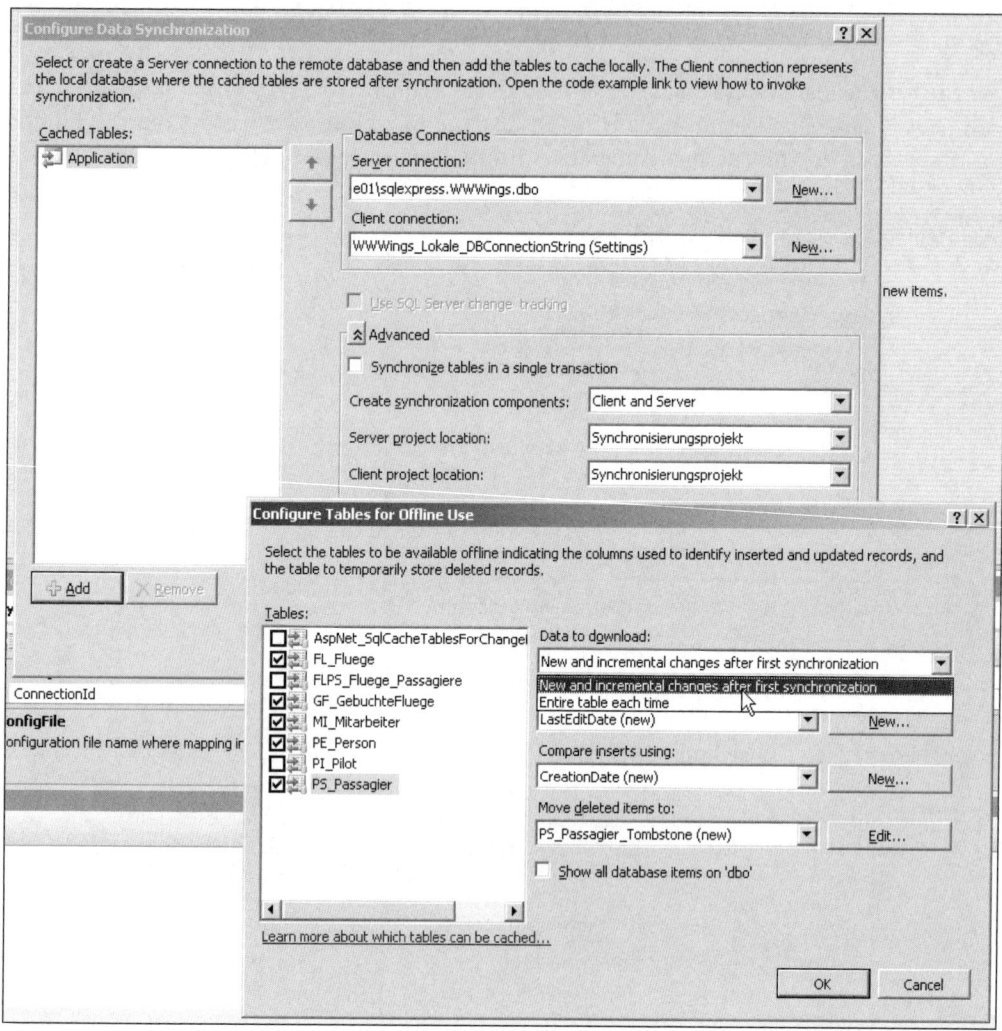

Abbildung 11.18   Konfiguration der Synchronisierungspartner, der zu synchronisierenden Tabellen und der Synchronisierungsart

Der Synchronisierungsassistent richtet die beiden beteiligten Datenbanken für die Synchronisierung ein. Je nach gewählten Optionen werden dabei auch neue Spalten in die bestehenden Tabellen eingefügt (z.B. `CreationDate`). Außerdem werden Trigger ergänzt sowie – optional – sogenannte *Grabstein-Tabellen* (»Tombstone«) zum Merken gelöschter Zeilen. Weiterhin generiert der Assistent einen Synchronisierungsagenten. Dies ist eine Klasse, die von `Microsoft.Synchronization.SyncAgent` erbt und alle notwendigen SQL-Befehle für die Synchronisierung sowie deren Ausführung per ADO.NET kapselt.

Die Synchronisierung kann dann sehr einfach über die Instanziierung dieser Klasse und den anschließenden Aufruf der Methode `Synchronize()` durchgeführt werden. Auf Wunsch kann man sich über die Ereignisse `SessionProgress()` und `StateChanged()` über den Fortgang informieren lassen. Die Methode `Synchronize()` arbeitet synchron (d.h. nicht in einem eigenen Thread) und liefert als Rückgabe ein Objekt des Typs `SyncStatistics`, das Informationen über die synchronisierten Daten liefert.

Beispiel

Das folgende Beispiel zeigt das Starten und Überwachen der Synchronisierung in einer Konsolenanwendung.

```
class Program
{
  static void Main(string[] args)
  {
    Console.WriteLine("Synchronisierung\n");

    // Vorher
    Console.WriteLine("Lokaler Datenbankinhalt vorher:");
    GetFluege();

    Console.WriteLine("Starte Synchronisierung...");
    // Einrichten
    WWWings_SychronisierungSyncAgent syncAgent = new WWWings_SychronisierungSyncAgent();

    syncAgent.SessionProgress += new
    EventHandler<Microsoft.Synchronization.SessionProgressEventArgs>(syncAgent_SessionProgress);

    syncAgent.StateChanged += new
    EventHandler<Microsoft.Synchronization.SessionStateChangedEventArgs>(syncAgent_StateChanged);

    // Starten
    Microsoft.Synchronization.Data.SyncStatistics syncStats = syncAgent.Synchronize();

    // Ergebnis
    Console.WriteLine("Synchronisierung beendet:");
    Console.WriteLine("Datensätze Heruntergeladen OK: " + syncStats.DownloadChangesApplied);
    Console.WriteLine("Datensätze Heruntergeladen Fehler: " + syncStats.DownloadChangesFailed);
    Console.WriteLine("Datensätze Heraufgeladen OK: " + syncStats.UploadChangesApplied);
    Console.WriteLine("Datensätze Heraufgeladen Fehler: " + syncStats.UploadChangesFailed);

    Console.WriteLine("Datensätze Dauer in Millisekunden: " + (syncStats.SyncCompleteTime - syncStats.SyncStartTime).TotalMilliseconds);

    // Nachher
      GetFluege();

    Console.ReadLine();
  }

  /// <summary>
  /// Ereignis: Zustandsänderung bei der Synchronisierung
  /// </summary>
  static void syncAgent_StateChanged(object sender,
  Microsoft.Synchronization.SessionStateChangedEventArgs e)
```

```
    {
        Console.WriteLine("Zustand: " + e.SessionState.ToString());
    }

    /// <summary>
    /// Ereignis: Fortschrittsanzeige
    /// </summary>
    static void syncAgent_SessionProgress(object sender,
Microsoft.Synchronization.SessionProgressEventArgs e)
    {
        Console.WriteLine("Fortschritt: " + e.PercentCompleted);
    }

    /// <summary>
    /// Ausgabe des lokalen Datenbestandes
    /// </summary>
    private static void GetFluege()
    {
        WWWings_Lokale_DBDataSet ds = new WWWings_Lokale_DBDataSet();
        WWWings_Lokale_DBDataSetTableAdapters.FL_FluegeTableAdapter ta = new
Synchronisierungsprojekt.WWWings_Lokale_DBDataSetTableAdapters.FL_FluegeTableAdapter();
        ta.Fill(ds.FL_Fluege);

        Console.WriteLine("Anzahl lokaler Datensätze: " + ds.FL_Fluege.Rows.Count);
    }
}
```

Listing 11.38 Durchführen einer Synchronisierung

HINWEIS   Eine weitere Betrachtung dieses Themas ist hier in diesem Buch aus Platzgründen nicht möglich. Eine empfehlenswerte Website zu diesem Thema ist [SYNC01].

Positionierung von ADO.NET und Ausblick

Die früheren Datenbankzugriffsschnittstellen (ODBC, OLEDB, RDO, DAO, ADO) boten einen rein cursorbasierten Datenzugriff. ADO.NET verfügt durch die In-Memory-Datenbank (Datasets) und die typisierten Datasets über ein höheres Abstraktionsniveau, verzichtet aber auf den in den klassischen Datenbankzugriffsschnittstellen vorhandenen Schreibzugriff mit einem serverseitigen Cursor.

Einige Mechanismen (z. B. die Handhabung der Datenadapter) sind in ADO.NET umständlich und veranlassen jeden Entwickler schnell dazu, sich eigene Hilfsroutinen für wiederkehrende Codezeilen zu schreiben. Microsoft selbst bietet inzwischen im Rahmen der .NET Enterprise Library (siehe Kapitel »Zusatzkomponenten«) eine Vereinfachung zu ADO.NET in Form des sogenannten *Data Access Application Block* (*DAAB*) an. Eine andere Abstraktion ist das typisierte Dataset (hierbei erzeugt Visual Studio eine Wrapper-Klasse, die von Dataset abgeleitet ist).

Ein echtes Objekt-Relationales Mapping offeriert das typisierte Dataset nicht. Dieses Feld überlies Microsoft bis .NET 3.5 den Drittanbietern. ORM-Werkzeuge für .NET sind inzwischen sehr zahlreich sowohl im kommerziellen Bereich als auch im kostenlosen Umfeld vorzufinden. Viele Implementierungen sind Portierungen aus dem Java-Umfeld, z.B. Vanatec Open Access (VOA) und das Open-Source-Projekt NHibernate. Eine Liste der .NET-ORM-Werkzeuge findet der geneigte Leser unter [DOTNET02]. In .NET 3.5 gibt es LINQ-to-SQL und das ADO.NET Entity Framework (siehe Kapitel »Objekt-Relationales Mapping (ORM) mit .NET«)

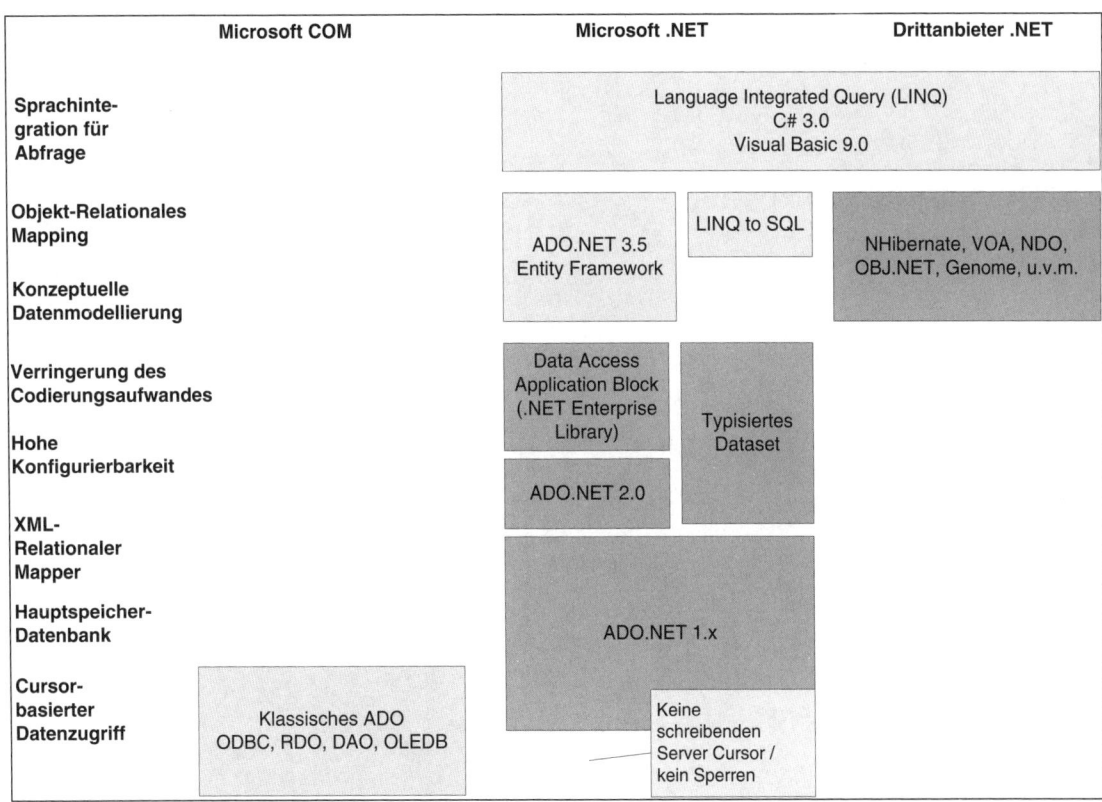

Abbildung 11.19 Positionierung von ADO.NET im Vergleich zu anderen heutigen und zukünftigen Datenbankschnittstellen

Kapitel 12

Objekt-Relationales Mapping (ORM) mit .NET (insbes. LINQ-to-SQL und ADO.NET Entity Framework)

In diesem Kapitel:

Einführung	468
Objekt-Relationales Mapping: Grundlagen und Anforderungen	468
LINQ-to-SQL	477
ADO.NET Entity Framework	516
Vergleich wichtiger ORM-Werkzeuge für .NET	545

Einführung

Während in der Java-Welt das Objekt-Relationale Mapping (ORM) schon sehr lange zu den etablierten Techniken gehört, hat Microsoft diesen Trend lange verschlafen bzw. es nicht vermocht, ein geeignetes Produkt zur Marktreife zu führen. Bis zum .NET Framework 3.5 gab es daher kein marktreifes ORM-Werkzeug von Microsoft. ADO.NET beschränkt sich auf den direkten, tabellenorientierten Datenzugriff und die Abbildung zwischen XML-Dokumenten und dem relationalen Modell. Mehr als 20 Werkzeuge aus dem kommerziellen und nicht-kommerziellen Umfeld teilten sich daher bisher den Markt der ORM-Werkzeuge für .NET. Bekannte Drittanbieterprodukte sind NHibernate, Vanatec Open Access (VOA), .NET Data Objects (NDO) und Genome, wobei die letzten drei im deutschsprachigen Raum deswegen besonders bekannt sind, weil die Anbieter ihren Sitz in Deutschland bzw. Österreich haben.

Einzig Microsoft hat der Drang zur Veröffentlichung eines ORM-Werkzeugs lange nicht voll erfasst. Zwar gab es im Jahr 2003 eine Alpha-Version eines OR-Mappers unter dem Codenamen *Object Spaces*, das auch in den ersten Vorabversionen von .NET 2.0 enthalten war, aber leider haben es die Object Spaces nicht zur Marktreife geschafft. Die endgültigen Versionen von .NET 2.0 und 3.0 enthielten weder Object Spaces noch ein anderes ORM-Werkzeug. Der Grund für das Scheitern lag nicht nur im Lehrgeld, das Microsoft zahlen musste, sondern auch darin, dass damals parallel ein ähnliches Konzept im Rahmen des datenbankbasierten Dateisystems WinFS realisiert werden sollte. Das inzwischen vorerst »beerdigte« SQL-Server-basierte Dateisystem WinFS sollte nicht nur Dateien, E-Mails und Kontakte ablegen können, sondern auch beliebige andere .NET-Objekte. Zwei ähnliche Produkte machten damals für die Redmonder Chefetage keinen Sinn.

Umso kurioser ist es nun, dass es im Jahr 2008 dann noch wieder zwei OR-Mapper von Microsoft für .NET gibt: LINQ-to-SQL und die ADO.NET Entity Framework Object Services. LINQ-to-SQL ist im November 2007 als fester Bestandteil des .NET Frameworks 3.5 erschienen. Das ADO.NET Entity Framework (EF) und die zugehörigen Object Services liefert Microsoft hingegen erst mit .NET 3.5 Service Pack 1 aus. Zum Redaktionsschluss dieses Buchs hatte diese Erweiterung zu .NET 3.5 noch Beta-Status. Dementsprechend liegt der Schwerpunkt in diesem Buch auf LINQ-to-SQL.

Objekt-Relationales Mapping: Grundlagen und Anforderungen

In seinen Schulungen und Beratungsgesprächen trifft der Autor dieses Buchs immer wieder auf .NET-Entwickler, die mit dem Begriff des *Objekt-Relationalen Mappings* und der zugehörigen Abkürzung *ORM* noch gar nichts anfangen können. Für diese Zielgruppe sei hier zunächst ORM definiert: ORM ist die Abbildung von Geschäftsobjekten im Hauptspeicher auf Datensätze in relationalen Datenbanktabellen zum Zwecke der Objektpersistenz (siehe Abbildung). Neben der Darstellung der Herausforderungen des ORM ist es Ziel dieses Unterkapitels, Anforderungen und Bewertungskriterien für ORM-Werkzeuge festzulegen.

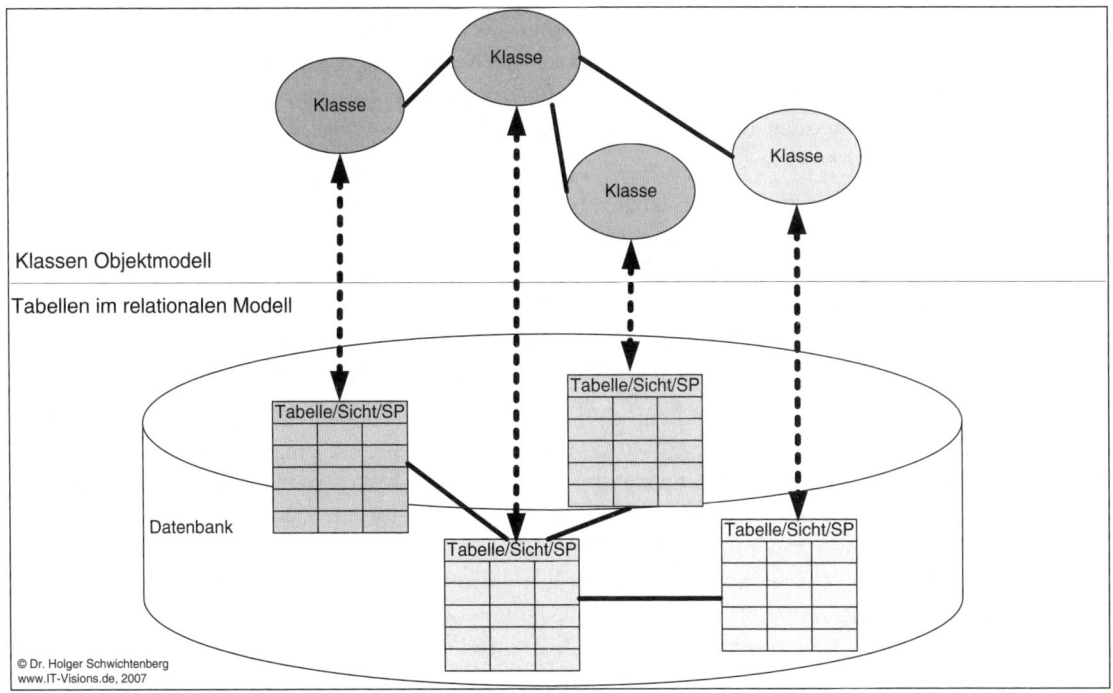

Abbildung 12.1 ORM ist die Abbildung zwischen Objekten und Datensätzen bzw. Klassen und Tabellen

Impedance Mismatch

Kern des Objektorientierten Programmierens (OOP) ist die Arbeit mit Objekten als Instanzen von Klassen im Hauptspeicher. Die meisten Anwendungen haben dabei auch die Anforderung, in Objekten gespeicherte Daten dauerhaft zu speichern, insbesondere in Datenbanken. Grundsätzlich existieren Objektorientierte Datenbanken (OODB), die direkt in der Lage sind, Objekte zu speichern. Aber Objektorientierte Datenbanken haben bisher nur eine sehr geringe Verbreitung. Der vorherrschende Typus von Datenbanken sind relationale Datenbanken, die jedoch Datenstrukturen anders abbilden als Objektmodelle.

Zwei besonders hervorstechende Unterschiede zwischen Objektmodell und Relationenmodell sind N:M-Beziehungen und Vererbung. Während man in einem Objektmodell eine N:M-Beziehung zwischen Objekten durch eine wechselseitige Objektmenge abbilden kann, benötigt man in der relationalen Datenbank eine Zwischentabelle. Vererbung kennen relationale Datenbanken gar nicht. Hier gibt es verschiedene Möglichkeiten der Nachbildung, doch dazu später mehr. Die unterschiedliche Art der Datenspeicherung zwischen Objektmodell und relationalem Modell werden in der Fachwelt als *Impedance Mismatch* oder *Semantic Gap* bezeichnet.

Wenn ein .NET-Entwickler via ADO.NET mit einem Datareader oder Dataset Daten aus einer Datenbank einliest, dann betreibt er noch kein ORM. Datareader und Dataset sind zwar .NET-Objekte, aber diese verwalten nur Tabellenstrukturen. Datareader und Dataset sind aus der Sicht eines Objektmodells untypisierte, unspezifische Container. Erst wenn ein Entwickler spezifische Klassen für die in den Tabellen gespeicherten Strukturen definiert und die Inhalte aus Dataset oder Datareader in diese spezifischen Datenstrukturen umkopiert, betreibt er ORM.

Dies ist allein schon für den Lesezugriff (gerade bei sehr breiten Tabellen) eine sehr aufwändige, mühselige und eintönige Programmierarbeit. Will man dann auch noch Änderungen in den Objekten wieder speichern, wird die Arbeit allerdings zur intellektuellen Herausforderung, denn man muss erkennen können, welche Objekte verändert wurden, da man sonst ständig alle Daten wieder speichert, was in Mehrbenutzerumgebungen ein Unding ist.

Viele .NET-Entwickler haben sich in den letzten Jahren daran gesetzt, diese Arbeit zu vereinfachen mit Hilfsbibliotheken und Werkzeugen. Dies war die Geburtsstunde vieler ORM-Werkzeuge, die in der Entwicklerumgangssprache in der Regel einfach als *OR-Mapper* bezeichnet werden. Dabei scheint es so, dass in dem geflügelten Wort, dass ein Mann in seinem Leben einen Baum gepflanzt, ein Kind gezeugt und ein Haus gebaut haben sollte, viele .NET-Entwickler einen der drei Punkte gegen »einen OR-Mapper geschrieben« austauschen wollten. Anders ist die Vielfalt der ähnlichen Lösungen kaum erklärbar. Neben den öffentlich bekannten ORM-Werkzeugen für .NET findet man in den Softwareschmieden zahlreiche hauseigene Lösungen.

Die große Vielfalt an Produkten führte bisher dazu, dass keiner der Drittanbieter eine überragende Marktposition einnehmen konnte. Der Autor dieses Buchs kann sich hier selbst nicht aus der Affäre ziehen, denn auch er hat in der Vergangenheit einen eigenen OR-Mapper geschrieben, den er aber nun zugunsten des ADO.NET Entity Frameworks aufgeben will. Neben den aktiven Entwicklern von ORM-Werkzeugen für .NET und den passiven Nutzern gibt es eine noch größere Fraktion von Entwicklern, die ORM bisher nicht einsetzen. Meist herrscht Unwissenheit, die auch nicht aufgearbeitet wird, denn es herrscht das Motto »Wenn Microsoft es nicht macht, ist es auch nicht wichtig!«.

Unterstützte Datenbanken

Da SQL und auch Datentypen datenbankspezifisch sind, benötigt ein ORM-Werkzeug für jedes Datenbankmanagementsystem einen speziellen Treiber. Hier scheiden sich zwischen den verfügbaren Werkzeugen stark die Geister, welche Datenbanken unterstützt werden. So unterstützt LINQ-to-SQL nur Microsoft SQL Server, während das ADO.NET Entity Framework zahlreiche Datenbanken unterstützen soll.

Mapping-Szenarien

Mapping-Szenarien ist das zentrale Stichwort, dass LINQ-to-SQL vom EF unterscheidet. Mit einer Ausnahme beherrscht LINQ-to-SQL nur die Abbildung einer Tabelle auf genau eine Klasse, also alle Zeilen dieser Tabelle werden zu Instanzen dieser Klasse. Lediglich die zu verwendenden Spalten kann man hier einschränken.

Die oben genannte eine Ausnahme betrifft die Vererbung. LINQ-to-SQL kann alle Instanzen aller Klassen einer Vererbungshierarchie in einer einzigen Tabelle speichern. Nur mithilfe einer Unterscheidungsspalte (Diskriminator) kann LINQ-to-SQL auseinanderhalten, welche Zeile zu welcher Klasse gehört. Dieses Verfahren wird in Fachkreisen *Filtered Mapping*, *Shared Mapping*, *Flat Polymorphism* oder *Table per Hierarchy* genannt. Der wesentliche Nachteil des Verfahrens liegt auf der Hand: Diese eine Tabelle muss so breit sein wie die Menge aller Attribute aller Klassen in der Vererbungshierarchie, wodurch es viele immer leere Zellen gibt und somit Speicherplatz vergeudet wird. LINQ-to-SQL beherrscht weder andere Abbildungsmöglichkeiten für Vererbung, noch die Auflösung der N:M-Zwischentabellen oder die Abbildung einer Klasse auf mehrere Tabellen.

Objekt-Relationales Mapping: Grundlagen und Anforderungen

Dabei können die Anforderungen an die Abbildung in der Praxis vielfältig sein. Die nächste Abbildung zeigt die Abbildungsmöglichkeiten, die es allein für den »flachen« Fall gibt. Neben der Abbildung einer Klasse auf eine Tabelle kann man sich wünschen, eine Klasse auf mehrere Tabellen oder eine Tabelle auf mehrere Klassen abzubilden. Dabei hat man immer im Hinterkopf, dass bei der Datenbank Gesichtspunkte wie Effizienz im Zugriff, Vermeidung von Redundanzen und Speicherplatz im Vordergrund stehen, während man bei den Objekten mehr an eine natürliche, intuitive Sicht auf die Aufgabe und den Komfort des Softwareentwicklers denkt. So kann man zum Beispiel die Spalten einer Tabelle in mehrere Unterobjekte (*Composite Types*) gruppieren. Auch ist es nicht absurd, in dem Objektmodell den aktuellen Flug eines Passagiers als Attribute in die Passagier-Klasse zu integrieren, während man in der Datenbank diesen Flug zusammen mit den weiteren vergangenen Flügen korrekt normalisiert in einer Detailtabelle pflegt.

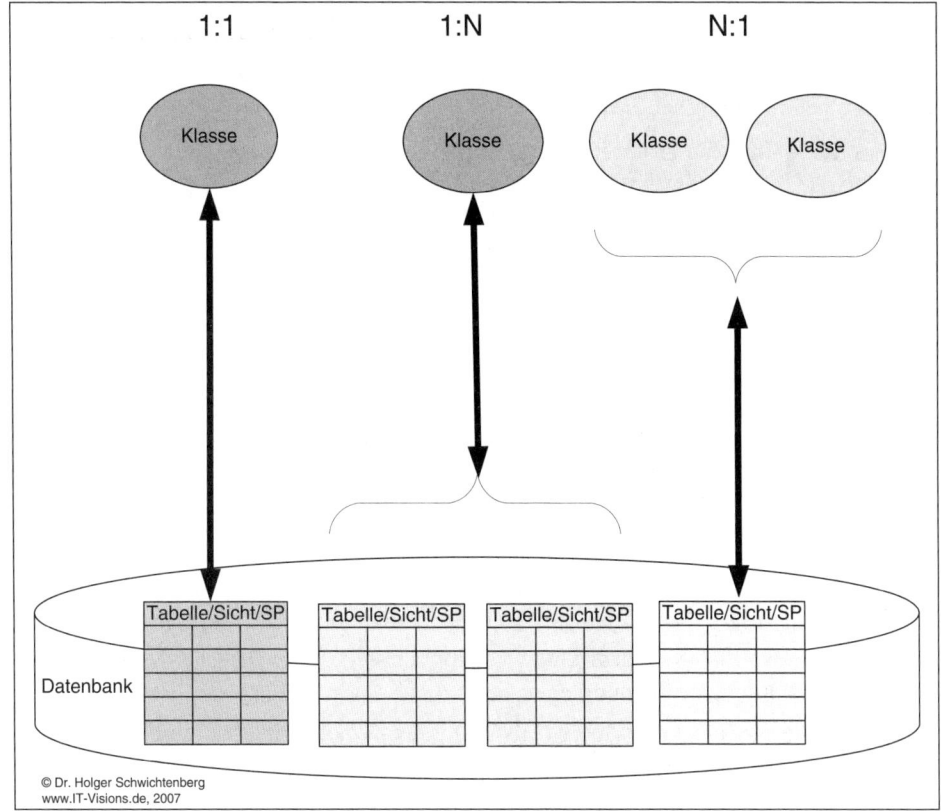

Abbildung 12.2 Abbildungsszenarien zwischen Klassen und Tabellen beim ORM

Das zweite wichtige Gebiet neben der Abbildung auf Entitätsebene ist die Abbildung von Beziehungen. Relationale Datenbanken verwenden Joins für 0/1:1 und 0/1:n-Beziehungen. N:M-Beziehungen können Sie nicht direkt abbilden. Objektmodelle hingegen verwenden Objektverweise. Eine 1:1-Beziehung ist hier ein Attribut des Typs der anderen Klasse. Mengenbeziehungen werden durch Objektmengen (typisiert z.B. List oder untypisiert z.B. ArrayList) ausgedrückt. Wenn die Klasse Flug eine Liste von Passagier-Objekten und die Klasse Passagier eine Liste von Flug-Objekten aufnehmen kann, dann existiert zwischen beiden eine M:N-Beziehung. Ein gutes ORM-Werkzeug sollte solche wechselseitigen Mengen und deren Abbildung auf die im relationalen Modell notwendigen Zwischentabellen unterstützen.

Auch bei der Vererbung gibt es weitere Wünsche neben dem *Filtered Mapping*. Beim *Vertical Mapping* (alias *Joined Mapping*, *Inheritance Table per Class* oder *Vertical Polymorphism*) gibt es für jede Klasse in der Vererbungshierarchie genau eine Tabelle, also sowohl für die Unterklassen als auch die Basisklassen, selbst dann wenn diese abstrakt sind. Objekte entstehen hier also immer erst durch einen Join zwischen einer oder mehreren Tabellen. Dieses Verfahren verwendet keinen Speicherplatz, kostet aber Zeit durch die Joins.

Beim *Horizontal Mapping* (alias *Table per Subclass*, *Horizontal Polymorphism*) gibt es Tabellen nur für konkrete Klassen. In diesen Tabellen sind alle Attribute der Klasse (auch die geerbten Attribute) als Spalten enthalten. Wenn man alle Instanzen der Klasse x erhalten möchte, muss man nur eine Klasse abfragen. Wenn man hingegen alle Instanzen der Oberklasse x und ihrer Unterklassen y und z benötigt, muss man die Vereinigungsmenge der zugehörigen Tabelle x, y und z bilden. Dies ist jedoch akzeptabel, da dieser Fall seltener ist.

Die Abbildungsinformationen werden in der Regel entweder in XML-Dateien abgelegt oder durch Annotationen im Quellcode gesteuert.

Abfragesprachen

Bevor es etwas abzubilden gibt, muss der Softwareentwickler zunächst einmal festlegen, welche Daten er in den Speicher laden möchte. In relationalen Datenbanken geschieht dies mit SQL und auch die ORM-Werkzeuge unterstützen SQL. Aber SQL ist nicht die erste Wahl für die Abfrage beim OR-Mapping, denn SQL bezieht sich immer auf Tabellenstrukturen und die dort definierten Tabellen- und Spaltennamen. Wenn man Flug-Objekte laden will, dann will man auch mit diesem Namen arbeiten und nicht mit dem Namen der zugrundeliegenden Tabelle *FL_Fluege*.

Die Object Query Language (OQL) der Object Data Management Group (ODMG) ist hier eine Alternative, die einige ORM-Werkzeuge (z.B. VOA und Genome) einsetzen. OQL erkennt man an dem Wort *Extend*, das allen Klassennamen nachzustellen ist, wenn man die Menge der Instanzen der Klasse meint: *Select * from FlugExtent as Flug where flug.FLAbflugort = 'Rom'*. NHibernate hat seine eigene *Hibernate Query Language* (HQL). NDO hat ebenfalls eine eigene objektorientierte Abfragesprache, für die der Hersteller aber keinen Namen benannte.

Der Trend geht jedoch zur Language Integrated Query (LINQ) mit der eleganten Integration in die Sprachsyntax von C# 2008 und Visual Basic 2008. Die Verwendung von LINQ ist durch die dokumentierten Schnittstellen nicht alleine Microsoft vorbehalten und so gibt es schon zahlreiche LINQ-Provider von Drittanbietern (siehe Liste der Provider im Kapitel »Language Integrated Query (LINQ)«), darunter auch einige ORM-Werkzeuganbieter. Das Entity SQL (eSQL) im ADO.NET Entity Framework ist vergleichbar mit HQL und OQL.

> **HINWEIS** In die Sprachsyntax integriertes LINQ ist immer eine statische Abfrage. Statisch bedeutet, dass es in der Abfrage immer die gleichen Konstrukte gibt, man kann z.B. nicht zwei oder vier Bedingungen in WHERE angeben, sondern man hat immer genau vier. Dynamische LINQ-Befehle erreicht man durch die Erstellung von Ausdrucksbäumen (Expression Trees) per Programmcode.

Ladestrategien

Die Definition der Abfrage selbst ist aber noch nicht alles, was über die tatsächlich zu ladenden Objekte entscheidet. Eine entscheidende Frage für die Leistungsfähigkeit von ORM ist die Frage, wann verbundene Objekte zu laden sind. Wenn man zu einem Flug sofort alle Buchungen und die dazugehörigen Passagier- und Personendaten lädt, lädt man unter Umständen mehr als wirklich gebraucht wird. Holt man die Daten jedoch nicht, müssen sie beim Zugriff auf eine Objektreferenz nachgeladen werden. Das Nachladen bei Bedarf nennt man *Lazy Loading*, *Deferred Loading* oder *Delayed Loading* im Gegensatz zum *Eager Loading* (alias *Immediate Loading*). Lazy Loading ist der Standard in allen ORM-Werkzeugen, Eager Loading kann man auf Ebene einer Datenbankverbindung (alias Datenkontext oder Data Scope) oder einer einzelnen Anfrage steuern.

Lazy Loading beinhaltet eine besondere Herausforderung, denn das ORM-Werkzeug muss jeglichen Zugriff auf alle Objektreferenzen »abfangen«, um hier bei Bedarf die verbundenen Objekte nachladen zu können. Dieses Abfangen erfolgt durch die Verwendung bestimmter Klassen für Einzelreferenzen und Mengenklassen. Der Unterschied zwischen den ORM-Werkzeugen liegt hier darin, ob der Entwickler diese Klassen explizit im Code verwenden muss oder ob das ORM-Werkzeug diese beim Kompilieren oder zur Laufzeit austauscht.

TIPP   Die Wahl zwischen Lazy Loading und Eager Loading ist oft auch die Wahl zwischen Pest und Cholera: Wenn man nicht genau weiß, ob die zusätzlichen Daten benötigt werden oder nicht, dann kann es ungünstig sein, sie direkt zu laden. Es kann aber auch ungünstig sein, sie später nachladen zu müssen. Wichtige Entscheidungskriterien sind:

- Wie wahrscheinlich ist, dass die Daten benötigt werden?
- Wie groß ist die Datenmenge?
- Kann ich überhaupt später die Daten einfach nachladen? (Wenn die Daten zwischenzeitlich serialisiert wurden, ist ein automatisches Nachladen in der Regel nicht mehr möglich!)

Allen ORM-Werkzeugen ist gemein, dass die Mengenreferenzen nicht völlig beliebig sind, sondern nur ein bestimmtes Spektrum von Objektmengenklassen (meist festgemacht an bestimmten Schnittstellen) unterstützt werden (Details siehe Vergleichstabelle). Der Grund dafür liegt in der Unterstützung von Lazy Loading.

ACHTUNG   Bitte bedenken Sie, dass ORM nicht für alle Datenzugriffsszenarien die beste Lösung ist. Wenn Sie Massendatenänderungen (*Batch-Verarbeitung*) durchführen wollen, z. B. alle Preise um 3% erhöhen, dann ist es besser, wenn Sie einen entsprechenden SQL-UPDATE-Befehl direkt an die Datenbank senden. Mit ORM müssten Sie erst alle Produkte laden und dann einzeln (!) speichern, weil bisher kein ORM intelligent genug ist, eine solche Massendatenänderung auf einen Befehl zu optimieren. Der Zeitaufwand ist dann viel höher!

Forward Engineering vs. Reverse Engineering

Ein wesentliches Unterscheidungskriterium ist die Henne- oder Ei-Frage. Übertragen auf die Welt der OR-Mapper geht es darum, ob der Entwickler zuerst die Datenbank erstellt und daraus dann Geschäftsobjekte generieren lässt oder erst die Geschäftsobjekte erstellt und daraus dann die Datenbank generieren lässt. Oder er macht beides manuell (d.h. er erstellt Geschäftsobjekte und Datenbank unabhängig voneinander) und definiert dann eine (komplexe) Abbildung zwischen den Welten.

Vielen Datenbankadministratoren sträuben sich sicherlich die Haare, wenn man ihnen erzählt, dass ein Entwicklungswerkzeug Datenbanken generieren will. Doch in der Java-Welt ist dies seit langem vorhanden (Container Managed Persistance - CMP), wenn auch nicht ohne Kritik [DEVX01]. Dabei legt die Wortwahl der ORM-Werkzeuganbieter nahe, dass gerade dies der üblichere Weg ist. Wenn man erst Geschäftsobjekte erstellt und die Datenbank generieren lässt, sprechen sie von *Forward Engineering*. Den etwas negativ vorbelegten Begriff *Reverse Engineering* benutzen sie für Ansätze, in denen es die Datenbank zuerst gibt. Etwas neutraler werden die Begriffe, wenn man *Mapping* statt *Engineering* verwendet oder von *Code First* und *Datenbase First* spricht.

Reverse Mapping können alle Werkzeuge, Forward Mapping hingegen nicht. Die anderen Anbieter unterscheiden sich dadurch, ob die Generierung der Datenbank zur Entwicklungszeit oder zur Laufzeit erfolgt. Eine besondere Herausforderung besteht bei Veränderung des Datenbankschemas. Ein gutes ORM-Werkzeug kann bei solchen Schemaänderungen die Abbildungsinformationen aktualisieren.

Geschäftsobjektklassen

Interessant ist, welche Anforderungen es an die Geschäftsobjektklasse seitens des ORM gibt. Im Idealfall kann man jede beliebige einfache .NET-Klasse auf eine Datenbanktabelle abbilden ohne dass die Klasse irgendeine Voraussetzung erfüllen muss. Die Fachwelt spricht dann von *Persistance Ignorance* bzw. von *Plain Old CLR Objects* (*POCOs*). Nicht alle Anbieter unterstützen POCOs. Einige Werkzeuge haben mehr oder weniger einschränkende Anforderungen, z.B.:

- Eine Annotation durch ein .NET-Attribut.
- Eine bestimmte Basisklasse für die Geschäftsobjektklassen.
- Die Anforderung, die Geschäftsobjektklasse als abstrakte Basisklasse zu definieren.

Wenn die Geschäftsobjektklasse im Rahmen des Reverse Mapping generiert wird, dann ist es wichtig zu sehen, welche Unterstützungen und Erweiterungsmöglichkeiten diese Klasse mitbringt. Eine gute Unterstützung für Datenbindung in Windows Forms-Anwendungen erfordert die Schnittstellen INotifyPropertyChanging und INotifyPropertyChanged. Einige Anbieter verfolgen hier aber eigene Strategien (z.B. ObjectView bei VOA).

In der Welt von ASP.NET erfolgt die Datenbindung am einfachsten über Datenquellensteuerelemente. Microsoft bietet hier eine LinqDataSource (enthalten in ASP.NET 3.5) und EntityDataSource (enthalten in ASP.NET 3.5 SP1). In anderen ORM-Werkzeugen müssen Sie derzeit selbst eine passende Manager-Klasse schreiben, um die seit ASP.NET 2.0 vorhandene ObjectDataSource zur Datenbindung zu nutzen. Einige Anbieter haben wieder eigene Lösungen (z.B. GenomeDataSource bei Genome).

Mapping-Interna (Objekt-Materialisierung)

Interessant ist, wie die Werkzeuge intern arbeiten. Nicht alle Werkzeuge verwenden im Untergrund ADO.NET, einige aus der Java-Welt portierten Werkzeuge basieren intern auf Java Database Connectivity (JDBC). Wenn ADO.NET zum Einsatz kommt, dann zum Datenlesen natürlich kein DataSet mit seinem großen Overhead, sondern ein schlanker Datareader. Das Zurückschreiben von Änderungen erledigen die ORM-Werkzeuge –aus Gründen der Leistung und Sicherheit – am besten mit parametrisierten SQL-DML-Befehlen.

Um das eigentliche Mapping zwischen Datenbankzugriffobjekt (z.B. DataReader) und Geschäftsobjekt zur Laufzeit auszuführen, braucht ein ORM-Werkzeug Programmcode, der die Geschäftsobjekte instanziiert und die einzelnen Informationseinheiten aus der Tabelle entnimmt und in das Geschäftsobjekt überträgt. Dies bezeichnet man als Objekt-Materialisierung. Grundsätzlich könnte man dies per .NET Reflection allgemein lösen, aber Reflection ist viel zu langsam. Microsoft LINQ-to-SQL, die Entity Framework Object Services und NHibernate nutzen daher Reflection in Kombination mit der Codegenerierung zur Laufzeit, d.h. Programmcode in Intermediate Language (IL) zur Abbildung zwischen Tabelle und Objekt werden zur Laufzeit. Einige Werkzeuge hingegen erzeugen den zusätzlichen Programmcode zur Entwicklungszeit durch zusätzliche Kompilierungsschritte in Visual Studio. Dabei werden entweder dabei die von Visual Studio erzeugten Assemblies mit weiteren IL-Befehlen angereichert (*Enhancing*) oder eine eigenständige Assembly generiert.

Viele ORM-Werkzeuge bilden entweder die Spalten auf einfache Attribute (*Fields*) ab oder Properties (oder beides). Wichtig ist auch die Unterstützung für wertelose Wertetypen (*Nullables*). Das heißt, dass die ORM-Werkzeuge im Gegensatz zu ADO.NET eine leere Integer-Zelle tatsächlich als int? (bzw. Integer? oder System.Nullable^Int32) und nicht als DBNull signalisieren.

Änderungsverfolgung und Persistierung

Nachdem ein Objekt in den Hauptspeicher geladen wurde, überwachen die ORM-Werkzeuge die Objekte auf Änderungen (Change Tracking), sodass beim Speichern nur die tatsächlich geänderten Objekte übertragen werden müssen. Es wäre nicht praktikabel, alle Objekte erneut zu speichern. Wünschenswert ist zudem, dass der ORM auf Attributebene die Änderungen merkt und daher nur die Spalten aktualisiert, deren Werte geändert werden müssen und nicht alle Spalten der zu dem Objekt gehörenden Tabellenzeile.

Beim Speichern von Objekten muss ein ORM-Werkzeug Datenbanktransaktionen unterstützen, auch in der eleganten Form über den in .NET 2.0 eingeführten Namensraum System.Transactions. Einige Werkzeuge wollen bei jeder einzelnen Änderung eine explizite Transaktion. Das ist inhaltlich nicht schlimm, schont aber nicht die Fingerkuppen der Entwickler. Alle ORM-Werkzeuge unterstützen von der Datenbank automatisch vergebene Werte (z.B. automatisch hochzählende Primärschlüssel oder Zeitstempel), das heißt nach dem Persistieren eines neu angelegten Objekts bzw. dem Ändern eines Objekts mit Zeitstempel fragen sie bei der Datenbank noch einmal mit einem SELECT nach den aktuellen Werten.

Für den gleichzeitigen Zugriff unterstützen ORM-Werkzeuge das aus ADO.NET bekannte optimistische Sperren, in der Regel werden Konflikte über Originalwertvergleich, Zeitstempel oder auch Versionsnummer erkannt. Pessimistisch Sperren kann der Entwickler bei ORM-Werkzeugen auch nur über Transaktionen, sofern das Werkzeug nicht einen eigenen Mechanismus implementiert.

Objektcontainer

Für die Änderungsverfolgung ist ein Container notwendig, in dem die Objekte im RAM leben. Diese Objektcontainer haben in allen Werkzeugen verschiedene, aber zum Teil ähnliche Namen: DataContext, ObjectContext, ObjectScope, Session, PersistanceManager und DataDomain. Ihnen gemeinsam ist, dass der Entwickler den Container vor der ersten Abfrage erzeugen und die Abfrage dann dort aufrufen muss, sodass die Container »mitbekommen«, welche Objekte mit welchem Ausgangszustand geladen werden.

Die Objektcontainer öffnen die Datenbankverbindung meist selbst. Einige Werkzeuge erlauben auch, dass der Benutzer eine ADO.NET-Datenbankverbindung selbst erstellt und den Objektcontainer dann damit arbeiten lässt.

Zwischenspeicherung (Caching)

Alle Objektcontainer speichern die geladenen Objekte zwischen (Caching) und verhindern so, dass ein Objekt unnötig mehrfach geladen werden muss. Auch Inkonsistenzen verhindern die Container, wenn der Entwickler ein bereits im RAM verändertes Objekt erneut durch eine andere Abfrage lädt. Alle Drittanbieter mieten darüber hinaus einen *Zwischenspeicher auf zweiter Ebene* (*Second Level Cache*), der containerübergreifend ist. NHibernate bietet hier mit der Auswahl zwischen der Zwischenspeicherung im Hauptspeicher, im ASP.NET-Zwischenspeicher, in einer anderen Datenbank oder im Dateisystem die bei weitem größte Auswahl. Genome erlaubt genau wie NHibernate, selbst einen Second Level Cache zu schreiben.

Sehr interessant ist das Konzept der verteilten Zwischenspeicherung: Verschiedene Anwendungsserver mit einem Zwischenspeicher können Änderungen synchronisieren (z. B. über MSMQ-Nachrichten).

Serialisierung

Wenn ein Geschäftsobjekt die Prozessgrenze verlassen muss (z. B. im Rahmen eines Webservices), dann ist seine Serialisierbarkeit wichtig. Dafür sollte ein Werkzeug sowohl die Auszeichnung mit der schon in .NET 1.0 eingeführten Annotation [System.Serializable] als auch mit dem in .NET 3.0 eingeführten [System.Runtime.Serialization.DataContract] bieten. Im Idealfall wäre eine Serialisierung ganz ohne eine Annotation möglich.

Bei der Serialisierung muss man unterscheiden, ob nur einzelne Objekte oder auch damit verbundene (assoziierte) Objekte serialisiert werden können (Graph Serialization).

Unterstützung für verteilte Systeme

Serialisierbarkeit ist aber nicht alles bei ORM: Die Änderungsverfolgung wird zu einem Problem, wenn die Geschäftsobjekte länger leben als der ORM-Container, zum Beispiel in Webanwendungen oder anderen zustandslosen Anwendungsservern. Hier spricht man von Mehrschichtunterstützung, *Disconnected Objects* oder *Detached Objects*. Bei fast allen ORM-Werkzeugen ist es möglich, Geschäftsobjekte aus dem Container zu lösen (entweder durch einfaches Schließen des Containers oder eine explizite Operation). Große Unterschiede gibt es aber dann, wenn diese Objekte später wieder einem Container angefügt werden sollen. Dies ist insbesondere dann notwendig, wenn der Entwickler Änderungen in den Objekten persistieren will. Der neue Container muss aber wissen, ob es sich bei dem angefügten Objekt um ein geändertes, unverändertes oder neues Objekt handelt. Man braucht also einen serialisierbaren Objektcontainer, der wie ein Dataset in ADO.NET die Prozessgrenzen überschreiten kann und die in ihm lebenden Objekte beobachtet. Einige Anbieter übertragen die Änderungsverfolgung bei losgelösten Objekten aber dem Entwickler, was zu ein wenig aufwändiger Programmierung im Client führt.

Plattformen

Ein wesentlicher Unterschied zwischen den ORM-Werkzeugen sind die unterstützten Plattformen. Während Microsofts Lösungen auf jeden Fall .NET 3.5 voraussetzen, sind viele Drittanbieterprodukte ab .NET 2.0 oder sogar mit .NET 1.x lauffähig. Mono und das .NET Compact Framework unterstützen nur sehr wenige Produkte.

Werkzeuge

Erhebliche Unterschiede gibt es auch bei der Werkzeugunterstützung. Ideal ist ein in Visual Studio integrierter grafischer Designer für ORM bei dem man die Abbildung zwischen Geschäftsobjektklasse und Tabelle grafisch definieren kann. Alternativ möglich, aber weniger flexibel, sind Assistenten-gesteuerte oder Dialog-gesteuerte IDE-Werkzeuge für das ORM. Eine Unterstützung durch Kommandozeilenwerkzeuge ist sehr wünschenswert, sollte aber nicht die einzige Möglichkeit sein.

Überwachung

Im Bereich der Überwachung sollte der ORM die Möglichkeit bieten, die erzeugten SQL-Befehle zu protokollieren. Schön wären auch Windows-Leistungsindikatoren (*Performance Counter*) zur Überwachung der Leistung des ORM.

Erweiterbarkeit

Wie so oft bei der Bewertung von Software geht es auch bei den ORM-Werkzeugen um die Frage der Erweiterbarkeit, also die Möglichkeiten für fortgeschrittene Anwender, die Funktionen des Produkts zu erweitern und so bestehende Restriktion aufzuheben. Alle Anbieter ermöglichen es, über eigenen Programmcode den Lebenszyklus eines Geschäftsobjekts und des Objektcontainers zu überwachen und zu beeinflussen. Einige Anbieter sprechen hier von *Interception*, andere von *Lifecycle Events* (*Lebenszyklusereignis*) oder *Hooks*.

Interessant ist die Frage, ob man selbst andere Datenbankmanagementsysteme anbinden kann, für die der Anbieter noch selbst keine Treiber liefert. Open Source-Projekte wie NHibernate sind hier naturgemäß im Vorteil.

LINQ-to-SQL

LINQ-to-SQL (früher *DLINQ*) ist einer der mit dem .NET Framework 3.5 mitgelieferten LINQ-Provider. LINQ-to-SQL ist ein IQueryable-Provider (zu IQueryable vgl. Kapitel zu Language Integrated Query [LINQ]), der LINQ-Befehle in SQL-Befehle (aber nur für Microsoft SQL Server!) umsetzt. Neben der Befehlsumsetzung bietet LINQ-to-SQL aber noch zwei weitere zentrale Funktionen:

- Objekt-Relationaler Mapper (ORM) inklusive Befehle zur Persistierung von neuen/geänderten/gelöschten Objekten
- Datenbankgenerierung (Forward Engineering)

Unterstützte Datenbanken

LINQ-to-SQL unterstützt in seinem Auslieferzustand nur Microsoft SQL Server 2000/2005/2008 einschließlich Express- und Compact-Varianten. Grundsätzlich könnte LINQ-to-SQL auch andere Datenbankmanagementsysteme unterstützen. Bei LINQ-to-SQL möchte Microsoft jedoch (bisher) nicht, dass andere Datenbanken außer Microsoft SQL Server (inklusive Express) und SQL Server Compact angesteuert werden können. »No public provider model is available. At this time, LINQ-to-SQL supports SQL Server and SQL Server Compact 3.5 only« heißt es im LINQ-to-SQL-FAQ [5].

Datenkontexte

Ein LINQ-to-SQL-Datenkontext ist die Voraussetzung zur Arbeit mit LINQ-to-SQL. Ein Datenkontext ist eine Klasse, die von der Basisklasse `System.Data.Linq.DataContext` abgeleitet ist.

Aufgaben des Datenkontextes

Der Datenkontext erfüllt insbesondere folgende Aufgaben:

- Verbindung zur Datenbank herstellen und beenden
- Verweise auf die Geschäftsobjektmengenklassen (Entitäten) bereitstellen
- Laden von Daten und Umwandlung in Geschäftsobjekte
- Verfolgen von Änderungen (Änderungsverfolgung / Change Tracking)
- Speichern der Änderungen
- Bemerken von Änderungskonflikten
- Protokollierung der erstellten Befehle
- Zwischenspeichern (Caching) von Daten

Erstellen eines Datenkontextes

Einen LINQ-to-SQL-Datenkontext erstellt man in Visual Studio 2008 (nur in .NET 3.5-Projekten!) mit der Elementvorlage *LINQ-to-SQL Classes*. Der Entwickler kann jedem auf .NET 3.5-basierenden Projekttyp eine oder mehrere Elemente des Typs *LINQ-to-SQL Classes* hinzufügen. Die Elementvorlage *LINQ-to-SQL Classes* ist mit einem Objekt-Relationalen Designer (siehe Abbildung) verbunden.

> **HINWEIS** Da Visual Studio für *LINQ-to-SQL Classes* Programmcode erzeugt, muss man bei Webprojekten nach dem Websitemodell das Element im */App_Code*-Verzeichnis ablegen.

Nach dem Erstellen eines Elements des Typs *LINQ-to-SQL Classes* kann der Entwickler eine oder mehrere Datenbanktabellen, Datenbanksichten (Views) oder gespeicherte Prozeduren (Stored Procedure) aus den Datenbankverbindungen im Server Explorer auf den Designerhintergrund ziehen. Dabei entsteht aus jeder Tabelle und jeder Sicht eine LINQ-to-SQL-Entität (Rechtecke in der folgenden Abbildung) und aus jeder gespeicherten Prozedur ein Eintrag in der Methodenliste (rechts in der folgenden Abbildung). Im Hintergrund entsteht Quellcode. .NET-Entwickler kennen dieses Verfahren schon von den typisierten Datasets, wobei der im Fall von LINQ-to-SQL und EF generierte Programmcode wesentlich schlanker und übersichtlicher ist.

Man kann mithilfe der kleinen Werkzeugleiste auch Klassen anlegen, für die es (zunächst) keine Repräsentation in der Datenbank gibt. Dies macht Sinn im Rahmen des Forward Engineerung, wenn die Anwendung die Datenbank erzeugen soll.

LINQ-to-SQL

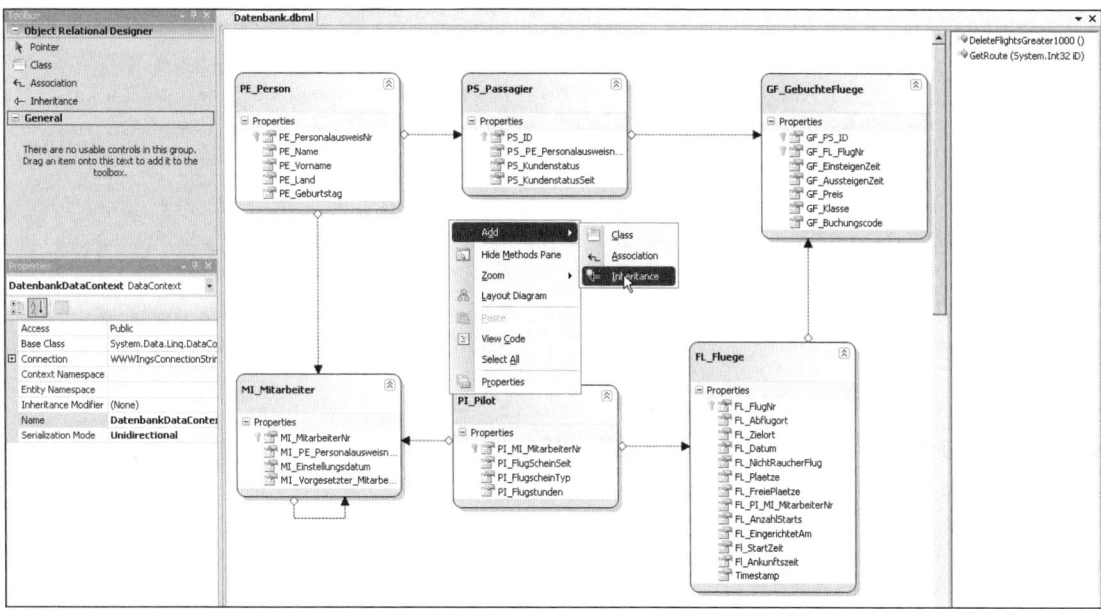

Abbildung 12.3   Der Designer für Objekt-Relationales Mapping mit LINQ-to-SQL

Assoziationen und Navigation

Der Designer erstellt automatisch Assoziationen zwischen den Entitäten, wenn Fremdschlüsselbeziehungen zwischen den Tabellen in der Datenbank definiert sind. Dadurch wird eine Navigation im Objektmodell möglich (z.B. erreicht man in dem nachstehenden Beispiel von einem konkreten Flug aus den Namen des ersten Passagiers über

Flug.GF_GebuchteFluege[0].PS_Passagier.PE_Person.PE_Name)

Dateien

In der Projektmappe besteht ein LINQ-to-SQL-ORM-Diagramm aus drei Dateien:

- Die *.cs* bzw. *.vb*-Datei enthält generierte .NET-Klassen. Visual Studio erstellt für jede auf den Designer gezogene Tabelle bzw. Sicht genau eine Geschäftsobjektklasse sowie zusätzlich eine so genannte Datenkontext-Klasse, die die Geschäftsobjekte zusammenhält und die für LINQ-Abfragen notwendige IQueryable-Schnittstelle implementiert.
- Die *.dbml*-Datei beschreibt die Abbildung der Tabellen auf die Klassen.
- Die *.layout*-Datei beschreibt die grafische Anordnung der Elemente im Designer.

Datenkontextklasse

Das folgende Listing gibt eine generierte Datenkontextklasse in Ausschnitten wieder. Hierbei ist zu beachten:

- Der Name der Datenbank ist in der Annotation [DatabaseAttribute] hinterlegt.
- Die Datenkontextklasse erbt von System.Data.Linq.DataContext.
- Für jede Entität enthält die Datenkontextklasse eine Instanz von System.Data.Linq.Table.

- Die Datenkontextklasse ist *partiell* und kann daher in einer getrennten Datei um eigenen Code ergänzt werden. Es gibt zahlreiche partielle Methoden, die in der generierten Klasse aufgerufen werden, aber dort keine Implementierung besitzen. Durch die Implementierung im selbstdefinierten Teil kann der Entwickler hier also Einsprungpunkte bei vielen Vorgängen erhalten. Dies ist eine Alternative zur Realisierung von Einsprungpunkten über Delegaten und Ereignisse.
- Der Konstruktor der Klasse erlaubt die Angabe einer Verbindungszeichenfolge oder einer bereits offenen Datenbankverbindung. Wenn keine Angabe erfolgt, wird die Verbindungszeichenfolge aus der Konfigurationsdatei entnommen.
- Jede gespeicherte Prozedur, die in den Datenkontext eingebunden wurde, ist durch eine Methode mit der Annotation [Function] wiedergegeben. Diese Annotation enthält den Namen der gespeicherten Prozedur in der Datenbank.

```
[System.Data.Linq.Mapping.DatabaseAttribute(Name="WWWIngs")]
public partial class DatenbankDataContext : System.Data.Linq.DataContext
{
    #region Extensibility Method Definitions
    partial void OnCreated();
    partial void InsertGF_GebuchteFluege(GF_GebuchteFluege instance);
    partial void UpdateGF_GebuchteFluege(GF_GebuchteFluege instance);
    partial void DeleteGF_GebuchteFluege(GF_GebuchteFluege instance);
    partial void InsertFL_Fluege(FL_Fluege instance);
    partial void UpdateFL_Fluege(FL_Fluege instance);
    partial void DeleteFL_Fluege(FL_Fluege instance);
    ...
    #endregion

public DatenbankDataContext() :
            base(global::de.WWWings.Test.Properties.Settings.Default.WWWIngsConnectionString1, mappingSource)
        {
            OnCreated();
        }

        public DatenbankDataContext(string connection) :
                base(connection, mappingSource)
        {
            OnCreated();
        }

        public DatenbankDataContext(System.Data.IDbConnection connection) :
                base(connection, mappingSource)
        {
            OnCreated();
        }

        public DatenbankDataContext(string connection, System.Data.Linq.Mapping.MappingSource mappingSource) :
                base(connection, mappingSource)
        {
            OnCreated();
        }
```

LINQ-to-SQL

...

```csharp
        public System.Data.Linq.Table<FL_Fluege> FL_Fluege
        {
            get
            {
                return this.GetTable<FL_Fluege>();
            }
        }
        
        public System.Data.Linq.Table<GF_GebuchteFluege> GF_GebuchteFluege
        {
            get
            {
                return this.GetTable<GF_GebuchteFluege>();
            }
        }
```

...

```csharp
        [Function(Name="dbo.GetRoute")]
        public ISingleResult<GetRouteResult> GetRoute([Parameter(Name="ID", DbType="Int")] 
System.Nullable<int> iD)
        {
            IExecuteResult result = this.ExecuteMethodCall(this, 
((MethodInfo)(MethodInfo.GetCurrentMethod())), iD);
            return ((ISingleResult<GetRouteResult>)(result.ReturnValue));
        }
        
        [Function(Name="dbo.DeleteFlightsGreater1000")]
        public int DeleteFlightsGreater1000()
        {
            IExecuteResult result = this.ExecuteMethodCall(this, 
((MethodInfo)(MethodInfo.GetCurrentMethod())));
            return ((int)(result.ReturnValue));
        }
}
```

Listing 12.1 Ein kleiner Ausschnitt aus einer generierten Datenkontextklasse

ACHTUNG   Eine unangenehme Eigenart des Designers ist, dass die Verweise in der Datenkontext-Klasse auf die Geschäftsobjektklassen den Namen der Geschäftsobjektklasse mit einem angehängten kleinen »s« erhalten (z. B. wird aus der Tabelle *FL_Fluege* so eine Objektmenge mit dem kuriosen Namen *FL_Flueges*. Microsoft geht dabei offenbar davon aus, dass alle Entwickler die Datenbanktabellen mit englischen Substantiven im Singular benennen. Zwar kann man die LINQ-to-SQL-Entität im Designer umbenennen und damit auch die Klassennamen in den Singular setzen, aber dies ist mühsam. Und das »s« für den Plural wird man gar nicht los. Es ist oft besser, diese Funktion unter *Tools/Options/Database Tolls/OR Designer* abzuschalten. In der deutschen Version von Visual Studio 2008 ist diese Option im Standard ausgeschaltet.

Nutzung der Datenkontextklasse

Die Datenkontextklasse muss instanziiert werden, um dort Daten abzurufen oder Operationen auszuführen. Da die Klasse nicht Thread-sicher ist, sollten in Multi-Threading-Umgebungen (z.B. ASP.NET-Webanwendungen) keine globalen Instanzen (*static* bzw. *Shared*) verwendet werden.

Geschäftsobjektklassen

Aus jeder Tabelle bzw. jeder Sicht entsteht eine Geschäftsobjektklasse. Das folgende Listing gibt beispielhaft eine dieser Klassen in einem kleinen Ausschnitt wieder.

- Die Klasse besitzt die Auszeichnung [Table] mit dem Tabellennamen aus der Datenbank.
- [DataContract] ermöglicht die Serialisierung mit WCF. Diese Option muss in dem Modell durch die Einstellung *Serialization* auf *Unidirectional* aktiviert werden.
- INotifyPropertyChanging und INotifyPropertyChanged unterstützen die Datenbindung in WPF und Windows Forms.
- Die einzelnen Datenmitglieder bestehen jeweils aus einem Field und einem Property. Der Datentyp ist in System.Nullable verpackt, wenn die Datenbank in dieser Spalte den null-Wert erlaubt.
- Das Property besitzt die Auszeichnung [Column] mit dem Spaltennamen, der Typangabe und weitere Angaben aus der Datenbank.
- Assoziationen zu anderen Tabellen sind entweder vom Typ EntityRef (Einzelobjekt, also für 1:0/1-Beziehungen) oder EntitySet (Mengenobjekte für 1:0/N-Beziehungen).
- Die Klasse ist *partiell* und besitzt zahlreiche partielle Methoden zur Erweiterbarkeit.
- Die Klasse besitzt einen Konstruktor ohne Parameter. Dies ist für die Objektmaterialisierung notwendig.

HINWEIS Die Geschäftsobjektklassen in LINQ-to-SQL haben keine Basisklasse, von der sie erben müssen. Sie können in einer partiellen Klasse daher noch eine beliebige Basisklasse angeben.

```
[Table(Name="dbo.FL_Fluege")]
[DataContract()]
public partial class FL_Fluege : INotifyPropertyChanging, INotifyPropertyChanged
{

private int _FL_FlugNr;
private string _FL_Abflugort;
private EntitySet<GF_GebuchteFluege> _GF_GebuchteFluege;
...
#region Extensibility Method Definitions
partial void OnLoaded();
partial void OnValidate(System.Data.Linq.ChangeAction action);
partial void OnCreated();
partial void OnFL_FlugNrChanging(int value);
partial void OnFL_FlugNrChanged();
partial void OnFL_AbflugortChanging(string value);
partial void OnFL_AbflugortChanged();
...
#endregion
```

LINQ-to-SQL

```csharp
public FL_Fluege()
    {
        this.Initialize();
    }

[Column(Storage="_FL_FlugNr", DbType="Int NOT NULL", IsPrimaryKey=true, UpdateCheck=UpdateCheck.Never)]
    [DataMember(Order=1)]
    public int FL_FlugNr
    {
        get
        {
            return this._FL_FlugNr;
        }
        set
        {
            if ((this._FL_FlugNr != value))
            {
                this.OnFL_FlugNrChanging(value);
                this.SendPropertyChanging();
                this._FL_FlugNr = value;
                this.SendPropertyChanged("FL_FlugNr");
                this.OnFL_FlugNrChanged();
            }
        }
    }

    [Column(Storage="_FL_Abflugort", DbType="NVarChar(15) NOT NULL", CanBeNull=false,
UpdateCheck=UpdateCheck.Never)]
    [DataMember(Order=2)]
    public string FL_Abflugort
    {
        get
        {
            return this._FL_Abflugort;
        }
        set
        {
            if ((this._FL_Abflugort != value))
            {
                this.OnFL_AbflugortChanging(value);
                this.SendPropertyChanging();
                this._FL_Abflugort = value;
                this.SendPropertyChanged("FL_Abflugort");
                this.OnFL_AbflugortChanged();
            }
        }
    }

    ...

    [Association(Name="FL_Fluege_GF_GebuchteFluege", Storage="_GF_GebuchteFluege",
OtherKey="GF_FL_FlugNr")]
    [DataMember(Order=14, EmitDefaultValue=false)]
    public EntitySet<GF_GebuchteFluege> GF_GebuchteFluege
```

```
    {
        get
        {
            if ((this.serializing
                    && (this._GF_GebuchteFluege.HasLoadedOrAssignedValues == false)))
            {
                return null;
            }
            return this._GF_GebuchteFluege;
        }
        set
        {
            this._GF_GebuchteFluege.Assign(value);
        }
    }
...
}
```

Listing 12.2 Ein kleiner Ausschnitt aus einer generierten Geschäftsobjektklasse

Verbindungszeichenfolge

Beim Anlegen eines Modells im LINQ-to-SQL-ORM-Designer legt Visual Studio 2008 die Verbindungszeichenfolge an zwei Orten ab: Einerseits in der *.dbml*-Datei und andererseits in einer Konfigurationsdatei (*app.config* oder *web.config*) im gleichen Projekt. Maßgeblich ist die Konfigurationsdatei. Allerdings ist zu beachten, dass eine Konfigurationsdatei nur für startbare Projekte (EXE oder Webanwendungen) gilt. Wenn Sie einen Datenkontext in einem DLL-Projekt anlegen, müssen Sie die Verbindungszeichenfolge manuell in das startbare Projekt kopieren. Eine dritte Möglichkeit ist die Angabe der Verbindungszeichnefolge im Konstruktor des Datenkontextes.

Mapping-Szenarien

LINQ-to-SQL unterstützt nur einfache Mapping-Szenarien. Dies heißt insbesondere, dass eine Tabelle immer einer Klasse entspricht. In einem N:M-Szenario mit einer Zwischentabelle erhält man immer eine eigene Klasse für die Zwischentabelle. Einzige Ausnahme von dieser 1:1-Abbildung ist die Vererbung. LINQ-to-SQL unterstützt dort aber nur Filtered Mapping.

Objektcontainer

Vor der ersten Aktion mit den LINQ-to-Objects benötigt man eine Instanz des Datenkontextes. Hierbei ist die Angabe einer Verbindungszeichenfolge im Konstruktor möglich. Wird hier keine Verbindungszeichenfolge angegeben, erfolgt die Verwendung der in der Konfigurationsdatei beim Anlegen des Datenkontextes erstellten Verbindungszeichenfolge. Gibt es auch in der Konfigurationsdatei keine Angabe, wird die in der *.dbml*-Datei hinterlegte Verbindungszeichenfolge verwendet.

WICHTIG Der Datenkontext muss explizit mit Dispose() bzw. durch Einsatz eines usings-Blocks vernichtet werden, wenn er nicht mehr benötigt wird, da der Datenkontext ein Zwischenspeicher (Cache) ist.

Erstes Beispiel: Lesezugriff

Das folgende Listing zeigt eine typische LINQ-to-SQL-Befehlsabfolge:

- Instanziieren des Datenkontextes.
- Deklaration einer LINQ-Abfrage, die aber noch nicht direkt ausgeführt wird.
- Verwendung der Variablen, die die LINQ-Abfrage repräsentiert. Beim ersten Zugriff erfolgt die Ausführung der Abfrage.
- Vernichten des Datenkontextes durch Aufruf von Dispose(). Dadurch werden alle zwischengespeicherten Objekte aus dem Hauptspeicher entfernt.

```
// Datenkontext instanziieren
DatenbankDataContext db = new DatenbankDataContext();

var Fluege =
    from f in db.FL_Fluege
    where f.FL_Abflugort == "Rom"
    select f;

// Daten verwenden
foreach (FL_Fluege Flug in Fluege)
{
    Console.WriteLine(Flug.FL_FlugNr + ": " + Flug.FL_Abflugort + " -> " + Flug.FL_Zielort + ": " +
Flug.FL_FreiePlaetze + " freie Plätze");
}

// Datenkontext vernichten
db.Dispose();
```

Listing 12.3 Einfaches Lesen von Datensätzen mit LINQ-to-SQL

Abfragesprachen

LINQ-to-SQL unterstützt als Abfragesprache sowohl das allgemeine LINQ als auch datenbankspezifisches SQL.

Abfragen mit LINQ

Der Aufbau einer LINQ-Abfrage für LINQ-to-SQL ist identisch zu den LINQ-Abfragen in LINQ-to-Objects. Die LINQ-Abfragen werden in SQL übersetzt. Dabei werden immer parametrisierte SQL-Befehle erzeugt, was gut ist in Hinblick auf Leistung und Sicherheit.

Mithilfe der Protokollierung (siehe Abschnitt »Protokollierung und Debugging«) kann man die erzeugten SQL-Befehle betrachten. Die folgende Tabelle zeigt vier Beispiele zur Übersetzung von LINQ in SQL für Microsoft SQL Server 2005. Besonders beeindruckend ist die Prägnanz LINQ-Befehls mit Einschränkung auf Zeilennummern (*Paging*), siehe Take() und Skip() in Befehl 3, gegenüber dem SQL-Original.

LINQ	SQL (Microsoft SQL Server 2005)

`// Bedingung`
`var q1 = from f in db.FL_Fluege where`
`f.FL_Abflugort == "London" select f;`
	`SELECT [t0].[FL_FlugNr], [t0].[FL_Abflugort],`
	`[t0].[FL_Zielort], [t0].[FL_Datum],`
	`[t0].[FL_NichtRaucherFlug], [t0].[FL_Plaetze],`
	`[t0].[FL_FreiePlaetze], [t0].[FL_PI_MI_MitarbeiterNr],`
	`[t0].[FL_EingerichtetAm], [t0].[Timestamp]`
	`FROM [dbo].[FL_Fluege] AS [t0]`
	`WHERE [t0].[FL_Abflugort] = @p0`

`// Zählen`
`var q2 = db.FL_Fluege.Count(f =>`
`f.FL_Abflugort == "Berlin");`
	`SELECT COUNT(*) AS [value]`
	`FROM [dbo].[FL_Fluege] AS [t0]`
	`WHERE [t0].[FL_Abflugort] = @p0`

`// Paging`
`var q3 = (from f in db.FL_Fluege where`
`f.FL_Abflugort == "London" orderby`
`f.FL_Zielort select f).Skip(5).Take(5);`
	`SELECT [t1].[FL_FlugNr], [t1].[FL_Abflugort],`
	`[t1].[FL_Zielort], [t1].[FL_Datum],`
	`[t1].[FL_NichtRaucherFlug], [t1].[FL_Plaetze],`
	`[t1].[FL_FreiePlaetze], [t1].[FL_PI_MI_MitarbeiterNr],`
	`[t1].[FL_EingerichtetAm], [t1].[Timestamp]FROM (`
	`SELECT ROW_NUMBER() OVER (ORDER BY [t0].[FL_Zielort]) AS`
	`[ROW_NUMBER], [t0].[FL_FlugNr], [t0].[FL_Abflugort],`
	`[t0].[FL_Zielort], [t0].[FL_Datum],`
	`[t0].[FL_NichtRaucherFlug], [t0].[FL_Plaetze],`
	`[t0].[FL_FreiePlaetze], [t0].[FL_PI_MI_MitarbeiterNr],`
	`[t0].[FL_EingerichtetAm], [t0].[Timestamp]`
	`    FROM [dbo].[FL_Fluege] AS [t0]`
	`    WHERE [t0].[FL_Abflugort] = @p0`
	`    ) AS [t1]`
	`WHERE [t1].[ROW_NUMBER] BETWEEN @p1 + 1 AND @p1 + @p2`
	`ORDER BY [t1].[ROW_NUMBER]`

`// Projektion`
`var q4 = from f in db.FL_Fluege`
`let Route = f.FL_Abflugort +`
`" --> " + f.FL_Zielort`
`where Route.StartsWith("M")`
`select new { f.FL_FlugNr, Route };`
	`SELECT [t1].[FL_FlugNr], [t1].[value] AS [Route]`
	`FROM (`
	`    SELECT [t0].[FL_FlugNr], ([t0].[FL_Abflugort] + @p0) +`
	`[t0].[FL_Zielort] AS [value]`
	`    FROM [dbo].[FL_Fluege] AS [t0]`
	`    ) AS [t1]`
	`WHERE [t1].[value] LIKE @p1`

Tabelle 12.1 LINQ-Befehle und die daraus erzeugten SQL-Befehle

WICHTIG Zu beachten ist aber, dass bei LINQ-to-SQL nicht alle LINQ-Befehle in SQL umgesetzt werden können. Bisher nicht in SQL umgesetzt werden können insbesondere folgende LINQ-Befehle:

- `TakeWhile`
- `SkipWhile`
- `Reverse<(Of <(TSource>)>)`
- `Last`
- `LastOrDefault`

- ElementAt<(Of <(TSource>)>)
- ElementAtOrDefault<(Of <(TSource>)>)
- DefaultIfEmpty

Grundsätzlich werden Methoden aus den Klassen String, DateTime, TimeSpan und Math unterstützt. Allerdings nicht alle Methoden. Die Ausnahmen sind in der MSDN-Dokumentation hinterlegt, siehe [MSDN28] und die dort referenzierten Dokumente. Weitere Einschränkungen gibt es unter SQL Server 2000 (siehe [MSDN29]).

ACHTUNG LINQ-Abfragen werden nicht sofort in der Zeile ausgeführt, in der sie deklariert wurden, sondern beim ersten Zugriff auf den Inhalt (z. B. durch eine foreach-Schleife oder den Zugriff auf Count()).

	ADO.NET DataReader & DataSet	LINQ-to-SQL
Compiler prüft Befehle	Nein	Ja
Compiler prüft Zugriff auf Spalten	Nein	Ja
Typkonvertierungen automatisch	Nein	Ja
Abfangen von DBNull automatisch	Nein	Ja

Tabelle 12.2 Vergleich ADO.NET und LINQ-to-SQL

Abfragen mit SQL

Primäre Abfragesprache für LINQ-to-SQL ist LINQ. LINQ-to-SQL bietet aber mit den Methoden

- ExecuteQuery(): Ausführung eines SQL-Befehls, der eine Ergebnismenge zurückliefert
- ExecuteCommand(): Ausführung eines SQL-Befehls, der nur eine Zahl zurückliefert

die Möglichkeit, auch klassische, datenbankspezifische SQL-Befehle oder gespeicherte Prozeduren über den Datenkontext auszuführen.

Bei Einsatz von ExecuteQuery() kann das Objekt-Relationale Mapping dabei trotzdem verwendet werden, d.h. die Objekte werden aus der Ergebnismenge dennoch »materialisiert«. Dazu benötigt die Methode den Typ der zu materialisierenden Objekte als generischen Parameter.

```
public static void Demo_SQLDirect()
{
  // Verbindungsaufbau
  DatenbankDataContext db = new DatenbankDataContext();

  // Protokollierung ein
  db.Log = Console.Out;

  // Untypisiertes Ergebnis
  System.Collections.IEnumerable Fluege1 = db.ExecuteQuery(typeof(FL_Fluege),"Select * from FL_Fluege where FL_Abflugort = 'Rom'");

  // Typisiertes Ergebnis
  IEnumerable<FL_Fluege> Fluege2 = db.ExecuteQuery<FL_Fluege>("Select * from FL_Fluege where FL_Abflugort = 'Rom'");
```

```
// Ausgabe
foreach (FL_Fluege Flug in Fluege2)
{
  Console.WriteLine(Flug.FL_FlugNr + ": " + Flug.FL_Abflugort + " -> " + Flug.FL_Zielort + ": " +
Flug.FL_FreiePlaetze + " freie Plätze");
}

// Ende
db.Dispose();
}
```

Listing 12.4   Direkte Ausführung von SQL-Befehlen

HINWEIS   Die Methode ExecuteQuery() bietet auch eine alternative Überladung ohne generischen Parameter. Dann ist die Ergebnismenge aber untypisiert. Die Angabe des Typs als Parameter dient dann nur der korrekten Materialisierung der Objekte.

```
// Untypisiertes Ergebnis
System.Collections.IEnumerable Fluege1 = db.ExecuteQuery(typeof(FL_Fluege),"Select * from FL_Fluege
where FL_Abflugort = 'Rom'");
```

ACHTUNG   Der Entwickler ist dabei selbst dafür verantwortlich, dass sich die Objekte aus der Ergebnismenge tatsächlich materialisieren lassen. Wenn die Ergebnismenge unvollständig ist, z. B. der SQL_Befehl

```
Select FL_FlugNr, FL_ZielOrt from FL_Fluege where FL_Abflugort = 'Rom'
```

zum Einsatz kommt, werden die Objekte nur partiell befüllt (in diesem Fall nur Flugnummer und Zielort). Einerseits ist dies eine gute Funktion, denn beim Einsatz der LINQ-Syntax ist eine partielle Objektbefüllung der Geschäftsobjektklasse nicht möglich, d. h. LINQ liefert in solchen Fällen immer einen anonymen Typ, den man aber nicht gut weiterverwenden kann, da er nicht Rückgabewert einer Methode oder Klassenmitglied sein kann. Hier könnte Unheil drohen, wenn man solch ein partiell befülltes Objekt verändert und dann zu Datenbank zurückschreibt. LINQ-to-SQL merkt sich den Ursprungszustand aller Mitglieder. Im Normalmodus vergleicht LINQ-to-SQL alle aktuellen Zellenwerte mit dem Ursprungszustand und schreibt dann nur die geänderten Attribute in die Zellen. Dies bedeutet, ein Zurückschreiben ist – solange man es nicht erzwingt – nicht möglich, da LINQ-to-SQL denkt, dass jemand anders den Datensatz in der Zwischenzeit geändert habe. Kritisch wird es aber, wenn man für die Konfliktfeststellung eine Zeitstempel-Spalte verwendet und diese lädt. Wenn man auf Attribute des Objekts schreibend zugreift, die nicht geladen wurden, kann es kritisch werden. Zum Beispiel sorgt der Befehl Flug.FL_Abflugort += " Fiumicino"; dafür, dass die Zeichenkette *Fiumicino* in der Datenbank steht statt wie gewünscht *Rom-Fiumicino*, denn der Abflugort wurde ja mit obigen SQL-Befehl nicht geladen. Weniger kritisch ist dies bei Zahlen, wenn diese dann mit null initialisiert werden. Mit null kann man nicht rechnen. Details zum Speichern und zur Konflikterkennung kommen noch später in diesem Kapitel vor.

Abfragebeispiele

Das folgende Listing enthält zahlreiche Anwendungsbeispiele für einfache und komplexe LINQ-Abfragen für LINQ-to-SQL. Zu jedem Beispiel ist eine Aufgabenstellung (in Form einer Zeichenkette im Listing) und die zugehörige LINQ-Abfrage abgedruckt. Die resultierenden SQL-Befehle und Ausgaben sind hier aus Platzgründen aber nicht abgedruckt. Wenn Sie die Codebeispiele zu diesem Buch verwenden, können Sie in Visual Studio 2008 selbst die Ergebnisse betrachten.

LINQ-to-SQL

```csharp
private static void LTS_Demo()
{
  // Datenbankverbindung
  DatenbankDataContext db = new DatenbankDataContext();

  // Benötigte Variablen
  string s;
  long i;
  int? i2;
  FL_Fluege flug;
  double d;
  double? d2;

  s = "Geben Sie alle Flüge von Rom aus!";
  var Ergebnis =
    from f in db.FL_Fluege
    where f.FL_Abflugort == "Rom"
    select f;
  Print(Ergebnis, s);

  s = "Geben Sie alle Flüge aus, die weniger als 100 freie Plätze haben.";
  Ergebnis =
      from n in db.FL_Fluege
      where n.FL_FreiePlaetze < 100
      select n;
  Print(Ergebnis, s);

  s = "Geben Sie alle Flüge aus, die weniger als 100 freie Plätze haben. Sortieren Sie die Liste aufsteigend nach Platzanzahl.";
    Ergebnis =
    from n in db.FL_Fluege
    where n.FL_FreiePlaetze < 100
    orderby n.FL_FreiePlaetze
    select n;
    Print(Ergebnis, s);

  s = "Geben Sie alle Flüge aus, die weniger als 100 freie Plätze haben. Sortieren Sie die Liste absteigend nach Platzanzahl.";
    Ergebnis =
    from n in db.FL_Fluege
    where n.FL_FreiePlaetze < 100
    orderby n.FL_FreiePlaetze descending
    select n;
    Print(Ergebnis, s);

  s = "Geben Sie Flug 101 aus.";
  flug = (from f in db.FL_Fluege
          where f.FL_FlugNr == 101
          select f).SingleOrDefault();
  Print(flug, s);

  s = "Geben Sie die Routen (von x nach y) aus, aber jede Route nur einmal!";
  var Strecken =
      (from n in db.FL_Fluege
      select new { n.FL_Abflugort, n.FL_Zielort }).Distinct();
  HeadLine(s);
```

```
foreach (var f in Strecken)
{
 Console.WriteLine(f.FL_Abflugort + " -> " + f.FL_Zielort);
}

s = "Geben Sie alle Ziele aus, die von Rom aus erreichbar sind.";
var Ziele =
    (from n in db.FL_Fluege
     where n.FL_Abflugort == "Rom"
     select n.FL_Zielort).Distinct();
HeadLine(s);

foreach (string f in Ziele)
{
 Console.WriteLine(f);
}

s = "Geben Sie den vierten bis achten Flug aus in der nach freien Plätzen aufsteigend sortierten Liste aller Flüge, die in Berlin landen.";
Ergebnis =
    (from n in db.FL_Fluege
     where n.FL_Zielort == "Berlin"
     orderby n.FL_FreiePlaetze
     select n).Skip(3).Take(4);
Print(Ergebnis, s);

s = "Geben Sie den ersten Flug aus in der nach freien Plätzen aufsteigend sortierten Liste aller Flüge, die in Berlin landen.";
flug =
    (from n in db.FL_Fluege
     where n.FL_Zielort == "Berlin"
     orderby n.FL_FreiePlaetze
     select n).First();
Print(flug, s);

s = "Geben Sie Anzahl der Flüge aus (mit einem LINQ-Statement!)";
i =
    (from n in db.FL_Fluege
     select n).Count();
Print(i, s);

s = "Geben Sie die geringste freie Platzanzahl aus.";
i2 =
    (from n in db.FL_Fluege
     select n).Min(n => n.FL_FreiePlaetze);
Print(i2, s);

s = "Geben Sie höchste freie Platzanzahl aus.";
i2 =
    (from n in db.FL_Fluege
     select n).Min(n => n.FL_FreiePlaetze);
Print(i2, s);
```

```csharp
s = "Geben Sie die durchschnittliche freie Platzanzahl aus.";
d2 =
   (from n in db.FL_Fluege
    select n).Average(n => n.FL_FreiePlaetze);
Print(d2, s);

s = "Geben Sie die Summe aller freien Plätze aus.";
i2 =
   (from n in db.FL_Fluege
    select n).Sum(n => n.FL_FreiePlaetze);
Print(i, s);

s = "Gruppieren Sie die Flüge nach Abflugorten.";
IEnumerable<IGrouping<string, FL_Fluege>> GruppeErgebnis =
    (from n in db.FL_Fluege
     group n by n.FL_Abflugort);
Print(GruppeErgebnis, s);

s = "Geben Sie die Häufigkeit eines jeden Abflugort aus!";
IDictionary<string, int> GruppeHaeufigkeit =
     (from n in db.FL_Fluege
      group n by n.FL_Abflugort into g
      select new { Name = g.Key, AnzFL_Fluege = g.Count() }
      ).ToDictionary(y => y.Name, y => y.AnzFL_Fluege);
Print(GruppeHaeufigkeit, s);

s = "Geben Sie die Daten von dem Passagier mit der ID 1 aus!";
PS_Passagier pass = (from p in db.PS_Passagiers
                     orderby p.PE_Person.PE_Name
                     where p.PS_ID == 1
                     select p).FirstOrDefault();
Console.WriteLine(pass.PS_ID + ": " + pass.PE_Person.PE_Name);

s = "Erstellen Sie eine gruppierte Liste aller Passagiere mit Ihren Buchungen!";
var pass2 = from p in db.PS_Passagiers
            orderby p.PE_Person.PE_Name
            select new { p.PE_Person.PE_Name, p.GF_GebuchteFluege };

foreach (var p in pass2)
{
 Console.WriteLine(p.PE_Name);
 foreach (GF_GebuchteFluege b in p.GF_GebuchteFluege)
   Console.WriteLine("\t" + b.GF_Buchungscode);
}

s = "Erstellen Sie die Liste der 10 Passagiere mit den meisten Buchungen.";
var pass4 = (from p in db.PS_Passagiers
             orderby p.GF_GebuchteFluege.Count descending
             select p).Take(10);
Print(pass4, s);

s = "Geben Sie den/die Passagiere mit den meisten Buchungen aus.";
pass4 = (from n in db.PS_Passagiers where n.GF_GebuchteFluege.Count == db.PS_Passagiers.Max(x => x.GF_GebuchteFluege.Count) select n);
Print(pass4, s);
```

```csharp
s = "Finden Sie alle Passagiere, die nach Rom fliegen.";

pass4 = (from p in db.PS_Passagiers
         where p.GF_GebuchteFluege.Any(b => b.FL_Fluege.FL_Zielort == "Rom")
         select p);
Print(pass4, s);

s = "Finden Sie alle Passagiere, die genauso viele Buchungen haben wie ein Flug freie Plätze.";
var joinpass = (from p in db.PS_Passagiers
                join f in db.FL_Fluege
                on p.GF_GebuchteFluege.Count equals f.FL_FreiePlaetze
                select new { p.PE_Person.PE_Name, f.FL_FlugNr, p.GF_GebuchteFluege.Count, f.FL_FreiePlaetze });
HeadLine(s);
foreach (var j in joinpass)
{
  Console.WriteLine(j.PE_Name + " und FL_Fluege " + j.FL_FlugNr + " haben die gleiche Zahl: " + j.Count + " / " + j.FL_FreiePlaetze);
}


s = "Geben Sie alle Passagiere aus und optional dazu einen Flug, der genausoviele freie Plätze hat wie der Passagier Buchungen hat.";
var joinpass2 = (from p in db.PS_Passagiers
                 join f in db.FL_Fluege
                 on p.GF_GebuchteFluege.Count equals f.FL_FreiePlaetze
                 into Fluege
                 select new { p.PE_Person.PE_Name, Fluege });
HeadLine(s);
foreach (var j in joinpass2)
{
  Console.WriteLine(j.PE_Name + " hat " + j.Fluege.Count() + " korrespondierende Flüge!");
}

s = "Geben Sie alle Passagiere aus, die älter als 50 Jahre sind!";

pass4 =
            (from p in db.PS_Passagiers
             where p.PE_Person.PE_Geburtstag.Value.AddYears(50) < DateTime.Now
             select p);

Print(pass4, s);

s = "Geben Sie alle Flüge aus, mit Passagieren älter als 50 Jahre !";
Ergebnis =
            (from p in db.PS_Passagiers
             where p.PE_Person.PE_Geburtstag.Value.AddYears(50) < DateTime.Now
             from b in p.GF_GebuchteFluege
             select b.FL_Fluege).Distinct();
Print(Ergebnis, s);
}
```

Listing 12.5   LINQ-Abfragebeispiele

Dynamische Abfragen

Dynamische Abfragen kann man erzeugen durch die Programmierung mit Ausdrucksbäumen (Expression Trees). In den mit Visual Studio 2008 mitgelieferten Beispielen für LINQ-to-SQL findet man eine Vereinfachung in Form der Klasse DynamicQueryable, die die Schnittstelle IQueryable um Überladungen erweitert, bei denen man SQL-Befehle angeben kann. Damit kann man LINQ-Befehle um dynamische Elemente erweitern, wie das folgende Beispiel zeigt.

WICHTIG Wichtig ist zu verstehen, dass auch in dem folgenden Beispiel nur ein SQL-Befehl zur Datenbank gesendet wird mit allen vier Bedingungen, da durch die Optimierung in LINQ-to-SQL die Umwandlung in SQL erst stattfindet, wenn der erste Zugriff auf die Menge stattfindet. Man muss also nicht befürchten, dass eine »Nachfilterung« im Hauptspeicher stattfindet, solange man nicht die Ausführung der Abfrage zwischenzeitlich erzwingt (z. B. durch Aufruf einer Konvertierungsroutine).

```
DatenbankDataContext db = new DatenbankDataContext();
db.Log = Console.Out;

var menge1 = from fl in db.FL_Flueges
             where fl.FL_FlugNr < 110 && fl.FL_Datum != null
             select fl;

object[] Parameter = new object[] { 250, 300 };
var menge2 = menge1.Where("FL_Plaetze = @0 and FL_FreiePlaetze <= @1", Parameter);

foreach (var f in menge2)
{
        Console.WriteLine(f.FL_FlugNr + ": " + f.FL_FreiePlaetze);
}
```

Listing 12.6   Dieses Beispiel erfordert, dass die Erweiterungsmethode aus DynamicQueryable zur Verfügung steht

Ladestrategien

Bei LINQ-to-SQL ist das verzögerte Laden der Standard für alle Beziehungen. Dies bedeutet, dass der folgende Ausdruck zu sehr vielen SQL-Befehlen führt, die nacheinander abgesendet werden (siehe auch Abbildung). Der Grund dafür liegt darin, dass zunächst nur einige Flüge geladen werden. Dann werden die zugehörigen Datensätze aus *GF_GebuchteFluege* geladen. Dann kommen die Passierdaten dazu und zum Schluss auch noch einzeln die Personendaten.

```
var q = from f in db.FL_Fluege
        where f.GF_GebuchteFluege.Count > 0
        select f;

foreach (var f in q)
   {
     print(f.FL_FlugNr + ": " + f.FL_Abflugort + " -> " + f.FL_Zielort);
     foreach (var b in f.GF_GebuchteFluege)
       {
         print(" - " + b.GF_Buchungscode + ": " + b.PS_Passagier.PE_Person.PE_Name);
       }
   }
```

Listing 12.7   Beispiel für LINQ-to-SQL

Kapitel 12: Objekt-Relationales Mapping (ORM) mit .NET (insbes. LINQ-to-SQL und ADO.NET Entity Framework)

```
SELECT [t0].[FL_FlugNr] AS [FlugNr], [t0].[FL_Abflugort] AS [Abflugort], [t0].[F
L_Zielort] AS [Zielort], [t0].[FL_Datum] AS [Datum], [t0].[FL_NichtRaucherFlug]
AS [NichtRaucherFlug], [t0].[FL_Plaetze] AS [Plaetze], [t0].[FL_FreiePlaetze] AS
 [FreiePlaetze], [t0].[FL_PI_MI_MitarbeiterNr] AS [MitarbeiterNr], [t0].[FL_Anza
hlStarts] AS [AnzahlStarts], [t0].[FL_EingerichtetAm] AS [EingerichtetAm], [t0].
[Fl_StartZeit] AS [StartZeit], [t0].[Fl_Ankunftszeit] AS [Ankunftszeit], [t0].[T
imestamp] AS [timestamp]
FROM [dbo].[FL_Fluege] AS [t0]
WHERE <<
    SELECT COUNT(*)
    FROM [dbo].[GF_GebuchteFluege] AS [t1]
    WHERE [t1].[GF_FL_FlugNr] = [t0].[FL_FlugNr]
    )) > @p0
-- @p0: Input Int32 (Size = 0; Prec = 0; Scale = 0) [0]
-- Context: SqlProvider(Sql2005) Model: AttributedMetaModel Build: 3.5.20706.1

101 : Berlin -> Frankfurt
SELECT [t0].[GF_PS_ID], [t0].[GF_FL_FlugNr], [t0].[GF_EinsteigenZeit], [t0].[GF_
AussteigenZeit], [t0].[GF_Preis], [t0].[GF_Klasse], [t0].[GF_Buchungscode]
FROM [dbo].[GF_GebuchteFluege] AS [t0]
WHERE [t0].[GF_FL_FlugNr] = @p0
-- @p0: Input Int32 (Size = 0; Prec = 0; Scale = 0) [101]
-- Context: SqlProvider(Sql2005) Model: AttributedMetaModel Build: 3.5.20706.1

SELECT [t0].[PS_ID], [t0].[PS_PE_Personalausweisnummer], [t0].[PS_Kundenstatus],
 [t0].[PS_KundenstatusSeit]
FROM [dbo].[PS_Passagier] AS [t0]
WHERE [t0].[PS_ID] = @p0
-- @p0: Input Int32 (Size = 0; Prec = 0; Scale = 0) [1]
-- Context: SqlProvider(Sql2005) Model: AttributedMetaModel Build: 3.5.20706.1

SELECT [t0].[PE_PersonalausweisNr], [t0].[PE_Name], [t0].[PE_Vorname], [t0].[PE_
Land]
FROM [dbo].[PE_Person] AS [t0]
WHERE [t0].[PE_PersonalausweisNr] = @p0
-- @p0: Input String (Size = 2; Prec = 0; Scale = 0) [30]
-- Context: SqlProvider(Sql2005) Model: AttributedMetaModel Build: 3.5.20706.1

- 1010001: Schwichtenberg
SELECT [t0].[PS_ID], [t0].[PS_PE_Personalausweisnummer], [t0].[PS_Kundenstatus],
 [t0].[PS_KundenstatusSeit]
FROM [dbo].[PS_Passagier] AS [t0]
WHERE [t0].[PS_ID] = @p0
-- @p0: Input Int32 (Size = 0; Prec = 0; Scale = 0) [2]
-- Context: SqlProvider(Sql2005) Model: AttributedMetaModel Build: 3.5.20706.1

SELECT [t0].[PE_PersonalausweisNr], [t0].[PE_Name], [t0].[PE_Vorname], [t0].[PE_
Land]
FROM [dbo].[PE_Person] AS [t0]
```

Abbildung 12.4 Die negativen Auswirkung des verzögerten Ladens: Sehr viele SQL-Befehle

LINQ-to-SQL unterstützt alternativ auch das direkte Laden (Eager Loading). Durch sogenannte Datenladeoptionen (Klasse DataLoadOptions) legt der Entwickler mithilfe einer Lambda-Ausdruck-Syntax im Datenkontext die Entitäten fest, die zusammen geladen werden sollen.

WICHTIG Diese Optionen müssen vor der Ausführung des ersten LINQ-Befehls gesetzt sein und können nachträglich nicht mehr geändert werden.

```
DatenbankDataContext db = new DatenbankDataContext();
db.Log = Console.Out;
DataLoadOptions lo = new DataLoadOptions();
lo.LoadWith<FL_Fluege>(x => x.GF_GebuchteFluege);
db.LoadOptions = lo;
```

Listing 12.8 Eager Loading für eine Beziehung

LINQ-to-SQL

```
- 1010001: Schwichtenberg
SELECT [t0].[PS_ID], [t0].[PS_PE_Personalausweisnummer], [t0].[PS_Kundenstatus],
       [t0].[PS_KundenstatusSeit]
FROM [dbo].[PS_Passagier] AS [t0]
WHERE [t0].[PS_ID] = @p0
-- @p0: Input Int32 (Size = 0; Prec = 0; Scale = 0) [2]
-- Context: SqlProvider(Sql2005) Model: AttributedMetaModel Build: 3.5.20706.1

SELECT [t0].[PE_PersonalausweisNr], [t0].[PE_Name], [t0].[PE_Vorname], [t0].[PE_
Land]
FROM [dbo].[PE_Person] AS [t0]
WHERE [t0].[PE_PersonalausweisNr] = @p0
-- @p0: Input String (Size = 2; Prec = 0; Scale = 0) [31]
-- Context: SqlProvider(Sql2005) Model: AttributedMetaModel Build: 3.5.20706.1

 - 1010002: Beil
SELECT [t0].[PS_ID], [t0].[PS_PE_Personalausweisnummer], [t0].[PS_Kundenstatus],
       [t0].[PS_KundenstatusSeit]
FROM [dbo].[PS_Passagier] AS [t0]
WHERE [t0].[PS_ID] = @p0
-- @p0: Input Int32 (Size = 0; Prec = 0; Scale = 0) [3]
-- Context: SqlProvider(Sql2005) Model: AttributedMetaModel Build: 3.5.20706.1

SELECT [t0].[PE_PersonalausweisNr], [t0].[PE_Name], [t0].[PE_Vorname], [t0].[PE_
Land]
FROM [dbo].[PE_Person] AS [t0]
WHERE [t0].[PE_PersonalausweisNr] = @p0
-- @p0: Input String (Size = 2; Prec = 0; Scale = 0) [32]
-- Context: SqlProvider(Sql2005) Model: AttributedMetaModel Build: 3.5.20706.1

 - 1010003: Meyer
SELECT [t0].[PS_ID], [t0].[PS_PE_Personalausweisnummer], [t0].[PS_Kundenstatus],
       [t0].[PS_KundenstatusSeit]
FROM [dbo].[PS_Passagier] AS [t0]
WHERE [t0].[PS_ID] = @p0
-- @p0: Input Int32 (Size = 0; Prec = 0; Scale = 0) [5]
-- Context: SqlProvider(Sql2005) Model: AttributedMetaModel Build: 3.5.20706.1

SELECT [t0].[PE_PersonalausweisNr], [t0].[PE_Name], [t0].[PE_Vorname], [t0].[PE_
```

Abbildung 12.5 Nur ein klein wenig weniger SQL

Wie die obige Abbildung zeigt, hat das Festlegen der einen Ladeoption den Vorteil gebracht, dass nun die Buchungsdaten nicht mehr für jeden Flug einzeln angerufen werden. Um aber auch die Passagier- und Personendaten dann mitzuladen, sind weitere Ladeoptionen notwendig (siehe folgendes Listing). Das Ergebnis ist, dass zu Beginn nun eine sehr komplexe SQL-Anweisung ausgeführt wird, dann aber keine weiteren SQL-Befehle mehr notwendig sind während die Schleife durchlaufen wird (siehe Abbildung unten).

```
DatenbankDataContext db = new DatenbankDataContext();
db.Log = Console.Out;
DataLoadOptions lo = new DataLoadOptions();
lo.LoadWith<FL_Fluege>(x => x.GF_GebuchteFluege);
lo.LoadWith<GF_GebuchteFluege>(x => x.PS_Passagier);
lo.LoadWith<PS_Passagier>(x => x.PE_Person);
db.LoadOptions = lo;
```

Listing 12.9 Eager Loading für alle Beziehungen

Abbildung 12.6 Direktes Laden für alle Beziehungen: Ein großer SQL-Befehl

> **TIPP** Um das verzögerte Laden für einen ganzen Datenkontext abzuschalten, kann man setzen:

```
db.DeferredLoadingEnabled = false;
```

Man kann das verzögerte Laden auch für einzelne Attribute einer Klasse setzen. Dann wird die Spalte erst im Moment des ersten Zugriffs nachgeladen. Dies ist sinnvoll bei sehr umfangreichen Spalten. Eingestellt wird dies mit *Deplay Loaded = true* im ORM-Designer.

Änderungsverfolgung und Persistierung

LINQ ist »nur« eine Abfragesprache, mit der man Daten laden, jedoch keine Daten ändern kann. Dennoch kann man mit LINQ-to-SQL Datenänderungen vollziehen, weil LINQ-to-SQL dafür eine eigene Programmierschnittstelle abseits von LINQ besitzt. Aus Sicht des Nutzers ist der Kern dieser Programmierschnittstelle der Datenkontext.

Änderungsverfolgung

Der Datenkontext merkt sich, ob ein Objekt geändert werden muss und ob man es zurückspeichern muss (Änderungsverfolgung, engl. *Change Tracking*). Auf Befehl des Entwicklers speichert der Datenkontext alle Änderungen, d.h. er erzeugt UPDATE-, DELETE- und INSERT-Befehle. UPDATE-Befehle werden nur für geänderte Objekte erzeugt und nur tatsächlich geänderte Attribute werden in dem Befehl berücksichtigt. Das heißt, dass der Datenkontext ein Änderungsflag nicht auf Objektebene, sondern auf Attributebene verwaltet.

LINQ-to-SQL

> **TIPP** Wenn man nur lesend auf Daten zugreifen will, kann man die Änderungsverfolgung zur Optimierung ausschalten: `db.ObjectTrackingEnabled = false`. Dann können Änderungen nicht mehr gespeichert werden.

Speicherung der Änderungen

Die Speicherung aller Änderungen in einem Datenkontext wird ausgelöst durch die Methode `SubmitChanges()` auf dem Datenkontext.

> **HINWEIS** Das teilweise Rückgängigmachen von Änderungen wie in Datasets (*Rejections*) wird bei LINQ-to-SQL nicht automatisch unterstützt.

Auflisten der Änderungen

Die Änderungsverfolgung kann jederzeit abgefragt werden nach den erfolgten Änderungen. Die Methode `GetChangeSet()` liefert ein `ChangeSet`-Objekt, das wiederum Listen der Änderungen aufgeteilt nach neuen Objekten (`Inserts`), geänderten Objekten (`Deletes`) und gelöschten Objekten (`Deletes`) enthält.

Daten ändern

Zum Ändern von Daten greift man einfach schreibend auf die Geschäftsobjekte im Hauptspeicher zu. Eine besondere Vorkehrung (z. B. ein Methodenaufruf) ist nicht notwendig. Die Änderungen werden erst gespeichert, wenn man `SubmitChanges()` aufruft.

Beispiel

Das folgende Beispiel zeigt die Reduktion der Anzahl freier Plätze auf dem Flug 101. Der Aufruf `db.GetChangeSet().Updates.Count` ergibt also die Zahl 1.

```
public static void A1_Update()
 {
   LTS.HeadLine("Reduzieren Sie die Platzanzahl für Flug 101 um zwei Plätze. Geben Sie die Anzahl der modifizierten Objekte aus. Überprüfen Sie, ob der Wert modifiziert wurde.");

   DatenbankDataContext db = new DatenbankDataContext();

   var menge = from fl in db.FL_Fluege
               where fl.FL_FlugNr == 101
               select fl;

   Console.WriteLine(menge);
   Console.WriteLine("Anzahl Flüge: " + menge.Count<FL_Fluege>());

   FL_Fluege f = menge.Single<FL_Fluege>();
   Console.WriteLine("Before: " + f.FL_FlugNr + ": " + f.FL_Abflugort + " -> " + f.FL_Zielort + " Freie Plätze: " + f.FL_FreiePlaetze);

   f.FL_FreiePlaetze-=2;

   Console.WriteLine("Modified: " + db.GetChangeSet().Updates.Count);
   db.SubmitChanges();
```

```
    var f_after = (from fl in db.FL_Fluege
                   where fl.FL_FlugNr == 101
                   select fl).Single<FL_Fluege>();

    Console.WriteLine("After: " + f_after.FL_FlugNr + ": " + f_after.FL_Abflugort + " -> " +
f_after.FL_Zielort + " Freie Plätze: " + f.FL_FreiePlaetze);

}
```

Listing 12.10 Datenänderungen mit LINQ-to-SQL

Daten anfügen und löschen

Zum Anfügen von Daten besitzen die Tabellen-Klassen innerhalb des Datenkontextes die Methoden `InsertOnSubmit()` und `InsertAllOnSubmit()`. `InsertOnSubmit()` erlaubt die Angabe eines neuen Objekts und `InsertAllOnSubmit()` die Angabe einer ganzen Liste (einer Objektmenge mit neuen Objekten). Die Gegenstücke zum Löschen sind `DeleteOnSubmit()` und `DeleteAllOnSubmit()`.

> **WICHTIG**   LINQ-to-SQL unterstützt keine kaskadierenden Löschoperationen, d.h. Detaildatensätze müssen vor den Hauptdatensätzen manuell gelöscht werden. Wenn man kaskadierendes Löschen möchte, ist es besser, dies auf Datenbankebene festzulegen. Dann kann man mit LINQ-to-SQL direkt die Hauptdatensätze löschen.
>
> LINQ-to-SQL unterstützt auch nur das Löschen bereits geladener Objekte. Wenn Sie ein Objekt löschen wollen, es aber gar keine Notwendigkeit gibt, es vorher zu laden, dann ist das Absenden eines DELETE-Befehls in SQL-Syntax effizienter!

Beispiel

Das Beispiel zeigt das Einfügen von 1000 Flügen mit jeweils drei Buchungen für bereits vorhandene Passagiere. Die neuen Flüge erhalten Flugnummern ab Nummer 1.000. Sofern zu Beginn bereits Flüge mit Flugnummern größer als 1.000 vorhanden sind, werden diese gelöscht.

> **WICHTIG**   Das nachfolgende Beispiel ist nicht effizient in Hinblick auf das Löschen der Flüge. Statt diese in den Hauptspeicher zu laden und dann von LINQ-to-SQL Löschbefehle erzeugen zu lassen, wäre es viel effizienter, einen SQL-Löschbefehl (»Delete from FL_Fluege where FL_FlugNr >= 1000«) an das DBMS zu senden. Da es hier in dem Buch aber darum geht, auf wenig Raum möglichst viele Beispiele zu zeigen, kommt das wesentlich aufwendigere Löschen mit `DeleteOnSubmit()` hier vor. Grundsätzlich sollte man dieses Szenario aber im Hinterkopf haben, wenn es darum geht, sich kritisch mit ORM auseinanderzusetzen.

```
/// <summary>
/// Menge von Flügen mit abhängigen Buchungen ergänzen
/// </summary>
public static void A8_Add_Fluege_Buchungen()
{
    LTS.HeadLine("Fügen Sie 1.000 neue Flüge und für jeden Flug drei neue Buchungen ein.");

    int Start = 1000;
    int Anz = 2000;

    // Datenkontext
    DatenbankDataContext db = new DatenbankDataContext();
    db.Log = Console.Out;
```

LINQ-to-SQL

```
  Console.WriteLine("Flüge: " + db.FL_Fluege.Count<FL_Fluege>());
  Console.WriteLine("Buchungen: " + db.GF_GebuchteFluege.Count<GF_GebuchteFluege>());

  // ------------------------------------------------------
  // Aufräumen von früheren Durchgängen: Alle Flüge über Nummer 1000 löschen!
  var y = from b in db.GF_GebuchteFluege where b.GF_FL_FlugNr >= 1000 select b;
  foreach (GF_GebuchteFluege b in y)
  {
    db.GF_GebuchteFluege.DeleteOnSubmit(b);
  }
  var x = from f in db.FL_Fluege where f.FL_FlugNr >= 1000 select f;
  foreach (FL_Fluege f in x)
  {
    db.FL_Fluege.D(f);
  }
  db.SubmitChanges();
  // Achtung: In der Praxis besser:
  db.ExecuteCommand("Delete from GF_GebuchteFluege where GF_FL_FlugNr >= 1000");
  db.ExecuteCommand("Delete from FL_Fluege where FL_FlugNr >= 1000");
  // ------------------------------------------------------

  Console.WriteLine("Flüge: " + db.FL_Fluege.Count<FL_Fluege>());
  Console.WriteLine("Buchungen: " + db.GF_GebuchteFluege.Count<GF_GebuchteFluege>());

  // Suche drei Passagiere
  PS_Passagier p1 = (from px in db.PS_Passagiers where px.PE_Person.PE_Name == "Schulze" select
px).FirstOrDefault();
  PS_Passagier p3 = (from px in db.PS_Passagiers where px.PE_Person.PE_Name == "Meier" select
px).FirstOrDefault();
  PS_Passagier p2 = (from px in db.PS_Passagiers where px.PE_Person.PE_Name == "Müller" select
px).FirstOrDefault();

  // Neue Liste von Flügen erzeugen
  for (int i = Start; i < (Start + Anz); i++)
  {
    if (i % 1000 == 0) Console.WriteLine(i);

    // Flug anlegen
    FL_Fluege f2 = new FL_Fluege();
    f2.FL_FlugNr = i;
    f2.FL_Abflugort = "x";
    f2.FL_Zielort = "y";
    db.FL_Fluege.InsertOnSubmit(f2);

    // Buchung #1 anlegen
    GF_GebuchteFluege b1 = new GF_GebuchteFluege();
    //b.GF_FL_FlugNr = i;
    //b.GF_PS_ID = 1;
    b1.FL_Fluege = f2;
    b1.PS_Passagier = p1;
    db.GF_GebuchteFluege.InsertOnSubmit(b1);
    //f2.GF_GebuchteFluege.Add(b);
```

```
    // Buchung #2 anlegen
    GF_GebuchteFluege b2 = new GF_GebuchteFluege();
    //b.GF_FL_FlugNr = i;
    //b.GF_PS_ID = 30;
    b2.FL_Fluege = f2;
    b2.PS_Passagier = p2;
    f2.GF_GebuchteFluege.Add(b2);

    // Buchung #3 anlegen
    GF_GebuchteFluege b3 = new GF_GebuchteFluege();
    b3.GF_FL_FlugNr = i;
    b3.GF_PS_ID = 90;
    f2.GF_GebuchteFluege.Add(b3);
    db.SubmitChanges();
    db.Refresh(RefreshMode.KeepCurrentValues);
    }

    Console.WriteLine("Flüge: " + db.FL_Fluege.Count<FL_Fluege>());
    Console.WriteLine("Buchungen: " + db.GF_GebuchteFluege.Count<GF_GebuchteFluege>());
    Console.WriteLine(db.FL_Fluege.Count<FL_Fluege>());
}
```

Listing 12.11 Daten einfügen und löschen

Änderungskonflikte feststellen und beheben

LINQ-to-SQL basiert intern auf ADO.NET und unterstützt daher (außerhalb expliziter Transaktionen) nur das optimistische Sperren mit einer Konflikterkennung über den Vergleich aller vorherigen Werte oder über Versions- bzw. Zeitstempelspalten. Standard ist der Vergleich über vorherige Werte. Dabei kann der Entwickler im Datenkontext für jedes einzelne Datenmitglied in jeder Entität steuern, ob die zugehörige Tabellenspalte bei den Vergleichen mit vorherigen Werten herangezogen werden soll. Dies steuert die Eigenschaft UpdateCheck der Datenmitglieder. Mögliche Werte sind Always, Never und WhenChanged. Sobald in einer Tabelle ein Datenmitglied vorkommt, das als Eigenschaft IsVersion=true besitzt, schaltet LINQ-to-SQL auf das zweite Verfahren um, bei dem nicht mehr alle Werte, sondern nur noch die Spalten verwendet werden, die die IsVersion=true haben.

ACHTUNG   Ungeschickterweise taucht IsVersion in dem Eigenschaftenfenster im Objekt-Relationalen Designer nicht auf, wenn man ein Datenmitglied auswählt (auch nicht, wenn es ein Zeitstempel oder eine Versionsspalte ist). Im Designer heißt diese Eigenschaft *Time Stamp*.

LINQ-to-SQL

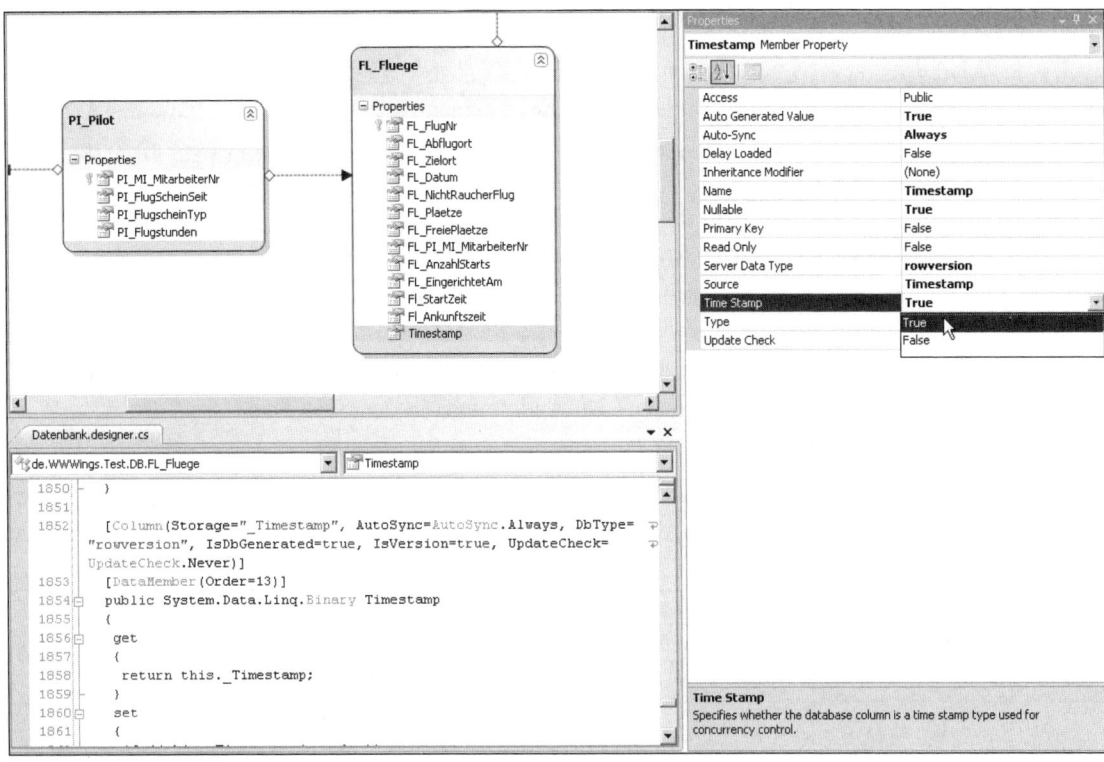

Abbildung 12.7 Die Auswahl bei Time Stamp beeinflusst IsVersion

Konflikte abfangen

Wenn ein Änderungskonflikt festgestellt wird, löst der Datenkontext eine ChangeConflictException aus. Diese Fehlerklasse besitzt eine Liste ChangeConflicts, die die Objekte enthält, die zu einem Konflikt geführt haben. Für jedes Objekt kann man über MemberConflicts die Datenmitglieder ermitteln, die zum Fehler geführt haben. Für jedes Datenmitglied kann man drei Werte auslesen:

- OriginalValue: Wert, der ursprünglich vom Datenkontext geladen wurde
- CurrentValue: Aktueller Wert im Hauptspeicher
- DatabaseValue: Aktueller Wert in der Datenbank

HINWEIS Der Fehlertext bei der ChangeConflictException ist immer »Row not found or changed.«

Verhalten im Konfliktfall

Beim Aufruf der Methode SubmitChanges() kann man als Parameter optional einen ConflictMode angeben, der festlegt, ob LINQ-to-SQL das Persistieren der Änderungen beim ersten Fehler abbrechen soll (FailOnFirstConflict) oder weitermachen soll (ContinueOnConflict). Standard ist FailOnFirstConflict. Bei ContinueOnConflict gibt ein Fehler am Ende Aufschluss über alle aufgetretenen Probleme.

Konflikte auflösen

Anders als ADO.NET bietet LINQ-to-SQL Unterstützung bei der Konfliktauflösung durch die Methode `Resolve()` in der Klasse `ObjectChangeConflict`. `Resolve()` besitzt einen Parameter `RefreshMode` mit drei Werten:

- `KeepCurrentValues`: Die Werte im Hauptspeicher werden verwendet nach dem Prinzip »Der letzte gewinnt«. Die Änderungsverfolgung im Hauptspeicher wird so angepasst, dass der ursprünglich geladene Wert durch den aktuellen Wert aus der Datenbank ersetzt wird. Dadurch ist der nächste Speichervorgang erfolgreich, sofern nicht wieder jemand in der Zwischenzeit etwas ändert.
- `OverwriteCurrentValues`: Die Änderungen im Hauptspeicher werden verworfen zugunsten der Werte in der Datenbank. Prinzip: »Der erste gewinnt«.
- `KeepChanges`: Die Werte aus Hauptspeicher und Datenbank werden gemischt, wenn die Änderungen in verschiedenen Spalten stattgefunden haben. Bei Änderungen in derselben Spalte siegt der letzte Wert (wie `KeepCurrentValues`).

WICHTIG   Ganz wichtig zu beachten ist, dass `Resolve()` keine Befehle an die Datenbank sendet, sondern nur den Datenkontext anpasst. Man muss also auf jeden Fall noch mal `SubmitChanges()` ausführen, um den Zustand in der Datenbank zu persistieren.

HINWEIS   Welche Konfliktlösung in einem konkreten Projekt zu wählen ist, kann man nicht allgemein sagen. Dies kommt auf die Bedeutung der Daten an. Der Entwickler hat auch die Möglichkeit, dem Benutzer die Entscheidung zu überlassen.

Beispiel

In dem folgenden Beispiel wird ein Änderungskonflikt simuliert, in dem ein Prozess zwei verschiedene Datenkontexte öffnet, in beiden Datenkontexten das gleiche `Flug`-Objekt lädt und dann in beiden Kontexten die Anzahl der freien Plätze ändert. Beim zweiten Speichervorgang kommt es zu einem Fehler des Typs `ChangeConflictException`, der abgefangen wird. Das Problem wird ausgegeben und der Benutzer erhält die Auswahl zur Konfliktlösung. Das Gesamtergebnis wird am Ende angezeigt. Mit diesem Beispiel kann man alle Szenarien durchspielen. Das Ergebnis eines Durchlaufs mit Prinzip »Der letzte gewinnt« sieht man nach dem Listing auch als Bildschirmabbildung.

WICHTIG   An dieser Stelle sei darauf hingewiesen, dass ein Prozess immer nur einen Datenkontext besitzen soll. Mit zwei Datenkontexten kann man aber zwei verschiedene Prozesse simulieren. Für die Darstellung in einem Buch und das Testen ist dies wesentlich einfacher als tatsächlich zwei Prozesse zu verwenden.

```
/// <summary>
/// Änderungskonflikt simulieren und Fehler abfangen
/// </summary>
public static void A2_UpdateConflict()
  {
   LTS.HeadLine("Erzeugen Sie einen Änderungskonflikt. (Hinweis: Verwenden Sie zwei verschiedene
DataContext-Instanzen). Fangen Sie den Konflikt ab und geben Sie die Ursache des Konfliktes aus.");
```

```csharp
long FL_FlugNr = 103;

// 1. Datenkontext
DatenbankDataContext db1 = new DatenbankDataContext();
FL_Fluege f1 = (from fl in db1.FL_Fluege
                where fl.FL_FlugNr == FL_FlugNr
                select fl).Single<FL_Fluege>();

Console.WriteLine("Kontext 1 hat geladen: " + f1.FL_FreiePlaetze + " freie Plätze!");

// 2. Datenkontext
DatenbankDataContext db2 = new DatenbankDataContext();
FL_Fluege f2 = (from fl in db2.FL_Fluege
                where fl.FL_FlugNr == FL_FlugNr
                select fl).Single<FL_Fluege>();
Console.WriteLine("Kontext 2 hat geladen: " + f2.FL_FreiePlaetze + " freie Plätze!");

// Änderung im zweiten Datenkontext und Speichern

f2.FL_FreiePlaetze--;
Console.WriteLine("Kontext 2 will speichern: " + f2.FL_FreiePlaetze + " freie Plätze!");
db2.SubmitChanges(ConflictMode.ContinueOnConflict);
Console.WriteLine("Kontext 2 hat gespeichert: " + f2.FL_FreiePlaetze + " freie Plätze!");

bool SaveAgain = false;

// Änderung im ersten Datenkontext und Speichern
try
{
 f1.FL_FreiePlaetze -= 3 ;
 Console.WriteLine("Kontext 1 will speichern: " + f1.FL_FreiePlaetze + " freie Plätze!");
 db1.SubmitChanges(ConflictMode.ContinueOnConflict);
 Console.WriteLine("Kontext 1 hat gespeichert: " + f1.FL_FreiePlaetze + " freie Plätze!");
}
catch (ChangeConflictException ex)
{
 Console.ForegroundColor = ConsoleColor.Red;
 Console.WriteLine("FEHLER: " + ex.Message);

 foreach (ObjectChangeConflict x in db1.ChangeConflicts)
 {
  Console.WriteLine("Konflikt bei Objekt: " + (x.Object as FL_Fluege).FL_FlugNr);

  foreach (MemberChangeConflict m in x.MemberConflicts)
  {
   Console.WriteLine("\t" + m.Member.Name + ": Original: " + m.OriginalValue + " Current: " +
m.CurrentValue + " Database: " + m.DatabaseValue);
  }

  Console.WriteLine("Wie soll der Konflikt gelöst werden? ");
  Console.WriteLine("h = Speichern des Zustands des Hauptspeichers. Überschreiben der Datenbank.");
  Console.WriteLine("d = Beibehalten des Zustands der Datenbank. Verwerfen der Änderungen im
         Hauptspeicher.");
```

```
      Console.WriteLine("m = Mischen der Änderungen.");
      ConsoleKeyInfo key = Console.ReadKey();
      Console.WriteLine();
      switch(key.Key)
      {
       case ConsoleKey.H: x.Resolve(RefreshMode.KeepCurrentValues); SaveAgain = true; break;
       case ConsoleKey.D: x.Resolve(RefreshMode.OverwriteCurrentValues); SaveAgain = true; break;
       case ConsoleKey.M: x.Resolve(RefreshMode.KeepChanges); SaveAgain = true; break;
      }
     }
    }
    Console.ForegroundColor = ConsoleColor.White;

    // Notwendig, da Resolve() nur Hauptspeicher anpasst!
    if (SaveAgain) db1.SubmitChanges();

    Console.WriteLine("Endzustand in Kontext 1: " + f1.FL_FreiePlaetze + " freie Plätze!");
    Console.WriteLine("Endzustand in Kontext 2: " + f2.FL_FreiePlaetze + " freie Plätze!");
    DatenbankDataContext db3 = new DatenbankDataContext();
    FL_Fluege f3 = (from fl in db3.FL_Fluege
                    where fl.FL_FlugNr == FL_FlugNr
                    select fl).Single<FL_Fluege>();
    Console.WriteLine("Endzustand in der Datenbank: " + f3.FL_FreiePlaetze + " freie Plätze!");

    // ENDE
    db1.Dispose();
    db2.Dispose();
    db3.Dispose();
    Console.ForegroundColor = ConsoleColor.Gray;
   }
```

Listing 12.12 Änderungskonflikt simulieren und Fehler abfangen

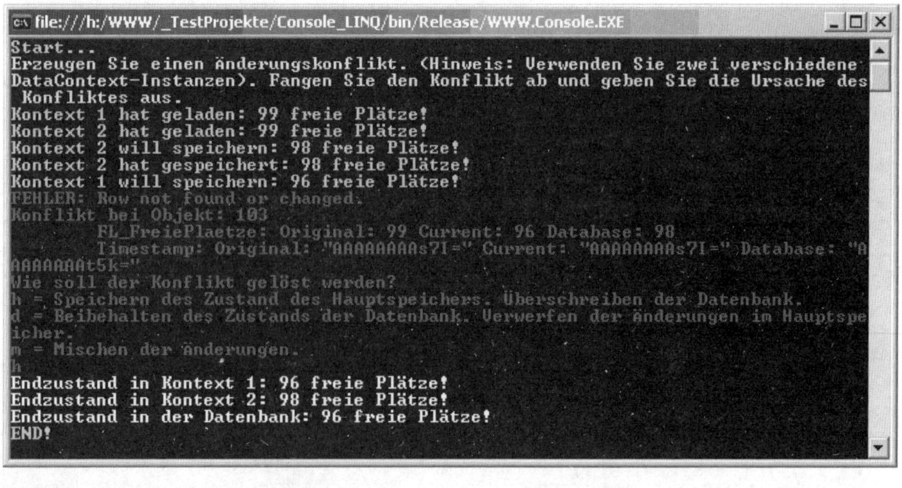

Abbildung 12.8 Die Ausgabe des obigen Beispiels

Transaktionen

LINQ-to-SQL unterstützt Transaktionen, indem man

- entweder alle transaktionsrelevanten Datenbankzugriffe in ein `System.Transaction.TransactionScope` einschließt (siehe Kapitel zu Enterprise Services und Transaktionen) oder
- dem Attribut `Transaction` der Datenkontextklasse explizit ein Transaktionsobjekt (z. B. eine Instanz von `System.Data.SqlClient.SqlTrancation`) zuweist (siehe Kapitel »Datenzugriff mit ADO.NET«).

Auch verschachtelte Transaktionen (Nested Transactions) werden unterstützt.

Forward Engineering vs. Reverse Engineering

Das Anlegen eines Datenkontextes mit dem Objekt-Relationalen Designer in Visual Studio 2008 ist das Reverse Engineering. LINQ-to-SQL bietet aber auch Forward Engineering zur Laufzeit einer Anwendung an, d. h. eine Anwendung ist in der Lage, ihre eigene Datenbank zur Laufzeit selbst aus einem Geschäftsobjektmodell zu erzeugen. LINQ-to-SQL bietet hier einfach die Methode `CreateDatabase()` in dem Datenkontext an, den der in Visual Studio generiert. LINQ-to-SQL kann allerdings Datenbanken nur anlegen oder löschen (`DeleteDatabase()`); Änderungen an bestehenden Datenbanken sind nicht möglich. Dies bedeutet also, dass alle Daten verloren gehen, wenn man nur ein Attribut in einem Geschäftsobjekt ergänzt (bzw. dass man sich um die Datenmigration selbst kümmern muss).

> **HINWEIS** Voraussetzung für das Forward Engineering in LINQ-to-SQL ist, dass man ein Modell im OR-Designer besitzt. Diesen kann man entweder aus einer vorhandenen Datenbank zur Entwicklungszeit erzeugen, um dann zur Laufzeit eine neue Instanz dieser Datenbank anzulegen oder aber der Entwickler kann auch einen Datenkontext völlig losgelöst von einer Datenbank in Visual Studio erstellen. Der zweite Weg hat aber den Nachteil, dass man sehr viele Einstellungen für die Datenbank (insbes. Datentypen und Schlüssel) manuell im Datenkontext vornehmen muss. Hier ist der Weg der Gestaltung über die Werkzeuge des Datenbankmanagementsystems sicherlich für viele Entwickler der gewohnte Weg.

Beispiel für Forward Engineering

Das Beispiel zeigt das Anlegen einer Datenbank auf Basis eines OR-Modells (*Datenbank.dbml* mit Datenkontextklasse `DatenbankDataContext`). Wenn die Datenbank bereits besteht, wird sie gelöscht und dann neu angelegt. Die Datenbank kann dann direkt befüllt und abgefragt werden.

```
/// <summary>
/// Forward Engineering Demo
/// </summary>
  public static void A9_CreateDatabase()
  {
    LTS.HeadLine("Erzeugen Sie eine neue Datenbank auf Basis der DBML-Datei und befüllen Sie die Datenbank über LINQ-to-SQL mit Flügen.");

    // Verbindung zu einer Datenbank, die es noch gar nicht gibt
    DatenbankDataContext db = new DatenbankDataContext(@"Data Source=.\SQLEXPRESS;Database=WWWIngs_Neu;Trusted_Connection=true");

    // Datenbank löschen, falls sie schon existiert.
    if (db.DatabaseExists())
```

```csharp
{
 Console.WriteLine("Datenbank ist bereits vorhanden!");
 db.DeleteDatabase();
 Console.WriteLine("Datenbank gelöscht!");
}

// Datenbank anlegen
db.CreateDatabase();
Console.WriteLine("Datenbank erzeugt!");

// Daten erzeugen
Console.WriteLine("Erzeuge Daten...");
for (int i = 100; i < 200; i++)
{
 FL_Fluege f2 = new FL_Fluege();
 f2.FL_FlugNr = i;
 f2.FL_Abflugort = "Rom";
 f2.FL_Zielort = "Paris";
 db.FL_Fluege.InsertOnSubmit(f2);
 db.SubmitChanges();
 Console.WriteLine("Flug erzeugt: " + i);
}

// Daten abfragen
var Ergebnis =
 from f in db.FL_Fluege
 where f.FL_Abflugort == "Rom"
 select f;

// Daten ausgeben
LTS.Print(Ergebnis, "");

// Ende
db.Dispose();
}
```

Listing 12.13   Forward Engineering mit LINQ-to-SQL

Protokollierung und Debugging

Einsteiger in LINQ-to-SQL interessiert in der Regel, welche SQL-Befehle erzeugt werden. Aber auch fortgeschrittene Anwender wollen zu Diagnosezwecken sehen, was passiert. Jederzeit kann man natürlich mit dem Datenbankprotokollwerkzeug SQL Profiler alle gesendeten SQL-Befehle sehen. Für die direkte Zuordnung von LINQ-Befehl zu SQL-Befehl empfiehlt sich jedoch die eingebaute Protokollierung von LINQ-to-SQL:

- Der Aufruf von `Abfrage.ToString()` auf einer Variablen, die einem LINQ-to-SQL-Befehl zugewiesen wurde, liefert den SQL-Befehl als Rückgabewert. Dies geschieht unabhängig davon, ob der SQL-Befehl schon tatsächlich ausgeführt wurde.

- Mit `DB.Log` kann man alle SQL-Befehle ausgeben, z. B. `DB.Log = Console.Out;`

- `DB.GetCommand(Abfrage)` liefert das `DbCommand`-Objekt für den SQL-Befehl, der aus dem in der Variablen Abfrage hinterlegten LINQ-Befehl erzeugt wird.

Dabei ist DB jeweils ein Datenkontext-Objekt und Abfrage ist ein LINQ-Befehl zugeordnet.

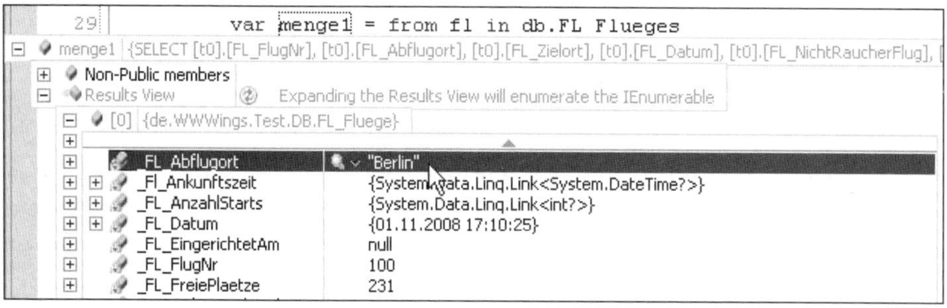

```
    29              var menge1 = from fl in db.FL Flueges
menge1  {SELECT [t0].[FL_FlugNr], [t0].[FL_Abflugort], [t0].[FL_Zielort], [t0].[FL_Datum], [t0].[FL_NichtRaucherFlug],
    Non-Public members
    Results View         Expanding the Results View will enumerate the IEnumerable
        [0] {de.WWWings.Test.DB.FL_Fluege}

            FL_Abflugort        "Berlin"
            _Fl_Ankunftszeit    {System.Data.Linq.Link<System.DateTime?>}
            _FL_AnzahlStarts    {System.Data.Linq.Link<int?>}
            _FL_Datum           {01.11.2008 17:10:25}
            _FL_EingerichtetAm  null
            _FL_FlugNr          100
            _FL_FreiePlaetze    231
```

Abbildung 12.9 Beim Debugging in Visual Studio wird im Lokalfenster und beim Überfahren einer Variable, die mit einem LINQ-to-SQL-Befehl verbunden ist, der zugrundeliegende SQL-Befehl angezeigt. Auf Anforderung kann man dann im "Results View" auch die Ergebnisse sehen.

Konvertierungen

Eine LINQ-Objektmenge kann in eine andere Listenform umgewandelt werden mit ToArray(), ToLookup(), ToList(), ToDictionary(). Diese Möglichkeiten existieren auch bei LINQ-to-SQL. Dabei entsteht eine entsprechende Liste, die von dem Datenkontext entkoppelt ist.

HINWEIS Die Konvertierungsmethoden werden insbesondere benötigt, wenn das Ergebnis einer komplexen LINQ-to-SQL-Abfrage, die einer mit *var* deklarierten Variablen zugewiesen wurde, als Ergebnis einer Methode zurückgegeben werden soll.

Gespeicherte Prozeduren

Gespeicherte Prozeduren kann man durch Ziehen&Fallenlassen (engl. Drag&Drop) in den ORM-Designer aufnehmen. Der Designer erzeugt dann für jede gespeicherte Prozedur eine statische Methode in der Datenkontext-Klasse, die man wie eine normale Methode aufrufen kann.

HINWEIS Visual Studio analysiert die gespeicherte Prozedur, um den Rückgabewert zu ermitteln und diesen im Datenkontext zu hinterlegen. Die Prozedur wird dazu mit der Option *FMTONLY* ausgeführt, die nur Metadaten liefert, aber nicht die eigentlichen Aktionen ausführt.

```
public static void SP_Demo()
{
  LTS.HeadLine("SP Demo");

  DatenbankDataContext db = new DatenbankDataContext();

  int e1 = db.DeleteFlightsGreater1000();
  Console.WriteLine(e1);

  ISingleResult<GetRouteResult> e2 = db.GetRoute(101);
  Console.WriteLine(e2.ReturnValue);
  foreach (GetRouteResult f in e2)
```

```
    {
    Console.WriteLine(f.FL_AbfLugOrt + "-->" + f.FL_ZielOrt);
    }
}
```

Listing 12.14 Aufruf von zwei gespeicherten Prozeduren über den Datenkontext

> **TIPP** Gespeicherte Prozeduren können anstelle der von LINQ-to-SQL generierten SQL-DML-Befehle zum Ändern, Einfügen und Löschen von Datensätzen verändert werden. Dazu legt man die gespeicherten Prozeduren im Datenkontext an und wählt dann bei einer Tabelle in den Eigenschaften *Insert*, *Update* und *Delete* eine der vorhandenen gespeicherten Prozeduren aus.

Serialisierung

Die LINQ-Geschäftsobjekte sind in der Grundeinstellung nicht serialisierbar. Serialisierbarkeit mit der Windows Communication Foundation (WCF) kann aktiviert werden durch die Einstellung von *Serialization Mode* auf *unidirektional* im Datenkontext. Dazu muss man in dem ORM-Designer den Hintergrund anwählen und dann das Eigenschaftenfenster betrachten. Dadurch werden die Annotationen [DataContract] und [DataMember] (vgl. WCF) in dem generierten Programmcode für alle Geschäftsobjektklassen angelegt. Allerdings ist diese Serialisierbarkeit keineswegs vollständig, denn für Assoziationen verwendete Datentypen *EntityRef* noch *EntitySet* sind nicht serialisierbar. Sie werden vom ORM-Designer daher auch nicht mit [DataMember] annotiert. Dies bedeutet also, dass man per WCF nur einzelne Objekte, aber keine Objektbäume übermitteln kann. Laut [MSDN23] ist eine Serialisierung mit dem älteren .NET Remoting gar nicht möglich. Der Autor dieses Buchs hat dies jedoch nicht selbst erprobt.

Unterstützung für verteilte Systeme

Grundsätzlich erlaubt LINQ-to-SQL den Übergang zwischen persistenten und transienten Objekten. Ein persistentes Objekt (also ein Objekt, das zu einem Datenkontext gehört) wird transient, wenn der Datenkontext geschlossen wird (Aufruf von Dispose() oder Löschen des letzten Objektverweises). Das Geschäftsobjekt lebt nach dem Schließen seines Datenkontextes weiter und kann weiterhin verwendet werden. Seine Änderungen können aber nicht mehr gespeichert werden. Bei der Serialisierung eines Objekts (z.B. beim Versenden des Objekts per ASMX-Webservices oder WCF-Dienst) wird das Objekt immer transient, also vom Datenkontext losgelöst.

Der Übergang zwischen dem transienten und dem persistenten Zustand erfolgt durch einen expliziten Methodenaufruf auf der zugehörigen Mengenklasse (Table-Klassen). Für neue Objekte ist dies InsertOnSubmit(), für geänderte oder gelöschte Objekte ist dies Attach(). Objekte, die vom Datenkontext losgelöst wurden, können mit Attach() für Einzelobjekte bzw. AttachAll() für Objektmengen wieder einer anderen Instanz der gleichen Datenkontextklasse angefügt werden.

> **WICHTIG** LINQ-to-SQL hat die besondere Anforderung, dass Objekte nur dann mit Attach() hinzugefügt werden können, wenn dasselbe Objekt vorher nicht Teil eines Datenkontextes war. Objekte, die serialisiert und wieder deserialisiert wurden, erfüllen aber diese Anforderung.

Für transiente Objekte gibt es in LINQ-to-SQL keine Änderungsverfolgung (anders als beim ADO.NET Dataset). Dies bedeutet also, dass der eigene Programmcode sich merken muss, welche Objekte wie bearbeitet wurden. Daher muss man beim Aufruf von `Attach()` neben dem Objekt auch noch eine Zusatzangabe machen: Entweder muss man explizit durch `true` angeben, dass das Objekt modifiziert wurde oder aber man muss den Originalzustand angeben (dann kann LINQ-to-SQL selbst feststellen, ob es eine Modifikation gab).

In Anwendungen, die immer nur einzelne Datensätze bearbeiten und dann die Änderungen speichern (typischerweise in klassischen serverbasierten Webanwendungen), ist das Problem noch überschaubar. Für ASP.NET ist der notwendige Programmcode in dem Steuerelement `LinqDataSource` gekapselt. Für Desktop-Anwendungen gibt es eine solche Unterstützung aber leider nicht. In der Praxis ist dies eine große Herausforderung.

Problemszenario

Man denke an folgendes typisches Szenario: Eine Desktop-Anwendung lädt von einem Anwendungsserver die Daten von 150 Passagieren und stellt diese in einem `GridView`-Steuerelement dar. Nun bearbeitet der Benutzer davon fünf Passagiere und klickt dann auf Speichern. Es wäre nun gar keine gute Idee, alle 150 Passagiere an den Server zurückzusenden, alle dort bei `Attach()` als *geändert* zu deklarieren und alle 150 Passagiere neu zu speichern. Das wäre nicht nur schlecht für die Leistung der Anwendung sondern würde die Anzahl der Änderungskonflikte auch stark steigen lassen.

Es ist also wichtig, vor dem Speichern in der Datenbank festzustellen, welche Datensätze tatsächlich gespeichert werden müssen. LINQ-to-SQL unterstützt dies auf folgende Weise:

- `Attach(obj, true)` gibt an, dass das übergebene Objekt geändert wurde und komplett gespeichert werden soll. Nachteilig ist, dass man selbst feststellen muss, welche Objekte geändert wurden und alle Attribute zur Speicherung an die Datenbank gesendet werden (auch solche, die nicht geändert wurden). Diese Lösung setzt voraus, dass es eine Zeitstempel-Spalte (Timestamp) gibt.

- `Attach(obj, alt_obj)` erlaubt die Angabe des neuen und des alten Objektzustandes. LINQ-to-SQL kann dann selbst erkennen, ob und was geändert wurde. Nachteilig ist, dass man sich den alten Zustand merken muss und viel Netzwerklast zwischen Client und Server erzeugt (übermittelt werden alle Objekte und das auch noch direkt zweimal!).

- Bei der Variante `Attach(alt_obj, false)` übergibt man das alte Objekt und folglich *false* an den zweiten Parameter. Zusätzlich übergibt man die geänderten Werte einzeln und setzt diese in dem Objekt nach dem Anfügen an die Datenbank. Dieses Verfahren wird *Wiedereinspielen* (*Playback*) genannt und lohnt sich allenfalls dann, wenn immer nur an bestimmten, wenigen Stellen im Objekt Änderungen stattfinden.

Besser ist es in jedem Fall, bereits auf dem Client festzustellen, welche Objekte geändert wurden. Um genauso effizient wie ein LINQ-to-SQL-Datenkontext zu arbeiten, müsste der Entwickler sich sogar merken, welche Attribute geändert wurden. Dieses Merken kann erfolgen, indem der Entwickler entweder bei jedem Schreibzugriff auf Properties ein Flag setzt oder aber eine komplette Liste aller Originalwerte zwischenspeichert und vor dem Zurückschreiben die aktuellen Werte mit den Originalwerten vergleicht. Leider gibt es von Microsoft noch keine Lösung für diese Aufgabe. Einen inoffiziellen Lösungsansatz findet man aber als Open Source-Lösung auf Codeplex [COD08]. Dabei erhält jedes LINQ-to-SQL-Geschäftsobjekt eine Basisklasse `LINQEntityBase`, die die Änderungen zumindest auf Objektebene notiert, indem es sich in die Änderungsbenachrichtigungen der Geschäftsobjektklasse einhängt.

Beispiel

Das folgende Listing zeigt eine Simulation des Problems. Anstelle eines eigenständigen Clients tritt hier die Serialisierung in eine Liste mit anschließendem Schließen des Datenkontextes. Der simulierte Client arbeitet in dem gleichen Prozess, aber ohne Datenkontext, auf den Daten. Anschließend wird ein neuer Datenkontext erzeugt. Diesem Datenkontext werden die Objekte als *neu* hinzugefügt.

```
/// <summary>
/// Multi-Tier-Beispiel / Detached Objets
/// </summary>
public static void A3B_Update_Detach_Collection()
{
  LTS.HeadLine("Laden Sie 10 Flüge. Schließen Sie den Datakontext. Ändern Sie fünf Objekte. Speichern Sie das Objekte durch einen neuen DataContext in die Datenbank.");

  long Hoechste_FlugNummer = 110;

  // ---- Server
  DatenbankDataContext db1 = new DatenbankDataContext();
  db1.DeferredLoadingEnabled = false;
  var menge = from fl in db1.FL_Fluege
              where fl.FL_FlugNr <= Hoechste_FlugNummer
              select fl;

  Console.WriteLine(menge);
  Console.WriteLine("Anzahl Flüge: " + menge.Count<FL_Fluege>());

  IEnumerable<FL_Fluege> fluege = menge.ToList();

  Console.WriteLine("---- Ausgangszustand: ");
  foreach (FL_Fluege f in fluege)
  {

    Console.WriteLine("SERVER VORHER: " + f.FL_FlugNr + ": " + f.FL_Abflugort + " -> " + f.FL_Zielort +
    " Freie Plätze: " + f.FL_FreiePlaetze + " (" + f.GetHashCode() + ")");

    foreach (GF_GebuchteFluege g in f.GF_GebuchteFluege)
    {
      Console.WriteLine("- " + g.GF_Buchungscode + "=" + g.GF_Preis);
    }
  }

  // ---- Daten serialisieren und Kontext vernichten
  Console.WriteLine("Simuliere Offline-Szenario");
  List<FL_Fluege> Fluege_Serialisiert = fluege.ToList();
  Console.WriteLine("Vernichte Kontext...");
  db1.Dispose();

  // ---- Client
  Console.WriteLine("Start des Clients");
  Console.WriteLine("Offline Veränderung der ersten fünf (!) Datensätze...");
  for (int i = 0; i <= 5; i++)
  {
    Fluege_Serialisiert[i].FL_FreiePlaetze--;
```

LINQ-to-SQL

```csharp
      foreach (GF_GebuchteFluege g in Fluege_Serialisiert[i].GF_GebuchteFluege)
      {
        g.GF_Preis = 100.00m;
        Console.WriteLine("Neuer Preis: " + g.GF_Buchungscode + "=" + g.GF_Preis);
      }
    }
    Console.WriteLine("Einige Objekte verändert");

    Console.WriteLine("---- neuer Zustand: ");
    foreach (FL_Fluege f in Fluege_Serialisiert)
    {
      Console.WriteLine("CLIENT: " + f.FL_FlugNr + ": " + f.FL_Abflugort + " -> " + f.FL_Zielort + " Freie
Plätze: " + f.FL_FreiePlaetze + " (" + f.GetHashCode() +")");
    }
    Console.WriteLine("Ende des Clients");

    // ---- Server
    Console.WriteLine("--- Zurück auf dem Server");

    Console.WriteLine("Neuer Kontext!");

    DatenbankDataContext db2 = new DatenbankDataContext();

    // Alternative 1: // geht nur mit Timestamp!
    db2.FL_Fluege.AttachAll(Fluege_Serialisiert, true);

    // Alternative 2: // geht nur mit Timestamp!
    //foreach (FL_Fluege f in Menge_Neu)
    //{
    //  db2.FL_Fluege.Attach(f, true);
    //}

    // Alternative 3: // ohne Timestamp!
    //  db2.Flugs.Attach(f_neu, f);

    Console.WriteLine("Anzahl der zurückgesendeten Datensätze: " + db2.GetChangeSet().Updates.Count);

    db2.SubmitChanges();

    // Kontext vernichten
    db2.Dispose();

    Console.WriteLine("Gespeichert!");

    DatenbankDataContext db3 = new DatenbankDataContext();
    var f_after = (from fl in db3.FL_Fluege
                   where fl.FL_FlugNr <= Hoechste_FlugNummer
                   select fl);

    foreach (FL_Fluege f in f_after)
    {
      Console.WriteLine("SERVER NACHHER: " + f.FL_FlugNr + ": " + f.FL_Abflugort + " -> " + f.FL_Zielort +
" Freie Plätze: " + f.FL_FreiePlaetze + " (" + f.GetHashCode() +")");
    }
```

```
    foreach (GF_GebuchteFluege g in f.GF_GebuchteFluege)
    {
      Console.WriteLine("- " + g.GF_Buchungscode + "=" + g.GF_Preis);
    }
  }
}
```

Listing 12.15 Simulation des Client-Server-Szenarios

Ein Blick auf die folgende Bildschirmabbildung macht die Herausforderung deutlich: Obwohl auf dem *Client* nur fünf der zehn Datensätze geändert wurden, sieht der Server zehn geänderte Datensätze, weil ihm die Information fehlt, was neu und was geändert ist. Auch die Hashwerte von .NET (`GetHashCode()`) sind keine Hilfe, weil der Hashcode nicht nur vom Inhalt abhängig ist, sondern auch die Objektidentität berücksichtigt. Daher haben sich nach dem Neuladen auf dem Server alle Hashcodes verändert.

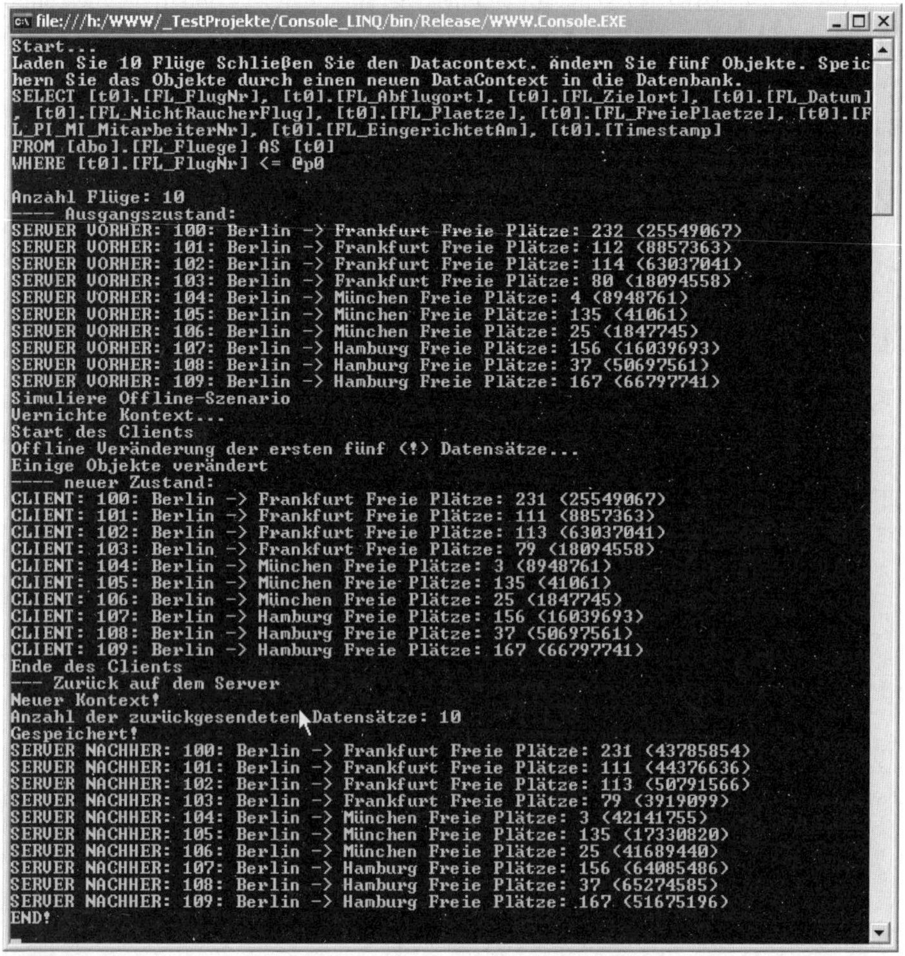

Abbildung 12.10 Ergebnis des obigen Beispiels

Erweiterbarkeit

Die von dem ORM-Designer erzeugten Geschäftsobjektklassen kann man durch partielle Klassen und partielle Methoden erweitern. Eine partielle Klasse kann Attribute (Fields oder Properties) und Methoden ergänzen. Eine private partielle Methode in der partiellen Klasse kann eine Implementierung für die in der generierten Klasse definierten partiellen Methoden liefern.

Der von LINQ-to-SQL generierte Programmcode lässt sich erweitern:

- Sowohl die Datenkontextklasse als auch die Geschäftsobjektklassen sind partielle Klassen, die in einer getrennten Programmcodedatei um Attribute und Methoden erweitert werden können.
- Beide Klassen definieren zahlreiche partielle Methoden, die zwar von der Implementierung der Klassen aufgerufen werden, aber selbst noch keine Implementierung haben. Sie sind eine Art Ereignisse, die sowohl auf Ebene von Objekten (Lebenszyklusereignisse wie OnLoaded(), OnValidate() und OnCreated()) als auch auf Ebene von Datenmitgliedern (Änderungsmitteilungen bei einzelnen Attributen) definiert sind.

TIPP Zum Erzeugen einer partiellen Klasse wählt man *View Code* auf einem Geschäftsobjektklassenelement im ORM-Designer. Zum Erzeugen der Implementierung einer partiellen Methode beginnt man eine Deklaration in der partiellen Klasse mit *privat partial*. Die Visual Studio-IntelliSense zeigt dann die verfügbaren Methoden an.

Beispiel

Das Beispiel zeigt die Erweiterung der Klasse PS_Person um ein Attribut GanzerName, das Vorname und Nachname zusammensetzt sowie den selbstdefinierten Teil der partiellen Klasse FL_Fluege, in dem zwei zusätzliche *Property*-Attribute definiert werden. Außerdem wird jeweils beim Laden einer Instanz eine Ausgabe erzeugt.

```
public partial class PS_Person
{
  public string GanzerName
  {
    get
    {
      return this.PE_Vorname + " " + PE_Name;
    }
  }
}

public partial class FL_Fluege
{
  public double Auslastung
  {
    get
    {
      return Math.Round(((double)this.FL_FreiePlaetze / (double)this.FL_Plaetze) * 100, 0);
    }
  }

  public bool IstAusgebucht
```

```
    {
      get
      {
        return (this.FL_FreiePlaetze == 0);
      }
    }

    partial void OnLoaded()
    {
      Console.WriteLine("- Loaded Object: " + this.FL_FlugNr);
    }
}
```

Listing 12.16 Erweiterungen einer LINQ-to-SQL-Geschäftsobjektklasse

Bei der Verwendung der Klasse kann man die neuen Attribute ganz normal verwenden. Eine Einschränkung gilt jedoch in LINQ-Abfragen. Man kann die neuen Attribute zwar als Teil einer Projektion verwenden, aber nicht als Teil einer Bedingung, Aggregation oder Gruppierung, denn dafür müsste es eine Repräsentation des selbstentwickelten C#-Codes in SQL geben. Eine allgemeine Lösung dafür gibt es jedoch noch nicht.

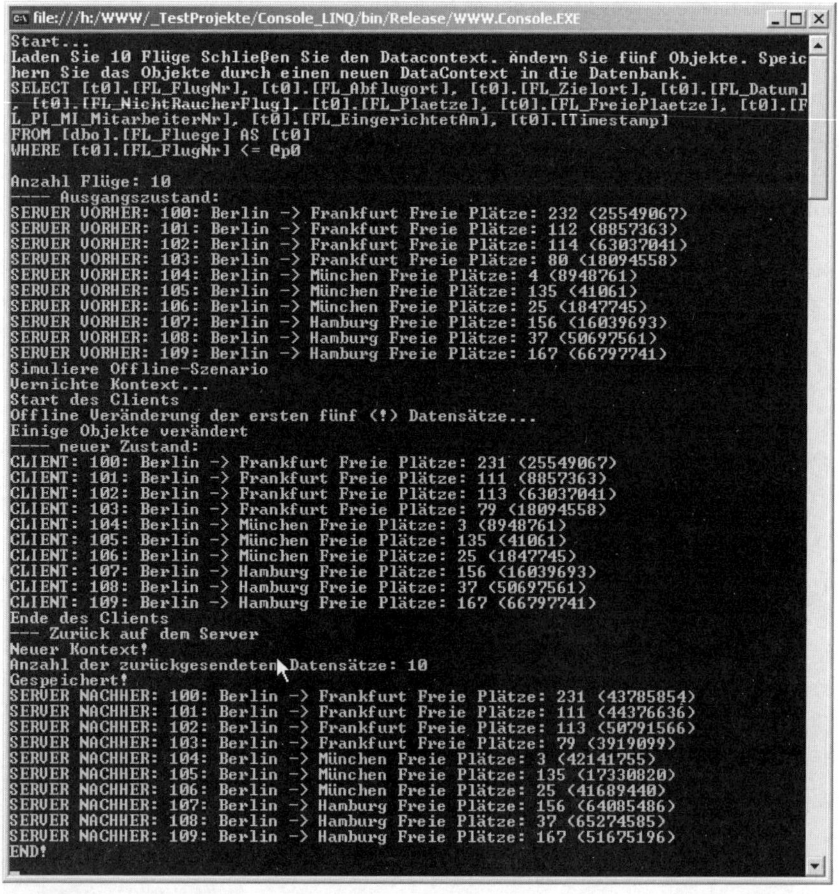

Abbildung 12.11 Ausgabe des obigen Beispiels

LINQ-to-SQL

Das folgende Listing zeigt einen erlaubten LINQ-Befehl mit Zugriff auf Erweiterung, bei dem Auslastung nur in der Projektion vorkommt. Der mittlere Befehl, bei dem `IstAusgebucht` als Bedingung verwendet wird, ist nicht erlaubt. Bei dem dritten Befehl kommt ein Trick zum Einsatz: Hier ist `IstAusgebucht` Teil der Bedingung. Durch die Anwendung von `AsEnumerable()` wird jedoch aus dem LINQ-to-SQL-Befehl ein LINQ-to-Objects-Befehl. Dies bedeutet dann aber auch: Die Filterung findet auf dem Client statt, nachdem zunächst alle Datensätze eingelesen wurden.

```
public static void Demo_BOExtensions()
{
  LTS.HeadLine("Rufen Sie zusätzliche Attribute oder Methoden auf.");

  DatenbankDataContext db = new DatenbankDataContext();

  var menge1 = from fl in db.FL_Fluege
               where fl.FL_FlugNr < 110 && fl.FL_Datum != null
               select new { FlugNr = fl.FL_FlugNr, Auslastung = fl.Auslastung };

  foreach (var f in menge1)
  {
   Console.WriteLine(f.FlugNr + ": " + f.Auslastung);
  }

  // GEHT NICHT:
  //var menge2 = from fl in db.FL_Fluege
  //             where fl.IstAusgebucht == false
  //             select new { FlugNr = fl.FL_FlugNr, Auslastung = fl.Auslastung };


  var menge3 = from fl in db.FL_Fluege.AsEnumerable()
               where fl.IstAusgebucht == false
               select new { FlugNr = fl.FL_FlugNr, Auslastung = fl.Auslastung };

  foreach (var f in menge3)
  {
   Console.WriteLine(f.FlugNr + ": " + f.Auslastung);
  }

}
```

Listing 12.17 Einsatz der selbstdefinierten Erweiterungsproperties

Weitere Funktionen

LINQ-to-SQL bietet einige weitere Funktionen, die hier aus Platzgründen nicht mehr besprochen werden:

- Unterstützung für Vererbung mit Filtered Mapping
- Generierung eines Datenkontextes an der Kommandozeile mit *SqlMetal.exe*
- Ablage von Mapping-Informationen in externen XML-Dateien (External Mapping)
- Datenbindung in ASP.NET mit der `LinqDataSource`, siehe dazu [HSJF01]

- Kompilierte Abfragen (Compiled Queries) zur Beschleunigung der Verarbeitung.
- Zwischenspeicherung (der Datenkontext bemerkt, wenn ein angefordertes Objekt bereits im Hauptspeicher vorliegt und dort ggf. in geänderter Form).

Wichtige Einschränkungen

Einige Einschränkungen von LINQ-to-SQL wurden schon im Text erwähnt. Hier noch einmal die wichtigsten Punkte:

- LINQ-to-SQL arbeitet bisher nur für Microsoft SQL Server 2000 / 2005 / 2008 und SQL Compact 3.5 (keine anderen Hersteller)
- Keine Schemamodifikationen bei Forward Engineering: neu generieren (*Partial* ist nur eine teilweise Lösung, z. B. beim Annotieren von Properties (kein Refresh im Designer); eigene Annotationen gehen verloren beim Regenerieren)
- Fast nur 1:1-Abbildung zwischen Tabellen und Klassen
- Keine Serialisierung von assoziierten Objekten
- Beim Einsatz von Projektionen kein Change Tracking und Identity Management
- Kein Zurückkehren zum alten Zustand (Rejections)
- Keine kaskadierenden Löschoperationen
- Keine kaskadierenden Löschoperationen Bei entkoppelten Objekten kein optimistisches Sperren über alte Werte, sondern nur über Zeitstempel (Timestamps)

ADO.NET Entity Framework

Das ADO.NET Entity Framework (enthalten in .NET ab Version 3.5 Service Pack 1) ist keine Weiterentwicklung von LINQ-to-SQL, sondern ein fast komplett anderes (neues) Produkt, das von einem anderen Entwicklungsteam parallel zu LINQ-to-SQL entwickelt wurde und nun hausintern bei Microsoft um die Kunden konkurriert. Das Entity Framework ist entstanden aus dem früheren Ansatz *Object Spaces*.

Das ADO.NET Entity Framework ist eine weitere (kuriose) Episode in der langen Geschichte »Objekt-Relationales Mapping bei Microsoft«. Mit Object Spaces und dem ORM im SQL-Server-basierten Dateisystem WinFS ist Microsoft gescheitert – unter anderem deshalb, weil Object Spaces und WinFS zwei unterschiedliche Ansätze für eine sehr ähnliche Aufgabenstellung waren. Mit dem Entity Framework und dem ORM in LINQ (LINQ-to-SQL) gibt es nun wieder zwei verschiedene Ansätze. LINQ-to-SQL arbeitet auf dem logischen Datenbankschema, nicht auf dem konzeptionellen Modell. Das ADO.NET Entity Framework ist daher abstrakter als LINQ-to-SQL, doch stellt sich die Frage, warum man zwei verschiedene Ansätze bei Microsoft für ORM entwickelt, statt eine einheitliche, skalierbare Technik zu entwickeln.

Zusatzwerkzeuge

Das ADO.NET Entity Framework ist (als Bestandteil des Service Pack 1 zum Redaktionsschluss dieses Buchs) noch gar nicht fertig, aber Microsoft hat schon die ersten Zusatzwerkzeuge veröffentlicht, die teilweise auch in diesem Kapitel besprochen oder erwähnt werden. Unter [MSDN27] findet man u.a.

- Ein Werkzeug zum Testen von eSQL-Anweisungen (*eSQL Blast*)
- Eine Erweiterung für transparentes Lazy Loading (siehe mehr dazu im Abschnitt »Ladestrategien«)
- Eine Sammlung von eSQL-Beispielen
- Ein Beispiel für die Implementierung eines Entity Framework Providers
- Einen Container für die Mehrschichtunterstützung (*Entity Bag*, Codename *Perseus*)

Beispiel für dieses Kapitel

Bitte beachten Sie, dass in diesem Kapitel bewusst eine Variante des WorldWideWings-Datenmodells verwendet wird, bei dem die Buchungen nicht in der Tabelle *GF_GebuchteFluege*, sondern in *FLPS_Fluege_Passagiere* abgelegt werden. Der Unterschied zwischen beiden Tabellen ist: *FLPS_Fluege_Passagiere* besteht nur aus den Fremdschlüsseln von *PS_Passagier* und *FL_Fluege* und ist daher eine reine Zwischentabelle, während *GF_GebuchteFluege* weitere Informationen (z. B. Buchungscode) enthält. *GF_GebuchteFluege* könnte durch das EF nicht "wegoptimiert" werden und bietet sich daher hier als Beispiel nicht an.

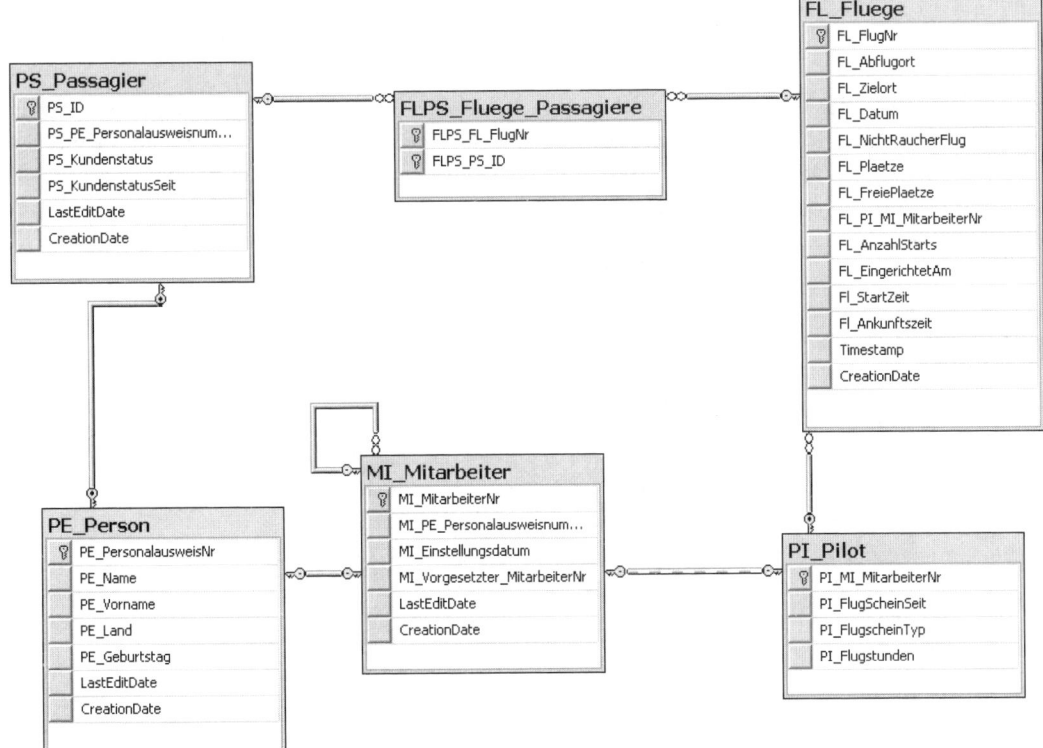

Abbildung 12.12 Eine leicht modifizierte Version der WorldWideWings-Datenbank

Bausteine des ADO.NET Entity Frameworks

Mit dem Service Pack 1 des .NET Frameworks 3.5 veröffentlicht Microsoft ein weiteres ORM-Werkzeug, das ADO.NET Entity Framework (EF) bzw. präziser: die Object Services des ADO.NET Entity Frameworks. Das .NET Entity Framework umfasst folgende Bausteine:

- Das Kernkonzept des EF ist die Abbildung physikalischer Datenstrukturen (Tabellen in Datenbanken) auf konzeptionelle Datenstrukturen (Entitäten, wie man sie aus dem Entity Relationship-Modell kennt) durch das Entity Data Model (EDM). Das geschieht erstmal unabhängig von dem Objekt-Relationalen Mapping auf Tabellenebene. Es handelt sich also um ein Relational-zu-Relational-Mapping. Eine N:M-Zwischentabelle wird hier also schon auf Tabellenebene beseitigt.

- Zur Erstellung der Modelle liefert Microsoft einen grafischen Designer in Visual Studio und das Kommandozeilenwerkzeug *EdmGen.exe*.

- Abfragen auf einem EDM-Modell erfolgen nicht mit SQL, sondern per Entity SQL (eSQL), dem SQL-Dialekt des Entity Frameworks.

- Der ADO.NET-Datenbanktreiber *EntityClient* erlaubt die Ausführung von eSQL-Abfragen.

- Der EntityClient verwendet einen sogenannten *Entity Framework Provider*, um auf ADO.NET zuzugreifen und ADO.NET verwendet dann einen .NET Data Provider für den eigentlichen Datenzugriff.

- EF Object Services vollbringen das Objekt-Relationale Mapping. Hier werden Entitäten auf Objekte abgebildet.

- LINQ-to-Entities ist die LINQ-basierte Abfragesprache für die Object Services, die alternativ zu Entity SQL eingesetzt werden kann, um auf Ebene der Geschäftsobjekte mithilfe der LINQ-Syntax abzufragen. LINQ-to-Entities arbeitet auf den Entitäten und Entitäten werden auf Tabellen abgebildet.

- Das Entity Framework ist implementiert in den FCL-Namensräumen `EntityClient`, `EntityModel`, `Mapping`, `Metadata`, `Objects` und `ProviderBase` unterhalb von `System.Data`.

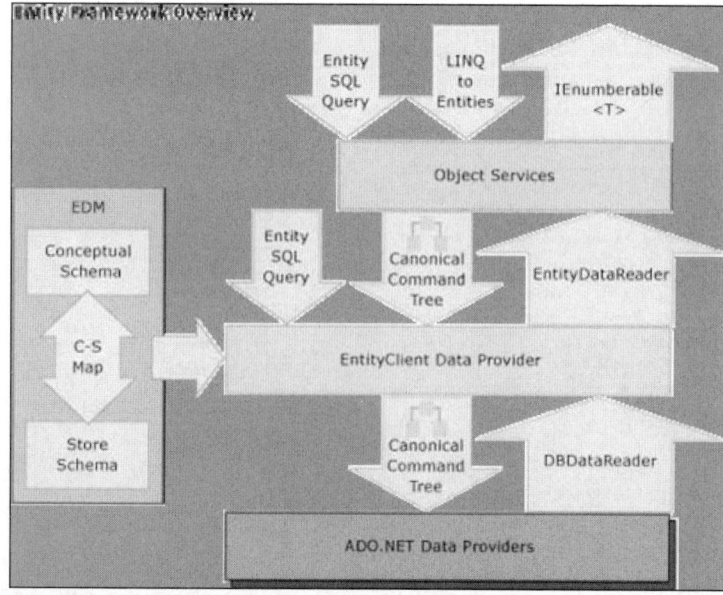

Abbildung 12.13   Architektur des ADO.NET EF (Quelle: MSDN)

ADO.NET Entity Framework

HINWEIS Das EF zielt nicht nur auf das ORM in .NET, sondern ist weitreichender durch die Möglichkeit, die Tabellenabbildungen auch unabhängig vom Objekt-Relationalen Mapping zu verwenden. Microsoft plant, EF-Abbildungen zukünftig auch für SQL Server-Dienste wie Reporting (SSRS), Analysis (SSAS) und Integration (SSIS) bereitzustellen.

Konzeptionelle Datenmodelle

Unter dem *konzeptionellen Datenmodell* wird in der Literatur (vgl. z. B. [JAR01, Seite 24ff.]) eine von der physikalischen Speicherform unabhängige Beschreibung von Datenstrukturen bezeichnet. Das konzeptionelle Modell legt Objekttypen, die Eigenschaften der Objekttypen, die Identifizierungsmerkmale der Instanzen des Objekttyps und die Zusammenhänge (Beziehungen) zwischen Objekttypen fest. Üblicherweise wird das konzeptionelle Modell heute durch das Entity Relationship Model (ERM) oder die Unified Modeling Language (UML) ausgedrückt.

Der Datenzugriff erfolgte in .NET bisher mit ADO.NET 1.x und 2.0 jedoch auf der Ebene des logischen Datenbankschemas, d. h. man verwendet Tabellen und Sichten (Views) direkt. Der Unterschied zwischen dem konzeptionellen Datenmodell und dem logischen Datenbankschema wird besonders deutlich an einer N-zu-M-Beziehung: In der WorldWideWings-Datenbank gibt es Flüge und Passagiere: Jeder Passagier kann beliebig viele Flüge buchen und auf einem einzelnen Flug ist kein Passagier alleine an Bord. Zur Modellierung dieser Beziehung braucht man auf der konzeptionellen Ebene zwei Objekttypen (*FL_Flug* und *PS_Passagier*), im logischen Datenbankschema einer relationalen Datenbank sind aber drei Tabellen (*FL_Fluege*, *PS_Passagiere* und die Zwischentabelle *FLPS_Fluege_Passagiere*) notwendig.

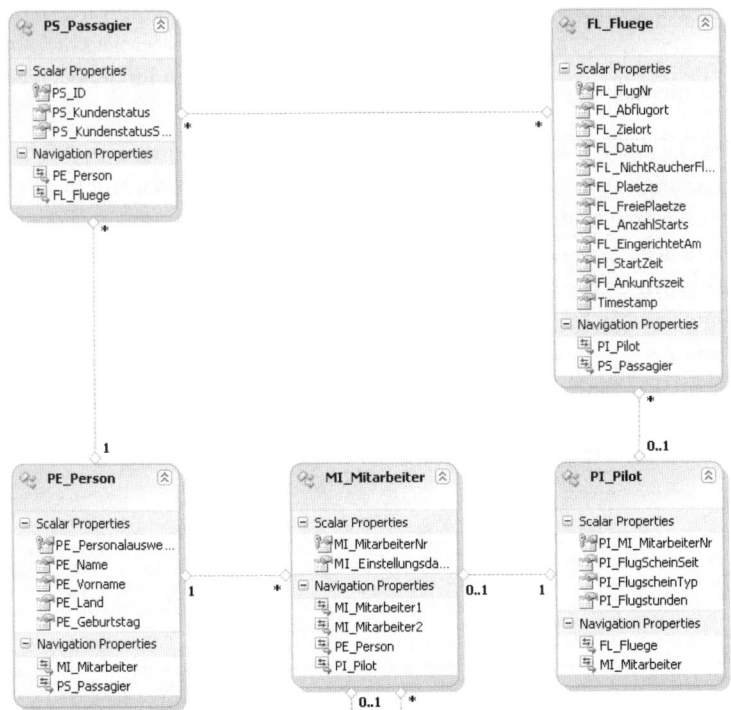

Abbildung 12.14 Ein konzeptuelles Modell für das Datenmodell aus Abbildung 12.12

Entity Data Model (EDM)

Das Entity Data Model (EDM) ist eine XML-Sprache zur konzeptionellen Beschreibung von Datenstrukturen aller Art (relationale Daten, XML-Daten, .NET-Objekte). EDM unterstützt komplexe Datentypen, Vererbung und Beziehungen (Assoziationen). EDM-Beschreibungen können auf anderen EDM-Beschreibungen oder Datenspeichern abgebildet werden.

EDM besteht aus drei Teilen:

- SSDL: Store Schema Definition Language (*.ssdl-Datei*) mit der Beschreibung des Schemas der Datenbank
- CSDL: Conceptual Schema Definition Language (*.csdl-Datei*) mit der Beschreibung des konzeptuellen Modells und zugehöriger Quellcodedatei (*.cs* oder *.vb*)
- MSL: Mapping Specification Language (*.msl-Datei*) zur Abbildung von Datenbankschemata auf EDM-Schema. MSL ist eine XML-Sprache zur Beschreibung der Abbildung eines konzeptionellen Datenmodells in der Conceptual Schema Definition Language (CSDL) auf ein Datenspeicherschema, das durch die Store Schema Definition Language (SSDL) beschrieben wird.

HINWEIS Eine .edmx-Datei ist die Zusammenfassung der drei o.g. Dateitypen zu einer Datei. Der grafische EDM-Designer in Visual Studio 2008 erstellt .edmx-Dateien. Der Compiler trennt diese Datei dann auf.

EDM-Designer

Alle EDM-Dateien sind XML-Dateien und könnten daher mit einem beliebigen Editor erstellt werden, was aber sehr mühsam ist. Besser ist die Erstellung eines EDM-Modells über das *Kommandozeilenwerkzeug EdmGen.exe* und noch einfacher mit dem EDM-Designer in Visual Studio 2008 (enthalten im Service Pack 1 von Visual Studio 2008).

So geht man in Visual Studio vor: Man legt eine Elementvorlage des Typs *ADO.NET Entity Data Model* an. Dabei startet zunächst ein Assistent (*Entity Data Model Wizard*), mit dem man die Datenbank und die Tabelle auswählen kann. Der Assistent erstellt dann eine Designer-Ansicht *Entity Data Model Designer*), wobei Entitätstypen für Tabellen entstehen. Anders als bei LINQ-to-SQL gibt es nicht immer eine 1:1-Abbildung; reine N:M-Beziehungen werden direkt eliminiert. Neue Tabellen kann man nachträglich über die Funktion *Update Model from Database* im Kontextmenü des Designers einbinden. Dann startet der *Update Model Wizard*. Dieser Assistent übernimmt auch Änderungen in bereits vorhandenen Entitätstypen aus dem Datenbankschema (z.B. eine neue Spalte). Diese Aktualisierungsfunktion behält manuelle Änderungen am Modell (z.B. entfernte oder umbenannte Spalten) soweit wie möglich bei.

ADO.NET Entity Framework

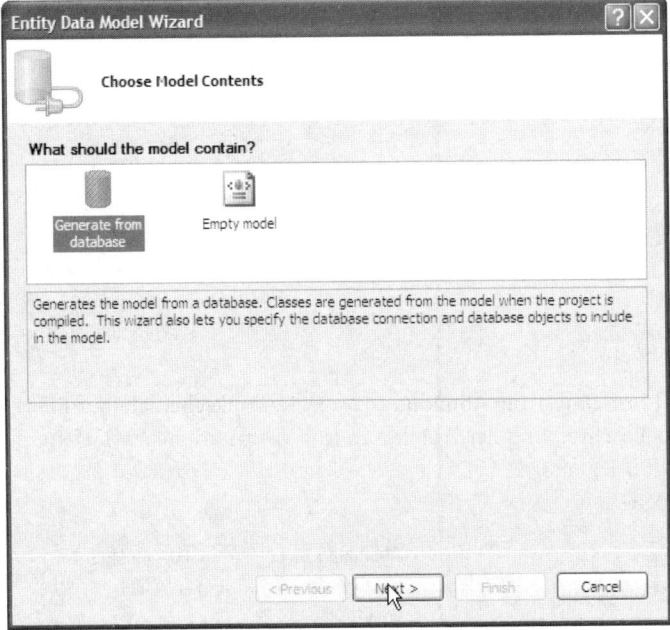

Abbildung 12.15 Erster Schritt im EF-Assistenten

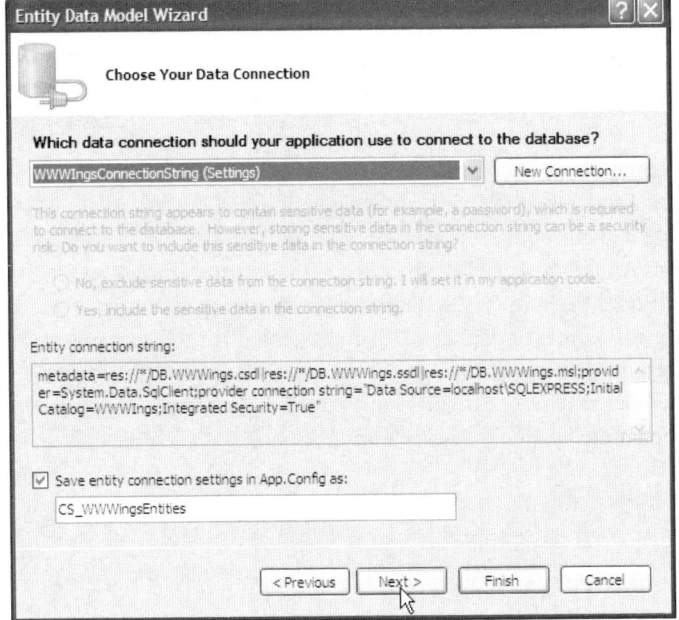

Abbildung 12.16 Auswahl der Datenbank

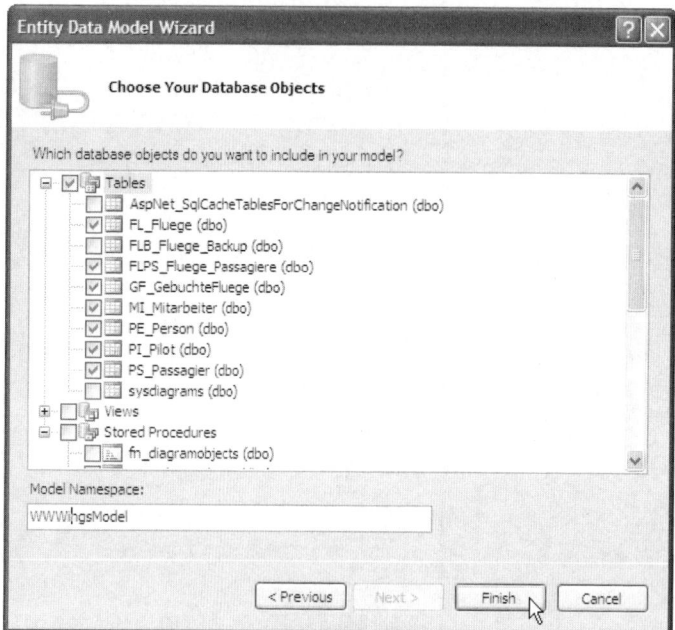

Abbildung 12.17 Auswahl der im Modell abzubildenden Tabellen, Sichten und gespeicherten Prozeduren

Die nachfolgende Bildschirmabbildung zeigt das aus dem Assistenten entstandene Modell. Der EDM-Designer zeigt Kardinalitäten (0,1,n) an den Beziehungslinien zwischen den Entitätstypen an, während der LINQ-to-SQL-Designer hier unterschiedliche Pfeilenden verwendet. Die Position der Elemente kann man mit der Maus verändern. Die Fenster *Model Browser* und *Mapping Details* ermöglichen die genaue Konfiguration des Mappings.

ADO.NET Entity Framework

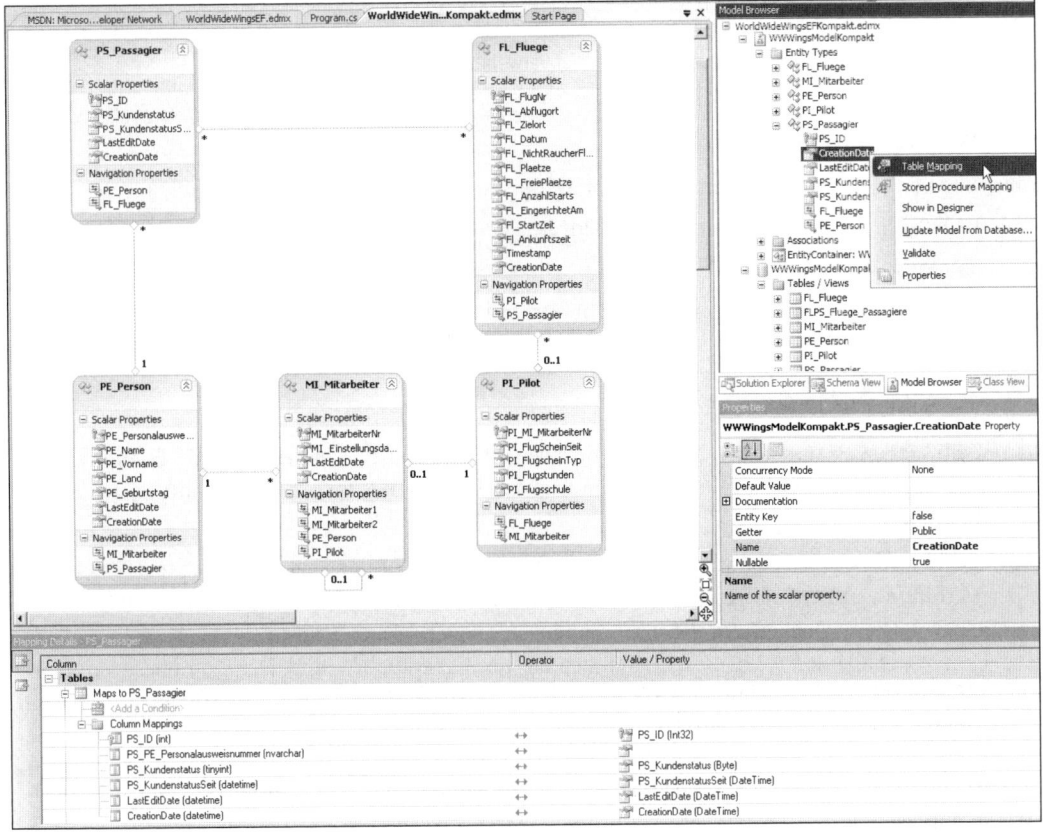

Abbildung 12.18 Das von dem Assistenten generierte EF-Modell: Das ADO.NET Entity Framework stellt die Beziehung zwischen FL_Flug und PS_Passagier als echte M:N-Beziehung dar.

ACHTUNG Bitte beachten Sie, dass der EDM-Designer nicht das Ziehen & Fallenlassen von Elementen aus den Datenverbindungen (im Server Explorer) wie im LINQ-to-SQL-ORM-Designer unterstützt. Elemente aus einer Datenbank hinzufügen kann man nur durch erneutes Aufrufen des Assistenten (Funktion *Update Model from Database* im Kontextmenü).

Entity SQL (eSQL)

Zur Abfrage von Informationen aus Datenquellen, die durch EDM beschrieben werden, verwendet Microsoft eine neue Erweiterung von SQL mit Namen *Entity SQL*. Die Redmonder kürzen dies mit eSQL ab, obwohl eSQL oft für einige SQL-Varianten (Embedded SQL, Extended SQL und Eiffel SQL) verwendet wird. eSQL ist syntaktisch dem klassischen SQL sehr ähnlich, bietet aber einige wesentliche Vorteile:

- eSQL arbeitet auf dem konzeptuellen Datenmodell (das mit EDM beschrieben wurde), nicht auf dem physikalischen Datenmodell.
- eSQL ist DBMS-unabhängig und wird durch den ADO.NET EF Provider in DBMS-spezifisches SQL übersetzt.
- eSQL erlaubt Unterabfragen an allen Stellen.

WICHTIG   eSQL bezieht sich also auf die Entitäten im Modell, nicht auf die Tabellen. Wenn man die Entitäten im Modell umbenannt hat, muss man also auch diese anderen Namen hier verwenden.

Ausführung von eSQL per Programmcode

Zur Ausführung von eSQL per Programmcode gibt es drei Alternativen:

- Über den ADO.NET-Datenprovider *Entity Client Data Provider*
- Über einen Objektkontext der Entity Framework Object Services
- Indirekt über LINQ-to-Entities. Hier wird die in die Sprachsyntax integrierte LINQ-Syntax automatisch in eSQL übersetzt.

Werkzeug eSQL Blast

eSQL Blast ist ein Werkzeug zum Testen von eSQL-Befehlen. Es ist weder Bestandteil des .NET Frameworks 3.5 SP1 noch von Visual Studio 2008 SP1, sondern ein Zusatzwerkzeug, das man bei Microsoft (siehe Website [MSDN26]) bekommt.

Zunächst muss man das Werkzeug auf ein EDM konfigurieren. Dazu benötigt die erste Registerkarte die Angabe der Verbindungszeichenfolge sowie der CSDL-, SSDL- und MSL-Datei. Die (kleine) Herausforderung besteht darin, diese Dateien einzeln zu erhalten, denn der Visual Studio-EDM-Designer legt eine .edmx-Datei an, in der alle drei XML-Beschreibungen zusammen enthalten sind. Der Compiler trennt zwar diese Datei auf, bettet die Einzeldateien dann aber als Ressourcen in die Assembly ein, sodass sie von eSQL Blast dort nicht nutzbar sind.

TIPP   Der Trick zum Erstellen getrennter Dateien für eSQL Blast besteht darin, in den Eigenschaften des Visual Studio-EDM-Designers die Eigenschaft *Metadata Artifact Processing* auf *Copy to Output Directory* zu stellen. Dann erzeugt Visual Studio im Ausgabeverzeichnis des Projekts aus der .edmx-Datei diese drei einzelnen Dateien.

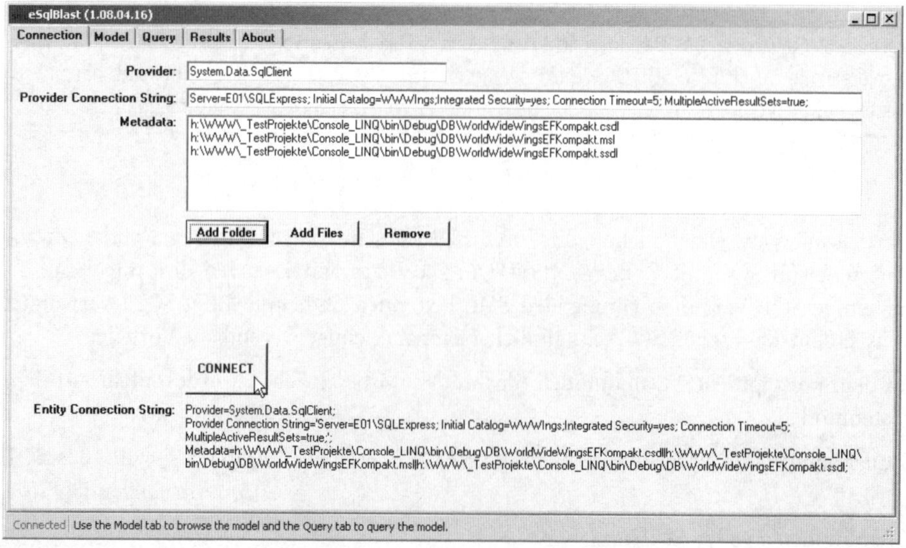

Abbildung 12.19   Konfiguration von eSQL Blast

Wenn das Werkzeug richtig konfiguriert ist, kann man unter der Registerkarte *Query* Befehle eingeben und das Ergebnis (inklusive des tatsächlich ausgeführten SQL-Befehls) unter *Results* ansehen.

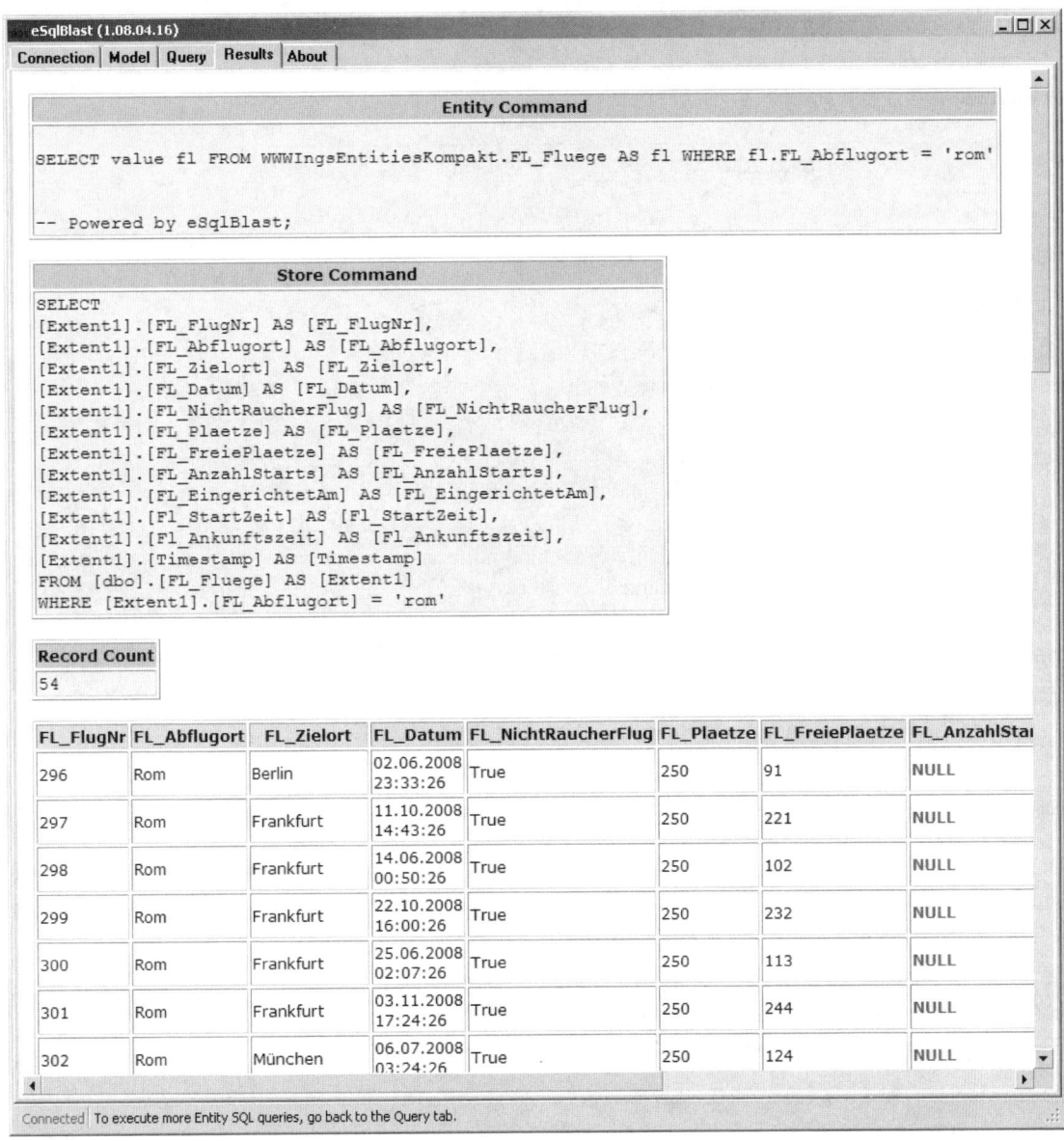

Abbildung 12.20 Testen von eSQL-Abfragen in eSQL Blast

Beispiele

Eine syntaktische Beschreibung von eSQL würde den Rahmen dieses Buch sprengen. Im Folgenden sind einige Beispiele mit dem zugehörigen Ergebnis wiedergegeben.

Das erste Beispiel zeigt eine einfache eSQL-Anweisung über eine einzige Entität mit Bedingungen.

```
SELECT fl.Fl_FlugNr, fl.FL_AbflugOrt, fl.Fl_Zielort
FROM WWWIngsEntitiesKompakt.FL_Fluege AS fl
WHERE fl.FL_FlugNr < 105 AND fl.FL_FreiePlaetze > 0
```

Listing 12.18 Einfache eSQL-Abfrage

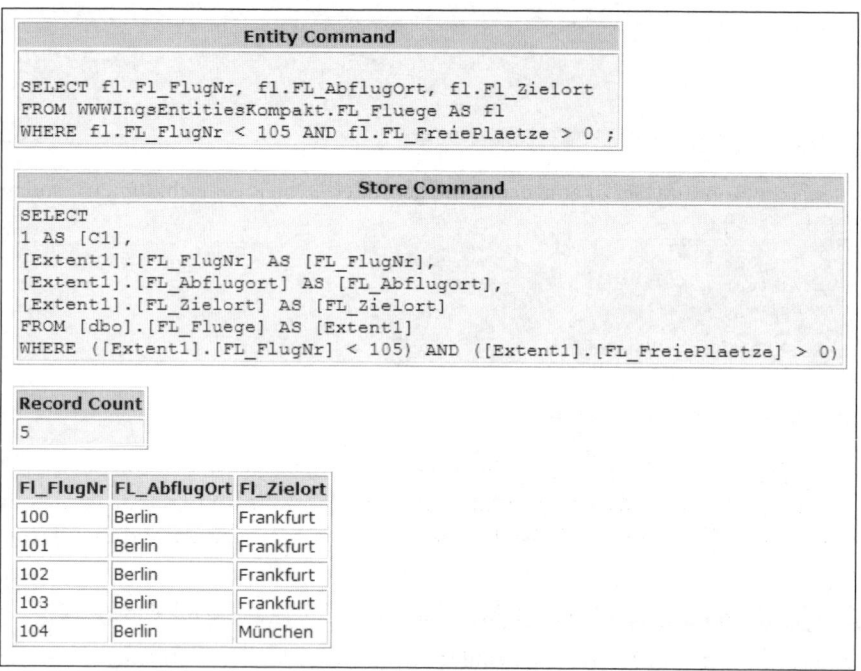

Abbildung 12.21 Ergebnis der obigen eSQL-Abfrage in eSQL Blast

Die Besonderheit von eSQL ist, dass im Gegensatz zu SQL, die Ergebnismenge auch Unterobjekte enthalten kann. Die folgende Abbildung zeigt das Ergebnis einer eSQL-Abfrage, in der in der SELECT-Anweisung Bezug auf die verbundene Entität *PS_Passagier* genommen wird.

```
SELECT fl.Fl_FlugNr, fl.FL_AbflugOrt, fl.Fl_Zielort, fl.PS_Passagier
FROM WWWIngsEntitiesKompakt.FL_Fluege AS fl
where fl.FL_FlugNr < 105 and fl.FL_FreiePlaetze > 0;
```

Listing 12.19 eSQL-Abfrage mit einem hierarchischen Ergebnis

ADO.NET Entity Framework

Fl_FlugNr	FL_AbflugOrt	Fl_Zielort	PS_Passagier		
			PS_ID	PS_Kundenstatus	PS_KundenstatusSeit
100	Berlin	Frankfurt	1	1	01.06.2008 00:00:00
			2	3	01.07.2008 00:00:00
			3	4	01.01.2005 00:00:00
101	Berlin	Frankfurt	PS_ID	PS_Kundenstatus	PS_KundenstatusSeit
			1	1	01.06.2008 00:00:00
102	Berlin	Frankfurt			
103	Berlin	Frankfurt			
104	Berlin	München			

Abbildung 12.22   Ergebnis der obigen eSQL-Abfrage mit einem hierarchischen Ergebnis

In der in eSQL eingebauten Funktion Flatten() kann man untergeordnete Objekte »flachklopfen«, sodass wieder eine "normale" Tabelle entsteht.

```
Flatten(SELECT value fl.PS_Passagier
FROM WWWIngsEntitiesKompakt.FL_Fluege AS fl
where fl.FL_FlugNr < 105 and fl.FL_FreiePlaetze > 0 )
```

Entity Client Data Provider

Der *ADO.NET Entity Client Data Provider* (früher: *Map Provider*) ist ein ADO.NET-Datenbanktreiber vergleichbar mit *SQL Client* und *Oracle Client*. Der Entity Client (Namensraum System.Data.EntityClient) greift aber nicht direkt auf eine Datenbank zu, sondern auf ein Entity Data Model. Daher besteht die Verbindungszeichenfolge aus drei Sektionen:

- Festlegung der EDM-Beschreibung (CSDL, SSDL und MSL), siehe Metadata= in dem folgenden Beispiel.
- Festlegung des darunterliegenden ADO.NET-Datenbanktreibers, siehe Provider= in dem folgenden Beispiel.
- Festlegung der Datenbank mit einer klassischen Verbindungszeichenfolge, siehe Connection String= in dem folgenden Beispiel.

Wie man in dem Beispiel sieht, enthält also eine Verbindungszeichenfolge für den Entity Client eine klassische Verbindungszeichenfolge. " steht dabei für das Ausführungszeichen für die innere Verbindungszeichenfolge innerhalb der Verbindungszeichenfolge, die ja schon in Anführungszeichen steht.

```
<add name="WorldWideWings"
connectionString="metadata=res://*/DB.WorldWideWingsEF.csdl|
res://*/DB.WorldWideWingsEF.ssdl|res://*/DB.WorldWideWingsEF.msl;
provider=System.Data.SqlClient;
provider connection string=&quot;Data Source=localhost\SQLEXPRESS;Initial Catalog=WWWIngs;Integrated Security=True;MultipleActiveResultSets=True&quot;"
```

Das folgende Beispiel zeigt die Anwendung des Entity Clients zum Zugriff auf eine Tabelle.

```csharp
/// <summary>
/// Anwendung des Entity Clients zum Zugriff auf eine Tabelle.
/// </summary>
public static void EntityClient_Demo()
{
  // ESQL-Befehl
  string ESQL = @"SELECT value fl " +
   "FROM WorldWideWings.FL_Fluege AS fl " +
   "WHERE fl.FL_Abflugort = @Ort";
  // Verbindung aufbauen
  using (EntityConnection conn = new EntityConnection(CS))
  {
   conn.Open();
   // Befehl ausführen
   using (EntityCommand cmd = conn.CreateCommand())
   {
    cmd.CommandText = ESQL;
    cmd.Parameters.AddWithValue("Ort", "Rom");
    using (EntityDataReader f =
        cmd.ExecuteReader(CommandBehavior.SequentialAccess))
    {
     // Schleife über alle Datensätze
     while (f.Read())
     {
      Console.WriteLine("Flug Nr {0} von {1} nach {2} hat {3} freie Plätze!", f["FL_FlugNr"],
f["FL_Abflugort"], f["FL_Zielort"], f["FL_FreiePlaetze"]);
     }
    }
   }
  }
}
```

Listing 12.20 Anwendung des Entity Clients zum Zugriff auf eine Tabelle

ACHTUNG Über den Entity Client Provider kann man nur Daten lesen. Änderungen, Ergänzungen und Löschen sind nicht möglich!

Unterstützte Datenbanken

Beim ADO.NET Entity Framework unterstützt Microsoft laut einer eigenen Pressemitteilung [MS01] Drittanbieter bei der Erstellung eigener Provider. Noch im Laufe des Jahres 2008 sollen zahlreiche Provider erscheinen, sowohl von Datenbankherstellern als auch Firmen wie OpenLink Software und DataDirect Technologies, die bisher schon als unabhängige Lieferanten für Datenbanktreiber aufgetreten sind. Wenn die Ankündigungen in der Mitteilung [MS01] eintreten, wird das EF das ORM-Werkzeug mit der breitesten Datenbankunterstützung werden.

HINWEIS Zum Redaktionsschluss dieses Buchs gibt es aber erst wenige Beta-Versionen von EF-Providern für andere Datenbanken, namentlich Oracle, DB2, MySQL und PostgreSQL.

Überblick über die Object Services

Die ADO.NET Entity Framework Object Services sind der eigentliche ORM des Entity Frameworks. Die Object Services bestehen aus Klassen im Namensraum System.Data.Objects.DataClasses sowie den vom EDM-Designer generierten Kontext- und Geschäftsobjektklassen.

Die ADO.NET EF Object Services unterstützen u.a.:

- Abfragen mit eSQL und LINQ-to-Entities
- Navigationsbeziehungen
- Verzögertes Laden (Lazy Loading)
- Änderungsverfolgung
- Aktualisieren von Objekten (auch mit Transaktionen)
- Optimistisches Sperren
- Serialisierung von Objektbäumen

Generierte Klassen des EDM-Designers

Der EDM-Designer in Visual Studio 2008 erzeugt Quellcode für den Zugriff über die EF Object Services: wie bei LINQ-to-SQL eine Geschäftsobjektklasse für jeden Entitätstyp im Designer und eine Kontextklasse (die hier Objektkontext und nicht Datenkontext heißt). Die Geschäftsobjektklassen sind von System.Data.Objects.DataClasses.EntityObject abgeleitet und die Kontextklasse von System.Data.Objects.ObjectContext.

Die Geschäftsobjektklassen besitzen in der Standardeinstellung sowohl eine Auszeichnung mit [Serializable] als auch [DataContract] und [DataMember]. Durch den Zusatz IsReference = true werden Objektassoziationen angezeigt, was Grundlage dafür ist, dass das EF ganze Objektbäume serialisieren kann (Graph Serialization).

```
[global::System.Data.Objects.DataClasses.EdmEntityTypeAttribute(NamespaceName = "WWWingsModel", Name = "FL_Fluege")]
[global::System.Runtime.Serialization.DataContractAttribute(IsReference = true)]
[global::System.Serializable()]
public partial class FL_Fluege : global::System.Data.Objects.DataClasses.EntityObject
{ ...
}
```

Listing 12.21 Kopf der generierten Geschäftsobjektklasse

1:N-Assoziationen sind Instanzen der generischen Klasse System.Data.Objects.DataClasses.EntityCollection. 1:1-Assoziationen werden durch ein Paar von zwei Attributen dargestellt: einerseits gibt es ein einfaches Attribut (vom Typ der assoziierten Klasse) und andererseits ein Referenzattribut (vom generischen Typ System.Data.Objects.DataClasses.EntityReference). Da auch die Assoziationen als [DataMember] gekennzeichnet sind, ist im Gegensatz zu LINQ-to-SQL eine Serialisierung kompletter Objektbäume möglich.

```
[global::System.Data.Objects.DataClasses.EdmRelationshipNavigationPropertyAttribute
("WWWingsModel", "FK_GF_GebuchteFluege_FL_Fluege", "FL_Fluege")]
  [global::System.Xml.Serialization.XmlIgnoreAttribute()]
  [global::System.Xml.Serialization.SoapIgnoreAttribute()]
  [global::System.Runtime.Serialization.DataMemberAttribute()]
  [global::System.ComponentModel.BrowsableAttribute(false)]
  public FL_Fluege FL_Fluege
  {
   get
   {
    return ((global::System.Data.Objects.DataClasses.IEntityWithRelationships)(this))
.RelationshipManager.GetRelatedReference<FL_Fluege>("WWWingsModel.FK_GF_GebuchteFluege_FL_Fluege",
"FL_Fluege").Value;
   }
   set
   {

((global::System.Data.Objects.DataClasses.IEntityWithRelationships)(this)).RelationshipManager.GetRelate
dReference<FL_Fluege>("WWWingsModel.FK_GF_GebuchteFluege_FL_Fluege", "FL_Fluege").Value = value;
   }
  }
```

Listing 12.22 Beispiel für eine 1:N-Assoziation im EF

```
[global::System.Data.Objects.DataClasses.
EdmRelationshipNavigationPropertyAttribute("WWWingsModel",
"FK_PS_Passagier_PE_Person", "PE_Person")]
  [global::System.Xml.Serialization.XmlIgnoreAttribute()]
  [global::System.Xml.Serialization.SoapIgnoreAttribute()]
  [global::System.Runtime.Serialization.DataMemberAttribute()]
  [global::System.ComponentModel.BrowsableAttribute(false)]
  public PE_Person PE_Person
  {
   get
   {
    return ((global::System.Data.Objects.DataClasses.IEntityWithRelationships)
(this)).RelationshipManager.GetRelatedReference<PE_Person>("WWWingsModel.FK_PS_Passagier_PE_Person",
"PE_Person").Value;
   }
   set
   {
    ((global::System.Data.Objects.DataClasses.IEntityWithRelationships)(this))
.RelationshipManager.GetRelatedReference<PE_Person>("WWWingsModel.FK_PS_Passagier_PE_Person",
"PE_Person").Value = value;
   }
  }

  [global::System.Runtime.Serialization.DataMemberAttribute()]
  [global::System.ComponentModel.BrowsableAttribute(false)]
  public global::System.Data.Objects.DataClasses.EntityReference<PE_Person> PE_PersonReference
  {
   get
```

```
    {
      return ((global::System.Data.Objects.DataClasses.IEntityWithRelationships)(this))
.RelationshipManager.GetRelatedReference<PE_Person>("WWWingsModel.FK_PS_Passagier_PE_Person",
"PE_Person");
    }
    set
    {
      if ((value != null))
      {
        ((global::System.Data.Objects.DataClasses.IEntityWithRelationships)(this))
.RelationshipManager.InitializeRelatedReference<PE_Person>("WWWingsModel.FK_PS_Passagier_PE_Person",
"PE_Person", value);
      }
    }
  }
}
```

Listing 12.23 Beispiel für eine 1:1-Assoziation im EF

Objektcontainer

Vor der ersten Aktion mit den EF Object Services benötigt man eine Instanz des Objektkontextes, der die gleiche Rolle spielt wie der Datenkontext bei LINQ-to-SQL. Eine Instanz erzeugt man auf folgende Weise:

- Instanziieren der Basisklasse `ObjectContext` unter Angabe einer EF-Verbindungszeichenfolge oder eines geöffneten `EntityConnection`-Objekts, z. B. `ObjectContext db = new ObjectContext(CS)`.

- Instanziieren einer typisierten Kontextklasse, die durch den EDM-Designer erstellt wurde, z. B. `WorldWideWingsModel.WorldWideWings db = new WorldWideWingsModel.WorldWideWings(CS)`. Hier kann man wahlweise ein EF-Verbindungszeichenfolge, ein `EntityConnection`-Objekts oder gar nichts angeben. Im letzten Fall wird die in der Konfigurationsdatei hinterlegte Verbindungszeichenfolge verwendet, die beim Erstellen des Modells dort angelegt wurde.

Abfragesprachen

Die EF Object Services unterstützen als Abfragesprache sowohl Entity SQL (eSQL) als auch LINQ in Form von LINQ-to-Entities.

Abfragen mit Entity SQL (eSQL)

Eine Anfrage mit eSQL erzeugt man mit der Methode `CreateQuery()` auf einem Objektkontext, siehe Beispiel.

```
/// <summary>
/// Anwendung des von ESQL mit ObjectServices
/// </summary>
public static void Object Services_ESQL_Demo()
{
  // ESQL-Befehl
  string ESQL = @"SELECT value fl " +
  "FROM WorldWideWings.FL_Fluege AS fl " +
  "WHERE fl.FL_Abflugort = @Ort";
```

```
// Kontext erzeugen
ObjectContext db = new ObjectContext(CS);
// Oder
// WorldWideWingsModel.WorldWideWings db = new WorldWideWingsModel.WorldWideWings(CS);

// Abfrageobjekt erstellen
ObjectQuery<WorldWideWingsModel.FL_Fluege> Fluege =
db.CreateQuery<WorldWideWingsModel.FL_Fluege>(ESQL, new ObjectParameter("Ort", "Rom"));

// Ausführen & Ausgabe
foreach (var f in Fluege)
{
 Console.WriteLine("Flug Nr {0} von {1} nach {2} hat {3} freie Plätze!", f.FL_FlugNr, f.FL_Abflugort,
f.FL_Zielort, f.FL_FreiePlaetze);
}

// Kontext vernichten
db.Dispose();
}
```

Listing 12.24 Abfrage mit eSQL

Abfragen mit LINQ-to-Entities

Die Abfrage mit LINQ-to-Entities ist fast identisch zu der Abfrage mit LINQ-to-SQL. Zunächst instanziiert man die Kontextklasse, wobei man hier eine Verbindungszeichenfolge angeben wird, weil nicht die in der Konfigurationsdatei vorhandene Verbindungszeichenfolge verwendet werden soll. Auf diesem Objektkontext kann man dann LINQ-Abfragen ausführen. Nach der Verwendung des Datenkontextes muss man diesen mit Dispose() vernichten, was im folgenden Beispiel durch den using-Block automatisch erfolgt.

```
const string CS =
@"metadata=res://*/DB.WorldWideWingsEF.csdl|res://*/DB.WorldWideWingsEF.ssdl|res://*/DB.WorldWideWingsEF
.msl;provider=System.Data.SqlClient;provider connection string='Data Source=localhost\SQLEXPRESS;Initial
Catalog=WWWIngs;Integrated Security=True;MultipleActiveResultSets=True'";

using (WorldWideWingsModel.WorldWideWings db = new WorldWideWingsModel.WorldWideWings(CS))
    {
    var fluege = from f in db.FL_Fluege
                 where f.FL_Abflugort == "Rom"
                 select f;

    foreach (WorldWideWingsModel.FL_Fluege f in fluege)
    {
     Console.WriteLine("Flug Nr {0} von {1} nach {2} hat {3} freie Plätze!", f.FL_FlugNr,
f.FL_Abflugort, f.FL_Zielort, f.FL_FreiePlaetze);
    }
}
```

Listing 12.25 Beispiel für eine Abfrage mit LINQ-to-Entities

HINWEIS Zumindest in der zum Redaktionsschluss des Buchs aktuellen Beta-Version unterstützen die EF Object Services nicht alle LINQ-Befehle, die LINQ-to-SQL kennt. Tests zeigten, dass Single() und SingleOrDefault() nicht unterstützt werden.

Dynamische Abfragen

Dynamische Abfragen kann man erzeugen durch die Methoden der Klasse `ObjectQuery`, z.B. `Where()`, `Top()`, `GroupBy()` etc.

Ladestrategien

Auch bei EF ist das verzögerte Laden der Standard für alle Beziehungen. Es gibt aber einen großen Unterschied zu LINQ-to-SQL: Das Nachladen von in Beziehungen stehenden Objekten erfolgt nicht automatisch, sondern nur durch explizite Anforderung, d.h. das Nachladen ist nicht »transparent«. Dafür stellen die Klassen `EntityCollection` und `EntityReference` die Methode `Load()` bereit. Vorher kann man mit `IsLoaded` prüfen, ob das Laden schon erfolgt ist. In diesem Kapitel wurde ja schon erläutert, das es für eine 1:1-Beziehung zwei Attribute gibt. Für Nachladen ist das Attribut zu verwenden, das auf `Reference` endet (und vom Typ `EntityReference` ist) und nicht das einfache Attribut, das vom Typ der Zielklasse ist und daher kein `Load()` bietet.

> **HINWEIS** Laut Aussage von Microsoft [MSDN25] ist die Notwendigkeit, das Nachladen manuell anzustoßen, kein Fehler oder keine fehlende Funktion, sondern eine bewusste Implementierungsentscheidung des EF-Entwicklungsteams. Man wollte erreichen, dass der Entwickler sich des Nachladens bewusst ist. Inzwischen gibt es bei MSDN auch einen Code-Generator für das transparente Lazy Loading [MSDN27].

```
/// <summary>
/// Objektnavigation im EF mit Lazy Loading
/// </summary>
public static void OS_LINQ_Demo1_Navigation_Lazy()
 {
   using (WWWingsModelKompakt.WWWIngsEntitiesKompakt db = new WWWingsModelKompakt.WWWIngsEntitiesKompakt(CS2))
    {
    // Lazy Loading
    var fluege = from f in db.FL_Fluege
                 where f.FL_Abflugort == "Berlin"
                 select f;

    Console.WriteLine(((ObjectQuery<WWWingsModelKompakt.FL_Fluege>)fluege).ToTraceString());

    foreach (WWWingsModelKompakt.FL_Fluege f in fluege)
     {
      Console.WriteLine("Flug Nr {0} von {1} nach {2} hat {3} freie Plätze!", f.FL_FlugNr, f.FL_Abflugort, f.FL_Zielort, f.FL_FreiePlaetze);
      // Explizites Laden der Passagiere
      if (!f.PS_Passagier.IsLoaded)
       {
        f.PS_Passagier.Load();
       }
```

```
    foreach (WWWingsModelKompakt.PS_Passagier p in f.PS_Passagier)
    {
     // Explizites Laden der Personendaten
     if (!p.PE_PersonReference.IsLoaded)
     {
      p.PE_PersonReference.Load();
     }
     Console.WriteLine("   " + p.PE_Person.PE_Name);
    }
   }
  }
}
```

Listing 12.26 Objektnavigation im EF mit Lazy Loading

Alternativ kann man auch Eager Loading einsetzen. Anstelle des `DataLoadOptions`-Objekts in LINQ-to-SQL tritt in EF die Methode `Include()` auf, bei der man einen Ladepfad angeben kann. Der folgende LINQ-Befehl lädt die Flüge aus *FL_Fluege* sowie die zugehörigen Passagiere (*FLPS_Fluege_Passagiere* und *GF_PS_Passagier*) und deren Personendaten (*PE_Person*). Dabei ist *FLPS_Fluege_Passagiere* nicht explizit anzugeben, weil diese Tabelle durch das EDM bereits eliminiert wurde. Der Ladepfad bezieht sich also auf die Entitäten im Modell, nicht auf die Tabelle. Wenn man die Entitäten im Modell umbenannt hat, muss man also auch diese anderen Namen hier verwenden.

HINWEIS Bei EF hat man den Vorteil, dass man die Ladeoptionen pro Abfrage festlegen kann. In LINQ-to-SQL kann man dies nur global für einen Datenkontext.

```
// Eager Loading
var fluege = from f in db.FL_Fluege.Include("PS_Passagier.PE_Person")
             where f.FL_Abflugort == "Berlin"
             select f;
```

Listing 12.27 Eager Loading im EF

Änderungsverfolgung und Persistierung

Wie bei LINQ-to-SQL kann man jederzeit schreibend auf die Attribute eines Objekts zugreifen. Anders als bei LINQ-to-SQL kann man ein einzelnes Objekt nach seinem Zustand fragen, denn die Geschäftsobjektklassen erben von der Basisklasse `EntityObject` u.a. das Attribut `EntityState`. Details über die erfolgten Änderungen (alter Zustand, neuer Zustand) erfährt man von dem `ObjectStateManager` des Kontextes.

Objekte anfügen an Mengen oder löschen aus Mengen kann man mit `Add()` oder `Remove()`. Ein einzelnes Objekt kann man auch mit der Methode `DeleteObject()` der Kontextklasse löschen.

Für das Speichern aller Änderungen im aktuellen Kontext gibt es `SaveChanges()` (statt `SubmitChanges()` wie bei LINQ-to-SQL). Die Kontextklasse hat im EF kein explizites `Transaction`-Attribut für die Zuweisung einer Transaktion. Transaktionsunterstützung kann man aber über einen `TransactionScope`-Block (siehe dazu auch Kapitel »Enterprise Services und Transaktionen«) oder über das Unterobjekt `Connection` der Kontextklasse aktivieren.

Das folgende Beispiel zeigt das Erzeugen einer neuen Buchung in einer Transaktion:

- Zunächst wird in dem Flug-Objekt die Platzanzahl reduziert.
- Dann wird ein bestehendes Passagier-Objekt der Liste der Passagiere des Fluges angefügt. Dadurch entsteht ein neuer Eintrag in der Zwischentabelle *FLPS_Fluege_Passagiere*.

HINWEIS Zumindest in der diesem Buch zugrundeliegenden Beta-Version des EF ändert sich der Zustand (EntityState) des Flug-Objekts durch das Anfügen des Passagiers nicht und die Liste PS_Passagier besitzt kein Attribut zur Zustandssignalisierung. Immerhin listet der ObjectStateManager ein hinzugefügtes Objekt auf und die Änderung wird auch gespeichert.

```
/// <summary>
/// Buchungstransaktion
/// </summary>
public static void EntityClient_Save()
{
  using (WWWingsModelKompakt.WWWIngsEntitiesKompakt db = new
WWWingsModelKompakt.WWWIngsEntitiesKompakt(CS2))
  {
    WWWingsModelKompakt.FL_Fluege Flug;
    using (System.Transactions.TransactionScope t = new System.Transactions.TransactionScope())
    {
      Flug = (from f in db.FL_Fluege.Include("PS_Passagier.PE_Person")
              where f.FL_FlugNr == 101
              select f).FirstOrDefault();
      Console.WriteLine("Flug Nr {0} von {1} nach {2} hat {3} freie Plätze und {4} Buchungen!",
Flug.FL_FlugNr, Flug.FL_Abflugort, Flug.FL_Zielort, Flug.FL_FreiePlaetze, Flug.PS_Passagier.Count);
      Console.WriteLine("Zustand des Objekts: " + Flug.EntityState);

      // === Zunächst wird in dem Flug-Objekt die Platzanzahl reduziert.
      Console.WriteLine("--- Reduzieren der Platzanzahl....");
      Flug.FL_FreiePlaetze--;
      Console.WriteLine("Zustand des Objekts: " + Flug.EntityState);

      GetStatistik(db);

      // StateManager auslesen für ein Objekt
      Console.WriteLine("Anzahl geänderter Attribute: " +
db.ObjectStateManager.GetObjectStateEntry(Flug).GetModifiedProperties().Count());
      Console.WriteLine("Neuer Wert: " +
db.ObjectStateManager.GetObjectStateEntry(Flug).CurrentValues["FL_FreiePlaetze"]);
      Console.WriteLine("Alter Wert: " +
db.ObjectStateManager.GetObjectStateEntry(Flug).OriginalValues["FL_FreiePlaetze"]);

      // Änderungen speichern
      db.SaveChanges();
```

```csharp
        // === Dann wird ein bestehendes Passagier-Objekt der Liste der Passagiere des Flugs angefügt
        Console.WriteLine("Zustand des Objekts: " + Flug.EntityState);
        Console.WriteLine("--- Anfügen eines Passagiers....");

        WWWingsModelKompakt.PS_Passagier Passagier = (from p in db.PS_Passagier.Include("PE_Person")
                                                      where p.PS_ID == 7
                                                      select p).FirstOrDefault();

        Console.WriteLine("Zustand des Objekts: " + Flug.EntityState);
        Flug.PS_Passagier.Add(Passagier);
        GetStatistik(db);

        db.SaveChanges();
        Console.WriteLine("Zustand des Objekts: " + Flug.EntityState);

        t.Complete();
        Console.WriteLine("Buchungstransaktion erfolgreich!");
    }

    Flug = (from f in db.FL_Fluege.Include("PS_Passagier.PE_Person")
            where f.FL_FlugNr == 101
            select f).FirstOrDefault();
    Console.WriteLine("Flug Nr {0} von {1} nach {2} hat {3} freie Plätze und {4} Buchungen!",
Flug.FL_FlugNr, Flug.FL_Abflugort, Flug.FL_Zielort, Flug.FL_FreiePlaetze, Flug.PS_Passagier.Count);
    }
}

/// <summary>
///StateManager auslesen: Statistik über alle Objekte
/// </summary>
/// <param name="db">Bestehender Kontext</param>
private static void GetStatistik(WWWingsModelKompakt.WWWIngsEntitiesKompakt db)
  {
    Console.ForegroundColor = ConsoleColor.Yellow;

    Console.WriteLine("# Anzahl geänderter Objekte: " +
db.ObjectStateManager.GetObjectStateEntries(EntityState.Modified).Count());
    Console.WriteLine("# Anzahl hinzugefügter Objekte: " +
db.ObjectStateManager.GetObjectStateEntries(EntityState.Added).Count());
    Console.WriteLine("# Anzahl gelöschter Objekte: " +
db.ObjectStateManager.GetObjectStateEntries(EntityState.Deleted).Count());
    Console.WriteLine("# Anzahl unveränderter Objekte: " +
db.ObjectStateManager.GetObjectStateEntries(EntityState.Unchanged).Count());
    Console.ForegroundColor = ConsoleColor.Gray;
  }
```

Listing 12.28 Eine Buchungstransaktion mit den EF Object Services

ADO.NET Entity Framework

```
=== Start
Flug Nr 101 von Berlin nach Frankfurt hat 94 freie Plätze und 1 Buchungen!
Zustand des Objekts: Unchanged
--- Reduzieren der Platzanzah....
Zustand des Objekts: Modified
# Anzahl geänderter Objekte: 1
# Anzahl hinzugefügter Objekte: 0
# Anzahl gelöschter Objekte: 0
# Anzahl unveränderter Objekte: 4
Anzahl geänderter Attribute: 1
Neuer Wert: 93
Alter Wert: 94
Zustand des Objekts: Unchanged
--- Anfügen eines Passagiers....
Zustand des Objekts: Unchanged
# Anzahl geänderter Objekte: 0
# Anzahl hinzugefügter Objekte: 1
# Anzahl gelöschter Objekte: 0
# Anzahl unveränderter Objekte: 8
Zustand des Objekts: Unchanged
Buchungstransaktion erfolgreich!
Flug Nr 101 von Berlin nach Frankfurt hat 93 freie Plätze und 2 Buchungen!
=== ENDE
```

Abbildung 12.23 Ausgabe des Transaktionsbeispiels

Forward Engineering vs. Reverse Engineering

Anders als LINQ-to-SQL unterstützt das EF kein Forward Engineering (zumindest nicht in der Beta-Version und es ist auch angekündigt, dass dies in Version 1.0 nicht mehr erfolgen wird). Die hier dargestellten Ausführungen zum EF betreffen also alle das Reverse Engineering (d.h. mit einer bestehenden Datenbank).

Protokollierung und Debugging

Das `ObjectContext`-Objekt des EF bietet leider keine einfache Protokollierung wie das `DataContext`-Objekt in LINQ-to-SQL über das `Log`-Attribut. Auch kann man den hinter einer definierten LINQ-Abfrage liegenden Befehl nicht einfach mit `ToString()` ausgeben. Im EF muss man erst das Abfrageobjekt in ein typisiertes `ObjectQuery`-Objekt umwandeln, um dort die Methode `ToTraceString()` aufzurufen.

`(ObjectQuery<WWWingsModelKompakt.FL_Fluege>)fluege).ToTraceString())`

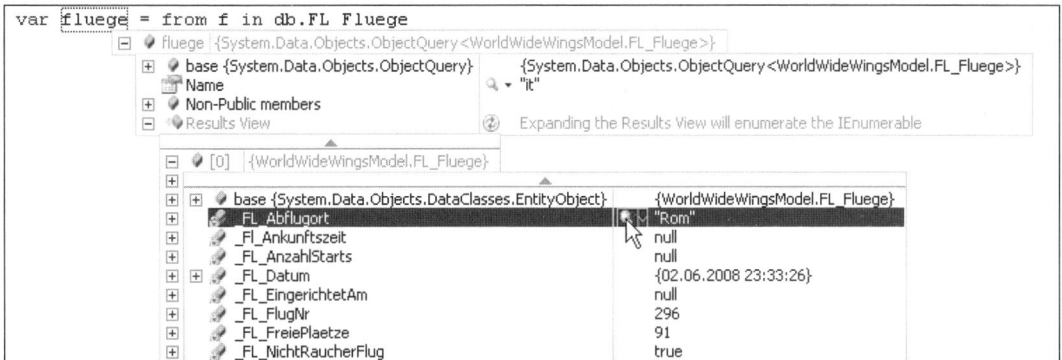

Abbildung 12.24 Der Debugger zeigt auf Anforderung die Ergebnismenge, nicht aber den SQL-Befehl, wie dies bei LINQ-to-SQL erfolgt

Konvertierungen

Die LINQ-Konvertierungen mit ToArray(), ToLookup(), ToList() und ToDictionary() sind verfügbar. Anders als bei LINQ-to-SQL bewirken Sie aber keine Loslösung vom Kontext. Genau wie bei LINQ-to-SQL wird die Abfrage durch obige Methoden aber sofort ausgeführt.

```
using (WWWingsModelKompakt.WWWIngsEntitiesKompakt db = new
WWWingsModelKompakt.WWWIngsEntitiesKompakt(CS2))
  {
    var fluege = from f in db.FL_Fluege
                 where f.FL_Abflugort == "Rom"
                 select f;

    WWWingsModelKompakt.FL_Fluege fl = fluege.ToArray()[0];
    PrintFlug(fl);

    fl.FL_FreiePlaetze--;
    PrintFlug(fl);

    db.SaveChanges();

    PrintFlug(fl);
  }
```

Listing 12.29 Dieses Beispiel beweist, dass beim EF die Objekte durch die Konvertierungsmethoden nicht vom Kontext gelöst werden

Gespeicherte Prozeduren

Das EF unterstützt gespeicherte Prozeduren sowohl zum Lesen als auch zum Ändern von Daten. Um gespeicherte Prozeduren zu nutzen, muss man diese mit dem Visual Studio-EDM-Assistenten importieren. Danach kann man im Model Browser im Ast *Stored Procedures* die Funktion *Function Import* wählen und einer Entität zuordnen.

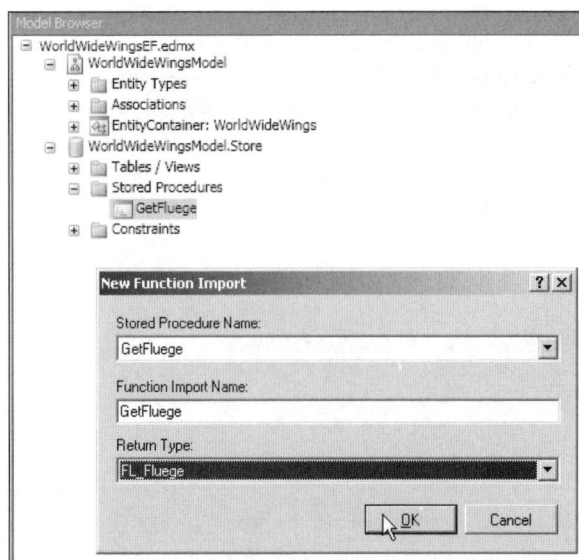

Abbildung 12.25 Importieren einer gespeicherten Prozedur in den EF-Kontext

ADO.NET Entity Framework

Anschließend kann man die gespeicherte Prozedur im Programmcode über den Kontext wie eine Methode aufrufen.

```
using (WWWingsModelKompakt.WWWIngsEntitiesKompakt db = new
WWWingsModelKompakt.WWWIngsEntitiesKompakt(CS2))
  {
    var fluege = db.GetFluege();

    WWWingsModelKompakt.FL_Fluege fl = fluege.ToArray()[0];
    PrintFlug(fl);
  }
```

Listing 12.30   Nutzung einer gespeicherten Prozedur als SELECT-Anwendung

Die Verwendung von gespeicherten Prozeduren zur Verwendung für INSERT, UPDATE und DELETE legt man im Fenster *Mapping Details* fest. Dort muss man die Sicht *Map Entity to Functions* auswählen (zweite Schaltfläche von oben an der linken Seite) und dann die gewünschte gespeicherte Prozedur. Alternativ kommt man dorthin, indem man im Designer auf einer Entität *Stored Procedure Mapping* auswählt.

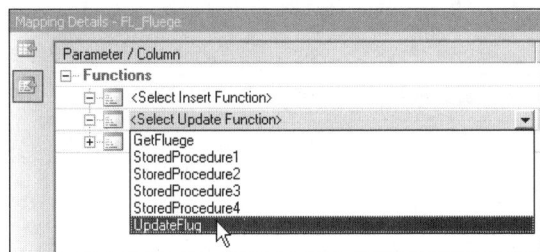

Abbildung 12.26   Festlegen einer gespeicherten Prozedur für die Aktualisierung der Tabelle FL_Fluege

Serialisierung

Der Visual Studio-EDM-Designer erzeugt für alle Geschäftsobjektklassen die Annotationen [Serializable] und [DataContract]. Unterstützt werden somit alle Serialisierer des .NET Frameworks. Assoziationen mit EntityCollection und EntityReference sind auch serialisierbar, sodass ein ganzer Objektbaum serialisiert werden kann (Graph Serialization). Laut der Dokumentation kann lediglich der XML-Serialisierer die Beziehungen nicht serialisieren (»XML serialization does not serialize related objects.«). Auf jeden Fall werden nur die Geschäftsobjekte selbst, nicht aber auch der Objektkontext serialisiert.

Unterstützung für verteilte Systeme

Nach der Serialisierung und Deserialisierung sind die Objekte im Zustand *Detached*. Sie müssen anschließend dem Kontext wieder mit Attach() hinzugefügt werden. Allerdings existiert dabei das gleiche Problem wie bei LINQ-to-SQL: Da es außerhalb des Kontextes keine Änderungsverfolgung gibt, weiß der neue Kontext nicht, ob und welche Änderungen es gab (und den alten Kontext gibt es nicht mehr). Attach() fügt das Objekt immer im Zustand *Unchanged* an. Während es in LINQ-to-SQL nun mehrere Optionen gibt, bleibt im EF (zumindest in der dieser Betrachtung zugrunde liegenden Beta-Version!) nur eine Möglichkeit:

- Man benötigt das ursprüngliche Objekt (im alten Zustand) und fügt dieses mit Attach() dem Kontext hinzu.
- Anschließend spielt man die Änderungen wieder ein. Dies wird unterstützt durch die Methode ApplyPropertyChanges(), der der Name der Entität und das neue Objekt zu nennen ist.

Das folgende Beispiel serialisiert ein Flug-Objekt zusammen mit den zugeordneten Passagier-Objekten in eine Datei, vernichtet den Kontext und lädt anschließend den Flug wieder (genaugenommen wird in diesem Beispiel der Flug zweimal geladen, damit man eine Kopie hat). Dann wird eine der Kopie verändert. Anschließend wird ein neuer Kontext geöffnet und das ursprüngliche Objekt mit Attach() hinzugefügt. Dann wird ApplyPropertyChanges() mit dem geänderten Flug-Objekt aufgerufen. Dadurch funktioniert dann SaveChanges(). Zur Serialisierung kommen Hilfsroutinen zum Einsatz, die im Kapitel ».NET-Klassenbibliothek 3.5«, Abschnitt »Serialisierung« besprochen wurden.

```
/// <summary>
/// Serialisierung und Deserialisierung eines Flug-Objekts
/// </summary>
public static void EntityClient_Serialisierung()
{
  string DATEI = "Flug.bin";

  WWWingsModelKompakt.FL_Fluege Flug;

  using (WWWingsModelKompakt.WWWIngsEntitiesKompakt db1 = new
WWWingsModelKompakt.WWWIngsEntitiesKompakt(CS2))
  {

   Flug = (from f in db1.FL_Fluege.Include("PS_Passagier.PE_Person")
          where f.FL_FlugNr == 101
          select f).FirstOrDefault();
   PrintFlug(Flug);
   Console.WriteLine("Vor dem Entfernen aus dem Kontext:");
   GetStatistik(db1);
   Console.WriteLine("Serialisierung...");
   VerschiedeneDemos_CS.FCL3.UniversalSerialisierer.Save(VerschiedeneDemos_CS.FCL3.SerialTyp.BINARY,
Flug, DATEI);
  }

  Console.WriteLine("Kontext vernichtet!");

  Console.WriteLine("Deserialisierung");
  Flug =
VerschiedeneDemos_CS.FCL3.UniversalSerialisierer.Load(VerschiedeneDemos_CS.FCL3.SerialTyp.BINARY, DATEI)
as WWWingsModelKompakt.FL_Fluege;
     WWWingsModelKompakt.FL_Fluege  FlugNeu =
VerschiedeneDemos_CS.FCL3.UniversalSerialisierer.Load(VerschiedeneDemos_CS.FCL3.SerialTyp.BINARY, DATEI)
as WWWingsModelKompakt.FL_Fluege;

  PrintFlug(Flug);
  // === Zunächst wird in dem Flug-Objekt die Platzanzahl reduziert.
  Console.WriteLine("! Reduzieren der Platzanzahl");


  FlugNeu.FL_FreiePlaetze--;
```

ADO.NET Entity Framework

```
    PrintFlug(FlugNeu);

  using (WWWingsModelKompakt.WWWIngsEntitiesKompakt db2 = new
WWWingsModelKompakt.WWWIngsEntitiesKompakt(CS2))
  {

    Console.WriteLine("Vor dem Hinzufügen zum Kontext:");
    GetStatistik(db2);
    db2.Attach(Flug);
    Console.WriteLine("Nach dem Hinzufügen zum Kontext:");
    GetStatistik(db2);
    PrintFlug(Flug);

    db2.ApplyPropertyChanges("FL_Fluege", FlugNeu);

    Console.WriteLine("Nach dem Signalisieren der Änderungen:");
    GetStatistik(db2);
    PrintFlug(Flug);

    db2.SaveChanges();
    Console.WriteLine("Nach dem Speichern des Kontextes:");
    GetStatistik(db2);
    PrintFlug(Flug);

  }
}
```

Listing 12.31 Serialisierung und Deserialisierung eines Flug-Objekts

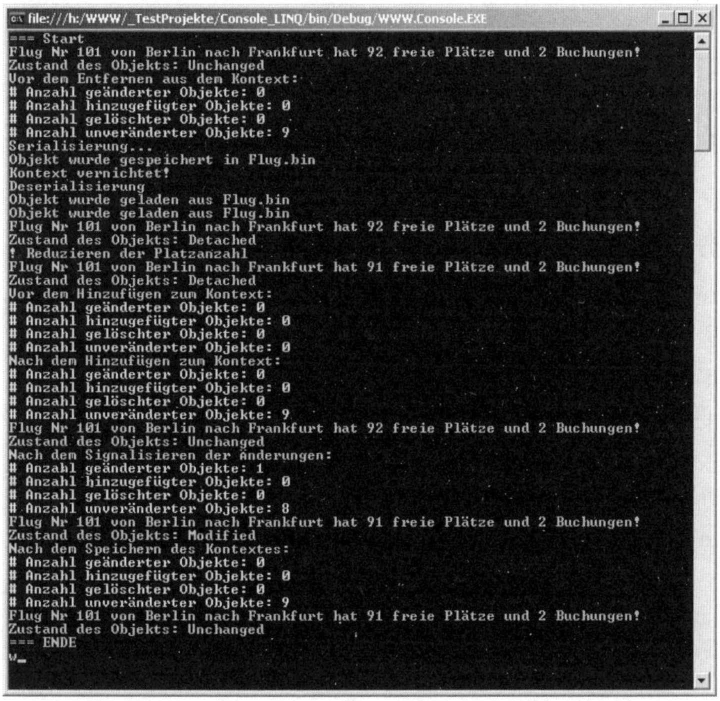

Abbildung 12.27 Simulierung der Serialisierung: Einsatz von Detach() und Attach()

> **HINWEIS** Die fehlende Änderungsverfolgung bei Objekten, die nicht zu einem Kontext gehören, ist lästig, denn damit muss man in fast allen verteilten Szenarien den ursprünglichen Zustand manuell verwalten. Eine Lösung verspricht hier *Entity Bag*, eine Erweiterung, die Microsoft unter [MSDN27] bereitstellt.

Erweiterbarkeit

Sowohl die Kontextklasse als auch alle generierten Geschäftsobjektklassen sind partielle Klassen und können erweitert werden, wie im Unterkapitel zu LINQ-to-SQL beschrieben. Es gibt auch die bei LINQ-to-SQL vorhandenen partiellen Methoden, die vor und nach der Änderung eines Wertes aufgerufen werden.

> **HINWEIS** In einem Punkt ist das EF aber hier deutlich schlechter als LINQ-to-SQL: Es gibt keine partiellen Methoden oder Ereignisse, mit denen man sich über den Lebenszyklus einer Instanz eines Geschäftsobjekts informieren lassen kann (Lebenszyklusereignisse). Diese Aussage gilt zumindest für die vorliegende Beta-Version. In LINQ-to-SQL gibt es hier zumindest die Methoden `OnLoaded()`, `OnValidate()` und `OnCreated()`.

Weitere Funktionen

LINQ-to-SQL bietet einige weitere Funktionen, die hier aus Platzgründen nicht mehr genauer besprochen werden:

- Unterstützung für Vererbung mit Filtered Mapping, Vertical Mapping und Horizontal Mapping.
- Generierung eines EF-Kontextes und der Geschäftsobjektklassen an der Kommandozeile mit *EdmGen.exe*.
- Datenbindung in ASP.NET mit der `EntityDataSource`.
- Kompilierte Abfragen (Compiled Queries) zur Beschleunigung der Verarbeitung: `CompiledQuery.Compile()`.
- Zwischenspeicherung (der EF-Kontext bemerkt, wenn ein angefordertes Objekt bereits im Hauptspeicher vorliegt und dort ggf. in geänderter Form).

Wichtige Einschränkungen

Einschränkungen des ADO.NET Entity Framework wurden schon in diesem Kapitel an verschiedenen Stellen erwähnt. Hier noch einmal die wichtigsten Punkte:

- Das EF unterstützt nur Reverse Engineering, kein Forward Engineering.
- Das EF unterstützt kein Mapping allein durch Annotationen, sondern nur XML-basiertes Mapping.
- Das EF unterstützt zunächst nur die explizite Anforderung beim Lazy Loading. Transparentes Lazy Loading muss man durch eine Erweiterung selbst implementieren.
- Das EF unterstützt keine Plain Old CLR Objects (POCOs) als Geschäftsobjekte, sondern verlangt eine Basisklasse `EntityObject`.
- Der EDM-Designer unterstützt kein Ziehen & Fallenlassen von Tabellen aus dem Server Explorer.

LINQ-to-SQL versus ADO.NET Entity Framework

Das Entity Framework und LINQ-to-SQL weisen trotz der verschiedenen Entwicklungen aber gewisse Ähnlichkeiten auf, die eine Migration an einigen Stellen vereinfachen können. Insbesondere LINQ, das auch vom Entity Framework unterstützt wird, sorgt für Gemeinsamkeiten.

In der Entwicklergemeinde regt sich der Unmut, warum Microsoft zwei verschiedene OR-Mapper anbietet. Tatsächlich gibt Microsoft zu, dass die Ursache eine ungeplante Parallelentwicklung zweier verschiedener Entwicklungsteams bei Microsoft ist. Erst (zu) spät hat man sich bemüht, die beiden Konzepte zusammenzufassen. Die Empfehlung von Microsoft lautet, LINQ-to-SQL für einfache Mapping-Szenarien einzusetzen und das Entity Framework für komplexere Anwendungsfälle zu verwenden.

LINQ-to-SQL und die ADO.NET Entity Framework Object Services weisen trotz der getrennten Entwicklungslinien gewisse Ähnlichkeiten auf. In beiden Architekturen hält ein sogenannter Kontext (LINQ-to-SQL: *Datenkontext*, EF: *Objektkontext*) die .NET-Objekte zusammen und bietet den Einstiegspunkt für LINQ-Abfragen.

LINQ-to-SQL bietet aber insgesamt weniger Optionen als das ADO.NET Entity Framework. Wesentliche Unterschiede zwischen LINQ-to-SQL und dem ADO.NET Entity Framework sind:

- Für LINQ-to-SQL gilt die Einschränkung, dass Microsoft selbst nur einen Provider für Microsoft SQL Server liefert und durch die Nicht-Offenlegung der Schnittstellen auch verhindern will, dass andere Hersteller Provider entwickeln. Das .NET Entity Framework hingegen hat Microsoft für andere Anbieter geöffnet, sodass hier andere Provider verfügbar sind.
- LINQ-to-SQL unterstützt nur Microsoft SQL Server. Für das EF ist Unterstützung für viele Datenbanken angekündigt.
- LINQ-to-SQL bietet als Abfragesprache LINQ oder direktes SQL. Das EF bietet neben Entity SQL (eSQL), einen datenbankneutralen SQL-Dialekt, der auf der konzeptuellen Ebene arbeitet, aber nur SELECT-Befehle anbietet.
- LINQ-to-SQL unterstützt nur die 1:1-Abbildung zwischen Tabellen und Objekten. Das Entity Framework unterstützt beliebige Abbildungen.
- LINQ-to-SQL unterstützt Vererbung nur mit einer Tabelle mit Diskriminatoren (Filtered Mapping). Das Entity Framework unterstützt beliebige Abbildungen und auch horizontales und vertikales Mapping.
- Das ADO.NET Entity Framework unterstützt Mapping auch auf Tabellenebene (d. h. auch ohne Objekt-Relationales Mapping). LINQ-to-SQL bietet das nicht.
- LINQ-to-SQL unterstützt neben Reverse Engineering (d. h. die Erstellung von Geschäftsobjekten aus Datenbanken) auch Forward Engineering (d. h. die Erstellung der Datenbank aus Geschäftsobjekten). Das ADO.NET Entity Framework unterstützt kein Forward Engineering, sondern nur Reverse Engineering.
- Das ADO.NET Entity Framework bietet im Gegensatz zu LINQ-to-SQL die Serialisierung kompletter Objektbäume. Bei LINQ-to-SQL sind Assoziationen nicht serialisierbar.
- Beide Modelle verwenden in der Grundeinstellung Lazy Loading und bieten optional Eager Loading. Beim Lazy Loading lädt LINQ-to-SQL die verbundenen Objekte automatisch bei Bedarf, während das EF hier von dem Entwickler verlangt, diese explizit per Code anzufordern. Hingegen hat das EF wieder den Vorteil, dass man Eager Loading für jede einzelne Abfrage definieren kann, während in LINQ-to-SQL diese Einstellung global für den Datenkontext vorhanden ist.

- Der Objekt-Relationale Designer ist in beiden Fällen anders. Der LINQ-to-SQL-Designer erzeugt *.dbml*-Dateien, der EDM-Designer *.edmx*-Dateien. Das verwendete XML-Format unterscheidet sich komplett.
- Die Geschäftsobjekte im EF brauchen die Klasse System.Data.Objects.DataClasses.EntityObject als Basisklasse. Hier ist LINQ-to-SQL flexibler, weil keine Basisklasse benötigt wird.
- In LINQ-to-SQL kann man das Mapping wahlweise im Programmcode durch Annotationen oder in einer externen XML-Datei erstellen. EF unterstützt nur das Mapping durch XML-Dateien.
- Mithilfe eines weiteren Bausteins, den ADO.NET Data Services, kann man LINQ-to-Entities-Abfragen auch über Webservices an ein entferntes System senden und dort ausführen lassen. Für LINQ-to-SQL gibt es diese Möglichkeit nicht.
- Auf der Ebene der Programmierschnittstelle gibt es Unterschiede, z. B. SubmitChanges() in LINQ-to-SQL entspricht SaveChanges() im ADO.NET Entity Framework.

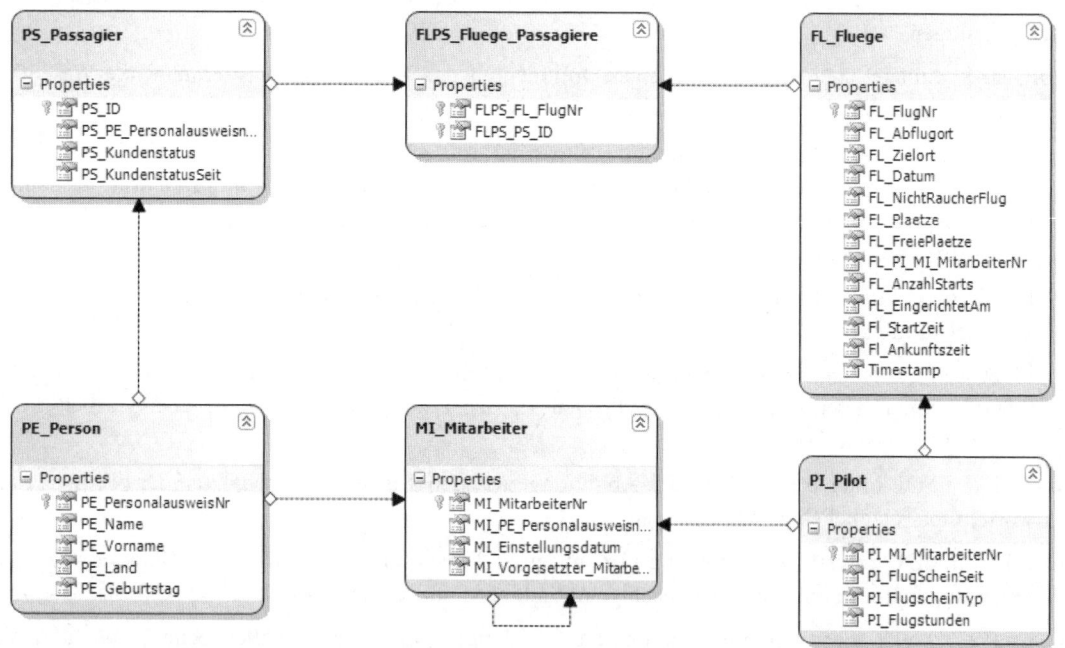

Abbildung 12.28 LINQ-to-SQL kann nur 1:1-Abbildungen zwischen Tabellen und Klassen darstellen. Daher erscheint im Objektmodell die »künstliche« Zwischentabelle FLPS_Flug_Passagier.

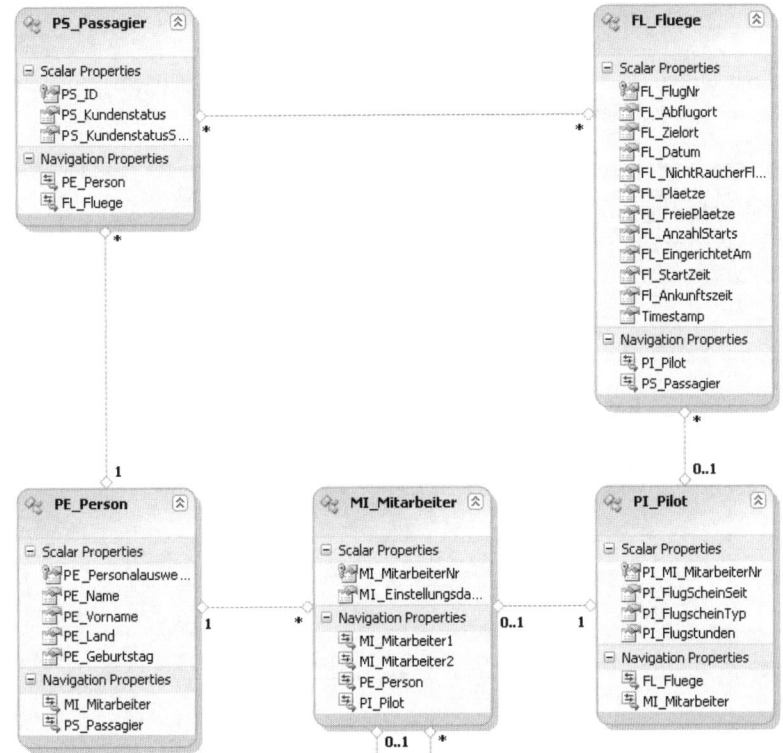

Abbildung 12.29 Das ADO.NET Entity Framework stellt die Beziehung zwischen FL_Flug und PS_Passagier als echte M:N-Beziehung dar

Vergleich wichtiger ORM-Werkzeuge für .NET

Die folgende Tabelle zeigt einen detaillierten Vergleich von einigen ORM-Werkzeugen für .NET:

- LINQ-to-SQL
- ADO.NET Entity Framework
- NHibernate
- Vanatec Open Access (VOA)
- Genome
- .NET Data Objects (NDO)

WICHTIG Bitte beachten Sie folgenden wichtigen Hinweis zum Ursprung der Daten in der Tabelle: Die Angaben zu LINQ-to-SQL, ADO.NET Entity Framework und NHibernate wurden vom Autor des Beitrags erhoben. Die Angaben zu Vanatec Open Access, NDO und Genome wurden von den Herstellern geliefert. Der Autor hat nur die Angaben von Vanatec Open Access zum Teil an eigenen Projekten verifiziert. Der Autor hat NDO und Genome nicht selbst im Einsatz und kann die Angaben der Hersteller hier nicht überprüfen.

Vergleichstabelle

Aus Platzgründen kann diese Tabelle (elf DIN-A4-Seiten) hier leider nicht vollständig abgedruckt werden. Sie erhalten die vollständige Tabelle von der Leser-Website (Zugang siehe Vorwort).

	LINQ-to-SQL (formerly "DLINQ")	ADO.NET Entity Framework Object Services	Vanatec OpenAccess (VOA)	NHibernate	.NET Data Objects (NDO)	Genome
BO Associations 0/N:M	N	Y	Y	Y	Y	Y
Requirements for 0/1:1 Assocations	Y, EntityRef	N / EntityReference	N (POCO)	N (POCO)	N	N
Support collection types	EntitySet	EntityCollection	ArrayList, IList, ICollection, IDicionary	IList, ISet, IDictionary, ICollection	IList	IEnumerable<T>, ICollection<T>
Code-based Mapping (based on Annotations)	Y	N	N	Y (optional, with NHibernate Mapping Attributes)	Y (optional – creates mapping file)	N
XML-based Mapping	Y	Y	Y	Y	Y	Y
Mapping File Generation	Y	Y	Y	Y	Y	Y
Compile time processing and error checking of mapping	N	N	N	N	N	Y
Filtered Mapping/Inheritance, Table per Hierarchy, Shared Mapping (Diskriminator), Flat Polymorphism	Y	Y	Y	Y	N	Y
Vertical Mapping, Joined Mapping/ Inheritance Table per (concrete) Class, Vertical Polymorphism	N	Y	Y	Y	N	Y
Horizontal Mapping/Inheritance, Table per Subclass, Horizontal Polymorphism	N	Y	Y	Y	Y	Y (with views and instead-of-triggers)

Abbildung 12.30 Nur ein kleiner Ausschnitt aus der umfangreichen Vergleichstabelle

Erläuterungen zur Tabelle

Abschließend sollen einige Punkte aus der Tabelle hervorgehoben werden.

Datenbanken

Derzeit bieten NHibernate und NDO hier die größte Vielfalt. Microsoft hat jedoch angekündigt, mit dem EF noch im Jahr 2008 mehr Datenbanken unterstützen zu können als die bisherige Konkurrenz.

Mapping

Beim Blick in die Vergleichstabelle sieht man: Das ADO.NET Entity Framework, VOA, Genome und NHibernate unterstützen alle drei Vererbungsbildungen, während LINQ-to-SQL nur Filtered Mapping und NDO nur Horizontal Mapping bietet. Auch kann man nicht eine Klasse auf mehrere Tabellen abbilden. Besonders hervor heben muss man, dass das EF auch Abbildungsszenarien ohne ORM unterstützt. Dies ist möglich, indem man ein konzeptuelles Modell in EF definiert, aber nicht mit den Object Services arbeitet. Dann erfolgt der Zugriff auf die Daten über einen neuen ADO.NET Data Provider mit Namen *EntityClient*, also mithilfe von Datareader und Dataset. *EntityClient* erlaubt aber nur lesenden Zugriff.

Die Abbildungsinformationen legen alle ORM-Werkzeuge im Vergleich in XML-Dateien ab. LINQ-to-SQL, NDO und NHibernate (mit Zusatz NHibernate.Mapping.Attributes) erlauben alternativ auch, allein durch Annotationen im Quellcode die Abbildung zu steuern. Die XML-Dateien muss niemand von Hand schreiben, die ORM-Werkzeuge unterscheiden sich aber erheblich in Hinblick auf den Komfort (siehe Sektion »Werkzeuge«).

Beim Forward Mapping machen NHibernate und das ADO.NET Entity Framework bislang nicht mit. Sie können eine Datenbank nicht auf Basis von Geschäftsobjekten generieren.

Serialisierung und verteilte Systeme

Die generierten Geschäftsobjekte mit [System.Serializable] versehen die Designer für LINQ-to-SQL, EF und NHibernate. [DataContract] für WCF-Dienste verwendet bisher nur Microsoft in EF (im Standard) und bei LINQ-to-SQL (optional). Bei allen anderen Werkzeugen ist das Fehlen von [Serializable] und [DataContract] kein Ausschlusskriterium, es bedeutet nur, dass der Entwickler diese Annotationen manuell hinterlegen muss. Viele ORM-Werkzeuge erstellen dazu die Geschäftsobjektklassen als partielle Klassen.

Das Problem der Änderungsverfolgung bei vom Kontext losgelösten Objekten realisieren die meisten Anbieter über eine explizite Angabe beim Hinzufügen des Objekts, was aber dem Entwickler die Aufgabe überträgt zu wissen, welche der losgelösten Objekte sich tatsächlich verändert haben. Vanatec und Genome bieten eigene Objektcontainer, die für losgelöste Objekte eine Änderungsverfolgung anbieten. Bei Vanatec ist dies die Klasse ObjectContainer. Genome beitet das Wire Object Protocol (WOP). Mit WOP lassen sich die Geschäftsobjekte in Datentransferobjekte in XML-Form serialisieren. Der Client verwendet eine durch WOP generierte Assembly mit Proxies für die Datentransferobjekte. Optional kann der Entwickler dabei sogenannte *Tracked Data Transfer Objects* bekommen, die ein *Dirty*-Flag besitzen, das bei Änderungen gesetzt wird. Beim Rücktransfer zum Server kann so festgestellt werden, was sich geändert hat. Mit Genome 3.5 wird WOP dann auch direkt die Dienstverträge von WCF unterstützen.

Werkzeuge

Microsoft bietet in Visual Studio 2008 Service Pack 1 Designer für LINQ-to-SQL und die ADO.NET Entity Framework Object Services. Einen brauchbaren Designer bietet sonst nur noch NDO. Der für NHibernate verfügbare Designer macht in mehreren Tests extrem viele Fehler in den Mapping-Dateien, die man manuell ausbessern muss. Damit ist er praktisch unbrauchbar. Zudem gibt es den Designer bisher nur für Visual Studio 2005. Für NHibernate gibt es diverse andere Möglichkeiten zur Unterstützung bei der Erstellung der Mapping-Dateien z.B. SmartCode Studio, CodeSmith und MyGeneration. Keines der vom Autor bisher betrachteten Werkzeuge ist aber so komfortabel wie ein Designer in Visual Studio.

Vanatec und Genome unterstützen den Entwickler nicht durch Designer, sondern mithilfe mehrerer Assistenten sowie Dialogfenster zur Nachbearbeitung. NDO und das Entity Framework haben sowohl einen Designer als auch einen Assistenten zum Anlegen von Abbildungen. Visual Studio 2008 unterstützen alle außer NHibernate; Visual Studio 2005 wird von VOA, NHibernate, NDO und Genome unterstützt. Mit Visual Studio 2003 kann man nur arbeiten, wenn man VOA verwendet.

Die Anbieter mit dem Designer haben Elementvorlagen in Visual Studio, die man einem beliebigen Projekt hinzufügen kann. VOA speichert alle Mapping-Informationen in XML-Dateien mit der Dateinamenerweiterung *.config*, wobei diese Datei von dem Assistenten erzeugt wird, den man nach dem Anlegen eines Projekts über den Menüpunkt *Vanatec* aufrufen kann. Einzig Genome spendiert seiner Lösung eigene Projektvorlagen. Mit der Vorlage *Web Application Project* generiert man die Grundstruktur für eine Genome-basierte Webanwendung. Ein *Mapping Project* ermöglicht, die Mapping-Informationen als ein eigenes Visual Studio-Projekt zu führen und damit eine bessere Wiederverwendung, falls man die Mapping-Informationen in verschiedenen Projekten benötigt.

Erweiterbarkeit

Die größte Flexibilität bei der Erweiterbarkeit bietet insgesamt eindeutig NHibernate, nicht nur weil es ein Open Source-Projekt ist, sondern auch weil hier sehr viele Bausteine für ihre Austauschbarkeit konzipiert wurden. NHibernate bietet aber neben eigenen Datenbankprovidern auch andere Erweiterungsmöglichkeiten, z.B. die Einflussnahme auf die Vergabe von automatischen Primärschlüsseln oder die Codeerzeugung zur Laufzeit. Genome und NHibernate erlauben die Implementierung eigener Zwischenspeicher auf zweiter Ebene (2nd Level Caches).

Geschwindigkeitsvergleich

Eine interessante Frage wäre noch die nach der Geschwindigkeit der ORM-Werkzeuge. Hier gibt es sicherlich viele Szenarien zu betrachten. Aufgrund der gegebenen Seiten- und Zeitrestriktionen kann hier nur ein Szenario betrachtet werden. Dieses Szenario lässt sich so umschreiben:

- Die Flugtabelle der WorldWideWings-Datenbank wird vorab mit 10.000 Datensätzen befüllt.
- Gemessen wird das Laden der Flüge und der Durchlauf der Flüge in einer Schleife.
- Eine Ausgabe oder Weiterverarbeitung findet nicht statt.
- Das Laden und Durchlaufen wird zehn Mal nacheinander wiederholt.
- Das Messergebnis ist der Durchschnitt über alle zehn Messungen.

Verglichen werden sieben verschiedene Ansätze:

- ORM mit Vanatec Open Access (VOA)
- ORM mit NHibernate
- ORM mit ADO.NET Entity Framework Object Services
- ORM mit LINQ-to-SQL
- Untypisiertes DataSet ohne ORM
- Selbstimplementiertes ORM mit DataReader als Basis
- DataReader ohne ORM

Gemessen wurde auf zwei verschiedenen Systemen:

- Notebook: einmal Pentium M 1,6 Ghz, 1 GB RAM, Windows XP, SQL Server 2005 Express
- Server: zweimal AMD Opteron 2 Ghz, 4 GB RAM, Windows Server 2003 R2, SQL Server 2005

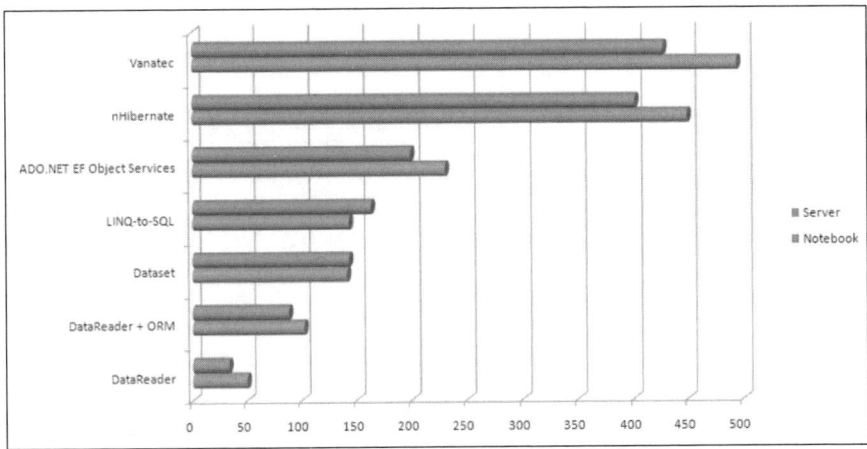

Abbildung 12.31 Ergebnisse der Messreihen (Der Wert auf der x-Achse ist die Dauer in Millisekunden. Kleinere Werte sind also besser.)

Man erkennt: ORM ist langsamer als ein DataReader und je mehr ein ORM-Werkzeug kann, je langsamer ist es. Dennoch sind die hier dargestellten Geschwindigkeitswerte für viele Anwendungsszenarien so ausreichend, dass ORM eingesetzt werden kann. Ein DataReader ist nicht zu schlagen, bietet aber auch den wenigsten Komfort für den Entwickler.

Fazit

Am Ende dieses Vergleichs fällt es sehr schwer, einen eindeutigen Gewinner auszumachen. Hinsichtlich der Mapping-Möglichkeiten etwas abgehängt ist eindeutig LINQ-to-SQL. Mehr Flexibilität gibt es von Microsoft im EF, aber hier muss man dann wohl auf das Forward Mapping verzichten (wobei es bis zum Erscheinen noch einige Monate sind, in denen es noch Änderungen an den Funktionen geben kann). Außerdem kann im EF die Anforderung, dass die Geschäftsobjektklasse eine bestimmte Basisklasse besitzen muss, bei der freien Entfaltung des Objektmodells sehr stören.

Bei der Datenbankunabhängigkeit hat Microsoft in Bezug auf das EF großes angekündigt. Man wird sehen müssen, ob dies alles in die Tat umgesetzt werden wird.

Bei den Drittanbietern fällt – trotz der breiten Unterstützung unterschiedlicher Datenbanken – das Open Source-Projekt NHibernate aufgrund der schlechten Unterstützung mit grafischen Werkzeugen hinter den anderen kommerziellen zurück. Zwischen den drei Drittanbietern eine Bewertung abzugeben wäre nicht fair, denn der Autor dieses Beitrags kennt nur VOA aus der Praxis. Die anderen Anbieter auf Basis von im Rahmen der begrenzten zeitlichen Möglichkeiten eines Fachartikels erstellten einfachen Beispiele zu vergleichen, wäre ebenfalls unfair.

Dass der Autor dieses Buchs in Zukunft in den Projekten in seinem Unternehmen wohl in den meisten Fällen das ADO.NET Entity Framework verwenden wird, liegt daran, dass er diesem Produkt langfristig die größte Überlebenswahrscheinlichkeit einräumt. LINQ-to-SQL wird Microsoft wieder auf das Abstellgleis schieben und die Drittanbieter werden es sehr schwer haben, ihre Werkzeuge noch zu verkaufen, wenn Microsoft die meisten Fälle schon mit in das .NET Framework integrierten Funktionen abdeckt. Eine Marktbereinigung findet hier auf jeden Fall statt, wobei die vier hier verglichenen Drittanbieter im Markt noch recht gut aufgestellt sind im Vergleich zu den vielen kleineren Anbietern.

Kapitel 13

Datenzugriff mit System.Xml und LINQ-to-XML

In diesem Kapitel:

XML-Programmierung mit .NET	552
Neuerungen in .NET 2.0	552
Neuerungen in .NET 3.0	553
Neuerungen in .NET 3.5	553
Überblick über die XML-Zugriffsmodelle	553
XML-DOM (XmlDocument)	554
XML-Leser (XmlReader)	557
XML-Schreiber (XmlWriter)	560
XPathNavigator (XPath Data Model)	562
LINQ-to-XML	564
Vergleich der Zugriffsformen	569
Ableiten eines Schemas aus XML-Dokumenten	570
XML Style Sheet Transformations (XSLT)	571

XML-Programmierung mit .NET

Neben der Möglichkeit, ein Dataset in XML zu exportieren bzw. ein XML-Dokument in ein Dataset zu importieren, bietet das .NET Framework auch verschiedene Möglichkeiten, XML-Dokumente und XML-Fragmente direkt zu bearbeiten.

Im Namensraum System.Xml werden folgende Standards des World Wide Web Consortiums (siehe [W3C]) unterstützt:

- XML 1.0 – einschließlich Document Type Definitions (DTD)
- XML Namespaces 1.0
- XML Schema 1.0 (XSD)
- XPath 1.0
- XSLT 1.0
- DOM Level 1 und 2
- XML Encryption

HINWEIS Neben den hier erwähnten XML-Standards findet man in dem Namensraum System.Xml weitere Möglichkeiten zum Zugriff auf XML-Dokumente, die nicht beim W3C standardisiert sind, z. B. XmlReader, XmlWriter und LINQ-to-XML.

Neuerungen in .NET 2.0

Im Bereich der XML-Unterstützung gibt es folgende Neuheiten seit .NET 2.0 gegenüber .NET 1.1:

- Die schnellere Klasse XslCompiledTransform ersetzt die Klasse XslTransform.
- Erzeugen eines XML-Schemas (XSD) aus einem XML-Dokument mit der Klasse XmlSchemaInference
- Schema-Validierung direkt aus der Klasse XmlDocument mit der Methode Validate()
- Die Klasse XPathNavigator kann nun auch Dokumente ändern, wenn als Basis ein XmlDocument verwendet wird.
- XmlReader und XmlWriter lösen XmlTextReader, XmlValidationReader und XmlTextWriter ab und besitzen mehr Optionen (z. B. Behandlung von Leerräumen).
- Konvertierungsunterstützung zwischen CLR- und XML-Datentypen in den Klassen XmlWriter, XmlReader und XpathNavigator.
- Verschlüsselung von XML-Dokumenten bzw. Dokumentfragmenten auf Basis von W3C XML Encryption.

HINWEIS Die ursprünglich in der Alpha-Version von .NET 2.0 enthaltene Unterstützung für die Abfragesprache XQuery ist seit der Beta 2-Version leider nicht mehr enthalten, auch nicht im .NET Framework 3.0, weil sich die Standardisierung von XQuery auf Januar 2007 verzögert hat.

Neuerungen in .NET 3.0

Der Namensraum *System.Xml* in .NET 3.0 enthält gegenüber .NET 2.0 einige wenige Ergänzungen (z. B. XmlDictionary sowie einige abstrakte Basisklassen). Diese Erweiterungen, die in *System.Runtime.Serialization.dll* implementiert sind, werden von WCF (siehe dazu eigenes Kapitel) benötigt. Ob eine Verwendung unabhängig von WCF sinnvoll ist, ist von Microsoft derzeit nicht dokumentiert.

Neuerungen in .NET 3.5

Neu in .NET 3.5 ist LINQ-to-XML, das eine weitere Programmierschnittstelle für das Lesen und Schreiben von XML-Dokumenten bereitstellt. Für das Abfragen von XML-Dokumenten kann hier die LINQ-Syntax anstelle von XPath eingesetzt werden. Auch das Verändern von XML-Dokumenten ist durch eine neue Klasse vereinfacht. Intern basiert LINQ-to-XML auf der bereits in .NET 1.0 eingeführten Klasse XmlDocument.

Überblick über die XML-Zugriffsmodelle

Das .NET Framework 3.5 enthält vier Zugriffsmodelle für XML:

- XML-DOM mit den Klassen XmlDocument, XmlElement, XmlAttribute etc.
- LINQ-to-XML mit den Klassen XDocument, XElement, XAttribute etc.
- Klasse XmlReader
- XPath Data Model mit der Klasse XPathNavigator

Das XML-DOM ist ein sehr komfortables und in Hinblick auf den erzeugten XML-Code zuverlässiges Modell, jedoch nicht sehr effizient, wenn es nur darum geht, Daten aus einer XML-Datei zu lesen, da zu Beginn immer alle Daten in den Hauptspeicher geladen werden müssen, um dort ein Objektmodell aufzubauen (siehe Abbildung). Neu ab .NET 3.5 ist LINQ-to-XML, das intern auf dem XML-DOM basiert, aber dem Entwickler eine komfortablere Programmierschnittstelle mit Unterstützung der LINQ-Syntax zur Verfügung stellt.

Als echte Alternative zum DOM existiert für das reine Lesen von XML-Dokumenten das sogenannte Streaming-Modell, bei dem nur jeweils ein aktueller Knoten im Hauptspeicher gehalten wird statt des ganzen Dokumentbaums. Streaming-Ansätze existieren in drei Ausprägungen: Push-Modell (alias Simple API for XML – SAX), Pull-Modell (XmlReader) und Cursor-Modell (XPathNavigator). Der Unterschied zwischen den drei Ansätzen liegt darin, dass SAX ein ereignisgetriebenes Modell (Callbacks) verwendet, während XMLReader und XPathNavigator sich die Daten holen (Pull-Modell). Der Unterschied zwischen den beiden Letztgenannten ist, dass der XPathNavigator auch Rücksprünge erlaubt, während der XMLReader ein reiner Vorwärts-Cursor ist.

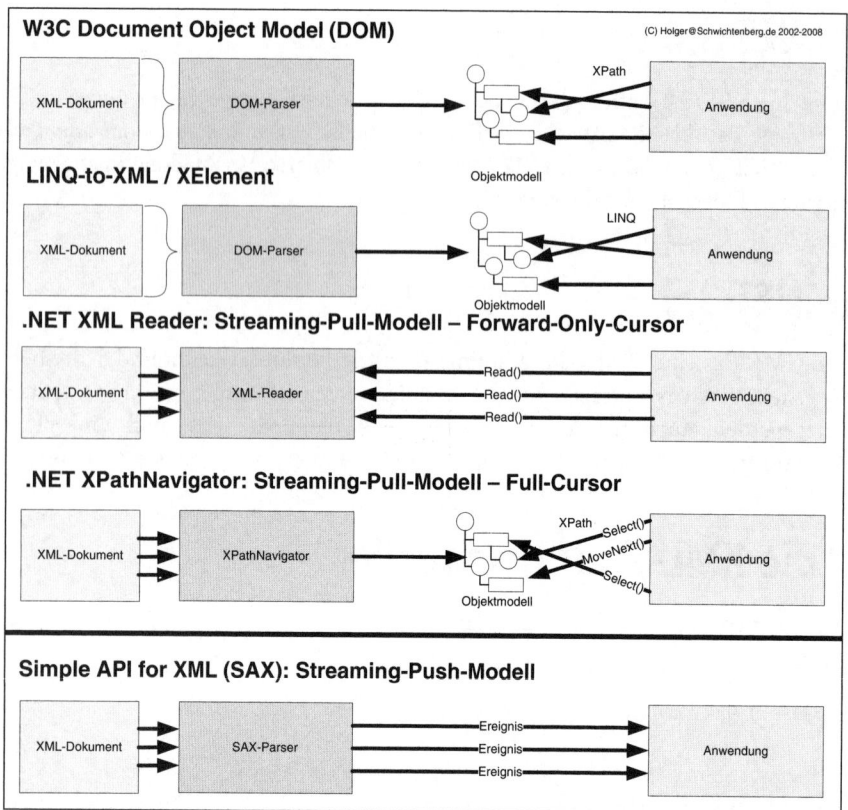

Abbildung 13.1 Architekturvergleich zwischen den XML-Zugriffsmodellen

HINWEIS Das in der Java-Welt beliebte SAX wird auch in .NET 3.5 nicht von Microsoft unterstützt. Microsoft setzt auf die Pull-Modelle. SAX für .NET existiert aber als Open-Source-Projekt [SF01].

XML-DOM (XmlDocument)

Das XML-Document Object Model (DOM) ermöglicht die komplette Repräsentation eines XML-Dokuments im Hauptspeicher durch ein Objektmodell. XML-DOM ist ein Standard des World Wide Web Consortium (W3C) [W3C03], der im .NET Framework mit Erweiterungen implementiert ist.

Die typische Arbeit mit dem XML-DOM besteht aus folgenden Schritten:

- Laden eines Dokuments in den Hauptspeicher, wobei das Dokument immer komplett geladen werden muss: Die Klasse XmlDocument stellt dafür die Methoden Load() und LoadXml() bereit.
- Gezielter Zugriff auf einzelne Knoten mit SelectSingleNode() oder auf Knotenmengen mit SelectNodes() unter Verwendung von XPath-Ausdrücken
- Iteration über die Knoten mit XmlNode und XmlNodeList (siehe Darstellung des Objektmodells)
- Speichern des Dokuments mit Save()

XML-DOM (XmlDocument)

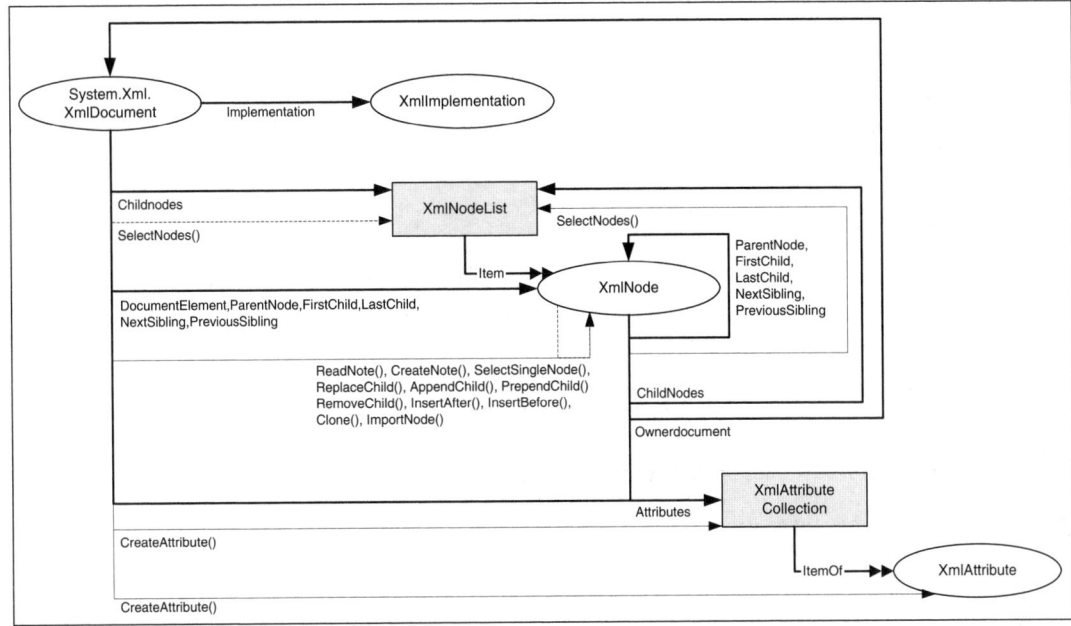

Abbildung 13.2 Objektmodell des XML-DOM in .NET

Beispiel

Das Beispiel nutzt das nachstehend abgebildete Dokument und zeigt die Erhöhung der Platzanzahl im Flug Nummer 200 um zehn Sitzplätze. Das Dokument finden Sie in den Codebeispielen zu diesem Buch. Wie Sie das Dokument per Programmcode aus der mitgelieferten Datenbank *WorldWideWings* erstellen können, erfahren Sie später im Unterkapitel zur XmlWriter-Klasse.

Abbildung 13.3 XML-Beispieldokument

```vb
Sub PlatzAnzahlErhoehen()
  Dim d As New XmlDocument()
  Dim e As XmlElement
  Const FlugNr As String = "200"
  ' --- Dokument laden
  d.Load(DATEI)
  ' --- Einzelnes Element auswählen
  e = d.SelectSingleNode("*//Flug[@ID='" & FlugNr & "']/Details/Plaetze")
  Demo.Print("Alter Wert:" & e.FirstChild.Value)
  ' --- Counter erhöhen!
  e.FirstChild.Value += 10
  Demo.Print("Neuer Wert:" & e.FirstChild.Value)
  ' --- Dokument speichern
  d.Save(DATEI)
End Sub
```

Listing 13.1 Veränderung eines XML-Dokuments mit dem XML-DOM (in VB)

```csharp
public void PlatzAnzahlErhoehen()
{
 XmlDocument d = new XmlDocument();
 XmlElement e = null;
 const string FlugNr = "200";
 // --- Dokument laden
 d.Load(DATEI);
 // --- Einzelnes Element auswählen
 e = d.SelectSingleNode("*//Flug[@ID='" + FlugNr + "']/Details/Plaetze") as XmlElement;
 Demo.Print("Alter Wert:" + e.FirstChild.Value);
 // --- Counter erhöhen!
 e.FirstChild.Value = (Convert.ToInt64(e.FirstChild.Value) + 10).ToString();
 Demo.Print("Neuer Wert:" + e.FirstChild.Value);
 // --- Dokument speichern
 d.Save(DATEI);
}
```

Listing 13.2 Veränderung eines XML-Dokuments mit dem XML-DOM (in C#).

HINWEIS Bitte beachten Sie folgende Hinweise zur Arbeit mit dem XML-DOM-Objektmodell:

- Das Attribut Value liefert immer eine Zeichenkette, unabhängig davon, was im XML-Schema als Datentyp definiert ist. Wenn man C# oder in Visual Basic die Option Strict verwendet, ist im obigen Beispiel eine Typkonvertierung notwendig.
- Textinhalte sind im XML-DOM auch Knoten. Ein Element, das nicht leer ist, enthält den Wert nicht direkt, sondern einen Knoten vom Typ *Text* mit Namen *#Text*. Daher kann man in dem obigen Beispiel auf den Inhalt von <Plaetze> nicht direkt mit .Value zugreifen, sondern muss auf den Inhalt des ersten Unterknotens zugreifen mit .FirstChild.Value.
- Das Attribut InnerText liefert den Text eines Elements und aller Unterelemente. InnerXml liefert den Inhalt eines Elements als XML-Fragment.
- Das XML-DOM sorgt selbst dafür, dass beim Speichern von Sonderzeichen (z. B. < > &) diese entsprechend der XML-Notation codiert werden (z. B. < > &).

Unterstützung für XML-Namensräume

Das XML-DOM-Objektmodell bietet Unterstützung für XML-Namensräume durch die Klasse XmlNamespaceManager, mit der man die NameTable eines XmlDocument-Objekts befüllen kann. Anschließend kann man in XPath-Ausdrücken auf die im XmlNamespaceManager hinterlegten Kürzel zugreifen.

```
…
// --- Namensräume definieren
XmlNamespaceManager namespaces = new XmlNamespaceManager(doc.NameTable);
namespaces.AddNamespace("www", "http://www.IT-Visions.de/WWWings");
…
// XPath-Selektion mit Namensraum
 XmlElement e = doc.SelectSingleNode("//www:Flug[1]/www:Details", namespaces) as XmlElement;
```

Listing 13.3 Handhabung von Namensräumen (Fragmente eines Beispiels aus den begleitenden Code-Beispielen in C#)

Validierung von XML-Dokumenten

Zur Validierung eines XML-Dokuments gegen ein oder mehrere XSD-Schemata (Gültigkeitsprüfung) bietet die Klasse XmlDocument die Methode Validate(). Zuvor muss man die Schemas-Liste der Klasse XmlDocument befüllen. Die Methode Validate() signalisiert Validierungsfehler in Form des Ereignisses ValidationEventHandler().

```
// === Validieren gegen XSD mit DOM
  public static void xml_DOM_Validate()
  {
   XmlDocument doc = new XmlDocument();
   doc.Load("Flugliste_mit_Namespace.xml");
   doc.Schemas.Add(null, @"Flugliste.xsd");
   System.Xml.Schema.ValidationEventHandler h = new System.Xml.Schema.ValidationEventHandler(Error);
   doc.Validate(h);
  }

  static void Error(object sender, System.Xml.Schema.ValidationEventArgs e)
  {
   Demo.Print(e.Message);
  }
```

Listing 13.4 Validierung gegen ein XSD-Schema (Beispiel in C#)

XML-Leser (XmlReader)

Die Klasse System.Xml.XmlReader zeichnet sich durch folgende Eigenschaften aus:

- *Pull*-Modell mit reiner Vorwärtsbewegung (forward-only)
- schneller Lesezugriff auf ein XML-Dokument
- kein Schreibzugriff
- keine Zwischenspeicherung der Inhalte
- linearer Datenstrom (Ausnahme: *Attribute*)
- Cursor steht immer auf einem Element des Gesamtdokuments

- Bewegung durch das Dokument mit `Read()`
- Attribute müssen extra berücksichtigt werden (`HasAttributes()`, `MoveToNextAttribute(i)`)
- Elemente können übersprungen werden (z. B. `MoveToContent()`, `Skip()`)
- Unterstützt XML-Namensräume
- optionale Validierung gegen XSD oder DTD.

HINWEIS Während in .NET 1.0 die Klasse `XmlReader` nicht direkt, sondern nur über die abgeleiteten Klassen `XmlTextReader` und `XmlValidatingReader` genutzt werden konnte, empfiehlt Microsoft nun, die Klasse `XmlReader` durch Verwendung der neuen statischen Methode `Create()` zu instanziieren. `Create()` bietet zahlreiche Optionen, die auch die Validierung gegen eine DTD oder ein XSD-Schema umfassen.

Beispiel

Das besondere Verhalten der `XmlReader`-Klasse soll an einem Beispiel veranschaulicht werden, bei dem alle Elemente und alle Attribute durchlaufen und ausgegeben werden. Ausgegeben werden Name, Wert und Knotentyp. `Depth` gibt Aufschluss über die Ebene.

```vb
Sub LeseFlugdaten()
  Dim rs As XmlReaderSettings = New XmlReaderSettings
  rs.ConformanceLevel = ConformanceLevel.Fragment
  rs.IgnoreWhitespace = True
  rs.IgnoreComments = True
  Dim r As XmlReader = XmlReader.Create("..\..\daten\Flugliste.xml", rs)
  ' --- Schleife zum Lesen
  Do While r.Read
    Demo.Print(StrDup(r.Depth, " ") & r.Name & ":" & r.Value & " (" & r.NodeType.ToString & ")")
    If r.HasAttributes Then
      Dim i As Integer
      For i = 0 To r.AttributeCount - 1
        r.MoveToAttribute(i)
        Demo.Print(StrDup(r.Depth, " ") & "- " & r.Name & "=" & r.Value & " (" & r.NodeType.ToString & ")")
      Next i
    End If
  Loop
  r.Close()
End Sub
```

Listing 13.5 Beispiel zum Auslesen eines XML-Dokuments mit dem XmlReader (VB)

Das Beispiel liefert die nachfolgend abgedruckte Ausgabe. In dem Ausschnitt erkennt man bereits, dass das Element an der jeweils aktuellen Cursorposition entweder einen Namen oder einen Wert besitzt. Eine Ausnahme gilt nur für XML-Attribute.

```
Flug: (Element)
 - ID=101 (Attribute)
 Abflugort: (Element)
  :Düsseldorf (Text)
 Abflugort: (EndElement)
```

XML-Leser (XmlReader)

```
Zielort: (Element)
 :München (Text)
Zielort: (EndElement)
Details: (Element)
 Nichtraucher: (Element)
  :True (Text)
 Nichtraucher: (EndElement)
 Plaetze: (Element)
  :200 (Text)
 Plaetze: (EndElement)
 EingerichtetAm: (Element)
  :2002-01-01T00:00:00 (Text)
 EingerichtetAm: (EndElement)
Details: (EndElement)
```

Listing 13.6 Ausschnitt aus der Ausgabe des obigen Beispiels

Die Klasse XmlReader bietet u.a. folgende weitere Möglichkeiten:

- Sie können das nächste Element gezielt mit einem bestimmten Namen anspringen:

```
reader.ReadStartElement(»Details«)
```

- Möchte man die Ausgabe der *Ende*-Tags verhindern, kann man prüfen:

```
If (Not r.NodeType = XmlNodeType.EndElement) Then …
```

- Um einen Knoten komplett zu überspringen, verwendet man Skip():

```
If r.Name = »Details« Then r.Skip() ' Knoten überspringen
```

- Ob ein Element überhaupt einen Wert hat, prüfen Sie mit HasValue():

```
If Not r.HasValue Then …
```

- Neu seit .NET 2.0 ist die Möglichkeit, beim Einlesen des Elementinhalts automatisch eine Konvertierung von einem XML-Typ in einen skalaren CLR-Typ durchzuführen:

```
r.ReadContentAsDateTime(), r.ReadContentAsInt(), r.ReadContentAsDouble() etc.
```

Validierung

Die XmlReader-Klasse kann auch eine Validierung eines Dokuments gegen ein XML-Schema oder eine DTD vornehmen. Diese Funktion wurde in .NET 1.x durch die Klasse XmlValidationReader wahrgenommen und ist nunmehr eine Option in der XmlReaderSettings-Klasse. Die Klasse XmlReader erzeugt ein ValidationEvent, wenn ein Fehler gefunden wird. Die Validierung wird nach dem Aufruf der Ereignisbehandlungsroutine fortgeführt.

```vb
Sub LeseFlugdaten3()
  Dim rs As XmlReaderSettings = New XmlReaderSettings
  rs.ConformanceLevel = ConformanceLevel.Fragment
  rs.IgnoreWhitespace = True
  rs.IgnoreComments = True
  rs.ValidationType = ValidationType.Schema
  rs.Schemas.Add(Nothing, "..\..\daten\Flugliste1.xsd")
  Dim r As XmlReader = XmlReader.Create("..\..\daten\Flugliste.xml", rs)
  ' --- Ereignisbehandlung festlegen
  AddHandler rs.ValidationEventHandler, AddressOf ValidationsFehler
  Demo.Print("Validierung beginnt...")
  ' --- Daten einlesen und dabei validieren!
  While r.Read() : End While
  If Fehler Then
    Demo.Print("Validierung fehlgeschlagen!")
  Else
    Demo.Print("Validierung erfolgreich beendet!")
  End If
  r.Close()
End Sub
' === Validierungsfehler anzeigen
Public Sub ValidationsFehler(ByVal sender As Object, ByVal args As ValidationEventArgs)
  Fehler = True
  Demo.Print(("Fehler: " & args.Message))
End Sub
```

Listing 13.7 Validierung eines XML-Dokuments gegen ein XML-Schema (VB)

HINWEIS Eine Validierung durch das alte XML-Data Reduced (XDR) wird von der Klasse XmlReader nicht mehr unterstützt. Hierzu müssen Sie die alte (weiterhin vorhandene) Klasse XmlValidationReader einsetzen.

XML-Schreiber (XmlWriter)

Die Klasse XmlWriter ist das schreibende Pendant zum XmlReader. Der XmlWriter erlaubt nur das Vorwärts-Schreiben von Dokumenten und abstrahiert weit weniger von den XML-Syntaxregeln als das XML-DOM. Der Entwickler muss zwar keine spitzen Klammern schreiben, aber selbst dafür sorgen, dass es zu jedem geöffneten Element ein passendes schließendes Element gibt: Für jeden Aufruf von WriteStartElement() muss es an der richtigen Stelle ein WriteEndElement() geben.

Zeichenketten können einfach mit WriteElementString() geschrieben werden, das sowohl Start- als auch Endelement automatisch mit einfügt. Neu seit .NET Framework 2.0 ist die Methode WriteValue(), die einen CLR-Typ automatisch in den passenden XML-Typ konvertiert. Dies ist z.B. für Datums- oder Zeitangaben wichtig. Manuell können Typen über die Klasse System.Xml.XmlConvert umgewandelt werden.

HINWEIS In .NET 1.x konnten keine Instanzen der Klasse XmlWriter erzeugt werden; dort war die Nutzung eines Streaming-Writers nur möglich über die von XmlWriter abgeleitete Klasse XmlTextWriter. In .NET 2.0/3.0/3.5 existiert XmlTextWriter weiterhin; Microsoft empfiehlt jedoch nun die Nutzung der Oberklasse XmlWriter über ihre neue statische Methode Create(), da hier mehr Einstellungsmöglichkeiten bestehen als bei der Klasse XmlTextWriter. Create() erlaubt die Angaben einer Instanz der neuen Klasse XmlWriterSettings. Hier kann beispielsweise festgelegt werden,

XML-Schreiber (XmlWriter)

- ob Elemente eingerückt werden sollen (Indent),
- welche Einrückung verwendet werden soll (IndentChars),
- ob die XML-Startdeklaration automatisch eingefügt werden soll (OmitXmlDeclaration),
- ob der XmlWriter prüfen soll, ob ein wohlgeformtes Dokument entsteht (ConformanceLevel),
- ob der XmlWriter prüfen soll, dass nur erlaubte Zeichen eingefügt werden (CheckCharacters).

Die Ausgabe des XML-Schreibers kann in eine Datei, ein Stream-Objekt, ein TextWriter-Objekt oder ein StringBuilder-Objekt erfolgen.

```
Sub ExportiereFluege()
  Const CONNSTRING As String = "Integrated Security=SSPI;Persist Security Info=False;Initial Catalog=WorldWideWings;Data Source=E01\sqlexpress"
  Const SQL As String = "Select * from FL_Fluege"
  Demo.PrintHeader("Export der Flüge (XmlWriter-Demo)")
  Dim xw As XmlWriter
  Demo.Print("Vorbereitungen...")
  ' --- Optionen für Dokument setzen
  Dim ws As XmlWriterSettings = New XmlWriterSettings()
  ws.Indent = True
  ws.IndentChars = (ControlChars.Tab)
  ws.OmitXmlDeclaration = True
  ' --- XMLWriter erzeugen
  xw = XmlWriter.Create("Flugliste.xml", ws)
  ' --- Dokument beginnen
  xw.WriteStartDocument()
  ' --- Kommentar einfügen
  xw.WriteComment("Exportiert am/um: " & DateTime.Now)
  ' --- Wurzelelement
  xw.WriteStartElement("Fluege")
  xw.WriteAttributeString("Fluggesellschaft", "WorldWideWings")
  ' --- Datenbank öffnen
  Dim sqlConn As SqlConnection = New SqlConnection(CONNSTRING)
  sqlConn.Open()
  Dim sqlCmd As SqlCommand = sqlConn.CreateCommand
  sqlCmd.CommandText = SQL
  Dim dr As SqlDataReader = sqlCmd.ExecuteReader
  Demo.Print("Exportieren der Flüge...")
  While dr.Read
    xw.WriteStartElement("Flug")
    xw.WriteAttributeString("ID", dr("Fl_FlugNr").ToString())
    xw.WriteElementString("Abflugort", dr("Fl_Abflugort").ToString())
    xw.WriteElementString("Zielort", dr("Fl_Zielort").ToString())
    xw.WriteStartElement("Details")
    xw.WriteElementString("Nichtraucher", dr("Fl_Nichtraucherflug").ToString())
    xw.WriteElementString("Plaetze", dr("Fl_Plaetze").ToString())
    xw.WriteStartElement("EingerichtetAm")
    xw.WriteValue(dr("Fl_EingerichtetAm"))
    xw.WriteEndElement()
    xw.WriteEndElement()
    xw.WriteEndElement()
  End While
  ' --- Elemente schließen
```

```
xw.WriteEndElement()
xw.WriteEndDocument()
' --- Datei schließen
xw.Close()
' --- Datenbank schließen
dr.Close()
sqlConn.Close()
Demo.Print("Exportieren der Flüge beendet!")
End Sub
```

Listing 13.8 Nutzung des XmlWriter (VB)

Abbildung 13.4 Ausgabe des XmlWriter-Beispiels

XPathNavigator (XPath Data Model)

Die Klasse XPathNavigator stellt einen Lesezugriff auf XML-Dokumente bereit und bietet dennoch Selektion via XPath und beliebige Navigation ähnlich wie das XML DOM. Der XPathNavigator ist jedoch wesentlich schneller als das XML DOM.

Ein XPathNavigator kann wahlweise auf Basis einer Instanz der Klassen XPathDocument oder XmlDocument jeweils mit der Methode CreateNavigator() erzeugt werden. In beiden Fällen können Daten gelesen werden. Neu seit .NET 2.0 ist, dass im Fall der Verwendung des XmlDocument als Basis die XML-Daten auch verändert werden können.

Die Klasse XPathNavigator bietet folgenden Funktionsumfang:

- Cursor-Modell: MoveToNext(), MoveToPrevious()
- Enumeration: For/Each-Unterstützung (neu seit .NET 2.0)

XPathNavigator (XPath Data Model)

- Ab- und Aufsteigen im XML-Baum: `MoveToFirstAttribute()`, `MoveToFirstChild()`, `MoveToParent()`, `MoveToRoot()`.
- Unterstützung für Selektion mit XPath: z. B. `Select("*//Flug")`. `XPathNodeIterator` repräsentiert die Menge gewählter Knoten (Ergebnis von `Select()`); nur Vorwärts-Bewegung ist möglich.
- Methoden `InsertAfter()`, `InsertBefore()`, `SetValue()`, `DeleteSelf()`, `MoveToChild()` etc. zur Veränderung von XML-Dokumenten, sofern der Navigator auf einem `XmlDocument`-Objekt beruht.

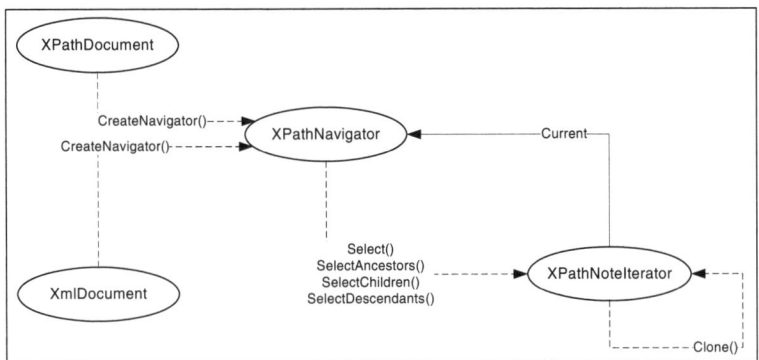

Abbildung 13.5 Objektmodell des XPathNavigator

Beispiel

Das folgende VB.NET-Listing zeigt den Umgang mit dem `XPathNavigator`: Aus dem `XPathDocument` wird mithilfe der Methode `CreateNavigator()` das Navigationsobjekt gewonnen. Auf diesem wird die XPath-Anweisung *//Flug* angewendet, die alle *<Flug>*-Knoten selektiert. Über den zurückgelieferten `XPathNodeIterator` kann mit `for each` iteriert werden. Für die Weiterverarbeitung ist zunächst wieder ein `XPathNavigator`-Objekt über die `Current`-Eigenschaft des `XPathNodeIterator` zu gewinnen. Etwas umständlich ist, dass `Select()` immer einen `XPathNodeIterator` liefert; wenn nur ein Element gefunden wurde, ist daher dennoch immer `MoveNext()` vor dem Zugriff auf `Current` notwendig. Ein `XPathNavigator` unterstützt auch Bewegungen wie `MoveToFirstAttribute()`, `MoveToFirstChild()`, `MoveToParent()` und `MoveToRoot()`.

HINWEIS In dem folgenden Beispiel wird außerdem davon ausgegangen, dass das Eingabedokument XML-Namensräume verwendet. In diesem Fall muss ein `XmlNamespaceManager` bei der Ausführung von `Select()` verwendet werden, weil sonst keine Elemente gefunden werden können.

```
Sub Abflughaefen()
  Dim nr As String, wert As String
  Dim doc As XPathDocument = New XPathDocument(DATEI)
  Dim nav As XPathNavigator = doc.CreateNavigator()

  ' --- Pfad
  Const XPATH As String = "*//www:Flug"

  ' --- Namensräume definieren
  Dim namespaces As XmlNamespaceManager = New XmlNamespaceManager(nav.NameTable)
  namespaces.AddNamespace("www", "http://www.IT-Visions.de/WWWings")
```

```
    ' --- Selektion der URL-Elemente
    Dim iterator As XPathNodeIterator = nav.Select(XPATH, namespaces)
    out("Anzahl gefundener Knoten:" & iterator.Count)

    For Each n As XPathNavigator In iterator
      ' --- Auslesen des Attributs "ID" des Flugs
      nr = n.GetAttribute("ID", "")
      ' --- Navigation zum Unterelement "Abflugort"
      Dim it2 As XPathNodeIterator = n.Select("www:Abflugort", namespaces)
      it2.MoveNext()
      ' --- Auslesen des Inhalts von Count
      wert = it2.Current.Value
      ' it2.Current.SetValue("bonn")
      'it2.Current.Value = 0 nicht erlaubt!
      out("Flug Nr. " & nr & " startet in " & wert)
    Next
    End Sub
```

Listing 13.9 Nutzung der Klasse XPathNavigator (VB)

LINQ-to-XML

LINQ-to-XML ist eine Programmierschnittstelle, die den Zugriff auf das XML-DOM (Klasse `XmlDocument`, `XmlElement`, `XmlAttribute`, ...) stark vereinfacht. LINQ-to-XML wurde mit dem .NET Framework 3.5 eingeführt und umfasst insbesondere folgende Funktionen:

- Abfrage von XML-Dokumenten/-Fragmenten mit der LINQ-Abfragesyntax (zu Language Integrated Query (LINQ) siehe gleichnamiges Kapitel in diesem Buch).

- Erstellen und Verändern von XML-Dokumenten/-Fragmenten mit einer neuen Klassenbibliothek im Namensraum `System.Xml.Linq` (Klassen `XDocument`, `XElement`, `XAttribute`, `XProcessingInstruction`, `XComment`, `XDeclaration`, usw.).

HINWEIS Voraussetzung für die Nutzung von LINQ-to-XML ist die Referenzierung der Assembly *System.Xml.Linq.dll* und des Namensraums `System.Xml.Linq`.

Laden von XML

Die Klasse `XElement` ermöglicht das Laden von XML aus Dateien oder einem Reader (`System.Xml.XmlReader` oder `System.IO.TextReader`) mit der Methode `Load()` und die Aufnahme von XML aus einer Zeichenkette mit der Methode `Parse()`.

```
XElement x = System.Xml.Linq.XElement.Parse(
@"
<Flug ID='347'>
 <Abflugort>Madrid</Abflugort>
 <Zielort>Paris</Zielort>
 <FreiePlaetze>1</FreiePlaetze>
 <Details>
  <Nichtraucher>true</Nichtraucher>
```

LINQ-to-XML

```xml
    <Plaetze>250</Plaetze><EingerichtetAm/>
   </Details>
   <Passagiere>
    <Passagier>Müller</Passagier>
    <Passagier>Meier</Passagier>
    <Passagier>Schulze</Passagier>
   </Passagiere>
</Flug>");
```

Listing 13.10 Zuweisen eines XML-Fragments in C# 2008

In Visual Basic 2008 kann man die Zuweisung an XElement auch ohne Verpacken des XML in eine Zeichenkette zuweisen, da Visual Basic 2008 XML-Literale unterstützt (vgl. Kapitel zur Sprachsyntax).

```vb
Dim x As XElement = _
  <Flug ID="347">
    <Abflugort>Madrid</Abflugort>
    <Zielort>Paris</Zielort>
    <FreiePlaetze>1</FreiePlaetze>
    <Details>
     <Nichtraucher>True</Nichtraucher>
     <Plaetze>250</Plaetze>
     <EingerichtetAm/>
    </Details>
    <Passagiere>
     <Passagier>Müller</Passagier>
     <Passagier>Meier</Passagier>
     <Passagier>Schulze</Passagier>
    </Passagiere>
  </Flug>
```

Listing 13.11 Zuweisen eines XML-Fragments in VB 2008

Zugriff auf Elemente

Die Klasse XElement bietet zum direkten Zugriff auf bestimmte Knoten die Attribute Element, Elements, Attribute und Attributes. Die Namen im Singular verwendet man, wenn es nur einen Knoten gibt oder man den ersten Knoten ansprechen will. Diese Attribute liefern wieder eine Instanz von XElement. Die Attribute mit Namen im Plural liefern hingegen eine Liste von XElement-Objekten (IEnumerable<XElement>).

```csharp
// Zugriff auf ein Attribut
Console.WriteLine(x.Attribute("ID").Value);
// Zugriff auf Elemente
Console.WriteLine(x.Element("Abflugort").Value); // Madrid
Console.WriteLine(x.Element("Zielort").Value); // Paris
Console.WriteLine(x.Element("Details").Element("Plaetze").Value); // 250
Console.WriteLine(x.Element("Passagiere").Element("Passagier").Value); // Müller
Console.WriteLine(x.Element("Passagiere").Elements("Passagier").ElementAt(1).Value); // Meier

// Schleife über Elemente
foreach (XElement p in x.Element("Passagiere").Elements("Passagier"))
 Console.WriteLine(p.Value);
```

Listing 13.12 Direktzugriff auf Knoten in C#

> **TIPP** Beim Aufruf der Methode `ToString()` auf einer Instanz von `XElement` liefert die Klasse das XML-Fragment, das in `XElement` gespeichert ist, als Zeichenkette.

In Visual Basic 2008 geht auch dies wieder einfacher durch die XML-Literale.

> **HINWEIS** Natürlich kann man in VB 2008 alternativ auch die längere Syntax verwenden, z. B.

```
Console.WriteLine(x.Element("Details").Element("Plaetze").Value) ' 250
```

```
' Zugriff auf ein Attribut
Console.WriteLine(x.@ID)
' Zugriff auf Elemente
Console.WriteLine(x.<Abflugort>.Value) ' Madrid
Console.WriteLine(x.<Zielort>.Value)   ' Paris
Console.WriteLine(x.<Details>.<Plaetze>.Value) ' 250
Console.WriteLine(x.<Passagiere>.<Passagier>(0).Value) ' = Müller!
Console.WriteLine(x.<Passagiere>.<Passagier>(1).Value) ' = Meier!
' Schleife über Elemente
For Each p As XElement In x.<Passagiere>.<Passagier>
    Console.WriteLine(p.Value)
Next
```

Listing 13.13 Direktzugriff auf Knoten in VB

> **TIPP** Wenn man in Visual Studio 2008 ein Schema mit in das Projekt aufnimmt, erhält man auch IntelliSense-Eingabeunterstützung für XML-Literale.

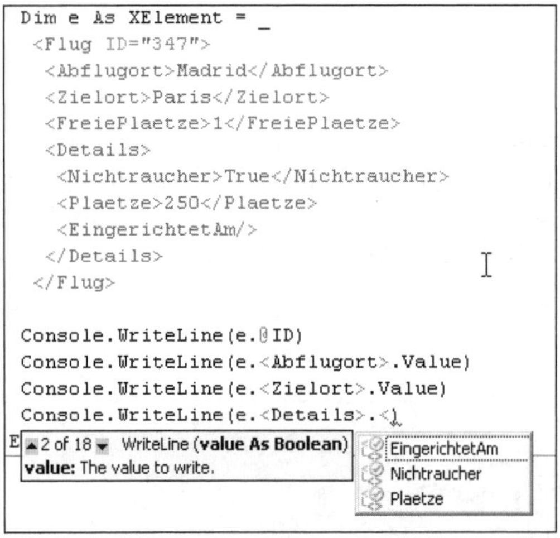

Abbildung 13.6 IntelliSense-Eingabeunterstützung für XML-Literale in Visual Basic 2008

Abfrage von XML

Anstelle von XPath-Ausdrücken kann man zum Suchen und Filtern in LINQ-to-XML die LINQ-Syntax verwenden. Mann kann alle Knotenmengen (Typ IEnumerable<XElement>) abfragen. Das Ergebnis ist im Normalfall wieder ein Objekt, das IEnumerable<XElement> implementiert. Wenn ein Operator verwendet wird, der die Menge auf ein Element beschränkt (z.B. FirstOrDefault(), SingleOrDefault()) dann ist das Ergebnis eine Instanz von XElement. Projektionen und Aggregationen sind möglich (siehe folgendes Listing).

```csharp
// Natürlich kann man Dokumente laden...
    XElement doc = XElement.Load("_Daten/flugliste.xml");
// LINQ mit mehreren Ergebnissen
IEnumerable<XElement> query = from f in doc.Elements("Flug")
        where Convert.ToInt32(f.Element("FreiePlaetze").Value) > 100
        select f;
foreach (XElement result in query)
  Console.WriteLine(result.Attribute("ID").Value + "=" + result.Element("FreiePlaetze").Value);
// LINQ mit einem Ergebnisknoten
XElement ErsterFlugVonRom = (from f in doc.Elements("Flug")
                    where f.Element("Abflugort").Value == "Rom"
                    select f).FirstOrDefault();
Console.WriteLine(ErsterFlugVonRom.Attribute("ID").Value);
    // Projektion
var query2 = from f in doc.Elements("Flug")
        where Convert.ToInt32(f.Element("FreiePlaetze").Value) > 100
        select new { ID = f.Attribute("ID").Value, Plaetze = f.Element("FreiePlaetze").Value };
foreach (var result in query2)
    Console.WriteLine(result.ID + "=" + result.Plaetze);
// Summe
long SummeFreiePlaetze = (from f in doc.Elements("Flug") select f).Sum(x =>
(long)x.Element("FreiePlaetze"));
Console.WriteLine(SummeFreiePlaetze);
```

Listing 13.14 LINQ-Abfragen über XML-Dokumente (C#)

Auch hier ist Visual Basic wieder prägnanter mit XML-Literalen. Aus Platzgründen wird hier aber nur ein Beispiel abgedruckt.

```vb
' Natürlich kann man Dokumente laden...
Dim doc As XElement = XElement.Load("flugliste.xml")
' und LINQ einsetzen zum Abfragen
Dim query As XElement = _
    From i In doc.<Fluege>.<Flug> _
    Where i.<FreiePlaetze>(0).Value > 100 _
    Select i
For Each result As XElement In query.<Flug>
    Console.WriteLine(result.@ID.ToString() & "=" & _
                  result.<FreiePlaetze>(0).Value)
```

Listing 13.15 LINQ-Abfrage über XML-Dokumente (VB)

Verändern von XML-Inhalten

Die in die Klasse XElement geladenen Inhalte sind veränderbar und die Veränderungen können mit der Methode Save() in eine Datei gespeichert werden.

> **ACHTUNG** Zu beachten ist, dass Save() immer nur den Inhalt des XML-Elements speichert, auf dem Save() ausgeführt wurde. Dies ermöglicht auf einfache Weise, Fragmente aus einem Dokument zu extrahieren. Wenn man aber – wie in dem folgenden Beispiel – Teile eines Dokuments auswählt und verändert, dann muss man am Ende darauf achten, dass man den Speichervorgang auf dem Gesamtdokument ausführt und nicht auf dem ausgewählten Teil. Sonst wird das Gesamtdokument durch den ausgewählten Teil ersetzt.

```csharp
public static void XML_Fluege_Change()
 {
   // Bestehende Flugliste laden
   XElement Fluege = XElement.Load("_Daten/flugliste.xml");
   // LINQ mit einem Ergebnisknoten
   XElement flug = (from f in Fluege.Elements("Flug")
                    where Convert.ToInt64(f.Attribute("ID").Value) == 101
                    select f).FirstOrDefault();
   if (flug == null) return; // Kein Flug gefunden
   // Freie Plätze reduzieren
   Console.WriteLine("Freie Plätze vorher: " + flug.Element("FreiePlaetze").Value);
   flug.Element("FreiePlaetze").Value = (Convert.ToInt64(flug.Element("FreiePlaetze").Value) - 1).ToString();
   Console.WriteLine("Freie Plätze nachher: " + flug.Element("FreiePlaetze").Value);
   // Liste komplett (!) speichern
   Fluege.Save("_Daten/flugliste.xml");
   Console.WriteLine("Gespeichert: " + Fluege.ToString());
 }
}
```

Listing 13.16 Veränderung eines XML-Dokuments mit dem LINQ-to-XML (in C#)

Visual Basic 2008 ist hier wieder wesentlich prägnanter, u.a. deshalb, weil die Typkonvertierungen nicht notwendig sind. Dies gilt allerdings nur im Standardmodus. Wenn man den Visual Basic-Compiler mit Option Strict On in den strengeren Modus schaltet, dann sind auch hier bei dem Vergleich der Flugnummer und beim Rechnen mit der Platzanzahl Konvertierungen von String nach Int32 (alias long) notwendig.

```vb
Public Shared Sub XML_Fluege_Change()
   ' Bestehende Flugliste laden
   Dim Fluege As XElement = XElement.Load("_Daten/flugliste.xml")
   ' LINQ mit einem Ergebnisknoten
   Dim flug As XElement = (From f In Fluege.<Flug> _
                           Where f.@ID = 101 _
                           Select f).FirstOrDefault()
   If flug Is Nothing Then ' Kein Flug gefunden
    Return
   End If
   ' Freie Plätze reduzieren
   Console.WriteLine("Freie Plätze vorher: " & flug.<FreiePlaetze>.Value)
   flug.<FreiePlaetze>.Value -= 1
```

```
        Console.WriteLine("Freie Plätze nachher: " & flug.<FreiePlaetze>.Value)
        ' Liste komplett (!) speichern
        Fluege.Save("_Daten/flugliste.xml")
        Console.WriteLine("Gespeichert: " & Fluege.ToString())
    End Sub
```

Listing 13.17 Veränderung eines XML-Dokuments mit dem LINQ-to-XML (in VB)

Verändern der XML-Struktur

Die Klasse XElement erlaubt auch das verändern der Struktur. Add() legt ein neues Element an und fügt es der Elementmenge am Ende an. Unterelemente muss man nicht mit Add() hinzufügen, denn der Konstruktor der Klasse XElement bietet als zweiten Parameter einen Parameterarray, d.h. eine variable Menge von Knoten, die als Unterknoten zu dem zu erzeugenden Element angelegt werden sollen. Hier kann man weitere Elemente erzeugen, die wieder Unterelemente direkt angeben dürfen.

Das folgende Listing zeigt das Hinzufügen eines Elements mit Unterelementen.

> **HINWEIS** Diese Syntax, die Microsoft *funktionale Konstruktion* nennt, ist sehr prägnant. Sie kann aber auch sehr schnell sehr unübersichtlich werden.

```
// Bestehende Flugliste laden
XElement Fluege = XElement.Load("_Daten/flugliste.xml");
// Hinzufügen eines Flugelements
Fluege.Add(new XElement("Flug",
    new XAttribute("ID",123),
    new XElement("Abflugort", "Berlin"),
    new XElement("Zielort", "Moskau"),
    new XElement("FreiePlaetze", 250),
    new XElement("Details",
            new XElement("Nichtraucher",true),
            new XElement("Plaetze",250)),
new XElement("Passagiere")
));
// Liste speichern
Fluege.Save("_Daten/flugliste.xml");
```

Listing 13.18 Hinzufügen eines Elementknotens zu einem bestehenden XML-Dokument

> **HINWEIS** Alternativ zum Anfügen am Ende mit Add() bietet XElement auch eine gezielte Einfügemethode wie AddAfterSelf(), AddBeforeSelf() und AddFirst(). Für das Entfernen gibt es Remove(), RemoveAll() und RemoveNodes().

Vergleich der Zugriffsformen

Die beiden folgenden Tabellen liefern einen abschließenden Vergleich zwischen den vier in .NET 3.5 verfügbaren Zugriffsformen auf XML-Dokumente.

	XmlDocument	LINQ-to-XML	XPathNavigator	XmlReader	XmlWriter
Abstraktionsniveau	Knoten	Knoten	Knoten	Tags	Tags
W3C-Standard	Ja (W3C DOM)	Nein	Nein	Nein	Nein
Selektion	XPath	LINQ	XPath	Nicht verfügbar	Nicht verfügbar
Daten lesen	Ja	Ja	Ja	Ja	Nein
Daten und Struktur ändern	Ja	Ja	Ja, wenn auf Basis von DOM erstellt (seit .NET 2.0)	Nein	Nur komplettes Neuschreiben des Dokuments
Beliebige Navigation	Ja	Ja	Ja	Nein (Nur Vorwärts)	Nein
Namensräume	Ja	Ja	Ja	Ja	Ja
Validierung	Möglich	Möglich	Nein (nur indirekt über XmlDocument)	Optional	Nein
Geschwindigkeit beim Laden	Sehr Langsam	Sehr Langsam	Langsam	Nicht verfügbar	Entfällt
Geschwindigkeit beim Durchlauf	Langsam	Langsam	Schnell	Mittel	Entfällt
Geschwindigkeit beim Schreiben	Langsam	Langsam	Langsam	Entfällt	Schnell

Tabelle 13.1 Vergleich der verschiedenen Optionen zum Lesen von XML-Dokumenten, insbesondere in Hinblick auf die Geschwindigkeit

	Vorbereitungszeit	Dokument durchlaufen
XmlDocument (XML-DOM)	9699 ms	6268 ms
XmlReader	0 ms	2953 ms
XPathNavigator auf Basis eines XPathDocument-Objekts	5503 ms	284 ms
XPathNavigator auf Basis eines XmlDocument-Objekts	9010 ms	807 ms

Tabelle 13.2 Leistungsvergleich an einem Beispiel (Dokumentendatei 6,7 MB)

Ableiten eines Schemas aus XML-Dokumenten

Visual Studio bietet bereits seit der 2002er-Version die Möglichkeit, ein XML-Schema für ein gegebenes XML-Dokument zu erzeugen (Menü *XML/Create Schema*). Die gleiche Möglichkeit besteht auch mithilfe des Werkzeugs *xsd.exe* aus dem .NET SDK.

Diese Funktion existiert ebenfalls in der .NET-Klassenbibliothek durch die Klasse System.Xml.Schema.XmlSchemaInference. Eine Instanz von XmlSchemaInference ist dabei noch flexibler als die Funktion von Visual Studio und *xsd.exe*, weil mehrere XML-Dokumente als Eingabe berücksichtigt werden können.

Je mehr verschiedene Eingabedokumente verwendet werden, desto besser ist die Ableitung des Schemas. Die Dokumente sind in Form von XmlReader-Objekten an die Methode InferSchema() zu übergeben. Die Ausgabe kann aus mehreren Schemata bestehen.

```vb
' === Ableiten eines Schemas für Flugliste.xml
Sub SchemaFuerFluegeXMLErzeugen()
  Dim reader1 As XmlReader = XmlReader.Create("..\..\daten\Flugliste.xml")
  Dim reader2 As XmlReader = XmlReader.Create("..\..\daten\Flugliste2.xml")
  Dim schemaSet As XmlSchemaSet = New XmlSchemaSet()
  Dim inference As XmlSchemaInference = New XmlSchemaInference()
  schemaSet = inference.InferSchema(reader1)
  schemaSet = inference.InferSchema(reader2)
  Demo.Print("Ausgabe der generierten Schemata...")
  Dim i As Integer
  For Each schema As XmlSchema In schemaSet.Schemas
    i += 1
    Dim Dateiname As String = "..\..\daten\Flugliste" & i & ".xsd"
    Dim fs As New System.IO.FileStream(Dateiname, IO.FileMode.Create)
    Console.WriteLine("Erzeuge " & Dateiname & "...")
    schema.Write(fs)
    fs.Close()
  Next
End Sub
```

Listing 13.19 Beispiel für das Ableiten eines Schemas aus einer XML-Datei (VB)

XML Style Sheet Transformations (XSLT)

Für .NET 2.0 hat Microsoft den in der Klassenbibliothek enthaltenen XSLT-Prozessor hinsichtlich der Performanz stark überarbeitet. Die neue Klasse wird unter dem Namen System.Xml.Xsl.XslCompiledTransform angeboten. Die alte Klasse System.Xml.Xsl.XslTransform ist aus Kompatibilitätsgründen weiterhin vorhanden. Unterstützt wird der XSLT-Standard Version 1.0.

> **WICHTIG** Die Klasse XslCompiledTransform ist nicht in der *System.Xml.dll*, sondern in der *System.Data.SqlXml.dll* implementiert.

Die Klasse XslCompiledTransform bietet eine Load()-Methode zum Laden eines XSLT-Stylesheets und eine Methode Transform() zur Verfügung der Umwandlung. Transform() unterstützt verschiedene Eingabearten (z.B. Pfad zu einem Dokument, XmlReader, XPathDocument, XPathNavigator) und verschiedene Ausgabearten (Pfad, XmlWriter, Stream, TextWriter).

Beispiel

Das folgende Listing zeigt die Transformation einer XML-Datei in eine HTML-Datei mithilfe einer XSLT-Datei.

```vb
Sub Flugliste_in_HTML_umwandeln()
  Const EINGABEDATEI = "Flugliste.xml"
  Const XSLTDATEI = "Flugliste.xsl"
  Const AUSGABEDATEI = "Flugliste.htm"
  Demo.Print("Transformation der Datei : " & EINGABEDATEI)
```

```vb
' --- Klassen instanziieren
Dim xslt As New System.Xml.Xsl.XslCompiledTransform()
' --- Stylesheet laden
xslt.Load(XSLTDATEI)
' --- Dokument laden, transformieren und speichern
xslt.Transform(EINGABEDATEI, AUSGABEDATEI)
Demo.Print("Transformation in Datei erfolgreich: " & AUSGABEDATEI)
End Sub
```

Listing 13.20 Umwandeln einer XML-Datei in eine HTML-Datei mithilfe von XSLT (VB)

Im zweiten Beispiel erfolgt eine Umwandlung von einem XML-Dokument in ein anderes. Dabei erwartet das XSLT-Stylesheet einen Parameter *Datum*, der das aktuelle Datum (und optional die Uhrzeit) enthält. Diese Information gibt das Stylesheet in einen Kommentar in das Ausgabedokument. Der Parameter ist in einer Objektmenge vom Typ XsltArgumentList zu übergeben. Diese Objektmenge ist als Parameter bei Transform() zu verwenden. Wenn dieser Parameter verwendet wird, kann man als Ein- und Ausgabeoption nicht mehr den Dateipfad verwenden. Daher wird in dem folgenden Listing die Eingabedatei durch ein XPathDocument eingelesen und die Ausgabedatei durch einen XmlWriter erzeugt.

```vb
' === XSLT Transformation mit Parameterübergabe (von Navigator zu
Public Sub Flugliste_in_XML_umwandeln()
  Const EINGABEDATEI As String = "Flugliste.xml"
  Const XSLTDATEI As String = "Flugtransformation.xslt"
  Const AUSGABEDATEI As String = "Flugliste2.xml"
  Demo.Print ("Transformation der Datei... " & EINGABEDATEI & " mit " & XSLTDATEI)
  ' --- Eingabedatei
  Dim doc As New XPathDocument(EINGABEDATEI)
  ' --- Parameter
  Dim argList As XsltArgumentList = New XsltArgumentList()
  argList.AddParam("Datum", "", DateTime.Now.ToString())
  ' --- Writer für Ausgabe
  Dim settings As New XmlWriterSettings
  settings.Indent = True
  Dim writer As System.Xml.XmlWriter = System.Xml.XmlWriter.Create(AUSGABEDATEI, settings)
  ' --- XSLT-Prozessor instanziieren
  Dim xslt As New System.Xml.Xsl.XslCompiledTransform()
  ' --- Stylesheet laden
  xslt.Load(XSLTDATEI)
  ' --- Dokument laden, transformieren und speichern
  xslt.Transform(doc, argList, writer)
  ' --- Writer schließen
  writer.Close()
  Demo.Print ("Transformation in Datei erfolgreich: " & AUSGABEDATEI)
End Sub
```

Listing 13.21 Umwandeln einer XML-Datei in eine andere XML-Datei mithilfe von XSLT (VB)

Kapitel 14

Windows Communication Foundation (WCF)

In diesem Kapitel:

Einleitung	574
Basisfunktionsumfang von WCF	574
Neuerungen in WCF 3.5	575
Neuerungen in WCF 3.5 Service Pack 1	576
Architektur	576
Kompatibilität	580
Werkzeuge	582
Erstellung von WCF-Diensten und WCF-Servern	588
Erstellung eines WCF-Clients	606
REST-basierte WCF-Dienste	611
Persistente WCF-Dienste (Durable Services)	613
ADO.NET Data Service (Astoria)	615
AJAX-Webseiten als WCF-Clients	628
WCF-Sicherheit	628
Protokollierung	632
Weitere Funktionen	636
Beispiele in World Wide Wings	641
Übliche Stolpersteine	644
Weitere Möglichkeiten von WCF	649
Fazit	650

Einleitung

Das .NET Framework bot bereits seit seiner ersten Version mit .NET Remoting und den auf ASP.NET basierenden XML-Webservices (kurz: ASMX) zwei verschiedene Ansätze für Fernaufrufe und Anwendungskopplung. Mit der Windows Communication Foundation (WCF) will Microsoft diese beiden Ansätze vereinheitlichen und nebenbei auch Funktionen aus anderen Technologien für verteilte Anwendungen wie Microsoft Message Queuing (MSMQ) und die .NET Enterprise Services (alias COM+-Anwendungsdienste) integrieren. WCF ist verfügbar seit .NET 3.0 und wurde sowohl in .NET 3.5 als auch in .NET 3.5 Service Pack 1 nicht unerheblich erweitert. WCF ist auch für Silverlight verfügbar, d.h. Silverlight kann WCF-Dienste aufrufen.

Basisfunktionsumfang von WCF

Dieser Abschnitt beschreibt die Grundeigenschaften von WCF, die mit der ersten Version von WCF im .NET Framework 3.0 eingeführt wurden.

Grundeigenschaften

Es gibt drei herausragende Eigenschaften von WCF:

- Die verschiedenen Aspekte verteilter Kommunikation (Schnittstelle, Implementierung, Kommunikationsprotokoll, Infrastrukturdienste, Hosting) lassen sich gut logisch trennen.
- Es gibt sowohl Unterstützung für plattformübergreifende Kommunikationsstandards (W3C/WS-*) als auch proprietäre Protokolle der .NET-Welt.
- Ohne Neukompilierung eines Dienstes kann die Kommunikationsform geändert werden.

Die Qual der Wahl

WCF stellt für die Kommunikation zwischen Prozessen oder Systemen zahlreiche frei kombinierbare Funktionen wie Authentifizierung, Verschlüsselung, Autorisierung, Integrität, Zuverlässigkeit, Transaktionen und Nachrichtenwarteschlangen bereit. Wie bei .NET Remoting sind das Übertragungsprotokoll und das Serialisierungsformat wählbar. Microsoft wird zunächst nur die Übertragung per HTTP, HTTPS, TCP, MSMQ sowie Named Pipes unterstützen. Durch die Erweiterbarkeit von WCF sind aber andere Protokolle (z. B. SMTP, UDP) von Drittanbietern ergänzbar.

Bei der Serialisierung (vgl. auch Abschnitt »Serialisierung« im Kapitel ».NET-Klassenbibliothek 3.5«) besteht die Wahl zwischen dem textbasierten SOAP, dem Message Transmission Optimization Mechanism (MTOM) und einem binärcodierten SOAP, das Microsoft proprietär entwickelt hat. WCF unterstützt viele bestehende Webservice-Standards wie WS-Security, WS-Trust, WS-AtomicTransaction, WS-Coordination, WS-SecureConversation und WS-ReliableMessaging.

Zum Hosting von WCF-Diensten stehen dem Entwickler ebenfalls mehrere Optionen zur Verfügung, die von einer einfachen Konsolenanwendung über einen Windows-Dienst und den Internet Information Server (IIS) bis zu dem in Windows integrierten Anwendungsserver COM+ (alias .NET Enterprise Services) reichen. Für die neue Betriebssystemgeneration entwickelt Microsoft mit Windows (Process) Activation Service (WAS) (früherer Name *Webhost*) einen leichtgewichtigen Host für WCF-Dienste.

Migration

Auf den ersten Blick beeindruckt die Vielfalt der in WCF verfügbaren Optionen. Ein Entwickler verteilter Anwendungen muss sich jedoch bewusst sein, dass WCF dem Paradigma *Serviceorientierung* folgt. Die in .NET Remoting verfügbare objektorientierte Anwendungsverteilung, z. B. das Übergeben einer Objektreferenz, entfällt. Außerdem wird das in .NET Remoting verwendete Binärformat nicht mehr unterstützt, sodass ein .NET Remoting-Client gar nicht mit einem WCF-Dienst reden kann. Da das Binärformat nicht dokumentiert ist, hilft es wenig, dass man WCF erweitern kann. Entwickler, die auf .NET Remoting gesetzt haben, müssen migrieren oder mit einer alten, zukünftig von Microsoft nicht mehr weiter entwickelten Technologie leben. COM+-Anwendungen hingegen kann man als WCF-Dienst veröffentlichen und mit COM-Clients kann man WCF-Dienste aufrufen.

Neuerungen in WCF 3.5

Das .NET Framework 3.5 enthält die zweite Version von WCF (alias WCF 3.5) mit folgenden Neuerungen:

- Persistente Dienste für langandauernde Konversationen (Kommunikationsbeziehungen). Diese Funktion heißt offiziell *Durable Services*.
- Unterstützung für WCF in Windows Workflow Foundation (siehe Kapitel zu »Windows Workflow Foundation (WF)«)
- RSS 2.0- und ATOM 1.0-Unterstützung (Namensraum System.ServiceModel.Syndication mit Atom10Serializer und Rss20Serializer)
- Webservices ohne SOAP (POX-Webservices) durch ein neues WebHttpBinding, ein HttpTransferEndpointBehavior und die neue Annotation HttpTransferContract (z. B. zum Erzeugen eines RSS-Feeds mit WCF)
- WS2007HttpBinding: Unterstützung der Standards WS-AT und WS-Coordination jeweils in Version 1.1
- JSON-Serialisierung (DataContractJsonSerializer) für AJAX-Webservices
- Unterstützung für WCF in ASP.NET AJAX (System.ServiceModel.Web, WebHttpBinding)
- E-Mail-basierter Transport auf Basis von Microsoft Exchange Server (Microsoft.ServiceModel.Channels.Mail.*)
- Mehr Unterstützung für Betrieb von WCF-Diensten unter eingeschränkten Rechte (Allow Partially Trusted Callers)
- Unterstützung für neuere WS-*-Standards
  - WS-RM: Web Services Reliable Messaging v1.1
  - WS-SecureConversation: WS-SecureConversation v1.3
  - WS-Trust: WS-Trust v1.3
  - WS-SecurityPolicy: WS-SecurityPolicy v1.2
  - WS-AT: Web Services Atomic Transaction (WS-AtomicTransaction) Version 1.1
  - WS-Coordination: Web Services Coordination (WS-Coordination) Version 1.1

Neuerungen in WCF 3.5 Service Pack 1

Das Service Pack 1 von .NET 3.5 enthält weitere Neuerungen für WCF, sodass man hier von der dritten Version von WCF sprechen kann.

Neu sind insbesondere:

- POCO-Serialisierung (Objekte ohne Serialisierungsannotation) in den Klassen `DataContractSerializer` und `NetDataContractSerializer`.
- Verbesserungen des WCF-Testclients
- Generierung eines IIS-basierten WCF-Hosts in Visual Studio 2008
- Verbesserungen für die Serialisierung von Referenzen (`DataContractSerializer`)
- Bessere Übermittelung von Fehlern beim Einsatz von `XmlSerializer`

HINWEIS Bitte beachten Sie, dass insbesondere zu den letzten beiden Punkten bis zum Redaktionsschluss keine Dokumentation und druckfähige Stellungnahme von Microsoft vorlag. Dies bedeutet, dass die diese Punkte hier leider nicht näher erläutert werden können.

Architektur

Die folgende Grafik zeigt die Grundbestandteile des WCF-Konzeptes und den Aufbau von WCF-Client bzw- Server:

- Ein WCF-Dienst ist aus der Sicht des Servers eine .NET-Klasse, die mit [`ServiceContract`] annotiert ist. In der Regel ist diese Klasse nur eine Fassade für die eigentliche Geschäftslogik, die in einer anderen Klasse implementiert ist. Das Fassadenkonzept dient der Trennung zwischen Logik und Infrastruktur.
- Die WCF-Klasse besteht aus Methoden, die mit [`OperationContract`] annotiert sind.
- Der WCF-Dienst wird in einem WCF-Host bereitgestellt. Die Art der Bereitstellung wird durch eine Konfigurationsdatei in der Sektion `<system.serviceModel>` festgelegt. Alternativ ist auch eine Festlegung im Programmcode möglich.
- Der Client bezieht von dem WCF-Host online oder offline Metadaten. Aus diesen Metadaten wird eine Proxy-Klasse generiert, die der Client für die Zugriffe nutzt. Der Client speichert den Standort des Dienstes und die Kommunikationsform seinerseits in der Regel in einer Konfigurationsdatei in der Sektion `<system.serviceModel>`.
- Der Client kann danach die Methoden der generierten Proxy-Klasse aufrufen; die eigentliche Kommunikation ist transparent, d.h., die WCF-Infrastruktur kümmert sich um Serialisierung und Deserialisierung, Versand und ggf. aktivierte Sicherheitsfunktionen.

Architektur

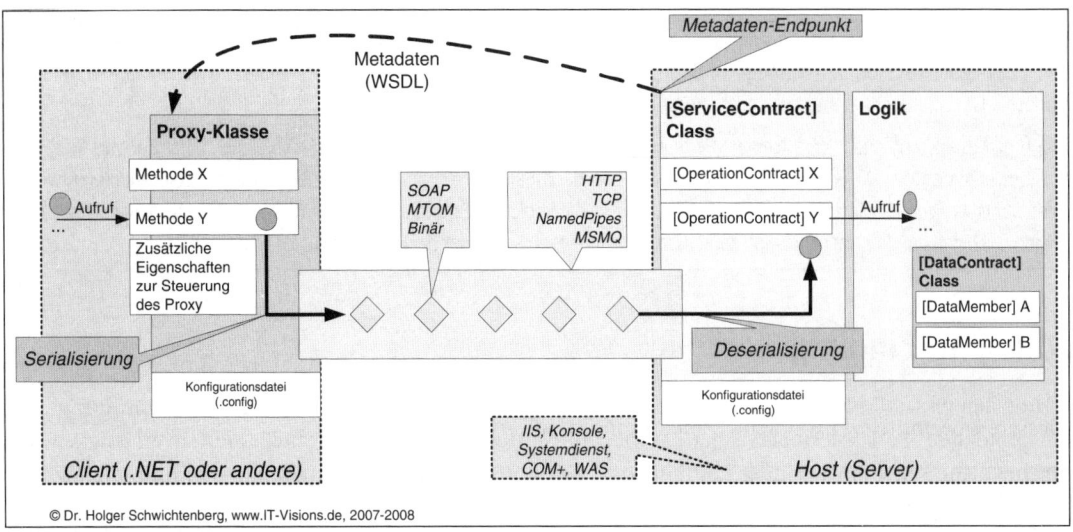

Abbildung 14.1 Bestandteile des WCF-Konzeptes

ABC-Eigenschaften

Ein WCF-Dienst besitzt einen oder mehrere sogenannte *Endpunkte* mit verschiedenen Eigenschaften (siehe folgende Abbildung):

- Die Adresse (Address) besteht aus einem URL mit Protokollangabe, Pfad und Port.
- In der Bindung (Binding) sind die bei der Kommunikation zu verwendenden Protokolle und Formate festgelegt.
- Der Vertrag (Contract) definiert die eigentlichen Operationen, die der Dienst anbietet. Dies geschieht in der Regel durch eine Schnittstellendefinition im Programmcode.

Microsoft spricht daher im Zusammenhang mit WCF-Diensten von den *ABC-Eigenschaften*.

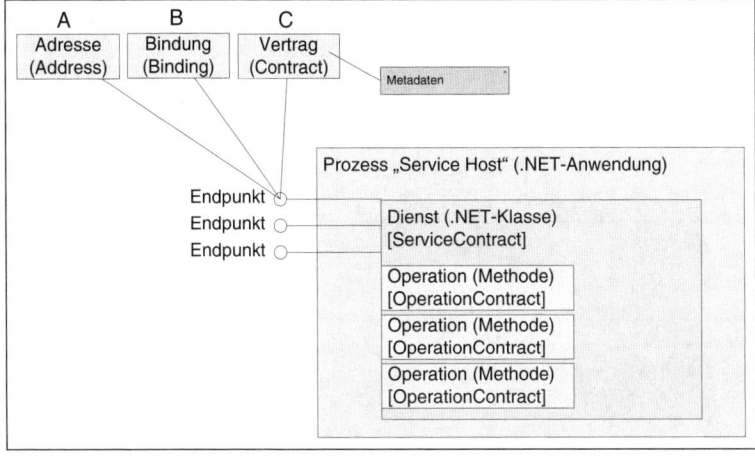

Abbildung 14.2 Aufbau eines WCF-Dienstes

> **HINWEIS** In Zusammenhang mit Webservices hört auch oft auch den Begriff "Contract First". Damit ist gemeint, dass man erst die Datenaustauschformate festlegt und anschließend eine dazu passende Implementierung (automatisch) erstellt. Contract Last ist das Gegenteil, bei dem man Programmcode zuerst schreibt.
>
> Wie so oft gibt es auch hier ganz verschiedene Einstellungen bei den Entwicklern. Einige Entwickler verstehen unter Contract First, dass Sie eine Beschreibung des Dieses in WSDL/XSD erstellen und dann daraus Programmcode generiert werden soll. Andere Entwickler beginnen mit einer Schnittstellendefinition und erstellen daraus die Implementierung und nennen dies schon Contract First. Da es keine allgemeine Definition von Contract First gibt, kann man nicht sagen, dass eine der beiden Seiten falsch liegen würde.

Bindungen (Binding)

Grundsätzlich gibt es in WCF viele mögliche Kommunikationskonfigurationen, d.h., man kann Kommunikationsprotokolle, Serialisierungsformate sowie die Einstellungen für Sicherheit und Zuverlässigkeit auf unterschiedliche Weise miteinander kombinieren. Eine konkrete Zusammenstellung von Kommunikationseinstellungen bezeichnet man als Bindung (engl. Binding).

Vordefinierte Bindungen (WCF-Systembindungen)

Aus der Vielzahl der sich daraus ergebenden Möglichkeiten hat Microsoft übliche und sinnvolle Szenarien zu vordefinierten Systembindungen zusammengefasst. Die folgende Tabelle zeigt neun in .NET 3.0 vordefinierte Bindungen. Die Tabelle ist aus der Originaldokumentation entnommen und verändert worden. Die Originaltabelle [MSDN18] enthält leider einige unsinnige Angaben. Soweit offensichtlich wurden diese modifiziert. Außerdem wurden einige fehlende Bindungsarten ergänzt. Bitte beachten Sie, dass der Autor nicht jede einzelne Angabe aus dieser Tabelle selbst geprüft hat. Angaben in Klammern sind Optionen.

In der Tabelle fehlen die Bindungen für Metadaten, die in [MSDN18] ebenso wenig genannt werden. Die einzelnen Einstellungen werden in den nächsten Kapiteln noch erläutert werden.

Bindung	Protokoll	Serialisierung	Interoperabilität	Sicherheit	Zustand	Zuverlässigkeit	Transaktion	Duplex
BasicHttpBinding	HTTP	SOAP, (MTOM)	Webservices mit Basic Profile 1.1 (d. h. ASMX)	Keine (Transport, Nachricht)	Nein	Nein	Nein	Nein
WebHttpBinding	HTTP	Plain Old XML ("POX")	Alle Systeme, die HTTP und XML beherrschen	Keine	Nein	Nein	Nein	Nein
WSHttpBinding	HTTP	SOAP, (MTOM)	Webservices	Nachricht (Keine, Transport, Gemischt)	Optional	Optional	Nein (Ja)	Nein
WSHttpContext-Binding	HTTP	SOAP, (MTOM)	Webservices	Nachricht (Keine, Transport, Gemischt)	Optional	Optional	Nein (Ja)	Nein
WS2007Http-Binding	HTTP	SOAP, (MTOM)	WS-Security, WS-Trust, WS-SecureConversation, WS-SecurityPolicy	Nachricht (Keine, Transport, Gemischt)	Optional	Optional	Nein (Ja)	Nein

▶

Architektur

Bindung	Protokoll	Serialisierung	Interoperabilität	Sicherheit	Zustand	Zuverlässigkeit	Transaktion	Duplex
WSDualHttpBinding	HTTP	SOAP, (MTOM)	Webservices	Nachricht (Keine)	Optional	Ja	Nein (Ja)	Ja
WSFederationHttpBinding	HTTP	SOAP, (MTOM)	Webservices mit WS-Federation	Nachricht (Gemischt, Keine)	Nein	Optional	Nein (Ja)	Nein
WS2007FederationHttpBinding	HTTP	SOAP, (MTOM)	Webservices mit WS-Federation	Nachricht (Gemischt, Keine)	Nein	Optional	Nein (Ja)	Nein
NetTcpBinding	TCP	Binär	.NET	Transport (Nachricht, Keine, Gemischt)	Ja	Optional	Nein (Ja)	Ja
NetNamedPipeBinding	Named Pipes	Binär	.NET	Transport (Keine)	Ja	Nein	Nein (Ja)	Ja
NetMsmqBinding	MSMQ	Binär	.NET	Transport (Nachricht, Transport+Nachricht gleichzeitig)	Nein	Nein	Nein (Ja)	Nein
NetPeerTcpBinding	TCP	Binär	.NET	Transport	Nein	Nein	Nein	Ja
MsmqIntegrationBinding	MSMQ	Binär	MSMQ	Transport	Nein	Nein	Nein (Ja)	Nein

Tabelle 14.1 Vordefinierte Bindungen in WCF (Quelle: [MSDN18])

HINWEIS Zur Schreibweise der Bindungsnamen: Die Klassennamen beginnen immer mit einem Großbuchstaben. In den Konfigurationsdateien ist der Name jedoch mit einem kleinen Anfangsbuchstaben zu verwenden.

Verwendung von WCF-Bindungen

Ein Entwickler hat folgende Möglichkeiten, um die Kommunikationseigenschaften festzulegen:

- Verwendung einer der vordefinierten Systembindungen
- Modifikation einer der vordefinierten Systembindungen
- Erstellung einer eigenen Bindung (Custom Binding)

Zur Anwendung einer Bindung weist man in der Anwendungskonfigurationsdatei einem Dienst einen Endpunkt zu und hinterlegt dort im Attribut binding den Namen der Bindung.

```
<system.serviceModel>
  <services>
    <service name="de.WWWings.Dienste.FlugplanService" >
      <endpoint address="net.tcp://e01.IT-Visions.local:1234/FlugplanService"
          binding="netTcpBinding" bindingConfiguration="" name="FlugplanService_TCP"
          contract="de.WWWings.Dienste.IFlugplanService" />
    </service>
  </services>
</system.serviceModel>
```

Listing 14.1 Verwendung einer vordefinierten Bindung

Zur Modifikation einer Bindung setzt man zusätzlich das Attribut bindingConfiguration auf den Namen einer Konfigurationsänderung, die man im Element <bindings> hinterlegt hat. In dem folgenden Beispiel wird die Sicherheit der vordefinierten Bindung NetTcpBinding für einen Endpunkt deaktiviert.

```
<system.serviceModel>
<bindings>
   <netTcpBinding>
     <binding name="tcp_Unsecured">
       <security mode="None" />
     </binding>
   </netTcpBinding>
</bindings>
<services>
   <service name="de.WWWings.Dienste.FlugplanService">
     <endpoint address="net.tcp://e01.IT-Visions.local:1234/WWWings/Flugplanservice"
       binding="netTcpBinding" bindingConfiguration="tcp_Unsecured"
       name="Flugplanservice_TCP" contract="de.WWWings.Dienste.IFlugplanService" />
</services>
</system.serviceModel>
```

Listing 14.2 Modifikation einer vordefinierten Bindung

WCF-Bindungen sind Klassen, die von System.ServiceModel.Channels.Binding abgeleitet sind. Eigene Bindings definiert man über die Klasse System.ServiceModel.Channels.CustomBinding bzw. das XML-Element <customBinding>.

Assemblies

Sowohl WCF-Clients als auch WCF-Server brauchen eine Referenz auf die *System.ServiceModel.dll*. Wenn der Server die neuen Serialisierer von WCF verwendet, benötigt er auch eine Referenz auf *System.Runtime.Serialization.dll*.

HINWEIS WCF ist derzeit noch nicht für das .NET Compact Framework verfügbar. Eine solche Implementierung ist aber laut [MSDNBLOG01] »in Arbeit«.

Kompatibilität

Ein Wermutstropfen ist, dass WCF nur eingeschränkt kompatibel mit den Vorgängern ASMX und .NET Remoting ist. Bei der Betrachtung der Kompatibilität ist zu differenzieren zwischen:

- Interoperabilität zur Laufzeit: Kann ein bestehender Endpunkt aus der einen Technologie mit einem Endpunkt der anderen Technologie verbunden werden? Hier spricht man auch von der Kompatibilität *auf der Leitung*.
- Migration: Wie groß ist der Aufwand, einen Endpunkt auf die neue Technologie umzustellen?
- Parallelbetrieb: Können in einer einzigen Anwendung sowohl Endpunkte der alten als auch der neuen Technologie angeboten werden?

Kompatibilität

	Interoperabilität zur Laufzeit	Migrationsaufwand	Parallelbetrieb
.NET Remoting	Nicht kompatibel	Hoch	Möglich
ASP.NET-basierte XML-Webservices (ASMX)	Kompatibel, wenn Basic Profile 1.1 eingesetzt wird	Niedrig	Möglich
Andere XML-Webservices gemäß Basic Profile 1.1	Kompatibel	Nicht zutreffend	Nicht zutreffend
Andere XML-Webservices mit WS-*-Protokollen	Bedingt kompatibel (abhängig von den verwendeten WS-*-Protokollen)	Nicht zutreffend	Nicht zutreffend

Tabelle 14.2 Kompatibilität von WCF zu anderen Techniken

HINWEIS Der Parallelbetrieb von .NET Remoting, WCF und ASP.NET Webservices für die selben Objekte ist möglich, d. h., ein .NET-Objekt kann gleichzeitig über alle drei Verfahren unterschiedlichen Clients angeboten werden.

WCF deckt ASMX vollständig ab. Ein ASMX-Server oder -Client ist kompatibel zu WCF. Manche WCF-Dienste sind auch kompatibel zu ASMX. Die Migration von ASMX zu WCF ist per Suchen/Ersetzen möglich. Auch wenn es zum Teil funktionale Ähnlichkeiten zu .NET Remoting gibt, ist dennoch weder Interoperabilität noch Migration zwischen WCF und .NET Remoting möglich.

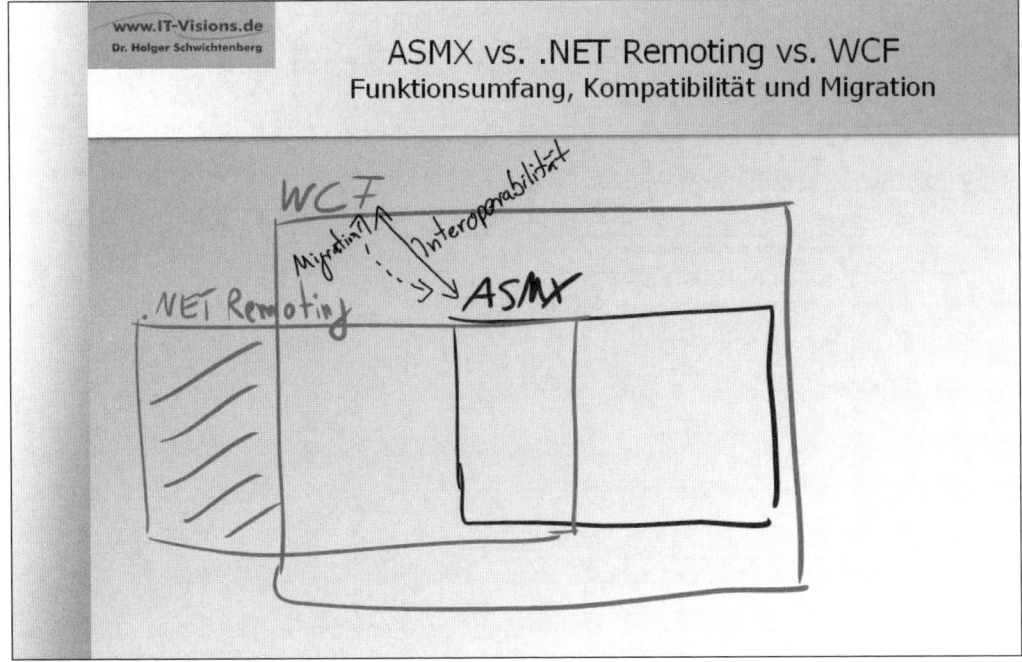

Abbildung 14.3 Grafische Darstellung der Funktionalität, Kompatibilität und Migration zwischen ASMX, .NET Remoting und WCF

Werkzeuge

In Visual Studio 2005 gab es nur sehr spärliche WCF-Werkzeuge. Visual Studio 2008 bietet bessere Werkzeuge. Weitere Werkzeuge findet man im Windows SDK 6.0.

Visual Studio-Projektvorlagen

Visual Studio 2008 bietet folgende Projektvorlagen für WCF:

- WCF Service Library: Klassenbibliothek mit einem einfachen WCF-Dienst und zugehöriger Konfigurationdatei
- Sequential Workflow Service Library: Klassenbibliothek mit einem WCF-Dienst, der einen sequentiellen Workflow startet
- State Maschine Workflow Service Library: Klassenbibliothek mit einem WCF-Dienst, der einen Zustands-Workflow startet
- Syndication Service Library: Klassenbibliothek mit ATOM- oder RSS-Feed
- WCF Service Application (in der Sektion *Web*): Ein WCF-Dienst, der in einer Webanwendung nach dem Webanwendungsmodell betrieben wird
- WCF Service (unter *New Website*): Ein WCF-Dienst, der in einer Webanwendung nach dem Websitemodell betrieben wird

HINWEIS Die umfangreiche Erläuterung für die Begriffe *Webanwendungsmodell* und *Websitemodell* finden Sie in dem komplementären Buch »ASP.NET 3.5 und AJAX Crashkurs« [HSJF01].

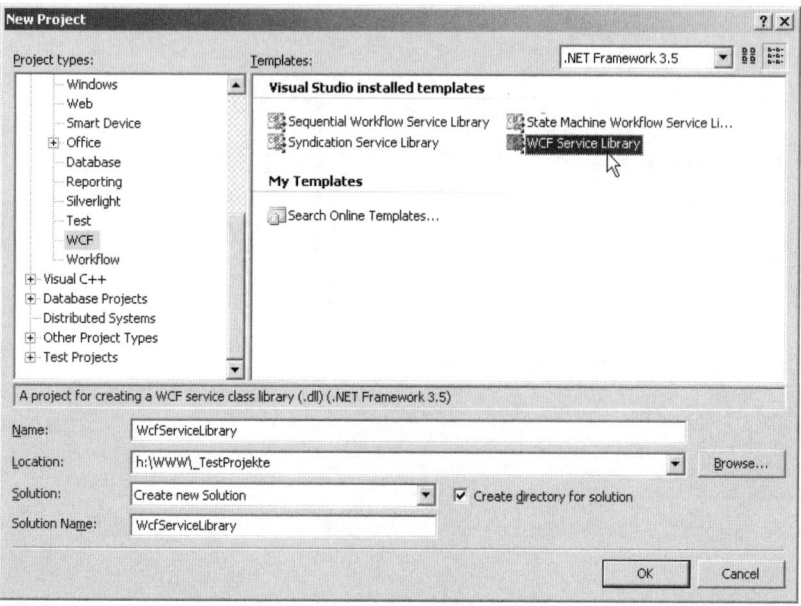

Abbildung 14.4 Projektvorlagen für WCF in Visual Studio 2008

Werkzeuge

ACHTUNG   Alle Projektvorlagen erzeugen immer HTTP-basierte Dienste. Es gibt leider keine Vorlagen für TCP-basierte Dienste oder einen nicht-webbasierten WCF-Host. Diese können Sie sich aber selbst anlegen (vgl. Kapitel zu Visual Studio 2008).

Visual Studio-Elementvorlagen

Bestehenden Projekten kann man Elemente des Typs *WCF Service* hinzufügen. In Webprojekten steht dahinter eine *.svc*-Datei sowie eine Klasse und eine Schnittstellendefinition als auch eine Sektion in der Konfigurationsdatei. In anderen Projekten werden nur die Klasse, die Schnittstellendefinition und die Konfigurationssektion erstellt.

Service Configuration Editor

Der *Microsoft Service Configuration Editor* ist eine eigenständige Windows-Anwendung (*SvcConfigEditor.exe*), die mit dem Windows SDK mitgeliefert wird. Der Service Configuration Editor dient dem Erstellen von Konfigurationsabschnitten für WCF. Die Implementierung des Werkzeugs befindet sich im Namensraum `Microsoft.Tools.ServiceModel.ConfigurationEditor`.

Visual Studio 2008 bietet die Möglichkeit, den Microsoft Service Configuration Editor über den Menüpunkt *Tools/WCF Configuration Editor* oder im Kontextmenü einer Konfigurationsdatei (*Edit WCF Configuration* bei einer *app.config*- oder *web.config*-Datei) aufzurufen.

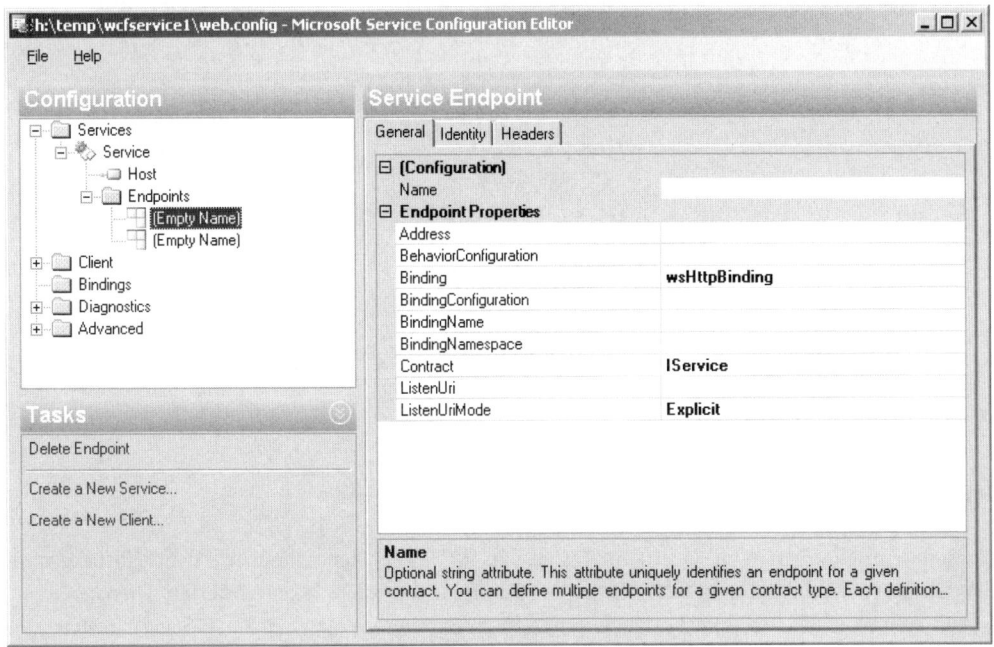

Abbildung 14.5   Ein WCF-Dienst mit zwei Endpunkten im Konfigurationseditor

Visual Studio-Proxy-Generator

Für verteilte Anwendungen mit der Windows Communication Foundation (WCF) hat Microsoft den Dialog zur Erstellung eines Proxies für den Client erheblich erweitert (siehe Abbildung). Im Kontextmenü eines .NET 3.x-Projekts findet man nur noch den Eintrag *Add Service Reference* für Proxies im WCF-Stil. Um einen Proxy im .NET 1.x/2.0-Stil zu erstellen, steht unter *Advanced* die Schaltfläche *Add Web Reference* zur Verfügung. *Add Web Reference* erscheint nur noch im Kontextmenü eines Projekts und im Menü *Project*, wenn als Target Framework *.NET 2.0* gewählt ist.

Alternativ steht das Kommandozeilenwerkzeug *svcutil.exe* zur Verfügung.

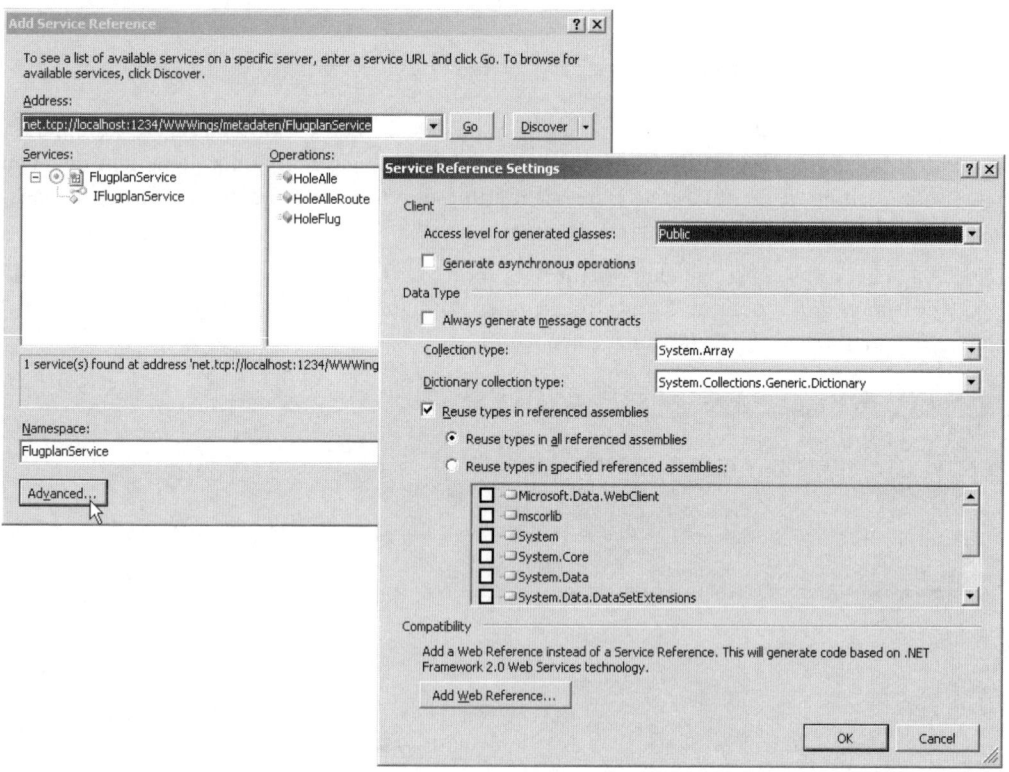

Abbildung 14.6   Erstellen eines WCF-Proxies

WCF-Test-Host

Visual Studio 2008 enthält einen WCF-Host zum Testen von WCF-Diensten. Dieser in *WcfSvcHost.exe* implementierte WCF-Server stellt automatisch alle in der Konfigurationsdatei konfigurierten Dienste bereit. Damit kann man eine WCF-Dienstbibliothek auch ohne explizites Bereitstellen eines WCF-Servers testen.

> **WICHTIG**   Voraussetzung ist, dass das Klassenbibliotheksprojekt mit der WCF-Dienstbibliothek eine eigene *app.config*-Datei besitzt. Eigentlich besitzen Klassenbibliotheksprojekte keine eigenen Konfigurationsdateien, weil Konfigurationsdateien nur auf EXE-Dateien wirken.

Werkzeuge

Der WCF-Test-Host und auch WCF-Test-Client (siehe nächster Abschnitt) werden für ein Projekt automatisch aktiviert, wenn man die Projektvorlage *WCF Service Library* verwendet. Das manuelle Einbinden macht viel Arbeit und sollte vermieden werden. Bei der Übernahme von WCF-Dienstbibliotheken aus Visual Studio 2005 legt man besten ein neues WCF-Projekt in Visual Studio 2008 an und kopiert dann Klassen und Konfiguration aus dem 2005er-Projekt dorthin.

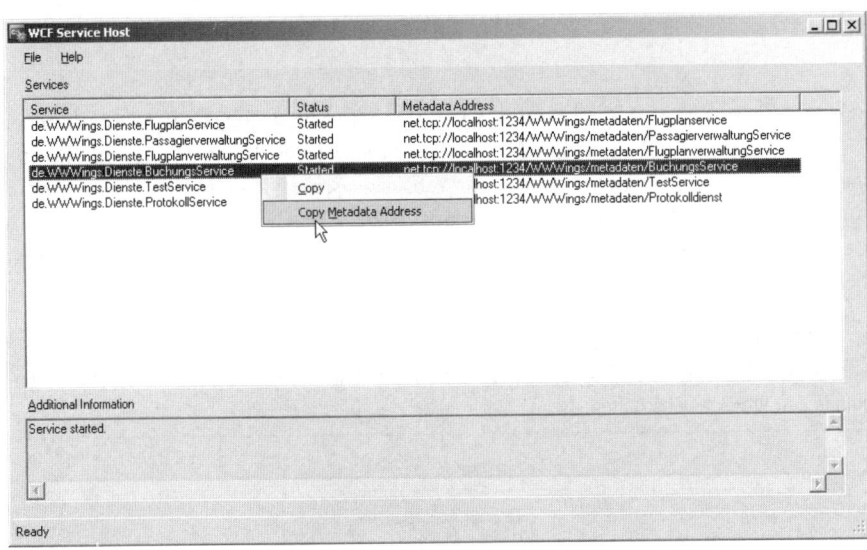

Abbildung 14.7 Der WCF-Test-Host zeigt sechs WCF-Dienste

ACHTUNG *WcfSvcHost.exe* ist kein allgemeiner WCF-Server und ist nicht für den Einsatz in Produktivbetrieb geeignet. *WcfSvcHost.exe* dient nur dem Test, insbesondere mit dem WCF-Test-Client.

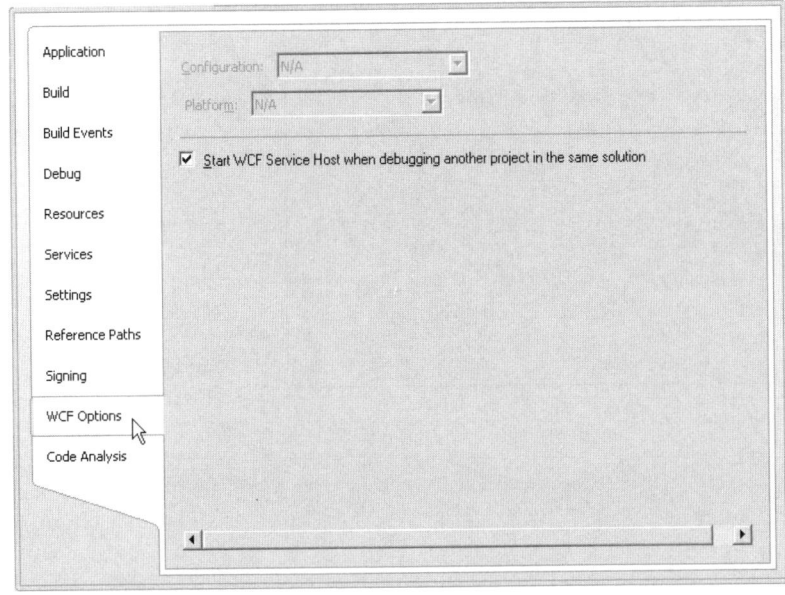

Abbildung 14.8 Aktivieren und Deaktivieren des WCF-Test-Hosts

ACHTUNG Der Test-Host ist sehr hilfreich, aber er wird lästig, wenn man einen selbstgeschriebenen Host testen will. Dann kommen sich die beiden Hosts in die Quere (Typische Meldung »There is already a listener on IP endpoint...«, wenn in dem eigenen Hosts und dem Test-Host die gleichen Adressen konfiguriert sind. Zum Glück kann man den Test-Host in den Projekteigenschaften deaktivieren (siehe obige Bildschirmabbildung).

WCF-Test-Client

Visual Studio 2008 enthält (im Gegensatz zu Visual Studio 2005) einen Testclient für WCF-Anwendungen. Einen Testclient gibt es schon seit .NET 1.0 für ASP.NET-basierte Webservices. Dieser Testclient ist eine Webanwendung und arbeitet nur mit HTTP-/SOAP-basierten Webservices. Der Testclient in Visual Studio 2008 ist eine Desktop-Anwendung (*WcfTestClientt.exe*), die mit allen WCF-Diensten funktioniert. Ein weiterer Vorteil des neuen Testclients ist, dass man auch komplexe Datentypen als Parameter übergeben kann.

HINWEIS Der Testclient wird beim Start des WCF-Test-Hosts automatisch gestartet, wenn Sie die Projektvorlage *WCF Service Library* verwendet haben. Dies erfolgt über den Eintrag */client:«WcfTestClient.exe* unter den Kommandozeilenargumenten für das Debugging in den Projekteigenschaften.

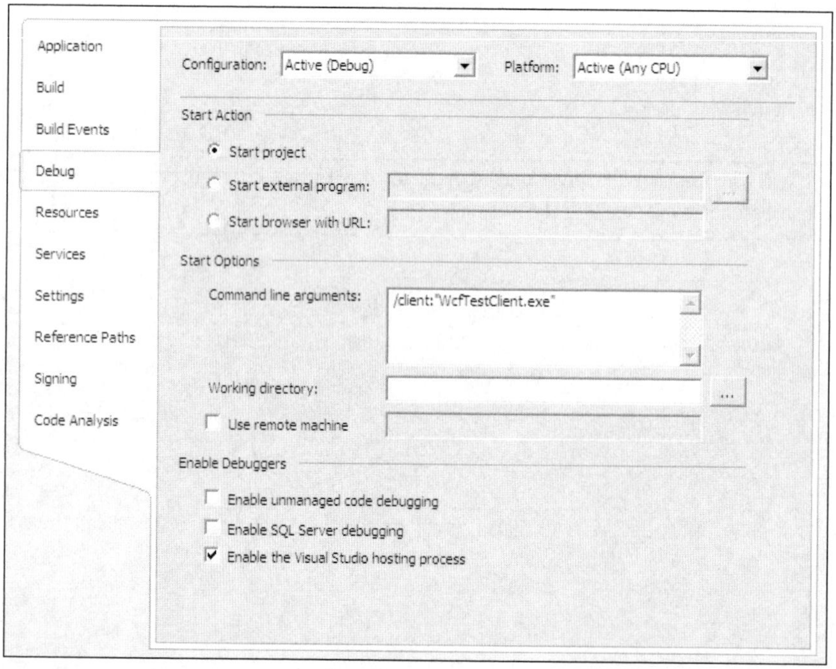

Abbildung 14.9 Konfiguration des WCF-Test-Clients

Werkzeuge

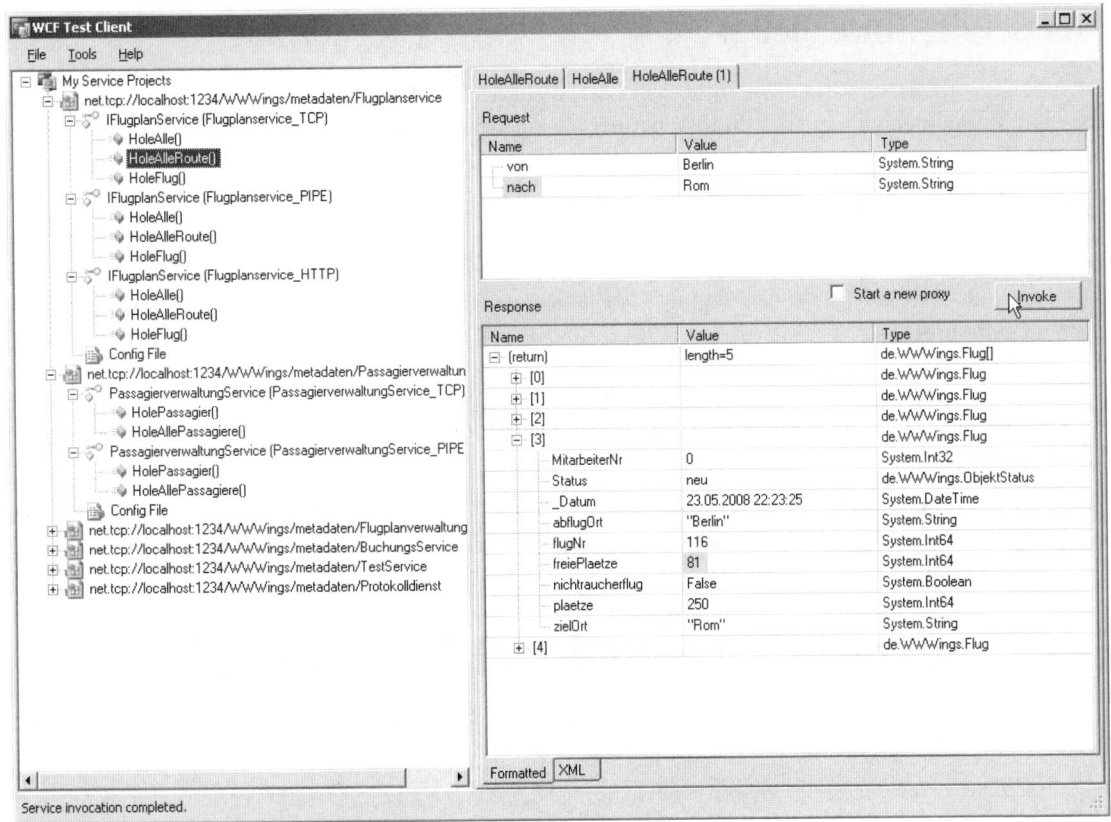

Abbildung 14.10   Testen von WCF-Diensten mit dem WCF-Test-Client

TIPP   Über die Option *Start a new proxy* kann man den Sitzungszustand kontrollieren. Wenn das Häkchen nicht gesetzt ist, erfolgen alle Anrufe innerhalb eines Fensters in der gleichen Sitzung (sofern der WCF-Dienst Sitzungen unterstützt). Die Konfiguration des Testclients für einen Dienst kann man verändern, indem man in dem Eintrag *Config File* im Baum im Kontextmenü *Edit with SvcConfigEditor* wählt.

Der Test-Client erzeugt Programmcode beim Start, der unter *C:\Documents\BENUTZER\Local Settings\Application Data\Temp\Test Client Projects\GUID* abgelegt wird.

ACHTUNG   Der Test-Client unterstützt nicht alle WCF-Funktionen. Nicht unterstützt werden z.B. Dienste mit Duplex-Kommunikation, Transaktionen, Secure Socket Layer (HTTPS) und WSFederationBinding.

ServiceModel Registration Tool

Das ServiceModel Registration Tool (*ServiceModelReg.exe*) dient der Registrierung von WCF im IIS. Diese Registrierung wird automatisch vorgenommen, wenn der IIS bei der Installation von .NET 3.0 oder 3.5 bereits installiert ist. Mit dem ServiceModel Registration Tool ist auch eine nachträgliche Registrierung möglich (vgl. *aspnet_regiis.exe* für ASP.NET).

WCF Service Trace Viewer

Der WCF Service Trace Viewer (*SvcTraceViewer.exe*) dient der Analyse von WCF-Protokolldateien und wird später im Zusammenhang mit der Protokollierung noch genauer vorgestellt.

COM+ Service Model Configuration Tool

Das COM+ Service Model Configuration Tool (*ComSvcConfig.exe*) konfiguriert COM+-Schnittstellen, damit diese als WCF-Dienste zur Verfügung gestellt werden können. Dieses Werkzeug wird im vorliegenden Buch nicht besprochen.

WS-AtomicTransaction Configuration Utility

Das WS-AT Configuration Tool (*wsatConfig.exe*) konfiguriert den Microsoft Distributed Transaction Coordinator (MSDTC) für WCF-Transaktionen auf Basis des Standards WS-AtomicTransaction. Dieses Werkzeug wird im vorliegenden Buch nicht besprochen. Ebenso werden OLE Transactions nicht besprochen, die auch mit WCF möglich sind.

Erstellung von WCF-Diensten und WCF-Servern

Dieses Kapitel beschreibt Details zur Implementierung und Bereitstellung von WCF-Diensten und deren Bereitstellung auf WCF-Servern (alias WCF-Hosts). Dazu sind folgende Schritte notwendig:

- Implementierung der WCF-Dienstklasse
- Erstellung einer Endpunktkonfiguration
- Bereitstellung eines Metadatenendpunktes
- Bereitstellung oder Implementierung des WCF-Server-Prozesses (WCF-Host)

Dienstklassen

Ein WCF-Dienst wird deklariert, indem eine .NET-Klasse die Annotation [System.ServiceModel.ServiceContract] erhält. Die Klasse kann diese Annotation entweder direkt besitzen oder sie durch Implementierung einer .NET-Schnittstelle erlangen, die ihrerseits mit [ServiceContract] annotiert ist.

Ein WCF-Dienst erhält Operationen durch die Annotation von Methoden der Klasse mit [System.ServiceModel.OperationContract]. Beim Einsatz von Schnittstellen ist die Annotation [OperationContract] auf die Methoden der Schnittstelle anzuwenden. [OperationContract] darf in einer Klasse oder Schnittstelle nur angewendet werden, wenn dort auch [ServiceContract] verwendet wird.

Microsoft hat das Annotationskonzept aus den ASP.NET-Webservices (ASMX) übernommen. Dort wurden anstelle von [ServiceContract] die Annotation [WebService] und anstelle von [OperationContract] die Annotation [WebMethod] verwendet. In .NET Remoting gab es solche Annotationen nicht. Aus diesem Grund fällt die Überführung von ASMX zu WCF leichter als von .NET Remoting zu WCF.

Eine mit [ServiceContract] annotierte Klasse darf von einer anderen Klasse erben; jedoch darf diese Basisklasse nicht selbst mit [ServiceContract] annotiert sein. Wenn versucht wird, eine solche Dienstklasse an ServiceHost zu übergeben, kommt es zu einer System.InvalidOperationException.

Vererbung zwischen WCF-Diensten ist nur möglich auf Basis expliziter Schnittstellen. Dabei darf eine Schnittstelle, die mit [ServiceContract] annotiert ist, von einer anderen mit [ServiceContract] annotierten Schnittstelle erben und eine Klasse kann die erbende Schnittstelle implementieren.

Das wichtigste Attribut von [ServiceContract] ist der Namensraum (Namespace). Wenn dieser nicht gesetzt wird, kommt automatisch der URL *http://tempuri.org* zum Einsatz, wobei *tempuri* für *Temporary Unique Resource Identifier* steht. Ein WCF-Dienst funktioniert zwar mit dieser Adresse; zu Konflikten kann es aber kommen, wenn an einer Anwendung verschiedene WCF-Dienste oder Webservices beteiligt sind, die den selben Namensraum verwenden. Daher sollte man den Namensraum explizit setzen. Grundsätzlich sind für den Namensraum beliebige Bezeichner möglich; die Verwendung von HTTP-Adressen mit DNS-Namen hat sich jedoch wegen der Eindeutigkeit etabliert. Keinesfalls muss der Namensraum der physikalischen Adresse des Dienstes entsprechen.

HINWEIS Folgende Möglichkeiten von .NET sind in Methoden erlaubt, die mit [OperationContract] annotiert sind:

- Einfache Datentypen: Ja
- Komplexe Datentypen: Ja, wenn serialisierbar
- Rückgabewerte: Ja
- Ref-Parameter: Ja
- Out-Parameter: Ja
- Methodenüberladung: Nein!

Instanziierungseigenschaften

Mit [ServiceBehavior] legt der Entwickler das Verhalten des Dienstes fest. [ServiceBehavior] darf nur auf Klassen, nicht auf Schnittstellen, gesetzt werden.

Die wichtigste Einstellung von [ServiceBehavior] ist der InstanceContextMode. Dieser bietet drei Möglichkeiten:

- Single Call (Wert PerCall): Bei jedem Methodenaufruf wird eine neue Objektinstanz erzeugt. Folglich müssen die Objekte zustandslos sein, weil zwei nachfolgende Methodenaufrufe nicht das gleiche Objekt erreichen.
- Singleton (Wert Single): In diesem Fall existiert nur eine Objektinstanz, bei der alle Client-Objekte ein und dasselbe Server-Objekt verwenden. Ein solches Objekt eignet sich z. B. zum Austausch von Daten zwischen Clients.
- Sitzungszustand (Wert PerSession): Jeder Client enthält auf Anforderung eine eigene Instanz der Klasse, die lebt, solange der Client mit dem Server in Verbindung steht. Diese Option ist nur für Bindungen verfügbar, die Sitzungszustände unterstützen.

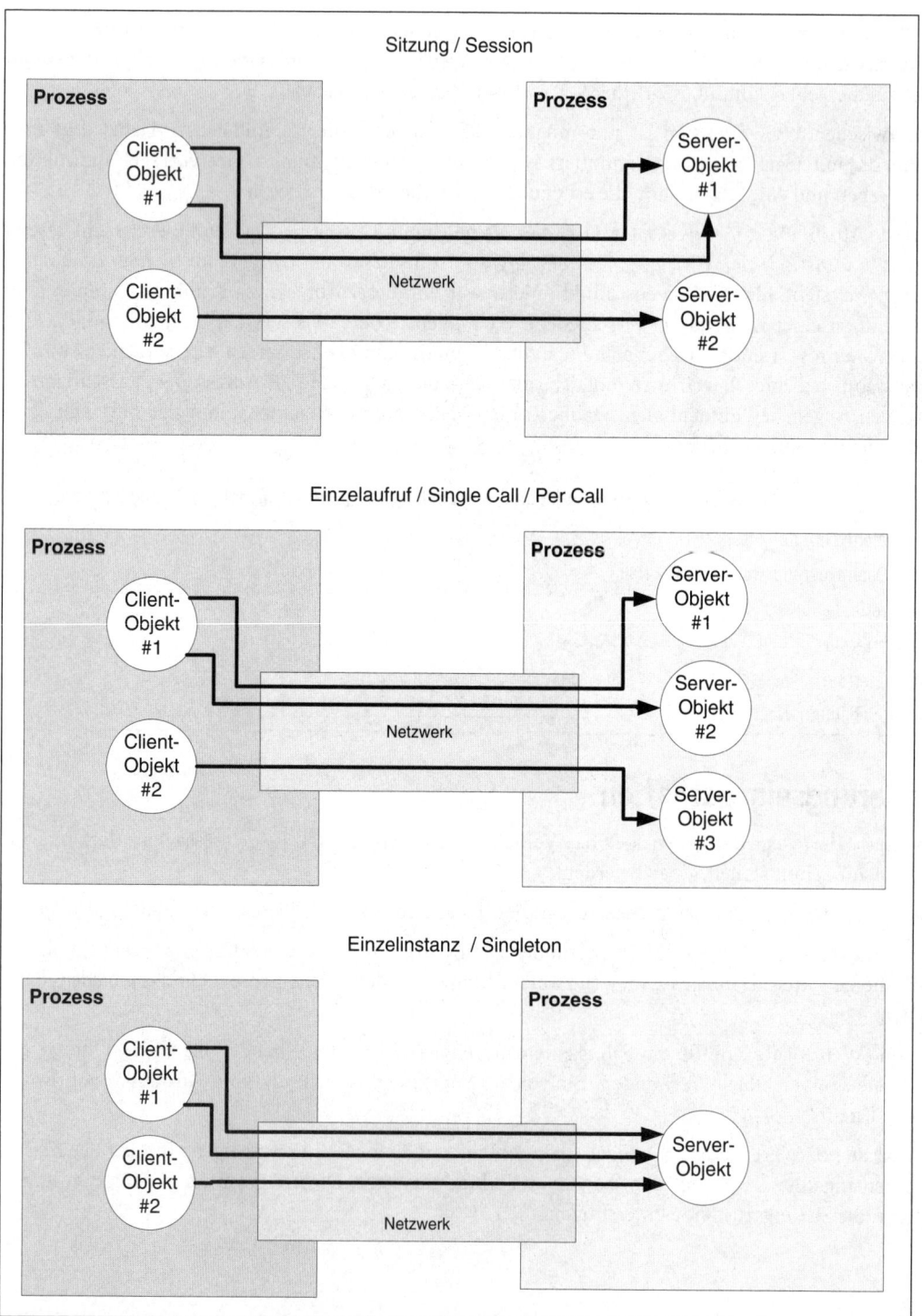

Abbildung 14.11 Vergleich der Instanziierungformen

Erstellung von WCF-Diensten und WCF-Servern

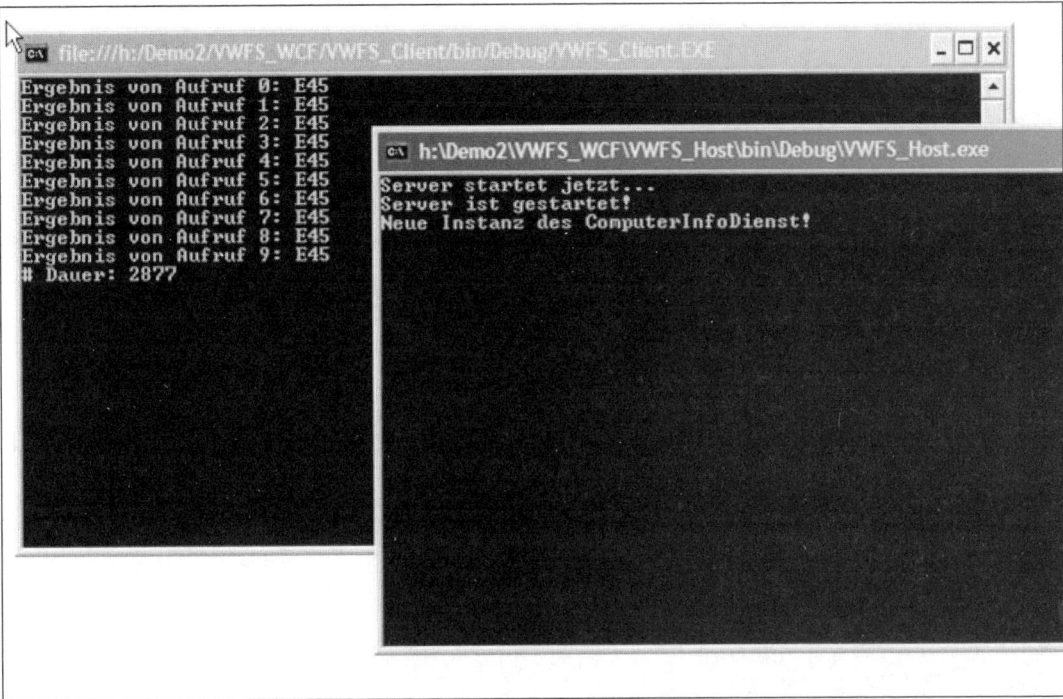

Abbildung 14.12 Beispiel für ein Sitzungsverhalten zwischen Client und Server: Eine Serverinstanz pro Client

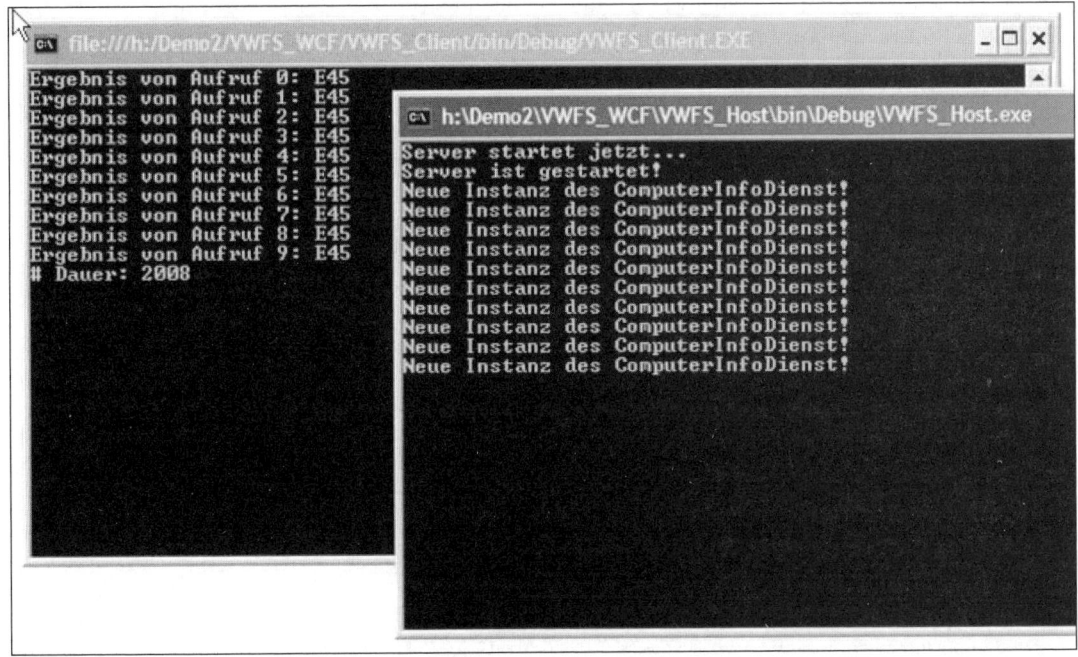

Abbildung 14.13 Beispiel für Single Call (alias Per Call): Für jeden Aufruf eine Serverinstanz

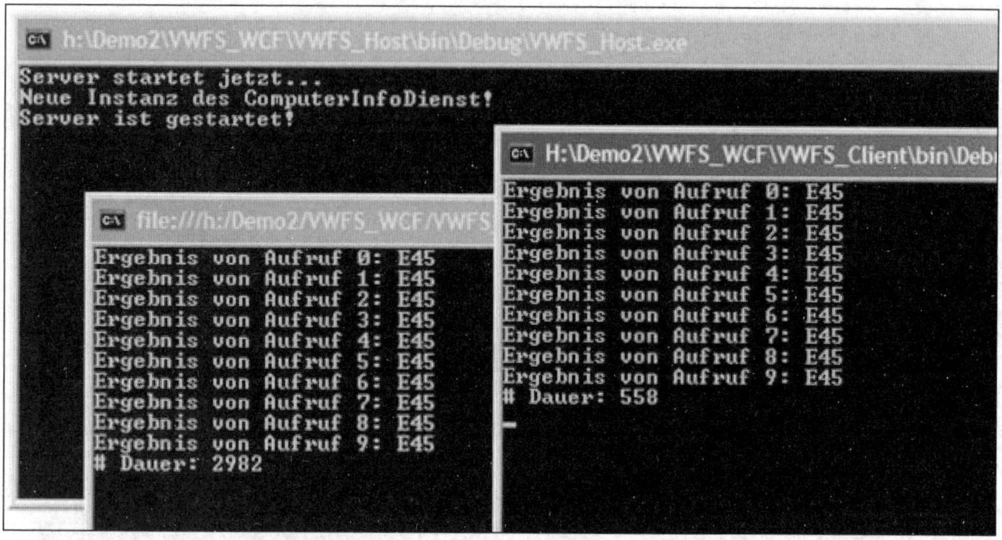

Abbildung 14.14 Beispiel für Singleton: Mehrere Clients nutzen eine einzige Serverinstanz

Beispiel

Die folgenden beiden Listings zeigen

- die Deklaration der Schnittstelle IFlugplanService, die als [ServiceContract] gekennzeichnet ist, und
- die Deklaration der Klasse FlugplanService, die die Schnittstelle IFlugplanService implementiert und durch [ServiceBehavior] als Single-Call-Klasse gekennzeichnet ist.

```
[ServiceContract(Namespace = "WWWings")]
 interface IFlugplanService
 {
  [OperationContract]
  de.WWWings.FlugMenge HoleAlle();
  [OperationContract]
  de.WWWings.FlugMenge HoleAlleRoute(string von, string nach);
  [OperationContract]
  de.WWWings.Flug HoleFlug(long FlugNr);
 }
```

Listing 14.3 Schnittstelle IFlugplanService

```
[ServiceBehavior(InstanceContextMode = InstanceContextMode.PerCall)]
 class FlugplanService : IFlugplanService
 {
  public FlugplanService()
  { Console.WriteLine("Neue Instanz der Fassade FlugplanService!"); }
  public de.WWWings.Flug HoleFlug(long FlugNr)
  {
   System.Console.WriteLine("HoleFlug wird aufgerufen mit Nr " + FlugNr);
   return de.WWWings.FlugBLManager.HoleFlug(FlugNr);
  }
```

```
public de.WWWings.FlugMenge HoleAlle()
{ return de.WWWings.FlugBLManager.HoleAlle(); }
public de.WWWings.FlugMenge HoleAlleRoute(string von, string nach)
{ return de.WWWings.FlugBLManager.HoleAlle(von, nach); }
}
```

Listing 14.4 Klasse FlugplanService

Datenklassen und Serialisierung

Als Datenklassen werden hier Klassen bezeichnet, die von den WCF-Diensten als Parameter oder Rückgabewerte verwendet werden. Alle Datenklassen müssen in WCF serialisierbar sein, denn eine Übergabe als Objektreferenz (wie in .NET Remoting) ist in WCF ausgeschlossen.

WCF unterstützt drei Serialisierer (vgl. auch Abschnitt »Serialisierung« im Kapitel ».NET-Klassenbibliothek 3.5«:

- XmlSerializer
- DataContractSerializer
- NetDataContractSerializer

Auswahl der Serialisierer

Der DataContractSerializer ist der Standardserialisierer. In WCF-basierten Webservices kommt jedoch der XmlSerializer zum Einsatz. Der Entwickler kann durch Annotationen zwischen den Serialisierern wählen:

Mit dem Attribut XmlSerializerFormat kann man den XML-Serialisierer auswählen und dabei auch zwischen den verschiedenen SOAP-Varianten wählen.

```
[ServiceContract, XmlSerializerFormat(
Style = OperationFormatStyle.Rpc,
Use = OperationFormatUse.Encoded)]
```

Mit dem Attribut XmlSerializerFormat kann man den DataContractSerializer auswählen. Auch hierbei kann man die SOAP-Art wählen.

```
[ServiceContract, DataContractFormat(Style = OperationFormatStyle.Rpc)]
```

Diese Annotationen sind auf der Dienstklasse oder der Schnittstellendefinition zusammen mit [ServiceContract] anzuwenden.

> **HINWEIS** Es gibt leider keine Annotation zur Auswahl des NetDataContractSerializer. Es heißt, Microsoft will die Verwendung dieser Serialisierungsform nicht fördern. Der Beitrag [TOPXML01] zeigt, wie man sich dafür eine eigene Annotation schreiben kann.

Annotationen der Datenklasse

Der XmlSerializer nutzt POCO-Serialisierung. Die anderen beiden unterstützen [Serializable] und [DataContract] sowie ab .NET 3.5 Service Pack 1 auch POCO-Serialisierung.

> **HINWEIS** Bitte lesen Sie zum Thema Serialisierung das gleichnamige Unterkapitel im Kapitel ».NET-Klassenbibliothek 3.5«.

Die folgenden Klassen zeigen, dass sich beide Serialisierungsannotationen sowie *Field*-Attribute (Attribute ohne hinterlegten Code) und *Property*-Attribute (Attribute mit hinterlegtem Code) mischen lassen.

```
/// <summary>
/// Daten als Antwort auf einen Ping eines Clients,
/// verwendet [System.Runtime.Serialization.DataContract]
/// </summary>
[System.Runtime.Serialization.DataContract]
public class PingInfo
{
  public PingInfo()
  {
   DBInfo.AnzFluege = de.WWWings.FlugBLManager.AnzFluege();
   DBInfo.AnzBuchungen = de.WWWings.Buchung_BLManager.AnzahlBuchungen();
   DBInfo.AnzPassagiere = de.WWWings.Passagier_BLManager.AnzahlPassagiere();
  }
  [System.Runtime.Serialization.DataMember]
  public DBInfo DBInfo = new DBInfo();
  [System.Runtime.Serialization.DataMember]
  public string ComputerName;
  [System.Runtime.Serialization.DataMember]
  public DateTime ServerTime
  {
   get { return DateTime.Now; }
   set { }
  }
  [System.Runtime.Serialization.DataMember]
  public string ServerIdentity
  {
   get { return System.Security.Principal.WindowsIdentity.GetCurrent().ToString(); }
   set { }
  }
  [System.Runtime.Serialization.DataMember]
  public string Session
  {
   get { return OperationContext.Current.SessionId; }
   set { }
  }
  [System.Runtime.Serialization.DataMember]
  public System.Version Version
  {
   get { return System.Reflection.Assembly.GetExecutingAssembly().GetName().Version; }
   set { }
  }
}
/// <summary>
/// Unterklasse für Statistik aus der Datenbank, verwendet [System.Serializable]
/// </summary>
[System.Serializable]
public class DBInfo
{
  public long AnzFluege;
  public long AnzPassagiere;
  public long AnzBuchungen;
}
```

Listing 14.5 Anwendung der Serialisierungsannotationen

Erstellung einer Endpunktkonfiguration

Bisher wurde für den Dienst nur der Vertrag (Contract) festgelegt. Zum Funktionieren braucht der Dienst aber noch die Adresse und die Bindung. Beides wird üblicherweise in einer Anwendungskonfigurationsdatei gespeichert, damit man diese Einstellungen auch noch zur Betriebszeit der Anwendung festlegen kann. Möglich ist auch eine Festlegung im Programmcode; dies wird in diesem Buch aber nicht gezeigt.

> **HINWEIS** Alle WCF-Einträge in der Anwendungskonfigurationsdatei unterscheiden zwischen Groß- und Kleinschreibung.

> **TIPP** Neu ab Visual Studio 2008 Service Pack 1 ist die Unterstützung für das Refactoring von WCF-Konfigurationselementen: Wenn man den Namen einer WCF-Dienstklasse oder einer WCF-Dienstschnittstelle mit der Funktion *Refactor/Rename* ändert, werden auch die zugehörigen Einträge in den Konfigurationsdateien geändert.

Beispiel

Das folgende Listing zeigt die Deklaration eines WCF-Dienstes mit einem Endpunkt, der die Bindung NetTcpBinding verwendet. NetTcpBinding verwendet URLs; dafür steht auch die Protokollangabe *net.tcp* in der Adresse.

```xml
<system.serviceModel>
  <services>
    <service name="de.WWWings.Dienste.FlugplanService">
      <endpoint
        name="FlugplanService"
        address="net.tcp://e01.IT-Visions.local:1234/FlugplanService"
        binding="netTcpBinding"
        contract="de.WWWings.Dienste.IFlugplanService" />
    </service>
  </services>
</system.serviceModel>
```

Listing 14.6 Konfigurationseinstellungen für einen einfachen WCF-Dienst

> **WICHTIG** Es gibt für die Bindung keine Standardeinstellung. Dieses Attribut muss immer verwendet werden.

Erstellung der Konfiguration mithilfe des Konfigurationsassistenten

Die folgenden sechs Bildschirmabbildungen zeigen das Anlegen der obigen Endpunktkonfiguration für den WCF-Dienst mithilfe des Service Configuration Editors (*SvcConfigEditor.exe*). Zu beachten ist, dass der Editor die Informationen über die verfügbaren Dienstklassen (siehe zweite Abbildung) immer aus einer kompilierten Assembly bezieht. Eine Integration mit Visual Studio, die im Quellcode nach Dienstklassen sucht, existiert noch nicht.

Kapitel 14: Windows Communication Foundation (WCF)

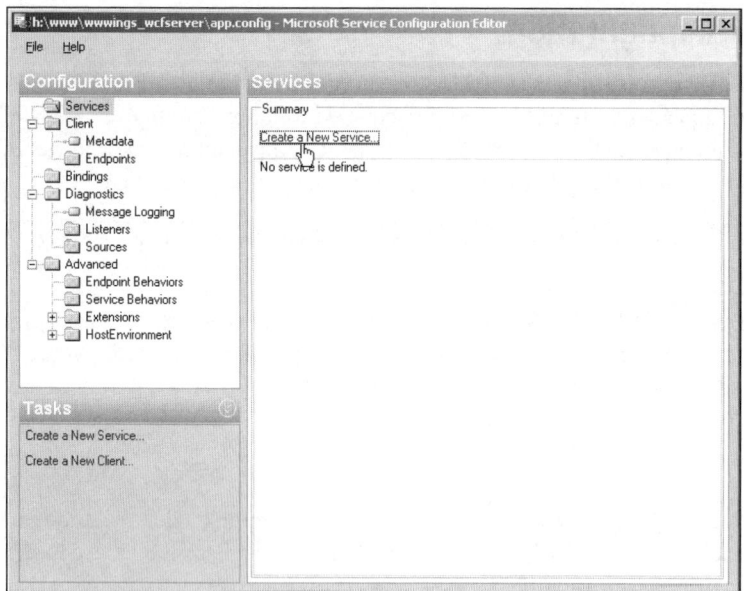

Abbildung 14.15 Anlegen einer neuen WCF-Dienst-Konfiguration

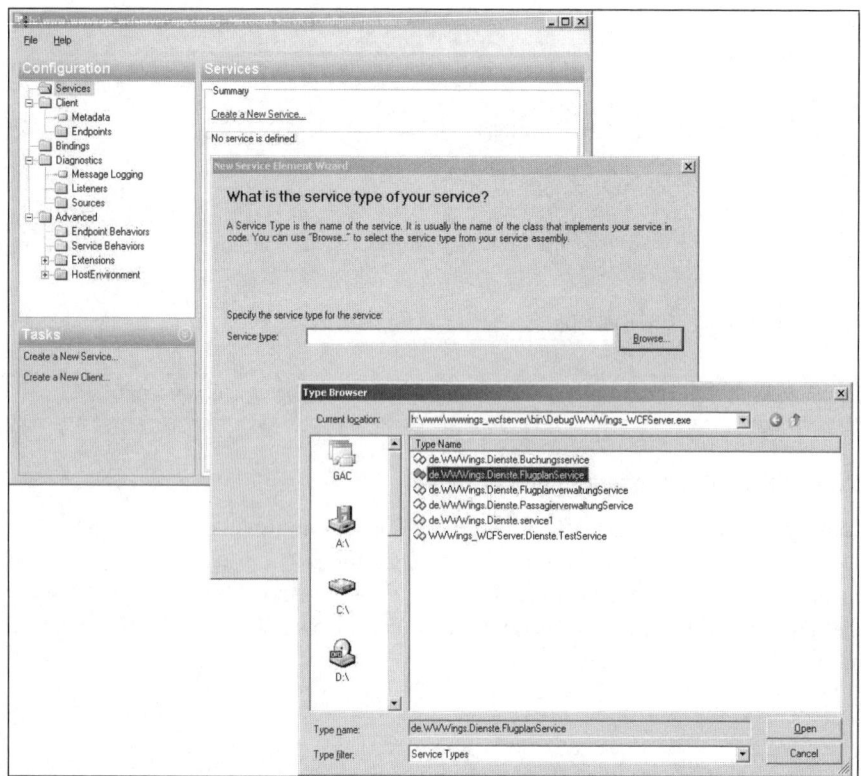

Abbildung 14.16 Auswahl einer mit [ServiceContract] annotierten Klasse

Erstellung von WCF-Diensten und WCF-Servern

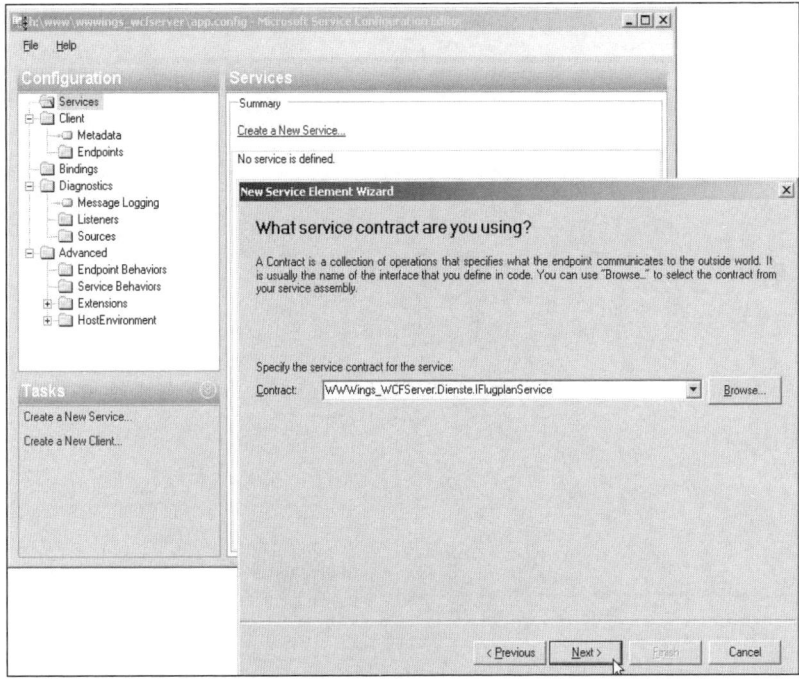

Abbildung 14.17 Auswahl des Vertrags in dem Fall, dass [ServiceContract] nicht bei der Klasse, sondern bei einer Schnittstelle verwendet wurde

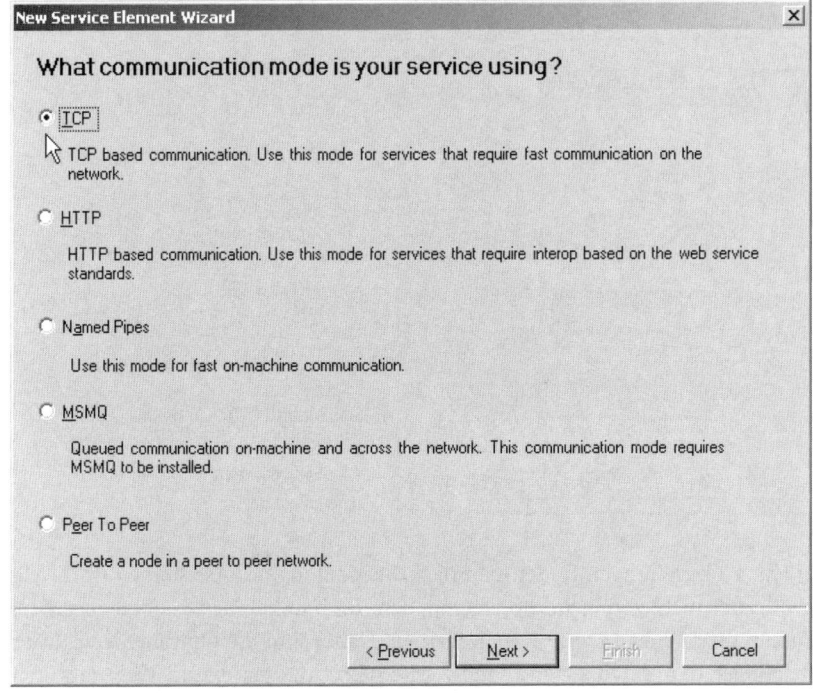

Abbildung 14.18 Auswahl der WCF-Bindung

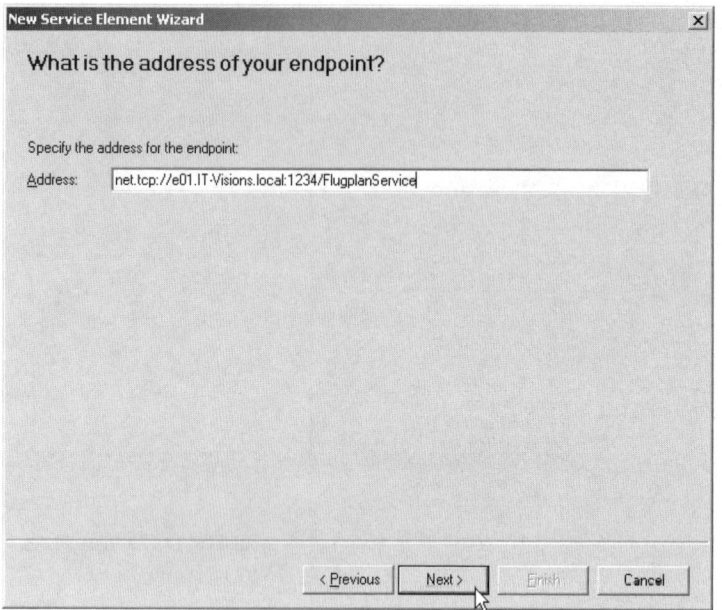

Abbildung 14.19 Festlegung der Adresse des Endpunktes

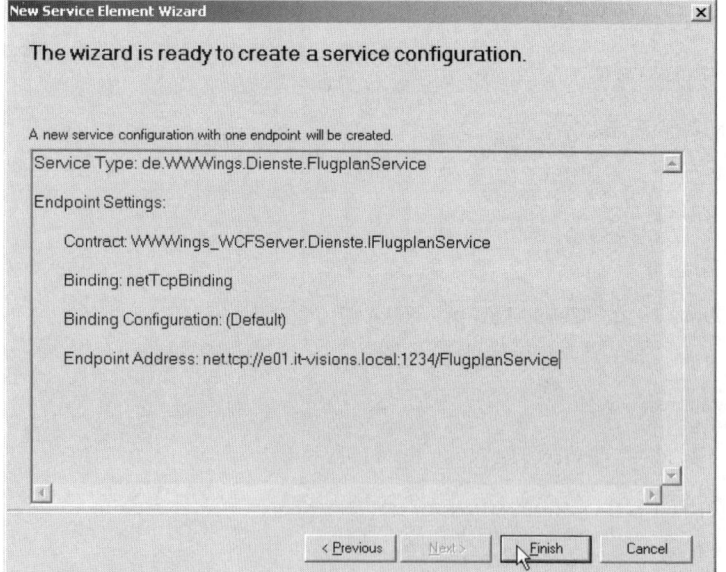

Abbildung 14.20 Zusammenfassung der Ergebnisse des Assistenten, der anschließend einen WCF-Dienst mit einem Endpunkt anlegt

Die im Assistenten vorgenommenen Einstellungen findet man nach Beendigung des Assistenten im Zweig *Services/Endpoints*. Es ist sinnvoll, aber nicht zwingend notwendig, dem Endpunkt einen Namen zu geben. Nachträgliche Änderungen können direkt hier vorgenommen werden. Dabei sind die Optionen (z.B. auch zur Auswahl der Bindung) vielfältiger und detaillierter als im Assistenten. Alternativ zum Weg über den Assistenten kann man Endpunkte auch direkt anlegen, indem man im Kontextmenü des Zweigs *Services* den Eintrag *New Service* wählt und dann im Zweig *Endpoints* den Eintrag *New Service Endpoint*.

Erstellung von WCF-Diensten und WCF-Servern

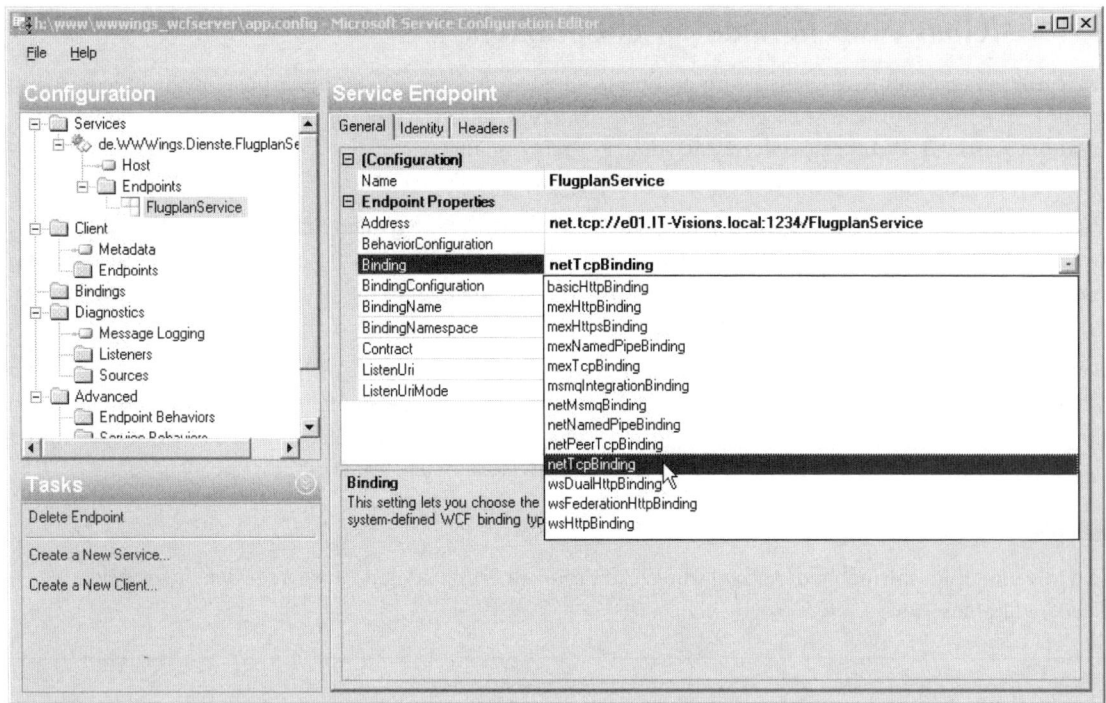

Abbildung 14.21 Detailkonfiguration für einen WCF-Endpunkt

HINWEIS Zu einem Dienst kann es mehrere Endpunkte geben. So kann ein WCF-Dienst gleichzeitig sowohl über Named Pipes und TCP als auch über HTTP zur Verfügung gestellt werden.

Codebasierte Konfiguration

Alle Konfigurationseinstellungen kann man auch codebasiert vornehmen. Dazu folgt ein Beispiel für die Erzeugung eines WCF-Dienstes mit einem HTTP-basierten Host. Als Binding kommt *WSHttpBinding* zum Einsatz.

```
// --- Alternative: Code-basierte Konfiguration
// Festlegen der URL
Uri URL = new Uri("http://localhost:84/FlugplanserviceCodebasierteKonfiguration");
// ServiceHost erzeugen
ServiceHost FlugplanService = new ServiceHost(typeof(de.WWWings.Dienste.FlugplanService), URL);
// Endpunkt erzeugen
FlugplanService.AddServiceEndpoint(typeof(de.WWWings.Dienste.IFlugplanService), new WSHttpBinding(),
"FlugplanserviceCodebasierteKonfiguration");
// Dienst starten
FlugplanService.Open();
```

Listing 14.7 Beispiel für die codebasierte Konfiguration in WCF

HINWEIS Wenn es sowohl eine Konfigurationsdatei als auch codebasierte Konfiguration gibt, dann hat die codebasierte Konfiguration Vorrang (Leitsatz: »Code ist König«).

Bereitstellen eines Metadaten-Endpunktes

Die bisher vorgenommene Dienstkonfiguration reicht aus, um einen Dienst anzusprechen, nicht jedoch, um einen Proxy für einen Dienst zu generieren. Für die Proxy-Generierung werden Metadaten benötigt. Während bei ASP.NET-Webservices diese Metadaten durch Anhängen von *?wsdl* an den URL immer automatisch zur Verfügung standen, müssen sie bei WCF explizit aktiviert werden.

WCF verwendet zum Metadatenaustausch den Standard WS-Metadata Exchange (MEX). Über MEX werden WSDL-Metadaten gesendet, die von der Klasse System.ServiceModel.Description.WsdlExporter automatisch erzeugt werden. Eigene Metadatenformate sind implementierbar auf Grundlage der Basisklasse System.ServiceModel.Description.MetadataExporter.

Die Metadaten benötigen einen eigenen Endpunkt, wobei die Portnummer die gleiche sein darf wie bei dem Dienst; der URL kann sich in dem freien Bezeichner nach der Portangabe unterscheiden. Als Bindung stehen mexTcpBinding, mexNamedPipeBinding, mexHttpBinding und mexHttpsBinding zur Verfügung. Als Contract ist immer die in WCF vordefinierte Schnittstelle System.ServiceModel.Description.IMetadataExchange anzugeben.

Beispiel

Die folgende Bildschirmabbildung zeigt die Deklaration eines Metadatendienstes für den zuvor deklarierten Dienst FlugplanService.

```xml
<system.serviceModel>
  <services>
    <service name="de.WWWings.Dienste.FlugplanService"
             behaviorConfiguration="Metadaten">
      <!-- Dienst -->
      <endpoint address="net.tcp://localhost:1234/FlugplanService"
           binding="netTcpBinding" bindingConfiguration="" name="FlugplanService"
           contract="de.WWWings.Dienste.IFlugplanService" />
      <!-- METADATEN -->
      <endpoint address="net.tcp://localhost:1234/WWWings/metadaten/Flugplanservice"
          binding="mexTcpBinding" bindingConfiguration="" contract="IMetadataExchange" />
    </service>
  </services>
  <!-- Verhalten -->
  <behaviors>
    <serviceBehaviors>
      <behavior name="Metadaten">
        <serviceMetadata />
      </behavior>
    </serviceBehaviors>
  </behaviors>
</system.serviceModel>
```

Abbildung 14.22 WCF-Dienst mit Metadatendienst

> **TIPP** Die aus ASMX bekannte Syntax zum Bezug von WSDL (*?wsdl*) kann auch in WCF genutzt werden, indem man dem Metadatenendpunkt eine Adresse gibt, die auf *?wsdl* endet. Für HTTP-Bindungen kann man dies auch über httpGetEnabled="true" aktivieren.

Konfiguration der Fehlerübermittlung

Ein WCF-Dienst übermittelt im Standard keine Details zu aufgetretenen Fehlern an den Client. Man kann diese Funktion jedoch aktivieren, indem man das konfigurierte Dienstverhalten um den Eintrag

```
<serviceDebug includeExceptionDetailInFaults="true"/>
```

ergänzt. Wichtig: Dieses Element muss unterhalb von `<serviceBehaviors>` stehen (vgl. letzter Abschnitt).

Hosting (WCF-Server-Prozess / WCF-Anwendungsserver)

WCF-Dienste müssen in einem Windows-Prozess gehostet werden, der eine .NET-Application Domain bereitstellt. Dieser Prozess wird als *WCF-Server* oder *WCF-Service-Host* oder *WCF-Anwendungsserver* bezeichnet.

Ebenso wie bei .NET Remoting stehen als Hosting-Optionen der Internet Information Server (IIS), der Anwendungsserver COM+ (alias .NET Enterprise Services), ein Windows-Dienst oder eine einfach von Hand zu startende Konsolenanwendung zur Verfügung. Ab Windows Vista gibt es darüber hinaus einen leichtgewichtigen Standard-Host-Prozess mit Namen Windows (Process) Activation Service (WAS) (früherer Name *Webhost*). Der WAS ist das Basiselement für den IIS Version 7.0 und kann auch in WCF eingesetzt werden, um HTTP-, TCP-, MSMQ- und Named Pipe-Dienste zu hosten.

Hosting im WCF-Test-Client

Der WCF-Test-Client wurde schon im Abschnitt »Werkzeuge« beschrieben.

Hosting in einer Konsolenanwendung

In .NET-Anwendungstypen wie beispielsweise Konsolenanwendungen und Systemdiensten muss eine Instanz von `System.ServiceModel.ServiceHost` für jeden WCF-Dienst explizit instanziiert werden. Im Konstruktor der Klasse `ServiceHost` ist entweder eine Instanz der Dienstklasse (bei Singleton-Diensten) oder der Typ (bei Single-Call-Diensten) anzugeben. Der zweite Parameter bezeichnet die Basisadresse des WCF-Dienstes. Die Basisadresse würde ermöglichen, die Dienstkonfiguration auf relevante Adressen (zu der Basisadresse) zu beschränken.

Beispiel

Das folgende Beispiel zeigt die Implementierung eines WCF-Servers als Konsolenanwendung. Der Server hostet einen einzigen WCF-Dienst, der wahlweise als Singleton-Objekt oder als Single-Call-Objekt gestartet werden kann. Wichtig ist, dass der Dienst den passenden `InstanceContextMode` in [`ServiceBehavior`] deklariert.

```
class EinfacherWWWingsWCFServiceHost
 {
  const bool Singleton = false;
  static ServiceHost Host;
  public static void StartService()
  {
   Uri baseAddress = new Uri("net.tcp://localhost:1234/WWWings/");
   if (Singleton)
```

```
  { // Singleton
    Host = new ServiceHost(new de.WWWings.Dienste.FlugplanService(), baseAddress);
  }
  else
  { // Single-Call
    Host = new ServiceHost(typeof(de.WWWings.Dienste.FlugplanService), baseAddress);
  }
  Host.Open();
}
internal static void StopService()
{
   if (Host.State != CommunicationState.Closed)
     Host.Close();
}
}
class Program
{
  static void Main(string[] args)
  {
    Console.WriteLine("WCF-Server wird gestartet...");
    de.WWWings.WCFServer.EinfacherWWWingsWCFServiceHost.StartService();
    Console.WriteLine("WCF-Server ist jetzt gestartet!");
    Console.ReadLine();
    Console.WriteLine("WCF-Server wird beendet...");
    de.WWWings.WCFServer.EinfacherWWWingsWCFServiceHost.StopService();
    Console.WriteLine("WCF-Server ist jetzt beendet!");
  }
}
```

Listing 14.8   Implementierung eines WCF-Service-Host für einen WCF-Dienst

ACHTUNG   Bei der Instanziierung der Klasse `ServiceHost` erhält man eine `System.InvalidOperationException`, wenn die Annotationen [ServiceContract] und [OperationContract] falsch verwendet wurden oder keine Endpunkte für die an die `ServiceHost`-Instanz übergebenen Klassen vorhanden sind (Fehlertext: »Service has zero Application (non-infrastructure) Endpoints.«).

Hosting im Internet Information Server (IIS)

Beim Hosting eines WCF-Dienstes im IIS (oder WAS) wird der WCF-Dienst in Form einer WCF-Dienstdatei (*.svc*) auf dem Webserver bereitgestellt. Dabei wurde das Konzept von *.asmx*-Dateien (siehe Kapitel zu ASP.NET-basierten XML-Webservices) übernommen, d.h., die *.svc*-Datei selbst enthält nicht mehr als einen Verweis auf eine Klasse, die den eigentlichen Dienst implementiert. Eine *.svc*-Datei erstellt man in Visual Studio 2008 in einem Webprojekt (Websitemodell oder Webanwendungsmodell, vgl. [HS01]) über die Elementvorlage *WCF Service*

```
<%@ ServiceHost
Language="C#"
Debug="true"
Service="FlugplanService"
CodeBehind="~/App_Code/FlugplanService.cs" %>
```

Listing 14.9   Standardinhalt einer .svc-Datei

Erstellung von WCF-Diensten und WCF-Servern

Das obige Beispiel zeigt eine *.svc*-Datei, die in einem Websitemodell-Projekt angelegt wurde. Die *.svc*-Datei verweist dabei in der Standardeinstellung auf eine Klasse, die im */App_Code*-Verzeichnis der Webanwendung liegt. Diese Klasse wiederum entspricht exakt der zuvor in diesem Kapitel beschriebenen Dienstklasse (einschließlich der Annotationen [ServiceContract] und [OperationContract] entweder in der Klasse selbst oder in einer Schnittstellendefinition einer Schnittstelle, die die Klasse implementiert).

WICHTIG In Praxisprojekten sollten Sie nicht die von der Elementvorlage erzeugte Standardstruktur verwenden, sondern die Dienstklasse in eine eigene Bibliothek (DLL-Assembly) auslagern. Wenn Sie dann aus dem Projekt die DLL-Assembly referenzieren, dann reduziert sich der Inhalt der *.svc*-Datei wie nachfolgend dargestellt.

```
<%@ ServiceHost
Debug="true"
Service="de.WWWings.WCFServices.FlugplanService" %>
```

Listing 14.10 Angepasster Inhalt einer .svc-Datei

TIPP In ASP.NET-basierten Webservices kann man direkt auf die Sitzungsverwaltung von ASP.NET über das Objekt Page.Session zugreifen. Die Sitzungsverwaltung (und andere ASP.NET-Funktionen wie z. B. Impersonifizierung) kann in WCF genutzt werden, wenn man einen WCF-Dienst im Internet Information Server betreibt und den ASP.NET-Kompatibilitätsmodus in der Konfiguration aktiviert.

```
<system.serviceModel>
<serviceHostingEnvironment aspNetCompatibilityEnabled="false"/>
</system.serviceModel>
```

Listing 14.11 Aktivieren des ASP.NET-Kompatibilitätsmodus

Danach kann man im Programmcode auf System.Web.HttpContext.Current und dort z. B. auf das Unterobjekt Session zugreifen.

Konfigurationsdateien

Beim Anlegen einer *.svc*-Datei wird in Visual Studio 2008 automatisch auch ein Eintrag in der *web.config*-Datei mit der Definition eines Endpunkts für das *WSHttpBinding* angelegt. Das folgende Listing zeigt diese Standardkonfiguration für einen WCF-Dienst im IIS.

Von der Konfigurationsdatei, die für einen Konsolen-Host verwendet wurde, unterscheidet sich die Konfigurationsdatei für das IIS-Hosting nur in einem Punkt: Mit dem XML-Attribut httpGetEnabled="true" wird die Beschaffung der Metadaten über ein angehängtes *?wsdl* im URL aktiviert (vgl. Kapitel zu ASP.NET-basierte XML-Webservices).

WICHTIG Der IIS 5.x und 6.0 unterstützen nur HTTP-basierte Bindungen. Der Versuch, eine TCP-basierte Bindung zu konfigurieren, führt zum Fehler »The protocol 'net.tcp' is not supported.«. TCP und andere Protokolle sind erst möglich im WAS bzw. IIS 7.0 unter Windows Vista und Windows Server 2008.

```xml
<configuration>
 <appSettings/>
 <connectionStrings/>
 <system.serviceModel>
  <services>
   <service name="de.WWWings.Dienste.FlugplanService" behaviorConfiguration="FlugplanServiceBehaviors">
    <endpoint address="http://localhost:8082/WebUI_CSVB/Webservice/Flugplanservice.svc"
     binding="basicHttpBinding" bindingConfiguration="" contract="de.WWWings.Dienste.IFlugplanService" />
    <endpoint contract="IMetadataExchange" binding="mexHttpBinding" address="metadaten" />
   </service>
  </services>
  <behaviors>
   <serviceBehaviors>
    <behavior name="FlugplanServiceBehaviors" >
     <serviceMetadata httpGetEnabled="true" />
     <serviceDebug includeExceptionDetailInFaults="true"/>
    </behavior>
   </serviceBehaviors>
  </behaviors>
 </system.serviceModel>
</configuration>
```

Abbildung 14.23 Konfiguration für einen WCF-Dienst im IIS

TIPP Wenn Sie WCF-Dienste in Unterverzeichnissen ablegen, reicht es, eine lokale *web.config*-Datei anzulegen und dort die WCF-Endpunktkonfiguration einzutragen. Dies vermeidet das »Zumüllen« der Anwendungskonfigurationsdateien, das man bei anderen WCF-Hosts vorfindet.

Abruf der Metadaten

Je nach Einstellung des Dienstverhaltens sind die Metadaten über das Anhängen von *?wsdl* oder des im Endpunkt genannten Begriffs (hier: Metadaten) zu beziehen. Nur die erste Variante funktioniert aus dem Webbrowser heraus. Die zweite Variante kann aber von den WCF-Proxy-Generatoren (WCF-Erweiterung für Visual Studio bzw. *svcutil.exe*) verwendet werden.

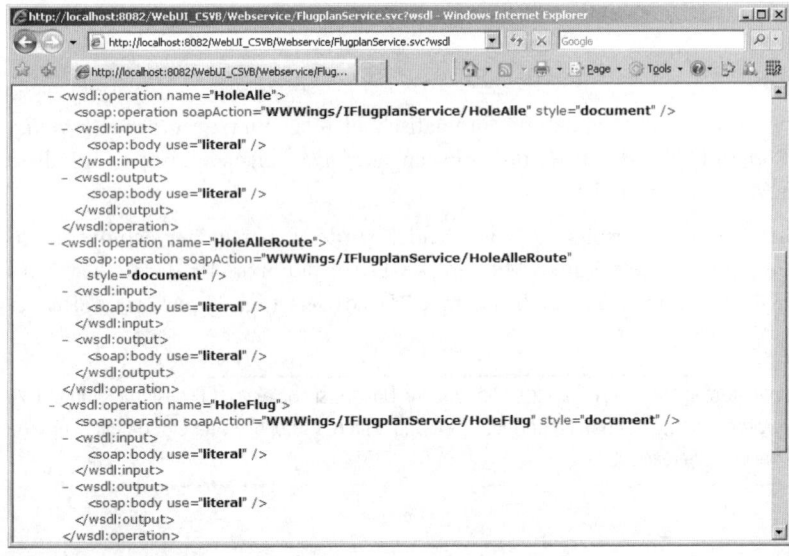

Abbildung 14.24 WSDL des WCF-Dienstes

Generierung eines IIS-basierten WCF-Hosts in Visual Studio 2008

Visual Studio 2008 bietet ab Service Pack 1 für WCF-Dienste einen Assistenten, der einen IIS-basierten WCF-Host erzeugt. Diese Funktion ist erreichbar über das Menü *Build/Publish* oder *Publish* im Kontextmenü des Projekts im Projektmappenexplorer – aber nur für WCF-Dienstprojekte! Der Assistent zeigt einen Dialog (siehe Abbildung) und erzeugt dann am angegebenen Ziel eine *.svc*-Datei und eine zugehörige *web.config*-Datei. Außerdem wird das Dienstprojekt als Assembly in das *bin*-Verzeichnis gelegt.

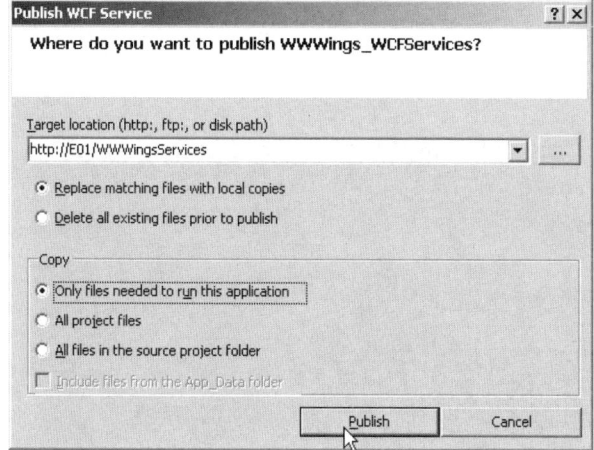

Abbildung 14.25 Dialog zum Veröffentlichen eines WCF-Dienstes in Visual Studio 2008 Service Pack 1

> **HINWEIS** Statt des Assistenten für einen IIS-basierten WCF-Host würde man sich als WCF-Entwickler lieber einen universellen Host-Assistenten wünschen, der auch Konsolen- und Windows-Systemdienst-basierte WCF-Hosts erzeugen kann. Zumindest in der bis zum Reaktionsschluss vorliegenden Version des Service Pack 1 von Visual Studio 2008 gab es einen solchen Assistenten aber nicht.

Test des Dienstes

In Visual Studio 2008 kann man – anders als in Visual Studio 2005 – auch die *View in Browser* auf einer WCF-Datei aufrufen. Dadurch zeigt sich eine Informationsseite. Es gibt hier aber – anders als bei ASP.NET-basierten Webdiensten – keinen Testclient.

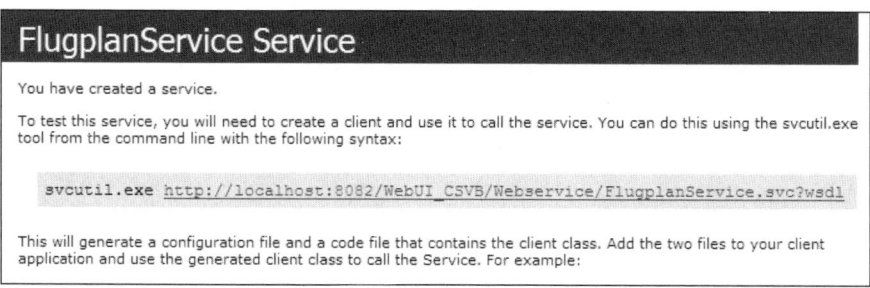

Abbildung 14.26 Wenn der Dienst erfolgreich angelegt wurde, erscheint eine solche Meldung

Best Practices: Selbsttest

Nach dem Start eines WCF-Servers empfiehlt es sich immer, einen Selbsttest durchzuführen. Dabei implementiert man eine Methode, die möglichst viele Daten von der Datenbank abruft und prüft, ob dies erfolgreich ausführbar ist. Diese Methode ruft man sowohl Assembly-intern als auch extern (d.h. über WCF) auf. In der World Wide Wings-Anwendung realisiert der WCF-Server die Klasse TestService mit einer Methode Ping(), die u.a. ein DBInfo-Objekt mit der Anzahl der Flüge, Passagiere und Buchungen in der Datenbank zurückgibt. Die Ping()-Methode wird nach der Instanziierung des ServiceHost-Objekts sowohl intern als auch extern (sowohl über Named Pipes als auch über TCP) aufgerufen. Dazu besitzt der WCF-Server selbst wieder eine Servicereferenz auf den Dienst TestService.

Abbildung 14.27   Der WCF-Server führt beim Starten drei Selbsttests durch

Erstellung eines WCF-Clients

Dieser Abschnitt beschreibt das Erstellen eines WCF-Clients. Als Client für einen WCF-Dienst kann grundsätzlich jeder .NET-Anwendungstyp zum Einsatz kommen.

Vorüberlegungen

Der Client benötigt von dem Server entweder

- die Assembly, welche die Dienste und die Datenklasse implementiert, oder
- Proxy-Klassen für Dienste und Datenklassen.

> **HINWEIS**   Im Konzept der serviceorientierten Architekturen (SOA) wird das zweite Modell klar bevorzugt aufgrund der Entkopplung von Client und Server und der dadurch möglichen Plattformunabhängigkeit der Kommunikation. In diesem Buch wird auch aus Platzgründen nur das zweite Modell verwendet.

Erstellen eines Proxy

Der Client benötigt zum Zugriff auf den WCF-Dienst einen Proxy und Konfigurationseinträge. Diese können auf verschieden Art erstellt werden:

- mit dem Kommandozeilenwerkzeug *SvcUtil.exe* aus dem Windows SDK 6.0 oder
- mit Visual Studio 2005, sofern die WCF-Erweiterung installiert ist oder
- mit Visual Studio 2008 (ohne Zusatzinstallation).

Der Visual Studio 2008-Assistent zur Proxy-Generierung ist über den Kontextmenüeintrag *Add Service Reference* erreichbar. Dieser Eintrag ist nicht zu verwechseln mit dem Eintrag *Add Web Reference*, der einen Proxy für klassische Webservices erzeugt und daher nur einsetzbar ist, wenn der WCF-Dienst via HTTP bereitgestellt und mit SOAP serialisiert wird.

Grundsätzlich kann man über *Add Service Reference* alle WCF-Dienste ansprechen. In das Dialogfenster ist die Adresse des Metadatendienstes einzugeben. Darüber bezieht Visual Studio dann die ABC-Daten. Visual Studio meldet im Ausgabefenster:

```
Attempting to download metadata from 'net.tcp://e01.it-
visions.local:1234/WWWings/metadaten/Flugplanservice' using WS-Metadata Exchange.
Generating files...
```

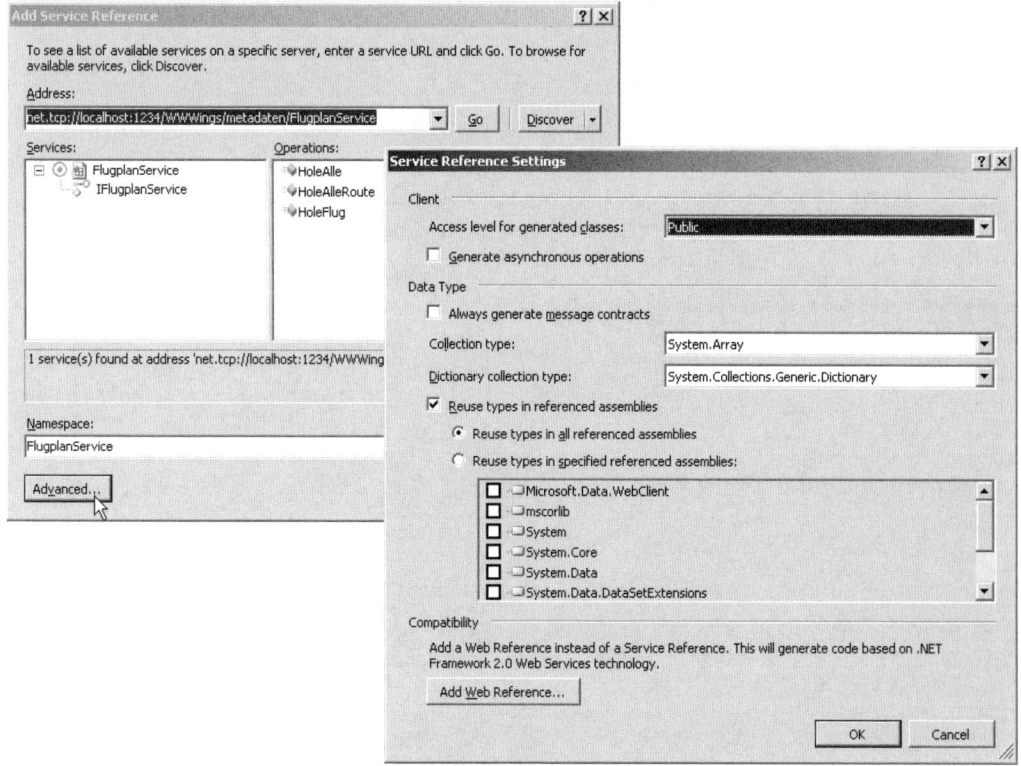

Abbildung 14.28   Erstellen einer Referenz zu einem WCF-Dienst in Visual Studio 2008

Im Ergebnis werden folgende Elemente erzeugt:

- Eine Programmcodedatei mit einer Klasse für den Dienst-Proxy und ggf. weiteren Daten-Klassen, wenn der Dienst komplexe Datentypen austauscht, sowie Rückrufschnittstellen, wenn der Dienst Duplex-Kommunikation anbietet (Duplex wird später in diesem Kapitel besprochen). Die generierte Proxy-Klasse verwendet als Basisklasse `System.ServiceModel.ClientBase`. Die Datenklassen erben von `System.MarshalByRefObject`, d. h., sie werden immer serialisiert.
- Eine *.map*-Datei, in der Visual Studio den Standort der Metadaten und die Adresse der Dienstendpunkte speichert,
- Einträge in der Anwendungskonfigurationsdatei, die für die Laufzeit des Clients die Adresse der Dienstendpunkte, die Bindung und Kommunikationsparameter wie Timeout-Zeiten festlegen,
- Assembly-Referenzen zu *System.ServiceModel.dll* und *System.Runtime.Serialization.dll*.

TIPP Wenn sich die Schnittstelle eines Dienstes ändert, muss man den Proxy aktualisieren. Zur Aktualisierung des Proxy muss man die Dienstreferenz nicht löschen, sondern man kann die Aktualisierung über den Kontextmenüeintrag *Update Service Reference* vornehmen.

Konfigurationseinstellungen

Das folgende Listing zeigt ein Beispiel für durch den Proxy-Generator angelegte Konfigurationseinstellungen.

```xml
<?xml version="1.0" encoding="utf-8" ?>
<configuration>
 <system.serviceModel>
  <bindings>
   <netTcpBinding>
    <binding name="FlugplanService" closeTimeout="00:01:00" openTimeout="00:01:00"
     receiveTimeout="00:10:00" sendTimeout="00:01:00" transactionFlow="false"
     transferMode="Buffered" transactionProtocol="OleTransactions"
     hostNameComparisonMode="StrongWildcard" listenBacklog="10" maxBufferPoolSize="524288"
     maxBufferSize="65536" maxConnections="10" maxReceivedMessageSize="65536">
     <readerQuotas maxDepth="32" maxStringContentLength="8192" maxArrayLength="16384"
      maxBytesPerRead="4096" maxNameTableCharCount="16384" />
     <reliableSession ordered="true" inactivityTimeout="00:10:00"
      enabled="false" />
     <security mode="Transport">
      <transport clientCredentialType="Windows" protectionLevel="EncryptAndSign" />
      <message clientCredentialType="Windows" />
     </security>
    </binding>
   </netTcpBinding>
  </bindings>
  <client>
   <endpoint address="net.tcp://localhost:1234/WWWings/Flugplanservice"
    binding="netTcpBinding" contract="WCFClient.WCFServer.IFlugplanService"
    name="Flugplanservice_TCP" />
   <endpoint address="net.tcp://localhost:1234/FlugplanService"
    binding="netTcpBinding" bindingConfiguration="FlugplanService"
    contract="WCFClient.WCFServer.IFlugplanService" name="FlugplanService">
    <identity>
```

Erstellung eines WCF-Clients

```xml
        <userPrincipalName value="hs@IT-Visions.local" />
      </identity>
    </endpoint>
  </client>
 </system.serviceModel>
</configuration>
```

Listing 14.12 Die durch den Assistenten generierte Konfiguration für einen WCF-Client

Die meisten Einstellungen davon braucht man aber nicht, denn sie geben nur die Standardeinstellungen wieder. In dem konkreten Fall würde auch die nachstehende Minimalversion reichen. Der Assistent macht es durch die umfangreicheren Einträge allerdings einfacher, die Konfiguration anzupassen.

```xml
<?xml version="1.0" encoding="utf-8" ?>
<configuration>
 <system.serviceModel>
  <client>
   <endpoint address="net.tcp://localhost:1234/FlugplanService"
     binding="netTcpBinding"
     contract="WCFClient.WCFServer.IFlugplanService" name="FlugplanService">
   </endpoint>
  </client>
 </system.serviceModel>
</configuration>
```

Listing 14.13 Reduzierte Konfiguration für einen WCF-Client

Auswahl der Konfiguration

Ein WCF-Dienst kann mehrere Endpunkte besitzen, also beispielsweise sowohl per Named Pipe als auch per TCP erreichbar sein. Bei der Generierung des Proxy werden dann mehrere alternative Client-Konfigurationen erstellt.

```xml
<endpoint address="net.tcp://localhost:1234/WWWings/Flugplanservice"
    binding="netTcpBinding" bindingConfiguration="Flugplanservice_TCP"
    contract="de.WWWings.Flugplanservice.IFlugplanService" name="Flugplanservice_TCP" />
<endpoint address="net.pipe://localhost/WWWings/Pipes/Flugplanservice"
    binding="netNamedPipeBinding" bindingConfiguration="Flugplanservice_PIPE"
    contract="de.WWWings.Flugplanservice.IFlugplanService" name="Flugplanservice_PIPE" />
```

Der Entwickler muss entweder innerhalb der Anwendungskonfigurationsdatei für jeden Typ die Konfiguration auf einen Endpunkt reduzieren oder aber im Programmcode den Namen der gewünschten Konfiguration bei der Instanziierung des Proxy angeben:

```
Flugplanservice.FlugplanServiceClient c = new
Flugplanservice.FlugplanServiceClient("Flugplanservice_TCP");
```

Aufruf eines WCF-Servers

Wenn man eine Proxy-Klasse erzeugt hat, kann man den WCF-Dienst so ansprechen, als wäre er eine lokale Klasse.

```
WCFServer.FlugplanServiceClient c = new WCFServer.FlugplanServiceClient();
WCFServer.Flug f = c.HoleFlug(101);
Console.WriteLine(f.flugNr + " fliegt von " + f.abflugOrt + " nach " + f.zielOrt);
c.close();
```

Listing 14.14   Aufruf einer Methode in einem WCF-Dienst [/ConsoleUI/WCFClient.cs]

> **WICHTIG**   Anders als bei ASMX-Webservices ist bei WCF der abschließende `Close()`-Aufruf wichtig, da einige WCF-Bindungen (z. B. TCP) eine ständige Verbindung zwischen Client und Server herstellen. Ohne das explizite Schließen der Verbindung würde diese bis zum Ende der auf dem Server eingestellten Timeout-Zeit offen bleiben. Die ständige Verbindung wird nicht beim Instanziieren des Proxy, sondern erst beim ersten Aufruf hergestellt.

Aktualisieren des Clients

Client und Server müssen in der Konfigurationsdatei die gleichen Bindunginformationen besitzen. Wenn man z. B. einen Server von `WSHttpBinding` auf `BasicHttpBinding` umstellt, aber die Konfigurationsdatei des Clients nicht aktualisiert, kommt es zum Fehler: »Content Type text/xml; charset=utf-8 was not supported by service http://e45/WCFService2/Service.svc. The client and service bindings may be mismatched.«. Für die Aktualisierung des Clients kann man in Visual Studio die Funktion *Update Service Reference* im Kontextmenü einer bestehenden Service Reference nutzen. Man muss die Service Reference nicht löschen und neu anlegen.

> **HINWEIS**   Wenn sich die Adresse eines Metadatenendpunktes ändert, können Sie nicht die Funktion *Update Service Reference* verwenden. In diesem Fall nutzen Sie die Funktion *Configure Service Reference* im gleichen Kontextmenü eines bestehenden *Service Reference*-Eintrags im Solution Explorer.

Steuerung der Proxy-Klasse

Visual Studio bietet für die Proxy-Klasse natürlich Eingabeunterstützung per IntelliSense an. Bei der Nutzung von IntelliSense fällt auf, dass die Proxy-Klasse `FlugplanServiceClient` mehr Mitglieder als nur die von dem WCF-Dienst bereitgestellten Methoden `HoleFlug(Nummer)`, `HoleAlle()` und `HoleAlleRoute(von, nach)` anbietet. Dies sind die Attribute und Methoden der Basisklasse `System.ServiceModel.ClientBase`. Sie dienen der programmgesteuerten Konfiguration der Proxy-Klasse. Hier kann man u.a. folgende Eigenschaften auslesen oder steuern:

- `Endpoint.Address` bietet die Möglichkeit, vor dem Aufruf der Methode den URL des WCF-Servers zu setzen. Der Webservice-Client kann also den anzusprechenden Server zur Laufzeit auswählen, wenn mehrere Server den gleichen Dienst anbieten.

- Über `Endpoint.Binding.SendTimeout` und `Endpoint.Binding.ReceiveTimeout` legt man fest, wie lange sich der Proxy beim Senden geduldet bzw. wie lange er maximal auf eine Antwort wartet. Erfolgt die Reaktion nicht in der gegebenen Zeit, erzeugt die WCF-Laufzeitumgebung einen Fehler vom Typ `System.TimeoutException`.

- Im Attribut `State` findet man den aktuellen Zustand des Proxy.

Im folgenden Beispiel wird der URL explizit angegeben und dem WCF-Server wird nur eine Sekunde Zeit zum Antworten gegeben.

```
WCFServer.FlugplanServiceClient c = new WCFServer.FlugplanServiceClient();
c.Endpoint.Address = new System.ServiceModel.EndpointAddress("net.tcp://e01.it-
visions.local:1234/FlugplanService");
c.Endpoint.Binding.ReceiveTimeout = new TimeSpan(0, 0, 1);
WCFServer.Flug f = c.HoleFlug(101);
```

Listing 14.15 Aufruf einer Webmethode [/ConsoleUI/WCFClient.cs]

Erweitern der generierten Klassen

Die generierten WCF-Client-Klassen sind alle als partielle Klassen angelegt, bestehen aber nur aus einem Teil. Dies gibt dem Nutzer der Klassen die Möglichkeit, eigene Ergänzungen hinzuzufügen.

Beispiel

In dem folgenden Beispiel erhält die generierte Datenklasse Passagier ein zusätzliches Property-Attribut, das den Vor- und Nachnamen zusammensetzt.

> **HINWEIS** Die serverseitige Implementierung besitzt ein solches Property-Attribut bereits. In der Welt der vertragsbasierten serviceorientierten Kommunikation stehen solche Attribute im Client aber nicht zur Verfügung, da sie auf Programmcode basieren und dieser wird nicht an den Client übergeben.

```
/// <summary>
/// Manuell erstellte ergänzende Implementierung für Passagier-Klasse
/// </summary>
public partial class Passagier
{
  public string GanzerName
  { get { return this._Vorname + " " + this._Nachname; } }
}
```

Listing 14.16 Ergänzung zu einer Proxy-Datenklasse

REST-basierte WCF-Dienste

In der ersten Version von WCF gab es nur SOAP-basierte Webservices. Ab .NET 3.5 werden auch REST-basierte Webservices unterstützt.

> **HINWEIS** REST steht für Representational State Transfer und ist ein technischer Begriff der das Kernprinzip des HTTP-Protokolls bezeichnet. Per HTTP werden Ressourcen von URLs (HTTP-Verben GET oder POST) abgerufen oder Ressourcen verändert (PUT, DELETE). Der Begriff *REST* stammt aus der Dissertation von Roy Fielding, einem der Autoren der HTTP-Spezifikation, aus dem Jahre 2000.

Bei einem REST-basierten Webservice werden aufzurufende Methoden durch die URL festgelegt und nicht durch SOAP-Datenstrukturen im HTTP-Header. REST ist nicht nur prägnanter bei der Datenübertragung, sondern auch einfacher zu implementieren.

Voraussetzung für die Nutzung von REST ist die Referenzierung der Assembly *System.ServiceModel.Web.dll*. Der Namensraum System.ServiceModel.Web enthält die wichtige Annotation [WebGet] und [WebInvoke] sowie die Klasse WebServiceHost. Die Klasse WebServiceHost bietet gegenüber der Klasse ServiceHost, die im Allgemeinen verwendet wird, ein paar Grundeinstellungen, die man sonst manuell anlegen müsste.

Das erste Listing zeigt die Deklaration eines REST-basierten WCF-Dienstes. Das zweite Listing zeigt das codebasierte Hosting (natürlich ist eine deklarative Konfiguration auch möglich).

```
/// <summary>
/// WCF-Dienst für Flugplan im REST-Stil.
/// PerCall == Zustandlosigkeit
/// </summary>
[ServiceBehavior(InstanceContextMode = InstanceContextMode.PerCall)]
[ServiceContract]
public class FlugplanServiceREST
{
  public FlugplanServiceREST()
  {
    // Ausgaben nur zu Testzwecken!!!
    Console.WriteLine("Neue Instanz der Fassade FlugplanServiceREST!");
  }

  [OperationContract]
  [WebGet(UriTemplate = "Flug?Nr={FlugNr}")]
  public de.WWWings.Flug HoleFlug(long FlugNr)
  {
    System.Console.WriteLine("HoleFlug wird aufgerufen mit Nr " + FlugNr);
    return de.WWWings.FlugBLManager.HoleFlug(FlugNr);
  }

  [OperationContract]
  [WebGet(UriTemplate = "AlleFluege")]
  public de.WWWings.FlugMenge HoleAlle()
  {
    return de.WWWings.FlugBLManager.HoleAlle();
  }

  [WebGet(UriTemplate = "route?von={von}&{nach}=nach")]
  public de.WWWings.FlugMenge HoleAlleRoute(string von, string nach)
  {
    return de.WWWings.FlugBLManager.HoleAlle(von, nach);
  }
}
```

Listing 14.17 Beispiel für einen REST-basierten Webservice

```
// --- REST-Service Hosting
// Festlegen der URL
Uri URL = new Uri("http://localhost:85/");
// ServiceHost erzeugen
WebServiceHost REST_Host = new WebServiceHost(typeof(de.WWWings.Dienste.FlugplanServiceREST), URL);
// Endpunkt erzeugen
REST_Host.AddServiceEndpoint(typeof(de.WWWings.Dienste.FlugplanServiceREST), new WebHttpBinding(),
"RESTHost");
// Dienst starten
REST_Host.Open();
```

Listing 14.18 Hosting eines REST-basierten Webservices

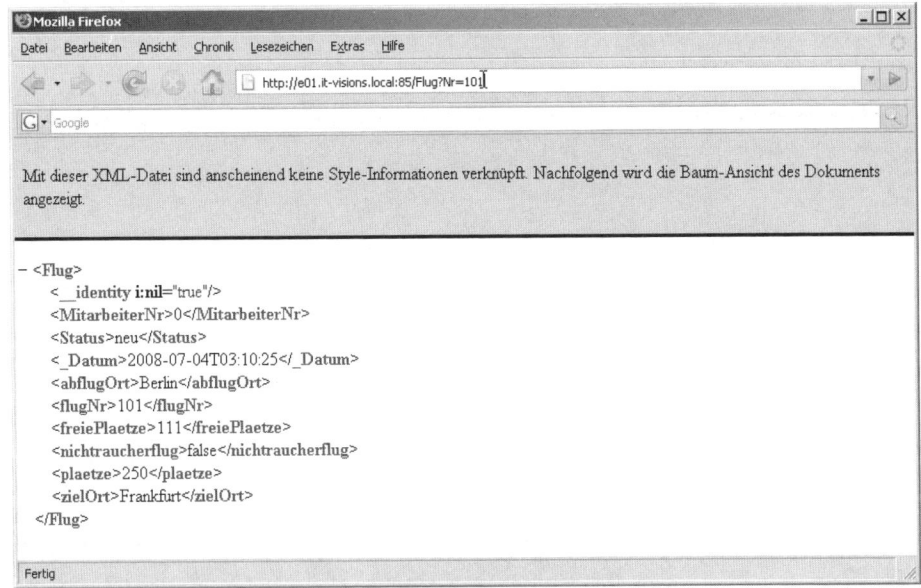

Abbildung 14.29 Beispiel für den Aufruf eines REST-basierten Webservices

Persistente WCF-Dienste (Durable Services)

Persistente Dienste (*Durable Services*) sind WCF-Dienste, die zwischen zwei Methodenaufrufen ihren Zustand in einer Datenbank persistieren können. Dies ist besonders geeignet für lang andauernde Kommunikationsbeziehungen, also zwei Computern, die über einen längeren Zeitraum miteinander in Kontakt stehen. Während dieser Zeit soll auf dem Server ein Zustand verwaltet werden. Der Client kann zwischenzeitlich sogar beendet werden und dennoch später die Kommunikation wieder aufgenommen werden. Dazu persistiert der Server den Zustand in einer Datenbank. Die notwendigen *Token* zur Identifizierung des Clients werden automatisch ausgetauscht.

Microsoft hat diese Idee aus Windows Workflow Foundation (WF) übernommen (siehe Unterkapitel zur Persistenz im Kapitel zu Windows Workflow Foundation) und bietet sie seit .NET 3.5 auch für WCF an. Allerdings ist das Datenbankschema ein anderes (viel einfacher). Die persistenten Dienste benötigen nur eine Tabelle (*InstanceData*) und fünf gespeicherte Prozeduren.

> **HINWEIS** Anders als bei dem Persistenzdienst in WF hat man bei dem WCF-Persistenzdienst die Wahl zwischen binärer Serialisierung und XML-Serialisierung (`serializeAsText="true|false"`). WF kann nur binäre Serialisierung. Wie bei WF liefert Microsoft nur einen Provider für Microsoft SQL Server, man kann sich aber eigene Provider schreiben.

Folgende Punkte sind zu beachten:

- Mithilfe der im .NET Framework 3.5 Redistributable mitgelieferten SQL-Skripte (*SqlPersistenceProviderSchema.sql* und *SqlPersistenceProviderLogic.sql*) muss man die Datenbankstruktur und die zugehörigen gespeicherten Prozeduren anlegen. Zu beachten ist, dass die Skripte die Datenbank selbst nicht anlegen. Man muss erst eine leere Datenbank mit beliebigem Namen erzeugen und die Skripte legen dann dort die benötigten Elemente an.

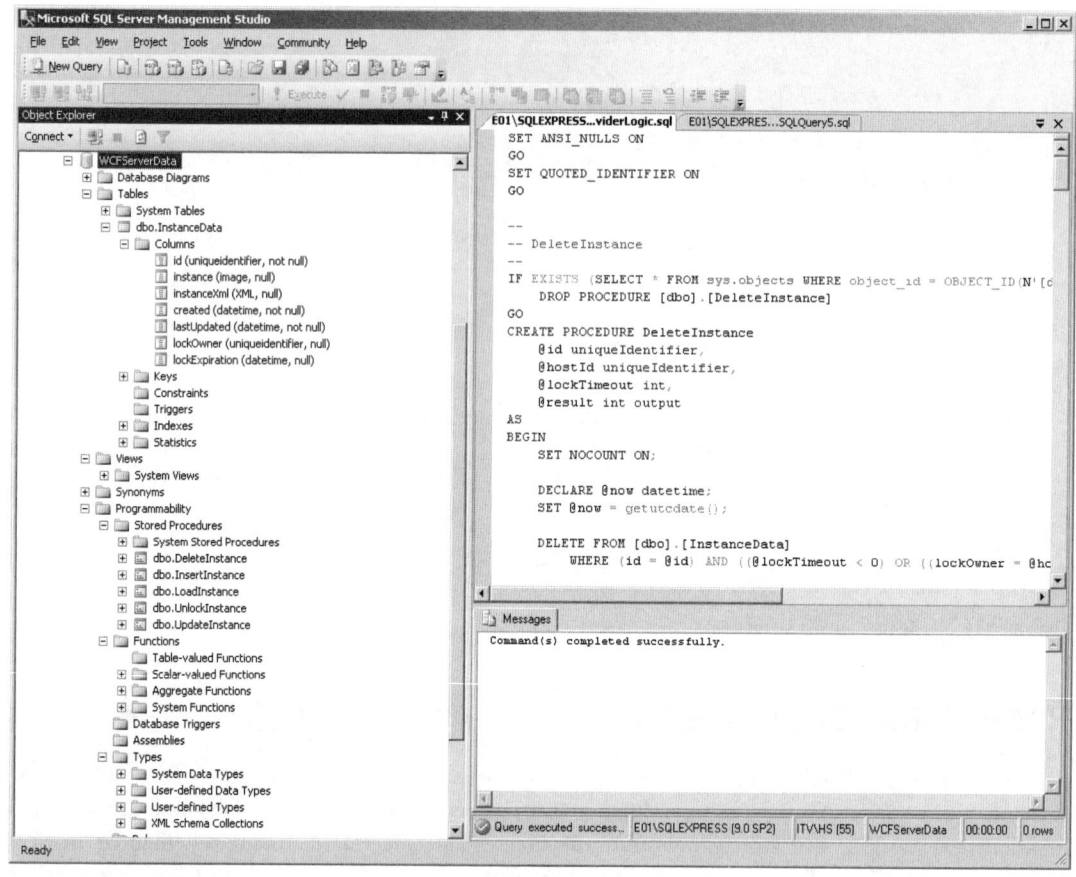

Abbildung 14.30 Anlegen der Datenbank für die persistenten WCF-Dienste

- Eine Dienstklasse, die persistent werden soll, muss mit [DurableService] (Namensraum: System.ServiceModel.Description, Assembly: *System.WorkflowServices.dll*) annotiert sein. Die Schnittstellendefinition bleibt unverändert.

- Jede Methode, nach deren Ende ein Speichervorgang erfolgen soll, muss mit [DurableOperation] annotiert sein. Durch die Zusätze CanCreateInstance und CompletesInstance kann man die Lebensdauer einer Sitzung steuern.

- In der Konfigurationsdatei muss man die Verbindung zur Datenbank festlegen:

```
<connectionStrings>
  <add name="CS_WCFServerData" connectionString="Data Source=ServerName;Initial
Catalog=WCFServerData;Integrated Security=SSPI"/>
</connectionStrings>
```

- In der Konfigurationsdatei muss man den WCF-Persistenzdienst als Dienstverhalten aktivieren.

```
<!-- Persistente Dienste -->
<behavior name="Persistenz">
<persistenceProvider type="System.ServiceModel.Persistence.SqlPersistenceProviderFactory,
System.WorkflowServices, Version=3.5.0.0, Culture=neutral, PublicKeyToken=31bf3856ad364e35"
```

```
        connectionStringName="CS_WCFServerData"
        persistenceOperationTimeout = "00:00:10"
        lockTimeout="00:01:00"
        serializeAsText="false"/>
    <serviceMetadata/>
    <serviceDebug includeExceptionDetailInFaults="True" />
    </behavior>
```

- Der WCF-Dienst muss mit einer speziellen *Kontextbindung* (z. B. `basicHttpContextBinding`, `wsHttpContextBinding`) konfiguriert werden. Eine Kontextbindung erlaubt den Austausch einer ID zwischen Client und Server, die der Wiedererkennung der Sitzung dient (vgl. Sitzungs-ID in ASP.NET). Außerdem muss man das oben definierte Dienstverhalten zuordnen.

```
<!-- ZUSTANDSDIENST -->
<service behaviorConfiguration="Persistenz" name="de.WWWings.Dienste.Zustandsdienst">
<endpoint address ="http://localhost:89/WWWings/Zustandsdienst" binding="wsHttpContextBinding"
contract="de.WWWings.Dienste.IZustandsdienst"/>
<endpoint address="http://localhost:89/WWWings/Zustandsdienst/mex" binding="mexHttpBinding"
contract="IMetadataExchange"/>
</service>
```

- Im Client ist zunächst nichts weiter zu beachten. Einen Proxy kann man wie gewohnt über *Add Service Reference* erstellen und nutzen wie jeden anderen WCF-Dienst. Der Client eines persistenten Dienstes hat aber die zusätzliche Möglichkeit, das vom Server gesendete Identifizierungs-Token lokal zu persistieren und zu einem späteren Zeitpunkt in einer neuen Instanz des Clients wieder zu verwenden. Auf diese Weise kann die Kommunikation fortgesetzt werden, selbst wenn der Client zwischenzeitlich beendet war. Ein Beispiel dazu finden Sie in dem Programmcode zu diesem Buch.

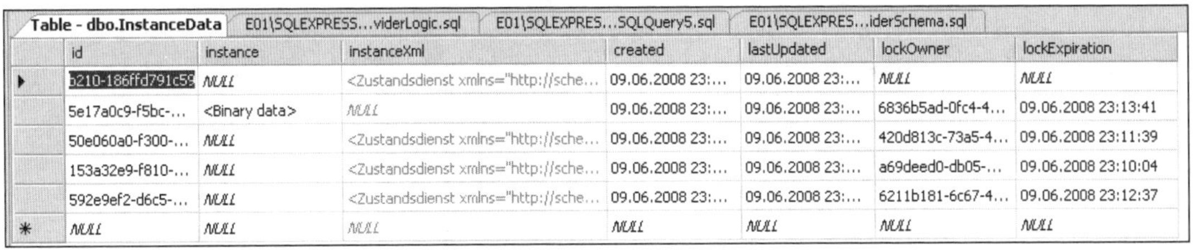
Table - dbo.InstanceData | E01\SQLEXPRESS...viderLogic.sql | E01\SQLEXPRES...SQLQuery5.sql | E01\SQLEXPRES...iderSchema.sql

	id	instance	instanceXml	created	lastUpdated	lockOwner	lockExpiration
▶	b210-186ffd791c59	NULL	<Zustandsdienst xmlns="http://sche...	09.06.2008 23:...	09.06.2008 23:...	NULL	NULL
	5e17a0c9-f5bc-...	<Binary data>	NULL	09.06.2008 23:...	09.06.2008 23:...	6836b5ad-0fc4-4...	09.06.2008 23:13:41
	50e060a0-f300-...	NULL	<Zustandsdienst xmlns="http://sche...	09.06.2008 23:...	09.06.2008 23:...	420d813c-73a5-4...	09.06.2008 23:11:39
	153a32e9-f810-...	NULL	<Zustandsdienst xmlns="http://sche...	09.06.2008 23:...	09.06.2008 23:...	a69deed0-db05-...	09.06.2008 23:10:04
	592e9ef2-d6c5-...	NULL	<Zustandsdienst xmlns="http://sche...	09.06.2008 23:...	09.06.2008 23:...	6211b181-6c67-4...	09.06.2008 23:12:37
*	NULL	NULL	NULL	NULL	NULL	NULL	NULL

Abbildung 14.31 Zustand der Datenbank mit vier persistierten Dienstinstanzen, davon eine mit binärer Serialisierung

ADO.NET Data Service (Astoria)

ADO.NET Data Services (Codename *Astoria*) ist eine Zusatzbibliothek (eingeführt in .NET 3.5 Service Pack 1, auch verfügbar in Silverlight ab Version 2.0) zum Lesen und Verändern einer Datenmenge (häufig eine Datenbank) über XML-Webservices. Als Webservices werden allerdings nicht SOAP-basierte Webservices, sondern nur REST-basierte Webservices mit HTTP-Standardverben GET, POST, PUT und DELETE verwendet. ADO.NET Data Services basieren auf WCF und werden trotz »ADO.NET« im Namen in diesem Kapitel eingeordnet, weil der wesentliche Aspekt der Data Services die Kommunikation ist. *WCF Data Services* wäre ein besserer Name gewesen!

ADO.NET Data Services sind unabhängig von dem Datenspeicher. Die Datenmenge wird vorgegeben durch ein Modell im ADO.NET Entity Framework (mit Zugriff auf unterschiedliche relationale Datenbanken) oder jede andere Menge, die durch die `System.Linq.IQueryable`-Schnittstelle abgefragt werden kann.

Die Datenübertragung erfolgt via HTTP in der Representational State Transfer (REST)-Semantik. Serialisierungsformate sind JSON und ATOM. ADO.NET Data Services setzen technisch auf WCF auf. Ein ADO.NET Data Service ist eine erweiterte Form eines WCF-Dienstes.

Clients sind .NET-Anwendungen (unterstützt durch Klassen im .NET-Namensraum System.Data.Services) und AJAX-Anwendungen (unterstützt durch JavaScript-Klassen im Namensraum Sys.Data). In .NET-Clients kann LINQ eingesetzt werden (LINQ-to-DataServices), wobei die Abfrage serverseitig zur Ausführung kommt. LINQ-to-DataServices bietet einen clientseitigen Proxy eines serverseitigen Entity Framework-Datenkontextes. Eine LINQ-Abfrage wird von dem Proxy in eine REST-URL übersetzt. Das per JSON bzw. ATOM übermittelte Ergebnis wird auf Geschäftsobjekte abgebildet. Auch Datenänderungen, Datenlöschungen und das Anfügen neuer Datensätze sind auf diesem Wege möglich.

HINWEIS Über den Namen ADO.NET Data Services kann man streiten, da ADO.NET Data Services nichts mit dem bisherigen Funktionsumfang von ADO.NET gemein haben, weil die Data Services mit Geschäftsobjekten und nicht mit Tabellenstrukturen arbeiten. WCF Data Services wäre ein besserer Name gewesen.

Architektur der ADO.NET Data Services

Die folgende Abbildung zeigt eine typische Architektur unter Einsatz der ADO.NET Data Services im Vergleich zur direkten Nutzung von WCF. Die anschließende Tabelle zeigt, welche Programmierarbeiten beim Einsatz der ADO.NET Data Services entfallen.

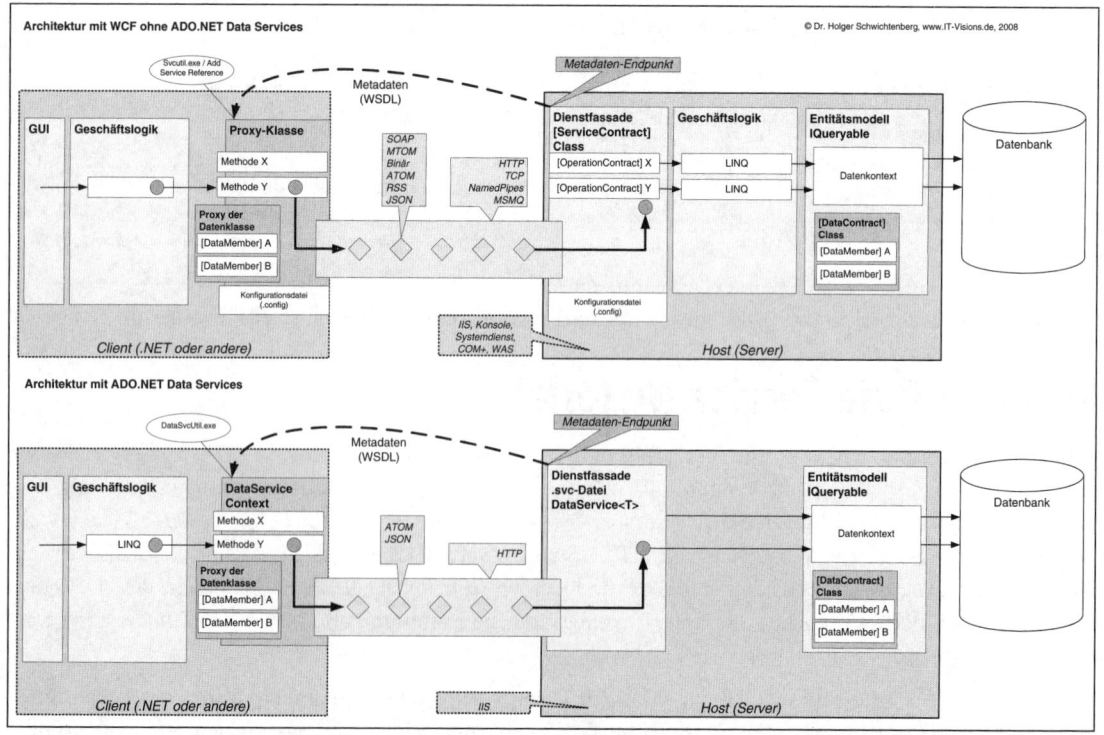

Abbildung 14.32 Eine typische Architektur unter Einsatz der ADO.NET Data Services im Vergleich zur direkten Nutzung von WCF

ADO.NET Data Service (Astoria)

Baustein	Bedeutung	WCF direkt	ADO.NET Data Services
Datenbank	Datenspeicher	Selbsterstellt	Selbsterstellt
Datenmodell	Kapselung des Datenspeichers / Objekt-Relationales Mapping	Generiert (z. B. mit ADO.NET Entity Framework)	Generiert (z. B. mit ADO.NET Entity Framework)
Serverseitige Geschäftslogik	Bereitstellung des Zugriffs auf Datenspeicher in Form von Diensten	Selbsterstellt, Einsatz von LINQ möglich	Entfällt
Dienstfassade	Kapselung der Dienste der Geschäftslogik in WCF-Dienste	Selbsterstellt (hoher Aufwand)	Selbsterstellt (sehr geringer Aufwand)
Metadaten-Endpunkt	Bereitstellung der Metadaten zur Proxy-Generierung auf dem Client	Manuelle Konfiguration	Automatische Bereitstellung
Proxy	Proxies für Dienste und Datenklassen	Generiert (mit "Add Service Reference" in Visual Studio oder svcutil.exe)	Generiert (mit WebData-Gen.exe)
Clientseitige Geschäftslogik	Aufruf der Dienste im Proxy	Selbsterstellt, Einsatz von LINQ möglich	Selbsterstellt
GUI	Darstellung der Daten / Interaktion mit dem Benutzer	Selbsterstellt	Selbsterstellt
Konfigurationsdateien	Festlegung der Kommunikationseigenschaft	Selbsterstellt	Entfällt

Tabelle 14.3 Vergleich des Implementierungsaufwandes bei den oben dargestellten Architekturen

Anlegen eines ADO.NET Data Services

Zum Anlegen eines ADO.NET Data Services fügt man einem Webprojekt ein Element von der Vorlage »ADO.NET Data Services« hinzu. Daraus entsteht eine WCF-Dienstdatei (Dateinamenserweiterung *.svc*) mit zugehöriger Hintergrundcodedatei.

In der Hintergrundcodedatei ist eine Klasse implementiert, die von der generischen Klasse DataService erbt. An diese Stelle muss man die ObjectContext-Klasse des mit dem ADO.NET Entity Framework erstellten ORM-Modells als Parameter eintragen.

```
public class WWWingsDataService :
System.Data.Services.DataService< WWWIngsModel.WWWIngsEntities> public
```

Eine Implementierung von Dienstmethoden ist nicht notwendig. Die Dienstmethoden für das Lesen, Anfügen, Ändern und Löschen werden automatisch erzeugt.

Es ist aber notwendig, die Zugriffsrechte zu setzen, denn in der Grundeinstellung sind keine festgelegt. Die Rechte sind zu vergeben in der Methode InitializeService().

```
public static void InitializeService(IDataServiceConfiguration config)
{
 config.SetEntitySetAccessRule("*", EntitySetRights.AllRead);
 config.SetServiceOperationAccessRule("*", ServiceOperationRights.All);
}
```

Listing 14.19 Beispiel für die Vergabe voller Zugriffsrechte auf alle Entitäten

```
public static void InitializeService(IDataServiceConfiguration config)
{
 config.SetEntitySetAccessRule ("FL_Fluege", ResourceContainerRights.AllRead);
 config.SetEntitySetAccessRule ("PS_Passagier", ResourceContainerRights.AllRead);
 config.SetEntitySetAccessRule("GF_GebuchteFluege", ResourceContainerRights.WriteAppend);
 config.SetServiceOperationAccessRule("*", ServiceOperationRights.All);
}
```

Listing 14.20 Beispiel für die Vergabe von vollen Rechten auf der Tabelle FL_Fluege, von Leserechten auf PS_Passagier und dem Recht zum Hinzufügen von Datensätzen für GF_GebuchteFluege

TIPP Wie bei WCF üblich, liefert auch ein Data Service im Standard keine aufschlussreichen Fehlermeldungen. Wenn man wirklich wissen will, was auf dem Server schief gegangen ist, muss man in InitializeService() ergänzen: `config.UserVerboseErrors = true`.

TIPP Man kann einen ADO.NET Data Service auch außerhalb des IIS betreiben, z. B. in einer Konsolenanwendung oder einem Windows-Dienst. Dazu muss man die Klasse `System.ServiceModel.Web.WebServiceHost` unter Angabe des Typs `WWWingsDataService` instanziieren und in der Konfigurationsdatei einen Endpunkt mit dem `webHttpBinding` für `System.Data.Service.IRequestHandler` definieren.

HINWEIS Im Standardfall liefert der ADO.NET Data Service immer die Daten im ATOM-Format. Die alternative Darreichungsform JSON kann von dem Client beeinflusst werden, indem dieser im HTTP Header im Feld *Accept* den Typ *application/json* anfordert. Das Format ist also keine feste Konfiguration des Dienstes.

Testen eines ADO.NET Data Services

Zum Testen kann man einen ADO.NET Data Service über einen Webbrowser aufrufen (vgl. ASP.NET-basierte Webservices).

Beim Aufruf der Dienst-URL ohne weitere Zusätze liefert der Data Service eine Liste aller verfügbaren Entitäten.

http://E01/WWWingsDataService.svc/FL_Fluege

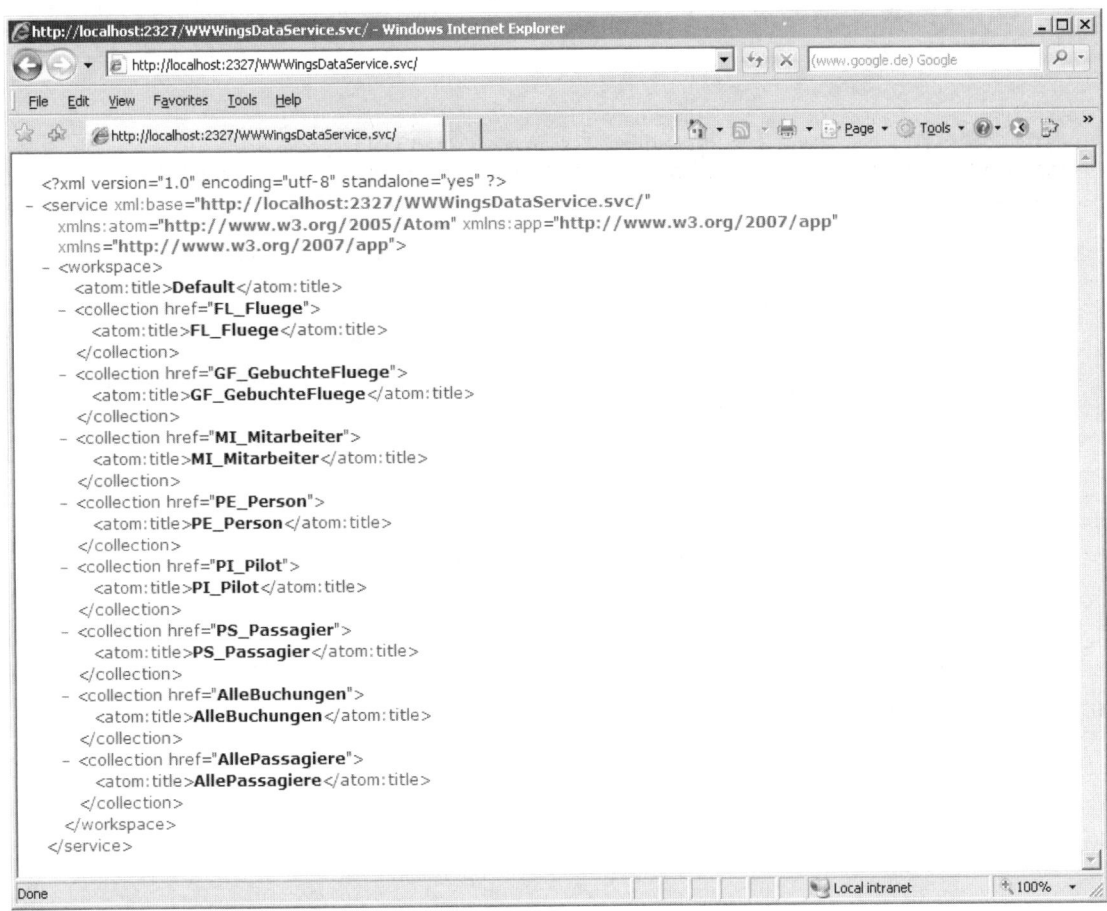

Abbildung 14.33 Aufruf der Dienst-URL

Durch das Anhängen des Namens einer Entität an die URL erhält man alle Instanzen der Entität. Da das Standardformat ATOM ist, zeigt der Internet Explorer 7.0 die Daten als einen »Feed« an. Da dies keine sinnvolle Darstellung ist, muss man die Feed-Ansicht in den Eigenschaften des Internet Explorers deaktivieren (siehe Abbildung).

http://E01/WWWingsDataService.svc/FL_Fluege

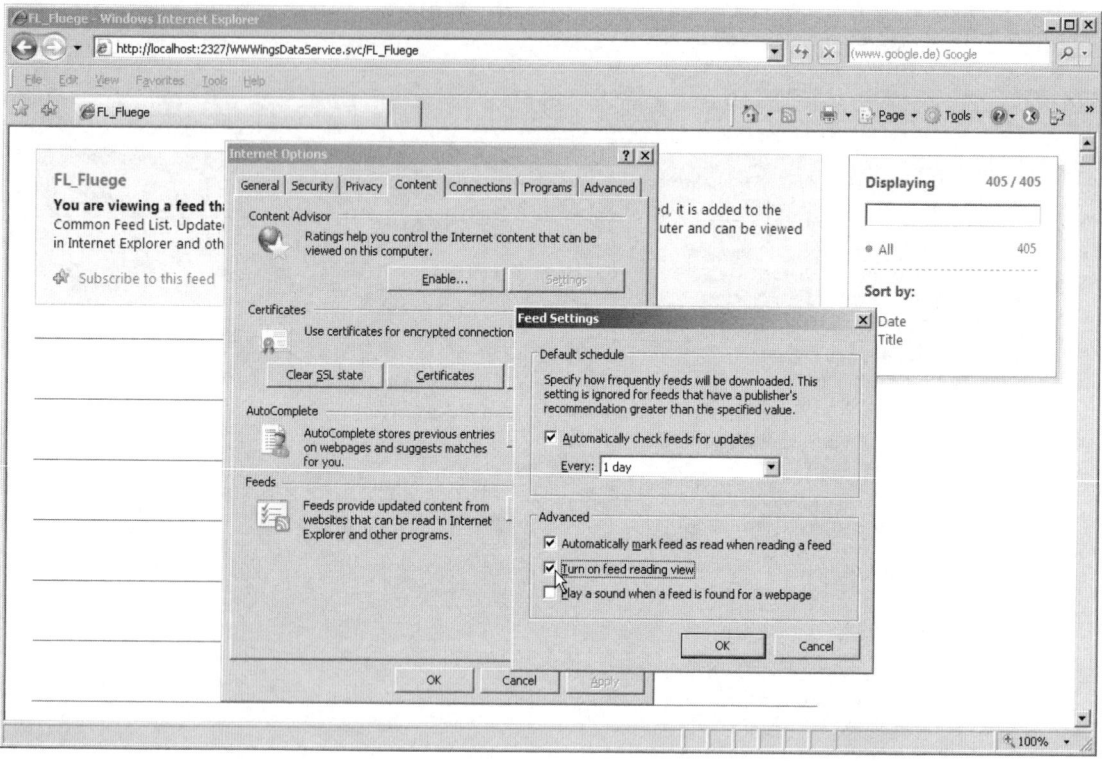

Abbildung 14.34   Deaktivieren der Feed-Ansicht

ADO.NET Data Service (Astoria)

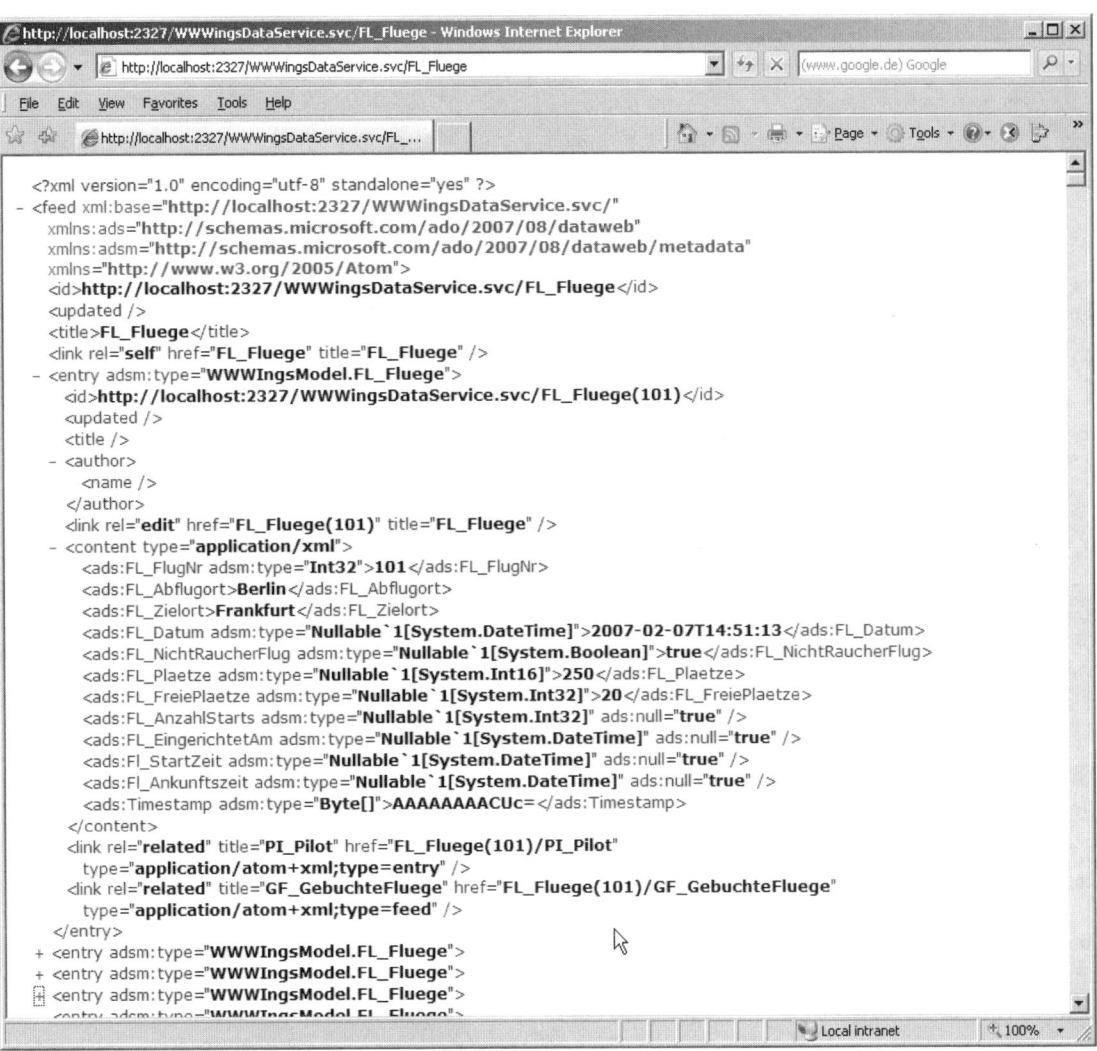

Abbildung 14.35   Anzeige der Instanzen ohne Feed-Ansicht

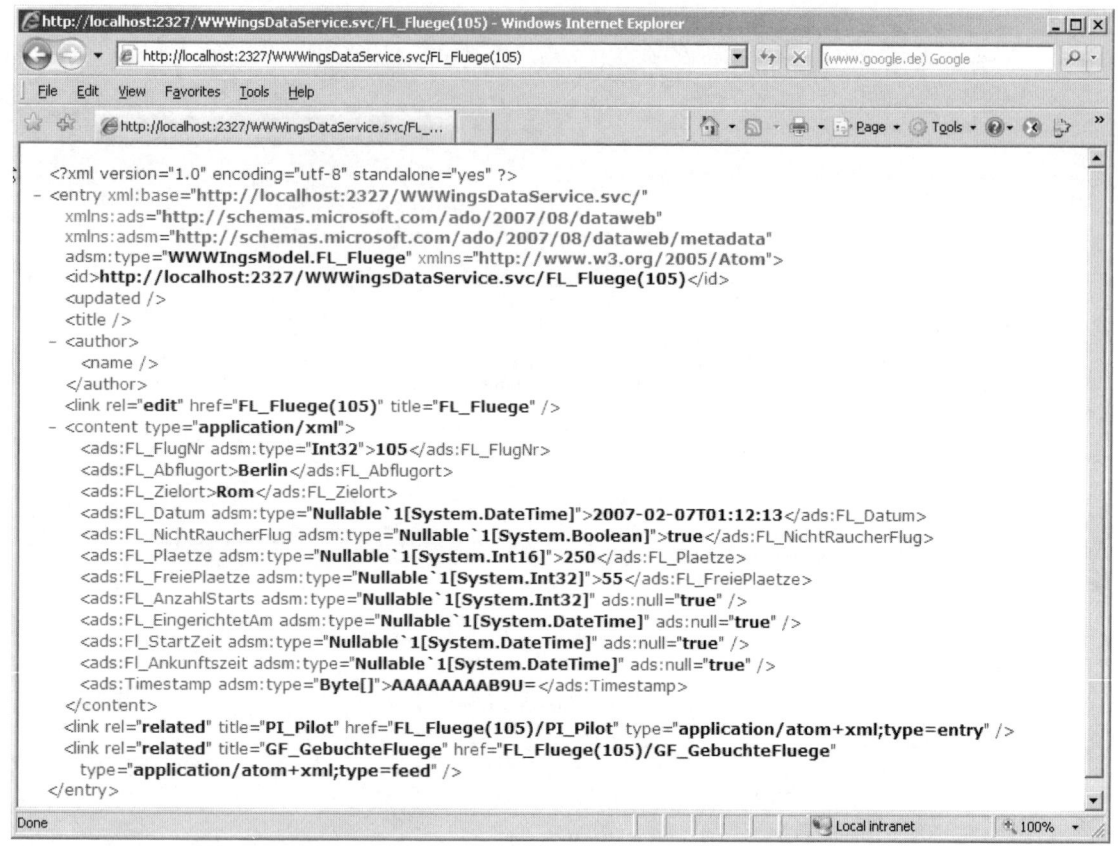

Abbildung 14.36 Anzeige einer ausgewählten Instanz

Die Metadaten, die in der ADO.NET Entity Framework Store Schema Definition Language (SSDL) verfasst sind (nicht zu verwechseln mit der SOAP Service Description Language [SSDL]), kann man abrufen, indem man *$metadata* an die *.svc*-Datei anhängt:

http://E01/WWWingsDataService.svc/$metadata

ADO.NET Data Service (Astoria)

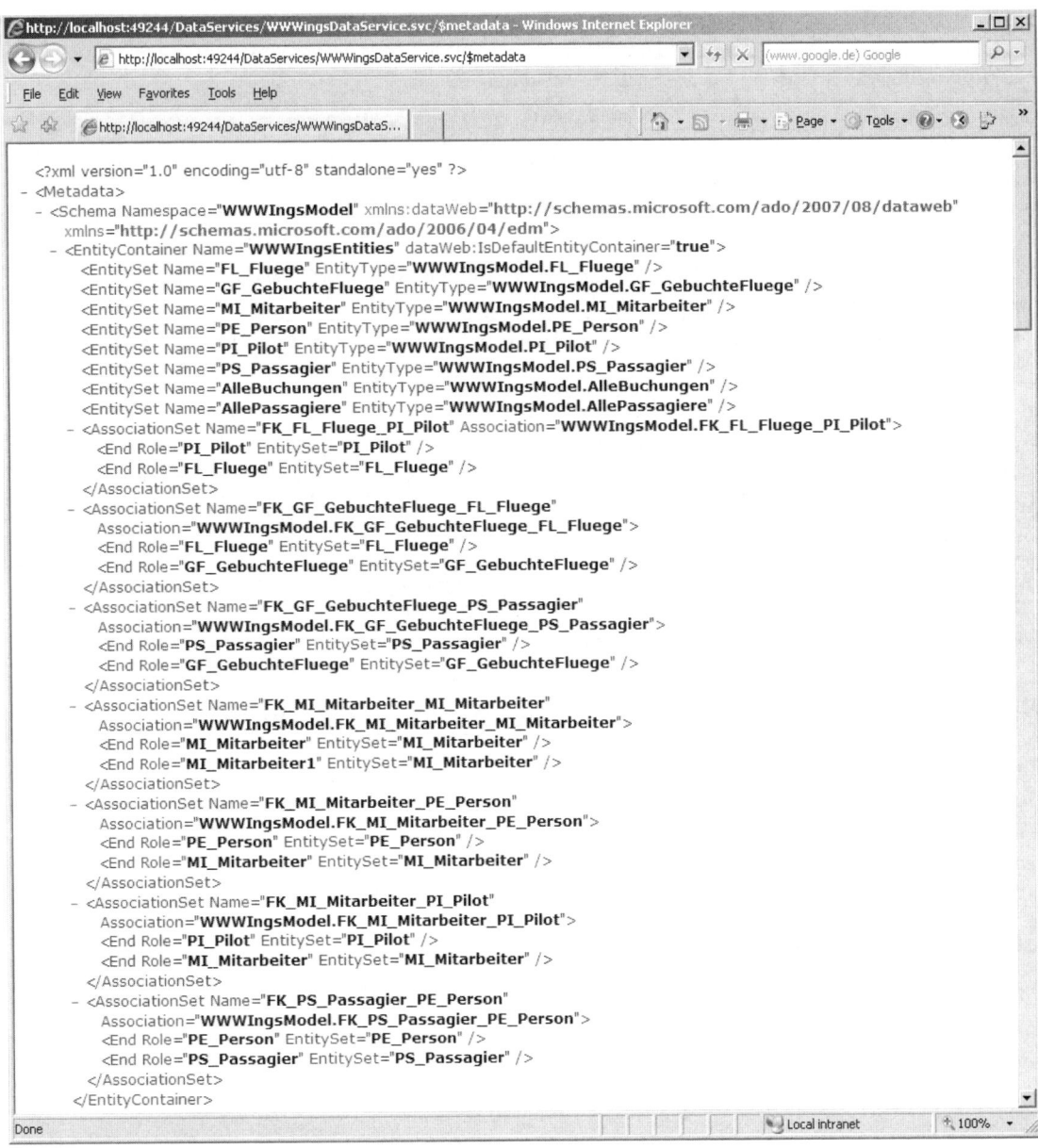

Abbildung 14.37 Anzeige der Metadaten

Abfragesyntax der ADO.NET Data Services

Dieses Unterkapitel beschreibt die Abfragesyntax der ADO.NET Data Services. Alle Abfragen werden an die URL des Dienstes durch einen Schrägstrich getrennt angehängt.

ACHTUNG Zu beachten ist, dass die Abfragesprache zwischen Groß- und Kleinschreibung unterscheidet.

Beschreibung	URL
Auflisten der verfügbaren Entitäten	http://E01/WWWingsDataService.svc/
Abruf der Metadaten	http://E01/WWWingsDataService.svc$metadata
Alle Instanzen der Entität FL_Fluege	http://E01/WWWingsDataService.svc/FL_Fluege
Die Instanz der Entität FL_Fluege mit dem Wert 105 im Primärschlüssel	http://E01/WWWingsDataService.svc/FL_Fluege(105)
Nur die Anzahl der freien Plätze in der Instanz 105 der Entität FL_Fluege	http://E01/WWWingsDataService.svc/FL_Fluege(101)/FL_FreiePlaetze
Alle Instanzen der Entität FL_Fluege mit dem Abflugort "Rom"	http://E01/WWWingsDataService.svc/FL_Fluege?$filter=FL_Abflugort%20eq%20'Rom'
Alle Instanzen der Entität FL_Fluege mit dem Abflugort "Rom" und dem Zielort "Berlin"	http://E01/WWWingsDataService.svc/FL_Fluege?$filter=FL_Abflugort%20eq%20'Rom'%20and%20FL_Zielort%20eq%20'Berlin'
Alle gebuchten Flüge für Flug 101	http://E01/WWWingsDataService.svc/FL_Fluege(101)/GF_GebuchteFluege
Sortieren: Instanz der Entität FL_Fluege absteigend sortiert nach freien Plätzen	http://E01/WWWingsDataService.svc/FL_Fluege?$orderby=FL_FreiePlaetze%20desc
Paging: Instanz 200 bis 204 der Entität FL_Fluege	http://E01/WWWingsDataService.svc/FL_Fluege?$skip=100&$top=5

Tabelle 14.4   Beispiel für Abfragen mit ADO.NET Data Services

Nutzung eines ADO.NET Data Services in .NET-Anwendungen

Ein ADO.NET Data Service kann in jeder beliebigen .NET-Anwendung konsumiert werden, d.h. zum Beispiel eine Konsolenanwendung oder eine Windows Forms-Anwendung können Client für einen ADO.NET Data Service sein. Dazu ist in dem *Client*-Projekt eine Referenz auf die Assembly *System.Data.Services.Client.dll* angelegt.

Generieren der Zugriffsklassen

Für den komfortablen Zugriff auf den ADO.NET Data Service sind Proxy-Klassen notwendig. Diese kann man derzeit noch nicht mit Visual Studio erstellen, sondern man benötigt dafür das Kommandozeilenwerkzeug *Webdatagen.exe*, das im Verzeichnis *\Program Files\ASP.NET 3.5 Extensions* installiert wird.

Der folgende Befehl erstellt die Proxyklassen für den oben erstellten Data Service:

```
DataSvcUtil.exe
/language:csharp
/out:c:\temp\WWWingsDSClient.cs
/uri:http://E01/WWWingsDataService.svc/
```

Der Klassengenerator erzeugt eine Klasse für den Datenkontext, die abgeleitet ist von `System.Data.Service.Client.DataServiceContext` (hier: `WWWIngsEntities`) sowie jeweils eine Klasse für jede Entität in dem Ausgangsmodell (ohne Basisklasse).

Abfrage ohne LINQ

Nach der Generierung der Proxyklassen kann man den Datenkontext instanziieren und dann von diesem mithilfe der Methode Execute() unter Angabe einer URL Daten abfragen.

```
/// <summary>
/// Abfragen von Datensätzen über einen Data Service in URL-Syntax
/// </summary>
  private static void DSClient_Lesen_URI()
  {
    // Kontext erstellen
    WorldWideWingsModel.WorldWideWingsEntities DB = new WorldWideWingsModel.WorldWideWingsEntities(new
Uri("http://E01/WWWings_Web35_SP1/WWWingsDataService.svc/"));

    // Abfrage
    IEnumerable<FL_Fluege> Fluege = DB.Execute<FL_Fluege>(new
Uri("http://E01/WWWings_Web35_SP1/WWWingsDataService.svc/FL_Fluege?$orderby=FL_Abflugort"));

    // Ausgabe
    foreach (FL_Fluege f in Fluege)
    {
      Console.WriteLine(f.FL_FlugNr + " fliegt von " + f.FL_Abflugort + " nach " + f.FL_Zielort + " und
hat " + f.FL_FreiePlaetze + "!");
    }
  }
```

Listing 14.21 Abfrage von Daten von einem ADO.NET Data Service

TIPP Durch die Methode BeginExecute() in der Klasse WebDataQuery kann man Abfragen auch asynchron ausführen.

LINQ to ADO.NET Data Services

Der Client für die ADO.NET Data Services unterstützt auch LINQ. Diese Variante von LINQ wird *LINQ-to-ADO.NET Data Services* genannt. LINQ-to-ADO.NET Data Services bildet einen LINQ-Abfrageausdruck auf die URL-Syntax der ADO.NET Data Services ab.

```
/// <summary>
/// Abfragen von Datensätzen über einen Data Service in LINQ-Syntax
/// </summary>
private static void DSClient_Lesen_LINQ()
  {
    // Kontext erstellen
    WorldWideWingsModel.WorldWideWingsEntities DB = new WorldWideWingsModel.WorldWideWingsEntities(new
Uri("http://E01/WWWings_Web35_SP1/WWWingsDataService.svc/"));

    // LINQ-Abfrage
    var Fluege = from f in DB.FL_Fluege where f.FL_Abflugort == "Rom" select f;

    // Ausgabe
    foreach (FL_Fluege f in Fluege)
```

```
    {
        Console.WriteLine(f.FL_FlugNr + " fliegt von " + f.FL_Abflugort + " nach " + f.FL_Zielort + " und
hat " + f.FL_FreiePlaetze + "!");
    }
}
```

Listing 14.22 Abfrage von Daten von einem ADO.NET Data Service mithilfe von LINQ

Abbildung 14.38 Ausgabe des obigen Beispiels

ACHTUNG Zumindest in der aktuellen Vorabversion werden noch nicht alle LINQ-Ausdrücke auf dem Client unterstützt.

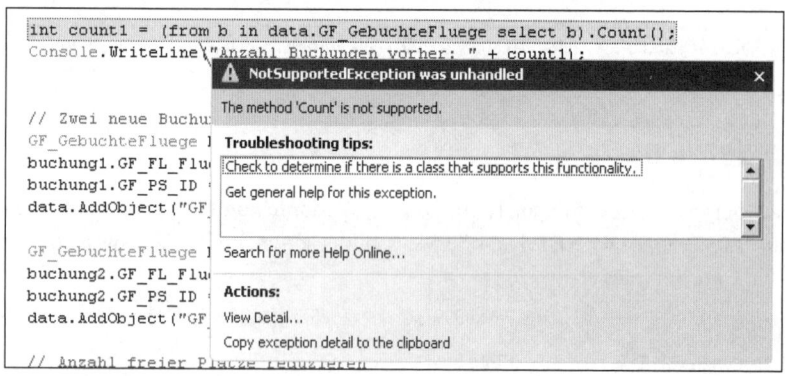

Abbildung 14.39 Count() wird (noch) nicht unterstützt

Datenänderungen

ADO.NET Data Services unterstützen Datenänderungen:

- Zum Anfügen muss man eine Instanz des Proxy-Datenobjekts erstellen und mit AddObject() hinzufügen. Dabei ist als Parameter auch der Name der Entität (Klassenname) anzugeben.
- Zum Ändern einer Instanz muss man UpdateObject() nach der Änderung ausführen.
- DeleteObject() dient dem Löschen.

ADO.NET Data Service (Astoria)

> **WICHTIG** Auf jeden Fall muss man die Operation mit `SaveChanges()` abschließen. Asynchron speichern kann man mit `BeginSaveChanges()`. Optional kann angegeben werden, wie der Server mit Änderungskonflikten verfahren soll, z. B. `DB.MergeOption = MergeOption.OverwriteChanges;`

```csharp
/// <summary>
/// Ändern von Datensätzen über einen Data Service
/// </summary>
private static void DSClient_Lesen_Aendern()
{
  WorldWideWingsModel.WorldWideWingsEntities DB = new WorldWideWingsModel.WorldWideWingsEntities(new
Uri("http://E01/WWWings_Web35_SP1/WWWingsDataService.svc/"));

  var Fluege = (from f in DB.FL_Fluege where f.FL_Abflugort == "Rom" && f.FL_FreiePlaetze < 0 select
f);

  foreach (FL_Fluege f in Fluege)
  {
   Console.WriteLine(f.FL_FlugNr + " fliegt von " + f.FL_Abflugort + " nach " + f.FL_Zielort + " und
hat " + f.FL_FreiePlaetze + "!");

   // Objekt ändern
   f.FL_FreiePlaetze = 0;

   // Objekt als verändert markieren
   DB.UpdateObject(f);
  }

  Console.WriteLine("Speichern aller Änderungen...");
  // Alle Änderungen speichern
  DB.SaveChanges();
}


/// <summary>
/// Löschen eines Datensatzes über einen Data Service
/// </summary>
private static void DSClient_Lesen_Loeschen()
{
  WorldWideWingsModel.WorldWideWingsEntities DB = new WorldWideWingsModel.WorldWideWingsEntities(new
Uri("http://E01/WWWings_Web35_SP1/WWWingsDataService.svc/"));

  // Zugriff auf einen bestimmten Flug
  var flug = (from f in DB.FL_Fluege where f.FL_FlugNr == 99999 select f).SingleOrDefault();

  // Flug löschen, wenn er gefunden wurde
  if (flug != null)
  {
   Console.WriteLine("Flug wird gelöscht!");
   DB.DeleteObject(flug);
  }
  else
  {
   Console.WriteLine("Flug nicht gefunden!");
  }

  // Alle Änderungen speichern
  DB.SaveChanges();
}
```

```csharp
/// <summary>
/// Anfügen eines neuen Datensatzes über einen Data Service
/// </summary>
private static void DSClient_Lesen_Anfuegen()
{
  WorldWideWingsModel.WorldWideWingsEntities DB = new WorldWideWingsModel.WorldWideWingsEntities(new
Uri("http://E01/WWWings_Web35_SP1/WWWingsDataService.svc/"));

  // === Einen Datensatz ergänzen
  WorldWideWingsModel.FL_Fluege n = new WorldWideWingsModel.FL_Fluege();
  n.FL_FlugNr = 99999;  // bitte auf Einmaligkeit des Keys achten!
  n.FL_Abflugort = "Peking";
  n.FL_Zielort = "Sydney";
  n.FL_Plaetze = 250;
  n.FL_FreiePlaetze = 250;
  DB.AddObject("FL_Fluege", n);

  Console.WriteLine("Flug wird ergänzt...");
  // Alle Änderungen speichern
  DB.SaveChanges();
}
```

Listing 14.23 Beispiel für das Anlegen, Ändern und Löschen von Datensätzen über einen Data Service

AJAX-Webseiten als WCF-Clients

AJAX-Webseiten können als WCF-Clients und Clients für ADO.NET Data Services zum Einsatz kommen. Dies wird ausführlich in dem komplementären Buch »Webanwendungen mit ASP.NET 3.5 und AJAX Crashkurs« [HS01] beschrieben. Sie finden Beispiele im World Wide Wings-Projekt im Ordner /WebUI/ Buchung.

WCF-Sicherheit

WCF-Sicherheit ist ein Thema, über das man eigene dicke Bücher schreiben kann. Hier folgt nur ein sehr kurzer Überblick, bei dem lediglich der Fall der integrierten Windows-Sicherheit behandelt wird. Die Darstellung von Sicherungsmaßnahmen auf Basis digitaler X.509-Zertifikate zur Verwendung in heterogenen Umgebungen würde den Rahmen des Buchs sprengen.

Sicherheitsmechanismen

WCF unterstützt zahlreiche Sicherheitsmechanismen. Dazu gehören:
- Verschlüsselung des Datenverkehrs zur Bewahrung von Geheimnissen
- Sicherstellen der Integrität von Nachrichten
- Authentifizierung von Client und/oder Server
- Festlegen und Prüfen der Identität von Client und Server

Sicherheitsmodi

Sicherheitsfunktionen können auf der Transportebene (z.B. Nutzung von Secure Socket Layer – SSL) und/oder auf der Nachrichtenebene (z.B. Nutzung von WS-Security) verwendet werden. Nachrichtenbasierte Sicherheit bietet mehr Flexibilität, ist aber in der Regel auch aufwendiger zu konfigurieren. In einem gemischten Modus, der von WSHttpBinding unterstützt wird, können auch Nachrichtenebene (zur Client-Authentifizierung) und Transportebene (für Server-Authentifizierung, Integrität und Vertraulichkeit) gemischt werden. Nur NetMsmqBinding unterstützt auch die gleichzeitige Anwendung. Alle Bindungen außer BasicHttpBinding bieten in ihrer Grundkonfiguration bereits Sicherheitsfunktionen.

Der Sicherheitsmodus wird festgelegt durch das Attribut mode im Element <security> unterhalb von <binding>.

Authentifizierungsverfahren

Die folgende Tabelle zeigt die von WCF unterstützten Authentifizierungsverfahren auf Transport- und Nachrichtenebene.

	Transport	Nachricht (Message)
Anonym (None)	X	X
http-Basic nach RFC 2617 (Kennwort als Base64-codiert)	X	
http-Digest nach RFC 2617 (Kennwort als Hash)	X	
X.509-Zertifikate	X	X
Benutzername/Kennwort		X
Windows (NTLM/Kerberos)	X	X
Windows CardSpace		X

Tabelle 14.5 WCF-Authentifizierungsverfahren

Das Authentifizierungsverfahren clientCredentialType ist festzulegen in den Elementen <transport> und/oder <message> unterhalb von <security>.

Beispiel

Das folgende Beispiel aktiviert für eine Bindung die Transportsicherheit auf Basis von Windows-Authentifizierung (NTLM oder Kerberos, abhängig von der Umgebung) und legt fest, dass damit der Datenverkehr verschlüsselt und signiert wird. Sicherheit auf Nachrichtenebene wird nicht angewendet. Dies entspricht der Standardeinstellung für das NetTcpBinding.

```
<binding name="Sicher">
<security mode="Transport">
    <transport clientCredentialType="Windows" protectionLevel="EncryptAndSign" />
    <message clientCredentialType="None" />
</security>
</binding>
```

Listing 14.24 Sicherheitseinstellung für einen »sicheren« Endpunkt

Das zweite Beispiel legt fest, dass keine Sicherheitsfunktionen verwendet werden.

```
<binding name="Unsicher">
 <security mode="None" />
</binding>
```

Listing 14.25 Sicherheitseinstellung für einen »unsicheren« Endpunkt

> **HINWEIS** Auf der Client-Seite werden die gleichen Einstellungen verwendet.

Übermittlung der Identität

Verlangt der Server eine Authentifizierung, muss der Client eine Identität übermitteln. Im Fall der Windows-Authentifizierung wird – sofern der Client auf `clientCredentialType="Windows"` konfiguriert ist – im Standardfall die Identität des Benutzers, unter dem der Client läuft, übermittelt.

Durch eine Einstellung des Proxy kann der Client jedoch eine andere Identität festlegen.

```
// Andere Identität
proxy.ClientCredentials.Windows.ClientCredential.UserName = „Meier";
proxy.ClientCredentials.Windows.ClientCredential.Domain = „it-visions.local";
proxy.ClientCredentials.Windows.ClientCredential.Password = „geheim";
```

Listing 14.26 Identitätsfestlegung für einen WCF-Aufruf

Der Client kann auch bestimmen, wie der Server die Identität verwenden darf. `Identification` bedeutet, dass der Server die Identität nur zur Authentifizierung verwenden darf. Mit `Impersonation` darf der Server die Identität selbst annehmen und unter dieser agieren.

```
// Festlegung der Art der Verwendung der Identität
proxy.ClientCredentials.Windows.AllowedImpersonationLevel =
System.Security.Principal.TokenImpersonationLevel.Identification;
```

Listing 14.27 Festlegung, wie der Server die Identität verwenden darf

Ermitteln der aktuellen Identität

Aus einem WCF-Dienst heraus kann man die aktuelle Identität des Dienstes ermitteln:

- `System.Security.Principal.WindowsIdentity.GetCurrent().Name` ist der Name des Benutzerkontos, unter dem die aktuelle WCF-Operation läuft.
- `ServiceSecurityContext.Current.WindowsIdentity.Name` ist der Name des Benutzerkontos, unter dem der Client sich authentifiziert hat.

Nutzung der Identität

Normalerweise nutzt der Server die Identität nur zur Authentifizierung. Er kann aber eine Operation damit impersonifizieren, d.h. die Identität des Clients für die Ausführung der Methode übernehmen. Dazu ist die Methode mit [OperationBehavior(Impersonation = ImpersonationOption.Required)] zu annotieren.

```
// Impersonifizierung
[OperationBehavior(Impersonation = ImpersonationOption.Required)]
public string GetServerIdentity_Impersonated()
{   // Return the InstanceContextMode of the service
  string ausgabe = PingInfo.GetIdentity(); // Eigene Hilfsroutine, siehe Projekt!
  Console.WriteLine("Identitätsbestimmung in einer impersonifizierten Operation:");
  Console.WriteLine(ausgabe);
  return ausgabe;
}
```

Listing 14.28   Beispiel für eine Operation, die impersonifiziert wird

```
Identitätsbestimmung in einer NICHT impersonfizierten Operation:
Server-Identität: ITV\hs  Client-Identität: ITV\Meier
Identitätsbestimmung in einer impersonfizierten Operation:
Server-Identität: ITV\Meier  Client-Identität: ITV\Meier
```

Abbildung 14.40   Aufruf einer nicht-impersonifizierenden und einer impersonifizierenden Variante des obigen Beispiels

Zugriffsrechte

Ein WCF-Dienst darf festlegen, wer die Operationen aufrufen darf. Dies erfolgt am einfachsten mit der Annotation [PrincipalPermission]. Die Annotation ist auf der Methode zu verwenden, die die WCF-Operation implementiert.

Beispiele

- Nur der Benutzer *Hschwichtenberg* darf die Operation aufrufen:

  ```
  [PrincipalPermission(SecurityAction.Demand, Name="Hschwichtenberg")]
  ```

- Alle Mitglieder der Gruppe *WCFBenutzer* dürfen die Methode aufrufen:

  ```
  [PrincipalPermission(SecurityAction.Demand, Role="WCFBenutzer")]
  ```

WICHTIG   Der Versuch, von anderen Benutzeridentitäten aus eine derart annotierte Operation aufzurufen, führt zum Fehler »Access is denied«.

Protokollierung

WCF enthält bereits ein System zur Überwachung der Kommunikation zwischen zwei Endpunkten. Dabei setzt WCF auf der in der .NET-Klassenbibliothek vorhandenen Protokollierungsinfrastruktur auf, die folgende Listener definiert:

- `System.Diagnostics.DefaultTraceListener`: Protokollierung in das Ausgabefenster von Visual Studio
- `System.Diagnostics.EventLogTraceListener`: Protokollierung in das Windows-Ereignisprotokoll
- `System.Diagnostics.ConsoleTraceListener`: Protokollierung in das Konsolenfenster
- `System.Diagnostics.DelimitedListTraceListener`: Protokollierung in eine Datei mit Trennzeichen
- `System.Diagnostics.XmlWriterTraceListener`: Protokollierung in eine Datei in XML-Form

Beispiel

Im Service Configuration Editor sind folgende Einstellungen notwendig, um die Protokollierung in eine Datei zu aktivieren:

- Unter *Diagnostics/Message Logging* sind allgemeine Einstellungen notwendig, z. B. `logEntireMessage = true`.
- Unter *Sources* ist `System.ServiceModel` als eine neue Quelle zu definieren.
- Unter *Listeners* ist ein neuer Listener zu erzeugen. Dabei sind ein Dateiname bei `InitData` und die zuvor angelegte Quelle anzugeben (siehe Bildschirmabbildung).

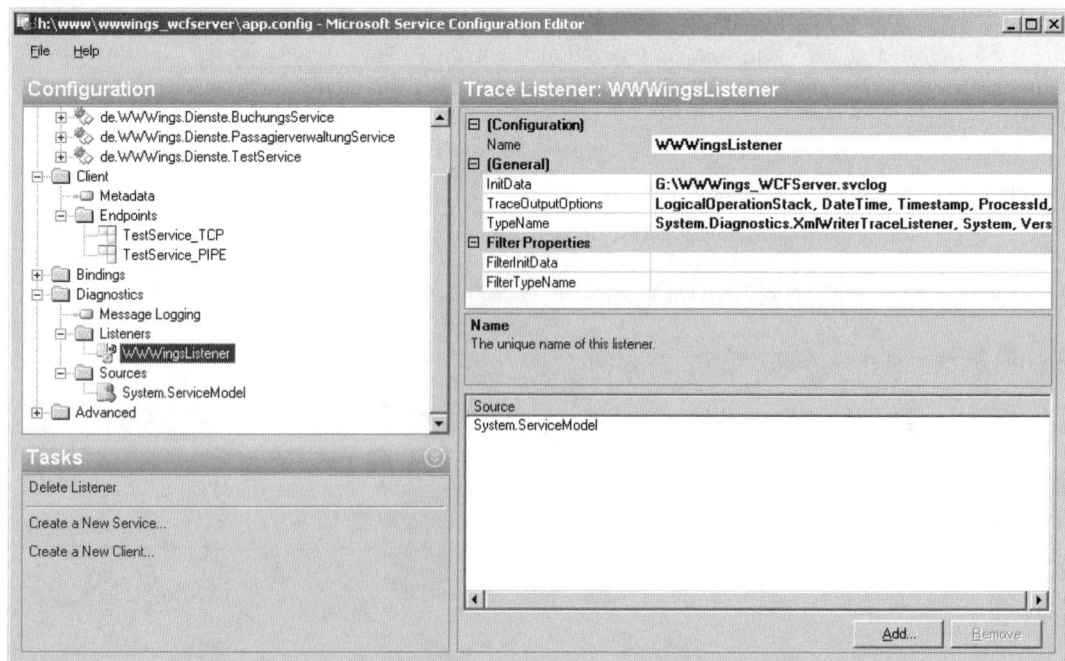

Abbildung 14.41 Konfiguration der Protokollierung in einer Textdatei

```xml
<sources>
  <source name="System.ServiceModel" switchValue="Information,ActivityTracing"
    propagateActivity="true">
    <listeners>
     <add type="System.Diagnostics.DefaultTraceListener" name="Default">
      <filter type="" />
     </add>
     <add name="WWWingsListener">
      <filter type="" />
     </add>
    </listeners>
  </source>
 </sources>
 <sharedListeners>
  <add initializeData="G:\app_tracelog1.svclog" type="System.Diagnostics.XmlWriterTraceListener,
System, Version=2.0.0.0, Culture=neutral, PublicKeyToken=b77a5c561934e089"
    name="WWWingsListener" traceOutputOptions="LogicalOperationStack, DateTime, Timestamp, ProcessId,
ThreadId, Callstack">
   <filter type="" />
  </add>
 </sharedListeners>
</system.diagnostics>
<connectionStrings>
 <add name="CS_WWWings" connectionString="Data
Source=.\SQLEXPRESS;AttachDbFilename=h:\www\Datenbanken\WorldWideWings.mdf;Integrated Security=True;"
    providerName="System.Data.SqlClient"/>
</connectionStrings>

<system.serviceModel>
 <diagnostics>
  <messageLogging logEntireMessage="true" />
 </diagnostics>
 ...
</system.serviceModel>
```

Listing 14.29 Erzeugte Konfigurationseinträge

Die erzeugte Datei kann mit dem Programm Service Trace Viewer (*SvcTraceViewer.exe*), das im Windows SDK enthalten ist, betrachtet werden (siehe folgende Bildschirmabbildung).

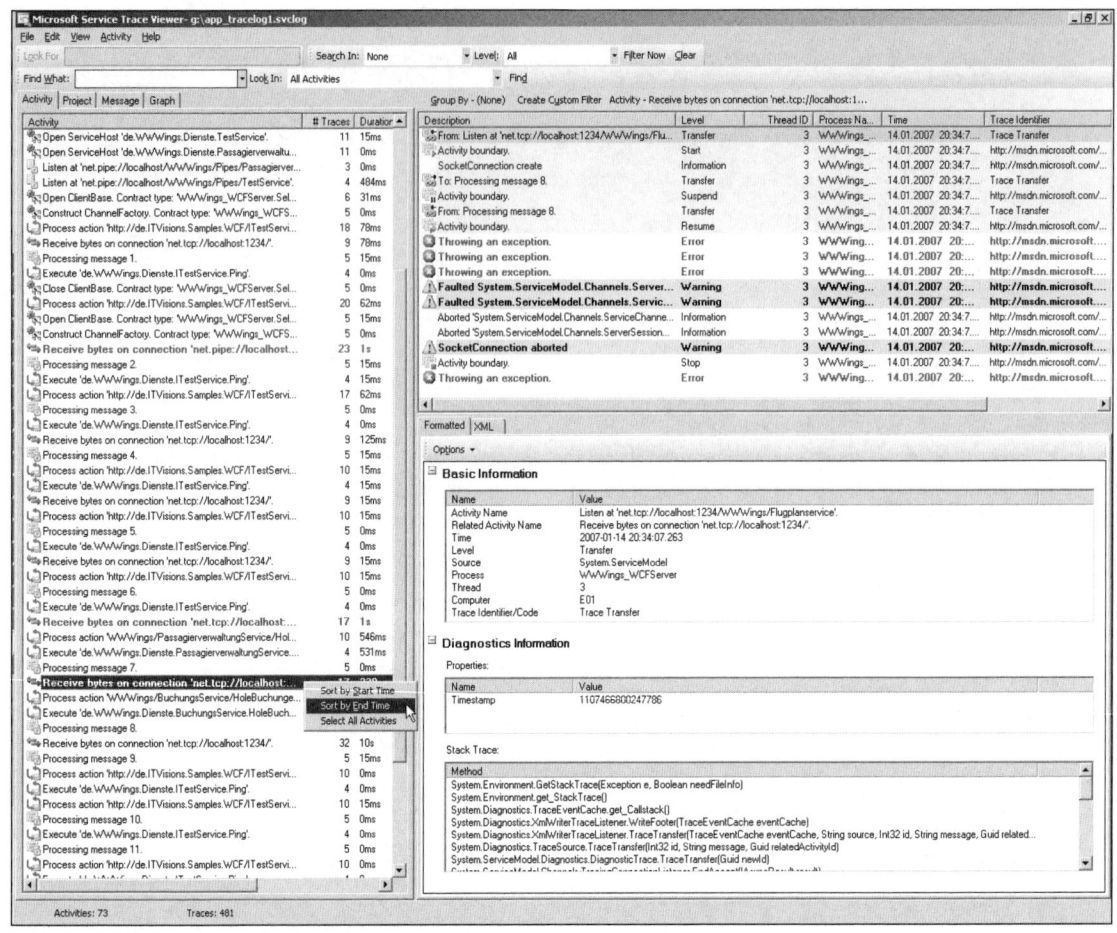

Abbildung 14.42 Analyse der Protokolldatei

Protokollierung

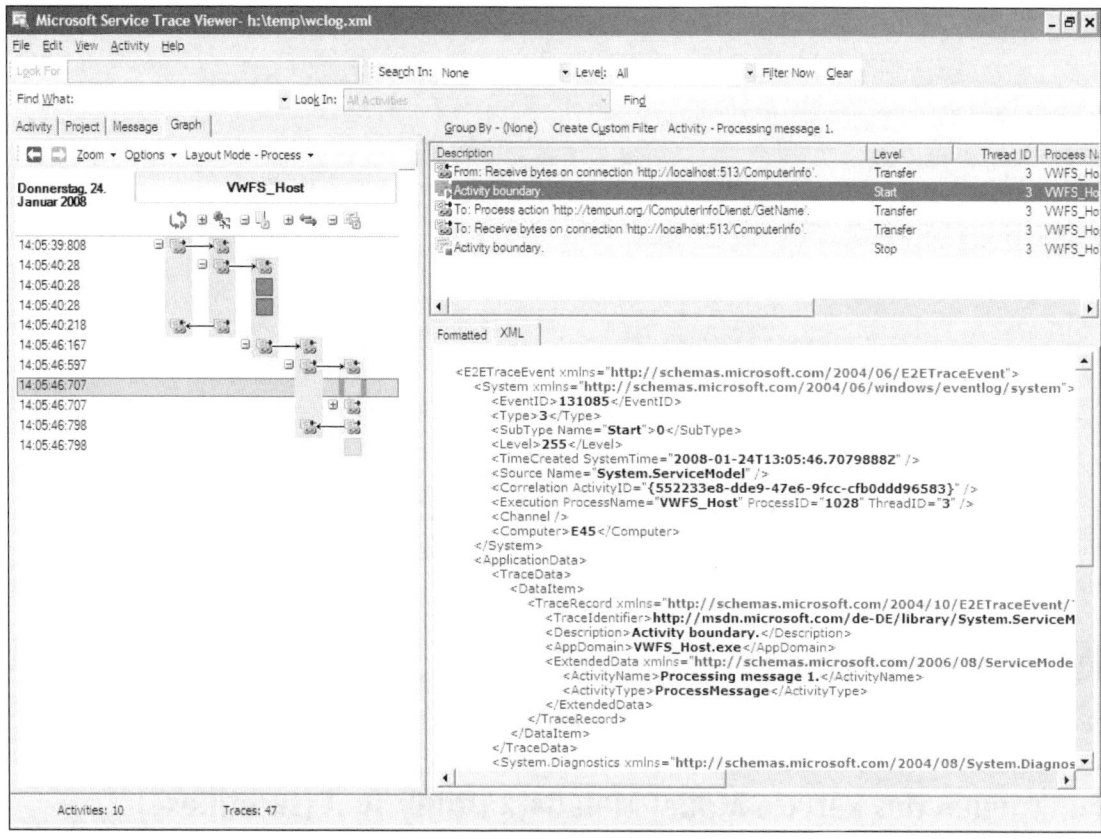

Abbildung 14.43 Grafische Darstellung des Kommunikationsablaufs

HINWEIS Protokolldateien können bei vielen Clients sehr schnell sehr (u. U. mehrere Gigabytes) groß werden. Der Service Trace Viewer unterstützt aber das partielle Laden großer Protokolldateien für einen bestimmten Zeitraum (siehe folgende Abbildung). Das Programm stellt automatisch fest, dass eine Datei groß ist, und bietet dann das partielle Laden an.

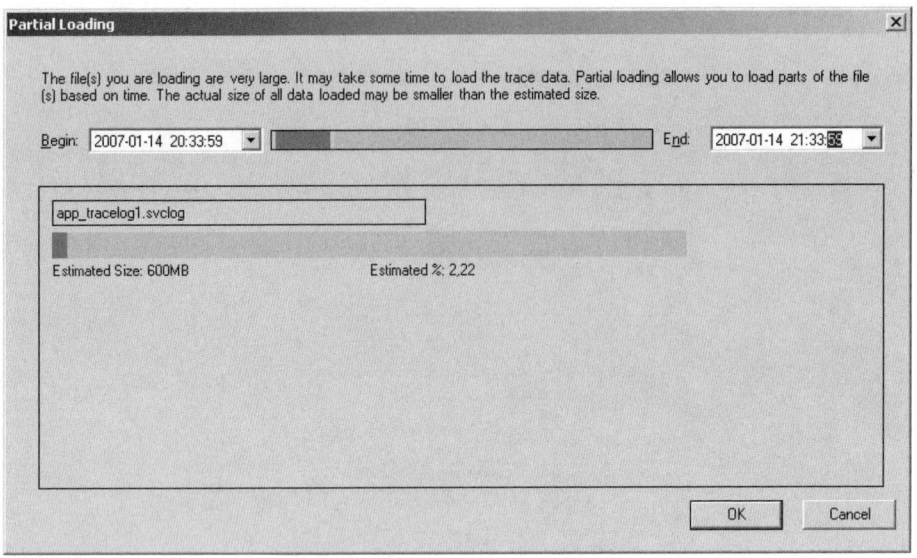

Abbildung 14.44 Partielles Laden von Protokolldateien mit dem Service Trace Viewer

Weitere Funktionen

Dieser Abschnitt erläutert noch kurz einige weitere Funktionen von WCF, die bisher nicht erwähnt wurden.

Funktionen des Service Model Metadata Utility Tool (svcutil.exe)

Das Kommandozeilenwerkzeug Microsoft Service Model Metadata Utility Tool (*svcutil.exe*) erfüllt viele verschiedene Aufgaben, dazu gehören u. a.:

- Überprüfen einer Implementierung eines WCF-Dienstes

  ```
  svcutil H:\WWW\WWWings_WCFServer\bin\Debug\WWWings_WCFServer.exe /validate
  /servicename:de.WWWings.Dienste.FlugplanService
  ```

- Exportieren von WCF-Metadaten in Form von *.wsdl-* und *.xsd-*Dateien aus einer Assembly, die WCF-Dienste implementiert

  ```
  svcutil H:\WWW\WWWings_WCFServer\bin\Debug\WWWings_WCFServer.exe
  ```

- Herunterladen von WCF-Metadaten in Form von *.wsdl-* und *.xsd-*Dateien von einem Metadaten-Endpunkt

  ```
  svcutil /t:metadata net.tcp://localhost:1234/WWWings/metadaten/
  ```

- Erzeugung von WCF-Proxies und WCF-Client-Konfigurationseinstellungen aus Metadaten (aus Dateien oder von einem Metadaten-Endpunkt)

  ```
  svcutil /t:code net.tcp://localhost:1234/WWWings/metadaten/ /language:cs
  ```

Weitere Funktionen

- Statische Generierung des Serialisierungscodes für die XML-Serialisierung (steigert die Geschwindigkeit beim ersten Aufruf von WCF-Diensten)

```
svcutil /t:xmlserializer H:\WWW\WWWings_WCFServer\bin\Debug\WWWings_WCFServer.exe
```

ACHTUNG   *svcutil.exe* überschreibt bestehende gleichnamige Dateien auf der Festplatte beim Generieren von Code- und XML-Dateien. Mit */mergeConfig* kann erreicht werden, dass die neuen Zeilen an bestehende Zeilen angehängt werden.

Ein-Weg-Kommunikation (Unidirektionale Kommunikation, engl. One-Way)

Die Standardeinstellung in WCF ist die Zwei-Wege-Kommunikation (alias Frage-Antwort-Kommunikation): Ein Client ruft eine Operation auf einem Server auf und wartet so lange, bis die Operation beendet ist und eine Antwort an den Client sendet. WCF unterstützt alternativ das Ein-Weg-Kommunikationsmuster, bei dem der Client nicht wartet, sondern direkt fortfährt und der Server auch gar keine Antwort sendet.

Ein-Weg-Kommunikation wird deklariert durch das Attribut IsOneWay in der Annotation [OperationContract]. Die Methode darf keinen Rückgabewert haben.

WICHTIG   Bei der Ein-Weg-Kommunikation erhält der Client weder einen Rückgabewert noch eine Fehlermeldung im Fall eines Verarbeitungsfehlers auf dem Server. Nur wenn die betreffende Operation gar nicht erst gefunden wurde oder der Server nicht verfügbar ist, erhält der Client eine Fehlermeldung.

Beispiel

Das folgende Beispiel zeigt die relevanten Fragmente aus der Implementierung eines Dienstes, mit dem sich der Client gegenüber dem Server als »lebendig« melden kann. Für den Client ist es dabei nicht wichtig, ob der Server die Nachricht korrekt verarbeiten konnte.

```
[OperationContract(IsOneWay = true)]
void SendeLebenszeichen(string Client);
```

Listing 14.30   Ausschnitt aus der Schnittstelle ItestService

```
public void SendeLebenszeichen(string Client)
{
   Console.WriteLine("Lebenszeichen von Client: " + Client);
}
```

Listing 14.31   Ausschnitt aus der Klasse TestService

Duplex-Kommunikation

Duplex-Kommunikation ist neben der Ein-Weg- und der Zwei-Wege-Kommunikation die dritte von WCF unterstützte Kommunikationsform. Bei der Duplex-Kommunikation erhält der Client keine sofortige Rückmeldung, sondern eine (oder sogar mehrere) spätere Rückmeldung(en) (Callbacks).

Für die Duplex-Kommunikation müssen folgende Voraussetzungen erfüllt sein:

- Die verwendete WCF-Bindung muss Duplex-Kommunikation unterstützen (z. B. `WSDualHttpBinding`, `NetTcpBinding` und `NetNamedPipeBinding`).
- Der Server deklariert zwei Schnittstellen (eine Dienstschnittstelle und eine Rückrufschnittstelle) mit jeweils einer Ein-Weg-Operation.
- Der Server muss die Dienstschnittstelle implementieren, der Client die Rückrufschnittstelle.
- Die Dienstschnittstelle muss die Annotation [`ServiceContract`] besitzen, in der im Attribut `CallbackContract` der Typ der Rückrufschnittstelle genannt ist.
- Innerhalb der aufzurufenden Operation in der Dienstschnittstelle beschafft man sich einen Zeiger auf den serverseitigen Dienst-Proxy für die clientseitige Rückrufschnittstellen-Implementierung des Clients über `OperationContext.Current.GetCallbackChannel<IrueckrufSchnittstelle>()`.
- Die zweite Rückrufschnittstelle kann, muss aber nicht mit [`ServiceContract`] annotiert sein.
- Der Client muss die Rückrufschnittstelle implementieren und diese Implementierung bei der Instanziierung des Proxy im Konstruktor übergeben.

Beispiel

Das folgende Beispiel realisiert einen asynchronen beidseitigen Ping. Nachdem der Server einen Ping-Aufruf mit dem Namen des Clients erhalten hat, sendet er zehn Pings an den Client zurück.

```
/// <summary>
/// Rückrufschnittstelle für WCF-Duplex
/// </summary>
public interface IpingDuplexCallback
{
  [OperationContract(IsOneWay = true)]
  void ClientPing(string Server);
}
```

Listing 14.32 Rückrufschnittstelle

```
[OperationContract(IsOneWay = true)]
void AsyncPing(string Client);
```

Listing 14.33 Operation der Dienstschnittstelle

Weitere Funktionen

```
public void AsyncPing(string Client)
{
  Console.WriteLine("Async-Ping von Client: " + Client);
  // Hole Zeiger auf Implementierung des Server-Proxy für die Rückrufschnittstellen-Implementierung des
Clients
  IpingDuplexCallback client = OperationContext.Current.GetCallbackChannel<IpingDuplexCallback>();
  // Rufe Client 10x auf
  for (int a = 0; a < 10; a++)
  {
    client.ClientPing("Rückruf #" + a + " von " + System.Environment.MachineName);
    System.Threading.Thread.Sleep(1000);
  }
}
```

Listing 14.34 Implementierung der Operation der Dienstschnittstelle

```
class WCFDemos : TestService.ItestServiceCallback
{
  public void BspWCFDuplex()
  {
   TestService.TestServiceClient t = new de.WWWings.TestService.TestServiceClient(new InstanceContext(this, "TestService_TCP"));
   t.AsyncPing("KonsolenClient");
   Console.ReadLine();
   t.Close();
  }
  // Rückrufoperation
  public void ClientPing(string Server)
  {   Console.WriteLine("Callback vom Server: " + Server);   }
}
```

Listing 14.35 Implementierung des Clients

HINWEIS In dem obigen Beispiel bietet die Klasse, die den WCF-Dienst aufruft, gleichzeitig selbst die Rückrufoperation an. Daher übergibt man im Konstruktor des Proxy eine mit `this` gefüllte Instanz von `System.ServiceModel.InstanceContext`. Die Rückrufoperation könnte auch von einer anderen Klasse realisiert werden.

Die in dem Beispiel verwendete Schnittstelle `ItestServiceCallback` wird durch den Proxy-Generator erstellt. Diese Schnittstelle entspricht auf der Serverseite `IpingDuplexCallback`.

ACHTUNG Der Client darf den Proxy so lange nicht schließen, solange er noch Rückrufe erwartet!

Asynchrone WCF-Aufrufe

Ein-Weg- und Duplex-Kommunikation sind nicht zu verwechseln mit dem asynchronen Aufruf von Zwei-Wege-Operationen. Beim asynchronen Aufruf arbeitet der Client direkt nach dem Aufruf einer Operation weiter, erwartet jedoch in einem anderen Thread genau einen Rückruf, wenn das Ergebnis des Aufrufs bereitsteht.

Der Proxy-Generator für Webservices in Visual Studio (*Add Web Reference*) erstellt automatisch zu jeder Methode auch eine asynchrone Aufrufoption. Bei *Add Service Reference* für WCF-Dienste entstehen nicht automatisch asynchrone Aufrufe. Derzeit kann man diese nur mit dem Kommandozeilenwerkzeug *svcutil.exe* mit der Option */async* generieren lassen. Dadurch entstehen zu jeder Operation zwei weitere Methoden mit den vorangestellten Wörtern *Begin* und *End* im Namen. Die andere Alternative ist das manuelle Starten eines zweiten Threads vor dem Aufruf einer WCF-Operation, entweder mit einem asynchronen Methodenaufruf oder mit einer Instanz der Klasse Thread.

Sitzungen (Sessions)

Sitzungen (Sessions) bedeuten, dass jeder Instanz eines Client-Proxy genau eine Instanz der Dienstklasse zugeordnet wird und deren Zustand zwischen zwei Operationsaufrufen erhalten bleibt. Diese Option ist nur für Bindungen verfügbar, die Sitzungszustände unterstützen. Im Standard sind dies NetTcpBinding und NetNamedPipeBinding. Optional ist dies möglich für WSHttpBinding und WSDualHttpBinding. Technisch werden Sitzungen entweder durch einen permanenten Kanal (TCP, Named Pipes) oder durch die Protokolle WS-SecureConversation/WS-ReliableMessaging (http) abgebildet.

WICHTIG Ob Sitzungen aktiv oder nicht aktiv sind, hängt von den Standardeinstellungen der ausgewählten WCF-Systembindungen bzw. der eigenen Bindungsdefinition ab. Im Standard unterstützen z. B. das NetTcpBinding und das WSHttpBinding Sitzungen, während das BasicHttpBinding keine Sitzungen bietet.

Eine WCF-Dienstklasse kann deklarieren, dass Sitzungen verwendet werden müssen:

```
[ServiceContract(… SessionMode = SessionMode.Required … )]
```

Eine Sitzung beginnt, wenn die erste Operation aufgerufen wird (nicht schon bei der Instanziierung des Client-Proxy). Wann eine Sitzung endet und eine neue Instanz erzeugt wird, wird gesteuert über [OperationBehavior(ReleaseInstanceMode = ReleaseInstanceMode.AfterCall)]. Erlaubte Werte sind AfterCall, BeforeCall, BeforeAndAfterCall und None (Standard == Steuerung nur über InstanceContextMode).

Der Entwickler der Klasse kann definieren, dass einige Operationen nicht zum Start einer Sitzung berechtigen.

Beispiel

Die Methode, die die Anzahl der Operationsaufrufe zählt, darf nicht zuerst aufgerufen werden.

```
[OperationContract(IsInitiating = false)]
public int GetOperationCount() { … }
```

Ein mehrfacher Aufruf einer Methode, die initialisierend ist, ist kein Problem. Es muss immer ein `IsInitiating = true` geben. Im Standard ist dies bei allen Methoden gesetzt.

Der Entwickler der Klasse kann auch definieren, dass einige Operationen eine Sitzung beenden.

Beispiel

Die Methode `SitzungBeenden()` beendet die Sitzung. Dazu muss die Methode keine besondere Implementierung besitzen (sie kann leer sein!). Nach dem Aufruf einer Methode mit `isTerminating=true` kann der Client keine andere Methode mehr aufrufen.

```
[OperationContract(IsTerminating = true)]
Public void SitzungBeenden() { }
```

HINWEIS   Im Standard sind alle Methoden initialisierend. Der mehrfache Aufruf von Methoden, die initialisierend sind, ist kein Problem: Es gibt trotzdem nur eine Sitzung. Nach dem Aufruf einer Methode mit `isTerminating=true` kann der Client keine andere Methode mehr aufrufen.

ACHTUNG   Da es eine Serverinstanz pro Client-Proxy-Instanz (nicht pro Client!) gibt, achten Sie darauf, dass der Client wirklich nur die Anzahl von Instanzen erzeugt, die Sie wollen. Nicht immer den Proxy neu instanziieren!

Beispiele in World Wide Wings

Das World Wide Wings-Beispiel ist umfangreicher als die bisher in diesem Kapitel abgedruckten Listings. In dem WCF-Server in World Wide Wings gibt es insgesamt sechs verschiedene Dienste. Einige Dienste sind mit mehreren Endpunkten erreichbar:

- Ein Windows-Systemdienst, der auch als Konsolenanwendung gestartet werden kann, bietet Endpunkte für TCP, Named Pipes und http.
- Ein http-Endpunkt in der WWWings-Webanwendung.

Es existiert jeweils auch ein Metadatenendpunkt, der über TCP bzw. http erreichbar ist.

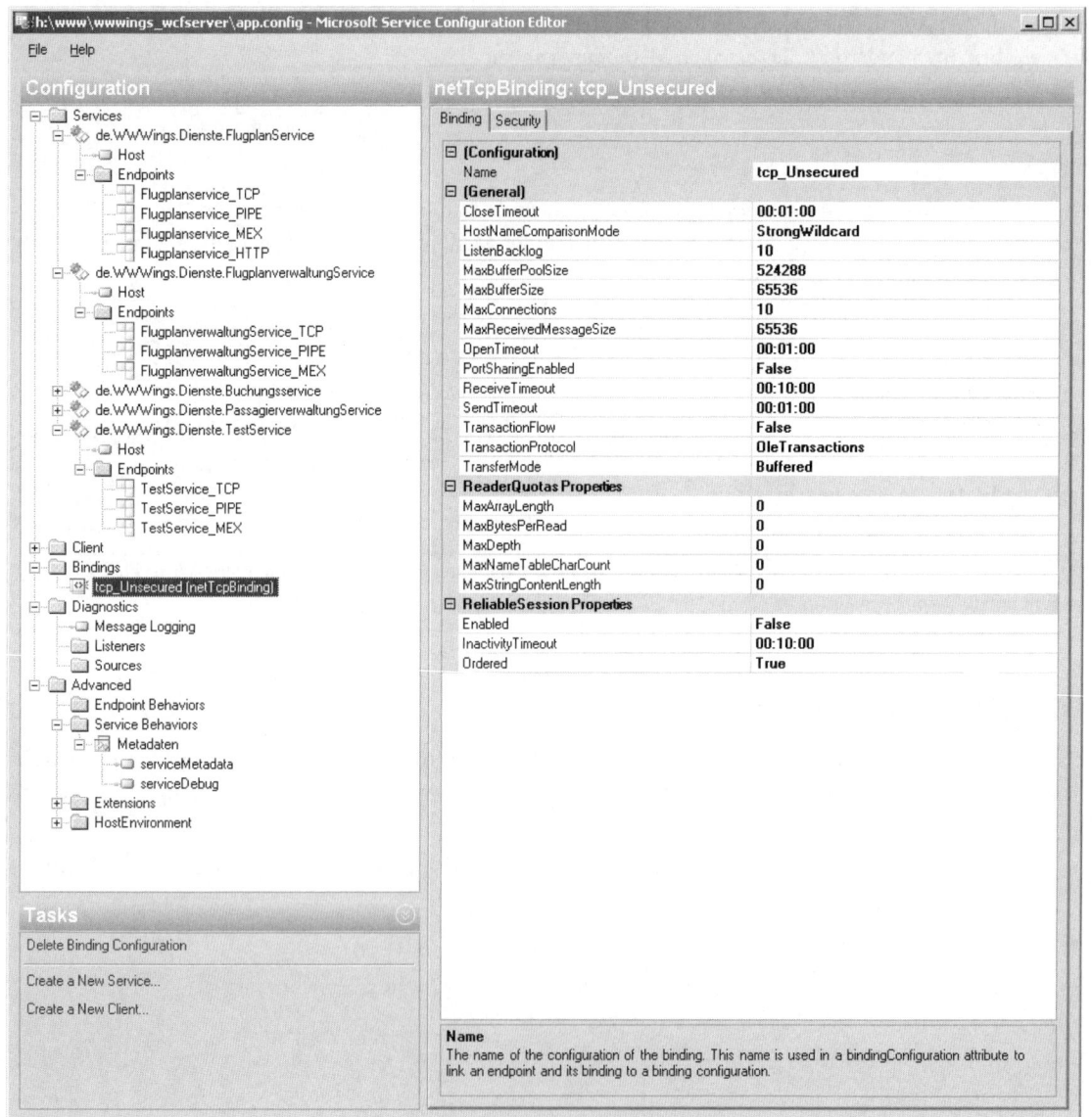

Abbildung 14.45   WCF-Konfiguration für World Wide Wings

Der WCF-Server ist als Windows-Systemdienst mit der zusätzlichen Option zum Start als Konsolenanwendung implementiert, damit Protokollmeldungen über den Start des Servers und die einzelnen Aufrufe leicht sichtbar gemacht werden können. Das folgende Listing zeigt die Implementierung des WCF-Service-Hosts mit insgesamt vier Diensten. Der WCF-Service-Host startet die Dienste wahlweise als Single-Call- oder Singleton-Objekte.

```csharp
Class WWWingsWCFServiceHost
{
  static System.Collections.Generic.List<ServiceHost> WCFDienste = new
System.Collections.Generic.List<ServiceHost>();
  /// <summary>
  /// Start des WCF-Servers
  /// </summary>
  public static void StartService()
  {
   bool Singleton = false;
   Uri baseAddress = new Uri("net.tcp://localhost:1234/WWWings/");
   if (Singleton)
   { // Singleton
    WCFDienste.Add(new ServiceHost(new de.WWWings.Dienste.FlugplanService(), baseAddress));
    WCFDienste.Add(new ServiceHost(new de.WWWings.Dienste.FlugplanverwaltungService(), baseAddress));
    WCFDienste.Add(new ServiceHost(new de.WWWings.Dienste.Buchungsservice(), baseAddress));
    WCFDienste.Add(new ServiceHost(new de.WWWings.Dienste.PassagierverwaltungService(), baseAddress));
   }
   else
   { // Single Call
    WCFDienste.Add(new ServiceHost(typeof(de.WWWings.Dienste.FlugplanService), baseAddress));
    WCFDienste.Add(new ServiceHost(typeof(de.WWWings.Dienste.FlugplanverwaltungService), baseAddress));
    WCFDienste.Add(new ServiceHost(typeof(de.WWWings.Dienste.Buchungsservice), baseAddress));
    WCFDienste.Add(new ServiceHost(typeof(de.WWWings.Dienste.PassagierverwaltungService), baseAddress));
   }

   // Protokollausgabe
   foreach (ServiceHost Host in WCFDienste)
   {
    Print("Starte Dienst " + Host.Description.Name, ConsoleColor.Yellow);
    foreach (System.ServiceModel.Description.ServiceEndpoint e in Host.Description.Endpoints)
    {
     Print(" - Endpunkt: " + e.Address + " (" + e.Binding.Name + ")", ConsoleColor.White);
    }
    Host.Open();
   }
  }
  /// <summary>
  /// Beenden des WCF-Servers
  /// </summary>
  internal static void StopService()
  {
   foreach (ServiceHost Host in WCFDienste)
   {
    if (Host.State != CommunicationState.Closed)
     Host.Close();
   }
  }
  /// <summary>
  /// Hilfsmethode für Protokollierung
  /// </summary>
  private static void Print(string Text, System.ConsoleColor Farbe)
```

```csharp
{
  Console.ForegroundColor = Farbe;
  Console.WriteLine(Text);
  Console.ForegroundColor = ConsoleColor.Gray;
}
}
```

Listing 14.36 Implementierung des WCF-Servers [WCFServer/ServiceHost.cs]

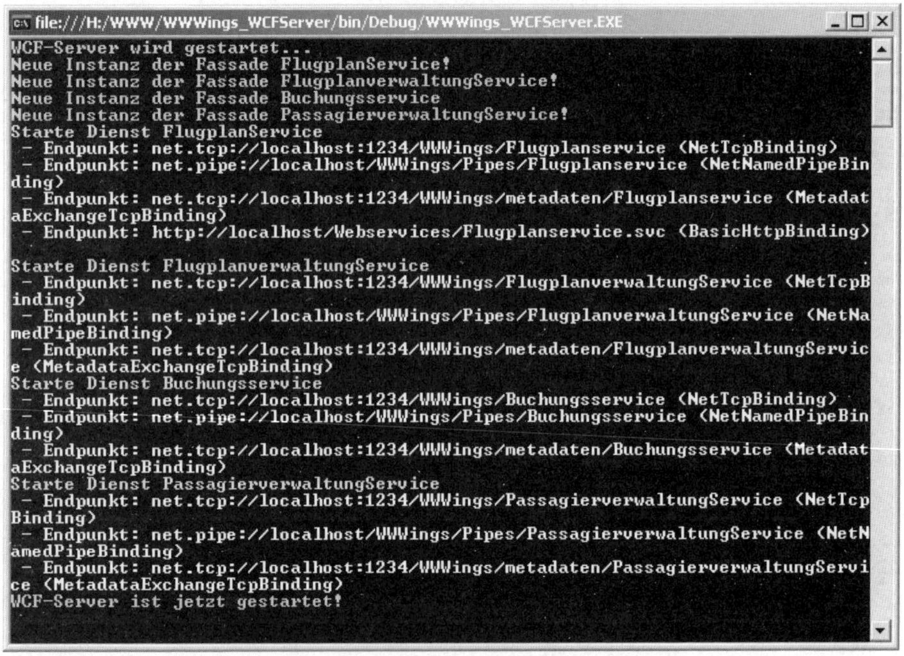

Abbildung 14.46 Protokollmeldungen beim Start des WCF-Servers

Übliche Stolpersteine

In diesem Kapitel werden einige typische Stolpersteine bei der Arbeit mit WCF diskutiert.

Typische Fehlermeldungen

Wenn beim Start einer .NET-Anwendung der Fehler »Configuration system failed to initialize/ Unrecognized configuration section system.serviceModel.« auftritt, ist dies ein Hinweis darauf, dass WCF (also das .NET Framework 3.0 oder 3.5) auf dem System nicht installiert ist.

Wenn Sie beim Start des WCF-Servers die Fehlermeldung »The contract name xy could not be found in the list of contracts implemented by the service abc.« erhalten, liegt das daran, dass auf der Klasse oder der Schnittstelle der Dienstklasse die Auszeichnung [ServiceContract] fehlt.

Wenn Sie beim Start des WCF-Servers die Fehlermeldung »ContractDescription xy has zero operations; a contract must have at least one operation.« erhalten, fehlen die Auszeichnungen mit [OperationContract].

Wenn Sie beim Start des WCF-Servers die Fehlermeldung »Service has zero Application (non-infrastructure) Endpoints.« erhalten, gibt es weder in der Konfigurationsdatei noch im Programm eine Festlegung für Adresse und Bindung für eine Dienstklasse.

Standardbegrenzungen (Throttling)

WCF begrenzt in den Standardeinstellungen sowohl die Nachrichtengröße als auch die Anzahl der aktiven Sitzungen. Die wichtigsten Begrenzungen sind:

- Anzahl gleichzeitiger Sitzungen (maxConcurrentSessions): 10
- Anzahl gleichzeitiger Aufrufe (maxConcurrentCalls): 16
- Maximale Puffergröße (maxBufferSize): 64 KB
- Maximale Nachrichtengröße (maxReceivedMessageSize): 64 KB
- Maximale Größe einer Objektmenge (maxArrayLength): 16384

Diese Einstellung muss man verändern in der XML-Konfiguration eines WCF-Dienstes unter:

configuration/system.serviceModel/behaviors/serviceBehaviors/ ort hat /serviceThrottling

HINWEIS Microsoft betrachtet die o.g. niedrigen Grenzen nicht als einen Fehler, sondern ein Feature, das vor Überlastungsangriffen schützt.

Angabe von http-Adressen

Beim Hosting im IIS ist der Standort der *.svc*-Datei die physische Basisadresse. Die Adressangaben in der Endpunkt-Konfiguration sind in der Regel relativ dazu angegeben. Bei der Übernahme einer solchen Konfiguration in einen Konsolen- oder Windows-Dienst Host muss man die Adressen in den Endpunkten entweder absolut angeben oder aber in der Sektion *<Host>* unterhalb von *<Service>* eine Basisadresse benennen.

```
<host>
 <baseAddresses>
  <add baseAddress="http://E01:86/WWWingsDienst"/>
 </baseAddresses>
</host>
```

Ohne Adressangabe kommt es zum Fehler »Could not find a base address that matches scheme http for the endpoint with binding BasicHttpBinding. Registered base address schemes are [].«

Eindeutigkeit der Bindung

Bei der Instanziierung eines Proxies muss das zu verwendende Binding eindeutig sein. Wenn in der Konfigurationsdatei des Clients mehrere Bindings erscheinen (z.B. weil der Server mehrere anbietet), dann läuft die Instanziierung des Proxies auf den Server: »An endpoint configuration section for contract ›ServiceReference1.Iservice‹ could not be loaded because more than one endpoint configuration ort hat contract was found. Please indicate the preferred endpoint configuration section by name.« Hier gibt es zwei Möglichkeiten: Entweder Reduzieren der Konfigurationsdatei des Clients auf eine Endpunktkonfiguration oder aber – wenn der Nutzer des Client die Wahl haben soll – Angabe der gewünschten Konfiguration anhand ihres Namens beim Instanziieren des Proxies:

```
ServiceReference1.ServiceClient c = new ConsoleApplication1.ServiceReference1.ServiceClient("TCP");
```

Gemeinsame Proxy-Typen (Proxy Type Sharing)

Normalerweise erzeugen die Proxy-Generatoren für jeden WCF-Service eigene Proxy-Klassen. Es kann aber vorkommen, dass zwei WCF-Dienste als Parameter die gleiche Datenklasse x verwenden. Daraus würden auf dem Client zwei verschiedene Datenklassen x1 und x2 entstehen, die untereinander nicht mehr kompatibel wären.

Beispiel für das Problem

Das folgende Beispiel veranschaulicht das Problem.

Dienst	Operation	Generierte Datenklassen
FlugplanService	public de.WWWings.Flug HoleFlug(long FlugNr)	Flugplanservice.Flug
Passagier-verwaltungService	public de.WWWings.PassagierSystem.Passagier HolePassagier(int Nummer)	Passagierverwaltungser-vice.Passagier
BuchungsService	public Buchung BuchungErstellenMitObjekten(Flug f, Passagier p)	BuchungsService.Flug Buchungsservice.Passagier

Tabelle 14.6 Problem bei generierten Webservice-Proxy-Klassen

Das nachstehende Listing kann nicht funktionieren, weil der BuchungsService die von dem FlugplanService und dem PassagierverwaltungsService gelieferten Objekte nicht verarbeiten kann. Sie haben zwar die gleiche Struktur, aber einen anderen Namensraum und damit einen anderen Namen.

```
Flugplanservice.FlugplanServiceClient fs = new
Flugplanservice.FlugplanServiceClient("Flugplanservice_TCP");
Flugplanservice.Flug  f2 = fs.HoleFlug(101);
Console.WriteLine(f2.flugNr + " fliegt von " + f2.abflugOrt + " nach " + f2.zielOrt + " Anzahl freier Plätze: " + f2.freiePlaetze);
PassagierverwaltungService.Passagier p = new
de.WWWings.PassagierverwaltungService.PassagierverwaltungServiceClient("PassagierverwaltungService_TCP")
.HolePassagier(97);
Console.WriteLine("Passagier heißt: " + p._Vorname + " " + p._Nachname);
// Das geht nicht!
// Buchungsservice.Buchung bu = bs.BuchungErstellenMitObjekten(f2, p);
```

Listing 14.37 Probleme mit dem Proxy-Generator

Lösung für das Problem

Mit Visual Studio 2005 war das Problem nicht lösbar. In Visual Studio 2008 gibt es eine Lösung. Oft geht es aber besser mit dem Kommandozeilenwerkzeug *svcutil.exe*. Der Trick liegt darin, die Metadatenendpunkte aller beteiligten WCF-Dienste zusammen anzugeben, sodass die Proxy- und Daten-Klassen zusammen generiert werden. Zwar meldet das Kommandozeilenwerkzeug dann einen Fehler (»The global element ›http://schemas.datacontract.org/2004/07/de.WWWings:Flug‹ has already been declared.«), aber der erzeugte Code funktioniert dennoch.

Ein weiterer Vorteil der Kommandozeilengenerierung ist, dass die generierten Datenklassen den gleichen Namensraum bekommen, den sie auch auf dem Server haben. In dem nachstehenden Aufruf von *svcutil.exe* wird auf die Übernahme des Namensraums aber bewusst verzichtet und ein anderer Namensraum benannt, damit die Beispiele übersichtlicher werden und direkt erkennbar ist, ob lokale oder entfernte Klassen angesprochen werden.

```
Svcutil
/t:code
/language:cs
/config:app.config
/namespace:*,de.WWWings.WCF
/out:WWWings_WCFProxies.cs
net.tcp://localhost:1234/WWWings/metadaten/Flugplanservice
net.tcp://localhost:1234/WWWings/metadaten/FlugplanverwaltungService
net.tcp://localhost:1234/WWWings/metadaten/Buchungsservice
net.tcp://localhost:1234/WWWings/metadaten/PassagierverwaltungService
```

Listing 14.38 Kommandozeilenbefehl zur Erzeugung von gemeinsamen Datenklassen für mehrere WCF-Dienste [ProxyGen.bat]

WICHTIG Die vorgenannten Befehle müssen alle in einer Zeile stehen. Sie wurden im Buch nur zur Übersichtlichkeit umgebrochen!

Möglichkeiten in Visual Studio 2008

In Visual Studio 2008 kann man beim Anlegen einer Referenz auf einen WCF-Dienst (*Add Service Reference*) unter *Advanced* festlegen, dass der Proxy-Generator Datentypen aus einer bereits referenzierten Assembly wiederverwenden kann. Leider gilt die Wiederverwendung nur für referenzierte Assemblies im engeren Sinne, nicht für den Programmcode im eigenen Projekt. Das macht es sehr lästig. Diese Funktion in Visual Studio 2008 lässt sich aber dazu nutzen, für Datenklassen gar keine Proxy-Klassen zu erzeugen, sondern die Originalklassen vom Server zu nutzen. Dies widerspricht zwar etwas dem Prinzip der Entkopplung (und wird daher von einigen Autoren *SOA light* genannt), ist aber in reinen .NET-Szenarien durchaus adäquat. Das Verfahren bietet sogar den Vorteil, dass man eine Geschäftslogik auf einfache Weise wahlweise über WCF oder rein lokal im gleichen Prozess betreiben kann.

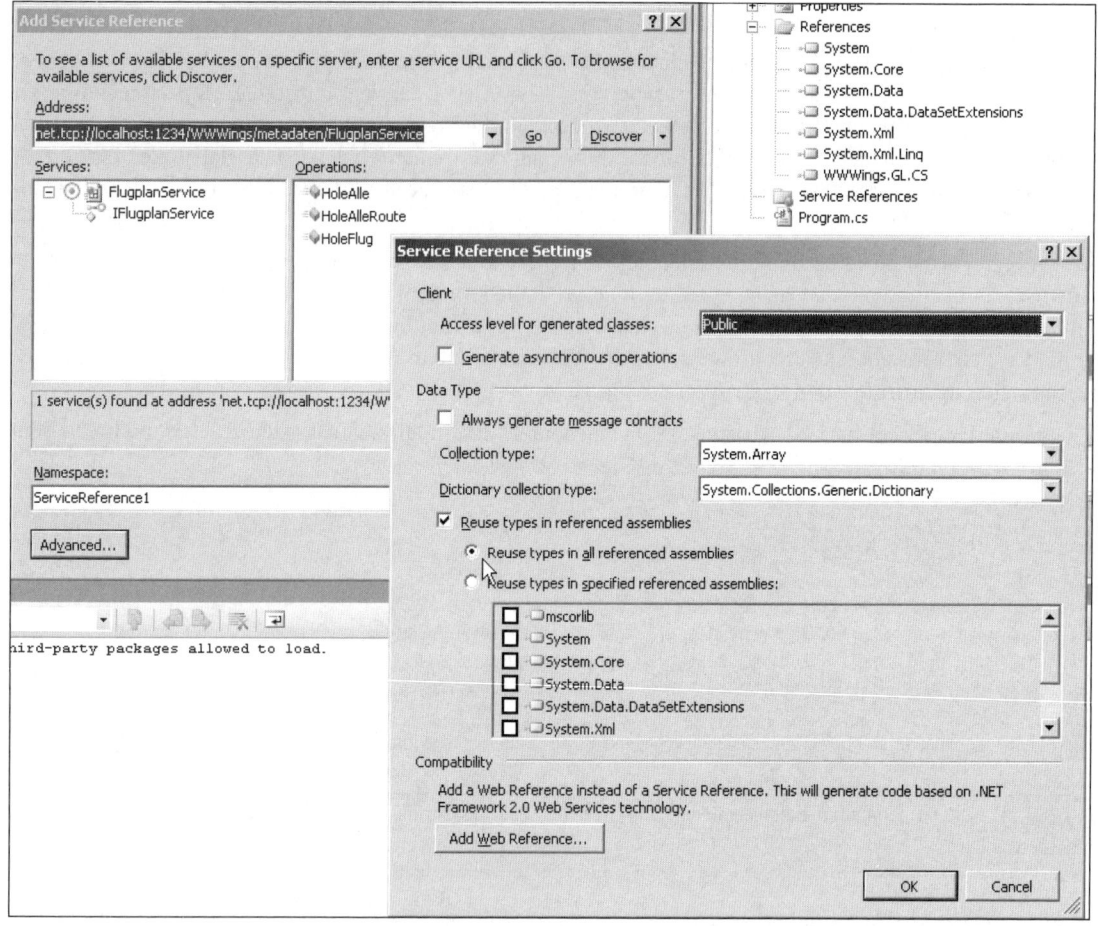

Abbildung 14.47   Wiederverwendung von Datenklassen in bereits referenzierten Assemblies

Eine auf diese Weise generierter Proxy für eine Dienstklasse sieht dann so aus wie in dem folgenden Listing in Ausschnitten gezeigt: Die Methoden geben Objekte einer Klasse zurück, die aus der vom Server bezogenen Geschäftslogikassembly stammen.

```
[System.Diagnostics.DebuggerStepThroughAttribute()]
[System.CodeDom.Compiler.GeneratedCodeAttribute("System.ServiceModel", "3.0.0.0")]
public partial class FlugplanServiceClient :
System.ServiceModel.ClientBase<ConsoleApplication2.ServiceReference1.IflugplanService>,
ConsoleApplication2.ServiceReference1.IflugplanService {

...

        public de.WWWings.Flug[] HoleAlle() {
            return base.Channel.HoleAlle();
        }

        public de.WWWings.Flug[] HoleAlleRoute(string von, string nach) {
            return base.Channel.HoleAlleRoute(von, nach);
        }
```

```
    public de.WWWings.Flug HoleFlug(long FlugNr) {
        return base.Channel.HoleFlug(FlugNr);
    }
}
```

Listing 14.39 Generierter Client-Proxy, der sich die Datenklassen mit dem Server teilt

Multi-Threading-Verhalten

Eine wichtige Einstellung in [ServiceBehavior] ist die Multi-Threading-Einstellung (ConcurrencyMode):

- Die Standardeinstellung ist Single, d. h. nur ein Thread befindet sich gleichzeitig in einer Dienstinstanz. Alle weiteren Aufrufe laden in der Warteschlange.
- Optional kann man Multiple einstellen. Dies bedeutet, dass mehrere Instanzen in einem Thread sein können und der Entwickler selbst die Konsistenz gewährleisten muss.
- Reentrant ist eine Zwischenlösung, bei der ein zweiter Thread die Dienstinstanz nur betreten kann, wenn der Dienst einen anderen Dienst aufruft.

ACHTUNG Die Multi-Threading-Einstellungen sind besonders entscheidend für Singleton-Dienste. Wenn man diese Dienste im ConcurrencyMode = Single betreibt, bremsen sich die Clients gegenseitig sehr stark aus. Für Single Call-Dienste (PerCall) ist die Einstellung für ConcurrencyMode irrelevant, da es sowieso immer eine neue Instanz bei jedem Aufruf gibt.

Leistung (Performanz)

Bei der Auswahl der Bindungen sollten Sie die Ergebnisse von Microsofts offiziellem WCF-Leistungstest [MSDN20] in Betracht ziehen. Zusammenfassend kann man sagen:

- WCF-Webservices sind etwas schneller als ASP.NET-basierte Webservices.
- WCF-Dienste mit Sicherheitsmechanismen auf Transportebene (SSL) sind langsamer als Dienste ohne Sicherheitsmechanismen.
- WCF-Dienste mit Sicherheitsmechanismen auf Nachrichtenebene (WS-Security) sind wesentlich langsamer als Dienste ohne Sicherheitsmechanismen.
- TCP-basierte Dienste sind wesentlich schneller als HTTP-basierte Dienste.

Weitere Möglichkeiten von WCF

Folgende Möglichkeiten von WCF können hier nur kurz erwähnt werden:

- Die Serialisierung kann über die Schnittstellen ISerializable und IXmlSerializable genau gesteuert werden.
- Wenn anstelle einer Instanz einer in der Operation genannten Datenklasse eine Instanz einer abgeleiteten Klasse übergeben werden soll, müssen die *nqh*-Typen mit [ServiceKnownType(typeof(Klasse))] deklariert werden. Die Annotation wird zusammen mit [OperationContract] genannt.

- Wenn man vor der Anforderung steht, einen Typ serialisieren zu müssen, der die Voraussetzungen der Serialisierung nicht erfüllt, man diesen Typ aber nicht ändern kann, muss man ein sogenanntes Serialisierungssurrogat entwickeln mit der Schnittstelle IDataContractSurrogate.

- Mithilfe sogenannter Nachrichtenverträge kann man eine genaue Kontrolle über den Aufbau der zwischen Client und Server ausgetauschten Nachrichten erlangen. Damit kann man zum Beispiel festlegen, welche Informationen im Nachrichtenkopf und welche im Nachrichteninhalt landen. Hierzu verwendet man die Annotationen [MessageContract], [MessageHeader] und [MessageBodyMember].

- Über [FaultContract] kann man spezielle Nachrichten für den Fehlerfall definieren.

- Noch mehr Kontrolle erhält man, indem man definiert, dass Operationen die Daten in Form von Stream- oder Message-Objekten liefern sollen.

- Ein Workflow Service ist ein WCF-Dienst, der mit Windows Workflow Foundation (WF) implementiert ist, siehe Kapitel zu »Windows Workflow Foundation (WF)« (Aktivität ReceiveActivity).

- Im Standardmodus können Nachrichten erst vom Empfänger gelesen werden, wenn sie komplett übermittelt wurden. Für große Nachrichten kann der Streaming-Modus aktiviert werden, sodass der Empfänger schon vor Eingang der kompletten Nachricht mit dem Verarbeiten beginnen kann.

- Für Transportprotokolle, die keine eingebaute Zuverlässigkeitskontrolle haben (also HTTP, aber nicht TCP), bietet WCF die Unterstützung für den Standard *WS-ReliableMessaging*, mit dem Nachrichten bei Verlust wiederholt werden, doppelte Nachrichten eliminiert werden und die Reihenfolge des Eingangs der Nachrichten sichergestellt wird.

- Unterstützung für Transaktionen mit *WS-AtomicTransaction* und *OLE Transactions*

- Über die WCF-Bindungen NetMsmqBinding bzw. MsmqIntegrationBinding können Nachrichtenwarteschlangen auf Basis des Microsoft Message Queuing-Dienstes verwendet werden. Nachrichtenwarteschlangen kommen zum Einsatz, wenn nicht sichergestellt ist, dass der Server zum Zeitpunkt des Absendens verfügbar ist, der Client aber dennoch die Nachricht absenden können soll.

- WCF-Dienste können durch einen WMI-Provider (WMI-Namensraum *root/ServiceModel*) überwacht werden.

- Schutz gegen Angriff durch Lastbeschränkungen und Verhindern von Replay-Angriffen.

- Weiterleiten von Aufrufen mit WS-Addressing.

Fazit

Die nachfolgende Tabelle liefert einen Vergleich zwischen WCF, .NET Remoting und ASP.NET-basierten Webservices (ASMX).

	.NET Remoting	ASMX (mit WSE 3.0)	WCF
Betriebssysteme	NT 4, 9x, 2000, XP, 2003, Vista, 2008	NT 4, 9x, 2000, XP, 2003, Vista, 2008	XP, 2003, Vista, 2008
.NET-Versionen (Voraussetzung)	1.0, 1.1, 2.0, 3.0, 3.5	1.0, 1.1, 2.0, 3.0, 3.5	3.0/3.5

Fazit

	.NET Remoting	ASMX (mit WSE 3.0)	WCF
Transportprotokolle	HTTP, TCP, Named Pipes, AppDomain	HTTP (TCP)	HTTP, TCP, Named Pipes, MSMQ, (UDP, SMTP), Exchange E-Mail
Formate	Binär, SOAP D/E	SOAP (alle Typen), (JSON)	SOAP (alle Typen), MTOM, Binäres SOAP, JSON, RSS, ATOM
Hosting	IIS, COM+, Eigener Host (Konsole, Dienst)	IIS (Eigener Host (Konsole, Dienst))	WAS, IIS, COM+, Eigener Host (Konsole, Dienste)
Sicherheit	Ja, aber .NET 2.0	Ja, durch IIS und WSE	Ja, WS-*-Standards, NTLM
Code-basierte Konfiguration	Ja	Ja	Ja
XML-basierte Konfiguration	Ja	Nein (Ja bei WSE)	Ja
Kompatibel zu	(CORBA und RMI durch Drittanbieter)	WSI BP 1.1, (WS-*), tlw. andere SOAP-Webservices	WSI BP 1.1, WS-*
Kopplungsart	Eng	Lose	Lose/Enger
Serviceorientierung (Nachrichtenaustausch)	Ja	Ja	Ja
Objektorientierung (Objektreferenzen)	Ja	Nein	Nein
Nutzbare Datentypen	Alle (im Zweifel ByRef)	Nur XML-serialisierbare	Alle serialisierbaren mit XML-Serializer oder DataContractSerializer
Zirkuläre Referenzen	Ja	Nein	Ja, optional
Bewahrung der Typidentität	Ja	Nein	Ja, optional
Zustandsbehaftung des Servers	Einfach	Optional	Optional
Codierungsaufwand	Hoch	Gering	Mittel
Infrastrukturvoraussetzungen	Gering (Konsole) bis Hoch (IIS)	Hoch (IIS)	Gering (Konsole) bis Hoch (IIS)
Skalierbarkeit	Mittel	Hoch	Hoch

Tabelle 14.7 Vergleich der Verteilungstechnologien

WCF ist zweifelsfrei eine mächtige und sehr flexible Kommunikationsinfrastruktur, die die effiziente Kommunikation zwischen zwei .NET-Anwendungen und die plattformübergreifende Kommunikation auf Basis von Webservices und WS-*-Standard auf eine gemeinsame Basis stellt. Viele Kommunikationseigenschaften können zur Betriebszeit ohne Neukompilierung der Anwendung geändert werden.

Jedoch ist auch Kritik angebracht: Microsoft propagiert WCF als Vereinigung und Nachfolgetechnologie von ASP.NET-Webservices (ASMX) und .NET Remoting. Auch wenn WCF einige Konzepte von .NET Remoting übernommen hat, ist es allenfalls ein echter Nachfolger für ASMX.

Als problematisch anzusehen ist, dass WCF nicht kompatibel ist mit bestehenden .NET-Remoting-Endpunkten, d.h., es existiert dafür kein entsprechendes WCF-Bindungsprofil. WCF mischt sich zwar nicht in die Kommunikation von .NET Remoting ein, sodass bestehende .NET Remoting-Anwendungen weiterhin funktionieren; jedoch ist eine Kommunikation zwischen einem WCF-Endpunkt und einem .NET Remoting-Endpunkt nicht ohne erhebliche Änderungen im Programmcode möglich.

Microsoft propagiert WCF als technische Infrastruktur zum Aufbau von serviceorientierten Architekturen, in der kein Raum mehr für die von .NET Remoting geförderte enge Bindung durch verteilte Objekte ist. Wünschenswert wäre gewesen, den Entwickler hier nicht zu bevormunden und auch diese Art verteilter Systeme weiterhin zuzulassen.

Kommunikation mit	.NET Remoting	ASP.NET-Webservices (ASMX)	WCF (.NET 3.0/3.5)
einem anderen Prozess, der auch mit .NET läuft auf dem gleichen System	++	0	++
einem anderen Prozess, der auch mit .NET läuft auf einem anderen System	++	+	++
einer anderen Application Domain in dem gleichen .NET-Prozess	++	--	+
mit CORBA- oder Java RMI-Endpunkten	+ (mit Drittanbietertools)	--	--
einem anderen Prozess, der WSI BP 1.1-Webservices unterstützt	--	++	++
einem anderen Prozess, der WS-*-Webservices unterstützt	--	+	++
Web 2.0-Kommunikation	--	+ (JSON)	++ (JSON, RSS, ATOM)

Tabelle 14.8   Einsatzgebiet der Verteilungstechnologien

Kapitel 15

Windows Workflow Foundation (WF)

In diesem Kapitel:

Einleitung	655
Grundfunktionen von Windows Workflow Foundation	655
Neuerungen in .NET 3.5	657
Neuerungen in .NET 3.5 Service Pack 1	657
World Wide Wings-Buchungsworkflow	657
Architektur	661
Workflow-Formate	662
Workflow-Werkzeuge	662
Workflow-Aktivitäten	665
Workflow-Arten	667
Workflow-Hosting	668
Datenaustausch mit Workflows	671
Bedingungen	682
Regelsätze (Rule Sets)	683
Persistenz	685
Ablaufverfolgung (Tracking)	690
Scheduling	695 ▶

In diesem Kapitel (*Fortsetzung*):

Fehlerbehandlung	695
Transaktionen	696
Kompensation	697
Weitere Möglichkeiten	698
Bewertungen von Windows Workflow Foundation	698

Einleitung

Seit .NET 3.0 wagt sich Microsoft in einen bisher kaum von der Firma besetzten Markt vor: computergestützte Arbeitsabläufe (Workflows). Die Windows Workflow Foundation (WF) ist aber weder eine Server- noch eine Client-Anwendung, sondern eine Bibliothek für Entwickler, mit denen diese selbst (beliebige) Workflow-Anwendungen entwickeln können.

Bereits auf die Redmonder .NET-Erstankündigungen des Jahres 2000 geht der Begriff *Orchestrierung von Anwendungen* zurück. Außer im Microsoft Biztalk Server gab es bisher jedoch keine Umsetzung des Konzeptes der visuellen Entwicklung von Anwendungen in .NET. Eine sehr spezielle Form der Workflows bieten auch die SQL Server Integration Services (SSIS) bzw. der Vorgänger Data Transformation Services (DTS).

Die visuelle Entwicklung hält nun als Teil ab .NET 3.0 tatsächlich Einzug in die .NET-Strategie in Form einer Workflow-Umgebung. Die Windows Workflow Foundation (WF) stellt die Basisinfrastruktur zur Erstellung von Workflows bestehend aus Aktivitäten und Zuständen bereit.

Der erste auf WF aufsetzende Workflow-Server ist der Microsoft Office SharePoint Portal Server 2007. Auch zukünftige Versionen des Biztalk Servers, des Speech Servers und der Microsoft Dynamics (früher: Business Solutions)-Produktpalette sollen WF verwenden.

> **HINWEIS** Die Abkürzung für die Windows Workflow Foundation ist WF, nicht WWF. Microsoft möchte dabei Namenskonflikte mit dem World Wide Fund For Nature (alias World Wildlife Found) und der World Wrestling Foundation vermeiden.

> **HINWEIS** WF weist gewisse Ähnlichkeiten zu den SQL Server Integration Services (SSIS), früher Data Transformation Services (DTS), auf. Das Entwicklungsteam von SSIS hat sich vorerst jedoch entschlossen, nicht auf WF umzusteigen, weil der Fokus von SSIS ein anderer ist: die effiziente Beförderung großer Mengen von Daten. Deshalb wird es bis auf Weiteres WF-Aktivitäten und SSIS-Aufgaben geben, die zum Teil ähnliche Gebiete abdecken, aber überhaupt nicht kompatibel sind.

Grundfunktionen von Windows Workflow Foundation

Windows Workflow Foundation (WF) ist weder ein Server noch eine Endbenutzeranwendung; beides muss der Entwickler noch erstellen. Einen einfachen kommandozeilenbasierten Server kann ein Entwickler auf Basis von WF schon in wenigen Codezeilen erzeugen.

Workflow-Arten

WF unterstützt zwei Arten von Workflows:

- Flussdiagramme (Flow Chart): klassische sequenzielle oder parallele Abfolge von Aktionen
- Zustandsdiagramme (State Chart): Reaktion auf Außenereignisse, Überspringen, Erneut ausführen, Fehlerbehandlungen

Workflow-Diagramme können sowohl in Visual Studio 2008 als auch in die selbsterstellten Anwendungen grafisch erzeugt werden durch einen Workflow-Designer.

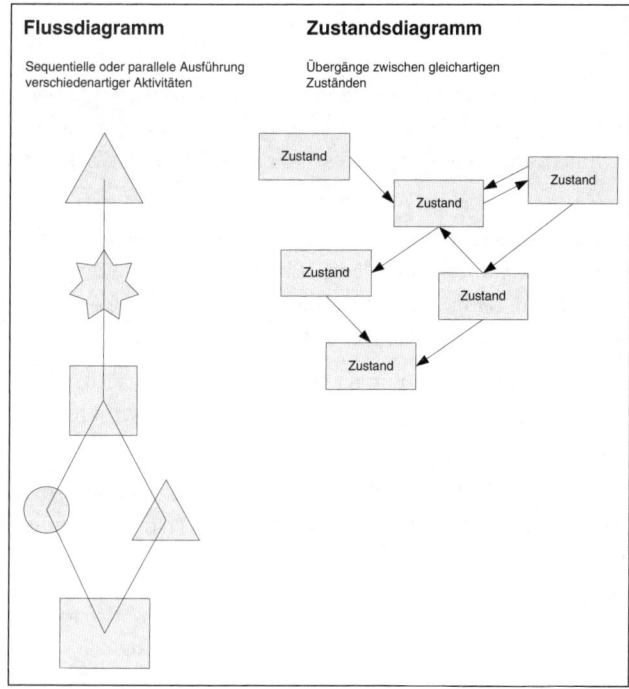

Abbildung 15.1 Workflow-Arten in Windows Workflow Foundation

Workflow-Elemente

Elemente eines WF-Workflows sind Aktivitäten oder Zustände, wobei alle Bausteine in Form von .NET-Klassen implementiert sind. In WF beschreibt der Entwickler die Abfolge von Aktivitäten bzw. Zuständen in .NET-Code oder in Extensible Application Markup Language (XAML, Dateiextension *.xoml*). XAML kommt auch in WPF zum Einsatz. Wie in WPF steht jedes XML-Element in einem XAML-Dokument für eine Instanz einer .NET-Klasse.

Microsoft liefert einige vordefinierte WF-Aktivitäten (z. B. Sequence, While, IfElse, Parallel, Code, CallExternalMethod, InvokeWebservice, Listen, Delay, Terminate). Entwickler können beliebig eigene WF-Aktivitäten in Form von .NET-Klassen ergänzen. Da sich diese Klassen in Assemblies kapseln lassen, ist auch ein kommerzieller Markt von WF-Aktivitäten möglich.

Dienste

Die WF-Laufzeitumgebung stellt diverse Basisdienste bereit:

- Laden
- Persistenz
- Datenaustausch
- Ablaufverfolgung (Tracking)
- Steuerung des Multi-Threading (Scheduling/Timing)

Datenaustausch

WF-Workflows können Daten mit dem Workflow-Host und der Außenwelt austauschen, Webservices aufrufen oder selbst als Webservice bereitgestellt werden. Der eingebaute Persistenzmechanismus gestattet langlebige Workflows, wobei Microsoft als vorgefertigte Persistenzlösung nur die Ablage in einem Microsoft SQL Server anbietet. Da sich alle Basisdienste austauschen lassen, sind jedoch andere Datenspeicher möglich.

Regelwerke

In Windows Workflow können mathematische und andere Regeln eingesetzt werden, um den Workflow zu steuern. Der Workflow-Designer stellt dafür einen Regeleditor bereit.

Neuerungen in .NET 3.5

In .NET 3.5 gibt es für Windows Workflow nur sehr wenige Neuerungen:

- Die neue Aktivität SendActivity dient dem Aufruf eines WCF-Dienstes
- Die neue Aktivität ReceiveActivity dient dem Empfang von Daten per WCF
- Der Regeleditor unterstützt auch Erweiterungsmethoden, Operatorüberladung und die Instanziierung mit new.

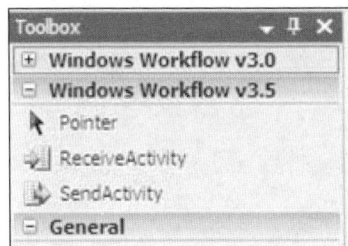

Abbildung 15.2 Die neuen Aktivitäten bilden in der Werkzeugleiste eine eigene Registerkarte

Neuerungen in .NET 3.5 Service Pack 1

Bis zum Redaktionsschluss lagen dem Autor keine Mitteilungen über Neuerungen in Service Pack 1 in Bezug auf WF vor.

World Wide Wings-Buchungsworkflow

In diesem Kapitel kommt ein Workflow für die Buchung eines Fluges bei World Wide Wings, dem Fallbeispiel in diesem Buch, zum Einsatz. In dem Workflow werden nacheinander Passagierdaten, Flugdaten und Zahlungsdaten verarbeitet. Als Flugdaten kann eine Menge von Flugnummern eingehen, die in einer Transaktion gebucht werden sollen. Zwischen dem Eingang der verschiedenen Daten kann beliebig viel Zeit vergehen (der Workflow ist »langlebig«).

Diagramme

Den Workflow gibt es in zwei Varianten: Als Flussdiagramm und als Zustandsdiagramm.

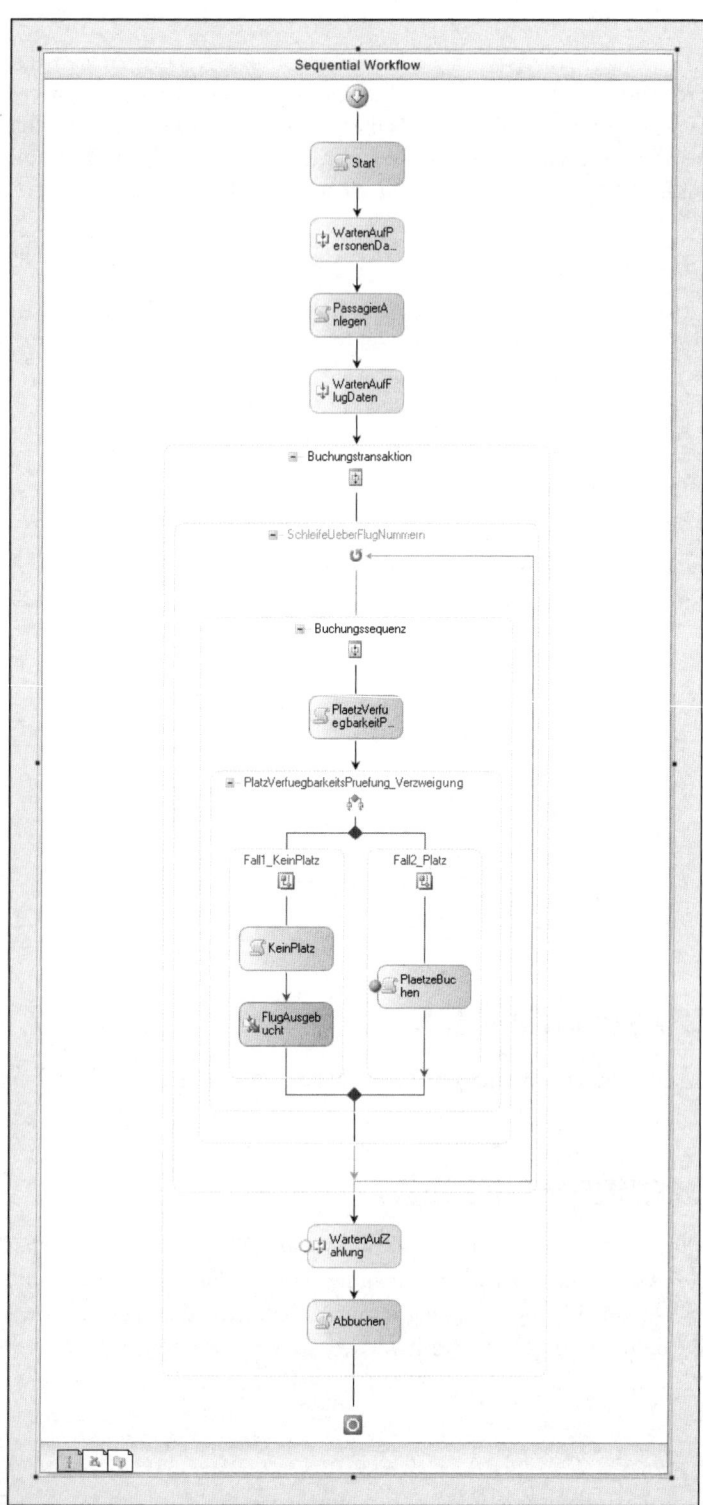

Abbildung 15.3 Aus Visual Studio exportierte grafische Darstellung des Buchungsworkflows in Flussdiagrammform

World Wide Wings-Buchungsworkflow

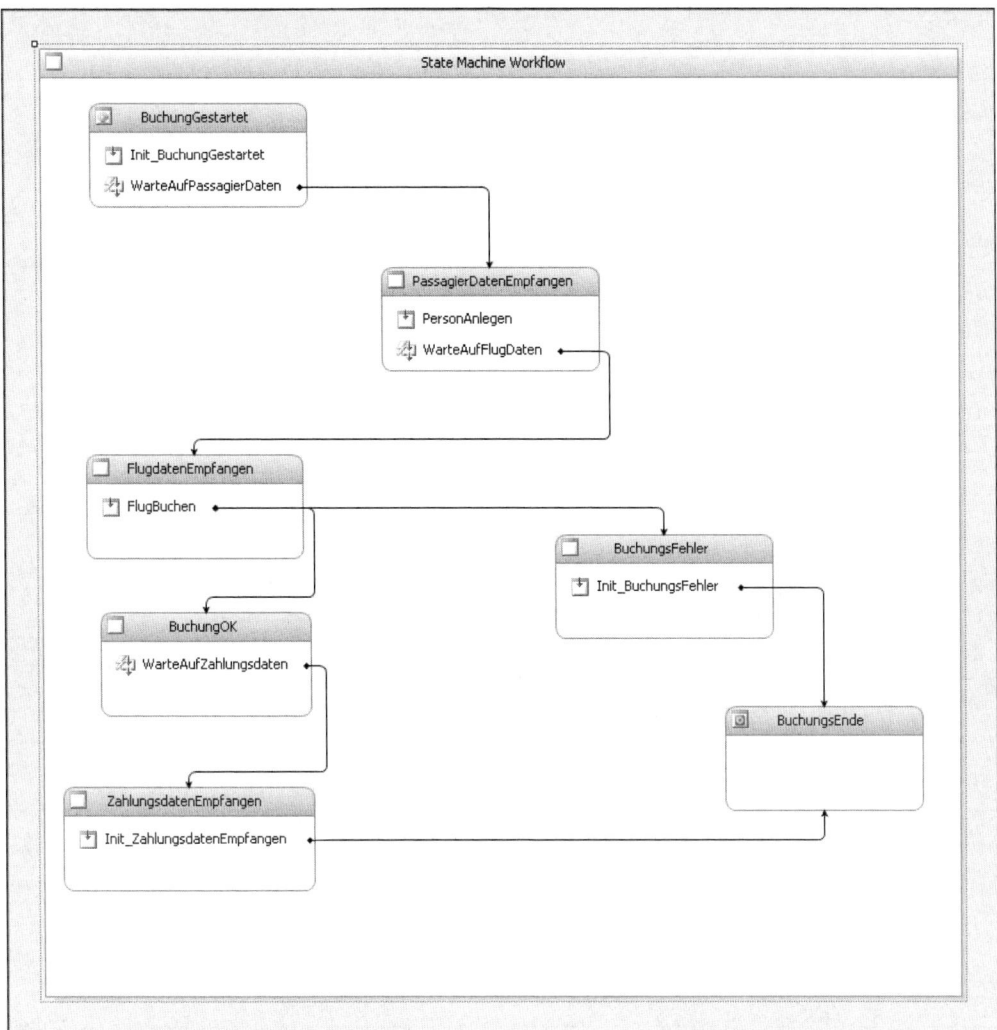

Abbildung 15.4 Aus Visual Studio exportierte grafische Darstellung des Buchungsworkflows in Zustandsdiagrammform

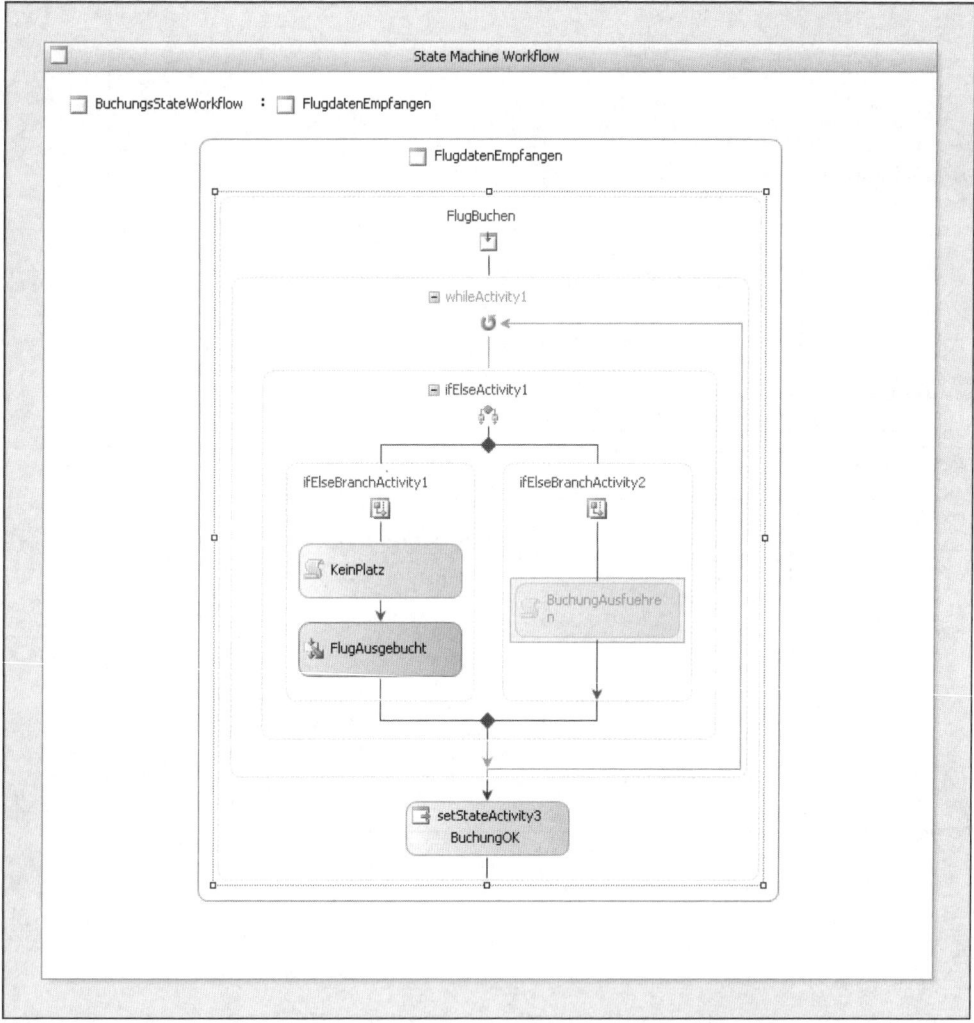

Abbildung 15.5 Hinter den Elementen im Zustandsdiagramm verbergen sich wieder Flussdiagramme

Hosting

Der WorldWideWings-Buchungsworkflow wird in dem Fallbeispiel auf zwei Arten betrieben:
- Als Teil der Windows Forms-Anwendung wird eine assistentenbasierte Buchung angeboten.
- Als Teil der Webanwendung wird der Workflow als Webservice angeboten.

Architektur

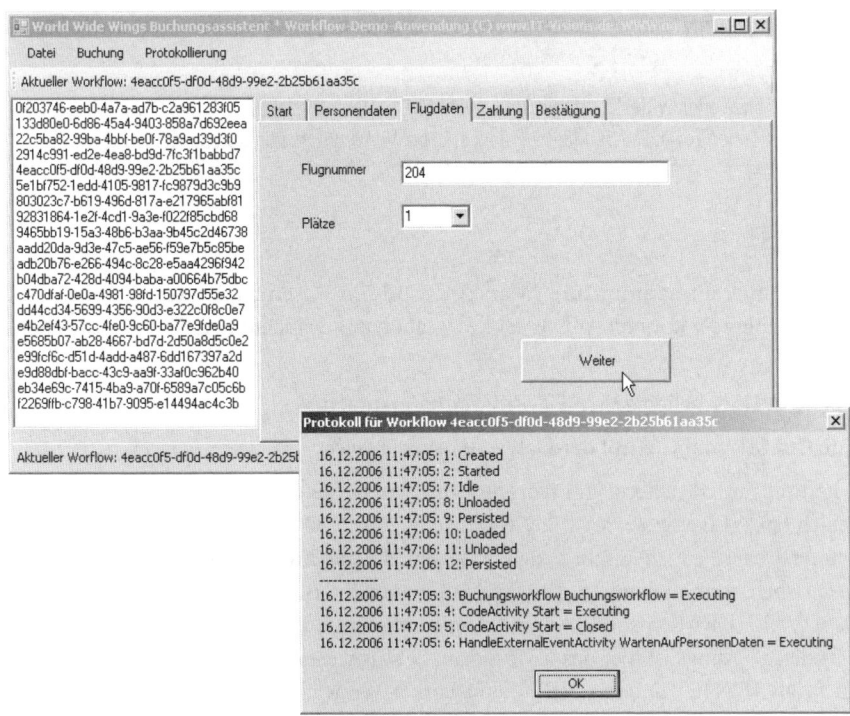

Abbildung 15.6 Buchungsassistent in der Windows-Anwendung

Architektur

Bestandteile des WF-Konzeptes sind:

- die Workflow-Laufzeitumgebung,
- die Workflow-Dienste,
- ein Workflow-Host, der die Laufzeitumgebung und Dienste lädt sowie den Workflow startet und kontrolliert,
- eine Bibliothek von vordefinierten Aktivitäten,
- Workflow-Definitionen, die vordefinierte oder selbst definierte Aktivitäten verwenden,
- ein grafischer Designer in Visual Studio für Workflows und
- Kommandozeilenwerkzeuge.

HINWEIS Die Laufzeitumgebung, die Dienste und Aktivitäten sind in vier Assemblies realisiert, die mit .NET 3.0/3.5 installiert werden:

- *System.Workflow.Runtime.dll* (Laufzeitumgebung und Dienste)
- *System.Workflow.Activities.dll* (Aktivitäten)

- *System.Workflow.ComponentModel.dll* (Aktivitäten und Basisklassen für Erweiterungen)
- *System.WorkflowServices.dll* (Erweiterungen in WCF 3.5)

In der Regel braucht ein Projekt, das einen Workflow deklariert, alle drei Assemblies und ein Projekt mit einem Workflow-Host nur die erste Assembly. Die anderen beiden können zusätzlich benötigt werden, z. B. bei Verwendung von Datenaustauschdiensten.

Workflow-Formate

Workflows sind zur Laufzeit immer Programmcode (Managed Code in Assemblies), der von der CLR ausgeführt wird. Zur Entwicklungszeit können WF-Workflows aber auf verschiedene Weise dargestellt werden:

- durch Programmquellcode in einer beliebigen .NET-Programmiersprache
- durch XML-Dokumente (XAML-Markup mit der Dateiextension *.xoml*)

In den XML-Dokumenten kommt zur Darstellung von Workflows die Extensible Application Markup Language (XAML) zum Einsatz, die auch bei WPF eingesetzt wird. Viele meinen, dass XAML eine Sprache zur Beschreibung grafischer Oberflächen sei. Das ist jedoch falsch: XAML ist allgemein eine XML-Notation, mit der beliebige .NET-Objektbäume beschrieben werden können. Ein XAML-Dokument ist die serialisierte Form eines .NET-Objektmodells. Auch bei ASP.NET, Microsoft Build und dem Konfigurationsmodell des .NET Framework wird dieses Konzept angewendet, allerdings ist hier das XML-Format etwas weniger mächtig. Außerdem gab es den Namen XAML noch nicht, als ASP.NET und das .NET Framework 2.0 entwickelt wurden.

Ein Workflow kann durch eine Kombination der beiden Grundmodelle auf folgende Weise dargestellt werden:

- Nur XAML-Markup
- Nur Code
- XAML-Markup + Hintergrundcode (Code-Behind)

ACHTUNG XAML kann Basiskonstrukte wie Bedingungen, Schleifen und Datenbindung ausdrücken. Nicht alles jedoch kann in XAML-Markup dargestellt werden. Insbesondere Code-Aktivitäten können nicht in XAML umgesetzt werden. In der Regel wird daher XAML mit Hintergrundcode kombiniert. Der Vorteil von XAML ist, dass es einfacher als Programmcode durch externe Werkzeuge generiert werden kann.

WF kann auch andere Workflow-Formate auf XML-Basis unterstützen, weil das Laden von Workflows ein austauschbarer Dienst ist. In WF mitgeliefert wird der `DefaultWorkflowLoaderService`, der eine Ableitung von `WorkflowLoaderService` ist.

Workflow-Werkzeuge

In Visual Studio 2008 gehören der Workflow-Designer zur grafischen Modellierung der WF-Workflows sowie Vorlagen (Projektvorlagen und Elementvorlagen) zum Standardlieferumfang von Visual Studio. Für Visual Studio 2005 existiert mit dem Namen *Visual Studio 2005 Extensions for Windows WF*.

Workflow-Designer

Der WF-Designer unterstützt folgende Funktionen:

- Erzeugung von code- oder XAML-basierten Workflows
- Assistenten für Datenbindung
- Grafisches Debugging
- Vergrößern und Verkleinern
- Speichern des Workflows als Grafikdatei
- Gestaltungsvorlagen, mit denen die Art der Darstellung angepasst werden kann. Die Gestaltungsvorlagen werden in *.wtm*-Dateien in XML-Form gespeichert.

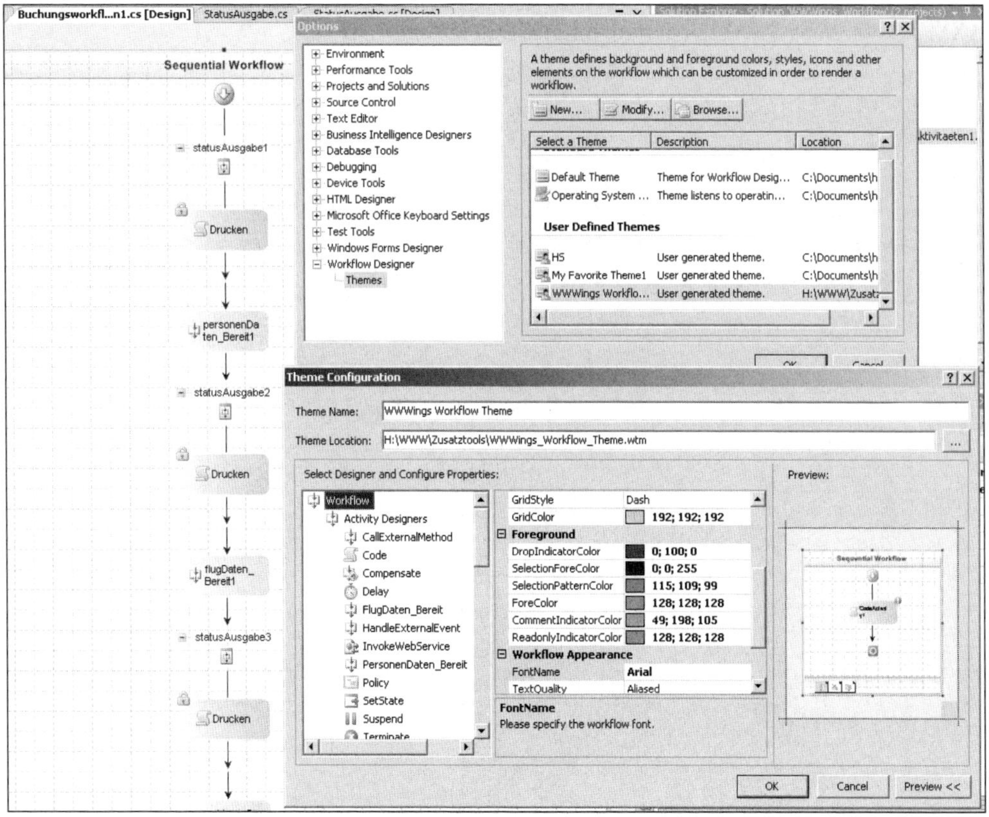

Abbildung 15.7 Gestaltungsvorlagen für den Workflow-Designer

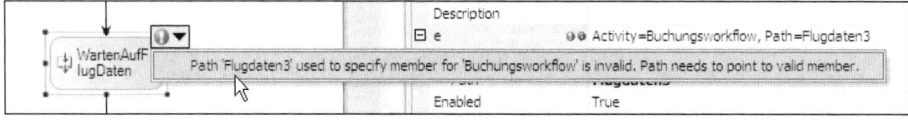

Abbildung 15.8 Der Designer zeigt durch ein rotes Ausrufezeichen an, wenn eine Aktivität unvollständige oder falsche Daten besitzt

HINWEIS Es gibt für WF noch keinen Testhost wie für WCF. Dies bedeutet, dass man einen Workflow-Host immer selbst schreiben muss und dass man auch innerhalb von Visual Studio 2008 einen Workflow nicht direkt in einer DLL starten kann.

Debugging

In Visual Studio kann der Entwickler einen Haltepunkt für jede Aktivität im Diagramm festlegen. Zusätzlich sind beliebig viele Haltepunkte im Programmcode festlegbar. Die jeweils aktuelle Aktivität wird mit einem gelben Rahmen dargestellt. Die üblichen Debugger-Fenster (Lokalfenster, Direktfenster) sind verfügbar.

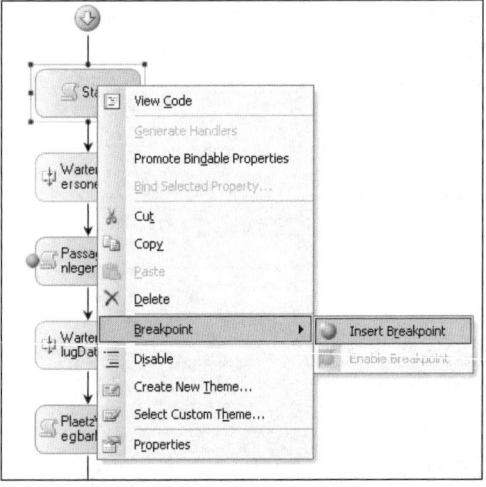

Abbildung 15.9 Setzen eines Haltepunkts in einem Workflow

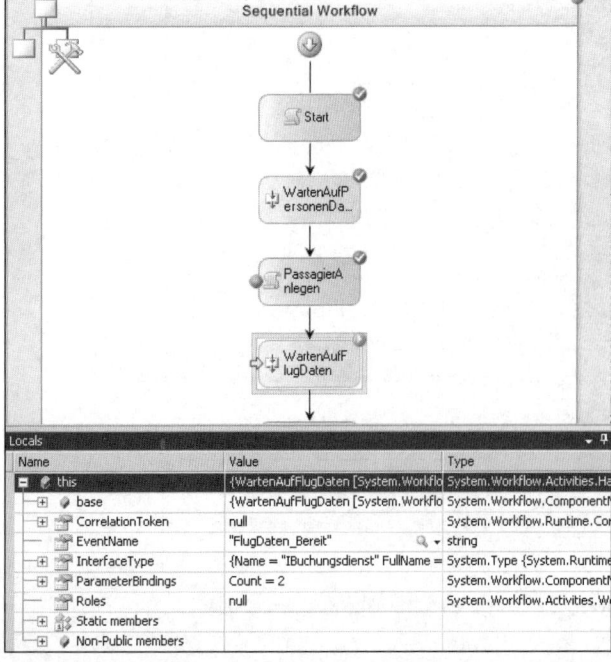

Abbildung 15.10 Anzeige des Debuggers im Einzelschrittmodus

Kommandozeilenwerkzeuge

Das Windows SDK enthält zwei Kommandozeilenwerkzeuge:

- Der Workflow Command Line Compiler (*wfc.exe*) ermöglicht die Übersetzung von Workflow XAML-Dateien in Programmcode.
- Das Workflow Communication Activity Tool (*wca.exe*) generiert streng typisierte Klassen für Datenaustauschdienste.

Workflow-Aktivitäten

Aktivitäten sind die Grundelemente von WF, aus denen Workflows zusammengebaut werden (vgl. das Verhältnis von Steuerelementen und Formularen in Windows Forms, WPF und ASP.NET). Es gibt zwei Grundtypen von Aktivitäten:

- Einfache Aktivitäten (Basisklasse `Activity`)
- Zusammengesetzte Aktivitäten (Basisklasse `CompositeActivity`): Diese Aktivitäten können andere einfache oder zusammengesetzte Aktivitäten enthalten.

Aktivitätenbaum

Durch die zusammengesetzten Aktivitäten entsteht ein Aktivitätenbaum. Workflows selbst sind eine Ableitung zusammengesetzter Aktivitäten.

> **HINWEIS** Damit entspricht das WF-Objektkonzept dem Windows Forms-Objektkonzept: Aktivitäten entsprechen den Steuerelementen und genau wie ein Formular eine Spezialisierung eines Steuerelements ist, ist ein Workflow eine spezielle Form einer Aktivität.

Überblick über die mitgelieferten Aktivitäten

Die von Microsoft in der ersten Version von WF mitgelieferten Aktivitäten sind eher einfach gehalten und bilden aus Programmiersprachen bekannte Grundkonstrukte ab. Beispiele sind Bedingungen (`IfElseActivity`), Schleifen (`WhileActivity`, `ConditionedActivityGroup` und `ReplicatorActivity`), Parallelisierung (`ParallelActivity`), Warten auf Ereignisse (`HandleExternalEventActivity`, `WebServiceInputActivity`), Aufrufen von externem Code (`CallExternalMethodActivity`, `InvokeWebServiceActivity`, `InvokeWorkflowActivity`), Verzögerung (`DelayActivity`) sowie Transaktionssteuerung (`TransactionScopeActivity`) und Fehlerbehandlung (`ThrowActivity`, `FaultHandlerActivity`, `CompensateActivity`). Stärker geschäftsprozessorientiert ist die `PolicyActivity`, mit der man einen Satz von (abhängigen) Regeln definieren kann.

Wenn ein Entwickler mit diesen Grundelementen nicht weiterkommt, kann er über `CodeActivity` beliebigen .NET-Code im Rahmen des Workflows ausführen. Ziel von WF ist es aber, den direkten Einsatz von Code im Workflow auf ein Minimum zu reduzieren. Daher gibt es die Möglichkeit, eigene Aktivitäten mit höherem Abstraktionsniveau zu entwickeln, die direkt Geschäftsprozesse wie Datenerfassung, Prüfung, Genehmigung und Ausführen repräsentieren.

Weitere Aktivitäten

Weitere Zusatzaktivitäten findet man auf der .NET 3.x-Website [NETFX01].

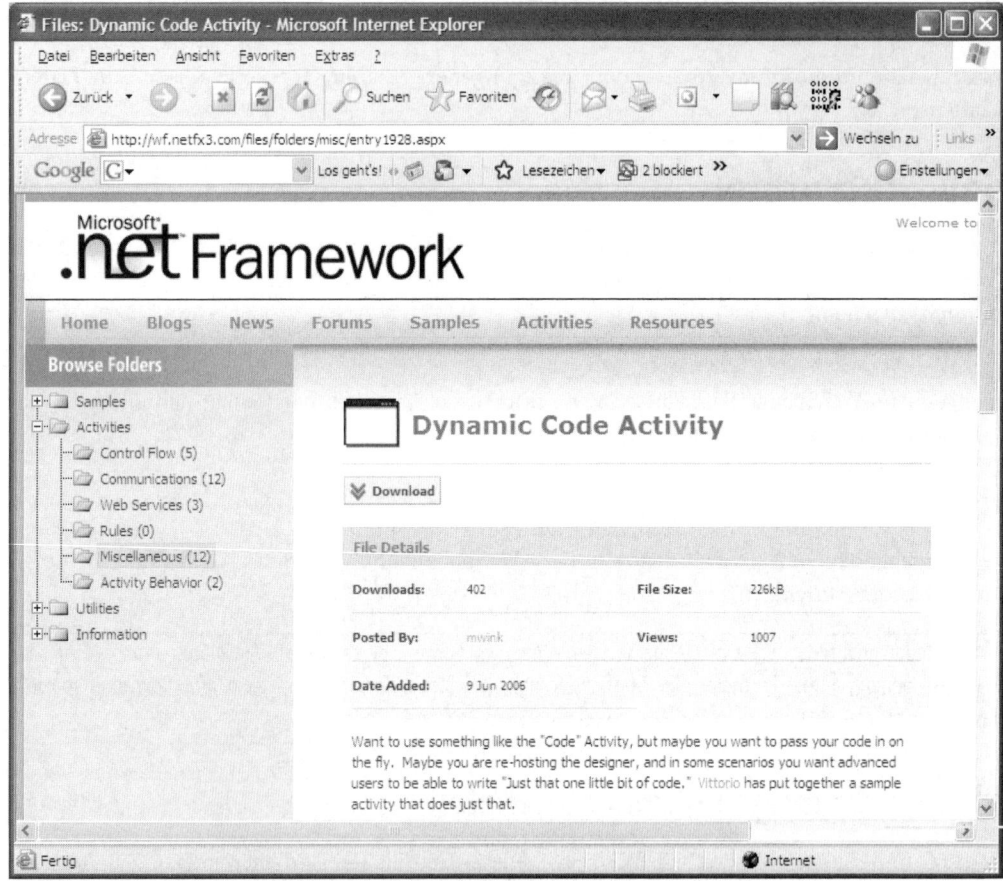

Abbildung 15.11   Verzeichnis weiterer Aktivitäten für Windows Workflow Foundation

Zustandsmodell

Jede WF-Aktivität »durchlebt« während der Verarbeitung in einem Workflow verschiedene Zustände. Eine Aktivität kann sich in sechs Zuständen (Enumeration ActivityExecutionStatus) befinden:

- Initialized
- Executing
- Compensating
- Cancelling
- Faulting
- Closed

Die folgende Abbildung zeigt die Zustände und die Zustandsübergänge. Den aktuellen Status einer Aktivität kann man in dem Attribut ExecutionStatus auslesen. Die Zustände werden im Ablaufverfolgungsdienst protokolliert.

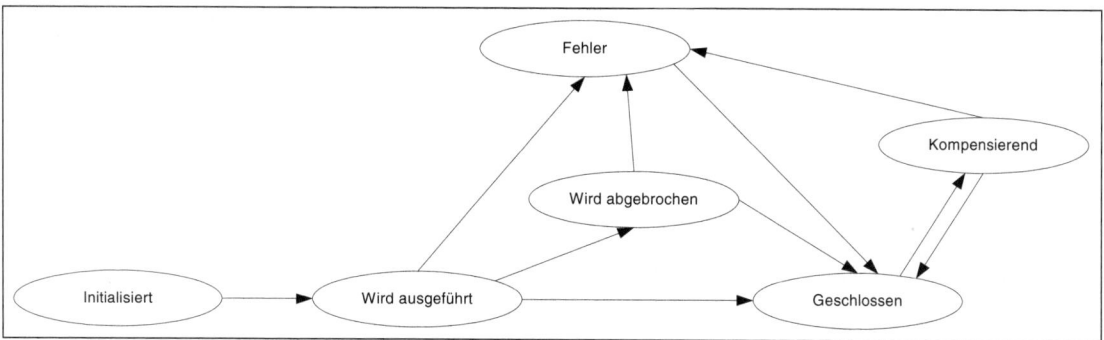

Abbildung 15.12   Zustandsübergangsmodell der WF-Aktivitäten

Workflow-Arten

In diesem Abschnitt werden die beiden Workflowarten (Flussdiagramme und Zustandsdiagramme) kurz verglichen.

Flussdiagramme

Ein Flussdiagramm ist eine klassische sequenzielle oder parallele Abfolge von Aktionen. Technisch ist ein Flussdiagramm in WF eine Klasse, die von der Basisklasse SequentialWorkflowActivity erbt. In einem Flussdiagramm dürfen alle nachfolgenden Aktivitäten vorkommen: State, StateInitialization, StateFinalization und SetState.

> **HINWEIS**   Ein Beispiel war bereits im Kapitel »World Wide Wings – Das mehrschichtige Fallbeispiel in diesem Buch« abgedruckt und wird hier zum Einsparen von Platz nicht nochmals wiedergegeben.

Zustandsdiagramme

Zustandsdiagramme bestehen aus mehreren Zuständen, zwischen denen es auf Basis von Ereignissen zu einem Zustandsübergang (Transition) kommt. Immer nur ein Zustand ist der aktuelle Zustand. Technisch ist ein Flussdiagramm in WF eine Klasse, die von der Basisklasse StateMachineWorkflowActivity erbt. Visual Studio bietet dafür eine besondere Diagrammform (Elementvorlage *State Machine Workflow*). Hier besteht ein Workflow auf der obersten Ebene aus einer Reihe von Zuständen (Klasse StateActivity). Es gibt genau einen Startzustand und einen Endzustand, der zur Beendigung des Workflows führt. Jeder Zustand kann mehrere Ereignisse empfangen. Ein Ereignis kann zu einer Transition führen (SetState).

Ein Zustand kann folgende Elemente enthalten:

- Höchstens ein Element des Typs `StateInitialization`: Hier verbirgt sich ein Teilworkflow, der ausgeführt wird, wenn der Zustand erreicht wird.
- Höchstens ein Element des Typs `StateFinalization`: Hier verbirgt sich ein Teilworkflow, der ausgeführt wird, bevor der Zustand verlassen wird.
- Kein, ein oder mehrere Elemente des Typs `EventDrivenActivity`: Hier verbirgt sich ein Teilworkflow, der ausgeführt wird, wenn ein (anderer) Zustand die `SetStateActivity` mit Ziel auf den aktuellen Zustand aufruft.

HINWEIS Die o.g. Teilworkflows sind immer Flussdiagramme. Eine Verfeinerung eines Zustandsdiagramms durch andere Zustandsdiagramme ist nicht vorgesehen.

HINWEIS Ein Beispiel war bereits im Kapitel »World Wide Wings – Das mehrschichtige Fallbeispiel in diesem Buch« abgedruckt und wird hier zum Einsparen von Platz nicht nochmals wiedergegeben.

Workflow-Hosting

WF enthält eine Laufzeitumgebung, aber noch keinen Server-Prozess. Ein Entwickler, der mit WF arbeitet, muss selbst einen solchen Systemprozess bereitstellen. Dieser Prozess wird Workflow-Host genannt.

Der Workflow-Host erfüllt u.a. folgende Aufgaben:

- Server-Prozess und zugehörige Application Domain starten
- WF-Dienste konfigurieren und der Laufzeitumgebung hinzufügen
- Workflow-Laufzeitumgebung starten
- Workflows erzeugen und starten
- Workflows persistieren und entladen (wird später behandelt)
- Ereignisse der Laufzeitumgebung behandeln
- Workflows steuern
- mit den Workflows kommunizieren (wird später behandelt)

Server-Prozess

Als Server-Prozess kann jeder .NET-Anwendungstyp zum Einsatz kommen, der einen Prozess bildet, also z.B. Konsolenanwendung, Windows-Dienst, Webanwendungen und Webdienste.

Innerhalb des Prozesses ist eine Instanz der Klasse `System.Workflow.Runtime.WorkflowRuntime` zu erzeugen.

```
public static WorkflowRuntime WorkflowRuntime = new WorkflowRuntime();
```

WICHTIG Das Hosting von Workflows als Webservices wird im Abschnitt »Datenaustausch« besprochen.

> **TIPP** Es ist möglich, in einer Application Domain mehrere Instanzen der Workflow-Laufzeitumgebung zu laden. Microsoft empfiehlt jedoch, pro Application Domain nur eine Instanz der Workflow-Laufzeitumgebung zu laden.

WF-Dienste konfigurieren und der Laufzeitumgebung hinzufügen

Vor dem Start der Laufzeitumgebung sind alle benötigten Dienste zu aktivieren. Dies erfolgt durch Instanziierung der entsprechenden Klassen und Hinzufügen der Instanzen zu der Laufzeitumgebung. Die im folgenden Listing hinzugefügten Dienste werden in späteren Abschnitten dieses Kapitels noch besprochen.

```
// Datendienst
WFDatenDienst = new ExternalDataExchangeService();
Program.WorkflowRuntime.AddService(WFDatenDienst);

// Persistenzdienst
NameValueCollection Parameter = new NameValueCollection();
Parameter.Add("UnloadOnIdle", "true");
Parameter.Add("ConnectionString", ConnectionString);
WFPersistenzDienst = new SqlWorkflowPersistenceService(Parameter);
Program.WorkflowRuntime.AddService(WFPersistenzDienst);

// Ablaufverfolgung
WFTrackingDienst = new System.Workflow.Runtime.Tracking.SqlTrackingService(ConnectionString);
Program.WorkflowRuntime.AddService(WFTrackingDienst);
```

Listing 15.1 Hinzufügen von Diensten zur Laufzeitumgebung

> **WICHTIG** Die Workflow-Laufzeitumgebung kann per Programmcode und/oder durch eine Anwendungskonfigurationsdatei (Element `<HostingWorkflowRuntime>`) konfiguriert werden. Der Programmcode hat jedoch – wie bei WCF – Vorrang (»Code is King«).

Start der Workflow-Laufzeitumgebung

Die Workflow-Laufzeitumgebung wird durch den Aufruf

`Program.WorkflowRuntime.StartRuntime()`

gestartet. Die Laufzeitumgebung wird auch automatisch aktiviert, wenn ein neuer Workflow gestartet wird.

Workflows erzeugen und starten

Workflows sind Klassen, die von `System.Workflow.Activities.SequentialWorkflowActivity` oder `System.Workflow.Activities.StateMachineWorkflowActivity` abgeleitet sind. Instanzen dieser Klassen werden aber nicht direkt verwendet, sondern sind in `System.Workflow.Runtime.WorkflowInstance` zu kapseln. Diese Kapseln erzeugt die Methode `CreateWorkflow()` der Klasse `WorkflowRuntime`. `CreateWorkflow()` akzeptiert wahlweise einen .NET-Typ oder eine Instanz der Klasse `XmlReader`, die einen Workflow in XAML-Form enthält. Danach kann die Methode `Start()` der Klasse `WorkflowInstance` aufgerufen werden.

```
WorkflowInstance w;
w = Program.WorkflowRuntime.CreateWorkflow(
    typeof(de.WWWings.Workflow.Buchungsworkflow));
w.Start();
```

Listing 15.2 Start eines Workflows

HINWEIS Beim Instanziieren eines Workflows findet eine Überprüfung des gesamten Aktivitätenbaums statt. Diese Prüfung ist sinnvoll, kostet aber auch Zeit. Mit dem Parameter `ValidateOnCreate` des `WorkflowRuntime`-Objekts kann man die Überprüfung deaktivieren.

Ereignisse der Laufzeitumgebung behandeln

Die Laufzeitumgebung informiert den Host über alle Zustandsänderungen. Insbesondere folgende Ereignisse sind in der Klasse `WorkflowRuntime` definiert:

- WorkflowAborted
- WorkflowCompleted
- WorkflowCreated
- WorkflowIdled
- WorkflowLoaded
- WorkflowPersisted
- WorkflowResumed
- WorkflowStarted
- WorkflowSuspended
- WorkflowTerminated
- WorkflowUnloaded

Das folgende Listing zeigt einige Beispiele für den Einsatz der Ereignisse.

```
Program.WorkflowRuntime.WorkflowCompleted += delegate(object sender, WorkflowCompletedEventArgs e) {
Print("Workflow beendet! " + e.WorkflowInstance.InstanceId); };

Program.WorkflowRuntime.WorkflowStarted += delegate(object sender, WorkflowEventArgs e) {
Print("Workflow gestartet! " + e.WorkflowInstance.InstanceId); };

Program.WorkflowRuntime.WorkflowLoaded += delegate(object sender, WorkflowEventArgs e) { Print("Workflow
geladen! " + e.WorkflowInstance.InstanceId); };

Program.WorkflowRuntime.WorkflowIdled += delegate(object sender, WorkflowEventArgs e)
{ Print("Workflow wartet! " + e.WorkflowInstance.InstanceId); w.Unload(); };

Program.WorkflowRuntime.WorkflowTerminated += delegate(object sender, WorkflowTerminatedEventArgs e)
{    PrintError(e.Exception.Message); };
```

Listing 15.3 Behandeln von Ereignissen der Workflow-Laufzeitumgebung

Steuerung von Workflows

Ein konkreter Workflow lässt sich über das zugehörige Objekt vom Typ WorkflowInstance steuern:
- Start(): Starten des Workflows
- Unload(): Persistieren des Workflows
- Abort(): Abbruch, Wiederaufnahme möglich am letzten Persistenzpunkt
- Terminate(): Abbruch, Wiederaufnahme nicht möglich, da im Persistenzdienst gelöscht
- Suspend(): Zeitweises Anhalten; Fortsetzen mit Resume()

Die Steuerung ist möglich innerhalb des Workflows (in Aktivitäten) oder von außerhalb (über den Workflow-Host).

Datenaustausch mit Workflows

WF bietet folgende Mechanismen zum Datenaustausch:
- Innerhalb eines Workflows können Aktivitäten über normale Attribute oder sogenannte *Abhängigkeitseigenschaften* Daten austauschen.
- Die Workflow-Laufzeitumgebung kann beim Start eines Workflows Parameter übergeben und von dem Workflow Rückgabewerte erhalten.
- Datenaustauschdienste sind ein Instrument zur asynchronen Kommunikation zwischen Host und Workflow.
- Workflows können auf Webservice-Aufrufe reagieren und selbst Webservices aufrufen.
- Der WorkflowQueuingService ermöglicht die Erstellung eigener Kommunikationswarteschlangen zwischen Workflows und eigenen Aktivitäten.

Interne Kommunikation über Attribute und Abhängigkeitseigenschaften

Innerhalb eines Workflows können die einzelnen Aktivitäten über normale Attribute auf Klassen- oder Instanzebene miteinander kommunizieren. Diese Attribute können als einfache Attribute (Fields) oder als mit Code hinterlegte Attribute (Properties) angelegt werden. Diese Attribute werden bei der Persistierung eines Workflows ebenfalls persistiert, sodass der Zustand eines Workflows gewahrt bleibt.

Normale Attribute können allerdings nur im Programmcode (z.B. in Ereignisbehandlungsroutinen) gesetzt werden. Für die deklarative Übergabe in XAML-Code ist eine spezielle Form von Attribut, eine Abhängigkeitseigenschaft (Dependency Property) notwendig. Abhängigkeitseigenschaften werden von der Workflow-Laufzeitumgebung verwaltet. Abhängigkeitsattribute gibt es auch in WPF, dort u.a. zur Datenbindung zwischen Geschäftsobjekten und visuellen Elementen, was der Übergabe von Werten zwischen Aktivitäten in WF entspricht.

Die Deklaration einer Abhängigkeitseigenschaft ist sehr aufwendig. Zum Glück bietet der WF-Designer Unterstützung, indem man immer dann, wenn eine Abhängigkeitseigenschaft auszuwählen ist (z.B. bei der Speicherung von Ereignissen übergebenen Parametern), auch die Option hat, eine neue Abhängigkeitseigenschaft zu erstellen (*Bind to a new Member*, siehe Abbildung).

```
public static DependencyProperty FlugDatenProperty = DependencyProperty.Register("FlugDaten",
typeof(de.WWWings.Workflow.FlugDaten), typeof(de.WWWings.Workflow.Buchungsworkflow_XAML));
[DesignerSerializationVisibilityAttribute(DesignerSerializationVisibility.Visible)]
[BrowsableAttribute(true)]
[CategoryAttribute("Parameters")]
public FlugDaten FlugDaten
  {
   get
    { return
((de.WWWings.Workflow.FlugDaten)(base.GetValue(de.WWWings.Workflow.Buchungsworkflow_XAML.FlugDaten
Property))); }
   set
    { base.SetValue(de.WWWings.Workflow.Buchungsworkflow_XAML.FlugDatenProperty, value);
} } }
```

Listing 15.4 Deklaration einer Abhängigkeitseigenschaft

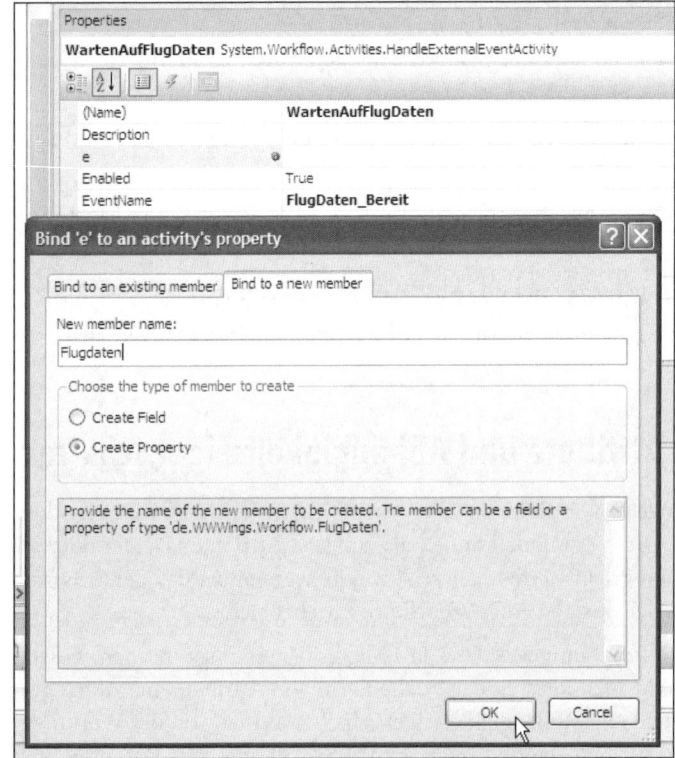

Abbildung 15.13 Erstellen einer neuen Abhängigkeitseigenschaft

Parameteraustausch mit dem Workflow-Host

Beim Start eines Workflows kann der Workflow-Host eine Objektmenge mit beliebigen Werten an den Workflow übergeben. Im Gegenzug kann der Workflow Rückgabewerte bei Beendigung des Workflows übergeben.

Parameterübergabe beim Start des Workflows

Damit ein Workflow überhaupt Parameter aufnehmen kann, muss er für jeden aufzunehmenden Parameter ein passendes öffentliches Attribut als Property (mit Setter) besitzen. Der Workflow-Host muss beim Aufruf von StartWorkflow() ein Dictionary-Objekt mit den Parametern übergeben, wobei in dem Dictionary-Objekt für jeden Parameter ein Eintrag zu hinterlegen ist, bei dem der Dictionary-Schlüssel der Name des zu befüllenden Property-Attributs ist. Das Dictionary-Objekt ist mit string und object: Dictionary<string, object> zu typisieren.

Beispiel

In dem World Wide Wings-Buchungs-Workflow wird ein Parameter dazu verwendet, dem Workflow eine Information über den Aufruf zu übergeben. In dem Workflow muss dazu ein Property-Attribut Aufrufer mit einem öffentlichen Setter definiert sein.

```
Dictionary<string, object> Parameterliste = new Dictionary<string, object>();
Parameterliste.Add("Aufrufer","WWWings_WindowsUI");
w = WorkflowHost.WorkflowRuntime.CreateWorkflow(typeof(de.WWWings.Workflow.Buchungsworkflow),
Parameterliste);
w.Start();
```

Listing 15.5 Start eines Workflows mit Parameterübergabe

HINWEIS Es ist nicht möglich, die Property-Attribute eines Workflows direkt zu befüllen, da man der Methode CreateWorkflow() nicht eine Instanz des Workflows übergibt, sondern nur den Typ. Die Instanz wird durch die Workflow-Laufzeitumgebung selbst erzeugt und verwaltet. Dies ist eine Entkopplung von Workflow und Host, die für die Persistierung und die Thread-Verwaltung notwendig ist.

Parameterrückgabe beim Ende des Workflows

Der Workflow-Host kann im Rahmen des WorkflowCompleted()-Ereignisses über die in den WorkflowCompletedEventArgs enthaltene OutputParameters-Menge auf alle öffentlichen Properties des Workflows zugreifen. In dem Workflow muss dazu ein Property Buchungscode mit einem öffentlichen Getter definiert sein.

Beispiel

In dem World Wide Wings-Buchungs-Workflow wird ein Rückgabeparameter dazu verwendet, dem Aufrufer den Buchungscode zu der erfolgten Flugbuchung zu übermitteln.

```
WorkflowHost.WorkflowRuntime.WorkflowCompleted += delegate(object sender, WorkflowCompletedEventArgs e)
{
   Print("Workflow beendet! " + e.WorkflowInstance.InstanceId);
   long Buchungscode = (long)e.OutputParameters["Buchungscode"];
   Print("Buchungscode ist: " + Buchungscode.ToString());
};
```

Listing 15.6 Auslesen von Properties des Workflows in dem WorkflowCompleted()-Ereignis

Datenaustauschdienste

Ein Datenaustauschdienst (Data Exchange Service) ist eine .NET-Klasse, die eine Mittlerrolle zwischen dem Workflow und dem Host wahrnimmt. Der Datenaustauschdienst stellt Methoden und Ereignisse bereit, die beidseitig aufrufbar sind. Er ist auf asynchrone Kommunikation ausgerichtet.

Typische Szenarien sind:

- Der Host ruft eine Methode mit Parametern auf; der Datenaustauschdienst signalisiert die eingegangenen Daten gegenüber dem Workflow als ein Ereignis mit Parametern.
- Der Workflow ruft eine Methode mit Parametern auf; der Datenaustauschdienst signalisiert die eingegangenen Daten gegenüber dem Host als ein Ereignis mit Parametern.

Die Umsetzung eines Datenaustauschdienstes ist leider recht aufwendig. Folgende Schritte sind nötig:

- Es muss eine explizite Schnittstelle definiert werden, die mit [System.Workflow.Activities.ExternalDataExchange()] annotiert wird. Diese Annotation ist nur auf Schnittstellen, nicht direkt auf Klassen erlaubt. Die Schnittstelle definiert die Methoden und Ereignisse zur Interaktion zwischen dem Host und dem Workflow.
- Für die Schnittstelle muss eine Implementierung erstellt werden.
- Die Ereignisparameter müssen von System.Workflow.Activities.ExternalDataEventArgs erben und mit [Serializable()] annotiert werden.
- Die Implementierung der Ereignisparameter muss einen Konstruktor mit mindestens einem Parameter vom Typ Guid besitzen. Der Ereignisparameter muss an den Konstruktor der Basisklasse weitergeleitet werden.
- Dem WF-Host muss eine Instanz der Klasse ExternalDataExchangeService mit AddService() hinzugefügt werden.
- Im WF-Host muss die Klasse des Datenaustauschdienstes instanziiert und der Instanz des ExternalDataExchangeService hinzugefügt werden.
- In dem Workflow müssen Aktivitäten des Typs CallExternalMethodActivity und/oder HandleExternalEventActivity hinzugefügt werden, die Bezug auf die Schnittstelle und deren Methoden bzw. Ereignisse nehmen.
- Oft werden die Ereignisse auch Werte in Form der Ereignisparameter an den Workflow übermitteln. Im Workflow kann durch Konfiguration der HandleExternalEventActivity festgelegt werden, wohin die Werte gespeichert werden. Datenspeicher sind einfache Attribute oder Abhängigkeitseigenschaften.

HINWEIS Gewöhnungsbedürftig ist, dass sich nach Auswahl von Schnittstelle und Ereignis der Eigenschaften-Dialog der HandleExternalEventActivity ändert, weil dann die Parameter des gewählten Ereignisses als zusätzliche Attribute der HandleExternalEventActivity erscheinen. In den unten stehenden Bildschirmabbildungen ist der Ereignisparametername immer einfach der wenig ansprechende einbuchstabige Bezeichner e. Dies ist eine Konvention im .NET Framework, wenn zur Realisierung des Ereignisses die generische Klasse EventHandler<> verwendet wird.

Beispiel

Der World Wide Wings-Buchungsassistent verwendet einen Datenaustauschdienst zur Kommunikation zwischen Host und Workflow.

```csharp
/// <summary>
/// WF-Datenaustauschdienst für WWWings-Flugbuchung
/// </summary>
public class Buchungsdienst : de.WWWings.Workflow.IBuchungsdienst
{
 public void Status(string Statustext) { }

 /// <summary>
 /// Signalisierung von Daten gegenüber dem Workflow
 /// </summary>
 public event EventHandler<PersonenDaten> PersonenDaten_Bereit;
 /// <summary>
 /// Signalisierung von Daten gegenüber dem Workflow
 /// </summary>
 public event EventHandler<FlugDaten> FlugDaten_Bereit;
 /// <summary>
 /// Signalisierung von Daten gegenüber dem Workflow
 /// </summary>
 public event EventHandler<ZahlungsDaten> ZahlungsDaten_Bereit;

 /// <summary>
 /// Startet Datensendung an den Workflow
 /// </summary>
 public bool SendePersonenDaten(Guid Instanz, string Name, string EMail)
 {
  de.WWWings.Workflow.PersonenDaten p = new de.WWWings.Workflow.PersonenDaten(Instanz);
  p.Name = Name;
  p.EMail = EMail;
  try
  { if (this.PersonenDaten_Bereit != null) this.PersonenDaten_Bereit(null, p); }
  catch
  { return false; }
  return true;
 }

 /// <summary>
 /// Startet Datensendung an den Workflow
 /// </summary>
 public bool SendeFlugDaten(Guid Instanz, long FlugNr)
 {
  de.WWWings.Workflow.FlugDaten p = new de.WWWings.Workflow.FlugDaten(Instanz);
  p.FlugNr = FlugNr;
  if (this.FlugDaten_Bereit != null) this.FlugDaten_Bereit(null, p);
  return true;
 }
 /// <summary>
 /// Startet Datensendung an den Workflow
 /// </summary>
 public bool SendeZahlngsDaten(Guid Instanz, string Kartentyp, long KartenNummer, DateTime datum)
 {
```

```
    de.WWWings.Workflow.ZahlungsDaten p = new de.WWWings.Workflow.ZahlungsDaten(Instanz);
    p.Kartenart = Kartenarten.Visa;
    p.KreditkartenNummer = KartenNummer;
    p.GueltigBis = datum;
    if (this.ZahlungsDaten_Bereit != null) this.ZahlungsDaten_Bereit(null, p);
    return true;
  }
}
```

Listing 15.7 Schnittstelle und Implementierung des Datenaustauschdienstes

```
namespace de.WWWings.Workflow
{
  /// <summary>
  /// Ereignisparameter für Datenaustauschdienst
  /// </summary>
  [Serializable]
  public class FlugDaten : System.Workflow.Activities.ExternalDataEventArgs
  {
    public FlugDaten(Guid instanceID)
      : base(instanceID) {  }
    private long _FlugNr;
    public long FlugNr
    {
      get { return _FlugNr; }
      set { _FlugNr = value; }
    }
    private byte _Plaetze;
    public byte Plaetze
    {
      get { return _Plaetze; }
      set { _Plaetze = value; }
    }
  }
}
```

Listing 15.8 Beispiel für die Implementierung eines Ereignisparameters für ein Datenaustauschdienstereignis

```
public static ExternalDataExchangeService WFDatenDienst;
...
// Datendienst
WFDatenDienst = new ExternalDataExchangeService();
Program.WorkflowRuntime.AddService(WFDatenDienst);
...
de.WWWings.Workflow.Buchungsdienst bd;
bd = new de.WWWings.Workflow.Buchungsdienst();
Program.WFDatenDienst.AddService(bd);
```

Listing 15.9 Codefragment für das Hinzufügen des Datenaustauschdienstes zu einer WF-Laufzeitumgebung

Datenaustausch mit Workflows

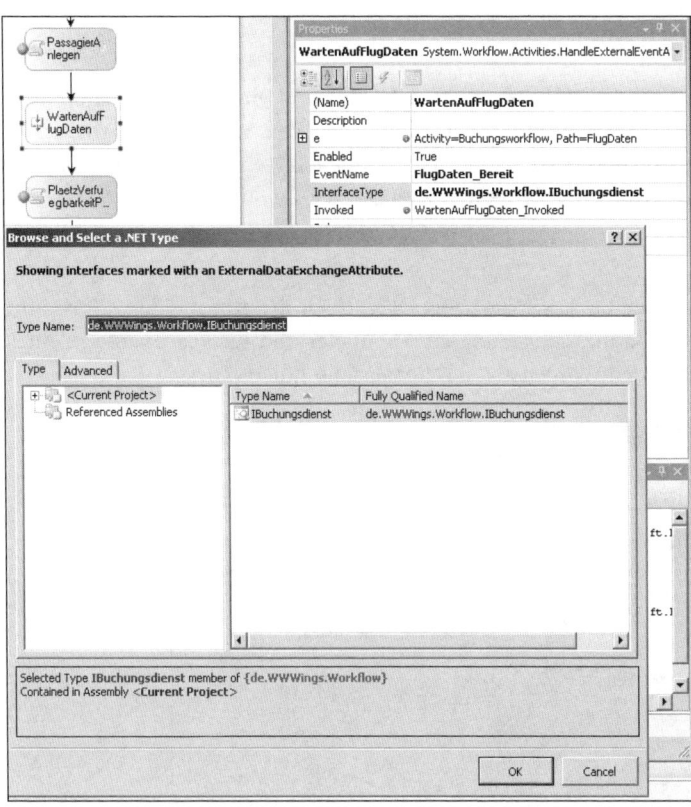

Abbildung 15.14 Festlegung der Schnittstelle und des Ereignisnamens in einer Aktivität des Typs HandleExternalEventActivity

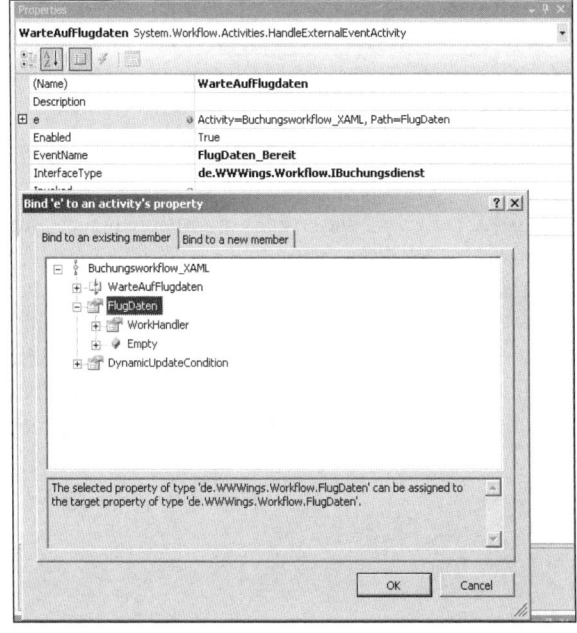

Abbildung 15.15 Festlegung des Datenspeichers für die im Ereignis übergebenen Parameter des Typs FlugDaten

Kommunikation mit Webservices

Ein Workflow kann einen Webservice aufrufen (InvokeWebServiceActivity) und ein Workflow kann selbst durch einen Webservice gestartet werden bzw. während des Ablaufs Daten von Webservices erhalten. In .NET 3.0 gab es nur vordefinierte Unterstützung für ASP.NET-basierte XML-Webservices (ASMX), nicht für WCF. Ab .NET 3.5 wird auch WCF unterstützt mit den Aktivitäten SendActivity und ReceiveActivity.

Aufruf von Webservices

Die folgende Abbildung zeigt den Einsatz der InvokeWebServiceActivity. Nach der Angabe der Adresse des Webservices ist die Auswahl der Methode und die Zuordnung der Parameter und Rückgabewerte zu Attributen der Workflow-Klasse vergleichbar mit dem Vorgehen bei Datenaustauschdiensten.

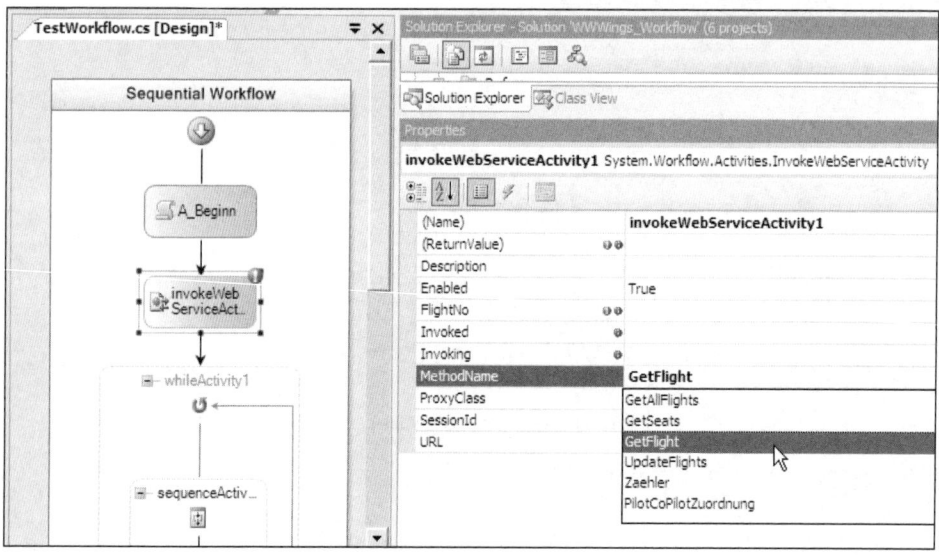

Abbildung 15.16   Nutzung der InvokeWebServiceActivity

Aufruf von WCF-Diensten

Für den Aufruf von WCF-Diensten benötigt man eine SendActivity. In dieser kann man jedoch nicht die Adresse eines WCF-Dienstes angeben. Vielmehr muss man den WCF-Dienst vorher als *Service Reference* einbinden. Dann steht der WCF-Dienst im Eigenschaftsfenster der SendActivity zur Auswahl, wenn man bei *ServiceOperationInfo* den Dialog betritt und dort den WCF-Dienst nochmals »importiert« (siehe Abbildung). Hier kann man die aufzurufende Operation auswählen. Anschließend kann man dann die Parameter festlegen (ggf. durch Bindung an Attribute der Klasse) und den Rückgabewert der Operation an ein Attribut binden. Außerdem muss man den Namen des WCF-Endpunktes bei *ChannelToken/EndpointName* eintragen.

Datenaustausch mit Workflows

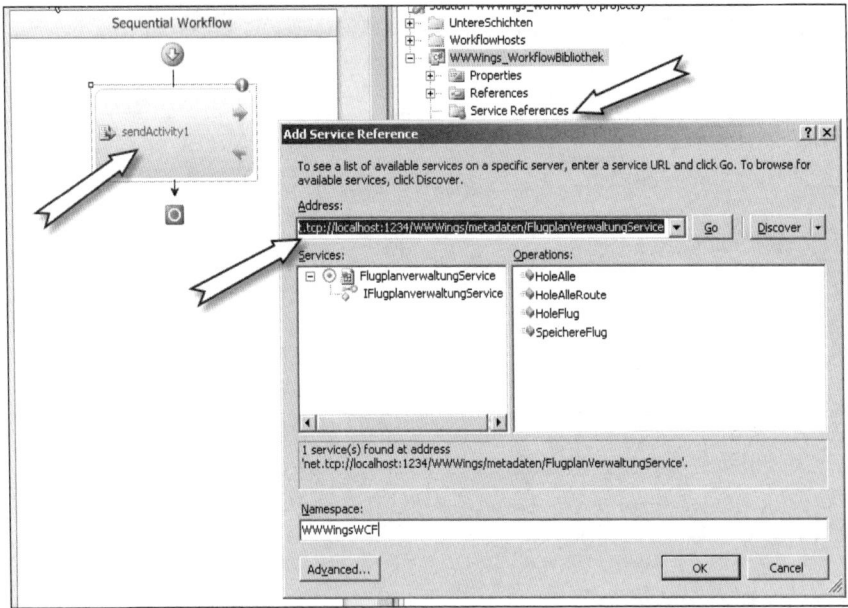

Abbildung 15.17 Referenzieren eines WCF-Dienstes für die Verwendung in einer SendActivity

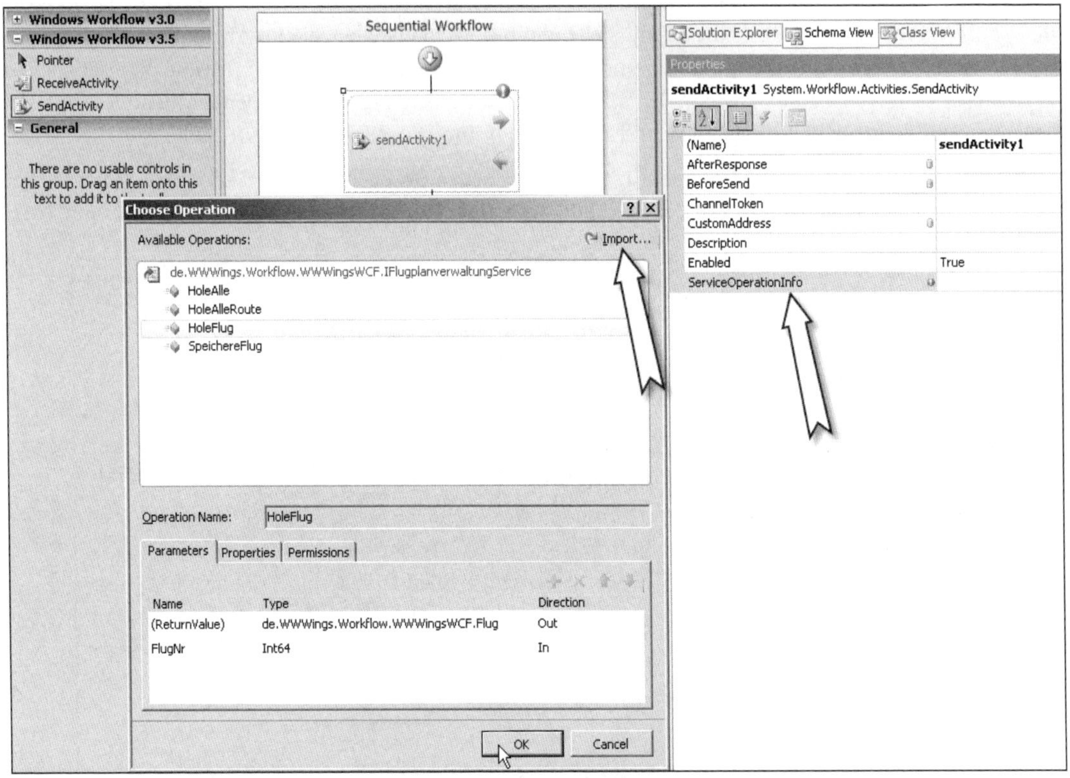

Abbildung 15.18 Importieren eines referenzierten WCF-Dienstes in eine SendActivity

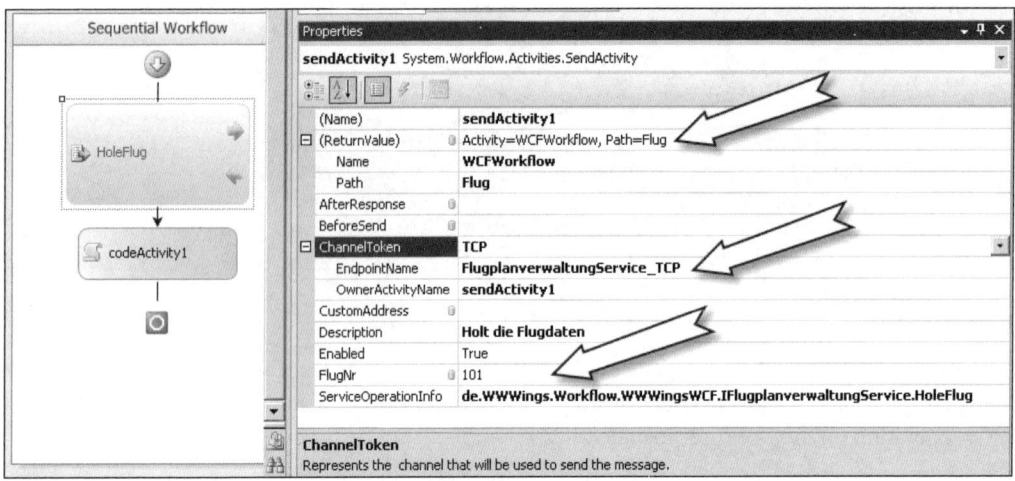

Abbildung 15.19 Festlegung des Datenaustausches zwischen Workflow und WCF-Dienst in den Eigenschaften der SendActivity. Übergeben wird der statische Wert 101. Das Ergebnisobjekt landet in dem Attribut Flug

Bereitstellen eines Workflows als Webservice

Ein Workflow kann als ein ASP.NET basierter Webservice (ASMX) bereitgestellt werden. Ein Workflow nimmt über WebServiceInputActivity Aufrufe entgegen und sendet Antworten durch eine WebServiceOutputActivity. Für die WebServiceInputActivity ist eine Schnittstellendefinition zu erstellen, die im Attribut InterfaceType zu hinterlegen ist. Eine bestimmte Annotation braucht diese Schnittstelle nicht. In dem Attribut MethodName der WebServiceInputActivity ist eine Methode der Schnittstelle zu wählen. Für die eingehenden Parameter (in der nachstehenden Bildschirmabbildung FlugNr und PassagierID) sind Datenspeicher festzulegen.

Die WebServiceOutputActivity stellt im Attribut InputActivity einen Bezug zu einer WebServiceInputActivity her. Anzugeben ist auch, aus welchem Attribut der Workflow-Klasse der Rückgabewert ausgelesen werden kann.

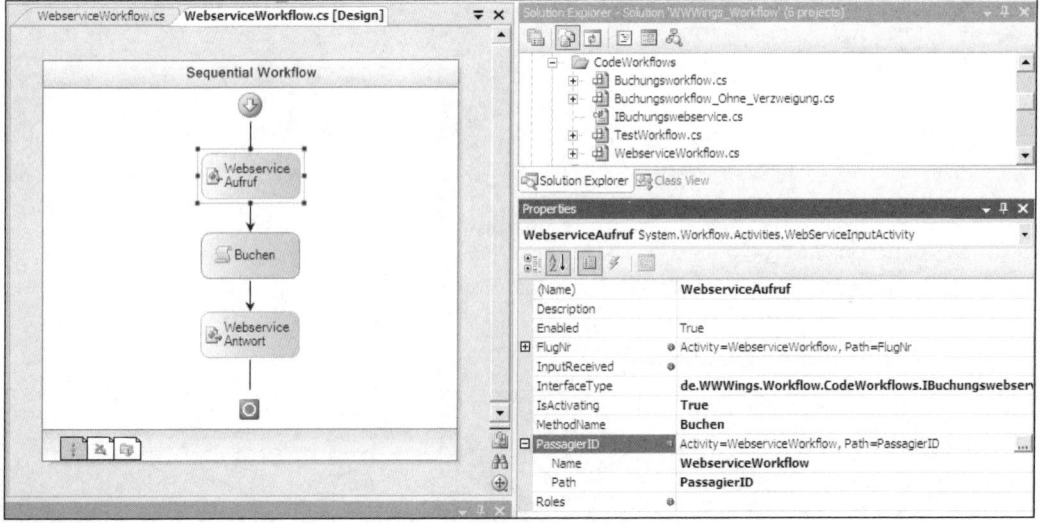

Abbildung 15.20 Bereitstellen eines Workflows als Webservice [WWWings_Workflowbib/Codeworkflow/WebserviceWorkflow.cs]

Datenaustausch mit Workflows

Zustandsbehaftete Workflows

Der oben dargestellte Workflow ist ein sehr einfacher Webservice-basierter Workflow, weil er nur einen Webservice-Aufruf annimmt und diesen beantwortet. Ein (langlebiger) Workflow könnte aber im Laufe seines Lebens mehrere Aufrufe entgegennehmen. Wenn ein Workflow mehrere Webservice-Aufrufe während des Ablaufs erhalten oder schon vorher (und nicht erst durch den ersten und einzigen Webservice-Aufruf) aktiviert werden soll, dann muss dabei übergeben werden, welche Instanz des Workflows den Aufruf von der Workflow-Laufzeitumgebung empfangen soll. Die Identifikation erfolgt über die Workflow-GUID und diese GUID muss in einem Cookie übergeben werden (vgl. Ausführungen zum `CookieContainer` im Zusatzkapitel »ASP.NET-basierte Webservices«, das Sie als PDF auf dem Leser-Portal herunterladen können.). Eine andere Option besteht bislang nicht. Außerdem muss der Workflow dafür einen Persistenzdienst (vgl. Abschnitt »Persistenz«) besitzen. Existiert bei einem Workflow mit Zustandsbehaftung kein Persistenzdienst, kommt es zum Fehler: »The workflow hosting environment does not have a persistence service as required by an operation on the workflow instance.«

Hosting

Zum Hosting des Webservices ist eine *.asmx*-Datei bereitzustellen. Grundlagen zu *.asmx*-Dateien erfahren Sie im Kapitel »ASP.NET-basierte Webservices« (dieses Zusatzkapitel können Sie als PDF auf dem Leser-Portal herunterladen). Im Fall des Hosting eines WF-Workflows benötigt die *.asmx*-Datei keine Code-Behind-Datei, denn der notwendige Code wird von Visual Studio automatisch generiert. Die in der *.asmx*-Datei zu referenzierende .NET-Klasse heißt wie der Workflow mit zusätzlich angehängtem _WebService:

```
<%@WebService
Class="de.WWWings.Workflow.CodeWorkflows.WebserviceWorkflow_WebService" %>
```

HINWEIS Die automatisch generierte Webservice-Klasse erhält immer den SOAP-Namensraum *tempuri.org*. Leider kann man den Namensraum nicht ändern, weil man die generierte Klasse in Visual Studio nicht sieht. Daher bleibt, wenn man einen anderen Namensraum möchte, nur die Alternative, die Webservice-Klasse als Ableitung von `WorkflowWebService` mit der Annotation `[WebService]` selbst zu implementieren.

Konfiguration

Der Start der Workflow-Laufzeitumgebung erfolgt automatisch. Die Konfiguration geschieht durch die *web.config*-Datei. Dort sind zwei spezielle Workflow-Dienste zu deklarieren:

- `WorkflowWebHostingModule`: ASP.NET-HTTP-Modul für das Routing der Aufrufe auf Basis des eingehenden Cookies
- `ManualWorkflowSchedulerService`: Nutzung der ASP.NET-Threads als Workflow-Threads

Beispiel

Das folgende Listing zeigt die relevanten Ausschnitte aus der Webkonfigurationsdatei für das `WorkflowWebHostingModule` und den `ManualWorkflowSchedulerService` sowie den für zustandsbehaftete Workflows notwendigen `SqlWorkflowPersistenceService`.

```xml
<WorkflowRuntime Name="WorkflowServiceContainer">
  <CommonParameters>
    <add name="ConnectionString" value="Initial Catalog=WWWings_Workflow;Data SourceE04;Integrated Security=SSPI;" />
    <add name="EnableRetries" value="True" />
  </CommonParameters>
  <Services>
    <add type="System.Workflow.Runtime.Hosting.SqlWorkflowPersistenceService, System.Workflow.Runtime, Version=3.0.00000.0, Culture=neutral, PublicKeyToken=31bf3856ad364e35" EnableRetries="False" />
        <add type="System.Workflow.Runtime.Hosting.ManualWorkflowSchedulerService, System.Workflow.Runtime, Version=3.0.00000.0, Culture=neutral, PublicKeyToken=31bf3856ad364e35"/>
        <add type="System.Workflow.Runtime.Hosting.DefaultWorkflowCommitWorkBatchService, System.Workflow.Runtime, Version=3.0.00000.0, Culture=neutral, PublicKeyToken=31bf3856ad364e35"/>
    </Services>
</WorkflowRuntime>
...
<system.web>
<httpModules>
<add type="System.Workflow.Runtime.Hosting.WorkflowWebHostingModule, System.Workflow.Runtime, Version=3.0.00000.0, Culture=neutral, PublicKeyToken=31bf3856ad364e35" name="WorkflowHost"/>
</httpModules>
...
</system.web>
```

Listing 15.10 Konfigurationseinstellungen für Workflow-Hosting in ASMX-Webservices

WorkflowQueuingService

Der `WorkflowQueuingService` ermöglicht die Erstellung eigener Kommunikationswarteschlangen zwischen Workflows und eigenen Aktivitäten. Die Nutzung des `WorkflowQueuingService` kann hier aus Platzgründen leider nicht besprochen werden.

Bedingungen

Bedingungen sind Mechanismen, die von einigen Workflow-Aktivitäten verwendet werden, um zwischen verschiedenen Ausführungspfaden im Workflow zu entscheiden. Bedingungen werden von den Aktivitäten `IfElseBranchActivity`, `WhileActivity`, `ConditionedActivityGroup` und `ReplicatorActivity` verwendet, um zu entscheiden, welche bzw. wie lange untergeordnete Aktivitäten ausgeführt werden sollen. Alle diese Aktivitäten besitzen ein Attribut `Condition`, das ein Objekt vom Typ `ActivityCondition` aufnimmt. `ActivityCondition` hat zwei Unterklassen `CodeCondition` und `RuleConditionReference`. Zur Laufzeit kann man den Inhalt von `Condition` nicht auswechseln, wenn aber `Condition` ein Objekt vom Typ `RuleConditionReference` besitzt, kann man diese hinterlegte Regel ändern.

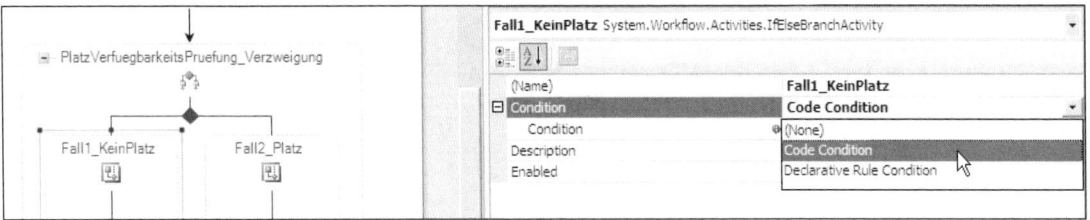

Abbildung 15.21   Festlegung einer Bedingung

Eine Code-Bedingung wird realisiert durch eine Methode, die über den Parameter des Typs `ConditionalEventArgs` im Attribut `Result` dem Aufrufer mitteilt, ob die Bedingung erfüllt ist (`true`) oder nicht (`false`).

```
private void PruefeVerfuegbarkeit(object sender, ConditionalEventArgs e)
{
    de.WWWings.Flug f = de.WWWings.FlugBLManager.HoleFlug(this.FlugDaten.FlugNr);
    Trace("Freie Plätze: " + f.FreiePlaetze);
    e.Result = (f.FreiePlaetze == 0);
}
```

Listing 15.11   Implementierung einer Code-Bedingung

Regelbasierte Bedingungen haben gegenüber der oben dargestellten codebasierten Methode den Vorteil, dass sie während der Laufzeit der Anwendung ohne Neukompilierung geändert werden können. Regeln speichert die Entwicklungsumgebung in XML-Dateien mit der Dateinamenserweiterung *.rules*, auch dann, wenn der Workflow codebasiert ist. In einer *.rules*-Datei kann es mehrere Regeln geben, die über ihren Namen in dem Attribut `ConditionName` in den Aktivitäten referenziert werden. Die *.rules*-Datei gehört auch zu XAML, denn die enthaltenen Elemente repräsentieren ein .NET-Objektmodell, das mit dem `WorkflowMarkupSerializer` serialisiert bzw. deserialisiert werden kann. Änderungen an Regeln wirken sich immer nur auf den aktuellen Workflow aus; andere Instanzen sind nicht betroffen.

> **HINWEIS**   `ConditionedActivityGroup` ist eine Aktivität, die eine Mischung aus Bedingung, Schleife und Parallelität realisiert. Es gibt einen oder mehrere untergeordnete Stränge. Die gesamte Aktivität und jeder Strang hat eine Bedingung.

Regelsätze (Rule Sets)

Neben Regeln, die als Bedingungen in Aktivitäten verwendet werden, gibt es in WF eine eigene Regelsatz-Aktivität (`PolicyActivity`). Ein Regelsatz besteht aus einer oder mehreren Regeln, die im Rahmen der Regelauswertung einmal oder mehrmals ausgeführt werden.

Eine Regel besteht aus einer Bedingung sowie aus zwei alternativen Aktionen (IF und ELSE). Eine Aktion kann jede beliebige Codeabfolge sein. Dabei kann man sowohl auf die Attribute der Workflow-Klasse zugreifen als auch Methoden in beliebigen erreichbaren .NET-Klassen aufrufen.

Die Regeln werden entweder sequenziell oder verkettet abgearbeitet. Bei der sequenziellen Abarbeitung werden die Regeln einmal nacheinander gemäß der festgelegten Priorität abgearbeitet. Auch bei der Verkettung gelten die Prioritäten, jedoch findet hier die Auswertung möglicherweise mehrfach statt. Wenn eine Regel Attribute verändert, die in einer vorhergehenden Regel verwendet wurden, dann wird die vorherige Regel sofort noch einmal ausgeführt.

Beispiel

Der folgende verkettete Regelsatz mit absteigender Priorität sorgt dafür, dass a und b zunächst gemeinsam hochgezählt werden. Sobald aber a den Wert 4 überschritten hat, wird b wieder heruntergezählt. Wenn b kleiner als 0 ist, wird der Regelsatz abgebrochen.

```
IF b < 0 then HALT
IF b < 5 then a = a + 1
IF a < 5 then b = b + 1 else b = b - 1
```

Für die Ausgangswerte a = 0 und b = 0 zeigt die folgende Abbildung die Durchläufe. Die Ausgabe wird dadurch erzeugt, dass in jeder Regel zusätzlich Ausgabebefehle hinterlegt sind (vgl. dazu die Bildschirmabbildung des Regeleditors).

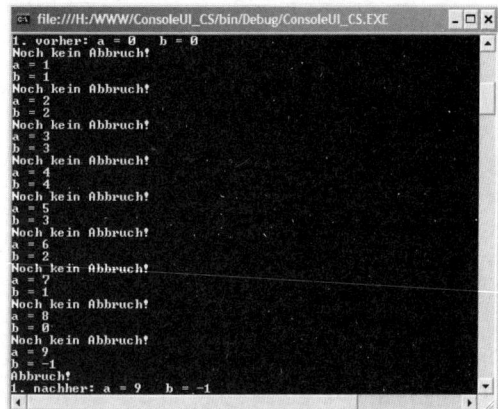

Abbildung 15.22 Verkettung der Regeln

Die folgende Bildschirmabbildung zeigt den Regeleditor in Visual Studio, der über das Attribut RuleSetReference einer PolicyActivity erreichbar ist. Für den Regelsatz kann die Art der Abarbeitung definiert werden. Für jede Regel kann man die Bedingung, den If-Zweig und den Else-Zweig festlegen. Außerdem kann man die Priorität vergeben und bestimmen, ob eine Regel noch einmal evaluiert werden darf, wenn der Regelsatz verkettet ist.

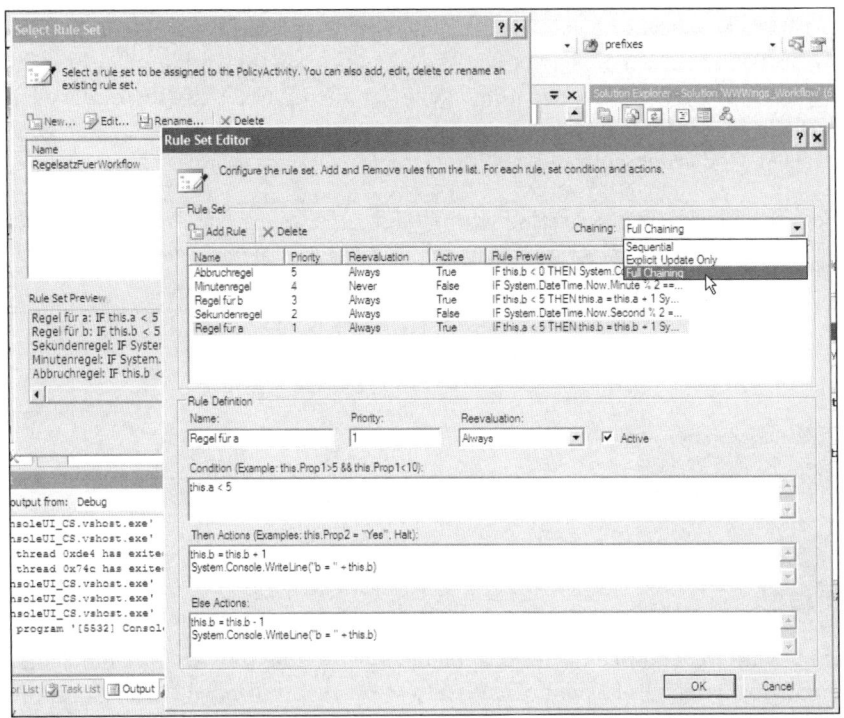

Abbildung 15.23 Erstellen eines Regelsatzes

Persistenz

Langlebige Workflows, die während der Wartezeiten keine Rechenleistung verbrauchen und keine Threads blockieren, sind in WF möglich auf Basis des eingebauten Persistenzmechanismus. Ein Workflow wird persistiert, wenn er sich in einer Ruhephase befindet oder explizit zum Entladen gezwungen wird. Im RAM kann der Workflow trotzdem weiterexistieren. Der in der Datenbank hinterlegte Persistenzpunkt kann zur Wiederaufnahme verwendet werden, wenn der Workflowserver oder der Client abstürzt.

Als vorgefertigte Persistenzlösung liefert Microsoft jedoch nur die Ablage in einem Microsoft SQL Server mit (SqlWorkflowPersistenceService). Unterstützt werden dabei Microsoft SQL Server in den Versionen 2000, 2005 und 2008 (einschließlich MSDE und SQL Server Express).

ACHTUNG Bei dem vordefinierten SqlWorkflowPersistenceService wird in der Datenbank immer nur der letzte Persistenzpunkt gespeichert; die Rückkehr zu noch älteren Zuständen ist also nicht möglich.

Da sich alle Basisdienste austauschen lassen (Providermodell), sind andere Datenspeicher jedoch realisierbar. Ein Persistenzprovider erhält eine Referenz auf das Workflow-Objektmodell und muss dann selbst für die Speicherung sorgen. Das Windows-SDK enthält ein Beispiel für einen Custom Persistance Provider, der im Dateisystem speichert (FilePersistenceService).

Eine zentrale Schwäche des Persistenzdienstes ist die Versionsintoleranz der Serialisierung: Wenn sich die Workflow-Definition eines Workflows ändert, können vor der Änderung persistierte Workflows nicht mehr mit der neuen Definition weiterverarbeitet werden. Zur Beendigung der alten Workflows müssen die alten Workflow-Definitionen vorgehalten werden. Eine Umsetzung eines bestehenden Workflows auf eine neue Definition bedeutet viel manuellen Codierungsaufwand.

HINWEIS Persistenz bedeutet nicht, dass der Dienst automatisch auch aus dem Hauptspeicher entladen (*passiviert*) wird. Ein Workflow kann persistiert werden, aber weiter im RAM weiterexistieren, d. h., Persistierung und Passivierung sind voneinander entkoppelt.

Zur Aktivierung des Persistenzdienstes sind folgende Schritte notwendig:

- Erzeugen der Datenbank
- Hinzufügen des Persistenzdienstes zur Workflow Runtime

WICHTIG Es gibt keine Versionierung in der Persistenzschicht: Es ist immer nur der letzte Stand verfügbar.

Anlegen der Datenbank

Die Persistenzdienst-Datenbank wird weder durch die Installation des .NET Framework 3.x noch durch den Start eines Workflows automatisch angelegt. Es ist die Aufgabe eines selbst zu erstellenden Installationsprogramms bzw. eine manuelle Arbeit, diese Datenbank anzulegen. Microsoft liefert aber zur Hilfe zwei SQL-Befehlsfolgen mit:

SqlPersistenceService_Schema.sql (5 KB): Anlegen der Tabellenstruktur

SqlPersistenceService_Logic.sql (24 KB): Anlegen von gespeicherten Prozeduren zum Zugriff auf die Tabellenstrukturen

Beide Dateien befinden sich nach der Installation des .NET Frameworks im Verzeichnis *C:\WINDOWS\Microsoft.NET\Framework\v3.0\Windows Workflow Foundation\SQL\EN*. Die SQL-Befehle sind auf Microsoft SQL Server in den Versionen 2000, 2005 und 2008 (einschließlich MSDE und SQL Server Express) ausgelegt.

Der Name der Datenbank ist beliebig und im Programmcode durch die Verbindungszeichenfolge anzugeben.

Die folgende Bildschirmabbildung zeigt das Anlegen der Tabellen für den Persistenzdienst mithilfe des Microsoft SQL Server Management Studio.

Persistenz

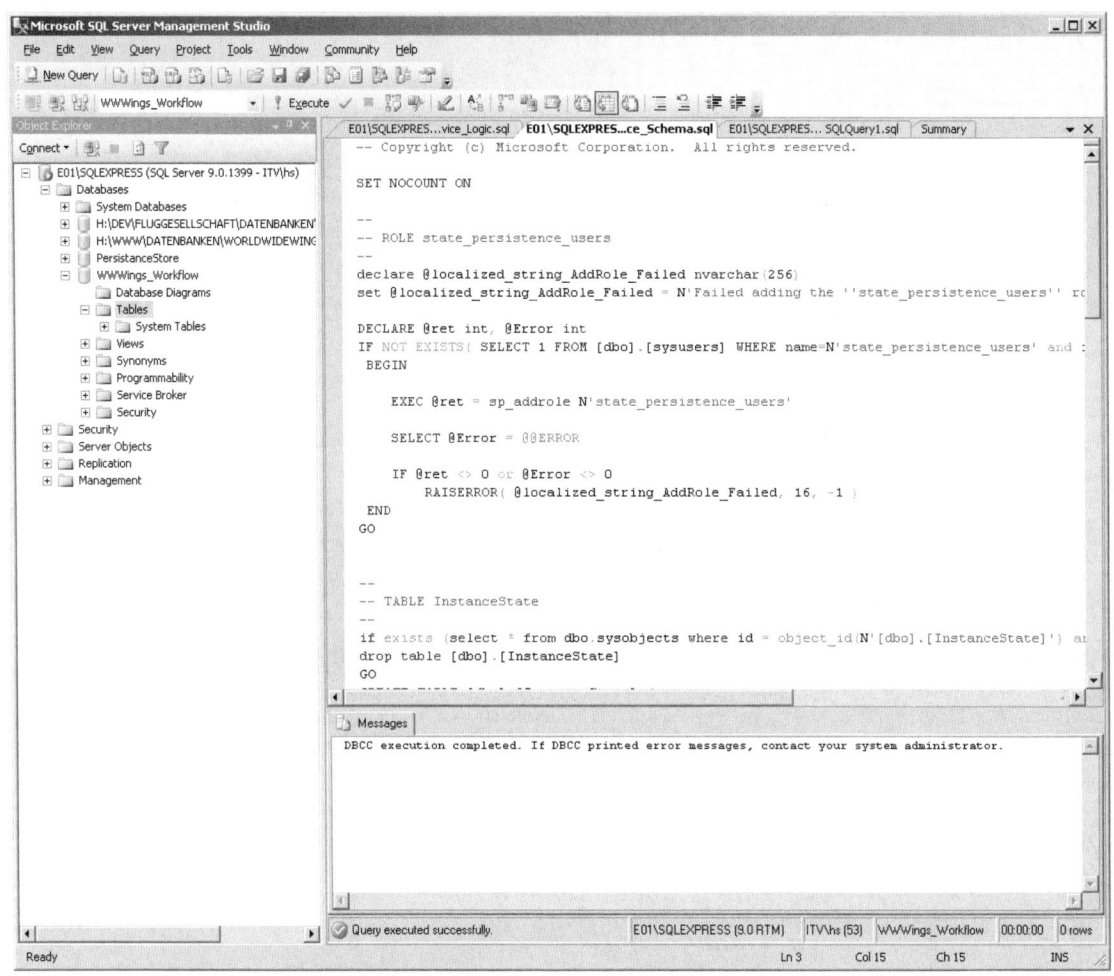

Abbildung 15.24 Anlegen der Tabelle für den Persistenzdienst in der Datenbank WWWings_Workflow

WICHTIG Zur Verwendung in anderen Datenbankmanagementsystemen ist nicht nur die Anpassung der SQL-Befehle notwendig, sondern auch die Entwicklung eines eigenen Persistenzdienstes.

Die folgende Bildschirmabbildung zeigt, dass die von den SQL-Befehlsfolgen angelegten Tabellen und gespeicherten Prozeduren überschaubar sind.

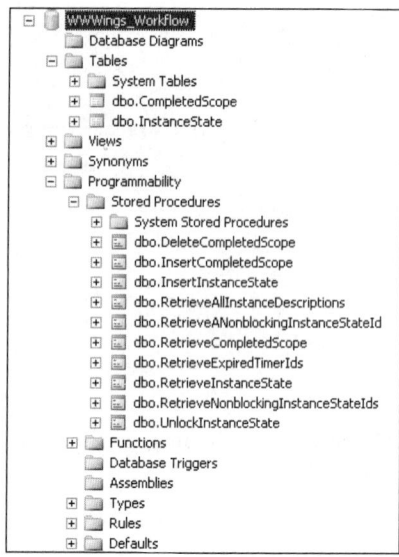

Abbildung 15.25   Inhalt der Persistenzdatenbank

Aktivierung des Persistenzdienstes in einem WF-Host

In einem WF-Host muss der SQL Server-basierte Persistenzdienst unter Angabe einer Verbindungszeichenfolge zu der Datenbank explizit aktiviert werden, indem eine Instanz von SqlWorkflowPersistenceService der Liste der Dienste der WF-Laufzeitumgebung hinzugefügt wird.

```
const string ConnectionString = @"Initial Catalog=WWWings_Workflow;Data Source=E04;Integrated Security=SSPI;";
WFPersistenzDienst = new SqlWorkflowPersistenceService(ConnectionString);
Program.WorkflowRuntime.AddService(WFPersistenzDienst);
```

Listing 15.12   Instanziierung des Persistenzdienstes, wenn nur die Verbindungszeichenfolge übergeben wird

Die Verbindungszeichenfolge kann nur dann direkt im Konstruktor übergeben werden, wenn keine weiteren Parameter bei der Instanziierung des Dienstes benötigt werden. Sofern weitere Parameter nötig sind (z. B. UnloadOnIdle, vgl. nächster Abschnitt), müssen alle Parameter in eine NameValueCollection verpackt und dann dem Konstruktor übergeben werden. Dies ist sehr umständlich und nicht begründet.

```
NameValueCollection Parameter = new NameValueCollection();
Parameter.Add("UnloadOnIdle", "true");
Parameter.Add("ConnectionString", ConnectionString);
WFPersistenzDienst = new SqlWorkflowPersistenceService(Parameter);
Program.WorkflowRuntime.AddService(WFPersistenzDienst);
```

Listing 15.13   Instanziierung des Persistenzdienstes, wenn mehrere Parameter übergeben werden

ACHTUNG Das Hinzufügen des Persistenzdienstes muss vor dem Start der Laufzeitumgebung, also auch vor dem Erzeugen oder Laden des ersten Workflows erfolgen.

Persistierung eines Workflows

Ein Workflow wird persistiert

- durch den Aufruf der Methode Unload() in einer Workflow-Instanz;
- wenn ein Workflow den Ruhezustand (Idle) erreicht und der Parameter UnloadOnIdle bei der Instanziierung von SqlWorkflowPersistenceService übergeben wurde;
- am Ende einer Transaktion (d. h. als Teil des Commit in einer TransactionScopeActivity);
- am Ende einer Aktivität, die mit [System.Workflow.ComponentModel.PersistOnClose] ausgezeichnet ist. Damit kann man frei definierte Prüfpunkte (Checkpoints) in einen Workflow einfügen.

Form der Persistierung

Der Persistenzdienst serialisiert den ganzen Workflow mit seinem gesamten Aktivitätenbaum (Activity Tree) unter Verwendung des binären Serialisierers des .NET Frameworks (BinaryFormatter). Alle Daten einschließlich der in dem Workflow enthaltenen selbst definierten Attribute werden serialisiert; eine separate Auszeichnung mit [Serializable] ist nicht notwendig. Die Serialisierung erfolgt in dem Aktivitätenbaum durch Aufruf der Save()-Methode, die in der Basisklasse Activity vorgegeben ist. Die serialisierten Daten werden komprimiert (GZIP) und in der Spalte *state* in der Tabelle *InstanceState* abgelegt.

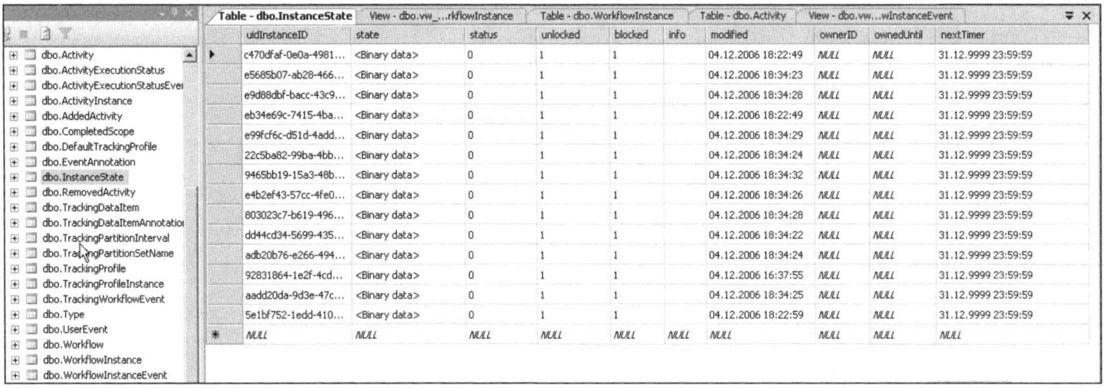

Abbildung 15.26 Inhalt der Datenbank mit 14 persistenten Workflows

Mehrere Instanzen der Workflow-Laufzeitumgebung können die gleiche Persistenzdatenbank verwenden. Ein Workflow kann immer nur von einer Laufzeitumgebung ausgeführt werden. Während der Ausführung ist er für andere Laufzeitumgebungen gesperrt (Blockierung). Dies wird in der Datenbank durch die Felder *Unlocked*, *OwnerID* und *OwnedUntil* dokumentiert. Die Zeit ist definierbar im Konstruktor des Persistenzdienstes. Nach der Freigabe durch eine Laufzeitumgebung kann ein anderer Thread oder eine andere

Laufzeitumgebung den Workflow laden. Dieses Verhalten ist im Persistenzdienst hinterlegt und kann nur durch Implementierung eines eigenen Persistenzdienstes abgeschaltet werden. Ein eigener Persistenzdienst kann durch Vererbung von der Basisklasse WorkflowPersistenceService implementiert werden.

Laden eines persistierten Workflows

Um einen persistierten Workflow wieder laden zu können, benötigt man die GUID des Workflows. Dann kann man mit GetWorkflow() von der Instanz der Workflow-Laufzeitumgebung einen Verweis auf einen persistierten Workflow erhalten. Der Workflow wird dadurch geladen.

w = Program.WorkflowRuntime.GetWorkflow(id);

Alternativ dazu kann man die Methode Load() in der Klasse WorkflowInstance verwenden, dann braucht man die GUID nicht.

Eine Liste aller persistierten Workflows erhält man mit der Methode GetAllWorkflows() von dem Persistenzdienst.

ACHTUNG   Im World Wide Wings-Buchungsassistenten in der Windows Forms-Anwendung werden in der linken Leiste alle aktiven Buchungen angezeigt, die entweder im Hauptspeicher oder persistiert sind. Dabei ist jedoch zu beachten, dass ein Workflow sowohl persistiert als auch im Hauptspeicher sein kann. Vor dem Hinzufügen einer GUID, die GetAllWorkflows() liefert, ist daher zu prüfen, ob diese GUID nicht schon durch GetLoadedWorkflows() geliefert wurde.

```
// Workflows im Speicher auflisten
foreach (WorkflowInstance ww in Program.WorkflowRuntime.GetLoadedWorkflows())
{
  this.C_Liste.Items.Add(ww.InstanceId.ToString());
}
// Persistierte Workflows auflisten
foreach (SqlPersistenceWorkflowInstanceDescription ww in
Program.WFPersistenzDienst.GetAllWorkflows())
{
  if (!this.C_Liste.Items.Contains(ww.WorkflowInstanceId.ToString() ))
this.C_Liste.Items.Add(ww.WorkflowInstanceId.ToString());
}
```

Listing 15.14   Auflisten der Workflows im Speicher und der persistierten Workflows

Ablaufverfolgung (Tracking)

WF unterstützt die Ablaufverfolgung von Workflows. Dabei werden alle Zustandsänderungen (Ereignisse) des Workflows in einem Medium gespeichert. Die Art der Speicherung ist durch einen sogenannten Ablaufverfolgungsdienst (Tracking Service) definiert. Ein Ablaufverfolgungsdienst ist eine Klasse, die von System.Workflow.Runtime.Tracking.TrackingService abgeleitet ist.

Der Ablaufverfolgungsdienst protokolliert auf Wunsch jede Zustandsänderung des Workflows und der in dem Workflow enthaltenen Aktivitäten. Er speichert jedoch nicht die selbst angelegten Datenelemente, sodass er nicht dafür verwendet werden kann, zu früheren Zuständen zurückzukehren. Bei der Protokollierung kann man nur benutzerdefinierte Zeichenketten mit ablegen.

Microsoft liefert mit WF in .NET 3.x nur einen Ablaufverfolgungsdienst für Microsoft SQL Server mit (System.Workflow.Runtime.Tracking.SqlTrackingService). In der Beispielsammlung im Windows SDK 6.0 ist die Implementierung eines Ablaufverfolgungsdienstes für das Dateisystem (SimpleFileTracking) gezeigt.

Der World Wide Wings-Buchungsassistent verwendet den Ablaufverfolgungsdienst an zwei Stellen:

- Bei der Aktivierung eines Workflows werden die Ablaufverfolgungsdaten ermittelt um festzustellen, in welchem Schritt sich der Workflow derzeit befindet. Dementsprechend wird die zugehörige Registerkarte in dem Assistenten eingeblendet.
- Mithilfe des Menüpunkts *Protokollierung/Protokoll* lassen sich die für den aktuellen Workflow aufgezeichneten Ereignisse ansehen.

Anlegen der Datenbank

Ebenso wie beim Persistenzdienst wird durch die Installation des .NET Frameworks 3.x bzw. durch den Start eines Workflows nicht automatisch eine Datenbank abgelegt. Es ist die Aufgabe eines selbst zu erstellenden Installationsprogramms bzw. eine manuelle Arbeit, diese Datenbank anzulegen. Microsoft liefert aber zur Hilfe zwei SQL-Befehlsfolgen mit:

Tracking_Schema.sql (50 KB): Anlegen der Tabellenstruktur

Tracking_Logic.sql (371 KB): Anlegen von gespeicherten Prozeduren zum Zugriff auf die Tabellenstrukturen

Beide Dateien befinden sich nach der Installation des .NET Frameworks im Verzeichnis *C:\WINDOWS\Microsoft.NET\Framework\v3.0\Windows Workflow Foundation\SQL\EN*. Die SQL-Befehle sind auf Microsoft SQL Server in den Versionen 2000, 2005 und 2008 (einschließlich MSDE und SQL Server Express) ausgelegt.

WICHTIG Zur Verwendung in anderen Datenbankmanagementsystemen ist nicht nur die Anpassung der SQL-Befehle notwendig, sondern auch die Entwicklung eines eigenen Ablaufverfolgungsdienstes.

Der Name der Datenbank ist beliebig und im Programmcode durch die Verbindungszeichenfolge anzugeben. Das Datenbankschema für die Ablaufverfolgung ist wesentlich umfangreicher als die Datenbank für die Persistenz.

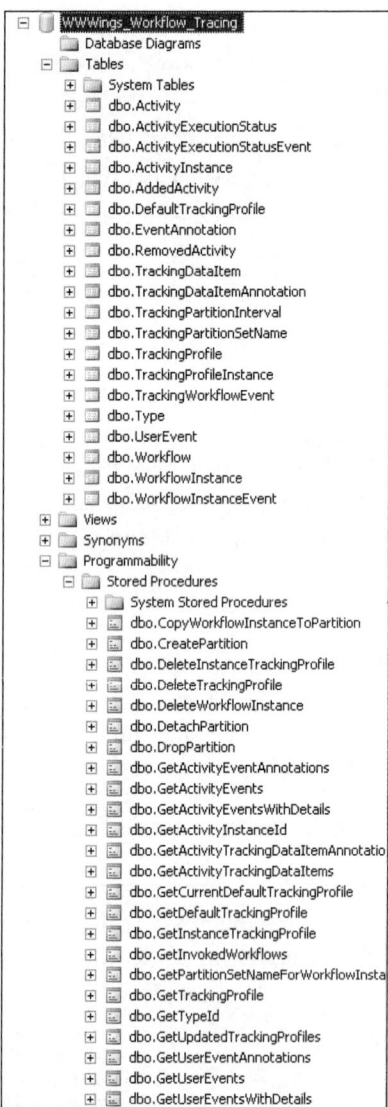

Abbildung 15.27 Ausschnitt aus dem Inhalt der SQL Server-Datenbank zur Ablaufverfolgung

---

TIPP   Die Datenbanktabellen für die Ablaufverfolgung und die Datenbanktabellen für die Persistenz können problemlos in einer Datenbank koexistieren. Mithilfe des Dienstes `SharedConnectionWorkflowCommitWorkBatchService` kann man für Ablaufverfolgung und Persistenz nicht nur die gleiche Datenbank, sondern auch die gleiche Datenbankverbindung verwenden. Dies hat den Vorteil, dass kein Distributed Transaction Coordinator (DTC) notwendig ist, um sicherzustellen, dass die Protokollierung konsistent zum Zustand der Persistenzdatenbank ist.

Aktivieren des Ablaufverfolgungsdienstes

Der Ablaufverfolgungsdienst ist genauso wie der Persistenzdienst vor dessen Start der Laufzeitumgebung hinzuzufügen. Genau wie beim Persistenzdienst ist im Konstruktor entweder eine Verbindungszeichenfolge oder eine NamedValueCollection zu übergeben.

```
// Ablaufverfolgung
WFTrackingDienst = new System.Workflow.Runtime.Tracking.SqlTrackingService(ConnectionString);
Program.WorkflowRuntime.AddService(WFTrackingDienst);
```

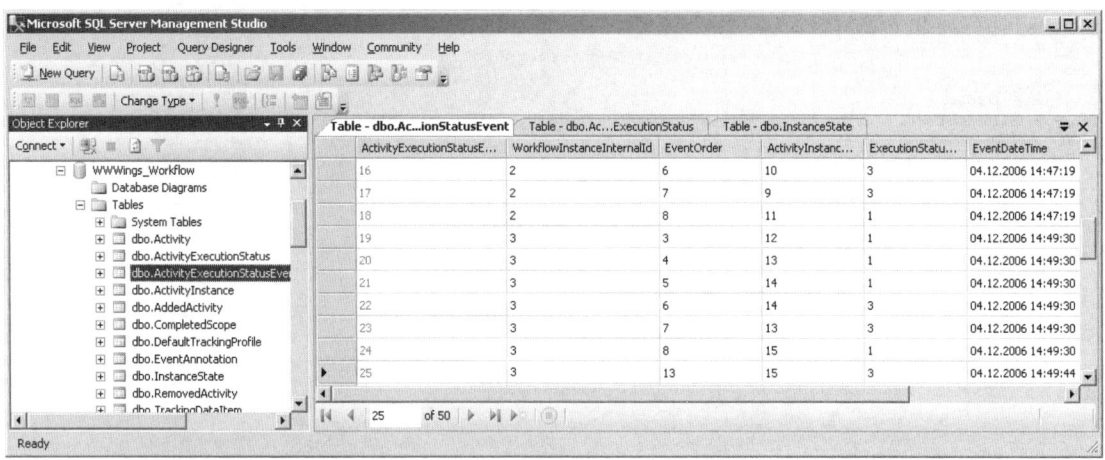

Abbildung 15.28 Beispiel für Tracking-Daten

Umfang der Ablaufverfolgung

Folgende Daten werden in der Ablaufverfolgungsdatenbank gespeichert:

- Änderungen am Zustand eines Workflows (Workflow Track Point)
- Änderungen am Zustand einer einzelnen Aktivität (Activity Track Point)
- benutzerspezifische Zeichenketten, die mit der Methode TrackData() übergeben wurden (User Track Point)

Mithilfe sogenannter Ablaufverfolgungsprofile (Tracking Profiles) kann man festlegen, dass nur ausgewählte Track Points in die Datenbank geschrieben werden. Dieses Thema kann hier aus Platzgründen leider nicht behandelt werden.

Auslesen der Ablaufverfolgungsdaten

Man kann die Ablaufverfolgungsdaten manuell aus den Datenbanktabellen auslesen. WF bietet dafür aber auch ein Objektmodell an.

Ausgangspunkt für die Abfrage der Ablaufverfolgungsdaten ist, eine Instanz der Klasse System.Workflow.Runtime.Tracking.SqlTrackingQuery mit der gleichen Verbindungszeichenfolge zu füttern, die auch für den Ablaufverfolgungsdienst verwendet wurde. Diese Instanz kann man dann mit TryGetWorkflow() um Ablaufverfolgungsdaten zu einem bestimmten Workflow bitten, der in Form der GUID spezifiziert wird. Wenn Daten zu dem Workflow gefunden wurden, erhält man eine Instanz von SqlTrackingWorkflowInstance. Die einzelnen Einträge bekommt man über die Untermengen WorkflowEvents, ActivityEvents und UserEvents.

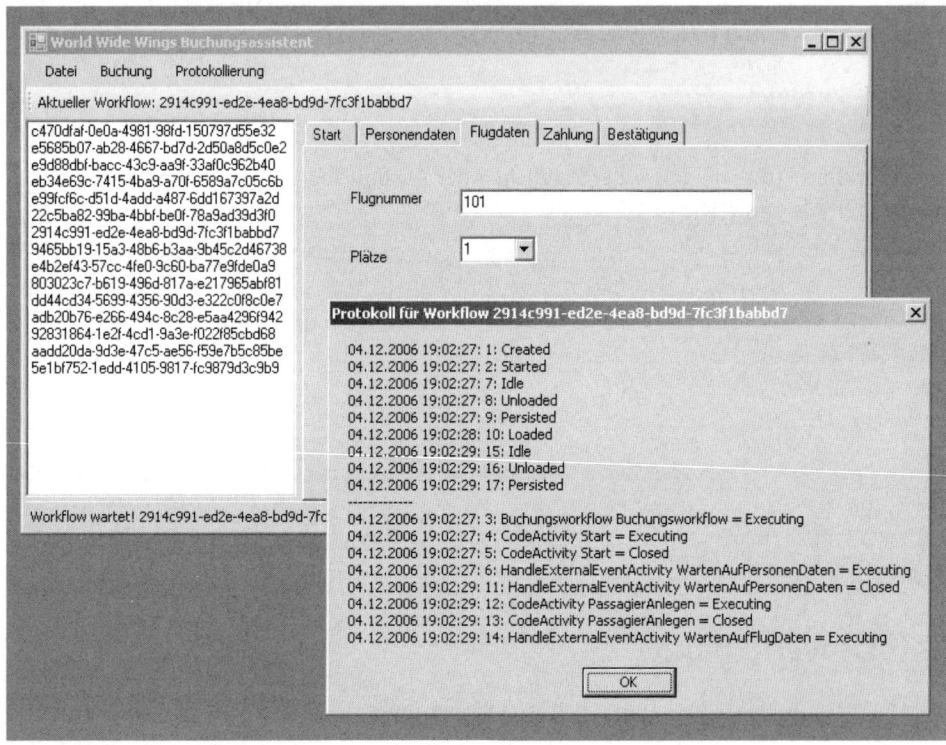

Abbildung 15.29   Ausgabe der Ablaufverfolgungsdaten im Buchungsassistenten

```
private void C_Protokoll_Click(object sender, EventArgs e)
{
  if (w == null) return;
  System.Workflow.Runtime.Tracking.SqlTrackingQuery WFTrackingQuery;
  WFTrackingQuery =
      new System.Workflow.Runtime.Tracking.SqlTrackingQuery(Program.WFTrackingDienst.ConnectionString);
  SqlTrackingWorkflowInstance t;
  bool gefunden = WFTrackingQuery.TryGetWorkflow(w.InstanceId, out t);
  if (gefunden)
  {
    string ausgabe = "";
    foreach (WorkflowTrackingRecord r in t.WorkflowEvents)
    {
      ausgabe += String.Format("{0}: {1}: {2}  \n", r.EventDateTime, r.EventOrder,
              r.TrackingWorkflowEvent.ToString());
    }
```

```
  ausgabe += "-------------\n";
  foreach (ActivityTrackingRecord r in t.ActivityEvents)
  {
    ausgabe += String.Format("{0}: {1}: {2} {3} = {4}  \n", r.EventDateTime, r.EventOrder,
              r.ActivityType.Name, r.QualifiedName, r.ExecutionStatus);
  }
  System.Windows.Forms.MessageBox.Show(ausgabe, "Protokoll für Workflow " + w.InstanceId);
}
```

Listing 15.15 Ausgabe der Ablaufverfolgungsdaten

Scheduling

Das Scheduling von Workflows (d.h. die Form der Parallelität der Ausführung von Aufgaben) ist ein konfigurier- und austauschbarer Workflow-Dienst.

Der mitgelieferte Scheduling-Dienst (`DefaultWorkflowSchedulerService`) ist Multi-Threading-fähig und verwendet das Thread-Pool-Konzept von .NET. Ein Thread verwaltet die Warteschlange der anstehenden Aufgaben und teilt den verfügbaren Threads die wartenden Aufgaben aus den Workflows zu. Die Anzahl der gleichzeitig ausführbaren Workflows ist über `MaxSimultaneousWorkflows` in der Klasse `DefaultWorkflowSchedulerService` konfigurierbar.

TIPP Microsoft empfiehlt, den Wert `MaxSimultaneousWorkflows` auf höchstens 60% der maximalen Größe des Threadpools zu setzen. Innerhalb eines Workflows sollte kein manuelles Multi-Threading stattfinden.

Fehlerbehandlung

Fehler in Workflows können auf unterschiedliche Weise entstehen. Die Fehler können in folgende Kategorien eingeteilt werden:

- Fehler, die von dem im Workflow hinterlegten Programmcode ausgelöst werden
- Fehler, die in verwendeten Komponenten ausgelöst werden
- Fehler in Transaktionen
- `ThrowActivity`

Zur Fehlerbehandlung bietet WF sogenannte Fehlerbehandler (Fault Handler). Genau wie es in .NET-Code mehrere `Catch`-Blöcke zu einem `Try` geben kann, kann es zu jeder Aktivität (und dem Workflow als Ganzem) ein oder mehrere Fehlerbehandler geben. Ein Fehlerbehandler ist eine Aktivität des Typs `FaultHandlerActivity`. Zu jeder `FaultHandlerActivity` ist im Attribut `FaultType` eine .NET-Fehlerklasse (eine von `System.Exception` abgeleitete Klasse) anzugeben (vgl. `Catch`-Blöcke). Eine `FaultHandlerActivity` ist ein Container für andere Aktivitäten. Die Fehlerbehandler haben eine konfigurierbare Reihenfolge, wobei spezielle Fehler vorne und allgemeine Fehler hinten stehen müssen. Sobald ein Fehler auftritt, werden die Fehlerklassen der Fehlerbehandler geprüft; die erste zutreffende Fehlerklasse sorgt für die Ausführung der zugeordneten Aktivitäten. Während der Ausführung der Fehlerbehandlung befindet sich die Aktivität, die den Fehler ausgelöst hat, im Zustand *Fehler*. Nach Abarbeitung der Fehlerbehandlung geht die Aktivität in den Zustand *Geschlossen* über.

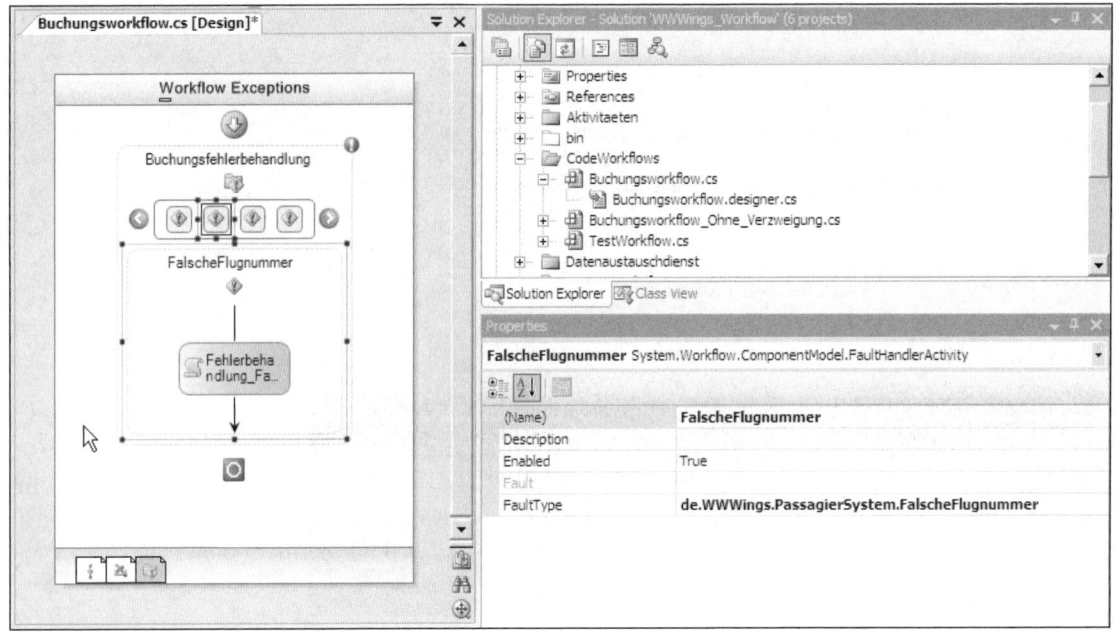

Abbildung 15.30 Definition einer Fehlerbehandlung

> **HINWEIS** Wenn zu einer Aktivität keine Fehlerbehandlung definiert ist, wird der Fehler in dem Aktivitätenbaum hochgereicht bis zu einer Ebene, wo es eine passende Fehlerbehandlung gibt. Wenn nirgendwo in der Aktivitätenhierarchie eine passende Fehlerbehandlung existiert, wird der Workflow abgebrochen.

Transaktionen

WF unterstützt Transaktionen – sowohl lokale Transaktionen als auch verteilte Transaktionen über mehrere Datenbanken und Datenbankmanagementsysteme. Dafür verwendet WF die im .NET Framework 2.0 eingeführte Transaktionsunterstützung im FCL-Namensraum System.Transactions. Der Namensraum System.Transaction unterstützt bei Bedarf den Übergang von einer lokalen Transaktion zu einer verteilten Transaktion unter Ausnutzung des Distributed Transaction Coordinator (DTC).

Die Aktivität TransactionScopeActivity entspricht der Anwendung der Klasse System.Transactions.TransactionScope (vgl. Kapitel »Enterprise Services und Transaktionen«). Dies bedeutet, dass alle Datenbankaktionen, die innerhalb von Aktivitäten in einer TransactionScopeActivity ausgeführt werden, automatisch Teil der Transaktion sind. Wenn die der TransactionScopeActivity untergeordneten Aktivitäten alle erfolgreich abgeschlossen wurden, erfolgt ein erfolgreicher Transaktionsabschluss (Commit). Wenn nur eine Aktivität in den Zustand *Fehler* übergeht, gilt die Transaktion automatisch als gescheitert.

Sofern der Persistenzdienst aktiviert ist, erfolgt am Ende der Transaktion in TransactionScopeActivity automatisch auch eine Persistierung des Workflows. Damit wird sichergestellt, dass in der Workflow-Persistenzdatenbank der erfolgreiche Abschluss einer Transaktion vermerkt ist.

Kompensation

HINWEIS In dem World Wide Wings-Buchungs-Workflow wird eine `TransactionScopeActivity` eingesetzt, um bei Übergabe mehrerer Teilstrecken entweder alle oder keine zu buchen.

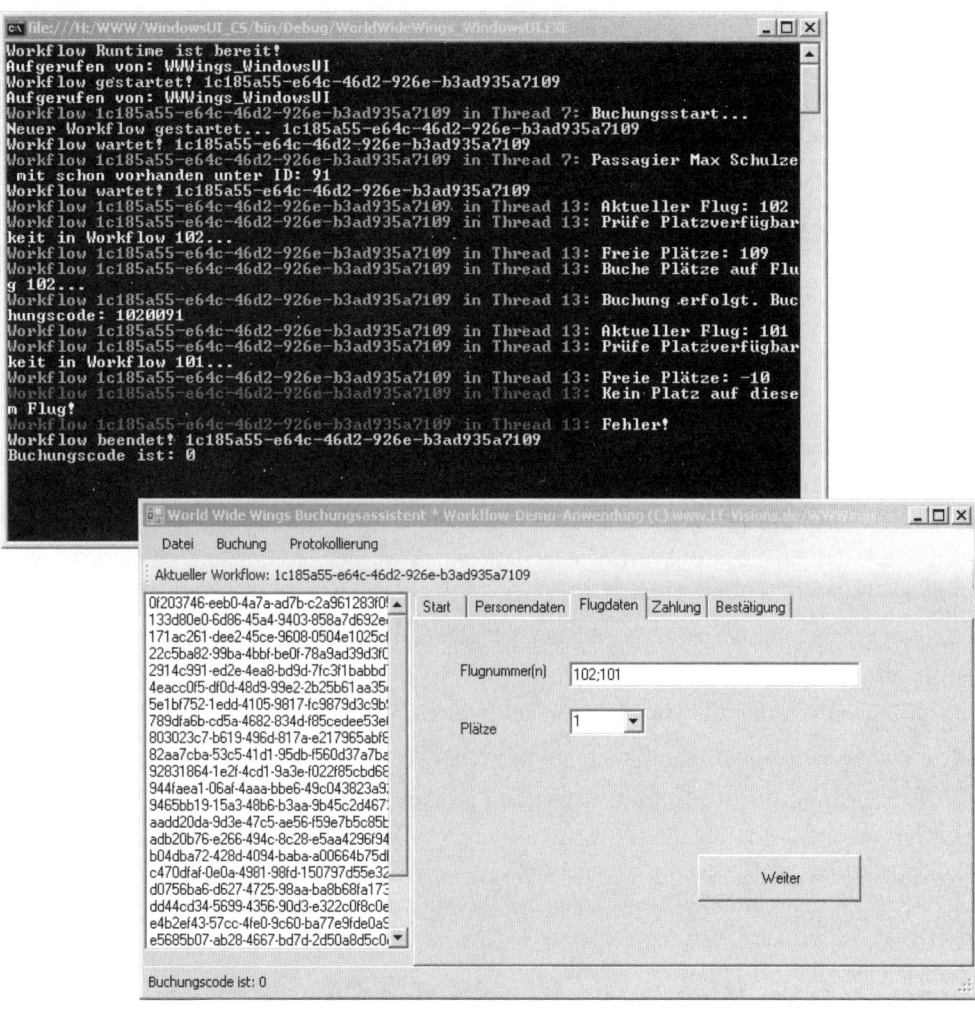

Abbildung 15.31 Buchung von zwei Teilstrecken in einer Transaktion

Kompensation

Kompensation bedeutet, Vorgänge rückgängig zu machen. Kompensation wird bei lang laufenden Workflows eingesetzt, bei denen es nicht praktikabel ist, eine Transaktion zu bilden. Eine Kompensation dient dazu, Vorgänge von erfolgreich ausgeführten Aktivitäten rückgängig zu machen, wenn es zu einem Fehler in einer folgenden Aktivität kommt. Die Kompensation bezieht sich dabei nicht auf die aktuelle Transaktion, die einen Fehler ausgelöst hat, sondern auf die vorhergehenden Aktivitäten, die bereits erfolgreich abgeschlossen wurden.

Damit eine Aktivität rückgängig gemacht werden kann, muss diese die Schnittstelle ICompensatableActivity mit der Methode Compensate() implementieren. Wenn in einem Workflow ein Fehler passiert, ruft die WF-Laufzeitumgebung Compensate() auf allen Aktivitäten auf, die ICompensatableActivity implementieren.

Eine Kompensation wird initiiert, wenn ein Fehler nicht behandelt wurde oder eine explizite Compensate-Activity verwendet wird.

WICHTIG Eine Aktivität ist nur kompensierbar, wenn sie die Schnittstelle ICompensatableActivity implementiert. Von den mitgelieferten Aktivitäten sind dies nur CompensatableTransactionScopeActivity und CompensatableSequenceActivity.

Weitere Möglichkeiten

Folgende Möglichkeiten von Workflows können hier aufgrund der Seitenrestriktionen des Buchs nur kurz erwähnt werden:

- Man kann eigene Aktivitäten entwickeln durch Ableiten von der Basisklasse System.Workflow.ComponentModel.Activity.
- Workflows können durch Anwendung erstellt und auch zur Laufzeit dynamisch verändert werden (Dynamic Updates).
- Workflows können nicht nur in Visual Studio, sondern auch in eigenen Anwendungen grafisch angezeigt werden durch das Hosting des Workflow-Designers (System.Workflow.ComponentModel.Design.WorkflowView in *system.workflow.componentmodel.dll*).
- Man kann einen eigenen Designer für Workflows schreiben, der sich mehr an Endanwender als an Softwareentwickler richtet.
- Das Laden von anderen Workflow-Formaten ist möglich durch einen anderen Loader Service.
- Die Ablaufverfolgung kann durch Profile konfiguriert werden.

Folgende Möglichkeiten werden von Microsoft noch nicht geliefert, sind aber zum Teil als Beispiele von Microsoft schon verfügbar:

- Verwendung anderer Datenspeicher (nicht SQL Server)
- Unit Testing von Workflows

Bewertungen von Windows Workflow Foundation

Es gab anfangs viel Begeisterung bezüglich WF. Die Versuche, Windows Workflow in konkreten Projekten einzusetzen, waren jedoch ernüchternd, sowohl bei dem Autor dieses Buchs als auch bei einigen Berufskollegen. Dieser Abschnitt zeigt zusammenfassend Vor- und Nachteile von WF auf. Man sieht schnell, dass die Kritikpunkte allein mengenmäßig überwiegen.

Vorteile

Als Vorteile sind hier Punkte aufgeführt, die in Windows Workflow Foundation besser sind als in der klassischen Programmierweise in .NET:

1. **Kapselung und Wiederverwendung:** Vorgänge werden in wiederverwendbaren Aktivitäten gekapselt. Jeder Entwickler kann auf einfache Weise eigene Aktivitäten definieren.
2. **Grafische Modellierung:** Die Aktivitäten können mit einem grafischen Werkzeug (Workflow-Designer) angeordnet und verbunden werden. Der Workflow-Designer steht in Visual Studio 2005/2008 zur Verfügung und kann auch in eigene Anwendungen lizenzkostenfrei integriert werden.
3. **Persistenz:** WF bietet eine Persistierung für Workflows, bei der der ganze Zustand des Workflows in einer Datenbank gespeichert wird. Persistenz kann eingesetzt werden als Wiederherstellungspunkt bei Abstürzen und für langlebige Workflows, die während des Wartens auf Ereignisse keine Ressourcen (RAM/Rechenzeit) verbrauchen sollen. Solche Workflows werden bei Bedarf von der WF-Laufzeitumgebung automatisch reaktiviert.
4. **Ablaufverfolgung (Tracking):** Die WF-Laufzeitumgebung kann jeden Schritt oder ausgewählte Schritte in einem Workflow in einer Datenbank speichern.
5. **Regelkonzept:** Durch Regeln, die voneinander abhängig sein können, ist die Modellierung komplexer Bedingungen möglich.

Nachteile

Als Nachteile sind hier alle Einschränkungen und Schwierigkeiten genannt, die durch den Einsatz von WF entstehen:

1. **Systemvoraussetzungen:** WF ist - ebenso wie .NET 3.0/3.5 insgesamt - nicht für Betriebssysteme vor Windows XP verfügbar (also derzeit nur für Windows XP, 2003, Vista und 2008). Als Datenbank unterstützt Microsoft nur den eigenen SQL Server. Provider für andere Datenbankmanagementsysteme sind möglich, aber bisher nicht verfügbar.
2. **Wenige Aktivitäten:** Mit WF liefert Microsoft nur vergleichsweise einfache Basisaktivitäten (wie Bedingungen, Schleifen, Aufrufe, Ereignisbehandlung). Höherwertige Aktivitäten (z.B. HTTP-Download, FTP, E-Mail oder gar geschäftsnahe Aktivitäten) fehlen bzw. sind nur in WF-unterstützenden Produkten wie SharePoint 2007 und BizTalk 2006 R2 verfügbar.
3. **Schlechte Versionierung von Workflows:** Man kann eine Workflow-Definition jederzeit ändern, jedoch kann man bestehende Workflows nicht mit der neuen Definition weiterlaufen lassen, sondern nur mit der alten. Wenn Sie bei einem Prozess plötzlich am Ende noch einen Schritt brauchen, können Sie diesen also nicht bei Workflows anwenden, die bereits gestartet sind (auch wenn diese langlebig sind).
4. **Persistente Workflows können nicht angefragt werden:** Es ist nicht ohne weiteres möglich, eine Liste aller Workflows zu erhalten, die mit bestimmten Geschäftsdaten arbeiten. Da die Persistierung in binärer Form in einer einzigen Tabellenzelle erfolgt, kann man die einzelnen Geschäftsdaten nicht auslesen. Zum Abfragen muss man entweder getrennte Indextabellen manuell pflegen oder aber alle Workflows erst in den Speicher laden.
5. **Keine Kompatibilität zu SSIS-Workflows:** Microsoft SQL Server Integration Services (SSIS) bietet eine ähnliche Umgebung wie WF, ist jedoch in keiner Weise kompatibel zu WF. Das Entwicklungsteam von SSIS hat sich aktiv gegen die Verwendung von WF als Basis ausgesprochen (einerseits war SSIS vor WF auf dem Markt, andererseits ist SSIS mehr auf Massendatenverarbeitung fokussiert, dafür wäre WF zu langsam).
6. **Hoher Implementierungsaufwand:** Einige alltägliche Konstrukte in WF (Dependency Properties, Data Exchange Services) erfordern relativ viel Programmcode.

7. **Mängel im Designer:** Der Workflow-Designer ist sehr gewöhnungsbedürftig, weil er von den anderen Designern abweichende Bedienungsparadigmen hat. Die Integration des Designers in Visual Studio ist unzureichend (z. B. beim Umbenennen eines Workflows). Der Designer stürzt bei komplexeren Workflows relativ häufig ab.
8. **Komplexität:** Interne Verarbeitungsschritte der WF-Laufzeitumgebung sind oft schwer nachvollziehbar. Sicherlich muss man WF als eine Abstraktion akzeptieren, aber einige Vorgänge innerhalb von WF entziehen sich doch sehr dem intuitiven Verständnis eines Entwicklers.
9. **Bei großen Workflows wird der Code schnell unübersichtlich:** Visual Studio trennt zwar die Deklaration der Aktivitäten vom Programmcode, bei größeren Workflows wird die Codedatei aber dennoch sehr groß und unübersichtlich. Hier ist man gezwungen, in Aktivitäten zu kapseln, auch wenn man das nicht möchte.
10. **Schlechte Dokumentation:** Die Dokumentation ist eher knapp gehalten (z. B. zum Thema WF in ASP.NET nur sechs Seiten!). Es gibt bisher wenig Fachbücher zu WF.
11. **Hohe Leistungseinbußen:** WF schluckt sehr viel Leistung. Microsoft selbst dokumentiert dies in dem Dokument »Performance Characteristics of Windows Workflow Foundation« [MSDN21]. Einige der Ergebnisse rufen jedoch blankes Entsetzen hervor (siehe unten).

Leistung

Gerade der letzte Punkt verdient besondere Beachtung. In der in Abbildung 15.32 wiedergegebenen Tabelle sind zwei Zeilen markiert:

- Hinter »while activity with 1000 iterations« verbirgt sich der in Abbildung 15.34 gezeigte Workflow mit einer durch eine `WhileActivity` gebildeten Schleife.
- Hinter »Code activity of while loop with 1000 iterations« verbirgt sich logisch der gleiche Code. Dieses Mal wurde aber die Schleife statt mit der `WhileActivity` auf klassische Art und Weise in C# geschrieben. Das Ganze ist zwar immer noch ein Workflow, bietet aber nicht mehr die grafische Ausdrucksfähigkeit, die Ablaufverfolgung und die Persistierungsmöglichkeiten.

Der zweite Ansatz hat jedoch einen entscheidenden Vorteil: Das klassische Modellieren einer »klassischen« Schleife mit 1000 Durchläufen mit dem C#-/VB-Sprachschlüsselwort *while* innerhalb eines Workflows ist **2.687 mal** schneller als die Verwendung einer Schleife (`WhileActivity`) in Window Workflow Foundation (WF). Wenn man das mit einer Schleife in einem normalen Programm vergleichen würde, wäre der Faktor sicherlich noch einmal so groß.

Dass die Abstraktion von WF einen gewissen Overhead bedeutet, ist einleuchtend. Aber bei diesem Overhead sollte sich jeder Entwickler genau überlegen, ob er nicht lieber ein »normales« Programm statt eines WF-basierten Workflows schreibt.

Bewertungen von Windows Workflow Foundation

Performance test results

The following table provides the results for the tests described in this section.

Test	Average Number of Workflows Completed per Second	Average % Total CPU (Workflow)
Empty Workflow	10308	99.3
Single CodeActivity Workflow	6547	99.9
HandleExternalEventActivity Workflow	3939	99.9
CallExternalMethodActivity Workflow	5884	99.96
Web Service Publication Workflow	1401	98.4
Web Service Consumption Workflow	1306	99.8
ReplicatorActivity Workflow	406	97.9
ConditionedActivityGroup Workflow	224	99.5
Dynamic Update Workflow	136	99.89
While activity with 1000 iterations	2.4	99.6
Code activity of while loop with 1000 iterations	6449	99.9
PolicyActivity Workflow	142	99.8
TransactionalScopeActivity Workflow	299	90.9
StateMachine Workflow	283	98.3
Sequential Workflow with five CodeActivity activities	2750	99.9
Sequential Workflow simulating a StateMachine Workflow	173	99.8
Compensation Workflow	210	96.7

Abbildung 15.32 Ergebnisse der Leistungsmessung von Microsoft (Quelle: [MSDN21])

CodeActivity workflow running a while loop with 1000 iterations

This test measures the execution throughput of a workflow containing a CodeActivity activity that executes a while loop with 1000 iterations.

Sequential Workflow

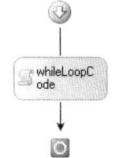

Figure 33. CodeActivity workflow designer view

The following is the code-beside code that is used in this test.

```
public sealed partial class Workflow1 : SequentialWorkflowActivity
{
    private Int32 nExecutions = 0;
    public Workflow1()
    {
        InitializeComponent();
    }
    public void whileLoop_CodeHandler(object sender, EventArgs e)
    {
        while (nExecutions < 1000)
        {
            nExecutions++;
        }
    }
}
```

Abbildung 15.33 Dies ist zwar ein Workflow, aber es ist nicht Sinn der Sache, die Schleife in einer CodeActivity zu verbergen (Quelle: [MSDN21]).

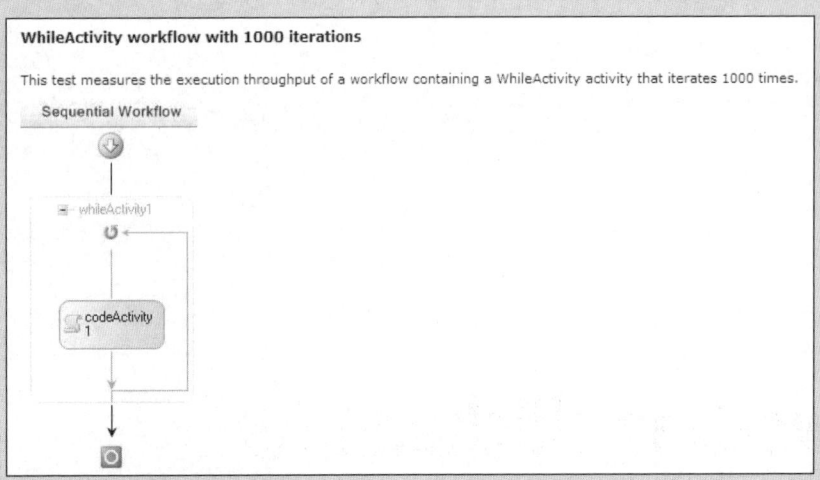

Abbildung 15.34 Dies wäre der echte Workflow-Ansatz für eine Schleife (Quelle: [MSDN21])

Kapitel 16

Windows-Oberflächen mit Windows Forms

In diesem Kapitel:

Einleitung	704
Überblick über Windows Forms	704
Neuheiten in Windows Forms 2.0	706
Neuheiten in Windows Forms 3.0 und 3.5	707
Neuheiten in Windows Forms 3.5 SP1	707
Verbesserungen für Windows Forms in Visual Studio 2005	707
Verbesserungen für Windows Forms in Visual Studio 2008	708
Funktionen der World Wide Wings-Desktop-Anwendung	708
Fenster	716
Steuerelemente	723
Datenbindung	730
Zeichnen mit GDI+	735
Drucken	738
Mehrsprachige Anwendungen (Lokalisierung)	740
Drag & Drop (Ziehen & Fallenlassen)	742
Zwischenablage	743
Weitere Möglichkeiten von Windows Forms	744
Click-Once-Deployment	746

Einleitung

Windows Forms (kurz: WinForms) bezeichnet ein GUI-Framework für Desktop-Anwendungen, das mit .NET 1.0 eingeführt und in .NET 2.0 erweitert wurde. Seit .NET 3.0 hat Windows Forms Konkurrenz in Form der Windows Presentation Foundation. In .NET 3.0/3.5 gibt es keine Neuerung zu Windows Forms. Erst in .NET 3.5 SP 1 gibt es einige neue Steuerelemente.

Die Darstellung der Windows-Programmierung erfolgt in diesem Kapitel komplett anhand von Visual Studio 2008 bzw. den entsprechenden Express-Editionen, weil die Erstellung von Windows-Oberflächen ohne einen grafischen Designer sehr mühsam ist und daher in der Unternehmenspraxis nur äußerst selten vorkommt.

Überblick über Windows Forms

Windows Forms ermöglichen die Erstellung von Windows-Fenstern und anderen grafischen Elementen der Windows-Oberflächen (z.B. Symbole in der Startleiste). Ein Fenster besteht aus einer Menge von Steuerelementen (Windows Forms Controls), wobei einige Steuerelemente eine Containerfunktion haben und andere Steuerelemente enthalten können. So entsteht ein Steuerelementbaum.

Inhalt und Layout von Fenstern (alias Formularen) werden bei Windows Forms nicht in einer textlichen Beschreibung (wie Formulare in Visual Basic 6.0 oder ASP.NET Webforms) abgelegt, sondern komplett durch Programmcode beschrieben.

Fenster können Eigenschaften und Steuerelemente von anderen Fenstern erben (visuelle Vererbung). Windows Forms-Steuerelemente unterstützen typische Windows-Mechanismen wie die Zwischenablage und Drag & Drop.

Windows Forms sind im Namensraum `System.Windows.Forms` (*System.Windows.Forms.dll*) implementiert. Sie verwenden als Grundlage die *System.Drawing.dll* sowie das Graphics Device Interface (GDI) bzw. das neuere GDI+ von Windows. .NET 1.x basiert komplett auf GDI+, während .NET 2.0 zum Teil wieder direkt auf dem klassischen GDI aufsetzt.

Der Namensraum `System.Drawing` stellt für Windows Forms ergänzende Funktionen wie das Zeichnen und das Drucken bereit.

Funktionsüberblick

Windows Forms unterstützen folgende Funktionen:

- Positionierung von Steuerelementen auf einem Formular in einem Steuerelementbaum
- Dynamische Veränderung des Steuerelementbaums
- Nutzung von Steuerelementen von Drittanbietern
- Erstellung eigener Steuerelemente

- Vererbung von Steuerelementen und Fenstern
- Datenbindung
- Automatische Mehrsprachigkeit von Fenstern (Lokalisierung)
- Fenster mit Kindfenstern (Multi-Document-Interface-Anwendungen)
- Drag & Drop
- Zwischenablage
- Zeichnen auf der Formularfläche und in Steuerelementen
- Drucken
- Deployment von Windows Forms-Anwendungen über XCopy-Deployment, No-Touch-Deployment oder Click-Once-Deployment
- Hosting von Windows Forms-Steuerelementen im Internet Explorer

Windows Forms entwickeln mit Visual Studio

Die Entwicklungsumgebung Visual Studio bietet einen grafischen Designer für die Entwicklung von Windows Forms-Anwendungen, der aus folgenden Kernelementen besteht:

- Werkzeugleiste mit den verfügbaren Komponenten/Steuerelementen (*Toolbox*)
- Datenquellenfenster mit der Anzeige von Datenquellen (*Datenquellen – Data Sources*)
- Formular-Designer, mit dem visuelle Komponenten (Steuerelemente) mit der Maus auf dem Formularhintergrund oder in anderen Steuerelementen positioniert werden können
- Bereich zur Ablage nichtvisueller Komponenten (*Component Tray*)
- Eigenschaftsfenster zur Konfiguration der Komponenten (*Eigenschaften – Properties*)
- Anzeige der Struktur der Steuerelemente im Fenster (*Dokumentgliederung – Document Outline*).

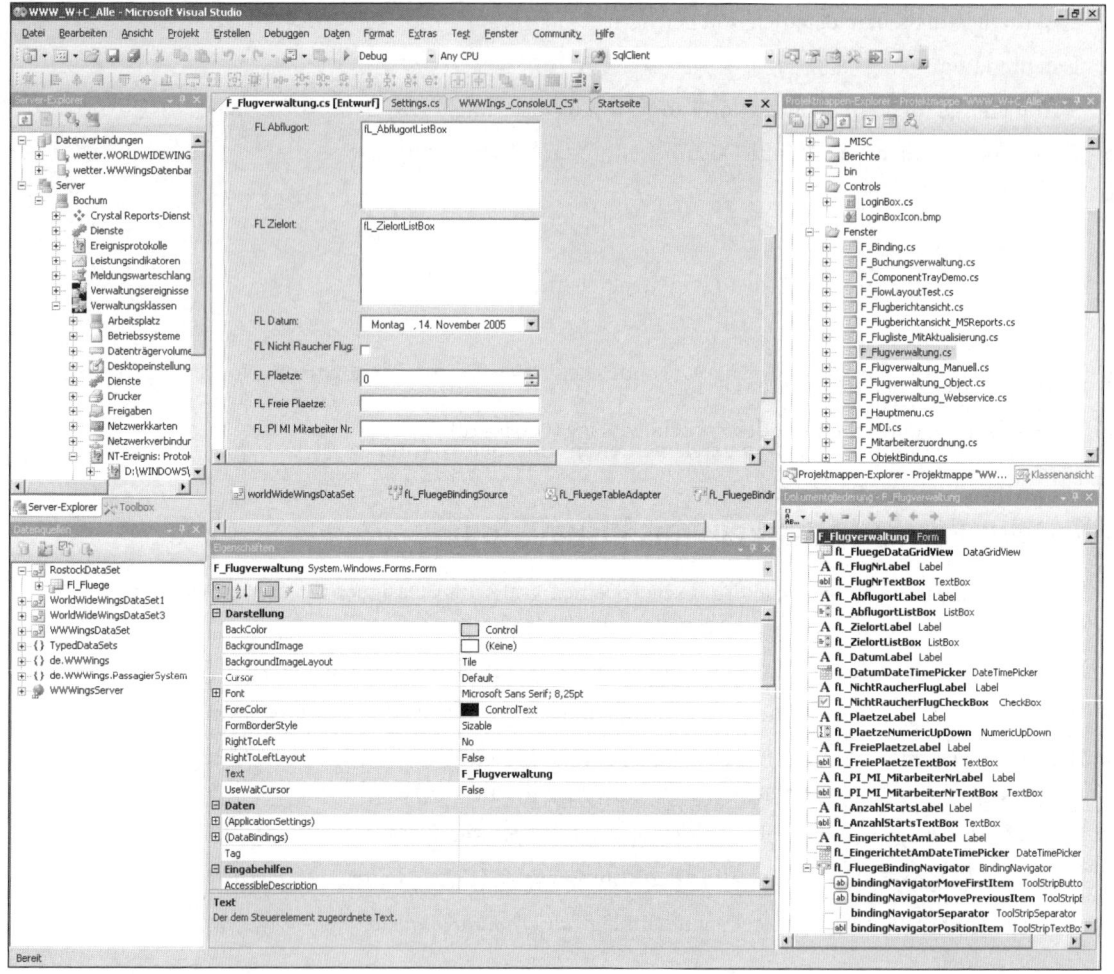

Abbildung 16.1 Windows Forms Designer

Neuheiten in Windows Forms 2.0

Die wichtigsten Neuerungen in Windows Forms 2.0 gegenüber Windows Forms 1.x sind:

- zahlreiche neue visuelle Steuerelemente (z.B. `ToolStrip`, `StatusStrip`, `SplitContainer`, `WebBrowser`, `MaskedTextBox`, `FlowLayoutPanel` und `TableLayoutPanel`)
- verbessertes, Daten bindendes Tabellen-Steuerelement (`DataGridView`)
- `SoundPlayer`-Steuerelement zum Abspielen von Tönen

- `BackgroundWorker`-Steuerelement zur einfachen Erstellung von Multi-Threading-Anwendungen
- Rapid Application Development (RAD) für datengetriebene Anwendungen (Drag & Drop-Datenbindung)
- Visual Basic-Anwendungsmodell mit Vereinfachungen bei der Entwicklung von Windows-Anwendungen
- Elemente in zahlreichen Auflistungen (z. B. `Controls`) können nun auch über ihren Namen und nicht nur über den numerischen Index angesprochen werden.
- Verbreitung und Aktualisierung von Anwendungen über Click-Once-Deployment
- Autovervollständigen für `TextBox` und `ComboBox`
- Tooltip-Anzeige in Sprechblasen
- Vereinfachung der Arbeit mit der Zwischenablage (`Clipboard`)
- zahlreiche kleinere Verbesserungen in vielen aus .NET 1.x bekannten Steuerelementen

ACHTUNG Nicht mitgeliefert wird das ursprünglich angekündigte Steuerelement `ActiveDocumentHost` zur Darstellung von Active Documents.

HINWEIS Alle alten Steuerelemente aus .NET 1.x sind weiterhin verfügbar (beispielsweise `DataGrid`, `ToolBar`, `StatusBar`), auch wenn es ab .NET 2.0 bessere Steuerelemente für den gleichen Zweck gibt (`DataGridView`, `ToolStrip`, `StatusStrip`).

Neuheiten in Windows Forms 3.0 und 3.5

Diese Versionen enthalten keine Verbesserungen für Windows Forms-Steuerlemente.

Neuheiten in Windows Forms 3.5 SP1

Sogar in Windows Forms, das wegen WPF auf dem Abstellgleis steht, legt Microsoft noch einmal nach: Mit den Steuerelementen `DataRepeater`, `PrintForm`, `LineShape`, `OvalShape` und `RectangleShape`. Hiermit erleichtert Microsoft insbesondere die Migration von Visual Basic 6.0, wo es vergleichbare Steuerelemente gab. Diese sind bisher schon verfügbar gewesen als *Visual Basic PowerPack* und unter diesem Namen auch in der Werkzeugleiste zu finden. Sie können aber auch für C# verwendet werden, wenn man die Assembly *Microsoft.VisualBasic.PowerPacks.Vs.dll* referenziert.

Verbesserungen für Windows Forms in Visual Studio 2005

Visual Studio 2005 bot bei der Erstellung von Windows Forms-Anwendungen folgende Verbesserungen:
- Hilfslinien zur Ausrichtung von Steuerelementen an bestehenden Steuerelementen (Snaplines)
- Smarttags mit Schnellzugang zu häufig verwendeten Funktionen für einige Steuerelemente

- Anzeige der Dokumentenstruktur wie aus HTML-Editoren bekannt mit der Möglichkeit, die Positionierung in dieser Ansicht zu ändern (*Menü Ansicht/Weitere Fenster/Dokumentgliederung – View/Other Windows/Document Outline*)
- Anzeige der Position und der Größe des Steuerelements in der Statuszeile des Designer-Fensters
- Trennung des vom Designer generierten Codes in eine separate Datei (**.designer.cs/.vb*)
- Filter im *Hinzufügen*-Dialog der Werkzeugleiste
- IDE zeigt Steuerelemente im XP-Stil an (berücksichtigt Visual Styles)
- Verbesserung des Knoten-Editors für TreeView-Steuerelemente
- Assistent zur Erstellung von Click-Once-Anwendungen

HINWEIS Andere, ursprünglich angekündigte bzw. in den Vorabversionen implementierte Verbesserungen wie das Ändern von Zeichenketten direkt im Formular (*In-Situ-Editing*) oder Transparenz beim Verschieben von Steuerelementen sind in der finalen Produktversion leider nicht mehr vorhanden.

Verbesserungen für Windows Forms in Visual Studio 2008

In Visual Studio 2008 gibt es keine Verbesserungen im Windows Forms-Designer.

Funktionen der World Wide Wings-Desktop-Anwendung

Das World Wide Wings-Fallbeispiel enthält eine Windows-Desktop-Anwendung, die zahlreiche Windows Forms-Funktionen demonstriert und die in Ausschnitten hier im Kapitel besprochen wird.

Anwendungsfälle

Diese Beispielanwendung implementiert eine grafische Oberfläche für die Verwaltungsmitarbeiter der World Wide Wings-Fluggesellschaft. Funktionen der Anwendung sind:

- Stammdatenverwaltung für Flüge (Flugrouten, Daten, Platzanzahl)
- Verwaltung der Passagierdaten
- Buchung von Flügen (auch mit mehreren Teilstrecken)
- Stornierung von Flugbuchungen
- Ausdruck von Flugtickets

Funktionen der World Wide Wings-Desktop-Anwendung

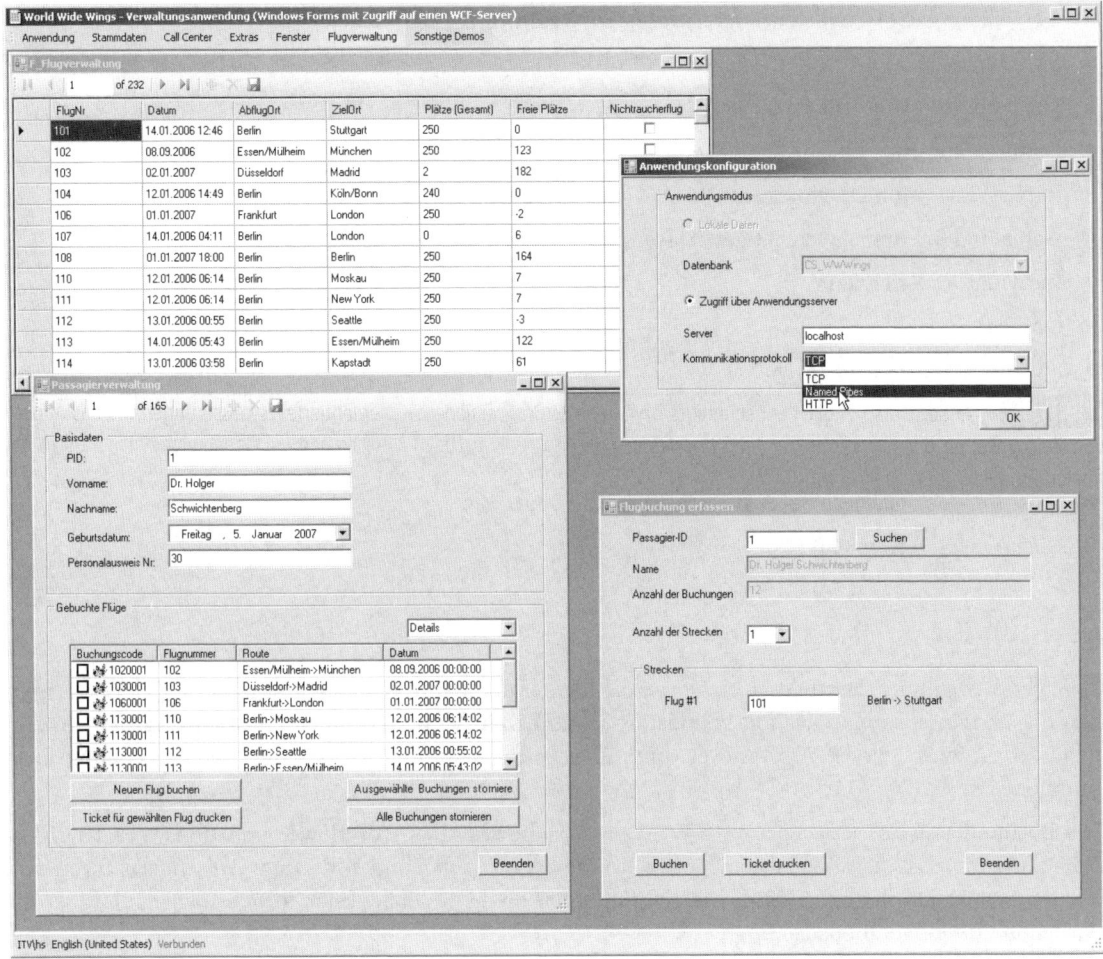

Abbildung 16.2 Die Desktop-Anwendung mit Multi-Document-Interface (MDI)

Gezeigte Funktionen

Unter anderem folgende Möglichkeiten von Windows Forms werden in der Anwendung verwendet:

- Single- und Multi-Document-Interface-Fenster
- Menüs
- Symbolleisten
- Statuszeilen

- Verwendung der Grundsteuerelemente wie Button, TextBox, Label, ComboBox etc.
- Selbst erstellte Steuerelemente (User Controls)
- Datenbindung mit dem DataGridView
- Datenbindung an einfache Steuerelemente
- Rapid Application Development (RAD)-Datenbindung
- Datenbindung in mehrschichtigen Anwendungen (Anbindung an WCF-Dienste)
- Individuelles Zeichnen
- Drucken
- Nutzung der Zwischenablage
- Drag & Drop
- Lokalisierung
- Einstellungen speichern auf Anwendungs- und Benutzerebene
- Click-Once-Deployment (COD)

Architektur

Teile der Anwendung (Startbildschirm sowie die Fenster der Menüs *Stammdaten* und *Call Center*) verwenden die Windows Communication Foundation (WCF) zum Zugriff auf einen selbst entwickelten Anwendungsserver. Wenn dieser WCF-Anwendungsserver nicht läuft, kann dieser Teil der Anwendung nicht funktionieren.

Der Buchungsassistent verwendet nicht WCF, sondern die Windows Workflow Foundation (WF). Hierzu ist Voraussetzung, dass die beiden Datenbanken *WorldWideWings.mdf* und *WWWings_Workflow.mdf* von dem lokalen System aus verfügbar sind. Die Konfiguration dieser Datenbankstandorte erfolgt direkt über die Anwendungskonfigurationsdatei.

Funktionen der World Wide Wings-Desktop-Anwendung

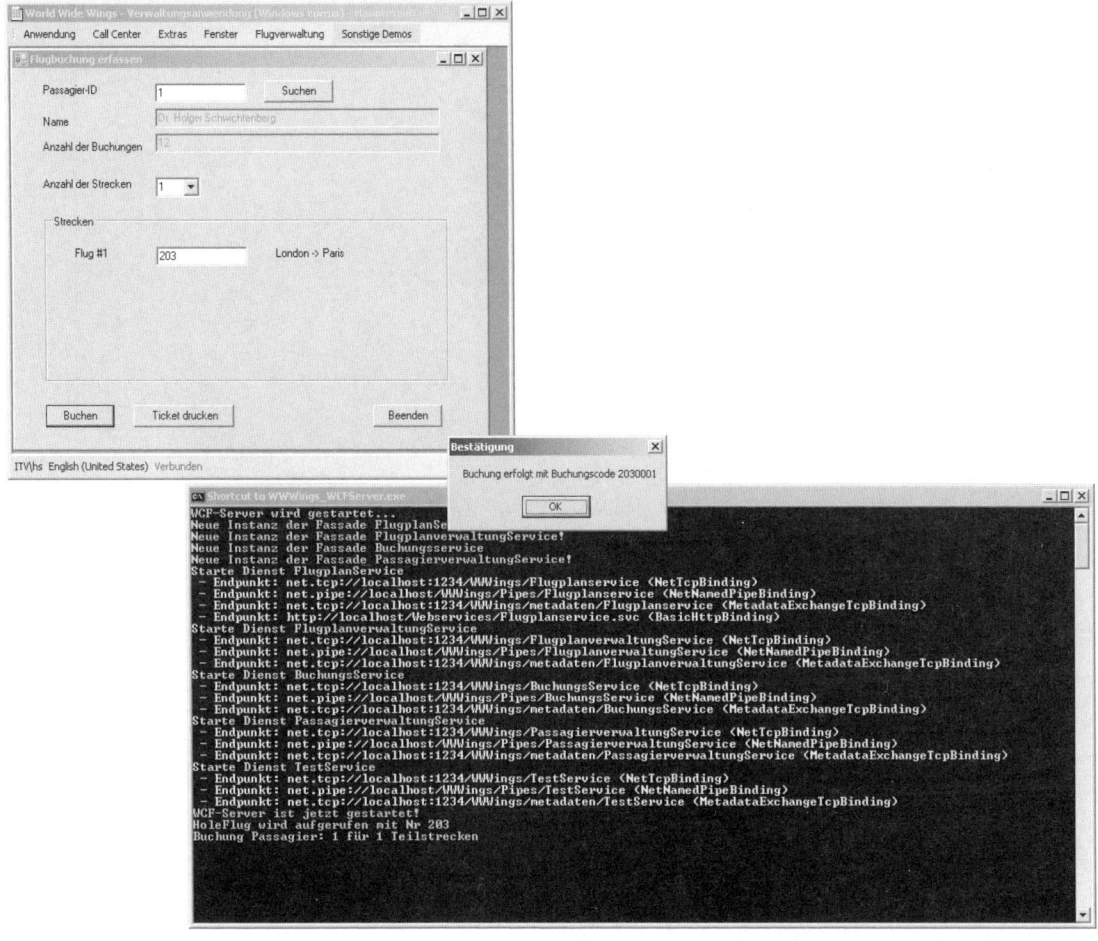

Abbildung 16.3 Die Windows Forms-Anwendung zusammen mit dem Protokollfenster des Anwendungsservers, der hier als Konsolenanwendung läuft

Hauptmenü

Das Hauptmenü zeigt einerseits Informationen über den Client an und andererseits solche über den Anwendungsserver. Das Hauptmenü enthält ein Timer-Steuerelement, das alle zwei Sekunden den Anwendungsserver mit einer Art »Ping« aufruft und mit den von dem Server übermittelten Informationen die Anzeige aktualisiert.

Die am weitesten fortgeschrittenen und am besten integrierten Anwendungsteile findet man in den Menüs *Stammdaten* und *Call Center*. *Extras* enthält neben den Anwendungseinstellungen auch die Möglichkeit, die Datenbank auf ihren Ursprungszustand zurückzuversetzen. *Fenster* erlaubt die Verwaltung der geöffneten untergeordneten Fenster. Die farblich hervorgehobenen beiden letzten Menüs enthalten weitere isolierte Beispiele, die sich nicht in die Call Center-Anwendung einfügen (Menüpunkt *Sonstige Demos*) bzw. alternative Implementierungen der Flugverwaltung (Menüpunkt *Flugverwaltung*) zeigen.

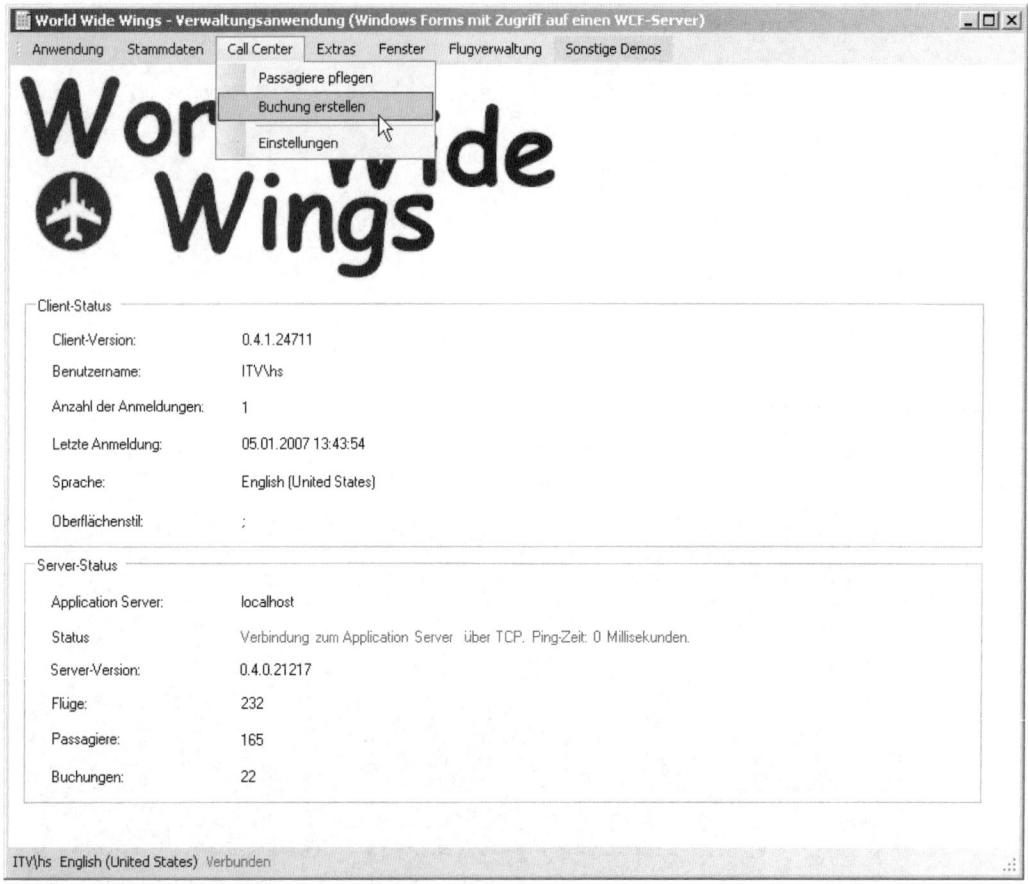

Abbildung 16.4 Hauptmenü der Windows Forms-Anwendung für World Wide Wings

Konfiguration

Über die Menüpunkte *Stammdaten/Einstellungen*, *Call Center/Einstellungen* bzw. *Extras/Einstellungen* kann man den Rechnernamen für den Anwendungsserver sowie das zu verwendende Kommunikationsprotokoll (Named Pipes, TCP oder HTTP) festlegen. Die Einstellungen werden benutzerspezifisch abgelegt.

HINWEIS Wie man in dem Konfigurationsfenster erkennt, ist vorgesehen, dass die Anwendung anstelle des Zugriffs auf den Anwendungsserver auch direkt auf die Datenbank zugreifen kann. Dann würden die Geschäftslogik- und die Datenzugriffs-Assemblies in den Prozess der Windows Forms-Anwendung geladen und dort ausgeführt. Tatsächlich bindet die Windows Forms-Anwendung diese Assemblies bereits, jedoch ist die Umschaltung in der aktuellen Version der Anwendung noch nicht implementiert. Die direkt gebundenen Assemblies werden aber außerhalb der Hauptanwendung (Menüpunkte *Flugverwaltung* und *Sonstige Demos*) verwendet.

Funktionen der World Wide Wings-Desktop-Anwendung

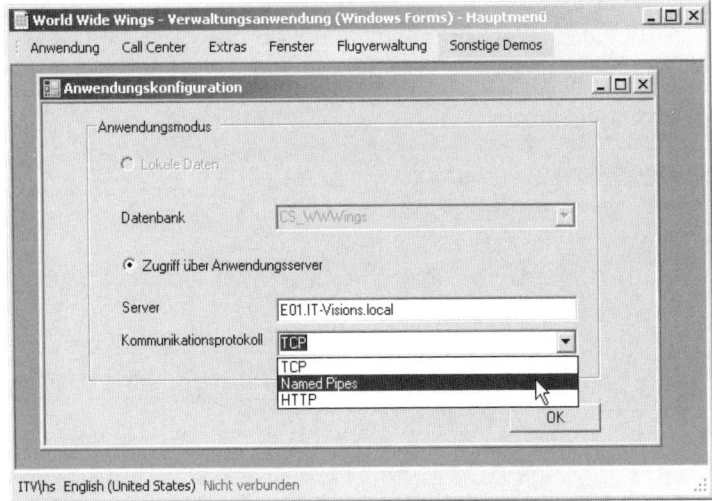

Abbildung 16.5 Konfiguration des Anwendungsservers

Stammdatenverwaltung

Die Stammdatenverwaltung umfasst eine tabellarische Ansicht aller Flüge, die dazu dient, die Stammdaten für die Flüge (Routen, Platzanzahl) zu ändern.

FlugNr	Datum	AbflugOrt	ZielOrt	Plätze (Gesamt)	Freie Plätze	Nichtraucherflug
300	13.01.2006 12:20	Seattle	Mailand	250	82	☐
301	13.01.2006 12:20	Seattle	Prag	250	82	☑
302	14.01.2006 07:02	Seattle	Moskau	250	127	☐
303	14.01.2006 07:02	Seattle	New York	250	127	☑
305	15.01.2006 01:43	Seattle	Essen/Mülheim	250	172	☐
306	12.01.2006 09:04	Seattle	Kapstadt	250	17	☑
307	13.01.2006 03:45	Seattle	Madrid	250	62	☐
308	12.01.2006 19:10	Essen/Mülheim	Berlin	250	41	☑
309	13.01.2006 13:52	Essen/Mülheim	Frankfurt	250	86	☑
310	14.01.2006 08:33	Essen/Mülheim	München	250	131	☑
312	15.01.2006 03:14	Essen/Mülheim	Köln/Bonn	250	176	☑
313	15.01.2006 03:14	Essen/Mülheim	Rom	250	176	☑
314	15.01.2006 03:14	Düsseldorf	Berlin	250	21	☐
315	13.01.2006 05:17	Düsseldorf	Paris	250	65	☐
316	13.01.2006 05:17	Düsseldorf	Mailand	250	76	☐
317	13.01.2006 23:58	Düsseldorf	Prag	250	110	☑
318	13.01.2006 23:58	Düsseldorf	Moskau	250	110	☐
319	14.01.2006 18:39	Düsseldorf	New York	250	155	☐
320	14.01.2006 18:39	Düsseldorf	Seattle	250	155	☑
322	12.01.2006 02:01	Essen/Mülheim	Kapstadt	250	0	☐
323	12.01.2006 02:01	Essen/Mülheim	Madrid	250	0	☑
324	12.01.2006 20:42	Kapstadt	Berlin	250	45	☑

Abbildung 16.6 Verwaltung der Flüge

Call Center-Anwendung

Die im Menü *Call Center* hinterlegten Fenster bieten eine durchgehende Teilanwendung mit den Bereichen Passagierverwaltung, Flugbuchung und Ticketausdruck.

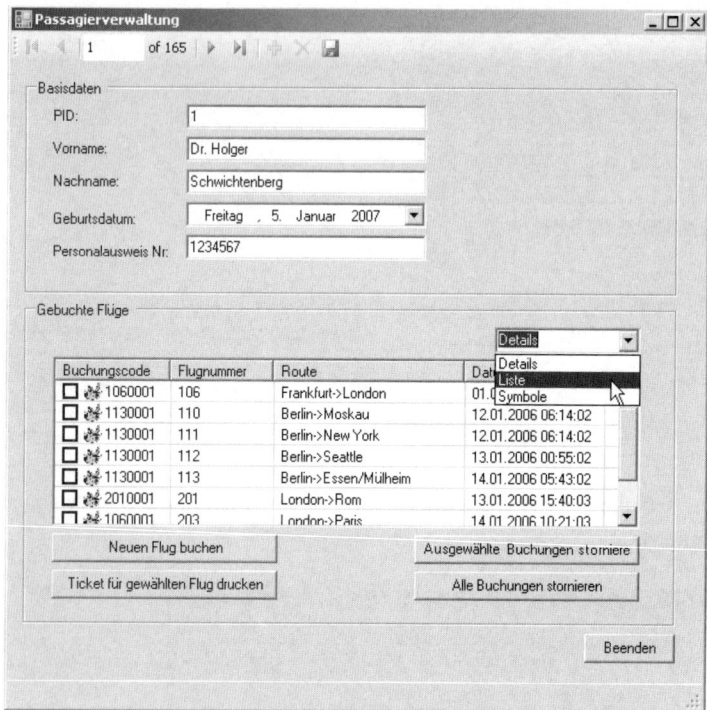

Abbildung 16.7 Verwaltung der Passagiere

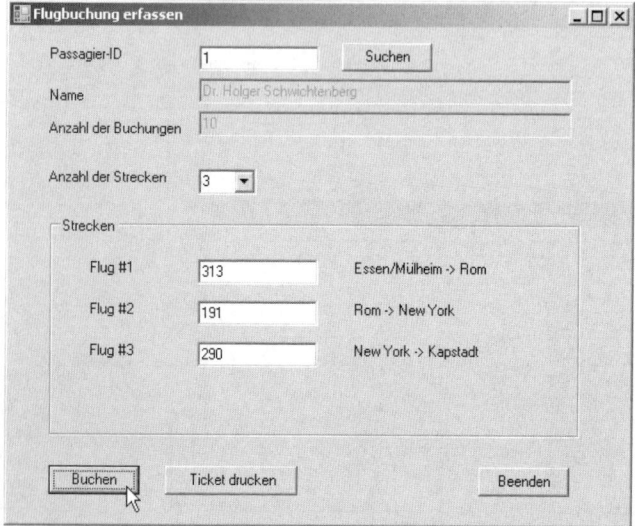

Abbildung 16.8 Erstellung einer neuen Buchung mit einer einfachen Maske

Funktionen der World Wide Wings-Desktop-Anwendung

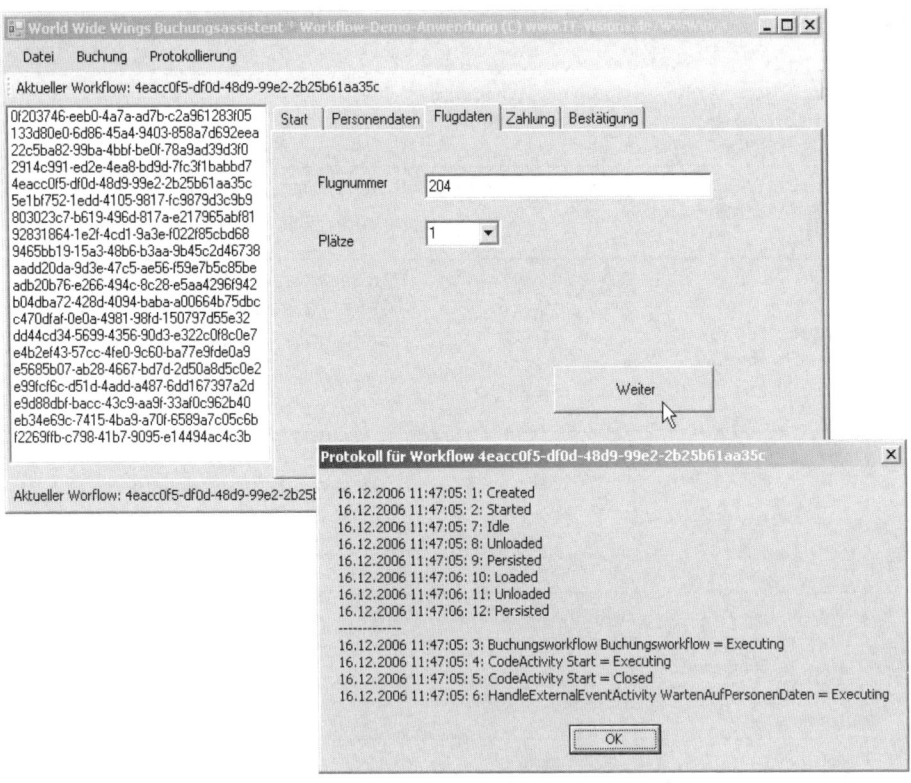

Abbildung 16.9 Der Buchungsassistent verwendet die Windows Workflow Foundation.

Abbildung 16.10 Flugticket (Bildschirmanzeige)

In der Call-Center-Teilanwendung finden sich u.a. folgende Anwendungsbeispiele für Windows Forms-Steuerelemente und -Datenbindung.

Fenster	Verwendete Steuer-elemente	Weitere verwendete Techniken	Verwendete WCF-Dienste/WCF-Operationen
F_Hauptmenu.cs	MenuStrip, StatusStrip, PictureBox, GroupBox, Label, Timer, NotifyIcon	MDI-Fenster, Benutzerspezifische Anwendungseinstellungen	TestService.Ping()
F_Flugverwaltung.cs	BindingSource, BindingNavigator, GridView	Datenbindung (Tabelle)	Dienste.FlugplanverwaltungService.HoleAlle() FlugplanverwaltungService.SpeichereFlug()
F_Passagierverwaltung.cs	BindingSource, BindingNavigator, GroupBox, Label, TextBox, DateTimePicker, ListView, ImageList, ComboBox, Button, StatusStrip	Datenbindung (Einzeldatenansicht)	PassagierverwaltungService.HoleAllePassagiere() BuchungsService.HoleBuchungenFuerPassagier() BuchungsService.BuchungenLoeschen() AlleBuchungenLoeschenFuerPassagier() BuchungsService.HoleBuchungen()
F_Buchung.cs	TextBox, ComboBox, Button, GroupBox, Label	Dynamisch erzeugte Steuerelemente	PassagierverwaltungService.HolePassagier() FlugplanverwaltungService.HoleFlug() BuchungsService.HoleBuchungenFuerPassagier() BuchungsService.MehrfachBuchungErstellenMitIDs()
F_Buchungsassistent.cs	MenuStrip, ToolStrip, StatusStrip, TabControl, ListBox, TextBox, Label, Button, ComboBox, PictureBox	Zugriff auf Workflow	Keine
F_Konfiguration.cs	GroupBox, RadioButton, Label, ComboBox	Benutzerspezifische Anwendungseinstellungen	Keine
F_Ticketdruck	PrintDocument, Button	Zeichnen mit System.Drawing	Keine

Tabelle 16.1 Übersicht über die in der Call-Center-Anwendung gezeigten Funktionen

Fenster

Visual Studio stellt für Windows Forms-Anwendungen den Projekttyp *Windows Application* für die Sprachen VB, C#, J# und C++ (je nach installierter Version von Visual Studio) bereit. Es ist aber auch möglich, ein Windows Forms-Fenster aus den Anwendungstypen *Konsolenanwendung* (*Console Application*) und *Klassenbibliothek* (*Class Library*) heraus zu öffnen. Im Gegensatz zu einer Windows-Anwendung (*Windows Application*) wird bei einer Konsolenanwendung immer auch ein Konsolenfenster geöffnet. Bei einer *Klassenbibliothek* entsteht eine DLL-Assembly statt einer eigenständigen EXE-Assembly. In den Projekteigenschaften kann der Entwickler jederzeit zwischen den drei oben genannten Anwendungstypen wechseln. Zu beachten ist jedoch, dass Visual Studio in den drei Projekttypen unterschiedliche Standardelemente einfügt, die beim nachträglichen Wechsel des Projekttyps nicht nachgetragen werden.

Ein Fenster (alias Formular) ist eine Klasse, die von System.Windows.Forms.Form abgeleitet sein muss. Der Visual Studio-Designer generiert für jedes auf dem Formular eingefügte Steuerelement im Hintergrund automatisch den passenden Programmcode. Ab Visual Studio 2005 liegt dieser generierte Programmcode in einer getrennten Datei mit Namen *FormularName.Designer.Sprachextension*.

Mit dem Einfügen eines Windows Forms in ein Projekt legt Visual Studio drei Dateien an:

- *FormularName.Sprachkuerzel* enthält den fast leeren Rumpf des Formulars. Hier ist der Platz zum Einfügen des Entwicklercodes.
- *FormularName.Designer.Sprachkuerzel* enthält den vom Designer generierten Programmcode für die Steuerelemente.
- *FormularName.resx* dient der Speicherung (sprachspezifischer) Texte und anderer Ressourcen.

TIPP   Es gibt auch intern in Visual Studio keine andere Speicherform des Formularinhalts als durch den Programmcode. Der Designer setzt also jede Aktion in Befehle um, die in der Designerdatei gespeichert werden. Sie können den vom Designer generierten Code als Anschauungsbeispiel für Ihre Programmieraufgaben ansehen. Den vom Windows Forms-Designer generierten Code können Sie auch manuell ändern. Die Änderungen werden in die Designer-Ansicht übernommen, sobald Sie diese neu anzeigen oder in die Formularfläche klicken. Beim Wechsel zur Entwurfsansicht baut der Form-Designer die Entwurfsansicht auf Basis des Quellcodes neu auf.

Vorgefertigte Formulare

Mit Visual Studio werden einige vorgefertigte Formular-Layouts mitgeliefert:

- Anmeldeformular (Login)
- Infofeld (AboutBox)
- Begrüßungsbildschirm (Splash Screen)
- Dialogfeld (Dialog)
- Explorer-Formular (Explorer Form) und
- Übergeordnetes MDI-Element (MDI Form).

Für die Grundinstallation gilt diese Liste für Visual Basic – für C# existieren leider nur die Vorlagen *Übergeordnetes MDI-Element* (MDI Form) und *Infofeld* (AboutBox).

Es ist aber zu erwarten, dass es in Zukunft weitere Formulardefinitionen von Microsoft oder anderen Anbietern geben kann, die über die Funktion *Onlinevorlagen durchsuchen* (Search Online Templates) in die IDE integriert werden können.

Anzeigen eines Fensters

Ein Fenster kann angezeigt werden, indem die Methode Show() auf einer Instanz der Form-Klasse (oder einer von Form abgeleiteten Klasse) aufgerufen wird. Allerdings hat man an einem Aufruf in der Form

```
new Hauptmenu().Show()
```

nicht lange Freude, denn das Fenster schließt sofort wieder (sofern es das erste Fenster ist). Eine Alternative ist

```
new Hauptmenu().ShowDialog()
```

Dann bleibt das Fenster so lange erhalten, bis es durch die *X*-Schaltfläche geschlossen wird. Allerdings erzeugt ShowDialog() einen modalen Dialog.

> **HINWEIS** Ein modales Fenster muss geschlossen werden, bevor das Programm weiterarbeiten kann. Beim Aufruf eines modalen Fensters übergibt das aufrufende Unterprogramm daher dem Formular die Kontrolle. Ein nichtmodales Fenster gestattet den Wechsel zu anderen Fenstern der gleichen Anwendung. Das aufrufende Unterprogramm arbeitet nach der Darstellung des Formulars sofort weiter und kümmert sich nicht mehr darum, was mit dem Formular passiert.

Um das erste Windows-Fenster anzuzeigen, wird eine Hilfsklasse benötigt, die die Nachrichtenwarteschlange für die Anwendung verwaltet: System.Windows.Forms.Application. Diese Klasse besitzt eine Methode Run(), der als Parameter die Instanz für das Hauptformular der Anwendung übergeben werden muss:

```
Application.Run(new Hauptmenu());
```

Dadurch wird das Fenster angezeigt und es bleibt so lange stehen, bis *X* angeklickt oder das Fenster per Programmcode geschlossen wird. Beim Schließen des Fensters wird auch die komplette Anwendung beendet.

Alle folgenden Fenster können mit der Show()-Methode des Form-Objekts geöffnet werden.

> **HINWEIS** Falsch ist in der Regel folgende Befehlsfolge:

```
new Hauptmenu().Show();
Application.Run();
```

In diesem Fall überlebt die Nachrichtenwarteschlange das Schließen des Fensters. Dies kann gewünscht sein, um ein weiteres Fenster öffnen zu können. Damit die Nachrichtenwarteschlange und somit auch die ganze Anwendung überhaupt aus dem Speicher entladen wird, müssen Sie in diesem Fall irgendwann Application.Exit() aufrufen.

Die Klasse Application liefert auch Informationen über die laufende Anwendung, insbesondere die Daten, die durch Annotationen auf Assembly-Ebene gesetzt wurden (z. B. Produktname, Versionsnummer).

> **HINWEIS** Das Hauptprogramm einer Windows Forms-Anwendung muss immer mit der Annotation [STAThread] versehen werden, damit die Interoperabilität mit COM möglich ist. Die Visual Studio-Projektvorlagen setzen diese Annotation automatisch.

DoEvents

Die Klasse System.Windows.Forms.Application bietet mit DoEvents() eine weitere sehr wichtige Methode an: DoEvents() ermöglicht die Abarbeitung von in der Nachrichtenwarteschlange wartenden Ereignissen (z. B. Mausklicks). Lang anhaltende Operationen sollten entweder regelmäßig DoEvents() aufgerufen oder aber in einem getrennten Thread (beispielsweise mit dem BackgroundWorker-Steuerelement) ausgeführt werden.

Das Visual Basic-Anwendungsmodell

Visual Basic bietet (ab Version 2005) für Windows Forms genau wie für Konsolenanwendungen ein eigenes Anwendungsmodell, das eine Erweiterung des in System.Windows.Forms enthaltenen Anwendungsmodells darstellt. Visual Basic offeriert Standardimplementierungen für folgende Anwendungsfälle, die in C# und anderen Sprachen explizit selbst entwickelt werden müssen:

- Anzeige eines Begrüßungsbildschirms beim Anwendungsstart (Splash Screen)
- Festlegung eines Startformulars in den Projekteigenschaften: `Application.Run()` wird automatisch aufgerufen. (Als Visual Basic-Entwickler müssen Sie `Application.Run()` nur dann selbst aufrufen, wenn Sie als Startobjekt in den Projekteigenschaften `Sub Main()` statt eines Formulars festlegen.)
- Öffnen von Fenstern ohne deren Instanziierung: `my.Forms.Anmeldung.Show()`
- Deklarative Festlegung des Verhaltens der Anwendung beim Schließen von Fenstern
- Informationen über die laufende Anwendung durch `My.Application`
- Unterstützung für Windows-Authentifizierung (Informationen über den angemeldeten Benutzer werden über `My.User` bereitgestellt)
- Ereignisse auf Anwendungsebene: `MyApplication_Startup()`, `MyApplication_Shutdown()`, `MyApplication_NetworkAvailabilityChanged()`, `MyApplication_UnhandledException()` und `MyApplication_StartupNextInstance()`
- Automatische Speicherung der Anwendungseinstellungen beim Schließen der Anwendung
- Durchsetzung, dass die Anwendung nur einmal gestartet sein darf (*Single Instance Application*).

Viele dieser Einstellungen können Sie in Visual Studio in den Projekteigenschaften auf der Registerkarte *Anwendung* (*Application*) vornehmen.

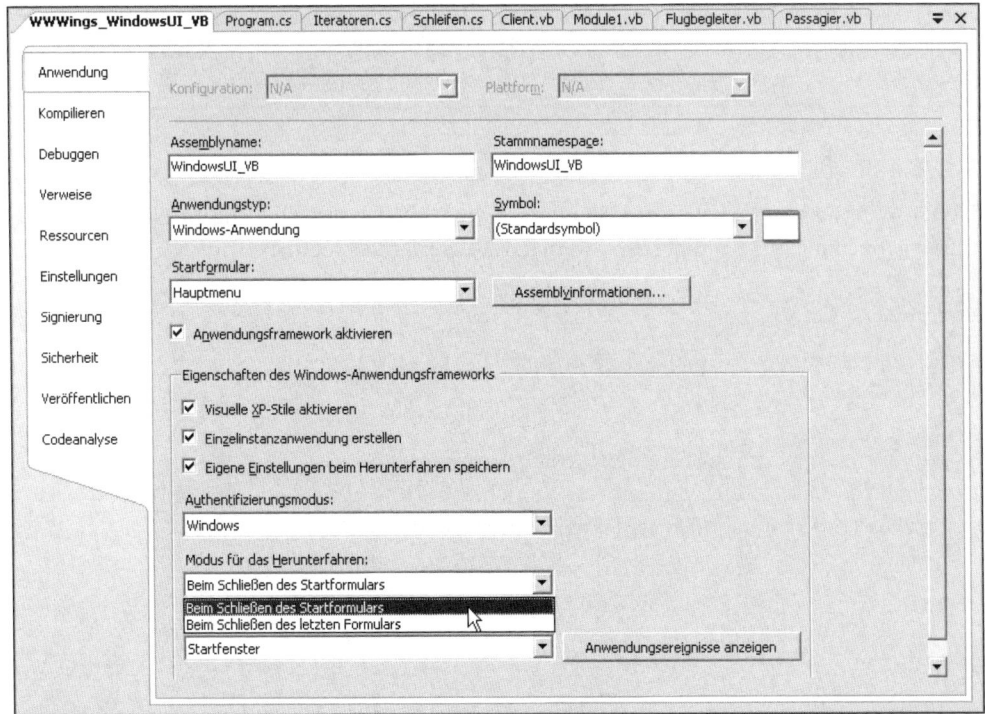

Abbildung 16.11 Anwendungseinstellungen in einem VB-Windows-Forms-Projekt

Die folgende Tabelle zeigt am Beispiel des Auslesens des aktuellen Windows-Benutzers die Vereinfachungen in Visual Basic. Mehr Beispiele finden Sie in dem in den Downloads zu diesem Buch enthaltenen Projekt /WindowsUI_VB.

.NET-Sprache	Formulierung
C#	this.C_Benutzername.Text = System.Security.Principal.WindowsIdentity.GetCurrent().Name
Visual Basic	Me.C_Benutzername.Text = My.User.Name

Tabelle 16.2   Beispiel für die Vereinfachungen in Visual Basic

Fenster mit Unterfenstern (Multiple-Document-Interface)

Bei einer Multiple-Document-Interface (MDI)-Anwendung ist ein Hauptformular ein Container für mehrere untergeordnete Formulare (z.B. Excel-Dokumente in Microsoft Excel). Eine MDI-Anwendung besteht aus dem Hauptfenster, das mit isMDIContainer = True gekennzeichnet ist, sowie einem oder mehreren Kindfenstern, die einen Verweis auf das Hauptfenster in MdiParent tragen. Da MdiParent nicht den Namen, sondern den Objektzeiger enthalten muss, ist die Vater-Kind-Beziehung nur per Programmcode und nicht durch das Eigenschaftsfenster in der Entwicklungsumgebung festlegbar.

> **TIPP**   Wenn Sie die in Visual Studio enthaltene Elementvorlage *MDI Form* nutzen, erhalten Sie ein MDI-Fenster mit typischen Menü- und Symbolleisten, bei denen viele Funktionen bereits fertig implementiert bzw. als Musterimplementierung vorhanden sind.

Beispiel

In der World Wide Wings-Anwendung ist das Hauptmenü ein MDI-Fenster. Die Fenster Flugverwaltung, Passagierverwaltung, Buchung und Konfiguration werden als Unterfenster geöffnet.

```
private void flügeVerwaltenToolStripMenuItem_Click(object sender, EventArgs e)
{
  CallCenterApp.F_Flugverwaltung f = new CallCenterApp.F_Flugverwaltung();
  f.MdiParent = this;
  f.Show();
  RefreshMDIWindows();
}
```

Listing 16.1   Öffnen eines Kindfensters in einem MDI-Fenster [/WindowsUI/Fenster/F_Hauptmenü.cs]

Fenster

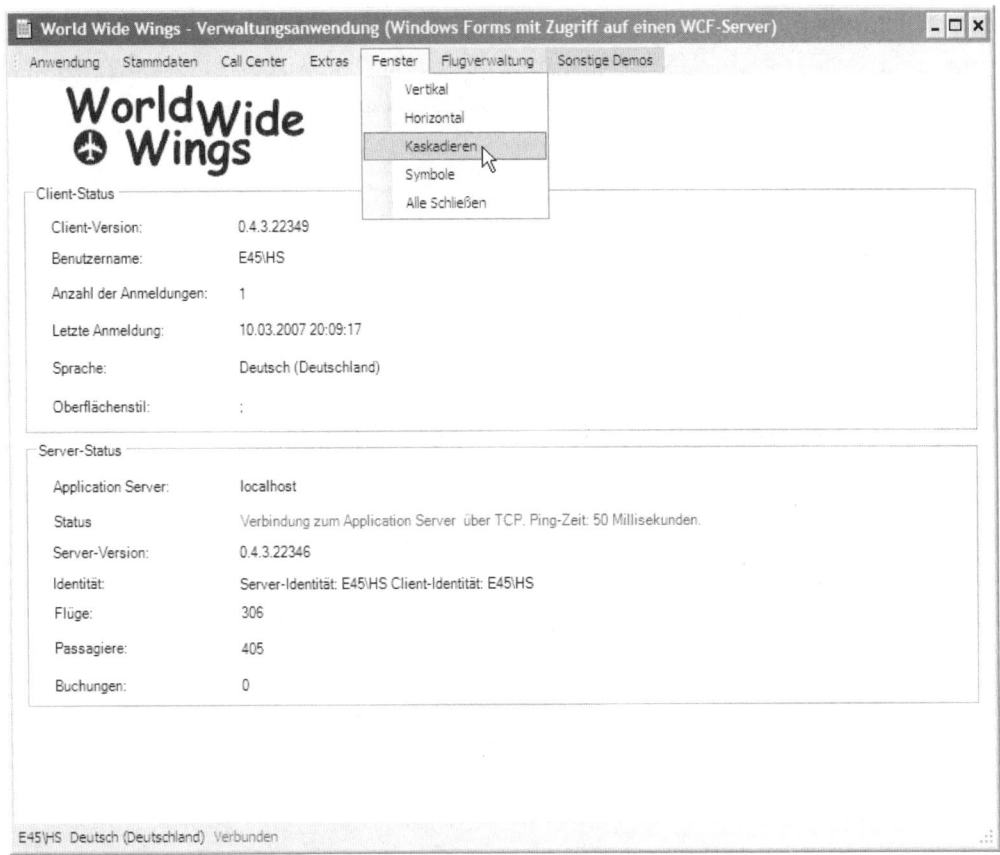

Abbildung 16.12 Das Hauptmenü ist eine MDI-Anwendung.

MDI-Fenster mit eigenem Inhalt

Neben den Kindfenstern kann ein MDI-Fenster auch weitere Steuerelemente besitzen (beispielsweise Menüleisten, Symbolleisten, TreeView-Steuerelemente etc.). Diese müssen jedoch am Rand angedockt sein, sonst überdecken sie den Inhaltsbereich, in dem die Fenster Platz finden sollen.

Beispiel

In der World Wide Wings-Anwendung ist der Status-Bildschirm ein Inhalt des MDI-Hauptfensters. Der Inhalt des Hauptfensters besteht aus einem flächendeckenden Panel-Steuerelement. Dieses Panel-Steuerelement wird ausgeblendet, sobald Kindfenster geöffnet sind.

```
this.C_MainPanel.Visible = !(this.MdiChildren.Length > 0);
```

Der obige Befehl wird sofort nach dem Öffnen eines Kindfensters ausgeführt. Außerdem wird er ausgeführt im Rahmen der Aktualisierungen der Oberfläche durch ein Timer-Steuerelement (alle zwei Sekunden). Damit ist sichergestellt, dass nach einem Schließen des letzten Kindfensters innerhalb kurzer Zeit die Statusanzeigen wieder erscheinen.

Anordnung der Kindfenster

Die Anordnung der Kindfenster innerhalb des MDI-Fensters kann über die Methode `LayoutMdi()` der Form-Klasse gesteuert werden, z. B. `LayoutMdi(MdiLayout.Cascade)`. Die Eigenschaft `MdiChildren` liefert die Liste aller Kindfenster.

```
foreach (Form f in this.MdiChildren)
{
this.C_Fenster.Items.Add(f.Text);
}
```

Listing 16.2 Befüllen des ListBox-Steuerelements mit den Fenstertiteln der Kindfenster [/WindowsUI/Fenster/F_MDI.cs]

Visuelle Vererbung

Windows Forms unterstützen visuelle Vererbung, d. h., ein Formular kann von anderen Formularen abgeleitet sein, wodurch die Steuerelemente auf das erbende Formular übernommen werden. Weil Formulare .NET-Klassen sind, kann diese visuelle Vererbung einfach dadurch realisiert werden, dass eine Formularklasse nicht direkt von `System.Windows.Forms.Form` erbt, sondern von einer anderen Formularklasse.

Anders als bei den ASP.NET-Vorlagenseiten ist die Anpassung in den Detailseiten nicht auf bestimmte Bereiche beschränkt. Sie können Steuerelemente an jeder beliebigen Stelle in dem abgeleiteten Fenster einfügen.

> **TIPP** Visual Studio bietet Ihnen grafische Unterstützung für die visuelle Vererbung. Wenn Sie beim Erstellen eines Fensters den Elementtyp *Geerbtes Formular* (*Inherited Form*) wählen, können Sie ein bestehendes Fensterobjekt als Basisklasse bestimmen. Visual Studio markiert im Designer die vererbten Steuerelemente mit einem blauen Pfeil.

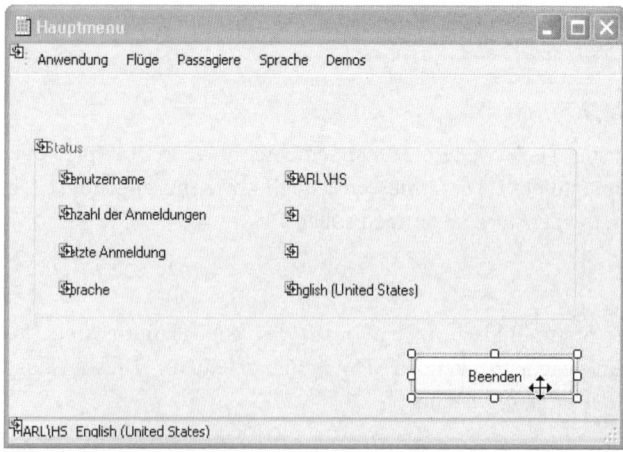

Abbildung 16.13 Visuelle Vererbung im Visual Studio-Designer

Dialogfenster

Die einfachste Form von Dialogfenstern stellt die Klasse `MessageBox` bereit, die sowohl über Instanzen als auch über die statische Methode `Show()` genutzt werden kann:

```
DialogResult a = System.Windows.Forms.MessageBox.Show("Anwendung fortsetzen?", _
        Application.ProductName, MessageBoxButtons.YesNo);
if (a == DialogResult.Yes)
{
    …
}
```

Listing 16.3 Anzeige und Auswertung eines einfachen Dialogfensters

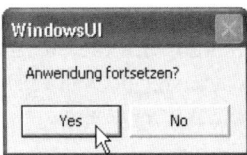

Abbildung 16.14 Einfaches Dialogfenster

Der Namensraum System.Windows.Forms liefert noch einige komplexere vorgefertigte Dialogfenster (siehe Tabelle).

Steuerelement	Bedeutung
ColorDialog	Standard-Farbdialog
FontDialog	Standard-Zeichensatzdialog
OpenFileDialog	Dialog zum Öffnen einer Datei
SaveFileDialog	Dialog zum Speichern einer Datei
PrintDialog	Dialog zum Drucken
PrintPreviewDialog	Druckvorschau

Tabelle 16.3 Vordefinierte Dialogfenster

```
OpenFileDialog openFileDialog = new OpenFileDialog();
openFileDialog.InitialDirectory = Environment.GetFolderPath(Environment.SpecialFolder.Personal);
openFileDialog.Filter = "Textdateien (*.txt)|*.txt|XML-Dateien (*.xml)|*.xml";
openFileDialog.ShowDialog(this);
string FileName = openFileDialog.FileName;
```

Listing 16.4 Nutzung des Datei-Öffnen-Dialogs [/WindowsUI/Fenster/F_MDI.cs]

TIPP Eigene Dialogfenster können Sie erstellen, indem Sie ein Formular mit der Eigenschaft FormBorderStyle=FixedDialog erzeugen und dieses Formular durch den Aufruf der Methode ShowDialog() anzeigen.

Steuerelemente

Die Werkzeugleiste bietet zahlreiche Steuerelemente in mehreren Kategorien. Dabei existieren in der Werkzeugleiste vier Arten von Steuerelementen:

- Steuerelemente, die direkt an eine bestimmte Position in die Formularoberfläche eingefügt werden können (z. B. `Label`, `TextBox`, `DataGridView`)
- Steuerelemente, die nur fallweise in dem Formular angezeigt werden (z. B. `ToolTip`)
- Steuerelemente, die in getrennten Fenstern angezeigt werden (z. B. `OpenFileDialog`, `ColorDialog`, `FontDialog`, `NotifyIcon`)
- Steuerelemente, die zur Laufzeit keine visuelle Repräsentation haben (z. B. `DataSet`, `Process`, `DirectoryEntry`).

Die Steuerelementkategorien 2 bis 4 werden zur Entwurfszeit nicht in der Formularfläche, sondern in einem grauen Bereich unterhalb des Formulars (Component Tray) angezeigt. In Visual Studio wird die Steuerelementkategorie 1 (`ToolStrip`, `MenuStrip`, `StatusStrip` sowie davon abgeleitete Steuerelemente wie `BindingNavigator`) unlogischerweise sowohl in der Formularfläche als auch im Component Tray angezeigt.

Steuerelemente erben direkt oder indirekt von `System.ComponentModel.Component`. Alle visuellen Steuerelemente erben von `System.Windows.Forms.Control`. Unterarten gibt es nur für Steuerelemente mit besonderen Fähigkeiten (z. B. `System.Windows.Forms.ScrollableControl` und `System.Windows.Forms.ContainerControl`). Die Klasse `Control` ist analog zu den ASP.NET Webforms auch die Basisklasse für ein ganzes Formular (`System.Windows.Forms.Form`).

HINWEIS Auch ActiveX-Steuerelemente können in Windows Forms verwendet werden. In Visual Studio müssen Sie dazu nur das ActiveX-Steuerelement der Werkzeugleiste hinzufügen (*Choose Items* im Kontextmenü der Werkzeugleiste).

Allgemeine Eigenschaften von Steuerelementen

Die Klasse `System.Windows.Forms.Control` besitzt zahlreiche Attribute, Methoden und Ereignisse. Hier können aus Platzgründen nur einige wenige genannt werden:

- Jedes Steuerelement besitzt einen eindeutigen Namen in `Name`.
- Positionsangaben (`Left`, `Right`)
- Größe (`Height`, `Width`)
- Neu in .NET 2.0 sind die Möglichkeiten zur Einstellung von Abständen (`Margin`, `Padding`).
- Verankern oder Andocken an eine oder mehrere Seiten eines Containers (`Anchor`, `Dock`)
- `Refresh()` zum Neuzeichnen des Steuerelements
- `Select()` zum Auswählen des Steuerelements
- Ereignisse `Click()`, `MouseEnter()`, `MouseLeave()`, `KeyPress()`, `DragDrop()`, `AutoSizeChanged()` u.v.m.

Steuerelementhierarchie

Steuerelemente können Container für andere Steuerelemente sein. Oberster Container ist das Fenster selbst (`Form`-Objekt). Alle Steuerelemente eines Fensters befinden sich also in einer Hierarchie. Jede Ebene enthält in der `Controls`-Auflistung die untergeordneten Steuerelemente.

```
// --- Erzeugen
this.groupBox1 = new System.Windows.Forms.GroupBox();
this.C_Benutzername = new System.Windows.Forms.Label();
// --- Werte setzen
this.groupBox1.Location = new System.Drawing.Point(20, 44);
this.groupBox1.Name = "groupBox1";
this.groupBox1.Size = new System.Drawing.Size(440, 116);
this.groupBox1.TabIndex = 0;
this.groupBox1.TabStop = false;
this.groupBox1.Text = "Status";
this.C_Benutzername.AutoSize = true;
this.C_Benutzername.Location = new System.Drawing.Point(203, 24);
this.C_Benutzername.Name = "C_Benutzername";
this.C_Benutzername.Size = new System.Drawing.Size(12, 13);
this.C_Benutzername.TabIndex = 3;
this.C_Benutzername.Text = "...";
// --- Anfügen an Listen
this.groupBox1.Controls.Add(this.C_Benutzername);
this.Controls.Add(this.groupBox1);
```

Listing 16.5 Erstellung einer GroupBox mit einem Label-Steuerelement [/WindowsUI/Fenster/F_Main.cs]

TIPP Die Steuerelemente in der Controls-Auflistung können ab .NET 2.0 auch über ihren Namen und nicht nur über den numerischen Index angesprochen werden.

```
This.Controls["GroupBox1"].BackColor = Color.Azure;
this.Controls[1].BackColor = Color.Azure;
```

Liste der verfügbaren Steuerelemente

Die folgende Liste enthält die wichtigsten Steuerelemente. Die Statusspalte zeigt, wann das Steuerelement eingeführt wurde. Alle Steuerelemente ohne Eintrag sind seit .NET 1.0 vorhanden. Der Eintrag *Obsolet* bedeutet, dass es sich um ein Steuerelement aus .NET 1.0 handelt, für das es seit .NET 2.0 einen besseren Ersatz gibt, das aber aus Gründen der Kompatibilität noch vorhanden ist.

Funktionsbereich	Steuerelement	Status	Beschreibung
Textanzeige	Label		Beschriftungsfeld
	StatusStrip	.NET 2.0	Leiste für Statusinformationen.
	StatusBar	Obsolet	Leiste für Statusinformationen.
	WebBrowser	.NET 2.0	Anzeige von HTML-Inhalten.
Eingabe	TextBox		Eingabefeld. Ein- oder mehrzeilig. Ohne Formatierung.
	RichTextBox		Eingabefeld. Einfacher Text oder Rich Text Format (RTF).
	MaskedTextBox	.NET 2.0	Maskenbasiertes Eingabefeld. ▶

Funktionsbereich	Steuerelement	Status	Beschreibung
Aktionen	Button		Schaltfläche
	LinkLabel		Hyperlink
	NotifyIcon		Symbol
	ToolStrip	.NET 2.0	Symbolleiste
	ToolBar	Obsolet	Symbolleiste
Werte festlegen	CheckBox		Kontrollkästchen oder *Einrast*-Schaltfläche.
	CheckedListBox		Liste aus Kontrollkästchen mit Scroll-Balken.
	RadioButton		Optionsschaltfläche
	Trackbar		Schieberegler
Auswahllisten	CheckedListBox		Liste von Kontrollkästchen.
	ComboBox		Auswahlliste zum Herunterklappen mit optionalem Eingabefeld.
	DomainUpDown		Auswahlliste mit Hoch-/Runter-Funktionen. Beliebiger Text.
	ListBox		Liste mit Text und Symbolen.
	ListView		Listendarstellung mit unterschiedlichen Anzeigeformen (nur Text, kleine Symbole, große Symbole, Details), Mehrfachauswahl möglich.
	NumericUpDown		Auswahlliste mit Hoch-/Runter-Funktionen. Numerische Werte.
	TreeView		Baumdarstellung
Datentabellen	DataGridView	.NET 2.0	Datendarstellung in Tabellenform.
	DataGrid	Obsolet	Datendarstellung in Tabellenform.
	DataRepeater	.NET 3.5 SP 1	Allgemeine Datendarstellung
Grafiken, Zeichnen, Drucken	PictureBox		Darstellung für Grafiken und Symbole.
	ImageList		Liste von Grafiken und Symbolen.
	PrintForm	.NET 3.5 SP 1	Ausdruck eines am Bildschirm gezeigten Formulars
	LineShape	.NET 3.5 SP 1	Zeichnen einer Linie
	OvalShape	.NET 3.5 SP 1	Zeichnen eines Ovals
	RectangleShape	.NET 3.5 SP 1	Zeichnen eines Rechtecks
Zeit- und Datumsangaben	DateTimePicker		Auswahl von Datum und Uhrzeit (Zeitpunktauswahl).
	MonthCalendar		Auswahl von Datum und Uhrzeit (Zeitraumauswahl). ▶

Steuerelemente

Funktionsbereich	Steuerelement	Status	Beschreibung
Dialogfenster	ColorDialog		Farbdialog
	FontDialog		Schriftartendialog
	OpenFileDialog		Öffnen-Dialog
	PrintDialog		Drucken-Dialog
	PrintPreviewDialog		Druckvorschaudialog
	SaveFileDialog		Speichern-Dialog
Menü	MenuStrip	.NET 2.0	Menü
	MainMenu	Obsolet	Menü
	ContextMenuStrip	.NET 2.0	Kontextmenü
	ContextMenu	Obsolet	Kontextmenü
Container	Panel		Rahmen um eine Gruppe von Steuerelementen. Ohne Beschriftung. Optional mit Scroll-Balken.
	GroupBox		Rahmen um eine Gruppe von Steuerelementen. Mit Beschriftung. Ohne Scroll-Balken.
	FlowLayoutPanel	.NET 2.0	Container, in dem sich die Anordnung der Elemente dynamisch der Größe des Containers anpasst (wie HTML in einem Webbrowser).
	TableLayoutPanel	.NET 2.0	Container mit Tabellenstruktur. In jeder Zelle darf maximal ein Steuerelement existieren.
	TabControl		Registerkarten
	SplitContainer	.NET 2.0	Trennung von zwei Panels durch eine bewegliche Leiste.
	Splitter	Obsolet	Bewegliche Leiste zur Trennung von zwei angedockten Steuerelementen.

Tabelle 16.4   Visuelle Windows Forms-Steuerelemente

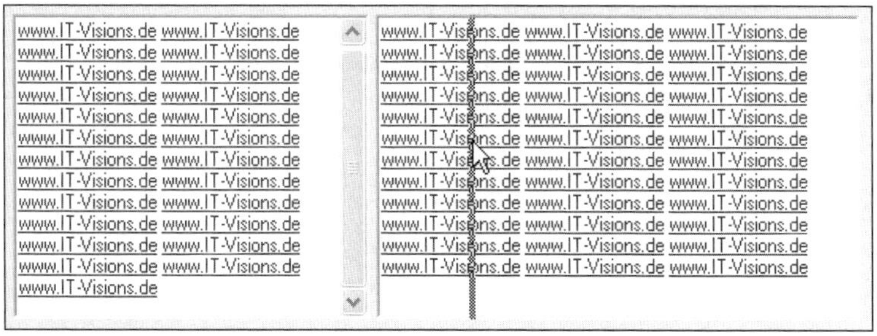

Abbildung 16.15   Verschieben der Trennleiste in einem SplitContainer

Container

Jedes Steuerelement ist in einen Container eingebettet. Der oberste Container ist das Formular selbst. Untercontainer können mit den in der obigen Tabelle genannten Container-Steuerelementen (z. B. Panel, TabControl) gebildet werden. Über die Eigenschaft Dock wird gesteuert, ob ein untergeordnetes Steuerelement sich an die Kante seines Containers anheftet und die komplette Kante ausfüllt. Dock=Fill bedeutet, dass das untergeordnete Steuerelement den Container komplett ausfüllt. Neu in Windows Forms 2.0 ist, dass einige Steuerelemente in den Smarttags den Befehl *Im übergeordneten Container* andocken (*Dock in parent container*) besitzen, der die Dock-Eigenschaft auf *Fill* stellt.

Über Anchor kann man steuern, ob sich das untergeordnete Steuerelement in seiner Größe auch verändert, wenn sich die Größe des Containers verändert (z. B. Veränderung der Fenstergröße).

Menüs

Seit .NET 2.0 wird ein Menü durch das neue MenuStrip-Steuerelement dargestellt, welches das bisherige MainMenu-Steuerelement ablöst. Ein MenuStrip besteht aus einem hierarchischen Baum aus Objekten des Typs

- System.Windows.Forms.ToolStripItem
- System.Windows.Forms.ToolStripSeparator
- System.Windows.Forms.ToolStripComboBox
- System.Windows.Forms.ToolStripTextBox

Die eleganteste Möglichkeit zur Erstellung von Menüs ist die Nutzung des in Visual Studio integrierten Vor-Ort-Menü-Editors, der Ihnen automatisch zur Verfügung steht, wenn Sie ein MenuStrip-Steuerelement aus der Werkzeugleiste auf dem Formular platzieren und mit der Maus in das Steuerelement tippen.

Eine andere Option besteht in der Nutzung des *Elementauflistungs-Editors (Items Collections Editor)* in Visual Studio, den Sie erreichen, wenn Sie auf die drei Punkte neben dem Element Collections im Eigenschaftsfenster klicken.

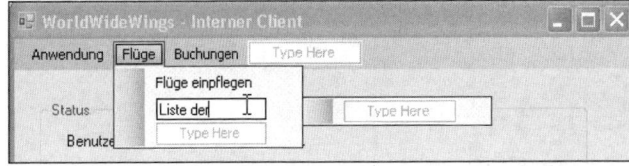

Abbildung 16.16 Menü-Editor in Visual Studio

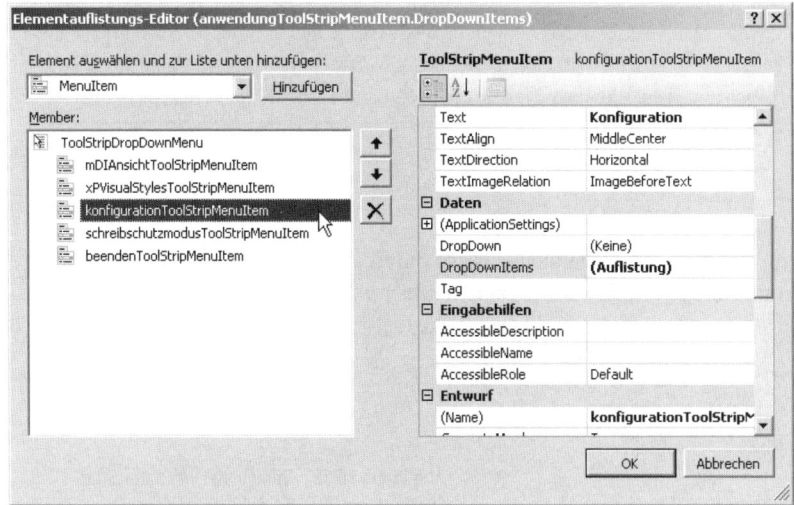

Abbildung 16.17 Item-Editor in Visual Studio

Um eine Ereignisbehandlungsroutine für einen Menüeintrag zu definieren, führen Sie in Visual Studio einen Doppelklick auf einem Menüeintrag aus.

```
private void englischToolStripMenuItem_Click(object sender, EventArgs e)
{
  this.deutschToolStripMenuItem.Checked = false;
  this.englischToolStripMenuItem.Checked = true;
  System.Threading.Thread.CurrentThread.CurrentUICulture = new System.Globalization.CultureInfo("en-GB");
  }
```

Listing 16.6 Beispiel für die Ereignisbehandlung für einen Menübefehl [/WindowsUI/Fenster/F_Main.cs]

> **TIPP** Mit dem Befehl *Standardelemente hinzufügen* (*Insert Standard Items*) im Smarttag eines `MenuStrip`-Steuerelements werden automatisch die Menüpunkte *Datei, Bearbeiten, Extras* und *Hilfe* (*File, Edit, Tools* und *Help*) mit zahlreichen Unterelementen erstellt.

Symbolleisten

Eine Symbolleiste wird durch ein `ToolStrip`-Steuerelement dargestellt. Das `ToolStrip`-Steuerelement kann andere Steuerelemente vom Typ `ToolStripButton, ToolStripComboBox, ToolStripSplitButton, ToolStripLabel, ToolStripSeparator, ToolStripDropDownButton, ToolStripProgressBar` und `ToolStripTextBox` enthalten. Mit der Klasse `ToolStripControlHost` können Sie auch andere Steuerelemente in die Symbolleiste aufnehmen.

Visual Studio bietet wie für Menüs einen Editor an, mit dem die Elemente direkt an Ort und Stelle eingegeben, verschoben und gelöscht werden können. Auch vordefinierte Elemente (*Standardelemente hinzufügen* im Smarttag) stehen zur Verfügung.

TIPP Sie können die Gestaltung einer Symbolleiste anpassen, indem Sie `System.Windows.Forms.ToolStrip.Renderer` einer von der Klasse `ToolStripRenderer` abgeleiteten Klasse zuweisen. Es existieren zwei vordefinierte Renderer: `System.Windows.Forms.ToolStripProfessionalRenderer` und `System.Windows.Forms.ToolStripSystemRenderer`.

Statusleiste

Eine Statusleiste, die im Gegensatz zur Symbolleiste üblicherweise unten am Bildschirm angebracht ist, wird durch das `StatusStrip`-Steuerelement realisiert. Ein `StatusStrip` kann nur Elemente vom Typ `ToolStripDropDownButton`, `ToolStripStatusLabel`, `ToolStripSplitButton` und `ToolStripProgressBar` enthalten.

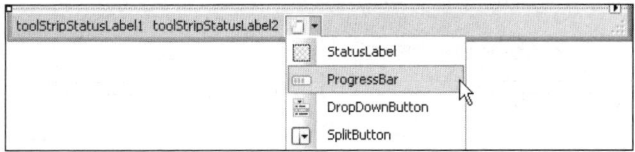

Abbildung 16.18 Verändern eines StatusStrip-Steuerelements in Visual Studio

Datenbindung

Die Datenbindung in Windows Forms wurde in Version 2.0 vereinfacht: Ebenso wie bei ASP.NET ist ein Drag & Drop von Daten auf die Formularoberfläche möglich, wodurch die entsprechenden Steuerelemente erstellt werden. In einigen Punkten existieren mehr Möglichkeiten als bei ASP.NET, in anderen Punkten weniger. Sehr schade ist auf jeden Fall, dass die Datenbindung in Windows Forms ganz anders funktioniert als in ASP.NET.

Datenbindung per Rapid Application Development (RAD)

Der erste bedauernswerte Unterschied zwischen ASP.NET und Windows Forms betrifft bereits die Vorgehensweise bei der RAD-Datenbindung per Drag & Drop: Tabellen aus dem *Server-Explorer* können nicht auf den Formularhintergrund fallen gelassen werden. Vielmehr nutzen Windows Forms dazu ein eigenes Fenster *Datenquellen (Data Sources)*, das über den Menüeintrag *Daten/Datenquellen anzeigen (Data/Show Data Sources)* erreicht werden kann. Wenn dort mit *Neue Datenquelle hinzufügen (Add new Data Source)* ein Verweis auf eine Datenbanktabelle eingefügt wird, erstellt Visual Studio automatisch ein typisiertes DataSet (vgl. Kapitel »Datenzugriff mit ADO.NET«).

Das typisierte DataSet kann dann per Drag & Drop aus dem *Datenquellen*-Fenster auf den Formularhintergrund gezogen werden. Anders als bei ASP.NET existiert dabei die Wahl, ob die Daten in Tabellenform (als `DataGridView`-Steuerelement) oder in einer Detailansicht eingefügt werden sollen. Auch anders als in ASP.NET gibt es kein explizites Steuerelement für die Detailansicht. Für diese fügt Visual Studio Einzelelemente ein, die jedes für sich an die Datenquelle gebunden werden. Im *Datenquellen*-Fenster kann man dabei auswählen, welcher Steuerelementtyp verwendet wird.

Datenbindung

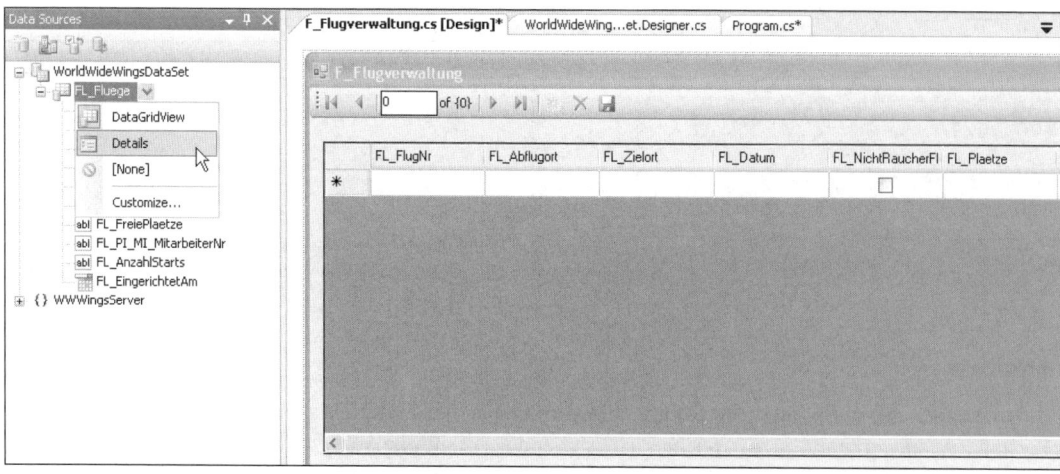

Abbildung 16.19 Datenquellen-Fenster in Visual Studio

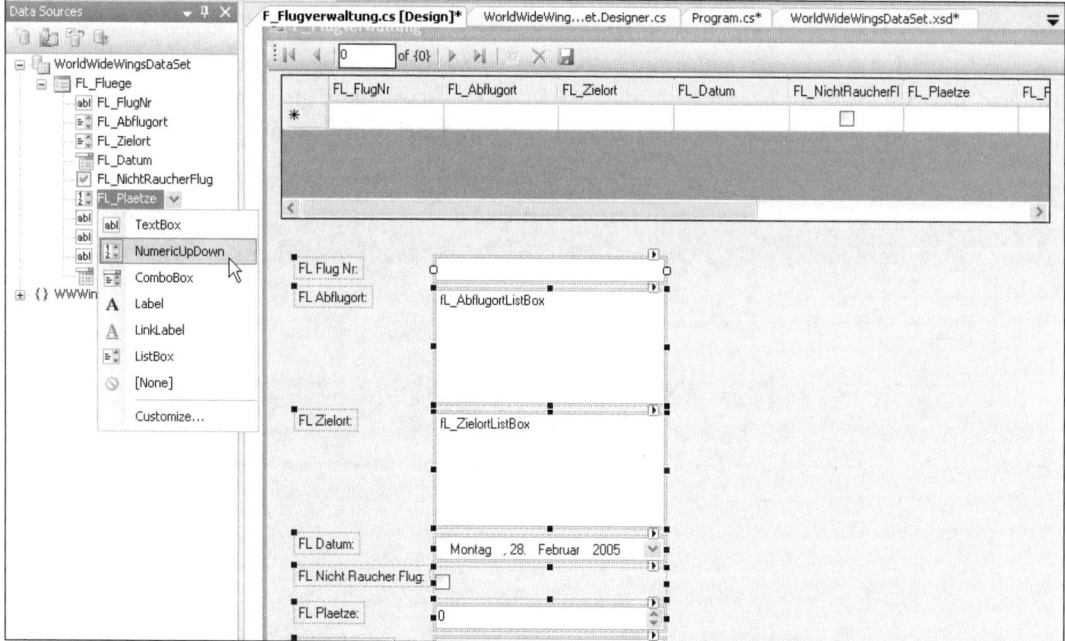

Abbildung 16.20 Auswahl der Steuerelementtypen im Datenquellenfenster

BindingNavigator

Eine weitere Vereinfachung bietet die neue Klasse `BindingNavigator`, die Visual Studio automatisch beim ersten Fallenlassen von Daten auf ein Formular als Symbolleiste einfügt. `BindingNavigator` ist eine von `ToolStrip` abgeleitete Klasse, die die Navigation durch die Daten und die Befehle *Hinzufügen*, *Löschen* und *Speichern* anbietet. Die Operationen sind automatisch mit einem Standardverhalten hinterlegt. Datenbindung wird dadurch fast so einfach wie in Microsoft Access.

Abbildung 16.21 Verändern eines BindingNavigator-Steuerelements in Visual Studio

BindingSource

Schaut man sich nach einer Drag & Drop-Operation von Daten den Komponentenbehälter (Component Tray) des Formulars an, erkennt man (siehe nachstehende Abbildung bzw. Codedatei */WindowsUI/Fenster/F_Flugverwaltung_RAD_TDS.cs*), dass dieser Datenbindungskomfort mit einer nicht zu unterschätzenden Komplexität erkauft wird: Neben dem typisierten Dataset (worldWideWingsDataSet) und dem BindingNavigator-Objekt (fL_FluegeBindingNavigator) existieren dort ein BindingSource-Objekt (fL_FluegeBindingSource) und ein TableAdapter-Objekt (fL_FluegeTableAdapter). Das BindungNavigator-Objekt nutzt das BindingSource-Objekt, welches wiederum das Dataset verwendet. Das TableAdapter-Objekt wird hingegen benötigt, um das Dataset zu befüllen und das BindingSource-Objekt dient dazu, zur Laufzeit die Daten aus dem Dataset in das DataGridView zu befördern. Komplizierter und unübersichtlicher geht es leider kaum.

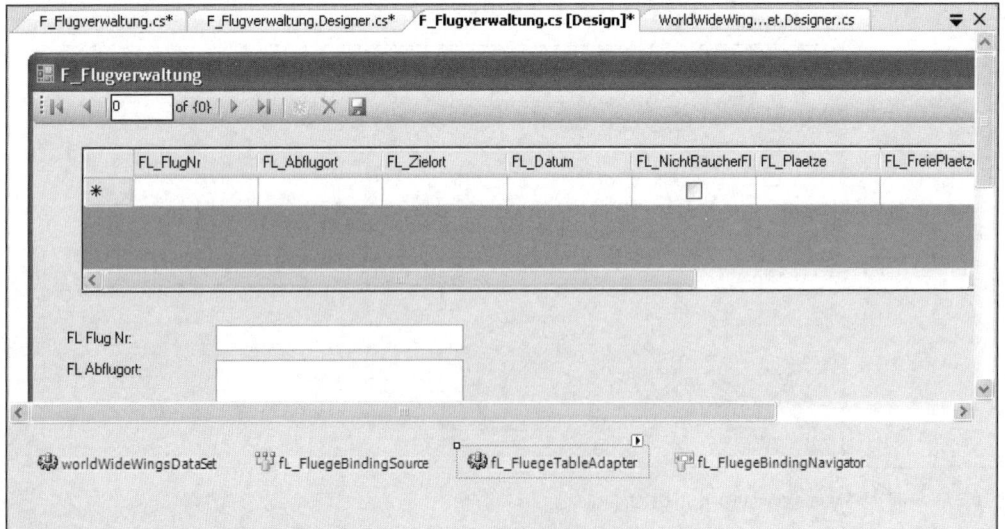

Abbildung 16.22 Ein voller Component Tray nach der Drag & Drop-Datenbindung

> **HINWEIS** Die in ASP.NET-Webforms eingesetzten Datenquellenobjekte können in Windows Forms nicht zur Datenbindung verwendet werden. Windows Forms unterstützen als Abstraktion nur die BindingSource-Klasse.

Datenbindung an Objektmengen (Mehrschichtiges Datenbinden)

Eine `BindingSource`-Instanz kann auch an eine Objektmenge gebunden werden. Eine mit der `ObjectDataSource` vergleichbare Funktionalität zur Bindung an ein Fabrik-Objekt der Geschäftslogik existiert für Windows Forms jedoch leider nicht. Dies bedeutet, dass man bei der Bindung an eine Objektmenge das Laden/Speichern der Daten selbst implementieren muss. Dies erfordert jedoch in der Regel keinen großen Aufwand. Ein Beispiel dazu finden Sie in der World Wide Wings-Anwendung im Fenster *WCF/F_Flugverwaltung*. Dort wird gezeigt, wie man typisierte `Flug`-Objekte, die man von einem WCF-Dienst bezieht, an ein `GridView`-Steuerelement bindet.

ACHTUNG Der Datenquellenassistent (*Daten/Neue Datenquelle hinzufügen*) bietet die Optionen *Datenbank*, *Webservice* und *Objekt*. Webservice funktioniert nur mit »klassischen« Webservices mit HTTP, SOAP und WSDL. Für WCF-Dienste muss man die Option *Objekt* wählen und sich dann auf die zuvor mit *Add Service Reference* generierten Proxies beziehen. Die Auswahl *Webservice* generiert die Proxies automatisch, aber nicht für WCF-Dienste, die nicht HTTP, SOAP und WSDL verwenden.

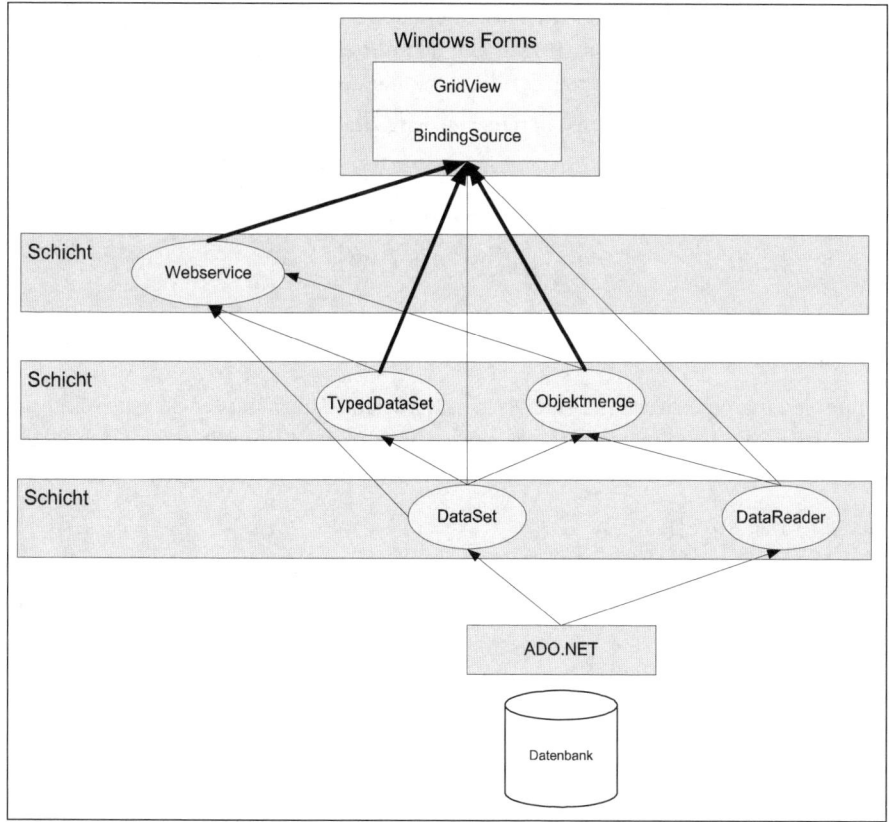

Abbildung 16.23 Datenbindungsoption mit der BindingSource in Windows Forms

Individuelle Datenbindung mit DataBindings

Die Bindung einzelner Steuerelementeigenschaften bei der Detailansicht erfolgt durch eine Instanz der Klasse System.Windows.Forms.Binding, die auf ein BindingSource-Objekt und einen Spaltennamen verweist und der DataBindings-Auflistung des Steuerelements hinzugefügt wird. Dabei können beliebige Steuerelementeigenschaften gebunden werden, nicht nur die Text-Eigenschaft.

```
this.fL_DatumDateTimePicker.DataBindings.Add(new System.Windows.Forms.Binding("Value",
this.fL_FluegeBindingSource, "FL_Datum", true));
```

Listing 16.7 Manuelle Datenbindung ohne BindingSource [/WindowsUI/Fenster/F_Flugverwaltung_mitDetails_RAD_TDS.cs]

Manuelle Datenbindung

Wenn Sie weniger generierten Code wollen und bereit sind, mehr selbst zu tippen, können Sie die Datenbindung auch selbst vornehmen. Alle datengebundenen Steuerelemente verfügen über die bereits aus .NET 1.x bekannten Mitglieder DataSource und DataMember. DataSource erlaubt die Bindung eines DataSet-Objekts oder jeder aufzählbaren Objektmenge (Objekte mit IEnumerable-Schnittstelle). DataMember wird bei DataSet-Objekten benötigt, um den Tabellennamen festzulegen, der die zu bindenden Daten enthält.

Die einfachste Form der manuellen Datenbindung ist bereits aus dem DataGrid-Steuerelement aus .NET 1.x bekannt:

```
private void F_Flugverwaltung_Manuell_Load(object sender, EventArgs e)
{
  this.C_Tabelle.DataSource = de.WWWings.Fluege.AlleFluege_DS().Tables[0];
}
```

Listing 16.8 Manuelle Datenbindung ohne BindingSource [/WindowsUI/Fenster/F_Flugverwaltung_Manuell.cs]

Da ein BindingNavigator nur die Zusammenarbeit mit einer BindingSource unterstützt, müssen Sie eine solche als Zwischenschicht einsetzen, wenn Sie den BindingNavigator nutzen wollen. Im BindingNavigator stehen alle Funktionen zur Verfügung – mit Ausnahme der *Speichern*-Schaltfläche. Diese müssen Sie selbst implementieren.

```
BindingSource source = new BindingSource();
private void F_Flugverwaltung_Manuell_Load_1(object sender, EventArgs e)
{
  // Daten holen
  source.DataSource = de.WWWings.Fluege.AlleFluege_DS().Tables[0];
  // Grid konfigurieren
  this.C_Tabelle.AutoGenerateColumns = true;
  this.C_Tabelle.DataSource = source;
  // Navigator konfigurieren
  C_Navigator.BindingSource = source;
}
private void C_Save_Click(object sender, EventArgs e)
{
  // Aktuellen Stand der Daten aus BindingSource extrahieren
  System.Data.DataSet ds = (source.DataSource as DataTable).DataSet;
  // und an GL weiterleiten
  de.WWWings.Fluege.Update_DS(ds);
}
```

Listing 16.9 Manuelle Datenbindung mit BindingSource

DataGridView

Ebenso wie bei den Webforms wird auch in Windows Forms das DataGrid durch ein mächtigeres DataGridView-Steuerelement abgelöst.

Das Windows Forms-DataGridView bietet u.a. folgende Funktionen:

- Spaltentypen Schaltfläche, Bild, Hyperlink, Eingabefeld, Kombinationsfeld, Kontrollkästchen
- Formatierung für Zeilen, Spalten und einzelne Zellen
- automatische Größenanpassung (Auto Sizing)
- Einfrieren von Spalten und Zeilen (Row Freezing)
- Kontextmenüs
- Spaltensortierung
- große Datenmengen sind möglich (z. B. zwei Millionen Datensätze)

```
DataGridViewCellStyle stil = new DataGridViewCellStyle();
stil.BackColor = Color.LightYellow;
stil.SelectionBackColor = Color.DarkBlue;
this.fL_FluegeDataGridView.Columns[0].DefaultCellStyle = stil;
```

Listing 16.10 Zuweisung einer speziellen Formatierung für die erste Spalte [/WindowsUI/Fenster/F_Flugverwaltung_Manuell.cs]

> **HINWEIS** Das ListView-Steuerelement unterstützt leider auch in Windows Forms 2.0 keine Datenbindung.

Zeichnen mit GDI+

Neben den vorgefertigten Steuerelementen stellt die .NET-Klassenbibliothek im Namensraum System.Drawing die Möglichkeit bereit, individuelle Formen zu zeichnen. System.Drawing besitzt einige interessante Unternamensräume, z. B. System.Drawing.Imaging zur Bearbeitung von Bildern und System.Drawing.Printing zum Drucken.

Zentrale Klasse ist Graphics. Diese Klasse stellt Methoden bereit wie:

- DrawLine(), DrawArc(), DrawPolygon(), DrawRectangle() und DrawBezier() zum Zeichnen geometrischer Formen,
- DrawString() zur Ausgabe von Text,
- DrawImage() zur Ausgabe von Bildern,
- FillRectangle(), FillPolygon(), FillEllipse(), FillPie() etc. zum Füllen von Flächen.

Paint()-Ereignis

Sie können sowohl direkt auf den Hintergrund eines Formulars als auch in das Steuerelement PictureBox zeichnen, indem Sie das Paint()-Ereignis aufgreifen und sich auf diesem Wege das Graphics-Objekt liefern lassen.

Beispiel

Das Beispiel zeigt, wie Sie ein Flugticket individuell auf den Bildschirm zeichnen können. Dabei wird die Buchungsklasse plakativ in einem Tortendiagramm dargestellt.

```
private void F_Ticketdruck_Paint(object sender, PaintEventArgs e)
{
  Graphics g = e.Graphics;
  TicketZeichnen(g);
}
void TicketZeichnen(Graphics g)
{
  g.DrawRectangle(new Pen(Brushes.Black,3), 20 + g.VisibleClipBounds.X, 20 + g.VisibleClipBounds.Y,
     g.VisibleClipBounds.X + 700, 200);
  g.FillRectangle(Brushes.LightYellow, 21 + g.VisibleClipBounds.X, 21 + g.VisibleClipBounds.Y,
     g.VisibleClipBounds.X + 699, 199);
  Image i = Image.FromFile("WorldWideWings_Logo.jpg");
  g.DrawImage(i, 50, 40, 280, 100);

  g.DrawString("Flugticket Nr. 1234", new Font("Arial", 25.0f), Brushes.Blue, 390, 40);
  g.DrawString("Passagier: Holger Schwichtenberg", new Font("Arial", 12f), Brushes.Black, 400, 100);
  g.DrawString("von: Düsseldorf", new Font("Arial", 12f), Brushes.Black, 400, 130);
  g.DrawString("nach: Sydney", new Font("Arial", 12f), Brushes.Black, 400, 160);
  g.DrawString("Datum: 28.2.2005", new Font("Arial", 12f), Brushes.Black, 400, 190);
  g.FillPie(Brushes.Salmon, 630, 130, 80, 80, -90, 90);
  g.DrawEllipse(new Pen(Brushes.Black, 2), 630, 130, 80, 80);
  g.DrawString("M", new Font("Arial", 16f, FontStyle.Bold), Brushes.White, 670, 140);
}
```

Listing 16.11 Zeichnen eines Flugtickets mit System.Drawing [/WindowsUI/Fenster/F_Ticketdruck.cs]

Abbildung 16.24 Gezeichnetes Flugticket

Weitere Möglichkeiten

Ein `Graphics`-Objekt können Sie vielseitig verwenden, auch zum Drucken (siehe Unterkapitel »Drucken«) und zum Zeichnen in Bitmap-Grafiken. In dem folgenden Beispiel wird das Ticket in eine leere Bitmap geschrieben und diese Bitmap wird dann gespeichert.

```
private void C_Speichern_Click(object sender, EventArgs e)
{
  Bitmap b = new Bitmap(750, 250);
  TicketZeichnen(Graphics.FromImage(b));
  SaveFileDialog sfd = new SaveFileDialog();
  sfd.Filter = "Bitmap (.bmp) | *.bmp";
  sfd.FileName = "Ticket.bmp";
  sfd.InitialDirectory = "c:\\";
  if (sfd.ShowDialog() == DialogResult.OK)
  {
    b.Save(sfd.FileName);
  }
  b.Dispose();
}
```

Listing 16.12 Erzeugen und Speichern einer Bitmap-Grafik [/WindowsUI/Fenster/F_Ticketdruck.cs]

Mit `System.Drawing` können Sie auch Muster (`HatchBrush`) und Farbverläufe (z. B. `LinearGradientBrush`, `PathGradientBrush`) zeichnen.

Speicherfreigabe mit Dispose()

Fast alle Grafikobjekte implementieren die Methode `Dispose()` zur schnellen Freigabe des durch die Instanzen belegten Speichers abseits der automatischen Speicherverwaltung. Sie sollten insbesondere dann `Dispose()` explizit aufrufen, wenn Sie viele Grafikobjekte erzeugen und vernichten. Durch den expliziten Aufruf von `Dispose()` bzw. durch den Einsatz eines `using`-Blocks können Sie dann deutliche Geschwindigkeitsvorteile erzielen.

Zeichnen mit den Steuerelementen in .NET 3.5 Service Pack 1

Mit .NET 3.5 Service Pack 1 liefert Microsoft drei Steuerelemente, die das Zeichnen vereinfachen:

- LineShape
- OvalShape
- RectangleShape

Diese Steuerelemente können direkt aus der Werkzeugleiste auf ein Formular gezogen werden. Die Steuerelemente bieten auch Ereignisse, z. B. `Click()`, `MouseEnter()` und `Paint()`.

Drucken

Ursprünglich hatte Microsoft vorgesehen, in .NET 2.0 die Druckunterstützung zu verbessern. Das neue Druckerobjekt ist jedoch gestrichen worden. In .NET 2.0 ist nur die aus .NET 1.x bekannte Druckunterstützung in Form der Klasse System.Drawing.Printing vorhanden. In .NET 3.5 Service Pack 1 ist die Ausdruckmöglichkeit für Formulare hinzugekommen (Klasse PrintForm).

TIPP Komplexe Berichte mit der in .NET eingebauten Druckunterstützung zu erstellen wäre sehr mühsam. Zum Drucken von Berichten sollten Sie einen Report-Generator einsetzen. Visual Studio 2005/2008 bieten dafür sowohl Microsoft Reports (Microsoft SQL Server Reporting Services-kompatible Berichte, die man mit dem Report Viewer-Control auch lokal betrachten kann) als auch Crystal Reports.

PrintDocument

Die zentrale Rolle beim Drucken spielt die Klasse System.Drawing.Printing.PrintDocument. PrintDocument befindet sich in der Werkzeugleiste und wird zur Entwurfszeit im Component Tray angezeigt. Die Druckausgabe wird über ein Graphics-Objekt erzeugt, das in der Ereignisbehandlungsroutine PrintPage() zu befüllen ist.

Beispiel

Sie können die gleiche Unterroutine TicketZeichnen() auch zum Drucken eines Tickets verwenden.

```
private void C_Print_PrintPage(object sender, System.Drawing.Printing.PrintPageEventArgs e)
{
  Graphics g = e.Graphics;
  TicketZeichnen(g);
}
```

Listing 16.13   Erzeugung eines Flugtickets [/WindowsUI/Fenster/F_Ticketdruck.cs]

Die Methode Print() eines PrintDocument-Objekts führt den sofortigen Ausdruck auf dem Standarddrucker aus. Üblicherweise will man aber den Drucker auswählen oder eine Voransicht zulassen.

PrintPreviewDialog

Die Klasse PrintPreviewDialog erlaubt die Voransicht eines zu druckenden Dokuments.

```
PrintPreviewDialog ppd = new PrintPreviewDialog();
ppd.Document = this.C_Doc;
if (ppd.ShowDialog() == DialogResult.OK)
   {
   C_Doc.Print();
   }
```

Listing 16.14   Nutzung der Klasse PrintPreviewDialog [/WindowsUI/Fenster/F_Ticketdruck.cs]

Drucken

Abbildung 16.25 Ein Flugticket in der Druckvorschau

PrintDialog

Die Klasse `PrintDialog` zeigt einen Auswahldialog für den Drucker.

```
PrintDialog pd = new PrintDialog();
   pd.Document = this.C_Doc;
   if (pd.ShowDialog() == DialogResult.OK)
   {
    C_Doc.Print();
   }
```

Listing 16.15 Nutzung der Klasse PrintDialog [/WindowsUI/Fenster/F_Ticketdruck.cs]

Ausdruck von Bildschirmformularen

Ab .NET 3.5 SP1 ist ein Entwurfszeitsteuerelement verfügbar. Das Steuerelement `PrintForm` kann man auf ein Formular ziehen und dann durch den Aufruf der `Print()`-Methoden initiieren, dass der aktuelle dargestellte Fensterinhalt ausgedruckt wird. Normalerweise wird der Ausdruck auf dem Standarddrucker direkt gestartet. Wenn man dem Benutzer zunächst eine Vorschau und Druckerauswahl zeigen will, muss man vorher setzen:

```
printForm1.PrintAction = System.Drawing.Printing.PrintAction.PrintToPreview;
printForm1.Print();
```

Listing 16.16 Nutzung des PrintForm-Steuerelements

Berichterstellung mit Report-Generatoren

Die in Visual Studio verfügbaren Report-Generatoren

- Microsoft (SQL Server) Reporting und
- Crystal Reports der Firma Business Objects

können in diesem Buch aufgrund der verlegerischen Seitenrestriktionen leider nicht behandelt werden.

Mehrsprachige Anwendungen (Lokalisierung)

Bereits seit .NET 1.0 besitzen Windows Forms einen automatischen Mechanismus zur Lokalisierung von Anwendungen, der auch durch die Entwicklungsumgebung Visual Studio unterstützt wird. Windows Forms verwenden dabei im Hintergrund den in die Klassenbibliothek integrierten Lokalisierungsmechanismus (System.Resources).

Visual Studio legt zu jeder Fenster-Klasse automatisch eine XML-Ressourcendatei an (.resx), die im Normalfall aber leer ist. Die Datei füllt sich erst in dem Moment mit Werten, wenn Sie die Eigenschaft Localizable des Form-Objekts auf true stellen. In diesem Moment wird der vom Designer generierte Code so umgebaut, dass alle Zeichenketten und sonstigen Einstellungen nicht mehr statisch im Code hinterlegt sind, sondern mithilfe eines ResourceManager-Objekts (vgl. Kapitel ».NET-Klassenbibliothek 3.5«, Abschnitt »System.Resources«) aus der geeigneten Ressourcendatei entnommen werden.

Die Standardressourcendatei ist sprachneutral. Um sprachspezifische Ressourcendateien anzulegen, können Sie die IDE verwenden: Wenn Sie die Eigenschaft Language eines Form-Objekts auf eine andere Sprache stellen und dann die Oberflächenelemente bearbeiten (z.B. die Texte der Schaltflächen übersetzen), erzeugt die IDE automatisch eine passende Ressourcendatei.

TIPP Beim Wechseln der Eigenschaft Language im Form-Objekt passt die IDE auch den Designer der vorhandenen Ressourcendateien an; Sie können also Windows Forms sehr komfortabel per WYSIWYG lokalisieren, ohne direkt die Ressourcendateien editieren zu müssen. Wenn Sie dies jedoch möchten, können Sie den in Visual Studio eingebauten Editor für .resx-Dateien oder einen beliebigen XML- oder Texteditor dafür verwenden.

Eine Windows Forms-Anwendung nutzt beim Start automatisch die Ressourcendateien, die der aktuell in Windows eingestellten Oberflächensprache entsprechen. Sie können die Sprache aber auch per Programmcode wechseln, indem Sie das Attribut CurrentUICulture des aktuellen Threads verändern:

```
// Sprache umstellen auf Englisch
System.Threading.Thread.CurrentThread.CurrentUICulture = new System.Globalization.CultureInfo("en-GB");
```

Die Änderung der Sprache im laufenden Programm hat nur Auswirkungen auf danach geöffnete Fenster, nicht aber auf alle aktuell geöffneten Fenster. Sie müssen per Programmcode alle Fenster schließen und wieder öffnen. Einige Entwickler nutzen den Trick, die Controls-Menge eines Formulars manuell zu leeren und dann die Steuerelemente durch den Aufruf von InitializeComponent() neu zeichnen zu lassen (siehe folgendes Listing). Danach müssen aber die Zustände aller relevanten Steuerelemente neu gesetzt werden.

```
private void windowsSpracheToolStripMenuItem_Click(object sender, EventArgs e)
{
  System.Threading.Thread.CurrentThread.CurrentUICulture =
      new System.Globalization.CultureInfo("de-DE");
  this.FormularNeuZeichnen();
  this.englischToolStripMenuItem.Checked = false;
  this.deutschToolStripMenuItem.Checked = true;
  ...
}
```

Mehrsprachige Anwendungen (Lokalisierung)

```
private void FormularNeuZeichnen()
{
  this.Controls.Clear();
  this.InitializeComponent();
}
```

Listing 16.17 Umschalten der Anwendungssprache in der laufenden Anwendung [WindowsUI/Fenster/F_Main.aspx]

HINWEIS Die World Wide Wings-Desktop-Anwendung verwendet Lokalisierung (Deutsch/Englisch). Die Sprachumschaltung erfolgt über das Menü *Einstellungen*. Bisher sind aber nur für die Statusseite einige englische Texte hinterlegt. Sie können die Übersetzung gerne weiterführen.

Abbildung 16.26 Sprachumstellung in der Desktop-Anwendung

Drag & Drop (Ziehen & Fallenlassen)

Windows Forms unterstützen Drag & Drop direkt in der Klasse Control, sodass alle Steuerelemente folgende Möglichkeiten bieten:

- Die Methode DoDragDrop() startet den Vorgang.
- Das DragEnter()-Ereignis wird aufgerufen, wenn der Mauszeiger ein anderes Steuerelement betritt. Hier muss festgelegt werden, ob der Mauszeiger signalisieren soll, dass die Daten hier fallen gelassen werden dürfen.
- Das DragDrop()-Ereignis wird ausgelöst, wenn der Benutzer die Maustaste über einem Steuerelement, das die Bereitschaft zum Empfang signalisiert hat, los lässt.

Beispiel

Das folgende Fenster ermöglicht es, die verfügbaren Mitarbeiter den Flügen zuzuordnen.

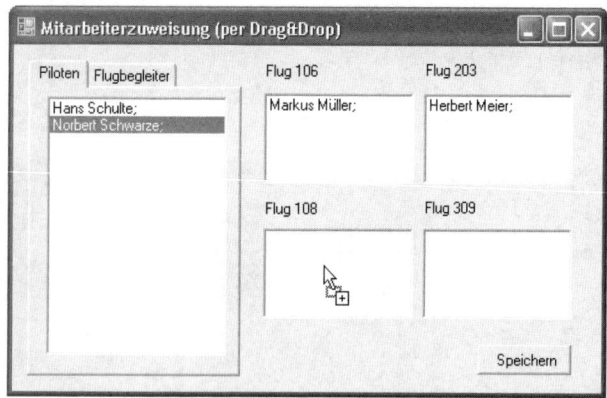

Abbildung 16.27 Mitarbeiterzuordnung per Drag & Drop

```
private void ListBox_MouseDown(object sender, System.Windows.Forms.MouseEventArgs e)
{
 // Ausgangsliste ermitteln
 ListBox lbx = (ListBox)sender;
 // Aktuelles Element ermitteln
 Point aPoint = new Point(e.X, e.Y);
 int aIndex = lbx.IndexFromPoint(aPoint);

 if (aIndex >= 0)
 {
  this.source = lbx;
  this.sourceIndex = aIndex;
  // Drag&Drop starten
  lbx.DoDragDrop(lbx.Items[aIndex], DragDropEffects.All);
 }
}

private void ListBox_DragEnter(object sender, System.Windows.Forms.DragEventArgs e)
{
```

```
  if (e.Data.GetDataPresent(DataFormats.Text))
    e.Effect = DragDropEffects.All;
  else
    e.Effect = DragDropEffects.None; }

private void ListBox_DragDrop(object sender, System.Windows.Forms.DragEventArgs e)
{
  // Zielobjekt ermitteln
  ListBox lbx = (ListBox)sender;
  // Element einfügen
  lbx.Items.Add(e.Data.GetData(DataFormats.Text));
  // Und in Quelle löschen
  if (this.source != null)
    source.Items.RemoveAt(this.sourceIndex);
}
```

Listing 16.18 Programmcode zum Drag & Drop-Beispiel [/WindowsUI/Fenster/F_Mitarbeiterzuordnung.cs]

Zwischenablage

Die Windows-Zwischenablage wird in Windows Forms durch die Klasse System.Windows.Forms.Clipboard repräsentiert. Diese Klasse ist nicht instanziierbar, sondern bietet nur statische Methoden an. In .NET 1.x gab es derer nur zwei:

- SetDataObject() zum Ablegen von Daten in der Zwischenablage
- GetDataObject() zum Entnehmen von Daten aus der Zwischenablage

Mit .NET 2.0 wurde die Klasse stark erweitert mit speziellen Methoden, u.a.:

- GetImage()
- GetText()
- GetAudioStream()
- ContainsImage()
- ContainsText()
- SetImage()
- SetText()

WICHTIG Sie können nur serialisierbare .NET-Objekte in die Zwischenablage legen.

Befehle	Inhalt der Zwischenablage
`Clipboard.SetText("Flugticket " + Buchung.TicketNummer + "; Name: " + Buchung.Passagier.GanzerName + "; Flug: " + Buchung.Flug.ToString());`	Flugticket 1234; Name: Holger Schwichtenberg; Flug: von Düsseldorf nach Sydney

`Bitmap b = new Bitmap(750,250);`
`TicketZeichnen(Graphics.FromImage(b));`
`Clipboard.SetImage(b);`
	WorldWide Wings — Flugticket Nr. 1234

Tabelle 16.5 Beispiele zur Verwendung der Zwischenablage [/WindowsUI/Fenster/F_Ticketdruck.cs]

Weitere Möglichkeiten von Windows Forms

Dieses Kapitel gibt Ihnen noch Hinweise auf ausgewählte weitere Funktionen von Windows Forms.

Systeminformationen

Die Klasse `System.Windows.Forms.SystemInformation` liefert zahlreiche Informationen über die Beschaffenheit des Systems, z. B.:

- Anzahl der angeschlossenen Monitore: `MonitorCount`
- Anzeige, ob die Anwendung in einer Terminal Server-Sitzung läuft: `TerminalServerSession`
- Name des Computers: `ComputerName`
- Boot-Modus: `BootMode`
- Maximale Cursorgröße: `CursorSize`
- Standardgröße von Symbolen: `IconSize`
- Schriftart zur Anzeige von Menüs: `MenuFont`

XP Visual Styles

Die Nutzung der Visual Styles von Windows XP wurde in Windows Forms 2.0 vereinfacht. Es sind weder besondere Einstellungen in den Steuerelementen noch ein XP-Manifest notwendig. Ob eine Anwendung Visual Styles nutzt, kann in den Projekteigenschaften auf der Registerkarte *Application* festgelegt werden.

Erstellung von Windows-Steuerelementen (Benutzersteuerelemente)

Selbst definierte Windows Forms-Steuerelemente heißen *Benutzersteuerelemente* (engl. User Controls) und entstehen durch Ableitung von der Klasse `System.Windows.Forms.UserControl`, die in der Vererbungshierarchie von `System.Windows.Forms.Control` steht. Windows Forms-Benutzersteuerelemente definiert der Entwickler komplett durch Programmcode und er kann sie daher in eine DLL kompiliert ausliefern. Sie bieten automatisch volle Unterstützung für alle visuellen Funktionen von Visual Studio, sowohl für den Komponentenentwickler als auch für den Komponentennutzer.

Die selbst definierten Attribute des Steuerelements muss der Entwickler als Property-Routinen definieren; ein einfaches Attribut (*field*) reicht nicht aus. Durch Annotationen wie `[System.ComponentModel.Category]`, `[System.ComponentModel.Description]` und `[System.Drawing.ToolboxBitmap]` kann der Komponentenentwickler das Aussehen und Verhalten der Komponente innerhalb der Entwicklungsumgebung steuern. Das Symbol muss 16×16 Pixel groß sein und darf maximal 256 Farben verwenden. Visual Studio besitzt zur Erstellung einer solchen Bitmap einen integrierten Bitmap-Editor. Das Symbol muss entweder als separate Datei vorliegen oder als Ressource in die Assembly eingebettet werden.

Steuerelemente, die innerhalb der gleichen Visual Studio-Projektmappe geöffnet sind, erscheinen automatisch nach dem ersten Kompilieren in der Werkzeugleiste. Steuerelemente, die in kompilierter Form vorliegen (z. B. zugekaufte Steuerelemente), müssen durch die Funktion *Elemente auswählen* (*Choose Items*) im Kontextmenü der Werkzeugleiste explizit aufgenommen werden, bevor sie verwendbar sind. Sobald der Entwickler per Drag & Drop einem Formular ein benutzerdefiniertes Steuerelement hinzufügt, erstellt Visual Studio automatisch einen Verweis auf die implementierende Assembly.

In dem Fallbeispiel finden Sie das Benutzersteuerelement *LoginBox.cs*, das eine Gruppierung, zwei Beschriftungsfelder, zwei Eingabefelder und eine Schaltfläche zu einem Steuerelement zusammenfasst.

Nutzung von Windows Forms-Steuerelementen im Internet Explorer

Einzelne Windows Forms-Steuerelemente können im Internet Explorer (ab Version 5.01) als eingebundene Objekte dargestellt werden und dort die Rolle von ActiveX-Steuerelementen bzw. Java Applets übernehmen. Dabei ist eine Interaktion zwischen Steuerelement und Seite via DHTML-Code möglich. Anders als in COM und Java gibt es im .NET Framework keinen speziellen Namen für diese Browser-Objekttechnologie.

Das Hosting im Internet Explorer übernimmt die *IEHost.dll*. Auf dem Client muss das .NET Framework installiert sein. Das Hosting von Windows Forms-Steuerelementen im Internet Explorer hat nur insofern etwas mit ASP.NET zu tun, als ASP.NET eingesetzt werden kann, um die Seite mit dem <object>-Tag an den Client zu senden. Zu diesem Zweck kann aber auch eine statische HTML-Seite verwendet werden. Das <object>-Tag muss im Attribut ClassId auf die Assembly und die Klasse (getrennt durch #) verweisen. Die als Properties definierten Attribute des .NET-Steuerelements können über das <param>-Tag oder per DHTML-Programmcode gesetzt werden.

```
<object id="C_Kalender" classid="WWWings_Steuerelemente.dll#WWWings_Steuerelemente.DatumsAuswahl"
    height="140" width="600">
    <param name="NurHinflug" value="false">
</object>
```

Listing 16.19 Einbettung eines Windows Forms-Steuerelements mit dem <object>-Tag [/WebUI/Misc/IEHost/start.htm]

Die Code Access Security (CAS) des .NET Frameworks wirkt; daher ist das Hosting von Windows Forms-Steuerelementen wesentlich sicherer als der Einsatz von ActiveX bzw. ähnlich sicher wie der Einsatz von Java Applets. Das .NET Framework installiert sich allerdings nicht selbst beim Aufruf der Seite; es muss daher vorher auf dem Client installiert werden. Eine ASP.NET-basierte Webanwendung kann über Request.Browser.ClrVersion ermitteln, ob auf dem Client eine bestimmte CLR-Version vorhanden ist.

WICHTIG Zum Hosting können nur User Controls, also Steuerelemente, die von System.Windows.Form.UserControl abgeleitet sind, zum Einsatz kommen. Normale Windows Forms-Steuerelemente müssen erst in ein User Control verpackt werden.

Abbildung 16.28 Anzeige eines Windows Forms User Controls mit zwei Steuerelementen vom Typ DateTimePicker

---

TIPP Der Internet Explorer speichert die heruntergeladenen Assemblies im Benutzerprofil des angemeldeten Benutzers (z. B. *c:\Documents and Settings\HS\Local Settings\Application Data\assembly\dl3\J8RJCAKC.EVQ\HDM92JJ4.8EH\07f6675a\ 00000000_00000000\ WWWings_Steuerelemente.dll*). Diese Dateien können leider nicht mit *gacutil.exe* gelöscht werden, sondern nur manuell mit dem Windows Explorer. Das manuelle Löschen ist geboten, wenn es zu Problemen bei der Aktualisierung von heruntergeladenen Assemblies kommt.

Click-Once-Deployment

Allgemeine Hinweise zum Einsatz und zur Arbeitsweise von Click-Once-Deployment haben Sie bereits in Kapitel »Grundkonzepte des .NET Frameworks 3.5« erhalten. Dieses Kapitel beschreibt die Veröffentlichung von Anwendungen per Click-Once-Deployment mithilfe von Visual Studio.

Click-Once-Deployment

Für das Click-Once-Deployment bietet Visual Studio in den Projekteigenschaften die Registerkarten *Sicherheit* (*Security*) und *Veröffentlichen* (*Publish*). Die Registerkarten erlauben die Festlegung der benötigten Komponenten sowie die Einstellung der Aktualisierungsform.

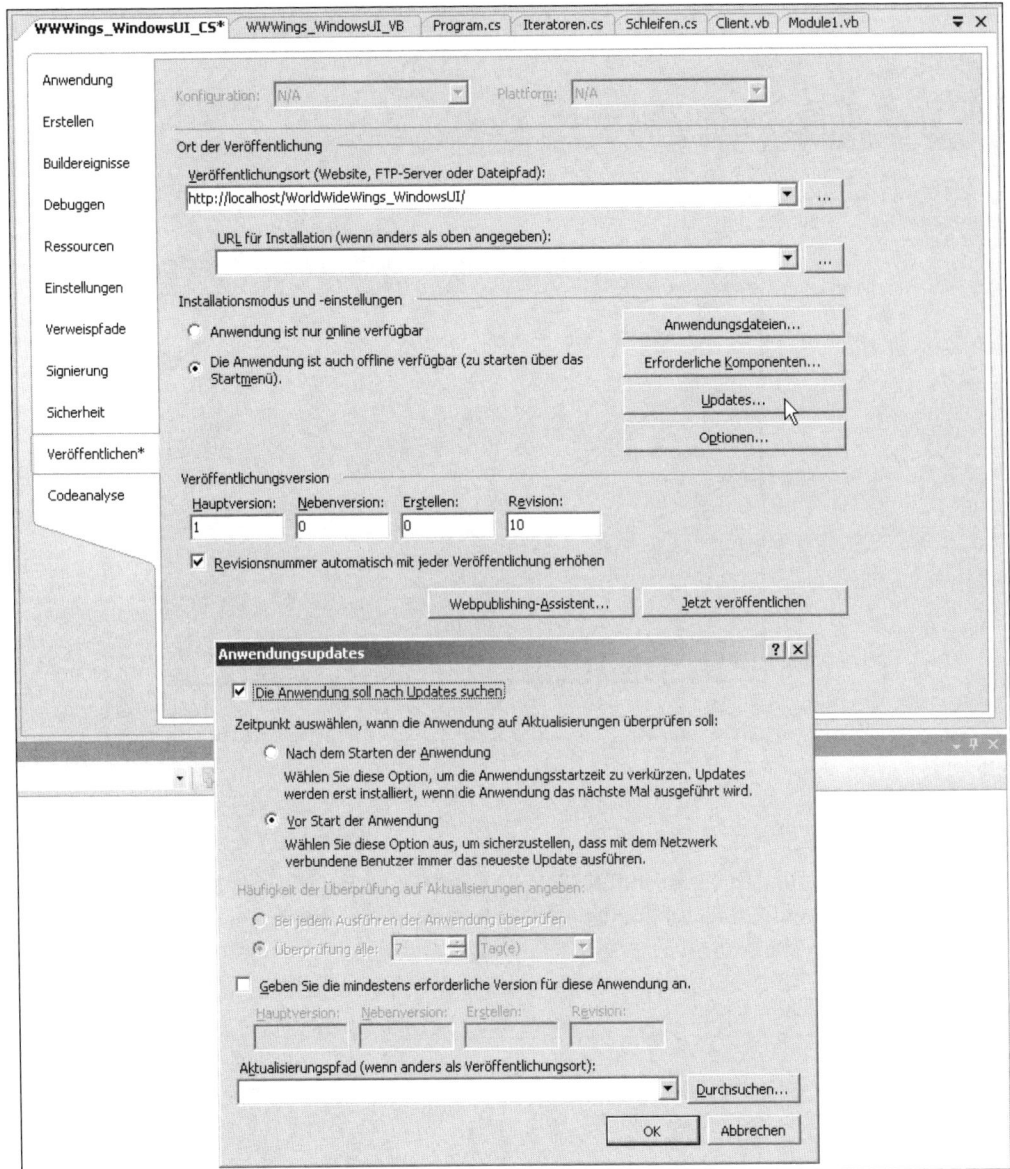

Abbildung 16.29 Veröffentlichung einer Anwendung als Click-Once-Anwendung

Nach einem Klick auf *Jetzt veröffentlichen* (*Publish Now*) erstellt Visual Studio eine HTML-Seite *publish.htm* und die notwendigen XML-Dateien. Diese werden zusammen mit den Programmdateien an dem angegebenen Ort (Webserver, Dateisystem oder FTP-Server) gespeichert.

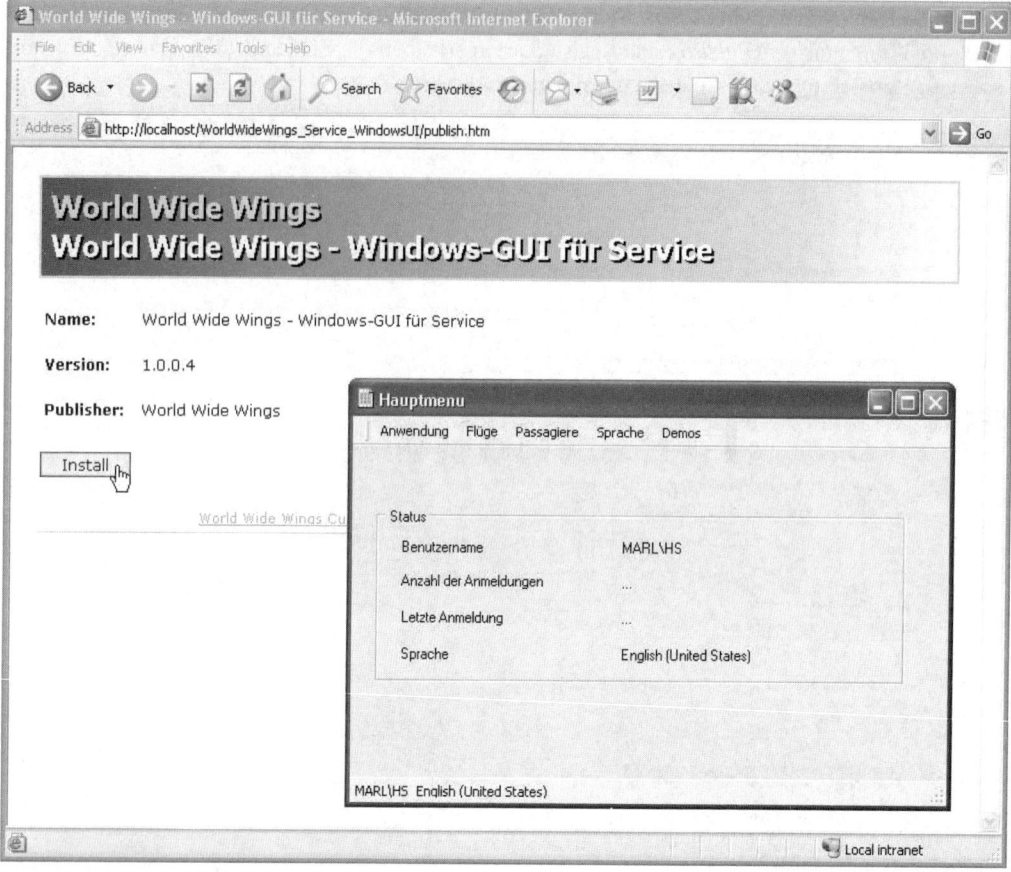

Abbildung 16.30 Veröffentlichte Anwendung

Einschränkungen

Click-Once-Deployment funktioniert weder mit .NET 1.x-Assemblies noch für das .NET Compact Framework. Die Installation der Anwendung ist immer benutzerbezogen. Die Anwendung ist also für jeden Benutzer einmal auf der Festplatte enthalten.

Kapitel 17

Windows Presentation Foundation (WPF)

In diesem Kapitel:

Überblick über WPF	750
Eigenschaften von WPF	750
Neuerungen in .NET 3.5	754
Neuerungen in .NET 3.5 Service Pack 1	754
Weitere Ankündigungen	755
Funktionen der World Wide Wings-WPF-Anwendung	755
Extensible Application Markup Language (XAML)	756
XAML-Editoren für WPF	761
Anwendungen und Fenster	769
Visuelle Elemente und Steuerelemente (Controls)	771
Ereignissystem	778
Befehlssystem	779
Datenbindung	783
Formatvorlagen (Styles)	786
Transformationen	789
Animationen	789
Zeichnen	792
Silverlight	792
Weitere Möglichkeiten von WPF	793
Windows Forms versus WPF	794

Überblick über WPF

Die Windows Presentation Foundation (WPF, Codename *Avalon*) ist eine Klassenbibliothek zur Entwicklung von grafischen Benutzeroberflächen (üblicherweise GUI Framework genannt). WPF unterstützt verschiedene Arten von Oberflächen in einer durchgängigen Bibliothek, insbesondere:

- klassische Desktop-Fenster (*Windows*)
- 2-D-Grafiken (vgl. GDI)
- 3-D-Grafiken (vgl. DirectX)
- Dokumente (vgl. Postscript und PDF)
- Browser-basierte Anwendungen (vgl. Macromedia Flash)
- Videos

WPF kann als der leistungsfähigere Nachfolger der mit .NET 1.0 im Jahr 2002 eingeführten Windows Forms-Bibliothek gesehen werden. WPF ist aber keine Erweiterung von Windows Forms, sondern eine grundlegende Neuimplementierung mit wesentlich mehr Möglichkeiten. Windows Forms wird aber (vorerst) von Microsoft nicht aus .NET entfernt, sodass Windows Forms-Anwendungen auch in der nahen bis mittleren Zukunft noch lauffähig sein werden.

HINWEIS In WPF sind Einflüsse diverser Techniken erkennbar. Insbesondere fallen Ideen aus Windows Forms, Dynamic HTML (DHTML), ASP.NET und HTML Applications (HTA), GDI sowie DirectX auf.

Eigenschaften von WPF

Die wichtigsten Eigenschaften von WPF sind:

- Oberflächen können wahlweise in Programmcode (wie in Windows Forms) oder – bevorzugt – durch die XML-basierte Extensible Application Markup Language (XAML) definiert werden.
- Die Trennung von Code und Gestaltung ist möglich. Dadurch können Benutzeroberflächen von Anwendungen zukünftig einfacher von ausgebildeten Gestaltern erstellt werden. Bisher werden Benutzeroberflächen oft von Entwicklern erstellt, denen es an einer Ausbildung im Bereich Ästhetik und Benutzerfreundlichkeit fehlt.
- WPF-Oberflächen laufen als eigenständige Windows-Fenster, im Fenster eines Browsers oder in speziellen Viewern.
- WPF-Anwendungen können als clientseitige Browser-Anwendungen laufen, verwenden dann jedoch kein HTML, sondern setzen WPF auf dem Client voraus. Hier gibt es zwei Alternativen: Vollständiges WPF als XML Browser Application (XBAP) setzt ein vollständiges .NET Framework auf dem Client voraus. *Silverlight* bietet hingegen einen reduzierten Umfang von WPF und .NET und läuft auf mehr Plattformen.
- Die Darstellung erfolgt intern über DirectX.
- Die Anzeige ist vektorbasiert und bietet daher eine gute Darstellung unabhängig von der Größe des Anzeigegeräts. (Um eine gute Darstellung auf allen Bildschirmgrößen und -auflösungen zu erzielen, verwendet WPF als Einheit sogenannte geräteunabhängige Pixel, die dem 96. Teil eines Inch entsprechen.)

Eigenschaften von WPF

- Steuerelemente können sich der Größe ihres Inhalts anpassen.
- Unterstützung für 2-D- und 3-D-Grafiken
- Unterstützung für Navigationsanwendungen (Hyperlinks und Vor/Zurück im Stil einer Webanwendung)
- Unterstützung für an die Fenstergröße anpassbare Anordnung der visuellen Elemente
- Unterstützung für fest und flexibel umbrechende Dokumente (ohne Programmcode)
- Deklarative Datenbindung für alle Eigenschaften
- Abspielen von Videos
- Transformationen und Animation von Oberflächenelementen
- Definition von wieder verwendbaren Formatvorlagen (Styles)
- Definition von eigenen Steuerelementen (User Controls)
- Installation über XCopy-Deployment, klassische Installationsroutinen (inklusive Microsoft Windows Installer - MSI) oder automatischen Download (einschließlich Click-Once-Deployment)
- WPF bietet eingebaute Interoperabilität zu Win32- und Windows Forms-Benutzerschnittstellen, d. h., WPF-Anwendungen können Windows Forms- oder Win32-Steuerelemente enthalten. Umgekehrt ist ein WPF-Steuerelement in Win32- oder Windows Forms-Fenster einbindbar.

ACHTUNG Für Windows Forms, ASP.NET und WPF gibt es weder gemeinsame Namensräume noch gemeinsame Basisklassen oder gemeinsame XML-Deklarationen – mit der Konsequenz, dass die Migration einer Benutzeroberfläche zwischen Desktop und Web nicht erleichtert wird.

Assemblies

WPF ist im Wesentlichen realisiert in den Assemblies *WindowsBase.dll*, *PresentationCore.dll* und *PresentationFramework.dll*. *ReachFramework.dll* enthält die Unterstützung für das Drucken und das XPS-Dokumentenformat. Die *PresentationDesignDeveloper.dll* beinhaltet Unterstützung für Designer. *PresentationBuildTasks.dll* enthält die notwendigen Erweiterungen für MSBuild, um XAML-Dateien zu übersetzen. Weiterhin werden bei WPF einige Gestaltungsvorlagen mitgeliefert (*PresentationFramework.Aero.dll*, *PresentationFramework.Classic.dll*, *PresentationFramework.Luna.dll*, *PresentationFramework.Royale.dll*). Darüber hinaus ist an WPF noch eine normale DLL in unmanaged Code beteiligt: *milcore.dll*.

Namensraum

WPF ist realisiert im Namensraum `System.Windows` mit zahlreichen Unternamensräumen. Der WPF-Namensraum ist leider leicht zu verwechseln mit dem bereits im Jahre 2002 eingeführten Namensraum `System.Windows.Forms`, dem Namensraum für Windows Forms. Wie die folgende Abbildung zeigt, betten sich die (relativ wenigen) Windows Forms-Namensräume in die große Menge der WPF-Namensräume ein, obwohl Windows Forms keineswegs eine Teilmenge von WPF ist. Leider besteht bei der Auswahl der Klassen große Verwechslungsgefahr. Es wäre sicherlich geschickter gewesen, die WPF-Klassen besser von den Windows Forms-Klassen zu trennen.

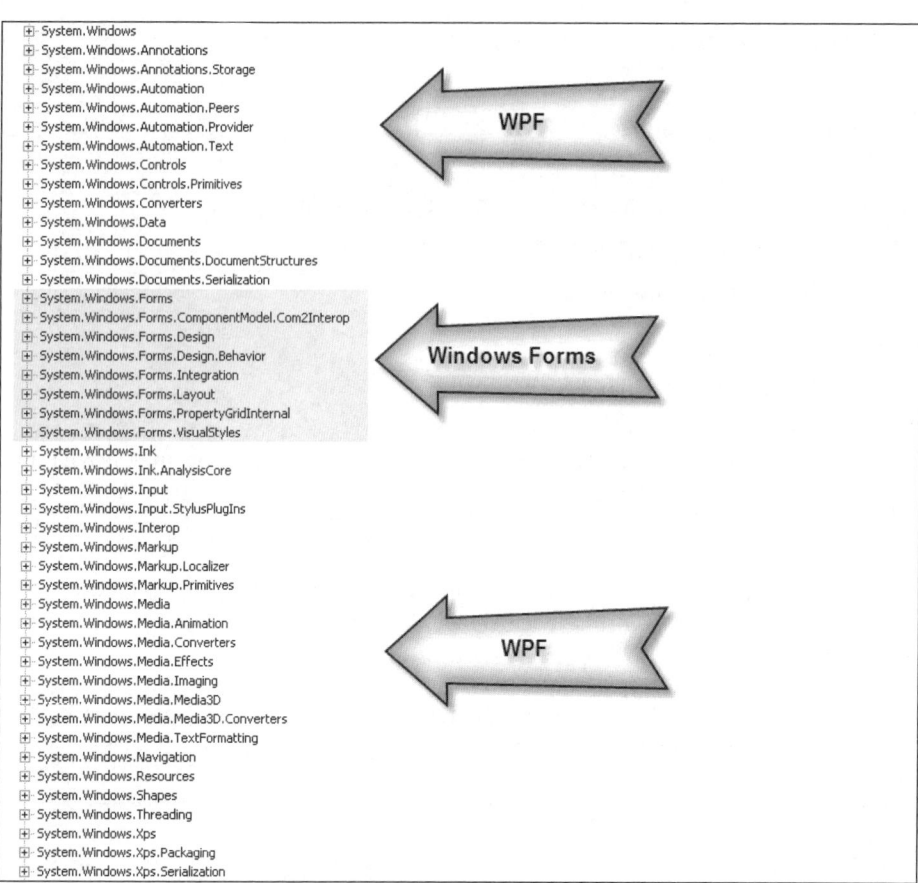

Abbildung 17.1   Die WPF-Namensräume umschließen die Windows Forms-Namensräume.

Namensraum	Erläuterung und Beispielklassen
System.Windows	Basisklassen für Fenster (Windows, UIElement), das Property-System (Expression, PropertyPath), Ressourcen (ResourceDictionary) und das Ereignissystem (Trigger, Condition), Konverter (Int32RectConverter, LengthConverter, PointConverter), Datenbindung (DataObject, DataTemplate) sowie Hilfsklassen für allgemeine Windows-Funktionen (Application, Clipboard, DragDrop, MessageBox)
System.Windows.Controls	WPF-Steuerelemente wie Label, Border, Button, ComboBox, Canvas, GridView, DockPanel, MediaElement, PrintDialog und viele mehr sowie die Basisklassen für Steuerelemente wie Control und UserControl
System.Windows.Data	WPF-Datenbindung (Binding, BindingExpression, CollectionView, XmlDataProvider, ObjectDataProvider, u.a.)
System.Windows.Documents	Dokumente (FixedDocument, FlowDocument, Section, Block, Table, Hyperlink, u.a.)
System.Windows.Input	Eingabeunterstützung (Klassen InputDevice, Cursor, Keyboard, Mouse, Stylus, KeyGesture, CommandBinding, u.a.)
System.Windows.Ink	Unterstützung für Tablet-PC-Stifteingabe
System.Windows.Markup	Serialisierung und Deserialisierung von XAML (Klassen XamlReader und XamlWriter u.a.)

Eigenschaften von WPF

Namensraum	Erläuterung und Beispielklassen
System.Windows.Media.*	Zeichnen (z.B. Brush, Colors, Fonts, Pen) und 3-D-Darstellung (z.B. Camera, Light, Material, GeometryModel3D) sowie Video (VideoDrawing)
System.Windows.Media.Animation	Animationen (z.B. Clock, Timeline, Int64Animation, ParallelTimeline, PointAnimation, SizeAnimation, Storyboard)
System.Windows.Navigation	Navigationsanwendungen (PageFunction, JournalEntry, NavigationService u.a.)
System.Windows.Shapes	Geometrische Basisformen (Ellipse, Line, Polygon, Rectangle etc.)
System.Windows.Xps.*	XPS-Dokumente (XpsDocumentWriter, VisualsToXpsDocument, XpsDocument u.a.)

Tabelle 17.1 Die wichtigsten WPF-Namensräume

Dokumentation der WPF-Klassen

Viele in WPF verwendete Klassennamen (wie Button und TextBox) gibt es auch schon in ASP.NET und Windows Forms. Die folgende Bildschirmabbildung zeigt die Treffer für den Indexeintrag *Button* in der Windows SDK-Dokumentation. Die ersten beiden Treffer beziehen sich auf das HTML-Element <button>. Der dritte Treffer *Button Class* hat drei Fundstellen: für ASP.NET (im Namensraum System.Web.UI), für WPF (Namensraum System.Windows.Controls) und für Windows Forms (Namensraum System.Windows.Forms). Daher ist immer genau darauf zu achten, dass man die richtigen Dokumentationsseiten aufgeblättert hat.

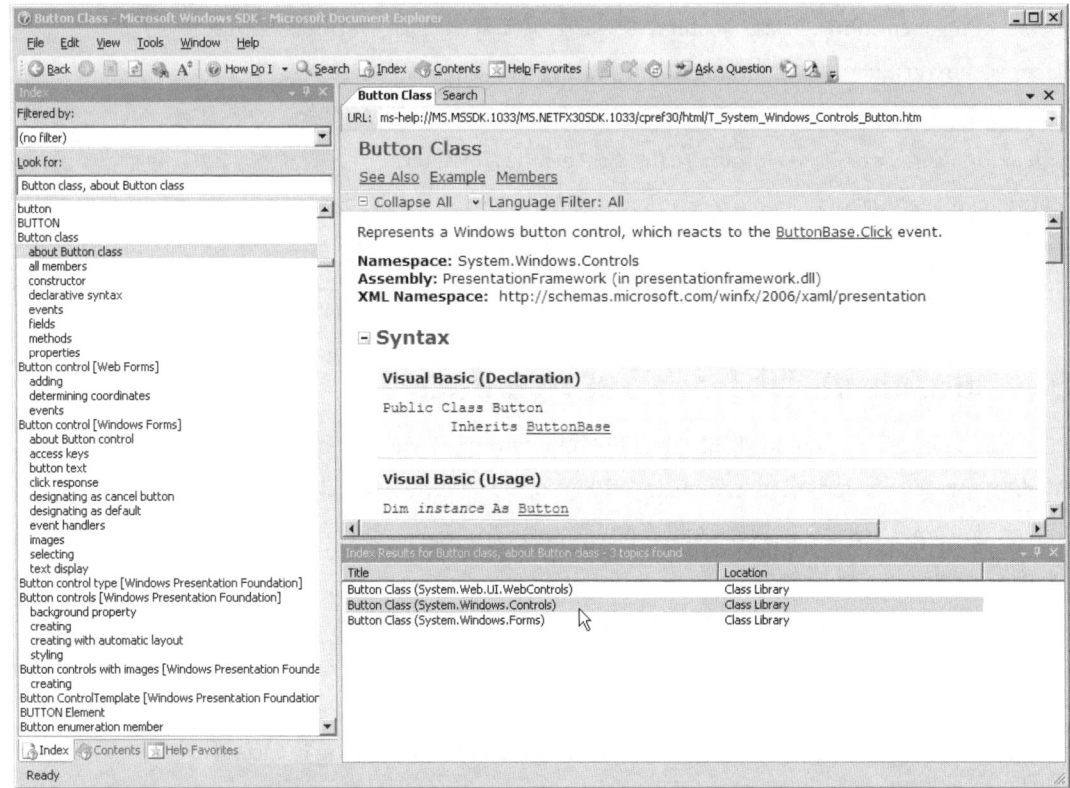

Abbildung 17.2 Die Suche nach Button im Index des Windows SDK

Erweiterungen anderer Namensräume

WPF enthält nur wenige Klassen außerhalb des System.Windows-Namensraums. Zu den Ausnahmen gehören die Klassen CommonDialog, FileDialog, OpenFileDialog und SaveFileDialog, die in Microsoft.Win32 liegen. Bemerkenswert ist dabei, dass unter Windows Forms die Klassen mit vergleichbarer Funktion unter System.Windows.Forms lagen. Es ist absolut unverständlich, wieso hier wieder Ausnahmen geschaffen wurden. Ebenso wenig verständlich ist, wieso Microsoft davon abweicht, den Namensraum auch im Assembly-Namen zu verwenden.

Weiterhin wird durch WPF der Namensraum System.IO.Packaging hinzugefügt, der die Paketfunktionen, die in XPS benötigt werden, bündelt und somit auch für andere Lösungen verfügbar macht. System.ComponentModel wird erweitert um die Benachrichtigung von Geschäftsobjektmengen an WPF, wenn diese sich geändert haben (INotifyCollectionChanged). Bisher gab es dies nur für Einzelobjekte (INotifyChanged).

Neuerungen in .NET 3.5

Das .NET Framework 3.5 bietet für WPF einige kleinere Neuerungen. Hier sind nur die wichtigsten genannt:

- XAML Browser-Anwendungen (XBAP) unterstützen nun auch FireFox
- XAML Browser-Anwendungen (XBAP) unterstützen nun auch WCF
- Verbesserungen der Datenbindung (BindingListCollectionView arbeitet mit LINQ zusammen)
- Bessere Eingabeprüfung (IDataErrorInfo, ValidatesOnDataErrors und ValidatesOnExceptions)
- Überwachbarkeit der Datenbindung durch Tracing (PresentationTraceSources)
- Rückgängigmachenfunktion (*Undo*) für TextBox-Steuerelement mit der Taste [Strg][Z]
- Integration mit System.AddIn (System.AddIn.Pipeline.VisualAdapters)
- Leistungssteigerungen

> **HINWEIS** Einige dieser Funktionen sind auch mit .NET 3.0 Service Pack 1 verfügbar.

Neuerungen in .NET 3.5 Service Pack 1

Service Pack 1 des .NET Framework 3.5 bietet für WPF folgende Neuerungen:

- Verbesserungen bei der Datenbindung in WPF (z. B. Null-Werte und Zeichenkettenformatierung)
- Integration von Direct3D in WPF-Anwendungen
- Neue Überblendungseffekte
- Klasse WritableBitmap zur direkten Veränderung von Bitmap-Grafiken
- Neues Webbrowser-Steuerelement
- Schnellerer Start von WPF-Anwendungen
- Weitere Leistungssteigerungen (z. B. bei Animationen und beim Scrolling in Listen)

Weitere Ankündigungen

Microsoft hat angekündigt, dass in absehbarer Zeit nach .NET 3.5 Service Pack 1 weitere Steuerelemente erscheinen werden, insbesondere:

- Tabellendarstellung für Daten in einem Datengitter (DataGrid)
- Datumsauswahl (DateTimePicker)
- Befehlsleisten im Stil von Microsoft Office 2007 (Ribbon)

Funktionen der World Wide Wings-WPF-Anwendung

Die WPF-Anwendung für die World Wide Wings-Fluggesellschaft besteht derzeit aus einer Bildschirmmaske zur Flugbuchung, die folgende Funktionen demonstriert:

- WPF-Anwendungsobjekt und WPF-Fenster
- Layout-Elemente DockPanel, StackPanel und Grid
- Menüs und Kontextmenüs
- Grundsteuerelemente Label, Button, TextBox, ComboBox, ListBox, CheckBox
- Datenbindung an Geschäftsobjekte
- Zeichnen (Trennlinien)
- Formatvorlagen
- Eigene Darstellung für Steuerelemente (runde Schaltflächen)
- Transformation (Querstellung des Auswahlfeldes)
- Animation (Bewegung der *Buchen*-Schaltfläche beim Klicken)
- Ereignisbindung
- Befehlsbindung

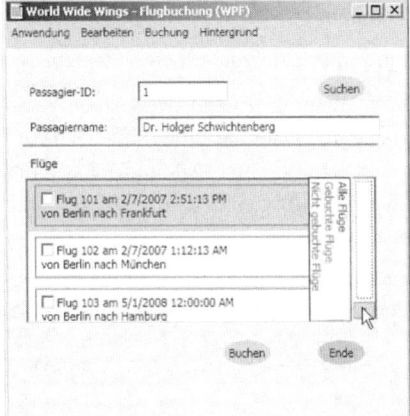

Abbildung 17.3   WPF-basierte Flugbuchungsanwendung

HINWEIS   In dem Anwendungsprojekt sind einige weitere kleinere Beispiele enthalten, auf die im Text dieses Kapitels hingewiesen werden wird.

Extensible Application Markup Language (XAML)

Die Extensible Application Markup Language (XAML) ist eine XML-Sprache, mit der beliebige .NET-Objektbäume beschrieben werden können. Ein XAML-Dokument ist die serialisierte Form eines .NET-Objektmodells. Dieses Konzept hat Microsoft bereits früher in .NET angewendet, z. B. bei ASP.NET-Serversteuerelementen, Microsoft Build und dem Konfigurationsmodell des .NET Framework. Erst seit .NET 3.0 heißt dieses Konzept aber XAML und XAML bietet auch noch einige Konzepte, die es vorher nicht gab.

HINWEIS XAML-Dokumente sind in WPF Dateien mit der Dateinamenserweiterung *.xaml*.

Man kann alles, was man in XAML ausdrücken kann, auch in C# oder Visual Basic .NET ausdrücken. Umgekehrt ist dies aber nicht möglich, da XAML nur beschreibend ist und hier keine Ablauflogik hinterlegt werden kann.

XAML-Grundkonzepte

XAML besteht aus folgenden Grundkonzepten:

- **XAML Object Element Syntax**: Beim Parsen eines XAML-Dokuments wird für jedes XML-Element ein gleichnamiges .NET-Objekt instanziiert. Jedes XAML-Dokument besitzt (wie jedes XML-Dokument) genau ein Wurzelelement, sodass ein XAML-Dokument auf genau ein .NET-Objekt mit Unterobjekten abgebildet wird.

- **XAML Attribute Syntax**: Die Attribute des .NET-Objekts werden durch die Attribute des XML-Elements befüllt.

- **XAML Content Syntax**: Der Inhalt eines XML-Elements kann einem bestimmten, in der Klassendefinition festgelegten Standardattribut zugewiesen werden.

- **XAML Property Element Syntax**: Ein .NET-Attribut kann auch durch ein XML-Element beschrieben werden, indem der Klassenname von dem Attributnamen durch einen Punkt getrennt ist. Da ein XML-Attribut immer nur einen Wert enthalten kann, eröffnet die XAML Property Element Syntax die Möglichkeit, ein .NET-Attribut deklarativ mit Unterobjekten zu befüllen.

- **XAML Attached Property Syntax**: Ein Unterelement kann Attribute eines übergeordneten Elements setzen.

- **XAML Markup Extension Syntax**: Anstelle eines Literals kann man als Attributwert einen Ausdruck angeben, der dynamisch ausgewertet wird. Dies wird zum Beispiel für Datenbindung eingesetzt, um den Inhalt von zwei Steuerelementen oder zwischen einem Steuerelement und einer Datenquelle synchron zu halten, ohne dafür Programmcode zu brauchen. Ein anderes Anwendungsgebiet ist der Verweis auf Ressourcen. Bei der XAML Markup Extension Syntax steht der Ausdruck in geschweiften Klammern.

Syntax	Beispiel	Erläuterung	Vergleich mit ASP.NET
XAML Object Element Syntax	`<Button Name="CheckoutButton"/>`	Eine Schaltfläche mit Standardeigenschaften	Vorhanden in ASP.NET, kein spezieller Name
XAML Attribute Syntax	`<Button Name="C_Button2" Content="Zweite Schaltfläche" Width="100"/>`	Eine Schaltfläche, bei der drei Attribute gesetzt werden	Vorhanden in ASP.NET, kein spezieller Name
XAML Content Syntax	`<Button Name="C_Button3" Width="100">Dritte Schaltfläche</Button>`	Eine Schaltfläche, bei der das Content-Attribut über den Elementinhalt gesetzt wird	Vorhanden in ASP.NET, [DefaultProperty]

Extensible Application Markup Language (XAML)

Syntax	Beispiel	Erläuterung	Vergleich mit ASP.NET

XAML Property Element Syntax	`<Button Name="C_Button4" Width="100">`
	`<Button.Content>`
	`Vierte Schaltfläche`
	`</Button.Content>`
	`</Button>`
		Dieses Mal wird das Content-Attribut über die explizite Property Syntax gesetzt, bei der der Name der Klasse und der Name des Attributs explizit im Elementinhalt genannt werden. Auf diese Weise kann man auch andere Attribute (außer Content) im Elementinhalt setzen.	Nicht möglich in ASP.NET

XAML Attached Property Syntax	`<Grid >`
	`<Grid.RowDefinitions>`
	`<RowDefinition></RowDefinition>`
	`<RowDefinition></RowDefinition>`
	`<RowDefinition></RowDefinition>`
	`</Grid.RowDefinitions>`
	`<Button Name="C_Button5"`
	`Width="100" Grid.Row="2" >`
	`Fünfte Schaltfläche`
	`</Button> </Button>`
	`</Grid>`
		Die Schaltfläche ist in ein Gitter-Layout eingebettet und deklariert über Grid.Row, dass sie in der dritten Zeile platziert werden möchte. Row ist ein Attribut der Klasse Grid, kein Attribut der Klasse Button.	Nicht möglich in ASP.NET

XAML Markup Extension Syntax	`<TextBox Name="C_Eingabe" Grid.Row="3"`
	`Text="Egal, was ich hier eingebe, es`
	`steht immer auch auf dem Button-`
	`Steuerelement!"`
	`Height="20"></TextBox>`
	`<Button Content="{Binding`
	`ElementName=C_Eingabe, Path=Text}"`
	`Foreground="Blue"/>`
		In diesem Beispiel wird ein Datenbindungsausdruck gesetzt, mit dem die Schaltfläche den Wert für Content von einem anderen Steuerelement (hier ein TextBox-Steuerelement) bezieht.	Vorhanden in ASP.NET (ASP.NET Expression Syntax und ASP.NET Databinding, <%=, <%# und <%$)

Tabelle 17.2 XAML-Syntaxbeispiele und Vergleich mit ASP.NET

> **HINWEIS** Ein WPF-XAML-Element muss nur dann ein Name-Attribut haben, wenn es per Code angesprochen werden soll.

XAML-Serialisierung

Nicht nur WPF-Objektbäume können in XAML ausgedrückt werden. Man kann den XAML-Serialisierer auch für beliebige eigene Objektbäume verwenden. Dazu stehen im Namensraum System.Windows.Markup die Klassen XamlReader und XamlWriter zur Verfügung.

```
public static void XAML_Serialisierung()
 {
  FlugMenge m = FlugBLManager.HoleAlle();
  string s = System.Windows.Markup.XamlWriter.Save(m);
  System.IO.File.WriteAllText("g:\\FlugMenge_XAML.xml", s);
 }
```

Listing 17.1 XAML-Serialisierung mit der Klasse System.Windows.Markup.XamlWriter

```
<FlugMenge Capacity="256" xmlns="clr-
    namespace:de.WWWings;assembly=WWWings.GL.CS">
    <Flug Datum="2006-01-14T12:46:02" FreiePlaetze="0" FlugNr="101" ZielOrt="Stuttgart"
        Nichtraucherflug="False" Plaetze="250" AbflugOrt="Berlin" />
    <Flug Datum="2006-09-08" FreiePlaetze="123" FlugNr="102" ZielOrt="München"
        Nichtraucherflug="False" Plaetze="250" AbflugOrt="Essen/Mülheim" />
    <Flug Datum="2007-01-02" FreiePlaetze="182" FlugNr="103" ZielOrt="Madrid"
        Nichtraucherflug="False" Plaetze="2" AbflugOrt="Düsseldorf" />
    <Flug Datum="2006-01-12T14:49:02" FreiePlaetze="0" FlugNr="104" ZielOrt="Köln/Bonn"
        Nichtraucherflug="False" Plaetze="240" AbflugOrt="Berlin" />
```

Abbildung 17.4   Ergebnis der XAML-Serialisierung einer Instanz von FlugMenge, die eine List<Flug> ist

WICHTIG   Nur Klassen mit einem parameterlosen Standardkonstruktor können in XAML deserialisiert werden.

XAML-Namensräume

In einem XAML-Dokument können XML-Elemente erscheinen, die aus unterschiedlichen Bibliotheken stammen.

Namensraum	Namensraum in .NET 3.0	Namensraum in .NET 3.5
XAML-Basiselemente	http://schemas.microsoft.com/winfx/2006/xaml	http://schemas.microsoft.com/netfx/2007
XAML für WPF	http://schemas.microsoft.com/winfx/2006/xaml/presentation	http://schemas.microsoft.com/netfx/2007/xaml/presentation
XAML für WF	http://schemas.microsoft.com/winfx/2006/xaml/workflow	http://schemas.microsoft.com/netfx/2007/xaml/workflow

Tabelle 17.3   XAML-Namensräume

Die Namensräume werden wie in XML üblich eingebunden:

```
<Window x:Class="WWWings_WPF.F_XAMLSyntax"
    xmlns="http://schemas.microsoft.com/winfx/2006/xaml/presentation"
    xmlns:x="http://schemas.microsoft.com/winfx/2006/xaml" … >
```

HINWEIS   Es ist kein Schreibfehler, dass in den Namensraum-URLs für .NET 3.0 noch der Begriff *WinFX* erscheint. Microsoft hat die Namensänderung von WinFX zu .NET 3.0 (siehe Einleitung) hier nicht mehr vollzogen.

In XAML können auch selbst definierte .NET-Objekte eingebunden werden (z. B. zur Anzeige bestimmter Daten), die dann aber die explizite Einbindung des Namensraums erfordern (vgl. dazu das Beispiel im Abschnitt »XAML-Serialisierung«).

Verbindung von XAML und Programmcode (Code-Behind)

Trotz der Ausdrucksfähigkeit von XAML werden die meisten WPF-Anwendungen auch Programmcode benötigen. Der Programmcode kann auf folgende Weise hinterlegt werden:

- Einbettung von Programmcode in XAML
- Hinterlegung des Programmcodes in einer separaten Hintergrundcodedatei, die eine partielle Klasse zu der XAML-Klasse bildet

Extensible Application Markup Language (XAML)

HINWEIS Der zweite Weg ist empfohlen, weil dadurch Gestaltung und Programmcode getrennt werden. Mit dem Produkt Microsoft Expression Blend verfolgt Microsoft ganz offensichtlich das Ziel, dass Benutzeroberflächen von Anwendungen in Zukunft nicht mehr von Softwareentwicklern, sondern von speziell dafür ausgebildeten Grafikern bzw. Screen-Designern gestaltet werden.

Einbettung von Programmcode in XAML (Inline-Code)

Zur Einbettung von Code in XAML wird das in XAML definierte Element <x:Code> verwendet.

Beispiel

In dem folgenden Listing wird eine Ereignisbehandlungsroutine für das Click()-Ereignis der Button-Klasse definiert.

```
<Window x:Class="WWWings_WPF.F_XAMLSyntax"
    xmlns="http://schemas.microsoft.com/winfx/2006/xaml/presentation"
    xmlns:x="http://schemas.microsoft.com/winfx/2006/xaml"
    Title="F_InlineCode" Height="300" Width="300"    >
 <Grid>
   <Button Name="C_Button" Click="C_Button_Click">Bitte klicken!</Button>
   <x:Code>
    <![CDATA[
    void C_Button_Click(object sender, RoutedEventArgs e)
    {       C_Button.Content = "Danke!";    }
    ]]>
   </x:Code>
 </Grid>
</Window>
```

Listing 17.2 Einbettung von Programmcode in XAML [F_InlineCode.xaml]

ACHTUNG Ein großer Nachteil der Codeeinbettung ist, dass alle Bezeichner mit dem voll qualifizierten Namen genannt werden müssen, da die Anweisungen using bzw. imports nicht erlaubt sind.

Separate Hintergrundcodedatei

Bei der Trennung von Gestaltung und Code existiert neben der *.xaml*-Datei eine gleichnamige Programmcodedatei mit zusätzlich angehängtem *.cs* oder *.vb*. Die Verbindung zwischen XAML-Datei und Hintergrundcodedatei erfolgt über das x:Class-Attribut.

HINWEIS Die Visual Studio-Erweiterungen für WPF legen immer eine Hintergrundcodedatei an. In Microsoft Expression Blend besteht beim Anlegen die Wahl, auf die Hintergrundcodedatei zu verzichten.

Beispiel

In den folgenden Listings wird in der Hintergrundcodedatei eine Ereignisbehandlungsroutine für das Click()-Ereignis der Button-Klasse definiert.

```
<Window x:Class="WWWings_WPF.F_CodeSeparation"
    xmlns="http://schemas.microsoft.com/winfx/2006/xaml/presentation"
    xmlns:x="http://schemas.microsoft.com/winfx/2006/xaml"
    Title="WWWings_WPF" Height="300" Width="300"
```

```
    >
    <Grid>
      <Button Name="C_Button" Click="C_Button_Click">Bitte klicken!</Button>
    </Grid>
</Window>
```

Listing 17.3   XAML-Datei [F_CodeSeparation.xaml]

```
namespace WWWings_WPF
{
 public partial class F_CodeSeparation : System.Windows.Window
 {
  public F_CodeSeparation()
  {   InitializeComponent();  }
  void C_Button_Click(object sender, RoutedEventArgs e)
  {   C_Button.Content = "Danke!";  }
 }
}
```

Listing 17.4   Hintergrundcodedatei [F_CodeSeparation.xaml.cs]

Abhängigkeitseigenschaften (Dependency Properties)

Abhängigkeitseigenschaften (Dependency Properties) sind eine in .NET 3.0 eingeführte erweiterte Form des normalen Property-Konzeptes. Eine Abhängigkeitseigenschaft besteht vordergründig aus einer normalen Property. Im Hintergrund liegt aber nicht wie sonst ein einfaches privates Feld (field), sondern eine Instanz der Klasse System.Windows.DependencyProperty, die von dem Eigenschaftssystem der jeweiligen Umgebung (hier also WPF) verwaltet wird.

Diese Verwaltung ist die Voraussetzung für viele deklarative Möglichkeiten in XAML, insbesondere für Datenbindung, Vorlagen und Animationen. Microsoft hat sich gemäß eigener Aussage in WPF bemüht, möglichst viele Funktionen durch Attribute statt durch Methoden auszudrücken, um die deklarative Programmierung zu fördern. Laut Aussage von Microsoft komprimiert das Eigenschaftssystem von WPF intern die Abhängigkeitseigenschaften, um Speicherplatz zu sparen.

Anders als die internen Felder (Fields) bei normalen Properties sollen die Datenspeicher der Abhängigkeitseigenschaften nicht als private, sondern als öffentliche Mitglieder angelegt werden. Dies ist die Voraussetzung für das Funktionieren der XAML Attached Property Syntax, widerspricht aber natürlich dem Kapselungsprinzip der Objektorientierung. Per Konvention heißt der interne Teil einer Abhängigkeitseigenschaft wie der öffentliche Teil mit dem zusätzlichen Wort *Property*.

HINWEIS   Abhängigkeitseigenschaften gibt es auch in WF, dort gibt es aber eine andere Basisklasse.

Wünschenswert ist, dass Microsoft das Konzept der Abhängigkeitseigenschaften in der CLR verankert, sodass der Weg zur Deklaration einer Abhängigkeitseigenschaft einfacher wird.

```
  public static readonly DependencyProperty ZaehlerProperty = DependencyProperty.Register("Counter",
typeof(int), typeof(F_Flugbuchung), new PropertyMetadata(0));
  public int Zaehler
  {
   get { return (int)GetValue(ZaehlerProperty); }
   set { SetValue(ZaehlerProperty, value); }
  }
```

Listing 17.5   Beispiel für die Definition einer eigenen Abhängigkeitseigenschaft mit Namen Zaehler

> **FrameworkElement.DataContext Property**
> See Also Example
> Collapse All ▼ Language Filter: All
>
> Gets or sets the data context for an element when it participates in data binding. This is a dependency property.
>
> **Namespace:** System.Windows
> **Assembly:** PresentationFramework (in presentationframework.dll)
> **XML Namespace:** http://schemas.microsoft.com/winfx/2006/xaml/presentation

Abbildung 17.5 Abhängigkeitseigenschaften sind in der WPF-Dokumentation hervorgehoben

XAML Markup Extensions

Im Rahmen der XAML Markup Extension Syntax (zur Erinnerung: Attributausdrücke in geschweiften Klammern) sind die in der folgenden Tabelle genannten Anweisungen erlaubt.

Anweisung	Bedeutung	Wo definiert?
{x:Null}	Repräsentation für Null/Nothing	XAML
{x:Type}	.NET-Typobjekt (System.Type) der angegebenen .NET-Klasse	XAML
{x:Array}	Definition eines Arrays	XAML
{x:Static}	Bezug auf ein Attribut (Field, Property oder Konstante) oder ein Element eines Aufzählungstyps	XAML
{StaticResource}	Verweis auf eine in XAML hinterlegte Ressource, wobei die Ressource sich nicht ändert	WPF
{DynamicResource}	Verweis auf eine in XAML hinterlegte Ressource, wobei die Ressource sich im Programmablauf ändern könnte	WPF
{Binding}	Datenbindung	WPF

Tabelle 17.4 Ausgewählte XAML-Erweiterungen

HINWEIS   Man kann eigene Erweiterungen definieren, indem man eine Klasse von System.Windows.Markup.MarkupExtension ableitet.

XAML-Editoren für WPF

Die Werkzeugunterstützung für WPF ist derzeit (zum Redaktionsschluss dieses Buchs) noch sehr unbefriedigend. Microsoft bietet einen grafischen WPF-Designer für Visual Studio nur als sehr unvollständige und fehlerbehaftete Alpha-Version an. Etwas weiter fortgeschritten ist Microsoft Expression Blend.

WPF-Designer in Visual Studio

Für Visual Studio 2005 gab es einen WPF-Designer nur in einer rudimentären Vorabversion; in der Praxis war er kaum nutzbar. Visual Studio 2008 enthält nun einen Designer für WPF-Oberflächen, der ansatzweise brauchbar ist. Der neue Designer ist relativ stabil und bietet zahlreiche angenehme Funktionen. Der Entwickler kann im zweigeteilten Fenster wahlweise mit dem visuellen Designer arbeiten oder direkt den Quellcode mit IntelliSense-Unterstützung *xameln*. Nach der Auswahl eines visuellen Elements helfen Hilfslinien bei der Positionierung und Größenangaben bei der Gestaltung. Im Eigenschaftsfenster (siehe rechts unten in der folgenden Bildschirmabbildung) erscheint zu dem ausgewählten Steuerelement eine Vorschau des aktuellen Elements, die sich sofort der Änderung einer Eigenschaft anpasst. Ein Suchfeld hilft bei der Orientierung im Dickicht der zahlreichen Eigenschaften. Außerdem bietet der Designer die für WPF typische stufenlose Zoom-Funktion. Ebenso ist die aus dem Windows Forms- und dem Web Forms-Designer bekannte Funktion "Document Outline" vorhanden, die die hierarchische Struktur der Steuerelemente anzeigt.

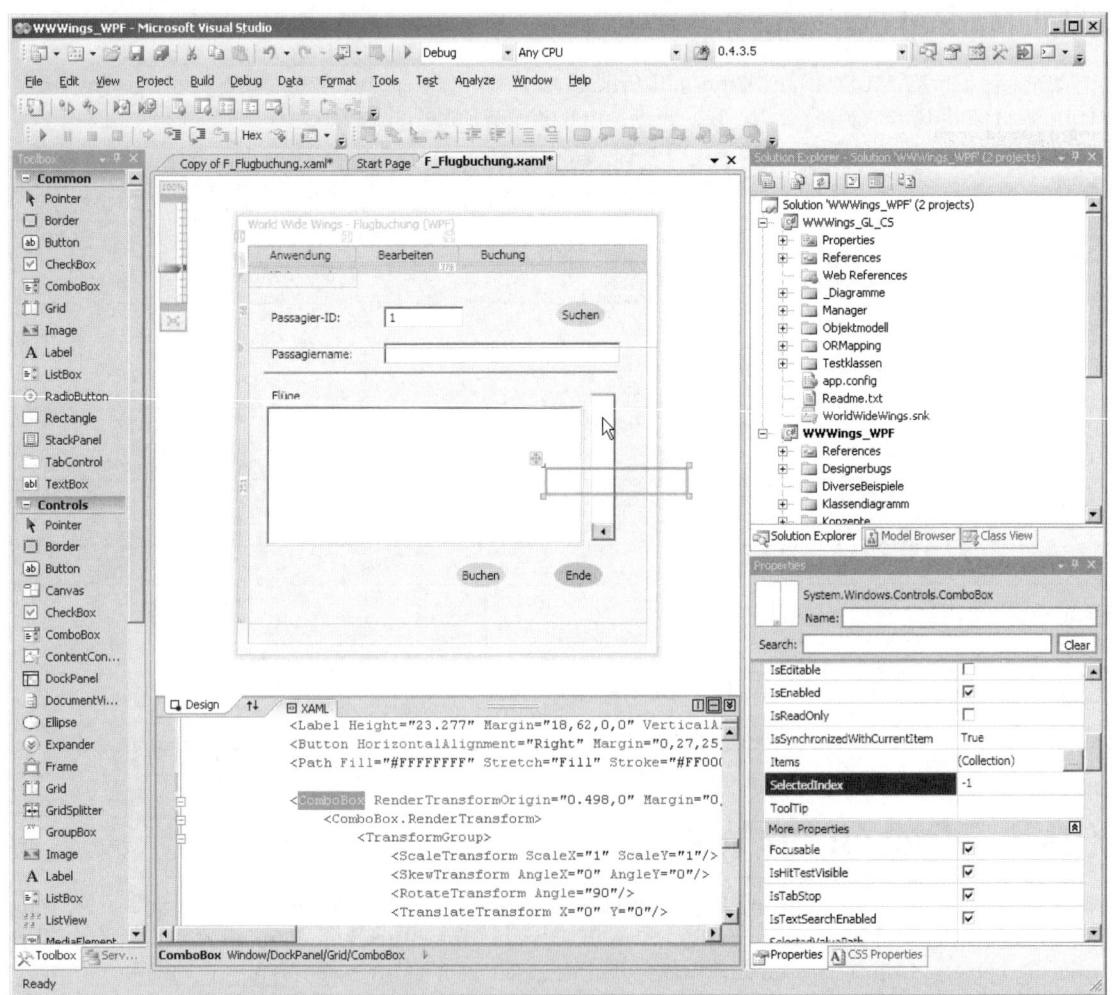

Abbildung 17.6 Der WPF-Designer in Visual Studio 2008 ohne Service Pack 1: Menü und das vertikal gekippte Auswahlfeld werden im Designer falsch dargestellt

Allerdings ist auch der WPF-Designer in Visual Studio 2008 noch weit von der wünschenswerten Funktionalität entfernt. Beim Vergleich von der obigen Bildschirmabbildung zur Entwicklungszeit mit der Anwendung zur Laufzeit (siehe Abschnitt »Funktionen der World Wide Wings-WPF-Anwendung«) sieht man sofort, dass der Designer nicht widerspiegelt, was der Benutzer nachher sieht. Die Menüs sind im Designer völlig falsch dargestellt, der Text *Flüge* wird zu einem Drittel abgeschnitten und das hochgestellte Auswahlfeld an der rechten Seite stellt sich nach der Auswahl im Designer quer. Außerdem fehlt die Unterstützung für Animationen komplett. Weiterhin fehlt die Designerunterstützung für Ereignisbindung.

Man sollte unbedingt das Service Pack 1 von Visual Studio 2008 installieren, wenn man WPF verwendet, da dort der WPF-Designer verbessert wurde (siehe Bildschirmabbildung). Wie man sieht, werden jetzt zumindest die Menüpunkte korrekt dargestellt. Außerdem findet man im *Properties*-Fenster auch das aus Windows Forms bekannten *Blitz*-Symbol für die Ereignisbindung.

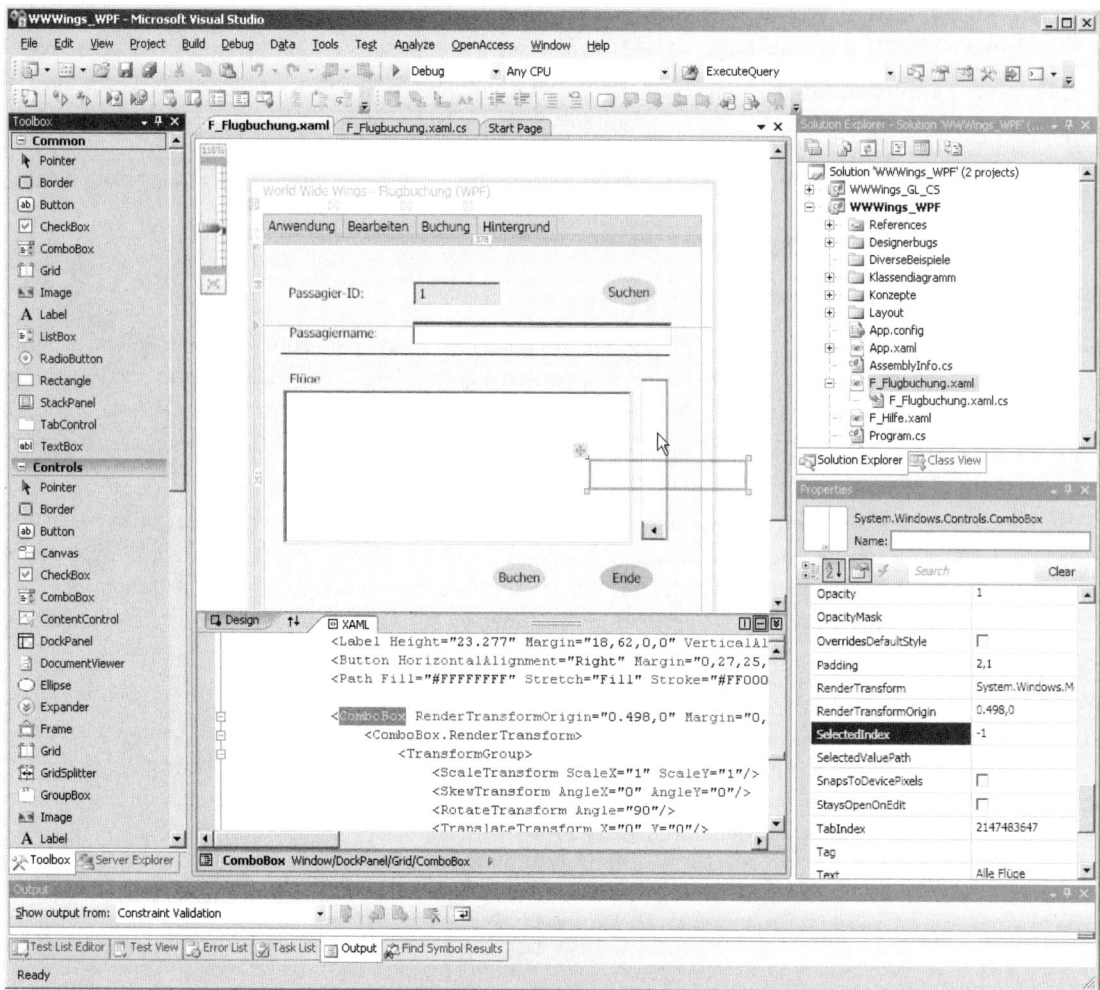

Abbildung 17.7 Der WPF-Designer in Visual Studio 2008 Service Pack 1: Jetzt werden zumindest die Menüs richtig dargestellt

HINWEIS Der WPF-Designer erzeugt die Oberflächen immer durch XAML. Eine Option zur Generierung von Programmcode (wie bei der Windows Workflow Foundation) gibt es nicht, wenngleich es technisch möglich wäre, eine Oberfläche in WPF durch Programmcode zu erzeugen.

Microsoft Expression Blend

Expression Blend ist ein Teil der Microsoft Expression-Produktfamilie. Microsoft Expression ist eine relativ neue Produktfamilie grafischer Werkzeuge, bestehend aus:

- **Microsoft Expression Design** (früher: Graphic Designer, Codename *Acrylic*): für Bitmap- und Vektor-Bearbeitung
- **Microsoft Expression Blend** (früher: Expression Interactive Designer, Codename *Sparkle*): XAML-Designer für WPF-Anwendungen
- **Microsoft Expression Web** (Codename *Quartz*): HTML-Designer mit Unterstützung für CSS, XML, XLST und ASP.NET 2.0 (Nachfolgeprodukt zu Microsoft FrontPage)
- **Microsoft Expression Media**: Werkzeug zur Verwaltung von Grafiken und Videos (Microsoft hat im Juni 2006 das Produkt iView MediaPro gekauft, *http://www.iview-multimedia.com/*)

HINWEIS Weitere Informationen über diese Produktfamilie finden Sie unter *http://www.microsoft.com/products/expression/de/default.mspx*.

Überblick über Expression Blend

Wer aber Animationen und einen noch präziseren Designer will, muss Microsoft Expression Blend separat erwerben. Expression Blend ist im Juli 2007 in der Version 1.0 erschienen. Für Visual Studio 2008 benötigt man aber Expression Blend Version 2.0, die im Mai 2008 erschienen ist (Platzbedarf auf der Festplatte: ca. 60 MB). Die Version 2.0 unterstützt das Visual Studio 2008-Projektformat. Version 2.0 unterstützt auch Silverlight 1. Die kommende Version 2.5 von Expression Blend unterstützt Version 2 von Silverlight.

Nach dem Start von Expression Blend muss man entweder ein bestehendes Projekt öffnen oder ein neues Projekt anlegen. Die angebotenen Dateierweiterungen (*.sln*, *.vbproj*, *.csproj*) zeigen schon, dass Expression Blend das gleiche Projektformat verwendet wie Visual Studio. Ein neu erzeugtes Projekt besteht wie bei Visual Studio selbst aus einer Datei *App.xaml*, einem Fenster (*Windows.xaml*) und einer *AssemblyInfo*-Codedatei.

Wenn man auf eine Quellcodedatei im Projektexplorer von Expression Blend klickt, öffnet sich dadurch Visual Studio (wahlweise in der kostenfreien Express-Edition). Ein WPF-Projekt kann als Ganzes gleichzeitig in Expression Blend und Visual Studio geöffnet sein; beim Wechsel des Fensters bemerkt das jeweils andere Werkzeug die Änderung und bietet an, diese zu laden. Ein Projekt kann aber auch in Expression Blend kompiliert und gestartet werden (siehe Menü *Project*).

XAML-Editoren für WPF

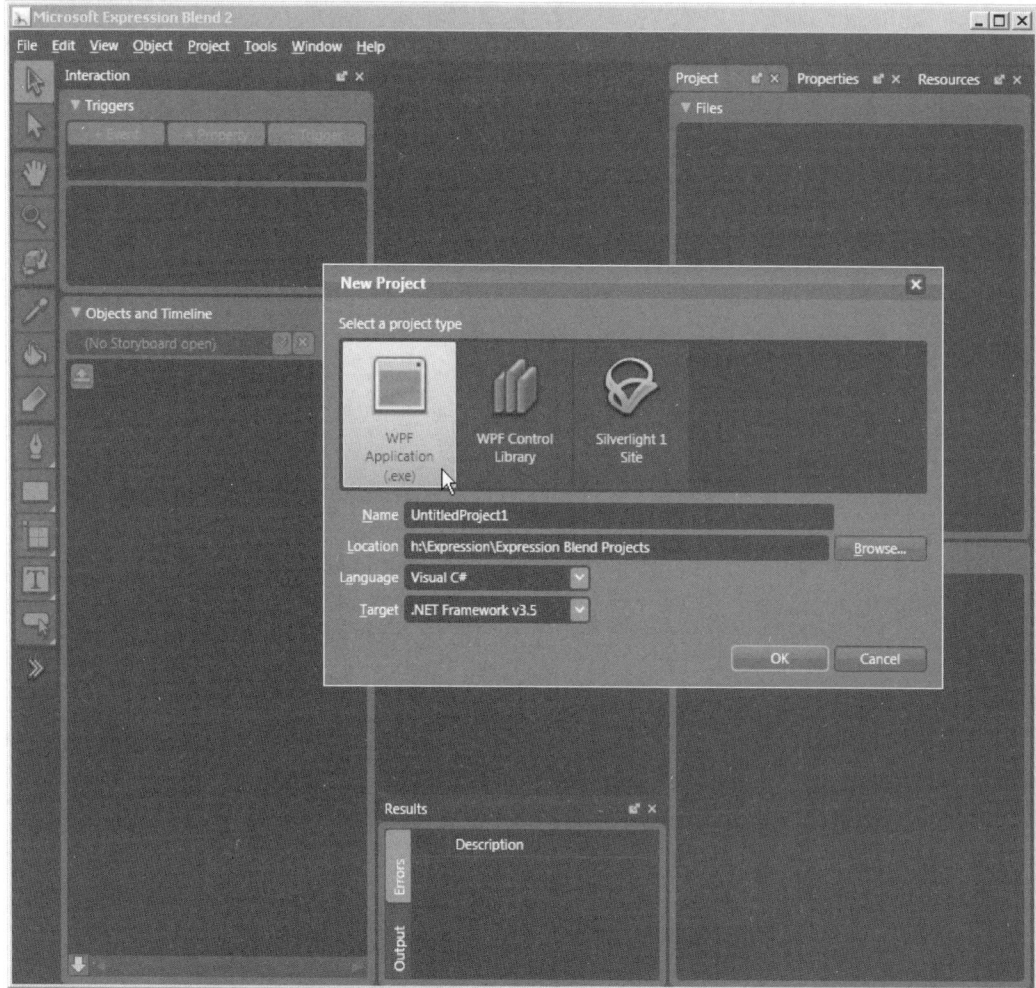

Abbildung 17.8 Start von Expression Blend und Anlegen eines neuen Visual Studio-Projekts

Gewöhnungsbedürftig ist, dass alle Menü-, Symbol- und Werkzeugleisten von Expression Blend in Grautönen dargestellt werden. Nur beim Überfahren mit der Maus erhalten sie ein klein wenig Farbe. Allein die zu gestaltenden Oberflächen und die Dateisymbole im Projektexplorer sind farbig. In den Optionen kann man das Design der Oberfläche nur von Dunkelgrau (Expression Dark) auf Hellgrau (Expression Light) umstellen. Auch die Bedienungselemente in Expression Blend (z.B. Farbauswahl, Fensteranordnung) sind gewöhnungsbedürftig, weil sie von den aus Redmond bisher bekannten Bedienungselementen abweichen.

WPF-Oberflächen gestalten kann man in Expression Blend entweder im Design-Modus mit Werkzeugleiste oder im XAML-Modus durch Eingabe von XML-Tags.

Funktionen von Expression Blend

Zu den herausragenden Funktionen von Expression Blend gehören:

- das stufenlose Zoomen des Designerfensters
- die Hilfe beim Positionieren von Elementen
- die Erstellung von Formatvorlagen
- die zeitstrahlbasierte Erstellung von Animationen (siehe Abbildung).

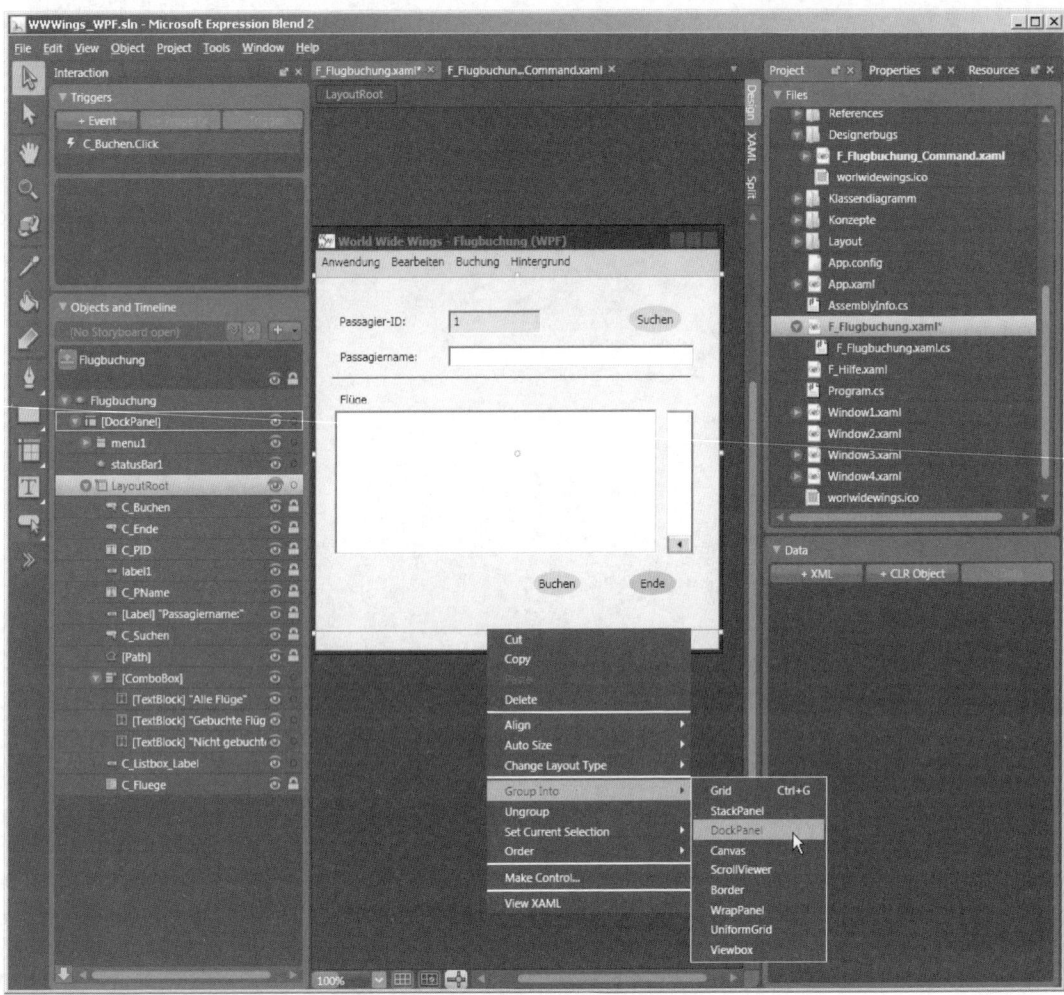

Abbildung 17.9 Projektverwaltung, Kompilierung und Designer in Expression Blend

XAML-Editoren für WPF

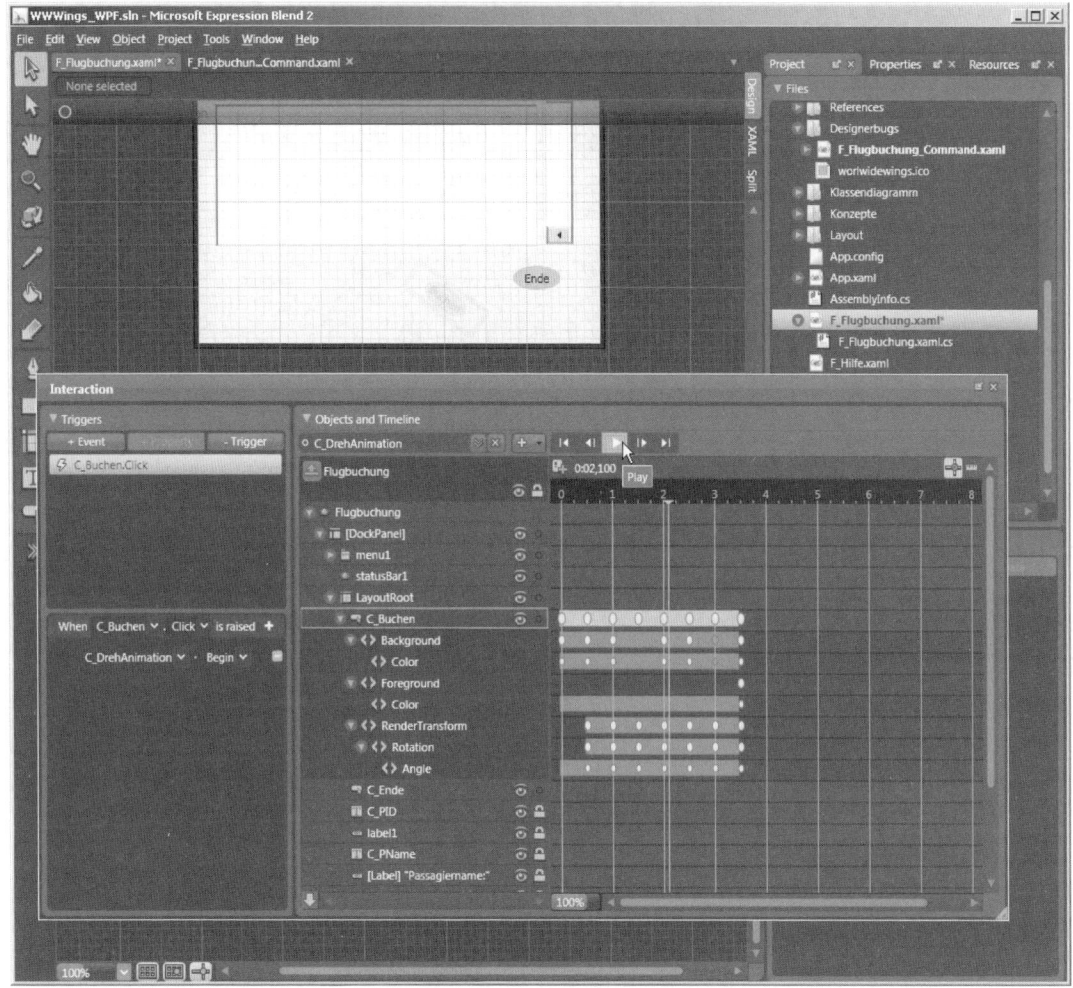

Abbildung 17.10 Deklaration einer Animation für die Hintergrundfarbe, Vordergrundfarbe und den Drehwinkel der Schaltfläche Buchen

XAMLPad

XAMLPad (Teil des Windows SDK) ist nicht mehr als eine kleine Testanwendung, die XAML visuell darstellt. Man kann aber Oberflächen nicht grafisch gestalten und es gibt auch keine Eingabeunterstützung für XAML außer der Tatsache, dass der Eingabebereich rot wird, wenn man ungültiges XAML eingegeben hat.

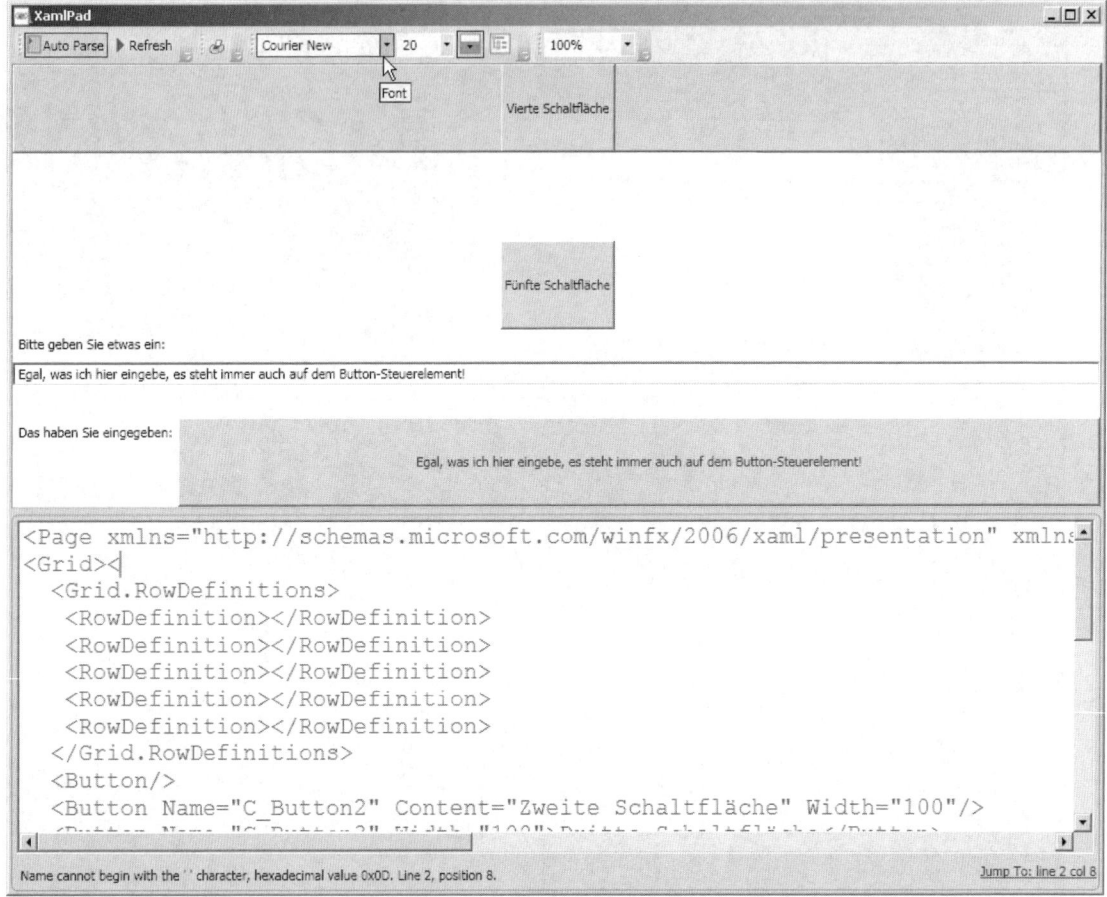

Abbildung 17.11 XAMLPad

Andere Anbieter

Die zunächst sehr schlechte Werkzeugunterstützung der WPF-Entwickler durch Microsoft rief natürlich Drittanbieterwerkzeuge hervor. Aurora und ZAM 3D sind eigene WPF-Editoren. Zudem existieren schon diverse Konverter, um aus bekannten Grafikwerkzeugen (z.B. Adobe Illustrator, Newtek Lightwave und Macromedia Fireworks) das von WPF verwendete XML-Format *XAML* zu exportieren.

> **ACHTUNG** Eine Marktübersicht von WPF-Werkzeugen finden Sie hier:
> *http://www.dotnetframework.de/dotnet/produkte/tools.aspx?kat=WPF-Tool*

Anwendungen und Fenster

Dieses Kapitel beschreibt die Grundstruktur einer WPF-Desktop-Anwendung.

WPF-Anwendungsobjekt

Der Start einer WPF-Anwendung ist grundsätzlich der Vorgehensweise in Windows Forms ähnlich:

- Das Hauptprogramm muss mit [STAThread] annotiert werden.
- Aus dem Hauptprogramm heraus wird eine Fensterklasse instanziiert (entweder die Klasse Window oder eine davon abgeleitete Klasse).
- Das erste Fenster wird mit Application.Run() gestartet.

```
[System.STAThreadAttribute()]
public static void Main()
{
  Application App = new Application();
  Window w = new F_Flugbuchung();
  App.Run(w);
}
```

Listing 17.6 Start einer WPF-Anwendung

WICHTIG Bitte beachten Sie, dass die Vorgehensweise in WPF die gleiche ist wie in Windows Forms, aber die verwendeten Klassen nicht gleich sind. In WPF muss der Namensraum System.Windows statt System.Windows.Forms eingebunden werden.

Wenn Sie weitere Informationen zu der Vorgehensweise benötigen, lesen Sie bitte erst das Kapitel zu Windows Forms (»Windows-Oberflächen mit Windows Forms«).

App.xaml

Wenn Sie ein WPF-Projekt mit der Projektvorlage *Windows Application (WPF)* anlegen, werden Sie eine etwas andere Vorgehensweise sehen. Visual Studio legt eine Datei *app.xaml* an, die die Klasse Application konfiguriert und dabei das Attribut StartupUri mit dem Pfad zu einer XAML-Datei befüllt. Das eigentliche Hauptprogramm sehen Sie nicht, es verbirgt sich als *Designer generated Code* im Verzeichnis */obj*. Ob Sie mit dieser Vorgehensweise einverstanden sind, ist Ihre Entscheidung. Der Autor dieses Buchs mag es aber nicht, wenn er von der Entwicklungsumgebung so stark bevormundet wird, und schreibt den Startcode der Anwendung daher selbst.

Die Datei *app.xaml* ist dabei durchaus sinnvoll, um globale Ressourcen abzulegen. Ein Beispiel dazu werden Sie im Unterkapitel zu den Formatvorlagen finden. Sobald man allerdings die *app.xaml*-Datei im Projekt belässt und dennoch eine eigene Main()-Routine schreibt, beschwert sich diese, dass es derer nun zwei gebe.

TIPP Mit einem Trick können Sie die *app.xaml* nutzen und dann die Kontrolle über den Einstiegspunkt behalten: Setzen Sie in Visual Studio die *Build Action* der *app.xaml* von *ApplicationDefinition* auf *Page*. Im Hauptprogramm instanziieren Sie dann statt Application den Namen der in *app.xaml* definierten Klasse (Standardname ist App). Danach müssen Sie aber noch die Methode InitializeComponent() auf dem instanziierten Objekt aufrufen, weil sonst die Datei nicht verarbeitet wird.

Weitere Möglichkeiten des Anwendungsobjekts

Das Anwendungsobjekt deklariert mehrere Ereignisse Startup(), Activated(), Deactivated(), Exit() usw., für die man Ereignisbehandlungsroutinen hinterlegen kann. Ein Beispiel dazu finden Sie in der World Wide-Wings-Anwendung; in diesem Buch ist leider zum Abdruck zu wenig Platz.

Über System.Windows.Application.Current ist das aktuelle Anwendungsobjekt überall in der Anwendung erreichbar. Über Application.Windows kann man eine Liste der geöffneten Fenster abrufen. Wenn die Anwendung mehrere unabhängige Fenster hat, legen Sie das Verhalten der Anwendung beim Schließen des Hauptfensters fest durch das Attribut ShutdownMode, z. B. App.ShutdownMode = ShutdownMode.OnLastWindowClose. Das Hauptfenster auslesen oder wechseln kann man über MainWindow.

Fenster

Ein WPF-Fenster ist eine Instanz der Klasse Window oder eine Instanz einer davon abgeleiteten Klasse. Ein neues Fenster in einem WPF-Projekt erzeugt man in Visual Studio durch die Elementvorlage *Window (WPF)*.

Die Vorlage generiert die Grundstruktur für ein Fenster mit einem <Window>-Tag und einem <Grid>-Tag. Man kann das Grid-Element durch ein anderes Panel-Element ersetzen (Panel-Elemente werden im Abschnitt »Visuelle Elemente und Steuerelemente« erläutert).

Das folgende Listing zeigt das <Window>-Tag mit mehreren zusätzlichen Attributen:

```
<Window
  xmlns="http://schemas.microsoft.com/winfx/2006/xaml/presentation"
  xmlns:x="http://schemas.microsoft.com/winfx/2006/xaml"
  xml:lang="en-US"
  x:Class="WWWings_WPF.F_Flugbuchung"
  x:Name="Flugbuchung"
  Title="World Wide Wings - Flugbuchung (WPF)"
  Width="400" Height="400"
  Background="Beige"
  Icon="worldwidewings.ico"
  WindowStartupLocation="CenterScreen">
```

Listing 17.7 Eine Fensterdefinition mit mehreren Attributen

Fensterinhalte

Die Klasse Window ist abgeleitet von ContentControl und kann daher jeden beliebigen Inhalt (Steuerelemente und andere visuelle Elemente) besitzen. Diese Elemente werden im nächsten Abschnitt angesprochen.

Eigenschaften und Ereignisse

Die Klasse Window bietet zahlreiche Attribute (z. B. AllowsTransparency, Icon, Left, ResizeMode, ShowInTaskbar, Title, Top, Topmost, WindowStartupLocation, WindowState, WindowStyle) sowie Ereignisse (Closing, GotFocus, KeyDown, MouseEnter, MouseWheel, StylusDown, TextInput, ToolTipOpening usw.).

Fenster anzeigen

Um ein Fenster anzuzeigen, verwendet man wie in Windows Forms die Methoden Show() oder ShowDialog() aus der Klasse Window. Zum Schließen eines Fensters benutzt man Close().

Dialogfenster

Die in WPF mitgelieferten Dialoge (MessageBox, FileDialog, OpenFileDialog und SaveFileDialog) sind den entsprechenden Windows Forms-Dialogen sehr ähnlich. Zugunsten anderer Inhalte wird daher auf eine Besprechung verzichtet. Bitte lesen Sie das Windows Forms-Kapitel (»Windows-Oberflächen mit Windows Forms«). Zu beachten sind nur die anderen Namensräume: System.Windows und Microsoft.Win32 statt System.Windows.Forms.

Eigene Dialogfenster erzeugt man wie bei Windows Forms mithilfe von DialogResult oder selbst definierten Properties.

Visuelle Elemente und Steuerelemente (Controls)

Während in Windows Forms alle visuellen Elemente Steuerelemente sind, ist WPF differenzierter. Visuelle Elemente sind unterteilt in folgende Untergruppen (nur einige genannt):

- Steuerelemente (Elemente mit Benutzerinteraktion), z. B. TextBox und Button
- Gestaltungscontainer (Panel), z. B. StackPanel und Canvas
- Zeichnungsformen (Shape), z. B. Rectangle und Ellipse

Da die Klasse System.Windows.Forms.Control nicht die Basisklasse für alle Steuerelemente ist, ist in WPF die Vererbungshierarchie differenzierter.

- System.Windows.UIElement ist die Basisklasse für alle visuellen Elemente.
- System.Windows.FrameworkElement ist von UIElement abgeleitet und dient der Schichtentrennung innerhalb von WPF.
- System.Windows.Controls.Control ist nur die Basisklasse für Elemente, die eine Benutzerinteraktion beinhalten.
- System.Windows.Controls.ContentControl ist die Basisklasse für alle Steuerelemente, die als Inhalt weitere visuelle Elemente enthalten können (z. B. Label, Button). Die hiervon abgeleiteten Klassen unterstützen die XAML Content Syntax durch die Annotation [ContentPropertyAttribute("Content")].
- System.Windows.Controls.ItemsControl ist definiert für Steuerelemente, die eine geordnete Menge von Elementen enthalten können (z. B. TreeView, Menu, StatusBar, ListBox, TabControl und ComboBox).
- System.Windows.Controls.Primitives.TextBoxBase ist die Oberklasse für Steuerelemente zur Texteingabe (TextBox und RichTextBox).

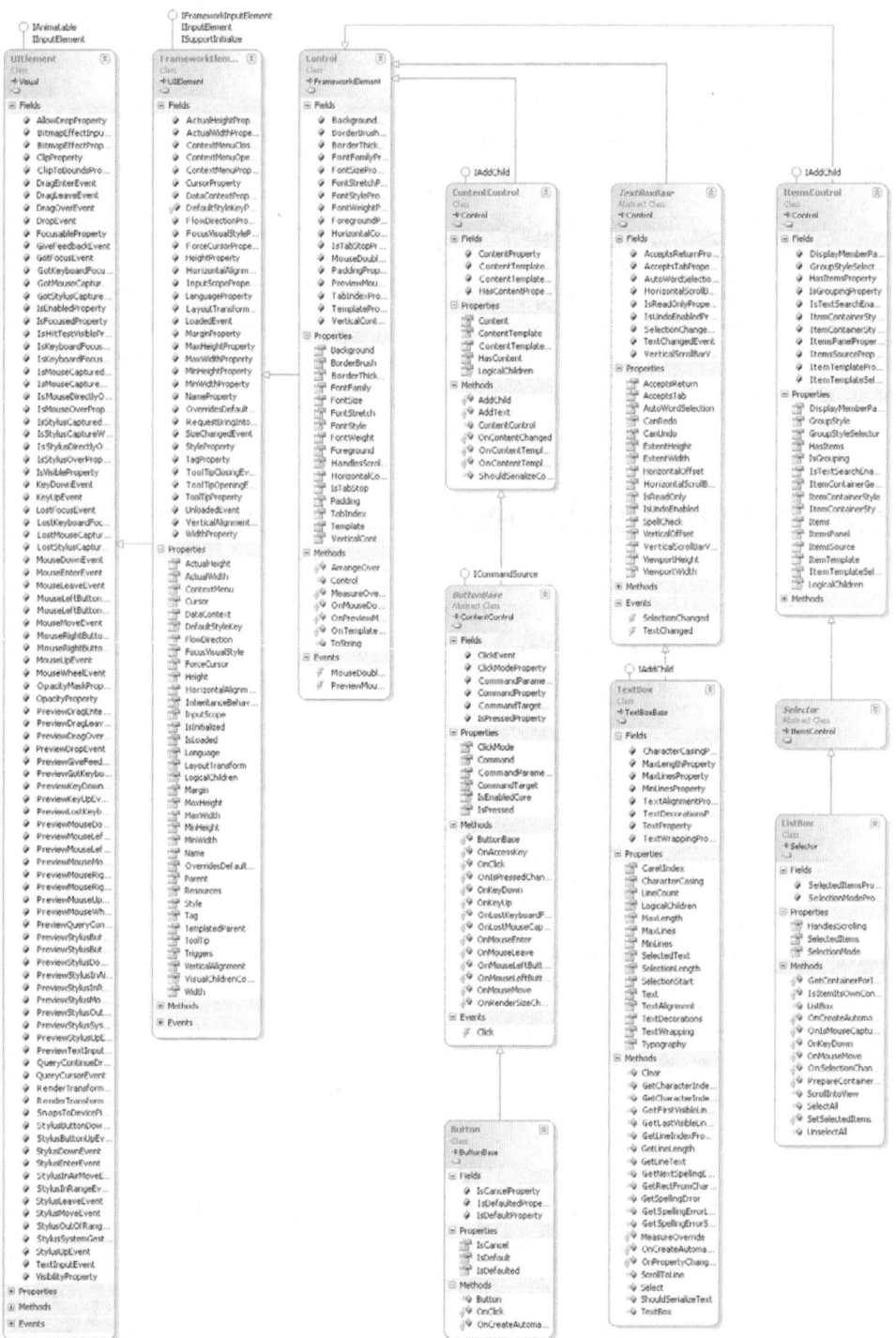

Abbildung 17.12 Dieses Klassendiagramm zeigt nur einen winzigen Teil der ganzen WPF-Vererbungshierarchie für Steuerelemente und ist dennoch kaum noch lesbar

Visuelle Elemente und Steuerelemente (Controls)

> **HINWEIS** Auf den ersten Blick scheint die Unterteilung der visuellen Elemente sehr logisch. Allerdings findet man bei näherem Hinsehen wieder Inkonsistenzen: Beispielsweise entdeckt man beim Betrachten der von FrameworkElement erbenden Klassen, dass Image genauso wie Control von FrameworkElement erbt. Nun wird man daraus folgern, dass die Klasse Image nicht als Steuerelement gilt. Doch die im nachstehenden Ausschnitt abgedruckte Dokumentation sagt genau das Gegenteil. Schade. Es ist unbegreiflich, warum Microsoft keine sprachlich und logisch eindeutige Dokumentation liefern kann.

System.Windows.Controls.Control	Represents the base class for all user-interactive elements
System.Windows.Controls.Decorator	Provides a base class for elements that apply effects onto or around a single child element, such as Border or Viewbox.
System.Windows.Controls.Image	Represents a control that displays an image.

Abbildung 17.13 Ausschnitt aus der Liste der Klassen, die von FrameworkElement erben

Allgemeine Eigenschaften von visuellen Elementen

Die Klasse FrameworkElement vererbt folgende Mitglieder an alle visuellen Elementklassen:

- Eindeutiger Name im Attribut Name
- Größenangaben (Height, Width, MinHeight, MaxHeight etc.)
- Verweis auf das übergeordnete Objekt (Parent)
- Einstellungen der Sichtbarkeit (IsVisible) und der Nutzbarkeit (IsEnabled)
- Formatvorlage (Style)
- Ereignisse KeyDown(), LostFocus(), Drop(), ContextMenuOpening(), MouseEnter(), StylusDown(), IsVisibleChanged(), SizeChanged() u.v.m.

Liste der verfügbaren Steuerelemente

Auf eine Auflistung oder gar Beschreibung der verfügbaren WPF-Steuerelemente wird aus Platzgründen verzichtet. Jeder Entwickler kann sich selbst einen guten Eindruck von den Steuerelementen verschaffen, indem er die Werkzeugleiste der verfügbaren WPF-Designer bzw. die Dokumentation (Namensraum System.Windows.Controls) betrachtet.

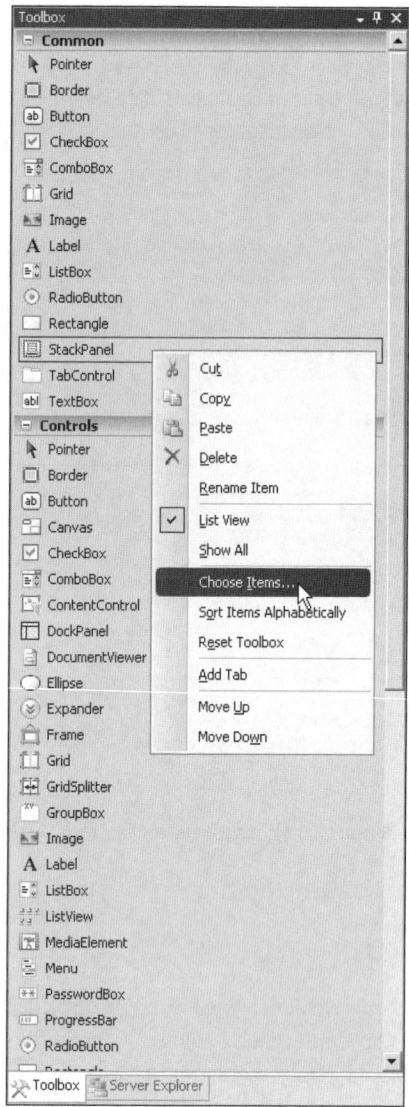

Abbildung 17.14 Ausschnitt aus der Werkzeugleiste des WPF-Designers in Visual Studio 2008

ACHTUNG   In WPF gibt es auch in Version 3.5 Service Pack 1 von Hause aus für einige typische Steuerelemente (z. B. Datengitter, Datum-/Uhrzeit-Auswahl) noch gar keine Steuerelemente. Microsoft hat hier zwar Besserung angekündigt. Zum Redaktionsschluss dieses Buchs muss man dafür aber noch auf Drittanbieter zurückgreifen z. B. die Firma Xceed, siehe Liste unter [DOTNET02].

Panel-Elemente

Die optische Anordnung der Steuerelemente auf Oberflächen erfolgt in WPF durch sogenannte Panel-Elemente. Es gibt verschiedene Typen von Panel-Elementen, die abgeleitet sind von System.Windows.Controls.Panel.

Visuelle Elemente und Steuerelemente (Controls)

Panel-Steuerelement	Bedeutung
Canvas	Positionierung mit relativen Koordinaten. Das Panel-Element legt keine Gestaltung fest; die enthaltenen Elemente müssen selbst die Position bestimmen (vgl. absolute Positionierung in CSS).
Grid	Gitternetz-Layout (Tabelle mit Zeilen und Spalten). Die Steuerelemente bestimmen die Position im Gitter durch die Attribute Row und Column. In einer Gitterzelle ist die absolute Positionierung möglich, sodass im Fall der Reduktion auf eine Zelle (Standardeinstellung) das Grid dem Canvas sehr ähnlich ist.
UniformGrid	Gitternetz-Layout mit gleich großen Zellen
WrapPanel	Aneinanderreihung von links nach rechts bzw. unten nach oben mit automatischem Umbruch (vgl. HTML-Standardlayout)
DockPanel	Horizontale oder vertikale Aneinanderreihung mit automatischem Umbruch nach jedem Element
StackPanel	Horizontale oder vertikale Aneinanderreihung
VirtualizingStackPanel	Ein Stackpanel, bei dem nur die wirklich sichtbaren Elemente auch verarbeitet werden (nur relevant bei Datenbindung)
TabPanel	Registerkarten in einem TabControl-Steuerelement

Tabelle 17.5 Panel-Elemente in WPF

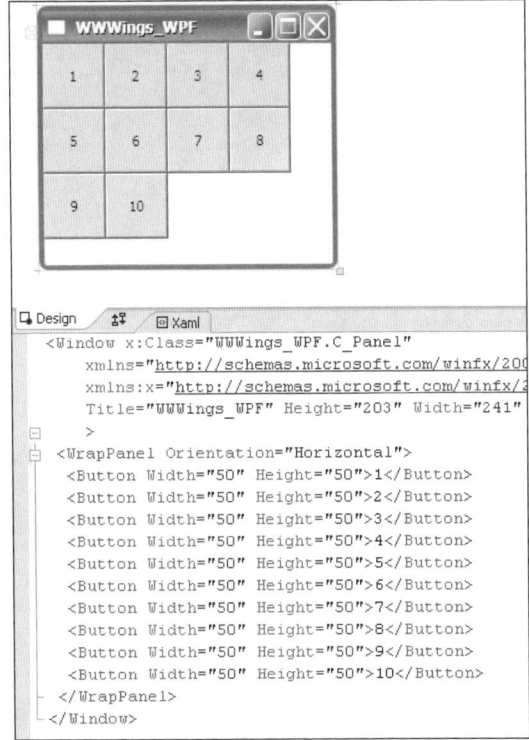

Abbildung 17.15 Automatischer Umbruch beim WrapPanel

Kapitel 17: Windows Presentation Foundation (WPF)

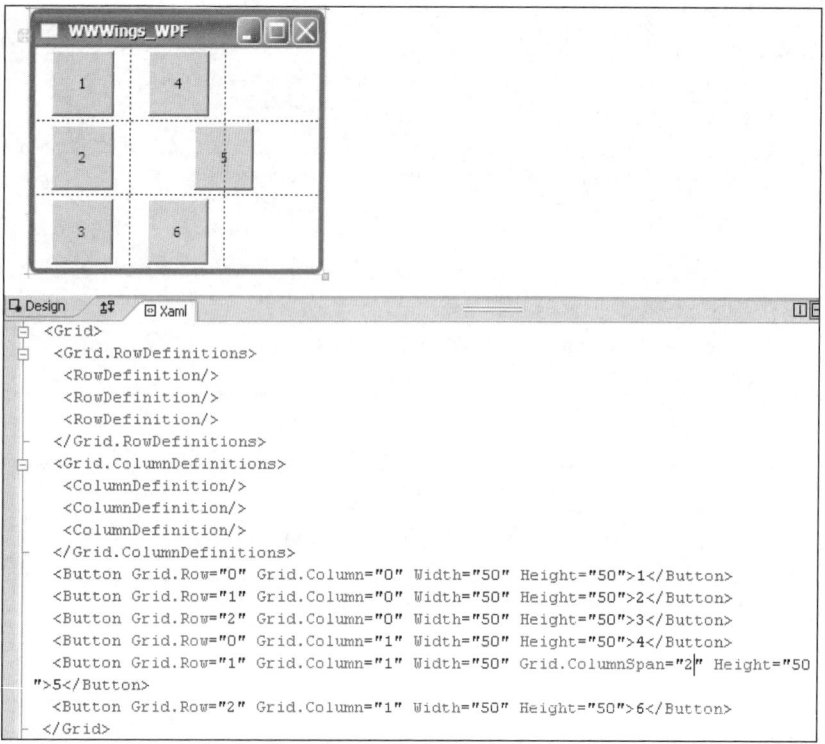

Abbildung 17.16 Die Unterelemente bestimmen ihre Position im Gitter beim Grid

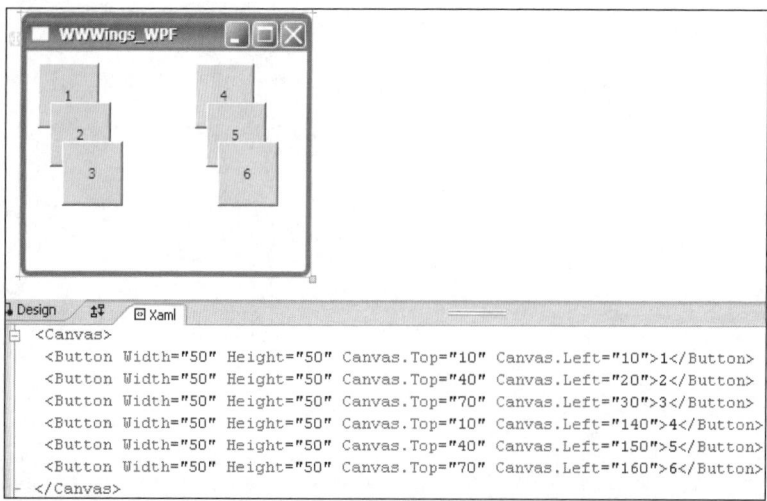

Abbildung 17.17 Ohne eine Positionsangabe würden beim Canvas alle Schaltflächen an Position 0,0 übereinander liegen.

HINWEIS Einige Gestaltungslösungen sind nur erreichbar, indem mehrere Panels miteinander kombiniert werden.

Visuelle Elemente und Steuerelemente (Controls)

Steuerelementhierarchie

In Windows Forms ist die Steuerelementhierarchie durch die Controls-Ojektmenge fest definiert. In WPF können viel mehr visuelle Elemente andere visuelle Elemente beinhalten als dies in Windows Forms möglich ist. So bietet zum Beispiel ein Button-Steuerelement genauso wie ein Label-Steuerelement ein Content-Attribut, das beliebige andere WPF-Steuerelemente aufnehmen kann. Ein ListBox-Steuerelement kann in seiner Items-Objektmenge nicht nur Texte, sondern ebenfalls andere visuelle Elemente (einschließlich Panel-Elemente, vgl. Unterkapitel zur Datenbindung) aufnehmen.

HINWEIS Der Vorteil des WPF-Inhaltsmodells besteht darin, dass der Entwickler Steuerelemente einfacher miteinander kombinieren kann, ohne dafür ein eigenes Steuerelement entwickeln zu müssen.

Beispiel

Das folgende Beispiel zeigt im Visual Studio-WPF-Designer einschließlich Quellcodeansicht ein Button-Steuerelement, das ein Stackpanel-Element mit mehreren anderen Steuerelementen (Label, TextBox, CheckBox) enthält. Die beiden CheckBox-Steuerelemente enthalten selbst wieder einen Kreis (Ellipse) und ein Rechteck (Rectangle). Das Button-Steuerelement ist Teil eines Grid-Elements.

Das Rechteck befindet sich auf Ebene fünf des Elementbaums: Grid, Button, StackPanel, CheckBox, Rectangle.

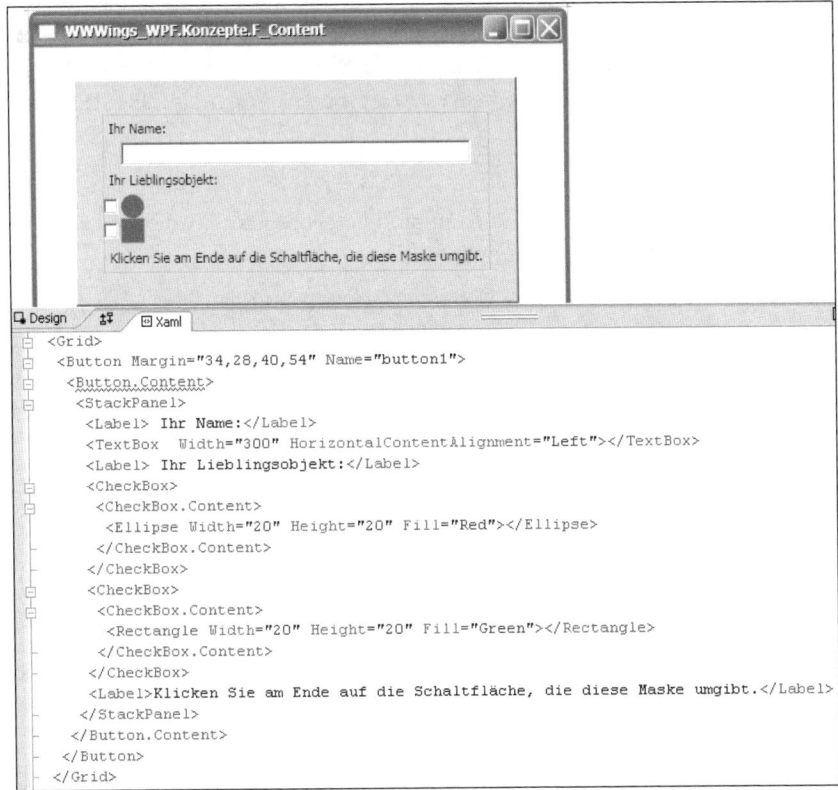

Abbildung 17.18 Inhaltsmodell in WPF

> **HINWEIS** WPF unterscheidet zwei Bäume: den logischen Elementbaum (der sich aus den Inhaltsbeziehungen der Elemente ergibt) und den visuellen Baum. Letzterer ist ein Programmierkonstrukt für Fortgeschrittene, die über die Möglichkeiten der WPF-Elemente hinaus einen sehr exakten Einfluss auf die Darstellung nehmen wollen. Hier in diesem Konzept- und Architekturbuch wird diese untere Ebene von WPF nicht besprochen.

> **TIPP** Zum Durchlaufen des logischen Elementbaums verwendet man entweder direkt die Attribute der Steuerelemente oder aber die Klasse `LogicalTreeHelper` mit den Methoden `GetChildren()`, `GetParent()` und `FindLogicalNode()`.

Ereignissystem

.NET unterstützt bereits seit Version 1.0 ein Ereignissystem, bei dem eine jede .NET-Klasse eine beliebige Menge von verschiedenen Ereignissen aussenden kann, wofür jeweils eine beliebige Menge von Ereigniskonsumenten Ereignisbehandlungsroutinen definieren kann (Multicast Delegates). Der Ereigniskonsument benötigt dafür einen Zeiger auf das Objekt, welches das Ereignis aussendet.

Weitergeleitete Ereignisse (Routed Events)

In WPF wird dieses Konzept erweitert, sodass auch Objekte, die andere Objekte enthalten, die Ereignisse der untergeordneten Objekte behandeln können. Microsoft nennt dieses Konzept *weitergeleitete Ereignisse* (*Routed Events*). Durch Routed Events wird es einfacher, in einer Oberfläche mit vielen visuellen Elementen Ereignisse abzufangen, weil dies auf einmal auf übergeordneter Ebene statt in jedem einzelnen Element erfolgen kann.

Es gibt zwei Arten von Routed Events in WPF:

- hochgereichte Ereignisse, die erst im Unterelement und dann auf übergeordneter Ebene (in den Containern) gefeuert werden (Microsoft nennt diese *Bubbling Events*)
- heruntergereichte Ereignisse, die erst in dem obersten Container gefeuert und dann heruntergereicht werden (Microsoft nennt diese *Tunneling Events*)

Viele Ereignisse gibt es in beiden Formen, z. B. `MouseLeftButtonDown()` und `PreviewMouseLeftButtonDown()` sowie `Drop()` und `PreviewDrop()`. Dabei ist das Ereignis, dessen Name mit *Preview* beginnt, immer das heruntergereichte Ereignis.

> **HINWEIS** Nicht alle Ereignisse müssen weitergeleitet werden. Ereignisse, die nicht weitergeleitet werden, heißen Direkte Ereignisse (*Direct Events*).

Beispiel

In den Beispielen finden Sie *F_Events.xaml*. Hier wird auf einfache, aber eindrucksvolle Art gezeigt, wie die Ereignisweiterleitung arbeitet. Das Fenster besteht aus drei Ebenen: `Window`, `Grid`, `Rectangle`. Auf jeder Ebene sind die Ereignisse `MouseLeftButtonDown()` und `PreviewMouseLeftButtonDown()` beide mit einer einfachen Ausgaberoutine hinterlegt. Die Ausgabe zeigt die Reihenfolge der Ereignisauslösung auf allen drei Ebenen.

```
void Maus(object sender, RoutedEventArgs e)
{
C_Ausgabe.Text += "Rechteck-Ereignis " + e.RoutedEvent.Name + " von " + e.Source.ToString() + " " +
(sender as FrameworkElement).Name + "\n";
}
```

Listing 17.8 Eine Ereignisbehandlungsroutine aus F_Events.xaml

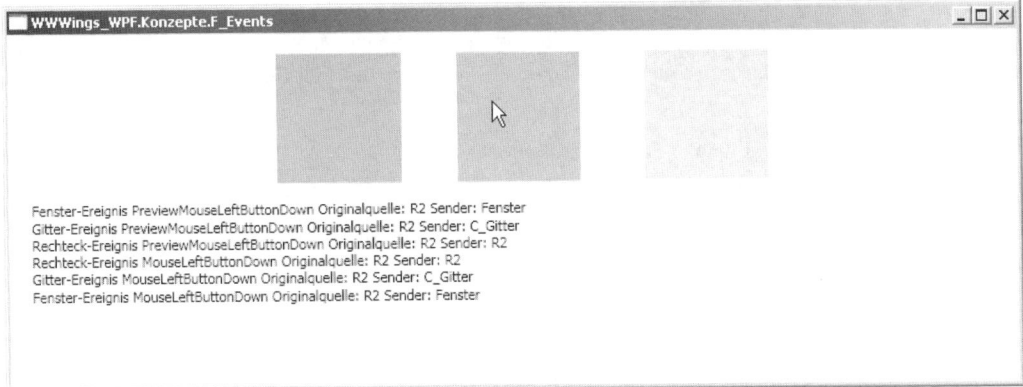

Abbildung 17.19 Ein Beispiel für weitergeleitete Ereignisse [F_Events.xaml]

> **TIPP** Wichtiger Tipp: Das System der weitergeleiteten Ereignisse kann sehr hilfreich sein, aber auch störend, wenn man auf den verschiedenen Ebenen unterschiedliche Dinge tun möchte, die sich nicht ergänzen sollen. Dann kann man das Weiterleiten des Ereignisses nach oben bzw. nach unten verhindern, indem man in der Ereignisbehandlung e.Handled = true setzt.

Trigger

Trigger ermöglichen die deklarative Reaktion auf Ereignisse. Es gibt drei Arten von Triggern:

- Eigenschaften-Trigger (Property Trigger): Abfrage, ob ein bestimmter Wert in einem WPF-Element erreicht ist
- Datenquellen-Trigger (Data Trigger): Abfrage, ob es in der Datenquelle einen bestimmten Wert gibt
- Ereignis-Trigger (Event Trigger): Reaktion auf ein Ereignis in einem WPF-Element

Beispiele dazu werden Sie in den Unterkapiteln zu Datenbindung, Formatvorlagen und Animationen sehen.

Befehlssystem

Menüleisten, Symbolleisten, Schaltflächen und andere anklickbare Elemente dienen dazu, Aktionen aufzurufen. In Windows Forms und ASP.NET definiert man die auszuführenden Aktionen, indem man das Click()-Ereignis der Steuerelemente behandelt. WPF bietet auch diese Möglichkeit:

```
<MenuItem Header="Beenden (Klick)" Click="C_Ende_Click"></MenuItem>
```

Mit den WPF-Befehlsbindungen geht WPF jedoch um eine Abstraktionsebene darüber hinaus, indem das Steuerelement und die Aktion entkoppelt werden. Dadurch wird es leichter, für eine Aktion mehrere verschiedene Auslöser zu definieren bzw. die Zuordnung zu ändern oder von Bedingungen abhängig zu machen.

WPF-Befehlsbindungen (Command Binding)

WPF-Befehlsbindungen bestehen aus folgenden Bausteinen:

- Befehlsauslöser sind alle Steuerelemente, die die Schnittstelle ICommandSource mit den Attributen Command, CommandParameter und CommandTarget realisieren. Dazu gehören zum Beispiel die Klassen Button, MenuItem, Hyperlink und ListBoxItem.
- Befehle können auch durch Maus und Tastatur ausgelöst werden. Diese Auslöser werden durch Instanzen von KeyGesture bzw. MouseGesture dargestellt.
- Befehle sind Instanzen der Klasse System.Windows.Input.RoutedCommand. Man kann vordefinierte Befehle verwenden oder selbst einen Befehl definieren.
- Eine Befehlsbindung definiert die Zuordnung zwischen einem Befehl und der auszuführenden Aktion in Form von Programmcode. Dies sind Instanzen von System.Windows.Input.CommandBinding, wobei es auch hier vordefinierte Bindungen (z.B. für Ausschneiden, Kopieren, Einfügen) gibt. Das Ereignis CanExecute() wird in der Klasse CommandBinding ausgelöst, wenn WPF wissen muss, ob der Befehl aktiviert oder ausgegraut dargestellt werden soll. Execute() wird ausgelöst, wenn der Benutzer den Befehl aktiviert.

> **HINWEIS** Die benötigten Klassen liegen im Namensraum System.Windows.Input.

Beispiel

Das folgende Beispiel demonstriert die Befehlsbindung für den selbst definierten Beenden-Befehl. Das erste Listing zeigt den Ausschnitt aus der Hintergrundcodeklasse, in der der Befehl, der Tastatur-Auslöser Strg B und die Befehlsbindung festgelegt werden. Der Befehl muss als öffentliches Mitglied deklariert werden.

> **HINWEIS** Die Befehlsbindung könnte alternativ auch in XAML ausgedrückt werden durch das Element <CommandBindings>.

```
public partial class F_Flugbuchung
{
  public static RoutedCommand BeendenBefehl = new RoutedCommand();
  public F_Flugbuchung()
  {
    this.InitializeComponent();
    // Tastaturkürzel definieren
    KeyGesture Taste = new KeyGesture(Key.B,ModifierKeys.Control);
    // Befehl definieren
    BeendenBefehl.InputGestures.Add(Taste);
    // Bindung definieren
    CommandBinding cb = new System.Windows.Input.CommandBinding(BeendenBefehl);
    this.CommandBindings.Add(cb);
```

```
    cb.Executed += new System.Windows.Input.ExecutedRoutedEventHandler(cb_Executed);
    cb.CanExecute += new System.Windows.Input.CanExecuteRoutedEventHandler(cb_CanExecute);
  }
  void cb_CanExecute(object sender, System.Windows.Input.CanExecuteRoutedEventArgs e)
  {   e.CanExecute = true;   }
  void cb_Executed(object sender, System.Windows.Input.ExecutedRoutedEventArgs e)
  {   this.Close();          }
  ...
}
```

Listing 17.9 Hintergrundcode für das Beispiel zur Befehlsbindung

In der XAML-Datei sind folgende Schritte notwendig, um den Befehl einem Menüpunkt und einer Schaltfläche zuzuordnen:

- Einbindung des CLR-Namensraums im Wurzelelement der XAML-Datei mit Definition eines Kürzels (Dies gilt sowohl für Namensräume in der lokalen Assembly als auch bei referenzierten Assemblies. Bei Letzteren muss man nach Assembly= noch den Namen der Assembly angeben.)

```
<Window
    xmlns="http://schemas.microsoft.com/winfx/2006/xaml/presentation"
    xmlns:x="http://schemas.microsoft.com/winfx/2006/xaml"
    xmlns:w="clr-namespace:WWWings_WPF"
    ...
```

- Zuordnung des Befehls unter Verweis auf die deklarierte Instanz von RoutedEvents. Dabei ist zur Adressierung das Namensraumkürzel zu verwenden. (Der Namensraum darf leider nicht direkt angesprochen werden.)

```
<MenuItem Header="Beenden (Command Binding)" Command="{x:Static w:F_Flugbuchung.BeendenBefehl}">
<Button Height="23" HorizontalAlignment="Right" Margin="0,0,51,31" Name="C_Ende"
VerticalAlignment="Bottom" Width="75" Content="Ende" Command="
{x:Static w:F_Flugbuchung.BeendenBefehl}"
/>
```

ACHTUNG   Ärgerlicherweise gibt es hier wieder einen schweren Fehler in der aktuellen Version des WPF-Designers für Visual Studio: Er kommt mit den eingebundenen Namensräumen nicht zurecht, sodass die Designer-Oberfläche nur wieder das lästige *Whoops!* zeigt. In den Beispielprojekten werden Sie daher eine separate Datei für das obige Beispiel im Verzeichnis */Designerbugs* finden, während in dem Hauptentwicklungszweig die klassischen Click()-Ereignisbehandlungen verwendet werden. Microsoft Expression Blend kommt aber schon mit Namensraumeinbindungen klar.

Vordefinierte Befehle

Die Definition von eigenen Befehlen ist relativ aufwendig. Microsoft hat daher in WPF bereits zahlreiche Befehle vordefiniert. Fast einhundert Befehle sind in den Klassen ApplicationCommands, ComponentCommands, NavigationCommands, MediaCommands und EditingCommands hinterlegt. Beispiele nennt die folgende Tabelle.

Befehlsgruppe	Beispiele für dort hinterlegte Befehle
ApplicationCommands	Close, Cut, Delete, Find, Help, Past, Print
ComponentCommands	ScrollPageLeft, MoveToHome, MoveLeft
NavigationCommands	BrowseHome, BrowseBack, Refresh
MediaCommands	Play, Pause, Record, FastForward
EditingCommands	TabForward, MoveToLineEnd, AlignLeft

Tabelle 17.6 Beispiele für vordefinierte Befehle

Nicht alle Befehle haben ein vordefiniertes Verhalten, aber einige schon. Zu den vorbelegten Befehlen gehören insbesondere Cut, Copy, Paste und Undo. Diese beinhalten auch die Zuordnung zu Tastaturkürzeln, die automatisch angezeigt werden, wenn die Befehle einem Menüpunkt zugeordnet werden.

Beispiele

Das folgende Beispiel zeigt die Realisierung des Menüs *Bearbeiten* in der World Wide Wings-Anwendung.

```xml
<Menu Height="25" DockPanel.Dock="Top"  Name="menu1" VerticalAlignment="Top" >
...
    <MenuItem Header="Bearbeiten">
        <MenuItem Header="Rückgängig" Command="Undo"></MenuItem>
        <Separator></Separator>
        <MenuItem Header="Ausschneiden" Command="Cut"></MenuItem>
        <MenuItem Header="Kopieren" Command="Copy"></MenuItem>
        <MenuItem Header="Einfügen" Command="Paste"></MenuItem>
        <MenuItem Header="Löschen" Command="Delete"></MenuItem>
    </MenuItem>
...
</Menu>
```

Listing 17.10 Beispiel für die Definition des Standardmenüs Bearbeiten

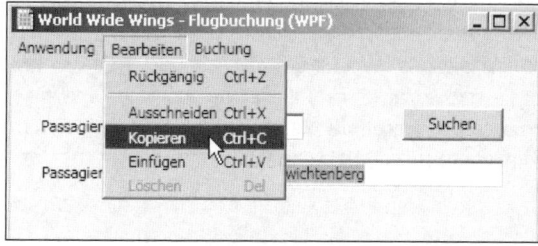

Abbildung 17.20 Darstellung des Bearbeiten-Menüs

Datenbindung

Eine einfache Form der Datenbindung (das Aneinanderbinden von zwei Steuerelementeigenschaften) wurde schon im Abschnitt über das XAML-Konzept (»XAML«) gezeigt. In diesem Abschnitt soll es darum gehen, Geschäftsdaten aus der Geschäftslogikschicht an die Benutzeroberfläche anzubinden. Die Aussagen lassen sich auch auf die direkte Bindung an ADO.NET-Objekte übertragen, wenn Sie nicht mehrschichtig bzw. nicht mit domänenspezifischen Objekten entwickeln wollen.

Datenbindungsziele

In ASP.NET und Windows Forms unterscheidet man zwischen Datensteuerelementen und sonstigen Steuerelementen, die keine Datenbindung unterstützen. In WPF sind alle visuellen Elemente datenbindungsfähig und in diesen Elementen sind alle Attribute datenbindungsfähig, die als Abhängigkeitseigenschaften (Dependency Properties) definiert sind. Elemente, die von FrameworkElement abgeleitet sind, unterstützen zusätzlich noch das Attribut DataContext, dem man beliebige .NET-Objekte mit dem Ziel der Datenbindung übergeben kann.

Datenquellen

Als Datenquellen können in .NET verwendet werden:

- beliebige Attribute von WPF-Elementen
- in XAML-Dokumente eingebettete Ressourcen
- beliebige .NET-(Geschäfts-)Objekte
- ADO.NET-Objekte
- XML-Elemente
- Ableitungen von System.Windows.Data.DataSourceProvider. Derzeit gibt es System.Windows.Data.ObjectDataProvider und System.Windows.Data.XmlDataProvider.

Datenbindungsrichtung

WPF unterstützt ein- und zweiseitige Datenbindung:

- OneWay: Bei der einseitigen Datenbindung von Quelle zu Ziel übergibt ein beliebiges .NET-Objekt einem WPF-Element Daten. Das WPF-Element aktualisiert aber nicht das .NET-Objekt.
- OneWayToSource: Bei der einseitigen Datenbindung von Ziel zu Quelle speichert das WPF-Element Informationen in einem .NET-Objekt, ohne dass es vorher Daten von dort geholt hätte.
- TwoWay: Bei der zweiseitigen Datenbindung holt das WPF-Element Daten von der Quelle und schreibt Änderungen dorthin zurück. Dies ist der klassische Fall eines Texteingabefelds.

> **HINWEIS** Wenn im Rahmen einer Datenbindung das Ziel automatisch aktualisierte Werte von der Datenquelle erhalten soll, muss die Datenquelle entweder Abhängigkeitseigenschaften bereitstellen oder aber die Schnittstellen System.ComponentModel.INotifyPropertyChanged bzw. System.Collections.Specialized.INotifyCollectionChanged implementieren. Geschäftsobjekte werden in der Regel den letzteren Weg gehen, da die Basisklasse DependencyProperty für WPF-Abhängigkeitseigenschaften im WPF-Namensraum System.Windows definiert ist und der Entwickler sonst eine falsche Schichtenbeziehung schaffen würde.

Beispiel

Als Datenquelle kommt im Folgenden eine Objektmenge vom Typ de.WWWings.PassagierSystem.BuchungsMenge zum Einsatz, die einzelne Objekte vom Typ Buchung enthält. Da auf dem Bildschirm nur die Daten eines Passagiers angezeigt werden sollen, wird die selbst entwickelte Methode de.WWWings.Buchung_BLManager.HoleBuchungenFuerPassagier(PID) zum Beschaffen der Menge verwendet. Wie diese Methode arbeitet, sei hier nicht von Belang. Das Buch bietet für diese 150 Zeilen Code leider keinen Platz. In den begleitenden Projektdateien können Sie die Arbeitsweise der Methode jedoch genau betrachten.

Die folgende Bildschirmabbildung zeigt bereits das gewünschte Ergebnis.

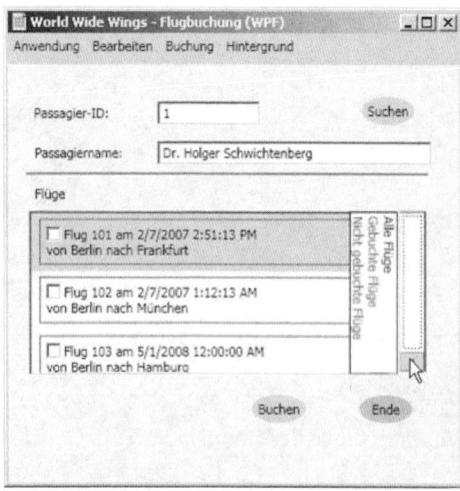

Abbildung 17.21 Datenbindung mit einem ListBox-Steuerelement

Zunächst sind zwei Grundschritte notwendig:

1. Dem ListBox-Steuerelement ist mitzuteilen, dass es die Elemente aus einem Datenbindungsvorgang beziehen soll und wie die Datenbindungsrichtung sein soll. OneWay reicht hier aus.

```
ItemsSource="{Binding Mode=OneWay}"
```

2. Dem DataContext-Attribut sind die Daten zu übergeben:

```
de.WWWings.PassagierSystem.BuchungsMenge bb =
de.WWWings.Buchung_BLManager.HoleBuchungenFuerPassagier(PID);
this.C_Fluege.DataContext = bb;
```

Danach wird man beim Start der Anwendung feststellen, dass das Steuerelement zwar so viele Einträge anzeigt, wie es Datensätze gibt, aber dass nur der Name der Klasse angezeigt wird, weil das Steuerelement nicht weiß, welche Daten es anzeigen soll. Daher ist notwendig, in einer Datenbindungsvorlage zu definieren, welche Informationen wie ausgegeben werden sollen.

```
<DataTemplate>
     <Border Name="C_Border" BorderBrush="Blue" BorderThickness="1"
         Padding="5" Margin="5">
      <Border.ContextMenu>
       <ContextMenu>
        <MenuItem Header="Details anzeigen" Click="C_Details_Click"></MenuItem>
        <MenuItem Header="Stornieren" Click="C_Storno_Click"></MenuItem>
       </ContextMenu>
      </Border.ContextMenu>
      <StackPanel>
       <StackPanel Orientation="Horizontal">
        <CheckBox></CheckBox>
        <TextBlock Text="Flug "/>
        <TextBlock Text="{Binding Path=FlugNr}" />
        <TextBlock Text=" am "/>
        <TextBlock Text="{Binding Path=Datum}"/>
       </StackPanel>
       <StackPanel Orientation="Horizontal">
        <TextBlock Text="von "/>
        <TextBlock Text="{Binding Path=Abflugort}"/>
        <TextBlock Text=" nach "/>
        <TextBlock Text="{Binding Path=Zielort}"/>
        <Line Stroke="LightSteelBlue"></Line>
       </StackPanel>
      </StackPanel>
     </Border>
</DataTemplate>
```

Listing 17.11 Datenbindungsvorlage

Datenabhängige Gestaltung

Durch sogenannte Daten-Trigger kann der Entwickler festlegen, dass unter bestimmten Voraussetzungen die Formatierung geändert werden soll. Das folgende Fragment, das innerhalb von `<DataTemplate>` zu verwenden ist, definiert einen grünen anstelle eines blauen Rahmens für alle Flugstrecken, die nur aus einer Teilstrecke bestehen.

```
<DataTemplate.Triggers>
      <DataTrigger Binding="{Binding Path=Teilstrecken}">
       <DataTrigger.Value>1</DataTrigger.Value>
       <Setter TargetName="C_Border" Property="BorderBrush" Value="Green"/>
      </DataTrigger>
</DataTemplate.Triggers>
```

Listing 17.12 Daten-Trigger für eine Datenbindungsvorlage

Zugriff auf den aktuellen Datensatz

Für die Kontextmenüfunktionen muss man auslesen können, welcher der aktuelle Datensatz ist. Der Weg zur Ermittlung des aktuellen Datensatzes geht nicht über das `ListBox`-Element (also das Datenbindungsziel), sondern über die Datenquelle. Bei der Datenbindung legt WPF automatisch eine Sicht auf die Daten an. Diese Sicht (abhängig von der Art der Daten `CollectionView`, `ListCollectionView` oder `BindingListCollectionView`) verwaltet in `CurrentItem` das aktuelle Element. Man erhält die Sicht von `CollectionViewSource.GetDefaultView()`, wobei als Parameter ein Verweis auf die verwendete Datenobjektmenge anzugeben ist. Zur Vermeidung einer Fallunterscheidung verwendet man am besten die gemeinsame Schnittstelle `ICollectionView`.

```
private void C_Storno_Click(object sender, RoutedEventArgs e)
{
  System.ComponentModel.ICollectionView view = CollectionViewSource.GetDefaultView(bb);
  de.WWWings.PassagierSystem.Buchung b = (de.WWWings.PassagierSystem.Buchung)view.CurrentItem;
  de.WWWings.Buchung_BLManager.BuchungenLoeschen(b.Buchungscode);
  MessageBox.Show("Flug wurde storniert: " + b.Buchungscode.ToString());
}
```

Listing 17.13 Zugriff auf das aktuelle Datenelement

Formatvorlagen (Styles)

Durch Formatvorlagen (*Styles*) kann der Entwickler visuelle Elemente auf einfache Weise einheitlich formatieren. Formatvorlagen legen Werte für einzelne Attribute bestimmter visueller Elemente fest. Formatvorlagen können innerhalb eines einzelnen visuellen Elements deklariert werden; dort ergibt es jedoch keinen großen Sinn, weil eine solche Definition nur für das einzelne Element verwendet werden kann und dann mehr Arbeit als die direkte Zuweisung der Werte macht. Man definiert Formatvorlagen besser auf Ebene eines Fensters oder global auf Anwendungsebene.

> **HINWEIS** Anders als bei Themes und Skins in ASP.NET (und vergleichbar mit CSS) haben spezifische Einstellungen bei visuellen Elementen Vorrang vor den Einstellungen in der Formatvorlage.

Definition einer Formatvorlage auf Fensterebene

Das folgende XAML-Fragment definiert für eine Schaltfläche die Maße 70 × 70 sowie die Vorder- und Hintergrundfarbe.

```
<Window.Resources>
  <Style x:Key="Orange70" TargetType="{x:Type Button}">
    <Setter Property="Foreground" Value="Black"/>
    <Setter Property="Background" Value="#FFFFB300"/>
    <Setter Property="Width" Value="70"/>
    <Setter Property="Height" Value="70"/>
  </Style>
</Window.Resources>
```

Formatvorlagen (Styles)

Mit einer XAML Expression nimmt man dann im Style-Attribut eines Button-Steuerelements darauf Bezug:

```
<Button
Style="{StaticResource Orange70}"
Margin="50,40,142,0"
Name="button2"
Height="89" VerticalAlignment="Top">
Schaltfläche 2
</Button>
```

TIPP Über eine allgemeinere Typangabe, z. B. TargetType="{x:Type Control}", kann man Formatvorlagen schaffen, die für mehrere Elemente gelten. Über BasedOn="{StaticResource Orange70}" kann man eine Vorlage von der obigen Vorlage erben lassen. Wenn man x:Key weglässt, gilt die Formatierung automatisch für alle Instanzen der angegebenen Klassen.

Definition einer Formatvorlage auf Anwendungsebene

Das folgende Listing zeigt eine Formatvorlage auf Anwendungsebene, die für alle Fenster in der ganzen Anwendung gilt. Bitte beachten Sie, dass Sie in diesem Fall nicht die Klasse Application, sondern WWWings_WPF.WorldWideWings_App beim Anwendungsstart instanziieren müssen. Details dazu wurden schon im Zusammenhang mit der Anwendungsklasse erwähnt.

```
<Application
   xmlns="http://schemas.microsoft.com/winfx/2006/xaml/presentation"
   xmlns:x="http://schemas.microsoft.com/winfx/2006/xaml"
   x:Class="WWWings_WPF.WorldWideWings_App">
<Application.Resources>
  <!-- Für alle Buttons -->
  <Style TargetType="{x:Type Button}">
   <Setter Property="Foreground" Value="Black"/>
   <Setter Property="Background" Value="yellow"/>
  </Style>
  <!-- Für ausgewählte Buttons -->
  <Style x:Key="Orange70" TargetType="{x:Type Button}">
   <Setter Property="Foreground" Value="Black"/>
   <Setter Property="Background" Value="#FFFFB300"/>
   <Setter Property="Width" Value="70"/>
   <Setter Property="Height" Value="70"/>
  </Style>
</Application.Resources>
</Application>
```

Listing 17.14 Formatvorlagendefinition in der globalen Anwendungsdatei [app.xaml]

Formatvorlagen und Trigger

Formatvorlagen können durch Trigger an Ereignisse gebunden sein, sodass die Gestaltung sich bei Benutzeraktionen ändert, ohne dass der Entwickler dazu Programmcode schreiben muss.

Beispiel

Das folgende Fragment muss man in ein `<Style>`-Tag einbetten. Es bewirkt, dass Schaltflächen, die mit der Maus überfahren werden, ihre Farbe auf rot/weiß ändern. Das Element `<Trigger>` enthält die Bedingung.

```
<Style.Triggers>
    <Trigger Property="Button.IsMouseOver" Value="true">
        <Setter Property="Background" Value="Red"/>
        <Setter Property="Control.Foreground" Value="White"/>
    </Trigger>
</Style.Triggers>
```

Listing 17.15 Ergänzung zur globalen Anwendungsdatei [app.xaml]

HINWEIS Den oben verwendeten einfachen Trigger bezeichnet man als Eigenschaften-Trigger (Property Trigger), weil er eine Eigenschaft abfragt. Es gibt aber auch Trigger auf Datenquellen (Data Trigger) und Ereignisse (Event Trigger). Einen Daten-Trigger haben Sie im Unterkapitel zur Datenbindung gesehen. Einen Ereignis-Trigger werden Sie bei den Animationen finden.

Gestaltungsvorlagen für Steuerelemente

Mit einer Formatvorlage kann man das gesamte Aussehen eines Steuerelements umdefinieren, dabei aber das vorhandene Verhalten beibehalten. Ein klassisches Beispiel für ist eine runde Schaltfläche. Auch nach der Definition des neuen Aussehens kann man die Schaltfläche noch anwählen und das `Click()`-Ereignis funktioniert auch weiterhin.

```
<!--Template für runde Schaltfläche -->
<Style TargetType="{x:Type Button}">
    <Setter Property="Template">
        <Setter.Value>
            <ControlTemplate>
                <Grid>
                    <Viewbox>
                        <Canvas Width="200" Height="100">
                            <Ellipse Fill="{TemplateBinding Background}" Width="200" Height="100"/>
                        </Canvas>
                    </Viewbox>
                    <ContentPresenter VerticalAlignment="Center"
                        HorizontalAlignment="Center"
                        Content="{TemplateBinding ContentControl.Content}"/>
                </Grid>
            </ControlTemplate>
        </Setter.Value>
    </Setter>
</Style>
```

Listing 17.16 Vorlage für eine runde Schaltfläche

Transformationen

In der World Wide Wings-Buchungsanwendung steht ein Steuerelement (das `ComboBox`-Steuerelement zur Auswahl der Ansicht in der Flugliste) im 90-Grad-Winkel. WPF unterstützt die Transformation aller visuellen Elemente, weil alle Elemente auf Vektorgrafiken basieren. Folgende Transformationen werden unterstützt:

- Größenänderung: `ScaleTransform`
- Drehung: `RotateTransform`
- Verschrägen (Scheren): `SkewTransform`
- Verschieben: `TranslateTransform`

Zur Deklaration einer Transformation setzt man die Abhängigkeitseigenschaft `RenderTransform`, die alle visuellen Elemente von der Klasse `UIElement` erben. Es können gleichzeitig mehrere Transformationen für ein Objekt definiert werden.

Beispiel

Das folgende Listing zeigt die für das `ComboBox`-Steuerelement hinterlegte Transformation:

```
<ComboBox RenderTransformOrigin="0.498,0" HorizontalAlignment="Right" Margin="0,123,28,0" Width="131.5"
    IsSynchronizedWithCurrentItem="True" Height="14.5" VerticalAlignment="Top">
    <ComboBox.RenderTransform>
      <TransformGroup>
        <ScaleTransform ScaleX="1" ScaleY="1"/>
        <SkewTransform AngleX="0" AngleY="0"/>
        <RotateTransform Angle="90"/>
        <TranslateTransform X="0" Y="0"/>
      </TransformGroup>
    </ComboBox.RenderTransform>
</ComboBox>
```

Listing 17.17   Beispiel für eine Transformation mit einer 90-Grad-Drehung

Animationen

Eine Animation beschreibt die Veränderung der Eigenschaften eines visuellen WPF-Elements im Zeitablauf. Der Entwickler definiert dabei Zeitpunkte oder Zeiträume, zu denen eine Eigenschaft einen bestimmten Wert hat. Damit man nicht bei einer Rotation von 0 bis 90 Grad Dutzende Punkte definieren muss, gibt es Animationsklassen, die automatisch einen Wertebereich in der gegebenen Zeit durchlaufen (in dem Beispiel 0,1,2,3 ... 90).

> **WICHTIG**   Die hier verwendeten Klassen findet man im Namensraum `System.Windows.Media.Animation`.

Animierbare Eigenschaften

Veränderbare Eigenschaften müssen folgende Voraussetzungen erfüllen:

- Das zu verändernde Element muss eine Instanz einer von `FrameworkElement` abgeleiteten Klasse sein.
- Die zu verändernde Eigenschaft muss als Abhängigkeitseigenschaft (Dependency Property) deklariert sein, z. B. Position, Farben, Größe, Transformation.
- Es muss für den Typ der Eigenschaft eine entsprechende Animationsklasse geben.

Animationsarten

WPF definiert im Namensraum `System.Windows.Media.Animation` zahlreiche Animationstypen für alle wichtigen Datentypen, z. B. `ByteAnimation`, `ColorAnimation`, `DecimalAnimation`, `PointAnimation`, `Point3DAnimation`, `Int64Animation`, `ThicknessAnimation`, `VektorAnimation`, `MatrixAnimation`, `RectAnimation`, `SizeAnimation`, `StringAnimation` usw.

Jeder Animationstyp existiert in zwei Varianten: mit und ohne den Zusatz *UsingKeyFrames*. Einige gibt es zudem mit dem Zusatz *UsingPath*.

- **Basisanimationen** (ohne Namenszusatz) definieren einen Startwert, einen Endwert und einen Offset, z. B. von 1 bis 10 in Zweierschritten.
- **Schlüsselbildanimationen** (mit Zusatz *UsingKeyFrames*) definieren eine beliebige Menge von Zwischenwerten und die Interpolation zwischen den Werten.
- Mit **Pfadanimationen** (mit Zusatz *UsingPath*) wird ein geometrischer Pfad festgelegt.

Für den Datentyp Double, der in WPF sehr häufig verwendet wird, gibt es alle drei Animationsarten: `DoubleAnimation`, `DoubleAnimationUsingKeyFrames` und `DoubleAnimationUsingPath`.

Animationseigenschaften

Für jede Animation kann man u. a. folgende Eigenschaften festlegen:

- Startzeit: `BeginTime` (`TimeSpan`)
- Dauer: `Duration` (Datentyp `Duration`)
- Automatisches Rückkehren zur Ausgangsposition: `AutoReverse` (`True|False`)
- Wiederholen der Animation: `RepeatBehavior` (Dauer, Anzahl oder unendlich)
- Geschwindigkeit: `SpeedRatio` (`Double`)

Definition von Animationen

Zur Definition einer Animation legt man einen Ablaufplan (*Storyboard*) fest. Das `<StoryBoard>`-Element definiert das Ziel (`TargetName`) und die zu animierende Eigenschaft (`TargetProperty`). Das Element enthält eine oder mehrere Animationen. In dem folgenden Beispiel werden drei Schlüsselbildanimationen verwendet: eine für den Typ `Double` und zwei für den Typ `Color`.

```
<Storyboard x:Key="C_DrehAnimation">
   <DoubleAnimationUsingKeyFrames BeginTime="00:00:00" Storyboard.TargetName="C_Buchen"
Storyboard.TargetProperty="(UIElement.RenderTransform).(TransformGroup.Children)[2].(RotateTransform.Angle)">
```

```
            <SplineDoubleKeyFrame KeyTime="00:00:00.5" Value="45"/>
            <SplineDoubleKeyFrame KeyTime="00:00:01.0" Value="0"/>
            <SplineDoubleKeyFrame KeyTime="00:00:01.5" Value="90"/>
            <SplineDoubleKeyFrame KeyTime="00:00:02.0" Value="0"/>
            <SplineDoubleKeyFrame KeyTime="00:00:02.5" Value="180"/>
            <SplineDoubleKeyFrame KeyTime="00:00:03.0" Value="0"/>
            <SplineDoubleKeyFrame KeyTime="00:00:03.5" Value="360"/>
        </DoubleAnimationUsingKeyFrames>
        <ColorAnimationUsingKeyFrames BeginTime="00:00:00" Storyboard.TargetName="C_Buchen"
Storyboard.TargetProperty="(Panel.Background).(SolidColorBrush.Color)">
            <SplineColorKeyFrame KeyTime="00:00:00" Value="#FFF4F1F4"/>
            <SplineColorKeyFrame KeyTime="00:00:00.5" Value="red"/>
            <SplineColorKeyFrame KeyTime="00:00:01" Value="yellow"/>
            <SplineColorKeyFrame KeyTime="00:00:02" Value="blue"/>
            <SplineColorKeyFrame KeyTime="00:00:02" Value="yellow"/>
            <SplineColorKeyFrame KeyTime="00:00:02.5" Value="pink"/>
            <SplineColorKeyFrame KeyTime="00:00:03" Value="yellow"/>
            <SplineColorKeyFrame KeyTime="00:00:03.5" Value="Green"/>
        </ColorAnimationUsingKeyFrames>
        <ColorAnimationUsingKeyFrames BeginTime="00:00:00" Storyboard.TargetName="C_Buchen"
Storyboard.TargetProperty="(TextElement.Foreground).(SolidColorBrush.Color)">
            <SplineColorKeyFrame KeyTime="00:00:03.5000000" Value="white"/>
        </ColorAnimationUsingKeyFrames>
    </Storyboard>
```

Listing 17.18 Definition einer Animation

Start einer Animation

Eine Animation wird gestartet durch einen deklarierten Trigger oder den Aufruf der Begin()-Methode für eine Storyboard-Instanz im Programmcode. In dem deklarativen Beispiel kommt ein Ereignis-Trigger zum Einsatz für das Click()-Ereignis eines Button-Steuerelements.

```
<Window.Triggers>
  <EventTrigger RoutedEvent="ButtonBase.Click" SourceName="C_Buchen">
    <BeginStoryboard Storyboard="{StaticResource C_DrehAnimation}"/>
  </EventTrigger>
</Window.Triggers>
```

Listing 17.19 Trigger für eine Animation

```
private void Buchung()
{
  // Animation manuell starten
  System.Windows.Media.Animation.Storyboard sb = (Storyboard)this.FindResource("C_DrehAnimation");
  sb.Begin(this);
…
}
```

Listing 17.20 Codebasierter Start einer Animation

Beispiel

Wie die folgende Bildschirmabbildung zeigt, sind nicht alle Grafikkarten in der Lage, eine Animation korrekt wiederzugeben: Das gestrichelte Rechteck gehört nicht ins Bild.

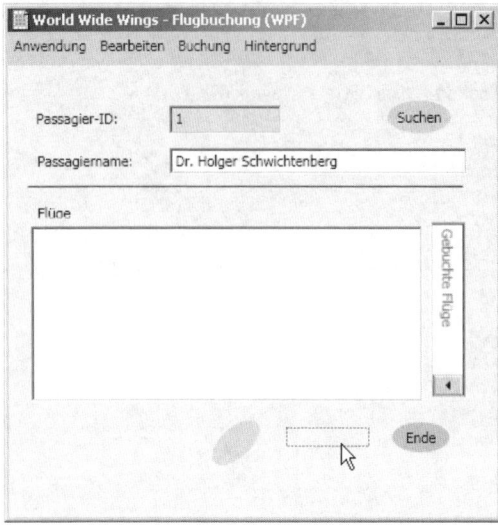

Abbildung 17.22 Das Animationsbeispiel aus den vorherigen Abschnitten führt nicht auf allen Systemen zum korrekten Ergebnis

Zeichnen

Beispiele für das direkte 2-D-Zeichnen wurden an verschiedenen Stellen in diesem Kapitel verwendet:

- Trennlinie in der Buchungsanwendung

```
<Path Fill="#FFFFFFFF" Stretch="Fill" Stroke="#FF000000" Margin="15,105.5,27,0" VerticalAlignment="Top" Height="1" Data="M14,184 L363,184" />
```

- Ellipse und Rechteck in dem Beispiel zu Steuerelementinhalten

```
<Ellipse Width="20" Height="20" Fill="Red"></Ellipse>
<Rectangle Width="20" Height="20" Fill="Green"></Rectangle>
```

Silverlight

Silverlight ist der Name für ein Webbrowser-Plug-In, das reichhaltige Webanwendungen im Stil von Macromedia Flash ermöglicht. Früherer Name war WPF/E (Windows Presentation Foundation Everywhere).

Die erste Version, die am 04.09.2007 erschienen ist, bot zunächst XAML als Oberflächenbeschreibungssprache sowie die Programmierbarkeit mit JavaScript. Die zweite Version (zum Redaktionsschluss des Buchs noch nicht erschienen, geplant noch für das Jahr 2008) ist jedoch ein Mini-.NET Framework, das nicht nur XAML, sondern das zahlreiche .NET-Bibliotheken (z.B. Netzwerkprogrammierung mit System.Net, Webservices mit WCF/System.ServiceModel, Abfragen mit LINQ, XML-Verarbeitung mit System.Xml) unterstützt und die Programmierbarkeit mit C#, Visual Basic, Managed JScript, IronRuby und IronPython bietet. Microsoft spricht daher von Silverlight auch als einer *Cross-Plattform .NET*.

Microsoft bietet Silverlight für die Betriebssysteme Windows Vista, XP, 2003, 2000 und 2008 sowie Apple OS X Tiger und Leopard an. Als Browser werden dabei unterstützt Internet Explorer (ab 6.0), Firefox (ab 1.5) und Safari (ab 2.0). im Rahmen von Mono soll mit *Moonlight* auch eine Unterstützung für Unix/Linux entstehen, die Microsoft sogar ausdrücklich fördern [MIC01].

Bisher verwendet Silverlight einen anderen XAML-Dialekt als WPF. Zum einem sind – verständlicherweise – nicht alle XAML-Funktionen aus WPF in Silverlight verfügbar. Auf der andere Seite sind – unverständlicherweise – einige Funktionen von Silverlight bisher nicht in WPF verfügbar, z.B. der Visual State Manager (VSM), mit dem das Aussehen eines Steuerelements in verschiedenen Stadien einfach gesteuert werden kann. Dieses Kompatibilitätsproblem will Microsoft aber in der Zukunft beheben (vgl. Ankündigung [SG03]).

Weitere Möglichkeiten von WPF

Details zu den einzelnen visuellen Elementen und folgenden Möglichkeiten von WPF können leider aus Platzgründen nicht mehr in diesem Buch besprochen werden:

- XAML Browser Application (XBAP) ist der Name für WPF-Anwendungen, die im Internet Explorer gehostet werden (ab WPF 3.5 auch Firefox). Früherer Name war WPF Web Browser Applications (WBA). XBAPs sind nicht zu verwechseln mit Silverlight. Während Silverlight auf einem Mini-.NET-Framework basiert, setzen XBAPs ein vollständiges .NET Framework 3.0/3.5 voraus und bieten dafür alle Funktionen von WPF und .NET.
- Typkonvertierung bei der Datenbindung
- 3-D-Zeichnen
- WPF-Dokumente und die XML Paper Specification (XPS)
- Navigationsanwendungen
- Detaillierte Kontrolle über die Darstellung von Elementen auf Basis sogenannter Visuals
- Erstellen von eigenen WPF-Steuerelementen
- Abspielen von Videos
- Drag & Drop
- Verwendung der Zwischenablage in WPF
- Mehrsprachigkeit (Internationalisierung/Lokalisierung)
- Interoperabilität zu Windows Forms, COM/ActiveX, MFC und DirectX
- Installation von WPF-Anwendungen über Click-Once-Deployment (auch über Internet Explorer oder Firefox)

HINWEIS Zur Vertiefung von WPF sei Ihnen das Buch *Bernd Marquardt: Windows Presentation Foundation – Crashkurs (Microsoft Press, 2007)* empfohlen.

Windows Forms versus WPF

Die Entscheidung zwischen Windows Forms und WPF ist für viele Unternehmen eine schwere Entscheidung. WPF bietet deutlich mehr Möglichkeiten. Aber es gibt auch einige Herausforderungen:

- Es fehlen noch viele Steuerelemente im Standardlieferumfang, die für typische Geschäftsanwendungen benötigt werden (z. B. Datengitter, Datumsauswahl).
- Der WPF-Designer in Visual Studio ist noch unvollständig. Man benötigt Expression Blend als zusätzliches Werkzeug.
- Der Einarbeitungsaufwand in WPF ist erheblich.
- WPF läuft nur auf Betriebssystemen ab Windows XP und verlangt eine leistungsfähige Grafik-Hardware.

Wenn der letzte Punkt ein KO-Kriterium ist, fällt die Entscheidung gegen WPF leicht. Schwieriger ist die Frage, ob man heute in Form des Zusatzaufwandes in WPF investieren will, um damit eine technische Basis zu haben, die leistungsfähiger und – so ist es zu erwarten – langlebiger ist.

Die beste Lösung wäre, wenn Microsoft kurzfristig die WPF-Steuerelementsammlung vervollständigen und die WPF-Werkzeuge verbessern würde. Microsoft hat für die Jahre 2008 und 2009 Verbesserungen angekündigt. Es stellt sich die Frage, wieso Microsoft nicht beim Erscheinen von WPF Ende 2006 von Anfang an WPF mit den aus Windows Forms bekannten Steuerelementen ausgestattet hat. Neben den *Mangelnden Entwicklerressourcen* findet sich eine weitere Erklärung in einem Blogeintrag .NET-Evangelist Tim Sneath [MSDN24]: »Our early expectation was that WPF would be used primarily for consumer software: the assumption was that animation, rich media, flow documents, 2D and 3D graphics etc. would be primarily of interest to those kinds of applications. In fact, it's been surprising how many enterprise applications have taken advantage of it: architectural patterns such as the data templating and binding model and the separation of UI from code have turned out to be even more compelling reasons to adopt WPF in many cases.«

Dies passt auch zu einer der Aussagen, die der Autor dieses Buchs auf der TechEd 2007 in einem Interview mit Prashant Sridharan (Communications Strategy Lead in der Developer Division bei der Microsoft Corporation, Seattle) bekam: Auf die Frage, ob man für typische Geschäftsanwendungen WPF oder Windows Forms verwenden sollte, antwortete Sridharan, dass dafür vorerst weiterhin Windows Forms verwendet werden solle. Es scheint also so, dass Microsoft tatsächlich WPF nicht auf Geschäftsanwendungen ausgerichtet hat.

Fazit: Wenn man daran glaubt, dass Microsoft WPF in absehbarer Zeit vervollständigen wird, kann man heute auf WPF setzen. Produktiver ist man aber in der Regel mit Windows Forms. Es ist also zu erwarten, dass in den Unternehmen nicht nur bestehende Windows Forms-Anwendungen ohne WPF weitergepflegt, sondern auch noch neue Anwendungen mit Windows Forms anstelle von WPF entwickelt werden.

Kapitel 18

Enterprise Services und Transaktionen

In diesem Kapitel:

Serviced Components	796
COM+-Transaktionsdienste	798
Fernaufruf von Serviced Components	802
Services without Components (SWC)	802
System.Transactions	804

Serviced Components

Serviced Components sind .NET-Softwarekomponenten, die Dienste des in Windows integrierten COM+ Application Servers nutzen. Microsoft verwendet für die Nutzung der COM+-Dienste im Rahmen des .NET Framework den Begriff *.NET Enterprise Services*. Die Unterstützung für COM+ ist in der FCL in der *System.EnterpriseServices.dll* implementiert.

Für Serviced Components gibt es keine Neuerungen seit .NET 2.0, außer der Möglichkeit, ihre Nutzung zu vermeiden, weil die Transaktionsunterstützung im .NET Framework selbst durch die *System.Transaction.dll* im Namensraum System.Transactions verbessert wurde.

Dienste

COM+ bietet für .NET-Komponenten insbesondere folgende Funktionen an:

- Verteilte Transaktionen über unterschiedliche Datenbanken
- Just-in-Time-Activation (Bevorratung von Softwarekomponenten im Speicher)
- Objekt-Pooling (Bevorratung von Objektinstanzen im Speicher)
- Shared Properties (gemeinsame Datenbereiche für alle Instanzen verschiedener Klassen)
- Queued Components (Warteschlangen für Methodenaufrufe)
- Rollenbasierte Sicherheitseinstellungen auf Methodenebene
- Bereitstellung von Komponenten als Windows-Dienste
- Bereitstellung von Komponenten zum Aufruf via HTTP/SOAP

Voraussetzungen und Optionen

Für Serviced Components gelten folgende Voraussetzungen:

- Die Komponente muss signiert sein.
- Die Komponente muss als COM-Komponente verpackt werden und in der Registry verzeichnet sein.

  ```
  [assembly: ComVisible(true)]
  [assembly: Guid("68098574-5004-4d73-bc65-15a96100bfa0")]
  ```

- Die Klassen, die COM+-Dienste nutzen wollen, müssen von System.EnterpriseServices.ServicedComponent abgeleitet sein und einen Standardkonstruktor ohne Parameter besitzen.
- Die Klasse darf keine Konstruktoren mit Parametern besitzen. (Dies ist ein Relikt von COM, das keine Konstruktoren mit Parametern unterstützt.)

Optional können weitere Informationen angegeben werden, wie die Anwendung im Application Server konfiguriert werden soll. Die folgende Tabelle zeigt einige Beispiele. Vorausgesetzt ist jeweils, dass der Namensraum System.EnterpriseServices eingebunden wurde.

Annotation	Ebene	Erläuterung
[assembly: ApplicationName("WorldWideWings")]	Komponente	COM+-Anwendungsname. Wenn dieser Name nicht festgelegt wird, wird in COM+ der Name der Assembly verwendet.
[assembly: Application-Activation(System.Enterprise-Services.ActivationOption.Library)]	Komponente	Anwendungsart (Library oder Server)
[assembly: Description("Geschäftslogik für WorldWideWings-Anwendung")]	Komponente	Beschreibungstext für COM+-Anwendung
[Description("Flugmanager für WorldWideWings")]	Klasse	Beschreibungstext für Klasse in der COM+-Anwendung
[EventTrackingEnabled(true)]	Klasse	Aktivierung der Statistikanzeige in der Komponentendienste-Konsole
[Transaction(TransactionOption.Required)]	Klasse	Festlegung der Transaktionsunterstützung (*Disabled / Support / NotSupported / Required / RequiresNew*)
[System.Enterprise-Services.Synchronization(SynchronizationOption.Required)]	Klasse	Festlegung der Synchronisationsunterstützung (*Disabled / Support / NotSupported / Required / RequiresNew*)
[ObjectPooling(true, 100, 200)]	Klasse	Aktivierung eines Objekt-Pools von mindestens 100 und maximal 200 Instanzen

Tabelle 18.1 Annotationen zur Steuerung des Application Servers

ACHTUNG Bitte beachten Sie folgende Hinweise:

- Server-Anwendungen werden über einen Runtime Callable Wrapper (RCW) angesprochen. Library-Anwendungen werden über einen besonderen, in C++ implementierten Wrapper angesprochen.

- Statische Mitglieder werden niemals im Application Server, sondern immer im Kontext des Clients aufgerufen. Daher stehen statischen Methoden keine Dienste des Application Servers zur Verfügung.

Registrierung der Assembly im Application Server

Serviced Components benötigen eine spezielle Behandlung zur Installation in den Katalog des COM+ Application Servers. Optionen sind hier:

- Manuelle Installation über das Snap-in *Komponentendienste*

- Manuelle Installation mit dem Kommandozeilenwerkzeug *Regsvcs.exe* (.NET Services Installation Tool)

- Verwendung eines MSI-Pakets

- Nutzung der Klasse System.EnterpriseServices.RegistrationHelper.InstallAssembly

- Nutzung der Scripting-fähigen COM-Komponente zur Steuerung des COM+-Katalogs (*comadmin.dll*)

- *First Use Lazy Registration*: Das .NET Framework sorgt dafür, dass eine Serviced Component beim ersten Start automatisch in den Application Server eingetragen wird, wenn diese dort noch nicht vorhanden ist.

HINWEIS

- Die Installation einer Serviced Component setzt Administratorrechte voraus.
- Sofern Sie zwischen zwei Installationen einer Komponente in den Application Server die COM+-Anwendung nicht löschen, werden die Klassen dort mehrfach erscheinen. Dies liegt daran, dass Visual Studio bei jedem Neukompilieren einen neuen GUID für Klassen erzeugt. Um dies zu verhindern, vergeben Sie einen statischen GUID für alle von ServicedComponent abgeleiteten Klassen.

```
[System.Runtime.InteropServices.Guid("9C74BA6A-9D1C-4fe7-808E-04E6665D0251")]
```

- Ab COM+ Version 1.5 (in Windows Server 2003 und Windows XP ab SP 2) besteht auch die Möglichkeit, COM+-Dienste ohne diese Voraussetzungen zu nutzen (siehe Unterkapitel »Services without Components«).
- Alle Klassen, die von *ServicedComponent* abgeleitete Klassen verwenden, müssen die *System.EnterpriseServices.dll* referenzieren.

COM+-Transaktionsdienste

Einer der wichtigsten Dienste des COM+ Application Servers ist zweifelsohne der Transaktionsdienst, der auf dem *Microsoft Distributed Transaction Coordinator* (MSDTC) basiert. Der MSDTC ist ein verteilter Transaktionsmonitor, der in Windows als Dienst integriert ist. Die Kombination aus COM+ und MSDTC ermöglicht es, auf einfache Weise innerhalb einer Softwarekomponente eine gemeinsame Transaktion über unterschiedliche Datenbanken zu bilden. Transaktionen im MSDTC heißen *verteilte Transaktionen* im Gegensatz zu *lokalen Transaktionen*, an denen nur eine einzelne Datenbank beteiligt ist.

Eine Klasse in einer Serviced Component, die Transaktionen nutzen soll, muss mit [Transaction(TransactionOption...)] ausgezeichnet sein. ADO.NET sorgt dann dafür, dass von einer Instanz aufgerufene Datenbankbefehle automatisch Teil einer Transaktion werden, wenn die Klasse Teil einer Transaktion ist. Weil keine expliziten Transaktionen erzeugt werden müssen, werden die Transaktionen im COM+ Application Server auch als *deklarative Transaktionen* bezeichnet.

Die Transaktionsoption gibt an, wie sich die Klasse im Zusammenspiel mit anderen Klassen verhält:

- RequiresNew: Das neue Objekt erhält immer eine neue Transaktion.
- Requires: Das neue Objekt muss innerhalb einer Transaktion laufen. Sofern das aufrufende Objekt in einer Transaktion läuft, wird eine eingebettete Transaktion erzeugt.
- Supports: Das neue Objekt unterstützt Transaktionen, kann aber auch darauf verzichten. Eine eingebettete Transaktion wird also nur erzeugt, wenn das aufrufende Objekt in einer Transaktion läuft.
- NotSupported: Das Objekt wird in einem neuen Kontext ohne Transaktion erzeugt.
- Disabled: Das Objekt nutzt den aktuellen Kontext, ignoriert aber vorhandene Transaktionen.

Innerhalb einer Klasse in einer Serviced Component stellt die Klasse System.EnterpriseServices.ContextUtil verschiedene statische Mitglieder bereit, die Informationen über die Transaktion und die Steuerung der Transaktion erlauben. IsInTransaction zeigt an, ob sich die aktuelle Methode in einer Transaktion befindet. Während SetComplete() und SetAbort() das endgültige Ergebnis einer Transaktion festlegen, kann mit EnableCommit() und EnableAbort() ein Zwischenstatus gesetzt werden.

Beispiel

Das folgende Beispiel zeigt anhand der Klasse `Passagier_DataManager` die Nutzung der Transaktionsdienste für die Flugbuchung. Innerhalb der Flugbuchung muss neben dem Eintrag in die Tabelle *GF_GebuchteFluege* auch die Anzahl der freien Sitzplätze in der Tabelle *FL_Fluege* reduziert werden.

HINWEIS Aufgrund der Tatsache, dass Microsoft Access keine MSDTC-Transaktionen unterstützt und in diesem Fallbeispiel keine anderen Datenbanken zur Verfügung stehen, wird das folgende Beispiel nur die Microsoft SQL Server 2005-Datenbank verwenden. In diesem Fall hätte man auch eine lokale Transaktion benutzen können. Eine MSDTC-Transaktion ist nur notwendig, wenn mehrere Ressourcenmanager beteiligt sind. MSDTC-Transaktionen sind deutlich aufwendiger als lokale Transaktionen.

```
namespace de.WWWings.DAL
{
 [Description("DataManager für Tabelle PS_Passagiere")]
 [Transaction(TransactionOption.Required)]
 [ObjectPoolingAttribute(true, 10, 20)]
 [EventTrackingEnabled(true)]
 public class Passagier_DataManager : System.EnterpriseServices.ServicedComponent
 {
  const string CONN_MSSQL = @"Integrated Security=SSPI;Persist Security Info=False;Initial
Catalog=WorldWideWings;Data Source=MARL\sqlexpress";

  public Passagier_DataManager()
  {
   DBUtil.SetDatabase(DBUtil.Providers.MSSQL, CONN_MSSQL);
  }

  /// <summary>
  /// Führt eine einzelne Flugbuchung aus.
  /// </summary>
  public long Buchung(long PS_ID, long FL_ID)
  {
   long RestPlaetze = 0;
   // Schleife über alle Flüge
   try
   {
    RestPlaetze = Buche(PS_ID, FL_ID);

    System.EnterpriseServices.ContextUtil.SetComplete();
   }
   catch (Exception ex)
   {
    System.EnterpriseServices.ContextUtil.SetAbort();
    throw ex;
   }
   return RestPlaetze;
  }

  /// <summary>
  /// Führt eine einzelne Flugbuchung aus.
  /// </summary>
  private long Buche(long PS_ID, long FL_ID)
```

```
{
 // Prototyp: Daten tlw. statisch!
 string SQL1 = @"Select * From FL_Fluege where FL_Flugnr=" + FL_ID;
 string SQL2 = @"INSERT INTO GF_GebuchteFluege ([GF_PS_ID], [GF_FL_FlugNr], [GF_Preis], [GF_Klasse]) " +
 "VALUES (" + PS_ID + "," + FL_ID + ", 0, 'F')";
 // --- Versuche, Platzanzahl zu reduzieren
 DataSet ds = DBUtil.GetDataSet(SQL1);
 if (ds.Tables[0].Rows.Count == 0) throw new ApplicationException("Flug nicht vorhanden: " + FL_ID);
 long Plaetze = Convert.ToInt32(ds.Tables[0].Rows[0]["FL_FreiePlaetze"]);
 if (Plaetze == 0) throw new ApplicationException("Keine Plätze vorhanden für Flug " + FL_ID);
 Plaetze--;
 ds.Tables[0].Rows[0]["FL_FreiePlaetze"] = Plaetze;
 try
 {
  DBUtil.UpdateDS(ds, SQL1);
 }
 catch
 {
  throw new ApplicationException("Platzreduzierung nicht erfolgreich. Flug=" + FL_ID);
 }
 // --- Versuche, Flug zu buchen
 try
 {
  DBUtil.Execute(SQL2);
 }
 catch (Exception ex)
 {
  throw new ApplicationException("Fehler beim Buchen für Flug " + FL_ID, ex);
 }
 // Alle Buchungen erfolgreich!
 return Plaetze;
 }
 ...
 }
}
```

Listing 18.1   MSDTC-Transaktionen [WWWings_DZS_CS/DAL_Passagier.cs]

WICHTIG   Die Transaktionsunterstützung kann nur auf Klassenebene festgelegt werden, wodurch automatisch alle Methoden der Klasse mit Transaktionsunterstützung laufen. Jede Methode, die eine Änderung auf einer Datenbank ausführt, muss daher vor ihrem Verlassen das Transaktionsergebnis mit SetAbort() oder SetComplete() anzeigen. Falls diese Anzeige ausbleibt, wird die Sperre auf der Datenbank nicht gelöst und nach Ablaufzeit der Zeitbegrenzung erfolgt ein automatisches Zurücksetzen (*Rollback*). Wenn man SetComplete() vergisst, blockiert man die Datenbank. Die nachfolgend beschriebene Funktion [AutoComplete] ist eine gute Möglichkeit, bei der Ausführung einfacher Befehle den Endzustand automatisch feststellen zu lassen.

COM+-Transaktionsdienste

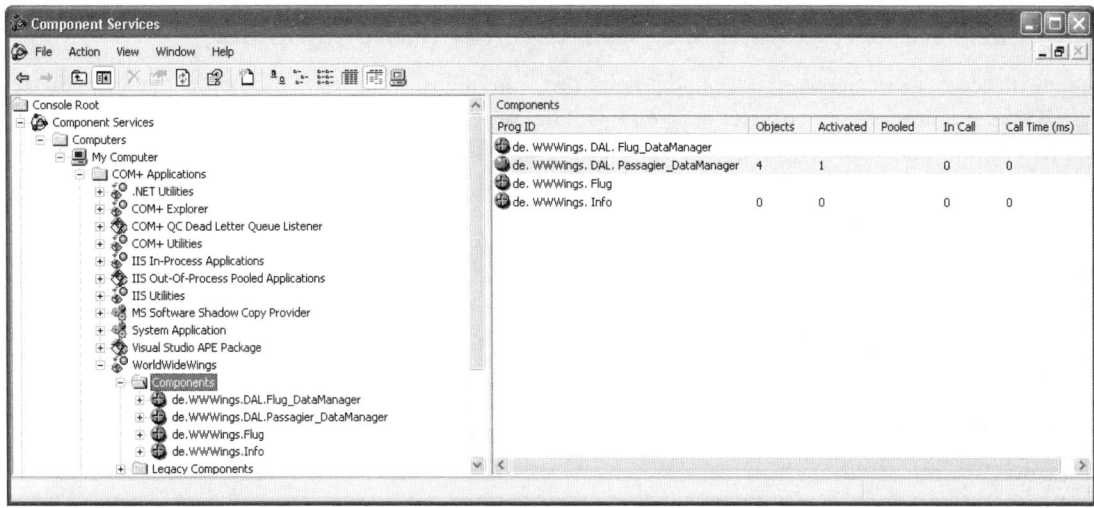

Abbildung 18.1 Transaktionsstatistik der Anwendung WorldWideWings im COM+ Application Server

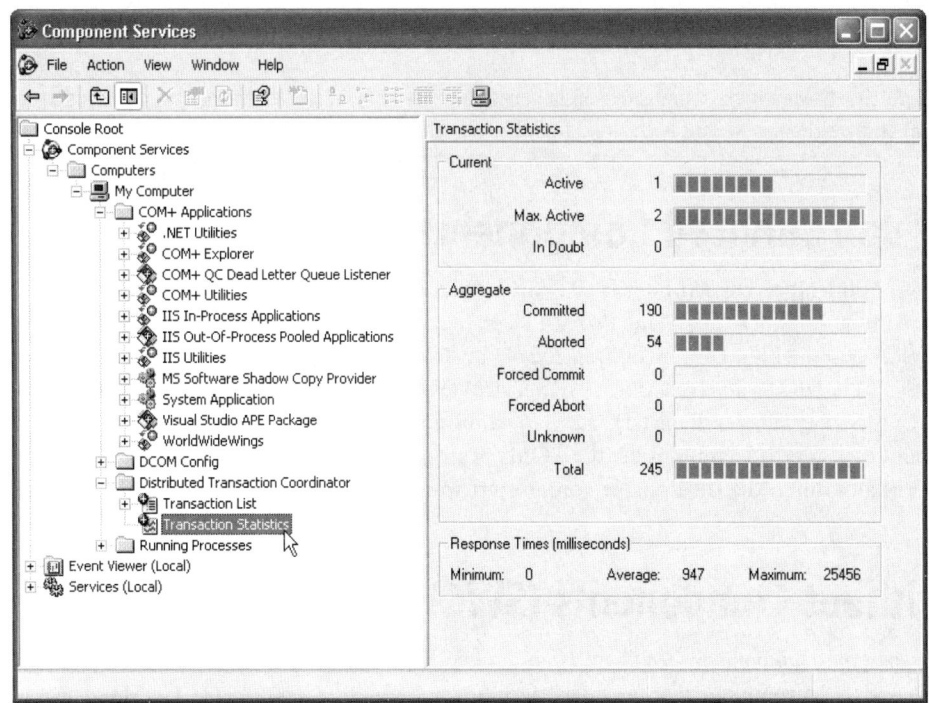

Abbildung 18.2 Gesamttransaktionsstatistik im COM+ Application Server

Automatische Feststellung des Endzustands (AutoComplete)

In dem vorherigen Beispiel wurde der Endzustand der Transaktion (*Complete* oder *Abort*) manuell gesetzt. Der COM+ Application Server bietet auch eine Option, den Endzustand automatisch festzustellen: Wenn die Methode normal beendet wird, gilt die Transaktion als erfolgreich. Erzeugt die Methode eine Ausnahme, wird ein Rollback ausgeführt. Die automatische Feststellung des Endzustands wird mit der Annotation [AutoComplete] auf Methodenebene angezeigt.

```
/// <summary>
/// Führt eine Menge von Flugbuchungen aus
/// </summary>
[AutoComplete]
public void MehrfachBuchung(long PS_ID, long[] FL_IDs)
{
  foreach (long FL_ID in FL_IDs)
  {
    Buche(PS_ID, FL_ID);
  }
}
```

Listing 18.2 Beispiel für den Einsatz von AutoComplete

HINWEIS   AutoComplete setzt voraus, dass Ausnahmen nicht in untergeordneten Routinen abgefangen werden, sondern in der mit [AutoComplete] ausgezeichneten Routine hochgereicht werden müssen.

Fernaufruf von Serviced Components

Serviced Components können per DCOM oder HTTP/SOAP von entfernten Systemen aufgerufen werden. Für den DCOM-Aufruf benötigt der Client eine Proxy-Klasse, die Sie durch den Application Export Wizard in der MMC-Konsole Komponentendienste (Eintrag *Export* im Kontextmenü einer Anwendung) erstellen. Auch der Aufruf via HTTP/SOAP (alias COM+ SOAP Service) lässt sich einfach durch die Aktivierung des Kontrollkästchens *Uses SOAP* auf der Registerkarte *Activation* einer COM+-Anwendung aktivieren. Als Remoting Host kommt dabei der IIS zum Einsatz (die COM+-Konsole nimmt die notwendigen Einstellungen im IIS vor). Der Port kann durch die IIS-Konsole konfiguriert werden. COM+ unterstützt nur RPC/encoded SOAP.

Services without Components (SWC)

Der Begriff *Services without Components* (SWC, dt. *Dienste ohne Komponenten*) steht für die Nutzung von COM+-Diensten in .NET-Anwendungen ohne Registrierung als Serviced Component (COM+-Anwendung). Zentraler Befehl ist System.EnterpriseServices.ServiceDomain.Enter(). Als Parameter benötigt er eine Instanz von System.EnterpriseServices.ServiceConfig, womit die Eigenschaften der zu nutzenden Dienste festgelegt werden.

HINWEIS   *Services without components* sind nur unter Windows Server 2003, Windows XP ab SP 2, Windows XP SP 1 mit Hotfix [TECHNET01] und Windows Vista verfügbar.

Beispiel

Das Beispiel zeigt eine alternative Implementierung der Methode `Buchung()` in der Klasse `Passagier_DataManager` mit SWC.

```csharp
public class Passagier_DataManager_SWC
{
  const string CONN_MSSQL = @"Integrated Security=SSPI;Persist Security Info=False;Initial Catalog=WorldWideWings;Data Source=MARL\sqlexpress";
  const string CONN_ACCESS = @"Provider='Microsoft.Jet.OLE DB.4.0';Data Source='E:\N2C\WorldWideWings\Datenbanken\WorldWideWings.mdb'";

  public Passagier_DataManager_SWC()
  {
   DBUtil.SetDatabase(DBUtil.Providers.MSSQL, CONN_MSSQL);
   //DBUtil.SetDatabase(DBUtil.Providers.ACCESS, CONN_ACCESS);
  }

  /// <summary>
  /// Führt eine einzelne Flugbuchung aus.
  /// </summary>
  public long Buchung(long PS_ID, long FL_ID)

  {
   try
   {
    // --- DTC-Transaktionen vorbereiten
    ServiceConfig sc = new ServiceConfig();
    sc.TrackingEnabled = true;
    sc.TrackingAppName = "WorldWideWings_SWC";
    sc.TrackingComponentName = this.GetType().FullName;
    sc.Transaction = TransactionOption.Required;
    ServiceDomain.Enter(sc);
    // -- Verarbeitung kann jetzt beginnen...
    long RestPlaetze = 0;
    try
    {
     RestPlaetze = Buche(PS_ID, FL_ID);
     System.EnterpriseServices.ContextUtil.SetComplete();
     return RestPlaetze;
    }
    catch (Exception ex)
    {
     System.EnterpriseServices.ContextUtil.SetAbort();
     throw ex;
    }

   }
   finally
   {
    ServiceDomain.Leave();
   }
  }
...
}
```

Listing 18.3 Beispiel für Services without Components [WWWings_DZS_CS/DAL_Passagier_SWC.cs]

System.Transactions

System.Transactions (*System.Transactions.dll*) ist ein neuer Namensraum ab der FCL 2.0. Zentrale Funktionen sind:

- implizite Transaktionen ohne Verwendung des COM+ Application Servers
- Einbindung von .NET-Objekten als volatile Ressourcen in Transaktionen
- automatische Umschaltung zwischen lokalen und verteilten Transaktionen.

> **HINWEIS** Für Transaktionen mit System.Transactions gelten keine der Anforderungen an COM+-Transaktionen, d.h., die Klasse muss nicht von einer bestimmten Basisklasse erben, die Assembly muss nicht signiert sein und nicht als COM-Komponente registriert werden.

> **HINWEIS** In .NET 3.0/3.5 gibt es keine Neuerungen für System.Transactions, außer der Tatsache, dass die Transaktionsunterstützung auch im Rahmen des OR-Mappers LINQ-To-SQL und ADO.NET Entity Frameworks, verwendbar ist.

Implizite Transaktionen mit TransactionScope

Implizite Transaktionen sind eine neue, elegante Möglichkeit, eine Transaktion zu nutzen. Nach der Instanziierung der Klasse System.Transactions.TransactionScope werden alle folgenden ADO.NET-Befehle automatisch in den MSDTC integriert (automatisches Enlistment). Die Transaktion gilt so lange, bis entweder die Complete()-Methode auf dem TransactionScope-Objekt oder aber Dispose() aufgerufen wird. Die Transaktion wird automatisch zurückgesetzt, falls eine Ausnahme erzeugt wird.

```
public long Buchung(long PS_ID, long FL_ID)
{
 // --- Beginn der Transaktion
 System.Transactions.TransactionScope tx = new System.Transactions.TransactionScope();
 // --- Verarbeitung kann jetzt beginnen...
 long RestPlaetze = 0;
 RestPlaetze = Buche(PS_ID, FL_ID);
 // --- Transaktion abschließen
 tx.Complete();
 // --- Transaktionsobjekt verwerfen
 tx.Dispose();
 return RestPlaetze;
}
```

Listing 18.4 Einsatz des TransactionScope [WWWings_DZS_CS/DAL_Passagier_ST.cs]

Durch den Einsatz des using-Befehls kann der vorherige Code noch eleganter formuliert werden.

```
public long Buchung2(long PS_ID, long FL_ID)
{
 using (System.Transactions.TransactionScope tx = new System.Transactions.TransactionScope())
 {
  // -- Verarbeitung kann jetzt beginnen...
  long RestPlaetze = 0;
  RestPlaetze = Buche(PS_ID, FL_ID);
```

```
    tx.Complete();
    return RestPlaetze;
  }
}
```

Listing 18.5 Einsatz von TransactionScope mit using [WWWings_DZS_CS/DAL_Passagier_ST.cs]

> **HINWEIS** Mit der Klasse `TransactionScope` können Transaktionen auch verschachtelt werden. Wenn innerhalb eines Blocks, der eine `TransactionScope`-Instanz besitzt, eine weitere Instanz von `TransactionScope` erzeugt wird, muss durch den Parameter `TransactionScopeOption` das Verhältnis der Transaktionen spezifiziert werden. Mögliche Werte sind `Required`, `RequiresNew` und `Suppress`.

.NET-Klassen als Teilnehmer von Transaktionen

.NET ermöglicht es, eine .NET-Klasse in eine MSDTC-Transaktion einzubinden bzw. eine Transaktion in einer .NET-Klasse zu beginnen und erst später in den MSDTC aufzunehmen. .NET-Klassen bilden sogenannte *volatile Ressourcen*, die einen Neustart des Prozesses nicht überstehen. Datenbanktransaktionen sind im Gegensatz dazu *dauerhafte Transaktionen* (*Durable Transactions*).

Eine .NET-Klasse, die eine volatile Ressource im Rahmen einer Transaktion bilden möchte, muss die Schnittstelle `IEnlistmentNotification` mit den Methoden `Prepare()`, `Commit()`, `Rollback()` und `InDoubt()` unterstützen.

Automatische Umschaltung zwischen lokalen und verteilten Transaktionen (Explizite Transaktionen)

Die Verarbeitung einer Transaktion über den Microsoft Distributed Transaction Coordinator (MSDTC) ist wesentlich aufwendiger als eine lokale Transaktion. Für Fälle, in denen zu Beginn einer Transaktion noch nicht feststeht, ob diese eine rein lokale Transaktion ist oder auf andere Ressourcen erweitert werden muss, war bisher immer eine Einbindung in den MSDTC notwendig, da ein fließender Wechsel zwischen lokalen und verteilten MSDTC-Transaktionen nicht vom COM+ Application Server unterstützt wurde.

`System.Transactions` unterstützt einen sogenannten leichtgewichtigen Transaktionsmanager (*Lightweight Transaction Manager – LTM*), der eine lokale Transaktion bei Bedarf auch noch nach Ausführung der ersten Befehle an den MSDTC weitergeben kann. Dieses Verfahren wird als Transaktions-Promotion bezeichnet. Transaktions-Promotion wird auch verwendet, wenn die Transaktion an eine andere Application Domain oder einen anderen Prozess weitergegeben wird.

Leider erfordert das Verfahren, dass das Datenbankmanagementsystem die Transaktions-Promotion unterstützt. Derzeit bietet diese Unterstützung nur Microsoft SQL Server 2005/2008. Dies bedeutet, dass die erste Ressource in der Transaktion ein Microsoft SQL Server 2005/2008 sein muss. Alle weiteren Ressourcen können andere Datenbanken sein.

Der Lightweight Transaction Manager unterstützt eine dauerhafte Transaktion und beliebig viele volatile Transaktionen.

> **HINWEIS** Bei der Verwendung der `TransactionScope`-Klasse wird automatisch der LTM verwendet, sofern die erste Ressource eine MSSQL 2005/2008-Datenbank ist.

Kapitel 19

Zusatzkomponenten

In diesem Kapitel:
.NET Enterprise Library (.NET EL) 808
Windows PowerShell (WPS) 810

Dieses Kapitel enthält kurze Hinweise auf zwei wichtige Zusatzkomponenten, die nicht zum Kern von .NET 3.5 gehören und in diesem Buch daher nicht ausführlich besprochen werden können:

- .NET Enterprise Library (.NET EL)
- Windows PowerShell (WPS)

.NET Enterprise Library (.NET EL)

Die .NET Enterprise Library ist eine im Quellcode verbreitete Klassenbibliothek der Firma Microsoft, die einige Funktionen konkretisiert und erweitert, die in der .NET-Klassenbibliothek *FCL* sehr allgemein gehalten sind bzw. dort fehlen. Entstanden ist die .NET Enterprise Library innerhalb der Abteilung *Pattern & Practices* bei Microsoft, die die Aufgabe hat, .NET-Entwicklern geeignete Handlungsrichtlinien für den Einsatz von .NET-Technologien zu vermitteln. Diese Gruppe hat mehrere sogenannte Anwendungsblöcke (Application Blocks) erstellt, die die Anwendung von bestimmten Teilen der .NET-Klassenbibliothek vereinfachen und für das Umfeld der Enterprise-Anwendungsentwicklung nutzbar machen. Die Anwendungsblöcke zeigen Lösungen für typische Entwicklungsaufgaben in großen, mehrschichtigen, verteilten Anwendungen auf.

Die .NET Enterprise Library fasst die wichtigsten dieser Anwendungsblöcke zusammen.

HINWEIS Zum Redaktionsschluss ist die aktuelle Version der Enterprise Library für Visual Studio 2008 die Version 4.0.

Bestandteile

Die .NET Enterprise Library Version 4.0 besteht aus folgenden Anwendungsblöcken:

- **Caching Application Block**: Caching von Daten im Speicher oder in Datenbanken
- **Configuration Application Block**: Lesen und Schreiben von Konfigurationsdaten
- **Data Access Application Block (DAAB)**: Zugriff auf (relationale) Datenbanken, Vereinfachung von ADO.NET
- **Cryptography Application Block**: Anwendung von Hashing und Verschlüsselung
- **Exception Handling Application Block**: Richtlinienbasierte Behandlung von Ausnahmen
- **Logging and Instrumentation Application Block**: Protokollierung und Anwendungsüberwachung
- **Security Application Block**: Authentifizierung, Autorisierung, Rollen und Profildaten
- **Validation Application Block**: Validierung von Daten auf Basis von Annotationen
- **Application Block Software Factory**: Basisimplementierung für die Erstellung eigener Anwendungsblöcke bzw. die Erweiterung bestehender Anwendungsblöcke durch neue Provider
- **Policy Injection Application Block (PIAB)**: Konfigurationsbasiertes Einfügen von Programmcode vor und nach dem Aufruf von Methoden (Business-Logik-Regeln)
- **Unity Application Block:** Dependency Injection

Von der Architektur her ist allen Blöcken gemein, dass sie sehr stark zur Laufzeit konfigurierbar sind. Einstellungen für Datenzugriff, Sicherheit, Caching, Exception Handling etc. können in den XML-basierten Anwendungskonfigurationsdateien vorgenommen werden. Alle Anwendungsblöcke brauchen daher als Basis den Configuration Application Block. Es existieren weitere Abhängigkeiten zwischen den Blöcken, je nachdem, welche Funktionen aus den Blöcken verwendet werden.

.NET Enterprise Library (.NET EL)

Status

Die .NET Enterprise Library wurde früher im Rahmen des Community-Webservers *gotdotnet.com* verwaltet [GOTDOTNET03]. Inzwischen ist sie auf dem von Microsoft betriebenen Quellcode-Portal CodePlex [CODEPLEX01] verfügbar. Die .NET Enterprise Library existiert in sechs verschiedenen Versionen:

- .NET Enterprise Library 1.0 für .NET 1.x (Januar 2005)
- .NET Enterprise Library 1.1 für .NET 1.x (Juni 2005)
- .NET Enterprise Library 2.0 für .NET 2.0 (Januar 2006)
- .NET Enterprise Library 3.0 für .NET 2.0 und .NET 3.0 (April 2007)
- .NET Enterprise Library 3.1 für .NET 2.0 und .NET 3.0 (Mai 2007)
- .NET Enterprise Library 4.0 für .NET 3.5 (Mai 2008)

Installation

Das Installationspaket enthält neben dem Quellcode der verschiedenen Anwendungsblöcke auch Dokumentationen und Einsatzbeispiele sowie die Anwendung *Enterprise Library Configuration*, die dem Erstellen von Anwendungskonfigurationsdateien mit den für die Anwendungsblöcke relevanten Einstellungen dient (siehe Abbildung). Ab Version 3.0 der Enterprise Library integriert sich das Konfigurationswerkzeug auch in Visual Studio.

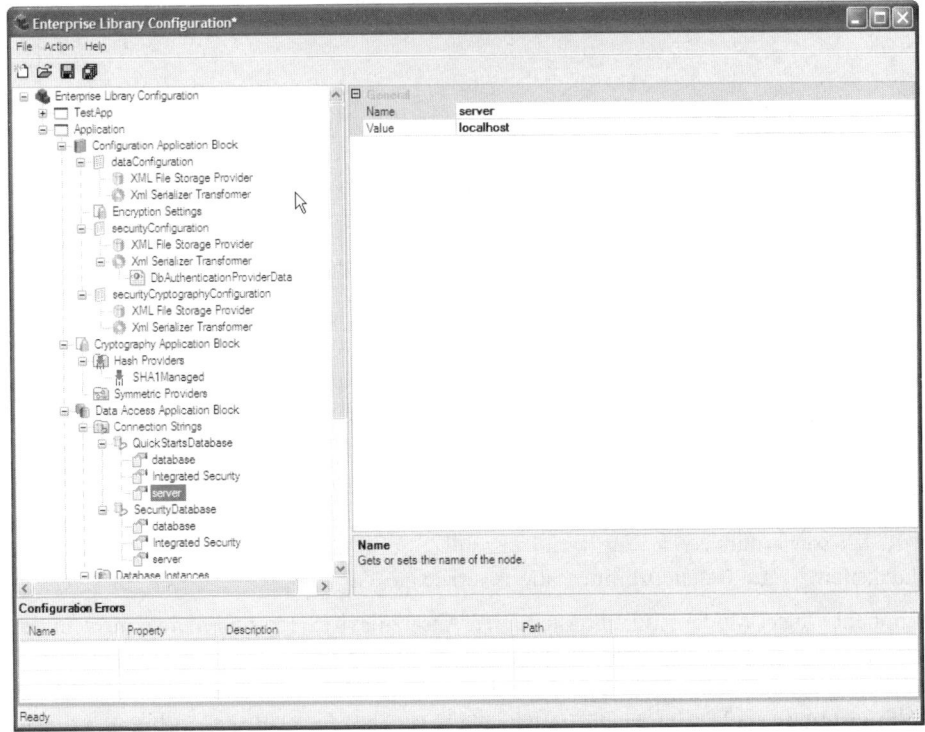

Abbildung 19.1 Die Verwaltungskonsole der Enterprise Library dient der komfortablen Erstellung von Anwendungskonfigurationsdateien

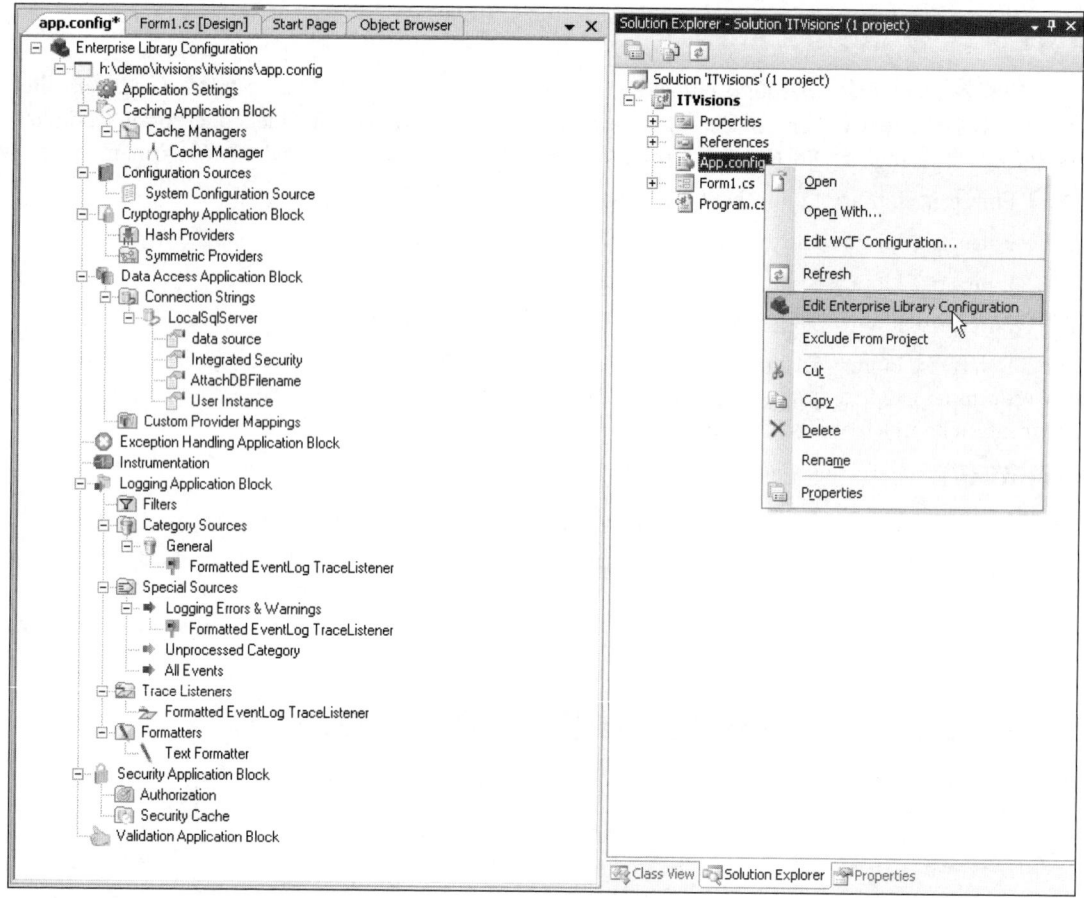

Abbildung 19.2 Enterprise Library-Konfiguration innerhalb von Visual Studio

Windows PowerShell (WPS)

Windows hat seinen Siegeszug nicht zuletzt seinen komfortablen grafischen Benutzeroberfläche zu verdanken. Mit dem Kommandozeilenfenster existiert auch in aktuellen Windows-Versionen noch ein Überbleibsel des DOS-Zeitalters, das dem Vergleich mit den Shells der Unix-Welt nicht standhalten kann. Ende der 1990er Jahre präsentierte Microsoft den Windows Script Host (WSH) als neue Lösung für die programmgesteuerte Systemadministration. Durch die Integrationsmöglichkeit mehrerer Skriptsprachen wie JavaScript, Perl, VBScript und REXX sowie durch den Zugriff auf unzählige Softwarekomponenten bietet der WSH heute fast alle Möglichkeiten der grafischen Administrationswerkzeuge.

Dem auf dem Component Object Model (COM) basierenden Ansatz des WSH konnten viele nicht in der Programmierung ausgebildete Systemadministratoren allerdings nur schwer folgen. Die Windows PowerShell (früher: Microsoft Command Shell oder Microsoft Shell) ist eine neue Kommandozeilenschnittstelle für interaktive Systemadministration und Scripting, die bestehende Shell-Konzepte wie das Pipelining mit dem Microsoft .NET Framework verbindet.

Status und Voraussetzungen

Version 1.0 der PowerShell ist im November 2006 parallel zu Windows Vista erschienen; sie ist aber nicht im Lieferumfang von Windows enthalten, sondern muss separat heruntergeladen werden [TECHNET02]. Die PowerShell ist installierbar auf Windows XP, Windows Server 2003 und Windows Server 2008 sowie zukünftigen Betriebssystemen. Die PowerShell 1.0 läuft nur, wenn .NET Framework 2.0, 3.0 oder 3.5 installiert sind.

Commandlets und Objekt-Pipelining

Mit der PowerShell hat Microsoft nun eine neue Kommandozeilenschnittstelle für Windows entwickelt, die sich oberflächlich gesehen zunächst kaum von der klassischen Windows-Eingabeaufforderung unterscheidet, aber intern komplett auf .NET basiert.

Die PowerShell kennt zwei wesentliche Konzepte:

- **Commandlets**: Die einzelnen Befehle der PowerShell sind keine ausführbaren Dateien, sondern .NET-Klassen, die *Commandlets* heißen. Commandlets bestehen aus einem Verb und einem Substantiv (z. B. Get-Childitem). Abkürzungen (Aliasse) sind möglich (z. B. dir für Get-Childitem).

- **Objekt-Pipelining**: Zentrales Konzept der PowerShell ist das – aus Unix-Shells bekannte – Pipelining von Daten von einem Befehl zum nächsten. Anders als in den bekannten Unix-Shells basiert das Pipelining aber nicht auf der Weitergabe und Auswertung von Zeichenketten, sondern auf dem Austausch streng typisierter .NET-Objekte.

Das Objekt-Pipelining-Konzept unter Verwendung der Commandlets lässt sich durch nachfolgendes Beispiel gut veranschaulichen:

```
Get-childitem c:\daten -filter *.txt
| Where-Object { $_.Length -gt 50000 }
| Select-Object Name, Length
| Sort-Object Length
| Format-Table
```

Das initiale Commandlet (Get-Childitem) ermittelt alle Textdateien im Pfad *c:\daten* und sendet diese in Form von System.IO.File-Objekten in die Pipeline. Durch das zweite Commandlet (Where-Object) wird die Ergebnismenge auf diejenigen Objekte beschränkt, bei denen das Attribut Length größer ist als 50.000. Select-object beschneidet alle Attribute außer Name und Length, während das vierte Commandlet (Sort-Object) in der Pipeline die Ausgabe nach dem Attribut Length sortiert. Mit dem letzten Commandlet entsteht schließlich eine tabellarische Ausgabe.

Eine derart flexible Behandlung von Daten ist in traditionellen Shells nur durch komplexe Zeichenkettenoperationen und reguläre Ausdrücke möglich. Auf Zeichenketten basierende Pipelines sind zudem darauf angewiesen, dass die Ausgabe eines Befehls in der Pipeline immer gleich aufgebaut ist. Ergänzungen in den Eigenschaften einer Datei führen in der objektbasierten PowerShell zu keinerlei Änderungsbedarf in den nachfolgenden Pipeline-Befehlen.

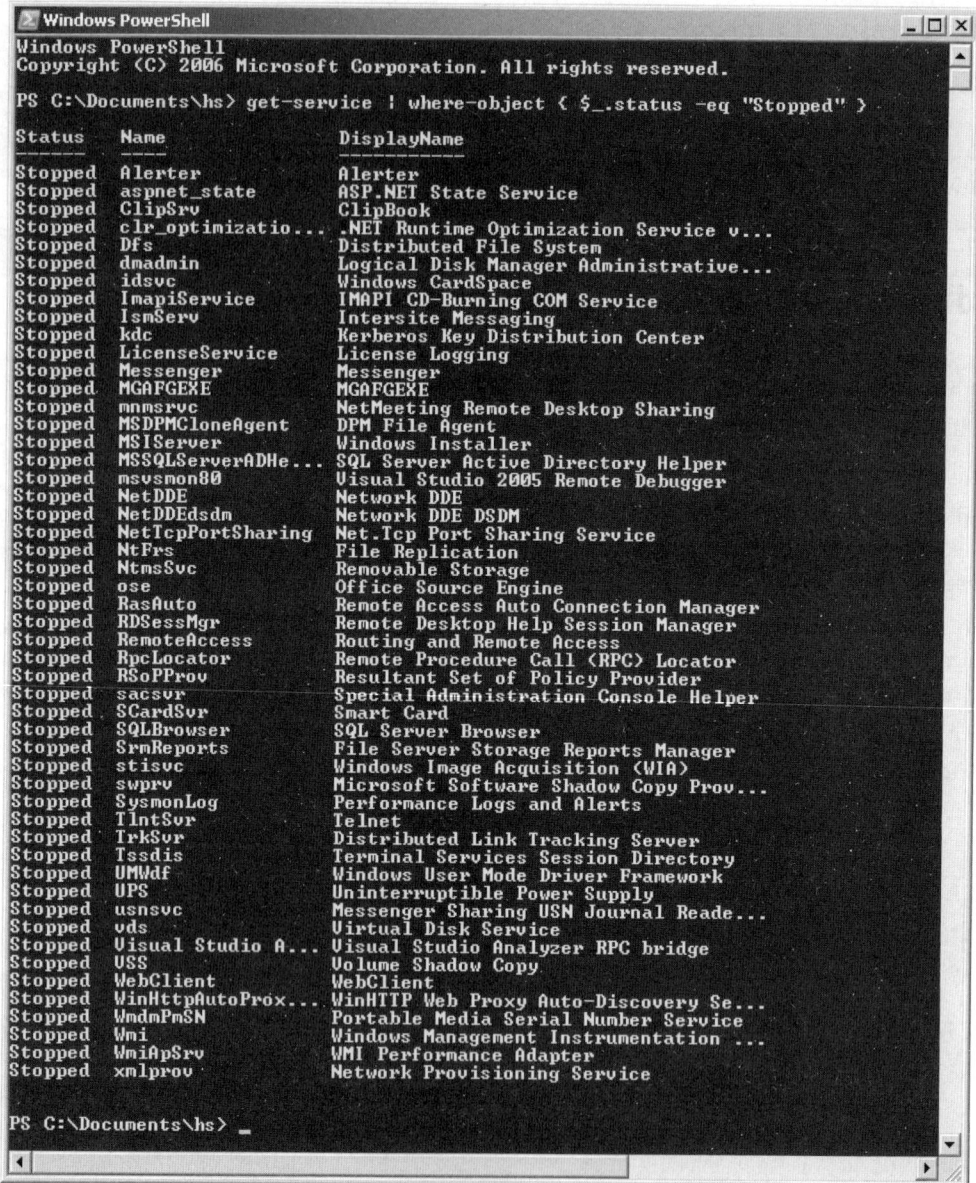

Abbildung 19.3 Beispiel für die Ausführung eines Befehls mit Pipeline in der PowerShell

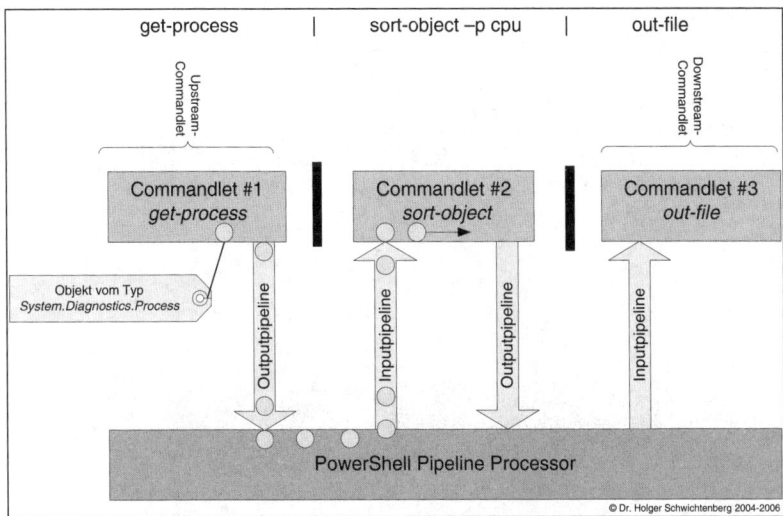

Abbildung 19.4   Pipelining-Konzept: Der PowerShell Pipeline Processor befördert .NET-Objekte von einem Commandlet zum nächsten in der Pipeline

Programmiertechniken

Als Datenquellen stehen neben den Commandlets auch die ganze .NET-Klassenbibliothek und die über 7.000 System- und Netzwerkobjekte in der Windows Management Instrumentation (WMI) sowie unzählige COM-Klassen zur Verfügung. Die direkte Verwendung dieser Klasse setzt aber ähnlich viel Programmierkenntnisse voraus wie bei der Arbeit mit dem WSH.

> **HINWEIS**   Da es leider bisher nur recht wenige Commandlets gibt, muss man in der PowerShell heutzutage noch häufig auf klassische Programmiertechniken ausweichen. Dies ist für geübte .NET-Entwickler kein Problem, stellt aber einige Administratoren vor große Herausforderungen. Microsoft wird zukünftig mehr Commandlets liefern und in der Zwischenzeit können Entwickler den Administratoren Commandlets bereitstellen. Die Erstellung von Commandlets wird weiter unten behandelt.

Kompatibilität zur klassischen Windows-Eingabeaufforderung

Bestehende DOS-Kommandozeilenwerkzeuge oder WSH-Skripte kann ein Administrator aus der PowerShell heraus aufrufen, wobei das Pipelining naturgemäß auf den Zeichenkettenaustausch reduziert ist. Konvertierungswerkzeuge für alte Administrationsskripte sind nicht angekündigt. Mit Programmierkenntnissen in einer beliebigen .NET-Programmiersprache kann ein Administrator alte Befehle jedoch mit überschaubarem Aufwand in PowerShell-Commandlets verpacken.

Navigationsprovider

Neben dem objektorientierten Pipelining bietet die PowerShell ein einheitliches Navigationsparadigma für alle Arten von flachen oder hierarchischen Datenquellen. Der Administrator kann mit bekannten Befehlen wie cd, dir und md durch Umgebungsvariablen oder die Windows-Registrierungsdatenbank navigieren.

```
Windows PowerShell
Copyright (C) 2006 Microsoft Corporation. All rights reserved.

PS C:\Documents\hs> cd HKLM:
PS HKLM:\> dir


    Hive: Microsoft.PowerShell.Core\Registry::HKEY_LOCAL_MACHINE

SKC  VC Name                           Property
---  -- ----                           --------
  4   0 HARDWARE                       {}
  1   0 SAM                            {}
Get-ChildItem : Requested registry access is not allowed.
At line:1 char:3
+ dir <<<<
 50   1 SOFTWARE                       {(default)}
  9   0 SYSTEM                         {}


PS HKLM:\> cd software
PS HKLM:\software> md ITVisions


    Hive: Microsoft.PowerShell.Core\Registry::HKEY_LOCAL_MACHINE\software

SKC  VC Name                           Property
---  -- ----                           --------
  0   0 ITVisions                      {}


PS HKLM:\software> new-itemproperty -path ITVisions -name "Website" -value "http://www.IT-Visions.de" -type string


PSPath        : Microsoft.PowerShell.Core\Registry::HKEY_LOCAL_MACHINE\software\ITVisions
PSParentPath  : Microsoft.PowerShell.Core\Registry::HKEY_LOCAL_MACHINE\software
PSChildName   : ITVisions
PSDrive       : HKLM
PSProvider    : Microsoft.PowerShell.Core\Registry
Website       : http://www.IT-Visions.de


PS HKLM:\software>
```

Abbildung 19.5 Navigation durch die Registrierungsdatenbank mit cd, dir und md

Skripte

Das objektorientierte Pipelining der PowerShell erinnert hinsichtlich der Ausdrucksfähigkeit und Prägnanz an deskriptive Sprachen wie SQL. Alternativ stehen auch Variablen (beginnend mit einem Dollarzeichen) und übliche Programmkonstrukte wie Bedingungen, Schleifen und Unterroutinen in einer den Skriptsprachen Perl und Ruby ähnlichen Syntax zur Verfügung. Die Syntax wird als PowerShell Command Language (PSL) bezeichnet. PowerShell-Befehle können zu Skriptdateien (Dateiextension .ps1) zusammengefasst werden. Das folgende Listing zeigt ein Beispiel in PSDL. Aufgabe ist es, ausgehend von einem Wurzelordner die Größe der Stammordner (also der direkt dem Wurzelordner untergeordneten Ordner) rekursiv zu ermitteln. Eigentlich könnte man vermuten, dass die .NET-Klasse System.IO.DirectoryInfo ein Attribut Size bereitstellen würde. Das ist aber leider nicht der Fall. Daher muss man also alle Unterordner der Stammordner rekursiv durchlaufen und die Größen zusammenzählen. Der rekursive Durchlauf erfolgt mit Get-ChildItem-Recurse. Besonders interessant an diesem Skript ist, dass am Ende - in der letzten Zeile des Skripts - es doch plötzlich *Size* für System.IO.DirectoryInfo gibt. Der Trick dabei ist, dass nach der Berechnung der Größe eines Stammordners der ermittelte Wert dem vorhandenen DirectoryInfo-Objekt als zusätzliches Attribut (im Jargon der Windows PowerShell ein *NoteProperty*) angeheftet wird. Dazu dient das Commandlet Add-Member. Klassisch hätte man hier eine zusätzliche Liste im Speicher gebraucht. Die Power-Shell zeigt aber hier ihre Eleganz.

```
$WurzelVerzeichnisse = Get-ChildItem »j:\Kunden\E*« -Force   | where { $_.GetType().Name -eq
»DirectoryInfo« }
foreach ($AktuellesVerzeichnis in $WurzelVerzeichnisse)
{
$groesse = ($AktuellesVerzeichnis | Get-ChildItem -Recurse   | where { $_.GetType().Name -ne
»DirectoryInfo« } | Measure-Object length -Sum)
Add-Member -InputObject $AktuellesVerzeichnis -Value $groesse.Sum -Name »Size« -MemberType
»NoteProperty«
}
$WurzelVerzeichnisse | sort Size | Format-Table Name, Size
```

Listing 19.1 Ein PowerShell-Skript zur Ermittlung von Verzeichnisgrößen

Sicherheit

PowerShell unterstützt das digitale Signieren von Skripten und Ausführungsrichtlinien (Execution Policies), mit denen Anforderungen an Skripte gestellt werden können, z. B. dass nur signierte Skripte von vertrauten Erstellern ausgeführt werden dürfen. In der Grundeinstellung ist die Ausführung aller Skripte verboten. Diese Einstellung kann man mit `Set-Executionpolicy unrestricted` aufheben.

Erstellung von PowerShell Commandlets mit .NET

Mit .NET kann man eigene PowerShell-Commandlets entwickeln. Der folgende Abschnitt gibt Hinweise und ein Beispiel zur Implementierung eigener Commandlets mit C#.

Basisklasse und Annotation

Jedes .NET-basierte Commandlet ist eine öffentliche .NET-Klasse (deklariert als `public`), die von einer bestimmten Basisklasse (`Cmdlet` oder `PSCmdlet`, beide im Namensraum `System.Management.Automation`) erbt und in einer DLL kompiliert wird. Die Commandlet-Klasse muss neben der Basisklasse auch noch eine Annotation [`Cmdlet`] besitzen, in welche der Verbname und der Substantivname des Commandlets definiert werden.

> **HINWEIS** Der Name der .NET-Klasse ist für die Sichtbarkeit und die Nutzung in der PowerShell nicht maßgeblich.

Methoden

Die Commandlet-Klasse muss mindestens eine der Methoden durch Überschreiben der gleichnamigen Methode der Basisklasse implementieren und mit Code ausstatten:

- `BeginProcessing()`: wird genau einmal zu Beginn der Verarbeitung aufgerufen (vgl. *begin* bei skriptbasierten Commandlets)
- `ProcessRecord()`: wird einmal für jedes Objekt in der Pipeline aufgerufen. Bei leerer Pipeline wird `ProcessRecord` jedoch auch genau einmal aufgerufen. (vgl. *process* bei skriptbasierten Commandlets)
- `EndProcessing()`: wird genau einmal am Ende der Verarbeitung aufgerufen (vgl. *end* bei skriptbasierten Commandlets)
- `StopProcessing()`: wird nur dann einmal aufgerufen, wenn der Anwender den Abbruch der Verarbeitung anfordert.

Parameter

Commandlet-Parameter erstellt man durch Attribute in .NET-Klassen, die zusätzlich die Annotation [Parameter] besitzen. Außerdem muss das Attribut öffentlich (public) sein.

```
[Parameter()]
public string EigenerName = ".";
```

Soll der Anwender den Parameternamen auch weglassen können, muss der Entwickler des Commandlets eine Positionsangabe ergänzen, die wichtig ist, um bei mehreren unbenannten Parametern die Positionszuordnung zu machen.

```
[Parameter(Position = 0)]
public string EigenerName = ".";
```

Ausgabe des Commandlets

Ein Commandlet kann in jeder der drei Methoden die Ausgabepipeline mit einzelnen Objekten befüllen. Hierzu kommt die aus der Basisklasse geerbte Methode WriteObject() zum Einsatz.

Commandlets erzeugen die Ausgabe in ProcessRecord(), wenn die einzelnen Eingabeobjekte unabhängig voneinander sind. Ein Beispiel dafür ist ein Filter-Commandlet wie das Where-Object, in dem jedes einzelne Objekt für sich geprüft wird und die Reihenfolge der Ausgabeobjekte der Reihenfolge der Eingabeobjekte entspricht. Hingegen erzeugen Commandlets die Ausgabe in EndProcessing(), wenn die Ausgabe von allen (!) Eingabeobjekten abhängig ist, z.B. Sort-Object, wo das letzte Eingabeobjekt das erste Ausgabeobjekt sein kann.

Die Ausgabeobjekte des Commandlets dürfen nicht mit dem C#-Sprachkonstrukt return an den PowerShell Pipeline Processor übergeben werden.

Snap-In-Klasse

Mehrere Commandlets können zu einer DLL zusammengefasst werden. Neben den Commandlet-Klassen muss es in der DLL auch noch eine Snap-In-Klasse (Basisklasse: PSSnapIn oder CustomPSSnapIn) geben.

Während die meisten .NET-basierten Anwendungen und .NET-Softwarekomponenten nicht mehr mit Einträgen in der Registrierungsdatenbank arbeiten und daher durch einfaches Kopieren verbreitet werden können (das so genannte *XCopy-Deployment*), erfordert ein PowerShell-Snap-In Einträge in der Registrierungsdatenbank. Nach dem Kompilieren muss die DLL also erst in der PowerShell installiert werden. Dazu kann man ein MSI-Paket oder das Kommandozeilenwerkzeug *installutil.exe* verwenden. Nach der Installation ist ein weiterer Schritt notwendig, nämlich die Aktivierung des Snap-Ins in der PowerShell-Konsole mit Add-PsSnapin.

Beispiel

Das Beispiel zeigt die Implementierung eines Geschäftsobjekt-Commandlets (Get-Flug), das einen oder mehrere Flug-Objekte liefert. Die Implementierung des Beispiels ist einfach, wenn hier die bestehende Geschäftslogik und Datenzugriffsschicht von World Wide Wings verwendet wird, die auch in Windows Forms- und ASP.NET-Anwendungen zum Einsatz kommen.

```
using System;
using System.Collections.Generic;
using System.Management.Automation;
using System.Management;

namespace de.ITVisions.PowerShell
{
 [Cmdlet(VerbsCommon.Get, "Flug", DefaultParameterSetName = "")]
 public class Get_Flug : PSCmdlet
 {
  [Parameter(Position = 0, ValueFromPipeline = true, HelpMessage = "Optionale Angabe: Abflugort")]
  public string Abflugort = "";

  [Parameter(Position = 1, ValueFromPipeline = true, HelpMessage="Optionale Angabe: Zielort")]
  public string Zielort = "";

  [Parameter(ValueFromPipeline = true, HelpMessage = "Optionale Angabe: Flugnummer")]
  public long Nummer = 0;

   protected override void ProcessRecord()
   {
    if ((this.Nummer > 0 ) )
    {
     this.WriteObject(de.WWWings.FlugBLManager.HoleFlug(this.Nummer));
     return;
    }

    if ((this.Abflugort == "") && (this.Zielort == ""))
    {
     this.WriteObject(de.WWWings.FlugBLManager.HoleAlle(), true);
    }
    else
    {
     this.WriteObject(de.WWWings.FlugBLManager.HoleAlle(this.Abflugort, this.Zielort), true);
    }
   }
 }
}
```

Listing 19.2 Beispiel für die Implementierung eines eigenen Commandlets

Weitere Informationen

Mehr zum Thema Windows PowerShell und zu der Erstellung von Commandlets mit .NET finden Sie im Buch »H. Schwichtenberg: Windows PowerShell«, Addison-Wesley, 2007 [HS05].

Kapitel 20

Ausblick und Fazit

In diesem Kapitel:
Was kommt in Zukunft? 820
Bewertung: Wo steht .NET? 821
Migrationstendenzen 822

Dieses Kapitel rundet das Buch mit einem Ausblick auf die kommenden Versionen und einem Fazit ab.

Was kommt in Zukunft?

Während es bei den beiden vorherigen Auflagen dieses Buchs jeweils schon eine Alpha-Version der nächsten Version gab, ist dieses Mal noch nichts Greifbares von .NET 4.0 vorhanden. Wie der Zeitstrahl zeigt, ist .NET Framework 4.0 für das Jahr 2009 angekündigt. Der Autor erwartet aber, dass es eher 2010 wird.

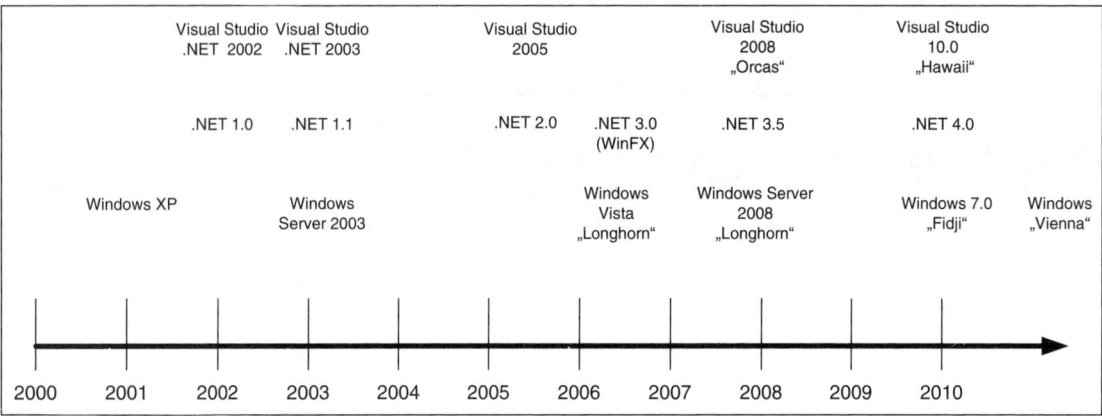

Abbildung 20.1   .NET-Versionen im Zeitablauf

Erste konkrete Ankündigungen und eine Vorabversion sind auf der Professional Developer Conference (PDC) im Oktober 2008 in Los Angeles zu erwarten. Zum jetzigen Zeitpunkt sieht man nur einige experimentelle Erweiterungen zu .NET 3.5, die eine Chance haben könnten, Einzug in .NET 4.0 zu halten. Dies sind die *Parallel Extensions*, *Volta* und das Projekt *Oslo*.

- Die *Parallel Extensions* bieten eine starke Verbesserung in Bezug auf die Programmierung mit mehreren Prozessoren bzw. Prozessorkernen. Unterstützt wird z. B. das parallele Arbeiten von Schleifen und LINQ-Abfragen (*Parallel LINQ*).

- *Oslo* ist der Codename für einen .NET-basierten Anwendungsserver, der nicht nur Funktionen von COM+, sondern auch von dem Biztalk Server umfassen sollen. Oslo wäre der echte .NET-Anwendungsserver, der mit den Anwendungsservern in der Java-Welt vergleichbar wäre.

- *Volta* ist ein Projekt, das einerseits eine automatische Konvertierung von C# oder Visual Basic nach JavaScript umfasst (zur Vereinfachung der clientseitigen Programmierung in Webanwendungen) und andererseits eine Vereinfachung der Entwicklung von verteilten Anwendungen. In Volta kann man durch Deklarationen eine Codebibliothek in Client- und Serverteil auftrennen (Tier Splitter).

ACHTUNG   Zum Redaktionsschluss dieses Buchs ist noch nicht klar, ob und welche der o.g. Funktionen Einzug in .NET Framework 4.0 bzw. Visual Studio 10.0 finden werden.

Bewertung: Wo steht .NET?

Zum Abschluss dieses Buchs soll der aktuelle Entwicklungsstand von .NET bewertet werden. Dabei soll die Funktionalität von .NET 3.5 in Relation sowohl zu den Vorgängerversionen (.NET 1.0, 1.1, 2.0, 3.0) als auch zu den bereits angekündigten Nachfolgeversionen gesetzt werden.

.NET 1.x war bereits stark im Bereich der Webanwendungen und der XML-Webservices. Die Unterstützung für Konsolenanwendungen war rudimentär. Die Windows Forms zur Entwicklung von Windows-Benutzeroberflächen empfanden sowohl die Visual Basic-Entwickler als auch die C++/MFC-Entwickler als einen Rückschritt gegenüber den aus Visual Studio 6.0 bekannten Möglichkeiten. Microsoft hat in .NET 2.0 für Konsolen- wie auch für Windows-Anwendungen nachgelegt. Trotzdem ist Windows Forms schon eine sterbende Technologie, denn die Windows Presentation Foundation (WPF) ab .NET 3.0 stellt die Windows Forms mit der XML-basierten Oberflächenbeschreibung hinsichtlich der gestalterischen Möglichkeiten ins Abseits. Sobald geeignete Werkzeuge zur Verfügung stehen, könnte auch der Entwicklungskomfort für WPF besser (als bei Windows Forms) werden. Die Konsolenanwendungen erfahren einen Schub durch die auf .NET-Klassen basierenden Commandlets in der Windows PowerShell.

Die größte Schwäche des .NET Remoting in Version 1.x waren die fehlenden Sicherheitsfunktionen. .NET 2.0 brachte hier Neuerungen im Bereich Authentifizierung, Verschlüsselung und Zugriffskontrolle. Mit der Windows Communication Foundation (WCF) ab .NET 3.0 werden die vordefinierten und zum Betriebssystem der Anwendung konfigurierbaren Möglichkeiten noch umfangreicher. Nutzer von .NET Remoting haben aufgrund fehlender Migrationsmöglichkeiten allerdings schlechte Karten für die Zukunft.

Der Datenzugriff wurde in .NET 2.0 nur marginal und in .NET 3.0 gar nicht verbessert. Den ursprünglich angekündigten Objekt-Relationalen Mapper *Object Spaces* hat Microsoft auf das .NET 3.5-Zeitalter verschoben. Dort sind dann – wie in diesem Buch geschildert – mit LINQ-to-SQL und dem ADO.NET Entity Framework direkt zwei ORM-Werkzeuge erschienen. Dieses »Doppelspiel« muss man durchaus kritisch sehen: Ein ORM mit verschiedenen Optionen wäre besser gewesen als zwei ähnliche, aber im Detail doch sehr unterschiedliche Implementierungen.

Der Windows-Systemzugriff, also die Nutzung von Systembausteinen, wurde in .NET 2.0 verbessert. Hier sind insbesondere die Klassen für den Zugriff auf die Zugriffsrechtelisten zu nennen. In .NET 3.0 und 3.5 ist die ursprünglich im Jahr 2003 angekündigte Verbesserung aber ausgeblieben.

Während .NET 3.0 keine Neuerungen für Webanwendungen enthielt, hat Microsoft parallel zu .NET 3.0 die sogenannten AJAX-Erweiterungen für ASP.NET 2.0 entwickelt, die seit .NET 3.5 fest zum Kern von .NET gehören.

Noch nicht aufgedeckt hat Microsoft, welche Innovationen es in .NET 4.0 (Codename *Hawaii*) geben wird. Der angekündigte .NET-basierte Anwendungsserver *Oslo* könnte die letzte große Lücke schließen, die .NET im Vergleich zu Java hat.

	.NET 1.x (COM3/Everett)	.NET 2.0 ("Whidbey")	.NET 3.0 ("WinFX")	.NET 3.5 ("Orcas")	.NET 3.5 SP1	.NET 4.0 ("Hawaii")
Erscheinungstermin	2002/2003	2005	2006	2007	2008	Ca. 2009/2010
Konsolenoberflächen	0	+	++ (PowerShell)	0	0	?
Desktop-Oberflächen	0	+	++ (WPF)	+	+	?

	.NET 1.x (COM3/Everett)	.NET 2.0 ("Whidbey")	.NET 3.0 ("WinFX")	.NET 3.5 ("Orcas")	.NET 3.5 SP1	.NET 4.0 ("Hawaii")
Web-Oberflächen	++	++	O	++ (AJAX)	+ (MVC u.a.)	++ ("Volta")
Verteilte Systeme	O (Webservices: ++)	+	++ (WCF)	+ (AJAX, RSS, ATOM, POX)	+ ADO.NET Data Services	++ ("Volta")
Anwendungsserver	- (nur COM+/IIS)	O	+ (WAS)	O	O	++ ("Oslo")
Datenzugriff	O	+	O	++ (ORM)	++ (ORM, ADO.NET Data Services)	?
Objektpersistenz (ORM)	--	O	O	++ (LTS)	++ (ADO.NET Entity Framework)	?
Computergestützte Arbeitsabläufe	--	O	+ (WF)	+	O	?
Windows-Systemzugriff	O	+	O	O	O	?
Scripting	-	--	+ (PowerShell)	++ (Visual Studio Tools for Applications)	O	?
Werkzeugunterstützung	+	++	O	+	O	?

Tabelle 20.1 Bewertung der früheren, heutigen und zukünftigen .NET-Versionen (Legende: In der ersten Spalte ist der Grundzustand bewertet. Die folgenden Spalten geben die Veränderung an: O = keine Veränderung. + = leichte Verbesserung, ++ = große Verbesserung, ? = noch unbekannt).

Migrationstendenzen

Wer Java kennt, der findet sich schnell zurecht in .NET. Die etwas anderen Klassennamen sind einfach zu erlernen. Auch C++-Entwickler fühlen sich wohl und sind begeistert von dem verminderten Fingerkuppenabrieb. Nach den Erfahrungen der letzten fünf Jahre tun sich einige Visual Basic-Entwickler aber schwer mit .NET, weil die konsequente Objektorientierung doch oft weit entfernt ist von den bisherigen Programmierpraktiken in der VB-Welt. Starke Migrationstendenzen zu .NET gibt es nicht nur von C++ und Visual Basic 6.0, sondern auch von Delphi, Gupta, Visual Objects und anderen Programmiersprachen, die von ihren Herstellern vernachlässigt werden.

Verglichen mit Java ist .NET nicht schlechter, kann aber auch Java nicht deutlich ausstechen. .NET ist etwas konsistenter und der Markt ist übersichtlicher, weil vieles von einem Hersteller kommt. .NET hat außerdem kleine Vorteile bei der Oberflächengestaltung. Im Backend (Serverseite) liegt Java noch vorne. Für einen Umstieg von Java nach .NET gibt es nur wenige Gründe, weshalb Migrationsprojekte von Java nach .NET auch eher selten anzutreffen sind im Markt.

Kapitel 21

Die Entwicklergemeinde und andere Informationsquellen

In diesem Kapitel:

Zeitschriften	824
Bücher	825
Newsgroups, Foren und Weblogs	826
Websites	826
Organisationen	829
Veranstaltungen	830
Feedback an Microsoft	831

Unter dem Motto »Wie geht es nun weiter?« zeigt Ihnen dieses abschließende Kapitel über die übliche Literatur- und Linkliste hinaus auf, welche Quellen Sie für Informationen und Unterstützung bei .NET-Projekten heranziehen können.

Zeitschriften

In dieser Rubrik werden nur deutschsprachige Zeitschriften erwähnt, die sich intensiver oder ausschließlich mit .NET beschäftigen.

Zeitschriften mit dem Schwerpunkt .NET

dotnetpro – Das Profi-Magazin für Entwickler

Das Magazin dotnetpro ist entstanden aus den Magazinen basicpro (Steingräber Fachverlag), System Journal (redtec publishing) und VBA Magazin (Computerfachverlag Cordula Lochmann). Das neue Magazin erscheint nun monatlich bei redtec publishing und ist nur im Abonnement erhältlich. Chefredakteur ist Tilman Börner, der zuvor für MSDN Online Deutschland gearbeitet hat.

http://www.dotnetpro.de

dot.net magazin

Das dot.net magazin ist eine Neugründung aus dem Frankfurter Software und Support Verlag, der sich zuvor mit Publikationen aus den Bereichen Linux, Java und PHP einen Namen gemacht hatte. Das Magazin erscheint ebenfalls monatlich und ist sowohl im Abonnement als auch im Zeitschriftenhandel erhältlich. Chefredakteur ist Peter Monadjemi, der durch zahlreiche Fachbücher bekannt ist.

http://www.dotnet-magazin.de

ASP.NET professional – Das Magazin für Microsoft Web Entwickler

Dieses Magazin mit dem Spezialgebiet Web-Entwicklung gibt die ppedv AG heraus. Es erscheint sechsmal im Jahr und ist nur im Abonnement zu beziehen. Die Redaktion leitet Hannes Preishuber, der sich jetzt schon seit einigen Jahren als »Interims-Chefredakteur« bezeichnet.

http://www.aspnet-professional.de

Visual Studio One

Visual Studio One ist das zweite Magazin der ppedv AG, das es seit Ende 2005 gibt. Chefredakteur war erst Frank Eller, inzwischen ist es Harald M. Genauck. Laut eigener Darstellung versteht sich die Publikation, die zweimonatlich erscheint, als »Magazin für alle Nutzer von Microsoft-Technologien«.

http://www.visualstudio1.de

MS Coder

Neu auf dem deutschen Markt ist die deutschsprachige Ausgabe des in Warschau verlegten Magazins »MS Coder«.

http://www.mscoder.org/de

Zeitschriften, die regelmäßig über .NET berichten

OBJEKTspektrum – Die Zeitschrift für Web- und Objekttechnologie

Die ».NET Twins« Ralf Westphal und Christian Weyer schreiben regelmäßig eine .NET-Kolumne für das OBJEKTspektrum (Verlag: SIGS DATACOM).

http://www.sigs-datacom.de/sd/publications/os

iX – Magazin für professionelle Informationstechnik

Die iX aus dem Heise Zeitschriften Verlag berichtet nicht im Rahmen einer eigenen Rubrik, aber dennoch sehr häufig über die aktuellen Entwicklungen im .NET-Bereich. Im Jahr 2003 war das erste Sonderheft in der Geschichte der iX dem Thema .NET gewidmet. Im Dezember 2005 ist ein weiteres Sonderheft zu .NET 2.0 erschienen. Das dritte Sonderheft zu .NET 3.0 ist im März 2007 erschienen.

http://www.ix.de

Bücher

Nachfolgend sind diejenigen deutschen Computerfachbuchverlage in alphabetischer Reihenfolge genannt, die ein sehr umfangreiches .NET-Buchprogramm anbieten. Auch in anderen Verlagen werden Sie .NET-Titel finden.

Addison-Wesley	*http://www.addison-wesley.de*
Carl Hanser Verlag	*http://www.hanser.de*
Entwickler Press	*http://www.entwickler-press.de*
Markt & Technik	*http://www.mut.de*
Microsoft Press	*http://microsoft.com/germany/mspress/*
mitp	*http://www.mitp.de*

Ein Wort zum .NET-Buchmarkt

Anlässlich von .NET 1.x war der Markt »overpublished«, es gab also mehr Fachbücher, als die Nachfrage erforderte. Ab .NET 2.0 sind die Verlage vorsichtiger geworden; die Anzahl der .NET-Bücher hat stark abgenommen. Auch die schlechte Bezahlung der Fachbuchautoren sorgt dafür, dass es immer weniger Fachliteratur auf dem deutschen Markt gibt. Der Aufwand zu Erstellung eines Computerbuchs ist so hoch, dass ein Computerbuchautor pro Stunde weit weniger bekommt als der Betrag, der in Deutschland als Mindestlohn diskutiert wird. Die Tätigkeit als EDV-Fachbuchautor ist fast eine ehrenamtliche Arbeit und dementsprechend möchten viele Experten daran nicht mitwirken.

Newsgroups, Foren und Weblogs

Microsoft bietet zahlreiche Möglichkeiten, Fragen zu .NET zu stellen. In einigen Gruppen diskutieren auch die Produktteams mit.

Webbasierte Foren: *http://forums.microsoft.com*

Server für NNTP-News: *news://msnews.microsoft.com*

Microsoft-Mitarbeiter geben auch in ihren Weblogs viele Informationen. Die folgende englische Site aggregiert alle Weblogs von Microsoft-Mitarbeitern:

http://www.microsoft.com/communities/blogs/PortalHome.mspx

Der Autor dieses Buchs führt sein Weblog im Rahmen von heise.de:

http://www.heise.de/ix/blog/1 oder *http://www.dotnet-doktor.de*

Websites

Angebote von Microsoft

Die offizielle Entwickler-Website von Microsoft heißt Microsoft Developer Network Online (MSDN Online).

Deutsch	*http://www.microsoft.com/germany/msdn*
Englisch	*http://msdn.microsoft.com*

Darüber hinaus bietet Microsoft mehrere inoffizielle Websites an, auf denen Nutzer eigene Produkte und Lösungen präsentieren können und viele Microsoft-Entwickler interessante Hintergrundinformationen liefern. Diese Angebote sind rein englischsprachig.

.NET allgemein	*http://www.gotdotnet.com*
ASP.NET	*http://www.asp.net*
Windows Forms	*http://www.windowsforms.net*
.NET Framework 3.x	*http://www.netfx3.com*

Codezone.de

Von Entwicklern für Entwickler: *www.codezone.de*, das Suchsystem der deutschsprachigen Microsoft Developer-Community, ermöglicht die Website-übergreifende Recherche nach deutschsprachigen Developer-Themen, liefert Links zu wichtigen Web-Ressourcen für Entwickler und informiert über aktuelle Events, neue Bücher oder die Aktivitäten der User Groups. Das Web-Portal geht auf eine Initiative von Microsoft Deutschland zurück und wird von Mitgliedern der Developer-Community realisiert und betreut; für die inhaltliche Ausgestaltung und Weiterentwicklung von Codezone sorgt ein fünfköpfiges Editorial Board.

.NET ist naturgemäß Schwerpunktthema von Codezone.de. Eine eigene Rubrik beschäftigt sich auch mit Zukunftsthemen.

Deutsch   *http://www.codezone.de*

Englisch   *http://www.codezone.com*

Codezone Premier Sites

Unter dem Begriff Codezone Premier Site führt Microsoft externe Community-Websites, die direkt in die Hilfe von Visual Studio bzw. der Express-Produkte integriert sind. Entwickler erhalten so durch die Suchfunktion auf Wunsch – neben den Artikeln von MSDN Online – auch unabhängige Informationen von Community-Websites. Sofern in den Hilfe-Optionen die Online-Suche aktiviert ist, erhält man die Community-Informationen in der Registerkarte *Codezone Community* (siehe Abbildung).

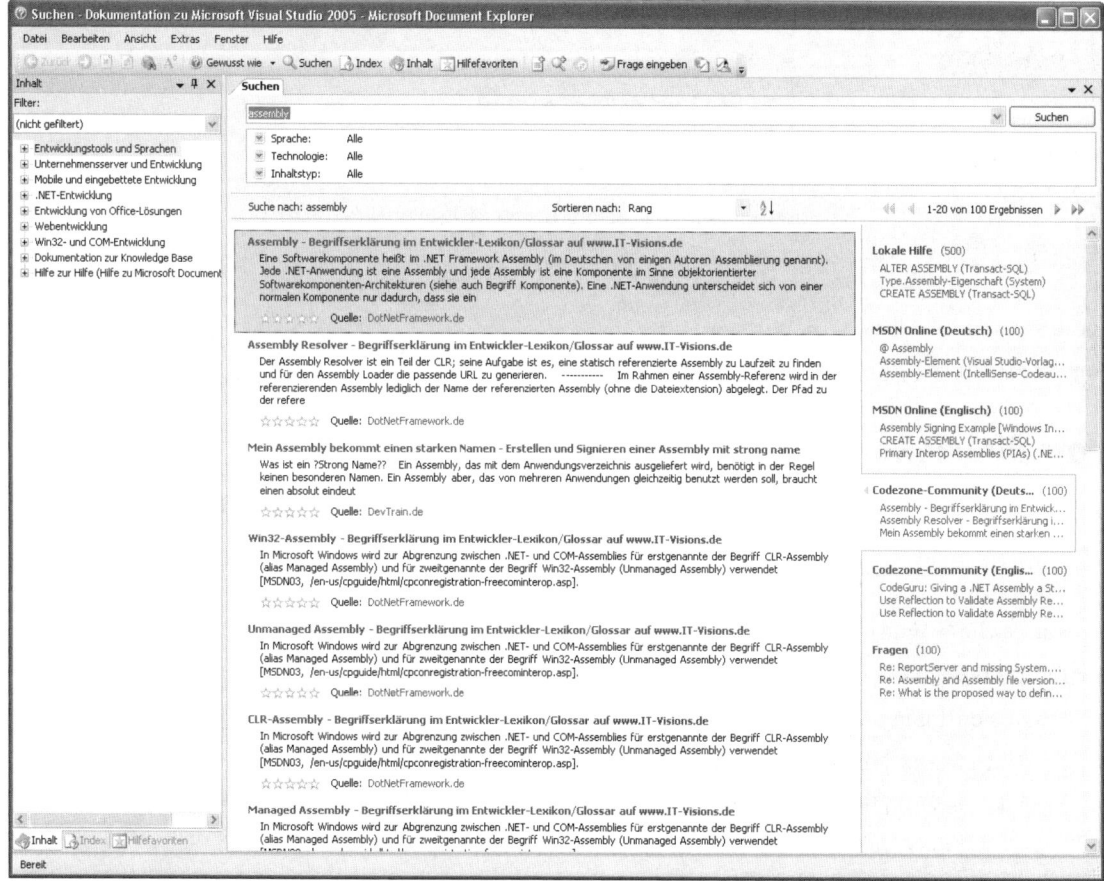

Abbildung 21.1   Suchergebnisse aus der Codezone-Community

Es gibt weltweit 38 Codezone Premier Sites. Für den deutschsprachigen Bereich sind bisher nur die deutschen Websites *www.devtrain.de* und *www.dotnetframework.de* in die Hilfe integriert. Voraussetzung für den Abruf dieser Hilfe-Informationen ist, dass der Entwickler die Hilfe-Sprache (*Extras/Optionen/Hilfe/Allgemein/Onlinethemensprache*) auf Deutsch einstellt. In der deutschen Version von Visual Studio ist dies die Voreinstellung, in der englischen Version muss der Entwickler dies noch umstellen.

Liste der Codezone Premier Sites: *http://msdn.microsoft.com/community/codezone/*

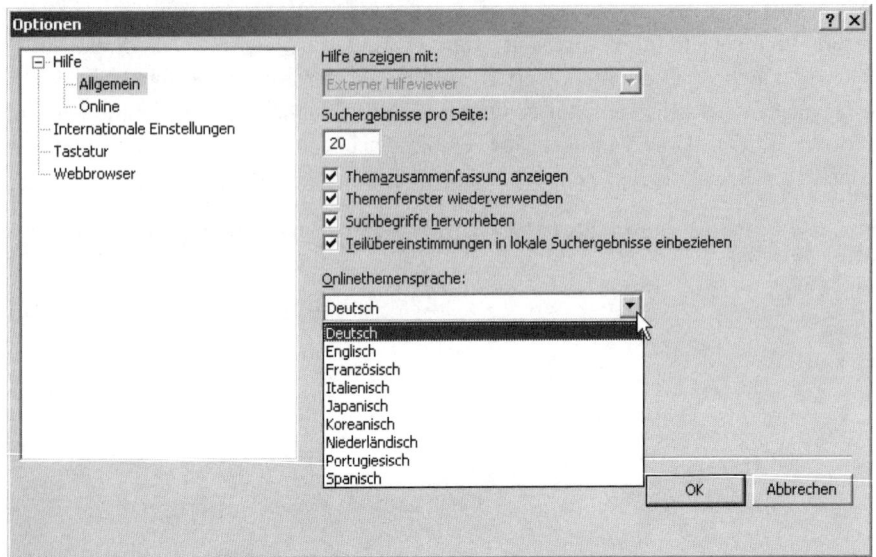

Abbildung 21.2   Einstellung der Hilfesprache für die Codezone Premier Websites

dotnetframework.de

Die Website *dotnetframework.de* wird vom Autor dieses Buchs unabhängig von Microsoft betrieben. Das Angebot umfasst:

- Fachbegriffslexikon mit über 1.700 Einträgen
- Zahlreiche Grundlagen- und Aufbauartikel
- Rund 1.000 Codebeispiele
- Diskussionsforen
- Produktreferenz .NET-Werkzeuge
- Produktreferenz .NET-Softwarekomponenten
- Klassenreferenz (welche Klasse in welcher .NET-Version?)
- Weblog mit .NET-Nachrichten

Website	*http://www.dotnetframework.de*
RSS-Feed	*dotnetframework.de/rss*

Weitere Websites

Ein Verzeichnis unabhängiger Community-Websites mit kostenlosen deutschsprachigen Informationen zu .NET finden Sie unter

Deutsch   http://www.dotnetframework.de/dotnet/CommunitySites.aspx

Organisationen

.NET Code Wise Community

Mitglieder der .NET Code Wise Community sind praxiserprobte Experten und Organisationen, die .NET-Entwickler mit ihrer langjährigen Erfahrung und ihrem Profi-Know-how unterstützen. Egal ob als Autoren erfolgreicher Fachliteratur, Anbieter von professionellen Internet-Portalen, Trainer oder Sprecher: Mit ihren technischen Fachartikeln und Codebeispielen helfen die Code Wise-»Gurus« anderen Entwicklern fundiert und wirkungsvoll beim Aufbau oder bei der Vertiefung ihres .NET-Wissens.

Code Wise-Mitglieder werden halbjährlich von Microsoft ernannt. Die Nominierungen erfolgen dabei in vier Kategorien: für Autoren, für Trainer, für herausragende Websites und für exzellente Referentenleistungen im Rahmen des INETA-Sprecherbüros.

In den deutschsprachigen Ländern Deutschland, Österreich und Schweiz wurde das Programm erstmals im Juni 2003 aufgelegt; derzeit gehören insgesamt 13 .NET-Experten der deutschsprachigen Code Wise Community an.

http://www.microsoft.com/germany/ms/community/programme/codewise.mspx

International .NET Association (INETA)

Die *International .NET Association* ist eine gemeinnützige und unabhängige Organisation, die schwerpunktmäßig User Groups rund um .NET-Technologien fördert. Mitgliedsgruppen erhalten Hilfe durch technische Informationen in Form von Resource Kits und für ihre Treffen Sprecherunterstützung aus einem internationalen INETA-Sprecherbüro. INETA wird von Delegierten geleitet, die aus dem Kreis der User Groups gewählt werden. Der deutschsprachigen INETA-Sektion gehören rund 50 User Groups in Deutschland, Österreich und der Schweiz an.

http://www.ineta-germany.org

Microsoft Most Valuable Professionals (MVPs)

Mitglieder des Microsoft *Most Valuable Professional*-Programms (MVP) sind Spezialisten, die sich durch außerordentlichen Einsatz, hohe fachliche Kompetenz und ein herausragendes Kommunikationstalent in Communities rund um Microsoft-Produkte und -Technologien einen Namen gemacht haben. Hierzu zählen etwa ausgewählte Experten in Newsgroups oder Web-Foren, Buchautoren oder Referenten. Inzwischen gibt es weltweit ca. 2.700 MVPs in 52 Ländern, davon derzeit ca. 160 deutschsprachige Experten.

http://mvp.support.microsoft.com

Regional Directors

Microsoft Regional Directors sind unabhängige, internationale und erfahrene Experten für Microsoft-Technologien, die gemeinsam mit Microsoft aktiv am professionellen Einsatz und an der effizienten Verwendung der Technologien arbeiten. Als Kompetenzvermittler mit einem Ohr an der Praxis in den Unternehmen wirken sie als wichtiges Bindeglied zwischen Softwareentwicklern und Microsoft. Weltweit gibt es derzeit ca. 130 Regional Directors, vier davon in Deutschland.

http://www.regionaldirectors.de

Community Leader/Influencer Program (CLIP)

CLIP ist das Basis-Betreuungsprogramm von Microsoft für alle Betreiber deutschsprachiger, nichtkommerzieller Online- und Offline-Communities, die sich mit Microsoft-Produkten, -Services und -Technologien beschäftigen, z. B. in Form von Web-Portalen, Online-Foren oder User Groups.

Mit CLIP möchte Microsoft Sie bei Ihrer Community-Arbeit unterstützen. CLIP hilft Ihnen mit persönlicher Betreuung durch Microsoft-Experten, versorgt Sie frühzeitig mit technischen Informationen und kümmert sich darum, dass ihre qualifizierten Community-Services die öffentliche Resonanz erfahren, die sie verdienen. Die Nominierung neuer CLIP-Kandidaten erfolgt vierteljährlich.

http://www.microsoft.com/germany/community/programme/clip.mspx

Veranstaltungen

Neben Websites und Büchern gibt es zahlreiche Möglichkeiten, sich auf Veranstaltungen über .NET zu informieren.

Schulungen und Workshops

.NET-Kurse werden von zahlreichen Schulungsunternehmen angeboten. Aufgrund des vielfältigen Angebots kann hier keine Liste von Anbietern abgedruckt werden. Auch der Autor dieses Buchs bietet Schulungen, Workshops und Coaching an (*http://www.IT-Visions.de/Schulungen*) – sowohl in offenen Veranstaltungen (in Kooperation mit dem Heise-Verlag) als auch in individueller In-House-Form.

Konferenzen

Es gibt vier Fachkonferenzen, die sich fast ausschließlich mit .NET beschäftigen:

- BASTA (*www.basta.net*): Die BASTA ist schon mehr als zehn Jahre alt und war früher eine reine Visual Basic-Konferenz. Heute geht es um alle .NET-Themen und mehr um C# als Visual Basic. Veranstalter ist die Software und Support GmbH aus Frankfurt (früher: Arne Steingräber). Der Veranstaltungsort ist Frankfurt oder Mainz. In den Zeiten unter Arne Steingräber fand die Konferenz manchmal auch in München statt.

- VSOne (*www.vsone.de*): Die VSOne-Konferenz ist aus mehreren kleineren Konferenzen (ASP-Konferenz, VBMoves) entstanden. Veranstalter ist die ppedv AG in Burghausen. Der Veranstaltungsort lag bisher immer irgendwo in Südbayern.
- Die Advanced Developers Conference (ADC) (*www.advanced-developers.de*) wurde ursprünglich einmal jährlich von Mirko Matytschak veranstaltet und dann im Jahr 2005 an die ppedv verkauft. Die ADC fand in den letzten Jahren sowohl eigenständig als auch als Teilkonferenz der VSOne statt.
- Die PRIO-Konferenz (*www.prio-conference.de*) ist die jüngste Konferenz in der Szene. Veranstalter ist die Zeitschrift dotnetpro. Die erste PRIO-Konferenz fand im November 2006 in Baden-Baden statt.

Außerdem ist .NET ein (kleines) Teilgebiet der Konferenz für Objekt-Orientiertes Programmieren (OOP), die jährlich im Januar von der Firma SIGS Datacom in München veranstaltet wird.

.NET User Group-Treffen

Die lokalen .NET User Groups der International .NET Association (INETA) treffen sich in jeweils selbst festgelegten Abständen. Es gibt inzwischen in Deutschland mehr als 20 solcher User Groups an verschiedenen Orten. Informationen dazu bieten die Websites der einzelnen Gruppen, zu denen man über die INETA-Website gelangt.

http://www.ineta-germany.org

Feedback an Microsoft

.NET 2.0 und Visual Studio 2005 waren die ersten Produkte, für die Microsoft sein neues Feedback-Center (Codename *Ladybug*) eingeführt hat. Über das Microsoft Connect Feedback-Center (früher MSDN Feedback Center) nimmt Microsoft sowohl Fehlermeldungen als auch Vorschläge von jedermann entgegen. Nutzer haben die Möglichkeit, Fehler zu bestätigen und Vorschläge zu bewerten. Microsoft-Mitarbeiter aus den jeweiligen Produktteams kommentieren alle Einträge.

http://connect.microsoft.com/feedback/default.aspx?SiteID=210

Syntaxvergleich: Visual Basic 2008 versus C# 2008

In diesem Abschnitt:

Befehlswörter	834
Datentypen	836
Operatoren	837

Die folgende Tabelle zeigt einen repräsentativen Ausschnitt der Syntaxelemente der beiden Programmiersprachen im Vergleich. Diese Tabelle ist nicht vollständig.

Befehlswörter

Zweck	Visual Basic 2008	C# 2008
Einsprungpunkt	Sub Main(ByVal args() As String)	static void Main(string[] args)

Namensraum	Namespace X
	 ...
	 End Namespace
		namespace X {
		 ...
		 }

Klasse	Class
	 ...
	 End Class
		class {
		 ...
		 }

Öffentliche Klasse	Public Class	public class
Klasse nur innerhalb der Assembly sichtbar	Friend Class	internal class
Partielle Klasse	Partial Class	partial class
Variablendeklaration/ Attributdefinition als Field	Dim x as Typ	Typ x

Attributdefinition als Property	Property X() As String
	   Get
	     Return _X
	   End Get
	   Set(ByVal value As String)
	     _X = value
	   End Set
	 End Property
		public string X
		 {
		   get { return x; }
		   set { x = value; }
		 }
		 oder kurz:
		 public Type Name { get; set; }

Array	Dim x as Byte()	byte[] x;
Array-Größenveränderung	ReDim Preserve	Array.Resize()

Methode mit Rückgabewert	Function f() as Typ
	 ...
	 End Function
		Typ f()
		 {
		 ...
		 }

Methode ohne Rückgabewert	Sub f() as Typ
	 ...
	 End Sub
		void f()
		 {
		 ...
		 }

Überladene Methode	Overloads	(keine Zusatzangabe)
Methode verlassen	Return	return

Befehlswörter

Zweck	Visual Basic 2008	C# 2008
Methode verlassen und beim nächsten Aufruf danach fortsetzen	n/a	yield
Bezug auf Basisklasse	MyBase	base
Bezug auf aktuelle Klasse	MyClass	(Name der Klasse)
Bezug auf das aktuelle Objekt	Me	this
Implementierungsvererbung	Inherits	class C1 : C2
Deklaration einer Schnittstelle	Interface	interface
Schnittstellenvererbung	Implements	class C1 : I1
Konstantes Mitglied	Const	const
Methoden ohne Rückgabewert	Sub	void
Statisches Mitglied	Shared	static
Enumeration	Enum <members> End Enum	enum
Abstrakte Klasse	MustInherit	abstract
Finale Klasse	NotInheritable	sealed
Überschreiben einer Methode	Overrides	override
Abstrakte Methode	MustOverride	abstract
Versiegelte Methode	NotOverridable	sealed
Überschreibbare Methode	Overridable	virtual
Verdeckendes Mitglied	Shadows	(keine Zusatzangabe)
Konstruktor	Sub New() ... End Sub	public Klassenname() { ... }
Desktruktor/Finalizer	Sub Finalize() ... End Sub	~Person() { ... }
Referenz auf eine Methode	Delegate	delegate
Mitglied mit Ereignissen	WithEvents	n/a
Bindung einer Ereignisbehandlungsroutine	Handles AddHandler RemoveHandler	+= -=
Blockbildung für Objekte	With obj ... End With	n/a
Datumsliteral	#12/20/2008#	New DateTime(2008,12,20)
Zeilenumbruch	vbCrLf	"\n"
Wertlose Werttypen	Nullable(Of Typ)	Typ? Oder Nullable<Typ>
Generische Klasse	Klasse(of Typ)	Klasse<Typ>

Zweck	Visual Basic 2008	C# 2008
Typermittlung	obj.GetType()	typeof(obj) obj.GetType()
Typkonvertierung	CType() DirectCast TryCast	(Typ) Variable Variable as Type
Typvergleich	TypeOf k1 Is Kunde	k1 is Kunde
Anonyme Methoden	n/a	+= delegate(){ ... }
Zeigerprogrammierung	n/a	unsafe, &x, *x
LINQ-Abfrageausdruck (nur 2008)	From m In Menge Where m.Feld < 1000 Select m;	from m in Menge where m.Feld < 1000 select m
Implizit typisierte Variable (nur 2008)	Dim x = Wert	var x = Wert
Lambda-Ausdruck	Dim f3 As Func(Of String, Integer) = Function(s) s.Length	Func<string, int> f3 = s => s.Length;
XML-Literale (nur 2008)	<Element>.<Element>.@Attribut	n/a

Datentypen

	Visual Basic 2008	C# 2008
Ganzzahl 1 Byte	Byte	byte
Ganzzahl Boolean	Boolean	bool
Ganzzahl 2 Bytes	Short	short
Ganzzahl 4 Bytes	Integer	int
Ganzzahl 8 Bytes	Long	long
Zahl 4 Bytes	Single	float
Zahl 8 Bytes	Double	double
Zahl 12 Bytes	Decimal	decimal
Zeichen 1 Byte oder 2 Bytes	Char	char
Zeichenkette	String	string
Datum/Uhrzeit	Date	DateTime

Operatoren

	Visual Basic 2008	C# 2008
Mathematik		
Addition	+	+
Subtraktion	–	–
Multiplikation	*	*
Division	/	/
Ganzzahldivision	\	/
Modulus	Mod	%
Potenz	^	n/a
Negation	Not	~
Inkrement	n/a	++
Dekrement	n/a	- -
Zuweisung		
Einfache Zuweisung	=	=
Addition	+=	+=
Subtraktion	-=	-=
Multiplikation	*=	*=
Division	/=	/=
Ganzzahl-Division	\=	/=
Zeichenkettenverbindung	&=	+=
Modulus (Divisionsrest)	n/a	%=
Bit-Verschiebung nach links	<<=	<<=
Bit-Verschiebung nach rechts	>>=	>>=
Bit-weises UND	n/a	&=
Bit-weises XOR	n/a	^=
Bit-weises OR	n/a	|=
Vergleich		
Kleiner	<	<
Kleiner gleich	<=	<=
Größer	>	>
Größer gleich	>=	>=

	Visual Basic 2008	C# 2008
Gleich	=	==
Nicht gleich	<>	!=
Objektvergleich	Is	==
Objektvergleich (negativ)	IsNot	!=
Objekttypvergleich	TypeOf x Is Class1	x is Class1
Zeichenkettenvergleich	=	==
Zeichenkettenverbindung	&	+
Logische Operatoren		
UND	And	&&
ODER	Or	||
NICHT	Not	!
Short-circuited UND	AndAlso	&&
Short-circuited ODER	OrElse	||
Bit-Operatoren		
Bit-weises UND	And	&
Bit-weises XOR	Xor	^
Bit-weises OR	Or	|
BitVerschiebung nach links	<<	<<
Bit-Verschiebung nach rechts	>>	>>
Sonstiges		
Bedingt	IIF- Funktion und If-Operator	?:
Bedingt (für Nullable Types)	n/a	?? :

Literaturverzeichnis

Kürzel	Dokument	Ort
[ACBO01]	Access Board Section 508	http://www.access-board.gov/news/508-final.htm
[ADONET01]	Datenprovider für MySQL (MySQLDirect .NET Data Provider)	http://crlab.com/mysqlnet/
[ADONET02]	Datenprovider für Oracle, DB2, Sybase, Microsoft SQL Server	http://www.datadirect.com/products/dotnet/dotnetrelhigh/index.ssp
[ADONET03]	Open-Source-Datenprovider für Firebird	http://firebird.sourceforge.net/
[ADONET04]	Open-Source-ADO.NET-Provider für MySQL und PostgresSQL	http://sourceforge.net/projects/mysqlnet/
[ADONET05]	Datenprovider für MySql, Informix, DB2, Oracle, Ingres, Sybase und Microsoft SQL Server	http://uda.openlinksw.com/ado.net/
[ASPNET01]	ASP.NET AJAX-Website	http://ajax.asp.NET
[BH01]	B.Harry: Update for Visual SourceSafe coming	http://blogs.msdn.com/bharry/archive/2007/11/24/update-for-visual-sourcesafe-coming.aspx
[BM01]	Marquardt, B.: WPF Crashkurs.	Microsoft Press: München, 2007
[ClassicVB01]	Petition für Visual Basic 6.0	http://www.classicvb.org/
[CODEPLEX01]	.NET Enterprise Library	http://www.codeplex.com/entlib
[CODEPLEX02]	AJAX Control Toolkit	http://www.codeplex.com/AtlasControlToolkit
[COV01]	Website der Firma Covalent, die ein kommerzielles Apache-Modul für ASP.NET anbietet	http://www.covalent.com
[CPR01]	Artikel zur Integration von ASP.NET in Apache über Cassini	http://www.codeproject.com/aspnet/cassini_apache_101.asp
[DEVX01]	Bruce Tate: For JDO, the Time Is Now	http://www.devx.com/Java/Article/20422/1763/page/2
[DOR01]	Scott Dormann: Standalone FxCop Multi-Targeting Rules	http://geekswithblogs.net/sdorman/archive/2007/10/09/Standalone-FxCop-Multi-Targeting-Rules.aspx
[DOTNET01]	Deutsche .NET–Community-Website	http://www.dotnetframework.de
[DOTNET02]	Marktübersicht .NET-Werkzeuge und -Komponenten	http://www.dotnetframework.de/tools.aspx
[DOTNET03]	.NET-Klassenreferenz	http://www.dotnetframework.de/lserver/classreference.aspx
[DOTNET04]	Response.Redirect vs. Server.Transfer	http://www.IT-Visions.de/W3929.aspx
[ECM02]	ECMA Organisation	http://www.ecma-international.org/memento/org.htm
[ECMA01]	ECMA TC49 – Programming Languages (früher: TC39)	http://www.ecma-international.org/memento/TC49.htm
[FID01]	HTTP-Monitor Fiddler	http://www.fiddlertool.com
[FXCOP01]	FXCop Team Blog: Maintainability Index Range and Meaning	http://blogs.msdn.com/fxcop/archive/2007/11/20/maintainability-index-range-and-meaning.aspx
[HS04]	Schwichtenberg, H.: Fleißige Biene – MSBee. Dotnetpro. 9/2006.	Redtec Publishing: Poing, 2006
[HS05]	Schwichtenberg, H: Windows PowerShell	Addison-Wesley: München, 2007.
[HS06]	Schwichtenberg, H: Noch deutliche Schwächen bei Microsofts AJAX	http://www.heise.de/ix/blog/artikel/85094

Literaturverzeichnis

Kürzel	Dokument	Ort
[HSFE01]	Schwichtenberg, H.; Eller, F.: Programmierung mit der .NET-Klassenbibliothek, 2. Auflage.	Addison-Wesley: München, 2003
[HSJF01]	Schwichtenberg, H.; Fuchs, J.: ASP.NET 3.5 und AJAX Crashkurs	Microsoft Press, München, 2008
[JAR01]	Helmut Jarosch: Datenbankentwurf	Vieweg Verlag, 2002
[JOZA01]	Jason Zander: More on .NET Framework 3.0 Naming...	http://blogs.msdn.com/jasonz/archive/2006/06/13/630066.aspx
[KCW01]	Krzysztof Cwalina: FxCop Rule for Multi-Targeting	http://blogs.msdn.com/kcwalina/archive/2007/10/02/Multi_2D00_TargetingAndFxCop.aspx
[LROED01]	.NET Reflector	http://www.aisto.com/roeder/dotnet/
[MIC01]	Miguel de Icaza: Microsoft/Novell Collaboration on Silverlight	http://tirania.org/blog/archive/2007/Sep-05.html
[MiLe01]	Mintert, S.; Leisegang, C.: AJAX – Grundlagen, Frameworks und Praxislösungen.	dpunkt Verlag: Heidelberg, 2006
[MON05]	VisualBasic .NET support in Mono	http://www.mono-project.com/VisualBasic.NET_support
[MONO01]	Novell Mono	http://wwww.go-mono.org
[MONO02]	Monoppix	http://www.monoppix.com/
[MONO03]	Mono Develop	http://www.monodevelop.com/
[MONO04]	Mod_Mono für Apache	http://www.mono-project.com/ASP.NET
[MS01]	Microsoft Simplifies Data-Centric Development in Heterogeneous IT Environments	http://www.microsoft.com/presspass/press/2007/dec07/12-06EntityBeta3PR.mspx
[MS01]	Microsoft Visual Studio Team System 2008 Database Edition Power Tools	http://www.microsoft.com/downloads/details.aspx?familyid=73ba5038-8e37-4c8e-812b-db14ede2c354&displaylang=en
[MSDN01]	Developing Components	http://msdn.microsoft.com/library/default.asp?url=/library/enus/cpguide/html/cpconcomponentprogrammingessentials.asp
[MSDN02]	Simplifying Deployment and Solving DLL Hell with the .NET Framework	http://msdn.microsoft.com/library/default.asp?url=/library/en-us/dndotnet/html/dplywithnet.asp
[MSDN03]	Calling a .NET Component from a COM Component	http://msdn.microsoft.com/library/default.asp?url=/library/en-us/dndotnet/html/callnetfrcom.asp
[MSDN04]	Juval Lowy: Managing the Lifetime of Remote .NET Objects with Leasing and Sponsorship, MSDN Magazine Dezember 2003	http://msdn.microsoft.com/msdnmag/issues/03/12/LeaseManager/default.aspx
[MSDN05]	Visual Studio 2008 Website	http://msdn.microsoft.com/vstudio/default.aspx
[MSDN06]	Visual Studio 2005 Product Line Overview	http://lab.msdn.microsoft.com/vs2005/productinfo/productline/default.aspx
[MSDN07]	Shared Source CLI	http://msdn.microsoft.com/net/ecma/
[MSDN08]	Building Secure ASP.NET Applications: Authentication, Authorization and Secure Communication	http://msdn.microsoft.com/library/default.asp?url=/library/en-us/dnnetsec/html/secnetlpMSDN.asp

Kürzel	Dokument	Ort
[MSDN09]	ADO.NET 2.0 Feature Matrix	http://msdn.microsoft.com/library/default.asp?url=/library/en-us/dnvs05/html/ado2featurematrix.asp
[MSDN10]	Status of XQuery in the .NET Framework 2.0	http://msdn.microsoft.com/xml/xquerystatus/default.aspx
[MSDN11]	Anpassen von SOAP-Meldungen	http://msdn.microsoft.com/library/deu/default.asp?url=/library/DEU/cpguide/html/cpconcustomizingsoapinaspnetwebserviceswebserviceclients.asp
[MSDN12]	ASP.NET Web Services oder .NET Remoting – So treffen Sie die richtige Entscheidung	http://www.microsoft.com/germany/msdn/library/net/ASPNETWebServicesOderNETRemotingSoTreffenSieDieRichtigeEntscheidung.mspx
[MSDN13]	Design Guidelines for Class Library Developers	http://msdn.microsoft.com/library/default.asp?url=/library/enus/cpgenref/html/cpconnetframeworkdesignguidelines.asp
[MSDN14]	Informationen zur Strategie der Modellierungswerkzeuge in VSTS	http://msdn.microsoft.com/library/default.asp?url=/library/en-us/dnvs05/html/vstsmodel.asp
[MSDN15]	Refactor! for Visual Basic 2008 Add-on	http://msdn.microsoft.com/en-us/vbasic/bb693327.aspx
[MSDN16]	Einführung in das .NET Framework 64 Bit	http://msdn.microsoft.com/netframework/programming/64bit/default.aspx
[MSDN17]	Breaking Changes in .NET 2.0	http://msdn.microsoft.com/netframework/programming/breakingchanges/default.aspx
[MSDN18]	System-Provided Bindings	http://msdn.microsoft.com/en-us/library/ms731092.aspx
[MSDN19]	Expression Trees im .NET Framework Developer's Guide;	http://msdn2.microsoft.com/en-us/library/bb397951.aspx
[MSDN20]	Saurabh Gupta: A Performance Comparison of Windows Communication Foundation (WCF) with Existing Distributed Communication Technologies, February 2007	http://msdn2.microsoft.com/en-us/library/bb310550.aspx
[MSDN21]	Marc Mezquita: Performance Characteristics of Windows Workflow Foundation, November 2006	http://msdn.microsoft.com/en-us/library/aa973808.aspx
[MSDN22]	Visual Studio 2008 Product Comparison	http://msdn.microsoft.com/en-us/vstudio/products/cc149003.aspx
[MSDN23]	Matt Warren: LINQ to SQL FAQ Answer	http://blogs.msdn.com/wriju/archive/2008/04/08/linq-to-sql-faq-answer-by-matt-warren.aspx
[MSDN24]	Tim Sneath: Introducing the Third Major Release of Windows Presentation Foundation	http://blogs.msdn.com/tims/archive/2008/05/12/introducing-the-third-major-release-of-windows-presentation-foundation.aspx
[MSDN25]	John Papa: Entity Framework Q&A	http://msdn.microsoft.com/en-us/magazine/cc507640.aspx
[MSDN26]	Transparent Lazy Loading for Entity Framework	http://code.msdn.microsoft.com/EFLazyLoading
[MSDN27]	ADO.NET Entity Framework & LINQ to Relational Data	http://code.msdn.microsoft.com/adonetefx
[MSDN28]	Data Types and Functions (LINQ to SQL)	http://msdn2.microsoft.com/en-us/library/bb386970.aspx
[MSDN29]	Troubleshooting (LINQ to SQL)	http://msdn2.microsoft.com/en-us/library/bb386996.aspx

Literaturverzeichnis

Kürzel	Dokument	Ort
[MSDN30]	Base Class Library Samples	http://msdn.microsoft.com/en-us/netframework/aa569267.aspx
[MSDNBLOG01]	Roman Batoukov: Windows Communication Foundation (Compact Edition) and the story of the Lunch Launcher	http://blogs.msdn.com/romanbat/archive/2006/10/21/windows-communication-foundation-compact-edition-and-the-story-of-the-lunch-launcher.aspx
[NETFX01]	.NET Framework 3.0-Website	http://www.netfx3.com
[OES97]	Oesterreich, B.: Objektorientierte Softwareentwicklung.	München, Wien: Oldenburg Verlag, 1997
[OSH01]	Roy Osherove: Avoid multiple asserts in a single unit test: revisited	http://weblogs.asp.net/rosherove/archive/2006/10/04/Avoid-multiple-asserts-in-a-single-unit-test_3A00_-revisited.aspx
[OXF97]	Oxford Dictionary of Computing.	New York: Oxford University Press, 1997
[ScWe04]	Schneider, U.; Werner, D.: Taschenbuch der Informatik.	München: Fachbuchverlag Leipzig, 2004
[SF01]	SAX for .NET	http://sourceforge.net/projects/saxdotnet
[SG01]	Scott Guthrie: ASP.NET 3.5 Extensions CTP Preview Released	http://weblogs.asp.net/scottgu/archive/2007/12/09/asp-net-3-5-extensions-ctp-preview-released.aspx
[SG02]	Scott Guthrie: .NET 3.5 Client Product Roadmap	http://weblogs.asp.net/scottgu/archive/2008/02/19/net-3-5-client-product-roadmap.aspx
[SG03]	Scott Guthrie: Silverlight 2 Beta2 Released	http://weblogs.asp.net/scottgu/archive/2008/06/06/silverlight-2-beta2-released.aspx
[SHARP01]	Sharp Develop	http://www.icsharpcode.net/OpenSource/SD/
[SSDL]	SOAP Service Description Language	http://www.ssdl.org
[SYNC01]	Website zum Thema Datensynchronisierung mit ADO.NET	http://www.syncguru.com
[TECHNET01]	Microsoft Security Bulletin MS04-012	http://www.microsoft.com/technet/security/bulletin/ms04-012.mspx
[TECHNET02]	How to Get Windows PowerShell 1.0	http://www.microsoft.com/technet/scriptcenter/topics/msh/download.mspx
[THINK01]	Remoting vs. ASP.NET Performance	http://www.thinktecture.com/Resources/Articles/REMOTINGVS.ASP.NETWEBSERV.html
[TIOBE01]	TIOBE Programming Community Index	http://www.tiobe.com/index.php/content/paperinfo/tpci/index.html
[TOPXML01]	WCF's NetDataContractSerializer	http://www.topxml.com/rbnews/WSCF-WCF/re-31883_WCFs-NetDataContractSerializer.aspx
[W3C]	World Wide Web Consortium	http://www.w3.org/
[W3C01]	XML Encryption	http://www.w3.org/TR/xmlenc-core/
[W3C02]	Web Content Accessibility Guidelines 1.0	http://www.w3.org/TR/WCAG10/
[W3C03]	XML-DOM	http://www.w3c.org/DOM/
[W3C04]	SOAP Specifications	http://www.w3.org/TR/soap/
[WEY01]	Hosting my WSE 2.0 services	http://weblogs.asp.net/cweyer/archive/2004/08/25/220627.aspx
[WSI01]	WS-I Basic Profile Version 1.0	http://www.ws-i.org/Profiles/Basic/2003-08/BasicProfile-1.0a.html

Stichwortverzeichnis

.config 548
.dbml 479, 484, 544
.edmx 520, 524, 544
.layout 479
.NET 2.0 13
.NET 3.0 13
.NET 3.5 14, 28
.NET Code Wise Community XXX, 829
.NET Compact Framework XXXI, 9, 29, 107, 477, 580
.NET Data Objects 468
.NET Data Provider 79, 409, 410
.NET Enterprise Library 17, 20, 464, 808
.NET Enterprise Services 94, 574
.NET Framework 2, 9, 24
   1.1 24, 66
   2.0 125
   3.0 218, 409
   3.5 218
   4.0 820
   Redistributable 17, 18, 27
   Setup 14
.NET Framework Class Library 6, 73, 77
.NET Framework Client Profile 14, 18, 146
.NET Framework Redistributable 16, 25
.NET Framework Software Development Kit 16, 18
.NET Micro Framework XXXI, 9
.NET Reflector 17
.NET Remoting 6, 80, 95, 107, 108–111, 445, 575, 581, 650, 652, 821, 842
.NET Runtime 62
.NET Runtime Hosts 121
.NET SDK 18
.NET-Komponente 90
=> 276
32-Bit 114
64-Bit 29, 114, 116, 117, 174

A

Abfrageausdruck 283
Abfragesprache 472, 485, 531
Abhängigkeitseigenschaft 671, 760, 784, 790
Ablaufverfolgung 656, 690, 698
Ablaufverfolgungsdaten 693
Ablaufverfolgungsdienst 691, 693
Abonnement 450
abstract 256, 835
Access Control List 315, 375, 376
AccessControl 373
Accessor 181
AccountManagement 359
Acrylic 764
Activator 306
Active Data Objects .NET 6, 9, 39, 76, 79, 306, 406–411, 415–417, 420, 421, 424, 425, 427, 429, 433, 435, 436, 442, 444, 449, 450, 451, 454, 457, 459, 464, 465, 798, 840, 842
   Version 3.5 409
Active Directory 79, 355, 358, 360, 380
Active Directory Application Mode 358, 360
Active Directory Management Objects 358
Active Directory Service 79
Active Directory Service Interface 79, 355
Active Server Pages .NET 48, 50, 252, 295, 296, 704, 724, 730, 732, 841–843
ActiveX 107, 406
Activity 665, 698
Activity Track Point 693
ActivityCondition 682
ActivityExecutionStatus 666
AddHandler 835
Add-In 78
Add-Member 814
AddObject() 626
Add-PsSnapin 816

Address 577
AddYears() 389
ADO.NET 4, 6, 14, 15, 48, 78, 108, 380, 469, 474, 783
ADO.NET Data Service 409, 460, 544, 615, 617, 623, 625
ADO.NET Entity Framework 6, 14, 95, 108, 167, 409, 465, 470, 516, 543, 544, 545, 546, 548, 549
ADO.NET Sync Services 409
ADO.NET Synchronization Services 460
Advanced Developers Conference 831
AES 370, 371
Aggregate 386
AJAX 14, 460, 628
Aktivität 661, 665, 695
Aktivitätenbaum 665, 689
Aktualisierungsskripte 211
All 386
Amazon 381
Änderungskonflikt 478, 500
Änderungsverfolgung 153, 475, 478, 496
Angreifer 371
Animation 766, 789
AnkhSVN 17
Annotation 89, 172, 277, 302, 306, 350, 802
AnonymousPipeClientStream 320
AnonymousPipeServerStream 320
Anwendungsblock 808
Anwendungsdiagramm 202
Anwendungseinstellung 325
Anwendungskopplung 6, 95
Anwendungslebenszyklus 136
Anwendungsserver 107
Anwendungstyp 61
Any 386
app.config 484
AppDomain 306, 651
Apple 20, 793
Application 718, 769
Application Block 20
Application Domain 62, 78, 99, 805
Application Setting *siehe* Anwendungseinstellung
ApplicationCommands 781, 782
ApplyPropertyChanges() 540
Architecture Edition 200
Array 70, 250, 834
Array.Resize() 251
ArrayList 251, 252, 314, 390, 471
ASCII 338
AsEnumerable() 515
ASMX 578, 581, 650, 652
ASP.NET 4, 6, 14, 48, 81, 107, 159, 220, 603, 816

ASP.NET 3.5 Extensions 14
ASP.NET AJAX Extensions 6
ASP.NET-basierter XML-Webservice 107, 108, 109, 581, 678
ASP.NET Compiler 168
ASP.NET Development Server 50
ASP.NET professional 824
ASP.NET Webservices 6
ASP.NET-basierte Webservices 111
aspnet_regiis.exe 323
aspNetCompatibilityEnabled 603
Assembly 3, 27, 86, 87, 122, 124, 177, 237, 252, 287, 294–304, 309, 310, 366–368, 716, 718, 744, 797, 804, 834
  befreundet 302
  Eigenschaft 299
  gemischt 114
Assembly Download Cache 97
Assembly Resolver 93, 94
Assemblylinker 86
AssemblyQualifiedName 310
Assert 180, 183
Astoria 615
Asynchronous JavaScript and XML 107, 821
ATOM 81, 460, 575, 616, 651
Atom10Serializer 575
Attach() 508, 509, 539, 540
AttachAll() 508
Attribut 69, 277
Aufgabenliste 191
Aufgabenverfolgung 19
Aufgabenverwaltung 200
Aufrufliste 171
Aurora 768
Ausdruckbaum 80, 275, 472
Ausnahme 170, 306
Authentifizierung 109, 111, 370, 417, 629
Automatic Property 239
AutoReverse 790
Autowiederherstellung 148
Avalon 750
Average 385, 386
AWT 107

B

BackgroundWorker 718
base 835
Base Class Library 84
BaseType 310
Basic Profile 109, 581
BasicHttpBinding 578, 610, 629, 640

Stichwortverzeichnis

basicHttpContextBinding 615
BASTA 830
Befehlsbindung 780
Befehlserzeugerklasse 436
Befehlsklasse 439
Befehlsobjekt 424, 430, 445
Befehlssystem 779
BeginExecuteNonQuery() 421
BeginExecuteReader() 421
BeginExecuteXmlReader() 421
BeginProcessing() 815
BeginTransaction() 418
Belastungstest 201
Benachrichtigungsarchitektur 450
Benutzer 290
Benutzergruppe 363
Benutzerkontensteuerung 129
Benutzerkonto 356, 363
BinaryFormatter 340, 689
Binding 577
BindingListCollectionView 754
BindingNavigator 731, 734
BindingSource 732
Bindung 578, 610
BindungNavigator 732
Bitmap 79
Biztalk 4
Biztalk Server 655
Boolean 68, 75, 306, 310, 312
Bootstrapper 14
Border 785
Boxing 72
Breaking Change 124
Buch 825
Bugtracking 200
Build 169
Build Management 200
Build-Server 200
Bulkcopy 454–457
Bulkimport 454
Burton 199
Button 710, 726, 753, 771, 777, 787
Byte 68
Bytefolge 339

C

C# XXXI, 4, 6, 17, 20, 66, 75, 78, 219, 283, 793, 834
C++ XXXIII, 4, 7, 66, 67, 71, 75, 99, 114, 128, 129, 132, 135, 219, 222, 225, 716, 797, 822

C++/ 66
C++/CLI XXXI, 7, 66, 75
Cache 332
   Zwischenspeicher 431
Caching Application Block 808
Call Stack 171, 176, 177
Callback 637
CallExternalMethodActivity 665
camelCasing 74
CanCreateInstance 614
Canvas 775
CAS 105
Cast 386
Category 744
ChangeConflictException 501, 502
ChangeConflicts 501
ChangePassword() 363
ChangeSet 497
Channel 110, 111, 113
Char 68, 306, 312
CheckBox 726, 777
Checked Exception 279
CheckedListBox 726
Checkpoint 689
CIL 60
Class 236, 257, 277, 834
Class View 174, 194
ClassCleanup 182
ClassInitialize 182
Click() 788
Click-Once 98
Click-Once-Deployment 11, 14, 79, 95, 98, 746, 747, 751, 793
ClientBase 608, 610
CLIP *siehe* Community Leader / Influencer Program
Clipboard 743
CLR 4, 12, 59, 62, 63, 66, 67, 71, 75, 86, 90, 98, 99, 101, 102, 112, 121, 122, 124, 342
CLS 5, 66–68, 116, 356, 358, 406, 409, 435, 841
CLS Consumer 67
CLS Extender 67
CMP 474
Code Access Security XXXI, 10, 81, 98, 101, 102, 104, 283, 370
Code Coverage 134, 186, 187, 201
Code Metric 201, 206
Code Snippet 17, 23, 129, 133, 150, 151
CodeActivity 665
Codeanalyse 199, 201, 203
CodeCondition 682
Codedefinitionsfenster 195

Code-Editor 149
Codeformatierung 155
Codefragment 150
Codefragmentbibliothek 129
Code-Kennzahl 206
CodePlex 509, 809
Coderegion 153
CodeSmith 547
Codeüberprüfung 3
CodeZone XXIX, XXX, 826, 827, 828
Codezone Premier Site XXX, 827
Collection Initializer 252
CollectionAssert 180
ColorDialog 727
Column 482
COM 11
COM Callable Wrapper 112, 113, 303
COM+ 10, 94, 95, 97, 295, 575, 651, 796, 797, 798, 801, 802, 804, 805
COM+ Service Model Configuration Tool 588
ComboBox 710, 726, 771, 789
COM-Klasse 70
COM-Komponente 112, 113, 303, 355, 796, 797, 804
Command 407
CommandBindings 780
CommandBuilder 407, 436, 437, 438
Commandlet 811, 815, 816, 817
Commerce Server 2
Commit() 418
Common Intermediate Language 5, 6, 58, 60, 114
Common Language Infrastructure 6, 7, 9, 15
Common Language Runtime 5, 6, 11, 19, 163, 199, 278, 282
Common Language Specification 5, 67, 116, 222
Common Object Request Broker Architecture 4, 113
Common Type System *siehe* CLS
CommonDialog 754
Community Leader/Influencer Program 830
COM-Objekt 309
Compact Framework XXXI, 29
CompensatableSequenceActivity 698
CompensateActivity 665, 698
Compiled Query 516, 542
Compiler 221–223
CompletesInstance 614
Component 295
Component Object Model 10, 72, 73, 85, 91, 95, 99, 108–110, 112, 113, 294, 295, 302, 303, 309, 310, 406, 802, 810, 841
ComponentCommands 782

CompositeActivity 665
Computername 290
ComputerPrincipal 359
COM-Schnittstelle 356
Concat 386
Conceptual Schema Definition Language 520
ConcurrencyMode 649
ConditionedActivityGroup 665, 682, 683
ConditionName 683
Configuration 332
Configuration Application Block 808
ConfigurationEditor 583
ConfigurationManager 322
ConfigurationSection 324
ConflictMode 501
Connection 407, 414, 534
Connection Pooling 415
ConnectionStringBuilder 416
Console 306
Const 835
Container Managed Persistance 474
Contains 386
Content 777
ContentControl 771
ContextMenu 727
ContextMenuStrip 727
Continous Integration 200
ContinueOnConflict 501
Contract 577
Contract First 578
Contract Last 578
Control 295, 771
ControlTemplate 788
Convert 312
Cookie 681
CookieContainer 681
CORBA 111, 651, 652
Count 386
CreateCommand() 449
CreateDataAdapter() 449
CreateDatabase() 505
CreateNavigator() 563
CRM 380
Cryptography API 371
Cryptography API Next Generation 371
Cryptography Application Block 808
csc.exe 27, 297
CSDL 520, 524, 527
CSharp 128
CSS 107

Stichwortverzeichnis

CType() 836
CultureInfo 369
CurrentValue 501
Custom Binding 579

D

Data Access Application Block 464, 808
Data Comparision 208
Data Exchange Service 674
Data Protection API 323
Data Scope 473
Data Transfer Object 547
Data Transformation Service 655
Data Update Script 211
DataAdapter 407, 432, 434, 437, 444, 450
Database Edition 200
DatabaseAttribute 479
DatabaseValue 501
DataColumn 407
DataContext 479, 537
DataContract 476, 508, 529
DataContractSerializer 340, 341, 350, 576, 593
DataGrid 726, 755
DataGridView 710, 726, 732, 735
DataLoadOptions 494, 534
DataMember 508, 529
DataReader 407, 411, 413, 422–428, 431, 432, 444, 449, 450, 453–458, 469, 474, 487, 549, 561
DataRelation 407, 434, 445
DataRepeater 14, 707, 726
DataRow 407, 442, 445
DataSet 167, 309, 379, 404, 406, 407, 411, 413, 424, 428–437, 439, 441–445, 449, 450, 452, 469, 509, 552, 730, 732, 734, 800
  Diskussion 442
  Multi-Tier 442
  typisiert 409, 411, 439, 442, 447, 464
DataSet Project 441
DataTable 378, 407, 411, 417, 432, 434, 437, 442, 444, 445, 446, 447, 450, 459
DataTemplate 785
DatatSet 548
DataTypes 459
DataView 378, 407, 445
Datei 79, 315
Dateisystem 73, 83, 104, 280, 315, 317, 372, 468, 747
Datenadapter 439
Datenaustauschdienst 671, 674
Datenbank 379, 505, 617

Datenbankmanagementsystem 414, 446, 450
Datenbankprojekt 212
Datenbankschema 214, 459
Datenbankschnittstelle 6
Datenbanktabelle 478
Datenbanktest 189
Datenbankverbindung 414, 476
Datenbankverwaltungswerkzeug 208
Datenbindung 671, 730, 751, 754, 783
Datencenter 202
Datengitter 755
Datenklasse 593, 647
Datenkomprimierung 79
Datenkontext 473, 478, 508, 509, 543, 625
Datenleser 407
Datenmodell 617
Datenprovider 445
Datenquelle 163, 164
Datenstrom 333
Datentyp 223
Datenverbindung 163, 445
Datenvergleich 211
Datenzugriff 6
DateTime 313, 835
DateTime.Parse() 119
DateTimeOffset 313
DateTimePicker 726, 755
Datum 312
DbCommand 449, 506
DbConnection 449
DbDataAdapter 449
DbMetaDataCollectionNames 459
DBMS 523
DBNull 427, 433, 442
DBNULL 306
DbProviderFactory 449
DbTransaction 418
Debugger 27, 170, 172
Debugger Users 27
Debugger Visualizer 172
Debuggerbenutzer 27
Debugging 29, 79, 506, 537, 664
Decimal 306, 312
DefaultIfEmpty 487
DefaultTraceListener 632
DefaultWorkflowLoaderService 662
DefaultWorkflowSchedulerService 695
DelayActivity 665
Delegat *siehe* Delegate
Delegate 70, 261, 262, 273, 274, 275, 835

DELETE 496
Delete() 176, 363
DeleteAllOnSubmit() 498
DeleteDatabase() 505
DeleteObject() 534, 626
DeleteOnSubmit() 498
Deletes 497
Delphi 64, 822
Dependency Injection 808
Dependency Property *siehe* Abhängigkeitseigenschaft
Deployment 202
DES 370
Deserialisierung 110, 339, 350, 539
Design Time Control 295
Designer 159, 160
Destruktor 245
Detached 539
Development Edition 200
Dialogfenster 722
Dictionary 315, 394, 673
Dienstklasse 588, 648
Digitale Signatur 300
Dim 836
DirectCast 836
Directory 372
Directory Services Markup Language 79, 359
DirectoryEntry 355, 356, 362, 363
DirectoryInfo 316, 372, 814
DirectX 750
Direktfenster 136, 173
Discretionary ACL 375
Diskriminator 470, 543
Dispose() 485, 532, 737
Distinct 386
Distributed Component Object Model 95, 109, 110, 802
Distributed Transaction Coordinator 692, 696, 798, 804, 805
Distrinct() 385
DLL-Hölle 89
Do...Loop 268
DockPanel 775
Document Object Model 82, 108, 406, 443, 554
DoEvents 718
Dokumentation 23
Dokumentenverwaltung 200
DOM *siehe* Document Object Model
Domain 358, 359
Domain Name Service 332
Domain Specific Language 20, 202
    Tools 20

DomainUpDown 726
dot.net magazin 824
dotnetpro XXIX, 824
Double 68, 306, 312
DriveInfo 315, 316
Druckdienst 79
Drucken 738
DSA 370
DSL *siehe* Domain Specific Language
DSL Tools 20
DTO 547
Duplex 578, 608, 637, 638, 640
Durable Service 613
DurableOperation 614
DurableOperationBehavior 614
DurableService 614
Duration 790
Dynamic Data 14
Dynamic HTML 750
DynamicQueryable 493

E

Eager Loading 543
ECDH 370, 371
ECDSA 370
ECMA 7
EditingCommands 782
Editor
    Code 149
    grafisch 159
EDM 520, 527
EDM-Designer 520, 522
EdmGen.exe 542
Eiffel SQL 523
Eigenschaft 238
Ein-Datei-Assembly 86
Einfachvererbung 70
Eingabeprüfung 754
Einsprungpunkt 480
Einweg-Kommunikation 637
ElementAt 386, 487
ElementAtOrDefault 387, 487
Ellipse 771, 777
Embedded SQL 523
Empty 387
End Namespace 834
End Sub 835
End With 835
EndProcessing() 815

Endpunkt 577, 598, 678
Endpunktkonfiguration 588, 595, 604
Enterprise-Programmierung 106
Entität 481
Entitätstyp 529
Entity Bag 517
Entity Client Provider 528
Entity Data Model 518
Entity Framework Provider 518
Entity Relationship Model 519
Entity SQL *siehe* eSQL
EntityClient 518, 527
EntityCollection 529, 533, 539
EntityConnection 531
EntityDataSource 14, 474
EntityModel 518
EntityObject 529, 534, 544
EntityReference 533, 539
EntityState 534
Entwicklungsumgebung 124
Entwurfszeitsteuerelement 295
Enum 835
EnumerableRowCollection 447
Enumeration 162
Ereignis 70, 260, 778
Ereignisprotokoll 79, 330, 331
ERM 519
Erweiterbarkeit 542, 548
Erweiterungsmethode 242
eSQL 472, 517, 518, 523, 531
eSQL Blast 517, 524
European Computer Manufacturers Association 6
EventDrivenActivity 668
EventHandler 262, 271, 674
EventLog 330
EventLogEntry 330
EventLogEntryCollection 330
EventLogTraceListener 632
Everett 10
Excel 380
Except 387
Exception 278, 306
Exception Handling Application Block 808
Exchange 651
ExecuteCommand() 487
ExecuteNonQuery() 418
ExecuteQuery() 487
ExecuteRow() 418
ExecuteScalar() 418
ExecutionStatus 667
Exit() 290

ExitCode 290
Exponentialsschreibweise 307
Express-Edition 135
Expression Design 764
Expression Media 764
Expression Tree 275, 381, 472
Expression Web 764
Extend 472
Extended SQL 523
Extensible Application Markup Language 656, 662, 750, 756
Extensible Markup Language 82, 91, 107, 155, 225, 306, 321, 350, 359, 403, 406, 443, 551–554, 843
Extensible Markup Language Document Object Model 553, 554
Extensible Stylesheet Language 82
Extension 243
Extension Method 242
ExtensionAttribute 244
External Mapping 515
ExternalDataExchangeService 674
ExtJS 131

F

Fachbuch 825
FailOnFirstConflict 501
Fall 352
Fat-Client 3
Fault Handler *siehe* Fehlerbehandlung
FaultContract 650
FaultHandlerActivity 665, 695
FCL *siehe* Framework Class Library
Feature Pack 14
Federal Information Processing Standard 371
Fedora 10
Fehlerbehandler 695
Fehlerbehandlung 278, 695
Fehlerliste 168
Fehlerverwaltung 19
Feld 237
Fenster 716
Fensterverwaltung 136
Fernaufruf 6
Festpunktformat 307
Field 154, 237
Field<Typ> 432, 433
File 372
File Transfer Protocol 332
FileDialog 754
FileInfo 316, 372

FilePersistenceService 685
FileSecurity 372, 375
FileWebRequest 333
Fill() 431, 439
Filtered Mapping 472
Finalize() 835
Find() 378
FindAll() 378
FIPS 371
Firefox 20, 793
First 387
FirstChild 556
FirstOrDefault 387, 567
Flatten() 527
FlickR 381
FlowLayoutPanel 727
Flussdiagramm 655, 657–660
FMTONLY 507
FontDialog 727
For…Next 268
foreach 390
Form 722
Formatierungskürzel 307
Format-Table 811
Formatter 110, 111, 350
Formatvorlage 786, 787
Forward Engineering 473, 505, 537, 542
Forward Mapping 549
Framework Class Library 6, 40, 73, 77, 84, 247, 280, 316, 317, 318, 796, 804
FrameworkElement 771, 773, 790
Freebase 381
FreeBSD 8, 9
Friend 834
From 381, 384, 836
FTP 332
FTP-Server 747
FtpWebRequest 332, 333
FtpWebResponse 332, 333
Func 276, 836
Function 236, 240, 277, 834
Funktionszeiger 70, 273–275
FxCop 17, 144, 203

G

Ganzzahl 307
Garbage Collection 90, 99, 737
GC 306
GDI 750
GDI+ 735
Generic 75, 163, 247, 292
Generic Constraint 248, 249
Genome 380, 468, 472, 474, 545–548
GenomeDataSource 474
Geschäftsobjekt 474, 478, 508, 509, 529
Geschäftsobjektklasse 474, 482
Gespeicherte Prozedur 507, 538
GetCallbackChannel 638
GetChangeSet() 497
Get-Childitem 811
GetCommand() 506
GetEnvironmentVariable() 290
GetHashCode() 308, 512
GetProcess() 328
GetResponseStream() 333
GetSchema() 459
Getter 238, 346
GetType() 256, 307, 836
GetUnderlyingObject() 363
Gitternetz 775
Global 266
Global Assembly Cache 27, 89, 93, 94, 96, 97, 161, 296, 301, 302
Global Unique Identifier 225, 303, 310, 339, 798
Gnome Desktop 9
Google 381
Grafik 79
Graph Serialization 476, 529, 539
Graphics 737
Graphics Device Interface 79, 704
Grid 770, 775, 777
GroupBox 727
GroupBy 387
GroupJoin 387
GroupPrincipal 359, 363
Guidance Automation Toolkit 20
Gültigkeit 268
Gupta 822
GZipStream 318

H

Haltemodus 170
HandleExternalEventActivity 665, 674
Handles 835
Hash 371
Hashcode 512
Hashtable 315, 390

Hash-Verfahren 370
Hawaii 10
Hello World 59, 221, 222
Hibernate Query Language 472
Hintergrundcodedatei 759
Hintergrundkompilierung 156, 222
Hosting 95, 574, 601
HostingWorkflowRuntime 669
HQL 472
HTML 82, 107
HTML Application 750
HTTP 107, 332, 578, 599, 611, 645, 649, 651
HTTP-Basic 629
HttpContext 603
HTTP-Digest 629
HttpTransferEndpointBehavior 575
HttpWebRequest 333
Hypertext Markup Language 107
Hypertext Transfer Protocol 80, 110, 332, 333

I

IA64 9, 117
IADsUser 356
IAsyncResult 421–423
ICMP 332
ICompensatableActivity 698
IComponent 85, 86, 294, 295
Identifier 339
Identität 630
IdentityType 361
IDisposable 99
Idle 689
IEnumerable 243, 244, 268, 271, 381, 394, 398, 447, 565, 734
IEnumerable<T> 390
IfElseActivity 665
IfElseBranchActivity 682
IIF 233
IIS *siehe* Internet Information Server
IKVM.NET 113
IMetadataExchange 600
Impedance Mismatch 469
Implementierungsvererbung 256
Implements 835
Import 265
Include() 534
Inconclusive 180
Indexer 69

InferSchema() 571
Infocard 12
Inherits 257, 835
Inkompatibilität 119
InnerText 556
InnerXml 556
INotifyCollectionChanged 784
INotifyPropertyChanging 474, 482, 784
InputActivity 680
INSERT 496
InsertAfter() 563
InsertAllOnSubmit() 498
Inserts 497
Installation 78
　.NET Framework 24
installutil.exe 816
InstanceContext 639
InstanceContextMode 589, 601
InstanceData 613
Int16 68, 306, 312
Int32 68, 312, 394
Int64 68, 306, 312
Integer 312, 836
Integrated Development Environment 128
Integrität 628
IntelliSense 149, 150, 225, 281, 566, 610
Interception 477
Interface 835
Intermediation 3, 59
internal 834
International .NET Association XXIX, 829
International Organization for Standardization 220
International Standardization Organization 6, 7, 64
Internationalisierung 793
Internet Control Message Protocol 332
Internet Explorer 20, 168, 180, 188, 745, 793
Internet Information Server 25, 27, 97, 107, 122, 323, 324, 337, 355, 574, 601, 651, 802
　WCF-Hosting 602
Internet Inter-ORB Protocol 111, 113
Interoperabilität 4, 63, 80, 109, 112, 113, 116, 302, 310, 409, 578, 718
Interprocess Communication 110
Intersect 387
IntPtr 68
InvalidOperationException 602
InvokeWebServiceActivity 665, 678
InvokeWorkflowActivity 665
IPC 111
IQueryable 381, 477, 615
IronPython XXXI, 16, 20, 65, 66, 793
IronRuby 20, 793

IsAssignableFrom() 310
IsCOMObject 310
IsEnabled 773
IsLoaded 533
IsNotPublic 310
IsolationLevel 418
IsOneWay 637
IsPublic 310
IsSerializable 310
IsVersion 500
IsVisible 773
Iterator 269, 563
iX XXIX

J

J# 18, 66
Janeva 113
Java 3, 4, 7, 16, 18, 58, 64, 65, 77, 91, 95, 111, 113, 219, 220, 256, 318, 379, 474, 822, 824
Java Enterprise Edition 107
Java Native Interface 113
Java Virtual Machine 113
Java Web Start 98
JavaScript 30, 107, 131
JavasScript 380
J-Integra 113
JITting 59
JNBridgePro 113
Join 387, 445, 447, 472
Joined Mapping 472
JQuery 131
JScript 6, 17, 20, 66, 75, 128, 129, 223, 234, 793
JScript .NET XXXI, 6, 65, 66, 75, 78, 128
JSharp 65, 128
JSON 460, 616, 651
JuggerNET 113
Just-in-Time-Activation 95
Just-in-Time-Compiler 3, 59, 63, 114, 116–119

K

KDE 9
Kennwort 363
Kennzahl 206
Kerberos 629
Klasse 3, 69
   .NET 815
   Commandlet 815
   generisch 75, 247, 292
   partiell 76, 252

Klassenansicht 192
Klassenbibliothek 6, 18, 77, 242, 716, 808
Klassendefinition 236
Klassendiagramm 162
Klassendiagrammdesigner 162, 201
Knoppix 10
KnownType 346
Kommentar 281
Kompatibilität 118, 122, 125
Kompatibilitätsmodus 603
Kompensation 697
Kompilierung 19, 167, 297
Komponentenorientierung 2
Komponententest *siehe* Unit Test
Komponententyp 294
Konferenz 830
Konfiguration 3, 599, 612, 617
   WCF 608
Konfigurationsdatei 91, 94, 147, 166, 304, 321, 322, 324–326, 417, 484
Konsolenanwendung 46, 107, 125, 601
Konstruktor 69, 237, 245, 246, 257, 259, 796
Kontextbindung 615
Kontextklasse 542
Konvertierung 148, 507, 538
Konvertierungsassistent 126, 148

L

Label 725, 777
Ladestrategie 473, 493, 533
Lambda 283
Lambda-Ausdruck 275, 494
Language Integrated Query *siehe* LINQ
Language Pack 21
Last 387, 486
LastOrDefault 387, 486
Lasttest 180
Laufzeitumgebung 3
Lazy Loading 543
LDAP 356, 378, 380
Lebenszyklusereignis 477, 542
Leistungsindikator 477
Length 836
Lifecycle Event 477
Lightweight Directory Access Protocol 355
Lightweight Directory Services 360
Lightweight Transaction Manager 805
LineShape 14, 707, 726, 737
LinkedList 315

Stichwortverzeichnis

LinkLabel 726
LINQ 12, 20, 80, 283, 378, 381, 389, 446, 460, 472, 485, 506, 514, 553, 567, 625, 793
LinqDataSource 474, 515, 542
LINQ-to-ADO.NET Data Services 625
LINQ-to-DataService 379, 404, 460
LINQ-to-DataSet 379, 404, 409, 412, 433, 445–447
LINQ-to-DB 15
LINQ-to-Entities 108, 379, 404, 518, 531
LINQ-to-Objects 15, 379, 390, 395, 515
LINQ-to-SQL 6, 15, 78, 95, 130, 163, 167, 379, 465, 468, 470, 475, 477, 479, 481, 485, 487, 488, 493, 498, 508, 516, 543, 545, 548, 549
LINQ-to-XML 15, 82, 225, 379, 403, 552, 553, 570
Linux 8, 9, 10
List 245, 252, 314
List<T> 390, 398
ListBox 726, 771, 777
ListBoxItem 780
ListView 726
Literal 229
Lizenz 15
Lizenzkosten 15
LLBLGen 380
Loader Service 698
LocalFileSettingsProvider 326
Locals 170
LocalUserAppDataPath 325
Logging and Instrumentation Application Block 808
Login 417
Lokalisierung 740, 793
long 568
LongCount 387
Longhorn 11

M

Mac OS 8, 9, 107
Machine.config 411
MachineName 290
Macromedia Flash 16, 20, 792
Main 834
Main() 221
MainMenu 727
Managed C++ 6, 7, 71, 114
Managed Code 59, 62, 66, 101, 222, 409
Managed Extensions 7
Managed Module 86
Managed Provider 409
ManagementClass 365

ManagementObject 364
ManagementObjectCollection 364, 390
Manifest 86, 87, 98, 287, 304, 744
ManualWorkflowSchedulerService 681
Mapping 470, 474, 484, 515, 518, 542, 546–548
Mapping Details 522
Mapping Specification Language 520
Markup Extension 761
MarshalByRefObject 306, 608
Marshaling 110
MaskedTextBox 725
Massenkopieren 454
Materialisierung 474
Math 306
Max 387
maxArrayLength 645
maxBufferSize 645
maxConcurrentCalls 645
maxConcurrentSessions 645
maxReceivedMessageSize 645
MaxValue 312
MCLS 15
MD5 371
Me 835
MediaCommands 782
Mehr-Dateien-Assembly 86
Mehrfachvererbung 70, 263
Mehrschichtarchitektur 35
Mehrschichtmodell 105, 106
Mehrschichtunterstützung 476, 508, 539
Mehrsprachigkeit 705, 793
MemberConflicts 501
MemberWiseClone() 72
MemoryStream 318
Menu 771
MenuItem 780
MenuStrip 727
Message 650
Message Transmission Optimization Mechanism 574, 578, 579, 651
MessageBodyMember 650
MessageContract 650
MessageHeader 650
Meta-Attribut 91
Metabase 97, 122, 355
Metadata 518
Metadata Artifact Processing 524
MetaDataCollections 459
Metadaten 3, 60, 68, 69, 90, 91, 104, 242, 309, 617
Metadatenendpunkt 588
Methode 69, 240
    partiell 253

MEX *siehe* WS-Metadata Exchange
mexHttpBinding 600
mexHttpsBinding 600
mexNamedPipeBinding 600
mexTcpBinding 600
MFC 130
Microsoft .NET 15
Microsoft .NET Build Engine 169
Microsoft Build 169
Microsoft Certified Licensing Specialist 15
Microsoft Certified Solution Developer XXX
Microsoft Connect 831
Microsoft Data Access Components 410
Microsoft Developer Network 826
Microsoft Distributed Transaction Coordinator 805
Microsoft Dynamics 655
Microsoft Excel 42, 200
Microsoft Expression Blend 761
Microsoft Foundation Classes *siehe* MFC
Microsoft Installer 98
Microsoft Intermediate Language 5
Microsoft Intermediation Language 58, 59, 67
Microsoft Management Console 92
Microsoft Message Queuing 94, 111, 295, 476, 574, 579, 651
Microsoft Message Queuing Services 295
Microsoft Most Valuable Professional 829
Microsoft Project 200
Microsoft SharePoint 4
Microsoft Shell Command Language 814
Microsoft SQL Server XXXI, 4, 29, 34, 61, 79, 108, 407, 408, 410, 411, 416, 417, 420, 454, 456, 477, 516, 685, 799, 803, 805, 840
Microsoft SQL Server 2005 805
Microsoft SQL Server Compact Edition 461, 477, 478
Microsoft SQL Server Express Edition 135
Microsoft Visio 19, 162
Microsoft.Synchronization.Data 460
Microsoft.Synchronization.SyncAgent 462
Microsoft.VisualBasic 265, 280
Microsoft.VisualBasic.CompilerServices 223
Microsoft.VisualBasic.dll 223
MiddCor 113
Migration 124, 125, 148, 822
Min() 385, 388
MinValue 312
Model Browser 522
Modellierung 201
Modul 243, 286
Mono 9, 10, 15, 107, 222, 223, 841
Monoppix 10

MonthCalendar 726
Moonlight 20, 793
Most Valuable Professional XXX
MoveToNext() 562
MoveToPrevious() 562
MSBee 126
MSBuild 27, 169, 751
MSBuild Extras Toolkit 126
MSCL *siehe* Microsoft Shell Command Language
MSDTC 81
Msgbox 265
MSH *siehe* Windows PowerShell
MSI 751, 816
MSIL 60
MSL 520, 524, 527
MSMQ *siehe* Microsoft Message Queuing
MsmqIntegrationBinding 579, 650
MTOM *siehe* Message Transmission Optimization Mechanism
Multi-Document-Interface 709
Multiple Active Results Sets 408, 427, 428
Multipurpose Internet Mail Extensions 337
Multi-Targeting 126, 139
Multi-Threading 482, 649
MustInherit 256, 835
MustOverride 835
MVC 14
My 144, 280
MyBase 257, 835
MyClass 835
MyGeneration 547
MySQL 380, 528

N

Named Pipe 606, 651
NamedPipeClientStream 320
NamedPipeServerStream 320
NamedValueCollection 693
Namensraum 73, 246–248, 252, 253, 257, 259, 263–266, 268, 278, 280, 306, 309, 315, 316, 321, 328, 332, 335, 337, 338, 358, 359, 364, 369, 370, 372
Namespace 47, 289, 296, 297, 303, 735, 796, 799, 834
National Security Agency 371
Native Code 58, 59, 114, 116
Native Image 59
NativeObject 355
NavigationCommands 782
Navigationsanwendung 793
Navigationsprovider 813

Stichwortverzeichnis

NDO 468, 546, 547
NDoc 17
NetDataContractSerializer 342, 345, 350, 593
NetMsmqBinding 579, 629, 650
NetNamedPipeBinding 579, 640
NetPeerTcpBinding 579
NetTcpBinding 579, 580, 595, 629, 640
NetworkInterface 336
NetworkStream 318
Netzwerkdatenverkehrstatistik 336
Netzwerkprogrammierung 20, 792
Netzwerkprotokollstack 110
Netzwerkstatus 336
Neukompilierung 124
New() 835
Next Generation Windows Service 10
NHibernate 380, 465, 468, 476, 477, 545, 546, 549
NoteProperty 814
nothing 427
Notification 452, 805
Notification Service 450
NotifyIcon 726
NotInheritable 243, 256, 835
No-Touch-Deployment 97, 98
NotOverridable 835
Novell 9, 10
Novell Netware 355
NSA 371
NT 4.0 7
NTAccount 373
NTLM 651
Null 75, 306, 427, 433
Nullable 72, 75, 835
NumericUpDown 726
NUnit 17, 186
NUnitAsp 17

O

OASIS 359
Oberfläche 6
Obfusfaktor 60
Object 68, 306
Object Browser 192, 193
Object Data Management Group 472
Object Linking and Embedding Database 406, 409, 424
Object Pooling 95
Object Query Language 472
Object Services 518, 529, 531, 548
Object Test Bench 174
objectcategory 357
ObjectChangeConflict 502
objectclass 357
ObjectContext 475, 529, 531, 537, 617
ObjectQuery 537
Objects 518
ObjectScope 475
ObjectSecurity 372
ObjectSpaces 95, 468, 821
ObjectStateManager 534
ObjectTrackingEnabled 497
Objektbrowser 192
Objektcontainer 475, 484
Objektidentität 307
Objektinitialisierung 245
Objektkontext 529, 531, 543
Objekt-Materialisierung 474
Objektmenge 78, 250, 257, 258, 355, 471, 733, 734
Objektmodell 37, 346, 471
Objektorientierung 2, 3, 219, 220
Objekt-Pipelining 811
Objekt-Relationales Mapping siehe ORM
OBJEKTspektrum 825
Objekttestcenter 174
ODBC 407
ODMG 472
OfType 388
OLEDB 407
OleDbCommand 418, 424
OleDbConnection 414
OnCreated() 513, 542
OnLoaded() 513, 542
OnValidate() 513, 542
OODB 469
OOP 469, 831
Open Database Connectivity 409
Open Packaging Conventions 316
Open Source 9, 179
Open() 414
OpenFileDialog 727, 754
OpenSuse 8
OperationContext 638
OperationContract 576, 588, 589, 637, 640, 649
Operator 232
Operatorüberladung 267
Option Strict 230, 568
OQL 472
Oracle 407, 528
OracleConnection 414
OracleTransaction 418

Orcas 10, 12
OrderBy 381, 385, 388
OrderByDescending 388
Organisation 102, 829
OriginalValue 501
ORM 78, 95, 108, 129, 163, 167, 404, 465, 468, 470, 475, 477, 516
   Geschwindigkeit 549
Oslo 95, 107, 820, 821
OvalShape 14, 707, 726, 737
Overloads 241
Overridable 835
Overrides 258, 835

P

Package 316
Page 603
Paging 485
Paint() 735
Panel 727, 771, 774
Parallel Extensions 820
Parallel LINQ 820
ParallelActivity 665
Parameter 420, 816
Parent 773
Parse() 312, 564
Partial 252, 254
Partielle Klasse 252
PascalCasing 74
Password 371
Password Change API 417
PE32 114, 117
PE32+ 115, 117
Peer-To-Peer 332
PerCall 589
Performance Counter 477
Perl 65
PerSession 589
Persistance Ignorance 474
PersistanceManager 475
Persistenz 656, 685
Persistenzdatenbank 696
Persistenzdienst 613, 686
Persistenzpunkt 685
Persistierung 496
PHP 379
PictureBox 726
Ping 335
Pipe 79, 320
Pipeline 813

Pipeline Processor 813, 816
Pipelining 811
PIPEMD160 370
Plain Old CLR Object 346
Plain Old XML 578
Platform Invoke XXXI, 112, 409
Plattformunabhängigkeit 3, 9, 59
Pocket PC 9
POCO 345, 353, 474, 542, 593
Policy Injection Application Block 808
PolicyActivity 683, 684
Polling 450
Portable Executable-Format 87
Position 816
PostgreSQL 528
PowerPack 707
PowerShell 2, 4, 17, 107, 817, 822
Prädikat 276
PresentationTraceSources 754
Preserve 834
Primärschlüssel 436
Principal 373
PrincipalContext 360
Print() 739
PrintDialog 727, 739
PrintDocument 738
PrintForm 14, 707, 726, 738, 739
PrintPreviewDialog 727, 738
PrintReader() 426
prio 831
Private 254
Process 328, 383
ProcessRecord() 815
Professional Developers Conference 11
Profiling 19, 200, 201
Programmierhochsprache 6
Programmierparadigmen 2
Programmiersprache 76
Projekteigenschaft 144
Projektelement 142
Projektion 276
Projektkonvertierung 148
Projektmappe 140
Projektmappen-Explorer 140
Projektreferenz 146
Projektverwaltung 124, 138
Projektvorlage 138, 139
PropertiesToLoad 357
Property 238, 246, 258, 263, 356, 834
PropertyCollection 355
Protokoll 578

Protokollierung 478, 506, 537, 632
Prototype 131
ProviderBase 518
Providerfabrik 449
Providermodell 326
Providerstatistik 457
Proxy 109, 607, 609–611, 617
    Generator 584
Proxy Type Sharing 646
Proxy-Klasse 610
Prozentzahl 307
Prozess 328, 383
Prüfpunkt 689
Public 816, 834
Public Key 93
Public Key Cryptography Standard 370
Public Key Token 93
Publisher Policy 94
Python 4, 65

Q

Quartz 764
Quellcodeverwaltung 19, 201
Quellcodeverwaltungsrepository 200
Query Notification 450, 452
Queue 314, 390
Queue<T> 390
Queued Component 95, 295

R

RAD *siehe* Rapid Application Development
RadioButton 726
Random 306
Range 388
Rapid Application Development 14, 37, 105, 710, 730
RC2 370
RDF 380
ReadOnly 257
ReceiveActivity 650, 657, 678
Rectangle 771, 777
RectangleShape 14, 707, 726, 737
RedHat 8, 10
ReDim 834
Refactoring 154, 155, 201, 212
Referenztyp 69, 71, 72, 232
Reflection 90, 91, 116, 242, 311

RegEx 338
Regional Director 830
Registrierung 52, 55, 73, 98, 303, 797, 802
Registrierungsdatenbank 78
RegistryKey 372
Regulärer Ausdruck 338
Rejection 497, 516
Remote Data Objects 409
Remote Procedure Call 108
Remoting.Corba 113
RemoveHandler 835
Repeat 388
ReplicatorActivity 665, 682
Repository 365
Representational State Transfer 460, 616
ReservedWords 459
Resize() 834
ResourceManager 368
Resources 786, 787
Ressource 102, 143, 366, 368, 369, 744, 786, 787, 805
Ressourcendatei 162
Ressourcenmanager 799
REST 460, 611, 612, 615, 616
Restrictions 459
RetrieveStatistics() 457
Return 816, 834
Reverse 388, 486
Reverse Engineering 473, 505, 537, 542
RIA *siehe* Rich Internet Application
Ribbon 755
Rich Internet Application 3
RichTextBox 725, 771
RMI 651, 652
Roaming Profile 325
Rollback() 418
Rosario 202
RotateTransform 789
Rotor 9, 15, 223
Round() 389
Routed Event 778
RoutedCommand 780
RSA 370
RSS 81, 575, 651
Rss20Serializer 575
Rückrufschnittstelle 638
RuleConditionReference 682
Runtime Agility 223
Runtime Callable Wrapper 112, 302, 797
Runtime Host 62, 87

S

Safari 20, 793
SAM 355
Sandbox 3
SAP 380
Satelliten-Assembly 366
SaveChanges() 534, 540, 544
SaveFileDialog 727, 754
SByte 68, 306, 312
ScaleTransform 789
Schaltfläche
  rund 788
Scheduling 695
Schema Comparision 208
Schema Set 156
Schema Update Script 209
Schemas 557
Schemavergleich 209
Schleife 268
Schnittstelle 70, 85, 263, 264, 268, 294, 350, 356, 574, 805
Schulung 830
Scope 268
Scriptaculous 131
Scripting 840
sdf 461
SDK 16, 18, 19, 28
sealed 256, 835
Secure Socket Layer 332, 370, 629
Secure Virtual Maschine *siehe* SVM
SecureString 370, 371
Security Application Block 808
Security Identifier 373
Selbsttest 606
Select 381, 384, 388, 445, 836
SelectMany 388
Select-Object 811
Semaphore 372
SendActivity 657, 678
SequenceEqual 388
SequentialWorkflowActivity 655, 667, 669
Serialisierer 343, 689
Serialisierung 78, 80, 82, 90, 110, 339, 346, 350, 352, 407, 444, 476, 508, 539, 578, 613, 616, 649, 757
  POCO 593
Serialisierungssurrogat 650
Serializable 306, 476, 529, 547, 689
Server Explorer 49, 163, 191, 439, 730
Server-Authentifizierung 629

Service Configuration Editor 583, 595, 632
Service Model Metadata 636
Service Pack 13, 14, 25, 28, 30, 117, 131
Service Reference 607, 640, 647
Service Trace Viewer 633
ServiceBehavior 589, 592, 601, 649
ServiceContract 576, 588, 589, 592, 603, 638, 640
Serviced Component 94, 108, 295, 797, 798, 802
ServiceHost 601
ServiceKnownType 649
ServiceModel Metadata Utility Tool 636
ServiceModel Registration Tool 587
Serviceorientierung 2
Services without Components 802, 803
Session *siehe* Sitzung
Set-Executionpolicy 815
SetPassword() 363
SetStateActivity 668
Setter 238, 346, 787, 788
SettingsProvider 326
Setup 14
SHA1 370
SHA256 370
SHA284 370
SHA512 370
Shadows 835
Shape 771
Shared 835
Shared Assembly 89, 94, 302
Shared Property 95
Shared Source 222
Shared Source CLI 9, 15
SharedConnectionWorkflowCommitWorkBatchService 692
SharePoint 2, 4, 200, 380
SharePoint Portal Server 655
Sharp Develop 16
Show() 717
ShowDialog() 717
Sicherheit 578
Sicherheitsmodi 629
SID 373
Side-by-Side Execution 94, 121
Signatur 370
Silverlight 15, 16, 20, 107, 615, 750, 793
Simple API for XML 553
Simple Mail Transfer Protocol 332, 337
Simple Object Access Protocol 81, 95, 109, 110, 350, 359, 574, 578, 579, 615, 651, 802, 843
Single 68, 306, 312, 388, 589

Stichwortverzeichnis

Single Active Results Sets 427
Single Call 589
Single() 533
SingleOrDefault() 388, 533, 567
Singleton 589
Sitzung 475, 603, 640
Sitzungszustand 589
SkewTransform 789
Skip() 385, 388, 485
SkipWhile 389, 486
SLPS 60
SmartCode 547
SMTP 651
Snap-In 816
Snapshot Isolation 408
SOA 201
SOAP *siehe* Simple Object Access Protocol
SoapFormatter 341
Software Development Kit *siehe* SDK
Software Factory 20
Software Licencing and Protection Services
  SLPS 60
Software Publisher Certificate 89
Softwareentwicklungsplattform 2
Softwarekomponente 73, 85, 89, 108, 109, 295,
  296–299, 302, 798
Softwarekomponentenbegriff 294
Softwarekomponentenkonzept 85
Solaris 8
Solution Explorer 136
SortedDictionary 258
SortedDictionary<T> 390
SortedList 265, 315
Sort-Object 811, 816
SourceSafe 195, 200
Sparkle 764
SpeedRatio 790
Speicherbereinigung 371
SplineDoubleKeyFrame 791
SplitContainer 727
Splitter 727
Sprachpaket 21
SQL 189, 378, 472, 487, 514, 544
SQL CLR 163
SQL Injection 420
SQL Server Common Language Runtime 163
SQL Server Compact *siehe* Microsoft SQL Server
  Compact Edition
SQL Server Express *siehe* SQL Server Express Editon
SQL Server Integration Services 655

SQL Server Reporting Services 129
SQLCLR 61
SqlCommand 418, 424
SqlConnection 414
SqlPersistenceProviderFactory 614
SqlServerCe 410
SqlTrackingQuery 694
SqlTrackingService 691
SqlTrackingWorkflowInstance 694
SqlTransaction 418, 505
SqlWorkflowPersistenceService 681, 685, 688, 689
SSAS 519
SSDL 520, 524, 527
SSIS 519
SSL *siehe* Secure Socket Layer
SslStream 332
SSRS 519
Stack 314, 390
Stack<T> 390
StackPanel 771, 775, 777, 785
Standardbegrenzung 645
StartsWith() 389
StartupUri 769
StateFinalization 668
StateInitialization 668
StateMachineWorkflowActivity 655, 669
STAThread 769
static 835
StatisticsEnabled 457
StatusBar 725, 771
StatusStrip 725
Steuerelement 771
Steuerelementbibliothek 90
StopProcessing() 815
Store Schema Definition Language 520
Store Store Schema Definition Language 520
Stored Procedure 163, 478
Stored Procedure Mapping 539
Storyboard 790
Stream 318, 319
Streaming 650
String 68, 232, 306, 308, 312, 834
Strong Name 88, 93, 300
Strong Name Key File 300
Struktur 71
Stub 62, 150, 151
Style 787, 788
Sub 236, 240, 243, 254, 277, 835
SubmitChanges() 497, 501, 534, 544
Subscription 450

Subversion 17
Sum 389
Suse 10
SVM 60
Swing 107
SWT 107
Symbol 280
Symbolserver 175, 177
SyncAgent 462
Synchronize() 463
SyncStatistics 463
System ACL 375
System.AddIn XXXI, 754
System.Array 390
System.Attribute 306
System.Collection 314
System.Collection.Generic 314
System.Collections 247, 251, 378
System.Collections.Generic 252
System.ComponentModel 295
System.Configuration 6, 321, 417
System.Console 61, 107, 286, 288, 290, 291, 306, 309
System.Data 4, 518
System.Data.Common 449
System.Data.Objects.DataClasses 529
System.Data.Odbc 410
System.Data.OleDb 410
System.Data.SqlClient 410
System.DateTime 124, 389
System.Deployment 83
System.Design 15
System.Diagnostics 328, 383
System.Diagnostics.ConsoleTraceListener 632
System.Diagnostics.DelimitedListTraceListener 632
System.Diagnostics.Process 328
System.DirectoryService 355, 359
System.DirectoryService.AccountManagement 355, 359
System.DirectoryServices.ActiveDirectory 358
System.Drawing 15, 704, 735, 737
System.Drawing.Imaging 735
System.Drawing.Printing 735, 738
System.EnterpriseServices 94, 796
System.Environment 124, 290
System.Eventargs 306
System.Exception 306
System.FormatException 124
System.GC 306
System.IdentityModel 83
System.Int64 116

System.IntPtr 116
System.IO 4, 6, 315, 316
System.IO.Directory 372
System.IO.DirectoryInfo 814
System.IO.File 372, 811
System.IO.Packaging 316, 754
System.IO.Pipes 316, 320
System.Linq 384
System.Management 4, 364
System.Management.Automation 815
System.Math 306, 389
System.Net 6, 20, 332, 792
System.Net.Mail 337
System.Net.Mime 337
System.Net.PeerToPeer 332
System.Nullable 475, 482
System.Object 70, 72, 224, 226, 237, 249, 252, 307, 309, 310
System.Obsolete 122, 277
System.Random 306
System.Reflection 4, 116, 311
System.Reflection.Assembly 124
System.Resources 6, 366
System.Runtime.Interoperability 116
System.Runtime.Serialization 350, 580, 608
System.Security 370, 373
System.Security.AccessControl 372
System.Security.SecureString 371
System.ServiceModel 20, 83, 576, 580, 608, 793
System.ServiceModel.Description 614
System.ServiceModel.Syndication 575
System.ServiceModel.Web 575, 612
System.ServiceProcess 15
System.String 232, 389
System.Text 338
System.Text.RegularExpressions 338
System.Transactions 15, 475, 696, 804, 805
System.Type 309–311
System.ValueType 71
System.Version 124
System.Web 603
System.Web.Mail 337
System.Web.Services.Configuration 81
System.Web.UI 753
System.Windows 83, 751, 753, 771, 773
System.Windows.Forms 704, 718, 723, 751, 753, 754
System.Windows.Forms.Form 716, 722
System.Workflow 4, 83
System.Xml 4, 6, 20, 108, 552, 793

System.Xml. Serialization 350
System.Xml.Linq 225, 564
Systembindung 578
Systemdiagramm 202
Systemdienst 605
SystemInformation 744

T

TabControl 727, 771
Tabellenadapter 439
Table 479, 508
Table per Class 472
TableLayoutPanel 727
TabPanel 775
Take 385, 389, 485
TakeWhile 389, 486
TCP 111, 579, 606, 610, 651
TCP/IP 335
Team Explorer 200
Team Foundation Server XXXI, 15, 19, 135, 195, 200, 201
Team Foundation Version Control 200
Team Suite 200
Teilworkflow 668
tempuri 589
Test Edition 200
Test List Editor 184
Test Load Agent 201
Test Run Configuration 184
Test View 184
Testabdeckung *siehe* Code Coverage
TestCleanUp 182
TestContext 184
TestInitialize 182, 183
Testverwaltung 201
TextBlock 785
TextBox 710, 725, 753, 754, 771
TextBoxBase 771
TextReader 558, 564
TextWriter 560
TFS *siehe* Team Foundation Server
ThenBy 389
ThenByDescending 389
this 835
Thread 95, 171, 681, 695, 718
Thread-Pool 695
Throttling 645
ThrowActivity 665, 695
Tier Splitter 820

TimeSpan 790
Timestamp 509, 516
TimeZone 313
TimeZoneInfo 313
TIOBE 284
ToArray() 389, 507, 538
ToDictionary() 389, 507, 538
ToInt32() 312
ToList() 389, 507, 538
ToLookup() 389, 507, 538
Tombstone 462
ToolBar 726
Toolbox 161
ToolboxBitmap 744
ToolStrip 726
TortoiseSVN 17
ToString() 307, 537
ToTraceString() 537
Tracing 79, 328
Track Point 693
Trackbar 726
Tracking *siehe* Ablaufverfolgung
Tracking Profile 693
TrackingService 690
Transaction *siehe* Transaktion
TransactionScope 505, 534, 696, 805
TransactionScopeActivity 689, 696, 697
Transaktion 90, 95, 407, 418–421, 475, 505, 534, 578, 696, 798, 799, 802, 804, 805
Transaktionsobjekt 418
Transformation 789
Transient 508
Transition 667
TranslateTransform 789
TreeView 726, 771
Trigger 163, 779, 787
TripleDES 370
TryCast 836
Try-Catch 419
TryParse() 312
T-SQL-Editor 208
Typ
 anonym 255
Typableitung 226, 283
Typbibliothek 113, 302, 303
Type 310
Type Inference *siehe* Typableitung
TypedReference 68
TypeOf 836
Typisiertes Dataset 439, 730
Typkonzept 5, 68, 74, 76
Typname 72, 74

U

Übersetzungsfehler 22
Übersetzungskonfiguration 167
UDP 651
Uhrzeit 312
UIElement 771
UInt16 67, 68, 306, 312
UInt32 67, 68, 306, 312
UInt64 68, 306, 312
UInteger 222
UIntPtr 68
Umgebungsvariable 290
UML 69, 162, 202, 519
Unchanged 539
Undo 754
Unicode 338
Unified Modeling Language 519
UniformGrid 775
Union 389
Unit Test 179, 180
Unity Application Block 808
Universal Data Access 409
UniversalSerialisierer 343
UnlockAccount() 363
Unsafe 282
Unsafe Code 117
UPDATE 496
UpdateCheck 500
UpdateObject() 626
Updates 497
URI 333
User Account Control *siehe* Benutzerkontensteuerung
User Control 745
User Track Point 693
UserName 290
UserPrincipal 359
using 266, 532
UTF32 338
UTF7 338
UTF8 338

V

Validate() 557
Validation Application Block 808
ValidationEventHandler 557
Validierung 557
ValueType 306
Vanatec Open Access *siehe* VOA

VB.COM 218
vbc.exe 27, 297
VBCodeProvider 222
vbCrLf 835
Veranstaltung 830
Verbindungsaufbau 407
Verbindungsklasse 414, 439
Verbindungsobjekt 424, 425
Verbindungspool 415
Verbindungspooling 406, 415
Verbindungszeichenfolge 166, 322, 414, 416, 422, 425, 427, 430, 484
Vererbung 70, 257, 515, 542
   visuell 722
Vererbungshierarchie 472
Verschlüsselung 109, 370, 628
Versionierung 86, 294
Versionsintoleranz 686
Verteiltes System 108
Vertical Mapping 472
Vertical Polymorphism 472
Verwalteter Code 58
Verweis 147
Verzeichnisattribut 363
Verzweigung 272
Video 793
View 478
virtual 835
Virtual Machine *siehe* Virtuelle Maschine
VirtualizingStackPanel 775
Virtuelle Maschine 58, 60
Visio 19, 199
Vista 2, 11, 25
Visual Basic XXVII, XXXIV, 4, 17, 20, 52, 65–67, 75, 78, 118, 128, 171, 215, 217–219, 222, 225, 234, 251, 252, 261, 272, 273, 277, 280, 282, 283, 286, 287, 292, 314, 327, 378, 384, 704, 707, 717–720, 793, 834, 837
   6.0 218
Visual Basic .NET XXXI, XXXIII, 6, 128, 135, 218, 220, 224, 272, 273, 314, 321
Visual Basic 2005 17, 76, 217, 218, 227, 272, 282
Visual Basic 2005 Express Edition 52
Visual Basic 2008 565
Visual Basic 6.0 822
Visual Basic 8.0 128, 217
Visual Basic 9.0 218
Visual C++ 66, 128
Visual Objects 822
Visual SourceSafe *siehe* SourceSafe
Visual State Manager 793

Stichwortverzeichnis

Visual Studio 19, 22, 24, 29, 128, 132, 136, 137, 141, 147–150, 153, 154, 155, 159, 160, 162, 163, 167, 169, 170, 172, 186, 191, 199, 200, 222, 236, 252, 264, 280, 297, 299, 300, 302, 704, 705, 707, 716, 717, 719, 720, 722, 724, 728–731, 740, 744, 747
   Installation 29
   Konsolenfenster 288
Visual Studio .NET 11, 19, 93, 136, 148, 160, 162, 169, 171, 439
Visual Studio 2005 XXVII, 11, 19, 37, 41, 48, 50, 52, 66, 76, 93, 98, 106, 115, 125, 326, 367, 368, 370, 439, 607, 722, 827, 828, 831, 841
Visual Studio 2008 16, 18, 29, 128, 607, 647, 761, 808
Visual Studio 6.0 146, 821
Visual Studio One 824
Visual Studio Professional Edition 132
Visual Studio SDK 19
Visual Studio Standard Edition 132
Visual Studio Team System 15, 17, 19, 132, 136, 179, 180, 188, 199, 200
Visual Studio Tools for Microsoft Office 42, 61, 133
Visual Style 744
Visual Web Developer XXXIII
Visual Web Developer Express Edition 48, 132
VisualAdapters 754
VOA 380, 465, 468, 472, 545–548
void 243, 834, 835
Volta 820
vsjlib 18
VSM 793
VSOne 831
VSS *siehe* SourceSafe
VSTO *siehe* Visual Studio Tools for Microsoft Office
VSTS *siehe* Visual Studio Team System

W

W3C 552
Währung 307
Währungsformat 307
WAS *siehe* Windows Activation Service
WCF 6, 12, 14, 15, 20, 52, 54, 81, 107, 108, 111, 130, 316, 379, 508, 547, 574, 821, 613, 617, 650, 652, 678, 710, 733, 793
   Anwendungsserver 601
   Asynchron 640
   Dienst 576, 588, 601
   Dienstklasse 595
   Proxy 604

   Server 588, 601, 606, 645
   Sicherheit 628
   Test-Client 586
   Test-Host 584
   WCF Service Trace Viewer 588
   WCF-Client 606
   WCF-Dienst 147, 607
   WCF-Server 601
   WCF-Service-Host 601
WcfSvcHost.exe 585
WcfTestClient.exe 586
WCS *siehe* Windows CardSpace
Web Reference 584
Web Services Enhancements 843
web.config 91, 484, 681
Webanwendung 3, 48
Webbrowser 725, 754, 792
Webdesigner 30, 131
Webforms 6, 9, 160, 252, 724
   Designer 160
WebGet 612
Webhost 601
WebHttpBinding 575, 578
WebInvoke 612
Webpart 82
WebRequest 333
WebRequestMethods 333
Webserver 747
Webservice 20, 52, 54, 81, 107, 109, 139, 147, 164, 603, 609, 610, 646, 671, 678, 680, 793
WebServiceHost 612
WebServiceInputActivity 665, 680
WebServiceOutputActivity 680
Website 826
Websitemodell 140
Webtest 180, 188, 201
Well-Known-Security-Identifier 373
WellKnownSidType 373
Werkzeugleiste 161
Wertetyp 71, 72, 75, 229, 230, 232
WF *siehe* Windows Workflow Foundation
Where 249, 381, 384, 389, 836
Where-Object 811, 816
Whidbey 10, 11
While...End 268
WhileActivity 665, 682
Whitehorse 201
Win32_LogicalDisk 365
Win32_OperatingSystem. 365

Win32-API 77
Window 770
Windows 2000 7
Windows 32 API 4, 77
Windows 95 7
Windows 98 7
Windows Activation Service 25, 574, 601
Windows Cardspace 12, 629
Windows Communication Foundation *siehe* WCF
Windows Forms 4, 6, 9, 15, 52, 76, 83, 107, 129, 148, 160, 252, 294, 296, 412, 665, 704, 706–709, 717, 718, 722, 724, 727, 728, 730, 732, 733, 735, 740, 742–744, 751, 816, 821, 826
    Designer 160
Windows Framework 11, 821
Windows Installer 96, 751
Windows Management Instrumentation 80, 364, 366
Windows ME 7
Windows Mobile 9
Windows PowerShell 810
Windows Presentation Foundation 4, 6, 12, 14, 30, 107, 130, 131, 159, 160, 412, 754, 749, 821
    Abhängigkeitseigenschaft 760
    Animation 790
    Befehlssystem 779
    Datenbindung 783
    Designer 160
    Ereignissystem 778
    Fenster 769
    Steuerelement 771
    Style 786
    Transformation 789
    XAML 756
Windows Process Activation Service 25
Windows Script Host 129, 810
Windows SDK 18, 19, 28, 29
Windows Security Account Manager 360
Windows Server 24, 25, 117, 135, 798, 802
Windows Server 2003 8, 24, 25, 27, 117, 135, 798, 802
Windows Server 2008 2, 8, 24, 25, 27, 79
    Core 8
Windows Vista 8, 11, 25, 27, 77, 79, 129
Windows Workflow Foundation 12, 108, 130, 159, 162, 575, 655
Windows XP 7, 9, 25, 27, 744, 798, 802
Windows32-On-Windows64 114
Windows-Dienst 605
Windows-On-Windows64 114

Windows-Systemdienst 95
WinFS 468, 516
WinFX 11, 77
WinSDK 16, 18
Wire Object Protocol 547
With 835
WithEvents 835
Wizard 165
WMI 80, 380
    Repsitory 97
WMI Query Language 366
WOP 547
Workflow 162, 656, 686
    Ablaufverfolgung 690
    Aktivität 665
    Bedingung 682
    Datenaustausch 671
    Engine 655
    Fehlerbehandlung 695
    Format 662
    Host 661, 668, 672
    Kompensation 697
    Laufzeitumgebung 661, 688
    Parameter 671, 673
    Persistenz 685
    Regelsatz 683
    Scheduling 695
    Track Point 693
    Transaktion 696
    Werkzeug 662
WorkflowInstance 669, 671, 690
WorkflowLoaderService 662
WorkflowMarkupSerializer 683
WorkflowQueuingService 671, 682
WorkflowRuntime 668, 670
WorkflowView 698
WorkflowWebHostingModule 681
WorkflowWebService 681
Workshop 830
World Wide Web 22, 554
World Wide Web Consortium 554
World Wide Wings 32, 641, 816
WOW64 9, 114, 117
WPF *siehe* Windows Presentation Foundation
WPF/E 792
WrapPanel 775
WritableBitmap 754
Write Once Run Anywhere 3, 58
WriteObject() 816
WS-* 574, 575, 651

Stichwortverzeichnis

WS2007HttpBinding 578
WS-Addressing 650
WS-AT 575
WS-AtomicTransaction 574, 575, 588
WS-AtomicTransaction Configuration Utility 588
WS-Coordination 574, 575
WSDualHttpBinding 579
WSE 651
WS-Federation 579
WSFederationHttpBinding 579
WSHttpBinding 578, 610, 629, 640
wsHttpContextBinding 615
WSI 651
WS-Metadata Exchange 600
WS-ReliableMessaging 574, 640, 650
WS-RM 575
WS-SecureConversation 574, 575, 640
WS-Security 574, 629, 649
WS-SecurityPolicy 575
WS-Trust 574

X

X.509 370
X.509-Zertifikat 628, 629
X509v3 81
x64 9
XAML 793
XAML Browser Application 793
XAMLPad 767
XamlWriter 757
XAttribute 553, 564
XBAP *siehe* XML Browser Application
XBox 9
XComment 564
XCopy 96
XCopy-Deployment 3, 751
XDeclaration 564
XDocument 553, 564
XElement 553, 564–569
XML 81, 82, 107, 150, 188, 224, 225, 281, 379, 403, 472, 524, 542, 548, 552
    Attribut 557
XML Browser Application 750, 754, 793
XML Encryption 552
XML Paper Specification 316
XML Path Language 552, 562
XML Query Language 552, 842

XML Schema Definition Language 74, 552, 558
XML Style Sheet Transformations 108, 130, 157, 159, 552, 571, 572
XML to Schema 158
XML.NET 6, 108
XmlAttribute 553
XmlDataDocument 443
XmlDocument 552–554, 557, 562, 564, 570
XML-Document Object Model 554
XML-DOM 556
XmlElement 553, 564
XmlInclude 346
XML-Literal 224, 565
XmlNamespaceManager 557, 563
XmlNode 554
XmlNodeList 554
XmlReader 552, 553, 557–560, 564, 570, 571
XML-Schema 82, 108, 129, 158, 379, 552, 557, 570
XmlSchemaInference 552, 570
XmlSerializer 340, 341, 350, 576, 593
XmlSerializerFormat 593
XmlTextReader 552
XmlTextWriter 552
XmlValidationReader 552
XML-Webservice 4, 52, 109
XmlWriter 552, 555, 560, 561, 570–572
XmlWriterTraceListener 632
XNA 9
XPath 108, 378, 552, 554, 557, 567
XPath Data Model 553, 562
XPathDocument 563, 571, 572
XPathNavigator 552, 553, 562, 563, 570
XPathNodeIterator 563
XProcessingInstruction 564
XQuery 378
XSD *siehe* XML-Schema
XslCompiledTransform 552, 571
XSLT *siehe* XML Style Sheet Transformations
XsltArgumentList 572
XslTransform 552, 571

Y

Yield 269, 270
Yield Continuations 269

Z

Zahl 307
ZAM 3D 768
Zeichencode 338
Zeichenkette 307, 370, 371
Zeichnen 735, 792
Zeiger 71, 117
Zeigerprogrammierung 282
Zeitschrift 824
Zeitstempel 509, 516
Zeitzone 313
Zertifikat 81, 89, 370

ZIP 79, 316
ZipPackage 316
Zugriffsmodifizierer 237
Zugriffsrecht 631
Zugriffsrechteliste 315, 370, 372
Zustandsdiagramm 655, 657, 660, 667
Zustandslosigkeit 589
Zuverlässigkeit 578
Zwei-Wege-Kommunikation 637
Zwischenablage 743
Zwischenspeicher 81, 431, 476, 478
Zwischenspeicherung 332
Zwischentabelle 517

Dr. Holger Schwichtenberg

**Wollen Sie mehr wissen?
Stehen Sie vor wichtigen Technologieentscheidungen?
Brauchen Sie Unterstützung für .NET, Visual Studio,
VSTS, SQL Server, SharePoint oder PowerShell?**

- Beratung bei Einführung und Migration
- Individuelle Vor-Ort-Schulungen
- Maßgeschneiderte Vorträge
- Praxis-Workshops mit Live-Coding
- Coaching (Vor-Ort • Telefon • E-Mail • Webcasts)
- Support (Vor-Ort • Telefon • E-Mail • Webcasts)
- Entwicklung von Prototypen und Lösungen

Kontakt:
Dr. Holger Schwichtenberg
Telefon 0201/7490-700
hs@IT-Visions.de

Bücher und Dienstleistungen: **http://www.IT-Visions.de**
Community Site: **http://www.dotnetframework.de**

  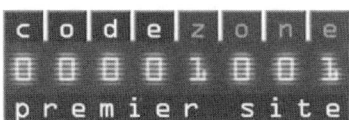

Wissen aus erster Hand

Der Schnelleinstieg in ASP.NET 3.5 und ASP.NET Ajax. Dabei werden nicht nur Funktionen und Möglichkeiten aufgezeigt, sondern Anwendungen praxisnah präsentiert. Auch die wichtigsten Grundkonzepte der .NET-Programmierung werden thematisiert. Das Buch ist somit sowohl für Softwareentwickler geeignet, die bereits mit ASP.NET 1.x und 2.0 entwickelt haben, als auch für Entwickler, die neu in die Programmierung mit ASP.NET und Ajax einsteigen möchten.

Autor	Schwichtenberg, Fuchs
Umfang	460 Seiten, 1 DVD
Reihe	Crashkurs
Preis	29,90 Euro [D]
ISBN	978-3-86645-502-3

http://www.microsoft-press.de

Microsoft Press-Titel erhalten Sie im Buchhandel.

Wissen aus erster Hand

Ihr Schnelleinstieg in die Programmierung neuartiger und leistungs-fähiger Benutzeroberflächen unter Windows XP und Windows Vista. Der bekannte Microsoft Regional Director Bernd Marquardt erklärt hier kompakt und kompetent die Möglichkeiten dieser neuen Technologie und was Sie wissen müssen, um erfolgreich mit ihr zu programmieren.

Autor	Bernd Marquardt
Umfang	320 Seiten
Reihe	Einzeltitel
Preis	29,90 Euro [D]
ISBN	978-3-86645-504-7

http://www.microsoft.com/germany/mspress

Microsoft Press-Titel erhalten Sie im Buchhandel.

Wissen aus erster Hand

Dieses umfassende Arbeitsbuch zu ASP.NET 3.5 behandelt sowohl Architekturfragen als auch die praktischen Umsetzung der Konzepte. Anhand zahlreicher Beispiele wird die Entwicklung von Internet- und Intranet-Anwendungen demonstriert. Dabei thematisiert der Autor sowohl Rapid Application Development per Drag&Drop als auch die codezentrierte Entwicklung mehrschichtiger, komponentenbasierter Anwendungen. Zusätzlich werden ergänzende Technologien in den praxisnahen Kontext eingebaut.

Autor	Dr. Holger Schwichtenberg
Umfang	ca. 1120 Seiten, 1 CD
Reihe	Das Entwicklerbuch
Preis	59,00 Euro [D]
ISBN	978-3-86645-516-0

http://www.microsoft-press.de

Microsoft Press-Titel erhalten Sie im Buchhandel.

Wissen aus erster Hand

Der Expertentitel zur Programmierung mit Visual C# 2008. Er behandelt die Programmierung von Windows- und Webanwendungen mit C# und Visual Studio 2008. Schwerpunkte sind die Sprache C#, die GUI-Programmierung mit Windows Forms und WPF, die Vermittlung weiterführender Techniken und der effiziente Umgang mit der Visual Studio 2008-Entwicklungsumgebung und ihren vielfältigen Funktionen und Möglichkeiten. Eine beiliegende Testversion von Visual Studio 2008 Professional ergänzt das Buch.

Autor	Dirk Louis, Shinja Strasser
Umfang	ca. 1156 Seiten, 1 DVD
Reihe	Das Entwicklerbuch
Preis	49,90 Euro [D]
ISBN	978-3-86645-507-8

http://www.microsoft.com/germany/mspress

Microsoft Press-Titel erhalten Sie im Buchhandel.

Wissen aus erster Hand

Scrum ist ein einfacher Prozess für das Managen komplexer Projekte, leicht verständlich und schnell zu erlernen. Aber Einfachheit und das Fehlen starrer Regeln kann auch verunsichern, was insbesondere bei Neueinsteigern in Sachen Scrum oft zu einem Rückfall in alte Gewohnheiten und Methoden führt. In diesem Buch identifiziert Ken Schwaber, Mitbegründer von Scrum, die Gründe, die zum Erfolg oder Scheitern eines Projekts führen und wie sie mit Scrum diese komplexen Probleme lösen und zu besseren Ergebnissen kommen können.

Autor	Ken Schwaber
Umfang	220 Seiten
Reihe	Einzeltitel
Preis	29,90 Euro [D]
ISBN	978-3-86645-631-0

http://www.microsoft.com/germany/mspress

Microsoft Press-Titel erhalten Sie im Buchhandel.

Wissen aus erster Hand

Die Beherrschung des Windows Communication Foundation (WCF) ist essentiell für jeden Entwickler, der sich verteilten Anwendungen und serviceorientierter Architektur auseinandersetzt. Dieses praxisnahe und didaktisch sinnvoll aufgebaute Training hilft Ihnen, schnell die Konzepte der Communication Foundation zu verstehen und sinnvoll in Ihre Anwendungen zu integrieren.

Autor	John Sharp
Umfang	496 Seiten
Reihe	Schritt für Schritt
Preis	49,90 Euro [D]
ISBN	978-3-86645-505-4

http://www.microsoft.com/germany/mspress

Microsoft Press-Titel erhalten Sie im Buchhandel.